NOUVEAUX ÉLÉMENTS

DE

MÉDECINE LÉGALE

TRAVAUX DU PROFESSEUR BROUARDEL

Étude médico-légale sur la combustion du corps humain (*Ann. d'Hyg. publ. et de Med. legale.* Nov. 1878).

Accusation de viol accompli pendant le sommeil hypnotique (*Ann. d'Hyg. publ. et de Med. légale.* 3e série, tome I, p. 39, 1879).

Détermination de l'époque de la naissance et de la mort d'un nouveau-né faite à l'aide de la présence des acares et des chenilles d'aglosses dans un cadavre momifié (*Ann. d'Hyg.* 1879, 3e série, tome II, p. 153).

Étude critique sur la valeur des signes attribués à la pédérastie (*Ann. d'Hyg.* 1880, 3e série, tome IV, p. 182).

Rapport sur le procédé Petel et Labiche, destiné à faire découvrir les traces de sperme (*Ann. d'Hyg.* 1880, tome IV, p. 224).

Sur le développement des alcalis cadavériques (ptomaines) (*Ann. d'Hyg.* tome IV, octobre 1880), en collaboration avec M. E. Boutmy.

Étude sur la submersion (*Ann. d'Hygiène* 1880, 3e série, tome IV) en collaboration avec M. Ch. Vibert.

Verdissage des conserves alimentaires au moyen des sels de cuivre (*Ann. d'Hyg.* 1880, 3e série, tome III, p. 193).

Du service des autopsies médico légales à la Morgue (*Archives générales de médecine.* Nov. 1878).

Installation d'appareils frigorifiques à la Morgue (*Ann. d'Hyg.* 1880, 3e série, tome III, p. 63).

Pathogénie de quelques-unes des maladies qui ont régné pendant les blocus de Metz et de Paris (*Revue des Cours scientifiques*, 1871-1872).

La Rage, chez l'homme (*Dict. encycl. des sciences médicales*, 1874).

La Morve et le Farcin, chez l'homme (*Dict. encycl. des sciences médicales*, 1876).

La Vaccine (*Revue des Cours scientifiques*, 1869.-1870).

De la tuberculisation des organes génitaux de la femme, thèse inaugurale, 1865.

Analyse des gaz du sang dans la variole (*Société méd. des hôpitaux.* 22 juillet 1870).

Des variations de la quantité des globules blancs dans le sang des varioleux, des blessés, des femmes en couches (*Société de biologie*, 28 fév. 1874).

De l'influence des purgations et de l'inanition sur la proportion des globules rouges contenus dans le sang (*Société med. des hôpitaux*, 14 juillet 1876).

L'Urée et le foie, variations de la quantité de l'urée éliminée dans les maladies du foie (*Arch. de physiologie*, 1876. Nos 4 et 5).

De la température du corps humain, et de ses variations dans les diverses maladies, par le professeur Paul Lorain. Publication faite par les soins de P. Brouardel. 2 vol. in-8 de 700 pages avec 200 tracés.

Étude critique des diverses médications employées contre le diabète sucré. Thèse de concours d'agrégation, 1869.

Corbeil. — Typ. et stér. Crété.

NOUVEAUX ÉLÉMENTS

DE

MÉDECINE LÉGALE

PAR

E. HOFMANN

PROFESSEUR DE MÉDECINE LÉGALE A L'UNIVERSITÉ DE VIENNE

Traduction par le Dr Emmanuel LÉVY

INTRODUCTION ET COMMENTAIRES

PAR

P. BROUARDEL

PROFESSEUR DE MÉDECINE LÉGALE A LA FACULTÉ DE MÉDECINE DE PARIS
MEMBRE DU COMITÉ CONSULTATIF D'HYGIÈNE ET DU CONSEIL DE SALUBRITÉ.

Avec 50 figures intercalées dans le texte.

PARIS

LIBRAIRIE J.-B. BAILLIÈRE ET FILS

19, rue Hautefeuille, pres du boulevard Saint Germain

1881

INTRODUCTION

C'est avec confiance que je soumets les *Nouveaux Éléments de médecine légale* du professeur de Vienne à l'appréciation et à la critique des médecins légistes français. Je suis convaincu que élèves et médecins experts y trouveront de précieux renseignements.

Une des qualités de ce livre prime toutes les autres et m'a particulièrement séduit. Hofmann n'a pas oublié un seul instant qu'il était médecin et qu'il n'était que médecin. Il a donné ainsi aux experts de tous les pays un exemple que ceux-ci feront bien de méditer et de suivre dans leur pratique. Il n'a indiqué de la législation des différents peuples que ce qui est indispensable, mais il n'a jamais discuté l'interprétation de la loi, la jurisprudence des tribunaux et des cours. En cela il a eu raison. Le médecin légiste peut et doit connaître la loi, mais il n'a pas autorité pour l'interpréter ou pour la discuter. Cette vérité si simple a bien souvent été méconnue par des médecins qui n'auraient pas épargné leurs sarcasmes aux juristes, qui se seraient chargés d'interpréter la clinique médicale, un livre de pathologie à la main.

Praticien consommé, expert très expérimenté, Hofmann a appliqué à la médecine légale toutes les connaissances scientifiques qui sont du domaine de la médecine. Il a suivi dans cette voie les méthodes avec lesquelles nos études nous ont familiarisés, l'observation et l'expérimentation. Les théories générales tiennent peu de place dans l'ouvrage.

Ce ne sera pas sans étonnement et sans profit que le médecin français verra donner à quelques questions des solutions absolument contraires à celles qui ont cours dans notre pays. Il se persuadera ainsi que de nouveau il faut remettre à l'étude certains problèmes que notre éducation nous avait présentés comme définitivement résolus.

Ce livre contient sous la forme la plus concise l'ensemble des questions auxquelles l'expert doit répondre en justice, mais ce n'est pas un simple manuel. Certains chapitres sont traités d'une façon absolument originale, nous citerons les attentats aux mœurs, l'asphyxie et la pendaison, l'infanticide.

L'exposition est d'une extrême clarté et d'une grande précision. Un de mes élèves, M. le Dr Emmanuel Levy a bien voulu se charger de la traduction. Il l'a faite avec grand soin, en se tenant aussi près que possible du texte allemand.

J'ai cru devoir ajouter quelques remarques additionnelles à plusieurs chapitres. Ces commentaires m'ont paru nécessaires lors que la législation française dans les questions de mariage, de divorce, de plaies, etc., différait essentiellement de la législation autrichienne. D'autres additions n'ont pour but que d'appuyer les opinions émises par Hofmann, elles m'ont paru utiles lorsque les solutions proposées par le professeur de Vienne étaient contraires à la tradition française; il ne suffisait pas en effet de noter le désaccord, mais de montrer avec clarté l'erreur des doctrines qui ont depuis longues années cours en France.

Je souhaite que la traduction ait le succès que l'ouvrage a obtenu dans l'Autriche et l'Allemagne.

Paris, 30 août 1880.

P. BROUARDEL.

PRÉFACE DE L'AUTEUR

En publiant ce livre, j'ai cherché d'abord à réunir sous la forme la plus concise, par conséquent la plus utile pour l'étudiant et le praticien, tous les éléments de la médecine légale; en second lieu j'ai voulu donner une publication plus large à l'expérience et aux idées personnelles que j'ai pu acquérir dans le cours d'une pratique médico-légale de seize ans, et dont j'avais consigné en partie les résultats dans un certain nombre de travaux épars. Le lecteur pourra voir lui-même, par le contenu de mon ouvrage, combien quelques-unes de mes vues diffèrent de celles qui ont eu cours jusqu'aujourd'hui et ont même été regardées en partie comme des dogmes.

. . . .

En tenant compte de trois législations différentes, en traitant d'une façon complète et détaillée certains chapitres importants, et même en ne prenant de mes observations que les plus intéressantes, j'ai été forcé de donner à mon livre une étendue plus considérable que celle que je lui avais primitivement assignée. Cette circonstance m'a malheureusement obligé à ne pas étudier dans ce livre la psychopathologie médico-légale, particulièrement la question de responsabilité et celle de la faculté de disposer, dont j'avais déjà fait le plan. Dans l'alternative où je me trouvais de traiter ces questions d une façon incomplète ou de les négliger complètement, j'ai pris ce dernier parti. L'importance de ce chapitre ne pouvait en effet s'accommoder d'une étude incomplète, qui aurait induit en erreur plus d'un lecteur, et d'ailleurs la psychopathologie médico-légale vient d'être traitée d'une façon très distinguée dans le livre de Krafft-Ebing, dont le *Traité de psychopathologie médico-légale*, ouvrage original et rempli de nombreuses observations, ne peut faire défaut sur la table d'aucun médecin légiste.

En livrant mon livre au public avec ces observations, j'ajouterai encore que je ne me suis pas seulement efforcé de baser mes idées sur mon expérience propre et sur celle des autres, mais que j'ai encore employé, chaque fois que la chose était nécessaire, la voie expérimentale. Cette voie, comme pour les autres branches de la médecine, mérite d'être suivie ; elle a donné les meilleurs résultats dans l'étude de la médecine légale, elle devrait être plus souvent utilisée qu'on ne l'a fait jusqu'à présent.

Vienne, octobre 1877.

E. Hofmann.

INTRODUCTION

Objet de la médecine légale. — On comprend, sous la dénomination de *médecine légale*, la science qui a pour objet l'étude des questions qui se présentent dans l'exercice de la jurisprudence civile ou criminelle et dont la solution ressort exclusivement de certaines connaissances médicales préalables.

On sait qu'un grand nombre de causes, tant dans la procédure civile que criminelle, exigent des connaissances médicales pour la solution de certaines questions, quand il s'agit, par exemple, de la détermination de certains faits, ou du rapport de certains faits avec d'autres et en général de la constatation et de l'éclaircissement de certaines circonstances importantes pour la décision du juge dans des cas particuliers. A cet ordre appartiennent, entre autres, tous les cas où des préjudices causés par atteinte à la santé ou à la vie deviennent l'objet d'une instruction judiciaire, ainsi que ceux où il s'agit de la constatation de certains états physiologiques, surtout en ce qui concerne le sexe.

L'intervention des médecins a lieu pour les mêmes motifs que celle d'autres experts. Ainsi, quand l'appréciation d'un cas soumis à l'instruction exige certaines connaissances et une compétence spéciales, on appelle comme experts par exemple des architectes, des employés à la monnaie ou à une banque, des négociants, des artistes, etc., pour examiner et éclaircir des points qu'une éducation de juriste seule ne permet pas d'apprécier ; les preuves ainsi cherchées portent en termes techniques le nom de *preuves par expertise.*

C'est un mode de procédure qui remonte aux plus anciennes organisations judiciaires ; on en trouve déjà des traces vagues dans la législation mosaïque, dans la loi des Douze Tables, et le Code de Justinien, notamment pour ce qui concerne l'expertise médicale.

Mais on trouve déjà des dispositions plus formelles à cet égard dans les lois des Allemands du sixième siècle, ainsi que dans les codes postérieurs, surtout dans les ordonnances de l'empereur Charles V de l'an 1532, concernant les peines capitales (1).

Étendue de la médecine légale. — Le domaine et la matière de la médecine légale sont déterminés par le nombre et la nature des questions qui, dans l'ordre judiciaire, exigent l'intervention médicale.

Quant à ses moyens, ils s'étendent et se perfectionnent toujours, car d'un côté la médecine en général, base de la médecine légale, est toujours en voie de progrès et les nouveaux résultats de ses investigations profitent également à notre spécialité ; d'un autre côté les questions concernant particulièrement la médecine légale et étudiées avec les nouveaux moyens de recherche, mais principalement par voie d'expérimentation, se montrent souvent sous un jour tout autre que celui d'autrefois.

Mais les points particuliers de cette science subissent aussi l'influence de la législation de l'époque, législtation à laquelle doit s'adapter la médecine légale, non seulement pour la partie formelle, mais encore dans une certaine mesure pour la partie matérielle, si elle veut atteindre son but. Cette influence s'est fait remarquer d'une manière saisissante dans ces derniers temps, car, en Autriche de même que dans l'empire allemand, la procédure criminelle et le code pénal ont éprouvé en partie déjà, ou vont éprouver sous peu, des modifications qui les rendent conformes aux nouvelles doctrines juridiques.

Nature de la médecine légale. — La médecine légale, c'est de la *médecine appliquée*, ce qui lui assure sa place dans le rang des sciences médicales. Malgré son but spécialement judiciaire, elle ne se détache cependant pas du sol maternel de la science médicale, dont elle tire les éléments de sa constitution, grandit et se développe avec elle, et les questions qu'elle traite et les principes qu'elle établit, conservent toujours un caractère purement médical, quoiqu'il

(1) Vide Mende, *Handb. d. ger. Med.*, 1819, I. — J.-B. Friedreich, *Handb. d. gerichtärzlichen Praxis*, 1843, I, p. 5. — Sonnenkalb, *Deutsche Zeitschrift Staatsarznerkunde*, 1859, XIV, p. 274. — E. Buchner, *Lehrb. d. ger. Med.*, 2ᵉ édition, p. 7 et suivantes (avec bibliographie). — A. Pauly, *Bibliographie des sciences médicales*, 1874, III, p. 1272 jusqu'à 1275. — Ortolan, *Débuts de la médecine légale en Europe, comme institution pratique et comme science* (*Ann. d'hyg. et de méd. légale*. Paris, 1872, 2ᵉ série, tome XXXVIII, p. 358).

soit hors de doute qu'elle est principalement et même exclusivement destinée à un but judiciaire. Nous ne pouvons donc approuver certains auteurs anciens et même un auteur moderne très distingué (Taylor), d'avoir adopté, à la place de l'ancienne dénomination assez juste, sinon tout à fait précise, de médecine légale (*medicina legalis, gerichtliche Medicin, medicina forense*, etc.), celle de jurisprudence médicale (*mediciniscke Rechtswissenschaft, medical Jurisprudence*).

Mais ce serait commettre une erreur bien plus grave, si, par une fausse conception de la médecine légale, on se laissait aller à cette idée que, si l'on a en dehors de cette branche des connaissances médicales solides, on serait par cela seul en état d'en faire l'application en justice, et que par conséquent l'enseignement de la médecine légale n'a qu'une importance secondaire. Malheureusement cette opinion s'est trop répandue, et, si dans les dernières années cette branche, si éminemment pratique, n'a pas obtenu la considération qu'elle mérite, c'est à cette fausse idée qu'il faut en attribuer la cause.

Dans une pareille conception on méconnaît trois points.

On n'a pas songé premièrement que l'application des connaissances médicales en justice exige une parfaite intelligence du but dans lequel on la réclame.

Deuxièmement on oublie que l'application de ces connaissances doit se présenter sous une forme déterminée pour pouvoir être utilisée par le juge.

Troisièmement on méconnaît que, dans l'application des connaissances médicales en justice, il surgit des questions et des points de vue tout à fait spéciaux, et en général complètement étrangers au programme et à la direction ordinaire de la médecine et qui, pour cette raison, doivent être enseignés et étudiés à part.

Les deux premiers points exigent la connaissance de la loi et de ses intentions, surtout celle du Code pénal et de la procédure criminelle. L'importance de cette connaissance se fait remarquer particulièrement dans les expertises concernant les blessures. Que sert-il au juge qu'un médecin, appelé à se prononcer sur une blessure, soit sur le vivant, soit sur le cadavre, la décrive d'une manière très savante et très juste au point de vue clinique ou anatomo-pathologique, s'il n'indique pas si cette blessure possède un des caractères qui importent au juge et dont dépend la marche ultérieure du procès? Et comment le médecin pourra-t-il se prononcer sur ce caractère, s'il ignore les distinctions du Code pénal en cette matière et ne comprend pas les intentions qui ont guidé le législateur dans l'établissement de ces distinctions? Mais pour se convaincre de la différence considérable entre la nature des questions dont s'occupe la médecine légale et la direction ordinaire de la médecine, il suffit de jeter un coup d'œil sur les matières qui seront traitées dans notre ouvrage.

Fréquence des expertises médico-légales. — Ajoutons encore la fréquence des cas où l'intervention de la médecine légale est exigée (1), de plus cette circonstance que, dans la plupart des cas de cette nature, la marche ultérieure du procès ainsi que la sen-

(1) Sous ce rapport nous empruntons aux annuaires publiés par la commission impériale et royale de statistique la remarque que, en dehors des cas qui se sont présentés devant les tribunaux militaires, dans les années 1872, 1873 et 1874, dans tous les pays représentés au conseil impérial (Reichsrath), les condamnations eurent lieu pour les crimes et délits suivants :

	CRIMES								DÉLITS		
	Viol, attentat à la pudeur.	Infanticide.	Homicide.	Blessures mortelles.	Avortement.	Suppression d'enfant.	Lésions corporelles graves.	Duel.	Homicide par imprudence.	Délits contre la sûreté de la vie.	Total.
1872	286	97	137	287	17	33	3870	9	432	5	5173
1873	346	110	185	309	10	37	4093	—	408	43	5541
1874	347	99	171	245	15	30	3447	2	313	7	4676

Si l'on observe que, dans ces chiffres, les condamnations seules sont comptées, mais que la somme des cas où a eu lieu une expertise judiciaire, sans toutefois être suivie de condamnation, monte également à un chiffre élevé, si l'on considère ensuite les cas de droit civil également fréquents qui réclament une intervention médicale, et les innombrables visites de police concernant les suicidés et les victimes d'un accident (en l'année 1873, on a constaté 1863 suicides et 6734 accidents et décès sans cause connue), on peut déjà se faire une idée suffisante de la fréquence des cas qui réclament l'action de la médecine légale.

tence du juge dépendent de l'expertise du médecin légiste, qu'ainsi non seulement les intérêts généraux de la société, mais aussi le sort, l'honneur et la liberté des personnes intéressées se trouvent entre ses mains, et il ne faudra plus d'autres arguments pour démontrer l'importance de la médecine légale et la nécessité de lui assigner une position indépendante et digne par rapport aux autres parties de la médecine (1).

(1) Nous avons cru bien faire en mettant à la fin de cet ouvrage la partie formelle traitée ici (formelle veut dire relative aux formalités et règles à suivre dans les expertises); malgre sa grande valeur, cette partie ne présente qu'un intérêt secondaire pour le lecteur français. On y trouvera cependant une étude des devoirs et des droits du médecin légiste, tracée de main de maître et renfermant un grand nombre de considérations qui peuvent s'appliquer parfaitement au médecin légiste français. (*Note du Traducteur.*)

NOUVEAUX ÉLÉMENTS

DE

MÉDECINE LÉGALE

PREMIÈRE PARTIE

PARTIE MATÉRIELLE.

L'intervention des médecins légistes est généralement requise par la justice dans les cas suivants :

1° Dans les cas où il s'agit de juger de l'aptitude à la procréation d'une personne;

2° Dans les cas d'accusation d'attentats aux mœurs et à la pudeur;

3° Dans les cas douteux de grossesse ou de naissance;

4° Dans les cas d'attentats contre la vie ou de mort violente;

5° Dans l'examen de l'état mental d'un individu.

Il nous a paru utile de tenir compte de ces différents cas, qui nous permettent de jeter un coup d'œil d'ensemble sur toutes les questions qui se présentent dans la médecine légale, pour la division de notre ouvrage et nous traiterons :

Dans la première section : l'aptitude à la procréation;

Dans la seconde section : les attentats à la pudeur;

Dans la troisième section : la grossesse et l'accouchement;

Dans la quatrième section : les attentats à la santé et à la vie, et les morts violentes;

Dans la cinquième section : la psychopathologie médicale.

Dans ces cinq sections, que nous subdiviserons en chapitres, nous allons examiner les questions les plus importantes qui se présentent dans la médecine légale.

PREMIÈRE SECTION

L'APTITUDE A LA PROCRÉATION.

Législation française.

Code civil : art. 180. — Le mariage qui est contracté sans le consentement libre des deux époux ou de l'un d'eux ne peut être attaqué que par les époux ou par celui des deux dont le consentement n'a pas été libre. Lorsqu'il *y a eu erreur dans la personne*, le mariage ne peut être attaqué que par celui des deux époux qui a été induit en erreur.

Art. 181. — Dans les cas de l'article précédent, la demande en nullité n'est plus recevable, toutes les fois qu'il y a eu cohabitation continuée pendant six mois depuis que l'époux a acquis sa pleine liberté ou que l'erreur a été reconnue par lui.

Art. 312. — L'enfant conçu pendant le mariage aura pour père le mari ; néanmoins celui-ci pourra désavouer l'enfant s'il prouve que, pendant le temps couru depuis le trois centième jour jusqu'au cent-quatre-vingtième jour avant la naissance de cet enfant, il était, soit pour cause d'éloignement, soit par l'effet de quelque accidents dans l'impossibilité physique de cohabiter avec sa femme.

Art. 313. — Le mari ne pourra, en alléguant son impuissance *naturelle*, désavouer l'enfant.

Législation autrichienne.

Code civil : art. 60. — Une impuissance complète et incurable à l'accomplissement du devoir conjugal qui s'est produite pendant le mariage, donne également le droit de divorce.

Art. 100. — Dans le cas où l'un des deux conjoints accuserait l'autre d'impuissance complète et antérieure au mariage, le fait devra être prouvé par un rapport d'experts.

Art. 158. — Si le père prétend que l'enfant conçu par sa femme n'est pas le sien, il devra réclamer dans les trois mois.......... et prouver qu'il est dans l'impossibilité d'être le père de l'enfant.

Code pénal : art. 156. — La blessure a-t-elle pour conséquence la perte de l'aptitude à la procréation, la peine sera de 5 à 10 ans de réclusion,

Législation prussienne.

Art. 669, tit. II, part. II. — Il n'est pas permis avant cinquante ans, excepté avec la permission spéciale du roi, d'adopter des enfants, si la santé ou l'état corporel rendent vraisemblable la production d'enfants.

Ibid. Art. 696. — Une impuissance complète et incurable à l'accomplissement du devoir conjugal, qui s'est produite pendant le mariage, donne également le droit de divorce.

Ibid. Art. 697. — Des infirmités corporelles qui inspirent dégoût et répugnance, ou qui empêchent l'accomplissement du devoir conjugal, donnent les mêmes droits.

D'après les articles de lois qui précèdent, on voit que l'aptitude à la procréation peut devenir le sujet d'une enquête dans les cas suivants :

1° Dans un projet de mariage, si l'aptitude à la procréation d'une partie est mise en doute;

2° Dans un cas de demande de divorce pour cause d'impuissance à l'accomplissement du devoir conjugal;

3° Quand la légitimité d'un enfant est mise en doute par un père sous prétexte d'impuissance de sa part;

4° Quand la perte de l'aptitude à la procréation a été la conséquence d'une blessure;

5° Quand des personnes âgées de moins de 50 ans veulent adopter des enfants.

Dans tous ces cas l'aptitude à la procréation peut être mise en question soit chez l'homme, soit chez la femme, et il peut s'agir d'une impuissance incurable ou seulement passagère.

Une puissance sexuelle physiologiquement normale exige : 1° l'aptitude à l'accomplissement de l'acte conjugal ; 2° l'aptitude à la procréation chez l'homme, l'aptitude à la conception chez la femme. Aussi a-t-on depuis longtemps fait une distinction entre l'impuissance à l'acte conjugal ou coït (*impotentia cocundi*) et l'impuissance à la fécondation ou conception (*impotentia generandi, concipiendi*).

Cette distinction est très utile, d'un côté parce qu'une impuissance peut se rencontrer et se rencontre assez souvent sans l'autre, d'un autre côté parce que la loi, pour l'opposition au mariage, parle d infirmités empêchant le but du mariage, tandis que pour le divorce il ne s'agit que d'une impuissance à l'acte conjugal, par conséquent d'une impuissance au coït seulement.

La loi prussienne ne parle dans l'article 696 que d'une impuissance à l'accomplissement du devoir conjugal, et nulle part elle ne dit que, l'accomplissement du coït étant possible, l'inaptitude à la fécondation ou à la conception peut être une cause de divorce. Cependant il faut le supposer, car dans l'article immédiatement précédent il est dit que, si l'un des deux époux empêche volontairement, par sa manière d'agir pendant ou après le coït, d'atteindre le but légal du mariage, il donne à l'autre une raison de divorce.

CHAPITRE PREMIER

L'APTITUDE A LA PROCRÉATION CHEZ L'HOMME.

L'ARTICLE Ier. — L'APTITUDE AU COÏT.

La condition la plus importante, pour l'aptitude au coït chez l'homme, c'est l'érectilité de son membre viril. Le manque d'érectilité est la cause la plus fréquente des demandes en divorce et par conséquent des expertises médico-légales.

L'érection est un phénomène reflexe qui, dans les conditions normales, est amenée par des idées voluptueuses ou portées sur l'union sexuelle, surtout immédiatement avant cette union, mais qui peut encore être provoquée par d'autres excitations périphériques, par exemple, par la masturbation.

Ce phénomène reflexe peut ou bien manquer complètement chez l'homme ou bien ne pas se produire avec autant de précision que dans le coït normal.

Pour comprendre ces cas, il faut se rappeler que l'érection, comme toute action reflexe, exige pour sa production deux conditions essentielles : une excitation périphérique particulière, et une prompte réaction du centre réflexe spécifique correspondant et des nerfs afférents et efférents.

L'excitation périphérique est précisément l'excitation génésique, qui survient chez l'homme par un rapport direct avec une femme, et il est clair que, les autres conditions étant normales, le degré de l'excitation et la rapidité avec laquelle elle survient dépendront de l'impression que la femme, avec laquelle on se trouve, produit sur les sens et par ceux-ci sur l'appareil génital de l'homme. Si cette impression vient à manquer ou si elle est telle qu'elle excite plutôt une répulsion, l'érection, malgré l'aptitude au coït et malgré l'occasion, manquera également parce que la cause qui doit la réveiller, c'est-à-dire l'excitation génésique, fait défaut. Cette impuissance naturelle ou relative peut donc se montrer en face de femmes vieilles ou très laides ou souffrant d'infirmités corporelles, qui excitent du dégoût et de la répugnance.

Mais il est reconnu que, sous ce rapport, il faut tenir compte avant tout de l'individualité de l'homme, et qu'il y a un nombre immense de cas où les difformités les plus dégoûtantes n'ont pas été un obstacle à l'accomplissement des rapports sexuels. D'un autre côté l'accusation de dégoût et de répugnance n'est le plus souvent qu'un prétexte pour rompre les liens du mariage, qui sont devenus insupportables, et on invente dans ce but les mensonges les plus honteux.

Ce qui est d'une importance beaucoup plus considérable, au point de vue de la justice, c'est le manque d'érection qui est due à un état anormal de l'homme et que l'on peut désigner sous le nom d'impuissance au coït *catexogène.*

Cette absence d'érection peut avoir pour cause :

1° Une excitation incomplète ou nulle des centres d'érection ;

2° Des troubles dans la continuité des voies nerveuses déterminant le processus reflexe ;

3° Des troubles psychiques dans la marche normale de l'action reflexe.

1° Dans l'état actuel de la physiologie il faut admettre, de même que pour les autres fonctions physiologiques, qu'il existe un centre nerveux déterminé pour les instincts sexuels et leurs manifestations. Mais on n'est pas encore fixé sur son siège. On le supposait placé dans le cervelet, et certaines observations pathologiques paraissaient confirmer cette hypothèse; par exemple, celles de Serres, qui trouva qu'après des épanchements apoplectiques dans le cervelet, il y avait érection du pénis. Brücke (1), par contre, cite un cas observé à l'Hôpital des orphelins sur une malade qui, jusqu'au dernier moment, s'était livrée à l'onanisme et chez laquelle on ne trouva pas de cervelet à l'autopsie, mais une masse gélatineuse à sa place. A. Otto (2) a communiqué un cas d'une excitabilité génitale très prononcée malgré une atrophie du cervelet.

D'après des recherches plus récentes le siège du centre de l'érection se trouverait dans la moelle épinière. Goltz (3) regarde la moelle lombaire comme l'organe central et indépendant de l'érection qui peut être produite, en partie par voie reflexe, en partie par l'excitation des nerfs sensitifs des parties situées au-dessus de ce point, par l'intermédiaire des voies nerveuses qui se trouvent le long de la moelle épinière. Cette hypothèse concorde avec certaines observations d'érection du pénis durant plusieurs heures

(1) Brucke, *Vorlesungen*, II, 63.

(2) Otto, *Archiv für Psychiatrie*, t. IV, p. 730.

(3) Goltz, *Pflugers Archiv*, VIII, 460.

après une blessure de la moelle cervicale, et publiées par Tausky (1) et par Reimann (2).

Il est certain qu'il y a des hommes, n'ayant subi aucune blessure, chez lesquels l'excitabilité du centre présidant aux fonctions génitales, et particulièrement à l'érection, fait complètement défaut ou est considérablement amoindrie. On comprend que cet état puisse se rencontrer, même les autres conditions étant normales, et les anciens canonistes, très experts en ces matières, l'avaient désigné sous le nom de « *natura frigida* ». Cette possibilité a reçu une nouvelle confirmation par des observations psychiatriques, où l'on a constaté comme manifestations de certains états défectueux et congénitaux de l'intelligence, une absence totale ou une altération considérable des instincts sexuels. A cet ordre appartiennent quelques cas d'imbécillité et d'idiotie. Cependant il faut faire remarquer, à ce sujet, que les désirs sexuels ne sont pas en rapport constant avec l'intelligence et peuvent se montrer, comme phénomènes instinctifs, même quand l'intelligence est peu développée ou nulle. Il n'est pas rare de les voir sans bornes chez des idiots, précisément parce qu'ils ne sont pas arrêtés par les sentiments et les idées de moralité, destinés à mettre une limite aux désirs sexuels chez l'homme intelligent. L'atrophie des testicules, qu'on rencontre si fréquemment chez les idiots, n'entraîne pas toujours une abolition des désirs sexuels, et encore moins l'impossibilité de l'érection du pénis; chez les eunuques et dans certaines formes d'hermaphrodisme dont nous parlerons plus tard, malgré l''absence ou l'atrophie des testicules, on peut constater des excitations sexuelles et particulièrement l'érectilité du pénis. Dans ces cas le centre des actes sexuels est encore capable de fonctionner. Plus nombreux cependant sont les cas dans lesquels on observe, comme signes d'idiotie ou d'imbécillité congénitales, une absence complète ou une diminution des désirs sexuels. Il peut encore arriver dans ces cas que les excitations sexuelles venant d'une femme soient sans effet, tandis que les fonctions génitales se montrent par l'effet de la masturbation.

Ce qui, sous ce rapport, a une grande importance au point de vue médico-légal, ce sont certains cas d'aliénation mentale congénitale et particulièrement l'absence congénitale du sens moral. Dans ce cas, malgré la conformation normale du corps et le développement complet des organes sexuels mâles, les désirs sexuels

(1) Tausky, *Wiener med. Presse*, 1874, n° 31.

(2) Reimann, *Friedreich's Blätter f. gerich. Medic.*, 1875, p. 401

vis-à-vis de la femme, ou bien manquent complètement, ou se manifestent sous la forme de répulsion et de dégoût pour le sexe féminin; les instincts sexuels peuvent encore être pervertis, de sorte que la personne se montre et se comporte plutôt comme femme que comme homme.

Krafft-Ebing(1) a publié récemment une collection de faits semblables et surtout de ce qu'il appelle les *impressions sexuelles contraires*. Ces cas montrent, d'une façon éclatante, que l'instinct sexuel et ses manifestations dépendent de l'organisation congénitale des centres nerveux et que dans les questions d'impuissance il faut tenir compte de l'état mental de l'individu.

L'excitabilité du centre d'érection peut encore être amoindrie accidentellement par des excès sexuels; le plus souvent c'est l'onanisme précoce et excessif qui a ces suites fâcheuses, sans parler de l'influence psychique qui, chez ces individus, peut diminuer la puissance sexuelle.

Il est hors de doute que beaucoup de maladies du cerveau et surtout de la moelle épinière peuvent amener une diminution et une perte de l'érectilité, en partie par altération pathologique des centres même, en partie par des troubles dans les conducteurs nerveux. Il faut donc avoir égard au siège, à l'étendue ainsi qu'à la nature et au degré de la maladie.

Comme, d'après les recherches de Goltz, le centre de l'érection se trouve dans la moelle lombaire, les affections de la partie inférieure de la moelle épinière doivent avoir une influence particulièrement fâcheuse sur la puissance génitale; cependant nous avons observé dans l'hospice de Prague un homme âgé de cinquante ans et paralysé depuis longtemps des membres inférieurs, qui s'adonnait avec fureur à la masturbation, et nous l'avons surpris plusieurs fois dans l'état d'érection du pénis.

Il est certain qu'avec les progrès de l'âge l'excitabilité du centre de l'érection diminue et peut même disparaître ; cependant les manifestations sexuelles se rencontrent encore si fréquemment chez les vieillards, qu'il faut prendre en considération moins l'âge que l'état individuel de leur corps.

2° Le point de départ de l'érection se trouvant surtout au-dessus des centres d'érection de Goltz, c'est-à-dire, au-dessus de la moelle lombaire et particulièrement dans les nerfs sensitifs plus élevés dont l'excitation est transmise au centre d'érection par les voies ner-

(1) Krafft-Ebing, *Arch. f. Psych.*, 1877, VII, 201.

veuses de la moelle épinière, on comprend que les affections du cerveau et de la partie supérieure de la moelle épinière puissent diminuer ou même détruire l'aptitude à l'érection.

L'existence de la voie centrifuge déterminant l'érection a été prouvée par C. Eckhard par la découverte des *nervi erigentes*. Ces fibres, partant des premiers, seconds et troisièmes nerfs sacrés, se jettent dans le grand sympathique, et arrivent avec celui-ci aux vaisseaux du pénis, qui par leur gonflement, à la suite d'une excitation, amènent ainsi l'érection. La section de ces nerfs peut entraîner la perte de l'érectilité, ainsi qu'on l'a constaté par des expériences sur les chevaux. Des blessures de la racine du pénis peuvent avoir les mêmes conséquences.

3° L'accomplissement de l'acte réflexe de l'érection peut encore être empêché ou entravé par des influences psychiques.

D'après Goltz, sur des chiens chez lesquels, à la suite d'une section de la partie supérieure de la moelle lombaire, l'érection du pénis survient même après une légère excitation, on voit l'érection manquer ou même disparaître, si on fait agir en même temps des excitations plus fortes sur une autre partie de la peau.

Ces faits, observés également dans d'autres actes réflexes, peuvent être rapportés à des influences psychiques. On conçoit que chez un individu qui est sur le point d'accomplir le coït, l'érection puisse manquer ou être interrompue, par exemple, par une frayeur subite.

Des impressions morales moins subites peuvent avoir le même effet et on sait, par un grand nombre d'observations, que des individus, particulièrement les novices dans les rapports sexuels, ainsi que ceux qui se marient à la suite de masturbation prolongée et excessive, se trouvent souvent dans l'impossibilité d'entrer en érection soit par une pudeur excessive, soit par la crainte même d'être impuissant. Pour expliquer ces faits, on peut invoquer les mêmes raisons qui font que certains hommes ne peuvent uriner en présence d'un autre ou ne peuvent remplir les fonctions de défécation ou de miction dans la crainte de manquer le train.

Ces empêchements psychiques à l'acte réflexe expliquent ces cas d'impuissance alléguée ou supposée, qui se rencontrent si fréquemment chez de nouveaux mariés et qui disparaissent aussitôt que la confiance en eux-mêmes leur est revenue après l'accomplissement d'un coït et que la crainte de l'impuissance a ainsi disparu.

En dehors de ces causes d'atonie du pénis tenant à des troubles d'innervation, on trouve des états qui ont les mêmes conséquences, mais d'une façon mécanique. De ce nombre sont les rétractions cicatricielles, les exsudats chroniques dans les corps caverneux ou dans d'autres parties du pénis, certains néoplasmes, peut-être quelques formes particulières de phimosis et, dans beaucoup de cas d'hypospadias, un raccourcissement congénital du frein ou de la peau recouvrant la partie inférieure de la verge, de sorte que celle-ci est recourbée en arrière sous la forme d'un crochet et se trouve dans l'impossibilité d'entrer en érection.

On trouve en outre des cas dans lesquels le membre possède une érectilité normale, mais est recouvert par des tumeurs du voisinage, même dans l'état d'érection, de sorte qu'il ne dépasse pas leur niveau et ne peut être introduit dans les parties génitales de la femme ; comme exemples de ces cas, nous citerons l'éléphantiasis du scrotum et les hernies scrotales.

Nous avons observé nous-même un cas très curieux d'éléphantiasis. Le scrotum arrivait jusqu'aux genoux et avait trois fois la grosseur d'une tête d'adulte. Le pénis était complétement enfoui dans cette tumeur volumineuse, et une place excoriée marquait l'ouverture par où s'écoulait l'urine. Cet homme était marié et ne pouvait plus, à cause de cette tumeur, accomplir le coït depuis plusieurs années, parce que, malgré la conservation des désirs sexuels, le pénis, même dans l'état d'érection, était complétement recouvert par la tumeur.

Nous trouvons un cas semblable d'impuissance occasionnée par une hernie scrotale dans le journal de Henke (1).

On parle beaucoup dans les anciens ouvrages du volume trop considérable du pénis comme empêchement au mariage; mais nous ne nous occupons pas de ces faits, qui ne sont pas suffisamment prouvés.

L'absence complète du pénis, rarement congénitale, amenée le plus souvent par la gangrène, le noma, un ulcère rongeant ou autres affections, entraîne nécessairement une impuissance au coït. Dans la destruction partielle de la verge, il ne faudra pas oublier que l'existence du gland n'est pas indispensable pour l'érection et l'éjaculation, et que la portion restante du pénis peut s'allonger par l'érection et être introduite aisément dans les parties génitales de la femme.

Dans la description des causes de l'inaptitude au coït nous n'avons pris en considération que l'état des parties génitales. Il est clair cependant que l'accomplissement du coït exige encore d'autres conditions physiques. Il faut surtout tenir compte de ces circonstances dans les cas où la paternité de l'enfant est contestée.

(1) *Henke's Zeitschrift*, 1862, 44 Bd. p. 379.

Certains états physiques peuvent, selon leur nature, abolir les désirs sexuels ou mettre l'individu dans l'impossibilité d'accomplir le coït pendant ce temps, en lui enlevant la liberté de ses actions.

Le premier cas se rencontre dans la plupart des maladies fébriles, et personne ne prétendra que pendant le stade fébrile d'une pneumonie ou une éruption de variole le malade puisse se livrer au coït.

Le second cas s'observe dans certains états paralytiques, par exemple, les hémorrhagies du cerveau et leurs conséquences, l'hydropisie généralisée, etc., qui ont d'autant plus d'importance, qu'ils ne disparaissent pas rapidement, et laissent à leur suite une affection souvent très longue.

Nous trouvons dans Casper-Liman (1) et dans Taylor (2), des cas où la légitimité d'un enfant posthume a été contestée, parce que le père putatif se trouvait, quelque temps avant sa mort, atteint d'une maladie grave, qui le mettait dans l'impossibilité d'accomplir le coït. Dans un des cas cités par Casper-Liman, un homme de 72 ans avait épousé une jeune femme de 30 ans, qui, après quatre ans de mariage sans enfant, voulait faire passer son mari, mort après une maladie grave de six semaines, pour le père d'un garçon, venu au monde 317 jours après la mort du père supposé.

Il faut se rappeler cependant dans ces cas que certains états pathologiques, même très graves, n'excluent pas la possibilité du coït. On sait que les tuberculeux peuvent accomplir le coït jusque dans une période avancée de la phthisie, et nous avons vu un paysan tuberculeux, pratiquer encore le coït la veille de sa mort. Nous avons également connu un homme très passionné, qui, quoique atteint de syphilis du foie et d'ascite, a pu cependant se livrer plusieurs fois au coït.

ART. II. — L'APTITUDE A LA FÉCONDATION.

L'aptitude à la fécondation chez l'homme est liée à deux conditions : la présence de testicules sains et la conformation normale des voies séminales.

Il ne suffit pas que les testicules existent, il faut encore qu'ils sécrètent un sperme capable de féconder.

L'absence totale des deux testicules entraîne nécessairement la stérilité, que les testicules manquent par un défaut congénital, ou

(1) Casper-Liman, *Handb. d. gericht.*, *Med.* t. I, p. 92 et 237.

(2) Taylor, *Principles of medic. jurispr.*, 1873, II, p. 297.

qu'ils aient été enlevés après l'âge de la puberté. Il est très rare de constater l'absence congénitale des testicules comme vice de conformation isolé et indépendant, on ne la trouve que chez des monstres (anœdoeus). La castration dans l'enfance ne se présente que très rarement à notre observation. Quand la castration a été opérée après l'âge de la puberté, on ne peut nier que l'opéré ne puisse encore accomplir un coït fécondant avec le sperme resté dans les vésicules séminales. Le cas paraît d'autant plus probable, qu'un individu ne perd pas nécessairement par la castration la faculté de pratiquer le coït, en tant que celle-ci consiste dans l'érection et l'introduction du pénis; car, par cette opération, ni les centres de l'érection ni les voies nerveuses correspondantes ne sont lésés. Les anciens auteurs citaient déjà des observations de castrats qui accomplirent plusieurs fois le coït (P. Frank, Otto, Henke, A. Casper), et Pélikan (1) a observé récemment des cas semblables chez des Skopzys, qui, opérés du *petit sceau*, c'est-à-dire ayant été seulement châtrés, n'ont pas perdu la faculté de coïter, en font au contraire un usage très fréquent, se marient et se livrent même à des excès de coït effrénés. Otto a vu chez un individu, qui s'était châtré lui-même, une pollution survenir quelques jours après la castration, et Krahmer (2) a observé un cas analogue. Malheureusement dans aucun de ces cas le sperme ne fut examiné au microscope.

Il est vrai que, dans les premiers jours qui suivent la castration, l'individu opéré n'est pas porté au coït et est incapable de l'accomplir. Mais les observations citées plus haut prouvent que la chose est possible après la guérison. Pélikan pense toutefois qu'après la guérison de la plaie, le liquide fécondant resté dans les vésicules séminales, n'étant pas renouvelé par des éléments normaux, perd ses propriétés physiologiques et que les spermatozoïdes subissent la dégénérescence graisseuse, et finalement disparaissent complètement. On ne comprend pourtant pas pourquoi le sperme ne pourrait pas séjourner longtemps dans les vésicules et rester fécond, puisqu'il se trouve dans un réservoir naturel et dans les conditions les plus propices pour la conservation des spermatozoïdes. En examinant les voies séminales d'un grand nombre d'individus morts dans l'âge adulte, on peut se convaincre que les vésicules séminales contiennent beaucoup plus fréquemment que les autres voies séminales, des spermatozoïdes et qu'on en trouve souvent dans les vésicules, tandis qu'il n'en existe point ou à peine dans le testicule et l'épididyme. Nous en trouvons même dans les vésicules séminales d'individus chez lesquels, à cause de l'âge avancé, il n'y a ni reproduction rapide de spermatozoïdes, ni aucune raison d'admettre que les vésicules se soient vidées fréquemment par le coït ou les pollutions, de sorte qu'il faut admettre que le liquide spermatique se trouve depuis longtemps dans les vésicules. En tout cas, l'hypo-

(1) Pelikan, *Gericht. mediz. Unter suchungen uber Das Skopzenthum im Russland.* Giessen, 1876, p. 93.

(2) Krahmer, *Handb. d. gericht. Med.*, 1857, p. 303.

thèse de Pélikan, d'après laquelle les spermatozoïdes, non renouvelés par un nouvel apport de liquide spermatique, perdraient leurs propriétés physiologiques et subiraient la dégénérescence graisseuse, n'est nullement confirmée; et même, si cette hypothèse était fondée, il resterait toujours cette question : combien de temps faut-il pour que le sperme resté dans les vésicules séminales puisse être déclaré impropre à la fécondation? On ne peut donc nier la possibilité physiologique d'un coït fécondant après une castration faite dans l'âge adulte, il faut au contraire admettre cette possibilité, dans le cas où cette question serait un objet de litige.

Il est clair que la perte d'un testicule, si l'autre est encore propre à la reproduction, n'est pas suivie de stérilité.

L'absence des testicules dans le scrotum, par suite d'une descente incomplète des testicules, la *cryptorchie* ou cryptorchidie, n'occasionne pas à elle seule une impuissance à la fécondation. Taylor (1) rapporte quatre cas de cet arrêt de développement rare (2) concernant tous des hommes qui, dans leurs différents mariages, furent pères de plusieurs enfants. Pélikan (3) cite un cas semblable, et Beigel (4) put retrouver dans le sperme ejaculé d'un jeune homme de 22 ans atteint de cryptorchidie double, une quantité considérable de spermatozoïdes. Ces faits sont en contradiction avec les idées des anciens auteurs, tels que Hunter, Curling, Godard, etc., qui prétendaient que, dans les cas où il n'y avait pas descente des testicules, il y avait toujours atrophie de ces organes; et il est très curieux cependant de remarquer que dans trois cas de cryptorchidie, mentionnés par Taylor (5), on n'a pas pu trouver de spermatozoïdes dans le sperme éjaculé (6). Mais comme l'*aspermatozie* se rencontre assez fréquemment, même quand les testicules se trouvent dans leur position normale, on peut rapporter l'absence des spermatozoïdes dans

(1) Taylor, *loc. cit.*, t. II, p. 294.

(2) D'après Taylor, Marschal ne trouva sur 1,000 recrues qu'un cas de cryptorchidie simple et un cas de cryptorchidie double sur 10,000 soldats.

(3) Pélikan, *loc. cit.*, p. 43-50.

(4) Beigel, *Virch. Arch.*, Bd., 108, p. 144.

(5) Taylor, *loc. cit.*, 293.

(6) Liégeois, malgré des recherches réitérées, ne trouva pas de spermatozoïdes dans le sperme d'un cryptorchide sans enfant âgé de 37 ans. Sur une préparation conservée à l'alcool, dans le musée anatomo-pathologique de Vienne, et provenant d'un cryptorchide de 23 ans, nous avons trouvé un pénis long de 65 centimètres entouré de poils assez longs à sa racine, les vésicules séminales assez bien développées, longues de 4 centimètres et larges de 2 centimètres, les testicules très petits, semblables à ceux d'un enfant de 10 à 12 ans. Le testicule gauche était plat, long seulement de 2,2 centimètres, le droit plus arrondi avait de 2,5 centim. de diamètre. Je n'ai pu trouver de spermatozoïdes ni dans l'épididyme ni dans les vésicules séminales.

les cas cités, moins à la cryptorchidie qu'à d'autres causes, d'autant plus qu'il y a eu éjaculation de sperme et aptitude au coït, une preuve qu'il n'y avait pas d'atrophie des testicules.

L'âge exerce nécessairement une influence considérable sur les propriétés fécondantes des testicules ou plutôt du sperme. On sait que ce n'est qu'à l'âge de la puberté que les testicules acquièrent la propriété de former du sperme. Dans notre climat la puberté arrive ordinairement entre 16 et 18 ans, mais comme elle ne survient pas subitement, mais d'une manière progressive, on conçoit qu'il puisse y avoir beaucoup de causes précipitant ou retardant cette époque. De ce nombre sont la race et l'éducation, ainsi que les excitations précoces des parties génitales, qui peuvent faire avancer la puberté. Dans les cas de paternité attribuée à un garçon, il faut tenir compte moins de son âge que de son développement corporel, qui peut être complet avant l'époque normale et être même d'une précocité surprenante, ainsi que le prouvent un grand nombre d'observations. Klose (1) rapporte un cas de grossesse qui fut l'œuvre d'un garçon de 9 ans, et nous en connaissons nous-même un cas concernant un garçon de 14 ans. Taylor (2) cite des cas de viol, commis par des garçons de 15 à 16 ans, qui furent condamnés pour ce fait.

Du reste il faut remarquer qu'on peut trouver des excitations génitales, c'est-à-dire l'érection et l'aptitude au coït (3), bien avant l'aptitude à la fécondation, ainsi que le montrent les nombreux exemples de masturbation et l'observation de jeunes animaux, particulièrement des jeunes chiens. On ne peut donc pas conclure de l'aptitude au coït à l'aptitude à la fécondation chez les garçons.

La puberté se fait généralement reconnaître par certaines modifications plus ou moins sensibles dans l'état du corps. Celui-ci acquiert un extérieur plus mâle, les poils du pubis deviennent plus forts et plus nombreux, bientôt apparaissent les premières traces de la barbe, les testicules d'abord rudimentaires se gonflent et deviennent plus sensibles à la pression, la verge devient plus turgescente et plus forte, la voix change. On aura à constater l'existence ou l'absence de ces signes, qui sont assurément d'une importance capitale, quand il s'agit de savoir si un individu est déjà propre à la fécondation. Toutefois aucun de ces signes n'a une

(1) Klose, *Syst. der gericht. Physik.*, p. 250.

(2) Taylor, *loc. cit.*, 289.

(3) Le Dr Ruelle de Cambrai a observé un cas curieux de puberté précoce chez un enfant de 3 ans et 4 mois (*Bull. de l'Académie de méd.*, 1843, t. VIII, p. 622).

valeur absolue, et ce n'est que par l'examen du sperme éjaculé qu'on peut arriver à la certitude. Comme les pollutions nocturnes sont la preuve d'une puberté précoce et que la masturbation se rencontre le plus fréquemment à l'âge de la puberté, il est nécessaire de rechercher, dans ces cas, les taches de sperme et de les examiner au microscope (1).

Bien qu'on admette en général que l'aptitude à la procréation diminue d'année en année dans la vieillesse, on ne peut cependant établir une limite fixe à partir de laquelle elle cesserait complètement.

Tant que l'individu n'est pas tombé dans un état avancé de marasme, la nature n'a établi aucune limite, comme cela a lieu pour l'aptitude à la conception chez la femme. On trouve (2) un nombre considérable d'observations non douteuses de fécondation due à des vieillards. De plus on a pu constater sur les cadavres d'hommes très âgés une quantité considérable de spermatozoïdes dans les testicules et les vésicules séminales. Duplay (3) a examiné le sperme de 51 cadavres de vieillards et a trouvé des spermatozoïdes dans 37 cas; 7 fois ils existaient en quantité extraordinaire, comme dans le jeune âge, 16 fois il y en avait dans chaque goutte un grand nombre, et 14 fois on ne pouvait les trouver qu'isolément.

A. Dieu (4) a entrepris les mêmes recherches sur les cadavres de 105 vieillards de 64 à 97 ans. Il trouva des spermatozoïdes dans les vésicules séminales dans les proportions suivantes : de 64 à 70 ans, 64,3 p. 100; de 70 à 80, 44,8 p. 100; de 80 à 90 ans. 26,3 p. 100. Il n'en trouva pas dans les cadavres de vieillards de 90 à 97 ans.

Ces observations, qui concordent avec celles que nous avons faites à notre institut, doivent nous rendre très circonspects quand il s'agit de se prononcer sur l'aptitude à la fécondation d'un vieillard, d'autant plus que les cas où la légitimité d'un enfant est contestée à cause de l'âge du père, ne sont pas très rares. Aussi dans ces circonstrnces il faut tenir compte moins de l'âge de la personne que de l'état de son corps, et on sait que, sous ce rapport, il y a les plus grandes différences individuelles.

(1) Nous avons eu récemment l'occasion de faire l'autopsie d'un garçon de 14 ans qui avait succombé à une méningite purulente. Quoique l'habitus fût encore infantile et qu'il y eût à peine quelques poils au pubis, nous trouvâmes cependant quelques spermatozoïdes dans les testicules et dans les vésicules séminales.

(2) Taylor, *loc. cit.*, p. 291.

(3) Duplay, *Arch. génér.*, décembre 1852.

(4) Dieu, *Journ. d'anat. et de phys.*, 1867, p. 449.

Parmi les processus pathologiques qui suppriment ou empêchent les fonctions des testicules, il faut citer avant tout les états atrophiques.

L'atrophie congénitale des testicules est relativement très rare. Plus souvent on rencontre une persistance de l'état infantile des testicules, liée à un arrêt de développement du reste du corps, ou bien on la trouve isolément dans certaines formes d'idiotie congénitale.

Pour ce qui concerne l'atrophie sénile on n'a qu'à se reporter à ce que nous avons dit sur la formation du sperme.

Les autres formes d'atrophie testiculaire peuvent être occasionnées par des causes locales ou des causes indirectes.

Parmi les premières il faut citer les excès vénériens, les états inflammatoires des testicules et des épididymes, et la compression exercée par des organes voisins.

Il est certain que l'abus du coït peut amener l'atrophie des testicules; mais c'est moins la satisfaction naturelle et excessive des désirs sexuels, que la masturbation précoce et trop fréquente qui amènent ces effets désastreux; la masturbation en effet produit l'impuissance en épuisant tout le corps. Curling (1) cite des cas analogues et Albert (2) décrit un cas d'atrophie des testicules, liée à une atrophie de la prostate, chez un homme de 29 ans adonné à l'onanisme.

Parmi les processus inflammatoires qui peuvent avoir pour conséquence l'atrophie des testicules, les principaux sont l'orchite et l'épididymite blennorrhagique. Après Gosselin (3), Godard et Curling, qui ont montré l'influence pernicieuse de l'orchite blennorrhagique sur la formation des spermatozoïdes, Liégeois (4) a par ses recherches confirmé l'opinion de ces auteurs : sur 28 hommes qui avaient eu une épididymite double, 21 d'entre eux ne présentaient plus de spermatozoïdes dans leur sperme. L'épididymite paraît donc une des causes les plus fréquentes de l'aspermatozie, comme du reste l'avaient déjà indiqué Casper, Mantegazza et Hirtz (5).

L'atrophie des testicules n'est pourtant pas une conséquence

(1) Curling, *On sterility in man*, 1846.

(2) Albert, *Jahresb. des Wiener allg. Krankenh.*, 1871, p. 141.

(3) Gosselin, *Clinique chirurgicale de l'hôpital de la Charité*. 3ᵉ édition. Paris, 1879.

(4) Th. Liégeois, *Traité de Physiologie*. Paris, 1872.

(5) Hirtz, *Prag. Virteljahresch.*, 1863, 78 Bd., p. 111.

nécessaire de ces maladies et ne survient, ainsi que l'aspermasie et l'aspermatozie, que dans les formes chroniques de l'orchite; elle est due à une prolifération du tissu cellulaire qui, partant du tissu cellulaire intra-lobulaire ou de la membrane propre des canaux séminifères, oblitère la lumière de ces canaux et amène par compression la destruction de leur contenu cellulaire (Rindfleisch, Steiner).

L'atrophie des testicules peut survenir de la même façon après une orchite syphilitique ou traumatique.

Une pression continue sur les testicules peut également amener leur atrophie. Cette pression peut être le résultat d'une hydrocele ou varicocèle (Hunter), de grosses hernies scrotales (Hunter) et, d'après Virchow, d'un éléphantiasis. Les quelques cas de cryptorchidie, dans lesquels on a observé également de l'aspermasie, peuvent s'expliquer par une atrophie des testicules par compression. Cela se comprend surtout lorsque les testicules sont restés dans le canal inguinal.

Salzmann (1) rapporte un cas où il trouva entre les muscles abdominaux et la peau un testicule qui avait été probablement chassé du canal inguinal, sa position primitive, par un bandage appliqué mal à propos. Il était réduit au quart du volume normal et adhérent aux tissus voisins.

Parmi les causes indirectes de l'atrophie du testicule il faut citer la section expérimentale du nerf spermatique faite par Obolensky (2). Cet auteur a trouvé que, quand il sectionnait sur des animaux le nerf spermatique, il produisait une atrophie progressive du testicule, atrophie qui commençait déjà deux ou trois semaines après l'opération et qui, au bout de quatre mois, était telle que le testicule se trouvait réduit à la grosseur d'un pois. Pélikan et Blumberg observèrent une atrophie totale et quelquefois une suppuration des testicules après la section des cordons spermatiques. Après l'opération on voyait survenir généralement un gonflement du testicule, persistant jusqu'au seizième ou vingtième jour et suivi bientôt d'une atrophie progressive et totale, en sorte que tout le processus était achevé au bout de deux mois. Ni la section ni la ligature du canal déférent n'entraînaient l'atrophie du testicule.

L'atrophie du testicule, de même qu'elle se montre après une lésion du nerf spermatique, peut être produite également par les maladies de ce nerf et de l'organe nerveux central. De ce nombre

(1) Salzmann, *Med. Centralbl.*, 1865, p. 144.
(2) Obolensky, *Med. Centralbl.*, 1867, p. 497.

sont surtout les maladies de la partie inférieure de la moelle épinière. Cette atrophie peut encore se montrer après une lésion des parties plus élevées de la moelle et même du cerveau, comme le prouve l'observation de Larrey, qui a vu survenir l'atrophie testiculaire et l'impuissance chez un soldat atteint d'une blessure du cervelet.

L'action de l'iode, accusé d'occasionner l'atrophie des testicules, n'a pas été confirmée par les recherches nouvelles. Il en est de même du bromure de calcium, à qui Huette attribuait la même action (1). L'alcoolisme au contraire paraît provoquer cette atrophie. On sait que la plupart des alcooliques sont stériles, et sur un grand nombre de cadavres d'alcooliques que nous avons examinés nous-même, nous avons trouvé les testicules atteints de dégénérescence graisseuse comme les autres organes, et rarement des filaments spermatiques dans les testicules et les vésicules séminales. D'un autre côté, le dépôt excessif de graisse dans le corps doit avoir une influence sur les testicules, car nous savons que des individus très gras ont plus rarement des enfants que les autres personnes.

Dans tous les cas d'atrophie ou plutôt de dégénérescence graisseuse, la formation des spermatozoïdes paraît s'arrêter avant celle du sperme. C'est ainsi que s'expliquent un grand nombre de cas dans lesquels on n'a pas trouvé de spermatozoïdes dans le sperme éjaculé. Nous appelons aspermatozie cet état que nous avons eu l'occasion d'observer fréquemment. Dans d'autres cas concernant des hommes bien portants pour le reste, la cause de cette particularité est encore inconnue (2). Il est possible que certains individus soient naturellement impropres à la fécondation, comme cela arrive par exemple chez les bâtards des animaux. Ainsi un mulet est incapable de procréer parce que dans son sperme on trouve bien des cellules épithéliales, mais pas de filaments spermatiques, comme l'ont démontré de Martini (3) et Hausmann (4).

Casper a observé l'absence temporaire des spermatozoïdes chez un homme de 60 ans après un coït plusieurs fois répété. Quant à cette question si importante au point de vue médico-légal, com-

(1) Krosz, *Arch. für exp. Pathol*, t. VI, p. 3.

(2) Casper, t. I, p. 129, etc.

(3) Martini, *Vierteljaresch. für Veterin.*, XLI, 1874, I, p. 6, Anal.

(4) Parmi les maladies des organes sexuels mâles accompagnées d'aspermatozie dans leur période avancée Morris Wilson et Albert placent aussi la spermatorrhée dans laquelle l'aptitude au coït et à la fécondation peut être détruite par l'éjaculation trop précipitée du sperme (Zeissl, *Lehrbuch der Syphilis*, 1875, I, 91).

ment se comporte la formation des spermatozoïdes dans le cours ou à la suite de certaines maladies, je ne connais d'autres observations que celles de Liégeois qui en conclut que ces processus ne détruisent pas la formation des spermatozoïdes.

Comme nous l'avons dit, l'aptitude à la fécondation de l'homme est liée à l'intégrité des testicules et à celle des voies spermatiques. Ces voies sont les conduits spermatiques et l'urètre.

Little (1) décrit un cas probablement unique d'absence congénitale des canaux déférents. Ce cas concernait un homme fort et sain ayant les organes sexuels extérieurs bien développés et les testicules normaux. L'épididyme était incomplètement développé des deux côtés et présentait des kystes remplis de spermatozoïdes. Le canal déférent manquait complètement des deux côtés ainsi que les conduits éjaculateurs. Les vésicules séminales étaient rudimentaires.

L'oblitération des canaux déférents peut être occasionnée par un processus inflammatoire ou par compression. Duplay (2) prétend avoir observé fréquemment sur les vieillards une oblitération de l'épididyme, plus rarement celle des canaux déférents, et s'étonne d'avoir trouvé dans ces cas les testicules non altérés, pas plus que la formation du sperme. Ces observations concorderaient avec celle de Pélikan qui a remarqué que la section des canaux déférents n'entraînait pas l'atrophie des testicules.

Depuis longtemps on a admis la possibilité de la stérilité à la suite de la taille latérale par une lésion du conduit éjaculateur. Cosmao-Dumenez (3) décrit un cas semblable, et récemment Teevan (4) a publié quatre cas concernant tous des hommes à l'âge adulte, qui non seulement n'eurent plus d'enfants à partir du moment de l'opération, mais racontaient encore qu'ils n'avaient plus d'éjaculation pendant le coït. Des blessures d'autres parties des voies urinaires peuvent naturellement avoir les mêmes conséquences; il faut ranger dans cette catégorie le cas cité par G. Schmitt (5) d'un homme de 35 ans, jusqu'alors sain de corps et d'esprit, qui n'avait jamais éjaculé de sperme, ni pendant le coït ni pendant les érections nocturnes, malgré la sensation de jouissance.

De toutes les anomalies des voies urinaires la plus fréquente est

(1) Little, *Dublin Journ.*, LVIII, aug. 1874.
(2) Duplay, *Arch. génér.*, août, octob. 1855.
(3) Dumenez, *Schmidt's Iahreb.*, 1863, 120, p. 308.
(4) Teevan, *Virch. Iahresb.*, 1874, II, 312.
(5) Schmitt, *Wurtzb. med. Zeitschr.*, III, p. 361.

certainement l'hypospadias. Pour l'appréciation de ces cas il faut se défaire des idées des anciens qui prétendaient que, pour que la fécondation eût lieu, il fallait que le sperme fût porté profondément dans le vagin et lancé contre l'orifice du col. Ces idées sont combattues par un grand nombre de faits, parmi lesquels il faut citer les cas où la grossesse a eu lieu, quoique l'introduction du pénis eût été impossible à cause d'une soudure presque complète des bords du vagin ou même des grandes lèvres.

Dans beaucoup de formes d'hypospadias, dans les cas relativement fréquents où l'orifice de l'urètre se trouve à la racine du frein ou dans le sillon du gland, l'introduction profonde de la verge, et le jet du sperme contre l'orifice du col ne sont pas impossibles, car dans ces cas le pénis est normalement conformé pour le reste et l'évacuation de l'urine se fait facilement en jet. Labalbary (1) a vu un hypospadias semblable chez un père de deux enfants et un autre concernant un père de cinq enfants. P. Franck a trouvé un hypospadias dans la même famille chez le père, le fils, le petit-fils.

Dans les formes plus prononcées d'hypospadias, où l'urètre s'ouvre dans le périnée, les conditions de l'aptitude à la fécondation sont plus défavorables, parce que la verge est généralement atrophiée et recourbée en bas en forme de crochet. Malgré cela, la possibilité d'une fécondation ne peut être complètement niée et a été prouvée d'une façon remarquable par le cas de Traxler (2) : une personne élevée comme fille, servante et présentant les caractères d'un hermaphrodite, procréa avec une autre fille un enfant qui présentait, en venant au monde, les mêmes difformités des organes génitaux que son père. Cette possibilité s'explique par cette circonstance qu'un pénis même atrophié s'allonge par l'érection, de façon à pouvoir être porté au moins entre les grandes lèvres qu'il écarte et ouvre ainsi la voie de la vulve au jet de sperme.

L'épispadias est beaucoup plus rare que l'hypospadias. Les formes légères qui n'ont presque pas d'influence fâcheuse sur la fécondation sont même plus rares que les formes plus graves où l'ouverture de l'urètre se trouve sous la symphise. On peut voir la description et la reproduction d'un épispadias analogue, avec un pénis normalement conformé pour le reste, dans le journal de Henke, 1824, p. 275.

R. Bergh (3) décrit et reproduit deux cas semblables. L'un

(1) Labalbary, *Prager Viertelj.*, 1864, 82, 114.

(2) Traxler, *Prager Viertelj.*, 52, p. 103. *Wiener med. Wochensch.*, 1856, 18.

(3) Bergh, *Virch. Arch.*, 41, 305.

de ces deux derniers cas concernait un employé de la police qui s'était marié deux fois, avait même des mœurs très débauchées et n'eut jamais d'enfant. Il urinait comme les femmes et disait n'avoir jamais été en état de lancer l'urine en jet. Le second concernait un garçon de 15 ans qui avait déjà des pollutions. L'urine s'écoulait d'abord en jet, puis en bavant des deux côtés du pénis.

Il n'est certainement pas facile d'admettre que dans ces cas la fécondation puisse avoir lieu par le coït, parce que le sperme éjaculé ne peut pas arriver dans la vulve, mais la chose n'est pourtant pas absolument impossible, car le sperme éjaculé se trouve au moins en contact avec la vulve ; de plus, par une cohabitation prolongée, le pénis peut être introduit plus profondément dans les parties génitales de la femme. Les degrés les plus avancés de l'épispadias sont souvent accompagnés d'un défaut de soudure de la symphyse et d'une exstrophie de la vessie ; on comprend que dans ces cas l'aptitude à la fécondation soit encore plus incertaine que dans les formes précédentes.

Les anomalies des voies urinaires peuvent être aussi le résultat d'un traumatisme. Les rétrécissements de l'urètre et le phimosis n'ont aucune influence sur l'aptitude à la fécondation.

CHAPITRE II

L'APTITUDE A LA PROCRÉATION CHEZ LA FEMME.

ARTICLE 1er. — L'APTITUDE AU COÏT.

L'aptitude au coït chez la femme exige l'existence d'un vagin et la faculté de recevoir le pénis en érection. Elle peut donc être entravée par l'étroitesse de l'orifice du vagin, par le rétrécissement du vagin lui-même, ou par d'autres causes empêchant l'introduction du pénis.

Les différentes formes d'atrésie de l'orifice du vagin constituent l'empêchement le plus fréquent au coït chez la femme. Il s'agit le plus souvent d'une soudure ou seulement d'un accollement épithélial des grandes lèvres, ou bien d'une atrésie plus ou moins complète de l'hymen, ou enfin d'un rétrécissement de toute l'entrée du vagin.

Ces anomalies sont le plus souvent congénitales, mais elles peuvent encore être la conséquence d'une rétraction cicatricielle survenant à la suite de brûlures, de la diphtérie, de la variole et même de blessures.

Ces anomalies constituent un obstacle plus ou moins considérable au coït selon leurs caractères particuliers et, au point du vue médico-légal, il faudra chercher si cet obstacle peut être vaincu ou non par une opération. Le premier cas est le plus fréquent et donne donc rarement lieu à une expertise médico-légale. Dans le second cas, il faut se rappeler qu'on a vu des grossesses survenir même dans les cas d'étroitesse considérable; que par la répétition du coït, il se forme une espèce de vagin, et que le canal de l'urètre a pu dans les cas d'absence ou de rétrécissement du vagin être assez dilaté, par les chocs répétés, pour permettre l'accomplissement du coït.

L'entrée du vagin peut encore être rendue impossible par de grosses hernies labiales ou par l'éléphantiasis des grandes lèvres.

Aux conditions anormales de l'entrée du vagin empêchant le coït il faut encore rattacher le *vaginisme*, affection sur laquelle Simpson (1), puis Sims ont les premiers attiré l'attention. On désigne sous ce nom, d'après Schröder (2), une hypéresthésie de l'entrée du vagin, liée à une contracture spasmodique du constricteur du vagin et des muscles du périnée. Cette sensibilité est quelquefois tellement intense, que l'attouchement seul de l'entrée du vagin détermine déjà des contractures. On n'est pas encore d'accord sur la cause de ce phénomène. D'après Scanzoni il serait dû à un traumatisme à la suite de tentatives maladroites et répétées du coït, c'est pourquoi on le trouve surtout chez les jeunes femmes. D'autres allèguent la nature inflammatoire de cette affection, et Martin l'a observée dans la blennorrhagie. Le vaginisme paraît cependant être dû le plus souvent à des fissures de l'entrée du vagin, fissures qui seraient profondément situées et par cela difficiles à trouver. Dans d'autres cas il faut chercher la cause de ces contractures dans les impressions psychiques, surtout la peur excessive du contact.

Ainsi Schröder a vu survenir des contractures violentes de tous les muscles au bassin chez une vierge de vingt ans par le contact seul du doigt. M. Fritsch (3) décrit un cas où le vaginisme fut suivi d'une affection mentale, jusqu'à ce qu'on eût trouvé la

(1) Simpson, *Clinique obstétricale et gynécologique*. Trad. et annoté par G. Chantreuil. Paris, 1874.

(2) Schröder, *Ziemssen's Handb.*, X, 487.

(3) Fritsch, *Arch. f. Gynäk.*, 1876, X, 547.

cause de l'hypéresthésie de l'entrée du vagin dans de petites fissures situées sous le clitoris et qu'on les eût guéries par la cautérisation. Il est très important de savoir que dans quelques cas observés jusqu'à présent la cause de l'hypéresthésie ne se trouvait pas dans l'entrée du vagin, mais dans des fissures à l'anus (Ewart, Fritsch). Il faut encore ajouter que Neftel (1) a observé le vaginisme comme symptôme d'une intoxication saturnine (2).

Parmi les vices de conformation du vagin, il faut encore citer l'absence congénitale du vagin et la soudure partielle ou totale de ses parois, que celle-ci soit congénitale ou acquise, comme causes d'empêchement au coït. Ces cas ne méritent pas une description particulière et ne présentent aucune difficulté au point de vue médico-légal. Il en est de même de l'obturation ou du rétrécissement du vagin par des tumeurs.

Les rétrécissements considérables du bassin peuvent encore entraîner chez la femme une inaptitude au coït.

On trouve dans le journal de Kopp (3) la relation d'un cas semblable qui donna lieu à une expertise médico-légale : il s'agissait d'une bossue, contrainte au mariage par l'avarice de ses parents, et demandant une séparation, parce qu'elle était forcée depuis deux ans de subir les tentatives brutales de son mari pour accomplir le coït. Les médecins trouvèrent une personne de 31 ans, pâle, très amaigrie et cyphoscoliotique ; pas de traces de seins ; le bassin était déformé et rétréci au point que le diamètre antéro-postérieur comptait à peine 1 pouce, le vagin était excessivement étroit, et permettait avec peine l'introduction du doigt. Les médecins légistes déclarèrent la femme impropre au coït et publièrent ce cas, « afin, disaient-ils, que l'Etat prenne en considération des cas de ce genre, par amour de l'humanité et par respect de la sainteté du mariage. » Souhait pieux, qui paraît encore justifié en ce moment.

Une chute réductible de la matrice, ou un prolapsus du vagin ne constituent pas un obstacle absolu au coït ; mais il est certain qu'une telle affection rend le coït plus difficile et surtout excite le dégoût ; et ce fait peut dans certaines circonstances, par exemple si cette maladie survient chez une femme mariée, devenir la cause compréhensible de divorce. Dans un cas rapporté par Meyer (4), il s'agissait de décider si un homme qui, après le con-

(1) Schröder, *loc. cit.*

(2) Hildebrand (*Arch. f. Gynäk.*, III, 221), décrit un cas de contracture du releveur de l'anus survenant à chaque coït chez une jeune femme très excitable, de sorte que le pénis était pressé contre la paroi antérieure du bassin et était retenu quelque temps dans cette position (penis captivus.)

(3) *Kopp's Jahrb. der Staatsarznk.* 8e année, 307.

(4) Meyer, *Friedreich's Blätter*, 1877, 26.

trat de mariage, mais avant le mariage civil, voulut accomplir le coït pour la première fois avec sa fiancée et trouva que celle-ci était atteinte d'une chute de l'utérus, était forcé de l'épouser et de remplir les engagements du contrat. Les médecins invoquèrent le dégoût que provoque cette affection et le tribunal partagea leur opinion en déliant cet homme des obligations du contrat, mais le condamna à des dommages-intérêts pour défloration.

La répugnance et le dégoût jouent un grand rôle dans les demandes en séparation. Il va sans dire toutefois que la femme peut invoquer les mêmes raisons à l'égard de son mari. Mais ces faits n'ont pas de rapport à proprement parler avec l'aptitude au coït et présentent des particularités individuelles si nombreuses, qu'il faut opposer la plus grande prudence et la plus grande circonspection à ces assertions.

ART. II. — L'APTITUDE A LA CONCEPTION.

L'époque de la puberté et par conséquent de l'aptitude à la fécondation peut être précisée plus facilement chez la femme que chez l'homme, parce que, à part quelques rares exceptions, l'établissement de la menstruation constitue un point de repère certain.

Cette époque arrive en moyenne dans notre pays entre la quinzième et la seizième année de la vie. Szukits (1) a trouvé, par l'examen de 2,275 observations, que les Viennoises sont réglées pour la première fois en moyenne à l'âge de 15 ans et huit mois et demi, tandis que les paysannes ne le sont qu'à 16 ans et deux mois et demi. D'après Brierre de Boismont (2) les règles se montrent chez les Françaises dans les classes pauvres à 14 ans et 10 mois, dans les classes moyennes à 14 ans et 5 mois, dans les classes riches à 13 ans et 8 mois. Francis R. Hogg (3) sur 1,948 cas a vu les règles se montrer pour la première fois 1 fois à 9 ans, 6 fois à 10, 59 fois à 11, 146 fois à 12, 253 fois à 13, 437 fois à 14, 502 fois à 15, 270 fois à 16, 157 fois à 17, 97 fois à 18, 45 fois à 19, 19 fois à 20, 4 fois à 21, 1 fois à 22, et 1 fois à 30 ans. Dans 17 cas la menstruation ne survint qu'après le mariage.

Par la comparaison de ces chiffres on peut déjà voir que dans certains cas la menstruation est d'une précocité extraordinaire.

(1) Szukits, *Wiener medic. Zeitsch*, 1857, XIII, 509.

(2) Brierre de Boismont, *De la menstruation* (*Mém. de l'Acad. de méd.* Paris, 1841, t. IX, p. 100).

(3) Hogg, *Medic. Times*, 1871, n° 4.

Il y a cependant un nombre relativement considérable de cas où la menstruation s'est montrée plus tôt encore. Horvitz (1) a réuni toute une série de cas semblables, parmi lesquels se trouve celui de Morand, concernant une petite fille réglée à 4 mois, et celui d'un enfant chez laquelle les règles apparurent déjà à l'âge de 9 mois, et qui avait déjà des poils au pubis et des seins développés. Lenhossek parle d'un enfant réglée à 9 mois, qui à deux ans présentait le développement d'une jeune fille de 17 à 18 ans. Parvin cite un cas concernant une fille de 4 ans et demi et Peakock un autre d'une fille de 5 ans. Dans le premier la menstruation durait régulièrement trois jours; l'habitus extérieur était celui d'une fille de 10 ans, la longueur du corps était de trois pieds six pouces, et le poids de 75 livres. Les parties génitales étaient complètement développées, mais dépourvues de poils, la poitrine était celle d'une jeune fille de 17 ans.

On pourrait objecter que la précocité de la menstruation n'implique pas nécessairement la précocité de l'aptitude à la conception. Cependant Waldeyer a trouvé que les œufs étaient déjà formés dans l'ovaire d'un enfant, et Slaviansky (2) a prouvé que la maturité des œufs ne commençait pas seulement à l'âge de la puberté, mais qu'on pouvait trouver chez l'enfant des follicules déjà mûrs. Du reste on a observé un nombre assez considérable de grossesses dans le bas âge. Ainsi Kussmaul a vu une jeune fille de 8 ans devenir enceinte et accoucher au bout de 9 mois. Ruttel a observé également un cas de grossesse chez une petite fille de 9 ans et Boulet chez une autre de 10 ans, qui était déjà réglée depuis l'âge d'un an, Machamara chez une jeune Indienne de 10 ans et demi ; Cortis a vu un accouchement chez une fille de 16 ans et 8 mois, Fox et Willand une grossesse à l'âge de 10 ans, et Horwitz à l'âge de 12 ans.

Il est important de savoir que l'aptitude au coït peut exister avant et même sans la menstruation, non seulement chez les chlorotiques par exemple, mais aussi chez des personnes saines. Casper a connu une paysanne forte et bien portante, âgée de trente-deux ans, qui était accouchée déjà trois fois, sans avoir jamais été réglée. Löwy (3) cite le cas d'une femme de 31 ans, bien portante, qui était accouchée de six enfants sans avoir jamais été réglée. La menstrua-

(1) Horvitz, *Petersb. med. Ztg.*, VII, Jahrg. XIII.
(2) Slaviansky, *Med. Centralb.*, 1871, 131, et 1875, 165.
(3) Löwy, *Wr. med. Wochenschr.*, 1868, n° 98.

tion ne s'établit qu'après la sixième couche et s'est continuée régulièrement depuis ce temps.

L'époque où cesse l'aptitude à la conception chez la femme se trouve chez nous en moyenne entre la quarante-cinquième et la cinquantième année de la vie. La ménopause indique généralement la fin de l'aptitude à la conception. Ce phénomène est cependant soumis à des variations nombreuses, dépendant du climat, de la race, etc. Sur 57 femmes, que Francis Hogg a observées, la menstruation cessa

1	fois	à	23	ans.	3	fois	à	43	ans.
1	—		34	—	5	—		45	—
1	—		35	—	3	—		46	—
1	—		37	—	9	—		47	—
5	—		38	—	2	—		48	—
10	—		40	—	3	—		49	—
2	—		41	—	2	—		50	—
6	—		42	—	2	—		53	—

D'arès Evers (1), sur 123 femmes, la ménopause arrive dans l'ordre suivant :

à l'âge de	37	ans	1	fois chez	une citadine.	«	fois chez	une paysanne,	en tout	1	fois.
—	38	—	«	—	—	1	—	—		1	—
—	40	—	2	—	—	2	—	—		4	—
—	41	—	«	—	—	1	—	—		1	—
—	42	—	1	—	—	«	—	—		1	—
—	43	—	2	—	—	3	—	—		5	—
—	44	—	2	—	—	3	—	—		5	—
—	45	—	12	—	—	2	—	—		14	—
—	46	—	10	—	—	2	—	—		12	—
—	47	—	4	—	—	2	—	—		6	—
—	48	—	11	—	—	3	—	—		14	—
—	49	—	12	—	—	7	—	—		19	—
—	50	—	16	—	—	5	—	—		21	—
—	51	—	2	—	—	2	—	—		4	—
—	52	—	3	—	—	1	—	—		4	—
—	53	—	3	—	—	2	—	—		5	—
—	54	—	5	—	—	1	—	—		6	—
—	55	—	1	—	—	»	—	—		1	—

En dehors de ces variations il faut faire remarquer que les règles peuvent cesser plus tôt pour des causes pathologiques, et qu'à l'âge critique, des hémorrhagies pathologiques peuvent être prises pour

(1) Evers, *Schmidts Jahrb.*, 1873, 160, p. 150.

des menstrues. La conception n'est cependant pas impossible même après la suppression des règles.

Outre les faits déjà connus, Barker (1) rapporte l'observation de deux femmes, dont l'une, mère de cinq enfants, cessa d'être réglée à l'âge de 42 ans et devint cependant enceinte à 46 ans, et l'autre conçut à l'âge de 47 ans, trois ans après que la menstruation s'était supprimée (2).

Il est relativement rare de voir des femmes devenir enceintes après l'âge de 45 ans, et les accouchements après 40 ans ne sont pas chose fréquente. Nevermann, sur 10,000 accouchements n'en a compté que 436 survenant après la 40e année, et la plupart de ces 436 cas arrivèrent dans le courant de cette année. Après cette époque le nombre en diminue rapidement. Il y a cependant des cas authentiques de femmes ayant conçu et accouché dans un âge avancé, et parmi ces cas je citerai ceux de Barker, qui a observé 3 fois des naissances chez des femmes âgées de plus de 50 ans. Parmi celles-ci se trouvait une femme de 51 ans qui avait accouché pour la première fois après 27 ans de mariage et pour la seconde fois l'année suivante. Nous trouvons un cas semblable dans la *Gazette médicale de Vienne* (1), concernant une femme bien portante, mariée depuis vingt ans, qui devint enceinte pour la première fois à l'âge de 48 ans, et qui prenait la suppression des règles pour le début de sa ménopause.

La littérature ancienne contient un nombre considérable de cas où l'accouchement eut lieu plus tard encore, mais leur véracité est discutable. D'après Barker, il n'y aurait qu'un seul cas authentique et observé par Davies, d'une femme ayant accouché encore à 55 ans.

L'aptitude à la conception dans un âge avancé peut être mise en question, quand la légitimité d'un enfant est attaquée pour cette raison, comme dans le cas de Taylor (2) où l'on contestait la légitimité d'un prétendant à l'héritage, parce qu'on mettait en doute que sa mère ait pu l'enfanter à l'âge de 49 ans. De même le paiement d'un héritage ou d'une autre somme peut souvent dépendre

(1) Barker, *Virch. Jahresb.*, 1874, II, 7, 728.

(2) Louis Mayer (*Virchow's Jahrb.*, 1875, II, 596) a vu une femme de 49 ans, souffrant en outre d'une dégénérescence cancroïde du col de l'utérus, devenir enceinte après une union stérile de vingt ans. Elle avorta d'une môle hydatique. Il rapporte en outre un cas de conception à l'âge de 44 ans et un autre à l'âge de 43 ans.

(3) *Wiener medic. Ztg.*, 1875, p. 85.

(4) Taylor, *loc. cit.*, II, 305.

de cette question : la femme peut-elle encore avoir des enfants?

Un gentilhomme avait introduit dans son testament cette clause que sa fortune ne serait payée qu'à ses arrière-petits-enfants. Il avait laissé deux fils dont chacun avait des enfants. Quelques-uns de ces derniers étaient morts sans laisser d'enfants, et il ne restait du fils aîné que deux filles, qui toutes deux étaient mariées, mais n'avaient pas d'enfants, et un fils et une fille du plus jeune. Les filles du premier étaient âgées de 57 et 52 ans. On demandait donc au tribunal d'admettre que ces deux femmes à cause de leur âge avancé étaient incapables d'avoir encore des enfants, afin de reporter l'héritage entier sur la branche cadette. Les juges cependant n'admirent pas cette conclusion, parce que le conservateur des archives (Master of the Rolls) leur avait communiqué un cas de naissance d'un enfant chez une femme de six ans plus âgée que la plus jeune des femmes en question.

On trouve des cas semblables dans Casper-Limann. Dans l'appréciation de ces cas il faudra partir de ce fait, qu'après quarante ans, la conception devient de plus en plus invraisemblable avec le nombre des années, mais il ne faudra pas oublier de prendre en considération, outre l'âge et les conditions de la menstruation, l'état corporel de la femme et se prononcer d'autant moins que celle-ci sera plus forte et plus vigoureuse.

L'article 180 du code civil autrichien, de même que la loi prussienne, ne permet l'adoption d'enfants qu'à des personnes qui ont dépassé l'âge de 50 ans. Mais il ressort de cette loi et de l'article 669 du code prussien que cette faculté peut être accordée à des personnes plus jeunes si par l'état de leur corps ou de leur esprit on peut supposer que la naissance d'enfants légitimes est impossible : il résulte de là que la loi regarde l'âge de 50 ans comme celui où la reproduction peut encore être admise. Ce que nous venons de dire s'applique particulièrement aux femmes, car pour les hommes cette limite est plus reculée.

L'inaptitude à la fécondation chez la femme peut du reste être occasionnée par des processus pathologiques. Ainsi l'absence complète ou l'atrophie des ovaires entraîne toujours la stérilité ; ces deux anomalies peuvent être congénitales, et se rencontrent alors exceptionnellement seules. La plupart de ces cas sont accompagnés d'anomalies d'autres organes, surtout d'un développement incomplet du reste de l'appareil génital comme dans beaucoup de formes d'hermaphrodisme. Depuis que l'ovariotomie est devenue une opération plus fréquente, l'absence de l'ovaire peut être acquise et il est certain qu'une ovariatomie double supprime l'aptitude à la fécondation de la femme.

L'existence de tumeurs des ovaires ne permet pas d'exclure d'une manière absolue l'aptitude à la fécondation. On a observé souvent la conception dans les cas de tumeurs unilatérales et même quelquefois dans les cas de tumeurs des deux ovaires. Ce qui prouve que même dans les cas de tumeurs avancées la maturation des œufs se continue quelquefois (1).

Il est hors de doute que beaucoup d'autres maladies des ovaires suppriment leurs fonctions et entraînent avec elles l'incapacité de la conception. Mais la plupart de ces affections sont d'un diagnostic si difficile, qu'elles ne peuvent avoir d'importance, au point de vue medico-légal, que dans des cas exceptionnels. Il en est de même des maladies des trompes, surtout de leur oblitération qui peut être la suite d'une péritonite, d'une salpingite, etc. (2).

On a observé souvent l'absénce congénitale de l'utérus; dans ces cas le vagin se termine en cul-de-sac, est très raccourci et fortement rétreci. Nous l'avons trouvée nous-même sur une vieille femme mariée: le vagin avait une longueur de 5 à 6 centimètres et formait cul-de-sac complet. A la place de l'utérus il n'y avait que quelques faisceaux fibreux disposés en pyramides dans les ligaments larges, les trompes manquaient, les ovaires étaient tous les deux rudimentaires et présentaient plusieurs anfractuosités (3).

Si le vagin, dans ces cas, a une longueur et une largeur suffisantes, l'aptitude au coït peut exister sans l'aptitude à la fécondation (4).

Dans un cas communiqué par Taylor, l'examen médico-légal, ordonné par suite d'une demande en divorce, fit découvrir un vagin de trois quarts de pouce et sans utérus; un second examen fait six mois après permit de constater que le vagin avait acquis une longueur de deux pouces. Le mariage fut déclaré nul et non avenu, mais seulement à cause de l'obstacle au coït parce que, dit le juge, l'inaptitude à la fécondation, quand le coït est possible, ne peut pas être admise comme une raison suffisante pour la déclaration en nullité d'un mariage. Si dans ce cas le vagin avait eu sa conformation normale, malgré l'absence complète de l'utérus, la nullité du mariage n'aurait pu être prononcée. Taylor s'élève avec raison contre cette jurisprudence en opposition évidente avec le but propre du mariage qui est la procréation des enfants.

(1) Léopold et Olshausen, *Virch. Jahrb.*, 1874, II, 738.

(2) Id., *ibid.*, 1874, II, 738.

(3) On trouve des cas semblables *in Virch. Jahrb.*, 1868, II, 601, et *Schmidt's Jahrb.*, 1874, vol. CLXIV, p. 260.

(4) *Wr. medic. Wochensch.*, 1873, n° 12.

Le développement rudimentaire de l'utérus, l'utérus infantile, et l'atrésie de l'utérus donnent lieu aux mêmes considérations que l'absence complète de cet organe.

L'oblitération de l'utérus par flexion ou version paraît être une cause fréquente de stérilité. Sur 272 femmes stériles, Mayer a trouvé 97 fois un changement de position de l'utérus, et Beigel (1) l'a constaté 22 fois sur 114 femmes stériles. Grünewald (2) cherche la cause de la stérilité dans ces cas, non pas dans l'obstruction du canal de l'utérus, mais dans d'autres maladies qui l'accompagnent ordinairement; à ce sujet il fait remarquer que, si l'on considère l'utérus du cochon, de la brebis et du chien, il faudra convenir que tous les obstacles, que les flexions de l'utérus de la femme peuvent opposer à la marche des spermatozoïdes, ne sont qu'un jeu en comparaison de ceux que l'on rencontre dans le canal cervical physiologique de ces animaux, et on sait cependant avec quelle rapidité et quelle régularité ces derniers se reproduisent.

Stadfeldt (3) regarde l'importance qu'on a accordée aux flexions de l'utérus, au point de vue de la stérilité, comme exagérée, parce qu'il a trouvé que des femmes atteintes d'une rétroflexion de l'utérus étaient très aptes à la reproduction: car les 36 femmes, qu'il a eu l'occasion d'observer, avaient accouché 133 fois, ce qui faisait une proportion de 3, 7 pour chaque femme, nombre qui est égal à celui qu'on trouve dans les statistiques des femmes mariées.

Les tumeurs fibreuses et le cancer de l'utérus ne constituent pas un obstacle absolu à la conception; cependant, d'après Schröder, dans les tumeurs fibreuses interstitielles et sous-muqueuses et le cancer à une période avancée, la grossesse survient difficilement.

Les gynécologues citent, et non sans raison, comme cause de la stérilité, une série de maladies de l'utérus, telles que la déformation de la portion vaginale (Beigel), les inflammations de l'utérus et de ses annexes, et, tant au point de vue mécanique qu'au point de vue de l'action chimique nuisible aux spermatozoïdes, les états blennorrhagiques (Kölliker, Scanzoni, Küchenmeister, Marion Sims). Mais comme ces états n'entravent pas l'aptitude à la conception d'une façon constante et absolue, ils n'ont donc qu'une importance secondaire au point de vue médico-légal.

L'oblitération incomplète du vagin par des adhérences, tumeurs, pessaires et autres ne constitue pas un obstacle absolu à la concep-

(1) Beigel, *Arch. f. Gynäk.*, VIII, 414.
(2) Grunewald, *Virch. Jahrb.*, 1874, II, 756.
(3) Stadfeldt, *Geburtsh.*, p. 203.

tion. Olshausen (1) a vu la grossesse survenir deux fois malgré l'usage continu d'un pessaire.

On trouve en outre un grand nombre d'observations, qui se reproduisent presque chaque année, de conceptions non seulement dans les cas de rétrécissements considérables du vagin, mais même dans les cas d'occlusion presque complète de l'entrée du vagin.

Du nombre considérable de cas semblables nous allons choisir les plus instructifs.

Hanuschke a obsevé une grossesse, bien que les grandes lèvres fussent soudées presque complètement l'une à l'autre et ne présentassent plus qu'un orifice de la grandeur d'une tête d'épingle à la partie postérieure de la commissure. La soudure était congénitale, et cette femme paraissait par suite revêtue d'un maillot.

Scanzoni (2) trouve, à l'examen d'une femme très bien portante et au quatrième mois de sa grossesse, les grandes et petites lèvres normalement conformées, mais l'entrée du vagin fermée par une membrane fortement tendue, au milieu de laquelle existait une ouverture de la grandeur d'un grain de chénevis, permettant le passage d'une sonde ordinaire. L'introduction du pénis était impossible dans ces conditions. Au commencement de l'accouchement l orifice de cette membrane formée visiblement par l'hymen épaissi, s'était relâché et elargi de façon que le doigt pût facilement y être introduit. Après que les bords du col de l'utérus se furent effacés, on trouva, à la réunion du tiers moyen et du tiers supérieur du vagin, une seconde membrane mince, circulaire, suivant les parois du vagin. Celle-ci se déchira spontanément au moment de l'accouchement, mais l'hymen épaissi dut être incisé.

Netzel (3) rapproche le cas suivant : une vieille fille de 35 ans, n'ayant jamais eu ses règles ni ressenti de molimen, éprouva à l'âge de 23 ans de fortes douleurs dans le bas-ventre, et rendit plusieurs livres de pus ichoreux par le vagin. A 33 ans elle eut une attaque semblable, et depuis ce temps elle souffrait d'un écoulement jaune insignifiant, qui devenait sanguinolent tous les quinze jours. Lorsqu'elle se remit, pour le traitement de cette affection, entre les mains de Netzel, celui-ci trouva le vagin long de 2 à 3 centimètres seulement et la muqueuse saine. A gauche et en avant il y avait un petit orifice laissant passer une sonde jusqu'à la profondeur de 3 centimètres. L'orifice fut dilaté, et au-dessus de ce rétrécissement on trouva une autre portion de vagin longue de 4 centimètres, et au haut du vagin un autre orifice par lequel passait la sonde.

Ce n'est qu'après la dilatation de ce second orifice qu'on rencontra la portion vaginale de l'utérus, pourvue d'un orifice infundibuliforme, béant et recouvert de petites ulcérations. Pendant les essais de dilatation, qui furent faits avec des sondes de laminaria, cette personne fut prise de péritonite et mourut. Lorsqu'on voulut enlever le cadavre du lit, on y trouva.... un fœtus long de 15 centimètres et l'autopsie montra que la malade avait accouché.

K. Braun (4) a publié plusieurs cas de grossesse avec imperforation de l'hymen,

(1) Olshausen, *Arch. f. Gynäk.*, II, 278.
(2) Sacnzoni, *Allg. Wr. med. Ztg.*, 1864, 4.
(3) Netzel, *Virch. Jahrb.*, II, 606.
(4) Braun, *Wr. med. Wochenschr.*, 1872, n° 5, 1876.

et impossibilité complète de l'introduction du pénis, un, entre autres, où l'examen de l'hymen, fait dans le dernier mois de la grossesse, ne permit pas de découvrir la moindre petite ouverture et où le vagin s'ouvrait dans la partie inférieure de l'urètre à 5 centimètres en arrière de l'orifice de ce canal qui avait le diamètre d'un grain de chénevis.

Fehling rapporte le cas d'une femme (1) qui, à la suite de sa première couche, eut une fistule vésico-vaginale, et dont on était parvenu, par différentes opérations, finalement par l'oblitération complète du vagin, à améliorer la situation, de sorte qu'elle ne perdait plus par le vagin qu'une très petite quantité d'urine et dans la position verticale seulement par une petite ouverture laissant à peine passer une petite sonde. Malgré cela cette femme devint enceinte.

Ces faits prouvent que la grossesse peut survenir même dans les conditions en apparence les plus désavantageuses, de plus qu'il ne faut pas une introduction profonde du pénis pour opérer la fécondation, comme on le croyait généralement jusqu'à présent.

Ces observations permettent encore de supposer que l'utérus dans la conception n'est pas passif, comme on l'admet généralement et comme semblent le prouver les expériences de fécondation artificielle faites par Spallanzani et Marion Sims, mais doit encore y jouer un rôle actif. Wernich (2) a noté récemment l'existence d'une aspiration du sperme dans le coït par l'utérus et particulièrement par le col de l'utérus et s'appuie sur certains phénomènes de motilité observés par lui et d'autres auteurs à l'orifice de l'utérus de femmes excitables. Les expériences que nous avons faites avec V. Basch (3) sur les mouvements de l'utérus chez les chiens nous ont permis de constater l'érection de la portion vaginale de l'utérus et la dilatation de l'orifice du col, après l'excitation d'une paire de nerfs, partant du plexus aortique du grand sympathique et se dirigeant vers l'utérus. Ces faits viennent donc à l'appui de la théorie de Wernich et peuvent nous expliquer le processus de la conception dans les cas remarquables que nous venons de citer.

Il est certain que parmi « les conditions empêchant le but du mariage (4), » il faut compter l'impossibilité de la gestation et de la génération (*impotentia gestandi et generandi*) de la femme et on sait qu'il y a une série d'affections soit locales, soit générales qui, tout en n'empêchant pas le coït et la conception, ne permettent cependant pas à la femme d'arriver au terme de la grossesse et d'accoucher normalement. De ce nombre sont les retrécissements du bassin portés à un haut degré. Le médecin légiste ne devra pas oublier dans son rapport, si le cas s'en présente de distinguer l'impuissance à la gestation, de l'impuissance à l'accouchement et

(1) Fehling, *Arch. f. Gynäk.*, 1873, V, 342.
(2) Wernich, *Berl. klin. Wochensch.*, 1873, n° 9.
(3) Basch, *Wiener. med. Jahrb.*, 1876.
(4) *Code civil autrichien*, § 53.

d'en montrer toute l'importance, laissant toutefois à la justice le soin de décider si cette impuissance est un obstacle au but du mariage. Il serait à souhaiter, dans l'intérêt de la morale et de l'humanité, que ces mariages fussent interdits. Malheureusement l'observation journalière nous fait voir que dans la conclusion du mariage, on tient compte de toutes les autres circonstances plus que de ses effets sur la santé, et, comme nous le montrent les cas d'opérations césariennes faites plusieurs fois sur la même personne, qu'un danger dont il s'est retiré sain et sauf, n'empêche pas un individu de s'y exposer de nouveau.

Dans les cas où la séparation ou le divorce est demandé pour cause d'impuissance d'une des deux parties, il ne suffit pas au médecin légiste de constater l'existence réelle de l'impuissance à accomplir le devoir conjugal, mais il doit encore examiner si cette impuissance est incurable ou non (législation autrichienne, Code civil, art. 60, code prussien, art. 696) et, d'après la loi autrichienne (Code civil art. 60) si elle existait déjà au moment du mariage ou si elle est survenue depuis ce temps.

La réponse à la première question dans les cas d'impuissance du mari, sera facile si celle-ci a pour cause une anomalie de conformation ou une affection locale et elle se confond avec cette autre question : une opération chirurgicale peut-elle arriver à rendre le coït possible ?

La chose est plus difficile dans le cas où, malgré la conformation normale des parties génitales, l'érection est empêchée et quand la cause de cet empêchement n'est pas une affection grave des organes nerveux centraux et surtout de la moelle, accompagnée d'autres symptômes permettant de faire le diagnostic, mais un simple trouble de l'innervation. La nature de cette dernière affection peut être tellement obscure que le diagnostic en soit complètement impossible. Mais comme dans beaucoup de ces cas il ne s'agit que d'un empêchement psychique à l'acte réflexe de l'érection, qui peut se rétablir par l'accoutumance et la vie commune, il est bon dans ces cas de faire un rapport vague et de noter cette possibilité. Les juges appliqueront alors l'article 101 du code civil autrichien, qui ordonne que, dans les cas où l'on ne pourrait affirmer avec certitude si cette impuissance est constante ou passagère, les conjoints soient forcés de vivre enore un an en commun. Le mariage ne pourra être déclaré nul, que si cette impuissance persiste encore au bout de ce temps.

Par suite du rôle passif de la femme dans le coït, il s'agit, dans l'appréciation de la curabilité de l'impuissance au coït, de décider seulement si celle-ci peut être guérie par une opération ou non. Comme nous l'avons dit, beaucoup d'empêchements au coït chez la femme, comme par exemple la soudure des grandes lèvres et beaucoup de formes d'atrésie de l'entrée du vagin et surtout l'atrésie de l'hymen, peuvent être levés par une opération. Du reste le diagnostic de ces anomalies soit acquises, soit congénitales est si facile chez la femme qu'on peut sans difficulté se prononcer sur leur curabilité ou leur incurabilité.

Quant à la question de savoir si cette impuissance à l'accomplissement du devoir conjugal existait déjà au moment du mariage, il faudra voir si l'obstacle au coït est congénital ou a été acquis dans l'enfance. Pour l'impuissance acquise à l'âge adulte, on tiendra compte en partie de la nature et du degré de la maladie qui lui a donné lieu, et en partie des commémoratifs qui ne doivent pas être négligés pour la solution de ces questions. On devra encore, dans les cas où le mari est accusé d'impuissance, examiner les parties génitales de la femme pour voir s'il n'y a pas eu un coït accompli.

CHAPITRE III

L'HERMAPHRODISME.

Les hermaphrodites intéressent la médecine légale non pas seulement au point de vue de l'aptitude à la procréation, mais encore à plusieurs autres points de vue, et méritent donc une étude particulière.

L'hermaphrodisme complet, c'est-à-dire le développement d'un individu selon les deux sexes, ne se rencontre pas chez l'homme. Mais on peut trouver des états se rapprochant plus ou moins de l'hermaphrodisme complet par le développement plus ou moins parfait non seulement des conduits de l'appareil génital, mais encore des glandes propres aux deux sexes. On se rendra facilement compte de ces faits en se rappelant que les rudiments de l'appareil génital sont bisexuels jusqu'à la sixième semaine de la vie embryonnaire, que ce n'est qu'après la sixième semaine que le développement du sexe se fait dans un sens ou dans l'autre, et que pendant ce temps les organes rudimentaires du sexe opposé s'atrophient. Il peut se faire exceptionnellement que les deux rudiments de l'appareil sexuel continuent à se développer, quoique à un degré moindre l'un que l'autre, et nous aurons ainsi cette conformation extraordinaire des parties génitales qu'on appelle hermaphrodisme ou hermaphrodisie.

Selon que le développement bisexuel a atteint les glandes génitales et les voies génitales, ou ces dernières seulement, on distingue l'hermaphrodisme vrai et le pseudohermaphrodisme.

Dans l'hermaphrodisme vrai on distingue encore trois formes : l'hermaphrodisme vrai bilatéral, quand des deux côtés on trouve un testicule et un ovaire, l'hermaphrodisme vrai unilatéral, quand on ne trouve d'un côté qu'un testicule ou un ovaire seulement, et que de l'autre il y a les deux glandes génitales, enfin l'hermaphrodisme vrai latéral quand d'un côté il y a un testicule et de l'autre un ovaire.

Cette dernière forme a été observée fréquemment. M. Mayer, de Zurich (1), a récemment bien décrit et examiné au microscope un cas semblable. Cet individu, un enfant, avait l'appareil génital externe d'un hermaphrodite, un vagin s'ouvrant dans l'urètre et un utérus avec deux trompes. A droite un ovaire avec le parovaire, à gauche un testicule avec l'organe de Rosenmüller. Les cas d'hermaphrodisme vrai unilatéral sont plus rares, et l'hermaphrodisme vrai bilatéral est exceptionnel. On a même souvent révoqué en doute l'existence de cette dernière forme. Cependant Heppner (2) a publié récemment un cas très intéressant où il a trouvé des parties génitales externes hermaphrodites, un vagin, un utérus avec des trompes et au-dessous de celles-ci des ovaires à forme ovale et des testicules arrondis, dont la nature fut confirmée par l'examen microscopique.

L'existence des deux glandes génitales d'un côté nous est expliquée par les importantes recherches de Waldeyer qui a montré que dans l'état embryonnaire, non seulement les parties génitales externes, mais encore les glandes génitales avaient le caractère bisexuel.

La forme la plus fréquente d'hermaphrodisme, c'est le pseudohermaphrodisme, consistant en ce que les parties génitales externes seules présentent des particularités appartenant à l'autre sexe, ou bien en ce que, avec ou sans cette anomalie des parties génitales externes, les voies génitales de l'autre sexe sont arrivées à un développement plus ou moins complet. Les glandes génitales (Keimdrüsen) sont-elles celles de l'homme, nous aurons le *pseudo-hermaphrodisme masculin*, sont-elles celles d'une femme, le *pseudo-hermaphrodisme féminin;* de chacune de ces formes on peut trouver trois variétés: le pseudo-hermaphrodisme interne, complet (interne et externe) et externe.

(1) Mayer, *Virch. Arch.*, XI.

(2) Heppner, *Dubois-Reymond's Archiv.*, 1870, p. 679.

La formation de l'hermaphrodisme des parties génitales externes s'explique par ce fait, que dans les premiers temps de la vie embryonnaire le rudiment de ces parties se comporte toujours de la même façon, et ce n'est que plus tard que son développement diffère dans un sexe ou l'autre. Entre la cinquième et la sixième semaine on voit, au-dessus du sinus urogénital, apparaître un petit tubercule pourvu à sa partie inférieure d'un sillon et, des deux côtés du sinus, une élevure de la peau en forme de bourrelet. Le fœtus devient-il masculin, le petit tubercule, forme le pénis, le sillon se ferme pour constituer l'urètre, et les bourrelets latéraux se soudent pour donner naissance au scrotum, dont le raphé montre plus tard la séparation des deux moitiés ayant existé primitivement. Le fœtus devient-il féminin, le clitoris naît du tubercule et le sillon ne se ferme que par son extrémité centrale pour former l'urètre. Le sinus urogénital resté ouvert constitue l'entrée du vagin, et les bourrelets latéraux deviennent les grandes lèvres.

Il ressort de ce mode de développement que l'hermaphrodisme chez l'homme peut provenir de ce que le pénis reste atrophié, que l'urètre ne se ferme pas complètement (hypospadias), que les moitiés du scrotum ne se soudent qu'imparfaitement, mais laissent entre elles une anfractuosité plus ou moins grande, recouverte d'une membrane d'apparence muqueuse, reste du sillon urogénital primitif pouvant simuler l'entrée du vagin. Ces arrêts de développement sont-ils accompagnés, comme cela arrive souvent, de cryptorchidie, la ressemblance de ces parties génitales externes avec celles d'une femme devient encore plus frappante. Par contre les parties génitales externes de la femme peuvent acquérir une certaine ressemblance avec celles de l'homme, quand le clitoris prend un développement extraordinaire, que les grandes levres se soudent l'une à l'autre et qu'il en résulte une atrésie plus ou moins prononcée de l'entrée du vagin. Il est rare toutefois que le clitoris présente une augmentation de volume, telle qu'on puisse le prendre pour un pénis. Cependant nous avons trouvé sur le cadavre d'une vieille femme, malgré la conformation normale des organes génitaux, un clitoris long de 4 à 5 centimètres, avec un gland complètement développé, mais imperforé, et un prépuce bien formé.

Parmi ces espèces d'hermaphrodisme des parties génitales externes, il faut citer encore l'atrophie simple du pénis et l'hypospadias (1) et, chez la femme, l'atrésie simple de l'entrée du vagin.

Le pseudo-hermaphrodisme interne se produit, quand les canaux de Muller continuent à se développer chez l'homme et les canaux de Wolff chez la femme. Ici encore les premiers cas sont les plus fréquents et consistent en ce que chez un individu, présentant une prédominance du sexe masculin, il se trouve aussi un vagin et un utérus plus ou moins développés ; du reste nous trouvons ce dernier organe à l'état rudimentaire chez tout homme dans la vésicule prostatique (*utriculus masculinus.*)

Dans les cas d'hermaphrodisme le médecin légiste pourra être appelé à désigner le sexe de l'individu dont il s'agit. Le sexe déterminant l'état civil de l'individu, il se rattache à cette question un grand nombre d'intérêts et de droits, concernant, non pas seule-

(1) Voy. Chesnet, *Vices de conformation des organes génitaux, hypospodias, erreur sur le sexe* (*Ann. d'hyg.*, 2e série, tome XIV, p. 206).

ment l'individu lui-même, mais encore des tierces personnes. L'importance de cette expertise peut donc souvent être considérable. Malheureusement ces questions sont des plus difficiles que le médecin légiste ait à résoudre. Cela s'applique surtout aux enfants, car les parties génitales externes seules peuvent servir à les distinguer, et le peu de netteté de leur conformation forme le caractère commun de tous les cas de ce qu'on appelle l'hermaphrodisme.

Il faudra avant tout rechercher l'existence des testicules dans les replis de la peau des deux côtés de ce qui fut primitivement le sinus urogénital; mais comme ces anomalies de conformation sont accompagnées souvent de cryptorchidie, le diagnostic devient beaucoup plus difficile. D'un autre côté les ovaires peuvent aussi descendre par le canal inguinal, et des glandes lymphatiques, des sacs herniaires et peut-être le ligament rond quand il se termine par un bout renflé, peuvent donner lieu à des erreurs.

Klebs (1) regarde l'existence des petites lèvres comme très importante pour le diagnostic du sexe, parce qu'on ne peut pas trouver des nymphes normales dans l'arrêt de développement simple du pénis ou du périnée, et il rappelle qu'on a trouvé des traces de petites lèvres dans le cas de Mayer, cité plus haut, et sur Catherine Hohmann, qui s'est montrée comme hermaphrodite dans la plupart des universités. Nous en avons trouvé également, dans un cas que nous avons décrit (2) et qui concernait un individu évidemment du sexe féminin, quoiqu'il eût plutôt l'habitus et la conformation des parties génitales externes de l'homme, et qu'il eût servi en dernier lieu comme cocher.

A un âge plus avancé, surtout à l'époque de la puberté, le diagnostic vrai pourra souvent se tirer de certaines particularités relatives au sexe, de ce que l'on appelle l'habitus extérieur du corps, des caractères du larynx et de la voix, de l'existence de certains penchants spéciaux, de certaines excitations sexuelles, et surtout de la formation du sperme ou de la menstruation.

La valeur des premiers signes n'est pas absolue et donne très souvent lieu à des erreurs, cela est vrai surtout pour ce que l'on appelle l'habitus extérieur du corps. Le type du corps peut présenter les variétés les plus diverses, même chez les individus dont le sexe est normalement développé, et il n'est pas rare de rencontrer

(1) Klebs, *Handb. der pathol. Anat.*, I, 1876, p. 732 et 744.

(2) Hoffmann, *Wiener medic. Jahrb.*, III, 1877.

des femmes osseuses, bien musclées, pourvues même de barbe, et des hommes sans trace de barbe et d'un extérieur féminin. On sait que les castrats ont plutôt un extérieur féminin et restent sans barbe, et il est permis de supposer que le corps peut présenter les mêmes particularités, dans les cas d'absence ou d'atrophie congénitales des testicules. Réciproquement nous voyons des hermaphrodites du sexe féminin, comme dans notre cas et un autre semblable de de Crecchio (1), avoir l'extérieur d'un homme et porter une barbe bien fournie.

Casper a voulu utiliser, pour la détermination du sexe, la disposition des poils du pubis, qui formeraient un cercle de poils nettement circonscrit quand c'est une femme, et se prolongeraient au contraire plus ou moins du pubis vers le nombril quand c'est un homme. Mais B. Schultze (2) a trouvé de nombreuses exceptions à cette règle : ainsi sur 100 femmes il a vu 5 fois les poils se continuer vers le nombril, et a observé souvent sur 120 soldats la disposition des poils en cercle, comme chez la femme. Dans le cas de de Crecchio et dans le nôtre l'implantation des poils se continuait jusqu'au nombril. Nous avons en outre vu deux femmes, dont l'une très brune, présenter une ligne de poils du pubis au nombril, sur l'une d'elles les poils se continuaient même jusque entre les seins. Dans un cas de Ruggieri l'abondance extrême des poils sur tout le ventre a été même une cause d'une demande en séparation.

L'état du bassin lui-même ne donne pas un point de repère certain pour la détermination du sexe. Dans le cas de de Crecchio et le nôtre, se rapportant à des individus positivement féminins, le bassin présentait les caractères de celui d'un homme, ainsi que le bassin d'un hermaphrodite féminin que nous avons eu plusieurs fois l'occasion d'examiner pendant sa vie (3). Ces faits paraissent venir à l'appui de l'hypothèse de Schröder (4), d'après lequel le bassin ne prendrait les caractères féminins que par le développement des

(1) Crecchio, *Sopra un caso di apparenze virili d'una donna* (*Il Morgagni*, 1865); *Apparences viriles chez une femme* (*Ann. d'hygiène publ. et de méd. lég.* 1866, 2e série, tome XXV, p. 178).

(2) Casper Liman, II, 119.

(3) Voyez le cas de Marie Madeleine Lefort, étudié par Béclard, *Deuxième Bulletin de la Faculté de méd. de Paris*, 1825, *Journal de méd*, mars 1815 et *Dict. des sciences méd.* en 60 vol. Paris 1817, tome XXI, p. 90. — L'autopsie a été pratiquée le 12 mars 1864 (Churchill, *Traité pratique des maladies des femmes*, 2e édition. Paris, 1874).

(4) Schröder, *Lehrb. der Geburtsh*, 4e édit., p. 9.

organes génitaux contenus dans le petit bassin. Schröder rappelle à ce sujet que les femmes faibles de corps et d'esprit, dont les organes génitaux sont peu développés, ont également un rétrécissement général du bassin; et Roberts a trouvé que chez les castrats féminins Hindous, l'arc du pubis présentait une étroitesse tout à fait extraordinaire.

Léopold (1), au contraire, a pu constater sur un hermaphrodite, qu'il considère comme masculin, un bassin nettement féminin, malgré l'absence totale de l'utérus.

On recommande encore, pour le diagnostic du sexe, de tenir compte des caractères du larynx et de la voix : on trouverait chez l'homme des dimensions plus grandes du larynx, une saillie plus prononcée de la pomme d'Adam et la voix plus rude que chez la femme. Mais l'expérience nous apprend que, même dans les conditions ordinaires, ces caractères présentent les plus grandes variétés. Il n'est pas rare de trouver la voix forte chez la femme et grêle chez l'homme. En outre la voix haute, ou l'absence de ce qu'on appelle la mue de la voix à la puberté, et le petit volume du larynx, comme chez les castrats, peuvent être la suite du manque de développement des glandes génitales, bien que celles-ci existent, et on sait que l'atrophie des testicules accompagne presque toujours l'hermaphrodisme. Chez notre hermaphrodite et celui de de Crecchio, la voix était masculine et ne devenait haute que dans les émotions, et le larynx faisait une proéminence assez forte.

L'existence ou l'absence des seins ne constitue pas non plus une preuve absolue ; ils manquaient aussi bien dans notre cas que dans celui de de Crecchio. Par contre dans le cas de Léopold, qui d'après lui concernait un individu masculin, il y avait des mamelles, ainsi que chez Catherine Hohmann, quoi qu'on ait constaté chez celle-ci une sécrétion de sperme. On a souvent observé chez les hommes un développement plus ou moins prononcé des seins, et on sait que le gonflement des glandes mammaires et la sécrétion lactée des nouveau-nés se rencontrent aussi fréquemment dans un sexe que dans l'autre.

De tout temps on a recommandé, pour déterminer le sexe d'un hermaphrodite, de tenir compte de ses penchants, de ses habitudes et de ses manifestations sexuelles. Mais il est prouvé que le plus grand nombre des habitudes que possède un individu, tant dans l'enfance que dans un âge plus avancé, sont les résultats de son éducation

(1) Léopold, *Arch. f. Gynäk.*, 1875, VIII, 487.

et que le sexe entre pour peu en ligne de compte. On ne s'étonnera donc plus de voir des individus, que l'on reconnaît plus tard pour des hommes, s'occuper toute leur vie d'occupations féminines et montrer les goûts des femmes, quand on saura que depuis leur enfance on les a regardés comme appartenant au sexe féminin et qu'on les a élevés comme tels (1).

Le développement du corps et le tempérament, qui tous deux ne dépendent pas du sexe seul, jouent sous ce rapport un rôle considérable, qui se fait déjà sentir dans les jeux de l'enfance. Chez les hermaphrodites, c'est moins la prédominance du sexe masculin que le sentiment de la force, par suite du développement plus considérable du corps, qui pousse l'individu élevé comme fille à se livrer à des occupations convenant plutôt à des garçons. Mais cela peut arriver aussi bien chez des hermaphrodites masculins que chez des individus qui sont manifestement du sexe féminin; il arrive également que la faiblesse corporelle est cause qu'un individu masculin ou un hermaphrodite masculin a été pris tout le temps pour une femme.

Pour ce qui est de l'inclination pour le sexe opposé et des excitations sexuelles, elles peuvent bien dans certains cas révéler le sexe propre d'un individu, mais elles peuvent également donner lieu aux plus grossières méprises.

On peut constater du reste que le sentiment du sexe et les instincts sexuels ne dépendent pas exclusivement de l'existence et du développement complet des glandes génitales correspondantes. Nous trouvons la preuve de ce fait chez les enfants qui se livrent fréquemment à l'onanisme longtemps avant que leurs glandes génitales aient acquis toutes leurs facultés fonctionnelles, chez les jeunes animaux, qui font des tentatives de coït avant que leur appareil génital soit complètement développé, enfin chez les castrats, dont l'aptitude au coït et les instincts sexuels, se manifestant quelquefois d'une façon violente, fournissent à la littérature ancienne et moderne les faits les plus surprenants. Nous renvoyons à cet égard à l'ouvrage de Pélikan (2) cité plus haut : Étude médico-légale sur les Skoptzys en Russie, où l'on peut

(1) Voy. A. Tardieu, *Question médico-légale de l'identité dans ses rapports avec les vices de conformation des organes sexuels, contenant les souvenirs et impressions d'un individu dont le sexe avait été méconnu.* 2e édition. Paris 1873, 1 vol. in-8.

(2) Pelikan, *Gerichtlich. medic. Untersuchungen über das Skopzenthum in Russland.* Giessen, 1876.

voir que les adeptes opérés du *petit sceau* conservent l'aptitude au coït et à l'érection, et que ces Skoptzys non seulement font usage de cette faculté, mais se livrent encore aux excès de coït les plus effrénés.

Nous avons donc toute raison d'admettre que les instincts sexuels existent même dans ces formes d'hermaphrodisme où les glandes génitales manquent ou sont atrophiées et privées de leurs aptitudes fonctionnelles. C'est à cette dernière catégorie que paraissent appartenir la plupart des hermaphrodites ainsi que le nôtre. Mais nous devons supposer que, dans ces cas, la nature des instincts sexuels est aussi peu déterminée que les organes génitaux ou plutôt les glandes génitales, et que la direction des instincts sexuels dans un sens ou dans un autre dépend de circonstances fortuites.

Ainsi notre hermaphrodite avait essayé le coït comme homme, et de Crecchio nous apprend que son individu, qui par ses organes génitaux internes était féminin, courait après les femmes, avait plusieurs fois coïté et avait même eu deux fois une blennorrhagie ; et réciproquement nous voyons des hermaphrodites, reconnus plus tard comme hommes, être mariés comme femmes et accomplir le coït comme telles.

Amnon (1), parlant de Rosina Göttlich, hermaphrodite, dont on s'est beaucoup occupé en son temps, et qui était manifestement un homme avec un hypospadias et un scrotum fendu, dit : « Elle déclara effrontément qu'elle avait accompli le coït comme homme et comme femme, mais qu'elle préférait la dernière façon à la première, dont elle avait honte; et cela s'explique facilement. A cause du petit volume et de la difformité du pénis l'acte ne pouvait être qu'incomplet. Comme femme la chose lui était plus facile et plus agréable, parce que l'urètre dilaté entre les deux moitiés du scrotum faisait fonction de vagin. »

Dans le cas décrit par Tortual (2) (un androgyne marié comme femme par le droit canon), un individu qui était probablement un homme, mais marié comme femme, était jaloux de son mari, qui, ne parvenant pas à accomplir le coït avec sa femme, voulait chercher ailleurs la satisfaction de ses désirs sexuels.

Marie Arsano (Casper-Limann), âgée de 84 ans, avait toujours vécu comme femme et ne fut reconnue comme homme qu'à l'autopsie.

(1) Amnon, *Die angeb. chirurg. Krankheiten des Menschen*. Berlin, 1842, p. 93.
(2) Tortual, *Vierteljahrsch. f. gerich. Medic.*, X, 18.

Les cas, relativement assez nombreux dans la littérature, d'hommes mariés pendant de longues années avec des individus hermaphrodites et heureux dans leur ménage, prouvent ce fait intéressant, pour la compréhension des manifestations des instincts sexuels, que non seulement la nature vraie de la femme, mais encore la supposition de cet état peuvent attirer et exciter l'homme.

Si nous ajoutons à ce que nous avons dit, que la perversion des instincts sexuels est souvent un symptôme psychopathologique, on comprendra que la nature masculine ou féminine des glandes génitales ne se manifeste pas toujours par un penchant sexuel spécial, surtout si ces glandes sont peu développées.

L'existence prouvée de sperme mettra certainement fin au doute sur la nature du sexe de l'individu. Chez Catherine Hohmann on put en trouver des traces, car Schulze (1) a constaté l'existence de spermatozoïdes dans le mucus adhérent à la sonde qui avait servi à l'exploration de l'urètre de cet hermaphrodite. Comme on s'était convaincu positivement que ces spermatozoïdes ne provenaient pas d'un coït récemment consommé, il était évident que Catherine Hohmann pouvait réclamer les droits d'un homme, et il était sans importance d'admettre ou d'exclure la coexistence d'un ou de deux ovaires ou des parties génitales externes de la femme.

Il va sans dire, que la recherche des spermatozoïdes sur l'homme vivant n'est possible, même quand le testicule est normalement développé, que dans les cas où le canal déférent se relie naturellement au testicule, n'est pas oblitéré, et enfin s'ouvre à l'extérieur. En parcourant les cas d'hermaphrodisme connus jusqu'à présent, où l'on a pu faire l'examen anatomique, nous trouvons que dans la plupart de ces cas les glandes génitales masculines étaient atrophiées, le canal déférent absent, ou oblitéré ou terminé en cul-de-sac. Les ovaires étant également atrophiés chez les hermaphrodites féminins, comme dans le cas de de Crecchio et le nôtre, on peut admettre que l'hermaphrodisme est généralement accompagné d'atrophie des glandes génitales. Il en résulte que dans les cas les plus complets d'hermaphrodisme, malgré l'existence des testicules, il y a rarement formation et encore moins excrétion de sperme normal, c'est-à-dire contenant des spermatozoïdes.

L'existence d'hémorrhagies menstruelles ne prouve pas d'une façon aussi absolue, qu'on semblerait le croire, le sexe féminin de l'individu. Depuis qu'on sait que la menstruation n'est pas nécessaire-

(1) Schulze, *Virch. Arch.*, Band 43, p. 429.

ment liée à l'existence des ovaires, comme le prouvent plusieurs cas de persistance des règles malgré une ovariatomie double (1), il n'est plus permis de conclure d'une façon absolue de l'existence de la menstruation à celle des ovaires, et encore moins à l'absence des testicules. Catherine Hohmann aurait été réglée régulièrement dans son jeune âge, et ce fait aurait été constaté cliniquement (2). Dans le cas de Tortual, l'hermaphrodite masculin aurait été réglée à partir de 19 ans, et dans un cas d'attentat à la pudeur sur des femmes dont nous parlerons plus loin, la sage-femme accusée et reconnue comme homme par les médecins raconte avoir eu des hémorrhagies périodiques par les parties génitales. Rosina Göttlich également prétendait avoir été réglée, mais irrégulièrement, depuis l'âge de 20 ans, quoiqu'à l'autopsie faite en 1857, elle fut reconnue comme homme. Blackmann (3) raconte que l'individu qui faisait le sujet de son observation et avait l'extérieur d'un homme, perdait tous les mois du sang par le pénis, et était même mort pendant une de ces hémorrhagies; à l'autopsie on trouva un vagin rempli de sang menstruel et s'ouvrant dans la vessie, un utérus, des trompes et des ovaires et même deux testicules avec des conduits excréteurs normaux. Malheureusement ce cas n'est pas tout à fait à l'abri du doute. D'un autre côté, l'observation de de Crecchio et la nôtre prouvent que, malgré l'existence d'organes génitaux internes féminins, les hémorrhagies menstruelles peuvent manquer complètement.

Par ce qui précède, on peut voir que la détermination du sexe reste souvent aussi difficile après la puberté que dans l'enfance, et les cas connus d'hermaphrodites adultes, qui se sont fait examiner dans les facultés de médecine par les hommes les plus éminents de la science, montrent d'une façon éclatante cette difficulté, car la plupart de ces individus ont été pris pendant leur vie, tantôt pour hommes, tantôt pour femmes. Il en a été ainsi récemment du cas de Catherine Hohmann. On n'avait en vue qu'un seul sexe, tandis qu'il est prouvé, par les recherches si importantes de Waldeyer et les observations de Meyer et de Heppner, qu'on peut réellement trouver chez l'homme un hermaphrodisme vrai, ce qui complique encore le diagnostic dans ces cas.

Le code prussien contient relativement aux hermaphrodites les articles suivants (4) :

(1) Beizel, *Wiener med. Wochensch.*, 1873, n°s 27 et 28.
(2) Schultze, *loc. cit.*
(3) Heppner, *loc. cit.*, p. 700.
(4) *Allg. Landrecht*, tit. I, thl. I.

§ 19. — Si un enfant naît hermaphrodite, les parents décident à quel sexe ils veulent que l'enfant appartienne.

Ibid. § 20. — A l'âge de dix-huit ans révolus, l'hermaphrodite a le droit de choisir son sexe.

Ibid. § 21. — D'après ce choix, ses droits sont fixes à l'avenir.

Ibid. § 22. — Si les droits d'un tiers dépendent du sexe du prétendu hermaphrodite, celui-là peut réclamer l'examen d'un expert.

Ibid. § 23. — Le résultat de l'examen de l'expert décide aussi bien contre le choix de l'hermaphrodite que contre le choix des parents.

Il n'y a pas beaucoup à redire aux premiers articles, mais le dernier suppose que les experts sont toujours capables de reconnaître le sexe d'un hermaphrodite. Ce que nous venons de dire montre assez combien cette supposition est erronée.

Le droit romain (1) dit :

« Quæritur hermaphroditum cui comparamus ? et magis puto ejus sexus æstimandum, qui in eo prævalet. »

Nous avons vu à quelles erreurs expose l'observation de cette loi ; néanmoins, tant que l'individu vit, il n'y aura guère d'autre moyen que de suivre ce précepte.

Cependant, dans les cas où des droits importants d'une autre personne dépendent du sexe d'un hermaphodite, la loi peut ordonner, qu'après la mort la disposition des organes génitaux internes soit constatée par une autopsie médico-légale. Car l'autopsie seule permet de reconnaître le sexe vrai d'un tel individu, surtout quand il s'agit, au point de vue juridique, de savoir s'il y a des testicules, fussent-ils atrophiés.

L'hermaphrodisme a encore pour la justice un intérêt particulier, c'est celui de savoir jusqu'à quel point ces individus peuvent être capables d'attentats à la pudeur. Il faut admettre *a priori* cette possibilité, car nous savons que de telles personnes, non seulement ne sont pas dépourvues de désirs sexuels, mais encore les satisfont quelquefois largement.

Nous trouvons dans la littérature médicale un cas, dans lequel un hermaphrodite fut accusé d'attentats à la pudeur, et condamné pour ces faits ; c'est le cas, publié par Martini (2), d'une sage femme mariée qui avait attenté à la pudeur des accouchées et d'autres femmes jusqu'à ce qu'elle fut reconnue comme homme.

Il est certain qu'un tel délit ne peut être qualifié par la justice d'*attentat à la pudeur* que lorsque le sexe masculin de cet hermaphrodite a été confirmé par un examen médical. Dans le cas précé-

(1) L. 10, D. 1. 5.

(2) *Vierteljahresch. f. gerich. Medic.*, XIX, p. 303.

dent la justice ne semble pas avoir regardé la chose comme démontrée, car elle qualifie ce délit de *coït contre nature*. Il n'est donc pas prouvé que cet individu ait été un homme, comme le prétendaient les médecins légistes.

Si Joseph Marzo (c'est ainsi que s'appelait l'hermaphrodite décrit par de Crecchio) ou notre cocher avait commis un tel attentat, on aurait certainement eu plus de raison de les considérer comme hommes, et cependant on se serait trompé dans ce cas.

Le devoir du médecin-légiste, dans ces cas, est de déclarer que le sexe de l'individu ne peut pas être déterminé avec la certitude nécessaire, et je ne doute pas que, devant un tel rapport, les juges ne s'empressent de placer ces actes dans la catégorie des délits, pour lesquels la loi exige un sexe déterminé du coupable, eu égard à l'objet de son délit.

Les hermaphrodites peuvent encore être l'objet d'une expertise médico-légale, quand il s'agit de constater leur aptitude à la fécondation. L'expérience nous a appris que la plupart de ces individus sont baptisés et élevés comme filles et mariés comme telles : on aura donc le plus souvent à rechercher leur aptitude au coït comme femmes. Cependant les cas où la séparation et le divorce sont demandés pour de telles anomalies sont relativement rares.

Le plus souvent la vie conjugale n'est pas troublée par ces circonstances, soit que les maris s'accommodent d'un tel état de choses, soit que la fente génitale suffise telle quelle à l'accomplissement du coït ou après avoir été élargie par des chocs répétés. Dans certains cas même, comme dans celui de Léopold, le mari ne se doutait même pas de cette anomalie des parties génitales de sa femme.

L'examen fait-il reconnaître le sexe masculin d'un tel hermaphrodite, le mariage sera nécessairement nul. Dans le cas contraire, le rapport ne spécifiera rien, et on se guidera d'après les mêmes principes que pour la détermination de l'impuissance au coït chez la femme par d'autres causes.

Nous rappelons pour la détermination de l'aptitude au coït d'un hermaphrodite, que l'atrophie ou le raccourcissement du pénis avec hypospadias n'est pas un obstacle absolu à la copulation, ni à l'aptitude à la fécondation, dans les cas où il y aurait au moins un seul testicule ainsi que ses conduits excréteurs normalement développés.

Mais comme chez la plupart des hermaphrodites les glandes génitales, particulièrement les testicules, sont atrophiées et que les conduits excréteurs manquent, sont oblitérés ou s'ouvrent en un endroit éloigné du périnée, surtout aux coins de l'utérus, quand celui-ci existe en même temps, l'aptitude à la fécondation des hermaphrodites ne peut être admise qu'exceptionnellement.

Il n'y a pas à craindre chez l'homme un hermaphrodisme complet avec des organes génitaux capables de fonctionner dans les deux sens, quoiqu'on puisse à la rigueur comprendre cette anomalie par l'histoire de son développement. On ne peut donc s'empêcher de trouver ridicule la proposition de Teichmeyer qui veut qu'on permette à de tels hermaphrodites de se marier, mais qu'on leur fasse prêter serment de ne se servir de leurs organes génitaux que dans *un seul* sens.

Il serait très intéressant de pouvoir suivre l'état psychique des hermaphrodites. On sait que la castration faite dans l'enfance a une influence fâcheuse sur le développement intellectuel ; l'atrophie des glandes génitales survenant dejà chez le fœtus doit avoir une action plus prononcée encore sur l'intelligence. Chez les eunuques de l'Orient et les autres castrats, les troubles de leur état psychique se manifestent par un manque d'énergie intellectuelle et de force productive, mais surtout par l'absence de sens moral (1), et il est probable que les mêmes troubles de l'intelligence se rencontrent chez les hermaphrodites. En tout cas il faudra tenir compte de ces faits, quand un tel individu se rend coupable d'un délit.

Dans notre cas, pas plus que dans celui de de Grecchio, il n'y avait de troubles de l'intelligence. Nous n'en trouvons pas non plus dans aucun des différents cas qui nous sont connus. Mais le plus souvent il y a une diminution plus ou moins considérable de l'énergie intellectuelle, et un genre de vie plutôt passif. Toutefois il ne faut pas oublier, pour comprendre l'attitude et le caractère sauvage de ces individus, qu'ils ont conscience du caractère et de la signification de leurs difformités, qu'ils cherchent à les cacher soigneusement, et que cette circonstance suffit pour exercer une influence déprimante sur leur énergie et pour donner la raison du caractère farouche et renfermé de certains hermaphrodites.

(1) *Vide* Maudsley, *Vortrag über med. Psychologie in Deutsche Klinik*, 1873, nos 2 et 3 et Pelikan, *Das Skopzenthum in Russland*, p. 104 et suivantes.

DEUXIÈME SECTION

LES ATTENTATS AUX MŒURS ET A LA PUDEUR.

Législation française.

Code pénal : art. 331. — Tout *attentat* à la pudeur, consommé ou tenté sans violence sur la personne d'un enfant de l'un ou de l'autre sexe, âgé de moins de treize ans, sera puni de la réclusion.— Sera puni de la même peine l'attentat à la pudeur commis par tout ascendant sur la personne d'un mineur, même âgé de plus de treize ans, mais non émancipé par le mariage.

Art. 332. — Quiconque aura commis le crime de *viol* sera puni des travaux forcés à temps. — Si le crime a été commis sur la personne d'un enfant au-dessous de l'âge de quinze ans accomplis, le coupable subira le maximum de la peine des travaux forcés à temps. Quiconque aura commis un attentat à la pudeur, consommé ou tenté avec violence contre des individus de l'un ou de l'autre sexe, sera puni de réclusion. Si le crime a été commis sur la personne d'un enfant au-dessous de l'âge de quinze ans accomplis, le coupable subira la peine des travaux forcés à temps.

Art. 333. — Si les coupables sont les ascendants de la personne sur laquelle a été commis l'attentat, s'ils sont de la classe de ceux qui ont autorité sur elle, s'ils sont ses instituteurs ou ses serviteurs à gages, ou des personnes ci-dessus désignées, s'ils sont fonctionnaires ou ministres d'un culte, ou si le coupable, quel qu'il soit, a été aidé dans son crime par une ou plusieurs personnes, la peine sera celle des travaux forcés à temps, dans le cas prévu par le paragraphe 1er de l'article 331, et des travaux forcés à perpétuité, dans les cas prévus par l'article précédent.

Art. 334. — Quiconque aura attenté aux mœurs en excitant, favorisant ou facilitant habituellement la débauche ou la corruption de la jeunesse de l'un ou de l'autre sexe, au-dessous de l'âge de vingt et un ans, sera puni d'un emprisonnement de six mois à deux ans et d'une amende de 50 à 500 francs. Si la prostitution ou la corruption a été excitée, favorisée ou facilitée par leurs pères, mères, tuteurs ou autres personnes chargées de leur surveillance, la peine sera de deux à cinq ans d'emprisonnement et de 300 à 1000 francs d'amende (plus l'interdiction de certains droits civils et surveillance de la haute police, s'il y a lieu, art. 335).

Législation autrichienne.

Code pénal : art. 125. — Quiconque, par menace, par violences, ou par l'étourdissement artificiel de ses sens, aura mis une femme hors d'état de lui résister, et s'en sera servi dans cet état pour l'accomplissement d'un coït illicite, commet le crime de viol.

Art. 126. — La peine du viol est de cinq à dix ans de travaux forcés....

Art. 127. — Le coït illégal, accompli sur une femme, qui se trouve dans un état où elle n'a ni la volonté ni la conscience de résister à une action attentatoire à sa pudeur, même si cet état n'est pas le fait du coupable, ou sur une jeune fille âgée de moins de quatorze ans, est considéré comme viol et puni comme tel.

Art. 129. — Sont considérés comme crime les espèces suivantes d'attentats à la pudeur : 1° le coït contre nature, c'est-à-dire (a) avec des animaux (b), avec des personnes du même sexe.

2° Art. 131. — L'inceste entre parents ascendants ou descendants.

3° Art. 132. — La séduction, 4° l'entremise de la part des parents, tuteurs-instituteurs, etc...

Les autres articles des lois autrichiennes ne diffèrent guère des lois françaises. Cependant la législation autrichienne appelle attentat à la pudeur non seulement le coït ou la tentative de coït, mais encore tout autre acte impudique commis dans des circonstances contraires à la loi. La peine édictée par la loi dépend également des suites fâcheuses que ces agissements ont pu entraîner.

Le médecin légiste en Allemagne aura donc dans ces occasions :

1° A rechercher s'il y a eu viol ou tout autre acte impudique ;

2° A examiner si le coït ou l'acte impudique s'est commis dans des conditions contraires à la loi ;

3° A constater si l'attentat à la pudeur a eu des suites et quelles sont ces suites.

Le viol est l'attentat à la pudeur le plus fréquent et le plus spécial, nous l'étudierons d'abord à part, nous réservant de parler brièvement de ce que la loi appelle *autres actes impudiques.*

La loi autrichienne comprend sous le nom d'*attentat à la pudeur*, le viol, l'inceste, la séduction et l'excitation à la débauche. Est regardé encore comme viol, le coït accompli soit avec menaces de violence, soit sur une femme que le coupable aura mise hors d'état de se défendre.

Dans beaucoup de cas, le rôle du médecin légiste consiste à rechercher s'il y a eu viol, dans d'autres à apprécier les circonstances qui ont accompagné le viol et quelles en ont été les conséquences.

CHAPITRE PREMIER

LE VIOL.

ART. I. — DIAGNOSTIC DU COÏT ACCOMPLI.

Au point de vue physiologique le coït consiste dans l'introduction du pénis et l'éjaculation dans le vagin. Il est clair qu'au point de vue criminel l'introduction du pénis seul suffit pour caractériser le viol.

Les anciens légistes regardaient l'éjaculation intravaginale comme indispensable pour qualifier le viol, probablement pour appliquer le moins possible la peine de mort édictée contre ce crime, et Feuerbach a défendu cette opinion. De nos jours l'introduction du pénis seule suffit pour caractériser le viol, et la loi anglaise est formelle à ce sujet, elle n'exige que la *pénétration* de la verge.

En effet, si la loi exigeait, pour la qualification du viol, un coït complet, c'est-à-dire l'éjaculation dans le vagin, non seulement la constatation du fait deviendrait beaucoup plus difficile, mais ce texte fournirait encore des moyens honteux de tourner la loi. Le législateur a évidemment cherché, moins à prévenir le danger de la conception, qu'à protéger l'honneur de la femme, en punissant le viol comme un crime ; et cette intention se voit surtout dans ce fait, que le coït accompli sur une jeune fille de moins de quatorze ans est considéré comme viol, quoique dans ce cas il n'y ait pas de danger de conception.

Dans les cas où, malgré l'union des parties génitales, il n'y a pas eu introduction complète du pénis, que cette introduction ait été empêchée par un hymen trop résistant, ou une étroitesse considérable du vagin, il n'y a eu que *tentative de viol.*

Après avoir appelé l'attention sur les considérations qui précèdent, nous allons nous occuper du diagnostic du viol, en ayant surtout en vue le coït complet, et en rechercher les signes, principalement sur la femme, l'examen de l'homme nous donnant peu de renseignements, à moins qu'il ne soit atteint d'une affection spécifique.

Pour établir son diagnostic, on doit rechercher :

1° Les modifications anatomiques survenues dans les parties génitales de la femme après le (premier) coït ;

2° Les traces d'une éjaculation de sperme sur les parties génitales de la femme ou à leur voisinage ;

3° Les affections virulentes, s'il y en a.

§ 1. — MODIFICATIONS ANATOMIQUES DES PARTIES GÉNITALES DE LA FEMME A LA SUITE DU COÏT.

On ne peut s'attendre à trouver ces modifications des parties génitales que dans les cas où le viol a eu lieu sur une femme encore vierge, c'est-à-dire a été accompagné de défloration. Dans les cas contraires, ce n'est que tout à fait exceptionnellement qu'on trouve des modifications qui soient le résultat du coït même, et leur constatation est d'autant plus difficile, que les parties génitales de la femme ont été plus élargies par une cohabitation précédente ou par des accouchements antérieurs.

Dans le plus grand nombre des cas soumis à la justice il s'agit de femmes encore vierges, qui prétendent avoir été violées ; le rôle du médecin dans ces cas est de voir si les organes de la jeune fille présentent bien les caractères de la virginité, et s'ils offrent des modifications qui permettent de conclure à un viol récent.

On donne comme signes de la virginité : de grandes lèvres fermes, s'appliquant exactement l'une à l'autre, de petites lèvres rosées recouvertes par les premières, un orifice du vagin étroit, un hymen intact et un vagin étroit et fortement plissé.

La réunion de tous ces caractères permet, dans le plus grand nombre de cas, d'admettre que la jeune fille est encore vierge, mais il y a quelques remarques à faire à propos de certains signes en particulier.

La consistance ferme des grandes lèvres est due à un coussinet graisseux, qui peut par conséquent manquer chez des jeunes filles manifestement vierges, si ces jeunes filles sont naturellement maigres ou amaigries par des maladies antérieures ; d'un autre côté, la fermeté des grandes lèvres peut exister même après un coït plusieurs fois répété, si la jeune fille se trouve dans de bonnes conditions de nutrition. En général, la consistance ferme des grandes lèvres peut être regardée comme un état de jeunesse et comme une manifestation de la turgescence des tissus qu'on rencontre dans le jeune âge, et de la tendance à la formation de graisse lobulée et ferme dans le tissu cellulaire sous-cutané. Elle disparaît donc dans un âge plus avancé, lorsque les phénomènes de nutrition diminuent, que les fibres se relâchent, et que la graisse du tissu cellulaire sous-cutané disparaît ou perd sa consistance ferme et lobulée.

Par les mêmes raisons, les grandes lèvres peuvent s'appliquer plus ou moins exactement l'une à l'autre et fermer plus ou moins complètement la fente vulvaire, et l'on comprend que cet état puisse manquer chez des jeunes filles vierges et se rencontrer chez des femmes qui ne le sont plus. Il faut encore faire remarquer que chez des jeunes filles vierges, possédant des grandes lèvres fermes et bien appliquées l'une à l'autre, ces parties peuvent ne plus s'accoller quand les cuisses sont fortement écartées, aussi faut-il examiner les jeunes filles dans une abduction modérée des cuisses.

L'état des grandes lèvres est la seule raison qui fait que les petites lèvres, tantôt sont recouvertes par les premières, tantôt font saillie et se trouvent à nu. De même qu'on voit les nymphes saillantes sur des fœtus nés de bonne heure, parce que la peau en général et celle des grandes lèvres en particulier ne renferment pas autant de graisse que chez un enfant né à terme, de même et pour la même raison on voit souvent chez les vieilles filles maigres les nymphes incomplètement recouvertes par les grandes lèvres, et cela dans des cas où la virginité de la femme ne peut être mise en doute.

Mais comme les nymphes ne conservent les caractères d'une muqueuse, que tant qu'elles sont préservées de l'action de l'air et tenues humides par les grandes lèvres qui les recouvrent, on peut trouver chez des filles manifestement vierges de petites lèvres plus ou moins brunes, sèches, et présentant un revêtement épidermique. Cet état se rencontre assez souvent chez des jeunes filles mal nourries. Il faut également prendre en considération le relâchement et par conséquent l'allongement de ces replis de la muqueuse qui augmentent avec l'âge. Les petites lèvres peuvent encore être allongées par des attouchements et des tiraillements répétés, par exemple par l'onanisme.

C'est une erreur de croire que des personnes qui se sont adonnées au coït ont toujours les petites lèvres saillantes, d'une consistance flasque, etc. Cela arrive souvent, il est vrai ; mais quiconque a l'occasion d'examiner un grand nombre de personnes violées, peut se convaincre que, dans beaucoup de ces cas, les petites lèvres sont recouvertes par les grandes, et présentent l'apparence d'une muqueuse qui n'est pas exposée à l'air, et qu'on peut rencontrer cet état de choses chez des prostituées et même chez des femmes qui ont accouché.

Les variétés individuelles des petites lèvres sont donc très nombreuses, et s'accordent avec cette observation que, les autres conditions étant égales, la hauteur des replis de la muqueuse constituant les nymphes varie beaucoup, et qu'il n'est pas rare de trouver des cas où les petites lèvres présentent un bord très bas qui n'augmente pas de hauteur, malgré le coït souvent répété et malgré des accouchements antérieurs.

L'intégrité de l'*hymen* a été de tout temps regardée comme le signe le plus important de la virginité, et on ne peut nier que la conservation de cette membrane ne soit d'une importance capitale pour la résolution de cette question, à savoir si une jeune fille a été ou non déflorée. Mais il faut se défier à ce sujet des opinions plus ou moins erronées qui ont encore cours aujourd'hui sur l'état de l'hymen après le premier coït.

Il n'y a pas d'idée plus fausse que celle qui consiste à croire, que l'hymen en général présente toujours les mêmes caractères et que le premier coït laisse à sa suite toujours les mêmes modifications. Quiconque examine d'une façon systématique l'état anatomique de l'hymen, ce qui est très facile à faire chez les enfants, peut se convaincre que l'hymen présente de nombreuses variétés tant dans sa forme que dans ses autres caractères.

En général on peut considérer l'hymen annulaire comme le type fondamental dont dérivent toutes les autres variétés. Dans sa forme typique l'hymen annulaire nous représente un repli de la muqueuse qui fait saillie sous la forme d'un anneau à l'entrée du vagin, est partout d'une égale largeur et circonscrit un orifice central et rond. Mais le type parfait de l'hymen annulaire est très rare, et en général l'orifice est situé plus excentriquement, et toujours plus près de la partie supérieure que de la partie inférieure de l'entrée du vagin. Nous n'avons encore jamais vu une disposition inverse. Cette position excentrique de l'orifice nous explique le passage de l'hymen annulaire à l'hymen semi-lunaire. Dans sa forme parfaite celui-ci se présente sous l'apparence d'un repli semi-lunaire qui s'étend de la partie inférieure de la périphérie vers la partie supérieure et dont les deux extrémités vont en s'amincissant de plus en plus sans se rencontrer, mais restent plus ou moins éloignées l'une de l'autre. Entre ces deux formes principales se placent une foule de degrés intermédiaires qui sont déterminés en partie par la grandeur de l'orifice de l'hymen, en partie par sa forme. Celles du premier genre varient considérablement. Tantôt on trouve des orifices qui admettent à peine l'introduction d'une sonde ordinaire et ne sont pas éloignés de l'atrésie complète; tantôt l'orifice est si grand que chez de petits enfants on peut entrer dans le vagin avec le bout du petit doigt sans blesser l'hymen, qui, dans ces cas, présente une bordure peu large, ayant la forme annulaire ou semi-lunaire.

La forme de l'orifice de l'hymen n'est pas toujours ronde, mais souvent ovale, et dans ces cas le plus grand diamètre est presque sans exception vertical. Quand le diamètre vertical l'emporte de beaucoup sur le diamètre transversal, de sorte que les parties supérieure et inférieure de l'hymen forment une bordure très étroite, tandis que les parties latérales présentent un lambeau relativement très large, on appelle cet hymen, un *hymen labié* (*hymen labiïformis*). Si la partie supérieure manque et si la partie inférieure est peu accusée (car celle-ci ne manque jamais), ce genre d'hymen se présente, quand on écarte les grandes lèvres, comme une troisième paire de lèvres.

La constitution des bords, qui limitent l'orifice de l'hymen, a une grande influence sur sa forme, et ces bords offrent de nombreuses variétés. Dans un grand nombre de cas, et quand l'hymen est tendu, le bord libre de celui-ci représente une ligne circulaire, elliptique ou semi-lunaire. Mais dans un nombre non moins considérable de cas ce bord est plus ou moins entaillé et dentelé. Ce fait a une importance extrême au point de vue médico-légal, car on pourrait prendre ces échancrures et dentelures préexistantes pour des produits d'un traumatisme.

On rencontre souvent des échancrures sur le bord libre de l'hymen, le plus fréquemment sur la partie supérieure, rarement sur la moitié inférieure. Par l'observation d'un grand nombre de cadavres d'enfants, nous nous sommes convaincu que l'endroit de prédilection de ces échancrures congénitales est l'union des deux tiers inférieurs avec le tiers supérieur et que, quand elles existent, elles sont presque toujours symétriques. Il faudra donc avoir égard au siège de ces échancrures congénitales pour les distinguer des déchirures traumatiques et guéries. La profondeur de ces entailles est variable. Elles peuvent n'occuper que le bord libre, ou s'étendre à toute la largeur de l'hymen jusqu'à son point d'insertion, ce qui n'est pas rare. Dans ce cas nous avons une forme fréquente de ce qu'on appelle un hymen à lambeaux, caractérisé par ce fait que le tiers supérieur de l'hymen forme de chaque côté un lambeau séparé. Si en même temps les parties moyennes présentent un rebord étroit à leur extrémité supérieure et inférieure, ou, en d'autres termes, si on trouve des échancrures très profondes sur un hymen labiiforme, celui-ci est constitué par quatre lambeaux arrondis, symétriquement placés, dont les inférieurs sont presque toujours plus grands que les supérieurs.

En dehors de ces échancrures plus profondes, le bord libre de l'hymen est souvent régulièrement dentelé dans toute son étendue, et pourvu dans certains cas de saillies, ayant la forme de cils forts, mais un peu molles et courtes (*hymen fimbriatus*, hymen frangé).

Nous avons vu plusieurs fois, mais d'une façon moins nette, cette dernière forme d'hymen décrite pour la première fois par Luschka, et nous avons pu nous convaincre que cet état frangé et dentelé du bord se rencontre surtout sur les hymens labiés. Nous avons très bien constaté, ainsi que l'a fait remarquer Luschka, la ressemblance de cet hymen avec une corolle de fleur (1).

Dans certains cas, on trouve encore une disposition plus compliquée, consistant en ce que certaines parties, et surtout les parties supérieures de la membrane du vagin sont formées de plusieurs feuillets situés l'un derrière l'autre, quelquefois complètement sé-

(1) Voy. pour la représentation de ces dernières formes d'hymen Beaunis et Bouchard, *Nouveaux Éléments d'anatomie descriptive*, 3e édition. Paris, 1879.

parés, plus souvent soudés par places l'un à l'autre et formant alors des replis en forme de sacs; les feuillets postérieurs se présentent quelquefois comme des expansions membraneuses des replis longitudinaux du vagin.

On voit souvent, et en même temps, un système de feuillets disposés en cercle autour de l'orifice de l'urètre et formant une espèce de petite corolle comme dans les cas de l'hymen frangé de Luschka.

Une autre forme particulière et intéressante d'hymen est celle que nous avons décrite déjà il y a quelques années sous le nom d'hymen en forme de pont (1). Elle correspond à ce que les anciens auteurs appelaient *foramen hymenœum bipartitum*, et consiste en ce qu'une bandelette de même structure que la membrane de l'hymen est tendue par-dessus l'orifice du vagin et presque toujours dans une direction longitudinale de façon à diviser cet orifice en deux parties latérales. Cette forme d'hymen n'est nullement rare. Nous l'avions observée déjà cinq fois lorsque nous avons écrit notre travail, et, depuis ce temps, nous l'avons retrouvée plusieurs fois sur les vivants et sur les cadavres, et même sur ces derniers deux fois dans le même jour. Du reste, elle a été vue et décrite aussi par d'autres observateurs et récemment par H. Paschkis (2). Nous avons regardé cette bandelette comme le bord inférieur du *septum*, existant dans les premières périodes du développement embryonnaire et divisant le canal génital en deux moitiés latérales, par conséquent, comme le premier degré de cet arrêt de développement qui, à un degré plus avancé, est appelé *uterus septus* et *vagina septa*. Nous fûmes confirmés dans cette opinion par l'observation de plusieurs cas, dans lesquels le pont de l'hymen se continuait avec une cloison s'avançant dans le vagin et séparant même quelquefois toute la longueur du canal vaginal en deux parties. Mais comme certains auteurs tels que Schröder (3) et surtout Dohrn (4) admettent que l'hymen ne se forme que plus tard (la dix-neuvième semaine), il serait possible que la production de cette forme d'hymen fût due, moins à un arrêt de développement qu'à un développement excessif du rudiment de l'hymen.

On peut rencontrer un tel pont dans toutes les formes d'hymen, et la grandeur des orifices latéraux peut être des plus variées. Sont-

(1) Hofmann, *Vierteljahrsc. f. ger. Med.*, XII, 329.
(2) Paschkis, *Wr. medic. Presse*, 1877, Nr. 1.
(3) Ziemssens, *Handb. der spec. Pathol. u. Ther.*, 1874, X, p. 42.
(4) Dohrn, *Medic. Centrabl.*, 1875, p. 869.

ils très petits, ils forment alors un degré de passage à l'atrésie complète du vagin ; quelquefois même, dans ce cas, les orifices ne sont indiqués que par des places plus saillantes et plus minces, comme l'a observé Patin (1). Il peut encore arriver, dans ces cas, qu'un seul orifice latéral se développe, l'autre restant fermé, c'est ce qui explique la position latérale et excentrique de l'ouverture de l'hymen plusieurs fois observée.

On peut encore rencontrer cette disposition de l'orifice de l'hymen à un degré moins prononcé. Ainsi nous avons trouvé et placé dans notre musée plusieurs cas, dans lesquels on voyait partir du bord supérieur ou inférieur de l'hymen des prolongements lobulés s'avançant dans l'ouverture de l'hymen, de sorte que celle-ci présentait la forme d'un cœur renversé ou droit (2). Dans d'autres cas nous avons vu ces prolongements partir en même temps de la partie supérieure et inférieure de la périphérie de l'hymen. On trouve encore dans la plupart des hymens des restes de ce pont, et nous considérons comme tel un triangle, dont la base part de la colonne postérieure des plis (*columna rugarum*) de l'entrée du vagin et qui, soudée à la paroi postérieure de la partie inférieure de l'hymen, sert de soutien à ce dernier.

Ce que nous avons dit jusqu'à présent se rapporte seulement aux différentes formes de l'hymen, mais celui-ci peut présenter, sous d'autres rapports, de nombreuses variétés, surtout en ce qui concerne sa consistance et par conséquent sa résistance. Dans certains cas, l'hymen est extrêmement mince et nous avons plusieurs fois trouvé des hymens transparents. Cette raréfaction peut être telle qu'il en résulte des pertes de substance ; c'est ainsi que s'explique la forme criblée de l'hymen (*hymen cribriformis*), si souvent citée par les anciens auteurs (Piccolhominus, Bérenger de Carpi, Riolan et Velpeau) (3). Nous n'avons pas observé par nous-même cette forme d'hymen. On a décrit aussi des hymens extraordinairement résistants, musculeux et même tendineux (Velpeau), et ce sont ces cas qui nécessitent l'intervention chirurgicale pour permettre le coït et même l'accouchement.

L'extensibilité de l'hymen dépend de sa structure ; l'hymen tendineux est peu extensible et très résistant ; l'hymen très mince, à bords tendres, se déchire très facilement. Par contre, l'hymen qui

(1) Patin, *Schmidt's Jahrb*, 1858, Bd. 100, p. 309.

(2) Skrzeczka a décrit des formes analogues d'hymen (*Vierteljahrsch. f. gerich. Medic.*, N. F. V, p. 54).

(3) *Gaz. des Hôpitaux*, 1851.

possède une structure fibreuse et même musculeuse (Velpeau, Luschka, Dohrn) est très extensible, ce dont on peut se convaincre aussi bien sur le cadavre que sur le vivant; car, quand l'orifice de l'hymen n'est pas très petit, on peut, avec un peu de précaution, introduire dans le vagin, et sans blesser l'hymen, non seulement un doigt, mais même quelquefois un petit spéculum.

On n'a pas tenu assez compte de ce fait, que l'hymen, si les organes se trouvent dans leur situation normale, ne forme jamais une membrane fortement tendue, mais qu'il est plutôt replié sur lui-même, puisque le vagin ne forme pas un canal à parois rigides. Ce plissement se fait dans la direction du raphé du périnée, de façon à ce que les deux moitiés latérales de l'hymen forment un pli saillant, correspondant au prolongement du raphé, et l'hymen ainsi replié forme un cône dont le sommet mousse est dirigé vers la sortie du vagin.

Cette dernière forme de plissement se rencontre de la façon la plus nette dans l'hymen semi-lunaire, qui, après un léger écartement des grandes lèvres, se montre sous la forme d'une carène; on peut voir que, même si l'hymen est tendu, il reste cependant une espèce de raphé correspondant au pli existant précédemment et se présentant comme un prolongement du raphé du périnée. On trouve dans la plupart des formes de l'hymen ce raphé auquel correspond un épaississement de la substance de l'hymen, se continuant dans la partie postérieure du triangle de soutènement dont nous avons parlé plus haut.

Dans l'hymen annulaire, nous retrouvons la disposition en cône, de sorte que l'hymen se présente ici comme un cul de poule (Tardieu, Schröder). On observe en même temps sur la surface extérieure du cône un certain nombre de plis longitudinaux, qui, s'ils ne sont pas effacés par une trop grande tension, peuvent donner au bord libre de l'hymen un aspect dentelé.

Dans l'hymen en lambeaux, le plissage se fait de telle sorte que les différents lambeaux se recouvrent en partie comme les tuiles d'un toit.

Le plissage latéral et la disposition conique disparaissent en partie chez les filles pubères par une légère tension de l'entrée du vagin, et l'hymen forme le plus souvent dans ces cas une membrane tendue transversalement par dessus l'entrée du vagin. Chez les petits enfants, la tension de l'hymen ne se fait pas aussi facilement ni aussi complètement, par la raison qu'il possède des dimensions relativement plus considérables par rapport à l'entrée du vagin que chez les adultes. C'est ce qui fait qu'on trouve quelquefois, surtout chez les nourrissons, un hymen qui forme un cône tellement long qu'on peut en voir le sommet faire saillie entre les grandes lèvres. Ces faits ont été indiqués par Ambroise Tardieu (1), Scrzeczka et autres, qui regardaient cette forme d'hymen en cul de poule comme la forme de l'hymen dans l'enfance. Cette manière de voir n'est pas complètement juste, car nous avons dit que la disposition conique de l'hymen se rencontre plus ou moins chez les filles à l'âge de la puberté, que chez celles-ci le cône peut souvent être très allongé et que cette disposition n'est pas constante chez les petits enfants, mais seulement plus fréquente que chez les adultes.

L'existence d'un hymen complètement intact est un des meilleurs signes, mais non pas un signe absolu de la virginité. L'hymen peut rester intact malgré l'accomplissement d'un coït, parce que, dans cet acte, le membre en état d'érection n'est pas entré jusque dans le vagin et que la satisfaction du désir sexuel a eu lieu dans le vestibule. Cela peut arriver, d'une part, parce que la résistance de l'hymen n'a pas permis l'introduction du pénis, comme on l'a observé plusieurs fois chez des femmes mariées malgré un coït répété; ou, d'autre part, parce que l'introduction de la verge dans le vagin est ordinairement impossible chez les petits enfants à cause de l'étroitesse considérable des parties génitales, de sorte que tout l'acte s'accomplit à la vulve; l'hymen ne peut donc pas se déchirer, et peut tout au plus être refoulé en dedans. Cette circonstance nous explique pourquoi, dans la plupart des cas de viol relatifs à des enfants, l'hymen a été trouvé intact.

Dans une autre catégorie de cas, la membrane de l'hymen peut être trouvée tout à fait intacte, quoiqu'il y ait eu coït complet, c'est-à-dire avec pénétration dans le vagin. Cette possibilité dépendra en partie de la largeur des parties génitales, en partie et surtout de la constitution de l'hymen. Il est clair que chez des filles très jeunes, avant l'âge de la puberté, l'accomplissement du coït complet sans déchirure est plus difficile que chez des filles plus grandes, dont les organes génitaux sont complètement développés. Chez les premières, l'entrée du vagin ne peut être franchie, à cause de son étroitesse, sans déchirure de l'hymen, si celui-ci a une constitution ordinaire, tandis que chez les filles plus âgées la largeur plus grande des parties génitales et leur plus grande extensibilité, signes de la puberté,

(1) Tardieu, *Étude médico-légale sur les attentats aux mœurs*. 7e édition. Paris, 1878, avec 5 pl.

permettent plutôt l'introduction de corps étrangers qu'avant cette époque.

Mais chez les filles développées, c'est surtout la constitution de l'hymen qui permettra de juger si le coït complet a pu être accompli avec ou sans déchirure. Il faudra, sous ce rapport, tenir compte de la forme et de la structure de l'hymen. Ainsi, si nous trouvons un hymen annulaire ou semi-lunaire avec un petit orifice, nous ne pourrons pas admettre qu'il ait pu y avoir pénétration sans déchirure ; il en est de même si l'orifice est plus grand, mais que la membrane soit d'une structure lâche et à bords peu résistants et qu'il n'y ait pas de traces de déchirures. Par contre, cette possibilité peut être admise si l'hymen a une consistance lâche et extensible, un bord très bas et un orifice assez grand pour permettre facilement l'introduction du doigt ou même d'un spéculum. On comprendra facilement que l'intégrité de l'hymen peut persister après le coït, quand il ne se présente pas sous la forme d'un diaphragme tendu, mais sous celle de ce qu'on appelle un hymen à lambeaux; en effet, celui-ci, par sa structure n'oppose aucune résistance à l'introduction du membre viril, parce que les lambeaux dont il est constitué sont refoulés sur les côtés, et cela d'autant plus facilement que la forme et l'extensibilité de ses parties s'y prêtent mieux.

On a trop peu apprécié cette dernière propriété; cependant la chose se comprend plus facilement et paraît moins surprenante quand on se rappelle avec quelle facilité extraordinaire des canaux, étroits comme l'urètre de la femme et le rectum, supportent sans déchirure une dilatation forcée qui a même été souvent utilisée dans la chirurgie moderne. L'extensibilité de l'hymen et de l'entrée du vagin peut être tellement grande chez certaines femmes pendant la menstruation et surtout dans les états blennorrhoïdes des parties génitales, qui se rencontrent encore assez fréquemment chez les vierges, qu'on ne sera pas surpris de trouver un grand nombre d'observations d'intégrité de l'hymen chez des prostituées et même des femmes en couches (1). Nous comprenons également pourquoi les anciens auteurs déjà n'accordaient pas une valeur absolue à l'intégrité de l'hymen pour la constatation de la virginité (2).

(1) Parent-Duchâtelet (*La prostitution dans la ville de Paris*, 3e édition. Paris, 1857) et Rosenberg (*Schmidt's Jahrb*, 1848, 59 Bd, p. 56).

(2) Schröder (*Lehrb.*, p. 391) dit : L'intégrité de l'hymen se rencontre assez fréquemment chez des primipares. — Credé (*Verhandlungen der Gesellschaft f. Geburtskunde*, 1851) dit avoir trouvé l'hymen intact même après un accouchement, et Steinhaus (*Wiener medicinal Halle*, III, 1862, n° 16) décrit un cas d'avortement au quatrième mois, avec persistance de l'hymen.

Malgré cela la déchirure de l'hymen au premier coït est la règle et il faudra avant tout rechercher les lésions de l'hymen, quand il s'agira de décider s'il y a eu un coït accompli ou non. La déchirure de l'hymen part presque toujours du bord libre et se limite le plus souvent à ce dernier ou bien traverse toute la membrane jusqu'à son point d'insertion à la périphérie de l'entrée du vagin. Le nombre, l'endroit et la profondeur des déchirures dépendront de la conformation de la membrane. D'après Amb. Tardieu (1), l'hymen labié se déchire à sa partie inférieure, de sorte qu'il en résulte deux lambeaux verticaux; l'hymen semi-lunaire sur deux places latérales, il se forme ainsi un lambeau moyen triangulaire; l'hymen annulaire se partage en trois ou quatre lambeaux plus ou moins irréguliers. Cependant la marche des choses sera certainement modifiée par la structure de l'hymen qui n'est pas partout égale, mais présente sur certains endroits une consistance plus ferme que sur d'autres. Les parties les plus résistantes de l'hymen sont celles qui présentent un épaississement de la substance et trouvent en même temps une espèce de soutien dans les plis du vagin, qui se continuent sur sa face postérieure ; et comme il existe très souvent derrière la partie inférieure et moyenne de l'hymen un triangle de cette nature, on s'explique, avec Tardieu, la formation d'un lambeau triangulaire médian après la déchirure de l'hymen, surtout de l'hymen semi-lunaire.

Dans les cas récents, les blessures de l'hymen sont faciles à reconnaître, non seulement par les solutions de continuité, mais encore par certains phénomènes de réaction. De ce nombre sont les hémorrhagies liées à ces déchirures. On a attaché et on attache encore une grande importance à ces hémorrhagies dans la première nuit de noces comme signe suffisant de la virginité. La validité du mariage dépendait même, chez les anciens israélites, de ce signe. Mais comme l'hymen ne se déchire pas toujours nécessairement après le premier coït, la valeur de ce signe, c'est-à-dire l'absence d'hémorrhagie, est très limitée. L'abondance de l'hémorrhagie dans la défloration dépendra d'une part de l'étendue de la lésion, d'autre part de la richesse vasculaire des parties lésées. Nous savons que les hémorrhagies abondantes sont en général très rares après le premier coït ; cependant dans certains cas elles peuvent avoir un caractère tellement grave, qu'elles nécessitent l'intervention chirurgicale. La rareté des hémorrhagies abondantes dans ces cir-

(1) Tardieu, *Étude médico-légale sur les Attentats aux mœurs*. 7e édition. Paris, 1878.

constances s'explique par la pauvreté de l'hymen en gros vaisseaux, mais surtout par ce fait que les solutions de continuité de l'hymen après le coït ne sont que des déchirures du bord libre, qui est mince et contient peu de vaisseaux. Même dans les opérations qu'on fait sur l'hymen dans l'atrésie ou bien dans l'accouchement, on n'observe en général que des hémorrhagies insignifiantes, quoique dans ces cas on opère quelquefois des hymens de consistance tendineuse. Cependant Chiari et Habit (1) ont observé dans un cas une hémorrhagie abondante dans une opération semblable. Il est évident que dans ce cas, avant de rapporter les hémorrhagies des organes génitaux à une déchirure de l'hymen, il faut exclure toute autre source d'hémorrhagie. La menstruation précoce avait fait penser, dans un cas qui nous est connu, que l'enfant avait subi une tentative de viol. De même les hémorrhagies à la suite d'autres lésions des organes génitaux, surtout de la région du clitoris si riche en vaisseaux, du frein ou d'autres parties du vestibule et même du vagin, pourraient être rapportées à des lésions de l'hymen. D'après Schlesinger et Wernich, il faudra penser aussi aux hémorrhagies, toujours légères et passagères, qui peuvent être produites par la déchirure des vaisseaux congestionnés du col à la suite du coït.

La guérison des déchirures survient généralement au bout de deux ou trois jours, et cela d'autant plus vite et avec des symptômes d'autant moins prononcés qu'il y a eu plutôt déchirure qu'une vraie lacération du bord libre. Le gonflement, la rougeur et la suppuration généralement peu abondante des bords de la plaie permettront non seulement de retrouver facilement les déchirures, mais encore de conclure qu'il s'est passé un temps très court depuis le moment du rapprochement.

La guérison des déchirures a-t-elle eu lieu, il est souvent très difficile de les reconnaître. Quoique la guérison complète par première intention et sans formation de cicatrice ne soit pas possible, contrairement à ce que pensait Devergie, il faut cependant un examen attentif pour distinguer les cicatrices fines et tendres que laissent ces déchirures, des échancrures congénitales. Pour la facilité du diagnostic différentiel, il est important de se rappeler les places où se trouvent le plus souvent ces échancrures congénitales, ainsi que leur position symétrique, en même temps de se représenter l'hymen intact et de voir s'il est situé ou constitué de telle façon

(1) *Wiener. Wochenblatt*, 1857, N. 2.

qu'à la suite du traumatisme dans le coït, il a dû se déchirer à ces endroits plutôt qu'à d'autres.

On devra encore rechercher si l'endroit lésé répond à une cicatrice ou à une échancrure normale recouverte par la muqueuse. Cette recherche doit être faite dans chaque cas en particulier, mais ce serait une erreur de croire que, chaque fois que l'échancrure est produite par une déchirure, on puisse toujours trouver une cicatrice à l'endroit correspondant. Ce n'est que dans des cas assez rares qu'on rencontre des cicatrices blanchâtres d'une consistance ferme ou tendineuse, car l'endroit lésé n'est recouvert en général que d'une peau très fine, et sa dureté et sa consistance ne diffèrent pas considérablement de celles de la muqueuse avoisinante, de sorte qu'il est souvent très difficile, même pour le médecin le plus expert, de se prononcer entre une déchirure guérie et une échancrure congénitale. On prendra alors en considération, outre les circonstances déjà indiquées, toute la configuration de cette place, les caractères des bords et des coins, dont les angles arrondis indiqueront plutôt un état congénital. Nous recommandons particulièrement, autant que la chose sera possible, d'examiner la face postérieure de l'hymen, parce que, dans la division congénitale de l'hymen, les lambeaux séparés paraissent être, comme nous l'avons déjà dit, la continuation des plis de la muqueuse du vagin.

Par ce que nous venons de dire, on peut voir que de tels examens ne sont pas des plus faciles, et exigent au contraire toute l'attention du médecin. Cet examen est souvent rendu encore plus difficile, surtout chez les enfants, par leur turbulence et par l'étroitesse de leurs parties génitales, dans d'autres cas par l'existence des règles, d'un état blennorrhagique ou d'autres affections. Dans ces circonstances, on fera bien de répéter plusieurs fois l'examen, et l'observation de cette règle préservera le médecin, novice en cette matière, des erreurs qui ne se présentent dans aucune expertise médico-légale aussi fréquemment que dans celles qui sont relatives à l'état de l'hymen.

Chaque fois que la personne à examiner a ses règles, ou est atteinte d'un écoulement blennorrhagique ou autre, il faudra, avant de procéder à l'examen, nettoyer soigneusement les parties génitales. Il est nécessaire de faire l'examen dans une position et un éclairage convenables, de façon que l'hymen soit tendu autant que possible, que les plis s'effacent, et que les échancrures deviennent ainsi plus visibles. Si la tension de l'hymen ne peut être complète, à cause de sa hauteur relativement considérable chez les enfants, on soulèvera avec précaution son bord à l'aide d'une sonde ou tout autre instrument introduit par son orifice, et on tendra l'hymen de place en place en faisant passer la sonde derrière son bord libre, afin de pouvoir mieux l'examiner. D'après Maschka (1), la meilleure manière de voir l'hymen, c'est de faire coucher l'enfant sur le dos, les cuisses écartées et relevées sur le ventre, de séparer les grandes lèvres avec la main gauche, de tirer en haut l'orifice de l'urètre à l'aide d'une sonde ou par un autre moyen; de cette façon les parties sont tendues et l'hymen apparaît très nettement.

Dans ces recherches, le médecin devra se garder d'une exploration trop brusque et maladroite, de peur de déterminer lui-même des déchirures de l'hymen. Ainsi Liman rapporte un cas où, à la suite de manœuvres maladroites de l'expert, on ne put décider si la déchirure existait déjà avant l'exploration ou avait été produite par elle.

Vient-on à trouver une déchirure de l'hymen, il ne faudra pas immédiatement la rapporter à un coït accompli, mais avoir présentes à l'esprit toutes les autres circonstances qui peuvent donner lieu à une lésion de l'hymen.

Que l'écartement brusque des cuisses puisse occasionner une déchirure de l'hymen, c'est là une chose que les anciens auteurs admettaient, mais qu'il faut rejeter comme inexacte. Par contre on a observé et on s'explique ces déchirures à la suite d'une chute, si les parties génitales ont donné sur des objets durs et de forme appropriée. Cependant on n'admettra ce mode de production pour une déchirure de l'hymen, que si les circonstances particulières du cas permettent de penser à une telle possibilité.

Le 20 décembre 1876, au soir, on trouva dans une cave profonde de deux toises une jeune domestique, R. K..., âgée de quinze ans, couchée évanouie sur un tas de sable, après une absence de 15 minutes seulement. Elle mourut quelques instants après. L'autopsie ne fit découvrir aucune blessure à l'extérieur du corps, mais un épanchement sanguin de la largeur de la main sous le cuir chevelu au-dessus de la suture lambdoïde gauche, et une contusion de l'hémisphère cérébral gauche avec une extravasation sanguine assez considérable à la base du cerveau, sans trace de fracture des os du crâne. Pas de sang aux parties génitales externes. L'hymen semi-lunaire à bord net, large de 1 centimètre à sa partie inférieure, est assez épais avec un large orifice. A la partie la plus profonde du segment inférieur se trouve une déchirure saignante à bords finement dentelés, occupant toute la hauteur de l'hymen et allant perpendiculairement du bord libre jusqu'à son point d'insertion. On remarque en outre une ecchymose lenticulaire de 3 millimètres à droite de cette déchirure sur le pli intermédiaire entre l'hymen et le

(1) *Prager Vierteljahrschrift*, 1863, III, p. 45.

vestibule. Du mucus pâle dans le vagin ainsi que dans l'utérus vierge. Malgré l'examen attentif de ce mucus on ne put y trouver de traces de spermatozoïdes.

Dans le rapport médical on conclut que la blessure de l'hymen aurait pu à la rigueur être survenue pendant la chute, non par le simple choc du corps contre terre, mais dans le cas où les parties génitales auraient butté contre un corps saillant. Mais l'examen des lieux ne permit pas de s'arrêter à cette hypothèse, d'autant moins que les parties génitales externes ne présentaient pas la moindre lésion. Il était donc beaucoup plus probable que cette déchirure avait été faite peu de temps avant la chute par l'introduction dans le vagin d'un corps dur qui, malgré l'absence de sperme, pouvait être un pénis en érection, mais aussi un doigt.

Les soupçons se portèrent sur un jeune homme, qui le même soir avait eu à faire dans le même corridor, mais, faute de preuves suffisantes, l'accusation fut abandonnée.

On a admis de tout temps que l'hymen pouvait être lésé par des manœuvres de masturbation, mais on a accordé à ce fait une importance beaucoup plus considérable qu'il n'en comporte.

L'onanisme est très répandu parmi les jeunes filles, mais jamais il n'arrive au point d'amener des lésions graves. Il consiste le plus souvent en frictions sur le clitoris et la face interne des lèvres, et on sait qu'on a recommandé et pratiqué l'amputation du clitoris et des nymphes pour obtenir la guérison de maladies résultant des habitudes de masturbation. Rarement les jeunes filles introduisent le doigt dans le vagin, et cela n'arrive que dans les cas où l'orifice de l'hymen est assez large pour permettre cette introduction, qui est très difficile dans la plupart des cas, comme nous l'avons déjà dit. Si l'orifice de l'hymen est trop étroit pour, l'introduction du doigt, il faut toutefois admettre qu'il peut être progressivement dilaté, sans déchirure, par des manœuvres fréquentes de masturbation; il pourrait même se faire qu'il y eût de légères déchirures du bord libre, mais on ne peut pas admettre que la masturbation soit pratiquée avec une fureur assez grande pour amener des déchirures étendues et nombreuses de l'hymen, car les petites filles se garderont bien de se faire souffrir elles-mêmes. Dans notre précédente position nous avons eu souvent l'occasion d'examiner des enfants et des filles plus âgées, surtout des imbéciles et des épileptiques, qui s'adonnaient avec fureur à la masturbation, et nous avons trouvé très souvent le prépuce du clitoris, les petites lèvres et l'hymen lâches et flétris, quelquefois des états inflammatoires aigus ou chroniques très intenses, mais jamais d'échancrures ou de déchirures étendues de la membrane. Beaucoup d'autres auteurs sont de mon avis à ce sujet. J. Behrend (1), dans un article « sur l'irritation des parties génitales des petits enfants à la suite de l'onanisme », et A. W. Johnson (2) font remarquer qu'on trouve rarement des déchirures de l'hymen dans l'onanisme. G. Braun (3) rapporte des cas de nymphomanie, qui nécessitèrent l'amputation du clitoris, et où, malgré le relâchement de l'hymen, il n'y avait pas de déchirures. Nous trouvons dans le rapport annuel de la clinique chirurgicale de Dumreicher de 1869-1870 un cas d'onanisme durant depuis des années sans lésion de l'hymen. Westphal (4) rapporte un cas semblable d'une fille de 35 ans adonnée à l'onanisme. De même Liman a pu s'assurer par ses propres observations, corroborées par celles du médecin du grand orphelinat de Berlin, Ideler, que, dans des cas non douteux de masturbation, les parties génitales avaient leur aspect normal. Du reste, si l'onanisme amenait si facilement des lésions de l'hymen, celles-ci ne pourraient se faire sans hémorrhagies, tant soit peu abondantes, qui n'échapperaient pas à l'œil attentif des parents ou surveillants, tandis qu'il n'existe pour ainsi dire pas d'observation de ce genre, malgré le nombre considérable d'enfants adonnés à la masturbation.

Il en est de même de l'onanisme pratiqué avec d'autres corps que le doigt, et qui est également très fréquent. On observe souvent chez les enfants des accidents consécutifs à l'introduction d'aiguilles ou d'autres objets dans l'urètre ou le vagin, mais jamais de lésions directes. Pour ce qui est de la masturbation avec des objets volumineux, que l'on rencontre souvent chez des personnes adultes, elle n'est pratiquée que dans les cas où les parties génitales ont déjà été élargies par un onanisme habituel ou par le coït, et n'a par conséquent aucune importance au point de vue médico-légal.

Ce qui est plus important, c'est le fait que l'introduction violente d'un doigt étranger peut amener les mêmes lésions que le premier coït. Il faut avoir présente à la mémoire cette possibilité, surtout chez les enfants, car chez ces derniers une déchirure de l'hymen nettement constatée peut d'autant plus avoir été produite de cette dernière façon, que l'étroitesse des parties génitales de l'enfant permet moins l'introduction d'un pénis.

Il faut toujours prendre ce fait en considération, car la loi au-

(1) J. Behrend, *Journ. f. Kinderheilk.*, 1860, Nov., Déc. XXVII, 321.
(2) A. W. Johnson, *Lancet*, I, 14 avril 1860.
(3) Braun, *Wiener medic. Wochenschrift*, 1865, n° 73 et 1866, n°s 21 et 22.
(4) Westphal, *Arch. f. Psych. und Nervenkrank.*, 1869, II, 73.

trichienne distingue nettement le viol commis sur les enfants, des autres attentats à la pudeur, qu'elle qualifie d'actes impudiques et qui sont punis d'une peine plus légère que le viol commis sur de petites filles âgées de moins de 14 ans.

Il faut enfin faire remarquer que les cicatrices de l'hymen peuvent être occasionnées par des processus diphtéritiques, par le noma et la variole ; mais dans ces cas la grandeur et l'étendue des cicatrices, l'état des parties voisines, c'est-à-dire des parties génitales externes, et les commémoratifs permettront facilement de faire le diagnostic.

Il faut encore penser chez les enfants aux lésions de l'hymen dues à des ulcères vénériens et syphilitiques, car ceux-ci peuvent exister sans qu'il y ait eu lésion de l'hymen au moment de la transmission du virus.

Quant à l'absence complète et congénitale de l'hymen, on ne l'a jamais constatée, lorsque les parties génitales avaient leur conformation normale, et on ne trouve aucune observation authentique de cette anomalie. Hyrtl prétend que l'hymen manque toujours dans les cas de vagin double. Quant à nous, nous avons, au contraire, trouvé dans chaque cas de vagin double un hymen simple et annulaire, derrière lequel commençait la cloison du vagin, ou bien un hymen en forme de pont, fourni, comme nous l'avons déjà dit plus haut, par le bord inférieur de la cloison vaginale.

Nous ferons remarquer à ce sujet que, dans ce dernier cas, ainsi que dans les cas d'hymen en forme de pont en général, comme nous avons eu l'occasion de l'observer non seulement sur les vivants, mais encore sur les préparations du musée, il n'y a souvent qu'une défloration partielle en ce sens que le premier coït n'a déchiré qu'une des moitiés de l'hymen, tandis que le pont et l'autre moitié de l'hymen se conservent intacts et que le coït se fait à la suite, toujours par la même voie.

Cependant nous avons vu des cas où les deux parties de l'hymen présentaient des déchirures, tandis que le pont était conservé ; cette dernière partie paraît posséder une résistance et surtout une extensibilité particulières, car nous trouvons souvent dans la littérature médicale des mentions de bandes charnues verticales divisant l'entrée du vagin en deux parties latérales, et que l'on a constatées aussi bien chez des femmes mariées que chez des femmes en couches (1).

(1) Clemens, *Schmidts Iahrb.*, 1864, B. 43, p. 202 ; et Oldham, *ibid*, 1850, 66, Bd. 336.

Mende (1) raconte même que dans le musée de la maison d'accouchement de Gœttingue se trouve un flacon rempli de ces bandelettes charnues, qui ont été trouvées et excisées sur des femmes en couches.

En dehors des déchirures de l'hymen on voit survenir d'autres lésions des parties génitales à la suite du premier coït. De ce nombre sont les déchirures de la fourchette, plus rarement des petites lèvres ou même du périnée. Toulmouche (2) a observé ce dernier cas et presque exclusivement sur des enfants de 2 à 14 ans. Ces lésions surviennent d'autant plus facilement que les parties génitales sont plus étroites, c'est pourquoi on les a observées le plus fréquemment dans les cas d'attentats à la pudeur commis sur des petits enfants, mais on peut encore les rencontrer sur des personnes adultes, quand le coït a été accompli avec une certaine brutalité. Ainsi Toulmouche a vu une déchirure du périnée sur une fille de 25 ans et Liman (3) a observé un cas semblable.

Trouve-t-on des déchirures plus étendues des parties génitales, il faut penser alors qu'elles sont dues à une autre cause telle que, par exemple, l'introduction violente du doigt, plutôt qu'à l'introduction de la verge, car on ne peut rapporter une telle violence à cette dernière. Malgré le grand nombre de recherches qu'ont faites Casper-Liman, ils n'ont jamais trouvé de déchirures aussi étendues; cependant, le fait ne paraît pas impossible dans les cas de brutalité excessive, suivie de lésions graves des parties génitales, et on trouve même quelques observations de ce genre.

Tels sont les cas rapportés par Taylor (4) et par Albert (5). Un arabe de 16 ans épousa une jeune fille de 11 ans qui n'était pas encore nubile ; elle mourut dans la nuit des noces, étranglée probablement par son mari, à cause des cris que la douleur lui arrachait; on trouva sur la commissure une déchirure de 8 millimètres, la fosse naviculaire détruite et sur la partie postérieure et supérieure du vagin, une déchirure transversale longue de 4 centimètres et communiquant avec l'abdomen.

Nous avons eu l'occasion d'examiner une jeune fille de 6 ans dont les deux grandes lèvres présentaient de larges suffusions sanguines et un gonflement consi-

(1) Mende, *Handb. der gerich. Medic.*, IV, 436 et 444.

(2) Toulmouche, *Des attentats à la pudeur et du viol.* (*Ann. d'hygiène publ.*, juillet 1856, t. VI, p. 100).

(3) Liman, *loc. cit.*, I, 124.

(4) Taylor, *loc. cit.*, II, 443.

(5) Albert, *Virch. Iahrb.*, 1870, I, 425.

dérable ; ces lésions firent penser qu'on avait commis un viol sur cette enfant et les réponses incohérentes et contradictoires de l'enfant peu intelligente permirent de croire que cette supposition était fondée. L'hymen et la fourchette étaient intacts, le prépuce du clitoris et la partie supérieure des petites lèvres étaient lâches, leur revêtement avait plutôt le caractère épidermique, ce qui nous fit penser que cette enfant était adonnée à la masturbation, ce qu'elle avoua du reste ; mais en dehors de ces hématomes des grandes lèvres nous trouvâmes encore sur la peau des fesses des suffusions larges d'une pièce de 20 centimes et de plus une autre suffusion à bords peu nets, allant du bas ventre à la symphyse ; ces circonstances nous firent penser que ces suffusions étaient dues probablement à des coups ou à d'autres violences et qu'il n'y avait aucune raison de les attribuer à un viol commis sur l'enfant. Ce cas resta inexpliqué et ne fut pas suivi par la justice.

Plus sont graves les lésions des parties génitales à la suite du coït, plus sont intenses les phénomènes de réaction, et, comme ces derniers constituent des lésions qui, selon leur nature, sont plus ou moins durables et laissent à leur suite des altérations constantes (cicatrices), le diagnostic dans ces cas est en général plus facile que dans les conditions ordinaires.

L'état du vagin offre en général peu de renseignements pour la solution de cette question : y a-t-il eu introduction du pénis ou non ? Les signes les plus utiles se trouvent le plus facilement sur les enfants, car l'étroitesse du vagin ne permet l'introduction du pénis que dans les cas où l'on emploie la violence et où il y a eu distension plus ou moins forte des parties dont on trouve facilement les traces dans les cas récents. Chez les filles adultes la largeur du vagin, répondant à son but physiologique, est généralement telle qu'elle n'oppose aucune résistance à l'introduction du membre en érection, aussitôt que l'hymen est rompu. C'est pour cette raison et à cause de l'élasticité du canal vaginal, que l'introduction du pénis, quand elle n'a eu lieu qu'un petit nombre de fois, ne laisse à sa suite aucune modification frappante dans la largeur du vagin ou dans la disposition des plis de la muqueuse vaginale. Par contre, il faut admettre que l'habitude du coït entraîne un élargissement constant et progressif du vagin, ainsi que le relâchement de ce canal surtout des constricteurs du vagin, et un effacement partiel des plis de la muqueuse vaginale. La turgescence primitive de la muqueuse et la constitution délicate de son revêtement épithélial se perdent plus ou moins, comme on peut l'observer sur les prostituées.

Il est inutile de dire qu'un accouchement modifie complètement la constitution primitive du vagin; nous parlerons en un autre endroit des modifications que l'on observe dans ce cas ; nous voulons seulement faire remarquer ici que ce n'est qu'au moment de l'accouchement qu'a lieu la déchirure complète de l'hymen ou plutôt de ce qui reste de l'hymen après la défloration; et, comme l'ont déjà montré Mendé (1), Lazarevich et Bellien à Charkow (2), ce n'est qu'à la suite de ces déchirures que se forment les caroncules myrtiformes caractéristiques, épaisses, à large base, tandis qu'après la défloration et même après une déchirure profonde de l'hymen, il reste des lambeaux, dont la forme et le nombre sont déterminés par le nombre et le siège des déchirures correspondantes.

Outre ces symptômes objectifs, il faudra encore dans ces recherches prendre en considération les symptômes subjectifs, mais on observera la plus grande circonspection à l'égard des manifestations subjectives, et on ne leur accordera une certaine valeur que dans les cas où ils concordent avec les signes objectifs. Ainsi, on ne considérera la sensation de douleur indiquée au moment de l'acte, comme ayant réellement existé, que dans les cas où il y aura des traces de déchirures ou de lésions graves des parties génitales. L'expérience nous apprend que dans les conditions normales, c'est-à-dire chez les filles adultes, la défloration est rarement accompagnée de douleurs violentes, ce que l'on comprend facilement quand on se rapporte à ce que nous avons dit à propos de l'hymen ; mais on ne peut nier que, dans les cas où l'on emploie une grande violence pour vaincre la résistance de l'hymen, il ne puisse y avoir des douleurs même très fortes. Il en est de même des indications relatives aux hémorrhagies qui auraient eu lieu pendant l'attentat et de quelques autres symptômes subjectifs qui se seraient montrés, comme on l'a indiqué souvent, les jours suivants, c'est-à-dire la difficulté de la marche, des douleurs pendant la défécation et la miction, etc.

§ 2. — RECHERCHE DU SPERME.

Il est rare que les cas où il y a lieu de constater l'accomplissement d'un coït se présentent assez tôt à l'examen pour qu'il soit possible de constater des spermatozoïdes dans le mucus vaginal ou utérin. Il est clair que, si la chose est possible, dans les cas récents, on ne négligera pas cet examen et qu'on recueillera le mucus vaginal et même dans certaines circonstances le mucus utérin afin de l'examiner soi-même ou de le faire examiner par un autre expert

(1) Mende, *loc. cit.*, IV, 443.
(2) Bellien, *Arch. f. Gynäk.*, VI, 1873, p. 132.

au microscope. Dans ce but on mettra le mucus à examiner entre deux plaques de verre qu'on enveloppera convenablement.

Nous avons eu l'occasion de constater deux fois des spermatozoïdes dans le mucus vaginal, et les deux fois sur des prostituées qui avaient été tuées par leur amant après le coït; l'une avait été étranglée et avait reçu un coup de couteau dans la poitrine, l'autre avait été tuée par un coup de revolver dans la tête. Dans le dernier cas nous avons trouvé un nombre considérable de spermatozoïdes, bien que la femme fût atteinte d'une blennorrhée utérine et vaginale très intense.

Dans les cas récents, l'examen des parties génitales externes et surtout des poils du pubis. peut y faire découvrir du sperme desséché, comme Raff (1) en rapporte un cas.

On a plus souvent l'occasion d'examiner sur le linge de personnes violées, des taches que l'on suppose provenir de sperme. Il est évident que c'est surtout sur les chemises et sur la partie inférieure et la face interne de celles-ci que se trouveront ces taches.

L'aspect extérieur de ces taches ne suffit pas pour qu'on puisse les regarder comme étant d'origine spermatique; car les caractères qu'on attribue aux taches de sperme, c'est-à-dire des contours rappelant une carte géographique, la coloration grise avec des nuances souvent plus foncées sur les bords, leur reflet particulier à la lumière, la consistance plus raide de la partie tachée du linge, de même que l'odeur (fleurs de chataignier, Toulmouche) particulière qui se dégage, quand on frotte cette partie avec les doigts mouillés, peuvent se rencontrer en partie dans d'autres cas, surtout dans les taches provenant de la sécrétion blennorrhagique et même de l'urine. D'un autre côté, ces caractères, comme par exemple l'odeur, sont d'une nature trop subjective et trop incertaine pour qu'on puisse leur accorder la valeur de preuves concluantes.

Le microscope seul permet d'affirmer l'origine spermatique d'une tache et cela seulement dans le cas où l'on trouve des spermatozoïdes. Il existe, il est vrai, dans le sperme, outre les spermatozoïdes, une grande quantité d'autres éléments figurés : épithélium des voies séminales, cellules et noyaux lymphoïdes, corpuscules colloïdes provenant des vésicules séminales; mais les spermatozoïdes seuls sont caractéristiques du sperme. On ne peut pas plus accorder une valeur diagnostique à la présence du corps que Boettcher (2) dit

(1) Raff, *Das Haar in forens. Beziehung* (*les cheveux en médecine légale*). Leipzig, 1869.

(2) Boettcher, *Virchows Archiv*, II, 1865.

exister dans le sperme desséché, c'est-à-dire les cristaux de spermatine provenant d'une albumine, car on peut trouver des éléments cristallisés analogues et peut-être les mêmes dans d'autres sécrétions albumineuses. Nous devons faire remarquer à ce sujet qu'il faut se garder de confondre ces cristaux avec les cristaux de phosphate tribasique que l'on peut trouver souvent en grande quantité dans le sperme desséché.

L'aspect des spermatozoïdes est connu de tout le monde; leur longueur est de 33 à 50 millièmes de millimètre dont 5 pour la tête piriforme, le reste pour la queue filiforme. Dans le sperme récemment éjaculé, on les trouve animés de mouvements vivaces qui se conservent pendant plusieurs heures, si le sperme n'est pas desséché ou soumis à d'autres substances noscives telles que l'urine, les acides et même l'eau. Dans une goutte de sperme recueillie sur une plaque de verre et gardée sous cloche, nous avons pu dans un cas observer les mouvements des spermatozoïdes encore au bout de 72 heures. Les mouvements des spermatozoïdes disparaissent dans le sperme desséché, et ce desséchement arrive d'autant plus vite que le sperme est en couches plus minces. Les mouvements disparaissent également vite dans la sécrétion acide du vagin, tandis que le mucus alcalin du col et de l'utérus offre les conditions les plus favorables pour la vitalité des spermatozoïdes (Scanzoni, Kölliker, Küchenmeister), ce qu'il ne faut pas perdre de vue dans l'examen des cas récents. Les spermatozoïdes peuvent se conserver pendant des années dans le sperme desséché et peuvent donc être retrouvés après un temps très long par un examen microscopique. Pour faire cet examen, on commence par faire ramollir les taches suspectes. Si la substance à examiner se trouve en couches épaisses, de sorte qu'on puisse en détacher de petites lamelles, ce qui nous est arrivé plusieurs fois, on en enlèvera la partie supérieure avec une aiguille ou la pointe d'un scalpel, en prenant de grandes précautions, vu la friabilité de la substance. On met ce qu'on a détaché sur un porte-objet, on le ramollit avec une goutte d'eau distillée et on dissocie cette lamelle avec deux aiguilles. Le ramollissement et la dissociation doivent durer jusqu'à ce que la partie à examiner soit dissoute ou divisée en parties aussi fines que possible. On recouvre la goutte avec une petite lamelle de verre et on la porte sous le microscope.

Il faut toujours, si la chose est possible, employer ce moyen; d'abord parce qu'on doit trouver de nombreux spermatozoïdes dans ces couches épaisses, et parce qu'on peut examiner la substance à part et sans mélange.

Dans la plupart des cas, le sperme s'est si profondément imprégné dans l'objet sur lequel il se trouve, qu'il n'est pas possible de l'en séparer d'une façon si simple. Dans ce cas deux procédés peuvent être employés. On découpe un petit morceau de la tache à examiner et on choisira de préférence les places qui paraissent les plus empesées et les plus imprégnées de la substance ; on porte ce petit morceau sur un verre de montre, on l'humecte avec quelques gouttes d'eau distillée et on le laisse sous une cloche de verre jusqu'à ce que toute l'eau ait été absorbée et que toute la substance contenue dans le tissu ait macéré. On hâtera la préparation par une dissociation du tissu avec des aiguilles. Plus la tache est ancienne et épaisse, plus il faut que la macération soit longue, c'est pourquoi on doit laisser passer plusieurs heures depuis le moment où l'on a mis l'objet sur un verre de montre, avant de faire un examen ultérieur. Le tissu ramolli donne en général, par expression, un liquide semblable à du petit-lait, qui peut être immédiatement porté sous le microscope.

Le second procédé consiste à découper un petit morceau de la tache, à mettre sur le porte-objet quelques fils retirés de ce morceau soit immédiatement, soit après macération, à les dissocier avec des aiguilles après addition d'une goutte d'eau et à les examiner au microscope.

On comprend qu'on puisse employer les trois méthodes pour l'examen d'une seule et même tache et essayer une autre méthode si l'une ou l'autre n'a pas donné de résultat certain. Mais, quelle que soit la méthode que l'on emploie, il faut que la substance à examiner ait macéré un temps suffisant. Beaucoup d'examens de taches, surtout de taches vieilles et desséchées, ne donnent pas de résultat, simplement parce qu'on ne les a pas laissées macérer un temps suffisant. De plus il faut examiner à plusieurs reprises différentes parties d'une même tache, car quiconque s'occupe de recherches de ce genre sait que, tandis qu'on trouve un nombre considérable de spermatozoïdes dans certaines parties d'une tache, on en trouve à peine ou point du tout dans d'autres. La quantité de spermatozoïdes contenus dans le sperme peut varier selon les individus et chez le même individu à des époques différentes.

On fait bien d'employer toujours un fort grossissement dans ces recherches ; avec un grossissement moindre on peut facilement être induit en erreur à cause des petites dimensions et de la forme linéaire des spermatozoïdes. Il faudra également que la forme des spermatozoïdes soit bien nettement caractérisée, car ce n'est que dans ce cas que l'on peut affirmer que la tache est produite par du sperme, mais il suffit, pour le faire, de constater l'existence d'un seul spermatozoïde. L'existence de parties isolées ressemblant à la tête ou à la queue des spermatozoïdes ne peut jamais donner un diagnostic certain, car on peut trop facilement être induit en erreur sous ce rapport. Nous avons pu voir combien les étudiants, surtout les commençants, sont portés à regarder comme des spermatozoïdes ou au moins comme leurs queues, tous les éléments linéaires possibles provenant le plus souvent des tissus dissociés.

Une personne inexpérimentée seule peut confondre les spermatozoïdes entiers avec d'autres éléments et ne devrait pas se charger de recherches aussi importantes. Il y a cependant certaines formes de bactéries, surtout les premiers stades de développement des bactéries bacillaires, qui possèdent une certaine ressemblance avec les spermatozoïdes, parce qu'elles se composent d'une tête et d'un appendice caudiforme, mais elles s'en distinguent par leur tête ronde, leur queue plus courte, plus rude, plus épaisse et à extrémité tronquée, mais surtout par leurs petites dimensions, de sorte qu'on ne peut les voir qu'avec un fort grossissement.

Il est en général inutile d'employer un autre liquide que l'eau, dans la recherche des spermatozoïdes. Cependant on peut y ajouter une goutte de glycérine pour éclaircir la préparation et pour en empêcher la dessiccation trop rapide. On peut encore employer pour rendre la préparation plus claire, de l'acide acétique étendu. Dans le cas où il y aurait beaucoup de cellules épithéliales, on les détruirait par une solution de potasse à laquelle les spermatozoïdes résistent très bien, de même qu'aux acides.

Roussin (1) a recommandé, pour faciliter la recherche des spermatozoïdes, l'emploi d'une solution de 1 partie d'iode et de 4 parties d'iodure de potassium pour 100 parties d'eau. Mais nous n'avons retiré aucun avantage de cette méthode de coloration.

Pinkus (2) et Liman ont montré que, si on laissait dessécher une préparation traitée par l'eau, les spermatozoïdes paraissaient énormément grossis sous la petite lamelle. Nous avons pu vérifier ce fait, qui est dû d'une part à la grande résistance des spermatozoïdes, d'autre part à une plus grande réfringence provenant de la couche d'air retenue entre le porte-objet et la petite lamelle. Mais comme ces mêmes causes détruisent en même temps l'image microscopique, nous ne pouvons pas trouver dans cette observation une nouvelle méthode pour la recherche des spermatozoïdes.

Si, malgré un examen attentif d'une tache suspecte, on n'est pas parvenu à découvrir des spermatozoïdes, il ne s'ensuit pas avec une certitude absolue que cette tache ne provienne pas de sperme ; car nous avons dit plus haut que le sperme peut quelquefois ne pas

(1) Z. Roussin, *Examen microscopique des taches de sperme* (*Ann. d'hyg. publ.*, 1867, t. XXVII, p. 142).

(2) Pinkus, *Vierteljahrsch. f. ger. M.*, Neue. Folge, V. 347.

contenir de spermatozoïdes surtout après une épididymite blennorrhagique. Mais à cause de la rareté relative de ces cas, nous sommes en droit d'affirmer, dans le cas où l'on ne trouverait pas de spermatozoïdes que, selon toute probabilité, la tache suspecte ne provient pas de sperme, surtout si par l'examen microscopique nous avons non seulement constaté l'absence complète de spermatozoïdes, mais encore trouvé des éléments figurés qui indiquent une autre provenance de la tache (matières fécales, mucus vaginal). Par contre il faudra bien nous garder, dans le cas où l'aspect à l'œil nu indique une de ces dernières provenances, de nous dispenser d'une recherche ultérieure des spermatozoïdes, et nous n'oublierons pas qu'une seule et même tache peut très bien provenir de sperme et d'une autre substance et que ces deux substances ont pu y avoir été déposées en même temps ou l'une après l'autre. Cela s'applique surtout aux taches de sang qui peuvent avoir été produites par du sang menstruel et du sperme, mais aussi par ce dernier et par du sang provenant de la déchirure de l'hymen dans la défloration.

En général, ces recherches sont beaucoup plus faciles, quand ces taches se trouvent sur du linge propre, que quand on les rencontre sur des chemises portées depuis longtemps, sales et ayant des taches de différentes couleurs. Mais on comprend que ce dernier cas soit précisément le plus fréquent, parce que ce sont le plus souvent les jeunes filles des basses et même des plus basses classes qui sont les victimes de ces viols, comme Casper l'a déjà montré.

§ 3. — RECHERCHE D'AFFECTIONS VÉNÉRIENNES.

Les cas où le viol a été la cause de la communication d'une infection virulente à la femme ne sont pas rares, et il est inutile de montrer de quelle valeur est cette découverte pour le diagnostic d'un coït accompli. Il est vrai toutefois que la communication du virus vénérien aux parties génitales peut avoir lieu sans coït, et Ryan (1) rapporte un cas dans lequel deux sœurs âgées de 1 et de 4 ans ont été atteintes d'une blennorrhagie dans un bain par une éponge avec laquelle un individu, affecté d'une blennorrhagie, s'était lavé les parties génitales. Il faudra donc avoir cette possibilité présente à l'esprit dans ces sortes de recherches, mais il est clair qu'on n'aura que très rarement et seulement dans des circonstances particulières, l'occasion de s'assurer de cette possibilité. Le plus souvent c'est un

(1) Taylor, *loc. cit.*, II, 450.

processus local, catarrhal ou ulcéreux qui éveille l'idée qu'elles sont en rapport étiologique avec une infection virulente. Il y a dans ces cas toujours lieu de se demander si cette affection est réellement de nature virulente ou si elle n'a pas d'autre origine, principalement une irritation mécanique ou une autre blessure. La réponse à cette question n'est pas toujours facile et il faut sous ce rapport observer la plus grande réserve.

Pour ce qui est de l'état blennorrhagique, nous n'avons aucun signe qui soit absolument particulier à la blennorrhagie et qui puisse faire distinguer cette dernière d'une façon tout à fait certaine, des autres affections catarrhales. La transmissibilité de l'affection sur une autre muqueuse serait peut-être le signe diagnostique le plus certain, mais on comprend qu'on puisse difficilement employer ce moyen à moins de se servir d'animaux. D'un autre côté on sait que les autres produits de sécrétion catarrhale non blennorrhagique peuvent, s'ils sont portés sur une muqueuse saine, déterminer souvent de violents symptômes d'irritation.

La coexistence d'une affection de l'urètre à laquelle Ricord (1), Tardieu (2), Toulmouche (3) et autres ont accordé une très grande valeur diagnostique, ne prouve pas d'une façon absolue la nature blennorrhagique de l'affection, car un catarrhe traumatique peut se communiquer à l'urètre, comme Casper et Liman l'ont observé plusieurs fois sur de petits enfants. Il faut cependant faire remarquer à ce sujet que, dans ces cas, l'inflammation se borne en général à la partie périphérique de l'urètre surtout au méat, comme Paschkis (4) a eu l'occasion de l'observer dans un cas. Si donc nous constatons une affection blennorrhagique diffuse de l'urètre, nous sommes en droit de conclure à une transmission du virus, surtout si la maladie occupe particulièrement ou exclusivement l'urètre. D'un autre côté on sait que la blennorrhagie des parties génitales de la femme peut exister sans affection de l'urètre et existe si souvent sans celle-ci, que Zeissl (5) regarde la blennorrhagie urétrale comme l'affection catarrhale vénérienne la plus rare chez la femme.

Casper et Liman attachent une grande importance pour la distinction entre le catarrhe traumatique et le catarrhe virulent, à ce fait

(1) Ricord, *Lettres sur la syphilis*, 3e édition. Paris, 1863.

(2) Tardieu, *Étude médico-légale sur les attentats aux mœurs*, 7e édit. Paris, 1878. 1856, tome VI, p. 100).

(3) Toulmouche, *Attentats aux mœurs et viol* (*Ann. d'hyg. et de méd. légale*.

(4) Paschkis, *Wiener. med. Presse*, nos 47, 48, 1876.

(5) Zeissl, *Lehrb. der Syphilis*, 3e édition, 1875, I, 108.

que dans le premier la blennorrhée s'établit immédiatement après l'excitation mécanique, tandis que les premiers symptômes de la blennorrhagie ne se montrent qu'après une période d'incubation de 3 ou 4 jours. Cette assertion est juste et l'arrivée précoce des symptômes d'irritation, après une cause mécanique, est facilement compréhensible. Mais comme en général les premiers symptômes d'une irritation mécanique ne sont pas très intenses, et comme d'un autre côté la période d'incubation de la blennorrhagie est moindre que trois ou quatre jours, comme le veut Casper-Liman, et qu'elle ne serait le plus souvent, d'après Zeissl, que de 24 à 48 heures, cette distinction pratique perd beaucoup de son importance.

Tardieu attribue à la blennorrhagie des symptômes d'irritation beaucoup plus violents, et Casper-Liman une abondance plus grande de l'écoulement qu'au catarrhe traumatique. Paschkis au contraire se refuse à admettre cette distinction entre la blennorrhée traumatique et la blennorrhagie infectieuse, mais il pense, comme Casper-Liman, que le signe distinctif de la blennorrhée traumatique est sa durée moindre, qui a été constatée par des observations répétées. Quelque digne d'attention que soit cette observation, il ne faudra pas oublier que la durée d'une blennorrhée aussi bien traumatique que virulente peut dépendre encore d'autres circonstances, surtout de la constitution de l'individu et de l'intervention médicale; car chez des personnes malpropres, comme cela arrive surtout dans les classes pauvres, une blennorrhée purement traumatique peut avoir une longue durée, tandis qu'une blennorrhée manifestement virulente, si elle est découverte a temps et bien soignée, peut être guérie en quelques jours (en général 15 jours, Zeissl). Il faut en outre faire remarquer que les tentatives de coït sur de petits enfants entraînent en général beaucoup plus facilement des blennorrhées traumatiques que celles qui sont faites sur des jeunes filles nubiles, ce qui s'explique par l'irritabilité plus grande de la muqueuse vaginale chez les enfants.

La blennorrhée peut encore être produite par une excitation des parties génitales avec les doigts et aussi bien par des manœuvres impudiques faites par d'autres personnes que par la masturbation prolongée et excessive. Dans ce dernier cas on trouve surtout un catarrhe de la vulve, car, comme nous l'avons dit plus haut, l'onanisme consiste plus souvent en frictions de la vulve qu'en celles du vagin. Il faut songer en outre que la blennorrhée peut provenir d'autres causes que celles que nous avons indiquées jusqu'à présent. Chez les jeunes filles nubiles et plus encore chez les femmes qui ont déjà ou des enfants, on observe souvent un écoulement muqueux de l'utérus répondant à un état catarrhal chronique de cet organe, persistant dans beaucoup de cas après un accouchement, et dépendant dans d'autres d'un coït répété, surtout pendant la menstruation; dans d'autres, c'est une manifestation d'une affection constitutionnelle telle que la tuberculose, scrofulose, chlorose, tandis que dans d'autres cas enfin on ne parvient pas à en connaître la cause. Le catarrhe de l'utérus n'est pas excessivement rare chez les petits enfants, bien que moins fréquent que chez les adultes, et il résulte de nos observations que cet état catarrhal peut exister depuis la naissance, car nous avons eu souvent l'occasion d'observer des affections catarrhales de l'utérus et surtout du col sur des nouveau-nés et des nourrissons. Nous ferons remarquer en outre que les muqueuses et surtout celles des parties génitales, sont beaucoup plus sujettes aux affections catarrhales chez les enfants que chez les adultes.

Il faudra non moins de précautions pour se prononcer sur les affections ulcéreuses des parties génitales de la femme. On reconnaîtra facilement les premiers symptômes de la syphilis, c'est-à-dire le chancre induré ou de Hunter, car l'induration de sa base, sa faible suppuration, la lenteur de sa cicatrisation, l'apparition de bubons indolents, qui se montrent en général déjà dans les quatre premières semaines et l'apparition des premiers symptômes de la syphilis généralisée, le caractérisent suffisamment. Pour ce qui est de la sclérose de la base et des tissus voisins de ces ulcérations, il faut faire remarquer qu'elle ne se montre pas toujours avec tous ses caractères typiques et que l'on ne devra pas confondre avec une sclérose vraie, la consistance pâteuse ou mieux œdémateuse des tissus voisins du chancre mou ou des ulcérations catarrhales ou traumatiques. Ces dernières ulcérations, quand elles siègent sur un tissu épais, par exemple à l'union du prépuce avec le pénis ou sur le clitoris, déterminent un tel épaississement qu'elles peuvent facilement être confondues avec une sclérose. C'est ainsi que Zeissl raconte avoir été consulté souvent pour des nouveau-nés sur lesquels on pouvait observer, après une circoncision religieuse, une induration du reste du prépuce et même du gland. Ce symptôme, compliqué souvent d'une hypertrophie et même d'une suppuration des glandes voisines, faisait accuser l'opérateur d'avoir infecté les enfants. Mais il fut constaté que l'opérateur ne portait pas de trace de syphilis récente ou ancienne, et une observation longtemps continuée de ces enfants ne permit pas de découvrir une syphilis consécutive.

Il est souvent très-difficile de distinguer le chancre mou d'autres ulcérations, surtout traumatiques. Le siège de l'ulcération ne donne aucun renseignement pour le diagnostic différentiel. Le plus souvent les ulcérations chancreuses siègent sur les grandes lèvres à l'entrée du vagin et à la commissure inférieure; mais ces places sont aussi celles où l'on trouve le plus souvent les érosions catarrhales et traumatiques et des lésions plus grossières, entre autres les déchirures de l'hymen. Le fond et la constitution des bords du chancre ne sont en aucune façon aussi caractéristiques qu'on a l'habitude de l'admettre; car la consistance lardacée du fond, qui n'est que le résultat de la nécrose des couches supérieures de la surface ulcérée, peut se rencontrer également dans d'autres ulcérations, surtout dans les ulcérations mal soignées. Quant à la forme de l'ulcération et la consistance de ses bords, elles sont le plus souvent irrégulières aussi bien dans le chancre que dans les ulcérations traumatiques, et leur aspect varie suivant le siège de l'ulcération. Le seul caractère distinctif se trouve dans la marche, car ce qui caractérise le chancre, c'est l'extension rapide de l'ulcère, tandis que les ulcérations, provenant d'érosions ou de traumatisme, restent limitées à l'endroit où elles ont pris naissance et guérissent beaucoup plus rapidement, sous l'influence d'un traitement approprié, que les affections virulentes.

L'hypertrophie inflammatoire et la suppuration des glandes lymphatiques peuvent survenir aussi bien à la suite d'un chancre mou qu'à la suite d'une ulcération traumatique, mais beaucoup plus fréquemment dans le premier que dans le dernier cas. Cela s'applique surtout aux bubons suppurés que l'on rencontre, d'après les données de Zeissl, en moyenne 40 fois sur 100 individus atteints d'un chancre et qui sont beaucoup plus fréquentes chez les hommes que chez les femmes.

Comme le chancre mou est inoculable sur le même individu, on ne manquera pas de faire usage de ce moyen précieux de diagnostic, d'autant plus que si elle est faite avec certaines précautions, cette inoculation ne présente aucun danger pour l'individu. Il faudra pourtant remarquer que le pus ordinaire inoculé peut quelquefois produire des ulcérations, mais jamais avec la constance et la marche caractéristique du pus d'une ulcération virulente.

On pourrait encore confondre avec les ulcérations chancreuses, les éruptions herpétiques et les processus inflammatoires de nature non virulente. L'éruption herpétique ordinairement appelé herpes préputialis, quoiqu'elle survienne également sur la surface des parties génitales de la femme et qu'elle puisse s'y développer ainsi que chez l'homme à la suite d'une irritation par le coït, est caractérisée par un grand nombre de vésicules rangées en groupes, de la grosseur d'une tête d'épingle, qui se dessèchent sans s'étendre et guérissent sous la croûte.

On a souvent observé chez les petites filles des processus gangréneux des parties génitales externes. A ce genre se rattachent le noma et la diphthérie qui se montrent surtout dans la scarlatine et la fièvre typhoïde, et on comprend que ces processus puissent être pris pour des ulcérations chancreuses phagédéniques ou pour des pertes de substance de cause mécanique. Taylor rapporte le cas d'une petite fille de 4 ans, affectée de gangrène des parties génitales externes, qui fut recueillie à l'hôpital de Manchester dans un grand état de faiblesse. Cette petite fille avait couché dans le même lit qu'un garçon de 14 ans, contre lequel s'éleva la présomption d'attentat à la pudeur commis sur cette enfant. La gangrène gagna en étendue et l'enfant mourut. Le garçon fut traduit devant la cour d'assises et ne fut acquitté que parce qu'il fut prouvé qu'à la même époque d'autres petites filles du voisinage étaient atteintes de la même affection et parce que dans l'un de ces cas, la gangrène était survenue dans le cours d'une fièvre typhoïde.

Chaque fois qu'une infection virulente est ou paraît être la suite d'un attentat à la pudeur, il faudra examiner également l'accusé, afin de constater si celui-ci est ou a été atteint d'une affection virulente, si cette affection correspond par sa nature à celle que l'on trouve sur la personne victime de l'attentat, enfin si le degré de développement de l'affection chez les deux individus permet d'affirmer qu'à une époque déterminée le virus a été transmis par un coït de l'homme aux parties génitales de la femme.

Y a-t-il chez l'homme une affection virulente de date récente, la découverte n'en présentera aucune difficulté. Par contre une blennorrhée chronique peut se dérober à un premier examen ; c'est pourquoi il est indiqué de répéter cet examen plusieurs fois et surtout le plus longtemps possible après une miction. Il n'est pas toujours facile de découvrir les cicatrices d'ulcérations, surtout si elles sont petites et si elles siègent dans des plis, pas plus que les scléroses que les ulcérations *huntériennes* laissent à leur suite. Comme chez l'homme les ulcérations chancreuses siègent surtout au frein et au prépuce, il faudra examiner ces dernières parties avec un soin minutieux. On ne manquera pas non plus de voir la région inguinale et de constater l'état des ganglions lymphatiques, et, dans l'hypothèse d'une syphilis, la peau, les environs de l'anus, la gorge et toutes les places où se montrent de préférence les accidents consécutifs de la syphilis.

Dans le cas où l'on constate une infection spécifique sur les parties génitales de la femme, il faudra se demander si le degré de développement de l'affection virulente concorde avec le temps qui s'est écoulé depuis le moment du coït jusqu'à celui de l'examen médical. On devra sous ce rapport avoir toujours présente à l'esprit la marche ordinaire des affections vénériennes et syphilitiques, mais il ne faudra pas oublier non plus qu'il y a des causes qui précipitent ou ralentissent cette marche.

Dans la blennorrhagie on voit survenir, d'après Zeissl, vingt-quatre heures après l'infection, une cuisson et une démangeaison des parties génitales, la muqueuse commence à se gonfler et à rougir et le plus souvent du quatrième au sixième jour, dans les cas rares du douzième au seizième jour, la sécrétion d'abord séreuse ou muco-séreuse devient purulente et épaisse. Cette sécrétion, profuse d'abord et diminuant ensuite, dure de quinze jours à trois semaines, puis passe à l'état muqueux, qui disparaît dans quelques jours sous l'influence d'un traitement approprié, mais qui dans d'autres cas peut passer à l'état chronique et persister des semaines et des mois. Zeissl fait remarquer qu'une blennorrhagie purulente du vagin qui est près de disparaître, peut revenir sous l'influence d'une menstruation.

Des expériences d'inoculation nous ont montré que le sixième jour déjà l'ulcération du chancre mou peut être complètement développée, qu'elle s'étend dans les conditions les plus favorables en moyenne de quatre à cinq semaines pour se couvrir ensuite de granulations et se cicatriser enfin quinze jours après. La malpropreté peut prolonger sa durée et empêcher sa cicatrisation. Il en est de même des ulcérations phagédéniques.

Les premiers symptômes de la syphilis se montrent déjà quelques jours après l'infection, mais le développement de la sclérose typique exige plusieurs jours (10 à 17) et dure ensuite plus longtemps que le chancre mou. Zeissl n'a jamais vu une induration disparaître avant quatre-vingt-dix jours, bien que le malade ait employé le traitement mercuriel dès le début de la sclérose. Très-souvent elle persiste de huit à neuf mois et plus. Les bubons indolents se montrent en général dans la quatrième semaine qui suit l'infection et restent stationnaires trois à quatre mois malgré le traitement anti-syphilitique. L'éruption des symptômes généraux consécutifs ne paraît jamais survenir avant la huitième semaine et se montre en général d'abord sur la peau, puis sur quelques muqueuses (muqueuse du nez, pharynx) et beaucoup plus tard seulement sur les autres organes.

Il faudra tenir compte de cette succession de symptômes, quand il s'agira de décider si une certaine affection virulente a existé ou non dans le temps correspondant à celui du coït indiqué. Zeissl fait remarquer sous ce rapport que la blennorrhagie de l'homme peut déjà se communiquer dans les premières périodes de son existence, avant même qu'il y ait une sécrétion purulente et que ces formes de blennorrhées chroniques, où l'on ne trouve plus que des traces d'un écoulement, peuvent cependant se communiquer surtout aux parties génitales si impressionnables des enfants.

ART. II. — DES CIRCONSTANCES DANS LESQUELLES S'EST ACCOMPLI L'ATTENTAT A LA PUDEUR.

D'après les différents articles de la loi autrichienne le coït est appelé *attentat à la pudeur* ou *viol* et puni comme tel, s'il a été accompli : 1° avec menace de violence; 2° avec violence; 3° sur une personne qui a été mise dans ce but hors d'état de se défendre ; 4° sur une personne se trouvant sans connaissance ou sans volonté; 5° sur un enfant âgé de moins de 14 ans.

§ 1er. — MENACES DE VIOLENCES.

Les menaces de violence pour la vie, ne sont pas une circonstance relevant d'un jugement médical; les juges sont seuls compétents pour apprécier cette circonstance.

§ 2. — VIOLENCES.

S'agit-il de coït accompli avec violence, il y aura lieu de rechercher s'il est possible d'admettre que la personne a pu être forcée, et s'il y a moyen de constater sur une partie quelconque du corps des traces de violence.

On s'est demandé si une personne adulte, possédant toute son intelligence et bien constituée, pouvait être forcée par un seul homme à subir le coït. Les anciens médecins-légistes, tels que Paulus Zacchias (1), Metzger (2), et même des sociétés médicales (3), ont ré-

(1) P. Zacchias, *Quæstionum med. leg.*, t. III.

(2) Metzger, *System der ger. Arzneiwissenschaft* 2. Aufl. 1799, p. 325.

(3) *Die Leipziger medic. Facultät*. *Mende, loc. cit*, I, 136.

pondu plus ou moins catégoriquement par la négative, prétendant que si même la personne parvenait à être vaincue, l'introduction du pénis pouvait facilement être empêchée par les mouvements du corps et surtout du bassin. Bien que ces assertions soient justes jusqu'à un certain point, on s'exposerait cependant à des erreurs graves, si on leur accordait une valeur absolue. Il faudra dans ces cas tenir compte des forces respectives de l'homme et de la femme. S'il est vrai qu'un homme faible ne puisse pas parvenir à violer une femme robuste, on ne peut cependant nier qu'un homme fortement constitué ne puisse venir à bout de subjuguer une fille peu développée et la forcer à subir le coït. Mais il ne faut pas oublier qu'une femme même assez forte, mais épuisée par la résistance même, par les douleurs et les violences, ainsi que par l'émotion, surtout la frayeur et la crainte d'un danger plus grand, peut être amenée après une lutte inutile soit à céder, soit à se trouver hors d'état de résister plus longtemps.

Il faut donc en général opposer la plus grande circonspection et les plus grandes réserves aux assertions de certaines femmes adultes et capables de résister qui prétendent avoir été violées, car l'expérience nous apprend qu'un grand nombre de ces assertions ne sont que de pures inventions.

Dans chacun de ces cas il faut rechercher les traces de violence et il est clair qu'on doit les trouver d'autant plus prononcées, que la résistance aura été plus longue et plus énergique. On peut constater des excoriations et des ecchymoses de la peau, plus rarement des lésions plus graves dont la constitution et le siège confirment plus ou moins les assertions de la plaignante. Casper a trouvé dans un cas, presqu'immédiatement après l'accomplissement d'un viol commis sur une jeune fille de faible constitution, outre une déchirure récente de l'hymen, des ecchymoses également récentes sur la face interne des cuisses au-dessus du genou, provenant manifestement de la pression des doigts, c'est-à-dire des efforts faits par le coupable pour écarter les jambes de la jeune fille.

Par contre nous avons eu l'occasion d'observer un cas, concernant une jeune fille de 15 ans qui avait été violée et sur laquelle un premier médecin avait diagnostiqué des ecchymoses à la face interne des cuisses et prétendait qu'elles provenaient de la pression des doigts de l'accusé, tandis qu'à un examen plus attentif, on reconnut que ces taches n'étaient que des parties pigmentées de la peau, de forme semi-lunaire, telles qu'on les trouve souvent sur la face interne des cuisses et sur le bord inférieur du pli génito-crural des filles ou des femmes brunes. Ces taches pigmentées sont souvent placées d'une façon tout à fait symétrique.

Comme les traces de violence et de résistance sont en général assez faibles, on comprend que leur recherche ne donnera de résultat que dans les cas récents. Il en est de même des traces de lutte qu'on pourrait trouver sur le corps de l'homme. Il ne faut pourtant pas oublier de faire cette recherche, non seulement pour constater ces traces, mais encore pour juger de l'état de son corps ou mieux de ses forces.

Il est inutile de démontrer que deux ou plusieurs hommes peuvent facilement vaincre la résistance d'une jeune fille même robuste. Pourtant, dans une affaire qui fut jugée à Vienne en 1872, il fut prouvé que trois jeunes gens n'étaient pas arrivés à violer une jeune fille de 18 ans, qu'ils avaient surprise sur une route.

§ 3. — VIOL SUR UNE PERSONNE QUI A ÉTÉ MISE DANS CE BUT HORS D'ÉTAT DE SE DÉFENDRE.

La loi autrichienne qualifie viol tout coït accompli sur une personne préalablement étourdie ou mise préalablement hors d'état de se défendre.

Le dernier cas rentre dans la catégorie du viol avec violence dont nous venons de parler ; il est donc inutile d'y revenir. Cependant le législateur a en vue moins une violence manifeste que les moyens détournés propres à mettre la femme hors d'état de se défendre.

§ 4. — ÉTOURDISSEMENT DES SENS, INCONSCIENCE, ABSENCE DE VOLONTÉ.

Herbst (1) fait remarquer, à propos de l'expression « étourdissement coupable de ses sens » contenue dans l'article 125 du Code pénal autrichien, que « l'excitation des sens, qui a pour effet d'amener la femme à se livrer plus facilement à son séducteur, ne suffit pas pour constituer un crime ; il faut pour cela un étourdissement des sens qui mette la femme dans l'impossibilité de résister. Il faut de plus que cet étourdissement ait eu lieu par ruse, ce que l'on ne pourra affirmer que dans le cas où la séduction a eu lieu à la suite de manœuvres capables de tromper la femme, ou si le coupable a profité d'une erreur ou de l'état d'inconscience de la femme ».

L'expression « étourdissement (*Betaübung*) » est synonyme de celle

(1) Herbst, *Manuel de la législation autrichienne.*

d'inconscience (*Bewustlosigkeit*) et d'absence de volonté (*Willentosigkeit*).

L'étourdissement des sens, c'est-à-dire l'inconscience, peut être provoqué par des moyens mécaniques ou par des narcotiques.

Parmi les moyens mécaniques pouvant déterminer l'inconscience, il faut citer, par exemple, l'étourdissement provoqué par des coups sur la tête ou par la strangulation (1). Nous aurons l'occasion de revenir ailleurs sur ce sujet.

Parmi les moyens narcotiques qui peuvent être employés pour provoquer l'inconscience de la femme, nous citerons en premier lieu les boissons alcooliques. Il est vrai que la loi autrichienne ne regarde pas comme un moyen détourné (*arglistig*) l'étourdissement provoqué chez une femme adulte par l'ivresse en vue d'accomplir le coït; car une femme adulte connaît les conséquences de l'abus des boissons alcooliques. Cependant l'ivresse provoquée dans un but coupable, chez une jeune fille ignorant l'action de l'alcool, tombe sous le coup de la loi autrichienne. Il paraît cependant que le législateur a eu surtout en vue l'étourdissement avec sommeil par l'opium, la morphine, le chloroforme, etc. On sait que ces moyens peuvent amener rapidement l'inconscience et il faut admettre qu'il est facile de les employer d'une manière détournée.

Nous ne connaissons pourtant pas un seul cas d'une personne narcotisée exclusivement dans le but d'accomplir le coït dans cet état (2). Par contre on connaît des cas où des personnes, narcotisées dans un autre but, surtout dans le but d'une opération, ont été violées dans cet état. Taylor (3) rapporte deux cas semblables et Schumacher en a publié un autre. Dans ces cas l'anesthésie a été produite par le chloroforme et on comprend facilement la possibilité d'un viol dans le sommeil chloroformique. Mais il ne faut admettre qu'avec les plus grandes réserves les assertions des personnes qui prétendent avoir été subitement endormies par l'aspiration brusque du chloroforme ou par d'autres substances narcotiques ou bien avoir été chloroformisées pendant le sommeil naturel et avoir été violées ensuite. De telles accusations ont été portées en

(1) Voyez un cas semblable dans Casper *Vierteljahrschrift*, communiqué par Reinhard, et un autre dans Buchner, *Lehrbuch der gerich. Medicin*, 2ᵉ édit., 197.

(2) Alberti (*Syst. jurispr. med.*, II, 200) rapporte le cas d'une jeune fille qui prétendait avoir été étourdie par une potion faite avec des semences de datura et avoir été violée dans cet état.

(3) Taylor, *Loc. cit.*, II, 458. — Tourdes, *Gaz. hebdom.*, 1866. — *Wiener Wochensch.* 1854, n° 1.

effet et sont mentionnées par Taylor, Kidd, Stephens, Rogers (1) et autres. Il faut évidemment repousser les premières assertions, car ni le chloroforme, ni aucun autre narcotique ne peut déterminer l'inconscience aussitôt qu'on le présente devant les orifices respiratoires, c'est-à-dire après quelques aspirations seulement. Quant à la possibilité de la chloroformisation pendant le sommeil, Stephens, Rogers et Dolbeau (2) ont fait des expériences à l'occasion de cas semblables, qui se sont présentés devant la justice. Le premier n'obtint que des résultats négatifs dans ses expériences sur les animaux, de même que Dolbeau dans ses expériences sur des animaux et sur une jeune femme. Ce dernier avait remarqué que deux à trois minutes après qu'il avait tenu à une certaine distance des orifices respiratoires une éponge imbibée de chloroforme, les sujets en expérience se réveillaient en sursaut avec les signes de la frayeur. Dans des expériences ultérieures faites sur des personnes malades, il réussit à en chloroformer 10 sur 26, par conséquent un tiers, tandis que les autres s'étaient réveillées. Winckler reproche à ces expériences d'avoir été faites sur des personnes malades; nous pensons toutefois que cette circonstance a moins d'importance que cette autre, sur laquelle il a appelé également l'attention, à savoir qu'ici la chloroformisation a été faite par des hommes de l'art et avec les précautions recommandées par la science, tandis que les personnes étrangères à la médecine, qui d'ordinaire se font une idée absolument fausse de la manière de se servir du chloroforme, n'emploient pas les mêmes précautions et par conséquent arrivent rarement au but désiré.

Il arrive très-souvent que des femmes ont été violées dans un état qui les mettait dans l'impossibilité de se défendre ou de se rendre compte de ce qu'elles faisaient, sans que cet état fût le fait du coupable, ou sans qu'il ait été provoqué dans ce but. Il faut faire une distinction entre ces deux états, c'est-à-dire l'impuissance à se défendre et l'inconscience.

On dit qu'*il y a impuissance à se défendre* (*Wehrlosigkeit*) quand la femme, bien que se rendant compte de ce qu'elle fait, se trouve hors d'état de se défendre, soit d'une façon absolue, soit d'une façon relative. Berndt (3) rapporte le cas d'une jeune paysanne qui, après avoir fait une botte d'herbes très-lourde, enveloppée d'un grand

(1) Rogers, *Vierteljahr. f. gerich. medic.*, t. XXIII, p. 98.

(2) Dolbeau, *De l'emploi du chloroforme au point de vue de la perpétration des crimes et délits* (*Ann. d'Hygiène publique*, janvier 1874, tome XLI, p. 168).

(3) Berndt, *Handb. der gerich. Arzneikunde*, 1846, 5e édit., p. 27.

drap, et au moment où elle s'était couchée le dos contre la botte et avait passé ses bras dans les bretelles du drap, fut surprise par un jeune chasseur qui abusa d'elle dans cette position, sans qu'elle pût parvenir à se défendre. Maschka (1) raconte également qu'une jeune fille, qui était pour ainsi dire empaquetée sur une voiture entre un lit de plume et de la paille, dut subir le coït malgré elle. Un médecin légiste très-autorisé nous raconte le fait suivant : une jeune domestique paysanne se laissa lier en plaisantant dans une grange par ses amies de telle façon que ses mains, attachées l'une à l'autre, se trouvaient au-dessous des genoux repliés, puis elles lui mirent un bâton entre les bras et les genoux, l'abandonnèrent dans cette position et envoyèrent vers elle un domestique, qui profita de l'état où se trouvait la jeune fille pour satisfaire ses désirs par derrière.

La femme peut encore se trouver hors d'état de se défendre non seulement par des causes extérieures, mais encore par suite d'une faiblesse de cause pathologique telle qu'une paralysie, etc.

Sous le nom d'*inconscience* (*Bewustlosigheit*) on entend non seulement l'abolition de la perception des choses extérieures, mais encore ce degré d'étourdissement dans lequel la perception, tout en n'étant pas complètement abolie, est cependant assez obscure pour qu'il ne puisse y avoir une juste appréciation des faits. Tels sont certains troubles transitoires, entre autres l'ivresse et le narcotisme, provoqués dans un autre but que celui dont nous avons parlé plus haut, et porté, non à son complet développement, mais à un degré tel que la conscience, sans être complètement abolie, est cependant profondément altérée. Quand ces cas font l'objet d'une enquête médico-légale, il est évident que l'état d'inconscience n'existe plus au moment de l'enquête, et qu'il ne nous reste plus qu'à prouver la vérité des assertions de la plaignante ou la réalité de l'état où elle se trouvait par la déposition des témoins, en tenant compte de l'action toxicologique et psychopathologique de l'alcool ou du narcotique employé dans chaque cas en particulier. Il ne faudra pas oublier que la plaignante peut d'autant moins rendre compte de ce qui s'est passé, que l'abolition de la conscience aura été plus complète, et que le coït aura laissé moins de traces sur la femme. Du reste l'expérience et les faits nous apprennent que ces accusations sont souvent complètement fausses, mais qu'elles peuvent reposer sur des illusions ou des hallucinations survenant, soit sous l'influence du narcotique, soit dans tout autre état d'inconscience, et

(1) Maschka, *Sammlung gerichtärzl. Gutachten*, III, 1867, p. 300.

que ces personnes à leur réveil, se rappelant ces illusions, peuvent se figurer qu'elles ont été l'objet d'un attentat à la pudeur. Kidd (1) raconte qu'une jeune fille, qui avait perdu connaissance pendant un examen au spéculum et avait été rappelée à elle par le médecin à l'aide d'un sel odorant, avait pris cette odeur pour celle du chloroforme et affirma avec la conviction la plus absolue que le médecin l'avait chloroformée et l'avait violée pendant son sommeil. On eut toutes les peines à convaincre les juges et le jury de l'innocence du médecin (2).

On aura très-rarement l'occasion de se prononcer sur d'autres formes d'inconscience passagère. Dans un cas rapporté par Maschka, une jeune fille enceinte prétendit avoir été portée et violée dans une grange, pendant un accès d'épilepsie. Mais elle raconta tous les détails avec une telle précision, qu'il fut prouvé ainsi qu'elle ne s'était pas trouvée privée de connaissance dans ce moment; les autres circonstances firent voir du reste que cette accusation n'était qu'une affaire de chantage.

Les anciens auteurs ont souvent discuté pour savoir si une femme pouvait être violée pendant le sommeil naturel, sans se réveiller et sans se rendre compte de ce qui se passait. La chose est aujourd'hui résolue par la négative. Mais il faut avouer qu'on peut beaucoup plus facilement venir à bout d'une personne, surprise dans son sommeil et se trouvant dans une position favorable, que d'une personne non endormie. De même on comprend que, dans certaines circonstances, quand par exemple les parties génitales de la femme sont élargies, l'introduction du pénis puisse avoir lieu avant que la femme ait complètement repris connaissance. Sous ce rapport, nous trouvons un cas remarquable rapporté par l'avocat Cowan, de Dumfries, en Écosse (3).

La femme d'un aubergiste, mariée depuis seize ans et mère de trois enfants, après une nuit blanche pendant laquelle elle s'était beaucoup fatiguée, se coucha sur un lit tout habillée avec ses jupons et sa crinoline, et sur le côté gauche, comme elle en avait l'habitude. Elle s'endormit profondément. Après avoir dormi pendant une demi-heure, elle sentit un poids sur elle, et croyant que c'était son mari, elle se souleva un peu, et remarqua alors qu'elle était couchée sur le dos et que le garçon d'écurie, qui était à son service depuis quelques années, se

(1) Kidd, *Edinb. med. Journ.* 1870, 220,-230.

(2) Voyez Brouardel, *Accusation de viol, accompli pendant le sommeil hypnotique, Relation médico-légale de l'affaire Lévy, dentiste à Rouen* (*Ann. d'Hyg.*, 1879, 3e série, t. I, p. 39).

(3) Cowan, *Édinb. méd. Journ.*, 1862, p. 570.

trouvait sur elle, que son corps touchait le sien, et que ses parties génitales se trouvaient en contact avec les siennes. Elle était toute mouillée. Le garçon se leva; elle le vit boutonner son pantalon; elle appela aussitôt son mari qui lisait le journal dans une chambre voisine et lui fit part de ce qui était arrivé. Le domestique fut immédiatement arrêté et condamné par le jury à dix ans de travaux forcés. On ne consulta pas de médecins.

Il y a encore d'autres états dans lesquels une personne n'est pas capable de comprendre la portée de l'acte qu'elle subit et par conséquent de résister; nous voulons parler d'une faiblesse plus ou moins durable de l'intelligence, et des maladies mentales dans le sens restreint du mot.

Le Code pénal allemand parle seul d'abus sexuel sur une femme « *atteinte d'une affection mentale* », et paraît comprendre sous cette dénomination non seulement les aliénés dans le sens restreint du mot, mais encore les imbéciles ou les idiots, ces deux catégories de personnes pouvant encore être regardées comme *privées de volonté* (*willenlose*), dans le sens de cette loi.

La loi autrichienne ne contient pas d'articles de lois visant directement ce genre de délit; mais il est certain qu'elle comprend parmi les personnes *hors d'état de se défendre ou inconscientes*, les idiots et les aliénés. Le projet de réforme du Code pénal autrichien (Straf-Gesetz-Entwurf) ne parle ni d'idiots ni d'aliénés, mais il est évident qu'ils rentrent dans la catégorie des personnes *privées de volonté*.

Le diagnostic de l'imbécillité ou de l'aliénation mentale d'un individu se fera d'après les principes généraux de la psychiatrie; on se guidera sur les mêmes principes quand il s'agit d'apprécier à quel point cette anomalie psychique mettait la femme hors d'état de se rendre compte des actes dont elle était l'objet.

Nous ferons seulement remarquer ici que dans ces cas, il ne s'agit pas seulement de savoir si la femme était à cette époque idiote ou aliénée, mais si le coupable avait connaissance de cet état.

Deux jeunes gens de 16 et de 17 ans avaient abusé à plusieurs reprises d'une jeune fille de 20 ans sourde muette et idiote. Mis en accusation pour ces faits, ils nièrent, ainsi que d'autres personnes, l'idiotie de la jeune fille, parce que celle-ci les avait invités au coït, eux, et même d'autres jeunes gens, qu'elle savait très bien ce qu'elle faisait et était capable d'apprécier la signification d'un tel acte. Dans notre rapport nous établîmes que cette jeune fille était non seulement sourde-muette, mais encore idiote; mais nous admîmes cependant, d'après les circonstances et les dépositions des témoins, que les accusés la regardaient seulement comme sourde-muette. Ils furent acquittés.

Il faudra aussi tenir compte de cette circonstance dans certaines formes de folie hystérique, ou dans les états d'exaltation maniaque, et cela d'autant plus que ces formes de psychose sont facilement méconnues par les gens du monde et qu'elles sont presque toujours accompagnées d'une exagération de l'excitabilité sexuelle.

§ 5. — VIOL SUR UNE JEUNE FILLE DE MOINS DE 14 ANS.

Le viol commis sur des jeunes filles de moins de 14 ans est sévèrement puni par la loi autrichienne et la loi allemande, même dans les cas où le coït aurait eu lieu avec le consentement de la jeune fille. La loi range les enfants dans la catégorie des personnes inconscientes ou hors d'état de se défendre, parce qu'elle a égard d'un côté au développement physique incomplet, d'un autre côté à la faiblesse intellectuelle des enfants. La quatorzième année fut choisie par la loi comme limite, parce que c'est à cette époque que survient la puberté dans nos climats, et parce que l'on admet qu'à cet âge la jeune fille est capable d'apprécier la signification du coït et de se décider librement.

La loi ne prend pas en considération les anomalies individuelles au sujet de l'époque de la puberté. Par contre, il est évident que le coït accompli sur une jeune fille de moins de 14 ans ne peut être appelé viol, et puni comme tel, que si le coupable savait que la jeune fille n'avait pas encore atteint l'âge de 14 ans. Le développement physique de la jeune fille a-t-il pu faire penser qu'elle avait plus de 14 ans, la loi autrichienne emploie dans ce cas la qualification *d'erreur*. Mais on ne prend pas en considération le développement précoce de la jeune fille, si le coupable savait qu'elle avait moins de 14 ans. Dans un cas rapporté par Taylor, la jeune fille se trouvait enceinte de huit mois et âgée de 12 ans et 6 mois, au moment où son séducteur fut poursuivi pour viol. La menstruation s'était établie chez cette jeune fille, une ouvrière de fabrique, à l'âge de 10 ans et 2 mois, et le premier coït, suivi depuis par un grand nombre d'autres, eut lieu quand elle avait 11 ans et 8 mois. Malgré cela, l'accusé fut condamné à deux ans de prison.

Le viol de jeunes filles constitue la forme la plus fréquente d'attentat à la pudeur. Les statistiques des crimes de tous les pays sont d'accord sur ce point; nous voyons en même temps que les victimes de ces attentats ne sont pas toujours des jeunes filles qui approchent de l'époque de la puberté, mais que le plus grand nombre de ces enfants sont de l'âge le plus tendre, et que même les nourrissons ne sont pas à l'abri de ces actes odieux.

L'enfant le plus jeune que nous connaissions sous ce rapport était âgé de huit mois ! et le fait, qui s'est passé à Vienne, a été rapporté par Schauenstein (1).

(1) Schauenstein, *Lehrb. der gerich. Medic.*, 1875, p. 125.

De 632 cas, que A. Tardieu (1) a examinés, 435 concernaient des petites filles âgées de moins de 13 ans, 90 des filles de 13 à 15 ans. Casper et Liman ont examiné jusqu'à 1874, 406 individus pour cause de viol. De ces personnes, plus de 70 0/0 étaient des enfants au-dessous de 12 ans et plus de 84 0/0 au-dessous de 14 ans, 8 avaient 2 1/2 ans à 3 ans ! 64 de 3 à 6, 161 de 7 à 10, 59 de 11 à 12 et 60 de 13 à 14 ans (2).

Nous avons déjà dit plus haut que le coït complet, c'est-à-dire l'introduction du pénis dans le vagin est d'autant plus difficile que la jeune fille est plus éloignée de l'époque de la puberté. L'acte se borne généralement à des tentatives de coït, qui se passent dans la vulve et laissent le plus souvent l'hymen intact. Si, malgré la disproportion des parties, l'introduction du pénis est forcée, il peut se produire, quand l'acte a été accompli avec une certaine brutalité, une déchirure des parties génitales externes, déchirure d'autant plus facile que les tissus des enfants sont plus tendres. Mais comme la sensibilité de la verge en érection met certaines limites à sa force, car il arrive souvent qu'on ne réussit pas en une fois à vaincre un hymen résistant, on aura plus de raisons, dans le cas où il y a des lésions graves des parties génitales, de les attribuer à l'introduction violente d'un corps plus résistant que le pénis, particulièrement des doigts. Sous ce rapport nous trouvons dans Taylor la relation d'un cas horrible : une petite fille de 11 mois fut violée par un soldat ivre et mourut le lendemain à la suite des blessures qu'elle avait subies. Toutes les parties génitales externes étaient pour ainsi dire dilacérées, le périnée était complètement déchiré, les replis muqueux du vestibule l'étaient par places, le vagin, détaché de l'utérus, communiquait par une grande ouverture avec la cavité péritonéale. On ne peut pas admettre que ces lésions aient été produites par le pénis ; elles paraissent plutôt être le résultat de manœuvres brutales faites avec la main ; ce qui semble plaider en faveur de cette hypothèse, c'est la déposition de la mère, qui remarqua, lorsqu'elle arriva près de son enfant, que le soldat avait la main tout ensanglantée.

Il faut songer cependant que, même chez des petites filles encore éloignées de la puberté, les parties génitales peuvent être à tel point

(1) Tardieu, *Étude médico-légale sur les Attentats aux mœurs*, 7ᵉ édition. Paris, 1878, p. 23.

(2) Ce qui est intéressant au point de vue psychologique, c'est que souvent de vieilles femmes, qui ne sont rien moins qu'effrayantes, deviennent les victimes de tels attentats. Tardieu rapporte un cas de viol commis sur une femme de 68 ans, et Casper-Liman un autre sur une femme du même âge défigurée par des cicatrices de variole. En 1875, on condamna à Innsbrück un jeune homme de 18 ans pour un attentat à la pudeur qu'il avait commis sur une femme de 70 ans !

élargies par des manœuvres répétées et des tentatives de coït, qu'elles finissent par permettre l'introduction du pénis à un âge où celle-ci serait impossible sur d'autres jeunes filles. Cet élargissement des parties génitales fournit naturellement des renseignements très importants pour le diagnostic des actes dont la jeune fille a été la victime, et cela d'autant plus que les parties sont plus élargies et sont plus en disproportion avec l'âge de l'enfant. Taylor rapporte sous ce rapport un fait intéressant : les indigènes de Calcutta dilatent artificiellement les parties génitales des petites filles avec le fruit du pisang, afin de les rendre plutôt propres au coït. Mais ce qui est encore plus intéressant, c'est le cas que Casper a eu l'occasion d'examiner : une mère avait introduit journellement une petite pierre ovale dans les parties génitales de sa fille, âgée de 11 ans, dans le but de la rendre rapidement capable de supporter le coït, et de gagner ainsi de l'argent.

ART. III. — DES LÉSIONS GRAVES A LA SUITE D'ATTENTAT A LA PUDEUR.

Législation autrichienne.

Code pénal : § 126. — La violence a-t-elle eu des conséquences fâcheuses pour la santé ou la vie de la victime, la peine sera portée à une durée de dix à vingt ans; a-t-elle eu pour suite la mort de la personne blessée, le coupable sera condamné aux travaux forcés à perpétuité.

Projet de réforme du Code pénal autrichien : § 191. — L'acte a-t-il eu une des conséquences désignées par les § 235 et § 236 (1), la peine sera de 15 ans de détention dans une maison de correction, et s'il y a eu mort de la personne blessée, elle sera de 20 ans de détention.

Législation allemande.

Code pénal : § 178. — Si à la suite d'un des actes désignés par les articles 176 et 177, il y a eu mort de la personne blessée, le coupable sera puni des travaux forcés à temps (10 ans) ou à perpétuité.

(Les articles 176 et 177 sont relatifs aux attentats à la pudeur).

L'étude médico-légale *des altérations de la santé* ou *des fonctions* à la suite d'attentats à la pudeur, se confond avec celle des *blessures* en général ; du reste le nouveau Code pénal autrichien désigne ces deux catégories de blessures sous la dénomination de *violences* (*Misshandlung*).

(1) § 235. — Les violences sont punies de prison : si elles sont suivies d'une altération de la santé ou d'une incapacité de travail de huit jours ou accompagnées de douleurs très-fortes.

§ 266. — La violence a-t-elle pour suite la blessure d'un bras, d'une main, d'une jambe, d'un pied, du nez, une altération de la vue, d'un ou des deux yeux, de l'ouïe, de la parole et de l'aptitude à la reproduction, une paralysie, une maladie mentale ou une infirmité durable, la peine est.....

En renvoyant le lecteur à l'article « *blessures* », nous nous bornerons aux remarques suivantes.

L'attentat à la pudeur peut être suivi de conséquences fâcheuses pour la santé de la victime, d'abord par le coït même, ensuite par les moyens employés pour arriver à l'exécution de l'attentat.

A la première catégorie appartiennent les blessures des parties génitales, les états inflammatoires provoqués par irritation mécanique, la communication de maladies virulentes, de même que les maladies du système nerveux déterminées par une excitation sexuelle précoce et répétée. Dans la dernière catégorie se trouvent les blessures des autres organes et les lésions corporelles, mais surtout psychiques, provenant de la résistance de la victime, et les altérations de la santé occasionnées par le moyen employé pour amener l'étourdissement. Ces causes peuvent n'amener qu'un trouble passager de la santé ou une incapacité de travail temporaire. Selon leur nature, on appellera l'altération de la santé une altération *grave* ou une altération *menaçant la vie*, et on spécifiera si elle a pu *durer au moins* une semaine (Code pénal autrichien, § 126).

Les conséquences les plus fréquentes d'un attentat à la pudeur, ce sont les affections vénériennes. On pourrait se demander, au point de vue du Code pénal autrichien, si l'infection par une blennorrhagie ou un chancre mou est une conséquence grave (*wichtig*) pour la santé. En tout cas, c'est une affection qui dure toujours plus d'une semaine. L'infection par la syphilis serait une conséquence fâcheuse pour la santé, s'il y avait eu des accidents consécutifs, et elle pourrait même devenir une *infirmité* (§ 236 du Code pénal autrichien, et § 224 du Code pénal allemand).

Parmi les autres conséquences d'un attentat à la pudeur, nous ne citerons que les accidents nevro ou psycho-pathiques. Le plus souvent les conséquences de ce genre sont des états épileptiformes, surtout chez les enfants. Cette relation de cause à effet se comprend d'autant plus facilement, si l'on considère d'une part la constitution si impressionnable des enfants à l'égard des fortes excitations, d'autre part ce fait que les excitations périphériques peuvent provoquer par voie réflexe des états épileptiformes, et cela d'autant plus que l'enfant est plus jeune et que l'excitation de ses parties génitales a été plus fréquente par les tentatives de coït.

Il faut cependant apporter les plus grandes réserves dans l'appréciation de ces cas. On s'assurera de la réalité de ces attaques convulsives et de leur nature, car le mensonge et l'exagération de la part des intéressés, et même des enfants, ne sont pas chose rare sous ce rapport. On devra en outre rechercher si l'époque où se sont montrées les attaques convulsives correspond à celle de l'attentat, si elles n'ont pas existé avant cela ou si elles ne sont survenues que longtemps après. Le médecin devra également se renseigner des autres causes possibles de ces attaques convulsives. On sait que les convulsions sont très fréquentes dans l'enfance, et sont dues particulièrement à des états hydrocéphaliques, à des excitations périphériques non sexuelles (vers), qu'elles se montrent surtout chez les enfants débiles ou affaiblis par une maladie, et à certaines périodes physiologiques telles que la dentition et la puberté.

On ne perdra pas de vue les causes naturelles de ces attaques convulsives, tout en se rappelant que, dans les cas où pour ces raisons il y a déjà prédisposition, une excitation sexuelle accidentelle peut facilement faire naître ces états névropathiques, et que l'onanisme suffit pour provoquer ces affections. On oubliera d'autant moins cette dernière possibilité, que par ces pratiques vicieuses on peut trouver les mêmes modifications, sauf les déchirures de l'hymen, que celles que déterminent les actes sexuels répétés et d'une autre nature.

Chez les adultes, le viol avec violences peut être suivi d'états névro ou psycho-pathiques, tant à cause de la frayeur que de la dépression morale provoquée par la perte de leur honneur. Sous l'influence de ces causes, on peut voir survenir la mélancolie, mais surtout l'hystérie et l'hystéro-épilepsie, ainsi que le montrent trois observations rapportées par Krafft-Ebing (1). Une prédisposition antérieure facilite naturellement le développement de ces psychoses, et ne devra pas être oubliée dans la rédaction des rapports sur ces cas.

Le viol est puni de la peine la plus grave s'il a causé la mort de la victime. Naturellement on parle ici de la mort survenue pendant ou après le viol par suite des actes du coupable pour arriver à assouvir ses désirs, mais sans que celui-ci ait eu l'intention de la donner.

La mort peut survenir pendant le coït par asphyxie, selon les moyens que le coupable a employés pour terrasser sa victime ou pour l'empêcher de crier, c'est-à-dire par occlusion des orifices respiratoires avec la main, des draps, des pièces d'un lit ou même les jupons de la femme rejetés par dessus sa tête, plus rarement par strangulation. La coïncidence de maladies des poumons ou du

(1) Krafft-Ebing. *Vierteljahrs f. gerich. Medic.* 1874. XXI, 6.

cœur, donnant lieu à une gêne considérable de la respiration, peut favoriser l'issue mortelle d'un tel acte de violence. La mort peut survenir encore par paralysie du cœur due, soit à l'émotion violente, soit à ce que l'on appelle le cœur forcé, et cela d'autant plus facilement que le cœur était déjà malade antérieurement et atteint de lésions valvulaires ou de dégénérescence graisseuse.

La mort peut être la conséquence des blessures graves des parties génitales et des accidents consécutifs auxquels elles donnent lieu, des autres blessures provenant de la lutte, du moyen d'étourdissement (chloroforme) employé et ayant pu donner la mort pendant ou même avant le coït, finalement de l'infection syphilitique.

L'examen et le rapport médico-légaux se feront dans ces cas d'après les règles que nous indiquons pour les cas de mort violente. Dans les cas où la mort est survenue pendant ou immédiatement après le coït, le diagnostic du viol sera facilité par la possibilité d'examiner anatomiquement les lésions des parties génitales et de rechercher les spermatozoïdes dans le vagin.

Nous ferons remarquer enfin, à propos de cette question tant discutée par les anciens auteurs, qu'il est hors de doute qu'une femme puisse devenir enceinte après un coït non consenti. Mais ni la loi autrichienne ni la loi allemande ne comptent la grossesse consécutive parmi les conséquences graves du viol.

Le coupable aura nécessairement dans ce cas à remplir toutes les obligations de paternité imposées par le Code civil. Mais tandis que le Code civil autrichien ne précise rien, le Code civil prussien dit expressément qu'une femme violée ou rendue enceinte dans un moment où elle était inconsciente ou hors d'état de résister, peut exiger le maximum des dommages-intérêts fixés par la loi (allg. Landrecht).

CHAPITRE II

LES ACTES IMPUDIQUES D'UN AUTRE GENRE.

La loi autrichienne (§ 128) désigne sous le nom d'*actes impudiques* (*Schändung*) l'abus, pour la satisfaction des désirs sexuels, de garçons ou de filles âgés de moins de 14 ans, ainsi que de personnes sans conscience ni volonté, en tant que cette satisfaction est obtenue par un autre moyen que le coït et qu'elle n'a pas lieu entre deux personnes du même sexe.

Le projet de réforme du Code pénal autrichien (§§ 189, 191), et le Code pénal allemand (§§ 174, 176), appellent *actes impudiques* (*unzüchtigen Handlungen*) (1), cet abus sexuel, en dehors du coït ou de la pédérastie. Mais la loi n'attache pas de sens plus précis à cette expression, ce qui serait du reste très difficile, vu son élasticité. Aussi le tribunal supérieur de Prusse a décidé que ces actes seront regardés comme *impudiques*, selon leur nature et selon l'opinion des jurés.

Ces actes impudiques consistent le plus souvent en *manœuvres sur les parties génitales d'une autre personne*, ou en *l'abus d'enfants dans un but d'onanisme*. Ces enfants peuvent être aussi bien des garçons que des filles, et ceux qui s'en servent peuvent être aussi bien des hommes que des femmes. Mais, sous ce rapport, il y a une divergence considérable entre le Code pénal autrichien et le projet de réforme de ce Code. D'après le premier, pour que l'acte soit regardé comme impudique il faut qu'il ait été accompli sur la personne du plaignant, et il n'y a pas de crime si l'accusé ne s'est servi de la personne que dans un but de masturbation ; dans ce cas il n'y a qu'excitation à la débauche (§ 132). La réforme de la loi autrichienne punit les deux actes de la même peine, de même que le Code pénal allemand (§ 176, lit. 3).

Le rôle du médecin légiste, dans ces cas, est le même que dans les attentats à la pudeur. Il aura à rechercher : 1° s'il y a sur la personne du plaignant des signes qui permettent de conclure à la réalité de l'acte impudique ; 2° s'il y a des signes témoignant qu'il y a eu lutte, ou si la personne se trouvait en ce moment sans conscience ni volonté ; 3° si cet acte impudique a eu des suites fâcheuses pour la santé, et quelles ont été ces suites.

On aura encore à examiner les parties génitales, pour voir s'il y a des modifications, pouvant être rapportées aux manipulations qui y ont été pratiquées. Les altérations qui peuvent se montrer dans ces cas sur les parties génitales des femmes, dépendront d'une part de la brutalité avec laquelle on a agi, d'autre part de la distension antérieure des parties génitales, enfin, ce qui est très-important surtout pour les enfants, du nombre et de la fréquence de ces actes impudiques.

(1) Il est impossible de rendre en français la nuance, du reste subtile, entre le mot « *schändung* » et l'expression « *unzüchtigen Handlungen* », qui tous deux désignent les actes impudiques, autres que le coït illégal.

Par l'introduction brutale du doigt dans les parties génitales d'une petite fille, on peut beaucoup plus facilement déterminer une déchirure de l'hymen, qu'avec un pénis dont l'introduction jusqu'à l'hymen et au delà est d'autant plus difficile que les parties de l'enfant sont encore plus étroites. On comparera du reste les dimensions des parties génitales de la fille avec le volume du pénis et du doigt, pour décider si les lésions ont été produites par l'un ou l'autre. Souvent on trouve des lésions dont la nature indique tout de suite qu'elles ont été déterminées non par le pénis mais par le doigt ou au moins par un autre corps dur analogue et relativement peu gros. C'est ainsi que A. Tardieu a trouvé dans un cas, où il n'y avait pas de déchirure du bord libre de l'hymen semi-lunaire, une déchirure irrégulière de la partie médiane de l'hymen, se dirigeant perpendiculairement jusqu'à la fourchette et due manifestement au passage violent d'un doigt. De même dans le cas de Lender (1), on trouva dans le vagin fortement enflammé d'une fille de 4 ans, dont l'hymen était déchiré, un morceau de l'étoffe de son jupon, ce qui ne pouvait pas avoir été produit par le pénis, mais plutôt par un doigt introduit avec violence dans les parties génitales de l'enfant. Dans d'autres cas, l'empreinte caractéristique des ongles des doigts permet de reconnaître la nature de la violence.

Si les actes impudiques se bornent à des attouchements des parties génitales, et surtout si ces attouchements n'ont eu lieu qu'une fois ou à des intervalles très-longs, on ne trouvera pas de modifications des parties génitales. La répétition fréquente de ces manœuvres peut donner lieu à des phénomènes d'irritation, ou à la flétrissure et au relâchement des parties. Mais les tentatives répétées de coït et les habitudes d'onanisme peuvent avoir les mêmes conséquences.

L'onanisme pratiqué sur de jeunes garçons peut occasionner chez ces derniers des symptômes d'irritation du pénis et un affaissement du prépuce, signes qui peuvent cependant être aussi la suite de la masturbation. Dans le plus grand nombre des cas de ce genre on ne trouve ordinairement pas de lésions sur les parties génitales des garçons ou des filles, et ces lésions feront naturellement absolument défaut dans les cas où ces actes impudiques n'auront pas été pratiqués sur l'individu lui-même et où les enfants n'ont servi que de moyen de masturbation (2).

(1) Lender, *Viertejahrsh f. gerich. Medic.* 1865, N. F. II, p. 355.

(2) Voyez, H. Fournier, *De l'onanisme, causes, dangers et inconvénients pour les individus, la famille et la société.* Paris, 1875.

La question de savoir s'il y a eu lutte ou si la personne était sans conscience ni volonté a déjà été discutée à propos du viol. On se reportera également à ce que nous avons dit dans ce chapitre pour ce qui concerne les conséquences fâcheuses pour la santé ou la vie que ces actes peuvent entraîner. Il y a rarement transmission d'affection syphilitique d'un homme à une petite fille, mais on comprend que la chose puisse arriver plus facilement quand une femme a abusé d'un garçon.

CHAPITRE III

LES RAPPORTS SEXUELS CONTRE NATURE.

Le Code pénal autrichien distingue les rapports sexuels contre nature entre deux personnes du même sexe et les rapports sexuels contre nature avec des animaux. Il en est de même du projet de réforme du Code pénal autrichien avec cette différence que l'expression « rapports sexuels contre nature avec des personnes du même sexe » ne s'applique qu'aux hommes, par conséquent à la *pédérastie*. Cette dernière restriction est très-importante, car bien qu'il soit prouvé que les rapports sexuels entre femmes, qui ont été désignés autrefois sous le nom d'*amour lesbique* ou *tribadie*, se rencontrent encore très-souvent aujourd'hui, surtout dans les prisons et les maisons de détention pour les prostituées, cette dépravation tout aussi immorale ne tombe pourtant pas sous le coup de la loi, comme la pédérastie (1).

ART. Ier. — LA PÉDÉRASTIE.

On désigne sous le nom de *pédérastie* l'assouvissement des désirs sexuels par l'introduction du pénis dans l'anus. Le législateur, en punissant les rapports contre nature entre hommes, n'avait en vue que le genre de rapport dont nous nous occupons en ce moment, bien que cette expression puisse donner lieu à d'autres interpréta-

(1) Dans une communication faite par Mayer (*Friedreich's Blätter f. ger. Medic.*, 1875, 41), le docteur Fischer, médecin distingué de la maison de correction de Saint-Georges rapporte qu'il n'est pas rare de voir des jeunes filles, habituées aux plaisirs sexuels établir des relations dans la maison même, et satisfaire leur passion, aussitôt qu'une occasion quelconque se présente. Leur passion est étonnamment exaltée et elles éprouvent toutes les souffrances de l'amour et de la jalousie, comme cela arrive entre personnes de sexe différent.

tions. Cela est d'autant plus important que dans beaucoup de cas poursuivis pour rapports contre nature, le contentement des désirs sexuels était obtenu moins par la pédérastie proprement dite que par des attouchements manuels et réciproques et souvent par la combinaison des deux excès (1).

La pédérastie est un vice connu de toute antiquité. La Bible déjà édicte des punitions contre ce crime et défend l'adoration des faux dieux Moloch et Bal Phégor, où la pédérastie jouait un grand rôle. On sait que ce vice était très-répandu dans la Grèce classique, que non-seulement il n'était pas regardé comme honteux, mais qu'il était pratiqué par les plus grands hommes de la Grèce (2). Juvénal et Martial flétrissent dans leurs satires ce vice si commun à Rome du temps des Césars. La loi Scatinia était également destinée à mettre des limites à ce vice si répandu.

Les observations de Casper et de A. Tardieu (3), qui ont eu tous deux l'occasion d'observer des sociétés entières de pédérastes, nous montrent que la pédérastie est encore très-fréquente aujourd'hui.

Les peines édictées contre ce vice sont aujourd'hui beaucoup moins sévères qu'autrefois.

Tandis que la loi Caroline punissait les rapports contre nature de la mort par le feu, et que l'on pendait encore pour ce crime il n'y a pas longtemps en Angleterre et en Amérique, la loi autrichienne ne punit ce crime que de un à cinq ans de travaux forcés et la réforme de la loi autrichienne de la prison seulement.

Les raisons qui font que ce crime est puni aujourd'hui de peines moins sévères qu'autrefois, se trouvent dans l'appréciation plus clémente des dépravations sexuelles en général, d'autre part dans ce fait, qui est le résultat de l'observation psychiatrique, que l'on regarde le penchant d'un individu pour un autre individu du même

(1) Ce fait est manifestement prouvé par la confession d'un pédéraste, appartenant à une haute classe de la société, dont nous devons la communication à Casper (Liman, *Handb.* I, 183). En 1870, on arrêta à Innsbrück le président d'une société de jeunes gens, sous l'inculpation de rapports contre nature qu'il aurait eus avec un grand nombre de garçons de 10 à 15 ans. Presque tous les actes qu'on lui reprochait consistaient en attouchements onanitiques qu'il faisait sur les enfants ou qu'il se faisait faire sur lui-même. Une seule fois il avait essayé d'introduire le pénis dans l'anus d'un garçon, mais il dut s'arrêter à cause des cris de douleur que jetait l'enfant

(2) Dans Cornelius Nepos nous trouvons les phrases suivantes :

« Laudi in Græcia ducitur adolescentulis multos habere amatores » — « Alcibiades, ineunte adolescentia, amatus est a multis, more Græcorum. »

(3) Tardieu, *Étude médico-légale sur les attentats aux mœurs*. 7e édition. Paris, 1878.

sexe comme une impression sexuelle anormale (*contraire*, Westphal).

L'existence des impressions sexuelles contraires et à leur suite la perversion des désirs sexuels est prouvée par un grand nombre d'observations (1) dont il faut tenir compte dans l'appréciation des rapports sexuels contre nature. Nous reviendrons ailleurs sur ces cas aussi intéressants au point de vue médico-légal qu'au point de vue psycho-pathologique. Nous ne ferons que remarquer ici qu'une pareille « perversion congénitale des impressions sexuelles » (Westphal) a été observée comme une manifestation morbide d'autres états névro ou psycho-pathologiques, et qu'il est encore douteux que cette impression sexuelle contraire puisse exister comme symptôme isolé.

Dans le plus grand nombre des cas la pédérastie n'est pas un symptôme névro ou psycho-pathologique, comme le prouve déjà l'histoire de ce vice répandu de tous temps dans toutes les classes de la société. Elle est relativement fréquente dans les maisons d'arrêt ou de correction, et s'explique dans ces cas par les nombreuses occasions résultant de l'agglomération d'un grand nombre d'hommes, d'un autre côté par l'impossibilité où ces hommes se trouvent d'accomplir le coït d'une autre façon. La fréquence de ce vice chez les prêtres s'explique facilement par le célibat et par la crainte des suites d'un rapport sexuel avec une femme. Cette dernière cause peut exister encore pour des individus appartenant à d'autres états. Ainsi ce président d'une société de jeunes gens, dont nous avons parlé et qui avait été condamné pour pédérastie, expliquait « qu'un rapport sexuel avec une femme était trop dangereux, qu'il pouvait facilement en résulter quelque chose (*sic*), tandis qu'avec des garçons il n'y avait rien à craindre de ce genre ». Cette considération pourrait bien être aussi la cause de la pédérastie pratiquée souvent entre époux. Nous rencontrons encore ce vice chez les libertins, pour lesquels le coït ordinaire a perdu son agrément, et qui cherchent et trouvent une excitation plus forte dans ces rapports sexuels défendus. La séduction joue aussi souvent un grand rôle. On observe encore des cas où la crainte de l'impuissance due à l'onanisme, une anomalie de développement des organes génitaux, poussent l'homme à rechercher la satisfaction de ses désirs sexuels d'une autre façon. Il est de fait que les onanistes fournissent le principal contingent à la pédérastie (2). Casper rapporte un cas d'hypospadias

(1) Kraff Ebing. *Archiv. f. Psych.* 1877, III, p. 291.

(2) Voy. H. Fournier, *De l'onanisme, causes, inconvénients et remèdes.* Paris, 1875.

avec atrophie du pénis chez un pédéraste. Et nous avons eu l'occasion d'observer, il y a quelques années à Vienne chez un pédéraste passif, une atrophie considérable du pénis.

Amb. Tardieu a montré que la pédérastie est exercée comme métier dans les capitales et y constitue une espèce de prostitution.

Nous voyons donc qu'il y a une série de raisons qui expliquent cette perversion sexuelle si étonnante au point de vue psychologique, sans qu'on ait besoin d'admettre l'existence d'un état névro ou psycho-pathologique. Cette circonstance, ainsi que l'opinion publique qui regarde ces actes non seulement comme un vice, mais encore comme un crime, ont déterminé les législateurs modernes à qualifier de crime les rapports sexuels contre nature entre personnes du sexe masculin, malgré les doutes émis par les médecins sur la culpabilité de ces actes.

La pédérastie est appelée *active* ou *passive* selon le rôle qu'y joue une personne.

La pédérastie active ne laisse pas de signes caractéristiques même si elle est pratiquée habituellement. Tardieu, il est vrai, prétend avoir vu chez des pédérastes actifs, qu'il a examinés, un gland pointu et aminci, semblable au pénis d'un chien et il rapporte cette forme à l'introduction violente et répétée du pénis dans l'orifice étroit de l'anus. Mais les autres médecins légistes n'ont observé rien de semblable et on ne voit pas bien comment une pression passagère et courte, bien que souvent répétée, peut déterminer une altération de la forme du gland qui cependant est très-élastique. Nous avons eu l'occasion d'observer un vieux moine qui, d'après son propre aveu, était adonné à la pédérastie active depuis de longues années, et nous n'avons pu trouver la moindre déformation du pénis, à part une grande flaccidité de ses parties génitales qui s'expliquait suffisamment par son état de marasme. Nous avons trouvé les mêmes résultats négatifs dans l'examen de deux individus dont l'un était accusé d'avoir abusé pendant longtemps des enfants dans un but de pédérastie et dont l'autre avait été pris sur le fait.

La pédérastie passive peut plus facilement laisser des signes importants pour le diagnostic. Leur nature variera suivant que l'acte a été accompli pour la première fois ou qu'il y a eu pédérastie passive habituelle.

Dans le premier cas les signes d'une distension violente de l'orifice de l'anus sont surtout des excoriations, des déchirures de la muqueuse et même des lésions plus profondes telles que des symptômes secondaires d'irritation. Ces signes se trouvent d'autant plus facilement que l'acte a été accompli avec plus de brutalité et que la disproportion entre la dimension du pénis et l'orifice de l'anus aura été plus grande, par conséquent surtout chez les enfants en bas âge. Chez les individus plus âgés, si le sphincter est relâché, l'anus est susceptible d'une plus grande distension, comme le prouve la méthode d'investigation introduite par Simon dans la pratique chirurgicale et gynécologique par laquelle on peut, pendant le sommeil chloroformique, introduire toute la main et même le bras dans le rectum au point de pouvoir explorer les reins.

Il s'ensuit que chez un adulte, si celui-ci ne fait pas agir le sphincter de l'anus, comme cela arrive quand il y a consentement à l'acte, l'introduction du pénis en érection dans l'anus se fait sans grande difficulté et sans laisser de traces.

La recherche du sperme ne serait probante que dans les cas où on le trouverait dans l'anus même, ce qui n'est possible que dans les cas récents (sur les cadavres). Elle aura encore une importance si l'on trouve du sperme sur d'autres parties du corps ou sur le linge, quand il est prouvé que ce sperme ne peut pas provenir de la personne même, par exemple chez des garçons non pubères. Casper décrit le cas d'un enfant de huit ans sur lequel un autre garçon de 14 ans et demi avait pratiqué la pédérastie et sur la chemise duquel on parvint à trouver des spermatozoïdes.

On a souvent observé la transmission d'une blennorrhagie ou d'ulcérations virulentes par la pédérastie et ce fait a naturellement une grande importance diagnostique surtout si l'affection est limitée à l'anus et aux parties les plus voisines. Mais il faudra se rappeler cependant que dans les affections virulentes acquises d'une autre façon la peau du sillon interfessier participe souvent à la maladie générale (*Condylomes*).

Les anciens satyriques (Martial) et médecins (P. Zacchias) ainsi que d'autres observateurs (Tardieu, Casper) donnent comme signes d'une pédérastie passive habituelle : des fesses extraordinairement flasques, s'enfonçant en forme de cornet vers l'anus (podice lævis), avec une dilatation de l'orifice anal, un relâchement du sphincter de l'anus, l'effacement des plis de la peau qui d'ordinaire sont disposés autour de l'orifice de l'anus en étoile ou en rayons, enfin certaines végétations de la muqueuse de l'anus, tantôt en crêtes de coq, tantôt en forme d'anneaux (*Varisques*).

De ces signes la flaccidité et l'enfoncement infundibuliforme des fesses n'a aucune valeur, car la fermeté et la rondeur de ces dernières, ainsi que leur accollement plus ou moins complet dépend, ainsi que nous l'avons déjà dit, des grandes lèvres, de l'état de nutrition (jeunesse) de l'individu. On sait que les vieilles personnes ou celles qui sont fortement amaigries sont toutes « podice lœves », sans qu'on puisse les accuser de pédérastie, tandis qu'on peut trouver la disposition normale des fesses chez des jeunes gens bien nourris et qui cependant sont adonnés à la pédérastie passive habituelle. Par contre la dilatation de l'orifice anal et le relâchement du sphincter de l'anus méritent une attention particulière, surtout quand on les trouve sur des individus jeunes et bien portants. Un signe, auquel tous les auteurs (P. Zacchias, Tardieu, Casper) ont attaché une grande importance pour le diagnostic de la pédérastie passive, c'est l'effacement des plis de la peau qui, à l'état ordinaire, sont disposés en forme d'étoile ou de rayons autour de l'anus, et par suite l'état lisse de la marge de l'anus.

Nous avons vu cet aspect déplissé de l'anus, avec dilatation et relâchement de l'anus, très-bien dessiné sur une prostituée, qui avait passé plusieurs années dans un emaison de Dresde et qui s'était prêtée longtemps au coït *per anum.*

Les marisques et les crêtes des anciens sont des végétations de la muqueuse de l'anus, se présentant sous la forme d'excroissances, tantôt lobulées, tantôt en forme de crête de coq, mais souvent aussi comme un léger prolapsus de la muqueuse. Comme ces végétations, bien qu'elles ne correspondent pas toujours à une dilatation des veines, sont désignées sous la dénomination générale d'*hémorrhoïdes,* et se rencontrent très-souvent aussi chez les gens non pédérastes, on peut d'autant moins leur accorder une valeur qu'il n'est pas prouvé que la pédérastie ait une certaine influence sur la production de ces excroissances. Dans notre cas elles n'existaient pas ; par contre nous les avons trouvées assez volumineuses, en forme de crêtes de coq, et constituées par des lambeaux de tissu caverneux sur le cadavre de deux prostituées, qui avaient exercé leur métier *a posteriori*, ainsi que le prouvaient les autres signes et les commémoratifs.

Des cicatrices d'ulcérations spécifiques, si elles peuvent être reconnues indubitablement comme telles, sont très-importantes au point de vue du diagnostic. Il en est de même du catarrhe chronique du rectum, qui est peut-être aussi fréquent chez les pédérastes passifs que la blennorrhée du vagin et de l'utérus chez les prostituées. Nous avons trouvé sur des prostitués, examinés soit pendant la vie, soit après la mort, un catarrhe chronique intense du rectum, et dans le premier cas, l'examen nous apprit qu'ils en souffraient depuis des années et aussi longtemps qu'il se prêtaient au coït *per anum*. L'origine de ce catarrhe chronique s'explique parfaitement par l'excitation mécanique de la muqueuse du rectum et par l'infection blennorrhagique qui existe fréquemment dans ces cas.

La pédérastie active peut avoir lieu avec ou sans le consentement de la seconde personne. Le premier cas est de beaucoup le plus fréquent, et si la personne passive n'est pas un enfant ou un idiot, les deux parties tombent sous le coup de la loi. Les cas où la pédérastie a été accomplie sans le consentement de la victime, concernent le plus souvent des enfants ; mais ces tentatives ont été faites même sur des personnes adultes, ainsi que le prouve un cas rapporté par Casper (1). Il est certain qu'un seul individu, à moins de circonstances tout à fait favorables à ce but, ne peut parvenir à abuser de cette façon d'une personne adulte et qu'il faut opposer aux assertions de ce genre beaucoup plus de précautions encore que celles que nous avons recommandées à l'égard des cas supposés du viol.

Le rôle de médecin dans les cas de pédérastie consiste non seulement à s'assurer de la réalité du crime, mais encore à constater si l'acte a eu des conséquences fâcheuses pour la santé de l'individu, et quelles sont ces conséquences. Ces suites doivent être recherchées surtout chez les enfants et peuvent résulter, d'une part, des lésions locales de l'anus, de l'infection virulente consécutive et des blessures d'un autre genre (2), d'autre part, de l'ébranlement du système nerveux par l'excitation locale ou par l'émotion. On appliquera ici les mêmes principes que ceux que nous avons exposés à propos du viol. Les suites que la pédérastie peut avoir pour la santé ont été beaucoup exagérées. Casper nie absolument la possibilité d'une tuberculose, de l'amaigrissement ou autre maladie provenant d'un tel abus. Nous pensons, dans les cas où la pédérastie est accomplie sur des enfants, que c'est moins la pédérastie que les autres excès sexuels (onanisme) l'accompagnant presque toujours, qui peuvent amener l'amaigrissement et l'altération de la santé. Cependant le cas rapporté par Dohrn (3) nous montre quelles précautions il faut apporter dans l'appréciation de ces cas: Un vieux prêtre, vivant dans une maison avec cinq enfants, avait pratiqué sur eux la pédérastie et d'autres manœuvres de ce genre. Les enfants devinrent tous malades l'un après l'autre et trois d'entre eux en moururent On vou-

(1) Casper, *loc. cit.*, 203.

(2) Voyez le cas monstrueux cité par Liman, *loc. cit.*, 204

(3) Dohn, *Vierteljahrsschrift, f, ger., M.*, VII, 193.

lut mettre la maladie ainsi que la mort des enfants sur le compte de l'abus qu'on en avait fait. Mais un examen plus attentif de toutes les circonstances ne laissèrent aucun doute que les enfants avaient été malades et étaient morts d'une fièvre typhoïde n'ayant aucun rapport avec les attentats dont ils avaient été l'objet.

ART. II. — RAPPORTS CONTRE NATURE AVEC DES ANIMAUX.

Nous trouvons le vice de la *sodomie* dans la plus haute antiquité. La Bible contient un certain nombre de passages prouvant que la sodomie n'était pas exclusive aux habitants de Sodome et de Gomorrhe et que ce vice n'était pas inconnu au peuple de Dieu.

De nos jours encore cette perversion des désirs sexuels se présente quelquefois, mais très-rarement cependant, à l'examen médico-légal.

Le plus grand nombre des cas connus se rapportent à l'abus sexuel d'animaux féminins par des hommes. Il est évident qu'on ne peut trouver les preuves de cette cohabitation défendue, que dans les cas où le coupable a été pris en flagrant délit et dans les cas où l'on a l'occasion d'examiner la bête et le coupable immédiatement après cet acte. La recherche portera dans ces cas sur la présence du sperme dans le vagin de l'animal. La présence de poils de l'animal sur les parties génitales de l'accusé ou à leur voisinage serait d'une grande signification. Kutter (1) rapporte un cas de ce genre, concernant un domestique qui fut pris au moment où il satisfaisait ses désirs sexuels sur une jument, et qui fut examiné immédiatement par le médecin. On trouva sur cet homme entre le prépuce et le gland des poils que l'on put facilement reconnaître sans examen microscopique comme appartenant à la jument; on trouva également des taches de sang sur son pantalon et sur sa chemise, et on constata qu'il y avait également un écoulement sanguin par le vagin de la jument.

Nous-même nous n'avons eu qu'une fois l'occasion d'être interrogé par la justice sur un cas de sodomie.

Un homme avait acheté d'un berger une chèvre qui, au dire de ce dernier, avait été trouvée morte le matin devant la porte de l'étable. Il prétendit avoir constaté, en découpant la chèvre, que les parties génitales externes de l'animal étaient couvertes de sang et les os du pubis séparés l'un de l'autre. Ces particularités éveillèrent en lui

(1) Kutter, *Vierteljahrschrift f. ger., Méd.* 1865, Bd. II, p. 355.

l'idée que le berger avait pratiqué la sodomie sur la chèvre, et que la bête était morte à la suite de ces blessures. Mais il ne fit la déclaration qu'après que toute la viande de l'animal fut vendue pièce par pièce. La justice nous posa cette question: les lésions qu'on dit avoir observées sur l'animal après la mort permettraient-elles de conclure à un acte de sodomie commis sur lui. Nous répondîmes que, si réellement la symphise pubienne était disjointe, cela ne pouvait avoir lieu que par une violence considérable, comme une chute d'une certaine hauteur, ou le choc d'un corps dur lancé avec violence, mais qu'il était absolument impossible que l'introduction du pénis ou même de la main dans le vagin de l'animal ait pu déterminer ces blessures, que par conséquent la nature des lésions était contraire à l'hypothèse du dénonciateur, enfin qu'il n'y avait pas la moindre raison pour admettre que cette opinion fût fondée.

La sodomie entre femmes et animaux masculins est encore plus rare que la précédente. Tous les cas de ce genre publiés jusqu'à présent concernaient la sodomie avec des chiens. Un cas de ce genre fut rapporté, il y a quelques années, par Schuhmacher de Salzbourg, un autre par Pfaff (1), et un troisième par Schauenstein (2). On ne dit pas dans ces cas s'il y a eu coït réel ou seulement des manœuvres d'un autre genre. Dans ces circonstances le médecin légiste pourra à peine contribuer pour sa part à la découverte de la vérité. Pfaff rapporte cependant que dans son cas il a trouvé sur le pubis d'une jeune domestique un poil noir de chien, tout à fait semblable à ceux du grand chien noir avec lequel la fille s'était enfermée. Un examen microscopique permit de découvrir des spermatozoïdes accolés aux poils du pubis de la domestique.

TROISIÈME SECTION

LA GROSSESSE ET L'ACCOUCHEMENT.

Législation française.

Code civil : art. 340. — La recherche de la paternité est interdite. Dans le cas

(1) Pfaff, *Das Haar in forensischer Bez.* (*Des cheveux en médecine légale*), page 79.

(2) Schauenstein, *Lehrb. der gerich. Medicin* 1875, 161.

d'enlèvement, lorsque l'époque de cet enlèvement se rapportera à celle de la conception, le ravisseur pourra être, sur la demande des parties intéressées, déclaré père de l'enfant.

ART. 725. — Pour succéder, il faut nécessairement exister à l'instant de l'ouverture de la succession. Ainsi sont incapables de succéder : 1° celui qui n'est pas encore conçu ; 2° l'enfant qui n'est pas né viable ; 3° celui qui est mort civilement.

ART. 906. — Pour être capable de recevoir entre-vifs, il suffit d'être conçu au moment de la donation. Pour être capable de recevoir par testament, il suffit d'être *conçu* à l'époque du décès du testateur. Néanmoins la donation ou le testament n'auront leur effet qu'autant que l'enfant sera né viable.

Code pénal : art. 37. — Si une femme condamnée à mort déclare, et *s'il est vérifié qu'elle est enceinte*, elle ne subira sa peine qu'après sa délivrance.

Avortement.

Code pénal : art. 317. — « Quiconque par aliments, breuvages, médicaments, violences, ou par tout autre moyen, aura procuré l'avortement d'une femme enceinte, soit qu'elle y ait consenti, ou non, sera puni de la réclusion.

« La même peine sera prononcée contre la femme qui se sera procuré l'avortement à elle-même, ou qui aura consenti à faire usage des moyens à elle indiqués ou administrés à cet effet, si l'avortement s'en est suivi.

« Les médecins, chirurgiens et autres officiers de santé, ainsi que les pharmaciens qui auront indiqué ou administré ces moyens, seront condamnés à la peine des travaux forcés à temps, dans le cas où l'avortement aurait eu lieu. »

Accouchement.

Code civil : art. 341. — La recherche de la maternité est admise. L'enfant qui réclame sa mère sera tenu de prouver qu'il est identiquement le même que l'enfant dont elle est accouchée.

Code pénal : art. 345. — Les coupables d'enlèvement, de recelé ou de substitution d'un enfant à un autre, ou de supposition d'un enfant à une femme qui ne sera pas accouchée seront punis de la réclusion.

Législation autrichienne.

Code civil autrichien : § 120. — Après une dissolution de mariage, ou après la mort du mari, la femme, si elle est enceinte, ne pourra contracter une autre union avant son accouchement, et si sa grossesse est douteuse, pas avant la fin du sixième mois ; mais si, d'après les circonstances et la déposition des experts, la grossesse n'est pas probable, elle pourra obtenir une dispense après le troisième mois.

§ 138. — Sont reconnus comme légitimes les enfants qui naissent dans le septième mois après le mariage ou le *dixième* mois après la mort du mari ou la dissolution du mariage.

§ 156. — Dans le cas de naissance précoce, l'enfant n'est déclaré illégitime, que si le père, à qui la grossesse antérieure au mariage était inconnue, a réclamé au moins dans les trois mois qui suivent la naissance de l'enfant.

§ 157. — La légitimité ou l'illégitimité, dans le cas de naissance précoce ou tardive, n'est prononcée que sur le rapport d'un expert.

§ 163. — S'il est prouvé, ou si quelqu'un a avoué même en dehors de la justice, qu'il a cohabité avec la mère d'un enfant dans un temps depuis lequel il ne s'est pas écoulé moins de sept mois, ni plus de dix mois avant l'accouchement, peut être déclaré le père de l'enfant.

Code pénal autrichien : § 144. — Toute femme, qui intentionnellement a fait une manœuvre ayant pour résultat l'expulsion de son fruit ou l'accouchement, de façon que l'enfant vienne au monde mort, est coupable de crime.

§ 145. — L'avortement a-t-il été tenté, mais sans résultat, la peine sera de six mois à un an de prison ; si l'avortement a eu lieu la peine sera d'un à cinq ans de travaux forcés.

§ 146. — Sera puni de la même peine avec circonstances aggravantes le père de l'enfant, s'il est complice du crime.

§ 147. — Est coupable du même crime, quiconque a provoqué ou tenté de provoquer l'avortement à l'insu et sans le consentement de la mère.

§ 148. — Un tel crime est puni de un à cinq ans de travaux forcés, et, s'il y a eu en même temps danger pour la vie ou la santé de la mère, de cinq à dix ans de travaux forcés.

Projet de réforme du Code pénal autrichien : § 229. — Une femme qui s'est fait avorter elle-même, ou par l'intermédiaire d'une autre personne, est punie de detention de six mois à cinq ans.

§ 230. — Est passible de la même peine, quiconque aura provoqué un avortement avec le consentement de la mère ; s'il a reçu de l'argent, la peine sera double.

§ 231. — Y a-t-il eu mort de la femme, la prison sera de dix ans au minimum.

Oest. Strafpro. Ordn. § 398. — Si une femme condamnée à mort se déclare enceinte, on surseoira à l'exécution jusqu'après l'accouchement.

Législation prussienne.

Allg. Landrecht. (*Code prussien*) part. II, tit. II, § 2. — Contre la présomption légale (de la paternité des enfants nés dans le mariage), le mari doit être seulement entendu dans le cas où il peut prouver qu'il n'a pas cohabité avec sa femme dans l'espace du 302e jour jusqu'au 210e jour avant la naissance de l'enfant.

Ibid. Ibid. § 3. — S'il se fonde sur une impuissance complète, il doit prouver qu'une telle impuissance a existé chez lui pendant tout cet espace de temps. (Voy. § 4, concernant l'absence du mari.)

Allg. Landrecht, part. II, tit. II, § 19. — Un enfant qui est né jusqu'au 302e jour après la mort du mari est regardé comme légitime.

Code civil, art. 315. — La légitimité d'un enfant de 300 jours après la dissolution du mariage pourra être contestée.

Allg. Landr., part. II, tit. II, § 20. — Les héritiers du mari ne peuvent contester la légitimité d'un tel enfant (§ 19), que par les raisons qui donneraient droit au défunt lui-même. (Voy. § 2, 3 et 4, ci-dessus cités.)

Ibid. Ibid. § 21. — Cependant si l'état d'un enfant né avant terme permet de supposer que le moment de sa conception ne tombe pas dans la vie du mari, et si en même temps la veuve peut être convaincue de rapports sexuels depuis la mort de son mari, l'enfant doit être regardé comme illegitime.

Ibid. part. I, tit. I, § 20. — Des veuves et des femmes divorcées ne peuvent se remarier que neufs mois révolus après la dissolution du mariage antérieur.

Ibid. Ibid. § 22. — Le juge ordinaire peut permettre à une veuve ou une femme divorcée de se remarier même avant les neufs mois révolus, si d'après les circonstances et l'avis des experts une grossesse n'est pas vraisemblable.

Ibid. Ibid. § 23. — Cependant une telle dispense ne doit jamais être donnée s'il n'y a pas trois mois révolus depuis la dissolution du mariage.

Allg. Landrecht., part. II, tit. II, § 22. — Si la veuve, contre la prescription des lois, s'est remariee trop tôt, de sorte que l'on peut douter si l'enfant, né après le mariage, a été conçu dans ce mariage ou dans un mariage antérieur, il faut avoir égard au terme ordinaire, savoir le 370ᵉ jour avant la naissance.

Ibid. Ibid. § 23. — Si ce jour tombe encore dans la vie du premier mari, l'enfant doit être regardé comme son enfant légitime.

Ibid., part. II, tit. I, § 1017. — L'accouchée non mariée, ne peut réclamer toutes les indemnités légales que si l'accouchement a eu lieu entre le 210ᵉ jour et le 285ᵉ après le coït.

Loi du 24 avril 1854, § 1ᵉʳ. — Une personne du sexe féminin qui, 1° par viol; 2° sans conscience et sans volonté; 3° par faux mariage a été rendue enceinte, a le droit de réclamer le maximum de l'indemnité prescrit dans l'*Allg. Handr.*, part. II, tit. II, § 785.

Ibid. Ibid. § 6. — La disposition du § 2 se rapporte également au cas où une fille vierge entre quatorze et seize ans a été séduite et rendue enceinte.

Ibid. Ibid. § 15. — Doit être regardé comme le père d'un enfant illégitime celui qui a cohabité avec la mère pendant l'espace du 210ᵉ au 285ᵉ jour avant l'accouchement; cette assertion est également fondée lorsque l'espace est plus court, et lorsque, en même temps, l'état de l'enfant est en harmonie avec l'époque de la cohabitation, selon l'avis des experts.

Accouchement.

Code pénal prussien : § 138. — Toute personne qui suppose un enfant, ou substitue un autre, ou change ou supprime d'une manière quelconque l'état civil d'un individu, sera punie des travaux forcés jusqu'à huit ans.

Ibid. § 183. — Ceux qui auront exposé un enfant au-dessous de l'âge de sept ans accomplis, ou auront délaissé un tel enfant sans secours, seront punis d'un emprisonnement de trois mois au minimum. Si par suite de cette action l'enfant exposé ou délaissé est mort, le coupable subira la peine des travaux forcés jusqu'à dix ans.

Si l'action a eu lieu avec le dessein de commettre un homicide, les peines du meurtre ou de l'infanticide, ou de la tentative de ces crimes auront cours.

Avortement.

Code pénal prussien, § 181. — Une femme enceinte qui se sera procuré l'avortement à elle-même, par des moyens extérieurs ou intérieurs, ou aura tué son enfant dans son sein, sera punie de travaux forcés de cinq à vingt ans. Celui qui, avec le consentement de la femme enceinte, lui aura indiqué ou administré les moyens, sera puni de la même peine.

Ibid. § 182. — Quiconque aura procuré l'avortement à une femme enceinte, sans qu'elle y ait consenti, ou aura tué le fruit dans son sein, sera puni de travaux forcés de cinq à vingt ans. Si la mort de la femme enceinte s'en est suivie, la peine de travaux forcés à perpétuité sera appliquée.

D'après ces articles de loi nous voyons que les questions relatives à la grossesse et à l'accouchement, en dehors de l'exposition des enfants et de l'infanticide dont nous parlerons plus loin, se rencontrent très-fréquemment dans la procédure civile et criminelle, et peuvent donner lieu dans beaucoup de cas à un examen et un rapport médico-légaux.

Ces cas peuvent être divisés en deux grandes classes, la première comprenant ceux où il s'agit de faire le diagnostic d'une grossesse; la seconde, ceux où il faut reconnaître une grossesse passée, c'est-à-dire terminée par un accouchement.

Dans la première classe l'examen médical a lieu dans deux cas :

1° Si une femme, après la mort de son mari, ou après une dissolution de mariage, veut contracter une nouvelle union avant la fin du sixième ou *dixième* mois réglementaire, ce qui n'est permis, d'après la loi autrichienne ou le Code prussien, que dans le cas où « d'après les circonstances et la déposition des experts la grossesse n'est pas probable. »

2° Si une femme condamnée à mort ou à des travaux forcés est supposée ou se déclare enceinte; car, dans ces cas, l'exécution de la peine serait remise jusqu'après l'accouchement.

Mais la question d'accouchement se présente beaucoup plus souvent, particulièrement dans les cas d'infanticide, d'exposition, de suppression ou de substitution d'enfant, d'avortement, etc. Dans ces cas il ne suffit pas de constater simplement qu'une personne est accouchée, mais il faut encore indiquer avec détails quelle a été la durée de la grossesse, les symptômes qui se sont montrés pendant ce temps, le temps qui s'est écoulé depuis l'accouchement et, dans les cas de présomption d'avortement, la cause de l'accouchement.

CHAPITRE PREMIER

LA GROSSESSE.

ART. Ier. — LES SIGNES DE LA GROSSESSE.

Les signes les plus importants de la grossesse sont les suivants: 1° Suppression des règles; 2° modification de l'utérus ; 3° modification des seins.

§ 1er. — LA SUPPRESSION DES RÈGLES.

Ce symptôme signale presque toujours le début de la grossesse et cela d'une manière tellement constante, que non seulement les médecins mais encore le public l'ont regardé comme le signe caractéristique de la grossesse, et on sait que l'on compte le début de la grossesse, c'est-à-dire la conception, à partir du moment où se sont montrées les dernières règles. Mais, outre que la grossesse peut aussi bien exister chez une femme qui n'a jamais été réglée, l'absence des règles ne suffit pas à elle seule pour caractériser une grossesse, car il peut arriver par d'autres raisons que les règles viennent à manquer pendant un temps plus ou moins long. D'un autre côté on a observé assez fréquemment la persistance des règles même dans des cas de grossesse.

Nohl (1) dit avoir observé souvent la persistance des règles dans les premiers mois, et même pendant toute la durée de la grossesse. Elsässer (2) a réuni cinquante cas de ce genre : dans huit cas les règles ne reparurent qu'une fois, dans dix deux fois, dans douze trois fois, dans cinq quatre fois, dans six cinq fois, dans cinq huit fois et dans deux neuf fois. Nogg a observé vingt et une fois la persistance des règles dans la première moitié de la grossesse, quatre fois pendant six mois, rarement pendant sept ou huit mois et trois fois pendant tout le temps de la grossesse. Nous-même nous avons eu l'occasion d'examiner une femme qui se disait enceinte de deux mois, bien qu'elle fût régulièrement réglée, parce que dans sa première grossesse elle avait vu ses règles jusqu'au cinquième mois. Nous avons également publié (3) un cas, dans lequel une fille de 17 ans, qui était accouchée sur un vase de nuit d'un enfant, ne mesurant, d'après son dire, pas plus de 15 pouces, affirmait que ses règles n'avaient manqué qu'une fois, qu'elles s'étaient montrées tout le temps depuis cette époque, d'abord plus faibles, puis plus fortes. Cette affirmation ne manquait pas de vraisemblance, ce qui fit admettre que l'irrégularité de ses règles avait pu induire cette fille en erreur tant au point de vue de sa grossesse que de son accouchement.

Il est clair que dans les enquêtes de ce genre, le médecin légiste ne peut se rapporter qu'à la personne même ou à des témoins, et son rôle consiste à vérifier la vraisemblance de ces assertions. L'expérience nous a appris que les règles peuvent aussi avoir été simulées. Casper-Liman racontent deux cas où l'on s'était servi à cet usage de sang d'oiseau, que l'examen microscopique permit de re-

(1) Nohl, *Lehrbuch d. Geburtsh* (*Traité des Accouchements*), 1855, p. 111. Voyez sur le même sujet : Nægele et Grenser, *Traité pratique de l'art des accouchements*, trad. par Aubenas et Stoltz, 2e édition, Paris, 18·9. — Chailly Honoré, *Traité pratique de l'art des accouchements*, 6e édition, Paris, 1878.

(2) Elsässer, *Menkes Zeitschrift*, Bd. 73, 402.

(3) Hoffmann, *Vierteljahrsch. f. gerich. Medic.*, N. F. XIII, 1.

connaître. Nous-même nous avons eu à faire un rapport sur un cas d'infanticide, dans lequel la mère de l'accusée ne s'était pas aperçue de l'état de sa fille, parce que celle-ci donnait tous les mois une chemise ensanglantée à laver; il fut prouvé que la fille empruntait chaque fois la chemise d'une autre jeune fille.

§ 2. — LES MODIFICATIONS DE L'UTÉRUS.

Le principal changement qu'éprouve l'utérus c'est son augmentation progressive de volume entraînant celle du ventre, augmentation qui devient sensible non seulement pour la personne même, mais encore pour son entourage, et qui à elle seule éveille chez le public l'idée que cette personne est enceinte. L'utérus gravide ne peut être senti par la main au-dessus de la symphise pubienne que dans le quatrième mois, et ce n'est qu'après ce temps que l'augmentation de volume du ventre devient de plus en plus sensible et est telle au neuvième mois qu'elle peut difficilement être cachée, du moins à un entourage observateur. Cependant nous savons, que l'augmentation de volume pendant la grossesse a une marche très diverse, selon la grosseur du fœtus et selon la quantité de liquide amniotique, et que par un costume approprié et d'autres circonstances individuelles la grossesse peut être cachée même au neuvième mois.

L'augmentation de volume du ventre présente ou passée ne prouve pas par elle-même l'existence d'une grossesse, car les maladies de l'utérus, ainsi que les affections des autres organes abdominaux, peuvent avoir le même résultat. Il est possible de se tromper sur la nature de ces affections, non seulement dans les premiers mois de la grossesse, mais aussi à une époque plus avancée.

Les caractères de la portion vaginale de l'utérus sont d'une grande valeur pour le diagnostic. Dans la première période de la grossesse, la portion vaginale s'allonge, est plus facile à atteindre qu'auparavant, et, ce qui est très-important, devient molle et comme boursoufflée ; cette modification se montre d'abord à l'orifice du col et gagnant de proche en proche, en allant de bas en haut, elle a envahi tout le col au cinquième mois. Dans la seconde moitié de la grossesse, la portion vaginale de l'utérus se déforme de plus en plus, parce qu'elle se raccourcit par l'abaissement du cul-de sac antérieur du vagin et parce que finalement sa partie antérieure s'efface complètement (1).

(1) On sait qu'on a dû modifier l'hypothèse d'après laquelle le col disparaîtrait

On observe en même temps des changements dans l'aspect et la largeur de l'orifice du col. Chez les primipares, l'orifice du col qui se présentait auparavant comme une fente transversale (1), commence déjà le deuxième mois à s'arrondir, reste cependant fermé jusqu'au neuvième mois, où il commence à s'ouvrir, de sorte qu'à la fin du dixième mois tout le col peut être franchi par le doigt.

A ces symptômes se rattachent dans la seconde moitié de la grossesse la perception des mouvements et des bruits du cœur du fœtus, et la sensation de parties fœtales à la palpation. Les mouvements du fœtus sont perçus d'ordinaire par la mère à la fin du cinquième mois, et par le médecin dans le sixième. On ne peut reconnaître les parties de l'enfant à travers la paroi abdominale qu'entre le sixième et le septième mois. Le huitième mois, on sent par le vagin le ballottement de la tête de l'enfant au détroit supérieur. On peut déjà entendre les battements du cœur du fœtus à la fin du cinquième mois. Ces trois derniers symptômes sont les signes les plus certains de la grossesse; mais les accoucheurs les plus expérimentés avouent qu'ils peuvent encore donner lieu à des erreurs.

§ 3. — LES MODIFICATIONS DES SEINS.

Ils se gonflent souvent déjà dans les deux premiers mois et deviennent sensibles à la pression. Ce gonflement augmente peu à peu, mais ne devient considérable que dans la seconde moitié de la grossesse. La sécrétion du lait se montre ordinairement entre le

dans les derniers mois de la grossesse, et servirait à la formation de la cavité utérine. Ce n'est que la lèvre antérieure de la portion vaginale qui disparaît, parce que la paroi antérieure du segment inférieur de l'utérus est repoussée en bas par la tête du fœtus (Schröder, *Lehrbuch der Geburtshilfe)* (*Traité des accouchements*) 1871, 89.

(1) Zeissl (*Lehrb. d. Syph.*, I) fait remarquer qu'il n'est pas vrai, comme on l'admet généralement, que l'orifice du col à l'état vierge ait toujours l'aspect d'une fente transversale, qui deviendrait ronde à la suite d'un avortement ou d'un accouchement. En réalité, dit-il, l'orifice externe du col à l'état vierge se rapproche plutôt par sa forme d'une ouverture ronde, qui ne se change en fente transversale qu'après un avortement ou un accouchement, par suite des déchirures qui ont lieu en ce moment.

Nous ne pouvons pas admettre cette assertion. A l'examen d'un grand nombre d'utérus à l'état vierge nous avons trouvé quelquefois un orifice rond ou à peu près rond, mais dans le plus grand nombre des cas l'orifice avait l'aspect d'une fente transversale. Par contre nous avons observé plusieurs cas, dans lesquels l'utérus de femmes multipares présentait une fente transversale, sans que j'aie pu y trouver des traces de déchirures cicatrisées.

sixième et le septième mois, et on peut déjà à cette époque faire sortir du lait en pressant les mamelles. Le lait a d'abord une constitution aqueuse, puis devient de plus en plus consistant et en même temps plus abondant. Les papilles et surtout l'aréole du mamelon prennent une teinte plus foncée par dépôt de pigment, mais cette coloration devient plus sensible pendant la seconde moitié et surtout à la fin de la grossesse. L'hypertrophie des glandes folliculaires de l'aréole, qui apparaît aussi déjà le deuxième mois, est un symptôme à peu près constant. Faye (1) l'a observé 95 fois sur 100 chez 3,000 femmes enceintes.

§ 4. — LES SIGNES ACCESSOIRES.

Nous citerons encore, mais comme signes accessoires seulement, le gonflement et la teinte lie de vin de la muqueuse vaginale, l'œdème des parties génitales externes et des extrémités inférieures, ainsi que d'autres symptômes plus ou moins accentués, dus à la compression de l'utérus gravide sur les vaisseaux voisins. La ligne brune, c'est-à-dire une strie pigmentée allant de la symphise à l'ombilic et quelquefois au delà n'a qu'une importance insignifiante pour le diagnostic de la grossesse. Sur 1,082 femmes enceintes, Faye n'a trouvé cette ligne nettement dessinée que sur 125 femmes, vague sur 226, manquant sur 207 femmes. Il l'a vue en outre très-fortement prononcée sur une petite fille de 12 ans non encore réglée. Nous-même nous l'avons observée sur des filles brunes qui n'avaient jamais été enceintes. Les taches des femmes enceintes (chloasma gravidarum) ont encore une importance beaucoup moindre; O. Jeannin (2) les a vues survenir pendant la menstruation.

D'après ce que nous avons dit, on voit qu'il y a très-peu de signes qui à eux seuls suffisent pour caractériser une grossesse, et que ceux-là même exposent à des erreurs. Mais la concomitance de ces signes permet d'affirmer le diagnostic de grossesse, et cela d'autant plus que celle-ci est plus avancée. C'est dans les trois premiers mois que le diagnostic est le plus difficile, et qu'il faut prendre les plus grandes précautions et se garder d'une conclusion trop précipitée. Il est toujours indiqué, dans ces cas, de répéter les examens à certains intervalles et de réserver le diagnos-

(1) Faye, *Statistiche Resultate aus der Untersuchung von* 3,000 *Schwangeren* (Résultats statistiques de l'examen de 3,000 femmes enceintes). Christiana, 1866.

(2) O. Jeannin, *Des pigments sous-cutanés dans la phthisie pulmonaire*, Paris, 1869.

tic. Cela peut d'autant mieux se faire que ce n'est qu'exceptionnellement que le médecin sera forcé dans ces cas de conclure immédiatement ou à bref délai.

§ 5. — A QUELLE PÉRIODE DE LA GROSSESSE SE TROUVE UNE FEMME.

Pour la précision de la période de grossesse à laquelle se trouve une femme, Schröder (1) donne les points de repère suivants :

Premier mois : l'utérus augmente déjà de volume, sa portion vaginale se ramollit, la sécrétion vaginale augmente. Les changements sont à peu près ceux que l'on trouve pendant la menstruation, mais l'utérus est cependant plus gros.

Deuxième mois : l'utérus peut facilement être senti par la palpation à travers la paroi abdominale, combinée avec le toucher par le vagin ou le rectum ; il atteint la grosseur d'une orange moyenne et a augmenté surtout en épaisseur. Sa consistance est assez dure. L'orifice du col reste mou, gonflé et devient arrondi. Les seins se remplissent, l'aréole du mamelon et la ligne blanche commencent à se rembrunir.

Troisième mois : le corps de l'utérus se fait sentir, à l'examen combiné, comme un corps un peu mou, sensible surtout dans le cul de sac antérieur du vagin. Il a bien la grosseur d'une tête d'enfant et la portion vaginale, par suite du déplacement du corps de l'utérus en avant, recule en arrière et devient moins facilement accessible au doigt.

Quatrième mois : le corps de l'utérus qui est maintenant gros comme la tête d'un adulte, peut facilement être senti par la palpation seule et au-dessus de la symphise : à l'examen combiné, on trouve qu'il remplit toute la partie antérieure du bassin et repose sur la symphise. Sa consistance est molle, surtout chez les multipares, mais dure aux endroits qui correspondent à des parties fœtales. On peut assez souvent percevoir le ballottement du fœtus par l'examen combiné. On entend d'un côté ou des deux le souffle utérin.

Cinquième mois : l'utérus se sent très bien entre l'ombilic et la symphise. La portion vaginale devient plus molle, l'orifice du col chez les multipares laisse pénétrer le doigt. Vers la fin de ce mois, la mère sent les mouvements du fœtus (2), et l'auscultation fait entendre les battements du cœur du fœtus.

Sixième mois : le fond de l'utérus arrive jusqu'à l'ombilic, on sent les parties de l'enfant nettement chez les multipares, moins bien chez les primipares. Les dépôts de pigment sont très-prononcés. Les seins sont pleins et durs.

Septième mois : l'utérus se trouve à deux ou trois travers de doigt au-dessus de l'ombilic. Le creux de l'ombilic disparaît, « *le nombril est effacé.* » On sent plus facilement les parties fœtales. La portion vaginale, c'est-à-dire la portion du col faisant saillie dans le vagin, devient un peu plus courte. Tandis que chez les primipares l'orifice externe du col est encore complètement fermé, chez les multipares on arrive avec le doigt jusqu'à l'orifice interne. On sent très-bien le bal-

(1) Schröder, *Manuel d'Accouchement*, trad. Charpentier. Paris, 1875.

(2) D'après Ahlfeld (*Monatschrift f. Geburtsk*, XXXIV, 180) les mouvements de l'enfant sont perçus en moyenne du 132e au 177e jour, et par les primipares (137-46) plus tard que par les multipares (130-?3).

lottement de la tête du fœtus. Les seins deviennent plus forts, et la pression en fait sortir (quelquefois plus tôt déjà) un liquide lactescent.

Huitième mois : le fond de l'utérus se trouve au milieu entre l'ombilic et le creux épigastrique. Les parois abdominales sont tellement tendues, surtout chez les primipares qu'on peut à peine déprimer le creux épigastrique. L'ombilic est complètement lisse. On peut préciser les parties fœtales.

Neuvième mois : l'utérus va jusqu'au voisinage de l'épigastre et a atteint sa position la plus élevée. Chez les primipares, l'orifice du col s'entr'ouvre et admet la première phalange du doigt, mais le col livre rarement passage au doigt. Chez les multipares, on arrive facilement à l'orifice interne du col, souvent celui-ci est déjà ouvert. Par la pression on fait sortir des seins un liquide bleuâtre contenant des stries épaisses et jaunâtres.

Dixième mois : l'utérus s'est abaissé et se trouve à la même hauteur qu'au huitième mois. L'épigastre est très-dépressible, même chez les primipares, aussi peut-on facilement délimiter le fond de l'utérus. Chez les multipares, la différence entre le huitième et le dixième mois est moins sensible, car l'épigastre est dépressible également le huitième mois. Le fond de l'utérus se renverse en avant, la région ombilicale fait une saillie en forme de vessie. Chez les primipares, le repli de la muqueuse vaginale qui forme le cul-de-sac antérieur est effacé et la partie antérieure de la portion vaginale a disparu. Le col est perméable. Chez les multipares, l'orifice externe du col est beaucoup plus large que l'orifice interne, qui est perméable au doigt. La muqueuse du vagin est ramollie, boursoufflée et sécrète un mucus abondant et blanchâtre.

ART. II. — LA DURÉE DE LA GROSSESSE.

Ce qui d'ordinaire rend difficile le diagnostic de l'époque à laquelle est arrivée la grossesse, c'est qu'il est très-rare qu'on puisse trouver le jour précis de la conception. Cependant tous les accoucheurs sont unanimes à penser que la conception arrive d'ordinaire dans les premiers jours qui suivent les règles. Faye donne le dixième jour, Luschka le huitième et Schröder le septième jour, comme celui où, d'après un grand nombre d'observations, a le plus souvent lieu la conception. Nœgele (1) ajoute sept jours au jour du début des règles, et, comptant trois mois en arrière, trouve ainsi le jour où la grossesse doit se terminer par l'accouchement. Naturellement, on ne veut pas dire par là que la conception ne puisse avoir lieu à une autre époque. Cependant le médecin légiste fera bien de tenir compte de ces faits, prouvés par une quantité innombrable d'observations, et desquels il résulte que la conception et par conséquent le début de la grossesse a lieu généralement dans les premiers jours qui suivent les dernières règles, que les mouvements du fœtus sont perçus ordinairement dans la vingtième semaine et

(1) Nœgele et Grenser, *Traité de l'art des accouchements*, trad. par Aubenas 2e édit. Paris, 1879.

marquent le milieu de la grossesse. Mais il est certain que la position du médecin légiste dans les cas de ce genre, est plus difficile que celle d'un accoucheur. Tandis que les femmes, avec qui ce dernier est en relations, lui donnent les renseignements les plus précis sur l'état de leur menstruation, sur la dernière apparition de celle-ci, sur les symptômes qui se sont montrés depuis ce temps, et fournissent ainsi les points de repère les plus importants, le médecin légiste ne pourra accepter qu'avec la plus grande réserve les renseignements que donne la personne à examiner et est souvent obligé de ne pas en tenir compte. En général, il ne pourra, à moins qu'il n'y ait des témoins pour le renseigner sur l'état des règles, conclure à l'époque de la conception, c'est-à-dire du début de la grossesse, que d'après l'époque de l'accouchement, le développement de l'enfant ou d'après les changements que présentent les parties génitales de la femme pendant la grossesse.

On compte comme durée normale de la grossesse 280 jours ou 40 semaines ou 10 mois, c'est-à-dire 9 mois complets. L'observation nous apprend cependant que l'accouchement arrive en général, un peu plus tôt. D'après Ahlfeld, le plus grand nombre d'accouchements a lieu dans la trente-neuvième, puis dans la quarantième semaine. Il compte 271 jours comme durée moyenne de la grossesse et se trouve d'accord sur ce point avec les observations de Schröder et autres.

L'accouchement, s'il survient plusieurs semaines avant la fin ordinaire d'une grossesse, s'appelle un accouchement prématuré ; s'il a lieu de la vingtième à la trentième semaine, c'est-à-dire à une époque où l'enfant n'est pas encore viable, on dit qu'il y a avortement. Nous parlerons plus loin des avortements. Nous voulons faire remarquer, à propos des naissances précoces, qu'elles peuvent devenir l'objet d'une expertise médico-légale, dans les cas de droit civil où, l'enfant étant né avant le dixième mois qui suit le mariage ou le coït, on conteste la paternité de l'enfant (1).

Un nommé B., sommé de remplir les obligations de paternité à l'égard de l'enfant mis au monde le 5 décembre 1860 par la nommée S. A. avec laquelle il avait eu des rapports sexuels depuis le 23 avril 1860 pour la première fois, refusa, prétendant qu'il n'avait pas encore eu de rapport avec S. A. le 23 avril et que, même si cela était, il ne pouvait être le père de l'enfant, puisque au dire des médecins, celui-ci était venu à terme, par conséquent avait été conçu avant le 23 avril. Le rapport des experts disait en effet que l'enfant était très-chétif, cependant,

(1) Voir un cas de ce genre in « *Allg. osterr. Gerichtzeitung*, 1860, Mars et Novembre. »

long de 17 pouces et complètement développé, qu'il n'y avait aucune raison pour affirmer que l'enfant était né dans la première moitié du huitième mois (7 mois et 12 jours).

Le tribunal suprême confirma le jugement du tribunal de deuxième instance, qui avait déclaré que « la circonstance invoquée par le nommé B. et les résultats de l'expertise peuvent d'autant moins servir à prouver que B. n'est pas le père, que ce rapport ne contient qu'une supposition et que la constitution chétive de l'enfant peut être considérée comme un des caractères d'une naissance précoce. »

Ce qui est beaucoup plus fréquent et plus difficile à résoudre, ce sont les cas où la légitimité d'un enfant est contestée parce qu'il est né plus ou moins longtemps après les 280 jours.

Les naissances tardives ont, de tout temps, beaucoup occupé les médecins légistes et ont donné lieu aux assertions les plus contradictoires. Tandis que les uns nient que la grossesse puisse durer plus de 40 semaines, les auteurs anciens prétendent avoir observé des grossesses de 12 mois et plus. La vérité est, comme toujours, entre les deux extrêmes. Les accoucheurs les plus compétents accordent que l'accouchement peut être retardé de quelques jours, et même de quelques semaines. Simpson (1) rapporte 4 cas où l'accouchement a eu lieu 333, 332, 319 et 324 jours après la suppression des dernières règles. Si l'on admet même que la conception ait pu avoir lieu quelques jours seulement avant l'époque de la menstruation suivante, il restera toujours, en déduisant 23 jours, 310, 309, 296 et 301 jours. Dans les 782 cas, recueillis par Merimann, Murphy et Reid, dans lesquels on a pu préciser le jour où se sont montrées les dernières règles, l'accouchement est arrivé chez 173 femmes entre le 281e et 287e jour, chez 99 entre le 288e et 294e, chez 63 entre le 295e et 301e, chez 20 entre le 302e et 326e jour. Sur 40 cas, dans lesquels le jour de la conception a pu être précisé, la moitié des accouchements (18) se fit entre le 274e et 280e jour, 6 entre le 281e et 287e jour et 4 entre le 288e et le 294e jour. Schröder admet aussi que l'accouchement peut être retardé jusqu'au 220e jour après la conception. La possibilité d'un accouchement tardif est donc admise par ceux qui peuvent le mieux se prononcer sur ce sujet.

Nous sommes donc obligé, au point de vue médico-légal, de compter avec cette possibilité et cela d'autant plus, ainsi que le fait remarquer Simpson, que théoriquement nous ne voyons pas pourquoi l'acte physiologique de l'accouchement ne pourrait pas

(1) Simpson, *Monthly Journ.* Juil. 1853 et *Clinique obstétricale*, traduit par Chantreuil. Paris, 1874.

éprouver des variations relatives à l'époque de son apparition, aussi bien que la dentition, la puberté et la menstruation. Certains auteurs (Cederschjöld, Schuster, Bischhoff, Berthold) ont prétendu que la durée de la grossesse équivalait à dix périodes menstruelles individuelles, et pouvait donc, aussi bien que ces dernières, être plus ou moins courte. Cette idée a été reprise récemment par Paul Loewenhardt (1), et trouve un appui dans ce fait, qu'avaient déjà remarqué Elsässer et Wald, que les avortements spontanés se font très-souvent au temps où les règles devraient reparaître.

Nous avons vu que la loi prenait en considération ces naissances tardives, puisque elle admet 300 ou 302 jours comme limite extrême, à laquelle un individu peut encore être déclaré le père de l'enfant. Cette limite, il est vrai, est trop courte, eu égard aux affirmations des accoucheurs qui admettent qu'il peut y avoir accouchement 320 jours après la conception. Mais, comme les cas d'accouchement après 300 jours sont excessivement rares, et disparaissent pour ainsi dire devant le nombre immense de grossesses qui se terminent avant cette époque, on peut considérer la loi comme assez juste.

Dans chaque cas en particulier, le rôle du médecin consiste à établir rigoureusement le jour où a eu lieu l'accouchement, s'il n'est pas indiqué par les actes de l'état civil. Dans les cas récents, l'examen de l'accouchée et celui de l'enfant peut fournir des points de repère pour la détermination de cette question, et tenir le médecin en garde contre une fausse indication du jour de l'accouchement, car beaucoup de naissances tardives ne sont que de pures inventions.

Il faudra, en second lieu, voir l'état de développement de l'enfant, dont la constatation a une si grande importance. Nous exposerons plus loin les caractères du fœtus aux différents mois de la grossesse, ainsi que les circonstances qui peuvent les modifier. Nous voulons seulement faire remarquer ici que l'on devra d'autant moins admettre la possibilité d'une naissance tardive, que l'enfant aura moins les caractères qui distinguent un enfant à terme, et que, si la grossesse n'a pas été autrement troublée, on est en droit d'attendre un développement plus avancé de cet enfant que des enfants ordinaires. Il ne faut cependant pas oublier que, chez ces derniers, le degré de développement est des plus variés, et qu'il n'est pas rare de voir des enfants, venus à terme, présenter un dé-

(1) P. Loewenhardt, *Arch. f. Gynäk*, III, 1872, p. 456.

veloppement extraordinaire. Cela ne s'applique pas seulement à la longueur et au poids du corps, mais encore à d'autres caractères qui ne se montrent d'ordinaire qu'après la naissance. C'est ainsi que l'on a souvent observé des enfants venus au monde avec des dents, et on s'exposerait à des erreurs, si l'on attribuait l'existence de ces caractères à une naissance tard

Il est excessivement rare qu'on ait des raisons d'admettre qu'il y a eu un coït accompli le jour de la mort ou de la dissolution de mariage, ou quelques jours auparavant. Dans le premier cas, la nature de la maladie à laquelle le mari a succombé rendra plus ou moins improbable la possibilité d'un coït pendant cet état, et il est clair qu'il faudra prendre en considération le temps pendant lequel le mari était impuissant ou impropre à la reproduction, dans les cas de naissance tardive ou dans les cas de naissance posthume.

On trouve dans les annales de la science un assez grand nombre de cas où les naissances tardives ont donné lieu à une expertise médico-legale.

Parmi les cas anciens, le plus remarquable est celui de Marc (1), dans lequel on a agité également la question de savoir si l'accouchement était compté dans le sens de la loi, dès le début du travail, ou seulement à partir du moment de l'expulsion du fœtus. Le fait se passa en Bavière, à une époque où était encore en vigueur la loi qui portait que la paternité n'était imputable, que si l'accouchement avait lieu du 210e au 285e jour. La femme dont il s'agit n'était accouchée de son enfant que le 286e jour, mais les douleurs avaient déjà commencé la veille; de là le procès, qui se termina du reste en défaveur de la mère.

Nous trouvons dans le journal de Henke un cas de naissance tardive supposée (306 jours) après un viol.

Dans le cas de Schumacher, que nous avons cité plus haut, la jeune fille qui prétendait avoir été violée par un médecin pendant le sommeil chloroformique, voulait aussi rapporter sa grossesse à ce prétendu viol, bien qu'elle eût accouché 317 jours après.

Taylor et Casper-Liman citent des cas (2) intéressants de ce genre.

ART. III. — LES ANOMALIES DE LA GROSSESSE.

Parmi celles-ci, les seules qui présentent un intérêt au point de vue médico-légal sont la *superfétation*, la *grossesse extra-utérine* et les *môles*.

§ Ier. — LA SUPERFÉTATION.

Cette question a été agitée de tout temps par les anciens auteurs,

(1) Marc, *Bair. med. Correspondenzbl.*, 1844, n° 23 et 24.

(2) *Henke's Zeitschrift*, 1821, p. 418.

et encore aujourd'hui, on ne peut pas la considérer comme résolue.

De même que les anciens auteurs, et comme l'a fait récemment Kussmaul (1), nous ferons une distinction entre la superfécondation et la superfétation, et nous admettons que la première a lieu encore pendant la première période menstruelle (ovulation), et la seconde à une époque plus avancée d'une autre grossesse.

La possibilité d'une *superfécondation* est admise par tout le monde, parce que l'ovule fécondé reste en général encore quelques jours dans l'oviducte, et parce que, même s'il est déjà dans l'utérus, il n'oppose pas un obstacle absolu à une nouvelle fécondation. Chez les animaux (chiens et chats) on peut observer très-fréquemment une superfécondation dans la première période de l'ovulation, et chez l'homme, la plupart des grossesses gémellaires ont lieu par superfécondation pendant la première période d'ovulation.

Quant à la *superfétation*, Kussmaul fait observer avec raison, qu'avant d'affirmer ou de nier cette possibilité, il faudrait résoudre cette question : peut-il y avoir encore une fécondation et un détachement d'un autre œuf pendant une grossesse. Comme jusqu'à présent on n'a pas réussi à trouver sur des femmes mortes pendant la grossesse, ou peu de temps après l'accouchement, des follicules de Graaf fraîchement rompus, bien que beaucoup d'observateurs (Kiwisch, Virchow, Hecker, Kussmaul et autres) les aient cherchés, et que l'existence de corps jaunes simples à différents degrés de développement ne prouve rien sous ce rapport, il ne nous reste, comme preuve de cette possibilité, que le retour souvent observé des règles même pendant la grossesse. Mais d'un autre côté, on a vu quelquefois la menstruation persister même après une ovariotomie double, de sorte qu'il faut se demander si ces hémorrhagies peuvent toujours être regardées comme le signe du détachement d'un ovule.

Même si l'on admet cette dernière corrélation, reste encore la question suivante : l'œuf qui se développe dans l'utérus n'empêche-t-il pas une nouvelle fécondation, et dans les cas les plus favorables, n'empêche-t-il pas le nouvel œuf de se développer? C'est un des arguments les plus sérieux contre la possibilité de la superfétation ; mais, d'un autre côté, l'ovule et les spermatozoïdes sont des éléments si petits et ces derniers si microscopiques, que l'occlusion par le fœtus et ses enveloppes ne peut pas être considérée comme hermétique par rapport à ces éléments. Nous savons en

(1) Kussmaul, *Vom Mangel der Gebärmutter* (*De l'absence de l'utérus*). Wurzb., 1858, p. 271.

outre, que souvent des fibromes et des polypes, qui remplissent complètement l'utérus, n'empêchent pas une grossesse de survenir, et l'œuf fécondé de se développer ; de sorte que la question de la superfétation peut toujours être discutée. Mais la solution de cette question est d'autant moins nécessaire, que les cas d'accouchements, qui ont été donnés comme preuves d'une superfétation, peuvent être expliqués sans avoir besoin d'admettre cette dernière.

La plupart de ces observations concernaient des cas de grossesse multiple, surtout gémellaire, dans lesquels les enfants étaient inégalement développés. Ces cas s'expliquent facilement par ce fait qu'un fœtus, par suite de l'espace limité de l'utérus et d'une inégalité de nutrition, se développe plus que l'autre et aux dépens de celui-ci, et on peut d'autant moins penser à une superfétation, que ce développement inégal est presque la règle pour les jumeaux, même pour ceux qui proviennent d'un même œuf. Bock de Marbourg raconte le cas si intéressant d'une femme qui accoucha au septième mois de sa grossesse, pendant laquelle elle avait été régulièrement réglée, de trois enfants, dont un avait une longueur de 18 pouces et les autres, contenus chacun dans une poche séparée, présentaient le développement de fœtus de cinq et quatre mois.

On a en outre observé des cas dans lesquels des femmes ont accouché à des intervalles rapprochés de plusieurs fruits, tantôt inégalement, tantôt également développés. Dans le premier cas, il y a expulsion d'un fœtus avant terme, tandis que l'autre continue à se développer et arrive à terme. On a désigné cette particularité sous la dénomination d'avortement partiel et elle s'explique également par la pression qu'un fœtus exerce sur l'autre. Le premier fœtus est ordinairement mort, bien qu'on ait observé une expulsion précoce d'enfants vivants. Le fœtus mort peut encore rester dans l'utérus et venir au monde en même temps que l'autre fœtus qui a continué à se développer. Ces faits en contradiction avec l'idée de superfétation, ont cependant été pris pour des cas de ce genre.

Les observations de la seconde catégorie sont très-intéressantes et peuvent plus facilement être rapportées à une superfétation (Eisenmann, Mœbus, Thielmann, Générali) (1).

Dans un cas rapporté par Eisenmann, une femme accoucha le 30 avril 1848 d'un enfant à terme ; mais le bas-ventre resta toujours gros et la femme continuait à sentir les mouvements de l'enfant. Eisenmann ainsi que d'autres médecins recon-

(1) Kussmaul, *loc. cit.*

nurent l'existence d'un second enfant, qui ne vint cependant au monde que le 17 septembre 1748. En 1755, cette femme mourut et l'autopsie ne fit découvrir qu'un seul utérus. Dans le cas de Mœbus, une femme de 35 ans, qui avait déjà eu quatre enfants, accoucha le 16 octobre 1833 d'une fille à terme; on sentit cependant un second enfant à travers la paroi abdominale. Au toucher on trouva le col fermé et diffi ilement accessible. L'écoulement lochial et la sécrétion lactée ne s'établirent pas comme dans le cas de Eisenmann, et la seconde naissance se fit 33 jours après, le 18 novembre. — La femme dont parle Thielmann avait déjà accouché trois fois et les règles étaient revenues encore deux fois pendant cette grossesse. Le 26 mars, naissance d'une fille petite mais viable, le 18 mai, par conséquent 52 jours après, naissance d'un autre fruit qui n'était pas à termen on plus, mais était viable.

Générali enfin rapporte qu'une femme, qui était accouchée d'un enfant à terme et vivant le 17 février 1817, mit au monde un second enfant également à terme, quatre semaines après, le 14 mars. En 1847, cette femme mourut et l'autopsie fit découvrir un utérus double.

Tous ces cas merveilleux peuvent s'expliquer par ce fait que de deux fœtus du même âge, mais inégalement développés, le plus fort est expulsé et le plus faible continue à se développer dans l'utérus jusqu'à terme, à moins qu'on admette une superfétation. Ce qui plaide en faveur de cette dernière hypothèse, c'est que dans un de ces cas, ainsi que dans celui dont nous avons parlé plus haut, la menstruation est apparue encore quelquefois malgré la grossesse et que, dans le cas de Générali, il y avait un utérus double ; ce que Kussmaul pense également du cas de Mœbus. On a cependant fait remarquer avec raison que dans les cas de grossesse dans la moitié d'un utérus double, il se formait également une caduque dans l'autre moitié, qui était, sinon complètement, du moins fortement rétrécie par l'extension de la partie gravide.

Ces cas, si l'on vient à douter, ce qui est possible, de la légitimité d'un enfant né à un intervalle très-long après un autre, appartiennent certainement aux questions les plus difficiles que la médecine légale ait à résoudre. Comme plusieurs auteurs, entre autres Kussmaul, admettent la possibilité d'une superfétation, au moins dans les cas d'utérus double, il faudra porter son attention sur ce point et s'informer si les règles ont persisté pendant la grossesse, ce qui pourrait être rapporté à une ovulation postérieure à la fécondation. Si l'on ne trouve pas ces particularités, il faudra plutôt songer à une anomalie d'une grossesse gémellaire qu'à une superfétation (1).

(1) Osiander rapporte un cas, dans lequel une femme désolée d'une longue stérilité avait présenté un enfant étranger comme étant le sien. Mais elle accoucha en réalité peu de temps après, et voulut faire croire à une superfétation. Fischer

§ 2. — LA GROSSESSE EXTRA-UTÉRINE.

La forme la plus commune de grossesse extra-utérine est la grossesse tubaire. Celle-ci se termine ordinairement au bout de quatre mois, par rupture de la trompe, et la mort survient soit par hémorrhagie, soit par péritonite. Dans les cas les plus favorables la guérison peut survenir, soit que le fœtus s'enkyste et forme une espèce de lithopédion, soit que l'élimination du fœtus ou plutôt de ses os, se fasse par la formation d'un abcès. Mais, dans ces cas, la maladie dure des années, de sorte que, pendant ce temps, on peut observer quelquefois de nouvelles grossesses se terminant normalement, une forme de superfétation bien distincte de la précédente.

Outre cette dernière circonstance, la grossesse extra-utérine a encore une importance au point de vue médico-légal, en ce qu'elle est souvent la cause de la mort subite par rupture du canal qui contient le fruit et peut éveiller l'idée d'une mort violente. C'est ainsi qu'à Prague une femme mourut quelques instants après avoir mangé des saucissons, en présentant comme symptômes des vertiges et des vomituritions : on pensa à un empoisonnement, jusqu'à ce que l'autopsie eût démontré qu'il s'agissait d'une hémorrhagie à la suite d'une grossesse tubaire (1).

Il peut arriver encore qu'une trompe contenant un fœtus, et sur le point de se rompre, éclate à la suite d'une contusion relativement insignifiante du bas-ventre, et occasionne ainsi la mort, un cas dans lequel il faudra signaler « la constitution particulière de la personne ou une circonstance particulière de la blessure » (Code pénal autrichien, art. 120).

§ 3. — LES MÔLES.

Sous le nom de *môles* nous comprenons un œuf dégénéré et excluons par conséquent tous les autres néoplasmes tels que po-

(*Vierteljahrschrift f. ger.* M. N. F. V. p. 22) rapporte un autre cas où l'on a pensé à une superfétation : il s'agissait d'une femme arrêtée sous l'inculpation d'infanticide et qui, deux mois après, expulsait dans la prison une masse que l'on prétendait être un œuf dégénéré.

(1) La grossesse dans la corne atrophiée d'un utérus bicorne (Kussmaul) se comporte comme une grossesse tubaire. Pour le diagnostic, il faut remarquer la position du sac crevé par rapport au ligament rond, qui part exactement de l'endroit qui forme la limite entre la trompe et l'utérus.

lypes, fibromes, etc., qui pourraient également être expulsés par les contractions de l'utérus, par conséquent par un acte d'accouchement.

On distingue des môles charnues et des môles vésiculaires. Les môles charnues résultent d'une hémorrhagie entre les différentes enveloppes et quelquefois dans la cavité de l'œuf, hémorrhagie à la suite de laquelle le fruit meurt, sans qu'il survienne un avortement ordinaire. L'œuf restant dans l'utérus avec le fœtus mort, l'extravasation s'organise et se transforme en une tumeur fibreuse, charnue, dont la forme répond à celle de la cavité de l'utérus, et dans laquelle on peut souvent reconnaître, non seulement la cavité amniotique, mais même des débris de l'embryon.

Les môles vésiculaires se forment par une hypertrophie et une dégénérescence kystique des villosités choriales dont on ne connaît pas exactement les causes. On trouve un amas de kystes de la grosseur d'un pois ou d'une aveline, à parois minces, remplies d'un serum clair comme de l'eau, et partant, suivant des lignes perpendiculaires enchevêtrées entre elles, d'une masse centrale, qui peut être regardée comme le reste du chorion et contient quelquefois encore les restes de la cavité de l'œuf.

Les môles se forment d'ordinaire dans les premiers mois de la grossesse, à l'époque où l'on observe également les causes de la mort du fœtus, c'est-à-dire les hémorrhagies dans les parties de l'œuf et la dégénérescence hydropique des villosités choriales. Les môles vésiculaires sont en général portées plus longtemps que les môles charnues (Scanzoni). Les symptômes d'une môle ne sont pas distincts de ceux d'une grossesse ordinaire. A une période plus avancée, l'absence de l'augmentation de volume de l'utérus, l'absence des mouvements et des battements du cœur du fœtus, fournissent des renseignements pour le diagnostic ; on peut également observer des hémorrhagies des parties génitales ; par contre, l'amaigrissement, le malaise, etc., indiqués par les anciens auteurs ne sont pas des symptômes constants.

ART. IV. — LA GROSSESSE PEUT-ELLE ÊTRE MÉCONNUE PAR LA MÈRE.

Cette question se présente assez souvent dans la pratique médico-légale. Tout le monde s'accorde à dire que la chose est possible dans les premiers mois de la grossesse, car celle-ci ne produit pas au début des changements manifestes sur le corps, et le malaise et l'absence des règles, qui du reste ne sont pas toujours des symptômes constants, peuvent être attribués à une autre cause. Mais si la grossesse est plus avancée, si elle est à la moitié de sa durée normale, il est impossible, à moins de circonstances exceptionnelles, qu'une femme saine d'esprit puisse méconnaître son état; car il faut admettre qu'une personne, ayant sa raison et ayant atteint l'âge de la puberté, connaît aussi bien la signification du coït que les suites qui peuvent en résulter. De plus, le développement successif et de plus en plus manifeste à chaque mois, des différents symptômes doit nécessairement éclairer la personne sur sa situation. Aussi le Code pénal prussien admet-il « que, si le fœtus est déjà âgé de trente semaines, l'excuse, que la mère n'avait pas conscience de son état, n'est plus valable.

Les cas où le coït a été accompli pendant que la personne n'avait pas conscience d'elle-même, peuvent seuls faire exception à cette règle ; la mère pourrait facilement dans ces cas méconnaître son état. Mais il ne faut accepter qu'avec les plus grandes précautions des assertions de ce genre. Un cas rapporté dans les *Schmidt's Jahrbücher* (1850, p. 323) montre avec quelle crédulité les anciens auteurs admettaient la possibilité d'une grossesse pareille. Une paysanne de 23 ans, pléthorique, était atteinte de douleurs violentes dans le bas-ventre, et sa vie était en danger. Devant ce pronostic grave, le fiancé de cette fille crut bon de faire remarquer que trois mois auparavant, étant ivres tous les deux ils avaient très probablement ! pratiqué le coït. Six jours après la fille accoucha d'un fœtus de trois mois et mourut. Il est dit plus loin : « que la position sociale (des paysans !) et la moralité (tous les deux ivres !) des deux fiancés permettaient d'ajouter foi aux assertions du fiancé, et que les informations ultérieures devaient confirmer cette confiance. Ce fait prouverait donc que l'abus de liqueurs fortes peut à tel point faire perdre la conscience, que même le coït peut être pratiqué, sans que les deux personnes en aient connaissance ! ! ! »

Il est inutile de rappeler que des idiotes ou des imbéciles peuvent méconnaître la grossesse. Mais ce qui est plus important, c'est de savoir si une personne seulement faible d'esprit peut ne pas avoir conscience de son état; Fleischmann (1) rapporte un cas de ce genre. Il faut admettre également que de très-jeunes enfants, qui sont encore très-éloignés de l'époque ordinaire de la puberté, peuvent, à cause du peu de développement de leur intelligence, ne pas avoir conscience de leur grossesse.

L'influence de l'irrégularité des règles ne peut être niée. Des personnes, qui n'ont jamais été réglées ou dont la menstruation a toujours été irrégulière et sujette à de longues interruptions ou chez lesquelles les règles ont continué malgré la grossesse, sont dans ce cas. Nous avons rapporté plus haut un cas où la suppression des règles avait été regardée comme un résultat de l'âge climatérique et on comprend qu'une personne, qui n'a jamais été enceinte malgré le coït souvent répété, puisse méconnaître son état, si réellement elle devient enceinte à un âge avancé.

Tanner (2) rapporte un cas semblable. Une dame de 42 ans, chez laquelle T.

(1) Fleischmann, *Henke's Zeitschrift*, 1839, p. 294.

(2) Tanner, *Monatschrift f. Geburtsk*, 1863, XXI, 153.

a été appelé, souffrait depuis la veille à onze heures de douleurs violentes dans le bas-ventre. Elle était mariée depuis plus de trois ans et n'avait jamais été enceinte. Les règles étaient suspendues depuis dix mois, ce qu'elle avait attribué à son âge. Les douleurs revenaient par accès et ne pouvaient être calmées par aucun médicament. L'assistant d'un médecin voisin déclara que les douleurs provenaient d'une flatulence et d'une inflammation, ce qui concordait parfaitement avec l'opinion de la malade, du mari, etc. T. trouva cependant la femme en travail et retira quelques heures après un enfant à terme, à la grande satisfaction des parents. Ce cas prouve, dit T., qu'une femme peut concevoir, passer toute sa grossesse et avoir des douleurs pendant dix heures, sans qu'il lui vienne à l'idée qu'elle puisse être enceinte.

Dans d'autres circonstances la grossesse peut avoir été prise pour un état pathologique chronique, surtout s'il y a eu auparavant des symptômes analogues et plus encore si la personne a été confirmée par un médecin dans l'idée qu'elle était malade. Wold raconte qu'une demoiselle de magasin accoucha, debout derrière un comptoir, d'un enfant, qui mourut d'une fracture de crâne produite dans la chute. Cette personne était maladive depuis longtemps, et souffrait de douleurs dans le bas-ventre ; la menstruation était très-irrégulière. Elle n'avait pratiqué le coït qu'une fois. Elle rapporta les symptômes qui survinrent à son ancienne maladie et fut confirmée dans cette idée par un médecin, qu'elle avait consulté et qui l'envoya à la campagne. Elle en revint améliorée et prit l'augmentation de volume de son ventre pour un signe de guérison. Dans le dernier mois elle consulta encore une fois son médecin, à cause de l'augmentation considérable de son ventre ; huit jours encore avant son accouchement le médecin fit le diagnostic d'hydropisie et la traita en conséquence. Dans ces conditions on pouvait bien admettre que cette fille ignorait son état de grossesse.

Nous ferons remarquer enfin qu'une personne, qui a déjà accouché une ou plusieurs fois, peut moins facilement méconnaître son état qu'une autre qui est enceinte, pour la première fois et n'a pas encore l'expérience de ces choses.

CHAPITRE II

L'ACCOUCHEMENT.

ARTICLE 1er. — LES SIGNES DE L'ACCOUCHEMENT.

Nous avons ici en vue l'accouchement normal d'un produit à terme et les signes que l'on peut constater dans les premiers temps qui suivent cet acte.

Immédiatement après l'accouchement nous trouvons les parties génitales externes et leurs environs couverts de sang, provenant en partie de l'utérus, en partie des petites déchirures de l'entrée du vagin, qui se rencontrent toujours chez les primipares, très-souvent chez les multipares. Les grandes lèvres sont tuméfiées, l'entrée du vagin et le vagin sont tellement élargis, qu'on peut y entrer facilement avec toute la main. Le vagin lui-même, surtout sa paroi antérieure, est lâche et ses plis sont effacés. Le col est mou, l'orifice du col est largement ouvert, et présente presque toujours plusieurs déchirures récentes. Ecoulement sanguin par l'utérus. L'utérus se présente entre la symphyse et le pubis sous la forme d'un corps sphérique. Les parois du ventre sont très-lâches, fortement plissées, couvertes de vergetures et, en outre, fortement pigmentées, surtout à l'endroit correspondant à la ligne blanche. Les seins sont gonflés et par la pression on peut en faire sortir un lait épais et jaunâtre (colostrum) dans lequel on reconnaît, outre les globules du lait d'abord peu nombreux, ce que l'on appelle les corpuscules du colostrum, formés par de grosses cellules arrondies contenant un noyau et de nombreuses gouttelettes graisseuses et provenant de la dégénérescence graisseuse de l'hépithélium glandulaire. Le mamelon et son aréole sont fortement pigmentés, et les follicules du dernier très-gonflés.

Des symptômes généraux, le plus constant est l'élévation de la température; elle commence, d'après Schröder, immédiatement après l'accouchement, monte progressivement jusqu'à 39° et oscille les jours suivants entre 36° et 38°, en général avec des exacerbations vespérales. Le pouls, dans les jours qui suivent l'accouchement, est généralement bas, de 50 à 60 (Schröder). Gassner aurait observé constamment une diminution assez considérable du poids du corps.

Dans les jours et semaines qui suivent, ces symptômes disparaissent progressivement. La rétraction de l'utérus continue, mais n'est complète qu'au bout de six à huit semaines. L'orifice du col se ferme, mais reste en général ouvert jusqu'au dixième jour. Après cinq à six semaines le col est revenu à peu près à son état normal mais est couvert de quelques cicatrices de déchirures, ainsi que l'entrée du vagin. Celle-ci, de même que le vagin lui-même, se rétrécissent, les parois deviennent plus fermes et les plis se reforment. Le rétrécissement n'est en général sensible qu'à partir de la troisième ou quatrième semaine, mais peut arriver plus tôt (Schröder). Les parois du ventre perdent leur flaccidité, mais conservent pendant longtemps la pigmentation brunâtre de la ligne blanche. Les vergetures restent le plus souvent comme un signe ineffaçable d'une grossesse antérieure, leur couleur d'abord rougeâtre prend peu à peu cet éclat tendineux qui persiste pendant toute la vie.

La sécrétion lactée ne devient forte qu'après l'accouchement et persiste alors tant que dure l'allaitement. Il n'en est pas de même naturellement dans le cas d'accouchement secret; la sécrétion lactée diminue déjà au bout de quelques jours, et s'arrête complètement dans la huitième ou dixième semaine. Les seins diminuent de volume, deviennent le plus souvent flasques, la pigmentation du mamelon et de l'aréole reste encore longtemps et persiste en général d'une façon plus ou moins prononcée pendant toute la vie.

Ce qui est très-important pour la détermination du temps écoulé depuis l'accouchement, c'est l'écoulement lochial. Immédiatement après l'accouchement il y a un écoulement de sang pur (1), tantôt liquide, tantôt caillé qui se continue pendant deux à trois jours; puis les lochies prennent, du troisième au cinquième jour, l'aspect de lavures de viande, deviennent purulentes du cinquième au huitième jour, puis blennorrhéiques, en ce sens que leur consistance épaisse semblable d'abord à celle de la crème, devient plus muqueuse; enfin les lochies disparaissent du quinzième au vingt et unième jour. D'après Schröder, la durée des lochies serait plus courte chez les femmes qui nourrissent que chez les autres. Comme les femmes qui accouchent clandestinement n'allaitent pas et qu'elles ne prennent pas les précautions nécessaires après un accouchement, les

(1) L'hémorrhagie qui accompagne l'accouchement a une grande importance au point de vue médico-légal, non seulement parce qu'elle indique la place où l'accouchement a eu lieu, mais parce qu'elle peut fournir d'autres renseignements très précieux sur les conditions particulières de chaque cas. La justice nous a plusieurs fois posé cette question : si un accouchement était nécessairement accompagné d'hémorrhagie et quelle était la quantité moyenne de l'hémorrhagie. Cette question nous fut posée particulièrement dans un cas où l'accusée prétendait être accouchée derrière une cloison de planches, être revenue en passant par-dessus la cloison, après avoir détaché son enfant qu'elle disait être né mort, tandis qu'on ne trouva aucune trace de main ensanglantée sur la cloison et qu'il fut prouvé à l'autopsie que l'enfant était né vivant et que la mère l'avait étranglé de ses propres mains. — Tout accouchement est accompagné d'hémorrhagie, mais celle-ci peut être plus ou moins forte. L'intensité de l'hémorrhagie dépend de l'énergie avec laquelle l'utérus se contracte après l'expulsion du fœtus et plus tard du placenta. Schröder fait à ce sujet une remarque importante, c'est que précisément dans les accouchements rapides (et beaucoup d'accouchements secrets sont dans ce cas) il peut y avoir après l'expulsion du fœtus, une atonie de l'utérus et par conséquent hémorrhagie abondante. La quantité de sang écoulé dépend encore du nombre et de l'étendue des déchirures de l'orifice du col et de l'entrée du vagin, qui chez les primipares sont en général très-nombreuses et très-étendues, enfin des déchirures de la muqueuse située entre le clitoris et l'urèthre qui, à cause de son tissu caverneux riche en sang, peut, ainsi que nous l'avons vu et ainsi que le fait remarquer Schröder, donner lieu à une hémorrhagie abondante.

parties génitales mettent plus de temps à revenir à l'état normal que dans les cas ordinaires.

L'examen microscopique des lochies (1) montre dans les premiers jours principalement des globules rouges de sang, des flocons de fibrine, de l'épithélium atteint de dégénérescence, et des restes du tissu de la caduque vraie, plus tard du pus et finalement des corpuscules muqueux en quantité décroissante, de la graisse libre, du pigment, des micrococcus et bactéries qui sont constants, et au plus fort de l'écoulement de jeunes cellules du tissu conjonctif. Mais cette dernière particularité ne suffit pas pour caractériser l'écoulement lochial, de sorte que le microscope ne nous donne pas de renseignements certains.

S'il s'est écoulé des mois depuis l'accouchement, on peut encore trouver des signes qui prouvent que la femme a accouché, mais il n'est plus possible de fixer le temps où cet accouchement a eu lieu. A ces signes appartiennent surtout la flaccidité des parois abdominales et les vergetures qui sont des traces de l'extension considérable que les parois ont subie. Ces deux signes sont encore beaucoup plus accentués s'il y a eu plusieurs accouchements. Mais après un accouchement les parois du ventre peuvent recouvrer leur tension normale, surtout si, à la suite d'une bonne nourriture, il se forme un abondant dépôt de graisse. Cette dernière peut même cacher des ruptures des muscles de l'abdomen qui ne sont pas très rares pendant la grossesse. Les vergetures, qui fournissent un signe plus important, se présentent sous l'aspect de stries d'un éclat tendineux, de différentes longueur et largeur, siégeant surtout dans la région du bas-ventre et partant le plus souvent en rayons de la symphyse pubienne et des deux ligaments de Poupart. On les aperçoit encore plus nettement en tendant une partie de la paroi ; dans ce cas non seulement elles se détachent mieux sur le fond, mais laissent encore voir une fine plissure transversale de l'épiderme qui les recouvre. Ces raies cicatricielles, provenant de déchirures sous-épidermiques ou d'une distension de la couche de Malpighi et se montrant seulement dans les derniers mois de la grossesse, sont des signes persistants et d'une grande valeur pour le diagnostic d'une grossesse antérieure. Il faut cependant faire remarquer qu'elles peuvent manquer dans des cas, rares il est vrai, malgré la durée normale de la grossesse (d'après Fayé elles ont manqué 31 fois sur 514 cas, d'après Crédé 10 fois et d'après Hecker 6 fois pour 100

(1) Wertheimer, *Virchow's Arch.*, XXI, 314 ; Rokitansky, *Wr. med. Jahrb.* juin 1874, 2.

cas) qu'elles peuvent être plus ou moins prononcées, enfin qu'elles peuvent avoir été produites par d'autres genres de distensions du bas-ventre. Cette dernière circonstance, si la distension de la paroi abdominale est due à une ascite, un kyste de l'ovaire, etc., a peu d'importance, car on peut facilement retrouver la trace de ces affections auxquelles, du reste, on ne peut guère penser, quand il s'agit de femmes jeunes offrant toutes les apparences de la santé, comme cela arrive le plus souvent dans ces cas. Ce qui est plus important, c'est qu'un dépôt considérable de graisse dans le tissu cellulaire sous-cutané peut également, par distension de la paroi abdominale produire des raies cicatricielles de ce genre, comme Schultze (1) l'a montré le premier. J'ai moi-même pu vérifier, ce qu'avait déjà fait remarquer Schultze, que ces vergetures se rencontraient six fois sur cent chez des hommes bien nourris. A cette catégorie appartiennent aussi les fausses cicatrices que Plagge a vu survenir après la fièvre typhoïde (2) et qu'il explique par une atrophie de la peau à la suite d'un défaut de nutrition; mais on peut dire aussi que ces cicatrices, existant déjà auparavant chez des individus obèses, deviennent beaucoup plus visibles par suite de l'amaigrissement considérable, qui est la suite de la fièvre typhoïde. Les cicatrices chez les individus obèses se distinguent cependant de celles de la grossesse par leur plus grande finesse, leur étendue moindre et par l'absence de pigmentation de la peau voisine, pigmentation qui existe presque toujours après une grossesse.

Les seins offrent plus tard peu de renseignements pour le diagnostic, car la flaccidité des seins, qui existe généralement après la grossesse, peut disparaître par dépôt ultérieur de graisse, et se rencontre souvent chez des personnes qui n'ont pas été enceintes. La pigmentation des mamelons et des aréoles n'a qu'une valeur relative, car leur couleur ne dépend pas seulement d'une grossesse antérieure, mais plutôt d'une disposition individuelle; de plus on ne sait pas quelle était primitivement la couleur de ces parties. Cependant, comme la pigmentation du mamelon et de l'aréole est un des symptômes constants de la grossesse et persiste, bien qu'en diminuant un peu d'intensité, pendant toute la vie, on est en droit, dans le cas où l'on trouverait une consistance tendre et une coloration rosée de ces parties, de conclure qu'il n'y a pas eu de grossesse ou du moins qu'elle n'a pas dépassé les premiers mois.

(1) Schultze, *Deutsche Zeitschrift f. Staatsarzneik.*, 1868, XV, 369.

(2) Plagge, *Deutsche Zeitschrift*, IV, 1868, p. 577.

Les signes les plus importants nous sont fournis par l'examen des parties génitales : ce sont d'abord les caractères de l'entrée du vagin où l'on peut trouver des déchirures de la fourchette et même du périnée. La première ne se déchire pas nécessairement après un accouchement et peut même persister après l'expulsion d'un enfant à terme, comme l'a montré Wahl récemment (1), bien que cela n'ait lieu que rarement dans les accouchements clandestins, dans lesquels on ne prend pas les mêmes précautions que dans les accouchements ordinaires. Ce qui est plus important, ce sont les caractères de l'hymen, car nous avons vu que la déchirure complète de l'hymen n'a lieu qu'au moment d'un accouchement et que ce n'est qu'à la suite de celui-ci que se forment les caroncules myrtiformes. Si donc on trouve encore des lambeaux de l'hymen, permettant de reconstituer sa forme primitive, on ne peut pas admettre qu'il y a eu accouchement d'un enfant à terme ou près du terme, tandis que cela est permis, si on ne trouve plus que des caroncules myrtiformes comme reste de l'hymen. Ce que nous venons de dire s'applique surtout à la partie inférieure de l'hymen, car nous savons et nous avons pu nous convaincre souvent, que les lambeaux supérieurs, partant du méat urinaire, peuvent persister même après plusieurs accouchements.

La largeur du vagin est un signe de peu de valeur ; car, d'un côté, un vagin dilaté par un accouchement peut facilement revenir à son état primitif, d'un autre côté, la largeur et la flaccidité du vagin peuvent être dues à d'autres causes, telles que le coït fréquent, les blennorrhagies ainsi qu'à l'âge avancé.

Nous trouvons par contre dans les modifications de forme et les déchirures de l'orifice du col de l'utérus le signe le plus précieux pour le diagnostic d'un accouchement antérieur. On peut cependant rencontrer des exceptions à cette règle, car il n'est pas rare de voir un utérus qui a été gravide présenter un orifice en forme de fente, et les bords de l'orifice être si bien arrondis et les déchirures voisines si petites ou si bien cachées, que l'on ne trouve pas de différence notable entre un utérus vierge et celui-ci, surtout s'il n'y a eu qu'un accouchement et si l'accouchement a eu lieu il y a longtemps.

La constatation d'un accouchement, qui a eu lieu immédiatement ou quelques jours avant la mort d'une femme, n'offre aucune difficulté, car par l'examen du cadavre on peut voir non seulement

(1) Wahl, *Vierteljahrsch. f. ger.ch. Medic.* 1874, N. F. XXI, 229.

les modifications des parties génitales externes, mais encore l'état anatomique des parties génitales internes. On trouve l'utérus gros, en général ramolli, sa cavité élargie et remplie de sang si l'autopsie est faite peu de temps après l'accouchement. La partie interne de la paroi est imbibée de sang, irrégulière, couverte de caillots fibrineux et des restes de la membrane caduque, l'insertion du placenta se reconnaît par une place rugueuse se trouvant ordinairement sur la paroi postérieure du fond de l'utérus. Les parois de l'utérus sont épaisses, présentant à la coupe des vaisseaux largement béants, la portion vaginale est relativement courte, l'orifice du col très élargi et recouvert de déchirures récentes.

Si la mort arrive après quelques jours à la suite d'une septicémie ou d'un processus inflammatoire, on trouve sur l'utérus et les autres organes des altérations particulières que nous supposons connues. Nous voulons seulement faire observer que, dans ces cas, il faut examiner attentivement les vaisseaux de l'utérus et des organes voisins, car ces vaisseaux contiennent en général du pus de diverse nature. Nous ferons encore remarquer que les maladies de ce genre arrêtent considérablement la rétraction de l'utérus, et il faut tenir compte de cette circonstance pour fixer le temps qui s'est écoulé entre l'accouchement et la mort.

La mort est-elle produite par une autre cause et sans que la rétraction de l'utérus ait été empêchée, par exemple par un suicide ou un autre genre de mort violente, nous trouvons l'utérus à la période ordinaire de sa rétraction. Comme celle-ci est complète après six à huit semaines environ, mais peut dans certaines conditions être telle après trois ou quatre semaines que l'utérus a à peu près repris son volume normal, ces données pourront servir pour apprécier le temps qui s'est écoulé depuis l'accouchement. Il faut se rappeler cependant que dans les accouchements clandestins, le manque de soins et de ménagements peut retarder la rétraction de l'utérus.

Nous devons encore mentionner l'existence de ce qu'on appelle un corps jaune vrai (*corpus luteum verum*) dans les ovaires. Le corps jaune se forme des restes d'un follicule de Graaf par prolifération des parois du follicule et plus tard par dégénérescence graisseuse de la masse cellulaire nouvellement formée ; la petite extravasation sanguine qui accompagne ordinairement, mais non toujours, la rupture du follicule, y joue aussi un certain rôle. De tout temps on a prétendu que ces phénomènes étaient beaucoup plus intenses quand le détachement de l'œuf était immédiatement suivi de conception, qu'à la suite de cela il se formait un corps jaune beaucoup plus gros que dans les cas où il n'y a pas conception, qu'il durait même plus longtemps que la grossesse normale, et ne disparaissait progressive ment qu'après l'accouchement. On avait appelé un tel corps jaune, *corps jaune vrai* pour le distinguer du corps jaune faux, qui se forme après chaque menstruation. On voyait dans l'existence de ce corps jaune vrai la preuve d'une grossesse antérieure, terminée il y a peu de temps, et, par conséquent, un signe important pour le diagnostic médico-légal de la grossesse et de l'accouchement. — Nous avons pu trouver dans nos recherches, sur un grand nombre de femmes mortes peu de temps après l'accouchement, un corps jaune de la grosseur d'un haricot ou d'une noisette ; cependant nous avons vu souvent les corps jaunes manquer complètement ou être si petits qu'on pouvait les prendre pour de simples corps jaunes menstruels. Ce qui est plus important, c'est que, même sans conception, on peut voir des corps jaunes atteindre la grosseur d'un haricot ou d'une noisette ; et ce fait n'est pas rare, car, l'hiver dernier, nous avons pu trouver un certain nombre de corps jaunes très-gros sur des femmes mortes subitement et non enceintes. Les observations d'autres auteurs se trouvent sur ce point d'accord avec les nôtres (1).

S'il s'agit de décider, après des mois ou des années, si une personne morte a accouché une ou plusieurs fois dans sa vie, une question qui non seulement se pose souvent dans la procédure civile, mais peut avoir encore une importance pour la constatation de l'identité d'une personne, on prendra en considération, non seulement les signes que l'on pourra trouver sur les parois du ventre, à l'orifice du col et à l'entrée du vagin, mais encore l'état de l'utérus. Car un utérus qui a été une ou plusieurs fois gravide ne revient jamais complètement à l'état qu'il présente sur une fille vierge, de sorte qu'on peut le distinguer facilement d'un autre utérus qui n'a jamais été gravide.

Cette différence se montre peu dans la forme, car dans un utérus qui a été gravide nous trouvons la même forme conique que dans un utérus vierge, et nous pouvons également y trouver la paroi antérieure plate et la paroi postérieure excavée. Mais, comme la paroi antérieure paraît aussi un peu voûtée et que les coins de l'utérus ne sont pas aussi nettement dessinés qu'à l'état vierge, l'utérus qui a été gravide présente, en général, une forme plus arrondie qu'à l'état vierge. Mais la plus grande différence porte sur le volume. Par une série de mensurations, nous avons pu voir que l'utérus à l'état vierge a en moyenne 5,3 à 6 centimètres de long, que la distance entre les deux points d'insertion des trompes est de 3,7 à 4 centimètres, l'épaisseur de la paroi de l'utérus d'environ 1 centimètre et la largeur du col à l'orifice externe de 2 centimètres. D'un autre côté, nous avons trouvé sur deux utérus provenant de personnes qui avaient accouché un an auparavant, les dimensions

(1) Majerhofer, *Ueber die gelben Körper*, etc. (*Des corps jaunes*, etc.) Vienne, 1875. — Léopold, *Arch. f. Gynäk.* 1877, XI, 110.

suivantes : longueur, 9 centimètres, distance entre les trompes, sur l'un 4,5 centimètres, sur l'autre 5 centimètres, épaisseur de la paroi de l'utérus, à la hauteur des trompes 2 centimètres, au col 1 centimètre 1/2, largeur du col à l'orifice externe, sur l'un 2,5 centimètres, sur l'autre 2,7 centimètres. L'utérus qui a été gravide est donc plus gros dans toutes ces dimensions. Ces mensurations, l'état des parois qui sont plus molles et contiennent plus de vaisseaux, ainsi que la capacité plus grande de la cavité de l'utérus peuvent très-bien servir pour le diagnostic. Mais nous ne pouvons pas confirmer ce fait, indiqué par plusieurs auteurs, que les plis palmés du col disparaissent plus ou moins après la grossesse, car nous les avons vus très-bien dessinés dans les deux cas ci-dessus mentionnés et dans beaucoup d'autres, bien que nous admettions que dans certains cas, surtout s'il y a eu de larges déchirures, les plis du col puissent s'effacer en partie ou en totalité.

Les changements de position de l'utérus, surtout les adhérences partielles péritonéales, ne prouvent pas une grossesse antérieure, cependant ces lésions s'observent relativement beaucoup plus souvent après une grossesse que dans les autres cas. Il est inutile de faire remarquer que l'utérus peut augmenter de volume sans qu'il y ait grossesse et qu'un utérus qui a été gravide peut s'atrophier par l'âge, mais aussi par des processus pathologiques.

CHAPITRE III

L'AVORTEMENT (1).

L'avortement, couramment pratiqué et permis dans l'antiquité classique, ne fut considéré comme crime et puni comme tel par la loi romaine que dans le troisième siècle de l'ère chrétienne. Plus tard les anciennes lois germaniques édictèrent une punition pour l'avortement, et la loi Caroline punissait les coupables d'avortement, un homme du glaive, une femme de noyade, si l'enfant était déjà *vivant*, tandis que la fixation de la peine était laissée à l'appréciation du juge, si l'enfant n'était pas encore *vivant ;* cette loi avait

(1) On consultera avec intérêt sur la question de l'avortement : S. Pichler, *Wr. allg. med. Zeitg*, 1860, n° 42 ; R. Lex *Viertetjahrschrift f. ger. Med.*, 1868. N. F. IV, p. 179.

été dictée par les idées de ce temps sur *l'animation* du fœtus.

De nos jours encore l'avortement est très-fréquemment pratiqué. Chez les peuples orientaux l'avortement est encore permis, et n'est pas puni par la loi, ou tout à fait exceptionnellement. D'après Pollak (1), en Perse, où les accouchements illégitimes sont punis de la peine de mort, toutes les grossesses en dehors du mariage se terminent par l'avortement provoqué. Stricker (2) et Schort (3) racontent la même chose des Indiens, et l'avortement est pratiqué en Turquie sur une si grande échelle qu'il est regardé comme une cause de dépopulation. Pardo (4) raconte même qu'à Constantinople dans l'espace de dix mois on a constaté 3,000 (?!) cas d'avortement criminel, et qu'il y a quelques années encore on voyait dans une pharmacie de Stamboul un fœtus dans un bocal comme enseigne du crime odieux que l'on y pratiquait.

Dans les pays les plus civilisés, l'avortement est une des choses les plus fréquentes, bien que certainement le plus petit nombre seulement de ces cas arrive à la connaissance de la justice. Lex parle de la fréquence de l'avortement en Angleterre et en Amérique, et Tardieu (5) rapporte qu'en France, de 1850 à 1861, il y a eu 346 accusations d'avortement. En Prusse, d'après Lex, il y aurait eu, de 1854 à 1859, 277 accusations, tandis qu'en Autriche (cisleithane) il n'y a eu en l'année 1872 que 17 cas et en 1873 dix cas qui firent l'objet d'une accusation.

La cause principale de l'avortement c'est le désir de cacher au public les suites d'une cohabitation illégitime, mais aussi celui de s'épargner les autres conséquences d'un accouchement normal. On n'a que très-rarement à s'occuper de l'avortement pratiqué par les gens mariés dans un but économique, pour limiter le nombre des enfants, comme cela arrive surtout en Orient où la polygamie est permise. L'avortement est encore pratiqué par certaines femmes pour la conservation de la beauté de leur corps. Cette raison poussait à ces actes aussi bien les femmes de l'antiquité que de nos jours celles de l'Orient (6).

On appelle *avortement*, dans le sens strict du mot, un accouche-

(1) Pollak, *Persien un seine Bewohner* (La Perse et ses habitants). Leipzig, 1865, I, 216.

(2) Stricker, *Virchow's Arch.*, XXIII, 313 et 62, T. 272.

(3) Schort, *Virchow's Jahresbericht*, 1869, p. 628.

(4) Pardo, *Sur la décroissance de la population en Turquie*. 1872.

(5) Tardieu, *Etude méd. lég. sur l'avortement*. 3ᵉ édition. Paris, 1863.

(6) Ullersperzer, *Friedreich's Blätter*, 1873, p. 240. — Ovide (*Amor*, II, 14) dit que les dames romaines se faisaient avorter « ut careat rugarum crimine venter. »

ment provoqué à une époque où le fœtus ne possède pas encore la propriété de continuer à vivre par lui-même, c'est-à-dire avant la 28e ou 30e semaine.

Le Code pénal vise en première ligne ces agissements, mais il punit de la même peine le meurtre du fruit dans le ventre de la mère, ce qui comprend également les fruits qui sont capables de continuer à vivre.

La distinction entre ces deux cas n'est pas toujours possible au point de vue médical, car nous verrons que la mort du fruit est toujours primitive et que son expulsion n'est que secondaire.

L'avortement est plus rarement pratiqué par la femme même que par d'autres personnes ou avec l'aide d'autres personnes. Dans quelques cas c'est le père qui, poussé par le même intérêt que la mère, entreprend l'avortement, mais plus souvent encore ce sont des complices qui, moyennant payement, prêtent leurs mains, et même, dans les grandes villes, nous savons que cette pratique est souvent un métier.

Le Code pénal a pris cette circonstance en considération : mais tandis que le Code pénal autrichien punit de peines très-sévères le père de l'enfant s'il a contribué à l'avortement, le Code pénal autrichien revisé et le Code pénal allemand ne fixent une peine très-sévère que si le coupable a provoqué l'avortement moyennant payement, ou à l'insu ou contre la volonté de la mère. Dans ces derniers cas le quantum de la punition dépendra des suites fâcheuses que l'avortement aura eu pour la santé ou la vie de la mère, et la punition est de dix ans de travaux forcés au minimum, s'il a occasionné la mort.

Nous rappelons encore que l'avortement est un des crimes dont la loi punit même les tentatives.

Le médecin légiste aura généralement à répondre aux questions suivantes :

1° La personne a-t-elle réellement avorté ?

2° L'avortement a-t-il eu lieu spontanément sans l'intervention de la femme enceinte ou d'autres personnes, ou a-t-il été provoqué intentionnellement ?

3° (Eventuellement.) L'avortement a-t-il eu des conséquences fâcheuses pour la santé de la femme, et quelles sont ces conséquences et, dans certains cas, la mort a-t-elle été occasionnée par l'avortement (1) ?

(1) Dans les cas de simples tentatives, la femme était-elle réellement enceinte

ART. Ier. — LES SIGNES DE L'AVORTEMENT.

Les signes de l'avortement sont fournis, d'un côté, par l'examen de la mère, d'un autre côté, par l'examen du produit. Peut-on faire ce double examen, le diagnostic ne présentera pas de grandes difficultés, mais le plus souvent on n'a à examiner que l'accusée sans le fœtus.

§ 1er. — L'EXAMEN DE LA MÈRE.

Les signes que l'on peut trouver dans un cas réel d'avortement du côté de la mère dépendront d'abord de la période de la grossesse, en second lieu, du temps qui s'est écoulé depuis l'avortement jusqu'au moment de l'examen médico-légal.

Il est clair que, toutes conditions égales, on peut s'attendre à des signes d'accouchement d'autant plus prononcés, que la grossesse aura été plus avancée. Dans les premières quatre à huit semaines l'œuf est beaucoup trop petit pour produire par son expulsion des modifications dans les parties génitales. L'hémorrhagie abondante qui se montre d'ordinaire, ne prouve rien par elle même, car elle peut être prise pour une menstruation profuse ou une hémorrhagie pathologique. On ne peut pas plus trouver des signes de grossesse antérieure sur les autres parties du corps, car ces signes, comme nous l'avons vu, ne se montrent que dans les derniers mois et d'une façon progressive. La difficulté de reconnaître un avortement précoce, se voit surtout par ce fait, que la dysménorrhée membraneuse dont nous parlerons tout à l'heure, a été prise par la plupart des gynécologistes comme un trouble menstruel, par d'autres comme un avortement survenu dans les premiers jours ou mois de la grossesse (1).

En général l'avortement criminel est rare dans les premiers temps de la grossesse, car la femme n'est pas encore complètement édifiée sur son état et est disposée à expliquer d'une autre façon l'absence des règles et les autres signes. On comprend donc que la plupart des avortements se fassent, comme nous l'apprend l'expérience, dans le quatrième ou cinquième mois, quand il ne peut plus y avoir de

Car il arrive bien souvent que les femmes cherchent à se faire avorter, parce qu'elles se croient enceintes sans l'être réellement. Dans ce dernier cas, l'accusation d'avortement tombe nécessairement, quoiqu'il ne puisse y avoir de doute sur l'intention criminelle.

(1) Hausmann, *Beiträge zur Geburtshilfe und Gynäkol.* Berlin, 1872, I, 155.

doutes sur la grossesse. Mais, à cette époque, le fruit a pris un développement tel, que l'accouchement ne peut plus avoir lieu sans distension du canal génital, distension dont on retrouve les traces, au moins dans les premiers temps qui suivent l'accouchement, et cela d'autant mieux que le fœtus aura été plus âgé. En général, entre les signes que l'on trouve après un avortement du quatrième au sixième mois et ceux que laisse après lui un accouchement d'un enfant à terme, il n'y a que des différences de degré, dont la plus importante est qu'après un avortement il y a beaucoup plus rarement des déchirures de l'orifice du col et de l'entrée du vagin. Leur existence, témoignant d'une distension considérable de ces parties, distension qui n'a pas eu lieu dans un cas d'avortement avant la vingt-huitième semaine, plaide plutôt en faveur d'un accouchement d'un enfant à terme qu'en faveur d'un avortement. La déchirure complète de ce qui reste de l'hymen après la défloration peut très-bien ne pas avoir lieu dans un avortement, et on comprend même qu'un hymen, qui n'a pas été déchiré par le coït et qui est très-extensible, puisse supporter un avortement dans les premiers mois sans grandes dilacérations (1).

Dans les mois où se pratique d'ordinaire l'avortement, l'utérus est déjà assez volumineux pour qu'on puisse le sentir au-dessus de la symphyse pubienne dans les premiers jours qui suivent l'avortement. Par contre, la distension du ventre est en général peu prononcée, de sorte qu'on ne peut trouver les cicatrices de la grossesse, encore moins la flaccidité et le plissage de la paroi abdominale. Mais le plus souvent la ligne brune est déjà dessinée, ainsi que la pigmentation du mamelon et de l'aréole ; le gonflement des seins peut facilement se voir ainsi que l'écoulement d'un liquide laiteux à la pression des seins.

Quant au temps qui s'est écoulé depuis l'avortement, il est évident qu'on peut d'autant mieux le préciser, qu'on a l'occasion d'examiner la femme plus près de son accouchement. Plus tard le diagnostic de l'avortement est plus difficile que celui de l'accouchement d'un enfant à terme ou à peu près, parce que, à moins de circonstances particulières, les signes de la grossesse et de l'avortement disparaissent plus vite, et les parties reviennent plus complètement à l'état normal qu'après un accouchement ordinaire, et surtout parce que ces avortements ne laissent pas après eux des signes, tels que les vergetures, les déchirures de l'orifice du col, de

(1) Hohl, *loc. cit.*, 2e édit., 1862, p. 283.

la fourchette et même du périnée, qui permettent, même après de longues années, de diagnostiquer une grossesse et un accouchement antérieurs.

Nous trouverons donc, quand ces cas deviennent l'objet d'une expertise quelques mois après l'avortement, d'autant moins de signes importants que l'avortement a eu lieu dans une période moins avancée de la grossesse.

§ 2. — L'EXAMEN DU PRODUIT.

Le point principal, c'est de porter son attention, dans les cas où la chose est possible, sur ce qui a été expulsé au moment de l'avortement, et le devoir du médecin, chaque fois qu'un cas semblable et récent vient d'être porté à la connaissance de la justice, est de diriger ses recherches dans ce sens et de s'assurer de la nature du produit expulsé. Cela s'applique moins aux fruits déjà âgés, qui peuvent facilement être reconnus comme des fœtus même par le public, et sont facilement trouvés, qu'aux produits expulsés pendant l'avortement survenu dans les premiers mois de la grossesse. Ces produits peuvent être pris et sont donnés souvent pour des caillots de sang, tandis que l'œil expert du médecin y reconnaît un fœtus ou des débris de fœtus, qui permettent de faire le diagnostic de l'avortement.

On fera bien d'examiner les caillots sous un courant d'eau, afin d'enlever tout le sang. On peut réussir à retrouver l'œuf entier dans les deux ou trois premiers mois, car plus tard les enveloppes de l'œuf se déchirent généralement, et il y a expulsion d'abord du fruit, puis du placenta.

Dans ces cas et dans les cas où l'on ne trouve que le fruit seul, le diagnostic est naturellement facile; mais il n'en est pas de même quand on ne trouve que les enveloppes de l'œuf, qu'il ne faut pas se hâter de prendre pour telles ; car il peut se former dans l'utérus non gravide des membranes à peu près analogues, pouvant être expulsées par les contractions de l'utérus avec des hémorrhagies plus ou moins abondantes.

Nous voulons parler surtout des membranes qui peuvent être expulsées dans la dysménorrhée membraneuse (1), dont la nature n'est pas encore complètement définie. Tandis que les uns ne regardent ce symptôme que comme une exagération de l'expulsion

(1) Vide Hausmann, *loc. cit.*, et Beigel, *Arch. f. Gynäk.*, IX, 84.

des parties supérieures de la muqueuse de l'utérus, expulsion qui a lieu à chaque menstruation, mais par parcelles et non tout d'une pièce (Schröder) (1), d'autres prennent cette membrane pour un produit analogue à la caduque qui se forme après la conception, et la nomment *caduque menstruelle ;* d'autres enfin considèrent cette membrane comme un produit d'inflammation, et désignent tout le processus sous le nom *d'endométrite exfoliative* (Beigel).

Ces membranes peuvent être expulsées tout d'une pièce, et simuler un œuf des premiers mois de la grossesse, et cela d'autant plus facilement que, comme ce dernier, ils reproduisent la forme de la cavité utérine. Dans d'autres cas ces membranes s'en vont partiellement et peuvent alors être prises pour des fragments des enveloppes de l'œuf, surtout parce qu'elles sont expulsées avec hémorrhagie et douleurs, et que leur formation est précédée de troubles menstruels.

La constitution microscopique de ces membranes n'est pas toujours la même. Dans la plupart des cas on peut y reconnaître les parties constituantes de la muqueuse de l'utérus, surtout les terminaisons périphériques des glandes de l'utérus, en outre un tissu cellulaire jeune formant une couche particulière (couche granuleuse), et, d'après Beigel, une grande quantité de petites cellules rondes, dont la prolifération constitue la cause principale du détachement de la muqueuse de l'utérus. La surface libre présente un épithélium graisseux, opaque (cylindrique), et est en général couverte de dépôts fibrineux. Il n'y a donc pas une grande différence entre la structure d'une telle caduque et celle de la caduque vraie, et cette différence ne suffit pas à elle seule pour décider si la membrane provient d'une grossesse ou d'une dysménorrhée. Le fait que la membrane peut se dédoubler en plusieurs couches ne prouve pas qu'il s'agit des membranes de l'œuf, car on pourrait observer la même particularité sur la caduque menstruelle. Mais nous aurons le droit de regarder ces membranes comme des enveloppes de l'œuf, si nous pouvons y reconnaître l'amnios et le chorion, ce qui est facile à un examen à l'œil nu et au besoin au microscope. Du reste on ne pourra confondre ces membranes avec les enveloppes de l'œuf que dans les premières semaines de la grossesse. Dans les mois qui suivent, les enveloppes de l'œuf sont si étendues et ont des caractères tellement nets que la confusion n'est plus possible, et cela d'autant moins qu'à cette époque le placenta se forme

(1) *Ziemssen's Handb.*, X, 312, et Léopold, *Arch. f. Gynäk.*, X, 293.

déjà et peut être reconnu par le cordon ombilical qui en part.

A-t-on réussi à trouver le fruit, ou ses enveloppes, ou l'œuf tout entier, il s'agit de déterminer la période de la grossesse correspondante. Dans ce but nous donnons les points de repère suivants (1) :

Premier mois : A la fin de ce mois l'œuf a atteint la grosseur d'un œuf de pigeon. Il est long de 1,7 à 2 centimètres, le chorion est villeux dans toute sa surface. L'embryon a un centimètre de long, est relié au chorion par un cordon ombilical très-court, et est fortement replié sur lui-même. Le nez et la bouche forment une *seule* cavité. De chaque côté du cou il y a quatre fentes branchiales. L'ouverture du ventre et la vésicule ombilicale existent encore, bien qu'en voie de disparition. Les membres sont indiqués par des papilles.

Deuxième mois : L'œuf a la grosseur d'un œuf de poule ; l'embryon est long de 2,5 à 3 centimètres et pèse à peu près 4 grammes. Il n'est plus replié, la bouche et le nez sont séparés, les fentes branchiales sont fermées, de même que l'ouverture du ventre. La vésicule ombilicale a disparu. Les membres sont formés, mais les doigts et les orteils ne sont pas encore séparés. Le cordon ombilical est plus long. L'ossification commence dans le maxillaire inférieur, dans les clavicules, les côtes et le corps des vertèbres.

Troisième mois : L'œuf a la grosseur d'un œuf d'oie. Le placenta est déjà formé. Le fruit a 7 à 9 centimètres de long et pèse de 5 à 20 grammes. Les doigts et les orteils sont séparés, le sexe commence à se dessiner. On trouve des points d'ossification dans les os du crâne et des membres. Le poids moyen du placenta est de 36 grammes. La longueur moyenne du cordon ombilical est de 7 centimètres.

Quatrième mois : Le fœtus a 10 à 17 centimètres de long et pèse 120 grammes. Le sexe est nettement dessiné. Les cheveux commencent à apparaître, et on reconnaît facilement les ongles. Le poids moyen du placenta est de 80 grammes, la longueur du cordon est de 19 centimètres.

Cinquième mois : Le fœtus mesure de 18 à 27 centimètres et pèse de 225 à 320 grammes (284 en moyenne). On distingue parfaitement les cheveux de la tête La peau est encore d'un rouge clair et mince, le méconium apparaît déjà coloré en jaune bilieux. Le poids moyen du placenta est de 178 grammes, la longueur du cordon de 31 centimètres. Le point d'insertion du cordon, qui le mois dernier était encore à la symphyse, commence à s'en éloigner.

Sixième mois : La longueur du fœtus est de 28 à 34 centimètres son poids moyen de 634 grammes. La tête est encore grosse comparativement au tronc, mais pas autant que dans les mois précédents. La peau devient plus épaisse et le coussinet graisseux commence à se former. Les cheveux de la tête deviennent plus visibles, les poils forment déjà un duvet assez fort. L'enduit sébacé apparaît, les testicules sont encore dans le ventre. Les grandes lèvres sont encore peu développées, les petites lèvres et le clitoris font saillie entre elles. Le cerveau présente ses premières circonvolutions. Les pupilles sont encore formées par la membrane

(1) Hecker, *Ueber das Gewicht des Fœtus und seiner Anhänge in den verschiedenen Monaten der Schwangerschaft* (Du poids du fœtus et de ses annexes dans les différents mois de la grossesse). (*Monatsch. f. Geburtsk*, 1866, XXVIII, 286.) — Schröder, *loc. cit.* — Casper-Liman, *loc. cit.*

pupillaire. Le poids moyen du placenta est de 273 grammes. La longueur du cordon, qui est encore plus éloigné de la symphyse, est de 37 centimètres.

Septième mois : Longueur du fœtus, 35 à 38 centimètres; son poids moyen, 1218 grammes. Les cheveux de la tête sont abondants et ont 5 à 6 millimètres de long. La peau est toujours rouge et maigre. Les poils sont très-nombreux. La descente des testicules commence. D'autres circonvolutions cérébrales se dessinent, mais elles sont encore assez rares. La membrane pupillaire offre souvent vers la vingt-huitième semaine une ouverture centrale. Le poids moyen du placenta est de 374 grammes, la longueur moyenne du cordon de 42 centimètres.

ART. II. — LES CAUSES DE L'AVORTEMENT.

La seconde tâche du médecin légiste, c'est de rechercher les causes de l'avortement. Ces causes peuvent être telles qu'elles aient provoqué l'avortement sans qu'il y ait eu culpabilité de la femme ou d'un tiers, ou bien l'avortement a été provoqué intentionnellement. Il faudra, dans chaque cas en particulier, avoir présent à l'esprit la possibilité d'un avortement spontané, d'abord à cause de sa grande fréquence, ensuite parce que l'on ne pourra regarder un avortement comme criminel, qu'autant qu'on aura exclu toutes les autres causes pouvant avoir la même conséquence, sans qu'il y ait faute de la mère ou d'un tiers (1).

§ 1er. — LES CAUSES DE L'AVORTEMENT NON CRIMINEL.

L'avortement spontané paraît survenir le plus fréquemment dans les premières (2e à 4e) semaines de la grossesse, bien que la plupart de ces cas se dérobent à notre observation. Le peu d'adhérence de l'œuf, la sensibilité exagérée à cette période de l'utérus contre toute excitation, les violences de toutes sortes, telles que le coït répété, et le peu de ménagement d'autre genre que subit l'utérus gravide, suffisent amplement à expliquer ce fait. En dehors de ces cas le plus grand nombre des avortements spontanés ont lieu dans le troisième et le quatrième mois, mais les mois suivants fournissent aussi un fort contingent, et nous avons remarqué que le plus grand nombre des enfants qui naissent en état de putréfaction appartiennent au sixième et plus souvent encore au septième mois, de sorte que nous pensons que l'âge où la viabilité du fruit doit commencer peut être regardé comme un âge critique.

Les causes de l'avortement spontané peuvent provenir de la mère ou de l'œuf.

(1) D'après Whitehead, 37 0/0 des femmes enceintes avorteraient. Abegg compte 1 avortement sur 11 accouchements, et Hennrig 1 sur 10.

Parmi les premières nous citerons toutes les maladies aiguës graves, et parmi celles-ci les affections infectieuses aiguës (surtout exanthématiques), la pneumonie (1) et le mal de Bright aigu (2).

Parmi les maladies chroniques ce sont surtout les affections pulmonaires et cardiaques qui entraînent le plus souvent l'avortement, car l'intégrité des fonctions de ces organes est d'autant plus nécessaire que la grossesse est plus avancée. C'est pourquoi, quand ces organes sont malades, l'insuffisance de leurs fonctions arrive plus tôt que d'ordinaire, de là des conséquences fâcheuses aussi bien pour la mère que pour l'enfant. Il en est de même des affections chroniques qui s'accompagnent de troubles profonds de la nutrition, enfin des affections syphilitiques qui amènent très-souvent la mort du fruit et son expulsion prématurée (d'après Hecker, 12 fois sur 40).

L'avortement spontané peut encore être dû à des circonstances locales, telles que l'existence de tumeurs dans le ventre ou dans l'utérus. On accorde également une influence fâcheuse sur la marche de la grossesse aux flexions de l'utérus. Howitz (3) rapporte que 19 femmes atteintes d'antéflexion n'ont donné le jour qu'à 30 enfants vivants, tandis qu'elles ont eu 98 interruptions de grossesse, 9 avant le 5e mois et 89 plus tard, et que 14 femmes, présentant une rétroflexion, n'ont accouché que de 15 enfants vivants, tandis qu'elles ont eu 37 interruptions de grossesse. D'après Howitz, c'est non seulement l'impossibilité où se trouve l'utérus de s'étendre par suite de sa flexion (*retroflexio uteri gravidi*) qui détermine l'avortement, mais encore l'irritabilité réflexe exagérée que l'on peut observer chez les femmes qui souffrent d'une flexion de l'utérus.

Parmi les causes tenant à l'œuf nous citerons, en dehors de la formation des môles, l'insertion vicieuse du placenta (*placenta prævia*), les hémorrhagies, la dégénérescence graisseuse et les au-

(1) D'après les communications de Rican sur la pneumonie des femmes enceintes (*Virchow's Jahresb.*, 1875, II, 591), de 28 pneumonies survenues avant le 180e jour de la grossesse, 23 guérirent, 6 avec et 17 sans avortement. D'un autre côté, sur 15 pneumonies après le 180e jour il n'y eut que 8 guérisons, dont 5 avec et 8 sans accouchement prématuré, et 7 cas de mort, dont 2 sans accouchement.

(2) La néphrite aiguë se montre, en général, chez les femmes enceintes sous la forme de l'éclampsie et occasionne souvent non seulement l'avortement, mais encore la mort de la mère. Ces cas pourraient éveiller l'idée d'un accouchement provoqué, surtout par ingestion d'une substance abortive. Nous avons observé deux cas semblables, et un troisième de ce genre se trouve dans les rapports de Maschka (Maschka's *Gutachten*, III, 234).

(3) Howitz, *Virchow's Jahresb.*, 1876, II, 757.

tres affections du placenta et surtout les affections syphilitiques que l'on peut reconnaître immédiatement, si l'on a l'œuf devant les yeux. Nous devons cependant faire remarquer que la dégénérescence graisseuse du placenta et de la caduque, ainsi que les dégénérescences graisseuses ou autres (hydropiques) du chorion peuvent n'être que secondaires à la mort du fœtus.

Les torsions du cordon ombilical sont des causes fréquentes d'avortement. Elles s'observent plus souvent dans la première moitié de la grossesse que dans la seconde et peuvent facilement être reconnues à l'examen du fœtus expulsé. On les trouve surtout au bout fœtal du cordon.

Les affections primitives du fœtus et sa mort consécutive se voient exceptionnellement. Ce qui est plus fréquent, c'est la transmission d'une maladie de la mère à l'enfant, surtout des exanthèmes aigus et de la syphilis. On découvrira facilement ces affections, ainsi que les vices de conformation du fœtus ou de ses annexes, qui peuvent amener sa mort prématurée.

En dehors de ces causes il en existe encore d'autres que nous nommerons en étudiant l'avortement provoqué, telles qu'un ébranlement ou une irritation mécanique de l'utérus, et qui peuvent déterminer l'expulsion prématurée du fœtus sans qu'il y ait intention coupable de la part de la mère ; dans beaucoup de cas on peut rapporter à des causes extérieures de ce genre l'avortement qui est si fréquent chez les femmes enceintes pour la première fois.

L'avortement ne survient pas nécessairement immédiatement ou peu de temps après la cause qui l'a provoqué ; il arrive plus souvent qu'il se passe un temps plus ou moins long (quelques semaines, dans des cas plus rares même des mois), surtout si le fœtus meurt avant que l'avortement n'ait lieu (1). Les annexes, surtout le placenta, peuvent continuer, dans ces cas, à s'accroître, cependant elles sont envahies généralement par la dégénérescence graisseuse, qui finalement conduit à l'expulsion. Le fruit pendant ce temps ou bien macère, ou est atteint de dégénérescence graisseuse (limopateuse, Hecker). Dans les premiers mois de la grossesse le fruit peut même dispa-

(1) Schröder a réuni un certain nombre de ces cas dont le plus intéressant est celui qui a été publié par Fairbank et dans lequel une femme, qui avait éprouvé dans le sixième mois de sa grossesse une contusion très-violente du ventre avec fracture du bassin, n'accoucha de son enfant mort que trois mois après. — M'Clintock (*Virchw's Jahresb.*, 1875, II, 535) a décrit récemment deux cas dans lesquels l'expulsion du fœtus n'a eu lieu que trois et six mois après l'action de la cause.

raître complètement par résorption. Nous avons eu l'occasion d'observer deux fois de ces œufs âgés de deux à trois mois, dont le premier avait été expulsé pendant la vie de la mère et le second a été trouvé dans le cadavre d'une suicidée, et aucun des deux, malgré l'intégrité des enveloppes, ne contenait de fœtus, mais l'un d'eux présentait un cordon ombilical court et mince se terminant dans une vésicule.

Ce qu'il y a de remarquable, c'est que des fœtus morts dans les premiers mois de la grossesse se conservent souvent d'une façon surprenante malgré leur long séjour dans l'utérus. On aurait observé ce fait après deux mois et dans un cas communiqué par Holst, même après six mois. Ces observations exigent une confirmation ultérieure, car les cas de ce genre connus jusqu'à présent peuvent s'expliquer autrement.

§ 2. — L'AVORTEMENT PROVOQUÉ. — MANŒUVRES ABORTIVES.

A. *Substances abortives.*

Les avortements tentés ou provoqués soi-disant par des breuvages constituent les cas les plus fréquents de la pratique médico-légale, et ce fait se comprend facilement, car les substances abortives sont les moyens les plus employés pour provoquer l'avortement.

Sous le nom de *substances abortives* nous comprenons les substances qui, à dose appropriée, peuvent provoquer l'avortement. Dans la langue ordinaire on donne un sens plus restreint à cette expression, par laquelle on désigne les substances qui, prises à l'intérieur à dose suffisante, déterminent les contractions de l'utérus gravide et l'expulsion du fruit, et cela avec une certitude égale ou à peu près à celle avec laquelle les vomitifs provoquent le vomissement et les purgatifs, la diarrhée.

Nous ne connaissons aucune substance abortive de ce genre. Mais il est certain qu'il y a des substances après l'ingestion desquelles l'avortement peut survenir souvent, mais non pas toujours d'une façon certaine, moins, il est vrai, par l'action spécifique de cette substance sur l'utérus, que comme une manifestation d'un empoisonnement dû à la substance employée. Car presque toutes les substances auxquelles on a attribué une vertu abortive et qui ont été employées comme telles, appartiennent à la classe des poisons, de sorte qu'on pourrait les appeler non pas substances abortives internes, mais substances abortives toxiques.

L'action abortive peut s'expliquer par ce fait que ces poisons, en dehors des autres troubles fonctionnels qu'ils déterminent, provoquent également les contractions de l'utérus, en excitant les centres nerveux qui président aux contractions de l'utérus. Le siège de ces centres est encore peu connu. Goltz (1) est disposé à regarder la moelle lombaire comme le centre indépendant de l'acte de la génération, car il a vu une chienne, à laquelle on avait fait la section de la moelle à la hauteur de la première vertèbre lombaire, entrer en rut, accomplir plusieurs fois le coït et mettre bas trois jeunes chiens. Schlesinger (2) également a trouvé le centre des réflexes de l'utérus dans la partie inférieure de la moelle épinière. Mais, d'après Korner, les nerfs moteurs de l'utérus ne proviendraient pas seulement de la moelle lombaire, mais encore de la partie inférieure de la moelle dorsale. Nous avons trouvé dans nos recherches sur les mouvements de l'utérus, que nous avons faites en collaboration avec von Basch, qu'il partait du plexus aortique une paire de nerfs (nerfs hypogastriques) dont l'excitation déterminait de fortes contractions du col. Ces dernières peuvent encore être provoquées, ainsi que l'ont observé Aser et Schlesinger, par une excitation isolée du cerveau. En dehors de ces centres de réflexes pour les contractions de l'utérus, il en existe encore d'autres dans l'utérus même. Kehrer les avait déjà signalés et nous les avons également constatés avec Basch.

L'excitation de ces centres peut avoir lieu aussi bien directement que par voie réflexe, et sous ce dernier rapport il est possible que des fortes excitations de la muqueuse de l'estomac ou de l'intestin, telles que celles que déterminent les poisons irritants, puissent provoquer par voie réflexe les contractions de l'utérus. Le plus souvent cependant ce sont des troubles vaso-moteurs qui paraissent donner lieu à cette excitation, en ce sens que la paralysie vaso-motrice ou la contracture des vaisseaux, diminuant l'apport du sang aux organes, ce sang, pauvre en oxygène, excite les centres cérébrospinaux ou les centres parenchymateux des mouvements de l'utérus ou les deux à la fois. Comme le montrent les observations de Spiegelberg (3), d'Oser et de Schlesinger (4) et comme nous avons pu l'observer nous-même, on voit de fortes contractions de

(1) Goltz, *Pfluger's Archiv*, IX, 552.
(2) Schlesinger, *Oest. med. Jahrb.*, 1874, p. 1.
(3) Spiegelberg, *Zeitschrft. f. rat. Med.* 5, II, 1.
(4) Schlesinger, *Wiener med. Jahrb.* 1874, I.

l'utérus survenir pendant l'asphyxie, et déjà après l'interruption de l'apport sanguin au cerveau ou à l'utérus.

Dans d'autres cas, l'avortement peut encore avoir lieu, parce que la substance ingérée dans l'organisme de la mère détermine la mort du fœtus. Comme la nutrition et la respiration du fœtus ont leur source dans le corps de la mère, toutes les substances toxiques, qui troublent les conditions de nutrition de la mère, peuvent aussi tuer le fœtus. Ces troubles de la nutrition, mortels pour le fœtus, peuvent être dus aussi bien à la maladie aiguë que le poison aura déterminée, qu'à l'état d'inanition chronique qui est resté comme suite de l'empoisonnement. Mais la mort du fœtus peut encore avoir lieu parce que le poison, pris par la mère, passe dans le corps du premier et l'empoisonne. Cette possibilité a déjà été indiquée par Adouard et Tardieu, et ne peut être niée d'une manière générale, bien que d'autres observations aient montré que le passage des substances toxiques de la mère à l'enfant ne se fait pas toujours aussi facilement qu'on serait tenté de le croire. Zweifel (1) dit avoir constaté le passage du chloroforme dans le placenta du fœtus et Benicke a fait dans le congrès des naturalistes de Graz, une communication sur le passage rapide de l'acide salicylique du sang de la mère à celui du fœtus. Par contre, Gusserow (2), dans huit expériences sur des femelles d'animaux grosses, n'a pu retrouver la teinture d'iode ou le ferrocyanure de potassium qu'il avait injecté dans l'estomac de la mère, ni dans le liquide amniotique ni dans le fœtus. Fehling (3) n'a pu constater aucun effet sur les fœtus de lapines qu'il avait chloroformées ou curarisées, bien que dans un cas l'action du curare ait duré une heure trois quarts. Nous pouvons confirmer par notre propre expérience les données de Fehling, car dans une série d'expériences faites sur des chiennes grosses, nous avons toujours obtenu des petits respirant immédiatement et se mouvant très bien, bien que les animaux aient été soumis à l'influence du curare pendant des heures. Récemment encore, à l'occasion d'une communication de Fehling (4) à la Société gynécologique de Leipzig, il y eut une discussion très animée sur la question de savoir si les narcotiques, et particulièrement le chloroforme et la morphine, employés chez les femmes enceintes, pouvaient avoir une influence fâcheuse sur

(1) Zweifel, *Berliner klin. Wochenschrift*. 1874, n° 21.
(2) Gusserow, *Arch. f. Gynäk*, III, 2.
(3) Fehling, *Arch. f. Gynäk*, IX, 313.
(4) Fehling, *Arch. f. Gyn.*, X, 188.

le fruit. Il fut prouvé que la chloroformisation de la mère n'avait pas une grande influence sur le fœtus (1), mais que la morphine pouvait lui être nuisible dans certains cas (2).

La facilité avec laquelle une substance toxique peut passer de la mère au fœtus et tuer ce dernier, dépendra naturellement de la nature et de la dose du poison, ainsi que d'autres circonstances telles que celles qui influent sur l'intensité de l'action toxique et la rapidité de son début et que nous avons eu l'occasion d'apprendre dans la toxicologie. Mais c'est surtout de la plus ou moins grande diffusibilité de la substance toxique que dépendra son passage plus ou moins rapide dans le sang du fœtus et que viendra le danger pour la vie de l'enfant (3).

Il faut encore voir si la substance toxique a eu le temps nécessaire de passer de la mère au fœtus. Ainsi les substances qui sont lentement éliminées de l'organisme, telles que les poisons métalliques, ont plutôt une influence mortelle sur le fœtus que celles qui, comme les alcaloïdes ou les poisons volatils, sont rapidement éliminées. C'est ainsi que s'explique aussi l'observation de Gusserow, qui, dans les empoisonnements aigus par ingestion de la substance toxique dans l'estomac, ne pouvait rien découvrir dans le fœtus, tandis qu'il parvenait à retrouver dans le liquide amniotique et l'urine des fœtus de l'iodure de potassium qu'il avait administré pendant quelque temps (15 jours) à la mère (4).

(1) Nous devons rappeler que Melchior a publié deux cas de mort-nés, c'est-à-dire d'avortement cinq ou six heures après l'administration du chloroforme pour une extraction de dent. (*Deutsche Klinik*, 1851, 26. *Schmidt's Jahrb.*, 1851, 72e vol., p. 25). Dans les deux cas les mouvements du fœtus avaient été perçus avant la chloroformisation.

(2) Friedreich a proposé dans la grossesse extra-utérine de tuer le fœtus par des injections sous-cutanées de morphine (Husemann, *Pflanzenstoffe*, 144.)

(3) Nous devons faire remarquer que les poisons volatiles, aspirés par la mère, peuvent tuer le fœtus. Breslau (*Monatsch. f. Geburtsk.* Juin 1859) a décrit un cas d'avortement après un empoisonnement par le gaz de l'éclairage avec conservation de la mère. Mais il n'est pas prouvé dans ce cas que le gaz ait pénétré aussi dans le sang du fœtus et l'ait empoisonné ; la mort du fœtus peut plus facilement s'expliquer par une simple asphyxie, qui serait provenue de ce que le sang de la mère destiné au fœtus n'était pas assez riche en oxygène.

(4) On avait accusé le traitement mercuriel, surtout les frictions, d'être dangereux pour le fœtus. L'expérience des syphilidologues (nous nous rapportons surtout aux communications du professeur Sigmund) nous apprend que ce traitement peut être employé sans danger pour le fœtus et que, s'il y a avortement, il faut l'attribuer à d'autres causes, surtout à la syphilis elle-même. — F. Weber a suivi la marche de la grossesse sur 129 femmes enceintes et soumises à différents traitements antisyphilitiques (*Med. Centralbl.* 1875, p. 528). Les résultats les plus

Une autre cause d'avortement après l'ingestion de substances toxiques peut se trouver dans les vomissements que certaines d'entre elles provoquent. Nous avons déjà dit que l'irritation de la muqueuse de l'estomac et de l'intestin pouvait donner lieu par voie réflexe à des contractions de l'utérus. Mais en dehors de cette circonstance, la violence mécanique du vomissement peut avoir les mêmes conséquences. Ce fait, bien qu'il ne soit pas prouvé, doit cependant être admis avec certaines réserves, car tous les accoucheurs comptent parmi les indications d'un avortement légal ou d'un accouchement prématuré, les vomissements incoercibles de la grossesse. Dans ces derniers temps, un accoucheur a prétendu que les vomissements de la grossesse étaient un moyen curatif de la nature, et que l'émétique arrêtait un avortement en train de se faire (1).

Tout en tenant compte de ces différents faits dans l'appréciation des moyens abortifs, on n'oubliera pas que les dispositions individuelles jouent ici un grand rôle. Quiconque a eu l'occasion d'examiner la manière dont se comporte l'utérus sous l'influence de différentes excitations, a dû trouver que l'excitabilité de l'utérus n'est pas seulement variable selon les différents animaux, par exemple beaucoup plus grande chez la lapine que chez la chienne, mais que, dans la même classe d'animaux, l'excitabilité de l'utérus variait selon les individus, et que, s'il suffit chez quelques-uns d'une légère excitation pour provoquer les contractions, chez d'autres il faut souvent recourir à une excitation beaucoup plus forte. Il n'est même pas rare de trouver des animaux chez lesquels l'excitation reste sans effet. Nous croyons avoir remarqué dans nos expériences, que les animaux jeunes réagissent beaucoup plus vite que les vieux et que l'époque du rut a une certaine influence sous ce rapport, en ce qu'elle augmente l'excitabilité de l'utérus. Les utérus gravides des animaux se comportent aussi diversement, car, tandis que dans certains cas on observe de violents mouvements péristaltiques des cornes de l'utérus, dans d'autres, ceux-ci manquent complètement ou sont très-faibles.

Il est certain que chez les femmes il y a les mêmes différences individuelles, au point de vue de l'excitabilité de l'utérus gravide ou non. On sait que chez certaines femmes les causes les plus in-

favorables étaient fournis par les frictions mercurielles, car, de 35 femmes ainsi soignées, pas une seule n'accoucha avant terme, tandis que par les autres méthodes il y a eu de 15 à 36 0/0 d'avortements. Les résultats les plus défavorables étaient fournis par l'iodure de potassium, c'est-à-dire 36 0/0.

(1) Stockes, *Am. Journ.*, 1871, p. 599. *Schmidt's Jahrb.*, 1871, T. 151, p. 163.

signifiantes peuvent provoquer l'avortement, et, dans ces cas, on trouve le plus souvent une excitabilité générale exagérée. On comprend également que l'excitabilité de l'utérus doive être variable selon les différentes périodes de la grossesse, et qu'elle est exagérée, ainsi que Elsasser, Wald et autres l'ont observé, à l'époque où les règles devraient revenir.

Après ces remarques, nous allons rapidement passer en revue toutes les substances qui ont la réputation d'être abortives et qui sont employées comme telles.

1° *Seigle ergoté.*

Nous nommerons d'abord le *seigle ergoté* et ses préparations. Le seigle ergoté est produit par un champignon (*claviceps purpurea*, Tul.), qui se développe sur le seigle, et dont les caractères extérieurs sont connus. La toxicité du seigle ergoté, qui est hors de doute, est plus forte quand l'ergot est frais que quand il est vieux et ne se montre qu'à des doses assez élevées. Quand la dose dépasse 8 grammes (Husemann), on voit survenir un malaise, des vomissements, une sécheresse de la gorge, des étourdissements, une dilatation (plus rarement un rétrécissement de la pupille), des douleurs de l'estomac et des intestins, le ralentissement du pouls, enfin du délire, de la perte de connaissance et un état comateux auquel succède la mort. Des doses moins fortes, un gramme par exemple, ne déterminent d'après Schroff, qu'un sentiment de malaise, des éructations, une sensation de plénitude de l'estomac, qui se change plus tard en véritable douleur, une diminution de l'appétit, et une sécheresse de la langue, symptômes qui persistent jusqu'au lendemain ; cette dose n'a pas d'influence sur le pouls. L'extrait de seigle ergoté, l'ergotine, est beaucoup plus active, car 2 à 5 décigrammes donnent déjà lieu à des douleurs de ventre, des étourdissements, une dilatation de la pupille et un abaissement constant du pouls de 12 à 18 pulsations (Schroff).

On ne sait rien de précis sur le principe actif de l'ergot de seigle ou mieux de l'ergotine. Les alcaloïdes, l'ecboline et l'ergotine, que Wenzell (1) disait avoir retirés du seigle ergoté, ne se sont pas comportés comme tels. Buccheim (2) voit dans l'ergotine un produit de transformation de la gomme ou résine de l'ergot (*Roggen Kleber*) par le mycelium, et pense que cette résine est en décomposition constante de sorte qu'il se forme comme dernier produit de transformation de

(1) Wittstein, *Vierteljahrsft f. Pharmacie*, t. 14, p. 18, 1865.
(2) Buccheim. *Arch., f. exper. Pathol.* III, 1.

la leucine, de l'ammoniaque et de la triméthylamine. Par cette variété de composition, s'explique aussi la différence des résultats obtenus sur les malades et l'action de ce médicament, qui compte parmi les substances putrides ou septiques. Draggendorff et Padwissotsky (1) ont découvert récemment l'acide *sclérotinique* que l'on trouverait dans la proportion de 3 à 4 0/0 et la *sclérocumine* à celle de 2 ou 3 0/0 dans le seigle ergoté, et regardent ces substances comme les principes actifs du seigle ergoté.

L'ergot de seigle a certainement la propriété de provoquer les contractions de l'utérus, et on sait que les accoucheurs le donnent surtout sous la forme d'ergotine pour activer les contractions de l'utérus, si l'accouchement a déjà commencé par lui-même. Mais il a encore été employé pour provoquer les contractions de l'utérus dans les accouchements prématurés. Ramsbotham et Krause (2) ont fait des expériences avec ce corps. Le premier a donné jusqu'à un once et demi de seigle ergoté pour obtenir l'accouchement prématuré, mais il aurait trouvé qu'il y avait beaucoup plus d'enfants mort-nés par ce moyen que par la ponction de l'œuf. Le dernier cite 80 cas dans lesquels la méthode de Ramsbotham a été employée pour obtenir un accouchement prématuré. Dans 62 cas il y eut des douleurs qui 18 fois restèrent sans effet, 37 enfants vécurent et 3 mères moururent. La durée de l'accouchement variait entre un et douze jours.

On ne sait pour ainsi dire rien sur la cause de cette action. Wernick (3) la cherche dans un rétrécissement des vaisseaux provoqué par l'ergotine, et l'anémie qui en résulte en partie dans le cerveau et la moelle, et en partie dans l'utérus, anémie qui aurait pour conséquence l'excitation des centres cérébro-spinaux ou parenchymateux des mouvements de l'utérus. Cette explication paraît plausible, car le ralentissement du pouls est un symptôme constant de l'action de l'ergotine, et l'effet thérapeutique de l'ergotine, dans les hémorrhagies, est fondé également sur la contraction des vaisseaux. D'autres observateurs au contraire n'ont pas remarqué un rétrécissement considérable des vaisseaux après l'administration de l'ergotine, et attribuent même à cette dernière une action paralysante sur la moelle épinière (4).

En tous cas, il résulte des expériences faites jusqu'à présent sur des femmes enceintes et sur des animaux, que l'action de l'ergot

(1) Padwissotsky, *ibid.*, 1876, VI, 153.

(2) Lex, *loc. cit.*

(3) Wernick, *Virchow's Arch.* L. VI, 505. — *Beitrage zur Gynäk. et Geburtsk.*, 1874, III 1.

(4) Zweifel, *Arch. f. exp. Pathol.*, 1875, IV, 387.

de seigle sur l'utérus n'est pas constante et régulière. Cela s'applique surtout aux petites doses, tandis que des doses élevées peuvent provoquer l'avortement, mais produire en même temps des violents symptômes d'intoxication, de sorte que l'avortement peut déjà être expliqué par ce dernier fait, sans qu'on ait besoin d'admettre une action spécifique de l'ergotine sur l'utérus.

Ces faits sont d'accord avec la rareté des cas où l'ergot de seigle, malgré la facilité qu'on a de se le procurer, et malgré son administration fréquente dans la pratique des accouchements, a déterminé un avortement.

Tardieu (1) rapporte le cas d'une femme de 24 ans qui avorta le quatrième mois de sa grossesse après avoir pris du seigle ergoté en poudre. Elle mourut de péritonite vingt-quatre heures après. On trouva des fragments de seigle ergoté dans la partie inférieure de l'intestin.

Nous connaissons un autre cas analogue, mais décrit avec plus de soin par Richter (2) : Une fille vigoureuse âgée de 22 ans avait pris dans le sixième ou septième mois de sa grossesse une quantité de seigle ergoté évaluée de 2 à 4 onces. Elle fut prise immédiatement de vomissements répétés et de soif violente, symptômes qui duraient déjà depuis deux jours, quand le médecin fut appelé. Celui-ci trouva la malade ayant encore la connaissance, le visage pâle, une grande agitation, un pouls rapide, une soif ardente, des douleurs dans l'estomac et tout le ventre et une rétention d'urine. L'accouchement avait déjà commencé et quelques instants après, naquit un enfant qui était mort récemment. Hémorrhagie abondante accompagnée de vomissements, qui au bout d'une demi-heure enleva la malade. L'autopsie fit voir une anémie considérable ; pas d'injection visible de l'estomac, érosions hémorrhagiques de la grande courbure et du fond de l'estomac, contenu de l'estomac couleur chocolat, rougeur en forme de stries dans l'œsophage. La nature du poison ne fut pas reconnue avec une certitude complète au microscope ou à l'examen chimique. Taylor rapporte qu'une femme avait pris, dans l'intention de se faire avorter, trois cuillerées à café de teinture d'ergotine par jour pendant onze semaines (!). Elle mourut la onzième semaine sans avoir avorté. On ne dit rien des symptômes observés pendant la vie. A l'autopsie on trouva sur la muqueuse de l'estomac « *des taches inflammatoires* » et dans l'utérus un embryon de trois mois.

Otto (3) a publié le cas plus récent d'une domestique qui, après des vomissements et des douleurs dans le bas-ventre, accoucha avec une hémorrhagie peu abondante d'un fœtus long de 5 pouces. Peu de temps après (?) elle mourut en perdant connaissance. Dans l'estomac on trouva une plaque de deux pouces de long, d'un brun rougeâtre, la partie postérieure de l'estomac près du cardia fortement injectée, et dans l'estomac un liquide grisâtre, contenant de nombreuses petites parcelles sans forme ni couleur précises, que l'on reconnut avec une très

(1) A. Tardieu, *Étude médico-légale sur l'avortement*. 3e édition. Paris, 1868, p. 115.

(2) Richter, *Vierteljahrsch. f. gerich. Méd.* XX, 177, 1861 et Neubert, *Husemann's Toxicologie*, 306.

(3) Otto, *Memorabilien*, 1870, n° 2, *Virchow's Jahresb.* I, 438.

grande probabilité à l'examen microscopique et chimique pour de la poudre de seigle ergoté altérée par la digestion.

Pour reconnaître les parcelles de seigle ergoté dans les vomissements ou le contenu de l'estomac et de l'intestin, il faut les examiner au microscope. La structure du tissu du seigle ergoté, quand elle n'est pas trop altérée par la digestion est tout à fait caractéristique. Elle consiste en cellules polygonales, très-étroites, reliées intimement entre elles, et contenant une graisse incolore ; aussi la structure apparaît-elle bien plus nette, si on traite le seigle ergoté par l'éther. Dans les cellules des couches périphériques on trouve en outre une matière colorante violette qui donne à la surface externe du seigle ergoté sa coloration noir violette si bien connue. Cette matière colorante, que Draggendorff appelle *sclérérythrine*, peut être retirée par l'alcool qui se colore aussitôt en rouge par l'addition d'acide sulfurique (Jacobi et Böttcher). D'après Draggendorff, cette réaction est encore plus nette, si on retire cette substance par de l'alcool contenant de l'acide, qu'on y ajoute de l'eau, qu'on l'agite avec de l'éther, qu'on évapore l'éther et qu'on se sert du résidu pour rechercher la réaction par l'acide sulfurique (solution rouge) ou par la potasse (solution violette). Une autre réaction consiste à traiter la substance avec une solution de potasse à froid. Il se forme, s'il y a du seigle ergoté, de la triméthylamine qui se reconnaît à son odeur particulière de saumure de hareng. L'odeur est plus forte si, après avoir ajouté de la potasse à la substance, on bouche le flacon et qu'on ne l'ouvre qu'après quelques minutes.

2° *Sabine*.

La *sabine* a eu de tout temps la réputation d'une substance abortive et a été employée comme telle. Son principe actif est une huile éthérée (*ol. sabinæ*) qui se trouve dans une glande située à l'extrémité centrale des fines aiguilles de cette plante. La volatilité de cette huile explique l'énergie beaucoup plus grande de l'action des branches fraîches, énergie qui diminue à mesure que la plante se dessèche et qui est nulle quand les branches sont tout à fait sèches et sans odeur. L'huile de sabine est contenue dans la proportion de 1 à 3 0/0 dans les branches fraîches, appartient, comme la plupart des huiles essentielles, à la classe des poisons irritants locaux et détermine surtout des symptômes de gastro-entérite toxique (les branches de sabine appliquées sur la peau donneraient lieu, d'après Schroff, à une inflammation et à de la suppuration), avec une action plus ou moins prononcée sur le cerveau et la moelle. La dose toxique pour l'homme n'est pas exactement connue ; deux à quatre drachmes d'huile ont tué des lapins en six heures (Husemann) et une demi-once de poudre a tué un chien. En tous cas, l'action sur l'homme paraît être très-énergique, car tous les cas connus, dans lesquels la sabine, surtout une décoction de branches fraîches, a été employée dans un but d'avortement, se sont terminés par la mort. Quant à son action sur le système uro-génital, elle paraît prouvée pour le rein, car sur les animaux on a observé en général des hématuries et des urines sentant la sabine, sans qu'on puisse toutefois lui attribuer une action spécifique. Son action abortive spécifique admise ordinairement n'est rien moins que prouvée, mais on comprend que l'avortement puisse survenir par suite des symptômes violents d'irritation, qui sont la conséquence de l'ingestion de fortes doses de sabine.

Dans un cas de Taylor, une femme enceinte de sept mois avait vomi pendant trois jours un liquide verdâtre que l'on prenait pour de la bile. Le quatrième jour, elle accoucha d'un enfant vivant, qui mourut bientôt. La mère elle-même mourut deux jours après l'accouchement. A l'autopsie on trouva de la rougeur et des ecchymoses du pharynx, et une rougeur inflammatoire très-forte et circonscrite dans le grand cul-de-sal de l'estomac, mais pas d'érosions. L'estomac contenait un liquide verdâtre dans lequel nageaient des parcelles de sabine que l'on put reconnaître par l'odeur et au microscope. On trouva en outre une rougeur très-forte de la muqueuse de l'intestin grêle, et une inflammation du péritoine et des reins à son début. La quantité de sabine ingérée ne put être précisée.

Dans un second cas de Newth, une femme enceinte de sept mois fut trouvée, huit heures après avoir pris de la sabine, sans connaissance, avec une respiration stertoreuse, après avoir eu des vomissements violents et fréquents. Elle mourut quatre heures après l'accouchement qui eut lieu immédiatement. L'estomac contenait un liquide d'un vert brun, acide, duquel on put retirer de l'huile de sabine. La muqueuse était plus pâle que d'ordinaire et n'était ecchymosée qu'en deux endroits.

Dans un troisième cas, observé par Tidy, on a vu survenir du trismus et du tétanos après l'ingestion du poison, de sorte qu'on pensa d'abord à un empoisonnement par la strychnine. Mais on retrouva de la sabine dans le contenu de l'estomac, ainsi que dans un flacon dont la femme avait bu la plus grande partie. On ne dit rien de l'autopsie. Il n'y eut pas d'accouchement.

Ces faits sont très-instructifs parce qu'ils nous montrent d'abord l'action mortelle de fortes doses de sabine, ensuite la diversité des symptômes qui peuvent survenir encore pendant la vie après l'ingestion de ce poison. Tandis que, dans le premier cas, il y eut surtout des symptômes de gastro-entérite toxique, dans le second, on observa du coma, et dans le troisième du trismus, et du tétanos.

Lethely (1) a vu une jeune femme de 21 ans avorter quatre à cinq heures après une ingestion de sabine, avec de violentes douleurs de ventre et des convulsions,

(1) Lex, *loc. cit.*

et mourir immédiatement après. On trouva de la sabine dans le contenu de l'estomac.

Par contre Fodéré rapporte un cas où une forte dose de poudre de sabine, prise avec du vin, ne donna lieu qu'à des symptômes passagers d'irritation stomacale, sans qu'il y eût interruption de la grossesse. Tardieu a observé la même chose chez une femme enceinte qui avait pris pendant plusieurs jours 10 à 40 gouttes d'essence de sabine. Dans un cas de Maschka (1), il ne survint aucun symptôme, bien que la femme eût pris deux jours de suite une décoction de sabine.

Ce qui est important pour le diagnostic post mortem, c'est la couleur verte du contenu de l'estomac, quand il y a eu ingestion de poudre, ou de décoction de sabine. Taylor la compare à la couleur de la purée de pois. Cette coloration peut cependant provenir de la bile. On portera surtout son attention sur l'odeur particulière de l'huile de sabine, et on recueillera avec soin, si c'est possible, les parcelles de feuilles ou de branches de sabine que l'on desséchera et conservera pour un examen ultérieur. En dehors des caractères botaniques de ces parties on examinera encore la structure de cette plante au microscope, et la découverte des vaisseaux rectilignes ainsi que des conduits résineux permettant facilement de reconnaître les conifères. On pourra aussi retirer l'huile du contenu de l'estomac, en traitant ce dernier par l'éther et en distillant.

3° *Genévrier de Viringie et huile de cèdre.*

Le *juniperus virginiana* (genévrier de Virginie) et l'huile appelée *huile de cèdre*, qui en provient, a la même action que le juniperus sabina. Mais on peut retirer du genévrier ordinaire une huile essentielle qui, d'après Semon, tue un lapin à la dose de une once (Husemann). Fodéré décrit cependant un cas, dans lequel une femme enceinte avait pris tous les jours pendant trois semaines 100 gouttes de cette huile sans parvenir à se faire avorter.

4° *Thuya.*

Les *thuya*, que l'on trouve beaucoup dans nos jardins, contiennent également une huile essentielle dont l'action se rapproche de celle de la sabine. Sander (2) a publié un cas où une femme, après avoir pris une infusion de thuya, avorta et mourut immédiatement après avec des symptômes violents de gastro-entérite.

(1) Maschka's, *Gutachten*, III, 236.

(2) Husemann, *loc. cit.* Supplément.

5° *If.*

A cette classe de substances appartient encore l'*if* (*taxus baccata*), qui a été déjà souvent employé dans un but criminel d'avortement (1). Schroff a montré l'analogie de l'action des feuilles et branches du taxus avec celle de la sabine. On doutait encore de l'action toxique des fruits, mais elle a été prouvée par Lucca (2) et Marmé (3), qui réussirent à isoler le principe toxique sous la forme d'une substance analogue aux alcaloïdes, la *taxine*, et déterminèrent la mort en quinze à vingt minutes en injectant dans les veines jugulaires 15 à 20 milligrammes de taxine pour un lapin et 30 à 50 milligrammes pour un chat.

6° *Essence de térébenthine.*

Enfin nous citerons encore parmi les conifères l'essence de *térébenthine*, qui est une des huiles essentielles les plus fortes et qui, à la dose de 3 à 8 grammes, donne lieu à des douleurs de ventre, de l'abattement, de l'accélération du pouls, de la diurèse (odeur de violettes), mais aussi à de la strangurie, des hématuries et des symptômes d'une violente gastro-entérite, sans qu'on puisse toutefois lui accorder une action abortive spéciale.

7° *Tanaisie et Rue.*

Il en est de même d'autres huiles essentielles et des plantes qui les contiennent, comme par exemple la *tanaisie* (*tanacetum vulgare*) qui est beaucoup employée en France et *la rue* (*ruta graveolens*), en Angleterre, dans un but d'avortement (4).

8° *Cantharides.*

L'action des cantharides sur les reins, dont nous parlerons plus

(1) Voyez dans Lex la collection des cas analogues. On trouve de nouvelles observations d'empoisonnement d'animaux par les feuilles du *taxus baccata* dans *Virchow's Iahresb.* 1874, I, 489, entre autres une intoxication non mortelle d'une petite fille de cinq ans par les fruits du taxus. — Voy. Chevallier, Duchesne et Raynal, *Mémoire sur l'If et sur ses propriétés toxiques* (*Annales d'hygiène et de méd. légale*, 2e série, tome IV, p. 94 et 355.)

(2) Husemann, 1871, p. 488.

(3) Marmé, *Med. Contralb.* 1876, p. 97.

(4) Voy. Hélie (de Nantes) *De l'action vénéneuse de la rue et de son influence sur la grossesse* (*Ann. d'hyg. et de médecine légale*, tome XX, p. 180, 1838).

longuement en un autre endroit, est bien connue et a été regardée de tout temps comme aphrodisiaque. Nous ne sommes donc pas étonné si nous les rencontrons parmi les substances abortives. Dans les cas rares où les cantharides ont été prises comme moyen abortif (1), la mort de la mère est survenue avec ou sans avortement. Les symptômes violents d'irritation du canal digestif, qui suivent l'ingestion des cantharides, rendent compte de la possibilité de l'avortement dans le cours de l'intoxication. Mais il n'est pas prouvé que les cantharides aient une action spéciale sur l'utérus, et surtout que des doses non toxiques même répétées puissent provoquer les contractions de l'utérus.

On ne peut nier que les drastiques ne puissent provoquer l'avortement à la suite des troubles qu'ils portent dans les conditions normales de l'organisme; mais cela ne doit arriver qu'exceptionnellement et dans des conditions particulièrement favorables, car jusqu'à présent nous n'avons pas encore trouvé un cas authentique d'un avortement de ce genre.

9° *Boissons excitantes.*

Enfin nous mentionnerons encore *les boissons excitantes* qui sous différents noms et sous différentes préparations ont été prises comme abortives. Ces boissons consistent en général en une décoction dans du vin d'épices âcres et d'une odeur forte (*vin chaud*). Que l'abus de boissons alcooliques puisse par lui-même déterminer l'avortement, c'est là un fait affirmé dans tous les traités d'accouchement. Cette affirmation est cependant en contradiction apparente avec l'observation qui nous apprend, qu'un assez grand nombre de femmes enceintes sont adonnées à l'ivrognerie, sans toutefois avorter. Mais il peut arriver dans des circonstances particulières, surtout si une personne peu habituée à l'alcool et très excitable prend dans ce but une quantité de liqueur forte assez considérable pour amener l'ivresse, que l'avortement survienne comme conséquence de cet état anormal. Il faut accorder une plus grande importance aux ingrédients qui entrent dans la composition *du vin chaud*. Comme toutes les substances employées dans ces cas contiennent des huiles essentielles, dont la plupart, sinon toutes, déterminent, aussi bien que les huiles essentielles de sabine, de thuya, etc., une irritation des muqueuses et des troubles vaso-moteurs, nous n'a-

(1) Lex, *loc. cit.*

vons pas le droit de regarder ces substances comme complètement inoffensives, nous avouons toutefois qu'on ne peut pas en attendre un effet certain, et que la quantité minime de ces ingrédients employée dans l'usage ordinaire ne peut pas avoir de conséquences graves.

Si donc nous passons en revue toute la série des substances, qui ont la réputation d'être abortives, nous voyons qu'il n'y a pas un seul abortif dans le sens restreint du mot, que, si dans certains cas l'avortement survient réellement après l'ingestion de ces substances, on ne peut établir une relation de cause à effet entre une prétendue action spécifique et primitive de cette substance sur les centres moteurs de l'utérus ou sur le fœtus et l'avortement, et que cet effet n'est que la suite ou une manifestation d'autres troubles de l'organisme et surtout d'une intoxication dans un sens plus large. Tous les poisons peuvent donc dans certaines circonstances provoquer l'avortement et être employés comme abortifs, mais on comprend que les femmes enceintes, qui veulent se débarrasser de leur enfant, ne prennent pas de substances qu'ils connaissent pour être des poisons mortels.

Quand donc on aura à se prononcer en justice sur la valeur d'une substance employée comme abortive, il y aura lieu de se demander si cette substance est capable, à certaines doses, de déterminer des troubles fonctionnels, et dans ce cas si ces troubles sont tels que l'avortement puisse en être une suite ou une manifestation.

Si nous sommes en mesure de répondre affirmativement à cette dernière question, cela suffit au juge pour fonder son accusation d'avortement criminel, car il importe peu à la justice de savoir si cette substance est ou non une substance abortive spécifique ou capable de déterminer avec plus ou moins de certitude l'avortement, mais seulement si l'avortement a pu en être la conséquence. L'accusation ne tombe « que si l'on a employé une substance tout à fait impropre à ce but, mais non si une substance appropriée a été prise en quantité insuffisante par suite d'une cause quelconque, ni si cette substance ne manifeste son action que dans certaines conditions, et non dans toutes les dispositions physiques des femmes enceintes, parce que dans le premier cas cette circonstance que la dose a été insuffisante et dans le second l'absence de disposition physique sont regardées comme un empêchement de cause étrangère ou un hasard (1). »

(1) Décision du tribunal suprême du 17 janvier et 22 avril 1852. Herbst. Strafrecht. I, 311.

On voit très souvent des substances tout à fait inertes être employées dans un but d'avortement. Dans un cas, sur lequel nous avons eu à faire un rapport, une femme enceinte avait pris pendant des semaines, sur le conseil de son amant, de la craie en poudre, naturellement sans résultat. Dans un autre cas, on avait employé le limon d'une pierre à aiguiser qui paraît avoir la réputation d'un abortif à cause du fer qu'il contient, car nous trouvons souvent l'emploi de ce moyen d'avortement cité dans la littérature médico-légale. A cet ordre appartient une série de tisanes tout à fait inoffensives, dans lesquelles on a une foi aveugle et qui sont souvent ordonnées par les charlatans, colporteurs et autres personnes auxquels s'adressent les femmes enceintes dans leur détresse.

S'il s'agit, dans un cas réel d'avortement, de décider s'il y a une relation de cause à effet entre le moyen employé et l'avortement, il faudra tenir compte des symptômes qui ont précédé l'accouchement. Comme il n'y a pas de substance qui puisse provoquer l'avortement sans déterminer d'autres troubles fonctionnels, il ne nous est pas permis d'expliquer l'avortement par l'ingestion de cette substance, s'il n'y a pas eu des troubles de ce genre ou s'il est impossible de se renseigner à ce sujet. On devra encore voir si les symptômes observés sont tels qu'ils puissent être rapportés à l'action d'une substance dite abortive, et, quand il s'agit d'une substance déterminée, si les symptômes qui sont survenus concordent avec ceux qui, d'après les principes de la pharmacologie et de la toxicologie, se montrent après l'administration de certaines doses de cette substance. Il ne faudra pas oublier que certains symptômes peuvent être dus à des causes spontanées ou au moins indépendantes de la substance ingérée. Un autre point important à noter c'est le temps qui s'est écoulé entre l'ingestion de la substance et le début des symptômes morbides, d'une part, et entre celui-ci et l'avortement, d'autre part ; on verra si on peut constater une succession immédiate sous ce rapport. Comme la plupart des substances employées comme abortives appartiennent à la classe des poisons irritants, l'action, particulièrement la gastro-entérite toxique survient peu de temps après l'ingestion. D'un autre côté, si on peut fixer avec précision le moment où les vomissements ont commencé, on a un point de repère assez certain pour le temps où la substance a dû être prise. Quant au moment où commence l'avortement l'observation nous apprend qu'il coïncide avec le summum des symptômes d'intoxication ou le suit de près, bien qu'il puisse arriver, mais dans des cas rares seulement, que l'expulsion du fœtus ait lieu plus tard.

Il est évident qu'il sera de la plus haute importance, dans les cas où la chose est possible, de faire examiner les matières vomies par un spécialiste (chimiste ou botaniste). La découverte de substances réputées abortives dans l'examen des lieux aura une grande valeur, d'abord parce qu'elle confirme l'idée qu'il y a eu intention de provoquer l'avortement, ensuite parce que le médecin légiste peut diriger ses recherches dans un sens déterminé et surtout voir si les symptômes observés du côté de la femme correspondent bien à ceux que détermine l'ingestion de la substance trouvée.

B. *Manœuvres abortives mécaniques.*

Nous entendons par *manœuvres abortives mécaniques*, toutes les manœuvres qui peuvent déterminer l'avortement par lésion de l'œuf ou par irritation mécanique de l'utérus. Ce sont là des abortifs dans le vrai sens du mot et il y en a parmi ceux-ci, qui provoquent l'avortement avec une précision telle, qu'ils sont employés dans ce but par les accoucheurs, quand une indication médicale exige un avortement ou un accouchement prématuré.

La nature de ces manœuvres fait qu'elles sont toujours employées avec la complicité d'un tiers qui s'est chargé de l'opération, cependant il n'est pas impossible que la femme fasse elle-même ces manœuvres. Beaucoup d'entre elles exigent une certaine connaissance technique, pourtant ce ne sont pas exclusivement des sages-femmes ou même des médecins qui ont recours à ces moyens, quand ils se rendent coupables de ce crime, mais l'observation nous apprend que ces pratiques sont faites même par des personnes ordinaires, qui peuvent arriver à avoir une certaine habileté dans cette matière quand ils en font leur métier.

Nous ne parlerons que des manœuvres abortives mécaniques qui se rencontrent le plus souvent dans la pratique criminelle et qui peuvent être employées même par le vulgaire, tandis que nous regarderons les moyens scientifiques de provoquer l'avortement comme connus.

1° *Commotion violente du ventre par des coups.*

Un des moyens mécaniques les plus brutaux et par suite employés seulement par des personnes étrangères à la médecine est, la commotion violente du ventre par des coups ou autres. Ces actes peuvent déterminer l'avortement par le décollement de l'œuf de la paroi utérine, ou par rupture de l'œuf, mais aussi en portant atteinte à la vie du fœtus ou en provoquant les contractions de l'utérus.

Cette méthode est connue depuis les temps les plus reculés. Hippocrate (1) l'a employée lui-même, car il dit avoir provoqué l'avortement chez une belle esclave, sur la demande de sa maîtresse, en la faisant sauter sept fois de suite d'une certaine hauteur et que là-dessus « genitura cum sonitu defluxit. »

Ovide parle d'un *cœcus ictus*, dont on se servait pour provoquer l'avortement.

Un cas rapporté par A. Tardieu (2) montre que ces moyens brutaux d'avortement ne sont pas employés seulement par les Indiens du Paraguay (Short). Dans ce cas, un paysan, qui avait rendu sa domestique enceinte, la prit avec lui sur un cheval fougueux et dans le plus fort du galop la lança violemment à terre, sans toutefois arriver à son but.

Dans un cas que nous connaissons, une jeune paysanne avait laissé tomber sur son ventre le battant d'une lourde porte dans le but de se faire avorter, sans pouvoir y réussir, et dans un autre, sur lequel nous avons eu à faire un rapport à la faculté de Prague, un paysan après avoir employé divers moyens internes pour provoquer l'avortement chez sa domestique qui était grosse de ses œuvres, la guetta et lui appliqua sur le ventre un violent coup de battoir; la douleur fit perdre connaissance à la jeune fille, mais la grossesse ne fut pourtant pas interrompue, et l'accouchement survint au temps normal.

2° *Frictions sur le ventre.*

Un autre moyen mécanique moins violent et plus sûr d'amener l'avortement consiste en frictions et pressions exercées systématiquement sur l'utérus à travers la paroi du ventre. On sait que le massage du bas-ventre est employé dans la pratique des accouchements aussi bien pendant l'accouchement que pendant l'expulsion du placenta pour provoquer les douleurs, et il est certain que ce massage exercé systématiquement et pendant un temps assez long peut provoquer les contractions de l'utérus pendant une grossesse, par conséquent déterminer un avortement. Cette méthode a été souvent employée avec succès pour provoquer un avortement criminel (3).

(1) Hippocrate, *Œuvres complètes*. Trad. Littré. Paris, 1839-1861.

(2) A. Tardieu, *Étude médico-légale sur l'avortement*, 3e édition, Paris, 1868, p. 28.

(3) Nous nous sommes plusieurs fois convaincus sur des chiennes que l'excitation de la surface de l'utérus, gravide ou non, provoquait les contractions de cet organe. C'était surtout l'excitation du corps de l'utérus par des frictions à l'aide d'une sonde qui déterminait les contractions de cet organe et les mouvements du col que nous avons décrits avec V. Basch.

Wistrand (1) rapporte que, dans un cas, l'avortement est survenu après des pressions énergiques très-douloureuses et répétées sur le bas-ventre. Dans un autre cas, des sugillations, qu'on trouva sur le péritoine d'une femme morte après un avortement, permirent de conclure à des manœuvres semblables; mais, comme on avait trouvé également un léger ictère, un cœur mou et une dégénérescence graisseuse du foie, on pouvait penser qu'il y avait eu empoisonnement par le phosphore. Le même auteur raconte qu'il y a en Suède des gens qui se sont acquis une réputation comme *presseurs de ventre* (Bauchdrüker) et qui cherchent à provoquer l'avortement en exerçant des pressions répétées sur le ventre de la femme.

3° *Ponction et déchirure des enveloppes de l'œuf.*

Mais le moyen le plus souvent employé dans la pratique criminelle des avortements est la ponction et la déchirure des enveloppes de l'œuf par des instruments introduits par le col. La ponction de l'œuf est une des méthodes le plus anciennement employées par les accoucheurs pour provoquer l'accouchement prématuré, mais elle est très-peu employée dans ces cas à cause des conséquences fâcheuses que l'écoulement subit et prématuré du liquide amniotique entraîne avec lui. La ponction de l'œuf, qui dans la pratique obstétricale a lieu par la sonde utérine ou par des instruments spéciaux, se fait dans les avortements criminels tantôt par ces mêmes instruments, tantôt avec toutes sortes d'instruments longs et pointus en forme de sonde, tels que des aiguilles à tricoter, des fils de fer, des baguettes pointues, etc., etc. Dans un cas de Tardieu on avait employé un fer à friser, dans un autre de Casper, des ciseaux. Les sages-femmes de Téhéran se servent dans ce but d'un instrument en forme de lance (Pollak) et celles de Constantinople de la grande nervure des feuilles de tabac. Au Japon, elles emploient des fines branches du bambou et dans l'Inde, la racine du *plumbago zeylanica* (Short).

Bien que cette méthode d'avortement ne semble possible qu'avec l'intervention d'un tiers, l'expérience nous apprend cependant que des femmes enceintes ont entrepris sur elles-mêmes ces manœuvres abortives. C'est ainsi que Graves (2) a communiqué un cas dans lequel une femme a provoqué sur elle-même un avortement à l'aide d'une aiguille à tricoter, et nous trouvons un

(1) *Henkes Zeitschrift*, 1863, 122. Lex, *loc. cit.*, 257.

(2) Graves, *Virchow's Jahresb.* 1862, II, 608.

autre (1) dans lequel une femme enceinte s'était introduit une baleine d'un parapluie dans les parties génitales.

On rencontre rarement d'autres moyens mécaniques de produire l'avortement, cependant tous les moyens sont essayés par les personnes ignorantes. C'est ainsi que Mascka (2) raconte qu'un individu non médecin, soupçonné depuis longtemps de faire métier d'avortement, fut surpris au moment où il faisait une injection dans l'utérus à l'aide d'une sonde introduite par le col. Dans un cas publié par Thompson (3), on avait cherché à provoquer l'avortement en faisant promener pendant longtemps le doigt dans le vagin. Nous avons eu à faire un rapport sur un cas dans lequel un homme après avoir essayé toute une série de substances internes (eau-de-vie avec poivre, un mélange d'eau, d'amidon et de sucre, une décoction de chélidoine, de camomille, de safran, d'alun, de sulfate de cuivre et de camphre et là-dessus de la craie en poudre) et sans résulter pour obtenir l'avortement de sa maîtresse, avait eu l'idée de le provoquer par un coït forcé; aussi non seulement il pratiqua le coït deux à trois fois par jour avec cette femme, mais il avait encore amené un de ses amis, qui dut cohabiter avec elle en sa présence!

4° Introduction des substances irritantes.

On a encore cherché à provoquer l'avortement en introduisant des substances irritantes dans les parties génitales. Le même individu dont nous venons de parler avait encore imaginé dans le même but le moyen suivant : il prit deux gousses d'ail, y mit du poivre à l'endroit où le germe sort de la gousse, les plaça « profondément dans le vagin jusqu'à la matrice », et en introduisit une troisième dans le rectum de sa maîtresse en recommandant à celle-ci de laisser toutes les trois en place une demi-journée. Mais la femme ne put supporter la brûlure trop forte et retira toutes les trois gousses d'ail après une heure. Ce cas me rappelle les pessaires enduits de substances irritantes que les médecins arabes emploient pour provoquer l'avortement. C'est dans le même but qu'on a introduit dans deux autres cas des poisons violents, surtout de l'arsenic, dans le vagin (4).

Si le médecin légiste a à se prononcer sur un des cas ci-dessus

(1) Graves, 1873, II, 651.
(2) Maschka, *Gutachten*, II, 324.
(3) Thompson, *Vierteljahrschrift f. gerich. Med.* Neue Folge, 1, 321.
(4) *Deutsche Klinik*, 1873, n° 41. Brisken *Vierteljahrsch. f. gerich. Med.* XXV, 110.

mentionnés, soit par suite de l'aveu du coupable, ou de la femme enceinte ou de la déposition des témoins, soit par suite de circonstances particulières, il ne lui sera pas difficile de répondre, si ce procédé peut ou non provoquer l'avortement. Mais s'il n'y a que des présomptions de manœuvres abortives mécaniques, le diagnostic ne sera possible que si celles-ci ont laissé les lésions objectives pouvant être reconnues. Nous en parlerons en traitant des suites de l'avortement.

Outre la constatation de ces lésions le médecin aura encore à préciser, comme dans les cas d'avortement par des substances prises à l'intérieur, le temps qui s'est écoulé entre ces manœuvres et l'avortement, et s'il concorde avec le temps qui doit s'écouler d'ordinaire entre ces deux actes.

Parmi les méthodes employées dans la pratique des accouchements, les douches vaginales ascendantes (Kiwisch) atteindraient le plus lentement leur but. Si, comme le veut Kiwisch, on fait toutes les trois ou quatre heures une injection d'eau tiède de 12 à 15 minutes, les premières douleurs ne se montrent d'ordinaire que de trois à cinq jours après (1), quelquefois même plus tard (2). L'injection utérine (méthode de Cohen) agit plus vite. Dans douze cas où Lazarewitch (3) a employé cette méthode, les douleurs commencèrent presque toujours immédiatement après l'injection et l'accouchement durait de trois heures et demi à trente heures. Tardieu dit que, si cette méthode est employée dans un but criminel, l'accouchement suit l'injection au plus tard de dix-huit heures. Dans le cas de Maschka les douleurs survinrent immédiatement après l'injection et l'avortement huit heures après. L'opinion de Krause qui admet que l'avortement a lieu en moyenne le troisième jour, au maximum le huitième jour, n'est donc pas juste; mais le début des douleurs doit dépendre de la façon dont l'injection a été faite, c'est-à-dire de la profondeur à laquelle la sonde a été introduite entre l'utérus et l'œuf, et de la quantité de liquide employé. Dans la méthode de Krause (introduction d'une sonde élastique entre l'œuf et l'utérus) il n'est pas rare, d'après Schroder, de voir les douleurs apparaître immédiatement chez les multipares, et au bout de quelques heures au plus chez les primipares. Franque (Scanzoni, 1869), au contraire, a trouvé dans ses cas, soixante-huit heures pour la durée moyenne de l'accouchement; le plus long a duré cent quarante et une heures. La méthode la plus recommandable et qui donne les résultats les plus précis est celle de Barnès et de Tarnier (introduction d'une ampoule en caoutchouc entre l'œuf et l'utérus et injection d'eau) (4).

(1) Hohl, *loc. cit.*, 1862, p. 741.

(2) D'après Krause jusqu'à 22 jours (Lex, *loc. cit.*, 261). Nous pouvons voir par la communication de Baader (*Virch. Jahrb.* 1868, II, 633), combien il est souvent difficile, même aux gens compétents, de provoquer les contractions de l'utérus. Après avoir employé 43 douches pendant onze jours, appliqué, le cinquième jour, des ventouses sur les mamelons, il fut finalement obligé de recourir, le treizième jour, à la sonde utérine pour obtenir l'accouchement.

(3) Lazarewitch, *Virch. Jahrb.* 1868, II, 632.

(4) Tarnier, *Nouveau moyen de provoquer l'accouchement prématuré artificiel* (*Bulletin de l'Académie de médecine*, 1862, t. XXVIII, p. 70). — Voyez aussi

D'après Machenand (1), dans vingt et un cas l'avortement commença en moyenne après trente-cinq heures; d'après Spiegelberg (2) et dans tous ses cas (sept) l'accouchement était commencé de une à trois heures après l'application et fini de 4 à 51 heures. Godson (3) a trouvé que pour l'éponge préparée la durée de l'accouchement, depuis le moment de l'application de l'éponge, variait entre vingt-quatre et trente-six heures. Quant à la ponction de l'œuf, qui est la méthode la plus employée dans un but criminel, Holh dit que les douleurs se montrent d'ordinaire de douze à vingt-quatre heures après l'écoulement des eaux, et dans ses observations Tardieu a vu l'accouchement survenir en quelques heures, rarement plus tard que quatre jours. Dans la ponction faite par des personnes ordinaires l'accouchement doit arriver plus vite que dans l'avortement médical, car dans ce dernier cas si l'avortement est provoqué par une indication scientifique, les eaux ne s'écoulent pas tout d'un coup, mais peu à peu, parce que l'on fait la ponction à un endroit plus élevé.

Nous ne savons rien de précis sur le temps qui peut s'écouler entre le massage de l'utérus ou une commotion violente du ventre et l'avortement. Si les contractions de l'utérus sont rapidement provoquées par le massage, l'avortement arrive en général peu de temps après ; mais si, à la suite de la commotion violente du ventre, l'œuf est le premier lésé, c'est-à-dire si le fœtus est tué, il peut se passer des jours et même un temps assez long, avant que le fœtus mort ne soit expulsé. L'état de ce dernier peut fournir des renseignements sur le temps qui s'est écoulé depuis la mort du fœtus et on verra si ce temps correspond avec l'indication de l'époque où ont eu lieu les manœuvres abortives, au dire des coupables ou autres.

L'examen du fœtus s'il porte des blessures pouvant être rapportées à l'introduction d'un instrument quelconque, peut donner des renseignements précieux sur la nature de cet instrument.

Tardieu a trouvé dans un de ses cas une plaie par instrument piquant partant de la grande fontanelle, allant par le sinus falciforme presque dans le cerveau, et accompagnée d'extravasation sanguine. Lex a réuni un certain nombre d'autres cas de ce genre (4).

Aux moyens mécaniques d'avortement appartiennent encore les fortes spoliations de sang faites surtout sous forme de saignée, plus rarement sous celle d'une application de sangsues.

Il n'est pas impossible qu'une forte anémie, surtout subite, puisse déterminer l'avortement, d'un côté, parce que la diminution de la quantité du sang de la mère nuit à la respiration du fœtus, d'un autre côté, parce qu'une anémie brusque des centres nerveux peut provoquer les contractions de l'utérus, comme l'ont prouvé les expériences d'Aser, de Schlesinger et les nôtres. Mais, malgré cela, il est rare que la saignée soit une cause d'avortement, parce qu'elle est rarement poussée assez loin pour nuire au fœtus ou déterminer une excitation des centres des mouvements de l'utérus. Du reste, malgré le grand nombre de cas où la saignée a été pratiquée dans un but d'avortement, nous n'en connaissons pas un seul où elle a suffi à elle seule pour atteindre le but désiré.

Les faits n'en ont pas moins une grande importance au point de vue légal, parce

Stoltz, *Nouveau Dictionnaire de Médecine et de Chirurgie pratiques*, t. I, p. 305, article ACCOUCHEMENT PRÉMATURÉ ARTIFICIEL.

(1) Machenand, *Virchow's Jahrb.* 1862, II, 611.

(2) Godson, *ibid.*, 1875, II, 613.

(3) Lex, *loc. cit.*, 267.

que l'existence de cicatrices récentes de saignées ou de sangsues, confirme l'idée que la personne a tenté de se faire avorter, surtout si ces cicatrices siègent à des places, par exemple aux pieds ou aux parties génitales, où l'on fait rarement ou jamais une saignée ou une application de sangsues.

ART. III. — SUITES DE L'AVORTEMENT.

Les suites de l'avortement sont prises en considération, au point de vue pénal, si l'avortement a été provoqué à l'insu ou contre la volonté de la mère, parce que dans ces cas les conséquences fâcheuses pour la santé ou la vie aggravent la peine du coupable qui peut être puni de dix ans de travaux forcés et même de travaux forcés à perpétuité si la mort est la suite de ces agissements.

En dehors de cette considération, l'étude de ces suites est encore très importante au point de vue médico-légal, parce qu'elle permet non seulement d'affirmer qu'il y a eu avortement, mais encore de reconnaître de quelle façon il a été accompli.

Les conséquences fâcheuses pour la santé ou la vie de la mère peuvent provenir aussi bien de l'avortement même, que des moyens employés pour le provoquer.

Sous le premier rapport nous citerons surtout les hémorrhagies, qui accompagnent si souvent l'avortement, sont dues à des contractions incomplètes de l'utérus et peuvent par elles-mêmes mettre la vie de la mère en danger, l'ébranlement nerveux, les affections puerpérales inflammatoires et septiques et leurs suites qui sont connues de tout médecin. Ces états, quand ils n'entraînent pas la mort, guérissent après un temps plus ou moins long et ne laissent pas après eux de conséquences fâcheuses pour la santé. Si Tardieu cite le cancer de l'utérus et les kystes de l'ovaire comme conséquences possibles d'un avortement criminel, il lui serait cependant difficile de trouver, dans un cas, une relation de cause à effet entre l'avortement et les affections de ce genre. L'appréciation de ces états consécutifs se fera d'après les mêmes principes que ceux dont nous parlerons en traitant des coups et blessures.

Les conséquences fâcheuses, que l'on a observées après un avortement, sont dues beaucoup plus souvent aux moyens employés pour le provoquer.

Nous citerons d'abord les intoxications qui sont occasionnées par l'ingestion des substances abortives. Beaucoup, sinon la plupart de ces substances, étant des poisons violents, on comprend que les malheureuses femmes enceintes soient souvent en danger de mort et paient même de leur vie leur entreprise hasardeuse.

Dans la plupart de ces cas l'intoxication par ces substances a un caractère aigu, et la guérison ou la mort arrive peu de temps après le début des symptômes d'empoisonnement. Dans le premier cas, il y aura à se demander si les symptômes étaient tels, qu'il y ait eu danger pour la vie de la mère. On observe rarement une intoxication à marche lente, plus rarement encore des maladies chroniques ou d'autres conséquences fâcheuses et persistantes pour la santé comme suites de l'empoisonnement. Y a-t-il eu mort de la femme, on fera l'examen du cadavre d'après les mêmes règles et prescriptions que celles que l'on a observées dans l'autopsie de personnes empoisonnées.

Le plus souvent c'est après les moyens mécaniques et surtout la ponction de l'œuf, si celle-ci est faite par des personnes ignorantes, qu'on observe les suites les plus graves. Comme ces personnes ne possèdent en général pas la moindre notion de l'anatomie de ces organes, on comprend qu'au lieu d'arriver avec leurs instruments, souvent les plus primitifs, directement sur l'œuf, elles puissent déterminer des lésions plus ou moins graves des parties génitales. De ces lésions la plus grave est la perforation des culs-de-sac du vagin ou de l'utérus. Une péritonite grave est presque toujours la conséquence d'une telle lésion, mais l'issue n'est pas toujours mortelle, bien que ce soit le cas le plus fréquent.

Graves (1) raconte qu'une femme qui s'était fait avorter au quatrième mois de sa grossesse avec une aiguille à tricoter, rendit pendant l'avortement des matières fécales et des ascarides par l'orifice du col de l'utérus; il survint une péritonite grave, mais la femme guérit au bout de six mois et accoucha plus tard encore de deux enfants vivants. Dans un cas de Pétrequin et Felz, une femme s'était fait introduire une sonde dans l'utérus par une sage-femme pour se faire avorter. La sonde disparut, et l'avortement eut lieu. Quatre mois après il se forma une petite tumeur près de l'ombilic, d'où une incision fit sortir la sonde, sans qu'il y ait eu des symptômes graves. Barwell rapporte un cas semblable. Une jeune dame s'était fait avorter par l'introduction d'une sonde élastique qui fut laissée en place, mais dont on ne put retrouver que le bout en ivoire. Dix-huit mois après B. trouva sur la hanche une collection purulente considérable qu'il vida. Une semaine après on sentit la sonde dans les plis de Douglas et elle fut extraite plus tard par le rectum après avoir séjourné pendant vingt mois dans la cavité abdominale. La guérison arriva après six semaines.

Ces lésions présentent en général tous les caractères des plaies par instruments piquants. Si on s'est servi d'instruments plus gros (ciseaux, Casper), ou si l'avortement a été tenté par l'introduction violente du doigt dans l'utérus, on trouve, mais plus rarement, des lé-

(1) Graves, *Virchow's Jahrb.*, II, 608.

sions irrégulières de ces parties, lésions qui peuvent aussi se présenter sous forme de ruptures, s'il y a eu contusion violente du ventre et de l'utérus. Les lésions grossières des parties génitales peuvent être reconnues même pendant la vie, mais il peut être plus difficile de diagnostiquer une perforation, si celle-ci par sa finesse ou son siège se dérobe à notre observation. La péritonite ne prouve rien par elle-même, elle peut être due à d'autres causes, entre autres, à l'avortement même.

Le diagnostic sera des plus faciles, si l'avortement s'est terminé par la mort, ce qui est très fréquent dans l'avortement par manœuvres mécaniques. Sur 116 cas d'avortements criminels dans lesquels la terminaison a été exactement indiquée, Tardieu (1) a vu la mort survenir dans 60 cas, et dans la plupart de ces cas la cause de la mort se trouvait dans les lésions mêmes que ces manœuvres avaient déterminées. Ces lésions sont dans la plupart des cas très visibles, surtout si on trouve des plaies ou des perforations par instruments tranchants, et leur siège et leur direction sont en général tels qu'elles ne peuvent laisser de doutes sur leur origine. Y a-t-il rupture de l'utérus, il faudra se demander si elle a été faite artificiellement ou s'il y a eu rupture spontanée de l'utérus. Mais les ruptures spontanées de l'utérus sont très rares et presque tous les cas de ce genre ne se présentent que dans les accouchements qui ont lieu à la fin d'une grossesse normale ou peu de temps auparavant (2). On trouve presque toujours dans ces cas, comme cause prédisposante, une constitution défectueuse de la paroi de l'utérus, un défaut de résistance par places, un fibrome, des cicatrices, des affections parenchymateuses ou autres et, comme causes déterminantes, des efforts violents de l'utérus pour vaincre un obstacle quelconque à l'accouchement, circonstances que l'on arrivera facilement à exclure. Dans les premiers mois de la grossesse les ruptures spontanées sont encore plus rares bien qu'on en ait observé déja dans le troisième et quatrième mois et même dans le second (3). Les ruptures spontanées de l'utérus pendant la grossesse

(1) Tardieu, *Étude médico-légale sur l'avortement*, 3e édition. Paris, 1868, p. 59.

(2) Les données sur la fréquence de la rupture spontanée de l'utérus sont très discordantes. Pour les uns, il y aurait dejà une rupture de l'utérus pour 300 accouchements, pour d'autres, une pour 43138 (Schröder). Mais nous pouvons voir par les observations de la Maternité de Paris, combien les statistiques peuvent induire en erreur. Ainsi, tandis qu'on n'a pas constaté un seul cas de rupture sur 31560 accouchements de 1839 à 1848, nous en trouvons 11 pour 28229 accouchements les dix années suivantes.

(3) *Monatschrift f. Geburtsk.*, XII, 408.

en dehors de l'acte de l'accouchement sont niées par certains auteurs (1); Hildebrand en a cependant publié un cas (2). Dans ces cas les anomalies de la paroi de l'utérus constituent la cause prédisposante et, si on n'en trouve pas, on peut beaucoup plus difficilement admettre une rupture spontanée.

Ce qui est important pour le diagnostic, c'est le siège de la rupture. La rupture spontanée siège en général au col ou à l'union du col et du corps de l'utérus, et a le plus souvent une direction transversale ou un peu oblique (Schröder), rarement longitudinale (Mohl); les ruptures artificielles peuvent siéger en différents endroits, et se trouvent, quand elles sont produites par l'introduction d'instruments piquants par le vagin, dans le prolongement de l'axe du canal génital, quelquefois, comme Tardieu en a observé un cas, au milieu du fond de l'utérus.

La rupture artificielle, en dehors de ces caractères, peut se reconnaître encore par la concomitance de lésions d'autres organes, surtout de l'intestin, que l'on ne rencontre pas dans les ruptures spontanées, et cela d'autant plus facilement que ces lésions sont plus étendues.

Nous voulons encore faire remarquer à propos de l'avortement par injections dans l'utérus, que, dans ces cas, l'introduction de l'air mais aussi du liquide injecté dans les veines de l'utérus peut donner lieu à des symptômes graves et même à la mort.

QUATRIÈME SECTION

LES ATTENTATS CONTRE LA SANTÉ ET LA VIE.

Législation française

I. — Homicide qualifié meurtre ou assassinat.

Cod. pén. Art. 295. — L'homicide commis volontairement est qualifié meurtre.

(1) Bandl, *Ueber die Ruptur der Gebärmutter.* (Sur les ruptures de l'utérus.) Vienne, 1875.

(2) Hildebrand, *Virchow's Jahrb.* 1872, p. 669.

Art. 296. — Tout meurtre commis avec préméditation ou guet-apens est qualifié assassinat.

Art. 302. — Tout coupable d'assassinat sera puni de mort.

Art. 303. — Seront punis comme coupables d'assassinat, tous malfaiteurs, quelle que soit leur dénomination, qui, pour l'exécution de leurs crimes, emploient les tortures ou commettent des actes de barbarie.

Art. 304. — Le meurtre emportera la peine de mort lorsqu'il aura précédé, accompagné ou suivi un autre crime. Le meurtre emportera également la peine de mort, lorsqu'il aura eu pour objet soit de préparer, faciliter ou exécuter un délit, soit de favoriser la fuite ou d'assurer l'impunité des auteurs ou complices de ce délit. — En tous cas le meurtre sera puni de travaux forcés à perpétuité.

II. — Coups et blessures volontaires non qualifiés meurtres.

Art. 309. — Sera puni de la réclusion tout individu qui, volontairement, aura fait des blessures ou porté des coups, s'il est résulté de ces actes de violence une maladie ou incapacité de travail personnel pendant plus de vingt jours. — Si les coups portés ou les blessures faites volontairement, mais sans intention de donner la mort, l'ont pourtant occasionnée, le coupable sera puni de la peine des travaux forcés à temps. (Ce dernier paragraphe a été ajouté par la loi du 28 avril 1832.) L'art. 463 du Code pénal réduit à la réclusion ou à un emprisonnement de deux à cinq ans, la peine des travaux forcés à temps, et il change contre un an de prison, la peine de la réclusion portée par le premier paragraphe de l'art. 309.

Art. 310. — Lorsqu'il y aura eu préméditation ou guet-apens, la peine sera, si la mort s'en est suivie, celle des travaux forcés à perpétuité, et si la mort ne s'en est pas suivie, celle des travaux forcés à temps.

Art. 311. — Lorsque les blessures ou les coups n'auront occasionné aucune maladie ou incapacité de travail personnel de l'espèce mentionnée en l'art. 309, le coupable sera puni d'un emprisonnement de six jours à deux ans, et d'une amende de 16 fr. à 200 fr., ou de l'une de ces deux peines seulement. — S'il y a eu préméditation ou guet-apens, l'emprisonnement sera de deux ans à cinq ans, et l'amende de 50 fr. à 300 fr.

III. — Homicide, coups et blessures involontaires.

Cod. pén. Art. 319. — Quiconque, par maladresse, imprudence, inattention, négligence, inobservation des règlements, aura commis involontairement un homicide, ou en aura involontairement été la cause, sera puni d'un emprisonnement de trois mois à deux ans, et d'une amende de 50 fr. à 600 fr.

Art. 320. — S'il n'est résulté du défaut d'adresse ou de précaution que des blessures ou coups, l'emprisonnement sera de six jours à deux mois, et l'amende de 16 fr. à 100 fr.

Art. 463. — Si les circonstances paraissent atténuantes, les tribunaux correctionnels sont autorisés, même en cas de récidive, à réduire l'emprisonnement même au-dessous de six jours, et l'amende même au-dessous de 10 fr. : ils pourront aussi prononcer séparément l'une ou l'autre de ces peines, et même substituer l'amende à l'emprisonnement, sans qu'en aucun cas elle puisse être au-dessous des peines de simple police.

IV. — Violences exercées sur des magistrats ou des fonctionnaires publics.

Art. 228. — Tout individu qui, même sans armes, et sans qu'il en soit résulté de blessures, aura frappé un magistrat dans l'exercice de ses fonctions, ou à l'occasion de cet exercice, sera puni d'un emprisonnement de deux à cinq ans. Si cette voie de fait a eu lieu à l'audience d'une cour ou d'un tribunal, le coupable sera en outre puni de la dégradation civique.

Art. 230. — Les violences, de l'espèce exprimée en l'art. 228, dirigées contre un officier ministériel ou un agent de la force publique, ou un citoyen chargé d'un ministère de service public, si elles ont eu lieu pendant qu'ils exerçaient leur ministère ou à cette occasion, seront punies d'un emprisonnement d'un mois à six mois.

Art. 231. - Si les violences exercées contre les fonctionnaires et agents désignés aux art. 228 et 230, ont été la cause d'effusion de sang, blessures ou maladies, la peine sera la réclusion ; si la mort s'en est suivie dans les quarante jours, le coupable sera puni des travaux forcés à perpétuité.

Art. 232. — Dans le cas même où ces violences n'auraient pas produit d'effusion de sang, blessures ou maladies, les coups seront punis de la réclusion, s'ils ont été portés avec préméditation ou guet-apens.

Art. 233. — Si les coups ont été portés ou les blessures faites à un des fonctionnaires ou agents désignés aux art. 228 et 230, dans l'exercice ou à l'occasion de l'exercice de leurs fonctions avec intention de donner la mort, le coupable sera puni de mort.

V. — Action civile.

Code civil. Art. 1382. — Tout fait quelconque de l'homme qui cause à autrui un dommage, oblige celui par la faute duquel il est arrivé, à le réparer.

Art. 1383. — Chacun est responsable du dommage qu'il a causé, non seulement par son fait, mais encore par sa négligence ou par son imprudence.

Code d'instruc. crim. Art. 366. — Dans le cas d'absolution, comme dans celui d'acquittement ou de condamnation, la Cour statuera sur les dommages-intérêts prétendus par la partie civile ou par l'accusé, etc., etc.

Législation autrichienne.

Code pénal autrichien : § 152. — Quiconque maltraite un homme, non dans l'intention de le tuer, mais dans une autre intention hostile, et de telle sorte qu'il en résulte une altération de la santé ou une incapacité de travail d'au moins vingt jours, ou un dérangement d'esprit ou une blessure grave, est coupable du délit de blessures corporelles graves.

§ 155. — Toutefois si :

(*a*) La blessure, quoique peu grave, a été faite par un instrument ou d'une façon, qui d'ordinaire constituent un danger pour la vie, ou s'il est prouvé que le coupable avait l'intention de produire une des suites graves indiquées dans l'article 152, bien qu'il n'y ait eu que tentative ; ou

(*b*) Si de la blessure il est résulté une altération de la santé ou une incapacité de travail personnel d'au moins trente jours ; ou (*c*) Si la blessure a été accompagnée de souffrances particulières ; ou

(*e*) S'il y a eu danger pour la vie du blessé, — le coupable est condamné aux travaux forcés de un à cinq ans.

§ 156. — La blessure a-t-elle eu pour conséquence :

(*a*) Une perte ou une faiblesse persistante de la parole, de la vue ou de l'ouïe, une perte de l'aptitude à la reproduction, celle d'un œil, d'un bras ou d'une main, ou une autre mutilation ou défiguration ; ou

(*b*) Une infirmité durable, une maladie incurable, ou un dérangement d'esprit sans probabilité de guérison ; ou

(*c*) Une incapacité durable du travail, — la peine sera de cinq à dix ans de travaux forcés.

Projet de réforme du Code pénal autrichien : § 235. — Les sévices seront punis de prison :

1° S'il ont entraîné une altération de la santé ou une incapacité de travail d'au moins huit jours, ou s'ils ont été accompagnés de douleurs particulières ;

2° S'ils ont été faits avec des instruments ou d'une façon qui aient pu constituer un danger pour la vie ;

3° S'ils ont été infligés à des parents en ligne ascendante.

§ 236. — Les sévices ont-ils eu pour conséquences (les mêmes que dans le § 156, du Code pénal autrichien) la prison sera d'un mois au minimum.

§ 237. — Les sévices ont-ils été faits dans l'intention de déterminer une des conséquences désignées par le § 236, la peine sera de dix ans de détention dans une maison de correction au maximum et de six mois de prison au minimum.

§ 238. — Les sévices ont-ils entraîné la mort, la peine sera de six mois de prison au minimum, et s'ils ont été faits dans l'intention de déterminer une des lésions désignées par l'art. 236, de quinze ans de détention dans une maison de correction au maximum, ou d'un an de prison au minimum.

Ordonnance du Code pénal autrichien : § 129. — Le rapport devra dire quelle a été dans ce cas la cause de la mort, et comment celle-ci est survenue.

Si on trouve des blessures, il y aura à mentionner :

1° Si les lésions qu'on trouve sur le cadavre ont été produites par le fait d'un tiers, et dans le cas d'une réponse affirmative

2° Si ces blessures,

(*a*) Par leur nature en général,

(*b*) Par suite d'une disposition individuelle, ou par un état particulier du blessé,

(*c*) Par les circonstances dans lesquelles elles ont eu lieu,

(*d*) Par suite de causes intercurrentes accidentelles, déterminées ou amenées cependant par les blessures, ont entraîné la mort ; ou

(*e*) Si la mort aurait pu être prévenue par un traitement approprié et appliqué à temps.

Législation allemande.

Code pénal allemand : § 223. *a*. — La blessure a-t-elle été faite par une arme, surtout par un couteau ou un autre instrument dangereux, ou par guet-apens, ou par plusieurs individus à la fois, ou d'un façon constituant un danger pour la vie, la peine sera de deux mois de prison au minimum.

§ 224. — La blessure a-t-elle eu des conséquences graves, telles que perte d'un membre, etc., la peine sera de cinq ans de détention dans une maison de correction au maximum, ou de un an de prison au minimum.

Les atteintes à la santé ou à la vie peuvent être produites :

I. Par blessures dans le sens restreint du mot *traumatisme ;*

II. Par soustraction de l'air atmosphérique :

III. Par soustraction de nourriture ;

IV. Par une température trop élevée ou trop basse ;

V. Par les poisons et les substances analogues ;

VI. Par violence psychique.

CHAPITRE PREMIER

LES ATTEINTES A LA SANTE ET A LA VIE PAR BLESSURES (TRAUMATISME) DANS LE SENS RESTREINT DU MOT.

Nous disons qu'il y a blessure quand il y a des solutions de continuité ou troubles des fonctions de certains organes ou tissu d'organes, déterminés par des moyens mécaniques.

Ces lésions peuvent donner lieu à une expertise et un rapport médico-légaux aussi bien sur le vivant que sur le cadavre, dans ce dernier cas surtout, si l'on suppose que cette lésion a occasionné la mort.

Le rôle du médecin légiste dans les deux cas consiste à déterminer la nature de l'instrument vulnérant, en second lieu à qualifier la blessure dans le sens du Code pénal.

ART. Ier. — DÉTERMINATION DE LA NATURE DE L'INSTRUMENT VULNÉRANT.

On distingue généralement les instruments vulnérants en *contondants, contondants-coupants, tranchants, piquants* et en *armes à feu*, et les blessures qui y correspondent en : 1° *blessures par instruments contondants ou à bords mousses ;* 2° *plaies par instruments tranchants ;* 3° *plaies par instruments piquants ;* 4° *plaies par armes à feu.*

§ 1er. — BLESSURES PAR INSTRUMENTS CONTONDANTS.

De toutes les blessures qui se présentent dans la pratique médico-légale, celles-ci sont les plus fréquentes.

Les instruments employés dans ces cas sont de la nature la plus diverse. Outre les mains (poing) et même les doigts, nous citerons d'une part les instruments qui sont réellement faits pour l'attaque ou pour la défense, les casse-tête (life preservers), les *schlagringe* des habitants des Alpes, d'autre part, des instruments qui sont fabriqués dans un autre but, et qui deviennent des armes improvisées dans les différentes luttes, tels que cannes, bâtons de chaises, pierres, etc. On comprend que dans ces circonstances, et surtout quand il n'y a pas eu de préméditation, on se sert de tous les objets à la portée de la main et propres à la défense ou à l'attaque.

Il y a blessure par instruments contondants dans les cas d'écrasement par une voiture ou de tamponnement, dans les cas d'écroulement de maison ou d'échafaudage, etc., ainsi que dans les cas de chute d'une certaine hauteur ; dans ce dernier cas, ce n'est pas l'instrument vulnérant qui vient à la rencontre de l'individu, mais c'est plutôt l'inverse qui a lieu, de même que dans la projection du corps contre un objet dur et résistant.

Bien que l'action de tous les instruments contondants puisse être rapportée à une compression plus ou moins violente et subite de certaines parties du corps avec un écartement plus ou moins considérable des tissus, la variété et la nature si diverses des instruments contondants, employés dans ce but et les différents degrés de force qui leur reviennent peuvent faire comprendre, en laissant même de côté toute une série de circonstances pouvant avoir une influence modificatrice, combien doit être varié l'effet déterminé sur le corps de l'homme par ces instruments. Nous pouvons cependant, en partant du moins grave, diviser ces effets en : (a, *érosions de la peau*, (b, *suffusions sanguines*, (c, *plaies*, (d, *ébranlement du système nerveux central*, (e, *ruptures et déplacements de parties molles internes*, (f, *fractures et luxations des os* et enfin, (g, *broiement et détachement de parties entières du corps*.

A. *Excoriations de la peau.*

Les excoriations de la peau résultent surtout de l'action tangentielle d'instruments contondants, qui enlève l'épiderme par places et laisse le derme à nu. On peut les trouver seules ou associées à d'autres blessures, surtout comme manifestation d'une seule et même blessure. C'est ainsi que l'on trouve souvent la peau excoriée au-dessus des sugillations ou d'une lésion grave des parties profondes, et que l'on observe que les bords des plaies faites par instruments contondants sont toujours excoriés. Les excoriations n'ont que très-exceptionnellement une importance au point de vue chirurgical, n'étant que des lésions très superficielles et peu étendues. Mais elles ont une valeur considérable au point de vue médico-légal, parce qu'elles montrent les places où a porté la violence, et parce que leur forme et leur disposition permettent souvent de reconnaître avec une grande certitude la nature de la violence. Cela s'applique surtout aux excoriations que l'on trouve au voisinage des orifices et des voies respiratoires, et dont la valeur est considérable pour le diagnostic de certains attentats, surtout si leur forme correspond à celle des ongles ou d'une corde. Nous parlerons plus longuement de cette lésion en un autre endroit. Les excoriations constituent encore des traces de lutte ou de résistance, dont la constatation peut souvent avoir une grande importance, tant sur le cadavre que sur le vivant.

Immédiatement après leur production, les excoriations saignent en général peu ou point du tout. S'il y a hémorrhagie, elle provient de la rupture des capillaires des papilles qui se dessinent par des points hémorrhagiques. L'individu reste-t-il en vie, le derme mis à nu se recouvre déjà dans la première heure d'une couche d'exsudat fibrineux, qui se dessèche et forme une croûte, si l'endroit est exposé à l'air, et la guérison arrive en général au bout de deux jours, sans laisser de cicatrices. La mort est-elle survenue pendant ou immédiatement après la production d'une excoriation, l'hémorrhagie du derme mis à nu est encore plus rare et plus insignifiante que dans le cas précédent, car un des premiers symptômes de la mort, c'est l'évacuation du sang des capillaires de la peau, évacuation reconnaissable déjà à la pâleur de la face qui se montre presque régulièrement pendant l'agonie, mais pas en même temps sur tout le corps. Immédiatement après la mort cette excoriation, si elle n'est pas située sur les parties déclives du corps vers lesquelles se porte le sang, offre la couleur du derme anémié et est humide. Si cet endroit reste exposé à l'air, il commence à se dessécher peu de temps après la mort (plus rapidement sur les parties supérieures ou découvertes que sur les parties déclives ou couvertes d'habits), et déjà au bout de quelques heures le derme à cet endroit a pris une coloration allant d'un brun jaune au brun-rouge, est devenu dur et difficile à couper et a pris une consistance que l'on a comparée à celle du parchemin ou du cuir. Cette dessiccation est un phénomène purement cadavérique et a lieu également si l'épiderme a été enlevé d'une autre façon, par exemple par une brûlure, un vésicatoire, et ceci est surtout très-important au point de vue médico-légal, que l'écorchure ait été produite avant, pendant ou même après la mort. Il s'ensuit que, s'il n'y a pas de suffusion sanguine dans le tissu sous-cutané, nous ne sommes pas en état, par les caractères de l'écorchure seule, de décider si elle a été produite pendant la vie ou non. La couleur des endroits desséchés ne prouve rien, contrairement à l'opinion des anciens auteurs, car les excoriations produites après la mort et desséchées peuvent offrir les nuances les plus variées ; du reste ce n'est pas la quantité de sang contenue dans le derme, variable également sur le cadavre, mais le temps écoulé et le degré de dessiccation qui donnent à ces places une couleur plus claire ou plus sombre. L'existence d'un piqueté hémorrhagique desséché, provenant de la pointe des papilles, n'est pas absolument probante, car une excoriation *post mortem* peut également blesser les papilles, et, si elle siége sur des parties déclives du corps, il peut y avoir sortie de gouttelettes de sang des capillaires même sur le cadavre, comme on peut facilement s'en convaincre par des expériences.

Du reste il peut y avoir une dessiccation *post mortem* analogue à celle que nous voyons survenir sur les parties de la peau dépouillées de leur épiderme, sans qu'il y ait détachement de cette couche épidermique, surtout aux endroits de la peau où l'épiderme est en général plus humide, comme par exemple au scrotum, sur les muqueuses exposées à l'air, comme celle des lèvres, enfin aux endroits de la peau qui ont été soumis à une forte compression. Cette compression, chassant le sang et les autres humeurs, fait que ces places se dessèchent plus facilement que le reste de la peau, comme nous pouvons l'observer par exemple sur le sillon strangulatoire des pendus. Sur les bords de différentes plaies, surtout des plaies contuses, sans parler des excoriations que l'on trouve souvent sur le bord de ces plaies, la dessiccation est plus rapide, parce que, à la suite de la solution de continuité des tissus, les liquides qui y sont contenus peuvent s'évaporer très-facilement.

B. *Suffusions sanguines.*

Nous avons ici en vue surtout les suffusions sanguines qui se produisent d'ordinaire par contusion du tissu cellulaire sous-cutané ou des parties molles sous-jacentes. Elles proviennent d'une déchirure de petits vaisseaux et d'une extravasation sanguine consécutive dans le tissu environnant et peuvent se présenter avec ou sans autre blessure. On les trouve surtout au-dessus des blessures des os et en général dans l'étendue des plaies par instruments contondants ou dilacérants. Les conditions les plus favorables pour leur production se trouvent, en dehors de l'intensité du coup porté, dans l'existence d'un corps solide au-dessous de la surface de la partie correspondante de la peau et dans la grande friabilité du tissu atteint par la pression ou le choc. Nous savons que les suffusions sanguines se produisent plus facilement dans les endroits où la peau passe par-dessus des os, par exemple à la tête, et beaucoup plus facilement chez les enfants que chez les adultes, et chez les premiers après une violence relativement minime. Il en est de même des personnes très-âgées, chez lesquelles, par suite du processus athéromateux, les vaisseaux de la peau et des tissus sous-jacents peuvent devenir si friables que des causes insignifiantes suffisent pour déterminer des suffusions.

L'étendue de la suffusion sanguine dépend de la richesse en vaisseaux de l'endroit contusionné, du calibre et de la nature des vaisseaux correspondants (les blessures des artères donnent lieu à des suffusions sanguines plus étendues que celles des veines, parce que le sang s'en écoule sous une plus forte pression) et aussi de la consistance plus ou moins lâche des couches de tissu dans lesquelles se fait l'épanchement sanguin. Cette dernière circonstance nous explique pourquoi les suffusions de la peau de la tête en général sont beaucoup moins étendues que celles qui se forment dans le tissu cellulaire lâche que l'on trouve entre l'aponévrose épicrânienne et le péricrâne, et pourquoi les suffusions des paupières, du scrotum ou des lèvres ont parfois une extension si considérable.

La forme extérieure la plus fréquente des sugillations est la forme ronde et s'explique, d'une part, parce que la plupart des instruments, qui les produisent, agissent par une surface arrondie ou plate et parce que, les parties du corps présentant presque toutes une forme arrondie, celles-ci ne se trouvent en contact avec ces instruments que dans un espace circonscrit, d'où il s'ensuit que les instruments les plus divers peuvent reproduire des sugillations semblables ou analogues par leur forme. Dans d'autres cas, la sugillation reproduit très-nettement la forme de l'instrument contondant, comme par exemple la suffusion en raie que les coups de bâton laissent après eux, surtout aux endroits tels que le dos où l'instrument peut se trouver en contact avec la surface de la peau dans la plus grande partie de sa longueur. En dehors de leur forme, les sugillations peuvent encore donner des renseignements sur leur mode d'origine par leur disposition, leur nombre et leur siège.

Cela s'applique particulièrement aux suffusions rayées et parallèles, croisées dans d'autres cas, produites par des coups de bâton, mais surtout aux suffusions qui siègent sur la partie antérieure du cou des deux côtés du larynx, qui peuvent persister après des tentatives de strangulation ou la strangulation suivie de mort, et qui suffisent, avec les écorchures de la peau provenant des ongles et existant le plus souvent en même temps, pour déterminer le genre d'attaque et, dans certains cas, le genre de mort.

Les suffusions sanguines n'ont en général aucun caractère de gravité au point de vue de la santé, si ce n'est quand elles sont très-étendues, ou quand les parties sous-jacentes sont fortement broyées; dans ce cas il peut se développer de la gangrène, des abcès ou des états consécutifs de longue durée. Mais un nombre considérable de suffusions, dont chacune prise à part ne constitue qu'une lésion insignifiante, peuvent par leur action commune amener des symptômes de réaction assez intenses et des altérations de la santé plus ou moins longues, sans parler de la violente irritation des extrémités périphériques des nerfs produites dans ces cas, et de l'excitation des centres nerveux en partie par voie réflexe, en partie par ébranlement nerveux. C'est ce qu'on a observé souvent à la suite des bastonnades (lyncher).

A l'état frais, les sugillations se présentent comme des taches circonscrites, faisant quelquefois saillie sur la peau, bleuâtres ou d'un bleu rougeâtre et un peu sensibles à la pression. Si elles n'ont pas une étendue considérable, elles s'aplatissent et commencent à s'amoindrir après vingt-quatre heures par suite de la résorption des parties liquides de l'extravasation, et elles finissent par disparaître après que leur couleur a passé, en partant du bord de la suffusion, par le gris-bleu, le vert, enfin le jaune. Les changements de couleur sont dues à la décomposition des globules sanguins en pigment en partie amorphe, brun et vert, en partie cristallisé (hématine et hématoïdine).

Sur le cadavre les suffusions sanguines ont une grande importance comme traces de lutte ou de résistance, et fournissent les renseignements les plus utiles pour savoir si une blessure récente a été faite pendant la vie ou après la mort, une question que nous traiterons avec plus de détails en un autre endroit. Il s'agit de savoir, dans les cas où l'on trouve de ces lésions, si l'on a réellement à faire à des suffusions sanguines. Il faudra bien se garder de confondre avec les sugillations les simples phénomènes d'hypostase interne ou externe et ses conséquences (imbibition et transsudation du sérum du sang), précaution qui est malheureusement trop souvent négligée et dont la négligence peut mettre le médecin dans les situations les plus pénibles. Celui qui fait l'autopsie ne doit jamais se contenter d'examiner l'aspect extérieur de la peau en ces endroits, il lui faut encore (ainsi que le recommandent l'ordonnance concernant la constatation des décès en Autriche et le *régulativ* prussien), inciser ces plaies afin de se convaincre qu'il n'y a pas une suffusion sanguine réelle, mais simplement une coloration cadavérique. Il ne doit pas lui suffire non plus de constater l'un ou l'autre phénomène, mais il doit encore consigner dans son rapport les procédés employés dans ce but, afin de prévenir ainsi d'avance toute objection. Il en est de même de la recherche et de la constatation des suffusions sanguines plus profondes. Nous ferons remarquer encore que l'on pourrait prendre pour des sugillations non seulement des hypostases cadavériques, mais encore des colorations bleuâtres que l'on trouve aux endroits de la peau comprimés après la mort, et qui sont dues en partie à la compression de la peau même, en partie à ce que les muscles deviennent apparents à travers l'amincissement de la peau, comme nous pouvons nous en convaincre facilement sur des sillons de strangulation (1).

Enfin il peut y avoir des suffusions de la peau et des organes internes sans qu'il y ait eu violence extérieure. De ce nombre sont les ecchymoses de la peau et des organes internes, que l'on observe dans le scorbut, l'hémophilie, ou l'empoisonnement par le phosphore, et qui ont pour cause une grande friabilité des vaisseaux périphériques par suite d'une dégénérescence graisseuse. Il n'est pas impossible de prendre ces ecchymoses pour des suffusions traumatiques, et nous avons cité plus haut un cas d'empoisonnement par le phosphore dans lequel de larges ecchymoses du péritoine, qui étaient manifestement dues à l'intoxication, ont été regardées comme produites par une contusion du bas-ventre. Ces confusions pourront facilement être évitées par une description attentive du résultat de l'autopsie.

S'agit-il de déterminer l'âge de ces suffusions, il faudra examiner, outre les caractères extérieurs de la peau, la constitution du sang extravasé. Plus la sugillation est ancienne, plus le sang est épaissi et plus sa couleur diffère de la couleur normale. Dans les premiers jours, le sang est liquide et presque noir en

(1) Nous trouvons quelquefois des places fortement colorées en bleu, sur des individus amaigris, aux endroits où la peau amincie passe par-dessus des saillies musculaires superficielles telles que celles du tibia antérieur et la masse charnue du court extenseur des orteils.

couches épaisses, tandis qu'il a encore la couleur ordinaire en couches plus minces. Plns tard il devient brunâtre avec une teinte plus ou moins verdâtre. Les globules rouges du sang sont encore bien conservés les premiers jours. Leur destruction commence avec les modifications de la coloration, leur nombre diminue, tandis qu'il s'y montre une masse de cellules contractiles, qui englobent les corpuscules rouges du sang et dans lesquelles ceux-ci se décomposent en granulations pigmentaires. On trouve de bonne heure dans les extravasats des cristaux d'hématoïdine, dont le nombre diminue, à mesure que l'épaississement et les modifications de couleur du sang sont plus avancés. Sur les cadavres frais ces caractères, surtout l'existence de cristaux d'hématoïdine, peuvent servir pour la détermination approximative du temps, mais non sur les cadavres putréfiés, car les cristaux d'hématoïdine peuvent se former et même très-rapidement dans des tissus putréfiés. On trouve ordinairement une grande quantité de cristaux d'hématoïdine dans le sang de cadavres putréfiés d'enfants nouveau-nés, et Virchow les a observés déjà le quatrième jour dans un lambeau amputé, et déjà le dix-septième jour dans des extravasations sanguines (1).

C. *Plaies.*

Les caractères des plaies par instruments contondants dépendent surtout de la direction dans laquelle l'instrument a rencontré la surface lésée. Si la direction était perpendiculaire, on a des simples solutions de continuité de la peau, soit qu'il y ait eu éclatement de la peau, soit que l'instrument ait réellement traversé les parties molles; mais si la partie du corps a été atteinte obliquement, ou si l'instrument a glissé, il se forme le plus souvent dans ce cas des plaies à lambeaux, parce que l'instrument contondant ne divise pas seulement la peau, mais arrache encore les parties sous-jacentes. Les plaies contuses dans ces deux cas se reconnaissent presque toujours à leur forme irrégulière, à leurs bords broyés, écorchés et dentelés, et à leur large suffusion sanguine, ainsi qu'à la constitution irrégulière de leur fond.

Les instruments contondants peuvent quelquefois produire des plaies linéaires à bords tellement nets qu'il est quelquefois difficile et même impossible de les distinguer des plaies par instruments tranchants. Ces plaies se forment plus facilement aux endroits où la peau passe par-dessus un corps solide, surtout convexe, et sont dues en général à ce que la peau, sous l'action de l'instrument, éclate ou est divisée en ligne droite par une force agissant seulement tangentiellement.

(1) E. Hofmann, *Vierteljahrsch. f. gerich. Med.* 1877, XXVI, p. 264. — Langhaus, *Observations sur la résorption des extravasations* (*Virchow's Archiv.*, t. XLIX); — Rokitansky, *Handb. der patholog. Anatomie*, 3e édit., I, 216.

C'est surtout sur la peau de la tête que l'on trouve ces plaies linéaires parce qu'elle offre, outre les conditions favorables dont nous avons parlé, une homogénéité de structure et une fixité considérables. On peut encore les trouver sur les parties de la peau qui recouvrent les bords osseux. C'est ainsi que nous avons vu une plaie linéaire et à bords nets, chez un homme pris dans un éboulement, le long de la crête du tibia, et dans un autre cas de ce genre, une autre plaie de 15 centimètres, également rectiligne et à bords nets sur la peau du ventre recouvrant le pubis.

La distinction entre ces plaies et les plaies par instruments tranchants se trouve surtout dans les caractères du fond de la plaie. Tandis que dans les plaies par instruments tranchants, le fond a la forme d'un coin et que tous les tissus sont ainsi coupés sur le même plan, nous trouvons dans les plaies contuses linéaires, malgré la rectitude et la netteté des bords, un fond irrégulièrement contus, et, comme la plaie se produit généralement par éclatement de la peau, on peut souvent sentir dans le fond des parties de tissus plus résistants, surtout des vaisseaux, passant en forme de pont d'un bord de la plaie à l'autre; ce signe suffit à lui seul pour faire reconnaître une plaie contuse. On trouvera encore des caractères distinctifs dans l'étendue de la suffusion correspondante, qui est ordinairement très large dans les plaies contuses, et marque la place où l'instrument a porté, et dans le décollement des bords de la plaie dans différents sens. Le décollement d'un seul des bords de la plaie se rencontre aussi bien dans les plaies contuses que dans les plaies par instruments tranchants.

Les plaies contuses guérissent rarement par première intention, plus souvent avec formation de granulation et cicatrices. La marche de la guérison dépend du degré de contusion des parties atteintes, ou de leur plus ou moins de viabilité. On observe souvent, comme suites de longues suppurations, des exfoliations gangréneuses, des inflammations phlegmoneuses, de l'érysipèle, des fusées purulentes, etc., dont la marche peut être très-lente. C'est pour cela que ces plaies laissent après elles des cicatrices rarement linéaires, mais plus souvent irrégulières et d'autant plus larges que la nécrose aura été plus étendue et la suppuration consécutive moins limitée.

Les morsures forment un autre genre de plaies contuses, et peuvent être faites aussi bien par l'homme que par des animaux. Dans le premier cas elles siègent en général sur les parties saillantes du corps, faciles à saisir avec les dents, telles que les doigts et le nez. On observe assez souvent des cas d'ablation du nez avec les dents par haine ou par jalousie. Dans le Tyrol on a l'habitude dans les rixes de s'enlever les oreilles avec les dents, et nous avons eu à faire un rapport dans trois de ces cas.

Les bords de ces plaies ou la place des parties enlevées présentent de nombreuses sugillations et portent assez souvent l'empreinte des dents, qui suffit pour faire diagnostiquer la provenance de la blessure.

Les morsures des animaux peuvent occuper les parties les plus diverses du corps, et, si elles proviennent de grands animaux, de grands chiens, de chevaux ou autres, elles déterminent des lésions beaucoup plus étendues que celles qui proviennent d'une morsure d'homme.

Nous avons eu à faire, l'année dernière, l'autopsie d'une fille de treize ans qui avait été déchirée par des chiens.

La petite fille, craignant, à cause d'une faute, de rentrer à la maison, grimpa par-dessus la clôture d'un chantier qui était gardé par deux chiens de boucher et un petit chien bâtard, et fut trouvée peu de temps après, saignant par un grand nombre de plaies et mourante, par des voisins qui avaient entendu les aboiements furieux des chiens et les cris de détresse de l'enfant. A l'autopsie on trouva toute la peau de la tête détachée du crâne, des contusions nombreuses sur la peau du côté droit du cou et des déchirures irrégulières entre le sterno-mastoïdien droit et la veine jugulaire externe droite, ainsi que sur la peau et les muscles superficiels de la partie interne de la cuisse droite avec une blessure de la veine saphène. Quelques-unes de ces plaies avaient un orifice extérieur arrondi et se continuaient en un canal conique traversant la peau seulement. Ces dernières étaient certainements faites par les dents coniques des chiens et offraient d'autant plus d'intérêt qu'on les avait prises d'abord pour des plaies par intruments piquants.

La marche de la guérison des morsures est souvent très-lente comme celle des plaies contuses en général. Cela s'applique surtout aux morsures des doigts qui peuvent avoir pour conséquence la nécrose d'une phalange et, comme nous en avons vu deux cas, un phlegmon étendu de tout le membre. On a même observé le tétanos.

Il ne faut pas oublier que dans les morsures d'animaux il peut y avoir aussi infection par le virus rabique.

D. *Commotion des centres nerveux.*

Nous avons ici en vue la commotion surtout du cerveau, de la moelle épinière et des plexus abdominaux. Nous en parlerons quand nous traiterons des blessures des différentes parties du corps.

E. *Rupture des organes internes.*

La rupture des organes internes peut avoir lieu par coup direct ou par contre-coup. Leur existence suppose en général une violence considérable, et on les trouve surtout dans les chutes d'un lieu élevé, dans les cas d'éboulement ou d'écrasement, chez les individus pris entre deux tampons de wagon, ou dans d'autres cas de violences de ce genre. On les trouve plus rarement dans le cas de traumatismes moins graves, tels que coups de pied, coups de crosse de fusil, dans les cas où un individu est violemment lancé contre terre, etc. Nous avons connu un médecin qui s'était fait une rupture mortelle des reins, en se heurtant dans sa précipitation contre une barrière de bois qu'il n'avait pas vue, à cause de sa myopie.

Le plus souvent ce sont des organes parenchymateux qui sont exposés à ces ruptures, et parmi ceux-là surtout le foie, aussi bien à cause de son volume et de sa friabilité, qu'à cause de sa position superficielle. Puis viennent par ordre de fréquence décroissante la rate, les reins, les poumons, le cœur, plus rarement l'estomac, les intestins, la vessie et en dernier lieu le cerveau. Cooper, Adams (1) et Casper-Liman ont observé des cas du dernier genre, c'est-à-dire des déchirures de la substance cérébrale sans fracture du crâne. Il est évident que, toutes conditions étant égales d'ailleurs, la facilité avec laquelle se produisent les ruptures d'un organe dépendra de la résistance particulière de cet organe. Ainsi le foie, lorsqu'il est augmenté de volume par suite de la dégénérescence graisseuse, comme par exemple chez les alcooliques, et que son revêtement péritonéal est en même temps fortement tendu, peut présenter, même après des violences relativement minimes, des déchirures qui, dans ces cas, ne s'étendent d'ordinaire qu'au péritoine et aux couches superficielles du foie.

Il en est de même pour la rate, dont la constitution individuelle a une plus grande importance que celle des autres organes, car cet organe hypertrophié et surtout pendant son gonflement aigu, peut se rompre plus facilement et à la suite de causes plus légères que la rate à l'état normal.

Les larges déchirures des organes internes se terminent presque toujours par la mort, cependant la rapidité de la mort dépendra, en dehors de l'étendue de la rupture, de l'importance de l'organe lésé et surtout de l'intensité de l hémorrhagie qui suit la rupture. Les ruptures du cœur ou des gros vaisseaux, les ruptures étendues des poumons, du foie et de la rate entraînent presque toujours la mort immédiate par hémorrhagie. Si l'hémorrhagie n'est pas très-abondante dès le début, soit à cause du peu d'étendue de la rup-

(1) Bergmann, *Die Lehre von der Kopfverletzungen*, Pitha-Billroth's *Handb. d. Chirurgie*, III, 245. En dehors des organes ci-dessus mentionnés il est clair que tous les autres peuvent être sujets à des ruptures. Dans les cas d'éboulement on trouve souvent les ruptures les plus diverses : c'est ainsi que nous avons observé deux fois la rupture de la trachée et plusieurs fois celle de l'aorte.

ture, soit du peu de sang contenu dans l'organe, ou si elle a été ralentie par des circonstances locales particulières, la mort peut n'arriver qu'au bout de quelque temps par hémorrhagie ou par un processus secondaire. On peut quelquefois voir des individus, même après des ruptures étendues d'organes internes, se relever et pouvoir continuer leur chemin (1).

C'est ainsi que, dans un cas communiqué par Juhlin (2), un individu chez lequel la chute d'une poutre avait déterminé une rupture de la rate et une déchirure complète du rein gauche, a pu encore se relever, faire environ vingt pas, et n'est mort qu'après sept minutes et demie. Nous avons fait l'autopsie d'un garçon de dix-huit ans, qui avait été écrasé par sa voiture, et qui, malgré l'écrasement complet du duodenum au point de réunion avec le jéjunum produit dans cet accident, avait pu encore gagner l'auberge la plus voisine, y rester deux heures et retourner chez lui où il mourut le lendemain avec les symptômes d'une péritonite intense.

Les déchirures superficielles des organes glandulaires peuvent guérir. Cela est vrai surtout pour les déchirures superficielles du foie, particulièrement celles qui n'intéressent que le péritoine, ce qui arrive encore assez fréquemment.

Sur un alcoolique, qui était mort d'une hémorrhagie provenant d'une membrane pachyméningitique, nous avons trouvé une déchirure du foie longue de 8 centimètres et profonde de 5 centimètres seulement, que ce malade s'était faite deux jours avant sa mort en tombant d'un escalier. La déchirure était recollée, ne présentait pas de symptômes de réaction inflammatoire à son voisinage, et la quantité de sang qui s'en était écoulée était très peu considérable, de sorte qu'on avait toutes les raisons d'admettre que, si l'hémorrhagie cérébrale n'était pas

(1) En dehors de la richesse vasculaire d'un organe, il faut encore considérer son état individuel. Cela s'applique surtout au foie. Sur un individu ivrogne et voleur qui avait été lynché, les médecins chargés de l'autopsie trouvèrent, outre une fracture du crâne, quelques déchirures du foie, longues de plusieurs centimètres, mais n'ayant que de un à trois centimètres de profondeur, avec une hémorrhagie peu abondante dans la cavité abdominale. D'autres médecins, consultés en second lieu, mirent en doute la provenance *intra-vitam* de ces déchirures à cause du peu d'hémorrhagie, et émirent l'idée qu'elles avaient été produites pendant l'autopsie par des mains maladroites. Mais le peu d'abandance de l'hémorrhagie s'expliquait très-bien par le peu de profondeur des déchirures et surtout, ce que les seconds médecins n'ont pas vu, par la dégénérescence graisseuse considérable et par conséquent l'anémie du foie en général et particulièrement des parties périphériques, anémie que l'on trouve souvent chez les alcooliques et qui avait été mentionnée dans le rapport.

(2) Juhlin, *Virchow's Jahrb.* 1874, I, 231.

survenue, la déchirure du foie se serait vraisemblablement guérie. Klob (1) a fait une communication sur une déchirure du foie, profonde de 6 à 8 centimètres et probablement en voie de guérison.

Il peut arriver encore assez souvent qu'il y ait rupture étendue d'organes internes, sans qu'on puisse retrouver sur la peau les traces de la violence qui les a produites.

Nous avons eu plusieurs fois l'occasion de faire l'autopsie d'individus pris dans un éboulement ou écrasés entre deux tampons de wagon, sur lesquels nous n'avons pu trouver ni écorchures ni sugillation de la peau, bien que l'examen interne eût fait découvrir des ruptures diverses d'organes internes, des fractures de toutes les côtes, etc. De même l'examen d'une jeune fille de vingt ans, qui s'était jetée du troisième étage sur le pavé de la cour et n'était morte qu'une heure après, ne fit voir qu'une coloration bleuâtre de la largeur d'une pièce de 5 francs, qui avait d'abord passé inaperçue, dans le pli fessier du côté gauche. Malgré cela on trouva à l'autopsie des ruptures du poumon gauche, de la rate et d'un rein, une fracture de la portion lombaire de la colonne vertébrale, et des fractures multiples du bassin. L'absence des lésions extérieures avait fait douter que la mort eût eu lieu réellement par une chute, c'est pourquoi on avait ordonné de procéder à l'autopsie.

Ces particularités s'expliquent par la grande résistance de la peau, qui permet la compression des organes internes, de même qu'une pomme enveloppée d'un drap peut être écrasée, et peut même être coupée par un couteau qui n'est pas trop tranchant, sans qu'il y ait déchirure du drap. L'hémorrhagie, qui s'établit immédiatement dans ces cas, peut aussi empêcher la formation de suffusions sanguines dans le tissu sous-cutané, car dans ces genres de mort le temps ainsi que la matière nécessaires pour le développement de ces suffusions sanguines, font généralement défaut.

F. *Solution de continuité et déplacement des os.*

Les fractures et les luxations des os sont une complication fréquente des plaies contuses. Nous renvoyons pour ce qui est relatif à leur valeur en justice au chapitre des blessures des différentes parties du corps en particulier, surtout de la tête et des membres.

G. *Broiement et détachement de parties entières du corps.*

Ces effets sont en général produits par une force énorme. Nous les observons dans les accidents de chemin de fer et chez des

(1) Klob, *Sitzungsbericht der K. K. Gesellschafft der Aerzte in Wien* (Compte rendu de la session de la Société I. R. des médecins à Vienne, 26 janvier 1877).

individus qui ont été pris dans des engrenages de machines. On trouve les désordres les plus considérables dans les explosions de fabriques de poudre, de dynamite ou autres, car la mutilation des individus atteints peut être telle qu'on ne puisse plus en trouver que des restes méconnaissables et qu'il soit difficile de constater l'identité de ces personnes (1).

La résistance de la peau se montre même à l'égard de ces énormes violences. Dans un cas qui nous a été communiqué, la tête d'un individu qui avait été pris entre deux trains se trouva aplatie comme une galette, tous les os et les parties molles étaient réduits en pâte, et cependant la peau de la tête et de la face avait été conservée intacte, sauf quelques petites déchirures insignifiantes. Nous avons eu l'occasion d'examiner deux fois dans ces dernières années des individus sur le cou desquels avait passé un train de chemin de fer. Dans un de ces cas la tête avait été complètement séparée du tronc ; dans l'autre, la peau s'était conservée tout entière, et formait un sac lâche reliant la tête au tronc, bien que l'épiderme eût été enlevé par places et que toutes les vertèbres et les parties molles du cou eussent été réduites en bouillie.

C'est cette grande résistance de la peau qui explique la rareté de l'éclatement isolé des cavités du corps dans les chutes d'une certaine hauteur, les éboulements et autres violences semblables. Nous n'avons observé cet éclatement que deux fois, la première fois sur un individu pris dans un éboulement, chez lequel la peau du ventre avait éclaté dans toute sa largeur, et les intestins étaient sortis en masse, la seconde fois chez une folle qui s'était jetée d'un troisième étage sur le pavé de la rue et était tombée verticalement sur la tête. Celle-ci avait éclaté d'avant en arrière et sur sa ligne médiane, de telle façon que la première impression était que la tête avait été fendue en deux moitiés latérales par une hache, d'autant plus que les bords de la plaie passant par la peau du front, du nez et de la lèvre supérieure, ne présentaient que de fines dentelures. Les bords de la partie postérieure de la blessure présentaient plusieurs déchirures, le crâne était brisé en un grand nombre de morceaux et du cerveau il n'en restait pour ainsi dire plus rien.

(1) Maschka, *Bericht über die Explosion der Dynamitfabrik bei Prag* (Rapport sur l'explosion de la fabrique de dynamite à Prague). (*Wiener. med. Wochenschrift*, 1871, n° 8.)

§ 2. — PLAIES PAR INSTRUMENTS TRANCHANTS.

Les plaies par instruments tranchants se caractérisent par leur direction en général rectiligne, leurs bords nets et non dentelés, par la prédominance de leur longueur, dépassant de beaucoup les autres dimensions de la plaie, par la forme de la solution de continuité, qui va en se rétrécissant de haut en bas et qui, vue de profil, reproduit la forme d'un coin.

La direction rectiligne peut manquer quand les plaies par instruments tranchants siègent sur des parties convexes du corps, et l'aspect des bords peut être modifié par la nature de l'instrument vulnérant. Le couteau était-il émoussé ou ébréché, les bords de la peau peuvent avoir un aspect plus ou moins dentelé, et même déchiré selon les circonstances. On peut encore trouver cet aspect dentelé des bords de la plaie, si celle-ci siège sur des parties de peau plissées. En effaçant les plis, on obtient ainsi, dans ce cas, une solution de continuité en forme de Z, ce qui peut faire croire, si on ne rapproche pas bien les pointes ainsi produites, à l'existence de deux et même de trois plaies; cette circonstance se produit surtout dans les plaies du cou par instruments tranchants.

La plaie a-t-elle été faite perpendiculairement à la partie lésée, les surfaces internes de la plaie présentent une disposition symétrique; mais si le coup a porté obliquement, elles sont taillées en biseau aux dépens l'une de l'autre, et l'un des bords de la plaie sera d'autant plus net et à angle plus aigu, que la plaie aura été faite plus obliquement; si la lame de l'instrument est tombée presque à plat, il peut y avoir un véritable lambeau.

La profondeur d'une plaie par instrument tranchant dépendra, en dehors de la force employée et du fil de la lame, de la résistance plus ou moins grande que présentent les parties lésées. Les os empêchent souvent la pénétration plus profonde de l'instrument; il peut en être de même du larynx ossifié pour le cou, où cependant se rencontrent les plaies par instruments tranchants les plus profondes. On voit rarement ces plaies ouvrir les grandes cavités du corps, si ce n'est les cavités articulaires.

Le degré de béance de la plaie dépend de la rétractilité de la partie de peau atteinte, ou mieux de la direction des fibres du tissu cutané et du sens dans lequel elles ont été coupées. C'est ainsi que les plaies de la tête ne sont presque pas béantes, si ce n'est quand elles ont traversé également l'aponévrose épicrânienne. Il faut faire remarquer que la forme plane ou convexe des parties lésées peut donner lieu à une plus ou moins grande béance de la plaie. Cela s'applique surtout aux plaies de la partie antérieure du cou et des surfaces articulaires.

La gravité d'une plaie par instrument tranchant provient surtout de sa profondeur. La guérison a généralement lieu, si la plaie n'est pas négligée, par réunion par première intention, en laissant une fine cicatrice linéaire dont la direction rectiligne et la mobilité permettent de reconnaître la provenance. Les plaies par instruments tranchants sont surtout dangereuses ou mortelles par lésion des gros vaisseaux, surtout les plaies du cou qui sont souvent le résultat d'un suicide, mais aussi d'un homicide. Les plaies profondes par instruments tranchants donnent souvent lieu à des suppurations prolongées, et peuvent, si elles ont lésé des muscles, des tendons ou des nerfs, déterminer une infirmité passagère ou durable d'un membre.

Les plaies par instruments *hachants* sont déterminées également par des instruments munis d'un tranchant; mais, tandis que les plaies par instruments tranchants sont produites par les mouvements de va-et-vient d'un instrument tranchant posé sur une partie du corps, les plaies dont nous parlons résultent de la projection d'un instrument hachant dans une direction perpendiculaire à l'organe. Ce mode de production, qui a ordinairement lieu avec déploiement d'une grande force, mais surtout le poids de l'instrument employé, font que ces plaies se distinguent des plaies par instruments tranchants par leur plus grande profondeur, et que, contrairement à ces dernières qui sont arrêtées par la rencontre d'un os ou un autre corps solide, celles-là les traversent, et prennent par là un caractère beaucoup plus dangereux.

L'aspect extérieur d'une plaie de hache dépend surtout de la direction de l'instrument vulnérant. Si celui-ci est projeté perpendiculairement à l'organe, il se forme des plaies linéaires dont les bords se rejoignent à angle aigu; l'organe a-t-il été atteint obliquement, on peut observer alors des lambeaux plus ou moins obliques, et pouvant même être détachés complètement par la hache. La netteté de la plaie dépend du fil et de l'épaisseur plus ou moins considérable de la lame, en outre du poids de l'instrument. Des sabres légers, mais bien acérés, produisent des plaies beaucoup plus nettes qu'une hache. Les plaies faites par une hache ou un corps analogue présentent en général une attrition des bords de la plaie et des fractures d'os, ainsi que des dépressions et des détachements d'esquilles, qui sont presque toujours accompagnés d'une fêlure des os. Dans les blessures des os qui sont produites par des instruments hachants et pas très lourds, tels que, par exemple, un sabre, on observe plus rarement une fêlure des os, mais assez fréquemment une fracture de la lame vitrée.

Une plaie de hache dans un os est d'autant plus béante, que les deux faces de l'outil se rencontrent sous un angle moins aigu. Plus le coin est épais, plus il écarte les bords de l'os, plus facilement il fait des esquilles et plus les extrémités de la fente se continuent sous forme de fêlures.

Dans l'appréciation des plaies de hache, il faut prendre en considération non seulement la nature des parties lésées, et l'ouverture possible de certaines cavités du corps, mais encore le poids de l'instrument vulnérant et ses conséquences. Cela s'applique surtout aux plaies de la tête, car, quand celles-ci sont faites par un instrument lourd, comme par exemple une hache, au danger de la division des parties s'ajoute encore celui de la commotion cérébrale.

§ 3. — PLAIES PAR INSTRUMENTS PIQUANTS.

Les plaies par instruments piquants se distinguent par la petitesse de leur orifice d'entrée et par la profondeur du canal qui fait suite à ce dernier.

L'orifice d'entrée a, si la plaie a été faite par un couteau, ce qui est le cas le plus fréquent, la forme d'une fente dont les bords nets, légèrement concaves en dedans, s'écartent l'un de l'autre pour se rejoindre à angle aigu aux deux extrémités. Il arrive plus rarement, bien que dans la plupart des cas l'arme soit un couteau à un seul tranchant, que l'orifice de la plaie ait la forme d'un coin étroit, dont le dos correspondrait à celui du couteau. Cela s'explique parce que la plupart des instruments analogues au couteau, même les couteaux de poche ordinaires, s'amincissant tellement vers la pointe qu'ils sont pour ainsi dire à deux tranchants sur une étendue plus ou moins longue, il se forme d'abord une plaie dont les deux extrémités forment un angle aigu, puis l'agrandissement a ensuite lieu dans un seul sens par le côté tranchant de la lame, tandis que l'autre extrémité de la fente n'est que distendue et revient à sa position primitive par l'élasticité de la peau, après que le couteau a été retiré, ou continue à se déchirer en forme de fente du côté du dos du couteau (1).

(1) Dupuytren et Malgaigne ont déjà appelé l'attention sur la possibilité des

Il s'ensuit qu'il est souvent très-difficile, par les seuls caractères de l'orifice d'entrée, de dire avec certitude de quel côté était tourné le tranchant ou le dos du couteau. Mais si le couteau a pénétré dans des os, la chose devient plus facile, car l'os reproduit très-exactement la forme d'une coupe transversale du couteau. Dans les plaies par instruments piquants, il n'est pas rare de trouver un éclatement de la table interne des os du crâne, et un détachement de la partie de la table externe formant les bords de la plaie.

Pour ce qui est de la longueur de la plaie, elle ne correspond pas toujours à la largeur de la lame du couteau.

Le plus souvent la longueur de la plaie est un peu plus grande, ce qui s'explique parce que dans les mouvements d'entrée et de sortie la lame du couteau agrandit la plaie, soit par une pression, soit par une traction exercées dans le sens du tranchant. On voit plus rarement la longueur de la plaie être moindre que la largeur de l'instrument. Dans certains cas cette différence peut n'être qu'apparente, et être due à la rétraction des bords de la plaie, qui diminue ainsi la longueur de l'orifice; aussi, quand on doit mesurer la longueur d'une plaie par instrument piquant, faut-il toujours affronter les bords de la plaie. Mais en dehors de ces causes, la longueur de ces plaies peut réellement être plus courte que la largeur de l'instrument. Notre attention fut appelée sur ce point par un cas dans lequel la plaie mesurée sur le cadavre n'avait que 2,5 centimètres de long, tandis que la lame du couteau était large de 2,6 centimètres. Des expériences que nous avons faites sur des cadavres, nous ont prouvé que la plaie pouvait avoir 1 millimètre et même, quoique exceptionnellement, de 1,5 à 2 millimètres de moins que la lame du couteau employé. Examinant ces faits de plus près, nous avons pu voir que cette particularité se produisait surtout quand on se servait de couteaux mal acérés ou à dos large, parce que dans ces cas la peau, pendant l'introduction de l'instrument, s'enfonçait en cône, était par conséquent distendue et revenait à sa place primitive, après que le couteau était retiré, de sorte que la longueur de la plaie paraissait un peu diminuée ; en laissant le couteau dans la plaie on peut très-bien observer ce refoulement de la peau en dedans. C'est le même fait que celui qui se produit si

déchirures de la peau, et ont fait observer que dans les plaies produites par une alène ronde, il n'y avait pas un orifice arrondi, mais une fente. Langer a fait des expériences avec une pointe conique et a trouvé toujours des fentes régulières (*Wiener. med. Wochenbl.* XVII, 20, 1861 et *Schmidt's Jahrb.* 1862, t. 115, p. 272).

souvent dans les plaies par armes à feu, et qui s'explique par la grande élasticité de la peau.

On n'oubliera pas l'influence de la rétraction de la peau sur la forme de l'orifice d'entrée d'une plaie par instrument piquant. La peau se rétractera d'autant plus qu'elle est plus mobile sur le tissu sous-jacent ; la rétraction dépendra encore de la direction des fibres de la partie de peau lésée, et ces deux raisons font que certaines plaies déterminées par des instruments piquants et à angles (rapière, Sanson), peuvent avoir aussi bien une forme polygonale que ronde. Il peut y avoir encore déformation de la plaie dans les endroits où la peau possède une grande mobilité comme au cou ou au-dessus des articulations. Il est inutile de dire que la forme primitive de la plaie peut être modifiée par les modes de guérison, suppuration, etc.

La direction du canal de la plaie par instrument piquant ne correspond pas toujours à la direction dans laquelle le coup a été donné, car l'arme peut dévier. Le canal de la plaie, surtout quand il touche des organes internes et mobiles, comme, par exemple, ceux du thorax ou l'intestin, ne constitue pas toujours le prolongement direct de l'orifice de la plaie ; cette circonstance est très-importante à retenir surtout quand il y a plusieurs plaies. Les instruments piquants peuvent ne pas donner lieu à la formation d'un canal fermé de tous côtés, cela arrive surtout si le coup ne touche le corps que tangentiellement, et coupe la peau et les parties sous-jacentes en gouttière, de sorte que l'on a l'aspect des plaies par instruments tranchants. Le fait peut se présenter aussi pour les organes internes. C'est ainsi que nous avons observé un coup de couteau qui, ayant pénétré dans le thorax entre la septième et huitième côte dans la ligne axillaire, avait coupé le côté gauche du diaphragme et le bord inférieur du poumon gauche, ouvert les deux ventricules par la face postérieure du cœur, et divisé la cloison interventriculaire, de sorte que dans aucun de ces organes on ne put découvrir un vrai canal, mais une section en gouttière, comme dans les plaies par instruments tranchants.

La gravité des plaies par instruments piquants dépendra surtout de leur profondeur, à cause de la possibilité de lésions graves des organes, par exemple des gros vaisseaux, des cavités du corps, ou d'autres organes internes. La largeur de la plaie a aussi une certaine importance, car, toutes conditions égales, le pronostic sera d'autant plus favorable, que l'instrument vulnérant aura été plus mince. Mais cela n'est absolument vrai que pour les instruments très-minces, ou aiguillés, car les plaies même pénétrantes de ces instruments, sont suivies de symptômes insignifiants ou même nuls. L'expérience nous apprend cependant que ces piqûres, surtout si elles intéressent le cœur ou l'intestin, ne sont pas toujours inoffensives, et l'acupuncture du cœur, que l'on recommande pour ramener les asphyxiés à la vie, ne peut pas être considérée comme étant tout à fait sans danger (1).

§ 4. — PLAIES PAR ARMES A FEU.

Dans une plaie par une arme à feu on distingue en général l'ouverture d'entrée, le trajet de la balle, qui peut se terminer en cul-de-sac et l'ouverture de sortie.

Les caractères de l'*orifice d'entrée* dépendent surtout de la distance à laquelle le coup a été tiré. Dans les coups à bout portant, il y a non seulement l'action du projectile (et de la bourre) mais encore celle des gaz d'explosion et de la flamme de la poudre.

Par suite de l'action combinée du projectile et de la force directe des gaz d'explosion, l'orifice d'entrée est presque toujours marquée par une perte de substance, qui sera d'autant plus grande que la charge de poudre aura été plus forte. Aussi trouvons-nous des orifices d'entrée beaucoup plus grands (souvent énormes) dans les plaies par armes à feu telles que fusils, pistolets, que dans celles faites par un révolver, et la grandeur de l'orifice d'entrée de la balle de révolver sera plus petite pour les révolvers de poche que pour les révolvers d'un plus grand calibre.

L'ouverture d'entrée est tantôt complètement ronde, et comme faite à l'emporte-pièce, tantôt irrégulière et étoilée. Cette dernière forme se montre plus souvent dans les coups de pistolet ou de fusil que dans ceux de révolver, et surtout quand la balle touche un endroit où la peau passe directement sur l'os (crâne, côte). La production de ces lambeaux et déchirures a lieu, parce que les gaz d'explosion, aussitôt que la peau est trouée, se répandent par suite de la résistance moindre, entre la peau et le corps solide sous-jacent, soulèvent et font éclater la peau à partir du trou de la balle. Ce qui prouve ce mode de production c'est ce fait, que les bords de l'ouverture d'entrée, que celle-ci soit irrégulière ou arrondie, sont presque toujours plus ou moins minés, et que les tissus sous-cuta-

(1) Simon, *Zwei Fälle von Nadelstich-Verletzung des Herzens » nebst Litteratur.* (Deux cas de piqûres du cœur par des aiguilles, avec historique). *Vierteljahrch f. gerich. Med.* 1865, III, 287).

nés sont noircis de poudre dans une étendue correspondant aux parties minées.

L'action de la flamme de la poudre se manifeste par la brûlure des cheveux ou des poils au voisinage de l'ouverture d'entrée, dans certains cas par la brûlure des habits. On rapportait également la zone parcheminée et desséchée du bord de l'ouverture d'entrée à une brûlure de la peau par la flamme de la poudre, et on l'appelait zone brûlée ou de brûlure. Mais celle-ci est due moins à une brûlure qu'à une contusion et excoriation du bord de l'orifice

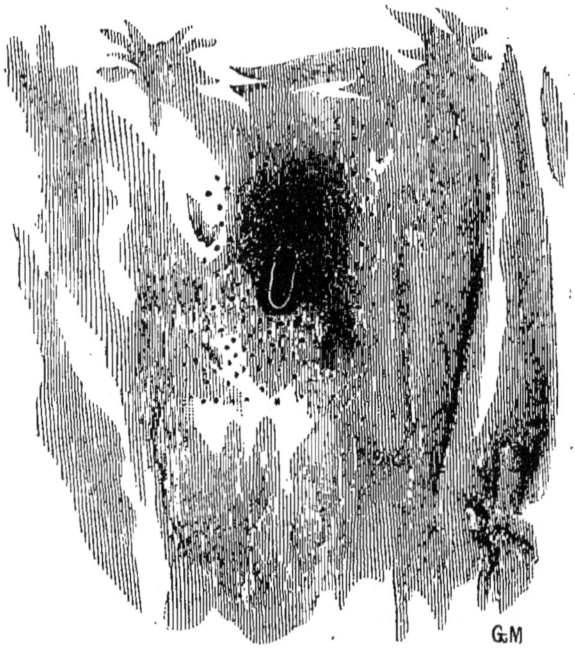

Fig. 1. — A 5 centimètres.

d'entrée, car on peut la trouver, quoique moins large, dans les coups tirés à distance ; du reste la durée de la déflagration de la poudre est beaucoup trop courte, pour pouvoir produire une brûlure de la peau qui est toujours plus ou moins humide.

Un autre effet de la déflagration de la poudre est la coloration noire des environs de l'ouverture d'entrée, coloration produite en partie par la fumée de la poudre, en partie par des grains de poudre à moitié brûlés et fixés dans la peau. La première disparaît par le lavage ; quant aux grains de poudre on peut les voir déjà à l'œil nu, plus facilement à la loupe et au microscope. Le tatouage est naturellement le plus fortement prononcé, si l'arme a été appliquée sur la peau nue; il ne manque pourtant pas dans le cas contraire, surtout si les effets d'habillement ont été minces et ne se sont pas trouvés en plusieurs couches.

C'est aux environs immédiats de la plaie que le tatouage est le

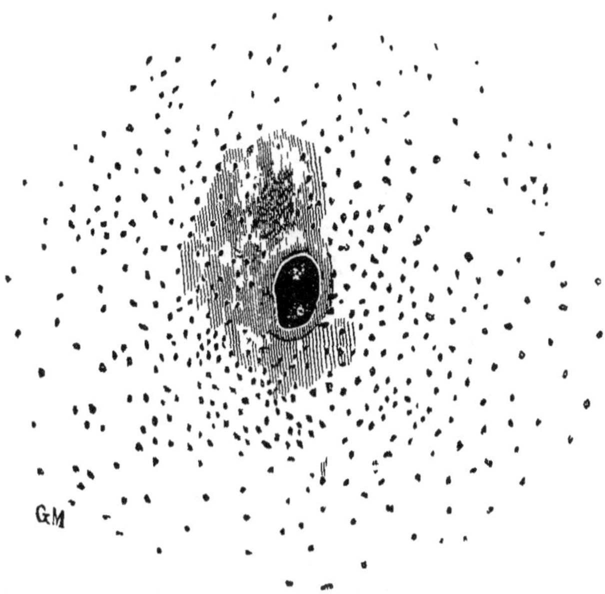

Fig. 2. — A 13 centimètres.

plus intense ; il va en diminuant de dedans en dehors et forme en général deux zones distinctes et très-visibles, surtout dans le cas où l'orifice d'entrée est arrondi ; l'interne est plus mince et plus sombre que l'externe, dont la périphérie marque en même temps la base du cône de la pression atmosphérique ayant atteint cette partie de la peau avec une force diminuant du centre à la périphérie.

[Dans l'affaire Godefroy, qui a vivement ému l'opinion publique, il s'agissait de déterminer de quel point étaient parties les deux balles. M. le docteur Dumesnil (1) a fait à cette occasion les expériences suivantes :

« Il a d'abord, comme point de comparaison, tiré à bout portant, c'est-à-dire à la distance de 5 centimètres, avec le pistolet même,

(1) Du Mesnil, *Relation médico-légale de l'affaire Godefroy, meurtre ou suicide* (*Ann. d'hyg. publ. et de méd. légale*, 1877, 2e série, t. XLVII, p. 465).

qui a tué la victime et des cartouches semblables à celles qu'on a trouvées chez l'accusé (fig. 1). Puis avec le même pistolet et des cartouches semblables, il a tiré sur des morceaux de peau de chevreau blanche placés à 13, 20, 30, 50 centimètres et même à 80 centimètres (fig. 3, 4, 5, 6 et 7).

« Il est certain qu'à 13 centimètres le tatouage et même la brûlure

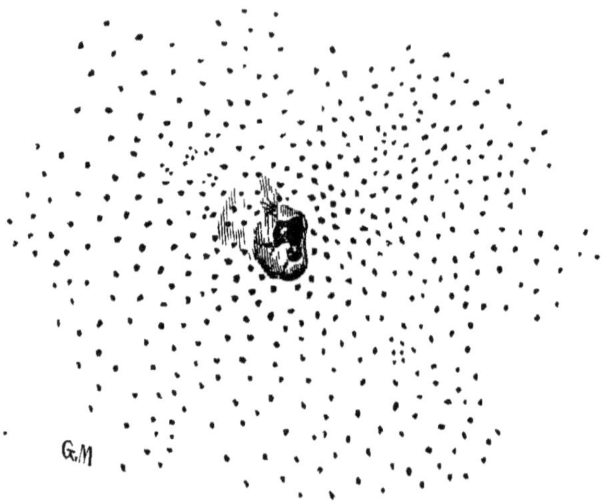

Fig. 3. — A 20 centimètres.

produits par la poudre resteront faciles à constater, même après le lavage. Il est fort probable qu'il en sera de même le plus souvent à 20 centimètres; à 30 centimètres, les traces diminuent considérablement; elles disparaissent à peu près à 50 centimètres, et à 80 centimètres, on ne constate plus que des traces presque nulles. M. le docteur Bergeron déclarant n'avoir constaté aucun tatouage, aucune brûlure, aucune projection de poudre, nous pouvons en conclure que le coup est parti d'une arme tenue dans tous les cas à plus de 20 centimètres de distance.» E. Levy.]

Dans les coups tirés à distance, c'est le projectile seul qui détermine les caractères de l'ouverture d'entrée, et l'influence des autres causes que nous avons indiquées plus haut disparaît et cela d'autant plus que la distance, à laquelle le coup est tiré, est plus grande.

Ce qui disparaît en premier lieu, c'est l'action immédiate des gaz d'explosion, qui déjà à de petites distances ne se fait plus sentir, et cela d'autant plus que la charge de poudre aura été plus petite, par conséquent pour les révolvers plus tôt que pour les pistolets.

Puis disparaissent les brûlures de la flamme de la poudre, et ici encore plus tôt pour les révolvers que pour les pistolets et plus tôt pour les pistolets que pour les fusils. Tourdes (1) a pu, avec des pistolets d'arçon, enflammer un papier encore à la distance d'une demi-mètre, et nous avons pu observer une brûlure des poils par des coups de révolver de 9 millimètres de diamètre,

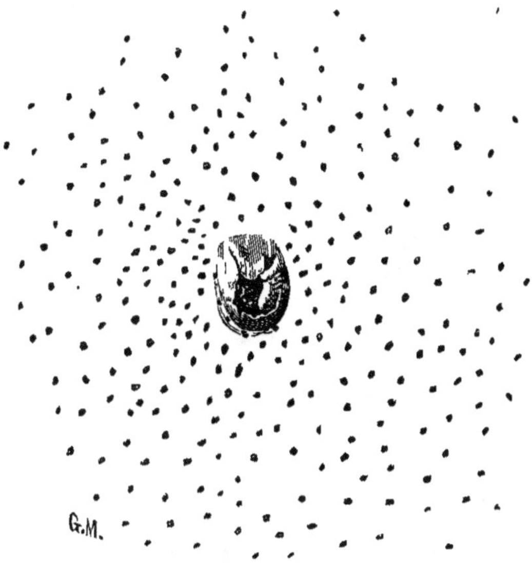

Fig. 4. — A 30 centimètres.

tirés à une distance de 10 à 15 centimètres. Dans les coups de pistolet et de fusil la brûlure peut aussi être produite par la bourre enflammée, et à une assez grande distance pour les fusils. Ce qui disparaît en dernier lieu c'est le tatouage de la peau par incrustation de grains de poudre. Ceux-ci font l'office de très-petits projectiles qui peuvent être portés assez loin, et forment un cône de dispersion, comme celui que nous voyons en plus grand pour les charges de grains de plomb. Tourdes a trouvé dans les coups de pistolet d'arçon une incrustation de grains de poudre encore à la distance de deux mètres, pour un grand révolver (américain) à celle de 1 mètre et demi, et pour un révolver ordinaire jusqu'à la

(1) Tourdes, *Observations de blessures mortelles au moyen d'un révolver avec quelques remarques médico-légales, sur ce genre de blessures*. Strasbourg, 1870. — Expériences analogues de Crespi et Tazon, *Rivista clinica di Bologna*. 1875, Maggio, 136.

distance de 40 centimètres seulement. Il faut admettre que dans les coups de fusil, les grains de plomb peuvent être transportés à de plus grandes distances.

A de grandes distances le projectile entre seul en cause et c'est de sa forme que dépendra en général, mais non sans exception, la forme de l'ouverture d'entrée. Les balles sphériques produisent le plus souvent une plaie arrondie avec perte de substance, tandis

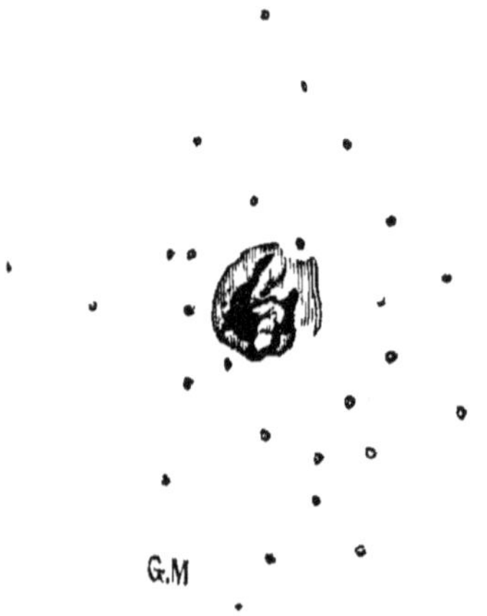

Fig. 5. — A 50 centimètres.

Fig. 6. — A 80 centimètres.

que les balles coniques font des orifices d'entrée souvent linéaires. On trouve cette dernière forme surtout dans les coups de révolver qui peuvent quelquefois, surtout si le projectile est petit, déterminer une division linéaire de la peau tout à fait insignifiante et pouvant très-bien simuler une plaie de couteau. On sait que la blessure de Victor Noir, qui a été tué d'un coup de révolver par Pierre Bonaparte, a été prise d'abord pour un coup de couteau (1), et Braun (2) raconte avoir vu une plaie faite par une balle conique, et dont l'orifice d'entrée ressemblait à une égratignure et s'était guérie par réunion immédiate ; il a trouvé dans ses expérimentations que les plaies faites par des balles coniques ressemblaient souvent à des coups de lancette. Casper-Limann ont également noté la différence des orifices d'entrée dans les coups de feu à balle sphéri-

(1) Voy. Tardieu, *Relation médico-légale de l'affaire d'Auteuil* (*Ann. d'hyg.*, 1870, tome XXIII, p. 273) et *Étude médico-légale sur les blessures comprenant les blessures en général et les blessures par imprudence, les coups et l'homicide involontaires*. Paris, 1879, p, 134.

(2) Braun, *Friedreich's Blätter*, 1873, p. 361.

que ou conique, et citent un cas où l'ouverture d'entrée d'une balle ressemblait à un coup de couteau. Nous avons eu plusieurs cas de ce genre, entre autres un dans lequel on n'a trouvé qu'à l'autopsie une plaie du cuir chevelu faite par un coup de révolver de poche, et qui, à cause de sa petitesse, avait échappé à un premier examen.

Dans les plaies par balle sphérique aussi bien que conique, l'élasticité et la facilité avec laquelle se déchire la peau, font que l'orifice d'entrée est ordinairement plus petit que le projectile. Busch (1) en tirant sur des plaques de caoutchouc a trouvé que chaque projectile chasse d'abord devant lui la peau qui s'enfonce en cône, la traverse au sommet du cône, à la suite de quoi la peau se rétracte de nouveau. En tirant avec un chassepot contre la plaque de caoutchouc, il ne trouva qu'un très-petit trou mesurant à peine le tiers de la balle du chassepot, mais présentant des bords noircis, correspondant au calibre de la balle. A ce dernier phénomène se rattachent l'excoriation et la contusion que l'on trouve autour des plaies faites par des balles aussi bien sphériques que coniques.

Les caractères *du trajet de la balle* sont aussi différents selon que le coup a été tiré à bout portant ou à grande distance. Dans le premier cas nous retrouvons les mêmes agents que ceux dont nous avons parlé à propos de l'ouverture d'entrée et avec une action souvent plus intense, parce que la force de l'explosion agit comme une cône de dispersion ayant une base allant en s'élargissant, et parce que les corps que la balle a entraînés, tels que, dans certains cas, des esquilles d'os, entrent également en jeu. Les tissus sous-jacents à l'endroit blessé ont une grande influence sur les caractères de la blessure faite par un coup de feu tiré à bout portant. La partie sous-jacente est-elle un os, comme à la tête, des morceaux d'os peuvent être détachés et projetés en avant, ou bien les os sont violemment séparés l'un de l'autre par la force de l'explosion. Si le coup est tiré dans la cavité du crâne il y a en même temps pression hydraulique latérale du contenu du crâne qui éclate avec violence. Ces différentes causes donnent lieu à des désordres d'autant plus considérables que la charge de poudre aura été plus forte; nous avons très-souvent vu, après des coups de pistolets, tout le crâne avec la peau du crâne complètement divisé, et même toute la voûte crânienne enlevée. Dans ces conditions il n'y a pas à rechercher le trajet de la balle, et il est souvent très difficile de trou-

(1) Busch, *Arch. f. Kl. Chirurg.*, XVIII, 201.

ver l'ouverture d'entrée de la balle. Les révolvers produisent rarement des lésions aussi considérables, à moins que ce ne soient des révolvers de gros calibre. Les petits révolvers de poche ne donnent lieu, quand ils blessent le crâne, qu'à une petite ouverture en forme de trou, d'où partent quelquefois des fêlures dans différents sens.

Les coups tirés à bout portant vers la poitrine avec des pistolets ou de gros révolvers, produisent des désordres graves des organes internes, mais la force paraît s'épuiser souvent dans les premiers tissus, de sorte qu'à la fin il ne reste plus que l'action du projectile, qui ou bien donne lieu à la formation d'un canal plus ou moins long se terminant en cul-de-sac, ou va se loger dans la paroi ou enfin pénètre dans la cavité.

Dans les coups tirés à une certaine distance le canal est formé par le projectile seul, mais l'effet n'est pas toujours le même dans ce cas. Si les parties molles ont été atteintes seules, on trouve en général un trajet simple, qui se termine en cul-de-sac ou présente un orifice de sortie. Si le coup a rencontré des os, il peut y déterminer un simple trou ; mais plus souvent il y a des fêlures partant du trou et ce dernier se produisant avec éclats, ces éclats font office de projectiles et influent sur les caractères du canal.

L'éclatement des os peut se produire aussi par les coups d'armes à feu anciennes, mais il est beaucoup plus fréquemment déterminé par les armes modernes se chargeant par la culasse, surtout par les armes militaires actuelles. Les effets du chassepot, observés pendant la guerre franco-allemande, avaient d'abord fait accuser les Français de se servir de balles explosives. Mais les expériences faites par Busch (1), Wahl (2), Kuster (3), Heppner, Richer (4), Garfinkel (5) et autres avec le chassepot et d'autres armes se chargeant par la culasse ont prouvé que celles de ces armes qui ont une très grande force de propulsion, déterminent souvent à des distances assez courtes (20 pas, Busch) pour que la balle ait encore toute sa force, des désordres incroyables, tels que par exemple l'éclatement de la tête, ce qui a une grande importance au point de vue médico-légal, car jusqu'à présent on n'avait observé de lésions aussi considérables que dans les coups à bout portant.

On n'est pas encore d'accord sur la cause de ces désordres. Les uns (Busch)

(1) Busch, *Arch. f. Klin, Chirurgie*, XVII, Heft. 2 et XVIII, H. 2.

(2) Wahl, *Mécanisme des plaies par armes à feu. Ibid.* XVI et XVII.

(3) Kuster, *Sur l'action des nouvelles armes à feu. Berl. Klin. Wochensch.* 1874, n° 15).

(4) Richer, *Chirurgie des plaies par armes à feu.* (*Med. Centralb.* 1874, p. 601).

(5) Garfinkel, *Recherches sur l'action des petites armes modernes.* (*Centralb. f. Chirurgie*, 1874, n°s 4 et 15.)

pensent que la balle déjà échauffée par le canon de l'arme et par l'air, par suite de sa grande vitesse, s'échauffe encore plus en passant par un corps dur, de sorte qu'elle se fond et qu'il s'en détache des parcelles, qui forment un cône de dispersion. D'autres pensent que les parcelles s'en détachent d'une façon mécanique, tandis que d'autres enfin expliquent ces lésions par la rotation extrêmement rapide de la balle, dont la force centrifuge se manifeste surtout dans le cerveau ou la moelle des os, et fait éclater le crâne ou les os longs par une pression hydraulique brusque.

La direction du trajet de la balle ne correspond pas toujours à celle du coup, car le projectile, quand il rencontre des os, dévie et peut même, en suivant ces os, faire le tour d'une partie du corps. Cette déviation peut avoir lieu immédiatement après l'ouverture d'entrée mais aussi dans une partie ultérieure du canal. Ce dernier cas se rencontre souvent à l'intérieur du crâne. Il peut arriver encore qu'une personne soit blessée, sans qu'on ait eu l'intention de tirer sur elle, parce que la balle ayant d'abord touché un autre corps, rebondit et atteint le corps de cette personne (ricochet).

Si le canal se termine en cul-de-sac, on trouve le projectile à son extrémité. L'individu a-t-il longtemps porté la balle dans son corps, celle-ci peut se déplacer et être retrouvée dans un endroit tout différent de sa place primitive. Le projectile retrouvé a rarement conservé sa forme primitive, et est au contraire toujours plus ou moins déformé, et surtout s'il a fracturé des os ou s'il y est resté implanté. La balle, au moment où elle touche l'os, s'aplatit, ce qui explique pourquoi les ouvertures d'entrée du crâne sont toujours plus grandes que le projectile; nous possédons une préparation provenant d'un coup de révolver, où la balle aplatie est restée logée sur le pariétal et qui présente, au point correspondant, une fissure circulaire de la table externe de même diamètre que la balle, et répondant à une perte de substance de la table interne d'un diamètre double.

Dans d'autres cas, la balle non seulement s'aplatit, maisse divise encore en plusieurs fragments, qui de même que les esquilles ainsi formées, peuvent donner lieu à de graves désordres. Ces altérations de la forme de la balle peuvent encore avoir une autre importance en médecine légale, quand il s'agit, par exemple, de dire si le coup a été tiré avec une balle ou avec du plomb haché, ou si la balle trouvée correspond ou appartient à une certaine arme.

Parmi les autres corps que l'on peut trouver dans le canal de la plaie, nous citerons, outre des morceaux de vêtement, etc., et pour les coups tirés à bout portant, les grains de poudre, et la bourre. L'examen de cette dernière est d'une grande importance, d'abord parce qu'elle prouve qu'on a tiré de très-près, ensuite parce que la matière ou d'autres signes distinctifs de la bourre peuvent aider à faire découvrir le coupable. Aussi faut-il chaque fois décrire avec soin la bourre et le projectile trouvés, et les remettre ensuite à la justice.

Si la balle a traversé une partie du corps, il y a lieu de déterminer laquelle des deux ouvertures est celle d'entrée et laquelle celle de sortie.

Dans les coups à bout portant, l'orifice d'entrée se reconnaît par la brûlure et la noirceur des parties voisines, mais surtout par l'incrustation de grains de poudre, qui à elle seule suffit pour affirmer que l'orifice opposé est l'ouverture de sortie. Dans ce cas l'orifice d'entrée est aussi en général plus grand que celui de sortie, parce que le premier est produit non seulement par le projectile, mais encore par l'action des gaz d'explosion, tandis que l'orifice de sortie est fait par le projectile seul et dans certains cas par des éclats d'os. Il y aura naturellement une exception à cette règle dans les cas où les coups tirés à bout portant ont enlevé ou déchiré d'une façon irrégulière des parties entières du corps, car l'étendue des lésions et l'absence d'un canal vrai ne permettent pas de reconnaître la place où la balle est entrée.

Dans les coups tirés à une certaine distance, l'*orifice de la sortie* est le plus souvent plus grand que celui d'entrée. Cela arrive presque toujours quand la balle a touché des os, car, outre les éclats d'os qu'il peut entraîner, le projectile augmente de largeur par son aplatissement ou par d'autres modifications de forme.

On observe surtout de grandes ouvertures de sortie dans les coups de fusil qui ont, comme tous les instruments se chargeant par la culasse, une grande force de propulsion. Le canal de la plaie peut, à partir du point où la balle a touché un os, s'élargir en forme de cône dont la base serait précisément l'ouverture de sortie. La balle n'a-t-elle rencontré que des parties molles, l'orifice de sortie peut être égal à celui d'entrée et même un peu plus petit. Cela est surtout vrai pour les armes qui se chargent par la bouche et avec des balles ordinaires, et qui produisent presque toujours un orifice d'entrée accompagné de perte de substance, tandis que l'ouverture de sortie a lieu simplement par éclatement et sans perte de substance (1).

L'assertion de Devergie, d'après lequel les bords de l'orifice d'en-

(1) Pirogoff, *Schmidt's Jahrb.* 1850, II, 116.

trée seraient renversés en dedans, tandis que ceux de la sortie le seraient en dehors, peut être juste pour beaucoup de cas, mais non pour tous. Casper et Limann ont montré que par la saillie de la graisse et par la putréfaction, les bords d'une ouverture d'entrée pouvaient être renversés en dehors. Notre expérience nous permet de confirmer cette observation. Nous ferons remarquer encore que dans les coups à bout portant les bords de l'orifice d'entrée sont presque toujours renversés en dehors, quand il se trouve des os au-dessous de l'endroit blessé, parce que dans ce cas, ainsi que nous l'avons expliqué plus haut, les gaz d'explosion se répandant entre la peau et le plan dur sous-jacent, les bords de la plaie sont refoulés en dehors et peuvent même se déchirer de cette façon.

Les armes *chargées de plomb de chasse* et déchargées à bout portant produisent des désordres encore plus considérables que celles qui sont chargées à balle. Si le coup est tiré à une certaine distance nous trouvons un nombre plus ou moins grand de petites ouvertures d'entrée, auxquelles fait suite un canal plus ou moins long. Comme la charge de grains de plomb, au moment où elle quitte la bouche du canon de l'arme, se divise en formant un cône allongé, on comprend que, toutes conditions égales, il y aura d'autant moins de grains dans le corps, et les ouvertures d'entrée seront d'autant plus éloignées l'une de l'autre, que le coup aura été tiré à une plus grande distance. Cela n'empêche pourtant pas que, même à de grandes distances, un certain nombre de grains puissent rester ensemble; et nous ferons remarquer que la dispersion des projectiles est beaucoup plus sensible à la partie périphérique qu'au centre.

Nous parlerons, à propos du suicide par armes à feu, des autres armes de ce genre.

Nous ne ferons que citer *les plaies par ricochet et les éraflures* dans les coups de feu. Les premiers ne sont que des contusions; on observe rarement des lésions graves dans les coups par ricochet de petites armes à feu, assez souvent cependant dans le ricochet de gros projectiles.

Les *éraflures* se présentent ou comme de simples excoriations ou comme une plaie en gouttière, et sont dues à ce que le projectile n'a touché la peau que tangentiellement. Une plaie de ce genre pourrait très-bien être prise pour une déchirure ou une plaie par instrument tranchant.

Nous ferons remarquer enfin qu'une seule balle peut quelquefois donner lieu à plus de deux ouvertures sur la surface du corps.

Cela arrive surtout quand le projectile après avoir traversé une partie quelconque du corps, rentre dans une autre, ou quand la balle, rencontrant une arête d'os très-aiguë, se divise en deux parties, dont chacune est chassée dans une direction différente.

Aux plaies par armes à feu appartiennent encore celles qui sont produites par les nouvelles substances explosives, surtout la nitro-glycérine et ses préparations (dynamite, dualine). Les cas publiés par Blumenstock (1) prouvent que ces blessures ne sont pas toujours le résultat d'un accident. Dans un de ces cas, il s'agit d'un meurtre par explosion d'une cartouche de dualine posée sur la poitrine d'un individu; dans l'autre, la mort eut lieu par l'explosion d'une cartouche de dynamite mise, peut-être intentionnellement, dans le poêle. On cite également un cas de suicide par la dynamite et nous connaissons aussi un cas de ce genre.

ART. II. — QUALIFICATION DES BLESSURES DANS LE SENS DU CODE PÉNAL.

§ 1er. — BLESSURES NON MORTELLES.

Dans l'appréciation médico-légale des blessures non mortelles, la tâche du médecin légiste serait relativement facile, s'il n'avait qu'à se prononcer, au point de vue purement médical, sur les suites passagères ou durables que la blessure a entraînées. Malheureusement cela n'est pas le cas. Comme les codes criminels distinguent plusieurs catégories de blessures, selon le genre et les suites des blessures, distinction qui paraît nécessaire pour des raisons de jurisprudence criminelle et de procédure, mais exige, par sa nature, l'intervention médicale, on demande au médecin légiste de faire, dans chaque cas en particulier, son rapport non seulement au point de vue purement médical, mais encore dans le sens des distinctions établies par la loi; cette circonstance donne au rapport médico-légal sur les blessures un caractère tout à fait spécial, qui s'éloigne essentiellement de la clinique.

Le principe qui fait la base de la classification des blessures n'est pas partout le même.

Tandis que le Code pénal français n'apprécie une blessure que selon la durée de la maladie ou de l'incapacité de travail personnel qu'elle a entraînées et que le Code pénal allemand prend pour point de départ de sa classification les suites d'une blessure, le Code pénal autrichien actuel et le projet de réforme du Code pénal prennent en considération les deux principes.

Nous ferons remarquer en outre qu'en dehors de l'effet, qu'une

(1) Blumenstock, *Friedreich's Blätter f. ger. Med.* 1877, p. 171.

blessure a réellement produit il faut encore avoir égard à ceux qu'elle aurait pu produire, (comme, par exemple, quand on trouve plusieurs plaies sur le cadavre, ou quand, à cause de la marche lente de la blessure, le blessé n'a pu en attendre la guérison), ainsi qu'à la nature de l'instrument vulnérant, qui a une influence sur la qualification criminelle de la blessure, en tant que cet instrument est ou non dangereux pour la vie.

A. *Dommages corporels graves.*

D'après l'art. 152 du Code pénal autrichien, il y a dommage corporel grave, quand les sévices infligés à une personne dans une intention hostile, ont eu pour conséquence : 1° une altération de la santé ou une incapacité de travail personnel d'au moins vingt jours; ou 2° un trouble de l'intelligence, ou 3° une blessure grave.

1° *Altération de la santé ou incapacité de travail personnel d'au moins vingt jours.*

Le sens juridique de l'expression *altération de la santé* n'est nullement identique avec celle de *durée de la guérison.* Comme la loi a fait une distinction entre l'altération de la santé et l'incapacité de travail, et, que cette dernière ne peut exister sans une altération organique, les dénominations d'altération et d'incapacité de travail formeraient pléonasme, si le législateur avait pris ces deux termes comme synonymes. Il s'ensuit que l'expression, altération de la santé, est synonyme de maladie accompagnée de trouble de l'état général, de fièvre, du malaise, de douleur ou autres phénomènes semblables. Car, dans le cas contraire, des lésions insignifiantes, telles que par exemple, une sugillation, qui demande souvent plus de vingt jours pour disparaître complètement, devraient être regardées comme une altération de la santé, ce qui est évidemment contraire à l'intention de la loi et à l'acception vulgaire de l'idée d'altération de la santé, tandis qu'on conçoit très-bien qu'une blessure relativement insignifiante peut, sans déterminer de maladie, donner lieu, pendant qu'elle persiste, à une incapacité de travail personnel, telle que, par exemple, certaines blessures des doigts chez des individus qui s'adonnent à des travaux manuels délicats (couture, écriture, violon).

Sous le terme « *incapacité de travail personnel* », il faut comprendre l'inaptitude au travail que l'individu a appris et pratiqué depuis longtemps. L'incapacité de travail personnel n'est donc pas l'incapacité de travail en général.

Il s'ensuit que, quand il s'agit d'apprécier l'incapacité de travail d'un individu, il faut, d'une part, prendre en considération la nature de ses occupations ordinaires et les organes et membres qui sont nécessaires à ce travail, d'autre part, voir si la blessure est telle qu'elle empêche complètement l'usage de ces organes ou membres, ou si elle le rend tellement difficile que ce travail ne puisse plus être fait avec la force et la durée nécessaires. Il y a donc une incapacité de travail personnel complète et une incapacité partielle; mais le texte de la loi ne fait pas entendre s'il a en vue l'une ou l'autre de ces incapacités, ce qui dans certains cas peut rendre l'expertise assez difficile. Malgré cela le médecin légiste ne manquera pas de désigner toute difficulté à exercer la profession habituelle, comme une incapacité de travail personnel, car il importe peu que l'individu soit encore en état d'exercer sa profession avec de grands efforts et en se faisant violence; du reste l'incapacité absolue de travail personnel est relativement rare. Dans les cas moins graves, il ne reste plus qu'à exposer en détail au juge jusqu'à quel point la profession de l'individu dans chaque cas en particulier est entravée, et à laisser au juge le soin d'admettre ou non une incapacité de travail personnel dans le sens de la loi.

Cet exposé est encore utile en ce sens que le juge se base là-dessus pour fixer les dommages et intérêts que le coupable doit au blessé.

La limite de vingt jours que la loi a fixée pour pouvoir appliquer aux sévices qui ont amené cette altération de la santé ou incapacité de travail, la qualification de blessures corporelles graves, a été choisie pour des raisons tout à fait juridiques, mais aussi parce que la chirurgie nous apprend que des blessures, qui ont une certaine gravité, exigent, en général, trois semaines avant que la maladie ou l'incapacité de travail aient disparu.

2° *Troubles de l'intelligence.*

Nous étudierons dans le même chapitre les troubles passagers et durables de l'intelligence, quoique la loi fasse une distinction entre ces deux cas.

Il est clair que le terme « trouble de l'intelligence » (*Geisteszerrütung*), employé dans la loi ne peut être pris que dans le sens de maladie mentale, que sous cette désignation l'on ne comprend pas certains troubles passagers, tels que perte de connaissance ou autres, que l'on observe après beaucoup de blessures autres que celles de la tête, mais une affection mentale, dans le sens restreint du mot, se développant après la cessation des symptômes aigus de la blessure, ou un certain temps après ces derniers.

Les troubles de l'intelligence peuvent être produits non seulement par les blessures de la tête, mais encore par celles d'un organe éloigné et même par la violence psychique qui accompagne les violences corporelles.

Que les blessures de la tête (du cerveau) donnent souvent naissance à une affection mentale, c'est là un fait connu de tout le monde. Schlager (1) a trouvé sur 500 aliénés, 49 chez lesquels le développement de la psychose était en rapport de causalité avec une blessure antérieure de la tête. L'affection mentale peut se développer immédiatement après la blessure et dans ce cas il y aurait toujours, d'après Krafft-Ebing (2), une idiotie primitive. Ces cas sont ordinairement de nature très-grave, en général incurables, mais n'offrent aucune difficulté à l'expertise, car le rapport de causalité entre la blessure et la psychose est clair et ne peut être mis en doute.

L'expertise présentera de plus grandes difficultés, si les troubles de l'intelligence ne sont survenus que quelque temps après la blessure. Il est à remarquer qu'entre la blessure et ses conséquences immédiates et l'apparition de la maladie mentale, il y a rarement un intervalle complètement exempt de symptômes, et que déjà pendant ce temps il y a ordinairement des troubles élémentaires des fonctions du cerveau, qui peuvent être regardés comme des symptômes prodromiques. Schlager et Krafft-Ebing désignent les symptômes suivants : troubles des sens, hyperesthésie de l'œil, tintements d'oreilles, difficulté de l'ouïe, vertiges, céphalalgies, tendance aux congestions cérébrales, intolérance contre les alcools, persistance de paralysie et d'anesthésies ou même leur extension, comme des signes de la persistance de l'affection cérébrale déterminée par le traumatisme; il en est de même de la continuation ou le retour intermittent des attaques apoplectiformes, et sous le rapport intellectuel, de la faiblesse de la mémoire, de la rapidité de la fatigue intellectuelle, des changements survenus dans le caractère et l'humeur du blessé.

(1) Schlager, *Zeitsch. der K. K. Gesellsch der Artze in Wien.* 1857, p. 454.

(2) Krafft-Ebing, *Vierteljahrsch. f. ger. Med.*, 1874, XXI, 56.

Les derniers symptômes, surtout leur développement progressif, sont d'une grande importance, et leur existence se montrera le plus nettement si on compare la disposition d'esprit et le caractère de l'individu, tels qu'ils étaient entre la blessure et l'apparition de l'affection mentale, avec leur état avant la blessure.

La durée de cette période prodromique peut comporter des semaines et des mois. Dans 19 cas observés par Schlager l'affection mentale s'est développée dans le courant de l'année qui a suivi la blessure et dans quatre après plus de dix ans. Ce ne sont pas toujours les blessures de la tête qui entraînent une affection mentale, mais les blessures des os du crâne rendent pourtant la vraisemblance des troubles intellectuels consécutifs beaucoup plus grande que celles des simples parties molles (1).

Mais ce qui est intéressant au point de vue médico-légal, c'est que des affections mentales peuvent se développer même après une blessure des parties périphériques. Elles surviennent quelquefois après des blessures insignifiantes, quand celles-ci, ou les cicatrices qui en résultent, donnent lieu à une excitation des terminaisons périphériques des nerfs. Ces psychoses appartiennent à la catégorie des troubles réflexes, de même que l'épilepsie périphérique, si souvent observée. Griesinger a réuni une série de cas de ce genre, survenus après des blessures légères, et croit que beaucoup de blessures de la tête ne donnent lieu à des psychoses que de cette façon. Kœppe et Wendt (2) ont décrit des observations analogues plus récentes. On a observé aussi bien des états mélancoliques que des états d'exaltation, et dans certains cas, comme particulièrement dans celui de Wendt (blessure des parties molles du crâne), les troubles psychiques revenaient périodiquement et par accès, avaient donc un caractère épileptiforme, une observation qui peut être très-bien utilisée dans la recherche et l'expertise de ces cas.

Dans une autre série de cas c'est moins la blessure, que la violence psychique qui l'accompagne, qui donne lieu à une maladie mentale. Que la peur et la frayeur puissent être une cause de psychoses, c'est un fait universellement reconnu, et qui devient plus vraisemblable encore si ces excitations sont accompagnées de violences corporelles. Les troubles psychiques ainsi produits atteignent moins l'intelligence que le caractère de l'individu et se compliquent souvent d'attaques hystériques ou épileptiformes. Il est à remarquer que, dans ces cas, ces troubles se montrent immédiatement

(1) Griesinger, *Psychische Krankheiten*, 3e édition, 1871, p. 182.

(2) Wendt, *Virchow's Jahrb.*, 1874, II, 104.

après la cause, tandis que dans les cas, où une lésion grave du cerveau donne lieu à une affection mentale, on n'observe de troubles sensibles de l'intelligence qu'après un certain temps (Krafft-Ebing).

Dans tous les cas, où il y a eu troubles de l'intelligence après une blessure, il y aura lieu de voir s'il n'y a pas d'autres causes qui auraient pu provoquer cette affection mentale, ou si la blessure et les violences corporelles n'ont déterminé l'explosion de la maladie que parce qu'il y avait déjà une prédisposition à la folie. Il faudra sous ce rapport recueillir avec soin tous les commémoratifs, et prendre en considération tous les faits qui peuvent directement donner lieu aux affections mentales primitives ou constituer des causes prédisposantes.

Comme la loi fait une distinction entre une affection mentale passagère et une affection incurable, on devra dans chaque cas indiquer le pronostic de la maladie. L'idiotie primitive, après une blessure de la tête, est, comme nous l'avons dit, presque toujours incurable. Mais les psychoses qui se développent un certain temps après des blessures de la tête comportent également un pronostic grave. Presque tous les cas observés par Schlager se sont montrés incurables et sept fois ils se sont terminés par l'idiotie avec paralysie. Le pronostic est plus favorable dans les psychoses par action réflexe à la suite de blessures périphériques, et on sait, ainsi que l'a fait remarquer Kœppe, que l'excision de la cicatrice, qui exerce une excitation sur la terminaison périphérique du nerf, peut être suivie d'une amélioration et même d'une guérison de ces états psychopathiques. Dans les cas où la psychose est due à la violence psychique qui a accompagné la blessure, le pronostic est grave, parce que ces cas concernent presque toujours des individus, ayant par hérédité une prédisposition aux affections mentales qui, une fois développées, prennent ordinairement une marche progressive et même rapide. Krafft-Ebing a fait la même observation dans les cas qu'il a décrits.

3° *Blessures graves.*

Il est très-difficile de définir une blessure grave, en effet il arrive tous les jours que des médecins déclarent une blessure grave, tandis que d'autres la qualifient de blessure légère. Herbst définit ainsi une blessure grave « une blessure qui a atteint et troublé dans ses fonctions un organe ou système d'organes importants pour la vie, ou a eu pour conséquence la perte ou l'infirmité d'une partie du corps nécessaire à l'intégrité de tout le corps. » Cette définition s'accorde avec la nôtre pour sa seconde partie; quant à la première partie nous ferons remarquer que ce n'est pas l'importance de l'organe lésé, mais le degré de cette lésion ou des troubles de ses fonctions, qui constitue la gravité d'une blessure. Nous regardons comme une blessure grave celle qui peut être déclarée comme telle en dehors de la durée de l'altération de la santé et de l'incapacité de travail personnel qu'elle a pu entraîner.

B. *Circonstances aggravantes des blessures* (1).

Il s'agit dans ces cas de répondre à deux questions :

1° L'instrument employé est-il tel qu'il constitue *ordinairement* un danger pour la vie ;

2° S'en est-on servi d'une façon qui constitue *ordinairement* un danger pour la vie.

Pour ce qui est de la première question, il ne s'agit pas de savoir s'il est possible de déterminer avec l'instrument une blessure dangereuse pour la vie, mais si cet instrument est un de ceux dont l'emploi constitue *ordinairement* un danger pour la vie, ou, en d'autres termes, si l'instrument présente des caractères tels, que celui qui s'en servait pouvait et devait savoir que l'usage de cet instrument contre un homme entraînait un danger pour la vie de ce dernier. A cette catégorie appartiennent tous les instruments qui sont fabriqués dans le but de donner la mort, par conséquent toutes les armes dans le sens restreint du mot, fusils, poignards, casse-tête, de même que ceux, qui étant faits dans un autre but, sont cependant capables de devenir des armes redoutables, tels que couteaux, haches, etc.

Il est évident qu'il faut ranger dans la même catégorie, des instruments de tout autre nature, quand ils sont tels, qu'il ne puisse y avoir de doute, pour une personne possédant sa raison, qu'employés d'une certaine façon, ils peuvent devenir un danger pour la vie.

C'est ainsi que nous n'avons pas hésité à déclarer, une barre de fer carrée longue de $1^{m},50$ et épaisse de 3 centimètres, avec laquelle on avait déterminé une blessure grave de la tête, un instrument pouvant menacer ordinairement la vie. Par contre dans un autre cas, dans lequel on avait jeté un pavé pesant deux kilogrammes contre un prêtre qui avait été légèrement blessé, nous avons déclaré que cette pierre n'était pas un instrument dont l'usage constituait ordinairement un danger pour la vie.

(1) *Code pénal autrichien*, § 155 (voir en tête du chapitre).

Même les couteaux et les autres instruments pointus ne présentent pas toujours des conditions qui puissent constituer un danger pour la vie. C'est ainsi qu'un ivrogne avait dans une maison de correction, blessé une sœur de charité avec un couteau de poche et lui avait fait une égratignure insignifiante au front. Le couteau dont il s'était servi était très-vieux et en mauvais état. La lame ainsi que le manche n'avaient que 5 centimètres de long; la première était branlante, complètement émoussée, usée et arrondie à la pointe par un long usage. En considération de ces caractères nous déclarâmes que ce couteau n'était pas un instrument pouvant *ordinairement* porter atteinte à la vie. Nous fîmes la même réponse à propos d'une vieille alène de cordonnier avec laquelle on avait fait une blessure légère dans la peau du ventre d'un individu.

Pour ce qui est de la seconde question, à savoir si cet instrument a été employé d'une façon constituant *ordinairement* un danger pour la vie, on y répondra en prenant en considération d'une part la direction, d'autre part la force avec laquelle cet instrument a été manié. Nous répondrons affirmativement à cette question, si les instruments tranchants, piquants ou contondants ont été dirigés contre des organes dont chacun connaît l'importance pour la vie, par exemple : la tête, le cou, la poitrine ou le ventre. Pour la constatation de la direction on aura égard, non seulement au siège de là blessure, mais encore à la direction du trajet et aux autres caractères de la plaie. Nous ferons remarquer cependant à ce sujet-là que l'instrument peut être dévié de sa direction primitive de façon à ce que la blessure n'offre plus de danger pour la vie, de même qu'il peut arriver qu'une blessure non dirigée contre des organes importants, devienne, par sa déviation, dangereuse pour la vie. Le premier cas est de beaucoup le plus fréquent, et la déviation peut avoir lieu parce que le coup a été paré ou parce que l'instrument a glissé sur des vêtements ou bien des corps durs qui se trouvaient accidentellement sur l'endroit touché (boutons, boucles, objets portés dans la poche, etc.), ou encore sur des os (côtes, os du crâne).

On peut voir la force avec laquelle l'instrument a été manié par les caractères de la blessure même, quand par exemple l'instrument a traversé des os ou par la nature des objets que l'instrument a dû traverser avant d'arriver à la surface du corps ou qui ont empêché l'arme de pénétrer plus profondément.

Dans un cas que nous connaissons, un couteau dirigé contre la région du cœur avait rencontré une liasse de papiers que l'individu attaqué portait par hasard dans la poche du côté gauche de sa redingote, l'avait traversée malgré son épaisseur ainsi que les habits et s'était enfoncé encore d'un centimètre dans la poitrine. Il ne pouvait y avoir de doute dans ces circonstances que l'instrument ainsi que son mode d'emploi n'aient constitué un danger pour la vie. Dans un autre cas, c'était une chaîne de montre en acier ; dans un troisième, c'était la bandoulière d'un fusil qui avait arrêté le coup et l'on connaît un grand nombre de cas où les coiffures ont préservé la tête d'une blessure grave.

Lit. *b*. « Si la blessure a eu pour conséquence une altération de la santé ou une incapacité de travail personnel d'au moins trente jours. »

On n'a qu'à se reporter à ce que nous avons dit précédemment à propos de l'incapacité de travail en général.

Lit. *c*. « Si la blessure a été accompagnée de douleurs particulièrement violentes. »

Comme dans un autre article, la loi parle de douleurs particulières, on n'entend pas par là les douleurs qui suivent toutes les blessures en général, mais celles qui ont eu lieu au moment même où la blessure a été faite.

Ceci se présente surtout dans ce qu'on appelle le lyncher (lynchen) ou dans les mauvais traitements exercés contre des enfants (1). Nous avons eu à faire un rapport sur un cas de ce genre : un maître boulanger dans une dispute avec un de ses ouvriers, un homme très fort, fut mordu au pouce par ce dernier qui, malgré ses cris et l'intervention de plusieurs personnes, continua pendant plusieurs minutes à le mordre et à lui broyer son pouce, à tel point que celui-ci fut atteint de gangrène et perdu. Comme dans ce cas la prolongation intentionnelle de la blessure était accompagnée de douleurs violentes, nous n'avons pas hésité à déclarer que la production de cette blessure avait été accompagnée de douleurs particulièrement violentes.

Lit. *e*. « Si la blessure grave est devenue un danger pour la vie. »

Nous pensons qu'il faut s'en tenir ici au texte même de la loi, et qu'une blessure ne peut être déclarée dangereuse pour la vie que si les suites, c'est-à-dire les symptômes auxquels elle a donné lieu, ont permis de craindre pour la vie du blessé. Si ces symptômes ne se sont pas montrés, on n'a aucune raison d'admettre que la blessure ait constitué un danger pour la vie, même si elle a atteint des organes essentiellement nécessaires à la vie, car une blessure

(1) Voy. Tardieu, *Étude médico-légale sur les séries de mauvais traitements exercés sur les enfants* (*Ann. d'hyg.*, 1860, t. XIII, p. 361), et *Étud médico-légale sur les blessures*. Paris, 1879, p. 69.

compromettant la vie sans symptômes graves impliquerait contradiction.

C. *Circonstances aggravantes du* § 156.

Le § 156 vise les suites durables d'une blessure dont l'existence entraîne le maximum de la peine, c'est-à-dire entre cinq et dix ans de travaux forcés.

Sont regardées comme telles :

Lit. *a.* « La perte ou une faiblesse durable de la parole, de la vue ou de l'ouïe ; la perte de l'aptitude à la procréation, la perte d'un œil, d'un bras ou d'une main, ou toute autre mutilation ou défiguration graves. »

1° *Perte ou faiblesse durable de la parole.*

Il est inutile de définir ce qu'on entend par perte de la parole, même si l'individu est encore en état d'articuler avec peine quelques mots plus ou moins compréhensibles. Par contre, l'expression « faiblesse de la parole » est très-élastique, car si nous la prenons comme synonyme de difficulté d'articuler, on pourrait l'admettre déjà quand par exemple elle est due à la perte d'une dent de devant. Mais il est certain que la loi a en vue non ces troubles légers et cependant durables, mais seulement des difficultés graves de la parole.

Celles-ci peuvent être déterminées par une blessure directe des organes de la voix, de la langue, du palais, de la cavité buccale et surtout du larynx (1), en outre, par la blessure des nerfs, grand hypoglosse et récurrents, qui prennent part à la formation de la parole (2).

Nous avons observé nous-même un cas du dernier genre.

Un garçon de ferme, qui avait auparavant une forte voix de basse, reçut, dans le cou à la face interne du muscle sterno-mastoïdien droit, un coup de couteau qui avait ouvert la trachée à environ 3 centimètres au-dessous de la moitié droite du cartilage cricoïde. Dans les premiers jours, le blessé ne fut pas en état de parler, ce que l'on attribua à l'ouverture de la trachée. Mais, même après la guérison de la plaie de la trachée, la parole resta difficile et éteinte et, bien que cet état se fût amélioré, nous trouvâmes cependant après neuf mois, au moment où le cas fit le sujet d'une expertise, une voix fortement enrouée, et à l'examen laryngoscopique une paralysie de la corde vocale droite. Nous conclûmes à une blessure

(1) Ces troubles de la parole peuvent être produits aussi bien par des plaies pénétrantes que par d'autres blessures. C'est ainsi que Schnitzler (*Wr. méd., Presse*, 1874, v. 42 et 44) a observé une fracture du cartilage arythénoïdien et une déchirure longitudinale de la corde vocale droite chez un homme qui avait failli être étranglé et avait conservé depuis ce temps une perte de la parole.

(2) Galien déjà connaissait l'importance de ce nerf dans la production de la parole, car il avait trouvé que des cochons, à qui on avait coupé ce nerf des deux côtés, ne pouvaient plus crier (Brucke's *Vorlesungen*, II, 93).

du nerf récurrent et, bien que cet état pût s'améliorer, nous déclarâmes cependant invraisemblable le recouvrement complet de la voix et nous nous prononçâmes pour une faiblesse durable de la parole.

Ce qui est remarquable c'est l'aphasie après les blessures du cerveau et surtout du lobe frontal gauche. Bonnafont (1) a réuni une série de cas semblables. Wernheer en a décrit un cas récemment (2). Clarus (3) rapporte cinq cas d'aphasie chez des enfants après des blessures de la tête, dont deux avec guérison complète et un autre avec guérison incomplète.

Nous ferons remarquer enfin que la perte et l'affaiblissement de la parole peuvent être produits par une frayeur subite.

Dans tous ces cas, outre le degré de trouble de la parole, il faut encore voir si la perte ou l'affaiblissement de la parole peut être considéré comme durable. Les troubles de la parole dont nous venons de parler en dernier lieu, ne s'observent en général que chez des individus qui ont été auparavant névropathiques, surtout chez les femmes hystériques, peuvent même être simulés et sont rarement des mutités durables. Même si l'origine est due à d'autres causes, il ne faut pas se hâter d'affirmer que la mutité est durable, car la plupart des processus pathologiques qui entraînent la perte de la parole exigent un temps assez long pour revenir à l'état normal.

2° *Perte ou faiblesse durable de la vue.*

Cet article a été diversement compris et interprété, les uns ne l'appliquant qu'à la perte ou la faiblesse durable de la vue des deux yeux, tandis que d'autres l'appliquent déjà aux troubles ou à l'affaiblissement de la vue d'un seul œil. Nous concluons à cette dernière interprétation en ce sens que nous regardons comme un affaiblissement de la vue la perte ou la diminution de la vue d'un seul œil; car au point de vue pure ment médical nous sommes forcés d'admettre que si la vue d'un œil est perdue ou troublée, la vue en général est devenue moins bonne et a par conséquent été affaiblie.

3° *Perte ou faiblesse durable de l'ouïe.*

Bien qu'il faille admettre que la perte ou l'affaiblissement de l'ouïe d'un seul côté constitue un affaiblissement de l'ouïe en général,

(1) Bonnafont, *Mémoires sur quelques blessures du cerveau, notes prises sur le champ de bataille tendant à prouver que les lobes antérieurs sont le siége de la parole* (*Union médicale*, 1847).

(2) Wernheer, *Virchow's Archiv.*, 1872, p. 289.

(3) Clarus, *De l'aphasie chez les enfants* (*Jahrb. für Kinderheilk*, 1874, VII, 369).

cependant cette perte n'a pas une si grande importance que celle de la vue d'un œil. Le législateur avait évidemment en vue l'ouïe en général et n'a pas fait de distinction entre l'ouïe d'une ou des deux oreilles, comme il l'a fait pour la vue. Ici encore nous admettrons que la loi n'entend par faiblesse de l'ouïe qu'une diminution générale de l'ouïe et de même que pour l'affaiblissement de la vue, le médecin légiste devra dans les cas douteux se borner à exposer la nature et le degré des troubles des fonctions de l'organe des sens affecté et laisser aux juges ou au jury le soin de décider si tel ou tel cas rentre dans la catégorie prévue par l'alinéa A du § 156.

4° Perte de l'aptitude à la procréation.

La loi ne parle que de la perte de l'aptitude à la procréation et non, comme pour la parole, la vue et l'ouïe, d'un simple affaiblissement de cette aptitude. Elle ne fait non plus aucune distinction entre la perte de l'aptitude au coït et celle de l'aptitude à la fécondation ou de la conception ; il est certain cependant que la perte de chacune de ces aptitudes doit être regardée comme une perte de l'aptitude à la procréation. Cependant cette suite de blessures est excessivement rare et se rencontre surtout chez les hommes dont les parties génitales deviennent assez souvent dans les rixes ou dans des farces grossières l'objet d'une violence ; celle-ci toutefois est rarement de nature à entraîner des blessures qui, comme la perte du pénis, la castration double ou le broiement des deux testicules, peuvent entraîner et entraînent la perte de l'aptitude à la procréation.

Récemment à Vienne, un jeune homme avait eu le pénis coupé à sa racine par son ancienne maîtresse qu'il avait abandonnée, et cette blessure fut naturellement déclarée propre à entraîner la perte de l'aptitude à la procréation.

La perte de l'aptitude à la procréation, comme suite de blessures, se rencontre encore plus rarement chez la femme que chez l'homme ; elle peut être produite par des cicatrices considérables et incurables du vagin à la suite de déchirures ou d'autres blessures de ce genre.

Dans un cas communiqué par Casper-Limann, et le seul de ce genre, une jeune fille fut surprise par trois domestiques qui lui déchirèrent le périnée par l'introduction violente des doigts, de sable et de pierres dans les parties génitales, à tel point que la guérison n'eut lieu qu'après une longue maladie et une opération plastique, qui laissa une grande cicatrice du périnée, toutefois sans rétrécissement de l'entrée du vagin lui-même. Casper déclara devant le jury que, malgré la conservation de l'aptitude au coït et à la conception, il fallait pourtant admettre ici une perte de l'aptitude à la procréation dans le sens le plus large du mot, parce que l'aptitude à l'accouchement, qui constitue certainement un facteur important de l'aptitude à la procréation de la femme, avait tellement souffert qu'il était à craindre que dans un accouchement ultérieur, la cicatrice du périnée ne se déchirât de nouveau et que la personne fût encore une fois horriblement mutilée pour le reste de la vie.

Le procureur du roi et le jury acceptèrent cette interprétation et le coupable fut condamné à douze ans de travaux forcés.

5° *Perte d'un œil, d'un bras ou d'une main, ou mutilation ou défiguration considérables.*

On entend par *mutilation*, dans le sens le plus large, la perte de membres ou de parties de membre. Toutefois il est certain que, pour qu'il y ait circonstance aggravante, cette acception doit être prise dans un sens plus restreint, puisque on cite comme exemple de mutilation la perte d'un bras ou d'une main et que la loi ne vise que la perte de parties plus importantes, c'est-à-dire de membres entiers ou d'une grande partie de ceux-ci, mais non la perte d'un doigt ou d'une phalange. On peut se demander si la loi entend par perte d'un membre son détachement complet ou déjà l'impossibilité de s'en servir. Mais comme l'impossibilité de se servir d'un bras, d'une main, etc., a pour le blessé la même signification que la perte complète d'un membre, on est en droit, au point de vue médical, d'identifier ces deux genres de suites de blessures, ou d'exposer leur analogie au juge ou au jury.

Herbst (1) définit la défiguration un changement désagréable de l'aspect de l'homme, Goyer, un changement considérable d'une partie du corps frappant le plus la vue, et Limann, un changement incurable de la forme d'une partie du corps, faisant une impression choquante ou désagréable.

On entend donc par défiguration un défaut de beauté étant la suite d'une blessure, par conséquent une chose purement esthétique, dont l'appréciation n'est plus exclusivement médicale, et peut être remise au public et surtout au jury.

La défiguration, de même que la mutilation, doit être frappante pour être regardée comme une circonstance aggravante, toutefois il est impossible de déterminer quand une mutilation cesse ou commence à être frappante. Cependant il est recommandé d'examiner l'individu, non pas nu, mais habillé et de dire si la défiguration déterminée par la blessure est telle qu'elle se remarque immédiatement sur l'individu même habillé. Les défauts qui peuvent facilement être cachés ne doivent pas compter pour une défiguration.

(1) Herbst, *Loc. cit.*

La loi donne comme exemple d'une défiguration frappante, la perte d'un œil et celle du nez ; de ce genre sont aussi les cicatrices étendues du visage, telles qu'on les rencontre après les brûlures par le feu et les liquides caustiques, des déviations considérables du tronc dont nous avons vu un exemple après des brûlures étendues, enfin une claudication très prononcée à la suite d'une blessure.

Il est évident que l'importance de la défiguration, comme suite d'une blessure, dépendra surtout de l'individu lui-même, et que des cicatrices de la figure, que nous hésiterons à regarder comme une défiguration chez un homme, peuvent être considérées comme telle chez une jeune fille, parce que chez celle-ci la défiguration du visage par des cicatrices, non seulement se remarque plus, mais a encore plus d'importance que chez un homme. Le Code civil autrichien (art. 1326) prend en considération cette circonstance : « Si cette personne est du sexe féminin et que son avenir est ainsi compromis. »

De même chez des jeunes filles et de jeunes femmes une blessure du bras ou de la poitrine peut être regardée comme une défiguration frappante dans le sens de la loi, tandis que ces mêmes déformations peuvent n'avoir qu'une importance insignifiante chez l'homme.

De plus, surtout quand il s'agit de défiguration du visage, on prendra en considération l'état antérieur de l'individu, et il est clair que les cicatrices de la figure auront plus de gravité chez une jeune personne que chez un vieillard ou une personne qui auparavant déjà était fortement défigurée.

Lit. *b*. « Infirmités incurables ou maladies incurables ou affection mentale sans probabilité de guérison. »

Il aurait certainement été beaucoup plus simple si la loi, au lieu de faire les distinctions précédentes, s'était contentée de désigner les maladies incurables, mentales ou corporelles, comme des suites particulières moins graves d'une blessure. Si elle ne l'a pas fait, la raison paraît en être que la loi a voulu désigner particulièrement l'infirmité persistante et les maladies mentales incurables, et que dans ce paragraphe elle a voulu indiquer les maladies incurables graves et non toutes les maladies incurables sans distinction. Dans le langage ordinaire, on attache à l'expression *infirmité* l'idée non seulement d'une maladie chronique mais encore d'une incapacité de gagner sa vie par suite de la faiblesse du corps et de la difficulté à se tenir debout. Comme la loi ne parle que d'infirmités persistantes, il ne peut être question ici que d'états incurables ; comme tels, nous citerons particulièrement les paralysies de tout le corps ou les hémiplégies persistant après des blessures de la tête ou de la moelle épinière, ou encore après des intoxications, de même que les états épileptiformes, les rétrécissements de la trachée ou de l'œsophage pouvant avoir pour cause ou des blessures ou des brûlures, les fistules vésicales ou rectales, etc.

Il est difficile d'établir la limite entre une affection incurable et une infirmité ; nous nous contenterons seulement de faire remarquer que, d'après une décision du tribunal suprême, on entend par maladie, les affections non seulement internes mais encore externes (chirurgicales).

Nous avons déjà parlé plus haut des affections mentales sans probabilité de guérison.

Lit *c.* « Incapacité persistante de travail personnel. »

Nous en avons déjà parlé dans le précédent chapitre.

L'art. 132 de l'ordonnance de la procédure criminelle autrichienne exige que les experts désignent quelles sont les blessures du corps ou les troubles de l'intelligence qui, par eux-mêmes ou par leur action réunie ou par les circonstances particulières du cas, doivent être regardés comme *légers*, *graves* ou *mortels*.

On conçoit, et il arrive assez souvent que des blessures, dont chacune en particulier peut être regardée comme légère, compromettent la vie par leur *action réunie*. A cet ordre appartiennent les coups de bâton, de knout et de verges ou autres dont chaque coup en particulier n'a qu'une gravité insignifiante, mais qui, par leur nombre, peuvent déterminer des symptômes souvent graves et même mortels. Il en est de même de l'hémorrhagie qui, lorsqu'elle a lieu par plusieurs plaies, peut avoir un caractère grave, tandis que la perte de sang par chaque plaie en particulier est rerelativement légère. Il est inutile de rappeler que la marche d'une blessure peut être influencée par l'existence d'une ou de plusieurs autres blessures.

Cette action combinée de plusieurs blessures peut se rencontrer aussi bien dans les cas de mauvais traitements par un seul individu que dans ceux où plusieurs individus frappent en même temps sur une même personne, comme dans la bastonnade et le lyncher.

Ce qui est bien plus difficile c'est la qualification d'une blessure *légère grave ou mortelle* par elle-même, ou par les circonstances particulières du cas. L'art. 129 du Code pénal autrichien exige du médecin qu'il déclare si les blessures (*a*) par leur nature en général, (*b*) par suite d'une disposition individuelle ou par un état particulier du blessé, (*c*) par les circonstances dans lesquelles elles ont eu lieu, (*d*) par suite de causes intercurrentes accidentelles, déterminées ou amenées cependant par les blessures, ont entraîné la mort ou (*e*) si la mort aurait pu être évitée par un traitement approprié et employé à temps. La loi entend donc par blessures ayant déterminé la mort par elles-mêmes, des blessures qui entraînent *ordinairement* la mort, tandis que les blessures devenues mortelles par les circonstances particulières du cas, rentrent dans la catégorie de celles dont parle l'article § 129) ci-dessus.

Le médecin légiste aura donc à décider :

1° Si l'acte ayant déterminé la blessure devait, par sa nature même, entraîner la mort.

2° Si la marche ou la terminaison de la blessure était due à la nature même de la blessure ou à d'autres circonstances.

1° La réponse sera affirmative et facile si la blessure a été faite avec une grande force et avec des instruments que le coupable savait devoir produire des blessures mortelles. Par contre la réponse sera négative, si des violences relativement insignifiantes et reconnues en général comme inoffensives, telles que soufflets, coups de poing, etc., ont déterminé des blessures graves, dangereuses ou même mortelles, et s'il est prouvé, que des circonstances corporelles tout à fait exceptionnelles et inconnues de celui qui frappait, ont été la cause d'une terminaison si extraordinaire et inattendue. C'est ce que la loi désigne sous la dénomination de *disposition corporelle particulière*.

C'est une disposition corporelle particulière de ce genre qui fait que souvent l'ébranlement de la tête par un soufflet, un coup de poing ou même un contre-coup, peut avoir une terminaison malheureuse. Werner (1) rapporte le cas d'un individu qui, dans une dispute, reçut un coup de poing sur l'occiput et tomba aussitôt mort. A l'autopsie on trouva un sarcome de la dure-mère, qui avait usé les os du crâne à l'endroit même où l'individu avait reçu le coup de poing. Comme disposition corporelle particulière on pourrait encore citer la pachyméningite hémorrhagique si fréquente chez les alcooliques, et dans laquelle un ébranlement peu considérable peut déterminer la rupture des vaisseaux friables dont se composent les membranes pachyméningitiques. Nous avons publié un cas semblable, il y a deux ans (2). De cet ordre sont encore les états hydrocéphaliques, qui sont fréquemment la cause des terminaisons malheureuses des mauvais traitements que les enfants subissent souvent de la part de leurs maîtres (soufflets, action de tirer les cheveux ou les oreilles). Nous avons fait l'autopsie d'un garçon de quatorze ans atteint d'hydrocéphalie très-prononcée et d'une amaurose congénitale,

(1) Werner, *Vierteljahrsch. f. gerich. Med.*, 1863, XXIV, 117.

(2) Hofmann, *Wiener med. Presse*, 1876, n° 45.

qui avait été jeté par un autre garçon en bas d'une marche éloignée à peine d'un mètre du sol, qui perdit immédiatement connaissance, et fut pris de convulsions, bien qu'il fût tombé sur le siège, et que sa tête n'eût frappé sur aucun autre corps. Il mourut au bout d'une heure, et à l'autopsie on ne put découvrir qu'une hydrocéphalie considérable.

On admettra également une disposition corporelle particulière dans les cas où un coup insignifiant a déterminé la rupture d'un anévrysme ou, comme Hyrtl en rapporte un exemple, celle d'une ulcération intestinale. Il en est de même de la fragilité anormale des os, de l'hémophilie, de certaines affections aigues ou chroniques, telles que tuberculose, alcoolisme, etc.

L'état particulier dont parle le paragraphe *b* de l'article ci-dessus cité s'applique à des états ordinairement passagers, dans lesquels l'individu s'est justement trouvé au moment de l'accident. Dans cette catégorie on pourrait ranger peut-être la grossesse, surtout la grossesse tubaire, dans laquelle un coup insignifiant porté dans le bas-ventre peut déterminer la rupture de la trompe, et dans certains cas l'état d'ivresse.

2° Ils ne sont pas rares, les cas où la raison de la terminaison défavorable d'une blessure et surtout de la longue durée de l'altération de la santé et de l'incapacité de travail se trouve dans des conditions individuelles ou accessoires.

Aux conditions individuelles appartiennent les états pathologiques généraux ou locaux, que nous désignons par l'expression de disposition particulière du corps.

Comme conditions accessoires nous trouvons le manque de ménagements ou de soins de la part du blessé, circonstance qui se rencontre assez souvent quand le blessé ne connaît pas l'importance de la blessure, comme cela arrive souvent pour les plaies de la tête, ou ne s'en est pas soucié, la blessure ne déterminant d'abord que peu ou point de symptômes, et a vaqué tranquillement à ses occupations ordinaires. On voit assez souvent l'importance d'une plaie de la tête méconnue même par des médecins.

A cette catégorie appartient encore la gangrène, si elle n'est pas produite par la nature de la blessure, mais par des causes extérieures, telles que mauvais pansements, ou par infection (gangrène nosocomiale). Il est certain qu'un grand nombre de processus pathologiques, tels que la septicémie, l'érysipèle, le tétanos, ne sont que des complications accidentelles, mais il sera souvent difficile, sinon impossible, de déterminer si ces complications ont été produites par des causes nocives extérieures ou par des influences inévitables par suite de leur nature et de leur marche inconnues.

Quand la loi demande si par un traitement approprié et fait à temps on aurait pu éviter la mort, il faut entendre la question de cette façon : si l'intervention médicale, étant possible, a été négligée, et si cette négligence ou un traitement appliqué mal à propos a influencé l'issue malheureuse de la blessure ; on ne peut pas admettre que la qualification de la blessure puisse être modifiée par ce fait, qu'un individu auquel on a sectionné la carotide ou l'artère crurale aurait pu être sauvé, s'il s'était trouvé immédiatement un médecin pour entreprendre la compression ou la ligature de l'artère, car il est évident qu'il ne peut pas être question de secours médical immédiat dans les circonstances où se produisent d'ordinaire ces blessures.

Mais il arrive souvent qu'on cherche des secours, non chez un médecin, mais chez des rebouteurs qui s'occupent de préférence du traitement des blessures. Le médecin devra dans son rapport signaler le traitement fait mal à propos par le rebouteur et son influence sur la prolongation de la durée de la guérison ou de ses suites graves.

§ 2. — BLESSURES MORTELLES.

Toute blessure qui a entraîné la mort est une blessure mortelle. Il importe peu que la blessure ait déterminé la mort immédiatement ou consécutivement, ou que la blessure dans un autre cas n'aurait pas été mortelle. En d'autres termes, une blessure est qualifiée de mortelle, si dans un cas particulier il y a un rapport de cause à effet entre la blessure et la mort, sans prendre en considération la gravité ordinaire de cette blessure, et ce n'est que dans le rapport qu'on indiquera pourquoi, dans ce cas, la blessure a entraîné la mort.

En général, si la mort est survenue à la suite de blessure mécanique, il y aura lieu de rechercher et de spécifier ces trois points sur lesquels l'art. 129 de l'ordonnance de la procédure criminelle autrichienne demande une réponse au médecin :

1° Quelle était la cause prochaine de la mort ?

2° Cette cause a-t-elle été occasionnée par une blessure, et par quelle blessure ? et dans le cas d'une réponse affirmative,

3° Cette blessure est-elle le fait d'une tierce personne et comment a-t-elle été déterminée ?

A. *Cause prochaine de la mort.*

La détermination de la cause prochaine de la mort, c'est-à-dire de la cause qui a déterminé la mort d'un homme à la suite d'une blessure, n'est pas toujours facile, surtout si celle-ci a été produite non par des altérations matérielles d'organes importants pour la vie, mais par des troubles de fonctions importantes pour la vie, mais difficiles à trouver ou à reconnaître anatomiquement. Dans ce dernier cas, nous sommes souvent forcés de déduire la cause prochaine de la mort moins du résultat de l'autopsie que des commémoratifs, en tenant compte de l'observation pathologique et physiologique comparée à la nature de la lésion dont il s'agit.

On peut diviser les *causes prochaines de la mort* après les blessures, en *causes primitives* ou *immédiates* et en *causes secondaires* ou *médiates*, sans pouvoir établir une distinction très-tranchée entre ces deux catégories.

1° *Causes primitives ou immédiates.*

Aux causes primitives ou immédiates de la mort appartiennent :

A. *La destruction ou lésion grave d'organes indispensables à la vie*, par exemple, du cerveau, de la moelle épinière, des poumons ou du cœur, dont nous trouvons le degré le plus avancé dans le morcellement de tout le corps après les explosions ou d'autres forces énormes du même genre.

La destruction de ces organes et à la suite la suspension brusque de leurs fonctions sont tellement claires, qu'il suffit de les désigner comme causes prochaines de la mort et qu'il est tout à fait superflu de rechercher une autre cause plus prochaine dans le sens strictement physiologique du mot.

B. D'autres *troubles mécaniques des fonctions* d'organes indispensables à la vie, tels que du cerveau ou de la moelle épinière par compression à la suite d'un épanchement, des poumons par ouverture du thorax avec ou sans lésions des poumons eux-mêmes, du cœur à la suite d'un épanchement sanguin dans le péricarde empêchant les mouvements du cœur, etc.

C. L'*hémorrhagie*, une des causes prochaines de la mort les plus fréquentes après les blessures. Elle survient après les blessures du cœur ou des gros vaisseaux, ou après celles des organes parenchymateux riches en sang, tels que le foie, la rate et les poumons.

On peut distinguer les hémorrhagies en externes ou internes : dans les premières le sang, s'écoulant par la blessure, abandonne le corps ; dans l'autre il se répand dans l'une des cavités du corps.

Le diagnostic de l'hémorrhagie se tire, d'une part, de la nature de la blessure, de l'épanchement d'une grande quantité de sang dans certaines cavités du corps ou en dehors du corps ; d'un autre côté, de l'anémie considérable du cadavre que l'on peut reconnaître immédiatement, par l'examen extérieur, à la pâleur remarquable de la peau et des muqueuses, par le peu de développement ou même l'absence complète des lividités cadavériques, et, par l'examen interne, à la petite quantité de sang contenue dans le cœur et les gros vaisseaux, mais surtout à l'anémie surprenante, la pâleur et la siccité des organes parenchymateux.

Dans les cas les plus prononcés d'hémorrhagie, celle-ci ne peut être méconnue; il faut se rappeler cependant que dans aucune forme d'hémorrhagie le corps ne perd tout son sang et qu'il en reste toujours une quantité plus ou moins considérable (1).

L'anémie est ordinairement plus prononcée dans les hémorrhagies externes que dans les hémorrhagies internes, et nous l'avons vue déjà trois fois portée à un degré tel que nous n'avons pu trouver traces de lividité cadavérique, même plusieurs jours après la mort.

Dans les hémorrhagies internes elle est rarement aussi prononcée, parce que d'une part la capacité des cavités du corps ne permet pas l'épanchement d'une trop grande quantité de sang, et que d'autre part le sang épanché entrave souvent dans ces cas d'autres fonctions, par exemple les mouvements du cœur et la dilatation des poumons, et amène ainsi rapidement la mort. En dehors de ces circonstances, les conditions individuelles paraissent avoir une certaine influence sous ce rapport, et ce sont elles probablement qui déterminent la quantité de sang que l'on peut perdre jusqu'à ce qu'il y ait arrêt des mouvements du cœur. Nous savons aussi par expérience que les hémorrhagies de longue durée, mais peu intenses, ou revenant seulement par intervalles, déterminent un degré d'anémie beaucoup plus avancée que les hémorrhagies aiguës.

On n'oubliera pas, avant de faire le diagnostic d'anémie par hémorrhagie, que l'individu a pu avoir été anémique déjà auparavant et qu'il y a toute une série d'autres maladies, qui peuvent donner lieu à une anémie considérable (carcinome, tuberculose, leucémie, chlorose), mais que l'on pourra facilement exclure en général.

On n'oubliera pas non plus que sur les cadavres putréfiés on peut observer, comme manifestation d'une putréfaction avancée, l'absence de sang dans le cœur et les gros vaisseaux, absence due à ce que le sang rendu liquide et décomposé a imprégné les parois vasculaires et a passé par celles-ci dans les tissus voisins ou dans les différentes

(1) Bischoff a trouvé chez les adultes, 7,7 0/0, Welker, chez les enfants, 5,2 0/0 de sang pour 100 parties du corps, de sorte qu'un homme de 143 livres doit avoir 11 livres de sang (Brucke, *Vorlesungen*, 1874, I, 120).

cavités séreuses. Ce serait donc une faute grossière de déduire le diagnostic d'une hémorrhagie antérieure de l'état de vacuité du cœur et des gros vaisseaux.

D. Une des causes prochaines et fréquentes de la mort après les blessures, c'est *le schok*, dénomination par laquelle on désigne l'arrêt du cœur (paralysie du cœur), produit par voie réflexe par l'excitation intense des terminaisons périphériques des nerfs sensitifs. On peut observer la mort par *schok* après des blessures graves, mais relativement plus souvent après des blessures de la peau, légères mais nombreuses et très-douloureuses soit par elles-mêmes, soit par leur succession rapide, comme on l'observe quelquefois dans la bastonnade et les coups de verge.

L'autopsie, dans ces circonstances, ne donne qu'un résultat négatif en dehors des blessures mêmes et on comprend que, par suite de la nature d'une telle cause prochaine de la mort, il ne puisse être question ici de lésions anatomiques et que le diagnostic ne se tire que de l'ensemble de toutes les circonstances du cas. Cette conclusion pourtant n'est permise que si l'individu blessé est mort pendant ou immédiatement après la blessure. Si la mort est survenue quelque temps après la blessure, on admettra d'autant moins le diagnostic de choc qu'il s'est écoulé un intervalle plus long de bien-être relatif entre la blessure et la mort, car nous savons par expérience que, dans beaucoup de ces cas où autrefois on expliquait par un choc la terminaison malheureuse et inattendue de certaines blessures par la mort, un examen plus attentif fit découvrir souvent d'autres processus comme causes prochaines de la mort.

C'est surtout à Nussbaum (1) et à ses élèves, Wagner, Ruch, Halm, que l'on doit d'avoir mis une limite à l'idée trop fréquemment admise d'arrêt du cœur, parce qu'ils ont montré que dans beaucoup de ces cas le collapsus était dû, non à un choc, mais à une résorption rapide de substances septiques. Dans d'autres cas, la cause prochaine de la mort est l'existence dans les capillaires d'embolies graisseuses que Virchow et autres (2) ont constatées souvent après fractures multiples des os, surtout dans les capillaires du poumon; dans d'autres cas enfin, c'est le refroidissement du péritoine que Wagner a observé après des plaies étendues de la paroi abdominale.

(1) Nussbaum, *Ueber den Schokgrosser Verletzungen* (*Du choc après les grandes blessures*). (*Wiener med., Presse*, 1877, n°s 16 et 17.)

(2) Bergmann, Czerny, Uffelmann, Heschl et Hofmann.

Une autre forme de choc, importante au point de vue médico-légal, c'est la paralysie des nerfs vaso-moteurs et surtout des nerfs splanchniques par ébranlement traumatique. On connaît, sous ce rapport, l'expérience du coup de Goltz, qui avait déterminé l'arrêt du cœur en diastole, à la suite de coups répétés sur le ventre des grenouilles, et il est certain que la commotion brusque du ventre par un coup ou une chute doit avoir les mêmes effets chez l'homme.

Nous avons eu l'occasion rare d'observer un tel coup dont la terminaison a été heureuse, sur un homme. Nous étions présent par hasard, lorsqu'un ouvrier, poussant des wagons, fut pris, sous nos yeux, entre deux tampons, de sorte que la partie inférieure du thorax fut brusquement comprimée. L'homme jeta un cri, rendit immédiatement le contenu de son estomac et fut retiré aussitôt avec notre aide de dessous les wagons, pâle comme un cadavre et sans connaissance. Impossible de sentir les battements du cœur ni le pouls. Par des aspersions d'eau fraîche, il revint à lui au bout de quelques instants, et les battements du cœur, que l'on n'avait pu ni sentir ni entendre pendant plusieurs secondes, se rétablirent, mais restèrent cependant faibles et irréguliers pendant plusieurs minutes de même que le pouls. Le blessé fut porté à la maison et reprit son ouvrage le lendemain.

Aux paralysies vaso-motrices traumatiques par voie réflexe, pouvant déterminer la mort, appartient aussi la commotion cérébrale dont nous parlerons dans les blessures de la tête.

E. L'*asphyxie* peut également être regardée comme une cause prochaine et fréquente de la mort dans beaucoup de cas de blessures. A l'asphyxie, dans le sens strict du mot, appartient également le choc dont nous venons de parler, parce que, dans celui-ci, de même qu'en tout arrêt subit du cœur, la mort survient en dernier lieu par asphyxie ; il en est de même des blessures du bulbe. Les blessures qui ouvrent la cavité thoracique et empêchent ainsi le déplissement des poumons déterminent également la mort par asphyxie. Il n'est pas difficile de ramener à une asphyxie la cause prochaine ou dernière de la mort dans la plupart des cas de mort subite à la suite de blessures, et l'hémorrhagie même peut être regardée comme une forme d'asphyxie. Celle-ci est assez souvent la cause prochaine de la mort dans les suicides par section du cou et est due à ce que le sang qui s'écoule des vaisseaux coupés arrive également dans les voies respiratoires et est ainsi aspiré.

2° *Causes secondaires ou médiates.*

Aux causes prochaines, *secondaires* et *médiates* de la mort, appartiennent :

A. *Les processus inflammatoires* de certains organes tels que méningite, encéphalite, pleurésie, péritonite, etc.

B. La *pyémie*, la *septicémie* et l'*urémie*.

C. L'*épuisement*, du diagnostic duquel il faut se contenter quand l'individu meurt après une longue maladie, surtout accompagnée de suppuration profuse, sans qu'on puisse trouver en dehors de la blessure, de l'anémie et de l'amaigrissement en général, une lésion pathologique pouvant être regardée comme la cause prochaine de la mort.

D. *Le tétanos*. — Cette dernière cause de mort, de même que le choc primitif ou secondaire, se déduit moins des lésions trouvées sur le cadavre que des commémoratifs, à moins qu'on ne veuille admettre l'asphyxie comme cause dernière de la mort.

B. *Rapports entre la cause prochaine de la mort et la blessure.*

La recherche des rapports entre la cause prochaine de la mort et une blessure ou d'autres violences consiste à voir si la blessure a atteint l'individu encore pendant sa vie et si elle était propre à déterminer les altérations ou troubles de l'organisme que nous avons regardés comme la cause prochaine de la mort et à exclure les causes de mort naturelles ou dues à d'autres violences.

Nous ne montrerons pas ici comment une blessure peut déterminer les altérations que nous reconnaissons comme la cause prochaine de la mort, parce que ceci ne peut se faire que d'après les principes généraux de la clinique ou de l'anatomie-pathologique. Du reste, nous aurons l'occasion, en parlant des blessures selon leur siège, de revenir sur ce sujet.

C. *Distinction entre les blessures faites pendant la vie et celles faites après la mort.*

On devra toujours avoir présent à l'esprit ce fait que les blessures que l'on trouve à l'autopsie peuvent avoir été produites après la vie, surtout dans l'examen de cadavres d'enfants, car il se produit souvent des blessures *post mortem* dans les différentes manières de les cacher (enfants jetés dans les fosses d'aisances, ou fourrés dans des cachettes étroites, ou enterrés, ou recouverts de lourdes pierres). Ces blessures peuvent se rencontrer aussi sur l'adulte et donner lieu à des méprises. De cet ordre sont les blessures accidentelles qui peuvent se produire sur des cadavres qui roulent dans l'eau ou sont traînés sur du gravier ou ont heurté contre des pierres, des poutres ou des glaçons, de même que celles que des personnes maladroites, voulant détacher un pendu, produisent en laissant tomber le cadavre, enfin celles que peuvent déterminer dans certaines circonstances des morsures d'animaux. Il peut arriver encore que des blessures faites pendant l'autopsie en ouvrant maladroitement le crâne peuvent être prises pour des blessures ayant existé pendant la vie. Les blessures peuvent aussi avoir été faites intentionnellement après la mort par le dépècement du cadavre d'un individu assassiné ou pour simuler un suicide; nous connaissons un cas dans lequel le cadavre d'une femme, tuée probablement d'une autre façon, fut placé dans le but de simuler un suicide sur les rails du chemin de fer (1). Il peut encore arriver, dans certains cas, que l'on produise des blessures sur un individu déjà mort dans l'idée que celui-ci est encore en vie.

Nous avons fait à Innsbrüch l'autopsie d'un Italien qui avait été tué par une fracture du crâne et qui portait en outre enfoncé dans le cou un grand couteau, qui n'y avait probablement été introduit qu'après la mort, car, malgré les blessures des principales artères et veines, on ne trouva aucune trace de phénomènes de réaction sur la plaie. Il serait important de constater si de telles blessures ont été déterminées après la mort, quand, par exemple, elles ont été faites par un individu autre que celui qui est l'auteur des blessures ayant entraîné la mort.

Un cas rapporté par Maschka montre de quelle façon souvent extraordinaire, des blessures peuvent être faites après la mort. Un garçon qui était mort pendant une attaque d'épilepsie et était resté pendant plusieurs jours abandonné et recouvert de neige jusqu'à la tête, fut pris pour un lièvre par des braconniers qui tirèrent sur lui au clair de la lune. La découverte de plomb haché dans les os du crâne et le cerveau firent penser, malgré l'absence de symptômes de réaction, à un meurtre par armes à feu jusqu'à ce qu'on connût plus tard la façon dont la chose s'était passée.

Comme nous avons exposé plus haut les caractères différentiels entre les excoriations produites pendant la vie et celles qui ont été faites après la mort, nous ne parlerons ici que des caractères qui peuvent faire reconnaître si certaines blessures, surtout celles des parties molles et des os, ont été faites pendant la vie ou après la mort.

Casper (2) fait remarquer que les parties molles, de même que

(1) Taylor rapporte le cas d'une dame à qui l'on avait coupé le cou dans le même but après l'avoir tuée par suffocation. La petite quantité de sang qui s'était écoulée par la plaie avait fait penser tout de suite qu'il s'agissait ici non d'un suicide, mais d'un assassinat.

(2) Casper-Liman, *Handb. der gerich. Med.*, 1864, IV. Aufl. II, 264.

les os, offrent sur le cadavre une résistance beaucoup plus grande aux violences, surtout aux instruments mousses que sur le corps vivant. Ce fait a été mis en doute par Krahmer (1), mais a été étudié et confirmé par une série d'autres observateurs, surtout par Falk (2) et par Aeby (3). Par un grand nombre d'expériences que nous avons faites et montrées chaque année à nos élèves, nous sommes arrivés à des résultats qui concordent avec l'opinion des précédents observateurs. La cause de ce phénomène se trouve, selon nous, dans la turgescence moindre des tissus morts et dans la consistance pâteuse et la grande plasticité qu'acquièrent les parties molles par suite de la rigidité cadavérique. Il est évident que cette résistance des tissus après la mort n'est que relative et on conçoit que toute violence, si elle est assez énergique, puisse déterminer des solutions de continuité des parties molles ou des os et que, de même que sur les vivants, certaines positions favorisent la production de ces solutions de continuité. Si Krahmer a pu, avec un poids de 25 livres, lancé par un mouvement de pendule, non seulement mettre la voûte du crâne en morceaux, mais déterminer encore une fracture de la base et, si Küster a pu, dans ses essais d'armes à feu, faire éclater le crâne d'un cadavre par un coup de chassepot, ces faits ne prouvent cependant rien contre la justesse de l'opinion de Casper, opinion qui doit toutefois être modifiée dans le sens que nous avons indiqué.

On recherchera en outre l'existence ou l'absence de symptômes vitaux de réaction. S'est-il passé un temps assez long entre le moment de la blessure et celui de la mort, il y a, en général, des signes de gonflement et de suppuration inflammatoire assez prononcés pour qu'on puisse reconnaître sans difficulté que la blessure a été faite pendant la vie. Il faut remarquer cependant que ces symptômes de réaction que l'on peut facilement et sans hésitation reconnaître comme tels peuvent être effacés ou difficiles à reconnaître par suite de la putréfaction.

Il sera beaucoup plus difficile de distinguer une blessure faite immédiatement avant la mort, d'une autre faite après la mort; ce qui peut servir à distinguer ces deux genres de blessures, c'est que les premières sont accompagnées de rétractions des parties

(1) Brahmer, *Handb. der gerich. Med.*, 1857, II, Aufl. 513.

(2) Falk, *Zur Frage der Widerstandsfähigkeit der Gewebe im Leben und nach dem Tode.* (*Vierteljahrsch. f. gerich. Medic.* 1873, XVIII, 18.)

(3) Aeby, *Ueber die verschiedene Widerstandsfähigkeit der Knochen im todten und lebendem Zustande.* (*Archiv f. Anat. und Phys.* 1874, 510.)

molles et d'une hémorrhagie plus ou moins abondante, tandis que ces signes manquent ou sont beaucoup moins prononcés dans les dernières.

La *rétraction vitale* se fait remarquer surtout sur la peau et donne lieu à la béance des bords de la plaie. Le degré de béance des blessures faites pendant la vie dépend des conditions locales de la partie de peau atteintes surtout de la mobilité plus ou moins grande de la peau sur les tissus sous-jacents. La béance sera très-prononcée si la peau peut facilement se déplacer et est doublée d'un tissu conjonctif lâche et à grandes mailles, tandis que sur d'autres endroits, tels que la peau de la tête ou du dos, la constitution plus serrée et plus épaisse de la peau même et les caractères du tissu cellulaire sous-cutané qui est court et très-compact en ces points, empêchent la peau de se rétracter fortement. On comprend que ces conditions locales ne soient pas sans influence, même sur les blessures faites après la mort, et il ne faut pas oublier que la peau morte conserve jusqu'à un certain point son élasticité et sa rétractilité et que des blessures faites après la mort peuvent être plus ou moins béantes, moins cependant que celles qui ont été faites pendant la vie ; c'est pourquoi les changements de forme des plaies de la peau sont moins marqués sur les plaies faites après la mort que pendant la vie. On se rappellera en outre que dans les solutions de continuité de la peau, l'écartement des bords de la plaie est modifié de diverses façons par la position et la situation de la partie correspondante du corps.

La rétractilité des muscles se manifeste avec une grande énergie dans les plaies faites pendant la vie; mais on sait qu'elle persiste encore quelque temps après la mort, jusqu'à ce que se montre la rigidité cadavérique; il s'ensuit donc qu'une blessure peut très-bien avoir été faite après la mort, quoique les muscles soient fortement rétractés, soit immédiatement après la mort, soit au moment où la rétractilité des muscles pouvait encore se manifester. Si la rigidité cadavérique est survenue ou a déjà disparu, les muscles, quand on les coupe, se rétractent peu ou pas du tout. Du reste, nous ferons remarquer que la rétractilité d'un muscle sectionné est influencée de diverses façons par le genre et la nature de ses insertions et par ses rapports avec les parties voisines.

Parmi les parties du corps, dont la rétraction, due aux muscles et à la richesse du tissu en fibres élastiques, est le plus fortement prononcée, quand la section a eu lieu pendant la vie, nous trouvons certaines aponévroses surtout celles du crâne et les artères dont l'état peut également servir à distinguer une blessure faite pendant la vie d'une autre faite après la mort.

Mais un autre point bien plus important pour la résolution de cette question, c'est la présence ou l'absence d'hémorrhagies extérieures ou épanchées dans les cavités du corps ou dans les tissus voisins (suffusion).

Les plaies, faites pendant la vie, saignent toujours plus ou moins. Dans ce cas nous trouvons sur le cadavre du sang tantôt liquide, tantôt coagulé ou desséché sur la plaie ou dans ses environs ou en dehors du corps, par exemple sur les habits ou à l'intérieur de celui-ci entre les couches de tissus divisés, ou dans les cavités du corps. Dans une blessure faite sur le cadavre, il n'y a de forte hémorrhagie que dans les cas où l'on a divisé de gros vaisseaux remplis de sang liquide, encore ne sort-il que la quantité de sang qui est justement contenue dans ces vaisseaux et les grosses branches voisines, sans qu'il y ait écoulement du sang venant des vaisseaux des parties éloignées. Dans certains cas cependant, il peut y avoir écoulement d'une grande quantité de sang, comme par exemple, dans l'autopsie d'individus asphyxiés; car, comme le sang dans ce genre de mort reste fluide et que sa quantité n'est pas diminuée, on voit à l'ouverture du crâne une grande quantité de sang s'écouler des sinus, ou de la section de la veine anonyme au moment où l'on enlève la partie antérieure du thorax; dans ce dernier cas le sang, se répandant dans le thorax, peut faire croire à un épanchement sanguin ou séro-sanguin dans la plèvre, si celui qui fait l'autopsie n'a pas remarqué que le sang n'y est venu que pendant cette opération.

De même, quand le sang reste fluide sur le cadavre, on peut observer un épanchement sanguin considérable après des blessures *post mortem* d'organes parenchymateux très-riches en sang tels que par exemple le foie. Dans les blessures des parties périphériques, surtout de la peau, faites après la mort, il y a en général peu ou point d'extravasation sanguine, car on sait, comme le prouve du reste la pâleur de la peau, que les capillaires et les petits vaisseaux périphériques se vident, au moment de l'agonie et encore plus après la mort, de leur sang qui s'accumule dans le cœur droit et dans les gros troncs veineux. Il y a cependant des différences selon l'endroit où l'on a fait la blessure. Tandis que les plaies des parties de la peau dont la position est la plus élevée ne saignent pas du tout, celles des parties déclives du corps peuvent donner lieu à une hémorrhagie par suite de l'hyperémie hypostatique, bien qu'il ne s'agisse ici que d'une transvasation du sang et non d'une hémorrhagie profuse. Cependant l'hémorrhagie peut devenir plus forte si la plaie a pénétré plus profondément et a atteint des veines assez grosses du tissu sous-cutané ou d'autres parties molles et si, dans une position favorable du corps, le sang des parties supérieures a le temps de descendre.

Il s'ensuit de ce que nous avons dit que nous ne sommes pas en droit, par cela même qu'une plaie a saigné beaucoup, de conclure qu'elle a été faite pendant la vie et nous devons prendre en considération, pour établir notre diagnostic, le siège et la profondeur de la plaie, les caractères des parties blessées, la constitution du sang du cadavre, enfin la quantité de sang qui s'est écoulé par la plaie. S'agit-il d'une blessure de gros troncs vasculaires ou d'organes très-riches en sang, on se rappellera qu'une blessure faite après la mort, et atteignant même des organes très-riches en sang, ne peut jamais déterminer les signes généraux que l'on trouve sur le cadavre d'individus morts d'hémorrhagie.

De tout temps, on a attaché, et non sans raison, une grande importance, pour le diagnostic du moment où a été faite la blessure, à l'existence de suffusions sanguines au-dessous de la blessure ou dans les tissus voisins. Nous ferons cependant à ce sujet les remarques suivantes.

Les *suffusions sanguines* au voisinage des blessures faites pendant la vie ne sont très-prononcées que dans les plaies contuses, tandis qu'elles sont peu développées dans les plaies par instruments tranchants et piquants. Dans ces dernières plaies, le sang sorti des vaisseaux se répand dans la plaie même ou en dehors d'elle et imprègne même les tissus divisés s'il reste en contact avec eux après la mort. Mais on comprend que ce n'est que dans les cas où, comme au cou et au thorax, il y a un tissu cellulaire lâche, ou quand il y a blessures de gros troncs artériels (carotide), que le sang extravasé peut se répandre sur une plus grande étendue dans les mailles du tissu cellulaire voisin ou entre les couches des différents tissus, d'abord parce que le sang s'écoule du côté où la résistance est moindre, par conséquent dans la plaie même, ensuite parce que le sang, à moins qu'il n'y ait section de grosses artères, n'a pas assez de force pour se répandre dans les tissus voisins. De là vient que les plaies par instruments piquants, quand il est resté peu ou point de sang dans la plaie, celui-ci s'étant épanché dans l'intérieur du corps, n'offrent souvent aucun symptôme de réaction et par leur pâleur et l'absence de sugillations dans le voisinage se comportent comme les plaies faites après la mort, ainsi que l'ont déjà fait remarquer Casper et Liman.

Les choses se passent tout autrement dans les plaies contuses. Dans ce cas, non seulement la plaie est faite avec violence, mais il se produit encore des déchirures des nombreux petits vaisseaux des tissus voisins de la plaie ; de là, une grande quantité de petites extravasations sanguines qui, se réunissant plus ou moins, forment la suffusion totale; en outre, la pression avec laquelle le sang est chassé des artères fait que ces petites extravasations sanguines se répandent au delà de la solution de continuité, de sorte que la suffusion totale gagne en étendue.

Ces suffusions ne se produisent pas en général sur le cadavre parce qu'il ne reste pas dans les parties assez de sang pour former des sugillations et parce que, même s'il y a division d'un certain nombre de vaisseaux, le sang, qui y est contenu en petite quantité, n'a pas la pression nécessaire pour s'infiltrer dans les tissus voisins. Cependant il est clair, que dans certaines circonstances, on peut rencontrer sur le cadavre les conditions suffisantes pour la production d'une suffusion. Engel (1) a trouvé que si on met les cadavres dans des positions telles que la tête soit la partie la plus basse, il peut se former dans ces parties non seulement une hyperémie hypostatique intense, mais encore, si l'expérience a été prolongée assez longtemps, une rupture des petits vaisseaux et des sugillations dans la peau de la tête et des ecchymoses dans les conjonctives. Nous-mêmes (2), nous avons appelé l'attention sur certaines extravasations sous-épidermiques de la grosseur d'une tête d'épingle à celle d'un grain de chènevis, que l'on trouve souvent sur les membres inférieurs des pendus, quand ceux-ci sont restés longtemps suspendus à la corde, et qui sont dues à ce que les capillaires de la peau deviennent finalement incapables de résister à la pression de la colonne sanguine venant des parties supérieures du corps et éclatent. Le même fait peut se présenter sur la peau du dos dans le décubitus dorsal ordinaire, quand le sang, comme par exemple, chez des individus asphyxiés ou morts de septicémie, est resté fluide et présente ainsi des conditions favorables à la production de phénomènes hypostatiques et que la résistance des parois vasculaires a diminué par suite du développement rapide de la putréfaction.

Ces observations nous permettent de prévoir que ces extravasa-

(1) Engel, *Leichenerscheinungen* (Symptômes cadavériques). Vienne, 1854.

(2) E. Hofmann, *Vierteljahrschrift für gericht. Med.* 1875, XXV.

tions *post mortem* doivent se produire plus facilement s'il y a eu une blessure faite pendant la vie et que le cadavre a été mis ensuite dans une position telle que l'endroit blessé soit dans les parties déclives. Sur des chiens qui avaient été tués par asphyxie, nous avons pu par des coups portés sur la tête ou des fractures du crâne faites de deux à quatre heures après la mort, déterminer de larges suffusions des parties molles de la tête ne se distinguant en rien des suffusions faites pendant la vie, quand l'animal après ces blessures avait été suspendu par les pieds et laissé plusieurs heures dans cette position.

Nous avons pu de la même façon déterminer après la mort des extravasations intra et extra-méningitiques très-étendues et des hémorrhagies capillaires dans le cerveau, reproduisant l'aspect bien connu de la contusion cérébrale et siégeant comme celle-ci, sur la face inférieure des lobes frontaux et de la pointe des lobes pariétaux. En modifiant l'expérience, c'est-à-dire en cassant avec un marteau les os des membres inférieurs d'un chien et en suspendant le cadavre par le cou, nous avons pu constater de larges suffusions au voisinage des fractures et même sur les extrémités des os.

Il résulte de ces faits que nous n'avons pas le droit, par l'existence seule d'une suffusion, de déclarer qu'une blessure a été produite pendant la vie; il faut voir encore si le cadavre ne présente pas d'autres conditions pouvant expliquer la formation de suffusions après la mort. Sommes-nous arrivés à exclure ces conditions, ce qui sera facile dans la plupart des cas, nous pouvons affirmer alors que la blessure a été faite pendant la vie.

Certains auteurs ont attaché une certaine importance à l'état de coagulation du sang aux environs de la plaie et ont regardé cette particularité comme une preuve que la plaie a été faite pendant la vie. Si l'on veut prétendre par là que le sang cadavérique ne peut pas se coaguler, la chose est absolument erronée, car on peut se convaincre à chaque moment dans les autopsies que le sang trouvé liquide dans les vaisseaux, même le sang des asphyxiés, peut se coaguler après un temps relativement court, s'il reste exposé à l'air; le sang qui s'écoule ou transsude par les plaies faites après la mort peut également se coaguler. Nous avons pu nous assurer par des expériences que dans les contusions et en général les blessures qui n'avaient pas divisé la peau, de sorte que le sang épanché dans le tissu n'était pas en contact avec l'air extérieur, la suffusion consistait en sang coagulé. Comme les animaux avaient été chaque fois suffoqués et que le sang était resté fluide dans le cœur et les vaisseaux, ces faits prouvent que c'est seulement dans les parties dans lesquelles le sang s'était épanché que s'est trouvée la condition nécessaire (ferment) pour la production de la fibrine dans ce que l'on appelle les générateurs de fibrine (Schmidt). Nous devons cependant faire remarquer que dans nos expériences nous avons toujours trouvé dans les suffusions sanguines faites après la mort un caillot mou et jamais aussi solide que dans les extravasations faites pendant la vie.

Le *gonflement* des bords de la plaie est un signe qui exige un certain temps, quoique court, pour se produire ; on ne le trouvera donc pas dans les cas où la mort est survenue immédiatement après la blessure. On peut du reste observer ce signe même sur les blessures faites après la mort, si celles-ci se trouvent sur des endroits infiltrés par hypostase. Un gonflement qui a existé pendant la vie peut disparaître sur le cadavre, en partie par l'évaporation, en partie par l'émigration du sang ou des autres liquides vers les parties déclives. On sait que d'autres gonflements tels que par exemple l'œdème, ayant existé un certain temps pendant la vie, peuvent disparaître après la mort dans les parties les plus élevées ou du moins diminuer d'intensité, et que par ces mêmes raisons la turgescence de toutes les parties peut être modifiée sur le cadavre.

On voit par ce que nous avons dit, que la distinction entre les blessures faites pendant la vie et celles faites après la mort est souvent très-difficile, même sur des cadavres frais et non altérés, et demande qu'on prenne en considération toutes les circonstances et faits que nous avons examinés.

Cette distinction est encore beaucoup plus difficile sur des cadavres putréfiés, brûlés, coupés en morceaux ou autrement dénaturés. Elle offrira surtout des difficultés sur les cadavres putréfiés, principalement les cadavres putréfiés dans l'eau; car chez ces derniers, les phénomènes d'imbibition peuvent simuler des suffusions; d'un autre côté, les extravasations, formées réellement de sang coagulé, peuvent se liquéfier par putréfaction et devenir méconnaissables par l'imbibition. Il arrive encore que c'est précisément à l'endroit des blessures ou des contusions que la putréfaction se montre le plus tôt et marche le plus vite. Mais il résulte de ces faits que si, malgré la putréfaction avancée, nous trouvons une suffusion de sang coagulé au voisinage d'une blessure, nous avons par cela même le droit de conclure que la blessure a été faite pendant la vie, car si elle avait été faite au moment où le cadavre était déjà putréfié, il n'aurait pu se produire de coagulation, et si elle avait été déterminée sur le cadavre frais, les caillots ainsi formés auraient été plus mous et auraient été beaucoup plus facilement dissociés par la putréfaction.

D. *Exclusion des autres causes de mort.*

Cette exclusion ne se rapporte pas seulement aux autres genres de mort violente, mais encore à la mort naturelle. Il est clair cependant qu'il ne sera nécessaire, que dans des cas exceptionnels, d'examiner de plus près la possibilité d'une mort naturelle, car il est évident que si à l'autopsie nous trouvons un organisme parfaitement sain et en même temps une blessure grossière produite évidemment pendant la vie et capable de déterminer par elle-même la mort, il n'y aura aucune raison de rechercher la possibilité d'une mort naturelle. Cette recherche deviendra par contre nécessaire si, outre la blessure et ses suites, nous trouvons d'autres états pathologiques antérieurs ou postérieurs à la blessure ayant pu entraîner la mort, ou si la lésion reconnue comme cause prochaine de la mort est telle qu'elle ait pu avoir été occasionnée aussi bien par la blessure que par une maladie dans le sens restreint du mot.

Les blessures de personnes malades se rencontrent assez souvent dans la pratique médico-légale, et si l'individu meurt, les conclusions ne sont pas toujours faciles. Il faudra dans ces cas examiner quatre possibilités: ou bien l'individu n'est mort que de sa blessure ou il est mort de sa maladie, par conséquent de sa mort naturelle, ou la blessure n'est devenue mortelle que par l'existence d'une autre maladie chez le blessé, ou inversement la maladie a été aggravée par la blessure qui a été la cause de son issue malheureuse.

A propos des deux dernières causes de mort, nous ferons remarquer que dans les maladies aussi bien aiguës que chroniques, toute circonstance défavorable peut influencer la marche de la blessure et de la maladie. Cependant, dans nos cas, ce sont plutôt les maladies chroniques telles que la tuberculose, la scrofule (cette dernière surtout chez les enfants), certains états séniles ou de marasme et surtout l'alcoolisme chronique, qui exercent une influence défavorable sur la marche de la blessure.

Il arrive souvent que, de même que certaines opérations chirurgicales, les blessures d'un autre genre provoquent ces attaques que l'on a désignées sous le nom de *delirium tremens.*

Si, après avoir bien examiné toutes les circonstances, nous pouvons dire qu'une maladie existant auparavant a occasionné la terminaison malheureuse de la blessure ou réciproquement que la blessure a été la cause de l'issue mortelle de la maladie, l'appréciation médico-légale sera la même, car dans les deux cas la blessure, par cela même qu'elle a déterminé la mort ou avancé la terminaison fatale d'une maladie, doit être déclarée une blessure mortelle, et dans le rapport il faudra dire que celle-ci a occasionné la mort non par sa nature même, mais « par une disposition individuelle et particulière du blessé ».

Pour affirmer que dans un cas c'est la blessure seule et non la maladie existant en même temps qui a amené la mort, il faudra prouver que la blessure était telle qu'elle pouvait par elle-même entraîner la mort, qu'elle a seule déterminé les lésions que nous trouvons à l'autopsie comme cause prochaine de la mort et montrer par les symptômes qui ont précédé la mort, et par le résultat de l'autopsie, que la maladie préexistant chez le blessé a exercé une influence défavorable sur la marche et la terminaison de la blessure.

De même, il faut s'assurer et montrer dans chaque cas particulier que ce n'est pas la blessure qui a déterminé la mort, mais que celle-ci est arrivée naturellement à la suite d'une maladie existant déjà au moment de la blessure; et cette recherche sera d'autant plus facile que la blessure aura été plus insignifiante et aura entraîné des altérations moins importantes tant sur le vivant que sur le cadavre et que les symptômes dus à la maladie étaient plus prédominants.

Le cas sera encore plus difficile, si la maladie, qui a entraîné la mort, n'est survenue que pendant le cours d'une blessure, de sorte qu'on peut se demander si la mort est en rapport de causabilité avec la blessure ou est survenue indépendamment de celle-ci. Sous le premier rapport nous pouvons faire encore une distinction entre les processus pathologiques qui, bien qu'ils se soient montrés dans d'autres organes que les organes blessés, ont cependant été déterminés par la blessure et peuvent être regardés comme des symptômes secondaires de celles-ci, comme par exemple les pneumonies hypostatiques après les blessures graves de la tête et les processus qui, tout en n'étant qu'accidentels, ont cependant été occasionnés par la blessure, tels que la septicémie, la gangrène nosocomiale et l'érysipèle infectieux.

Ces circonstances ne changeront nécessairement rien à ce fait, que le blessé est mort de mort violente et elles n'empêcheront pas le médecin légiste de déclarer que la blessure était, dans ce cas, *mortelle*, sans rechercher si la mort ne serait pas survenue, s'il n'y avait pas eu les complications qui ont entraîné son issue malheureuse.

La chose serait tout autre, si le processus pathologique trouvé comme cause de la mort était survenu et avait déterminé la mort indépendamment de la blessure. Dans ce cas, le médecin légiste conclurait que le malade a succombé à une mort naturelle et qualifierait la blessure comme si elle se trouvait sur une personne vivante.

On devra pourtant, avant d'admettre un tel processus, voir avec les plus grandes précautions, si ce processus pathologique que l'on serait porté, à cause de son siège dans un organe éloigné de l'organe blessé, à regarder comme spontané, n'est pas une affection secondaire et occasionnée par la blessure. Nous recommandons surtout de ne pas prendre à première vue des affections pneumoniques pour des processus primitifs, car on sait que le poumon est l'un des organes qui deviennent le plus souvent malades dans le cours d'une blessure, comme le prouvent les pneumonies hypostatiques que l'on observe souvent dans le cours des blessures graves, de même que les pneumonies lobulaires (métastatiques) dans le cours des affections pyémiques, les pneumonies que l'on trouve souvent après des affections diverses accompagnées de perte de connaissance plus ou moins prolongée, comme par exemple après les blessures de la tête, enfin celles qui doivent leur origine à une hyperémie névro-paralytique du poumon ou à l'aspiration des liquides de la bouche, comme celles que Traube a produites expérimentalement après la section des nerfs pneumogastriques. Il faudra donc passer soigneusement en revue toutes ces circonstances avant de regarder une affection pulmonaire comme primitive, et de déclarer qu'elle n'a aucun rapport avec la blessure.

Dans un de nos cas, un enfant âgé de deux ans fut porté le 1er janvier à l'hôpital des enfants pour une coqueluche. A son admission on observa, en effet, des quintes semblables à celles de la coqueluche, mais on constata en même temps des ecchymoses dans la figure et sur les membres supérieurs, dues aux mauvais traitements que le père avait infligés à l'enfant cinq jours auparavant, pour le corriger de sa turbulence. Le 17 janvier, cet enfant mourut avec les symptômes d'une pneumonie double. A l'autopsie clinique de l'enfant, on constata après avoir enlevé les parties molles du crâne, des suffusions dans celles-ci et en outre une fracture du pariétal gauche, ce qui fit qu'on interrompit l'autopsie et qu'on prévint la justice. A l'autopsie médico-légale on trouva une fissure ondulante partant du tiers supérieur de la suture lambdoïde, allant jusque sur la bosse pariétale gauche et comblée par un exsudat fibrineux et des suffusions anciennes dans le péricrâne, entre les os et le péricrâne, le long de la fissure.

Cette dernière avait traversé toutes les lames osseuses et était soudée par un exsudat fibrineux à la dure-mère le long de la fente. Ni le cerveau ni les méninges ne présentaient de lésions pathologiques. Mais tous les os du crâne offraient des traces de rachitisme. Les extrémités antérieures des côtes de même que les épiphyses des membres étaient grossies et spongieuses.

Les deux poumons présentaient les lésions de la pneumonie catarrhale, si fréquente chez les enfants, surtout chez les rachitiques, tandis que les autres organes ne montraient aucune lésion, sauf un peu d'anémie.

Dans notre rapport, nous exposâmes que la fissure du pariétal gauche était déjà en voie de guérison et avait déterminé des symptômes si légers que pendant le séjour de l'enfant à l'hôpital, on n'avait observé aucun trouble cérébral; que, l'enfant étant très rachitique et atteint de coqueluche, l'existence de la pneumonie catarrhale s'expliquait déjà par ces processus et qu'il n'y avait pas de raison d'établir un rapport entre la fissure et la pneumonie dont l'enfant était mort. Nous indiquâmes en même temps que ces fissures se produisaient relativement plus facilement chez les enfants que chez les adultes et étaient aussi beaucoup mieux supportées.

Dans une autre série de cas, les circonstances sont telles que la lésion reconnue comme cause prochaine de la mort peut aussi bien avoir été produite par la blessure qu'être née spontanément. Cet état de choses peut se rencontrer dans les cas où la mort est survenue pendant ou immédiatement après la blessure de même que dans ceux où la mort n'est survenue qu'un certain temps après.

C'est ainsi qu'il peut arriver, et qu'il nous est arrivé en effet, de voir un individu vieux et affaibli tomber et mourir immédiatement ou peu de temps après avoir reçu des coups sur la tête ou après avoir été traîné par les cheveux. Si dans ce cas nous trouvons comme cause de la mort un épanchement apoplectique dans le cerveau ou à la surface de celui-ci, il sera difficile de dire si la rupture des vaisseaux athéromateux du cerveau a été déterminée par le coup et la commotion cérébrale qui l'a accompagnée ou si l'excitation vasculaire existant pendant la rixe ou un état d'ivresse ou une autre cause a fait éclater les vaisseaux qui étaient prédisposés à la rupture. Il en sera de même si les mauvais traitements ont été exercés sur un alcoolique, non seulement parce qu'il y a une dégénérescence graisseuse des vaisseaux à la suite de la dyscrasie alcoolique chronique, mais encore, si l'hémorrhagie cérébrale provient d'une pachyméningite hémorrhagique si fréquente chez les alcooliques, parce que l'hémorrhagie, dans ce cas, peut aussi bien être spontanée qu'avoir été produite par la commotion cérébrale. Dans ces cas, ce n'est qu'une étude attentive de toutes les circonstances particulières du cas qui permettra de se décider dans un sens ou dans l'autre, et il est clair que le plus souvent le diagnostic ne pourra s'étendre au delà d'une probabilité et que, même si nous avons des raisons d'attribuer à la violence le rôle principal dans la production de l'hémorrhagie cérébrale, nous sommes cependant forcé de prendre chaque fois en considération la disposition individuelle et particulière de l'individu qui a fait que cette blessure, en apparence légère, a eu une issue mortelle.

Si la lésion que nous avons reconnue comme cause prochaine de la mort exige quelque temps pour se produire, et dans ce cas il y aura encore lieu de se demander si elle dépend d'une blessure reçue antérieurement ou si elle est la suite naturelle d'une maladie, il nous faudra prendre en considération, outre les causes que nous avons indiquées plus haut, le moment où se sont montrés les premiers symptômes de l'affection qui a entraîné la mort, et voir si ceux-ci ont coïncidé avec l'époque de la blessure ou sont survenus au contraire longtemps après elle. Car on comprend qu'il est d'autant moins probable qu'un état morbide provienne de la blessure, que le temps qui s'est écoulé entre celle-ci et les premiers symptômes de la maladie a été plus long, que les suites de la blessure ont été moins graves et qu'il y aura plus de raisons d'admettre, par les commémoratifs, l'existence de causes ayant pu déterminer la maladie en dehors du traumatisme.

Un garçon de 14 ans mourut le 25 décembre de pyémie à la suite d'une périostite phlegmoneuse des deux maxillaires supérieurs. On avait établi un rapport de causalité entre la maladie et la mort et un coup de poing que le garçon aurait reçu de son maître, sur la joue gauche, à la fin de juillet (le jour n'a pas pu être précisé), parce que le garçon aurait dit avoir souffert de douleurs dans la figure jusqu'au moment où a éclaté la maladie qui a entraîné la mort. Le garçon aurait été bien portant avant cette blessure, toutefois un peu faible et anémique. Dans le rapport on déclara qu'il n'était pas impossible qu'il puisse y avoir à la suite d'un coup de poing donné dans la figure une inflammation chronique du périoste pouvant se terminer par suppuration et pyémie, mais que dans le cas présent, on ne pouvait admettre un tel rapport de causalité parce que, d'une part, la coïncidence des premiers symptômes de périostite avec la blessure ne pouvait pas être démontrée avec certitude, et que d'autre part, le coup de poing n'avait atteint que la joue gauche tandis que la périostite siégeait sur les deux maxillaires supérieurs et était beaucoup plus prononcée à droite (ostéophytes) qu'à gauche, et que cette circonstance, ainsi que l'état de santé de l'enfant qui était déjà antérieurement faible et anémique, justifiait plutôt l'idée que la maladie était due à d'autres causes qu'au coup de poing qu'il avait reçu.

Dans un autre cas une femme était morte le 26 septembre d'une méningite purulente attribuée à un coup qu'on lui aurait donné sur la tête au moyen d'une pierre enveloppée dans un mouchoir, le 19 juin. A l'autopsie on ne trouva ni trace de suffusion sur la tête ni la moindre blessure des os du crâne, mais il y avait une grossesse parvenue au septième mois et quelques veines dans le voisinage de l'utérus, contenant un pus épais et jaunâtre Comme cette femme, immédiatement après le coup, n'avait présenté qu'une sugillation de la grandeur d'un haricot sur le sourcil gauche mais aucun autre symptôme, avait continué à vaquer à ses affaires, avait même été entendue deux fois par la justice sans qu'on ait pu observer des symptômes cérébraux et n'était tombée malade avec des symptômes méningitiques que huit jours avant sa mort, on conclut également qu'il n'y avait aucun rapport de causalité entre le coup et la mort de cette femme, et qu'un tel rapport devait même être considéré comme invraisemblable (1).

Si, en dehors de la blessure reconnue comme mortelle, on en trouve une ou plusieurs autres, il faudra exclure la possibilité d'un rapport entre la seconde ou les autres blessures et la mort. Il en sera de même si le résultat de l'autopsie et les circonstances particulières du cas peuvent encore faire penser à une autre violence, non traumatique dans le sens strict du mot, qui aurait pu atteindre le blessé et causer sa mort.

Pour arriver à exclure ce dernier genre de mort il faut passer soigneusement en revue les symptômes que celui-ci détermine et, comme nous traiterons cette question à part, nous renvoyons sur ce point aux chapitres où nous examinons la coexistence de plusieurs blessures. Nous voulons seulement faire remarquer ici que la coexistence de *ces causes concourantes*, comme Skrzeczka appelle cette éventualité, ne se rencontre pas exclusivement, quoique le plus fréquemment, dans le suicide mais encore dans les autres genres de mort violente et qu'il faut faire une distinction entre ces cas et ceux où l'on a fait, après l'accomplissement d'un meurtre, des manœuvres pour faire croire à un suicide ou à un genre de mort autre que celui existant réellement.

Si on a trouvé sur le cadavre plusieurs blessures, il peut arriver qu'aucune de ces blessures ne soit par elle-même capable d'entraîner la mort, mais que celle-ci ait été occasionnée par l'action réunie de toutes les blessures. Nous avons déjà plus haut appelé l'attention sur ces cas dans lesquels la mort a généralement lieu par choc (arrêt du cœur).

Il peut se faire qu'à côté de la blessure devenue mortelle, il s'en trouve une ou plusieurs autres plus ou moins graves mais dont aucune n'est mortelle soit par elle-même, soit par son action réunie à celle des autres.

Mais nous avons ici particulièrement en vue le cas où l'on trouve sur le même individu deux ou plusieurs blessures dont chacune était par elle-même capable d'entraîner la mort. Ce serait là une

(1) *Vierteljahrschrift für ger. Med.* 1866, V, 384.

concurrence de causes de mort dans le sens strict du mot, qui aurait une importance considérable si les différentes blessures avaient été faites, non par un seul mais chacune par un autre individu.

Dans ces cas il se pose généralement trois questions :

1° Laquelle de ces blessures a un caractère mortel.

2° Les blessures reconnues comme mortelles ont-elles été faites en même temps ou non et, dans ce dernier cas, laquelle est la première.

3° Laquelle a en dernier lieu mis fin à la vie.

1. La difficulté dans ce cas consiste à ce que nous n'avons pas à déclarer comme pour une seule blessure si celle-ci a déterminé la mort mais en ce qu'il faut décider si, de deux ou de plusieurs blessures trouvées sur le corps, chacune en particulier pouvait ou devait entraîner la mort. Le médecin légiste n'aura plus, comme dans le premier cas, à rechercher le rapport entre la cause et l'effet, entre la blessure et la mort, mais il devra aborder le terrain du pronostic dont l'incertitude ne se fait nulle part aussi bien sentir que dans la pratique médico-légale.

Le Code pénal autrichien (art. 143) établit que, si dans une rixe entre plusieurs personnes, un individu est tué, chacun de ceux qui lui ont fait une blessure mortelle, est coupable de meurtre. On comprendra combien l'expression de blessure mortelle est vague, en pensant qu'il y a souvent des blessures, qui, offrant au début le pronostic le plus favorable, deviennent plus tard mortelles et inversement que les blessures les plus dangereuses pour la vie, peuvent guérir et qu'il n'y a à vrai dire que très peu de blessures qui peuvent être qualifiées de mortelles d'une façon absolue. D'un autre côté, une blessure qui a été déclarée mortelle dans le sens de la loi, aurait pu peut-être, si l'individu n'avait pas été tué par une autre blessure, ne pas se terminer par la mort, par conséquent n'aurait pas été une blessure mortelle. Cependant il faudra prendre en considération plus les besoins de la justice que les exigences de la science et, si nous trouvons sur le cadavre une concurrence de plusieurs blessures, déclarer laquelle de ces blessures amène ordinairement la mort et était dans le cas présent capable d'occasionner la mort par elle-même, et désigner la blessure comme mortelle dans ce sens.

2. La question de savoir laquelle de plusieurs blessures mortelles a été faite la première exige l'examen attentif du degré *de réaction vitale* qu'offre chaque lésion en particulier, car il faut admettre que des blessures qui ont atteint l'organisme à l'etat sain, dé-

terminent des phénomènes relativement plus intenses et plus étendus que celles qui ont été faites plus tard; mais cela n'est vrai que si toutes les autres conditions sont égales; car, comme les phénomènes de réaction vitale des plaies récentes sont dus, ainsi que nous l'avons dit plus haut, à l'hémorrhagie par la plaie et dans son voisinage, il peut très-bien arriver qu'une blessure, faite manifestement plus tard, donne lieu à des phénomènes de réaction plus intenses qu'une autre qui lui est antérieure, si celle-ci a atteint des organes pauvres en vaisseaux sanguins, l'autre un tissu riche en sang ou contenant de gros vaisseaux. Ces différences dans les phénomènes de réaction sont le plus sensibles, si une seconde blessure a été faite pendant l'agonie due à une blessure antérieure, tandis que des blessures, qui ont été déterminées pendant un état de syncope ou d'étourdissement provoquée par une autre violence, donnent lieu à des phénomènes de réaction non seulement intenses, mais encore plus intenses que la dernière, comme on le verra dans l'exemple cité plus bas.

Dans d'autres cas, ce sont d'autres circonstances qui permettent d'établir l'ordre de succession de deux ou de plusieurs blessures. Ainsi cette circonstance qu'un suicidé, après s'être fait une certaine blessure, a été encore en état de développer assez de force pour se faire une seconde blessure mortelle, ne laisse aucun doute que cette seconde blessure a été la dernière, parce qu'elle devait amener immédiatement la mort du suicidé ou au moins lui faire perdre aussitôt connaissance.

3. Pour distinguer laquelle des blessures a déterminé la mort en dernier lieu, on verra laquelle est la plus propre à amener rapidement la mort. L'expérience doit nous guider sous ce rapport et nous aurons égard à l'importance vitale de l'organe ou partie d'organe blessés ainsi qu'à l'intensité et l'étendue de la blessure et à la cause de mort que nous appelons *prochaine*. Cette dernière est-elle nettement prononcée, et ne peut-elle être rapportée qu'à une certaine blessure, la réponse à la question posée sera relativement facile. Si nous avons constaté par exemple qu'un individu sur lequel nous trouvons plusieurs blessures mortelles, est mort d'hémorrhagie et qu'il n'y avait qu'une seule des blessures qui ait pu déterminer cette hémorrhagie, il sera hors de doute que c'est cette blessure qui a entraîné la mort. Cette conclusion paraîtra encore plus vraisemblable si nous considérons que l'hémorrhagie appartient aux causes qui amènent très-rapidement la mort et que, si l'individu avait été atteint déjà auparavant d'une autre blessure

rapidement mortelle, il n'y aurait pas pu y avoir facilement une hémorrhagie, car celle-ci suppose la continuation de la circulation du sang, tandis que nous savons que déjà dans la mort naturelle, ainsi que le montre la pâleur de la peau pendant l'agonie, il y a de bonne heure des troubles de la circulation par paralysie des forces actives qui entretiennent cette dernière, et qu'on peut s'attendre à ce que dans la mort par traumatisme, ces troubles de la circulation se montrent encore plus tôt, par suite de l'arrêt du cœur, que dans la mort naturelle. Ces faits sont d'accord avec ce que l'on observe dans la saignée faite sur des individus mourants. Le sang ne s'écoule pas du tout ou il s'écoule lentement et en petit filet, et ne commence à jaillir chez les individus en état de syncope qu'au moment où les signes du schok (arrêt du cœur) ont disparu.

Y a-t-il plusieurs blessures dont chacune pouvait donner lieu à une hémorrhagie, on peut assez souvent dire de quelle plaie le sang est sorti le plus rapidement et en plus grande quantité et quelle plaie a déterminé la mort chez différents individus, toutes les autres conditions étant égales d'ailleurs. Cependant, sur le même individu il est impossible, en général, de distinguer deux ou plusieurs blessures mortelles par l'abondance de l'hémorrhagie, car l'une influe sur l'autre et la mort arrive par l'hémorrhagie simultanée de toutes les plaies et plus tôt qu'elle ne serait survenue par une seule blessure. Par contre, de deux plaies dont l'une amènerait lentement et l'autre très rapidement la mort par hémorrhagie, c'est la dernière qui doit être déclarée comme la cause de la mort, si l'on peut prouver que cette dernière a été faite ou plus tôt, ou en même temps, ou immédiatement après la première, tandis que nous pourrons d'autant moins la regarder comme telle qu'au moment de sa production, les symptômes de l'hémorrhagie due à la première étaient déja plus prononcés.

Nous ferons remarquer, à propos d'autres blessures, que c'est précisément dans les cas les plus graves et les plus fréquents, surtout dans les blessures de la tête, qu'il sera le plus difficile de répondre à cette question, la mort a-t-elle été déterminée par la blessure et au bout de quel temps? Nous verrons plus loin combien est trompeur le pronostic des blessures de la tête (cerveau): des blessures qui, au début, n'ont donné lieu à aucun symptôme ou à des symptômes insignifiants ou passagers, peuvent se terminer par la mort; d'un autre côté, il arrive fréquemment de voir guérir des blessures de la tête qui, dans un grand nombre d'autres cas analogues, ont entraîné la mort. Comme souvent nous ne pouvons affirmer que telle ou telle blessure de la tête aurait réellement et nécessairement occasionné la mort, nous sommes encore moins en état de déclarer au bout de combien de jours la mort serait survenue. Nous n'aurons d'autre ressource dans ces cas, que de faire un diagnostic de probabilités en prenant en considération l'étendue et la nature de la blessure et la constitution ou mieux l'importance vitale des parties du cerveau qui ont été lésées. Nous savons que des lésions étendues du cerveau conduisent plus rapidement à la mort que des blessures limitées et que, outre la solution de continuité d'une partie du cerveau, l'hémorrhagie provenant de la section simultanée des vaisseaux et surtout la commotion cérébrale qui accompagne la blessure, exercent une influence considérable sur la marche d'une blessure de la tête, ce qui est d'autant plus important que la commotion cérébrale ne donne lieu à aucune lésion anatomique et ne peut être reconnue que par les autres caractères de la blessure et les circonstances particulières du cas. D'un autre côté, on sait que les parties centrales du cerveau ont une importance beaucoup plus considérable pour la vie animale que les parties périphériques et par conséquent, que les blessures des premières sont beaucoup plus dangereuses pour la vie et amènent plus rapidement la mort que celles des autres parties du cerveau. Les blessures les plus rapidement mortelles sont celles de la protubérance et du bulbe. Nous avons cependant fait l'autopsie d'un homme ayant reçu derrière l'oreille droite un coup de couteau qui avait pénétré le long du rocher jusque dans le centre de la moitié droite du pont de Varole : cet homme était tombé immédiatement sans connaissance, mais n'était mort qu'après trois jours et demi. Si cet homme avait reçu en même temps, ou avant ou après cette blessure, une autre blessure mortelle et était mort immédiatement, on aurait été aisément disposé à regarder la blessure du pont de Varole comme la cause prochaine de la mort, tandis que c'est l'autre blessure qui aurait pu avoir déterminé la mort.

Si nous ajoutons à ce que nous avons, dit que relativement à la rapidité avec laquelle survient la mort, les différentes dispositions individuelles, surtout l'âge et l'état de santé, jouent un certain rôle, on comprendra combien il est nécessaire que le médecin légiste, dans les cas de concurrence de plusieurs blessures mortelles, doit prendre en considération tous les côtés du cas particulier, avant d'affirmer que c'est l'une des blessures qui à elle seule a déterminé la mort.

Comme exemple d'une concurrence de plusieurs causes de mort nous citerons le cas suivant :

Au mois d'octobre 1876, un facteur de la poste aux lettres à Vienne fut volé et tué. A l'autopsie, on trouva dans la région temporale gauche une plaie provenant d'un révolver de petit calibre, ainsi que le prouvait une petite balle conique trouvée derrière l'orifice d'entrée du crâne dans la couche corticale du cerveau. La blessure du cerveau était peu étendue, pourtant il y avait un épanchement sanguin assez considérable entre les méninges à cet endroit et à la base du crâne. On trouva en outre, à la partie antérieure du cou une plaie béante, faite par un instrument tranchant, allant jusqu'à la colonne vertébrale et qui, étant entrée entre le larynx et l'os hyoïde, avait coupé tous les gros vaisseaux du cou et pénétré jusque dans le canal de l'artère vertébrale. On constata en outre, au-dessous de la plaie, un sillon de strangulation très-net faisant le tour de la moitié gauche du cou, se dirigeant à droite et en haut, et se perdant d'un côté, dans la moitié droite de la plaie du cou, et de l'autre côté, sur la ligne médiane dans la partie chevelue de la nuque.

Nous déclarâmes dans notre rapport que toutes les blessures avaient été faites pendant la vie, mais que la mort était survenue par hémorrhagie à la suite de la section du cou, ce qui ne pouvait être mis en doute eu égard à la pâleur excessive du cadavre et la grande mare de sang dans laquelle on avait trouvé cet individu. Nous établîmes en outre que le sillon strangulatoire avait été fait avant la blessure du cou, car, dans le cas contraire, l'anse placée autour du cou, n'aurait plus trouvé de point d'appui sur la peau. Quant à la plaie par arme à feu nous déclarâmes qu'elle était mortelle au plus haut degré, qu'elle n'avait pas nécessairement et immédiatement amené la mort, mais qu'elle avait occasionné la perte de connaissance et que la plaie du cou n'avait été faite qu'après la chute de l'individu par suite du coup de révolver; car on ne comprendrait pas pourquoi le meurtrier, après avoir fait à sa victime une plaie du cou aussi étendue et devant, selon son idée, entraîner nécessairement et immédiatement la mort, lui aurait encore tiré dans la tête un coup de révolver dont le bruit aurait pu le dénoncer, tandis qu'on s'explique très bien pourquoi le meurtrier aurait commencé la série de ces actes de violence par un coup de révolver dans la tête.

Le meurtrier, arrêté peu de temps après, avoua avoir tiré d'abord un coup de révolver de poche sur le facteur, l'avoir étranglé ensuite avec une corde et comme celui-ci donnait toujours des signes de vie, lui avoir enfin coupé le cou avec un couteau de chasse.

ART. III. — LE SUICIDE.

§ 1er. — STATISTIQUE DU SUICIDE.

L'observation journalière nous montre combien est fréquent le suicide et les statistiques nous apprennent que les suicides vont toujours, dans une progression ascendante dont la cause doit être recherchée non seulement dans l'augmentation de la population mais encore dans d'autres circonstances; c'est ainsi que dans les pays cisleithans de l'Autriche il y a eu dans la population civile, en 1871, 1550 suicides, 1677 en 1872 et déjà 2151 en 1874; en Bohême, dont la population est très-dense, on a relevé 550 suicides en 1871,

620 en 1872 et 767 en 1874. A Vienne seule il y a eu, d'après les statistiques, chaque année de 1870 à 1874, 99, 132, 141, 152 et 214 suicides tandis qu'on n'en a constaté que 205 en 1875, par conséquent une légère diminution. Les mêmes faits s'observent dans les autres pays. C'est ainsi qu'en Bavière (1), il y a eu de 1857 à 1863 80 suicides pour un million d'habitants et 90 de 1864 à 1870. Nous trouvons pour un million d'habitants, en Prusse de 1820 à 1834, 88 suicides, 103 de 1835 à 1841, 108 de 1849 à 1852 et 134 en 1869; et en France 61 de 1830 à 1832, 81 de 1841 à 1842, 103 en 1852 et 110 en 1858.

Cette progression ascendante des suicides mérite d'être prise en considération au point de vue médico-légal, quand il s'agit de se prononcer dans les cas de mort violente, d'autant plus que les cas où l'on pose la question de suicide ou de mort violente par la faute d'un tiers sont relativement fréquents.

La statistique de tous les pays montre que le suicide est beaucoup plus fréquent dans le sexe masculin ; ainsi de tous les suicides constatés en Autriche, en 1871, 1291 se rapportaient à des hommes et 269 seulement, à des femmes; en 1872, il y eut 1365 suicidés hommes et 312 femmes, en 1874, 1802 hommes et seulement 349 femmes. En Bohême, on compta au nombre des suicidés en 1871, 461 hommes et 89 femmes, en 1872, 490 hommes et 130 femmes et en 1874, 639 hommes et 128 femmes. A Vienne la proportion du sexe masculin dans le nombre total des suicidés a été en 1871 de 70,5 p. 100, en 1872 de 72,4, en 1873 de 68,4, en 1874 de 76,6 et en 1875 de 80 p. 100.

La cause de cette particularité se trouve surtout dans la faiblesse corporelle et intellectuelle plus considérable, dans l'énergie moindre, la plus grande douceur et résignation de la femme, dans une plus grande appréhension de la douleur et des moyens violents ainsi que dans le rôle le plus souvent secondaire, que joue la femme dans la lutte pour la vie et qui fait que ces causes agissent en somme avec moins d'intensité sur la femme que sur l'homme et la poussent moins fréquemment à mettre un terme à son existence. Ces circonstances sont les mêmes que celles qui font que dans la statistique des crimes, les hommes figurent pour une proportion plus considérable que les femmes.

En examinant le nombre des suicides selon les différents âges,

(1) C. Majer, *Études statistiques sur le suicide en Bavière.* (*Friedreich's Blätter. f. ger. Med.* 1872, 155.)

nous trouvons les résultats suivants que nous empruntons, d'une part, à Quetelet (1), d'autre part, à Majer.

QUETELET		
Pour un espace de 10 ans.	Hommes.	Femmes.
Au-dessous de 16 ans	147	45
De 16 à 21 ans	862	469
— 21 à 30 —	3208	1121
— 30 à 40 —	3729	1045
— 45 à 50 —	4055	1270
— 50 à 60 —	3237	1156
— 60 à 70 —	2473	889
— 70 à 80 —	1287	422
— 80 à .. — etc.	278	68
TOTAL	19276	6185

MAJER		
Pour un espace de 14 ans.	Hommes.	Femmes.
Au-dessous de 20 ans	216	54
De 20 à 30 ans	851	245
— 30 à 40 —	807	204
— 40 à 50 —	923	200
— 50 à 60 —	911	214
— 60 à 70 —	631	103
— 70 à 80 —	184	47
— 80 à .. —	38	6
TOTAL	4581	1073

De ces statistiques il résulte que la plupart des suicides ont lieu dans ce qu'on appelle les *meilleures années de la vie* et que la période de 40 à 50 ans est la plus féconde en suicides, c'est-à-dire le moment où l'on a atteint le point culminant de la vie mais où les soucis pour l'existence propre et celle de la famille sont ordinairement les plus graves, où arrive aussi une certaine désillusion et où ce qu'on a ac-

(1) Quetelet, *Physique sociale de l'homme*, 1869. T. II.

quis et ce que l'on a encore à attendre n'est pas en rapport avec les espérances qu'on avait conçues dans le jeune âge et le travail et la peine qu'on s'était donnés pour les réaliser.

Le grand nombre des suicides chez les individus jeunes s'explique par la violence des passions, surtout par des influences sexuelles et la soif excessive des jouissances. Ces raisons nous expliquent aussi pourquoi dans les grandes villes, c'est justement cet âge qui fournit le plus grand nombre de suicides, ce qui fait que les conditions d'âge pour le suicide sont un peu autres dans ces centres que dans la statistique générale. Ainsi de 214 suicides qui eurent lieu à Vienne en 1874, 3 ont eu lieu chez des individus de 10 à 15 ans, 23 de 15 à 20, 32 de 20 à 25, 36 de 25 à 30, 19 de 30 à 35, 20 de 35 à 40, 30 de 40 à 45, 14 de 45 à 50, 19 de 50 à 55, 11 de 55 à 60 ans et au delà.

L'âge antérieur à la puberté n'exclue nullement le suicide et on connaît un nombre relativement considérable de suicides d'enfants.

Le suicidé le plus jeune dont nous ayons eu l'occasion de faire l'autopsie était un garçon de 12 ans qui s'était fusillé pour un mauvais bulletin de classe; dans un autre cas, un collégien de 13 ans, probablement atteint de maladie mentale, s'était jeté d'un second étage, et dans un troisième, la fille d'un officier, âgée de 13 ans, s'était tuee à l'aide d'une arme à feu pour des chagrins d'amour.

D'après Durand Fardel (1), sur 25,760 suicides constatés en France, 192 concernaient des enfants au-dessous de 16 ans ; de ce nombre Durand-Fardel en a examiné lui-même 26 parmi lesquels il y avait un enfant de 5 ans, 2 de 9 ans, 2 de 10 ans, 5 de 11, 7 de 12, 7 de 13 et 2 de 14 ans. De ces enfants 10 s'étaient noyés, 10 s'étaient pendus et 2 s'étaient tués au moyen d'armes à feu. Toutes les filles s'étaient noyées. En général, ce sont les causes les plus futiles qui poussent ces enfants au suicide : de mauvais bulletins de classe, la crainte d'une punition, etc Dans un des cas de Durand-Fardel un garçon de 9 ans s'était tué par chagrin d'avoir perdu un oiseau. Dans ces cas, il faut apprécier les causes du suicide, non à leur importance en général, mais à celle que ces causes avaient pour ces enfants et songer que des causes insignifiantes aux yeux d'une personne adulte, peuvent pousser les enfants à de fâcheuses extrémités, surtout si ceux-ci ont déjà par hérédité, comme on peut le constater dans la plupart des cas de ce genre, un caractère excitable.

Tandis que le nombre des suicides augmente rapidement de la puberté à l'âge de 50 ans, il diminue encore plus rapidement vers la vieillesse et dans les deux sexes. Cette diminution n'est pourtant pas absolue et s'explique en partie parce que le nombre des individus diminue avec l'âge. Mais si on calcule la proportion des suicides selon les différents âges, on peut constater que le rapport

(1) Durand-Fardel, *Du suicide chez les enfants*. (*Ann. med. psych.*, Janvier 1855.)

des suicides au nombre des vivants de différents âges augmente constamment jusqu'à l'âge de 70 à 80 ans, ce qui renverse l'opinion qu'on avait autrefois c'est-à-dire que le suicide diminue et l'amour de la vie augmente avec l'âge (1).

En France, on a calculé pour les années de 1835 à 1844 et de 1848 à 1857 que sur 100,000 personnes vivantes et de même âge les suicides se trouvaient dans les proportions suivantes :

AGE.	1835-1844		1848-1857	
	Hommes.	Femmes.	Hommes.	Femmes.
De 10 à 16 ans.	0.013	0.17	0.04	0.06
— 16 à 21 —.	2.86	2.78	1.56	1.96
— 21 à 30 —.	6.45	7.41	2.25	2.87
— 30 à 40 —.	7.81	9.74	2.19	2.91
— 40 à 50 —.	10.28	14.47	3 22	4.11
— 50 à 60 —.	10.67	19.36	3.81	5.34
— 60 à 70 —.	12.60	19.46	4.53	6.72
— 70 à 80 —.	14.86	21.94	4 87	7.62
80 et au delà..	14.74	18.56	4.67	9.01

Quant au choix du genre de mort, l'observation nous apprend que certains genres de mort sont beaucoup plus fréquents que d'autres. Cela ressort par exemple d'une statistique des suicides en Prusse pour l'année 1869 :

GENRE DE MORT.	Hommes.	Femmes.	Total.	PROPORTIONNELLEMENT.		
				Hommes.	Femmes.	Total.
Pendaison	1641	266	1907	63.8	43.3	59.8
Submersion...	425	262	687	16.5	42.7	21 6
Armes à feu...	320	1	321	12.4	0.1	10.1
Instruments piquants et tranchants......	89	22	111	3.5	3.6	3.5
Poisons.......	61	52	113	2.4	2.4	3.5
Moyens divers.	37	11	48	1.4	1.4	1.5
TOTAL.....	2573	614	3187	100	100	100

(1) Œsterlen, *Handb. der med. Statistik.* 1874, p. 732.

Des suicides constatés en France 1871, 1991 eurent lieu par pendaison, 1278 par submersion, 591 par armes à feu, 215 par les vapeurs de charbon, 152 par section du cou, 143 par chute d'un lieu élevé, 70 par empoisonnement, 50 par divers autres moyens. En Bohême, sur 551 suicides qui furent constatés en 1871, 316 eurent lieu par pendaison, 107 par armes à feu, 49 par submersion, 53 par empoisonnement, 3 par instruments tranchants ou piquants, 14 par section du cou, dans 3 cas les individus se sont fait écraser par le chemin de fer, 1 s'est asphyxié et 2 se sont précipités dans un puits.

A Vienne 100 suicides étaient répartis de la façon suivante :

En l'année :	Poison.	Pendaison.	Armes à feu.	Instruments tranchants ou piquants	Chute d'un lieu élevé.	Submersion.	Moyens divers.
1870.......	37 4	32.3	12.1	5.0	6.1	7.1	»
1871.......	25.0	31 0	19.0	7.5	7.0	7.5	3.0
1872.......	24.8	32 6	16.3	9.9	9.9	6.4	»
1873.......	30.3	23.0	21.1	9.2	6.6	7.9	1.9
1874.......	29 4	31.3	22.9	7.5	3.7	4.2	1.0
1875.......	27.8	30 7	17.6	7 8	6.8	8.8	0.5

Il résulte des statistiques précédentes que partout la pendaison constitue le genre de mort le plus fréquent, qu'après elle viennent la submersion et le suicide par armes à feu. On voit aussi que les femmes recourent le plus souvent à la submersion, puis à la pendaison, tandis que le suicide par blessures et surtout par des armes à feu est relativement rare. La fréquence de la pendaison et de la submersion s'explique par ce fait que ces genres de mort n'exigent pas de préparatifs ou moyens spéciaux, qu'ils sont faciles à exécuter, amènent sûrement et rapidement la mort et sont regardés comme exempts de douleur. Pour les autres genres de mort nous pouvons remarquer l'influence d'un certain nombre d'autres causes, c'est ainsi que le suicide par armes à feu est choisi surtout par les individu qui savent se servir d'armes à feu et les ont facilement sous la main. C'est ce que prouve particulièrement la statistique des suicides chez les militaires. *Le rapport annuel sur les conditions sanitaires de l'armée autrichienne en l'année* 1869 contient la relation de 229 suicides dont 173 eurent lieu par armes à feu, 44 par pendaison, 8 par submersion, 2 par chute d'un lieu élevé, 1 par empoisonnement et 1 par écrasement de chemin de fer; la fréquence des suicides par empoisonnement, comme par exemple à Vienne, s'explique facilement par ce fait qu'on y peut plus facilement se procurer du poison qu'à la campagne ou dans les petites villes. Nous voyons par la comparaison des statistiques des suicides en France avec celles des autres pays que d'autres conditions particulières à des différents endroits et à des pays entiers exercent une influence déterminante sous ce rapport; car, tandis que l'empoisonnement par l'oxyde de carbone est très-fréquent en France, on en rencontre rarement un cas chez nous. La fréquence du suicide par chute du haut des monuments ou d'autres lieux élevés chez les Français semble s'expliquer par le caractère de ce peuple, chez lequel le suicide est accompli avec plus d'ostentation que dans les autres pays. On ne saurait non plus nier l'influence de l'exemple. Cette influence s'est fait reconnaître dans les faits observés dans l'antiquité et de nos jours, non seulement par une augmentation momentanée et comme épidémique du suicide, mais encore par le choix du genre de mort, le choix du lieu du suicide et dans les empoisonnements, par le choix des substances toxiques. On voit assez souvent les suicidés choisir un pont déterminé et même sur ce pont toujours un certain endroit pour se précipiter dans l'eau, et toute grande ville a ses endroits, parcs ou bois déterminés, qui sont les lieux de prédilection pour les suicides.

§ 2. — CAUSES DU SUICIDE.

Les causes du suicide sont très diverses et leur importance doit être appréciée comme nous l'avons déjà dit pour les enfants, non pas au point de vue général, mais au point de vue des conditions particulières de l'individu.

Il est certain que le plus grand nombre des suicides se rencontre chez les aliénés, bien que ce serait une erreur de croire avec les médecins anglais que tout suicide puisse être rapporté à un état d'aliénation mentale. Le plus souvent ce sont les états mélancoliques qui poussent au suicide et qui éveillent et font mettre à exécution l'idée de suicide, même dans les premières périodes de la maladie dans lesquelles il n'y a pas encore de symptômes objectifs apparents et qui par cela même peuvent facilement être méconnues. On sait que la fréquence des suicides a été observée dans certaines familles comme une manifestation d'états de dégénérescence héréditaire, en même temps que la folie morale et l'alcoolisme.

Dans d'autres cas, ce sont des affections corporelles, surtout les affections incurables et douloureuses, entre autres les affections syphilitiques qui poussent les individus au suicide. Dans un certain nombre d'autres cas très-fréquents, la raison du suicide se trouve dans des malheurs, des pertes de fortune, de grands chagrins, qui par eux-mêmes déjà peuvent pousser au suicide, mais peuvent aussi être la cause de l'explosion d'une maladie mentale et consécutivement du suicide. La crainte d'une punition ou du déshonneur, des excitations violentes à la suite de discussions de famille, enfin des amours malheureux, qui s'observent principalement dans les premières années qui suivent la puberté et surtout chez les femmes, sont également des causes fréquentes de suicide.

D'après Majer, sur 5651 suicides, 30,4 p 100 eurent lieu pendant des troubles de l'intelligence, 20,2 p. 100 pour des causes restées inconnues, 18,6 p. 100 par chagrin à la suite de pertes de fortune et par les soucis de la vie, 11,3 p 100 à cause de maladies corporelles, 9,9 p. 100 par crainte d'une punition, 5,2 p. 100 par colère ou jalousie et 4,4 p. 100 par crainte du déshonneur. Sur 4490 suicides qui ont été constatés en France en 1871, on ne put préciser la cause du suicide que dans 4077 cas et parmi ceux-ci 1472 eurent lieu dans des affections cérébrales (mentales), 950 dans des états douloureux, 651 par suite de mauvaise conduite et d'ivrognerie, 620 pour des dissensions de famille, 369 à la suite de malheurs et 15 individus se sont tués, parce qu'ils avaient encouru la peine de mort.

Nous ferons remarquer enfin que les suicides sont le plus fréquents dans ce qu'on appelle la belle saison, et, ce qui est encore plus remarquable, ce n'est pas seulement en Bavière ainsi que le montrent les statistiques de Majer, mais encore à Vienne que le mois de mai a fourni (de 1873 à 1875) le plus grand nombre de suicides. La cause de cette particularité se trouve peut-être, ainsi que l'a déjà supposé Majer, dans le contraste pénible entre la nature qui s'éveille à une nouvelle vie et la situation particulière qui fait songer au suicide. Cette circonstance concorde avec les observations faites dans la folie mélancolique et qui nous apprennent que l'hypéréthésie psychique se fait surtout sentir à l'égard des impressions que les personnes saines regardent comme agréables et qui autrefois avaient été perçues de la même façon par les individus malades. Cette même circonstance pourrait expliquer peut-être le rapport entre les affections mentales et un grand nombre de cas de suicides.

C'est peut-être pour les mêmes raisons que le suicide est plutôt accompli le jour que la nuit (d'après Majer dans la proportion de 60 à 40 %).

§ 3. — DIFFÉRENTS GENRES DE SUICIDE.

Nous allons passer en revue les différents genres de suicide, mais nous n'aurons en vue que le suicide par traumatisme ; nous parlerons à d'autres endroits des autres genres de suicide.

I. — Section de la partie antérieure du cou.

Une des formes de suicide les plus fréquentes dans ce genre, c'est la *section de la partie antérieure du cou*. Les suicidés se servent en général, dans ce but, de rasoirs et de couteaux de poche ordinaires, plus rarement d'autres instruments tranchants, tels que couteaux de boucher et couteaux de chasse. Dans un cas qui nous est connu, un prisonnier s'était servi à cet effet d'un tesson de bouteille.

Les suicidés font ordinairement cette section debout (quelquefois devant un miroir) ou assis, rarement étant couchés. Le cou tendu ou la tête penchée en arrière, le suicidé, s'il tient, comme cela arrive ordinairement, le couteau de la main droite, le place à gauche et en haut contre le sterno-mastoïdien et le tire d'un seul trait obliquement à droite par-dessus la partie supérieure du cou. Dans ce cas, le trajet de la plaie est toujours un peu oblique à droite et en bas ; il n'est pourtant pas rare de trouver des sections tout à fait horizontales et on comprend, si la section a été faite avec la main gauche, que la plaie puisse être oblique de droite à gauche et de haut en bas. Si la direction oblique de la plaie est très prononcée, on se trompera rarement en regardant l'extrémité la plus élevée comme le point de départ de la plaie. La direction de la plaie peut pourtant devenir difficile à reconnaître par la rétraction des bords de la plaie et l'existence simultanée d'autres plaies. Si le suicidé, au moment d'accomplir son projet, ne tend pas uniformément son cou et penche la tête du côté opposé à celui où il a placé le couteau, la section non seulement peut être transversale, mais peut encore avoir une direction ascendante vers la fin. Nous avons observé et expliqué de cette façon un cas douteux de suicide offrant cette particularité. Le couteau pénètre, dans la plupart des cas, entre le larynx et l'os hyoïde ou rencontre le larynx, plus rarement il coupe la trachée, et ce n'est qu'exceptionnellement qu'il passe au-dessus de l'os hyoïde (1).

La profondeur de la plaie dépend d'abord de la force avec laquelle la section a été faite, du tranchant du couteau et en outre des parties que ce dernier a rencontrées. Très souvent le larynx qui est atteint le premier empêche le couteau de pénétrer plus profondément, surtout s'il est ossifié ou commence à s'ossifier. Si ces obstacles n'existent pas, un couteau bien tranchant et conduit avec force peut traverser toutes les parties molles de la partie antérieure du cou, arriver jusqu'à la colonne vertébrale et même entamer celle-ci. Si le couteau a été tiré rapidement et d'un seul trait par-dessus les parties les plus proéminantes du cou, la plaie peut être complètement symétrique et blesser des deux côtés les mêmes organes. Les blessures se montrent d'ordinaire plus prononcées sur un des côtés du cou, surtout, comme cela se comprend, sur celui où le couteau a été placé en premier lieu et a été tiré tangentiellement à ce côté. Dans ce dernier cas, les chances d'une blessure des gros vaisseaux du cou sont plus nombreuses parce que le coup est dirigé directement vers ces organes et est moins arrêté par le larynx, tandis que si la plaie est faite symétriquement et tangentiellement sur la ligne médiane du cou, les gros vaisseaux sont relativement moins souvent blessés. La protection que les vaisseaux du cou trouvent dans leur situation profonde, ainsi que l'a fait remarquer Luschka, explique ce fait fréquent. On trouve ordinairement dans ce cas une plaie s'étendant d'un stermastoïdien à l'autre, traversant quelquefois ceux-ci et ne blessant, outre la veine jugulaire externe d'un ou des deux côtés, que de petites branches vasculaires, surtout celles des artères thyroïdiennes supérieures. L'hémorrhagie par ces artères suffit pour déterminer la mort en partie par la perte de sang, en partie par l'afflux du sang dans les voies respiratoires, l'aspiration de ce sang et l'asphyxie consécutive. Cette dernière peut encore être déterminée par la chute de l'épiglotte sectionnée dans le larynx, comme on en a observé plusieurs exemples.

(1) Ces observations concordent avec la statistique de Durham. (Güterbock « *Les blessures du cou.* » *Vierteljahrsch. f. ger. Med.* 1873, 19, p. 33.) Sur le siège de la plaie dans 158 cas de sections du cou faits soit par suicide, soit par meurtre, onze fois la plaie se trouvait en dessus de l'os hyoïde, quarante-cinq fois sur la membrane hyo-thyroïdienne, trente-cinq fois sur le cartilage thyroïde, vingt-cinq fois sur le ligament conoïde et le cartilage cricoïde, quarante et une fois sur la trachée.

Dans les cas de suicide de ce genre on trouve le plus souvent sur le cou plusieurs plaies dont quelques-unes, outre la plaie principale et profonde, sont petites et n'entament que la peau ou, ce qui est plus fréquent, le larynx mis à nu par la rétraction de la peau. On les distingue très bien sur le larynx et on peut remarquer que tantôt elles sont parallèles à la plaie principale, tantôt elles ont les directions les plus diverses et se croisent entre elles. Il peut arriver encore qu'une section coïncide avec la première et fasse de cette façon une plaie à la partie antérieure de la colonne vertébrale, et que des vaisseaux profonds qui avaient été épargnés dans la première section soient blessés par la seconde. La fréquence de la coexistence de plusieurs plaies sur le cou des suicidés prouve que ceux-ci sont encore en état après la première plaie, en général la plus profonde, de s'en faire encore d'autres, ce qui se comprend facilement dans les cas où les vaisseaux profonds du cou ne sont pas sectionnés du premier coup, bien que, même dans ce dernier cas, l'individu ne perde pas immédiatement connaissance et soit encore capable de se faire quelques autres sections se succédant rapidement. Cette précipitation et le trouble qui survient en ce moment expliquent pourquoi ces plaies faites ultérieurement ont les directions les plus diverses et peuvent même occuper d'autres endroits que le cou.

Un paysan, connu comme ivrogne, fut trouvé mort dans sa cave avec le cou coupé. Il présentait une plaie longue de 13 centimètres commençant à 2 centimètres au-dessous du lobule de l'oreille gauche, se dirigeant obliquement à droite et en bas par dessus la ligne médiane du cou et ayant sectionné le sterno mastoïdien gauche, la carotide gauche et les premiers cartilages de la trachée. On constata en outre sur la joue droite deux autres plaies, longues de 10 centimètres ayant entamé seulement la peau et qui, partant de l'aile droite du nez, se dirigeaient parallèlement vers l angle du maxillaire inférieur droit, et entre ces deux plaies une troisième n'ayant intéressé que l'épiderme. Ces plaies, ainsi que ce fait que le rasoir que l'on avait trouvé à côté du mort appartenait à un voisin, avaient fait penser qu'il s'agissait ici non d'un suicide, mais d'un crime.

Nous déclarâmes dans notre rapport que cet individu était mort d hémorrhagie à la suite de la plaie profonde du cou, et que cette dernière pouvait très bien, vu sa position et ses autres caractères, avoir été faite par le paysan lui-même. Quant aux plaies de la joue droite, nous déclarâmes que leur siège, bien qu'extraordinaire à un endroit reconnu comme peu important à la vie, même par le public, n'excluait pourtant pas la possibilité du suicide, et qu'il pouvait s'expliquer par ce fait que le suicidé ne s'était fait ces plaies qu'après la section principale du cou, et dans un moment où la violente hémorrhagie et son état d'excitation ne lui permettaient plus de se porter un coup juste. Cela pouvait d'autant plus facilement arriver qu'à la suite de la section complete du sterno-mastoïdien gauche, la tête s'était tournée à gauche et que la joue droite s'est trouvée ainsi dans la direction du coup. Comme ces plaies de la joue avaient une direction parallèle entre elles et à celles du cou, qu'il n'y avait pas de traces de lutte ou de résistance sur cet individu grand et fort, et qu'il n'y avait aucune raison d'admettre que cet homme fût en ce moment ivre ou privé de connaissance, nous conclûmes dans notre rapport que les lésions constatées sur le cadavre et les autres circonstances particulières du cas n'étaient pas contraires à l'idée d'un suicide.

Il arrive également assez souvent que les suicidés se fassent après la section du cou d'autres plaies, surtout au coude et aux articulations de la main. Cette coïncidence assez fréquente est en général par elle-même un indice de suicide. Mais on observe encore plus fréquemment des individus qui, après avoir essayé inutilement de se tuer d'une autre façon, finissent par se couper le cou. C'est ainsi que nous avons eu l'occasion de faire l'autopsie de deux individus qui s'étaient sectionné le cou après avoir cherché à se tuer en se tirant un coup de révolver dans la bouche, sans arriver à produire autre chose qu'un délabrement du palais. Dans un troisième cas, le suicidé avait commencé par une tentative de strangulation, et dans un quatrième par un coup de couteau dans le foie. Les suicidés de ce genre ne tombent pas toujours à l'endroit même où ils se sont fait la section du cou, et on ne peut nier la possibilité d'un déplacement, même si les vaisseaux profonds du cou sont sectionnés, moins, il est vrai, si les deux carotides sont coupées que quand il n'y en a qu'une seule.

Dans le cas du paysan aux plaies de la joue cité plus haut, le suicidé a été trouve à quatorze pas d'un tonneau couvert de sang, et on posa à cette occasion la question de savoir si cet homme avait encore pu faire quatorze pas après la section du cou. Nous répondîmes que la chose était possible, d'autant plus qu'une seule des carotides avait été sectionnée, et même complètement, de sorte qu'elle pouvait se rétracter et ralentir ainsi l'hémorrhagie. Nous fîmes observer en même temps que ces pas devaient avoir été faits non pas lentement, mais rapidement, d'un seul trait et dans l'intention manifeste de gagner la porte de la cave (1).

Les cas suivants montrent ce que peuvent encore faire les individus qui ont le cou coupé. Dans un cas rapporté par Amos (2), une femme put encore faire 23 yards après la section de la carotide et de la jugulaire d'un seul côté. Rust raconte qu'un menuisier s'était coupé le cou avec un rasoir en plein champ. Saisi de regrets, il jeta le rasoir, se retira en rampant dans une hutte où il passa le jour et la nuit exposé à un grand froid. Le lendemain il retourna en ville, y tomba et fut porté dans une clinique de chirurgie où on le prit pour un ivrogne et le fit conduire chez lui. Là seulement on découvrit la plaie du cou, on le porta à l'hôpital où il mourut quinze jours après. A l'autopsie on constata que le larynx et le pharynx étaient sectionnés, jusque sur le corps des vertèbres. Malgré cela,

(1) Fischer, *Verletzungen des Halses*, p. 72.

(2) Albert, *Lehrb. d. Chirurgie*, 1877, I, 470

cet homme avait fait un long chemin et avait été dans une clinique chirurgicale sans qu'on se doutât de la plaie qu'un foulard cachait.

Güterbock rapporte plusieurs cas dans lesquels il n'y eut que des hémorrhagies insignifiantes malgré des sections profondes du cou.

Le meurtre par section du cou n'est pas une chose rare. Il est le plus facile à accomplir sur des personnes endormies ou privées de connaissance, et on comprend que dans ce cas il y ait rarement des signes de résistance ou d'autres lésions anatomiques qui puissent servir à faire le diagnostic de meurtre. La direction de la plaie du cou ne nous apprend rien, car elle peut être la même que dans le suicide, surtout si le meurtrier se tient derrière la tête de la personne endormie et conduit le couteau de la main droite. Dans ce cas cependant, la plaie est généralement tout à fait transversale et symétrique des deux côtés. Une main étrangère peut aussi, plus facilement que celle d'un suicidé, sectionner d'un seul trait toutes les parties molles du cou jusqu'à la colonne vertébrale. L'existence de plaies profondes de la colonne vertébrale qui exigent un grand déploiement de forces, plaide plutôt en faveur d'un meurtre que d'un suicide.

Dans le cas du meurtre du facteur dont nous avons parlé plus haut, toutes les parties molles de la partie antérieure du cou, à gauche tous les gros vaisseaux, et à droite la carotide, étaient sectionnés, et la section avait pénétré entre les apophyses transversales de la troisième et quatrième vertèbre cervicale jusque dans le canal de l'artère vertébrale sans toutefois blesser cette dernière. Nous avons trouvé des lésions analogues sur le cadavre d'une femme tuée par plusieurs plaies du cou, toutefois sur le côté droit (elle fut surprise étant debout) ; la veine jugulaire interne et le nerf pneumogastrique seuls, étaient sectionnés de la carotide il n'y avait que la tunique adventice qui fût blessée, bien que la carotide couvrît par la moitié de sa largeur l'extrémité interne de la plaie qui se trouvait sur la colonne vertébrale. Cette dernière particularité s'explique par ce fait que la tête au moment de la section du cou a dû être tournée du côté opposé, ce qui a fait que la carotide a pris une position plus interne et n'a été touchée que tangentiellement par la plaie du côté droit du cou.

Le meurtrier, dans les cas où il surprend une personne endormie ou privée de connaissance, ne se contente pas toujours d'une seule section, mais en fait souvent une seconde et une troisième qui tombent toutefois le plus souvent dans la première plaie, de sorte que dans ce cas il paraît n'y avoir qu'une seule plaie au fond de laquelle on peut cependant reconnaître une action répétée.

Le meurtre de personnes éveillées et en état de se défendre est beaucoup plus difficile et se fait surtout, le meurtrier se tenant derrière sa victime, et faisant brusquement la section par derrière. Dans ce cas, la plaie peut aller tellement loin à droite que cette particularité peut servir à faire reconnaître l'intervention d'une main étrangère et la position du meurtrier. Cet acte ne pouvant pas facilement être accompli sans résistance de la part de la personne attaquée, doit laisser des traces de lutte.

Comme dans ce cas la personne attaquée tombe instinctivement sur le bras de l'agresseur et par conséquent sur le couteau, il peut en résulter des plaies par instrument tranchant aux mains, surtout à la face interne des doigts ou du creux de la main. L'existence de ces plaies que l'on ne rencontre pas sur les suicidés, prouve déjà par elle-même la manière dont les choses ont dû se passer. Nous trouvons aussi en général, dans ces cas, plusieurs plaies sur le cou ; leur siège et leur direction asymétrique peuvent également dénoncer l'intervention d'une main étrangère.

Nous avons eu l'occasion d'observer deux cas de ce genre. Le premier concernait une fille de joie âgée de 29 ans qui fut trouvée un soir couverte de sang et à peu près privée de connaissance dans un jardin public. A son admission à l'hôpital on trouva à la partie antérieure du cou une plaie longue de 4 pouces 1/2 partant à gauche du bord inférieur de l'oreille, se dirigeant obliquement, en passant par dessus le larynx, vers le bord interne du sterno-mastoïdien droit et n'intéressant que les muscles sterno-hyoïdiens, puis au-dessous de l'angle de droite du maxillaire inférieur, une autre plaie d'un pouce pénétrant jusque dans le larynx et saignant beaucoup, une troisième longue d'un pouce et demi entre l'os hyoïde et le larynx, n'ayant entamé que la peau, enfin sur les deux mains, de nombreuses plaies superficielles passant sur la face interne des doigts. Il était clair qu'il s'agissait ici d'une tentative de meurtre, et la femme déclara avoir été blessée de cette façon et sans raison par un inconnu immédiatement après le coït, et resta sur cette affirmation, bien que les circonstances particulières du cas permirent de supposer que le meurtrier ne lui était pas inconnu. La guérison eut lieu. Cette personne, qui déjà auparavant avait donné des signes de troubles intellectuels, fut atteinte plus tard d'une affection mentale nettement prononcée.

Dans un second cas, une femme robuste, âgée de 45 ans fut surprise et assassinée chez elle par un inconnu. On trouva sur le côté droit du cou une plaie longue de 10 centimètres ayant pénétré dans le canal de l'artère vertébrale et sectionné complètement la veine jugulaire interne, le pneumogastrique, et incomplètement la carotide; puis une autre partant de l'angle gauche de la mâchoire inférieure et se dirigeant obliquement à droite et en bas par-dessus le ligament conoïde qu'elle avait sectionné, une troisième longue de 5 centimètres oblique vers en bas, le long du côté droit du maxillaire inférieur et ayant pénétré jusqu'à l'os, enfin, un petit lambeau à bords nets formé par les couches supérieures de la peau sur les deux côtés du maxillaire inférieur. La phalange unguéale de l'index gauche présentait une plaie oblique et pénétrant jusqu'à l'os, et sur la surface interne de la main gauche on voyait une plaie linéaire n'intéressant que la peau et allant obliquement de la partie inférieure du bord interne de la main à la racine de l'index gauche ; il était hors de doute que ces dernières plaies avaient été produites par le couteau du meurtrier que la victime avait voulu saisir avec sa main.

Taylor a rapporté et a représenté des cas analogues.

Les taches de sang trouvées sur le cadavre peuvent dans certains cas nous permettre de voir s'il y a eu suicide ou meurtre. On comprend que, si la section du cou a été faite pendant que la personne était couchée, ce qui arrive très rarement dans le suicide, le sang, qui sort de la plaie, s'écoule surtout sur un ou deux côtés du cou, et se répand sur les objets sur lesquels l'individu est couché, tandis que si la plaie a été faite pendant que l'individu était debout ou assis, on peut s'attendre à ce que le sang s'écoule par en bas particulièrement sur la surface antérieure du corps. Nous ferons remarquer toutefois d'une part, qu'une personne qui s'est coupé le cou étant couchée, peut encore dans certaines circonstances se relever, de sorte que le sang s'écoule sur la partie antérieure du corps; d'autre part, que des personnes, qui se sont sectionné le cou étant assises dans le lit, peuvent immédiatement-retomber, et dans ce cas, la plus grande partie du sang s'écoule dans la même direction que si la section avait été faite dans le décubitus dorsal.

On prendra aussi en considération les taches de sang sur les mains de la personne morte. Trouve-t-on par exemple la main, avec laquelle la section du cou aurait dû être faite dans le cas de suicide, sans tache de sang, cette seule circonstance rendra ce cas déjà très suspect, car on comprend difficilement, à moins que le couteau et surtout son manche ne soient très longs, que cette main n'ait pas été couverte de sang pendant la perpétration d'une plaie mortelle et cela d'autant moins qu'il y a eu blessure de plus gros vaisseaux; on exclura complètement l'idée de suicide si on trouve plusieurs plaies sur le cou, car dans ce cas la main a dû se rapprocher plusieurs fois de l'endroit sanglant. D'un autre côté on conçoit que même dans un cas de meurtre, les mains de la victime puissent être couvertes de sang, aussi bien à la suite de la résistance et des plaies de la main produites dans ce cas, qu'à la suite du mouvement instinctif qui fait porter la main à l'endroit blessé, enfin parce que les mains peuvent avoir été en contact avec le sang dans lequel on trouve couché le cadavre. C'est ainsi que les deux mains du facteur, dont nous avons parlé, étaient de tous côtés souillées de sang, bien que la plaie du cou ait été faite sur un individu étourdi déjà par un coup de révolver tiré dans la tête et étendu par terre.

Nous parlerons plus loin des taches de sang que l'on peut trouver sur le lieu du crime.

On a trouvé quelquefois, bien que rarement, des suicidés ayant conservé le couteau dans leur main. Mais il est arrivé plus souvent que le couteau avec lequel un individu a été assassiné a été placé dans la main du cadavre pour faire croire à un suicide. Taylor décrit et représente un cas analogue, où la simulation fut reconnue parce que le creux de la main présentait des coupures superficielles et obliques et que le couteau avait été placé dans la main du cadavre à l'envers, c'est-à-dire le dos contre le corps. Nous avons déjà parlé d'un cas communiqué par Taylor et dans lequel on avait coupé le cou à une femme après l'avoir tuée par suffocation, pour simuler un suicide.

On s'est demandé quelquefois si un individu qui avait le cou coupé pouvait encore crier. Liman décrit un cas de meurtre par section du cou dans lequel on lui a posé cette question entre autres. La plaie, dans ce cas, longue de 4 pouces avait sectionné complètement la carotide gauche et la trachée, mais sans blesser l'œsophage. Liman répondit que cette personne assassinée ne pouvait plus, après la section de la trachée, crier « mon cou ! mon cou ! » et ne pouvait émettre aucun son, encore moins des sons articulés. Comme dans ce cas la trachée était complètement sectionnée et probablement aussi l'un ou les deux nerfs récurrents, nous sommes de l'avis de Liman.

Ce serait cependant une erreur que d'admettre dans d'autres cas où la plaie a pénétré dans le larynx ou les voies respiratoires, que la personne blessée ne puisse plus crier, car, si ces organes ne sont pas complètement sectionnés, la plaie peut jusqu'à un certain point se fermer en partie par le glissement des tissus, en partie par la flexion du cou, de sorte que la parole et même un cri deviennent possibles. C'est ainsi que le suicidé cité par Rust pouvait encore parler, bien que le larynx et le pharynx eussent été sectionnés jusqu'à la colonne vertébrale. Albert a vu dans la maison d'aliénés de Vienne un suicidé qui s'était complètement coupé le larynx au-dessus des cordes vocales et l'œsophage jusque sur la colonne vertébrale et qui, malgré cela, émettait un cri aigu, continuel, semblable à celui d'une trompette, jour et nuit, jusqu'à ce qu'il mourût le quatrième jour d'une pneumonie double.

Nous-même, nous avons fait l'autopsie d'un homme qui avait été trouvé dans un établissement de bains mourant et nageant dans le sang, après qu'on eut entendu un cri d'alarme très fort, venant de la cabane de bain fermée en dedans. Nous trouvâmes une plaie ayant pénétré jusque dans le pharynx entre l'os hyoïde et le larynx et ayant sectionné la veine jugulaire interne gauche et l'artère thyroïdienne supérieure gauche, en outre, deux autres plaies transversales sur la saillie du larynx dont l'une était pénétrante. Nous constatâmes encore sur la surface des deux articulations du poignet une plaie transversale, ayant ouvert des deux côtés l'artère radiale et coupé plusieurs tendons du fléchisseur superficiel des doigts. Comme cet individu n'aurait pu, avec la blessure des poignets se faire facilement la plaie profonde du cou, il n'est pas impossible, mais moins vraisemblable, qu'il se soit fait d'abord la plaie du cou et se soit ouvert ensuite les artères, au moins à la main droite, et on peut supposer qu'il n'avait appelé au secours qu'après s'être fait la plaie du cou. On ne put savoir au juste si ce cri consistait en paroles nettes ou seulement en un cri non articulé.

II. — **Suicide par section des artères au niveau des articulations.**

Le suicide par section des artères au niveau des articulations, surtout au pli du coude et à l'articulation du poignet, n'est pas très rare. Le plus souvent la section est faite sur le bras gauche, ou y est plus profonde qu'à droite. L'existence assez fréquente de plaies sur les deux bras prouve que ces individus, après la section des artères, conservent encore la faculté de saisir et de tenir un couteau et de se faire des entailles. Cette possibilité peut s'expliquer par ce fait que le plus souvent les tendons du fléchisseur superficiel des doigts sont seuls entamés ou coupés et que les autres muscles sont préservés par leur situation profonde et surtout par la saillie des os au niveau de l'articulation du poignet. Il arrive exceptionnellement que le suicidé se coupe d'autres artères situées superficiellement. Nous avons fait l'autopsie d'un médecin qui s'était coupé dans le bain les artères des deux poignets et des plis du coude et en outre, l'artère temporale des deux côtés qui était rigide et ondulée. Mais il arrive assez souvent qu'on trouve sur le même individu, en même temps qu'une plaie du cou et sur les membres supérieurs d'autres plaies qui, dans ce cas, ont été faites plus tard que la première. Cette particularité est en général suffisante par elle-même pour affirmer qu'il y a eu suicide, car on ne peut pas admettre, à moins d'un raffinement extraordinaire du meurtrier, que celui-ci, après avoir tué une personne par section du cou, ait songé encore à lui faire des coupures dans les plis du coude, dans le but de simuler un suicide.

Un fait qui s'est passé à Prague prouve qu'il ne faut pas absolument rejeter la possibilité d'un meurtre par section des plis articulaires : un père tua quatre de ses enfants en leur coupant soit le cou, soit le pli du coude, soit (ce que nous n'avons jamais observé dans les cas de suicide) le creux poplité, après quoi, il se tua lui-même par section du cou.

III. — **Suicide par le poignard.**

Il arrive rarement que des individus se poignardent ; ce genre de blessure est plutôt le fait d'un meurtre ; aussi faut-il n'admettre qu'avec les plus grandes réserves une telle mort donnée comme un suicide. La place que les suicidés choisissent pour se poignarder est le plus souvent la région du cœur ; plus rarement le cou, exceptionnellement d'autres endroits. Mais ces places sont précisément celles que les meurtriers choisissent pour frapper.

Dans ces cas, il faut généralement prendre en considération, outre les autres circonstances, la place où siège la plaie, et voir si celle-ci est telle que l'individu ait pu facilement se donner lui-même le coup de couteau, et si la direction correspond à celle à laquelle on pourrait s'attendre dans le cas de suicide. On verra également si les vêtements ont été écartés ou non avant que le coup ait été porté. Dans le premier cas on admettra plutôt le suicide, tandis que si nous trouvons un coup qui, avant d'atteindre le corps, a trouvé plusieurs vêtements, le suicide paraîtra moins vraisemblable.

IV. — **Suicide par armes à feu.**

Un autre genre de suicide très fréquent, c'est celui *par armes à feu*. Dans le plus grand nombre des cas, ce sont des armes courtes, telles que le pistolet et surtout le revolver qui servent à ce but. Les armes longues, telles que fusils de chasse ou de guerre sont plus rarement employées, parce qu'elles sont moins répandues et plus difficiles à manier. Aussi quand on s'en sert et que le bras n'est pas assez long pour atteindre la détente, on fait des arrangements qui permettent d'y arriver. Par contre, il arrive assez souvent que l'arme dont on s'est servi exclut l'idée de meurtre. C'est ainsi que nous avons fait l'autopsie de deux individus qui s'étaient suicidés avec un pistolet primitif qu'ils avaient fabriqué avec une grosse clef creuse.

Dans un autre cas, un serrurier avait chargé un tube creux provenant d'une machine et au bas duquel il avait fait un petit trou, et l'avait fixé dans un étau et fait partir en le dirigeant contre sa poitrine.

Dans un quatrième cas, on s'était servi dans ce but d'un canon d'enfant. Souvent le projectile est tel qu'il fait penser immédiatement au suicide. Dans plusieurs cas d'autopsie de suicidés par armes à feu, nous avons trouvé dans le canal de la plaie des petites pierres, dans un autre, un petit morceau de plomb haché et du sable, dans un autre enfin, un drachme en cuivre.

Les blessures mortelles par armes à feu sans solution de continuité de la peau ne peuvent se rencontrer que sur des suicidés qui, dans leur état d'excitation, ont peut-être oublié de mettre un projectile dans l'arme. De ce genre est le cas suivant arrivé à Vienne et publié dans le rapport médical annuel de 1871 (1) : Un homme de 40 ans qui s'était tué par un coup de revolver présentait dans la région du mamelon gauche une place de la grandeur d'une soucoupe, brune et desséchée sans solution de continuité de la peau. Les tissus de la paroi de la poitrine situés derrière cette place offraient des suffusions sanguines et étaient en état d'attrition, les cartilages costaux étaient fracturés. Dans le péricarde on trouva une livre et demie de sang, le cœur était contracté, et portait sur sa face antérieure, au milieu du sinus longitudinal deux déchirures à peu près de la grandeur d'un pois, entourées d'une suffusion sanguine dans le péricarde et conduisant dans les cavités des deux ventricules plus librement à droite où l'on pouvait entrevoir même la couche trabéculaire du muscle cardiaque qu'à gauche.

On a parlé souvent, à propos de suicide, d'armes à feu chargées à eau (*Vasserschusse*). Leur action est encore peu connue, on admet ordinairement que l'arme était chargée d'eau quand on constate de grands délabrements sans trouver de projectile, mais ces désordres peuvent se rencontrer dans les coups de feu tirés à bout portant et le projectile peut ne pas être trouvé pour d'autres raisons. Un anonyme (2) pense que c'est à tort qu'on accorde à l'eau la force nécessaire pour broyer les os, et se base sur des expériences qu'il a faites sans résultat avec la soupape d'une machine à vapeur de la force de trente chevaux. Nous ne sommes pas de cet avis, car en parlant des blessures par armes à feu, nous avons vu que l'explosion des gaz de la poudre seule sans projectile peut déjà produire des désordres graves qui doivent être encore plus prononcés quand une certaine quantité d'eau est brusquement lancée en avant avec une force énorme. Comme dans les suicides les coups sont toujours tirés à bout portant, l'eau atteint le corps avant qu'elle ne soit pulvérisée. Il serait intéressant de continuer les recherches dans ce sens.

Casper a observé un cas dans lequel un individu s'était rempli la bouche avec de la poudre et y avait mis le feu.

Les endroits que les suicidés visent ordinairement sont la tête et la région du cœur. A la tête, ils choisissent de préférence la région frontale et temporale. Très souvent aussi ils font partir l'arme dans la bouche ; exceptionnellement ils placent le canon de l'arme sur des endroits difficiles à atteindre. Maschka et nous-même nous avons observé un cas non douteux de suicide dans lequel l'orifice d'entrée de la balle se trouvait en arrière de la tête dans la région de la suture lambdoïde.

Les suicidés mettent généralement leur arme en contact direct avec la peau après avoir ôté ou écarté leurs vêtements. Les blessures dans ce cas présentent presque toujours les caractères des coups tirés à bout portant. Aussi, quand on s'est servi d'armes se chargeant par la bouche, trouve-t-on généralement, outre le projectile, la bourre ou les restes de celle-ci dans le canal de la plaie

(1) *Physikatsbericht von Jahre* 1871, p. 123.
(2) *Wiener Allg. med. Ztg.* 1875, n° 26.

ou dans les parties broyées. Les caractères de la bourre peuvent donner des renseignements très utiles.

La découverte de l'arme déchargée, à côté du cadavre, ne prouve pas par elle-même qu'il y a eu suicide, car l'arme a pu avoir été placée là intentionnellement ; d'un autre côté, il arrive souvent que l'arme ne se trouve pas à côté du cadavre parce qu'elle a été enlevée par les premières personnes qui sont arrivées.

L'arme trouvée dans la main du suicidé a la même signification que le couteau dans les cas de suicide par section du cou. Cette particularité semble pourtant se rencontrer plus souvent dans le suicide par armes à feu que dans celui par section du cou. Le serrement convulsif de l'arme ne prouve absolument rien par lui-même, car la même chose peut arriver quand un individu a été tué par un coup de feu tandis qu'il tenait lui-même une arme à feu dans la main.

Il faut chaque fois rechercher sur les mains les taches noirâtres produites par la déflagration de la poudre et que l'on trouve d'autant plus facilement que l'arme était chargée avec plus de poudre. Ces taches proviennent en partie de la fumée de la poudre, en partie des grains de poudre qui ont resauté en arrière, comme nous nous en sommes assurés par des expériences sur les cadavres. Ce tatouage se montre surtout après les coups de pistolet et de revolvers courts mais de gros calibre, tandis que les petits revolvers ne donnent lieu qu'à des taches légères ou n'en produisent pas du tout. On aura naturellement égard aux taches noirâtres d'autre provenance que l'on peut rencontrer sur les mains.

Outre les taches de poudre, on peut encore trouver des blessures sur la main avec laquelle le suicidé s'est tué. Nous ne parlons pas seulement ici des blessures grossières qui sont dues à l'éclatement de l'arme trop chargée, mais d'autres blessures moins graves telles qu'écorchures et déchirures de la peau, que l'on trouve souvent sur le pouce ou sur l'index de cette main et qui sont dues ordinairement au recul de l'arme trop chargée et au choc de la sous-garde ou d'autres parties saillantes de l'arme. Ces blessures peuvent encore être produites par des éclats d'os lancés sur la main qui se trouve dans le voisinage et non seulement nous avons eu l'occasion d'observer ces blessures à la suite de coups de feu tirés dans la tête et accompagnés de désordres considérables, mais nous avons encore trouvé dans un cas des éclats d'os de la grosseur d'un grain de chènevis implantés dans la peau du pouce. En faisant des expériences de tir sur des cadavres, si on applique l'arme directement sur la peau ou si on la décharge de très près, on peut sentir et voir des petits corps consistant le plus souvent en grains de poudre, mais aussi en parcelles de tissus rebondir sur la main, tandis qu'on sait que dans le tir à la cible avec des pistolets, revolvers ou autres armes semblables, ces blessures n'ont pas lieu ou ne se produisent qu'exceptionnellement (dans les cas de surcharge) et qu'on ne peut pas voir des grains de poudre resauter en arrière.

Si l'on trouve sur le cadavre plusieurs blessures par armes à feu, il peut se poser la question de savoir si le suicidé, après le premier coup (on peut difficilement admettre qu'il y ait décharge de plusieurs coups simultanément) (1), a encore été en état de s'en tirer un second ou un troisième et, dans certains cas, s'il était encore en état de recharger et de décharger son arme.

Dans ces circonstances, on aura égard aux caractères de chaque blessure en particulier. Trouvons-nous, entre autres, une blessure qui a dû mettre l'individu hors d'état de faire quoi que ce soit comme par exemple, le broiement de la tête ou du cœur, il est clair que c'est cette blessure qui a été faite en dernier lieu par la main du suicidé. Existe-t-il une seconde plaie analogue ou y a-t-il des raisons pour admettre que l'autre plaie même non mortelle a été faite plus tard, on ne pourra plus guère penser au suicide. Comme les coups de pistolet déterminent des désordres beaucoup plus considérables que les coups de revolver, on comprend pourquoi, dans les suicides par les premiers, il y a rarement plusieurs plaies sur un suicidé. Les plaies peuvent être d'autant plus nombreuses que le calibre du revolver était plus petit et que c'est moins la force d'explosion de la poudre que le petit projectile qui a produit son effet. Cela s'applique surtout aux revolvers de poche avec très petites cartouches et il est certain que nous trouvons aujourd'hui beaucoup plus de tentatives inutiles de suicide par armes à feu et de guérisons de tels suicidés qu'autrefois, et on remarque que le plus grand nombre de ces cas se rapporte à des blessures faites avec des révolvers.

Lorinser (2) a publié un cas dans lequel un suicidé s'était tiré les quatre coups d'un revolver contre la poitrine sans être parvenu à se tuer. On trouva une première plaie à gauche du sternum entre la 2e et la 3e côte, une seconde entre la 3e et la 4e, une troisième entre la 4e et la 5e et une quatrième entre la 5e et la 6e côte; le voisinage de toutes les plaies était noirci. Au-dessous de l'omo-

(1) Trélat rapporte le cas d'un suicidé qui s'était appliqué et déchargé en même temps deux pistolets aux deux tempes.

(2) Lorinser, *Wr. med. Wochenschrift*, 1871, XXI, 12.

plate gauche on trouva une suffusion sanguine sous laquelle on pouvait sentir une balle ; il y eut un pneumo-thorax et guérison sans extraction des balles.

Kumar (1) a rapporté un cas semblable dans lequel un individu s'était tiré trois coups de revolver dans le côté gauche du thorax.

Nedophil (2) a publié sept cas de guérison de blessures du thorax par armes à feu. Sauf dans un seul cas où l'arme était un petit pistolet, on s'était servi de petits revolvers de poche. Le cas suivant montre combien est souvent insignifiante l'action des petits revolvers de poche. Un homme de 36 ans avait déchargé sur sa maîtresse deux coups d'un tout petit revolver et, après que celle-ci s'était enfuie, il se tira lui-même plusieurs coups contre la tête. On le vit, par la fenêtre, recharger son arme et on entendit plusieurs autres détonations. Après avoir enfoncé la porte on trouva cet homme privé de connaissance ; il revint à lui au bout d'une demi-heure. A l'hôpital on constata cinq trous de balle sur le côté droit de la tête, un sixième à la région temporale gauche et un septième sur la médiane de la région occipitale. On fit l'extraction de quatre balles qui etaient placées toutes superficiellement ; on n'observa pas de troubles cérébraux, on ne remarqua qu'un léger ictère qui disparut le lendemain, huit jours après la blessure.

Dans un cas communiqué par Casper-Liman, et dans lequel on trouva un suicidé avec deux plaies par armes à feu dans la poitrine, et une troisième au milieu du front, il s'agissait évidemment de coups de revolver, car on fit l'extraction de deux balles coniques sous l'omoplate gauche. (L'autopsie ne fut pas faite.)

Dans un autre cas, cité par le même auteur, un homme, qui s'etait tiré un coup de pistolet dans la poitrine et s'était transpercé le diaphragme et la rate, fut encore en état de boutonner sa redingote et son pardessus jusqu'au cou et de se jeter dans un étang éloigné de quelques pas.

V. — Suicide par chute d'un lieu élevé.

Le suicide par chute d'un lieu élevé n'est pas rare.

A Vienne de 1871 à 1875 ce genre de suicide était en moyenne dans la porportion de 6,6 pour 100 par rapport au nombre total des suicides. Ce sont en général des chutes d'une fenêtre ; il arrive plus rarement que les suicidés montent dans ce but, sur des hauteurs (tours, monuments), ou se jettent dans des précipices. L'autopsie ne fait découvrir dans le plus grand nombre de ces cas aucune blessure frappante des téguments et souvent aucune lésion extérieure, une preuve de la grande force de résistance de la peau.

On ne trouve le plus souvent que des excoriations, quelques sugillations ou des plaies insignifiantes de la peau. Ces lésions extérieures si peu prononcées se rencontrent d'ordinaire sur les corps tombés sur des surfaces planes. On observe ces blessures exté-

(1) Kumar, *Bericht des Rudolphspitals* (*Rapport sur l'hôpital de Rudolph*) pour 1875.

(2) Nedophil, *Wiener. med. Wochenschrift*, 1877, N. 18-20.

rieures principalement sur la tête, d'une part parce que celle-ci touche la terre la première et avec une grande force, d'autre part à cause de la facilité avec laquelle se produisent sur la peau de la tête les solutions de continuité. Nous avons plusieurs fois observé des plaies très étendues sur la tête dans les chutes sur une surface plane; dans un cas, chez une aliénée qui s'était jetée d'une fenêtre et était tombée sur la tête, nous avons constaté un éclatement complet de la tête, qui s'était divisée en deux moitiés presque symétriques. Les solutions de continuité de la peau peuvent se produire plus facilement si le corps dans sa chute est tombé sur des objets durs et saillants, sur des pierres ou d'autres corps semblables.

Les lésions principales se trouvent à l'examen interne et consistent en fractures ou fissures plus ou moins étendues du crâne, en fractures des côtes, de la colonne vertébrale et du bassin et surtout en ruptures de parties molles internes.

On comprend que les lésions externes ou internes puissent se produire aussi bien dans le crime que dans le suicide, que l'autopsie ne puisse pas par elle seule fournir d'indication sur la cause de la chute et que celle-ci doive être déduite plutôt des autres circonstances du cas.

On observe fréquemment dans les grandes villes, la mort par chute involontaire. A Vienne on a constaté en 1873, quatre vingt-trois cas, en 1874, cinquante-deux, et en 1875, soixante-dix cas analogues. Ils concernaient presque tous des ouvriers tombés dans leur travail d'un toit ou d'un échafaudage, des domestiques lavant les carreaux des fenêtres, ou bien des enfants tombés par une fenêtre ou d'un escalier, plus rarement des individus tombés dans la trappe ouverte d'une cave.

Le meurtre par chute d'un lieu élevé se présente surtout pour les nouveau-nés, et nous en parlerons en traitant des accouchements précipités.

Dans un de nos cas, un père pendant le délire de la variole, tua son enfant de quatre ans en le jetant d'un troisième étage dans la rue. Extérieurement on ne trouva que quelques excoriations de la peau sur la joue gauche, le siège et le dos. Intérieurement on constata une suffusion sanguine très étendue de la peau du crâne, et une fêlure horizontale de l'occiput, des suffusions de la dure-mère et des déchirures des deux poumons.

Nous avons eu à faire un rapport sur un cas où une femme était accusée d'avoir tué son mari en le précipitant, par une soirée brumeuse d'automne, d'un sentier large de quelques pieds seulement et surplombant un précipice de 40 pieds de profondeur. L'homme était tombé dans une rivière, avait le crâne fracassé et offrait en même temps les signes de la mort par asphyxie. Certaines circonstances (infidélité prouvée de la femme, menaces contre le mari) rendirent cette mort suspecte; nous dûmes cependant déclarer qu'au point de vue médical et par le résultat de l'autopsie, il était impossible de décider si cet individu était réellement tombé accidentellement, comme l'indiquait la femme, dans le précipice par suite de l'obscurité et de la pluie qui avait rendu le chemin glissant ou s'il y avait été jeté par sa femme.

On connaît le fait qui s'est passé récemment à Bozen ; un touriste était accusé d'avoir jeté sa femme dans un précipice du haut de la route du Stilfserjoch, après l'avoir préalablement étourdie, tandis que lui prétendait que sa femme s'était suicidée en cet endroit. Dans ce cas c'est encore moins les lésions anatomiques trouvées sur le cadavre que les circonstances qui ont accompagné cet événement qui firent admettre l'idée d'un crime. La route à cet endroit n'était pas taillée à pic, mais se continuait par une pente, roide il est vrai, mais encombrée de pierres, de troncs d'arbre et d'autres obstacles, et ne se terminant qu'à une certaine distance de la route dans un précipice, de sorte que l'endroit n'était pas très propice pour l'accomplissement d'un suicide, et qu'il était très difficile d'admettre, ainsi que le prétendait l'accusé, que la femme, après avoir sauté de la route, d'un mètre seulement plus élevée que la pente, ait roulé à une grande distance. En outre, on trouva tout près de la route, qui n'était pourtant pas bien haute, des traces de sang que l'on pouvait suivre sans interruption jusqu'au précipice, et entre celui-ci et la pente un sillon qui, par sa largeur et sa symétrie, paraissait avoir été produit par une personne qu'on avait traînée par dessus cet endroit gazonneux.

VI. — **Suicide par écrasement.**

Sur les individus écrasés par une voiture, nous trouvons des blessures analogues à celles que l'on constate sur des personnes qui se sont précipitées d'un lieu élevé. Ce genre de mort n'est pas toujours accidentel, mais a été assez et souvent choisi dans ces derniers temps pour le suicide. Presque toujours c'est par un train de chemin de fer que se font écraser ceux qui veulent se suicider. Les blessures dans ce cas sont en général énormes et indiquent par cela même leur mode de production. Très souvent des parties entières ou la tête sont séparées du tronc ; dans ce cas le rail et le bord tranchant de la roue agissent comme des ciseaux.

Il faut remarquer que toutes les blessures que l'on trouve sur le corps de ces individus, ne proviennent pas des roues du train, mais encore du chasse-pierres, soit que celui-ci blesse directement le corps, soit qu'il le lance hors de la voie. On nous a communiqué un cas dans lequel on trouva sur un individu qui avait été écrasé par un train, outre le broiement du corps et des déchirures, une plaie du cou ressemblant tout à fait à une plaie par instrument tranchant et ayant une grande profondeur, toutefois sans blesser d'organes importants ; il fut établi que cette plaie avait été faite, selon toute probabilité, par un chasse-pierres consistant en un balai dur et roide, ou plutôt par une baguette de ce balais.

Nous avons déjà dit plus haut que des individus tués d'une autre façon étaient souvent placés sur les rails, pour faire croire à un suicide ou à un accident.

VII. — Suicide par instrument hachant.

Des autres genres de suicide, nous ne citerons que le suicide par instrument hachant. Ce genre de suicide, qui est tout à fait exceptionnel, a cependant été observé plusieurs fois.

Nous trouvons plusieurs cas de ce genre, entre autres celui d'un individu (1) qui s'est tué en s'enfonçant un ciseau dans la tête, et un autre cas de suicide à l'aide d'une hache lancée contre la tête (2).

Casper-Liman cite trois cas de ce genre, et Schauenstein raconte qu'un domestique s'était donné sur le front et le sommet de la tête dix-sept coups de hache dont quelques-uns avaient traversé les os et occasionné la mort par méningite.

Nous trouvons un cas analogue dans le rapport annuel de l'hôpital général de Vienne pour l'année 1871. Un menuisier s'était donné un coup de marteau sur la région temporale droite dans l'intention de se suicider. On constata une plaie contuse de la grandeur d'une pièce de cinq francs en argent et n'ayant pas dénudé l'os. Cet homme était privé de connaissance ; les deux membres inférieurs étaient insensibles et paralysés. Il revint à lui le lendemain et guérit complètement en deux mois.

Nous avons nous-même fait l'autopsie d'une femme qui s'étant d'abord donné un coup de couteau dans le foie, et comme la mort n'arrivait pas, avait pris une hachette et s'était frappée le front et le sommet de la tête (!) jusqu'à ce qu'elle tombât sans connaissance. Lorsqu'on la porta à l'hôpital, elle avait repris ses sens et on constata des plaies linéaires et contuses de la peau de la tête ; il y eut les jours suivants gangrène et élimination de parties étendues de la peau et la mort survint au bout de quelques jours par pyémie. A l'autopsie on remarqua que quelques coups, faits avec le tranchant de la hache, avaient fracturé la table externe de la voûte du crâne.

Les cas de ce genre, s'ils ne sont pas éclaircis par d'autres circonstances, peuvent donner lieu aux erreurs les plus graves et se rapportent en général à des aliénés ou à des individus qui, comme les aliénés et les prisonniers, n'ont pas de moyen plus commode de se suicider. Cependant, on a vu des individus qui ne se trouvaient pas dans ce cas, se servir de ce moyen pour se suicider.

ART. IV. — EXAMEN DES TACHES DE SANG.

On peut trouver des taches de sang ou des taches qu'on suppose provenir du sang soit dans l'examen des lieux, soit sur des individus ou les objets leur appartenant, soit sur les armes que l'on suppose avoir servi dans ces cas.

(1) *Ann. der Staatsarzn.* 1840, V, 719.
(2) *Zeitsch. f. Staatsarzn*, K. 1850, VII, 273.

§ 1er. — TACHES DE SANG A L'ENDROIT DU CRIME.

Les caractères des taches de sang à l'endroit supposé d'un crime peuvent souvent donner les éclaircissements les plus importants sur les circonstances significatives pour les recherches judiciaires, et il faut chaque fois apporter une attention particulière à l'examen des lieux. On prendra en considération les caractères des taches de sang sur le cadavre et sur les objets environnants.

Nous avons déjà, en parlant du suicide par section du cou, montré l'importance des différentes dispositions des taches de sang sur le cadavre dans les cas où il s'agit de rechercher si l'individu s'est suicidé ou a été assassiné. Il faudra avant tout noter ces circonstances, car on comprend que leur constatation n'aura plus qu'une valeur relative si le cadavre a été traîné de différents côtés. On verra en outre si on ne trouve pas sur le cadavre des traces d'une main étrangère couverte de sang.

Taylor rapporte un cas très intéressant dans lequel on constata sur le dos de la main gauche d'un homme trouvé mort et ayant le cou coupé, l'empreinte d'une main étrangère gauche également, et couverte de sang, ce qui permit d'exclure l'idée de suicide. Dans un autre cas sur lequel nous avons fait un rapport, nous avons remarqué sur le cadavre d'un homme étranglé de nombreuses écorchures dans la région du larynx, et, sur la chemise à la hauteur des bras, des traces reproduisant la forme d'une main couverte de sang. Il était certain que le meurtrier avait saisi de ses mains sanglantes les bras de sa victime pour la faire changer de position (1).

Des taches de sang sur d'autres places que celles où l'on a trouvé le cadavre peuvent donner d'utiles renseignements sur l'endroit où a été faite la blessure mortelle ou une autre antérieure à celle-ci, ou sur l'endroit où l'individu a été surpris, surtout si l'on trouve des taches plus éloignées que l'on peut suivre jusqu'auprès du cadavre.

Dans ce cas on verra si après la blessure l'individu a encore pu marcher depuis cette place jusqu'à celle où l'on a trouvé son cadavre, ou s'il y a été traîné. Le cas qui s'est passé sur la route du Sbolfserjock et dont nous avons parlé plus haut peut servir comme un exemple de ce genre.

Un cas cité par Taylor montre quelles importantes conclusions on peut tirer de l'existence de ces taches de sang. Une femme fut trouvée morte au pied de l'es-

(1) *Vierteljahrschr. f. ger Med.*, N. F. XIX, 89.

calier d'une cave, et l'autopsie prouva qu'elle était morte d'une fracture du crâne et de la colonne vertébrale, produite par la chute. On trouva cependant à l'examen des lieux sur la marche supérieure de l'escalier et sur le mur, à une hauteur de 4 à 5 pieds au-dessus de celle-ci, des taches récentes de sang qui d'après leur caractère provenaient évidemment du jet du sang d'une artère coupée ; on trouva, en effet, sur la région temporale droite, une plaie qui avait ouvert l'artère temporale du même côté. Il fut facile dans ces conditions de conclure que cette plaie avait été faite au haut de l'escalier pendant que la femme se tenait contre le mur et que ce n'est qu'après qu'elle a été précipitée dans la cave. Cette conclusion fut en effet confirmée par une enquête ultérieure.

Nous ferons remarquer à ce sujet que les traces de sang laissées sur une surface plane par le jet d'une artère, ont l'aspect de gouttes se terminant en pointe dont l'extrémité large et arrondie correspond à l'endroit où la goutte de sang a touché en premier lieu la surface plane, tandis que la pointe est produite en vertu de la force d'impulsion de la goutte ; la forme de ces traces sera d'autant plus allongée que la goutte aura été lancée avec une plus grande force contre la surface plane. Ces caractères ajoutés au siège et au calibre de l'artère blessée peuvent permettre de tirer des conclusions très importantes relativement à la position de la personne au moment où elle a reçu sa blessure.

On comprendra, sans que nous insistions, l'importance que peuvent acquérir certaines traces de sang ou l'empreinte de mains ou de pieds sanglants sur le lieu du crime.

Dans un cas rapporté par Taylor, on trouva sur le plancher de la chambre dans laquelle gisait une personne manifestement assassinée trois empreintes d'un pied nu et couvert de sang, dont le peu de largeur éveilla tout de suite l'idée qu'elles provenaient d'un pied de femme. Les pieds de la personne assassinée étaient beaucoup plus grands, nullement couverts de sang et n'avaient pu par conséquent laisser ces empreintes. Dans la maison il ne se trouvait que deux personnes qui pussent être soupçonnées d'avoir commis le crime, un homme et une femme. Les pieds de cette dernière concordaient parfaitement avec la grandeur des taches de sang et en faisant des expériences avec du sang de bœuf, on remarqua que les empreintes faites de cette façon étaient absolument identiques avec celles qu'on avait trouvées dans la chambre de la personne assassinée. Cette découverte fut une des nombreuses raisons pour lesquelles cette femme fut convaincue d'avoir commis ce crime.

Dans le même article, Taylor rapporte un autre cas où l'on put suivre sur les murs les empreintes d'une main sanglante depuis la chambre où était couchée la personne assassinée, jusqu'à une autre chambre située derrière celle-là et où l'on put ainsi découvrir l'assassin qui avait laissé ces traces en regagnant sa chambre à tâtons par suite de l'obscurité.

Il ne faudra pas oublier que ces taches peuvent avoir été faites par des personnes ayant approché ultérieurement le cadavre, et ce n'est qu'après avoir exclu cette possibilité que l'on peut accorder à ces taches la signification indiquée plus haut. Marc (1) rapporte à ce sujet un cas dans lequel le médecin appelé en premier lieu avait fait en marchant dans le sang des empreintes depuis la chambre où était couché le cadavre jusque dans une chambre voisine, et fit ainsi accuser le locataire de cette chambre d'avoir commis le crime.

Il nous est arrivé un cas dans lequel il aurait été important de constater si un individu soupçonné d'un vol avec assassinat, avait marché dans le sang ; et cependant, si on avait réellement trouvé du sang après ses bottes, cette découverte n'aurait rien prouvé, parce que cet homme avait été conduit quelques heures après sur le lieu du crime et confronté avec le cadavre et aurait pu à ce moment marcher dans le sang. On avait constaté également sur la partie antérieure du pardessus de l'accusé quinze taches de sang dont l'avocat expliqua la provenance de la façon suivante : Le pardessus de cet homme a pu être aspergé de sang pendant la confrontation, soit que l'accusé, soit qu'une autre personne ait marché dans le sang.

Les taches de sang peuvent aussi avoir été produites par la personne morte.

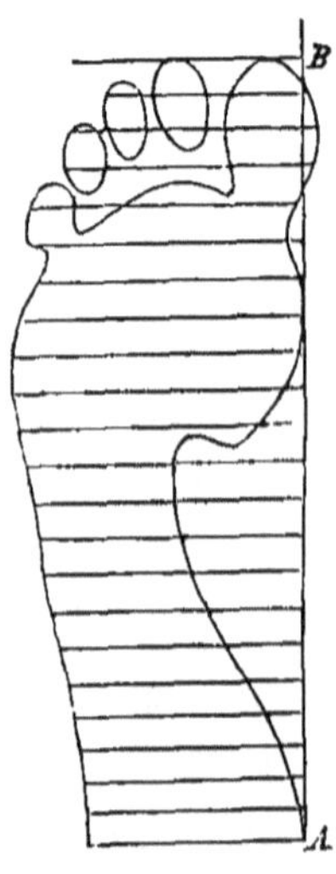

Fig. 7.

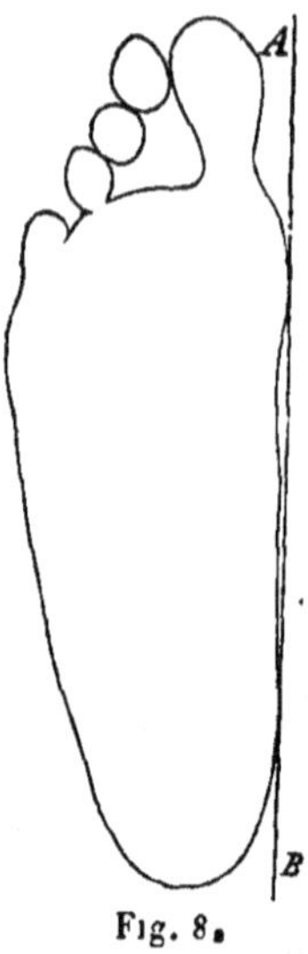

Fig. 8.

Nous trouvons sous ce rapport une observation intéressante de Taylor concernant un homme qui avait été trouvé pendu et présentait en outre une plaie sanglante au cou. On constata une large tache de sang dans une autre chambre et dans un tiroir ouvert des cordes tachées de sang, ce qui, ajouté aux autres circonstances du cas, montra que cet individu avait cherché d'abord à se couper le cou, et n'y arrivant pas, avait pris une corde dans ce tiroir avec ses mains ensanglantées, puis s'était pendu.

Quand on trouve des traces de ce genre, surtout des empreintes de pied qui peuvent servir à faire reconnaître l'assassin, on doit prendre ses précautions pour qu'une comparaison soit possible encore ultérieurement.

(1) Marc, *Suicide simulant l'homicide* (*Ann. d'Hyg. publ.*, 1830, t. IV, 408).

Si on ne peut pas conserver les empreintes, on en prendra le dessin exact en employant la méthode indiquée par Caussé (1).

[On tire une ligne A B (fig. 7) tangente à la partie interne de la courbe formée par le talon, et à la partie saillante en dedans de l'articulation métatarso-phalangienne du gros orteil de l'empreinte incriminée. On divise cette ligne en autant de parties égales que l'on veut, suivant le degré d'approximation que l'on désire ; sur chacun de ces points on élève des perpendiculaires faisant les fonctions d'ordonnées (fig. 7).

Une autre ligne (A' B', fig. 8) est pareillement tirée et divisée sur l'empreinte à vérifier. Maintenant que l'on prenne sur la première de ces lignes telle distance d'un point à un autre qu'on voudra, qu'on multiplie ces mesures sur vingt, trente, quarante points, dont on cherche à étudier les rapports; qu'on les porte sur leur homologue et qu'on nous dise si ce n'est pas le véritable moyen de constater l'identité des deux empreintes, qui, semblables entre elles sur tant de points, sont le calque, pour ainsi dire, l'une de l'autre.

On voit de suite tout le parti que l'on peut tirer de cette ligne tangente aux deux points fixes de la partie interne du pied. Les moindres particularités de forme et de contour sont mises en évidence, de telle sorte que deux pieds égaux au premier aspect, et dans leurs principales dimensions, peuvent se trouver très différents sous plusieurs autres rapports.

Par cette méthode on ne livre rien au hasard, et le compas part de lignes invariables. Si nous arrivons ainsi à cette sûreté du diagnostic, ne peut-on pas dès lors comparer l'empreinte du pied d'un homme à sa signature?

En effet, que conclurez-vous de la présence de celle-ci, inscrite sur un monument que vous visiterez ? c'est que cet individu a voulu certifier sa présence sur ce lieu. Il en sera de même de l'empreinte du pied, qui cette fois aura été déposée involontairement sur un parquet ou sur le carreau d'un appartement, si les preuves que nous avons administrées ont quelque valeur.

Sans doute, ces signes peuvent, jusqu'à un certain point, être contrefaits ou imités ; mais en les comparant à d'autres qui auront le degré d'authenticité voulu, des experts habiles pourront presque toujours parfaitement reconnaître le vrai d'avec le faux.

Veut-on quelques exemples des différences notables que peuvent présenter deux pieds, quoique égaux en longueur et en largeur ?

L'angle formé par l'articulation métatarso-phalangienne du gros orteil est très proéminent chez certaines personnes. Il résulte de ce fait une déviation latérale, qui a été bien étudiée par Malgaigne, sous le rapport de son étiologie.

Nous avons remarqué l'abduction de cette partie du pied, surtout chez les vieillards, ou bien chez ceux qui avaient porté dans le temps des chaussures très pointues. Dans ce cas, le gros orteil sera tout à fait en dehors de la ligne AB, que nous avons établie à la partie interne du pied (fig. 9). Chez l'adulte, au contraire, ou l'homme d'un âge moyen, le gros orteil sera coupé par cette ligne ou s'en rapprochera (fig. 7). Ailleurs le deuxième orteil sera égal en longueur au premier ; chez d'autres, ce second orteil sera séparé d'une manière très marquée du gros orteil (fig. 10) tandis que chez un autre individu il en sera très rapproché.

La ligne formée par les orteils réunis sera tantôt courbe à convexité antérieure chez les uns (fig. 7), chez les autres elle sera un peu rentrante (fig. 8).

(1) Caussé, *Des empreintes sanglantes des pieds et de leur mode de mensuration* (*Ann. d'Hyg. publ.*, 1854, 2e série, I, 175).

L'espace laissé sur le sol par la face inférieure des orteils, qui ne le touchent pas par suite de leur concavité inférieure, sera quelquefois triangulaire, d'autres fois affectera d'autres figures].

Il peut quelquefois être important de conserver des empreintes de pied ou d'autres traces qu'on trouve sur la terre, dans le sable, dans des matières fécales ou dans la neige. On peut se servir pour avoir une reproduction de ces traces soit de plâtre, soit d'un mélange à parties égales]de cément et de sable. Ces substances finement pulvérisées sont étendues à l'aide d'un tamis sur les traces, qu'on aura préalablement desséchées avec une feuille de papier buvard, jusqu'à ce que la

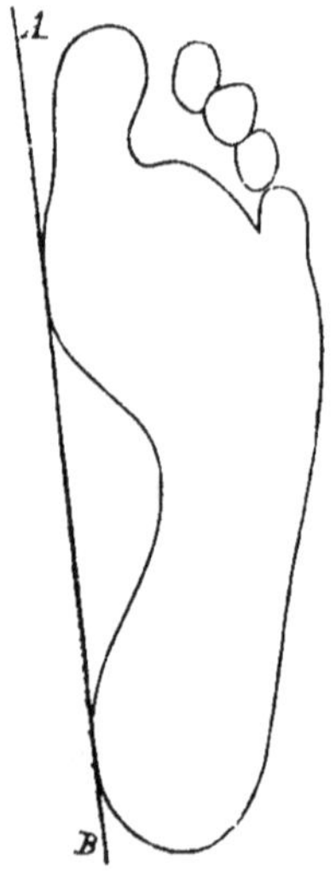

Fig. 9.

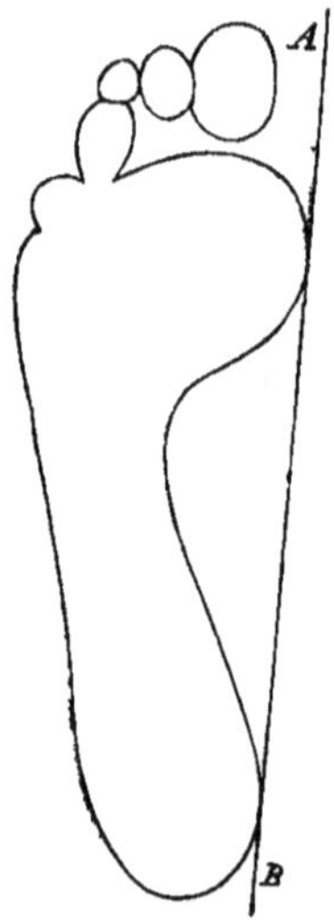

Fig. 10.

couche de cette substance dépasse un peu le niveau de l'empreinte; on dessèche un peu la surface, on étend un morceau de toile par-dessus, et on y répand avec précaution à l'aide de la pomme d'un arrosoir, une quantité d'eau suffisante pour imprégner toute la masse. On laisse à cette masse le temps nécessaire pour durcir et on l'enlève avec précaution; on obtient ainsi un moule qui peut donner une reproduction très exacte de l'empreinte primitive.

Dans certaines circonstances on peut mettre directement sur l'empreinte le gâchis de plâtre ou de cément et le laisser durcir (Krahmer, Hodann). Hugoulin a recommandé de remplir de stéarine pulvérisée la trace à conserver et d'échauffer celle-ci à l'aide d'une plaque de tôle chaude tenue par-dessus ; l'acide stéarique fondu se durcissant rapidement donne, à ce qu'il paraît, de très belles reproductions.

Nous avons déjà parlé de l'importance des taches de sang dans les attentats à la pudeur et le diagnostic de l'accouchement; nous aurons l'occasion d'y revenir en parlant de l'infanticide.

§ 2. — TACHES DE SANG SUR DES INDIVIDUS OU DES OBJETS LEUR APPARTENANT.

La découverte de traces de sang sur un individu accusé d'un crime ou sur les objets lui appartenant peut avoir la plus grande importance. Que dans le plus grand nombre des cas où un individu commet une action sanglante, on trouve des traces de sang sur le meurtrier, c'est là une chose facile à comprendre ; ce serait cependant une erreur de croire que dans ces cas il y a invariablement des traces de sang. L'existence ou l'absence de ces taches dépend de la nature de la plaie ou des plaies, surtout de la perte de sang qui les accompagne et en outre de la force avec laquelle le sang s'écoule de la plaie (en bavant ou en jet). Il est clair que selon la position que le meurtrier aura eue vis-à-vis de sa victime, il se produira des taches de sang, facilement dans un cas, difficilement dans un second et pas du tout dans un troisième. Si le meurtrier a coupé le cou à un individu qu'il a surpris pendant son sommeil, ce crime peut laisser moins de traces de sang sur le coupable que s'il l'avait attaqué et tué pendant que celui-ci était éveillé et était en état de se défendre On comprend qu'il puisse y avoir une foule d'autres circonstances qui agissent en même temps. Cette circonstance que le meurtrier a laissé sa victime sans y toucher ou l'a retournée plusieurs fois, le raffinement et les précautions avec lesquels il a commis son crime et même sa profession (boucher) peuvent avoir une certaine influence sur la production des taches de sang. Taylor rapporte le cas d'un meurtrier qui avait préalablement ôté tous ses vêtements.

Outre les habits et le linge du meurtrier on peut encore trouver des traces de sang ou des taches analogues sur les instruments vulnérants qui lui appartiennent. On ne peut nier complètement qu'un instrument tranchant avec lequel on a accompli un crime puisse ne pas présenter des traces de sang ; cela arrive surtout si l'instrument a été manié avec une grande rapidité et n'a pas blessé de gros vaisseaux ou si le sang a été essuyé par les effets d'habillement au moment où l'on a retiré le couteau. Casper a appelé l'attention sur cette possibilité à propos d'un cas où l'on a trouvé à côté d'un individu qui s'était coupé le cou, un couteau de table sur lequel on ne constata pas la moindre trace de sang. Cette particularité est certainement exceptionnelle, car dans un grand nombre d'expériences que nous avons faites dans ce sens, nous avons toujours obtenu des résultats prouvant le contraire, bien que la quantité de sang restée sur l'instrument employé ait été très variée et même insignifiante dans certains cas. On peut également se convaincre par ces expériences qu'à conditions égales la quantité de sang restée sur la lame du couteau, sera d'autant moindre que celle-ci aura été plus polie. L'absence des taches de sang sur un instrument qui a cependant servi à un crime peut s'expliquer facilement par le nettoyage de cet instrument. Si ce nettoyage n'a pas été fait avec soin, si par exemple le couteau n'a été qu'essuyé, on peut néanmoins trouver du sang aux endroits rugueux ou dépressions du couteau, surtout dans l'entaille qui sert à l'ouvrir ou dans la charnière de la lame ou la fente du manche etc., et pour les haches, dans le creux qui se trouve entre le manche et le trou de la cognée. C'est surtout ces endroits qu'il faut examiner avec soin dans la recherche des taches de sang.

§ 3. — RECHERCHES MICROSCOPIQUES DES TACHES DE SANG.

Il y a un grand nombre de cas où l'examen à l'œil nu d'une tache de sang suffit pour la faire reconnaître comme telle. Çela s'applique surtout aux taches que l'on constate au premier examen des lieux. Mais si l'on trouve de ces taches sur le meurtrier ou sur des objets lui appartenant, il est clair que l'examen à l'œil nu n'est plus suffisant, et il faut s'assurer par d'autres moyens de la nature des taches suspectes. Pour cela il y a à faire deux recherches, premièrement la recherche microscopique des *globules du sang*, deuxièmement celle de la *matière colorante du sang*, non moins caractéristique, c'est-à-dire de l'hémoglobine et ses dérivés.

1° *Recherches des globules du sang.*

La découverte des globules du sang non seulement prouve d'une façon absolue l'existence du sang, mais rend encore possible la solution d'un certain nombre de questions de détail concernant l'origine de ce sang. Dans les cas récents cette recherche ne présente aucune difficulté, car il suffit de mettre sous le microscope la substance à examiner directement, si celle-ci est encore humide, dans le cas contraire, avec addition d'une solution de 0,50 $^0/_0$ de sel marin, de l'eau sucrée ou de la glycérine étendue, pour reconnaître immédiatement les éléments figurés caractéristiques du sang, et s'assurer que la tache provient du sang et non, comme cela arrive souvent, d'eau ayant une teinte de sang. Il est facile aussi de distinguer dans les cas récents les globules arrondis et dépourvus de noyaux du sang des mammifères, des globules elliptiques et à noyau et en outre plus grands, du sang des animaux des autres classes. Les mensurations microscopiques des globules permettent encore de voir si la grandeur des globules arrondis à examiner correspond à celle des globules de l'homme.

On sait que de tous les mammifères c'est l'homme qui a les globules du sang les plus grands. Leur diamètre moyen est de 0,0077 de millimètre. Après ceux de l'homme viennent ceux du chien avec un diamètre moyen de 0,0070 de millimètre, puis ceux des lapins avec 0,0054, ceux du porc avec 0,0062, du bœuf avec 0,0058, du cheval avec 0,0057, du chat avec 0,0056, et enfin du mouton avec 0,0045 de millimètre.

Comme les globules du sang de l'homme, de même que ceux des autres animaux, ne sont pas tous d'égale grandeur, et que celle-ci varie dans certaines limites, on ne se contentera pas seulement de la mensuration de quelques globules, mais on fera un nombre aussi considérable que possible de mensurations, dont on prendra la moyenne.

Les taches anciennes de sang peuvent également présenter à l'examen microscopique des globules de sang, car ceux-ci se conservent pendant des années dans le sang desséché et n'ayant pas subi d'autre altération, ce dont on peut se convaincre facilement si on laisse du sang se dessécher en couches minces sur des plaques de verre transparentes. Nous possédons des préparations de globules du sang de l'homme et d'autres animaux qui servent depuis plus plus de six ans à la démonstration et dans lesquelles on peut voir, malgré ce temps si long, les éléments figurés dans leur forme caractéristique.

Dans les taches de sang anciennes la recherche des globules ne se fait plus aussi facilement que dans le sang frais, mais exige certaines préparations, surtout l'addition de liquides propres à rendre les globules du sang plus visibles dans la substance desséchée.

De ces liquides celui que nous recommanderons le plus c'est la liqueur de Paccini, un peu modifiée (300 parties d'eau, 100 de glycérine, 2 de sel marin et un de sublimé), comme nous l'avons déjà fait dans un travail précédent sur l'examen des taches de sang (1). Les acides étendus avec addition de glycérine, ainsi que le mélange de trois parties de glycérine et d'une partie d'acide sulfurique concentré jusqu'au poids spécifique de 1,028 indiqué par Z. Roussin (2), rendent également de grands services.

(1) Hoffmann, *Viertelj. f. ger. Med.* N. F. XIX, 113.

(2) Z. Roussin, *Examen médico-légal des taches de sang* (*Ann. d'Hyg. pub.*, 1865, janvier, t. XXIII, 130).

Virchow (1) a recommandé dans ce but une solution de potasse de 30 %. Brücke et Rollet (2) s'en sont également bien trouvés. Ce dernier a remarqué que dans le sang desséché les périodes rapidement transitoires de rétraction et de gonflement qu'on observe en traitant les globules sanguins frais par une solution de potasse concentrée de 32 % font défaut et que la période de dureté pendant laquelle les globules sanguins conservent longtemps leur forme naturelle, arrive ici immédiatement, tandis qu'elle ne se montre sur les globules frais, qu'après les réactions transitoires que nous avons signalées plus haut.

Nous avons pu nous convaincre, dans un grand nombre de recherches, que dans l'examen des taches de sang très anciennes et très dures, l'eau distillée, que l'on ne peut employer pour les globules frais, parce qu'elle enlève à ceux-ci leur matière colorante et en altère la forme en les faisant gonfler, donne de très beaux résultats. Cette particularité s'explique par la grande résistance que les globules sanguins très desséchés offrent à l'eau, et par ce fait que la solubilité de l'hémoglobine diminue avec le temps.

Pour faire l'examen de ces taches, on dépose sur le porte-objet de très petites parcelles de la substance à examiner, soit en râclant avec un scalpel une partie de la tache à examiner, soit en grattant avec une aiguille, le linge sur lequel se trouvent les taches, tout en le tenant au dessus du porte-objet. Dans ce dernier cas, si l'on a réellement affaire à des taches de sang, on remarque sur le porte-objet une poudre d'un brun rougeâtre disposée sous forme de ligne droite et se prêtant alors facilement à un examen.

On peut ou bien traiter immédiatement par un des liquides indiqués la substance qui se trouve sur le porte-objet ou bien recouvrir d'abord celle-ci d'une petite lamelle, la porter sous le microscope et n'y ajouter le liquide qu'à ce moment. Ce dernier procédé est préférable parce qu'il permet d'observer immédiatement la transformation des éléments, paraissant amorphes quand ils sont en masse, en éléments figurés, et les réactions de ces derniers à l'égard de l'eau ou des autres liquides.

Dans les cas les plus favorables, non seulement on peut reconnaître que les masses à examiner sont composées d'éléments de même grandeur, fortement serrés les uns contre les autres et répondant par leur forme et leurs autres caractères à ceux des globules du

(1) Virchow, *Arch.* XII, 336.

(2) Rollet, *Ueber das Verhalten des Blutes bei Kaliumhydroxyd.* (*Mittheilungen des Vereines der Aertzte in Steiermark*, 1875-76.)

sang, mais on peut encore réussir à examiner un certain nombre de ces éléments à l'état isolé. Dans ce dernier cas, ces éléments présentent beaucoup plus nettement leur forme primitive caractéristique, tandis que les globules du sang en masses compactes paraissent aplatis par une longue compression réciproque, mais se gonflent sous l'action prolongée du liquide additionné et reprennent une forme se rapprochant de la forme primitive.

Outre les globules rouges du sang, on peut souvent trouver dans ces masses quelques globules blancs qui paraissent même posséder une plus grande force de résistance que les premiers, car souvent on les aperçoit encore quand les globules rouges sont déjà devenus plus ou moins méconnaissables par suite d'une désagrégation pulvérulente.

La forme primitive des globules du sang des autres classes d'animaux est encore plus difficile à reconnaître dans les taches anciennes que celle des globules du sang des mammifères. Cela tient d'une part à leur coloration plus pâle, et d'autre part à leur plus grande tendance à se ratatiner en se desséchant ainsi qu'à la résistance moindre de leur stroma à l'action des liquides dissolvants, ce qui fait que les contours de ces globules se montrent moins nettement limités que ceux des globules de l'homme ou des mammifères dans les mêmes conditions. Par contre les taches provenant du sang d'oiseau se reconnaissent facilement par leur noyau réfringeant caractéristique, qui devient surtout visible après l'addition d'une solution faible d'acide acétique, tandis que le sang des mammifères traité par le même acide, se dissout immédiatement ou en quelques instants et qu'il n'en reste plus qu'un stroma pâle, à peine reconnaissable, dans lequel les globules du sang, que l'on pouvait facilement voir auparavant, deviennent tout à fait méconnaissables.

On comprend qu'il soit souvent difficile de décider si des globules sanguins, rétractés par la dessiccation et rendus plus tard visibles par l'emploi des liquides indiqués proviennent du sang de l'homme ou de celui d'autres mammifères. Comme le degré de rétraction des éléments du sang dépend d'un grand nombre de circonstances souvent difficiles à apprécier, et que la reconstitution de la forme et de la grandeur à l'aide des réactifs indiqués plus haut n'est pas toujours régulière et complète et dépend de la nature et de la durée de l'action du réactif, on conçoit que la différenciation des taches de sang par les mensurations microscopiques ne puisse donner que des résultats précaires, surtout parce que la différence de grandeur des globules de l'homme et de ceux des autres mammifères est en général très minime et ne varie qu'entre 0,0040 et 0,008 de millimètre. Malgré cela on n'omettra jamais, le cas échéant, de faire ces mensurations parce que le résultat, surtout basé sur un grand nombre de mensurations, n'est pas sans valeur, particulièrement quand il s'agit d'examen de taches de sang d'animaux dont les globules sanguins, comme par exemple ceux du bœuf, du chat, du cheval et du mouton, diffèrent d'une quantité appréciable de ceux de l'homme.

Nous rappellerons également que les spores de certains champignons inférieurs, surtout ceux des champignons de la moisissure, offrent une grande analogie d'aspect avec les globules du sang. Erdmann a montré l'analogie de ces derniers avec les spores du *Porphyridium cruentum* et Rindfleisch avec ceux de l'*Achorion Schönleini* (1). Notre propre expérience nous permet de confirmer ces observations et de donner comme caractère distinctif la grande force de résistance de ces spores à l'action des acides et des bases. Dans les expériences pratiques que nous dirigeons, il est arrivé souvent que des gouttelettes graisseuses ont été prises pour des globules sanguins, mais dans ce dernier cas l'emploi de la benzine et de l'éther, comme l'a recommandé Gwosdew, servira à faire la distinction.

2° *Recherches de la matière colorante* (*hémoglobine*).

Un examen plus complet du sang exige la recherche de l'*hémoglobine*, matière colorante albuminoïde qui constitue à l'état normal le contenu des globules sanguins et donne au sang sa couleur rouge caractéristique. Cette recherche ne peut aboutir que tant que le sang a conservé sa solubilité dans l'eau, car le défaut de solubilité est une preuve que le sang ne contient plus cette matière colorante à l'état normal mais seulement les dérivés de celle-ci, particulièrement l'*hématine* qui est insoluble dans l'eau. Mais l'hémoglobine peut elle-même perdre sa solubilité, d'une part, sous l'influence de la coagulation, d'autre part, sous celle du temps.

Sous le premier rapport nous citerons notamment l'action de l'eau bouillante qui enlève immédiatement sa solubilité à une tâche de sang, mais la fixe davantage sur l'objet où elle se trouve, de sorte qu'elle résiste plus longtemps aux causes de destruction que le sang simplement desséché. On sait que le sang desséché forme une masse friable facile à pulvériser et que l'on peut enlever sans difficulté en râclant les objets sur lesquels elle se trouve.

(1) Rindfleisch, *Traité d'Histologie pathologique*, trad. par F. Gross. Paris, 1873, p. 193.

Quant à l'âge, tout le monde sait avec quelle facilité le sang frais se dissout dans l'eau et combien est considérable son pouvoir colorant. Le sang desséché conserve très longtemps et même des années cette solubilité s'il est préservé de l'action destructive de l'air et de la lumière. Si la tache reste exposée à l'air libre, ce sont surtout les processus d'oxydation lente par l'oxygène et l'ozone de l'air, peut-être aussi les acides contenus dans l'air, surtout dans celui des villes (Sorby), mais particulièrement l'influence de la lumière, qui diminuent peu à peu et suppriment finalement la solubilité de la tache de sang, parce que l'hémoglobine se transforme en méthémoglobine encore soluble dans l'eau et finalement en hématine insoluble. La rapidité avec laquelle cette transformation a lieu dépend d'une part de l'épaisseur de la tache de sang, car les agents que nous avons nommés amènent d'autant plus rapidement la destruction des taches de sang que celles-ci sont en couches plus minces et sont plus petites, d'autre part, de l'intensité plus ou moins grande avec laquelle ces mêmes agents agissent sur les taches de sang. Celles-ci perdent le plus rapidement leur solubilité quand elles sont directement exposées à l'action de la lumière solaire ; ce résultat est produit déjà au bout de quelques semaines et au bout de quelques jours si les taches sont petites.

Les transformations de l'hémoglobine sous l'influence de la coagulation, de l'air et de la lumière se reconnaissent déjà par des altérations de la couleur primitive de la tache de sang. Cette couleur rouge de nuances diverses et ressortant surtout sur un fond clair devient et reste terne par la coagulation. Par l'action de la lumière ou de l'air, cette tache de sang passe bientôt au rouge brun, puis à un rouge brun plus sombre, au gris brun, enfin au gris. Ces modifications de coloration se montrent plus rapidement sous l'action directe de la lumière solaire, ce que l'on peut démontrer d'une façon très instructive en laissant dessécher un morceau de toile trempée dans le sang et en l'exposant ensuite au soleil. Au bout d'un temps relativement court, la partie du linge exposée au soleil est grise, tandis que le côté opposé a gardé presque sans altération sa couleur primitive. Quand il s'agit de déterminer l'âge d'une tache de sang, il faut prendre en consideration non seulement son degré de solubilite et l'etat de sa coloration, mais encore toutes les causes qui peuvent accélérer ou retarder ces transformations. Malgré cela on ne pourra dans le plus grand nombre des cas déterminer l'âge que d'une manière approximative.

L'examen de la solution qu'on obtient en faisant dissoudre une tache suspecte dans l'eau se fait au moyen du spectroscope et a pour but de constater les phénomènes d'absorption caractéristiques de l'hémoglobine. Depuis que Hoppe-Seyler (1) a appelé le premier

(1) Hoppe-Seyler, *Arch. f. Pathol. Anatomie u. Phys.* 1862. T. XXIII, p. 446.

l'attention sur la propriété que possède l'hémoglobine d'absorber certaines raies du spectre, nous possédons dans l'analyse spectrale un moyen excellent et confirmé par de nombreuses observations, pour la reconnaissance des taches de sang dans les cas médico-légaux.

Ces phénomènes d'absorption consistent en ce que, quand on

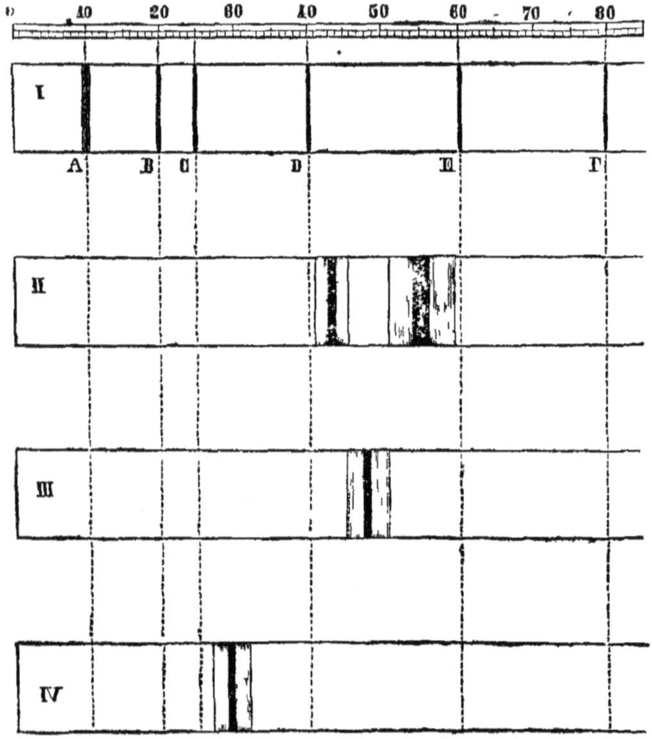

Fig. 11. — Spectre d'absorption de l'hémoglobine et de l'hématine (*).

(*) I, spectre solaire montrant la position des raies de Frauenhofer dans la première moitié du spectre (jusqu'au bleu). — II, raies de l'oxyhémoglobine. — III, raies de l'hémoglobine réduite. — IV, raies de l'hématine en solution alcaline.

met une solution étendue de sang entre la fente d'un spectroscope et une source de lumière, l'extrémité violette du spectre normal paraît effacée, et qu'il se montre dans le jaune et à la ligne de jonction du jaune et du vert, deux raies d'absorption sombres, dont l'une plus large est située dans le jaune, immédiatement à côté de l'endroit où se trouve la ligne D dans le spectre solaire de

Frauenhofer et entre celle-ci et l'extrémité violette du spectre ; l'autre, d'une largeur double mais moins sombre, se trouve au point de passage du jaune au vert à côté de la ligne E de Frauenhofer. Ce spectre est celui de l'hémoglobine oxydée ou de l'oxyhémoglobine.

On peut encore apercevoir ces raies d'absorption avec une solution très étendue et un œil exercé peut encore distinguer ces raies même quand la solution ne paraît plus colorée à l'œil nu. Si l'on continue à étendre la solution, la raie du jaune disparaît la première, puis celle de la ligne D. Si l'on enlève l'oxygène à la solution par addition de substances réductrices, ordinairement du sulfhydrate d'ammoniaque, le spectre change : les raies de l'oxyhémoglobine se réunissent et ne forment plus finalement qu'une seule large raie d'absorption occupant la plus grande partie de l'espace entre les lignes D et E de Frauenhofer et étant nettement séparée des autres parties du spectre. C'est là le spectre de l'hémoglobine privée d'oxygène, de l'hémoglobine réduite, qui passe immédiatement à l'état d'oxyhémoglobine si l'on agite la solution avec de l'air et qu'on y ajoute ainsi de l'oxygène.

Ces propriétés spectroscopiques de l'hémoglobine sont tout à fait caractéristiques et suffisent pour faire affirmer que la matière colorante retirée d'une tache suspecte est celle du sang. D'autres matières colorantes ou bien ne donnent pas de raies d'absorption, ou s'il s'en produit, elles se distinguent trop de celles de l'hémoglobine pour qu'il puisse y avoir confusion. Seule la solution ammoniacale de carmin très étendue donne lieu à des raies d'absorption semblables à celles de l'hémoglobine, mais se distinguent cependant de ces dernières en ce qu'elles ne changent pas par l'addition de sulfhydrate d'ammoniaque et en ce qu'elles persistent après addition d'acide acétique qui, ajouté à une solution de sang, détruit immédiatement les raies d'absorption.

L'examen spectroscopique ne présente pas de grandes difficultés si la quantité de matière n'est pas trop faible. La solution que l'on obtient par macération de la tache dans l'eau est-elle trouble, comme cela arrive souvent pour les taches anciennes, on peut y ajouter un peu d'ammoniaque qui l'éclaircit immédiatement et la fait paraître d'un rouge plus brillant. On peut également se servir dans ce but d'une solution de potasse, mais celle-ci altère le spectre par son action prolongée, un point sur lequel nous reviendrons plus tard. Si l'on a à examiner des taches de sang très petites et donnant peu de matière colorante, on mettra la solution dans de petits flacons (tubes minces) et on calculera la quantité exacte de liquide nécessaire pour dissoudre la quantité de substance à examiner. On peut aussi concentrer les solutions trop étendues dans l'étuve. On peut également mettre devant le spectroscope la tache restée dans le verre de montre après évaporation complète de la solution, soit immédiatement, soit après l'avoir humectée avec un peu d'eau, mais cette méthode n'est pas très recommandable. Si la quantité de matières colorantes est très petite on pourra se servir du microspectroscope qui permet de reconnaître les raies d'absorptions caractéristiques du sang dans des quantités excessivement minimes.

Les autres propriétés de la solution d'hémoglobine n'ont qu'une valeur accessoire. De ce nombre sont d'abord le dichroïsme constaté par Brüche, qui se montre surtout après addition d'une certaine quantité de potasse et donne à la solution contenue dans un verre de montre une coloration verdâtre à la lumière réfléchie et rouge (couleur du vin de Bourgogne) à la lumière transmise, l'existence d'albumine dans la solution, rendue visible par la coction, par les acides ou par le réactif de Milon, la persistance de sa couleur à l'égard de l'ammoniaque, enfin sa propriété ozonifère. Pour découvrir cette dernière propriété on se sert de l'épreuve de la résine de gayac ou l'épreuve ozonoscopique indiquée d'abord par Van Deen et recommandée plus tard par Taylor (1) et Liman. A une solution alcoolique de résine de gayac diluée jusqu'à coloration de vin blanc, se colorant, comme on sait, en bleu par l'ozone et constituant ainsi un réactif très sensible à l'ozone, on ajoute quelques gouttes d'essence de térébenthine ozonée (c'est-à-dire exposée à l'air dans un flacon incomplètement bouché) et on fait tomber une goutte de ce mélange dans la solution à examiner. Si celle-ci contient de l'hémoglobine, la teinture de gayac se colore en bleu parce que l'hémoglobine possède la propriété de mettre en état de liberté l'ozone contenu dans l'essence de térébenthine, qui agit alors sur le réactif ozonoscopique. Cette réaction est très recommandable, mais n'est pas absolument probante parce que d'autres corps que l'hémoglobine, quoique peu nombreux, possèdent la propriété ozonifère comme par exemple le sulfate de fer et, ce qui est plus important encore, parce qu'il y a une série de corps qui peuvent par eux-mêmes colorer en bleu la teinture de gayac, comme par exemple le chlorhydrate de fer, le permanganate de potasse, etc.

Des dérivés de l'hémoglobine, nous citerons en premier lieu la *méthémoglobine*, parce que celle-ci donne lieu à des phénomènes spectroscopiques que nous rencontrons très souvent dans l'examen des taches de sang qui ne sont plus tout à fait fraîches. Quand une tache de sang a pris sous l'action de l'air et de la lumière une colo-

(1) Voyez Cornil, *Instruction pour servir à déterminer les éléments constituants du sang dans les taches* (*Ann. d'Hyg.*, 1873, t. XL, p. 191).

ration d'un rouge brun, ce qui a déjà lieu, dans des conditions favorables, après 3 à 10 jours, la solution que l'on obtient présente une coloration tirant sur le brun, et à l'examen spectroscopique on aperçoit, outre les raies de l'oxyhémoglobine, une troisième raie étroite et moins nettement limitée dans le rouge entre les lignes C et D de Frauenhofer et plus près de la ligne C. Cette raie est très analogue à ce qu'on appelle la raie des acides que l'on aperçoit nettement, quand on traite le sang par de l'alcool contenant de l'acide, et a été rapportée à ce que l'on appelle la *méthémoglobine* (1) qui représente un produit intermédiaire de la transformation de l'hémoglobine en hématine et se distingue de cette dernière par sa solubilité dans l'eau. L'apparition de la méthémoglobine et de sa raie d'absorption est accompagnée d'un trouble plus moins accentué de la solution. Mais si l'on y ajoute une goutte d'ammoniaque, la solution s'éclaircit immédiatement; sa coloration, qui était d'abord d'un brun rougeâtre, passe au rouge clair et les raies de l'oxyhémoglobine, qui sont en général peu nettes au premier examen, deviennent alors très belles, tandis que la raie du rouge (raie de la méthémoglobine) disparaît.

Un autre dérivé de l'hémoglobine qui montre des propriétés spectroscopiques très caractéristiques et peut à cause de cela être très utilement employé dans la recherche du sang dans les taches suspectes, c'est l'*hématine* réduite de Stokes (2). Dans ce but on traitera la substance à examiner de préférence par une solution de cyanure de potassium (3) et on mettra devant le spectroscope la solution ainsi obtenue qui est d'un rouge clair dans les cas récents et en grande quantité, de nuances diverses variant entre le brun clair et le brun rouge dans les taches anciennes et selon le degré de concentration. On aperçoit dans le spectre, si l'action du cyanure de potassium a été assez longtemps prolongée, ou bien une raie large et nette dans le vert et analogue à la raie de l'hémoglobine réduite ou bien simplement une ombre dans cette partie du spectre. Vient-on à ajouter à la solution une ou plusieurs gouttes de sulfhydrate d'ammoniaque, on voit aussitôt la large raie d'absorption se diviser en deux autres raies semblables, au premier aspect, aux raies de l'oxyhémoglobine, mais s'en distinguant par leur mode de

(1) Hoppe-Seyler, *Handb. der phys. und pathol-chim. Analyse*. 1865, p. 220. — Preyer, *Blutkrystalle*. 1871, p. 19.

(2) *Philosoph. Magaz.* Série 4, vol. XXVIII, p. 371.

(3) Hoffmann, *De l'empois. par le cyanure de potassium* (*Wiener med. Woschensch.* 1876, n°s 45 et 46).

production et par leur position plus rapprochée de l'extrémité violette du spectre. On peut aussi obtenir ce dernier spectre par l'emploi d'une solution concentrée de potasse (32 p. 100), sans addition d'autres agents réducteurs et plus rapidement si on emploie la solution de potasse à chaud qu'à froid.

La constatation de l'hématine réduite au moyen du spectroscope, surtout avec le cyanure de potassium auquel nous accordons la préférence, non seulement prouve, comme celle de l'oxyhémoglobine, que l'on a affaire à des taches de sang, mais donne encore des résultats quand la faible quantité de la substance à examiner ou son état de décomposition ne permet plus la recherche de l'oxyhémoglobine, ce dont nous avons pu nous convaincre dans un cas où nous avons eu à examiner quelques gouttes de sang sur un pardessus d'hiver.

Un autre dérivé de l'hémoglobine très important pour la recherche médico-légale des taches de sang, c'est l'*hémine* qui s'obtient par un traitement approprié sous la forme de cristaux d'hémine très caractéristiques (fig. 12) que l'on a aussi appelés *cristaux de Teichmann*, du nom du savant qui les a découverts (1853). Ces cristaux sont constitués, d'après l'analyse de Hoppe-Seyler, par du chlorhydrate d'hématine que l'on a désigné du nom plus court d'hémine. On les obtient en faisant bouillir une partie de la substance, détachée des objets sur lesquels elle se trouvait, avec de l'acide acétique très concentré et avec une très petite quantité de chlorure de sodium, et en évaporant ensuite la solution brune ainsi obtenue; après quoi il reste des cristaux d'hémine que l'on peut reconnaître au microscope.

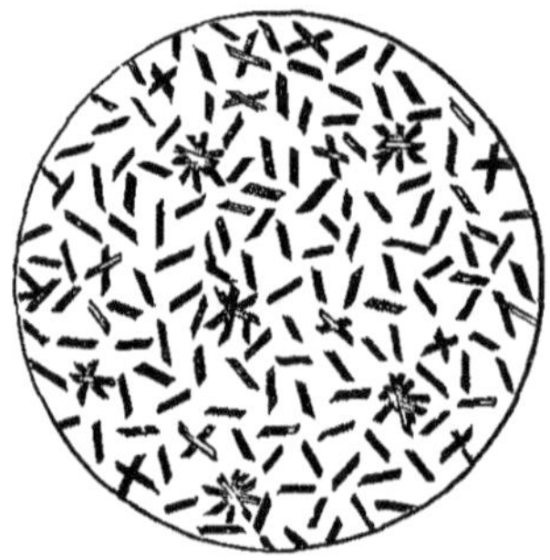

Fig. 12. — Cristaux d'hémine.

Voici comment nous avons procédé dans un grand nombre de recherches. On porte sur un verre de montre des parcelles de la substance que l'on a détachée de l'objet sur lequel elle se trouve, on y ajoute un grain de sel à peine visible et quelques gouttes d'acide acétique, on met le verre de montre sous une cloche pendant un temps assez court (1/4 — 1/2 heure) de façon que ces parcelles aient le temps de se ramollir ; on met ensuite la substance à examiner, avec addition d'un peu d'acide acétique, si la chose est nécessaire, au-dessus d'une petite flamme d'une lampe à alcool, on la laisse cuire avec précaution ; la substance, si elle est constituée par du sang, se dissout en général complètement. On évapore ensuite la solution ainsi obtenue, soit au-dessus de la flamme d'une lampe à alcool ou au bain-marie ou à l'air libre. Plus l'évaporation est lente, plus les cristaux que l'on obtient sont gros et nets. Le résidu de l'évaporation constitue en généra une tache *formée* de cercles bruns concentriques dans la partie la plus basse du verre de montre, et c'est dans ces cercles qu'il faut chercher les cristaux d'hémine. On peut, dans ce but, porter le verre de montre lui-même sous le microscope et examiner ainsi la tache ; mais ce procédé est peu recommandable parce que la courbure du verre de montre rend l'examen peu commode, surtout quand *il* faut, comme c'est le cas *ici*, un *fort grossissement* (objectif n° 7 de Hartnack). Il vaut mieux humecter avec un peu d'eau la tache qui se trouve au fond du verre, enlever la substance avec un couteau très fin, la déposer sur un porte-objet ordinaire et l'examiner ainsi au microscope après l'avoir recouverte d'une lamelle. Ce procédé est d'autant plus facile que les cristaux d'hémine sont absolument insolubles dans l'eau et que la substance albumineuse dans laquelle ils se trouvent est à *peine* attaquée par l'eau.

Un autre procédé consiste à mettre la substance elle-même directement sur le porte-objet avec une trace de sel marin et un peu d'acide acétique, à la recouvrir d'une lamelle et, après avoir rempli d'acide acétique l'espace qui reste entre celle-ci et le porte-objet, porter le tout au-dessus d'une flamme pour le faire chauffer avec précaution, et à évaporer ensuite l'acide acétique en promenant le porte-objet au-dessus d'une flamme ; on examine ensuite le résidu au microscope. Ce procédé est peu recommandable d'une part, parce que pendant l'ébullition la lamelle se casse facilement et que la substance est ainsi perdue, d'autre part, parce que la dissolution et l'évaporation sont trop rapides, tandis qu'il faut en général accorder un certain temps à ces deux opérations pour obtenir des cristaux *nombreux* et plus *volumineux*.

Les cristaux d'hémine se trouvent en général en grandes quantités et se présentent comme de petits prismes rhombiques et, quand ils ne sont pas complètement développés, comme des cristaux ayant la forme de semences de chanvrier, et de différentes nuances brunes. Ils sont insolubles dans l'eau, l'éther et l'alcool, peu solubles dans l'ammoniaque, l'acide sulfurique étendu et l'acide nitrique ordinaire, facilement solubles dans une solution de potasse et dans l'acide sulfurique anglais. Leur solution dans l'acide acétique présente également des propriétés ozonifères.

Quelle que soit la facilité avec laquelle se forment les cristaux d'hémine, il arrive cependant quelquefois que, malgré l'existence non douteuse du sang, on ne puisse pas les obtenir. D'après notre observation, c'est surtout le mélange de substances graisseuses qui paraît empêcher leur formation. Dans cette supposition, on fera bien de traiter d'abord par l'éther les parcelles à examiner et de rechercher ensuite la formation des cristaux d'hémine. Si le sang se trouve sur un objet en fer, la rouille peut rendre difficile la formation des cristaux et même l'empêcher complètement. Par contre, ces cristaux peuvent être retirés de traces de sang devenus insolubles dans l'eau par l'action de l'eau bouillante. Comme dans ce cas le sang coagulé adhère fortement aux objets, on peut traiter la tache avec le corps sur lequel elle se trouve par l'acide acétique et en retirer ainsi l'hématine, ce qui réussit surtout si la tache existe sur de la toile ou une substance qui ne soit pas décolorée par l'acide acétique. L'ancienneté de la tache n'empêche pas la formation des cristaux d'hémine et nous avons pu les retirer de taches qui dataient de 5 à 6 ans et même plus. On peut les retirer même d'un sang putrifié ou putréfié et puis desséché.

ART. V. — EXAMEN DES CHEVEUX.

L'examen des cheveux peut dans certaines circonstances acquérir au point de vue médico-légal, surtout pour la constatation de l'identité du coupable, une importance aussi grande que celle des taches de sang, particulièrement si on trouve des cheveux sur des instruments vulnérants appartenant à un individu soupçonné de meurtre.

Oesterlen (1) a réuni un certain nombre de ces cas parmi lesquels nous trouvons celui de Lender, concernant un assassinat de six personnes suivi de vol et dans lequel l'examen des cheveux trouvés sur une hache cachée dans une grotte à une grande distance de l'endroit du crime, permit d'affirmer que le meurtre avait été accompli avec cet instrument et le cas de Lassaigne (2), dans lequel on put affirmer qu'un homme avait été tué non pas dans le bois et, ainsi qu'on l'affirmait, par des brigands, mais dans sa propre maison et que son corps avait été ensuite traîné jusqu'à l'endroit où on l'avait découvert, parce que dans l'examen de la maison on remarqua à un poteau de la porte, un lambeau de tissu sanglant, dans lequel se trouvaient des cheveux ayant appartenu manifestement à la personne assassinée.

Nous-même, nous eûmes l'occasion d'examiner un mouchoir trouvé sur un individu, accusé d'avoir étranglé une personne logeant dans la même maison : nous y constatâmes des taches de sang reproduisant nettement l'empreinte d'une main sanglante, que l'on avait essuyée avec ce mouchoir. Sur deux de ces taches arrondies, reproduisant la forme de l'extrémité des doigts, on trouva une petite masse noirâtre semblable à du sang coagulé que l'on reconnut à un examen plus attentif pour un lambeau d'épiderme ayant conservé les petits poils que l'on rencontre ordinairement dans la peau. Comme la peau du cou de la personne étranglée présentait de nombreuses écorchures et que les ongles de l'accusé dépassaient l'extrémité des doigts et étaient très durs, on admit que ces fragments d'épiderme avec les poils qui s'y trouvaient provenaient du cou de l'individu étranglé, étaient restés sous les ongles du meurtrier et s'étaient collés sur le mouchoir, au moment où l'assassin s'était essuyé les mains. Cette circonstance fut une des principales raisons qui firent reconnaître le coupable (3).

(1) Oesterlen, *Das menschliche Haar und seine gerichtärztliche Bedeutung.* (*Des cheveux de l'homme au point de vue médico-légal*) Tubingen, 1874. — Voy. Analyse très complète de ce travail (*Ann. d'Hyg.* 1877, t. XLVII, p. 381).

(2) Voy. Lassaigne, *De l'examen physique des poils et des cheveux considéré sous le rapport médico-légal* (*Ann. d'Hyg. publ.* 1857, 2e série, t. VIII, p. 226).

(3) E. Hoffmann, *Vierteljahrsch. f. ger. Med.*, N. F. XIX, p. 89.

Dans l'examen médico-légal des cheveux, il s'agit d'abord de décider si l'on a affaire à des cheveux d'homme ou des poils d'animaux, car on comprend que si ces cheveux sont reconnus comme des cheveux d'homme, il y a là une circonstance aggravante, tandis que le contraire a lieu, si les poils proviennent d'un animal.

Ollivier (1) a montré, devant la justice, que des cheveux trouvés sur la hache d'un individu, accusé de meurtre, étaient non pas des cheveux d'homme mais des poils d'un animal ; par contre, dans un autre cas, des cheveux trouvés sur un marteau furent reconnus comme des cheveux d'homme, bien qu'ils aient été pris d'abord pour des poils de chèvre, parce que le marteau avait été déposé sur une peau de chèvre.

Dans un cas de viol, la mère de l'enfant violée nous présenta deux cheveux qu'elle avait trouvés sur la chemise de sa fille et qu'elle prétendait être des poils du pubis de l'homme, tandis qu'il fut prouvé par l'examen microscopique que c'étaient les poils d'un animal et probablement d'un chien.

Si nous soumettons un cheveu (de la tête) d'un homme à l'examen microscopique (fig. 13), nous pouvons en général distinguer trois couches : *la cuticule, la substance corticale et la substance médullaire.*

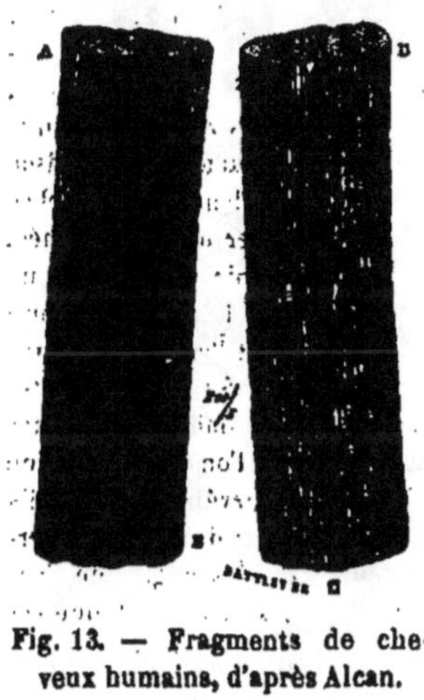

Fig. 13. — Fragments de cheveux humains, d'après Alcan.

La cuticule ou couche épidermique est formée par des écailles épidermiques embriquées comme les tuiles d'un toit, s'écartant un peu par leurs pointes du tronc pileux et donnant à ce dernier un aspect un peu denté. Comme les écailles ont leurs pointes dirigées du côté de l'extrémité libre du poil, nous possédons ainsi un moyen de distinguer l'extrémité périphérique d'un cheveu de l'extrémité centrale.

La substance corticale forme la masse principale et souvent unique du poil de l'homme. Elle consiste en un système de cellules épithéliales disposées en séries longitudinales intimement unies, et donnant au poil un aspect strié dans le sens longitudinal et présente, selon la coloration individuelle du cheveu, une couleur diffuse et le plus souvent régulière et, à l'état sec, des fentes remplies d'air.

(1) Ollivier, *Nouvelle application de l'emploi du microscope dans les expertises médico-légales* (*Ann. d'Hyg.*, 1839, tome XXI, p. 219).

La substance médullaire, si elle est bien développée, se montre soit sans préparation, soit après avoir été traitée par des substances qui la rendent plus claire et dont la meilleure est l'acide nitrique

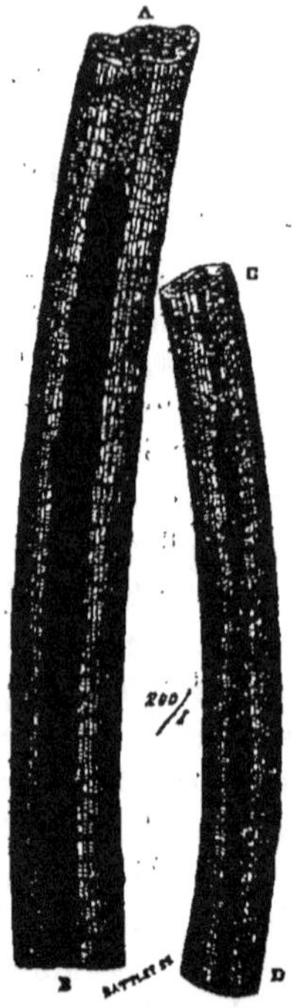

Fig. 14. — Poils de la jarre de mouton. On voit en A des cellules médullaires sans granules ; en B elles sont pleines de granules qui les masquent.

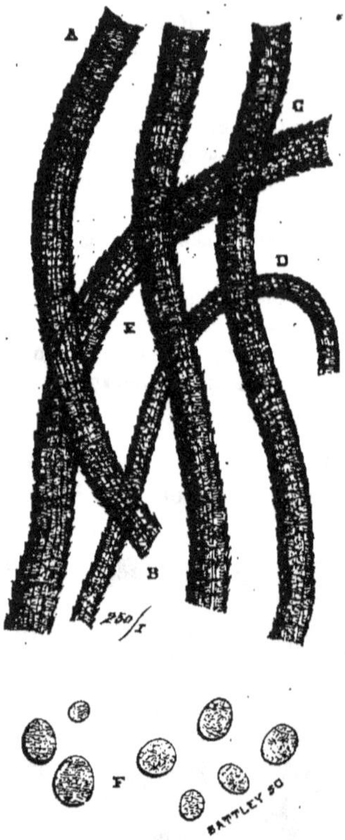

Fig. 15. — A, B, C, D. Poils de mouton de diverses grosseurs sans canal médullaire ; E, coupe de ces divers poils (d'après Alcan).

étendu, sous la forme d'un cylindre occupant dans l'axe central le cinquième ou le quart de la largeur totale du cheveu et à contours nettement limités. La moelle ne forme pas une partie constante du poil, elle manque souvent ou n'est que partiellement développée. Le rapport entre les poils contenant de la moelle à ceux qui n'en contiennent pas varie selon les individus. Chez les bruns, le nombre des cheveux contenant de la moelle paraît l'emporter sur ceux qui n'en contiennent pas, tandis que le contraire arrive chez les individus blonds. La moelle manque constamment dans les poils follets et probablement dans tous les cheveux que le nouveau-né apporte en naissant. La substance médullaire consiste en de toutes petites cellules contenant de l'air dans les cheveux déjà anciens, ce qui lui donne un aspect finement granuleux et cette coloration sombre que l'on attribuait à tort jusque dans ces derniers temps à du pigment et dont on faisait dériver la couleur du cheveu même, tandis qu'il est prouvé qu'elle provient de la pigmentation diffuse de la substance corticale.

Sur les poils des animaux (1) nous trouvons en général les trois couches (fig. 14, 15, 16 et 17), que nous constatons sur le cheveu de l'homme ; mais elles présentent des caractères différentiels qui permettent de les reconnaître immédiatement. La cuticule présente déjà des caractères distinctifs, en ce sens que la grandeur absolue et relative des cellules la fait apparaître plus nettement et donne à la surface du poil un aspect souvent caractéristique ; ainsi les poils du mouton (fig. 14 et 15) se reconnaissent facilement par les grosses cellules de la cuticule et par le dessin ondulé qu'on remarque à sa surface. Dans les poils de certains animaux les pointes des écailles de l'épiderme sont fortement écartées du tronc et donnent ainsi au poil un aspect denté ou en forme de scie ou même penné, comme par exemple chez la chauve-souris.

Quant aux autres parties du poil, ce qui frappe le plus c'est le rapport, inverse de celui de l'homme, entre la couche corticale et la moelle. Tandis que chez l'homme la substance corticale constitue la masse principale du poil et que la moelle n'est formée que par un cylindre central mince, manquant souvent totalement ou partiellement, chez les animaux au contraire, la substance médullaire occupe la plus grande partie du poil et la substance corticale forme une couche mince réduite souvent à des stries bordantes et le plus souvent hyalines. La prédominance de la moelle se montre principalement sur le tronc même, tandis que vers la pointe c'est la substance corticale qui prédomine, la substance médullaire allant en s'amincissant et disparaissant complètement avant d'arriver à l'extrémité du poil.

Ce qui est encore caractéristique, c'est la structure de la substance médullaire (fig. 16 et 17). Tandis que dans le cheveu de l'homme la structure cellulaire est si peu nette qu'elle a été mise en doute jusque dans ces derniers temps, chez les animaux cette struc-

(1) Hoffmann, *Ueber Haare in gerichtärztlicher Beziehung*. (Des cheveux en médecine-légale). *Proger Vierteljahrsschr*, CXII, 69.

ture cellulaire est tellement prononcée qu'elle est visible même à un faible grossissement et donne au poil un aspect d'autant plus caractéristique que la substance corticale devient plus mince. Nous trouvons des cellules tantôt rondes ou ovales, tantôt polygonales, et

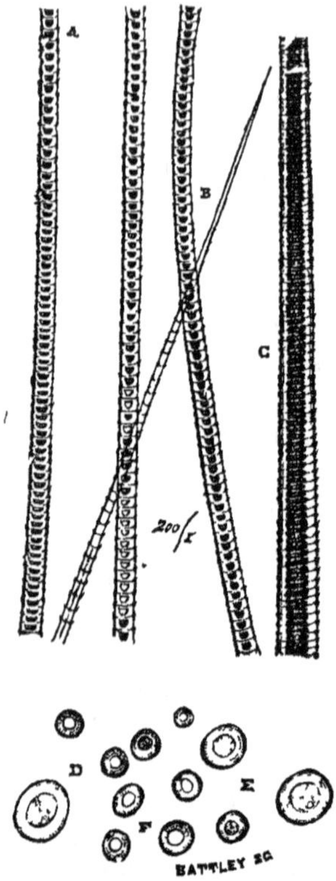

Fig. 16. — Poils de chat (A,B,C,D,E,F). Coupe de ces poils montrant le canal médullaire, plein ou vide (d'après Alcan).

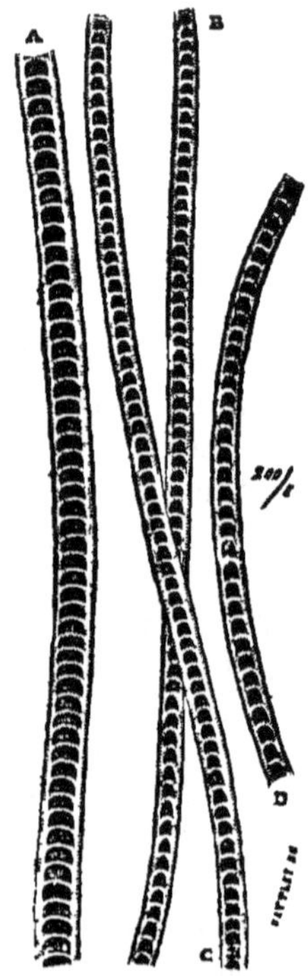

Fig. 17. — Poils de lapin ; A, poil volumineux ; B,C,D, poils fins (d'après Alcan).

comme un certain nombre d'entre elles contiennent souvent de l'air, la substance médullaire prend un aspect bigarré. Certains cheveux présentent une disposition circulaire très élégante des cellules de la moelle, polygonales dans ce cas ; nous trouvons souvent dans les poils follets un seul cercle de cellules disposées en chapelets, tandis que dans les poils plus épais la moelle est formée de plusieurs séries longitudinales ayant souvent une marche spiroïde, comme par exemple chez le lapin, le lièvre, etc. Cette structure de la moelle, qui varie selon les animaux, permet non seulement de reconnaître un poil d'animal mais encore de déterminer avec un peu d'expérience la classe de l'animal dont il provient.

Ces caractères ne sont pourtant pas absolus et sans exception; il y a un grand nombre de poils d'animaux dont les caractères peuvent être semblables ou au moins analogues à ceux des poils de l'homme, cependant il n'existe pas d'animal dont tous les poils soient semblables à ceux de l'homme ; car chez tous les animaux, même chez ceux qui se rapprochent le plus de l'homme, les singes, par exemple, se retrouvent les caractères généraux décrits plus haut; cependant certains poils d'un animal peuvent s'écarter du type et avoir un aspect plus ou moins analogue à celui des poils de l'homme. Cette analogie peut être due particulièrement à l'absence de la substance médullaire. Celle-ci peut manquer également chez les animaux, quoique moins fréquemment que chez l'homme, et ainsi disparaît la partie caractéristique du poil, de sorte que la distinction peut devenir d'autant plus difficile que la substance corticale et l'épiderme ressemblent plus à la substance corticale et à l'épiderme des poils de l'homme. Le plus souvent ce sont des poils du chien qui offrent une analogie frappante avec les poils de l'homme. Heureusement il n'y a que certains poils qui présentent ces caractères, de sorte que si on en a à examiner un grand nombre et qu'aucun d'eux ne présente le type animal, on peut déclarer avec certitude qu'ils ne proviennent pas d'un animal. Comme la substance médullaire ne manque jamais que par place dans les poils d'animaux et surtout dans ceux du chien, il faut examiner chaque fois le poil dans toute sa longueur, surtout après l'avoir traité avec de l'acide nitrique étendu, et on réussira ainsi à trouver sur certaines places la substance médullaire dont les caractères serviront à établir le diagnostic.

Est-on parvenu à reconnaître que des poils qui font le sujet d'un examen médico-légal sont des poils d'homme, il se pose alors une seconde question : quelle est la personne et quel est l'endroit du corps dont ils proviennent. La solution de la première partie de cette question exige la comparaison de ces poils avec ceux de la personne dont il s'agit, comparaison qui s'étendra non seulement à leurs caractères macroscopiques mais encore à leurs propriétés microscopiques.

Quant à l'endroit d'où proviennent les poils, on songera de préférence aux cheveux de la tête et aux poils de la barbe et du pubis, plus rarement aux poils d'autres parties du corps, comme par exemple dans notre cas cité plus haut. Comme caractères distinctifs on prendra en considération la longueur du cheveu, l'épaisseur, la forme et la constitution de la partie libre. On sait que la longueur des cheveux de la tête et des poils de la barbe est moins limitée que celle des poils des autres parties du corps. Les cheveux de la tête et surtout ceux de la femme se distinguent en général très facilement des autres par leur longueur. L'épaisseur des poils offre souvent un moyen de reconnaître leur nature. Les plus forts sont en général les poils de la barbe, qui ont de $0^{mm},14$ à $0^{mm},15$ de diamètre ; puis viennent les poils du pubis de la femme avec $0^{mm},15$, les cils avec $0^{mm},12$, les poils du pubis de l'homme avec $0^{mm},11$, enfin les cheveux de l'homme et de la femme avec $0^{mm},08$ et $0^{mm},06$ de diamètre. Cependant l'épaisseur des cheveux est variable selon les individus, ce qui ôte une grande valeur aux mesures que nous venons d'indiquer. Les caractères distinctifs les plus importants sont tirés de l'âge, on sait en effet que les cheveux des nouveau-nés sont plus minces et plus tendres que ceux des enfants plus âgés et à plus forte raison que ceux des personnes adultes. Il ne faut pas oublier du reste, que le même cheveu peut présenter des diamètres divers, d'une part parce qu'il s'amincit vers l'extrémité libre, d'autre part parce qu'un grand nombre de cheveux ont une forme plutôt conique que cylindrique. Les cheveux qui présentent la forme cylindrique la plus parfaite sont ceux de la tête qui sont néanmoins aplatis quand ils sont crépus, de sorte que la surface de section est, non pas ronde, mais ovale. La surface de section des poils de la barbe est en général triangulaire, celle des poils du pubis est le plus souvent ovale ; mais on peut rencontrer un grand nombre de formes intermédiaires.

Il faudra également, pour répondre à cette question, examiner l'extrémité libre du cheveu. Le cheveu de l'homme se termine à l'état normal par une extrémité pointue. Tous les cheveux des nouveau-nés, ainsi que ceux qui se montrent à la période de la puberté et en général tous ceux qui n'ont pas été coupés présentent une extrémité pointue ; cette circonstance, ajoutée au diamètre du cheveu, peut permettre de déterminer approximativement l'âge de l'individu dont proviennent les cheveux. Cette terminaison des cheveux s'altère dans le cours du temps, de sorte qu'on la trouve rarement chez les adultes. Cette modification est due en général, pour les cheveux de la tête et les poils de la barbe à l'habitude qu'on a de les couper. Les cheveux coupés offrent d'abord à leur extrémité libre une section transversale très nette, plus tard les contours de la section s'arrondissent en partant du bord et le cheveu présente après un certain temps une extrémité arrondie, effilochée si la section a été faite depuis un temps assez long. Ces caractères peuvent, dans certains cas, être utilisés pour déterminer le temps depuis lequel les cheveux ont été coupés.

L'extrémité libre de la plupart des cheveux est altérée, en dehors de la taille, en partie par des violences mécaniques, en partie par l'action de la graisse ou d'autres corps analogues. Les violences mécaniques, qui atteignent le cheveu, se manifestent par un effilochage ou un amincissement de l'extrémité libre du cheveu. Nous observons la première altération à l'extrémité libre des cheveux de la tête des femmes qui ne sont jamais ou rarement coupés. Cet effilochage se voit déjà à l'œil nu et devient encore plus net sous le microscope. L'amincissement de l'extrémité libre des poils se rencontre surtout sur certains poils courts se trouvant sur des parties de peau exposées par les vêtements à un frottement continuel, ainsi par exemple sur les poils des membres, qui, à la suite de cette usure, offrent une extrémité plus ou moins arrondie ou en forme de coin. La sueur produit une macération et une dissociation de la kératine. C'est pour cette raison que les poils, situés aux endroits où la transpiration est abondante et où s'exerce en outre un frottement continuel comme par exemple dans l'aisselle, à l'anus et aux parties génitales, non seulement sont dissociés et usés, mais sont encore souvent gonflés et incrustés de sédiment de sueur qui, en se déposant entre les fils de l'extrémité du poil, donnent à cette dernière une forme de massue ou de crosse de fusil. Ce dernier caractère peut avec plus ou moins de certitude permettre de reconnaître la provenance d'un poil.

Vient-on à demander si ces cheveux sont tombés ou ont été arrachés, il faudra examiner surtout l'état de la racine. Un cheveu sain arraché avec sa racine présente en général une extrémité arrondie, humide, ouverte en bas, tandis que des cheveux tombés ont une racine sèche, atrophiée, lisse et fermée en bas. La distinction sera peut-être difficile si nous n'avons que quelques cheveux devant nous, mais elle sera facile si on nous présente toute une touffe de cheveux comme ayant été arrachée, parce qu'on peut examiner dans ce cas un grand nombre de racines. Dans la plupart des cas (Maschka, Casper), on a présenté des cheveux détachés par le peigne comme ayant été arrachés, mais on a pu reconnaître leur mode de détachement aussi bien par l'examen des cheveux mêmes que par celui de l'endroit correspondant de la peau (1).

(1) Dans ces cas il faudra penser également à des cheveux faux ou artificiels;

ART. VI. — EXAMEN DES TISSUS EMPLOYÉS DANS L'INDUSTRIE ET DE LA SUBSTANCE CÉRÉBRALE

Des autres objets dont l'examen et la constatation peuvent servir à faire reconnaître le coupable ou à éclaircir certaines circonstances du crime, nous ne parlerons ici que des différents tissus fabriqués, ou des fibres de tissus et de la substance cérébrale, nous réservant de parler, à propos de l'infanticide, de l'examen du méconium, du liquide amniotique et des matières des fosses d'aisances.

§ 1er. — EXAMEN DES TISSUS EMPLOYÉS DANS L'INDUSTRIE.

L'examen des tissus fabriqués et des fibres de ces tissus se rattache sous beaucoup de rapports à celui des cheveux, puisqu'un grand nombre de ces tissus et particulièrement les étoffes pour habillements sont faits de poils d'animaux.

Deux cas communiqués par Taylor montrent combien cet examen peut acquérir d'importance dans certaines circonstances médico-légales. Dans le premier on saisit sur un homme accusé d'avoir assassiné une femme en lui ayant coupé le cou, un couteau sur le manche duquel on trouva non seulement du sang desséché, mais encore quelques fils d'une coloration rouge brun, que l'on reconnut pour de la laine teinte et qui se montrèrent, à l'examen à l'œil nu et au microscope, identiques avec ceux d'une casaque de laine que la personne assassinée avait portée. Dans le second cas, un homme, que l'on avait vu deux heures auparavant dans une maison, fut trouvé mort dans le voisinage sur les rails d'un chemin de fer avec tous les signes d'une mort par strangulation et une hémorrhagie par la bouche et le nez; on remarqua l'absence de son chapeau. Dans l'examen de la maison on trouva des taches de sang et un réchaud de fer sur lequel se trouvaient des restes d'un tissu que l'on avait brûlé. Au microscope on reconnut que ce morceau de tissu provenait d'un feutre de poils de lapin, collé avec de la colle forte et analogue à celui du chapeau qui avait disparu et que le meurtrier avait brûlé.

On reconnaîtra facilement la laine et les autres poils d'animaux employés dans la fabrication des tissus, en se rappelant les caractères des poils que nous avons exposés plus haut.

Les fils de coton se présentent sous le microscope sous la forme de rubans plats à double contour et roulés en spirale, les fils de lin sous celle de fibres solides le plus souvent effilés et divisés de distance en distance par des nœuds, la soie sous la forme de fils solides, cylindriques, partout égaux et non interrompus. La plupart de ces tissus sont artificiellement colorés et leurs fibres se montrent pour ce motif très nettement à l'examen microscopique (1).

§ 2. — EXAMEN DE LA SUBSTANCE CÉRÉBRALE.

Le cas suivant, qui s'est présenté à notre observation il y a quelques mois,

ces derniers sont en ce moment très répandus et consistent le plus souvent en laine d'angora (les poils de la chèvre d'Angora) que l'on peut reconnaître immédiatement comme telle au moyen du microscope.

(1) Voy. Roucher, *Des filaments végétaux employés dans l'industrie (procédé de M. Vetillart) pour les distinguer dans les tissus* (*Ann. d'Hyg. publ.*, 2e série, 1873, tome IX). — Vétillart, *Études sur les fibres végétales textiles employées dans l'in-*

montre quelle importance peut acquérir la constatation de la substance cérébrale sur des instruments vulnérants. Dans une rixe qui eut lieu entre plusieurs personnes et dans laquelle quelques-unes d'entre elles tirèrent leur couteau, l'un des combattants reçut dans la tête trois coups de couteau et resta mort sur place. A l'autopsie on trouva au-dessus de la bosse frontale droite une plaie ayant pénétré entre le cuir chevelu et les os à une profondeur de 4 centimètres sans blesser les os du crâne, en avant de la bosse pariétale gauche une autre plaie ayant traversé le cuir chevelu et la voûte crânienne jusqu'à la dure mère qui était restée intacte; la pointe du couteau était restée dans cette plaie. A trois centimètres en arrière de celle-ci on trouva une troisième plaie, dont on put suivre le trajet à travers les enveloppes du crâne, les os, les méninges et la circonvolution pariétale du cerveau jusque dans le ventricule latéral gauche, dans le plancher duquel le couteau s'était encore enfoncé de 2 centimètres. La blessure de l'os se continuait à ses extrémités avec une fissure longue de quelques centimètres et était comblée par de la substance cérébrale. Immédiatement après la rixe on trouva sur le lieu du crime un couteau de poche ouvert et assez long et la lame d'un autre couteau plus petit et sans manche. Cette lame était propre, avec une pointe bien conservée et un tranchant très aiguisé. La pointe de la lame du premier couteau avait été récemment cassée et l'extrémité de la cassure correspondait exactement à la pointe restée dans le crâne. Ce couteau présentait également des taches de sang desséché que l'on reconnut comme telles à l'examen microscopique et chimique. On trouva en outre sur l'une des faces de la lame, près du manche, et à une petite distance de l'extrémité cassée une raie étroite, formée par une substance ressemblant à de la graisse figée et qui, à l'examen microscopique, permit de reconnaître des cellules ganglionnaires, de très fins capillaires et de petites branches artérielles, le tout dans une substance finement granuleuse, de sorte qu'il ne pouvait y avoir aucun doute sur l'origine cérébrale de cette substance. Cette découverte, ajoutée surtout à l'existence des taches de sang, permit d'affirmer avec certitude que la plaie mortelle avait été faite par ce couteau. Comme la pointe trouvée dans l'os du crâne appartenait à ce couteau et que cette plaie provenait donc de ce dernier, et comme on ne pouvait pas admettre que la plaie qui avait pénétré dans le cerveau, avait été faite avec un couteau dont la pointe était cassée, on dut conclure qu'on avait fait avec ce couteau d'abord la plaie mortelle, puis seulement celle dans laquelle la pointe du couteau était restée fixée.

La reconnaissance de la substance cérébrale ne peut se faire que par un examen microscopique, qui du reste ne présente aucune difficulté (1). Les réactions chimiques recommandées par Orfila (2), Lassaigne (3) et autres n'ont aucune valeur.

ART. VII. — LES BLESSURES SELON LEUR SIÈGE.

Il nous reste maintenant à examiner les blessures selon leur

dustrie. Paris, 1876. — Briand et Chaudé, *Manuel complet de médecine légale*, 10e édition. Paris, 1880, tome II, p. 430.

(1) Voy. Ch. Robin, *Traité du microscope*, 2e édition. Paris, 1877.

(2) Orfila, *Recherches médico-légales sur la matière cérébrale desséchée* (*Ann. d'Hyg. publ. et de méd. lég.*, 1850, t. XLIV, p. 143).

(3) Lassaigne, *Considérations sur les caractères chimiques des taches de matière cérébrale desséchée sur les tissus* (*Ann. d'Hyg. publ.*, 1855, t. III, p. 442).

siège, ce qui nous permettra de traiter certains points importants au point de vue médico-légal, dont nous n'avons pas eu l'occasion de parler jusqu'à présent. Nous allons suivre l'ordre anatomique et traiter d'abord des blessures de la *tête*, puis de celles du *cou*, de la *poitrine*, de l'*abdomen*, des *parties génitales*, enfin de celles des *membres* et de leurs rapports avec la médecine légale.

§ 1er. — LES BLESSURES DE LA TÊTE.

Les blessures de la tête constituent certainement les plaies qui se présentent le plus souvent à l'examen médico-légal. La raison de cette fréquence se trouve d'une part dans la position exposée de la tête qui fait que celle-ci est atteinte plus facilement que d'autres organes par certaines violences, dans la fragilité des os de la boîte crânienne, dans la grande sensibilité du cerveau et des autres organes de la tête à l'égard des blessures, d'autre part dans cette circonstance que la tête, étant reconnue comme l'organe le plus important pour la vie, est plus souvent que d'autres parties du corps le but de certaines agressions violentes.

Nous distinguerons les blessures du *crâne*, celles de la *face*, enfin celles des *organes qui y sont contenus*.

I. — **Les blessures du crâne.**

Dans l'appréciation médico-légale des blessures du crâne il faut se rappeler, de même qu'en chirurgie, les deux points suivants : Premièrement que dans aucune blessure le pronostic est aussi trompeur que dans celles du crâne, et deuxièmement que la gravité d'une plaie du crâne dépend du degré de participation du cerveau. Un chirurgien moderne (Liston) parle dans les termes suivants de la marche trompeuse des blessures de la tête, déjà bien connue des anciens : « No injury of the head is too slight to be despised or too severe to be despaired of. » Le médecin-légiste n'a que trop souvent l'occasion de se convaincre de la justesse de cette remarque et il arrive journellement que des blessures de la tête auxquelles, à un premier examen médico-légal, on n'avait attaché aucune importance, se terminent plus tard par la mort et inversement que des blessures, que l'on s'était hâté de déclarer comme nécessairement mortelles, ont, par leur guérison, infligé un démenti au médecin et lui ont démontré combien était juste et importante la remarque que nous avons citée plus haut, c'est-à-dire qu'on ne peut jamais déclarer une blessure comme mortelle, aussi longtemps qu'elle n'a pas réellement entraîné la mort. Il faut d'autant plus apporter de grandes précautions en faisant le pronostic des blessures de la tête, que si la marche est autre que celle que le médecin avait indiquée, le public, qui ne juge que d'après les suites réelles et ne peut se rendre compte de la difficulté de cet examen, est disposé non seulement à critiquer le rapport médico-légal, mais encore à établir une relation entre l'issue malheureuse de cette blessure et l'erreur du médecin.

On ne peut jamais assez se pénétrer de l'importance au point de vue médico-légal de ce fait que la gravité d'une blessure du crâne dépend de la proportion dans laquelle le cerveau y participe. En effet du degré de participation du cerveau dépendront, non seulement la marche d'une blessure du crâne, mais encore les symptômes qui se montrent immédiatement après la blessure ; et tout praticien sait que ces premiers symptômes font souvent en justice l'objet d'un certain nombre de questions, soit qu'il s'agisse de décider si un individu, après une certaine blessure reçue, était encore en état d'aller plus loin, d'accomplir certaines actions ou s'il devait tomber immédiatement, soit qu'il s'agisse d'indiquer combien de temps après la blessure devait arriver la mort ou d'expliquer pourquoi dans un cas particulier les symptômes graves ne se sont pas montrés immédiatement mais seulement après et souvent assez longtemps après cette blessure.

Il faut se rappeler que, si dans une blessure de la tête le cerveau est atteint, la nature et l'intensité des symptômes immédiats peuvent dépendre de trois circonstances : premièrement, de la blessure (solution de continuité) de la substance cérébrale même ou d'une de ses parties ; deuxièmement, de la commotion cérébrale, et troisièmement, de la pression que le sang épanché et venant des vaisseaux méningitiques coupés exerce sur la surface cérébrale. Les deux dernières causes sont en général d'une importance plus considérable pour la production des symptômes immédiats que la solution de continuité du cerveau même, à moins que celle-ci n'ait une étendue considérable ou n'ait touché des organes importants pour la vie, comme par exemple la partie basilaire du cerveau. Nous comprenons ainsi pourquoi il y a un nombre assez considérable d'individus qui, après avoir reçu un coup de couteau dans la tête, n'ont présenté que des symptômes très légers dont ils ne se sont pas occupés, bien que la pointe de la lame fût restée quelquefois fixée dans le cerveau, et pourquoi d'autres individus, tombés sans connaissance après une blessure de la tête, se sont relevés après un temps relativement court et n'ont présenté aucun autre signe de trouble des fonctions du cerveau, ou n'en ont présenté que plus tard. Dans un certain nombre d'autres cas nous voyons se montrer, immédiatement après la blessure, des symptômes graves tels que perte de connaissance et impossibilité de se mouvoir volontairement, symptômes qui, ou bien conduisent progressivement à la mort, ou se terminent après une longue maladie par une guérison plus ou moins complète.

1° *Commotion cérébrale.*

Les anciens chirurgiens désignaient sous le nom de *commotion cérebrale* un déplacement momentané ou un ébranlement des parties du cerveau ; mais l'école moderne a regardé cette commotion comme une névrose vaso-motrice et l'a expliquée soit par une paralysie réflexe traumatique des vaisseaux du cerveau (Fischer), soit par l'excitation et la paralysie consécutive du centre vasomoteur (Koch et Filehne). Les principaux symptômes de la commotion cérébrale sont le coma, le ralentissement considérable du pouls, la faiblesse de la respiration, la réaction lente des pupilles et la pâleur de la face. Dans la plupart des cas il survient des vomissements immédiatement après la blessure, mais rarement des convulsions. La perte de connaissance peut ne durer que quelques minutes, mais aussi souvent plusieurs jours (6 semaines dans un cas de Pirogoff). L'amnésie est un symptôme qui persiste presque constamment après la blessure.

La commotion cérébrale peut exister seule, mais le plus souvent elle est accompagnée d'une blessure du crâne ou du cerveau. Son intensité dépendra d'une part de la nature de l'instrument employé, d'autre part de la violence avec laquelle le coup a été porté. On sait que ce sont surtout les instruments contondants qui produisent l'ébranlement cérébral ; l'affaissement subit des individus, qui ont reçu un coup violent sur la tête avec un pareil instrument, est dû principalement à la commotion cérébrale consécutive, et cela d'autant plus que les lésions du cerveau même sont moins graves et que l'épanchement sanguin, qui a accompagné la blessure, est moins abondant. Dans les plaies par instruments piquants, la commotion cérébrale ne joue en général qu'un rôle accessoire, mais très important dans les plaies par armes à feu et dans les plaies par instruments hachants. Dans ce dernier genre de blessures, on voit d'une façon très nette l'influence de la nature de l'instrument vulnérant ; ainsi par exemple, dans les blessures faites avec une hache, les symptômes de commotion sont plus intenses que dans celles qui sont faites par des sabres et l'intensité de ces symptômes sera d'autant plus grande qu'on se sera servi d'un sabre plus lourd. C'est pourquoi, et ceci est très important au point de vue médico-légal, il faut admettre que les autres circonstances étant égales d'ailleurs, un individu, qui a reçu un coup d'un sabre léger et plat, doit moins facilement perdre connaissance et peut accomplir plus aisément certains actes qu'un autre qui aurait reçu une blessure identique, mais faite par un sabre lourd et à dos large et à plus forte raison par une hache.

Comme la plupart des rixes dans lesquelles se produisent les blessures de la tête ont lieu dans des auberges et dans un état d'excitation due à l'alcool, il n'est pas inutile de faire remarquer l'analogie entre les symptômes d'une profonde ivresse et ceux de la commotion cérébrale et de rappeler que des symptômes dus à un excès d'alcool ont été pris souvent pour une commotion cérébrale et inversement que cette dernière a été encore plus souvent regardée comme un état d'ivresse et que le blessé a été traité en conséquence. Pour distinguer ces deux états, il faudra avoir égard à la quantité d'alcool absorbée et aux signes qui se sont déjà montrés avant la blessure, ainsi qu'aux symptômes qui sont survenus au moment de la blessure, et la marche ultérieure de l'état d'étourdissement à partir de ce moment.

L'épanchement sanguin dans la cavité crânienne ou mieux à la surface du cerveau qui accompagne une blessure de la tête donne lieu avec d'autant plus de rapidité et d'intensité aux signes de la compression cérébrale, que la quantité de sang épanché est plus considérable et que l'extravasation s'est formée plus rapidement. Il faudra dans ce cas non seulement considérer le calibre des vaisseaux méningitiques blessés, mais voir encore si ces vaisseaux sont artériels ou veineux. Parmi les grandes artères qui sont relativement souvent sectionnées dans les différentes blessures de la tête et qui donnent lieu à une hémorrhagie intense et à des symptômes graves de compression cérébrale, nous citerons particulièrement l'artère méningée moyenne et ses branches et, parmi les veines, les gros sinus de la dure-mère.

Le plus grand nombre des blessures de la tête, qui donnent lieu à une expertise médico-légale, sont faites par des instruments contondants. Le degré le moins grave de ces blessures est constitué par les suffusions sanguines de la peau du crâne, qui se montrent le plus souvent dans le tissu cellulaire lâche qui se trouve entre l'aponévrose et le péricrâne et dans la partie la plus profonde de celui-ci. Par suite de la richesse vasculaire de la peau du crâne et de la résistance du plan sous-jacent (os du crâne), il suffit de violences assez légères pour les produire, comme nous pouvons le voir pour les bosses sanguines des enfants, qui se montrent après une simple chute. Nous ferons remarquer en outre qu'elles peuvent se produire souvent accidentellement dans les genres de mort subite les plus divers et même naturels, par la chute du corps et le choc de la tête contre des objets résistants (1). En parlant des plaies contuses de la tête, nous avons déjà dit qu'elles n'ont pas toujours et nécessairement des bords irréguliers et dentelés, et que par suite de la tension de la peau de la tête et de la résistance du plan sous-jacent, ces plaies peuvent être, plus que sur d'autres parties du corps, linéaires et régulières, et nous avons en même temps indiqué les signes qui permettent, dans ce cas, malgré l'aspect linéaire des plaies, d'affirmer qu'elles ont été faites avec un instrument, non pas tranchant, mais contondant.

2° *Solutions de continuité.*

Un effet très fréquent des instruments contondants, ce sont les solutions de continuité du crâne. Si l'instrument vulnérant n'a pas une large surface, il peut produire des solutions de continuité limitées du crâne, dont la forme permet souvent de reconnaître la nature de l'instrument. C'est ainsi que nous avons vu une fissure très fine et tout à fait circulaire de l'os frontal, avec une dépression à peine appréciable du fragment central qui avait $2^m,5$ de diamètre et ayant été faite par la tête arrondie d'un marteau de maçon. Nous possédons dans notre collection un crâne où se trouve un disque circulaire constitué par un fragment de la table externe du pariétal enfoncé en forme d'entonnoir, tandis que sur la table interne on voit, au point correspondant, un fragment également circulaire deux fois plus grand et divisé en plusieurs morceaux. L'instrument vulné-

(1) Nous reviendrons en un autre endroit sur les sugillations des enveloppes molles du crâne des nouveau-nés, qui se forment si souvent à la suite de l'accouchement, n'ayant en vue ici que les blessures de la tête chez les adultes et les enfants plus âgés.

rant était un casse-tête (*life preserver*). Dans les blessures faites par des pierres anguleuses, des cruches ou des verres jetés à la tête ou par des coups de pied de cheval, il peut y avoir souvent des blessures tout à fait circonscrites, et dans les deux derniers cas des fractures semi-lunaires avec dépression du fragment central, de sorte que ces caractères permettent souvent de reconnaître avec plus ou moins de certitude la nature de l'instrument vulnérant.

Dans la plupart des cas de blessures par instruments contondants, il se produit des solutions de continuité irrégulières des os du crâne sous la forme de fissures ou de fractures. Les premières intéressent, soit toutes les lames, soit seulement la lame vitrée des os du crâne. La raison de cette dernière particularité et de ce fait que la fissure, dans les cas assez fréquents où elle occupe toutes les lames, est ordinairement plus étendue dans la lame vitrée que dans la table externe, se trouve moins dans la fragilité plus grande de la lame vitrée que dans la circonstance suivante : Quand une violence atteint un endroit du crâne, les couches internes sont plus fortement courbées que les externes ; de même qu'un bâton que l'on cherche à casser sur le genou se divise d'abord non pas du côté qui touche le genou, mais du côté opposé. On observe rarement des fissures isolées de la table externe ; elles sont très souvent accompagnées de fissures pénétrantes. Nous possédons dans notre collection un crâne sur lequel on voit trois longues fissures du pariétal se croisant entre elles, déterminées par un coup porté avec le dos d'une pioche et dont l'une seule est pénétrante, tandis que les autres n'intéressent que la table externe. Le cas fut soumis à l'arbitrage de la Faculté, parce que les assertions de ceux qui avaient fait l'autopsie et qui avaient trouvé que les fissures n'occupaient que la table externe, avaient été regardées comme invraisemblables et même comme impossibles par d'autres médecins.

Les cheveux que l'on trouve souvent enclavés dans les fissures très fines montrent que celles-ci ont dû être béantes au moment de leur production. Dans la fissure circulaire dont nous avons parlé plus haut et qui avait été produite par un marteau de maçon, on a trouvé un certain nombre de bouts de cheveux se présentant comme une espèce de palissade au-dessus de la fissure. Nous avons constaté la même chose dans une fissure déterminée par un verre à bière. Ces circonstances non seulement peuvent indiquer le mode d'origine de certaines fissures et montrer l'élasticité du crâne, mais nous font encore comprendre comment la production de fissures très fines peut être accompagnée d'une compression assez forte du cerveau.

Bruns (1) a prétendu dans un cas que l'enclavement des cheveux dans les fêlures

(1) Oesterlen, *Das Haar*, etc., *loc. cit.*, 143.

du crâne ne pouvait être produit que par une très grande violence, comme par exemple par une arme à feu ou par une violence exercée sur une fissure déjà existante. Les cas que nous avons cités plus haut, et dans lesquels il n'y eut qu'un seul coup de porté, plaident contre cette assertion. Nous avons du reste déterminé plusieurs fois cette particularité sur le cadavre par des coups portés sur le crâne avec un marteau, et nous avons trouvé que ces cheveux étaient coupés en partie par les arêtes vives de l'instrument, en partie par celles de la fissure comme par des ciseaux et étaient retenus en place par le retour des bords de l'os à leur position primitive.

Une telle constatation permet de tirer deux conclusions : d'abord que la blessure a été accompagnée d'une plaie de la peau du crâne, ce qui peut acquérir de l'importance, si les parties molles sont détruites ou rendues méconnaissables par la putréfaction ou d'autres causes, ensuite que la blessure a été faite par un instrument agissant sur une étendue limitée et très vraisemblablement anguleux, et non par le choc de la tête contre une surface plane, ni par un coup porté avec un instrument large et plat. Dans le cas de Bruns, on demandait si les fissures avaient été produites par une chute sur une aire ou par des coups donnés sur la tête; la découverte de cheveux enclavés dans la fissure permit de se prononcer pour cette dernière hypothèse et il fut prouvé, en effet, que cette personne avait été, il est vrai, jetée sur une aire, mais qu'elle avait reçu après s'être relevée un coup de bâton sur la tête (1).

Nous ferons remarquer, en terminant, que nous avons trouvé chez un individu qui s'était suicidé en se tirant un coup de pistolet dans la région temporale, un grand morceau de la dure-mère enclavé dans une des fissures de l'os partant de l'orifice d'entrée, bien que les bords de la fêlure ne fussent pas béantes. Friedberg (2) a décrit un cas où l'artère basilaire était enclavée dans une fracture de la base du crâne.

Les fissures et fractures du crâne ou bien siègent à l'endroit où s'est exercée la violence, ou se continuent à une certaine distance plus ou moins éloignée, ou bien elles ne se trouvent pas du tout à l'endroit qui est le premier blessé, mais souvent sur d'autres parties quelquefois tout à fait opposées du crâne. Aux fractures du dernier genre appartiennent les fissures et fractures si fréquentes de la base du crâne, que l'on rapporte ordinairement à ce qu'on appelle le *contre-coup*, tandis que leur production s'explique facilement, en partie par la continuation à la base du crâne d'une fissure ou fracture née directement, en partie par la courbure brusque vers l'intérieur du crâne que la base éprouve dans la plupart des grandes violences qui atteignent le crâne et à laquelle la base rigide est moins en état de résister que la voûte qui est plus élastique et plus uniforme. La fréquence des fissures de la base du crâne nécessite un examen minutieux de celle-ci, après détache-

(1) Voy. A. Schlemmer, *Trois cas de blessures du crâne avec enclavement des cheveux* (*Wiener med. Presse*, 1876, n°s 9-12).

(2) Friedberg, *Virchow's Arch.*, LXIX, 93.

ment préalable de la dure-mère, qui est très adhérente à cette partie du crâne, circonstance qu'il faudra noter chaque fois dans le rapport.

La production des fissures et des fractures du crâne n'exige pas toujours une grande force, et l'observation nous apprend qu'elle est due souvent à des violences relativement faibles. C'est ainsi que nous avons eu souvent l'occasion de trouver des fissures et fractures du crâne sur des individus tombés en état d'ivresse sur la voie publique. Nous avons également vu une fracture de l'écaille du temporal chez une jeune fille de seize ans qui était tombée dans une attaque d'épilepsie sur les pavés d'une cour. Ces blessures se produisent encore plus facilement que sur un terrain plat, si la chute a eu lieu dans un escalier ou au moment de se mettre au lit, circonstance qui se rencontre non seulement chez les ivrognes, mais encore sur des personnes vieilles et affaiblies. Nous avons également observé une fracture de la région temporale chez un malade atteint de fièvre typhoïde et qui était tombé de son lit.

La plus ou moins grande facilité avec laquelle se produisent les fissures ou fractures dépend beaucoup des conditions individuelles. Nous ferons remarquer, quand nous parlerons de l'infanticide, avec quelle facilité se font chez les nouveau-nés les solutions de continuité des os minces et présentant encore une structure rayonnée. Chez les adultes, c'est surtout les différences d'épaisseur du crâne qui font que celui-ci se fracture plus facilement dans un cas que dans un autre, et on sait que certaines places de la boîte crânienne, qui sont à l'état normal plus minces que d'autres, sont aussi plus souvent le siège de fissures et de fractures : ainsi, par exemple, l'écaille du temporal. La fragilité du crâne augmentant à mesure qu'il se consolide et devient plus résistant, il s'ensuit que les fractures se produisent plus facilement chez les adultes que chez les individus plus jeunes, particulièrement les enfants, chez lesquels prédominent les fissures. Il en est de même de la fréquence des fissures et fractures de la base du crâne, qui se présentent si souvent chez les enfants et jamais sur les nouveau-nés à moins d'un broiement total du crâne.

Il faudra également prendre ces circonstances en considération quand il s'agit de décider si les fissures ou les fractures du crâne ont pu être produites par un seul coup, ou si leur production exigeait plusieurs coups. Que l'action d'une grande violence puisse en une fois fractionner le crâne en un grand nombre de morceaux, cela ne fait aucun doute, puisque nous voyons assez souvent dans les chutes le crâne réduit en un grand nombre de fragments. Mais des violences, même moins considérables, peuvent diviser le crâne, surtout si celui-ci est mince, en plusieurs fragments. C'est ainsi que nous avons pu compter vingt et un fragments chez un individu qui avait reçu sur la tête un seul coup d'un gourdin très lourd, et sur un homme qui était tombé en état d'ivresse sur des pierres saillantes, nous avons trouvé l'écaille du temporal divisée en douze morceaux plus grands et un grand nombre de petits, et, partant de cet endroit, deux fissures dont l'une se dirigeait en haut vers le pariétal du même côté, l'autre à travers la fosse moyenne jusque dans la selle turcique; dans les deux cas, le crâne était mince et compact. Buchner (1) a vu un crâne, ayant à peine deux lignes d'épaisseur, divisé par un coup de latte en vingt-cinq fragments, et dans un cas cité par Bujalsky (2) un crâne excessivement mince avait été réduit en quatre-vingt-seize morceaux par un coup de pied de cheval. Bergmann lui-même nous représente le crâne d'une jeune fille de treize ans qui avait été cassé en plusieurs morceaux par la chute d'une pierre sur la tête de l'enfant.

Si le crâne était extrêmement mince à l'endroit cassé et la violence peu considérable, il y aura lieu de faire ressortir la *disposition corporelle particulière*. Cet amincissement anormal peut être congénital ou bien peut ne s'être produit que plus tard, comme par exemple les usures que l'on observe chez les personnes très âgées sur la partie la plus courbée des pariétaux, et peuvent quelquefois atteindre un degré tel que le crâne paraisse transparent et même perforé à ces endroits. C'est dans le même sens qu'il faudra apprécier les ouvertures anormales du crâne dont nous avons rapporté plus haut un exemple remarquable, en parlant des dispositions corporelles particulières dans le sens du Code pénal autrichien. Nous avons également à cette occasion appelé l'attention sur l'hydrocéphalie et autres états pathologiques du cerveau qui peuvent faire que des contusions relativement insignifiantes de la tête, telles que celles qui ont lieu dans les corrections infligées aux enfants à la maison ou en classe, peuvent avoir des suites graves et même mortelles.

Nous ajouterons encore qu'en dehors de la commotion cérébrale qui peut accompagner les contusions de la tête, il peut y avoir aussi des lésions du cerveau sans solution de continuité de la boîte crânienne. A cet ordre appartiennent les apoplexies capillaires dans la substance cérébrale, que Rokitansky a observées après des commotions violentes de la tête, puis l'excitation (rhexis) du cerveau que nous avons mentionnée en parlant des ruptures, enfin la contusion du cerveau. Nous avons cité plus haut (p. 140) un cas du dernier genre. Le siège le plus fréquent de la contusion cérébrale, c'est le lobe frontal, surtout sa partie inférieure et antérieure, puis la pointe du lobe pariétal, ou mieux la limite postérieure de la fosse sylvienne. La contusion se présente sous la forme de plaies, le plus souvent d'une couleur violette, disposées en groupes, et au niveau desquelles la substance corticale est ramollie et offre des extravasations sanguines plus ou moins grandes ou punctiformes. Nos expériences sur les animaux nous ont prouvé également que, dans les coups portés sur la tête, la contusion du cerveau siégeait particulièrement aux endroits ci-dessus désignés.

Nous avons dit, en parlant des blessures en général, tout ce qui se rapporte aux blessures du crâne par instruments tranchants, ha-

(1) Buchner, *Lehrb.*, 1867, p. 224.

(2) Bergmann, *Kopfverletzungen*, p. 71.

chants ou par armes à feu. Nous ferons seulement remarquer ici que la blessure de la tête, si elle n'a pas entraîné la mort, doit être déclarée comme « une blessure qui a été faite avec un instrument ou d'une façon constituant *ordinairement* un danger pour la vie. »

3° *Suites des blessures.*

Parmi les suites des blessures non mortelles de la tête nous citerons, en dehors des troubles de l'intelligence dont nous avons déjà parlé, les paralysies et les états épileptiques ou épileptiformes. Les paralysies que les blessures de la tête laissent à leur suite peuvent, de même que celles qui sont dues à une hémorrhagie cérébrale spontanée, occuper tout un côté du corps ou seulement un ou plusieurs membres, ou la moitié de la face. On a observé aussi bien des paralysies motrices que des anesthésies. Le premier état constitue sans contestation une paralysie dans le sens de la loi, bien qu'il y ait un grand nombre de degrés intermédiaires depuis la parésie insignifiante jusqu'à la paralysie complète et l'incapacité complète de se servir du membre atteint. Que ces paralysies puissent s'améliorer et même disparaître dans le cours du temps, c'est là un fait qui n'a qu'une importance accessoire, car elles constituent en général une affection de longue durée et la loi a parlé non de paralysie incurable, mais de paralysie en général. On peut se demander si l'anesthésie peut être regardée comme une paralysie dans le sens de la loi. Mais ces anesthésies ne se rencontrant que très exceptionnellement comme un fait isolé et accompagnant le plus souvent les paralysies motrices, la question perd beaucoup de son importance. Il est hors de doute qu'un grand nombre de ces états peuvent être regardés comme des infirmités.

Il peut également se développer après les blessures de la tête des états épileptiques ou épileptiformes. Cette possibilité a reçu une consécration par les expériences si connues de Hitzig, qui a réussi à provoquer des attaques d'épilepsie par l'excitation de la couche corticale du cerveau, et par celles de Westphal qui a vu survenir sur des cochons d'Inde, après une commotion cérébrale, des attaques d'épilepsie et a observé la production de certaines zones épileptogènes, dont le pincement donnait lieu à un grand accès d'épilepsie. Nous avons déjà parlé du développement d'états épileptiques de causes périphériques (cicatrice de la peau du crâne), et des psychoses réflexes. Ces états peuvent très bien être rangés dans la catégorie des infirmités, car les attaques d'épilepsie, même quand elles ne se répètent qu'à de longs intervalles, constituent cependant un état morbide chronique, qui est certainement de nature à mettre l'individu, au moins temporairement, hors d'état de se défendre et à lui rendre amères les jouissances de la vie.

II. — Les blessures de la face.

Les blessures de la face ont une importance médico-légale particulière par deux ordres de suites qu'elles peuvent entraîner.

Ce sont la défiguration et la perte ou affaiblissement des organes des sens qui se trouvent dans le visage, suites qui sont regardées par la loi comme des circonstances aggravantes.

1° *Cicatrices.*

Par suite de la situation exposée de la tête et de la face en particulier, ainsi que de l'importance considérable de l'intégrité de cette dernière pour l'avenir de l'individu (surtout de la femme), les cicatrices difformes de la peau qui peuvent persister à la suite de blessures sont regardées comme une défiguration dans le sens de la loi. Il est clair qu'il faut prendre en considération non seulement l'étendue des cicatrices, mais encore les conditions individuelles, et nous regarderons certainement des cicatrices dans le visage d'une vieille femme beaucoup plus difficilement comme une défiguration que dans celui d'une jeune fille; il n'est peut-être pas inutile de faire remarquer qu'il y a certaines cicatrices qui chez l'homme, surtout par leur provenance, non seulement ne constituent pas une défiguration, mais sont encore regardées comme un ornement, et que personne n'hésitera cependant à désigner comme une défiguration chez une jeune fille. Ce qu'il y a de remarquable du reste, c'est que c'est précisément sur des jeunes filles que l'on détermine des blessures dans le but évident de les défigurer, et nous ne citerons sous ce rapport que la projection d'acide sulfurique à la figure, qui est un acte de vengeance féminine se rencontrant souvent dans les grandes villes et qui donne lieu à une défiguration horrible de la figure.

2° *Perte du nez.*

La perte du nez est expressément citée par le Code pénal autrichien, ce qui paraît toutefois superflu, car personne n'a jamais douté qu'une telle blessure ne constituât une défiguration persistante.

Outre la perte du nez, les modifications de sa forme constituent également une défiguration considérable, comme par exemple l'enfoncement du dos du nez qui est une suite fréquente de blessures telles que la fracture des os du nez, etc.

3° *Blessures de l'œil.*

Dans les blessures de l'œil il y a à considérer deux choses : la possibilité d'une défiguration et les troubles de la vision. Le Code pénal autrichien (art. 156) a cité explicitement la perte d'un œil à côté de la perte ou de l'affaiblissement durable de la vue, pour donner un exemple d'une défiguration frappante : ces défigurations peuvent cependant être produites non seulement par la perte complète d'un œil, mais encore par des cicatrices de la cornée ou par la blessure de l'appareil accessoire de l'œil, surtout des paupières, comme par exemple l'ectropion cicatriciel et la ptosis traumatique.

Les blessures de l'œil peuvent être produites par contusion, par l'introduction d'instruments piquants ou autres dans l'œil et par brûlure par le feu ou des caustiques. Les plus fréquentes en médecine légale, ce sont les contusions de l'œil. Arlt (1) a cité comme effets possibles de ces contusions ou autres blessures les sugillations de la conjonctive, la contusion de la cornée (se terminant souvent par suppuration), la rupture des membranes internes (iris, zone de Zinn, capsule du cristallin avec luxation de ce dernier, choroïde et rétine), la commotion (non encore prouvée) de la rétine, l'iridoplégie, la paralysie d'accommodation de cause traumatique, enfin la rupture de l'œil.

Parmi les autres blessures, nous noterons les plaies superficielles de la cornée (éclairage oblique), les plaies pénétrantes de celle-ci avec hernie de l'iris, les blessures du corps ciliaire qui donnent souvent lieu à une inflammation lente ou aiguë et à une iridocyclite sympathique de l'autre œil, enfin les blessures du cristallin et ses opacités consécutives. Ce n'est pas ici le lieu de faire le diagnostic de ces blessures et nous renvoyons sous ce rapport à l'excellent ouvrage de Arlt (2).

Pour se rendre compte des troubles de la vision, il suffit souvent d'un examen extérieur de l'œil, pour constater la perte ou l'affai-

(1) Arlt, *Die Verletzungen des Auges in gerichtlicher Beziehung* (Des blessures de l'œil en médecine légale). *Wiener med. Wochensch.*, 1876, n°s 5 et suivants.

(2) Voyez aussi Galezowski, *Traité des maladies des yeux*, 2e édition, Paris, 1875, *Médecine légale*, p. 909.

blissement de la vue; mais quand il n'y a pas d'altération frappante du globe oculaire, on ne doit jamais négliger l'examen attentif de l'œil à l'ophthalmoscope et la mensuration de l'acuité visuelle selon les règles de l'art par des expériences, la lecture et l'emploi de verres appropriés, en un mot avec tous les appareils dont on se sert en clinique pour la constatation de l'acuité visuelle (1).

Dans un grand nombre de ces cas, surtout dans les amauroses et les anomalies d'accommodation, il faut également penser à la possibilité d'une simulation. Dans la myopie ou la faiblesse simulée de la vue, on peut constater la simulation au moyen d'épreuves par différents verres de lunettes et l'examen à l'ophthalmoscope (2). Pour les amauroses, on aura égard à la réaction de la pupille et on emploiera, comme l'a recommandé de Graefe, des verres prismatiques, qui, appliqués d'abord sur les deux yeux puis sur chacun d'eux en particulier, sont propres à déjouer la simulation. On peut voir les détails plus précis de ce procédé dans l'ouvrage de Arlt (3).

Que les blessures de la région susorbitaire puissent déterminer une cécité par voie réflexe, c'est là un fait admis par les uns et nié par les autres. Dans la plupart de ces cas il peut s'agir moins d'une affection réflexe que d'un processus rétrobulbaire dû à la commotion, surtout d'une névrite optique et d'une atrophie consécutive du nerf (Blumenstock).

On rencontre dans les Alpes un genre particulier de blessure de l'œil, ce qu'on appelle l'énucléation de l'œil (Augenaushebeln) qui consiste en ce que l'œil est arraché (luxé) par le pouce introduit dans l'anglo interne de l'œil. Nous avons eu l'occasion, à Innsbrück, de voir un cas de ce genre dans lequel il y eut non pas luxation du bulbe, mais blessure de la cornée par l'ongle d'un doigt et prolapsus de l'iris. Malheureusement nous n'avons pas pu avoir des renseignements certains sur les effets de cette énucléation. Nous avons pourtant pu nous convaincre par des expériences sur le cadavre qu'il est assez facile de luxer le bulbe sans produire une déchirure du nerf optique ou d'autres blessures considérables de l'œil. Malgré cela, nous regardons comme invraisemblable ce fait, qui nous a été affirmé plusieurs fois, que ces blessures, si l'œil a été replacé immédiatement par le blessé ou par d'autres personnes, entraînent rarement des suites graves.

(1) Galezowski, *Traité iconographique d'ophthalmoscopie, comprenant la description des ophthalmoscopes, l'exploration des membranes internes de l'œil et le diagnostic des affections cérébrales et constitutionnelles*. Paris, 1876, in-4, avec 20 pl. — *Échelles typographiques et chromatiques pour l'examen de l'acuité visuelle*. Paris, 1874, 1 vol. in-8, avec 20 pl.

(2) Voyez Boisseau, *Des maladies simulées et des moyens de les reconnaître*. Paris, 1870.

(3) On trouve un article instructif sur la reconnaissance de la simulation d'une amaurose unilatérale par Schenk, dans *Prager ärtzl. Correspondenzblatt*, 1875, n° 28.

4° *Blessures de l'oreille.*

Parmi les blessures de l'*oreille* nous citerons d'abord la *perte du pavillon de l'oreille.* Nous avons eu trois fois l'occasion, à Innsbrück, de faire un rapport sur ce genre de blessure, qui est certainement rare dans les autres pays. Tous les trois cas s'étaient passés dans une certaine vallée, où l'on a l'habitude dans les rixes de s'enlever les oreilles avec les dents. Nous avons conclu dans tous ces cas que cette défiguration était suffisante pour être déclarée comme une *blessure grave* dans le sens de la loi, mais qu'elle n'était pas *frappante* dans le sens de l'art. 156, parce qu'elle pouvait facilement être cachée par les cheveux et que la perte du pavillon d'une oreille ne pouvait être mise sur la même ligne que les exemples de défiguration frappante désignés par l'art. 156, ni que les autres suites graves de blessures citées dans le même paragraphe. Cette interprétation fut admise chaque fois par le tribunal et sa justesse fut prouvée d'une façon péremptoire par un de nos cas, dans lequel un individu avait déjà perdu l'autre oreille dans une affaire semblable sans que personne de ceux qui assistaient à l'action principale se doutât de la chose.

A cause de l'importance accessoire que le pavillon de l'oreille a dans l'audition, il ne peut être question, à propos de l'ablation de ce pavillon, de faiblesse durable et encore moins de perte de l'ouïe.

On a plus souvent à examiner des *troubles de l'audition* provenant de coups reçus dans la région de l'oreille. Les suites les plus fréquentes de ces violences sont les ruptures de la membrane du tympan et la paralysie du nerf acoustique.

La *rupture traumatique de la membrane du tympan* se trouve le plus souvent, d'après Pollitzer (1), sur la ligne médiane entre le manche du marteau et le bourrelet circulaire ; elle a une forme ronde ou ovale et des bords nets et couverts de sang. Le diagnostic d'une rupture traumatique n'est facile que dans les premiers jours ; plus tard il est difficile et même impossible de distinguer celle-ci d'une perforation provenant de suppuration. Les ruptures traumatiques guérissent en général dans les premières semaines par cicatrisation, elles sont rarement suivies d'une inflammation suppurative. Les troubles de l'audition que l'on observe après la rupture de la membrane du tympan sont plus ou moins prononcés et sont dus moins à la lésion même qu'à l'ébranlement du labyrinthe qui accompagne les blessures de l'oreille. Après la cicatrisation, l'audition peut

(1) Pollitzer, *Ueber traumastiche Trommelfellrupturen* (Des ruptures traumatiques de la membrane du tympan). *Wiener med. Wochensch.*, 1872, n° 35.

revenir complètement ou à peu près. Les ruptures de la membrane du tympan entraînent rarement l'inflammation de l'oreille moyenne ; cela arrive surtout dans les ruptures dues à un soufflet, etc. ; mais cette terminaison est due plutôt à la négligence ou à d'autres influences extérieures défavorables (traitement chirurgical maladroit, refroidissement, etc.) et dans ce cas on peut observer des processus inflammatoires de longue durée et des troubles graves de l'audition (1).

L'ébranlement du labyrinthe peut avoir lieu avec ou sans rupture de la membrane du tympan et est suivi ordinairement de troubles de l'audition pouvant devenir persistants. Le son d'un diapason appliqué sur la tête n'est perçu que par l'oreille *normale*, ce qui peut servir pour le diagnostic différentiel des ruptures de la membrane du tympan avec ou sans ébranlement du labyrinthe, car dans ce dernier cas le son n'est perçu que par l'oreille *blessée*.

On observe très rarement une *paralysie du nerf acoustique* à la suite d'un coup. Un cas de ce genre fut soumis au comité médical de Munich (2) : un individu, à qui l'on avait tiré plusieurs fois les deux oreilles et dont la tête avait cogné une porte, perdit immédiatement l'ouïe, sans qu'on ait pu observer une rupture de la membrane du tympan ou des symptômes cérébraux et sans qu'on ait eu des raisons de soupçonner une simulation.

Dans la surdité donnée comme suite d'une blessure, il faut penser également à la simulation, qui n'est pas rare dans ces cas. Si l'on a des raisons pour soupçonner une fraude, on essayera outre les épreuves du diapason dont nous avons parlé plus haut, celles qu'emploient les médecins militaires pour découvrir la simulation (3). Ainsi on fera parler en même temps à voix basse dans les deux oreilles en faisant répéter à l'individu ce qu'il a entendu. S'il est réellement sourd d'une oreille il pourra répéter très facilement ce qu'on lui aura dit dans l'oreille saine, tandis que, s'il entend des deux oreilles, les différents sons, arrivant simultanément, se mêlent tellement que l'individu ne pourra rien répéter ou seulement d'une manière confuse. On pensera également à la simulation si l'individu déclare ne pas entendre une montre si elle est tellement rapprochée de l'oreille malade qu'il doit déjà l'entendre avec l'oreille saine ; on peut encore découvrir la simulation par ce fait que l'individu ne sait pas distinguer les impressions du toucher de celles de l'ouïe, quand par exemple il ne donne aucun signe de perception de l'impression, si on frappe par terre derrière lui, tandis qu'un sourd perçoit, non pas le son, mais l'ébranlement du plancher.

5° *Blessures des lèvres et perte des dents.*

Les blessures des lèvres et la perte des dents dues aux instruments contondants les plus divers peuvent acquérir une certaine importance au point de vue médico-légal par la défiguration qu'elles entraînent. On aura cependant rarement l'occasion, surtout pour la perte des dents, de déclarer ces blessures une défiguration frappante,

(1) Hassenstein, *Gerichtärztlische Wurdigung der Läsionen des Gehörorganes durch Schlog* (Appréciation médico-légale des lésions de l'organe de l'ouïe à la suite de coups). *Berliner Klin. Wochensch.*, 1871, n° 9.

(2) *Friedreichs Blätter f. ger. Med.*, 1876, p. 409.

(3) *Der Feldarzt*, suppl. à *Wr. med. Zeitung*, 1875, n°s 1-8.

d'abord parce qu'il ne s'agit qu'exceptionnellement de la perte de plusieurs dents ou de toute une rangée, ensuite parce que cette perte peut être réparée artificiellement et parce que le manque de dents est un fait si fréquent et si souvent dû à d'autres causes, qu'il peut difficilement être mis sur la même ligne que les défigurations que la loi avait manifestement en vue. Les blessures des lèvres ou la perte de dents n'entraînent pas par elles-mêmes une perte de la parole et on peut difficilement admettre, qu'après ces blessures il persiste une telle difficulté de la parole qu'elle puisse être désignée comme *une faiblesse durable de la parole* dans le sens de la loi.

§ 2. — LES BLESSURES DU COU.

Des blessures du cou faites par instruments contondants, nous omettons ici celles qui résultent d'une strangulation, nous réservant d'en parler plus longuement ailleurs.

I. — Les blessures du larynx.

Parmi les autres nous citerons en premier lieu les *contusions du larynx*. Une contusion violente du larynx si riche en nerfs peut, d'après Fischer (1), déterminer la mort subite sans autre lésion par choc ou par spasme de la glotte, une possibilité sur laquelle nous reviendrons en parlant de la mort par strangulation.

Les *fractures du larynx* par coup ou par chute sont très rares, on ne peut cependant pas nier leur possibilité, comme l'a fait Casper. Aux cas analogues observés par d'autres auteurs (2), il faut ajouter celui de M. W. Stokes (3) dans lequel une femme présenta une fracture double du cartilage cricoïde, à la suite d'un coup de poing qu'elle avait reçu de son mari sur le larynx. On peut également observer des fractures de l'os hyoïde par des violences autres que la strangulation. Les blessures du larynx, ainsi que de l'os hyoïde, sont en général très graves, surtout les premières, par suite de la dyspnée qui arrive d'ordinaire très rapidement, en partie par le

(1) Fischer, *Krankheiten des Halses*, Pitha-Billroth, III, 1, p. 58. — Bert (*Arch. de phys. norm. et pathol.*, 1869 et *Leçons sur la physiologie comparée de la respiration*. Paris, 1870) a pu déterminer la mort immédiate chez des animaux par compression de la trachée.

(2) Guterboch, *Die Verletzungen des Halses* (Des blessures du cou). *Vierteljahrsschrift f. ger. Med.* N. F. XIX, 1, 1873.

(3) Gurlt, *Wr. med. Wochenschrift*, 1869, n° 95.

déplacement des extrémités de la fracture, en partie par le gonflement prompt de la muqueuse du larynx et en outre par l'emphysème, qui envahit le plus souvent les parties molles du cou. Cette dyspnée amène rapidement la mort à moins d'une prompte intervention chirurgicale. C'est ce qui explique pourquoi, dans les cas de fracture du larynx, il y en a 80 p. 100 qui se terminent par la mort.

II. — Les blessures de la trachée.

Les solutions de continuité de la *trachée* sont également très rares et ne se montrent qu'après des violences considérables. Gurlt n'en a trouvé dans la littérature médicale que 9 cas, dont 4 isolés et 5 avec fracture des autres cartilages constituant le squelette de la partie antérieure du cou. Dans un seul cas il y eut guérison après trachéotomie ; Lauenstein (1) a communiqué un cas de déchirure transversale probable de la trachée, à la suite de coup de pied de cheval, avec guérison sans trachéotomie. Nous-même nous avons observé deux fois la fracture de la trachée sur des individus pris dans un éboulement et une fois à la suite d'un écrasement par une voiture ; mais dans chaque cas elle était accompagnée d'autres fractures.

III. — Les blessures à la nuque.

Luxations et fractures des vertèbres cervicales.

Des instruments contondants atteignant directement la nuque peuvent donner lieu à une commotion et à une contusion de la moelle cervicale sans blessure de la colonne vertébrale ; mais ces suites, de même que les fractures et les luxations des vertèbres du cou, sont rares et sont plus souvent le résultat d'une force indirecte, comme par exemple la chute sur la tête ou la chute d'un corps lourd sur celle-ci. Nous avons trouvé une fracture de la deuxième et de la troisième vertèbre cervicale sur un gymnaste qui dans une chute de cheval était tombé sur la tête et était resté mort sur place, et une autre fois une fracture de la sixième vertèbre cervicale sur un homme sur la tête duquel on avait jeté d'une lucarne une botte de foin pesant 80 livres et qui ne mourut cependant qu'après douze heures.

Il peut se produire encore des luxations et fractures des vertèbres

(1) Lauenstein, *Med. Centralb.*, 1870, 52.

cervicales, surtout des vertèbres supérieures, par une flexion imprimée brusquement à la tête ou dans l'action de soulever le corps par la tête ou par une rotation brusque de celle-ci (tordre le cou). Nous parlerons en temps et lieu de la possibilité de la production des déchirures de la colonne cervicale par ce qu'on appelle *le coup de Prague* dans le cas où la tête de l'enfant vient en dernier lieu et par des manœuvres analogues employées par les femmes qui accouchent en secret. Les blessures de ce genre déterminent dans la plupart des cas une mort immédiate ou rapide par suite de la compression inévitable de la moelle cervicale. Les guérisons ne sont pourtant pas rares surtout chez les individus très jeunes.

IV. — Les blessures des artères et des nerfs.

Nous avons dit, en parlant du suicide par section du cou, tout ce qui a rapport aux plaies du cou par instruments tranchants. Nous voulons seulement faire remarquer ici que ces plaies peuvent acquérir une gravité particulière, en dehors de la blessure des voies respiratoires et des gros vaisseaux du cou, par la section isolée des nerfs. Nous avons rapporté plus haut un cas de blessure du nerf récurrent et d'un affaiblissement consécutif de la parole. Une blessure du nerf pneumo-gastrique peut avoir les mêmes conséquences; mais ces blessures se rencontrent rarement isolément même après une plaie par instrument piquant.

La blessure unilatérale du nerf grand hypoglosse est également possible et a été en effet observée. Dans une paralysie consécutive d'une moitié de la langue, il faudra considérer en partie la paralysie en elle-même, en partie son influence sur la parole. Nous citerons enfin la blessure de certains nerfs du plexus brachial qui peut entraîner la paralysie et consécutivement l'atrophie du membre correspondant.

A la *nuque*, des instruments pointus peuvent pénétrer dans l'espace qui se trouve entre le bord postérieur du trou occipital et l'arc postérieur de la première vertèbre cervicale. Ces blessures sont naturellement presque toujours mortelles. Nous avons cependant eu à faire un rapport à la Faculté de Prague sur un cas dans lequel un boucher très vigoureux avait survécu à un coup de couteau à cet endroit, en ce sens qu'après s'être affaissé complètement paralysé, il s'est remis, après être resté alité plusieurs mois et ne conserva que la paralysie de la moitié du corps du côté où le coup avait pénétré. Il était évident que celui-ci n'avait pas atteint la moelle elle-même, mais seulement ses enveloppes, et que les symptômes graves avaient été produits par l'épanchement de sang dans le canal médullaire, et à la pression que ce sang extravasé avait exercée sur la moelle.

§ 3. — LES BLESSURES DE LA POITRINE.

I. — Les blessures de la paroi antérieure.

1° *Contusions et fractures.*

Les contusions violentes de la paroi antérieure de la poitrine peuvent devenir dangereuses par choc (arrêt du cœur). Celui-ci peut en général être rapporté à la contusion du creux épigastrique et à l'excitation traumatique des terminaisons du nerf splanchnique (expériences de Goltz).

Un effet très fréquent de ces contusions sont les *fractures des côtes*, dont le siège est en général sur la partie la plus convexe de l'arc costal. Il n'est pas rare de voir toutes les côtes d'un et même des deux côtés fracturées à cet endroit et par conséquent sur une même ligne, si la violence a été considérable et a porté sur tout le thorax, comme par exemple dans les éboulements, les chutes d'un lieu élevé, etc. On sait avec quelle facilité se fracturent les côtes des personnes âgées, tandis que nous avons vu plusieurs fois des voitures très lourdes passer sur la poitrine d'enfants et produire des ruptures des poumons sans déterminer de fractures de côtes. Les fractures de côtes ont en général par elles-mêmes un pronostic favorable; leur gravité ne provient que des déchirures que la plèvre même et les poumons ont pu subir par ces fractures.

2° *Ruptures des organes thoraciques.*

L'épanchement de sang que l'on trouve, dans ces cas, dans la cavité thoracique, peut provenir en partie du poumon blessé, en partie des vaisseaux intercostaux. Les ruptures des organes contenus dans la poitrine ne sont nullement rares et intéressent particulièrement les poumons et plus fréquemment les parties externes des lobes que la région du hile; nous avons cependant vu déjà des poumons complètement détachés du hile et nous avons trouvé que les vaisseaux pulmonaires offrent une plus grande résistance à ces violences que les bronches. Les ruptures du cœur se rencontrent sous toutes les formes possibles, mais leur production exige, de même que celle du poumon, une force considérable telle que chute d'un lieu élevé, etc., à moins qu'il n'y ait déjà antérieurement certains processus pathologiques dans le myocarde, comme par exemple de la myocardite; dans ce cas la rupture peut survenir non seulement spontanément, mais encore sous l'influence de causes extérieures légères, de même que la rupture si fréquente des anévrismes de la portion initiale de l'aorte. Dans les cas du dernier genre, on comprendra aisément, quand une violence insignifiante a déterminé la rupture du cœur et à la suite la mort, que la blessure doive être désignée comme mortelle non par sa nature même mais par *une disposition corporelle particulière*. Les ruptures traumatiques du cœur se trouvent en général sur le cœur droit à cause de la faiblesse de ses parois, tandis que le siège principal des ruptures spontanées se trouve dans le cœur gauche dont les parois ont à supporter la plus forte pression dans la circulation active. Le détachement complet du cœur de ses vaisseaux n'a d'importance que comme curiosité. Il a été décrit par Fischer (1) et Casper, qui a même fait l'autopsie d'un individu dont le thorax avait éclaté par la chute d'un tronc d'arbre sur cette partie du corps et dont le cœur violemment détaché avait été lancé à quelques pas plus loin. W. Stokes (2) a observé une dextrocardie sur un individu qui avait été entraîné sous la roue d'un moulin.

Les ruptures du cœur sont des blessures suivies toujours de mort instantanée. Il en est en général de même des ruptures des poumons, bien que dans ces cas la mort ne soit pas nécessairement instantanée, si ces ruptures n'intéressent qu'un poumon et n'ont pas blessé de gros vaisseaux, ou si le poumon était fixé au thorax par des adhérences. Nous avons fait l'autopsie d'un vieillard chez lequel s'étaient rencontrées ces circonstances et qui fut encore en état, après la rupture d'un des poumons, produite par l'écrasement d'une voiture, de se relever et de se rendre avec l'aide des assistants dans la maison voisine où il mourut après trois heures.

II. — **Les blessures de la paroi postérieure.**

1° *Fractures de la colonne vertébrale.*

Des blessures de la paroi postérieure du thorax nous citerons, outre les fractures de la colonne vertébrale qui ne se présentent que dans les cas de violence considérable, les symptômes que l'on observe quelquefois à la suite de coups violents ou répétés sur le dos. Ce sont des symptômes qui, comme par exemple les parésies (3)

(1) Fischer, *Die Herzverletzungen.*

(2) W. Stokes, *Edinbourgh Med. Journ.* 1831.

(3) A cet ordre appartient aussi la *paralysie de chemin de fer*, le *railway-paralysis* des Anglais, dénomination sous laquelle on comprend certains états de parésie que l'on voit survenir chez les individus qui ont survécu à une rencontre de deux trains.

des membres inférieurs, peuvent être rapportés à un ébranlement de la moelle épinière ou des phénomènes de choc (arrêt du cœur) que l'on observe surtout après de nombreux et violents coups de bâton et qui sont provoqués par voie réflexe par une forte irritation des nerfs de la peau.

On n'a pas encore observé avec certitude chez l'homme l'épilepsie après les blessures ou l'ébranlement de la moelle épinière, mais on l'a observée chez les animaux. Oppler (1) a cependant décrit un cas, où il a vu survenir chez un jeune soldat jusqu'alors tout à fait bien portant, des attaques d'épilepsie, qui diminuèrent d'intensité et finalement disparurent complètement.

2° *Plaies pénétrantes de la poitrine.*

Les plaies pénétrantes de la poitrine, par instruments piquants, sont fréquentes surtout celles de la région du cœur. Nous ferons remarquer qu'il n'est pas rare de voir un coup, dirigé contre la poitrine, ne pas devenir pénétrant, parce que l'instrument a rencontré des os (sternum, côtes) ou a glissé sur ceux-ci. On devra cependant dans ce cas déclarer que la plaie a été faite « avec un instrument et d'une façon tels qu'ils constituent ordinairement un danger pour la vie. »

Nous avons déjà dit plus haut que dans les plaies pénétrantes du thorax, on observe plus souvent qu'ailleurs un déplacement des orifices du canal de la plaie dans les différentes couches de la paroi thoracique. Les plaies pénétrantes de la poitrine, en dehors de celles de la colonne vertébrale, atteignent les poumons, le cœur ou les gros vaisseaux du thorax.

Les *plaies des poumons* déterminent presque toujours un pneumo-thorax instantané et selon le calibre et le nombre des vaisseaux pulmonaires blessés, un épanchement plus ou moins considérable de sang dans la plèvre correspondante ; il y a en même temps hémoptysie. Le danger momentané pour la vie se trouve surtout dans l'hémorrhagie interne, tandis que si celle-ci n'est pas très considérable, le pneumo-thorax n'amène pas par lui-même la mort immédiate. Ce qui influe surtout sur la gravité d'une plaie des poumons, c'est l'existence d'adhérences du poumon atteint à la paroi thoracique ; dans ce cas le pneumo-thorax n'a pas lieu ou du moins pas facilement, et les poumons, à moins d'une blessure des gros vaisseaux, peuvent continuer à fonctionner.

(1) Oppler, *Med. Centralbl.*, 1875, p. 16.

Cette circonstance a également une importance au point de vue des effets momentanés d'une plaie des poumons et on comprend que de fausses membranes pleurétiques mettront d'autant plus d'obstacles à la pénétration de l'instrument piquant dans les poumons qu'elles sont plus épaisses et plus solides. Le diagnostic d'une plaie pénétrante de la poitrine doit se faire sur le vivant par l'examen des symptômes qu'elle a déterminés, ainsi que par la percussion et l'auscultation, mais jamais par un sondage. Dans un cas de plaie pénétrante de la poitrine qui fut soumis à l'arbitrage de la Faculté, le rapporteur émit avec raison l'idée que la marche lente et dangereuse de la blessure était due, selon toute probabilité à un examen de la plaie que le médecin-légiste (!) fit avec la sonde ; car cet individu s'était relativement bien porté pendant plusieurs jours avant cet examen et son état avait empiré (pyothorax) immédiatement après ce sondage.

Les *plaies pénétrantes du cœur* appartiennent aux blessures les plus dangereuses pour la vie et entraînent généralement la mort au bout de quelques instants. La cause de la mort n'est pas toujours l'hémorrhagie, mais plus souvent l'obstacle que met aux mouvements du cœur le sang épanché dans le péricarde par sa prompte coagulation. La rapidité avec laquelle survient la mort dans les blessures du cœur, dépendra de la rapidité avec laquelle le sang s'écoulera de l'orifice de la plaie et est proportionnelle à la grandeur de cette dernière, de la direction du trajet de la plaie dans la paroi du cœur (perpendiculaire ou oblique à celle-ci), enfin de cette circonstance que la plaie se termine dans le cœur, ou traverse encore la paroi opposée, ou qu'elle a ouvert un ou les deux ventricules ou oreillettes.

Nous avons eu l'occasion d'observer, il n'y a pas longtemps, deux cas du dernier genre. Dans le premier, la plaie se trouvait dans la ligne axillaire gauche, avait côtoyé la partie inférieure du poumon, la partie gauche du diaphragme, et avait pénétré horizontalement dans le cœur par son bord gauche et non loin de la pointe, de telle sorte que les deux ventricules et la cloison interventriculaire avaient été ouverts en arrière ; dans le second, la plaie avait atteint immédiatement le milieu du sinus longitudinal antérieur, et comme elle était dirigée transversalement et était un peu oblique de droite à gauche, elle avait ouvert les deux ventricules. La direction dans laquelle la plaie atteint la surface du cœur est indifférente pour la marche de la blessure, car la disposition des fibres du cœur est si enchevêtrée qu'il ne peut être question ici de l'influence prédominante de certaines fibres musculaires sur la béance d'une plaie du cœur. Par contre on ne peut nier que les blessures du cœur gauche n'amènent, les autres conditions étant égales d'ailleurs, plus rapidement la mort ou la perte de connaissance que celles du cœur droit, car dans ce dernier cas il y a perte de sang veineux et dans le premier perte de sang artériel.

Il résulte de ce que nous avons dit, que les plaies du cœur ne produisent pas toutes immédiatement l'affaissement de l'individu blessé et on comprend que dans certains cas un individu soit encore en état de faire un certain nombre de pas et d'accomplir certaines actions. C'est ainsi que dans un cas rapporté par Fischer, le blessé put encore se défendre un certain temps et poursuivre son ennemi à une certaine distance. Cette possibilité est d'autant plus admissible que la plaie du cœur n'a pas été pénétrante et a atteint seulement le muscle cardiaque. Les plaies pénétrantes du cœur ne se terminent cependant pas toutes par la mort.

Fischer a trouvé sur quatre cent cinquante-deux cas de blessures du cœur qu'il a pu réunir soixante-douze cas de guerison, dont trente-six furent confirmés par l'autopsie et trente-six diagnostiqués par les symptômes. Dans douze cas de guérison on trouva des corps étrangers fixés dans le cœur, six fois des aiguilles, cinq fois des balles et une fois une épine. Nous ferons remarquer cependant à propos de ces guérisons, qu'elles peuvent être incomplètes et que l'endroit de la cicatrice peut donner lieu à un anévrisme, comme étant *pars minoris resistentiæ* et amener consécutivement la mort. Un cas très intéressant sous ce rapport, c'est celui d'un cordonnier de Bologne (Fischer) qui guérit d'un coup de poignard dans le cœur, mais offrit à partir de ce moment des signes d'insuffisance des valvules bicuspides et mourut à la suite de cette affection après quelques mois, avec des symptômes d'hydropisie. L'autopsie montra que le poignard avait pénétré dans le ventricule gauche, avait fendu la pointe de la valvule bicuspide et déterminé ainsi une insuffisance traumatique.

Il est certain, selon notre législation, que si un tel cas faisait l'objet d'un rapport médico-légal pendant la vie, qu'il faudrait désigner cette suite de blessures comme une infirmité.

Nous ferons encore remarquer qu'un coup de couteau, qui a atteint le cœur, ne détermine pas toujours dans la paroi un simple orifice d'entrée en forme de fente. Dans le cas cité plus haut où la plaie avait atteint transversalement la moitié du sillon longitudinal de la face antérieure du cœur, l'orifice d'entrée formait un angle à sommet dirigé en bas, ce que nous expliquâmes en admettant que la plaie avait atteint le cœur au moment de sa plus grande extension (diastole) et que cette fente avait été déviée de la façon que nous avons indiquée, par la contraction consécutive du cœur.

Tout ce que nous avons dit des plaies du cœur par instruments piquants peut se rapporter en grande partie aux plaies du cœur par armes à feu. Comme ces blessures sont le plus souvent accompagnées d'une perte de substance et traversent en général la paroi opposée du cœur, elles sont presque toujours suivies d'une mort immédiate. Un certain nombre d'observations, faites sur des animaux, nous permet d'admettre cependant que les individus qui ont une blessure du cœur peuvent encore faire quelques pas. C'est ainsi que Bartholin raconte qu'un cerf fit encore 50 pas, bien que la balle eût traversé les deux ventricules et la cloison interventriculaire. Hyrtl rapporte également qu'un cerf quoique blessé au cœur, put encore traverser une rivière à la nage.

Les *blessures du diaphragme* peuvent être faites aussi bien du côté de la poitrine que du côté de la cavité abdominale. On les observe rarement comme blessures isolées, surtout les ruptures, qui exigent pour se produire une force tellement considérable qu'elle peut à peine laisser un autre organe intact.

Nous avons cité tout à l'heure une blessure du diaphragme par instruments piquants et on comprend qu'une telle blessure puisse se rencontrer isolément ou du moins sans lésion grave d'autres organes. Le danger de ces blessures se trouve surtout dans la pénétration des organes abdominaux dans la cavité thoracique et de leur étranglement, qui survient facilement dans ces cas. Nous trouvons un cas dans lequel la fille d'un officier russe, âgée de 14 ans, mourut d'un étranglement d'une hernie diaphragmatique provenant de plaies par instruments piquants et tranchants, que lui avaient faites les Tcherkesses à l'âge de 2 ans. Nous avons observé deux fois des hernies diaphragmatiques congénitales. Nous avons en outre fait l'autopsie d'un individu, qui était mort subitement d'une dégénérescence graisseuse du cœur et sur lequel nous trouvâmes dans la plèvre gauche une anse intestinale de la grosseur d'une tête d'enfant, soudée aux bords d'une grande solution de continuité du diaphragme et n'ayant donné lieu à aucun symptôme d'étranglement. On ne sait pas si la hernie était congénitale ou si elle a été produite plus tard par une rupture traumatique.

§ 4. — LES BLESSURES DE L'ABDOMEN.

I. — Les blessures de l'estomac et de l'intestin.

Nous avons parlé tout à l'heure du *schok* par contusion de l'abdomen et de la rupture des organes glandulaires de l'abdomen en traitant des ruptures en général.

Les *ruptures de l'estomac* ou *des intestins* sont rares ; jusqu'à présent nous n'avons jamais observé les premières (1) et deux fois seulement les secondes et toujours au point de réunion du duodénum au jéjunum. Nous pensons que, d'une part, le plan osseux sous-jacent de la colonne vertébrale, d'autre part, la rigidité du repli péritonéal d'où sort le duodénum, jouent à cet endroit un certain rôle, c'est-à-dire offrent des conditions favorables pour la production des ruptures de l'intestin. Dans les deux cas dont l'un avait eu lieu par écrasement d'une voiture, l'autre par un coup de pied de cheval, le jéjunum était complètement et nettement séparé du duodénum. Nous connaissons (2) le cas d'une déchirure transversale du jéjunum due à la chute d'une pierre du poids de 50 kilogrammes sur le ventre d'un individu. Les ruptures de l'intestin se produisent en général d'autant plus facilement, que celui-ci est plus distendu par des gaz ou un autre contenu. Elles peuvent se produire le plus facilement quand une anse intestinale, se trouvant dans une hernie, est brusquement frappée par un instrument contondant, parce que dans ce cas le contenu de l'intestin ne peut, par suite de la flexion momentanée qui a lieu à l'orifice du sac herniaire, rentrer dans la cavité abdominale. Nous avons vu trois ruptures de ce genre dont deux avaient été déterminées par un coup de pied et le troisième par un coup de pied de cheval. Dans les cas où il y a des ulcérations de l'intestin, il suffit souvent d'une violence insignifiante pour amener leur perforation.

Hyrtl rapporte le cas d'un garçon qui, tombé du haut d'un tertre, mourut bientôt en présentant les signes d'une péritonite par perforation. On trouva à l'autopsie des ulcérations typhoïdes, dont une était devenue perforante par la chute. Dans un tel cas, ainsi que dans ceux que nous venons de citer, il faudra faire ressortir « cette disposition corporelle particulière ».

II. — Les blessures de la vessie

Les *ruptures de la vessie* comme blessures isolées sont très rares. Nous les avons observées deux fois et chaque fois sur des individus vieux, qui avaient été maltraités en se trouvant en état d'ivresse ; l'un d'eux avait reçu un coup de pied dans le ventre, l'autre avait été jeté en bas de plusieurs marches de l'escalier d'une auberge. Dans

(1) Mais une fois un décollement de la muqueuse au fond de l'estomac ayant la largeur de la paume de la main sur un homme, qui avait été pris entre deux tampons de vagon et présentait des ruptures du foie et de la rate.

(2) *Rapport sur l'hôpital de Vienne de l'année* 1873.

les deux cas, la rupture se trouvait au sommet de la vessie près de sa face postérieure. La plupart des cas cités dans la littérature médicale sont dus à de mauvais traitements ou à une chute dans l'état d'ivresse et s'expliquent par l'état de plénitude de la vessie. Si celle-ci est vide ou contient peu d'urine, sa situation est tellement protégée qu'il ne peut y avoir que très exceptionnellement une rupture isolée. On observe beaucoup plus fréquemment les ruptures secondaires de la vessie dans le broiement du bassin, et nous avons eu l'occasion d'examiner plusieurs cas de ce genre et notamment deux fois le détachement complet de la vessie de l'urètre.

III. — **Les blessures de la région lombaire et sacrée.**

Les fractures de la portion lombaire de la colonne vertébrale et du bassin se rencontrent très fréquemment dans les chutes d'un lieu élevé, dans les éboulements et l'écrasement par une voiture et permettent par eur nature de conclure à une grande violence produite par un instrument contondant.

IV. — **Les hernies.**

On trouve souvent dans la pratique médico-légale des individus qui prétendent avoir acquis *une hernie* à la suite de mauvais traitements. Dans l'appréciation médico-légale de ces cas, on partira de ce principe reconnu par tous les chirurgiens modernes, que chez un individu normalement conformé, il ne peut se produire brusquement une hernie (hernie inguinale, car il s'agit en général de celle-ci) à moins qu'il n'y ait rupture de la paroi abdominale par blessure de l'endroit correspondant, et qu'une telle hernie ne peut se produire que là où s'est déjà formé un sac herniaire par suite d'une disposition congénitale, ou par un développement progressif ultérieur [attraction du péritoine en avant en forme de cône par des lobules graisseux et élargissement du sac herniaire dans la pression consécutive des intestins (Cloquet, Emmert, Nussbaum et autres] (1). Dans ce cas, l'action de soulever de lourdes charges, de coups de pied sur le ventre, ou d'autres violences analogues peuvent avoir pour conséquence la sortie d'une anse intestinale dans le cul-de-sac du péritoine existant déjà. La production d'une

(1) Roser a résumé ses idées sous ce rapport dans la proposition suivante : « Celui qui n'a pas une hernie de naissance n'en aura jamais. »

hernie à la suite d'une violence exige une disposition corporelle préexistante qui appartient, sans aucun doute, à la catégorie de ce qu'on appelle les *dispositions corporelles particulières* et doit être citée dans le rapport médico-légal.

D'après Wernher (1), la hernie inguinale externe, qui a sa plus grande fréquence absolue et relative, du moins dans le sexe masculin, dans les cinq premières années de la vie, diminue rapidement à partir de cette époque jusqu'à la dixième année, et dans une proportion plus considérable que ne peut l'expliquer la diminution du nombre de la population. A la fin de la dixième année le nombre des hernies récentes est devenu le plus faible, mais remonte à partir de ce moment et atteint son maximum absolu et relatif de 25 à 30 ans.

Une appréciation médico-légale plus complète exige que le médecin réponde à la question suivante : l'introduction de l'anse intestinale dans le sac herniaire préexistant est-elle due à la violence dont il s'agit ou non ? Nous ferons remarquer à ce sujet, d'une part, que l'attention d'un individu a pu être appelée, à la suite d'un coup, sur une hernie existant déjà auparavant, mais dont il ignorait l'existence parce qu'elle était petite et ne donnait lieu à aucun malaise : d'autre part, qu'un individu peut prétendre avoir acquis, à la suite d'une violence, une hernie qu'il possédait depuis longtemps et dont il connaissait l'existence. S'est-il réellement produit une hernie à la suite d'une violence, on comprendra que cette production, ou l'introduction dans le sac herniaire préexistant d'une anse intestinale, qui doit être assez considérable pour être remarquée, ne peut pas se faire sans symptômes subjectifs, c'est-à-dire sans douleurs à l'endroit correspondant. On devra observer également des symptômes objectifs tels que vomissement et phénomènes de réaction dans la hernie même. Si l'on trouve ces symptômes parmi les commémoratifs, ils confirmeront l'assertion du blessé, c'est-à-dire que la hernie ne s'est produite qu'à la suite de cette violence, tandis que cette assertion ne mérite aucun crédit, s'il est prouvé que le blessé n'a présenté aucun de ces symptômes à la suite de la violence et s'est conduit de telle façon qu'il était évident qu'il n'avait aucun malaise, ou bien s'il affirme n'avoir remarqué l'existence de la hernie qu'un certain temps après la violence. On prendra également en considération le volume de la hernie, car on n'observe généralement après une violence que de petites hernies, qui

(1) Wernher, *Histoire et théorie du mécanisme de la formation des hernies* (*Langenbeck's Archiv.* XIV, fasc. 2 et 3).

peuvent ensuite s'agrandir comme toutes les hernies. Si donc on trouve peu de temps après une violence une hernie volumineuse, qu'un individu déclare provenir de cette dernière, non seulement il ne pourra pas être question d'un rapport de causalité entre la violence et la hernie, mais le volume considérable de cette dernière contredit encore l'assertion de l'individu qui déclare n'avoir pas remarqué antérieurement l'existence de cette hernie.

Peut-on constater qu'une violence a réellement donné lieu à la formation d'une hernie, bien que ce ne soit que par une disposition corporelle particulière de l'individu, on devra en considération des inconvénients auxquels donne lieu l'existence d'une hernie tant par elle-même que par la nécessité de porter un bandage, et parce que cette affection est un obstacle à tout travail pénible et expose l'individu à la possibilité d'un étranglement herniaire, désigner cette blessure non seulement comme une blessure grave mais encore comme une blessure ayant entraîné une maladie incurable. Il ne peut être question ici d'une défiguration parce qu'une hernie peut être assez facilement cachée et ne se remarque pas quand l'individu est habillé. On ne peut pas non plus regarder cette conséquence de blessure comme une infirmité, car on serait en contradiction avec l'expérience générale, qui nous enseigne qu'un grand nombre d'individus possédant des hernies, ne peuvent être regardés comme des infirmes et ne se distinguent, quand ils portent de bons bandages, des personnes bien portantes que par l'impossibilité où ils sont de se livrer à un travail fatigant. Il ne peut être question d'une incapacité durable de travail personnel que chez des individus dont le travail exige une grande force corporelle et surtout un effort considérable des muscles abdominaux. Le comité médical de Munich s'est prononcé dans ce sens dans un cas qui lui a été soumis (1) et fit remarquer dans son rapport que les compagnies d'assurances sur la vie assurent avec la prime ordinaire les individus atteints d'une hernie, et portant des bandages convenables, d'où il résulte que la durée de la vie de ces individus, s'ils se soignent convenablement, n'est pas en réalité diminuée par l'existence de la hernie.

V. — Les blessures du foie, de la rate.

Les plaies pénétrantes de l'abdomen peuvent compromettre la vie, soit par hémorrhagie interne, soit par des processus inflam-

(1) *Friedreichs Blätter f. ger. Med.* 1873, p. 26. — Nussbaum, *Ibidem*, 1869, p. 156.

matoires secondaires. Dans le premier cas, si de gros vaisseaux ou des organes riches en sang (foie, rate) sont atteints, la mort peut survenir rapidement après la blessure, cependant le danger de l'hémorrhagie est moindre dans les blessures du foie ou de la rate, par instruments piquants ou par armes à feu que dans les ruptures. Les processus inflammatoires secondaires s'observent surtout dans les blessures de l'estomac ou de l'intestin, à la suite de l'épanchement de leur contenu, le plus souvent putride, dans le péritoine et n'amènent en général la mort qu'après quelques jours. Un grand nombre d'observations montre que les blessures de l'estomac et de l'insertion peuvent guérir sans laisser de fistules.

VI. — **Les blessures du rectum.**

On n'observe que très rarement des blessures du rectum faites avec intention. Nous n'en connaissons qu'un seul cas où un homme fut surpris par le mari de la femme qu'il poursuivait, lequel mari assisté de plusieurs autres personnes lui introduisit à l'aide d'une pierre un coin de bois dans l'anus. Comme cet homme tint sa mésaventure secrète, ce coin ne fut retiré et non sans peine par un chirurgien, qu'au bout de quelques jours et sans entraîner de symptômes graves. On sait que le roi Edouard II d'Angleterre fut tué par l'introduction d'un fer chaud dans le rectum.

On a souvent observé des blessures du rectum par l'introduction maladroite d'une canule de seringue (1). Dans un cas qui avait fait l'objet d'un rapport médico-légal, la mort d'une accouchée était due à la maladresse ou à la négligence d'une sage-femme qui avait perforé la paroi du rectum avec la pointe d'une seringue et avait injecté le liquide par cette ouverture.

Nous-même nous avons eu l'occasion de voir un cas analogue, dû à la maladresse d'un infirmier et dont l'issue fut néanmoins heureuse, tandis que les cas cités plus haut ont été suivis de suppuration des parties molles du bassin et de péritonite mortelle.

§ 5. — LES BLESSURES DES PARTIES GÉNITALES.

Les parties génitales sont rarement l'objet d'attentats.

Les attentats observés consistent le plus souvent dans ces cas en contusions et broiements. Ces blessures, quand elles atteignent les

(1) *Vierteljarhrschrift, f. ger. Med.* 1866, p. 104 et suivantes. — Un cas analogue, in *Schmidt's Jahrbucher*, 1870, 182.

testicules, peuvent avoir pour conséquence l'inflammation et l'atrophie de ces organes. Si les deux testicules sont également blessés ou si l'un d'eux était déjà précédemment atrophié, il peut y avoir inaptitude à la procréation (fécondation). On ignore encore s'il peut y avoir *aspermatozie* par contusion sans atrophie des testicules. On peut également observer une gangrène du pénis et des testicules après une contusion violente de ces parties et, comme suite, une inaptitude au coït ou à la fécondation.

La castration ou la perte du pénis par traumatisme ne présentera aucune difficulté au point de vue médico-légal, surtout au point de vue de la perte de l'aptitude à la procréation, question que nous avons déjà traitée ailleurs.

La castration et l'ablation du pénis faites sans indication médicale, ont pris, dans ces derniers temps, une importance toute spéciale au point de vue médico-légal par l'apparition en Russie de la secte de Skopzys dont les adeptes dans leur fanatique aveuglement mutilent de différentes façons leurs parties génitales. Nous devons la connaissance plus approfondie de cette secte curieuse au travail si remarquable de Pélikan (1), où sont traitées toute une série de questions médico-légales qui se sont élevées à propos des poursuites exercées contre cette secte, Ces questions portaient particulièrement sur la distinction entre des blessures volontaires de ce genre et celles qui sont dues à une opération chirurgicale ou à des processus pathologiques, sur le temps qui s'était écoulé depuis l'opération, la manière dont celle-ci avait été faite et enfin les suites qu'elle devait avoir pour l'aptitude à la procréation. Nous renvoyons pour ces questions intéressantes au travail original et à l'analyse que nous en avons faite (2). Nous ne pensons pas jusqu'à présent que le médecin légiste ait besoin de prendre en considération les distinctions que nous avons citées en premier lieu; nous n'avons cependant pas manqué d'utiliser en traitant de l'aptitude à la procréation les observations faites à ce sujet sur les Skopzys.

Dans l'appréciation des blessures des parties génitales de l'homme, on devra prendre en considération la grande sensibilité de ces parties et l'hémorrhagie qui accompagne ordinairement ces blessures. Ce sont surtout les blessures du pénis qui, par l'hémorrhagie provenant en partie de la section des gros vaisseaux (dorsaux), en partie des corps caverneux, peuvent avoir un caractère dangereux pour la vie. Les blessures isolées de l'urèthre de l'homme, qui sont faites par des instruments tranchants ou d'une

(1) Pélikan, *Gerichtl. medic. Untersuchungen über das Skopzenthum in Russlant.* (*Étude médico-légale sur la secte de Skopzys en Russie.*) Giessen, 1876.

(2) Hoffmann, *Wiener. med. Wochenschr.* 1876, n° 50.

autre façon, par exemple la strangulation du pénis, peuvent donner lieu à un hypospadias traumatique, qui entraînera encore moins que l'hypospadias congénital, l'inaptitude à la procréation, car on sait que ce dernier cas est souvent accompagné d'une atrophie et d'une courbure du pénis vers en bas. L'hypospadias traumatique peut en outre disparaître par une opération, ce qui n'est pas le cas pour un hypospadias congénital.

La circoncision religieuse peut également donner lieu à des blessures du pénis par maladresse, soit qu'une partie du gland soit enlevée avec le prépuce, soit qu'il y ait communication de la syphilis par des instruments malpropres. Dans ce dernier cas, de même que si l'issue malheureuse d'une circoncision à la suite d'érysipèle, de gangrène, etc., est attribuée à la faute de l'opérateur, il faudra se rappeler que des infiltrations inflammatoires dans le sillon et au frein du gland peuvent être prises pour des scléroses syphilitiques et que l'érysipèle ou les autres maladies de ce genre peuvent être produites même dans une circoncision bien faite par d'autres causes.

§ 6. — LES BLESSURES DES PARTIES GÉNITALES DE LA FEMME.

Nous omettrons, de même que nous l'avons fait en parlant des blessures des parties génitales de l'homme et de celles de l'anus et du rectum, les lésions que peuvent éprouver ces parties à la suite d'attentats à la pudeur, car nous en avons parlé suffisamment en traitant des attentats aux mœurs (1).

Des maladies qui peuvent atteindre les parties génitales de la femme à la suite de coups portés sur le ventre ou sur la région pubienne, nous ne citerons que la *chute de l'utérus* ou *du vagin*, parce que ces affections sont souvent données comme suites de blessures et ne sont pas toujours faciles à apprécier au point de vue médico-légal.

L'observation nous apprend que ces chutes se produisent en général progressivement et se comportent sous ce rapport comme les hernies ; de plus que leur production est ordinairement précédée de certains états qui occasionnent un relâchement de tout l'appareil génital et surtout une insuffisance de l'appareil destiné à maintenir l'utérus et le vagin dans leur position normale et

(1) Voy. p. 95.

physiologique (1). A cet ordre appartiennent les accouchements antérieurs surtout répétés, les déchirures du périnée et le peu de ménagement après un accouchement. Le plus souvent l'affaissement de la paroi antérieure du vagin est une suite de couches. L'affaissement de la paroi postérieure du vagin est rarement primitif et est déterminé le plus souvent par une déchirure du périnée et une rétraction consécutive de la cicatrice. Cet affaissement amène progressivement la chute de l'utérus. Il est certain que, cette prédisposition à un déplacement du vagin et de l'utérus par les causes que nous avons indiquées existant déjà, certaines violences, surtout celles qui atteignent le ventre et refoulent vers en bas son contenu, peuvent donner lieu à une chute ou peut-être plus souvent exagérer celle qui existe déjà et est à son début. Dans ce cas il faudrait également faire ressortir la *disposition corporelle particulière* comme nous l'avons dit déjà en parlant des hernies.

Il n'est pas encore prouvé que, chez une femme dont les organes génitaux offrent les conditions normales, des violences de ce genre puissent donner lieu à la production brusque d'un affaissement ou d'une chute du vagin et de l'utérus. Par contre on ne peut douter qu'il n'y ait un certain nombre de blessures, qui, comme par exemple celles du périnée, de l'entrée du vagin ou du vagin lui-même, peuvent déterminer des affaissements ou des chutes de ces organes, en partie en affectant les moyens de soutien du vagin et de l'utérus, en partie en produisant des cicatrices qui se rétractent plus tard.

Sous les autres rapports le jugement médico-légal à porter sur les conséquences de ces blessures est le même que pour les hernies. On devra tenir compte de la nature et de l'intensité de ces violences et des traces qu'elles ont pu laisser à leur suite. On recherchera en outre s'il y a eu et quels ont été les symptômes qui se sont montrés après la blessure dans l'état général et aux parties génitales en particulier, et si le prolapsus existant confirme par ses caractères l'assertion de la blessée, c'est-à-dire s'il s'est produit réellement à l'époque où elle a eu à subir ces violences ou si ces caractères permettent au contraire de conclure que cette femme avait déjà cette

(1) A propos de cet appareil, Martin (*Des chutes du vagin et de l'utérus. Berliner Klinische Wochenschr.*, 1872, IX, 30) fait remarquer que Hohl a déjà émis l'idée que l'utérus était supporté par le vagin. Les moyens de suspension de l'utérus seraient les ligaments sacro-utérins et pubo-vésico-utérins si riches en fibres musculaires. Les ligaments larges et ronds ne sont pas en état par leur position et par leur faiblesse de soutenir l'utérus.

affection auparavant et peut-être déjà depuis longtemps. Aux derniers caractères appartiennent l'absence de toute réaction, le rétablissement facile de la femme, le degré du prolapsus et surtout la constitution de la muqueuse, car on sait que dans ces cas le revêtement de la muqueuse, faisant saillie par la vulve et exposé à l'influence de l'air, se dessèche et que l'épithélium prend un caractère épidermique.

Si l'on trouve réellement un rapport entre l'affaissement ou le prolapsus de ces parties et une violence, il faudra, dans le jugement à porter sur les suites fâcheuses de ces blessures, se guider d'après les principes que nous avons exposés en parlant des hernies. Nous avons déjà dit ailleurs que l'abaissement et la chute de l'utérus n'entraînaient pas une perte de l'aptitude à la procréation.

Les *blessures* des parties génitales externes peuvent avoir une grande importance médico-légale à cause de l'hémorrhagie grave et même mortelle à laquelle elles peuvent donner lieu.

On trouve dans la littérature médicale un grand nombre de cas d'hémorrhagie très intenses et même mortelles provenant de lésions relativement légères des parties génitales externes. Nous avons déjà mentionné (p. 67) les cas rapportés par Muller et Klaproth. Nous trouvons une autre série de cas analogues dans *Schmidt's Iahrbücher* (1). Nous-même nous possédons les parties génitales d'une femme qui, étant en état de grossesse, tomba sur un bois de lit et se fit une déchirure de la muqueuse, longue de 2 centimètres entre le clitoris et le méat urinaire; comme on eut trop tard recours à un médecin, il s'ensuivit le jour même la mort par hémorrhagie. Nous devons la préparation à l'obligeance de M. le professeur Heschl. Nos cas, comme la plupart des autres, concernaient des déchirures de la muqueuse de la région du clitoris et l'hémorrhagie s'explique par l'abondance des vaisseaux qui se trouvent dans cette partie et peut-être aussi par l'absence de valvules dans des veines de cette région. Dans beaucoup de cas, mais non dans tous, c'étaient des femmes enceintes qui furent exposées de la sorte à un danger de mort. On peut donc admettre avec raison que la turgescence de ces parties, qui est plus grande pendant la grossesse, joue un rôle important dans ce genre de blessures.

Il ne s'agit pas toujours de lésions accidentelles. Dans le cas cité par Müller, les circonstances particulières indiquaient qu'il s'agissait là d'une déchirure de la muqueuse par excès sexuels (masturbation); Niemann (2) cite le meurtre d'une femme par une incision des parties génitales externes que lui avait faite son mari jaloux. Cette incision avait traversé la muqueuse, immédiatement derrière la partie interne de la grande lèvre gauche à 1″ au-dessous du clitoris, sur une longueur de 1″. Watton, Mitchel et Hill ont vu presque en même temps deux cas de meurtre d'une femme par son mari par des incisions dans les petites

(1) 1872, vol. 153, p. 310, et 1873, vol. 157, p. 67.

(2) Niemann, *Gericht. Leichenöffnung, drittes Hundert. Henke's Zeitschrift*, XXXIX, 2, p. 310.

lèvres et le vagin. Dans les deux cas les meurtriers se sont crus tellement sûrs de l'impunité à cause da la position cachée de la lésion, qu'ils eurent recours au médecin, lorsque leurs victimes étaient agonisantes, dans le but de faire croire à une hémorrhagie naturelle.

Outre les accidents, tels que chutes sur des objets longs et pointus, qui peuvent déterminer des blessures des parties génitales internes, ce sont surtout les avortements provoqués par des moyens mécaniques qui produisent ce résultat. Il est rare que l'on observe des blessures faites intentionnellement dans ces parties. Schauenslein (1) parle d'un meurtre commis sur une femme étourdie d'abord par un coup, par l'introduction dans le vagin d'un coin de bois qui traversa le cul-de-sac et pénétra dans la cavité abdominale. De même l'introduction violente ou consentie de corps étrangers dans les parties génitales de la femme est souvent suivie de symptômes plus ou moins graves. Ainsi nous trouvons, dans les rapports de Maschka (2), le cas d'une femme à qui on introduisit dans les parties génitales après le coït, un jonc qui donna lieu à la formation d'une fistule vésico-vaginale. Il faut citer aussi ici le cas de cette jeune fille dont parle Casper, à qui on avait bourré le vagin de pierres et de terre et à qui on fit ainsi de nombreuses blessures. Enfin nous mentionnerons les blessures des parties génitales internes, par maladresse, surtout par l'application maladroite du forceps.

En dehors du danger pour la vie auquel certaines blessures, surtout les blessures perforantes donnent lieu (3), celles-ci peuvent encore laisser à leur suite des suites graves et durables. Ce sont surtout les fistules vesico et recto-vaginales incurables, que l'on peut désigner comme des infirmités dans le sens de la loi, car nous trouvons dans ces affections toutes les conditions qui caractérisent une infirmité. Nous avons déjà parlé en temps et lieu de l'inaptitude à la fécondation et même au coït que ces blessures peuvent entraîner.

On cherche souvent à établir un rapport entre un avortement et certaines violences, et le tribunal suprême a décidé qu'il y avait

(1) Schauenstein, *loc. cit.* 446 et 447.

(2) Masche's, *Gutachten*, I.

(3) Dans l'appréciation médico-légale des blessures des parties génitales, on devra toujours avoir présent à l'esprit ce fait, prouvé par l'expérience chirurgicale, que l'on observe plus souvent des états fébriles après les opérations, même légères, entreprises sur les parties génitales qu'après d'autres opérations. L'apparition de ces processus semble se relier à une affection aiguë des reins (néphrite aiguë, pyélite), qui à son tour doit son origine à une absorption de substances septiques par la plaie.

blessure grave si celle-ci a provoqué l'avortement. Il est certain que des violences considérables et surtout répétées, atteignant le ventre et principalement l'utérus, telles que coups, coups de pied, contusions, peuvent de différentes façons déterminer l'avortement. Celui-ci peut avoir lieu par rupture de l'œuf, par détachement de l'œuf de la paroi utérine ou bien par l'ébranlement direct et par une hémorrhagie consécutive qui se fait entre l'utérus et le placenta, peut-être par la mort immédiate du fœtus ou par les contractions utérines que la violence mécanique aura provoquées. On ne peut nier l'influence de l'excitation vasculaire et nerveuse, qui accompagne les violences, sur la production d'un avortement. Cette possibilité peut se présenter plus facilement dans les blessures des parties génitales, parce qu'à l'action immédiate de la blessure, s'ajoutent encore les accidents secondaires auxquels elle donne lieu.

L'observation nous apprend en effet que les violences dont nous avons parlé, ainsi que les blessures des parties génitales ou d'une autre partie du corps, chez les femmes enceintes, sont relativement peu souvent suivies d'avortement. C'est ainsi que Rhoman (1) rapporte le cas d'une femme, qui se fit une large déchirure du périnée et du rectum dans le sixième mois de sa grossesse en tombant sur une clôture de jardin, et qui guérit, sans qu'il y eut interruption de la grossesse. Magacz (2) a réuni une série de cas analogues dans lesquels des blessures graves des parties génitales par chute sur des palissades, des dos de chaise, etc., ne furent pas suivies d'avortement ou d'accouchement prématuré.

Quant à l'influence des grandes opérations chirurgicales sur la marche de la grossesse, Cohnstein (3) et Massat, à Paris, ont fait un grand nombre d'observations, d'où il résulte que dans plus de la moitié des cas (54,5 p. 100, Cohnstein), la grossesse s'est terminée régulièrement, mais que l'endroit de l'opération avait une grande importance, en ce sens que les cas dans lesquels il y a eu des opérations sur l'appareil génito-urinaire fournissaient le contingent principal de ceux qui se terminaient par une interruption prématurée de la grossesse (de 45,5 p. 100, de Cohnstein, pas moins de 32 p. 100).

La tâche du médecin légiste dans ces cas consiste à spécifier le genre de la violence, les symptômes qui se sont montrés immédia-

(1) Rhoman, *Wiener Med., Presse*, 1867, n° 39.

(2) Magacz, *Ibid.*, 1872, 189.

(3) Cohnstein, *Med. Centralblatt*, 1874, p. 192.

tement après elle, ainsi que ceux qui sont survenus dans l'intervalle de la violence et de l'avortement. On devra surtout rechercher si les symptômes par leur succession ont été tels, qu'on puisse établir un rapport entre la violence et l'avortement. Quant au temps pendant lequel doit se faire l'avortement pour pouvoir rapporter celui-ci à une violence antérieure, on se rappellera que dans les cas où l'avortement est provoqué réellement par une violence, il survient peu de temps après celle-ci ou dans les premiers jours qui suivent. On comprend cependant très bien qu'une telle violence ait pu être le point de départ d'un avortement qui ne s'est fait qu'au bout d'un certain temps. Cela peut surtout arriver si cette violence a amené la mort du fœtus, car on sait qu'un fœtus mort peut être porté pendant longtemps dans l'utérus. Dans ce cas le fœtus vient au monde macéré et on verra si le degré de macération correspond au temps qui s'est écoulé entre la blessure et l'avortement. Si la violence a occasionné d'abord chez la personne enceinte une maladie à la suite de laquelle est survenu l'avortement, l'expulsion plus ou moins précoce de l'œuf dépendra de la nature et la marche de cette maladie.

§ 7. — LES BLESSURES DES MEMBRES.

L'importance médico-légale des blessures des membres se trouve dans l'influence de ces blessures sur les fonctions du membre atteint, et dans ce fait que l'incapacité durable de se servir d'un membre et sa perte complète sont explicitement désignées par toutes les législations comme une suite grave de blessures.

I. — Les blessures des gros vaisseaux.

Des blessures des parties molles, nous citerons d'abord celles des gros vaisseaux qui peuvent donner lieu à des hémorrhagies dangereuses et même mortelles et à des processus secondaires et même à la perte complète du membre.

Sous le premier rapport nous sommes souvent en mesure de déclarer que s'il y avait eu immédiatement un secours médical, l'hémorrhagie aurait pu être arrêtée, mais nous avons déjà dit plus haut que cette circonstance ne pouvait être prise en considération, que dans les cas où l'intervention médicale était possible, mais a été négligée, tandis qu'on comprend que tout secours arriverait en retard dans les cas où de gros vaisseaux auraient été divisés par des instruments tranchants, piquants ou par armes à feu.

II. — **Les blessures des nerfs.**

Les blessures des nerfs peuvent entraîner des paralysies ou des anesthésies de la totalité ou d'une partie d'un membre et selon leur étendue et leur intensité les fonctions du membre sont plus ou moins entravées, et il pourra être plus ou moins question de paralysie dans le sens de la loi autrichienne. Dans le jugement à porter sur ces paralysies on devra se rappeler que, dans les cas où les nerfs ne sont sectionnés qu'en partie ou même complètement, les extrémités sectionnées peuvent se guérir et se rejoindre de façon qu'il n'y ait plus de solution de continuité, bien que le retour complet à l'état normal exige un temps souvent fort long.

III. — **Les blessures des muscles et des tendons.**

Les blessures des autres parties molles surtout des muscles et des tendons peuvent abolir temporairement ou d'une façon durable les fonctions des muscles ou groupes de muscles atteints et devenir graves par les divers processus secondaires que l'on observe souvent à la suite de ces blessures. Dans ce dernier cas il faudra spécifier dans le rapport, si le processus secondaire est dû à la nature de la blessure, ou n'est qu'accidentel, ou s'il a été déterminé par d'autres causes extérieures. La gangrène offre un exemple de ces trois possibilités.

IV. — **Les blessures des os.**

Dans les blessures des os nous distinguerons les *luxations* et les *fractures*.

Dans les deux cas on prendra en considération la durée de l'impotence du membre à la suite de la blessure.

1° *Luxations.*

Les luxations, surtout celles des grands os, même si elles sont immédiatement réduites, exigent un ménagement du membre atteint pendant plusieurs semaines, et il peut être aisément question d'une incapacité de travail personnel de 20 à 30 jours, car l'exercice de la profession du blessé est le plus souvent lié à l'intégrité des fonctions du membre atteint.

Dans l'appréciation médico-légale des luxations on tiendra compte de ce fait, qu'une luxation antérieure prédispose à une nouvelle, ce qui est très important, quand par exemple, sur un individu qui a eu plusieurs luxations de la même articulation, il s'en produit une nouvelle qui peut être déterminée par une violence souvent légère et même insignifiante. C'est ainsi que Hyrtl rapporte qu'un portefaix s'était si souvent luxé l'humérus, qu'il était parvenu à la fin par un certain mouvement du bras à réduire lui-même la luxation quand elle se renouvelait. Dans l'établissement des incurables de Prague se trouvait une fille épileptique, qui se luxait presque régulièrement dans ses attaques l'extrémité supérieure de l'humérus droit, que nous avons replacé plus de trente fois par un simple tour de main. Il est évident que la production de cette luxation par une violence, chez des individus comme le porte-faix ou la jeune fille, n'a aucune importance chirurgicale ou médico-légale.

2° *Fractures.*

Les fractures des os entraînent l'impotence du membre blessé jusqu'à la guérison complète par un cal solide. D'après Gurlt, la consolidation des différentes fractures exige : une fracture d'un doigt, deux semaines, d'un métacarpien ou métatarsien trois semaines, de l'avant-bras cinq semaines, de l'humérus six semaines, du col de l'humérus sept semaines, de la jambe huit semaines, du tibia sept semaines, du péroné six semaines, du fémur dix semaines, du col du fémur douze semaines. Même après la consolidation de la fracture on ne peut encore complètement se servir du membre parce qu'il faut un certain temps pour que les muscles affaiblis par une longue inactivité reprennent leur force primitive. De tels états paralytiques peuvent encore provenir de l'écrasement d'un nerf, qui avait accompagné la fracture ou la luxation.

On sait que les fractures comminutives ou compliquées exigent beaucoup plus de temps pour se guérir et ont souvent une marche très défavorable. Mais même les fractures simples peuvent avoir une terminaison fâcheuse et il peut rester à leur suite des pseudarthroses, des raccourcissements ou des déviations des membres, etc. Dans ces cas il y aurait lieu de voir si ces suites n'auraient pas leur raison dans un traitement mal dirigé ou la négligence de la blessure, et cela d'autant plus qu'il n'y a aucun genre de blessures qui donnent plus souvent lieu à l'intervention des rebouteurs, des guérisseurs de jambes, que les blessures des membres en général et les fractures des os en particulier.

3° *Pseudarthroses.*

Les pseudarthroses incurables peuvent produire une impotence considérable du membre atteint, que l'on pourra dans certains cas regarder comme une paralysie. Dans les déviations des membres après des fractures mal guéries (sous un angle) et dans certains raccourcissements, surtout des membres inférieurs avec claudication consécutive, il y aura lieu de voir si ce changement de forme est assez frappant pour être regardé comme une défiguration.

Les lois citent explicitement la perte de membres entiers ainsi que celle d'une main ou d'un pied. Selon les circonstances particulières du cas, on regardera la perte de doigts ou de phalanges comme une défiguration ou un changement notable de forme. De ce que la loi a cité seulement la perte d'un bras, d'une main, d'un pied, etc., il ne s'ensuit pas que la perte de parties plus petites d'un membre, ne puisse pas, dans certaines circonstances, être regardée comme une défiguration.

CHAPITRE II

LA MORT PAR ASPHYXIE.

ART. Ier. — L'ASPHYXIE EN GÉNÉRAL.

On entend généralement sous le nom d'*asphyxie* la mort occasionnée par un empêchement mécanique à l'aspiration de l'air atmosphérique : et on distingue l'*asphyxie par occlusion des orifices respiratoires* par un corps solide ou un milieu liquide, l'*asphyxie par occlusion des grands canaux respiratoires* par des corps solides ou liquides ou par une pression extérieure (*strangulation*), l'*asphyxie par obstacle à la dilatation des parois thoraciques* (*compression* ou *éboulement*), enfin l'*asphyxie par pneumo-thorax traumatique*.

On ne peut nier que ces formes d'asphyxie ont chacune quelque chose de particulier et qu'on aurait raison de les traiter chacune à part ; mais l'important n'est pas la cause prochaine de la mort c'est-à-dire l'asphyxie, mais les conditions spéciales, extérieures et mécaniques qui l'ont amenée. Car un grand nombre d'autres causes que celles que nous avons citées peuvent également amener la mort par asphyxie.

Ainsi la mort peut survenir par cessation de l'aspiration de l'air par des processus intérieurs, c'est-à-dire des troubles de l'innervation qui mettent le mécanisme de la respiration hors d'état de fonctionner. C'est de cette façon qu'agissent beaucoup de poisons qui, ou bien paralysent les muscles de la respiration, comme le *curare*, ou bien tétanisent ces mêmes muscles, comme la strychnine, ou encore paralysent le centre automatique de la respiration avec ou sans excitation préalable, comme tous les poisons appelés *cerebro-spinaux*.

Il y a en outre une série de processus qui déterminent la mort par asphyxie par suppression de ce qu'on appelle la *respiration interne*. On sait que celle-ci a lieu par la circulation du sang, qui prend l'oxygène dans les poumons pour l'amener dans les différents organes. On comprend donc qu'il puisse y avoir asphyxie, quand la circulation s'arrête ou bien quand la quantité de sang passant par les poumons devient si minime que la quantité d'oxygène recueilli n'est plus suffisante pour les besoins du corps ou enfin quand le sang perd la propriété de recueillir l'oxygène dans les poumons pour le distribuer dans les différents organes. Au premier genre de mort se rapporte la mort par asphyxie dans la paralysie du cœur, que celle-ci soit amenée par un empoisonnement, par un choc ou par dégénérescence graisseuse des muscles du cœur (cause très fréquente de mort subite) ou par toute autre maladie du cœur. Au second genre se rapporte la mort par hémorrhagie ; l'empoisonnement par l'oxyde de carbone nous offre un exemple remarquable du troisième genre de mort, qui a lieu parce que l'oxyde de carbone, se combinant avec l'hémoglobine du sang, lui enlève ainsi la propriété de faire l'échange de gaz nécessaire à la respiration. On pourrait citer encore la mort par contracture des vaso-moteurs (épilepsie) et par excitation directe ou paralysie traumatique de la moelle allongée.

Il s'ensuit que nous ne pouvons désigner sous le nom d'*asphyxie* que la mort par suppression de la respiration et que la définition de l'asphyxie telle qu'on la donne ordinairement, c'est-à-dire la mort par empêchement de l'aspiration de l'air atmosphérique, n'est pas juste, parce qu'elle ne comprend pas l'asphyxie en général mais seulement certaines formes d'asphyxie, bien caractérisées, il est vrai.

Malgré cela, nous ne considérerons que les formes d'asphyxie qu'on appelle *mécaniques*, parce que nous traiterons plus loin de la mort par empoisonnement et parce que les formes mécaniques d'asphyxie offrent quelque chose de particulier, quant aux causes qui les produisent et les traces qu'elles laissent, et peuvent servir comme types de la mort par asphyxie en général ; car dans ces cas c'est exclusivement le manque d'air atmosphérique qui occasionne la mort, tandis que dans les autres formes d'asphyxie on trouve encore d'autres facteurs, ou en d'autres termes, parce que la mort par asphyxie est primitive dans les premiers cas et secondaire dans les derniers.

ART. II. — LES SYMPTOMES DE L'ASPHYXIE.

Les symptômes que détermine l'asphyxie pendant la vie n'ont pu être étudiés que chez les animaux, mais ils n'en sont pas moins importants pour se rendre compte de l'asphyxie chez l'homme. Nous allons parler brièvement des expériences les plus importantes sous ce rapport.

Si on met obstacle à l'arrivée de l'air dans les poumons, le mécanisme de la respiration étant libre, on remarque après quelques minutes un besoin pressant de respirer qui se manifeste par des mouvements respiratoires forcés, se succédant rapidement et que l'on désigne sous le nom de *dyspnée*. Celle-ci a pour cause l'irritation, que le sang de l'asphyxie exerce sur le centre automatique de la respiration situé dans la moelle allongée (1).

Les mouvements dyspnéiques, dans la première minute qui suit la suspension de la respiration, sont surtout des mouvements d'inspiration, tandis qu'au commencement de la seconde minute, coïncidant avec la perte de connaissance et les convulsions, on voit prédominer les mouvements expiratoires. Ce stade se termine ordinairement au milieu de la seconde minute par une contracture expiratoire de la durée d'une seconde, suivie d'une profonde inspiration. A ce moment on observe dans la plupart des cas un arrêt de la respiration souvent d'une minute, après laquelle reviennent les mouvements respiratoires de la fin, qui consistent en inspirations profondes mais courtes et comme haletantes, le plus souvent avec large ouverture de la bouche. Ces mouvements reviennent de cinq à dix fois et même plus souvent avec une intensité décroissante après des intervalles de plus en plus longs, de une à deux minutes même chez les jeunes animaux.

La succession de ces symptômes est constante, la durée seule est variable. Le symptôme le plus constant est la stade dyspnéique, tandis que la durée et l'in-

(1) On a longtemps discuté pour savoir si c'était le manque d'oxygène dans le sang ou l'acide carbonique qui y est retenu dans l'asphyxie qui déterminait l'excitation du centre respiratoire, c'est-à-dire occasionnait la dyspnée. Pflüger a résolu la question dans le premier sens. Il ajoute en outre que l'excitation est due probablement, moins au manque d'oxygène qu'à certaines substances facilement

tensité des mouvements respiratoires appelés terminaux ou ultimes, ainsi que la durée de l'intervalle qui se trouve entre la dyspnée et l'inspiration ultime, varient beaucoup. Ces variations paraissent dépendre moins de la forme d'asphyxie que de l'individualité et surtout de la rapidité plus ou moins grande avec laquelle le centre automatique de la respiration perd son excitabilité. L'âge et l'état de nutrition semblent influencer beaucoup ce dernier phénomène, car on distingue en général beaucoup mieux les différentes stades et on les voit durer beaucoup plus longtemps sur les animaux jeunes et forts, que chez les animaux vieux et mal nourris. Les expériences nous ont appris également que les mouvements respiratoires cessent beaucoup plus tôt chez des animaux fatigués par des traumatismes antérieurs ou des essais d'asphyxie, que chez des animaux se trouvant dans les conditions normales. C'est par la même raison que la succession des symptômes respiratoires dans l'asphyxie progressive est autre que dans l'asphyxie aiguë, et nous voyons par exemple chez un animal, que nous laissons s'asphyxier sous une cloche hermétiquement fermée dans son propre air d'expiration, les mouvements respiratoires devenir peu à peu plus forcés et plus rapides, puis peu à peu plus rares et plus superficiels et finalement s'arrêter complètement sans que nous puissions constater un stade *terminal* des mouvements respiratoires ou un intervalle entre ce stade et celui de la dyspnée.

La *perte de connaissance* survient rapidement après une suppression brusque de la respiration, le plus souvent avant la fin de la première minute et coïncide avec la période de convulsions et de contracture expiratoire qui atteint ordinairement son maximum au commencement de la seconde minute.

Sous ce rapport nous voyons encore de grandes différences individuelles. On sait que tout le monde ne peut retenir sa respiration pendant la même durée, qui varie entre trente et quarante secondes et que les plongeurs les plus habiles ne peuvent rester sous l'eau plus de cinquante secondes.

Cette durée est encore plus courte sous l'influence d'une asphyxie véritable et la perte de connaissance, survenant en ce moment, est occasionnée par le défaut des processus d'oxydation dans le cerveau, qui réagit très rapidement dans ces cas. Rosenthal et Osermak ont montré qu'on pouvait retenir sa respiration beaucoup plus longtemps quand on avait emmagasiné dans le sang un excès d'oxygène à la suite d'inspirations rapides et profondes. Ce fait peut ne pas avoir d importance dans les cas judiciaires, mais il prouve que la dyspnée et la perte de connaissance ne surviennent pas toujours avec la même rapidité.

Les *convulsions* accompagnent toujours la mort par asphyxie; elles ont le plus souvent le caractère clonique, pourtant on observe souvent à l'acmé de l'asphyxie des attaques d'opisthotonos, qui mettent généralement fin au stade convulsif. L'intensité et la durée des convulsions ne sont pas toujours les mêmes, mais

oxydables, qui deviennent inoffensives (oxydées) dans la respiration normale mais sont retenues dans le sang dans le cas d'asphyxie.

dépendent surtout des conditions individuelles surtout de l'âge et de la constitution. Elles peuvent manquer complètement chez des animaux fortement épuisés; nous avons vu la mort survenir sans convulsions chez des animaux préalablement narcotisés ou que nous avons laissé s'asphyxier dans leur propre air d'expiration. L'excitabilité individuelle du centre des contractures, situé probablement dans la moelle allongée et dont l'excitation par le sang de l'asphyxie donne lieu à des contractures, joue certainement ici le rôle plus important. Nous traiterons, en parlant des lésions qu'on trouve sur le cadavre, des troubles de la circulation pendant l'asphyxie, surtout de l'augmentation de la pression sanguine et de la stase dans la circulation veineuse. Nous ne voulons que rappeler ici qu'à la suite de l'excitation et de la paralysie consécutive du noyau du pneumo-gastrique par le sang de l'asphyxie, les mouvements du cœur sont ralentis pendant l'acmé de l'asphyxie, puis deviennent un peu moins fréquents pour diminuer peu à peu de nombre et d'intensité jusqu'à leur abolition complète. Celle-ci cependant ne survient pas en même temps que l'arrêt des mouvements respiratoires, mais en genéral un peu plus tard et quelquefois après un temps assez long. Il n'est pas rare de voir chez des animaux le cœur battre encore un quart d'heure et même une demi-heure après l'asphyxie et on trouve des observations analogues, même chez l'homme, se rapportant surtout aux enfants nés asphyxiés, dont quelques-uns, comme nous le dirons à propos de l'infanticide, présentent des contractions du cœur pendant un temps souvent extraordinairement long. C'est à cet ordre de faits qu'il faut rapporter la plupart des cas de ce qu'on appelle « vie sans respiration ». Chez un pendu par justice dont nous avons rapporté l'observation (1) le cœur battait encore nettement trois minutes après la suspension et par l'auscultation on percevait encore les pulsations allant en décroissant, il est vrai, pendant cinq autres minutes. Nous ne trouvons d'exceptions à cette règle que dans les cas dans lesquels la mort est survenue par choc (arrêt du cœur), dans l'asphyxie mécanique et surtout dans la mort par submersion.

ART. III. — LES LÉSIONS ANATOMIQUES CHEZ LES ASPHYXIÉS.

Nous ne considèrerons ici que les lésions qui sont occasionnées par l'asphyxie en général et non celles qui sont dues à une forme

(1) Hoffmann, *Wr. med. Wochenschrift*, 1875. Pr. 52.

particulière d'asphyxie que nous traiterons à part. Nous distinguerons 1° les lésions extérieures; 2° les lésions internes.

§ 1er. — LÉSIONS EXTÉRIEURES.

Parmi les signes de moindre importance nous citerons ce fait déjà indiqué par Casper-Liman que les cadavres des asphyxiés se refroidissent *plus lentement* que les autres. Ce fait s'explique, d'une part par cette circonstance qu'il s'agit la plupart du temps d'individus parfaitement sains et bien nourris, dont les corps retiennent toute la masse du sang, d'autre part par une élévation de température antérieure et postérieure à la mort survenant constamment dans ce genre de mort. On n'a pas encore trouvé la cause prochaine de ce phénomène. Nous n'avons pas pu constater une accélération de la rigidité cadavérique, indiquée par plusieurs auteurs.

Ce qui est important à noter c'est l'apparition précoce et l'intensité des *lividités cadavériques*. Comme dans presque toutes les formes d'asphyxie (excepté celles qui s'accompagnent d'hémorrhagie) toute la quantité du sang reste dans le corps et que le sang garde en général sa consistance liquide, on a les conditions les plus favorables pour la production des phénomènes d'hypostase surtout de ceux de la peau, que nous désignons sous le nom d'hypostases cadavériques extérieures (taches, lividités cadavériques). Mais comme la rétention de la quantité totale du sang et sa consistance liquide peuvent se rencontrer dans des genres de mort autres que l'asphyxie, les hypostases précoces et intenses n'ont qu'une valeur accessoire. Il ne faut pas oublier toutefois que l'asphyxie peut se rencontrer sur des personnes anémiques et affaiblies et dans ce cas, malgré l'asphyxie réelle, la formation des lividités cadavériques est peu intense.

La même cause qui détermine l'apparition précoce et intense des taches cadavériques amène également l'arrivée précoce et la *marche rapide* de la *putréfaction*. Ce signe n'a également qu'une valeur accessoire et exige qu'on prenne en considération toutes les autres considérations extérieures ou internes qui peuvent hâter la putréfaction.

De tout temps on a regardé le *cyanose de la face*, l'exophthalmie et l'injection des conjonctives comme des signes de la mort par asphyxie. Mais quiconque a eu l'occasion d'observer un grand nombre d'asphyxiés, a pu se convaincre que ces signes se montrent au contraire rarement dans l'asphyxie violente et que la figure présente en général les mêmes caractères que celle des autres cadavres. On peut expliquer ces symptômes par ce fait que la cyanose existant pendant l'asphyxie disparaît en grande partie ou complètement déjà pendant l'agonie par la paralysie des forces qui entretiennent la circulation, et plus encore par la descente du sang dans les parties inférieures après la mort. D'un autre côté la cyanose, survenant pendant l'asphyxie, n'atteint pas toujours le même degré d'intensité. Dans les expériences d'asphyxie, on peut voir que la cyanose de la face, la forte injection des conjonctives et l'exophthalmie (1) coïncident avec le stade convulsif de l'asphyxie, et il est évident que c'est la contracture expiratoire du thorax qui, en empêchant le retour du sang vers le cœur droit, détermine particulièrement ces symptômes ; mais nous avons vu que le stade convulsif de la mort par asphyxie n'a pas toujours la même durée et la même intensité, d'où il suit que le degré de cyanose peut être plus ou moins prononcé. Chez deux pendus par autorité de justice que j'ai pu suivre de très près, la cyanose de la face était chaque fois insignifiante et se bornait à une coloration gris-blanc de la figure et bleue des lèvres. Ce symptôme pouvait d'autant plus être rapporté à une hypervénosité du sang qu'il n'existait pas de gonflement de la face.

Il est possible et même probable que dans la pendaison la compression des gros vaisseaux du cou empêche l'apparition d'une forte cyanose, puisque celle-ci est très fortement prononcée dans l'asphyxie par simple occlusion des voies respiratoires.

Nous trouvons constamment une cyanose très forte de la face et du cou sur les personnes qui ont succombé à une mort subite à la suite de paralysie du cœur, surtout à la suite de dégénérescence graisseuse du muscle cardiaque. Dans ces cas nous trouvons la face et surtout les paupières très gonflées, les conjonctives fortement injectées et les globes oculaires proéminents. Le plus souvent ceux qui meurent de cette façon sont des personnes obèses, qui déjà pendant leur vie souffraient de gênes de respiration et de congestions de la tête et chez lesquelles la stase veineuse dans les parties supérieures du corps a atteint pendant la mort un degré beaucoup plus prononcé que chez les autres individus. Il faut remarquer toutefois que la coloration cyanotique de la face et du cou peut survenir par suite de la position du cadavre, quand la partie supérieure du corps ou seulement la tête est plus basse après la mort que le reste du corps. Très souvent cette coloration cyanotique ne se montre que d'un côté, tandis que la peau et la conjonctive de l'autre côté offrent la pâleur cadavérique ordinaire. Cette diffé-

(1) L'exophthalmie n'est pas occasionnée exclusivement par la stase sanguine dans l'orbite, mais aussi par la contracture du muscle orbito-oculaire décrit par H. Muller.

rence est due à ce que la tête est tombée sur un côté vers lequel les symptômes d'hyperhémie se sont prononcés plus fortement comme étant la partie la plus basse. Ce signe prouve qu'il est resté une grande quantité de sang dans la tête ou mieux dans la face.

Les ecchymoses des conjonctives et de la peau de la face, que l'on rencontre souvent sur le cadavre des asphyxiés, sont dues à la même cause que la cyanose et ont une importance beaucoup plus grande que celle-ci, car une fois formées elles persistent et ne peuvent plus disparaître par hypostase. On peut se couvaincre facilement par des expérimentations sur des animaux que ces ecchymoses surviennent également pendant le stade convulsif de l'asphyxie, à la suite de l'augmentation de la pression sanguine, qui finalement détermine des ruptures des capillaires et par conséquent ces hémorrhagies capillaires que nous désignons sous le nom d'ecchymoses. Leur existence est d'une grande valeur, car elle prouve qu'au moment de la mort il y avait une stase sanguine considérable dans les vaisseaux de la tête et cela encore au moment où les autres signes de la stase sanguine ont ordinairement déjà disparu. La valeur de ces lésions est d'autant plus grande qu'on les rencontre sur des conjonctives pâles ; car dans ces cas on peut écarter cette supposition justifiée dans d'autres, que les ecchymoses seraient survenues seulement après la mort, comme manifestation d'une hypostase déterminée par la position déclive de la tête.

On trouve plus rarement que dans les conjonctives, de petites ecchymoses sur la peau de la face et particulièrement sur les paupières. Elles se montrent le plus souvent sous la forme d'extravasations sanguines sous-épidermiques ponctiformes disposées en groupes et correspondent nettement à des ruptures qu'ont éprouvées les anses capillaires contenues dans les papilles de la peau.

On rencontre souevnt d'autres ecchymoses sous-épidermiques plus grandes sur d'autres parties du corps des asphyxiés. Mais comme on les trouve le plus souvent sur les parties déclives et cyanosées par hypostase, elles ne proviennent pas en général de stases ayant existé pendant l'agonie, mais doivent être considérées comme des signes cadavériques déterminés par l'accumulation du sang dans les parties déclives et par rupture des capillaires de la peau devenus friables par un commencement de putréfaction. On trouve ces ecchymoses *post mortem* le plus fréquemment aux extrémités inférieures des pendus et si le corps est resté longtemps suspendu : les membres inférieurs deviennent de plus en plus livides par hypostase, et les capillaires de la peau, qui supportent toute la pression de la colonne sanguine, finissent par se rompre.

Les pupilles ne se comportent pas toujours d'une façon constante sur le cadavre des asphyxiés. Le plus souvent elles sont moyennement dilatées et égales des deux côtés. Mais il n'est pas rare de les trouver fortement dilatées ou plus rétrécies qu'à l'état normal.

Nous avons également observé, mais dans quelques cas seulement, une inégalité des pupilles. Pendant l'asphyxie des animaux on remarque d'abord un rétrécissement très passager, puis pendant la période dispnéique, une dilatation le plus souvent très considérable, qui disparaît pendant l'asphyxie, de sorte que les pupilles sur le cadavre ont la disposition normale.

L'existence de *l'écume devant la bouche*, ainsi que le serrement de la langue entre les dents, n'ont aucune importance pour le diagnostic.

La sortie du sperme par l'urèthre chez les hommes se rencontre très souvent chez les asphyxiés, mais aussi dans les genres les plus divers de mort violente ou naturelle. Elle est due non pas à une éjaculation vraie qui aurait lieu pendant la mort, mais à une sortie mécanique du sperme des vésicules après relâchement du sphincter. C'est pourquoi on trouve plus souvent des spermatozoïdes dans la partie postérieure de l'urèthre et même dans la vessie qu'au méat urinaire. Ce qu'il y a de remarquable, c'est que les spermatozoïdes, contenus dans les vésicules séminales aussi bien que dans le sperme sorti de l'urèthre, peuvent conserver leurs mouvements de trente-six à soixante-dix heures après la mort.

§ 2. — LÉSIONS INTERNES.

Parmi ces lésions il y en a trois auxquelles de tout temps on a accordé une importance considérable pour le diagnostic de l'asphyxie : 1° *la consistance liquide et la coloration foncée du sang ;* 2° *les hypérémies* par stase sanguine dans les organes internes, surtout dans les poumons; 3° *les ecchymoses*, surtout les ecchymoses sous-pleurales.

I. — État liquide et foncé du sang.

C'est une lésion constante et d'une grande valeur au point de vue du diagnostic, dans les cadavres des asphyxiés, mais qui doit recevoir une autre explication que celle qu'on lui a donnée jusqu'à présent. Pour ce qui est de *la coloration foncée du sang de asphyxiés*, il faut savoir que cette coloration n'est pas exclusive au sang des asphyxiés, mais est la coloration normale du sang des cadavres en général. On sait que la coloration du sang, abstraction faite des colorations pathologiques, comme par exemple dans l'empoisonnement par l'oxyde de carbone, dépend de la quantité d'oxygène qu'il contient, et le sang est d'autant plus foncé qu'il contient moins d'oxygène ; en d'autres termes, la couleur sombre est celle de l'hémoglobine réduite, la couleur rouge vif celle de l'hémoglobine oxygénée. Mais dans chaque genre de mort, pendant l'agonie déjà, la quantité d'oxygène absorbée devient de plus en plus faible et nulle à la fin, tandis que les tissus continuent à s'emparer de l'oxygène resté dans le sang, non seulement pendant l'agonie, mais encore après la mort, comme le prouvent les expériences. Tout sang cadavérique ne contient donc que de l'hémoglobine réduite et présente par conséquent la même coloration foncée (hyperveineuse) que le sang des asphyxiés. On peut se convaincre de ce fait non seulement par la simple vue, mais encore en prenant du sang avec certaines précautions, de façon à ce que l'oxygène de l'extérieur ne puisse pas y arriver; dans ce cas on peut voir, par un examen spectral immédiat, que tout sang cadavérique, qui n'a pas subi d'autres altérations chimiques, ne contient que de l'hémoglobine réduite.

Si on a méconnu ce fait jusqu'à présent et si l'on a attribué au sang des asphyxiés seuls cette coloration foncée, c'est que la coloration foncée est plus apparente et ressort mieux dans le sang liquide et abondant (couches épaisses) des asphyxiés, tandis que, si le sang est coagulé, elle frappe moins la vue parce qu'elle est cachée par les couches de fibrine. Cela tient encore à ce qu'on est parti de ce raisonnement, que l'oxygène du sang devait être consommé déjà pendant l'asphyxie, sans penser que la même chose avait lieu dans toute agonie, et à ce qu'on n'avait pas connaissance de ce fait démontré récemment par Kotelewsky, Hoppe-Seyler, nous et d'autres auteurs, que même après la mort les tissus enlèvent rapidement au sang ce qui lui reste d'oxygène.

La *consistance liquide du sang* est un signe constant dans les formes aiguës d'asphyxie. Ce signe encore n'est pas absolument caractéristique de la mort par asphyxie, et se rencontre dans presque tous les cas de mort subite, que celle-ci soit due à un arrêt de la respiration ou à une autre cause. Cette consistance liquide du sang ne s'observe que dans le sang resté dans les vaisseaux, tandis que celui qui vient au contact de l'air, ou est épanché dans les cavités du corps ou dans le tissu cellulaire (sugillations), se coagule comme le sang ordinaire.

Nous ne savons rien de positif sur la fluidité du sang des cadavres après les morts subites et surtout l'asphyxie. Comme le sang, sorti des vaisseaux soit pendant la vie, soit après la mort, se coagule toujours, plus rapidement, il est vrai, dans le premier cas que dans le second, et que la coagulation a lieu également quand le sang se répand dans les cavités du corps ou le tissu cellulaire, on peut admettre que la coagulation n'a lieu que sous l'influence d'une cause extérieure, tandis que, dans les conditions normales, le sang est à l'abri de cette cause et garde sa consistance liquide, tant qu'il est contenu dans les vaisseaux.

En effet, Alexandre Schmidt a prouvé par ses expériences bien connues sur la coagulation du sang, qu'il y a dans le sang deux albumines constituant la fibrine, la substance fibrinogène et la substance fibrinoplastique, mais que, pour qu'il y ait coagulation, un troisième corps était nécessaire pour faire passer les deux autres corps générateurs de la fibrine à l'état de fibrine.

Ce troisième corps, que Schmidt a appelé ferment fibrineux, ne se forme dans le sang qu'après que celui-ci est sorti des vaisseaux. Plus tard (1) il a prétendu que ce ferment se formait au moment de la destruction des globules sanguins, surtout des globules blancs. Mais comme cette destruction a lieu également et même assez rapidement sur le cadavre, la fluidité du sang, même après les morts subites, prouve que la destruction des globules ne constitue pas à elle seule le ferment, mais que ce ferment doit être encore autre chose.

Brucke (2) croit que la cause principale, c'est la vitalité des parois des vaisseaux qui, persistant quelque temps encore après la mort, empêche la coagulation du sang. Cette proposition ne peut être vraie que pour quelques heures et non pour quelques jours, car dans ces cas il ne peut plus être question de la vitalité des parois des vaisseaux. Quelques auteurs, parmi lesquels A. Schmidt, ont pensé que l'acide carbonique accumulé dans le sang des asphyxiés déplaçait l'un des générateurs de la fibrine, c'est-à-dire la substance fibrino-plastique ou la paraglobuline, et empêchait ainsi la coagulation. Cette hypothèse est renversée par ce fait que Pflüger, en faisant l'analyse des gaz pendant et après l'asphyxie, a trouvé que la quantité d'acide carbonique contenue dans le sang n'est pas aussi considérable qu'on l'admet généralement, qu'elle est quelquefois un peu plus grande, mais souvent de très-peu, que dans le sang veineux ordinaire, et que même dans certains cas elle a été moindre. Nous avons fait des expériences pour élucider cette question et nous avons vu chez des animaux, que nous avons laissés s'asphyxier sous une cloche dans leur propre air d'expiration, que le sang non seulement n'était pas liquide dans le cœur, mais était encore coagulé, quoique l'animal eût respiré à la fois un air sursaturé d'acide carbonique. Ces expériences,

(1) Schmidt, *Pflügers Arch.*, 1874, 353.
(2) Brucke, *Vorlesungen*, I, 82.

corroborées par une série d'autres, de plus, l'observation d'un grand nombre de cadavres d'asphyxiés ou d'autres individus ayant succombé à une mort violente, nous ont convaincu de la justesse de cette idée déjà indiquée par d'anciens observateurs, mais tombée en oubli, que le degré de coagulation du sang dans le cadavre dépend de la durée de l'agonie.

C'est ce qui explique pourquoi dans certains cas d'asphyxie le sang reste complètement liquide, tandis que dans d'autres cas du même genre d'asphyxie, on peut trouver dans le cœur et les gros vaisseaux des caillots sanguins souvent considérables.

L'explication de ce phénomène a besoin de recherches ultérieures. Nous admettons provisoirement que le sang, à la suite d'une asphyxie ou d'une agonie assez longues, subit certaines altérations que l'on peut regarder comme le stade précédant cet état pathologique du sang, que nous trouvons dans beaucoup de maladies, surtout inflammatoires, et après lequel le cœur ainsi que les gros vaisseaux contiennent le plus souvent sur le cadavre des exsudats fibrineux volumineux.

La consistance liquide du sang favorise, comme nous l'avons dit, la formation des hypostases, et le commencement et la marche de la putréfaction.

Cela est vrai, non seulement pour les altérations extérieures amenées par ces processus, mais encore pour les hypostases internes, les signes qui s'y rattachent, tels que l'imbibition et la transsudation, et pour les phénomènes appartenant aux commencements de la putréfaction. Ces faits méritent la plus grande attention aussi bien pour l'examen des cadavres des asphyxiés que pour tous les cas de mort subite.

II. — Hypérémies.

Pour ce qui est des hypérémies veineuses dans les différents organes, surtout dans les poumons, elles se rencontrent très fréquemment, il est vrai ; cependant les observateurs anciens savaient déjà qu'elles ne sont pas toujours bien prononcées, et ils se tiraient d'affaire en admettant, dans les cas où il y avait en même temps hypérémie du poumon et du cerveau, qu'il y avait eu mort par apoplexie, mort par apoplexie suffocante ou apoplexie cérébrale dans les cas où il n'y avait que hypérémie du poumon ou du cerveau, et mort par apoplexie nerveuse quand il n'y avait d'hypérémie nulle part.

L'hypérémie veineuse la plus constante est celle des poumons, qui paraît être influencée par la dyspnée et par les violents mouvements d'inspiration du thorax qui l'accompagnent. Donders avait admis cette hypothèse, et prouvé que pendant l'asphyxie par occlusion des voies respiratoires la circulation du sang dans les poumons était modifiée par un changement dans les conditions de pression de l'air à laquelle sont soumis les vaisseaux du poumon à l'état normal. Dans les conditions normales, chaque dilatation du thorax supprime la pression atmosphérique pesant sur les parois de la poitrine et les vaisseaux des poumons réagiraient immédiatement, à la suite de cette diminution de pression, par la perte de leur tonicité, si la pression atmosphérique, agissant par les voies respiratoires sur la surface interne des alvéoles, ne faisait compensation. Si pendant un tel soulèvement du thorax, l'aspiration de l'air était empêchée par l'occlusion des orifices ou des voies respiratoires, il s'ensuivrait nécessairement qu'à la suite de la diminution de la pression atmosphérique aussi bien externe qu'interne, les vaisseaux offriraient une résistance moindre, d'où afflux considérable de sang vers les poumons. Mais la même cause qui détermine un afflux considérable du sang gêne également son écoulement, car le sang a moins de force de progression dans les vaisseaux relâchés et ne peut arriver avec la rapidité nécessaire dans le cœur gauche. Dans ces conditions, il se fera nécessairement une hypérémie dans les poumons, et à un degré d'autant plus prononcé que la dyspnée aura duré plus longtemps et que les mouvements du thorax auront été plus violents. Mais les différences dans la durée et l'intensité de la dyspnée peuvent expliquer les différences dans l'intensité de l'hypérémie du poumon dans la même forme d'asphyxie.

Ce qui a une certaine importance, c'est le moment où a eu lieu l'occlusion des voies respiratoires, c'est-à-dire immédiatement après une inspiration ou une expiration. Car il est clair que, si l'hypothèse de Donders est juste, le relâchement des vaisseaux du poumon et par conséquent l'hypérémie seront plus considérables dans le dernier cas que dans le cas où l'occlusion aurait eu lieu immédiatement après une inspiration. Il est évident encore que lorsque le thorax est comprimé par une pression quelconque, un éboulement par exemple, et se trouve ainsi dans l'impossibilité de se dilater ou lorsque la cause de la mort détermine primitivement et par action réflexe l'arrêt de la respiration, les conditions, qui d'après Donders amèneraient une hypérémie du poumon dans l'asphyxie par occlusion des orifices ou voies respiratoires, manqueront absolument, de même que si l'asphyxie avait lieu au milieu d'un gaz irrespirable (indifférent). L'occlusion des voies respiratoires a-t-elle lieu par un milieu liquide, la quantité de sang contenue dans les poumons serait, comme l'avait déjà avancé Krahmer, en raison inverse de la facilité avec laquelle le milieu respiré est capable de remplir les poumons distendus, c'est-à-dire l'hypérémie serait d'autant plus intense que le milieu aura été moins mobile, par conséquent plus considérable après l'asphyxie dans de la vase ou des matières fécales, etc., qu'après l'asphyxie dans l'eau.

Quelque plausible que paraisse la théorie de Donders sur l'origine des hypérémies pulmonaires, elle n'est pourtant pas tout à fait d'accord avec les observations faites à la table d'autopsie. Car nous voyons que même dans les circonstances les plus favorables à la production des hypérémies du poumon d'après la théorie de Donders, comme par exemple chez les pendus, les poumons, loin d'être congestionnés, sont au contraire manifestement anémiques, comme nous avons pu nous en convaincre par l'autopsie de plusieurs pendus suicidés, et de deux pendus par autorité de justice que nous avons eu l'occasion d'examiner trois à quatre heures après la mort. Nous avions remarqué, dans l'un des derniers cas que pendant la période de dyspnée, à chaque mouvement respiratoire, le ventre et surtout le creux épigastrique était fortement rétracté ; il est donc possible que l'abolition de la pression atmosphérique extérieure sur les poumons ne soit pas aussi complète que le pense Donders, et que la pression du côté du ventre fasse compensation parce que ce dernier s'enfonce assez pour soulever les parois latérales de la poitrine et surmonter la pression atmosphérique extérieure.

L'hypérémie des poumons est-elle fortement prononcée, ceux-ci paraissent non seulement plus foncés, mais encore renferment plus de liquide que des poumons ordinaires. Ce dernier signe est souvent regardé comme un œdème du poumon, à tort cependant, car tout poumon riche en sang doit nécessairement paraître imbibé de beaucoup de liquide. Dans l'asphyxie rapide, il ne peut pas y avoir d'œdème, qui exige un certain temps pour se produire, car toute la scène se passe ici en quelques minutes. Il peut bien y avoir un œdème véritable, c'est-à-dire une transsudation de sérum à travers les parois vasculaires dans le tissu cellulaire et la surface interne du poumon, quand l'asphyxie n'a pas été aiguë et que l'agonie a duré quelque temps. Dans ces cas il se forme dans les bronches une écume abondante que nous trouvons non seulement dans la trachée, mais encore, dans certains cas, dans la gorge et dans la bouche. Quelques observateurs ont prétendu qu'on observait souvent la formation de cette écume sur le cadavre des asphyxiés ; mais notre expérience nous a montré qu'à part les cas de submersion, cette écume n'est abondante que si l'individu s'est débattu longtemps avant la mort.

Une autre conséquence de la stase veineuse qui se montre dans les poumons au moment de la mort par asphyxie, c'est l'accumulation *du sang* dans *le cœur droit* et dans les gros vaisseaux qui y arrivent ou en partent. Il ne faut pas oublier, pour apprécier à sa juste valeur ce phénomène, que dans les conditions normales, pendant et même quelque temps après l'agonie (1), les artères se vident de leur sang dans les veines et que dans ces formes d'asphyxie où le cœur est paralysé en premier lieu, c'est justement le cœur gauche qui contient la plus grande quantité de sang (2).

L'*injection de la muqueuse de la trachée* doit être regardée comme une autre manifestation de la stase du sang dans les poumons, et Casper a appelé l'attention sur ce symptôme qui varie en intensité de même que l'hypérémie du poumon.

Pour ce qui est des hypérémies veineuses des organes éloignés, surtout dans le cerveau et les organes abdominaux, on peut les considérer comme des manisfestations ou plutôt des suites de la stase dans les poumons et le cœur droit. Mais il est certain que la congestion de ces organes reconnaît encore d'autres causes que l'on peut rapporter surtout à une contracture vaso-motrice apparaissant presque régulièrement pendant l'asphyxie, et se manifestant par un rétrécissement considérable des petites artères du réseau périphérique.

Donders (3) et Ackermann (4) ont fait tous les deux une série d'expériences sur la circulation du cerveau et de ses enveloppes pendant l'asphyxie ; leurs expériences ont été faites sur des lapins sur lesquels ils avaient remplacé par un petit verre une portion du crâne enlevée avec le trépan (5). Malheureusement les résultats de ces deux séries d'observations ne sont pas concordants. Tandis que Donders a observé déjà dix secondes après la suppression de la respiration une forte rougeur de la pie-mère durant plus de dix minutes, Ackermann a vu après l'arrêt de la respiration une cyanose de courte durée, puis constamment, dix à vingt secondes avant la mort, une pâleur extraordinaire de la pie-mère, de sorte qu'il prétendait que dans l'asphyxie, au moment de l'agonie, il y avait une anémie très nette du cerveau.

L'observation pratique des cadavres d'asphyxiés paraît donner raison plutôt à l'opinion de Donders, car on trouve assez souvent une hypérémie du cerveau et

(1) Voy. le travail de Betzold et Gscheidlen : « La locomotion du sang par les fibres musculaires lisses des vaisseaux. » *Untersuch. aus dem Wurzb. phys. Laborat.* II Heft, 1867, 347.

(2) *Virchow's Sectionstechnik*, 1876, p. 38.

(3) Donders, *Schmidt's Jahrb.*, 1851, 69. Bd 16.

(4) Ackermann, *Virchow's Archiv*, XV.

(5) Nothnagel (*Virchow's Archiv*, XL), Riegel et Jolly (*ibid.*, LII) et Krauspe (*ibid.*, LIX) ont observé également l'état des vaisseaux de la pie-mère, en partie aussi sur des lapins « *trépanés* » non pendant l'asphyxie, mais sous l'influence de l'excitation de nerfs sensitifs; mais ici encore les résultats des observations ne sont pas concordants.

de ses enveloppes, non constamment, il est vrai, et moins souvent qu'on ne l'avait admis, tandis qu'une anémie considérable est une chose relativement rare. Toutefois on ne peut mettre en doute la justesse de l'opinion d'Ackermann, car l'ophtalmoscopie nous apprend que, pendant la période de dyspnée, le gonflement des vaisseaux rétiniens diminue en effet, ce que l'on peut rapporter, de même que le rétrécissement des vaisseaux de la dure-mère, à une contracture vaso-motrice

On peut observer les mêmes phénomènes et même beaucoup plus facilement sur les organes abdominaux. Si l'on ouvre le ventre d'un animal préalablement curarisé, et qu'on entretienne la respiration artificielle, on voit les vaisseaux des parois de l'intestin se gonfler pendant quelques instants, puis au maximum de la dyspnée, devenir et rester anémiques jusqu'à ce que les mouvements péristaltiques, momentanément augmentés, se calment de nouveau. Au commencement de l'asphyxie les vaisseaux recommencent à se remplir, sans toutefois que l'injection arrive à un degré tel qu'on puisse l'appeler hypérémie. Si malgré cela l'intestin paraît cyanosé, cette coloration est due non à une forte congestion, mais à la constitution hyperveineuse du sang. De même que l'intestin, la rate au maximum de l'asphyxie est constamment anémique, se rapetisse et devient rugueuse à sa surface; on peut observer, après que la contraction des vaisseaux a fait place à leur relâchement, que la rate reste pourtant pâle et ne recouvre pas complètement la surface polie qu'elle avait auparavant. Il s'ensuit que déjà dans l'asphyxie par empêchement à la dilatation du thorax, il y a plutôt anémie que congestion de l'intestin. La quantité de sang contenu dans ces organes doit être encore moindre quand pendant l'asphyxie la dilatation du thorax n'a pas été entravée, car il est naturel que, si dans ces circonstances il y a un afflux considérable de sang dans le poumon par les mouvements respiratoires dyspnéiques, les organes situés en dehors du thorax, tels que ceux de l'abdomen, doivent éprouver une diminution de leur contenu sanguin.

III. — **Ecchymoses.**

On désigne sous le nom d'*ecchymoses sous-pleurales* et *sous-péricardiques* de petites extravasations sanguines sous la plèvre et le péricarde qui, bien développés, font paraître les organes correspondants comme tachetés et aspergés de sang. Leur grandeur varie depuis celle d'une piqûre de puce à celle d'un grain de chènevis ou d'une lentille. Elles sont dues à des ruptures de capillaires dans le tissu conjonctif sous-séreux de la plèvre ou du péricarde, et se trouvent le plus souvent sous les feuillets viscéraux, quelquefois, mais beaucoup moins nombreuses, sur les feuillets pariétaux. Sur les poumons elles siègent le plus souvent dans les parties postérieures et dans les sillons qui séparent les différents lobes pulmonaires. Au cœur leur siège principal est le long des vaisseaux coronaires, et, quand on les rencontre sur la plèvre pariétale, elles suivent également presque toujours les vaisseaux intercostaux.

Depuis que Casper a le premier appelé l'attention sur ces faits, on a considéré ces ecchymoses comme une manifestation de la stase veineuse dans les poumons et le cœur droit, car on admettait que, lorsque la stase arrivait à un certain degré, quelques vaisseaux capillaires ne pouvaient plus opposer une résistance suffisante à la pression et se rompaient. D'autres, admettant la théorie de Donders sur la production de l'hypérémie pulmonaire, regardaient comme cause principale l'aspiration que le thorax par ses dilatations inutiles exerçait sur la surface du poumon, et ont fait provenir les ecchymoses de cette action de la paroi thoracique agissant sur le poumon comme une espèce de ventouse. Il est certain que ces deux causes, qui ne peuvent être niées, ne jouent pas le rôle principal, qui appartient plutôt à la contracture vaso-motrice, existant au maximum de l'asphyxie, et à l'augmentation considérable de la pression latérale que les vaisseaux ont à supporter, augmentation qui détermine d'autant plus facilement la rupture des petits vaisseaux qu'il y a en même temps une stase de la circulation due, non seulement à la contracture vaso-motrice et aux autres causes déjà indiquées, mais encore à des convulsions générales et à une contracture des muscles expiratoires. En effet, par des expériences bien dirigées on peut se convaincre, comme nous l'avons déjà fait pour les ecchymoses sous-conjonctivales, que la formation des ecchymoses sous-pleurales et sous-péricardiques correspond au stade convulsif de l'asphyxie, par conséquent à un temps où la dyspnée se manifeste au dehors moins par de profondes inspirations que par des expirations tétaniques. Vient-on à interrompre l'asphyxie avant le commencement de ce stade, on ne trouvera pas d'ecchymoses ou très peu. De même on ne trouve pas d'ecchymoses, si l'asphyxie arrive sans contracture, ce qui est exceptionnel, il est vrai.

Ces ecchymoses ne sont nullement propres à certaines formes d'asphyxie, mais peuvent survenir dans toutes les formes, parce que les convulsions en général et la contracture vaso-motrice en particulier appartiennent au tableau typique de l'asphyxie, et ne manquent que dans des conditions tout à fait exceptionnelles. Nous les trouvons non seulement dans l'asphyxie dite mécanique, mais encore dans l'asphyxie par cause interne, telle que l'épilepsie et les empoisonnements et surtout ceux qui s'accompagnent de convulsions. C'est ce qui renverse la théorie, défendue par Tardieu (1) et combattue avec raison par Liman et autres, d'après laquelle les ecchymoses sous-pleurales ne se rencontreraient que dans l'asphyxie

(1) Tardieu, *Étude médico-légale sur l'infanticide*, 2e édition. Paris, 1879. — *Étude médico-légale sur la pendaison*, 2e édition. Paris, 1879.

dans le sens restreint du mot, c'est-à-dire dans l'asphyxie par occlusion des voies respiratoires. Il est hors de doute aussi que la production des ecchymoses est influencée, en dehors des causes connues, par des dispositions individuelles. Parmi celles-ci figure en première ligne une certaine friabilité des vaisseaux, et c'est là la raison pour laquelle les ecchymoses sous-pleurales et sous-péricardiques sont si fréquentes et presque constantes sur les cadavres de nouveau-nés, ou de nourrissons asphyxiés, plus rares dans l'enfance et l'adolescence, et très rares dans l'âge adulte, pour devenir plus fréquentes dans la vieillesse, où les vaisseaux pour des raisons pathologiques deviennent plus friables.

Plus rarement que dans les poumons, le cœur, les conjonctives et, chez les nouveau-nés, le thymus, on trouve des ecchymoses sur d'autres places, telles que la muqueuse du larynx, de l'épiglotte, de la trachée et de l'estomac. Dans ce dernier elles sont assez fréquentes et siègent le plus souvent dans le grand cul-de-sac, qui est fortement injecté dans la plupart des formes d'asphyxie. La contracture vaso-motrice dans l'intestin et surtout dans la rate paraît être la cause de cette stase dans les vaisseaux de l'estomac et de la production des ecchymoses.

Dans le péritoine nous n'avons observé qu'exceptionnellement des ecchymoses isolées; par contre nous avons trouvé sur deux pendus, à la surface interne de la dure-mère, dans l'étage moyen du crâne, des ecchymoses correspondant aux divisions de l'artère méningée moyenne.

Les ecchymoses ne sont pas des lésions propres à l'asphyxie et peuvent se rencontrer dans d'autres genres de mort, où se trouve une des conditions pouvant déterminer la rupture des petits vaisseaux et la formation consécutive de petites extravasations sanguines ; c'est ce qui peut arriver dans les morts par traumatisme. Ainsi on sait que souvent, au voisinage des blessures faites avec violence, se trouvent de petites extravasations sanguines de différentes grandeurs qui ne sont pas le résultat direct du traumatisme, mais sont nées par commotion ; à cet ordre appartiennent les ecchymoses sous-conjonctivales dans les cas de suicide par armes à feu tirées dans la tête.

On peut également trouver des ecchymoses dans les organes les plus divers à la suite d'une commotion ou d'une chute et dans les cas d'éboulement. Les ecchymoses que l'on trouve souvent dans les enveloppes molles du crâne des nouveau-nés sont aussi d'origine traumatique.

Cette lésion se rencontre en outre après des processus pathologiques, qui diminuent la résistance des parois des vaisseaux, c'est-à-dire le scorbut, l'hémophilie, la septicémie et autres processus infectieux (par exemple la variole hémorrhagique), mais surtout après l'empoisonnement par le phosphore dans lequel, outre la dégénérescence graisseuse générale des organes, on trouve encore celle des vaisseaux. C'est pourquoi les ruptures des vaisseaux périphériques, surtout des vaisseaux sous-séreux et sous-muqueux, font partie des lésions qu'on trouve sur le cadavre dans cet empoisonnement. A cet ordre appartiennent enfin les ecchymoses que l'on rencontre dans l'inflammation récente de la plèvre ou d'autres séreuses.

Ce qui est intéressant sous ce rapport, ce sont les observations de Schiff, Brown-Séquard, Ebstein (1) Nothnagel (2) et Vulpian (3), qui ont vu survenir des ecchymoses dans l'estomac, sous la plèvre (Ebstein) et dans les poumons mêmes (Nothnagel) après une blessure de certaines parties du cerveau et de la moelle, mais aussi après une longue excitation de nerfs sensitifs. Nothnagel ne se prononce pas sur la cause de ce phénomene. Mais Ebstein cherche à l'expliquer par l'excitation réflexe du centre vaso-moteur, et par suite par une augmentation de la pression du sang dans les vaisseaux. L'observation pratique concorde avec cette hypothèse, car il n'est pas rare de trouver, après la mort par blessures de la tête et par commotion cérébrale, des ecchymoses dans les poumons, le cœur et même l'estomac; ce qui pourrait toutefois s'expliquer par ce fait que ces lésions peuvent egalement amener en dernier lieu la mort par asphyxie.

ART. IV. — LA MORT PAR STRANGULATION.

On entend par *strangulation*, dans le sens le plus large du mot, l'asphyxie par compression des voies respiratoires au cou. Selon que la compression a lieu par un lien ou par la main, on distingue la strangulation par une corde (*Erdrosseln*) et la strangulation par la main (*Erwürgen*). Dans le premier cas on distingue encore la *pendaison* de la *strangulation*, et on parle de la première quand le lien est serré par le seul poids du corps, et de la dernière quand il l'est par une autre force (4).

§ 1er. — LA MORT PAR PENDAISON.

La pendaison arrive quand un individu, après s'être passé autour du cou une anse de corde fixée quelque part par un bout, laisse agir le poids de son corps, de façon à ce que la partie antérieure du cou soit comprimée par le lien et qu'il s'ensuive en quelques instants de la perte de connaissance et la mort.

(1) Ebstein, *Recherches expérimentales sur l'origine des extravasations sanguines dans la muqueuse de l'estomac* (*Arch. f. exp. Path.*, II, 183).

(2) Nothnagel, *Blessures du cerveau et hémorrhagies du poumon* (*Med. Centralbl.*, 1874), n° 14.

(3) Vulpian, *Leçons sur l'appareil vaso-moteur*, 1875, II, 535.

(4) Les Allemands possedent deux termes pour distinguer la strangulation par les mains (*erwürgen*) de la strangulation par une corde ou par un autre instrument (*erdrosseln*). Comme en français nous n'avons qu'un seul mot pour exprimer ces deux idées, nous avons fait suivre, chaque fois que le sens de la phrase l'exigeait, le mot de strangulation d'un complément par les mains ou par la corde. (*Note du traducteur.*)

I. — Symptômes.

Le resserrement du cou fait de cette façon a pour conséquence non seulement l'occlusion des voies respiratoires, mais encore la compression d'autres organes importants situés dans le cou. L'anse de la corde se trouvant presque toujours, comme nous le verrons plus tard et ce qui s'explique par les dispositions locales, au-dessus du larynx, entre celui-ci et l'os hyoïde, l'occlusion des voies respiratoires ne peut pas avoir lieu, comme on se le figure souvent, par compression du larynx ou même de la trachée, mais doit se faire de la façon suivante : la base de la langue est refoulée contre la paroi postérieure du pharynx, tandis que les parties sont tirées et repoussées vers le haut, ce dont on peut facilement se convaincre par des coupes sur des cadavres congelés de pendus. Cette occlusion des voies respiratoires au cou est par elle seule capable d'amener des symptômes d'asphyxie et de déterminer la mort. Malgré cela, il faut encore accorder un certain rôle à la compression des autres organes situés dans le cou, surtout des gros vaisseaux.

La position anatomique des vaisseaux et les conditions mécaniques qui accompagnent la pendaison peuvent déjà nous faire présumer qu'il doit y avoir compression des gros vaisseaux du cou, surtout des carotides. Ce qui plaide encore en faveur de cette opinion, c'est la rupture de la membrane interne de la carotide que l'on trouve souvent au point correspondant au sillon de strangulation. Enfin ce qui le prouve directement, ce sont les expériences que nous avons souvent répétées et toujours avec le même résultat (1). Celles-ci nous apprennent qu'il est impossible de faire passer du liquide par les carotides d'un cadavre suspendu, même si la pression est supérieure au poids du corps (ce qui arrive facilement pour le cadavre d'un enfant) et dépasse de beaucoup la pression sanguine. L'endroit où la carotide est comprimée, se trouve en général immédiatement en avant de sa bifurcation, et est par conséquent le même que celui où l'on trouve le plus souvent une rupture de la tunique interne. Il est certain que, dans ces conditions, les veines jugulaires sont comprimées jusqu'à devenir imperméables. Si donc il est prouvé que dans la pendaison les vaisseaux du cou sont comprimés, il faudra nécessairement accorder à cette

(1) E. Hofmann, *Mittheilungen des Vereins der Aertzte von Niederösterreich* vom Marz 1876. — Emm. Lévy, *Contribution à l'étude des causes de la mort dans la pendaison et la strangulation*. Paris, 1879.

compression un rôle important dans ce genre de mort, car nous savons que celle-ci est déjà par elle-même capable de déterminer des symptômes graves.

Aristote dit déjà que « quibus in collo venæ apprehenduntur insensibiles fiunt. » La compression des carotides a été recommandée et employée par des médecins modernes (Parry, Lewis, Romberg, Trousseau) pour couper les accès d'épilepsie. On remarque dans ce cas un trouble de la vue, du vertige, de l'hébétude, de la faiblesse, enfin de l'évanouissement et la chute. Kussmaul et Tenner ont observé les mêmes symptômes après la compression des carotides. Flemming (1) a constaté sur lui et sur d'autres personnes que la compression des artères du cou amenait un état de somnolence. Schiff (2) a trouvé que l'anémie du cerveau produite par compression des carotides agissait comme un excitant puissant sur le système vasculaire et augmentait la pression sanguine et la fréquence des pulsations. Filehne (3) a vu la respiration dite de Cheyne-Stock survenir après la compression des carotides. Pilz (4) a remarqué que sur six cents cas de ligature d'une ou des deux carotides 32 fois p. 100 il y a eu des accidents cérébraux et que la mortalité était de 32 1/2 pour 100.

Par ces observations nous voyons que l'oblitération des carotides seule donne lieu à des accidents cérébraux, à plus forte raison doit-on s'y attendre quand il y a en même temps compression des jugulaires, comme dans la pendaison. L'afflux et le retour du sang sont brusquement arrêtés dans le cerveau, et comme le cerveau réagit extraordinairement vite contre ces troubles de nutrition (oxydation), il est naturel et compréhensible qu'il doive y avoir immédiatement des symptômes du côté du cerveau, surtout de la perte de connaissance, et cela plus vite que s'il y avait simple occlusion des voies respiratoires, car dans ce dernier cas les processus d'oxydation dans le cerveau sont secondaires, tandis qu'ici ils agissent en premier lieu.

Cette circonstance que les artères et veines vertébrales restent perméables est certainement de peu d'importance ; car il est clair que, si dans la compression des carotides le retour du sang par les jugulaires est en même temps empêché, la circulation collatérale ne peut pas s'établir immédiatement par les vaisseaux vertébraux d'un calibre si faible, d'autant plus que le sang retenu dans le cerveau devient rapidement hyperveineux. En outre l'asphyxie résultant de l'occlusion des voies respiratoires suspend bientôt la circulation dans les artères et les veines vertébrales.

(1) Vulpian, *loc. cit.*, 146.
(2) Schiff, *Med. Contralbl.*, 1873, p. 18.
(3) Filehne, *Ibid.*, 1875, 810.
(4) Pilz, *Langenbeck Archiv*, IX, Bd.

Il ne faut pas oublier que le nerf vague peut être facilement comprimé, car il est situé dans la même gaîne que l'artère carotide et la jugulaire interne. Le rôle physiologique de ce nerf modérateur du cœur peut faire prévoir que cette compression n'est pas indifférente. Waller (1) employait la compression du nerf vague comme anesthésique, et a vu des individus tomber par terre comme frappés de la foudre après une pression d'une certaine durée sur ce nerf. Le professeur Thanhofer (2) a vu un étudiant qui s'était comprimé plusieurs fois un des nerfs pneumogastriques avec le bout de son ongle dans un but physiologique et qui avait poussé cette compression à un degré très avancé, tomber sans connaissance et sans pouls un jour qu'il s'était comprimé les deux nerfs pneumogastriques à la fois. Le professeur Czermak nous a fait voir la même chose sur lui-même.

Il résulte, de ce que nous avons dit, que la mort dans la pendaison ne survient pas seulement par occlusion des voies respiratoires, mais qu'il faut attribuer une certaine influence à l'interruption subite de la circulation dans le cerveau par compression des vaisseaux du cou et peut-être à l'arrêt du cœur par compression simultanée des nerfs vagues. C'est par cette raison que nous expliquons l'arrivée plus rapide de la mort dans la pendaison que dans les autres modes mécaniques d'aspyhxie et que nous croyons que la perte de connaissance doit avoir lieu au moment où se fait le resserrement de la corde passée autour du cou.

La rapidité de la perte de connaissance est confirmée par le dire de tous ceux qui ont été sauvés de la pendaison, car ils sont unanimes à reconnaître qu'ils ont perdu connaissance immédiatement après la constriction du cou, de sorte qu'ils ne se rappellent plus rien à partir de ce moment. C'est ce qui explique pourquoi parmi beaucoup ou peut-être la plupart des individus qui se pendent dans une position telle que leurs pieds touchent largement le sol, on ne connaît pas de cas de pendu qui se soit délivré lui-même de son lien. Si la perte de connaissance ne survenait pas immédiatement, nous trouverions par ci par là, comme dans les autres genres de suicide, des individus qui, par peur ou par douleur, auraient renoncé à leur tentative de suicide, d'autant plus que, pour le faire, ils n'auraient qu'à se remettre sur les pieds, ce qui leur serait facile dans la position où ils se trouvent, et que l'on peut facilement supporter, sans perdre connaissance, un arrêt de la respiration de 30 à 40 secondes.

Les autres symptômes, que l'on observe dans la pendaison, ne diffèrent presque pas de ceux que nous avons signalés dans l'as-

(1) Waller, *Prajer Vierteljahressch* 1871, III, 99.

(2) Thanhofer, *Excitation mécanique bilatérale du pneumogastrique chez l'homme* (*Med. Contralbl.* 1875).

phyxie en général. Nous les avons suivis sur deux pendus par autorité de justice que nous observions de très près, et dans les deux cas nous avons vu survenir dans le même ordre la période de dyspnée et la période de convulsions. Mais nous n'avons pu nous rendre compte de l'intensité de ces derniers mouvements, car les extrémités supérieures étaient liées, et les extrémités inférieures maintenues et tendues.

II. — **Résultats de l'autopsie.**

1° *Lésions externes.*

L'aspect extérieur d'un cadavre de pendu est le même, à part les phénomènes locaux du cou, que celui des autres cadavres. La cyanose de la face, qui n'est pas très prononcée au moment de la mort, comme nous avons pu nous en assurer sur deux pendus par justice, n'existe plus en général après la mort, et la face présente la pâleur ordinaire des autres cadavres. Les conjonctives sont ordinairement pâles, quelquefois, mais non toujours, parsemées d'ecchymoses. Les pupilles ne présentent rien de caractéristique. Les lèvres sont généralement pâles, recouvertes souvent de mucus desséché ou mousseux, venant de la cavité buccale, et consistant, comme nous nous en sommes convaincus sur deux pendus, en salive qui a été chassée mécaniquement des glandes salivaires et s'est écoulée hors de la bouche. La langue est le plus souvent poussée en avant et serrée entre les deux mâchoires. Cette circonstance, qui s'explique par des raisons tout à fait mécaniques, n'est pas particulière à la mort par pendaison et se rencontre même assez souvent dans les genres de mort les plus divers.

Si le cadavre a été dépendu dans les premières heures qui suivent la suspension, et a été placé dans la position ordinaire, les taches cadavériques sont uniformément répandues sur le corps. Mais s'il reste suspendu pendant un temps plus long, le sang descend dans la moitié inférieure du corps, et nous trouvons alors cette dernière et surtout les membres inférieurs, d'autant plus livides, que la suspension aura duré plus longtemps. Dans ce cas les membres inférieurs sont parsemés en outre de ces petites ecchymoses sous-épidermiques de la grandeur d'un point à celui d'un grain de chènevis, qui se forment après la mort par rupture des capillaires des papilles de la peau et dont nous avons déjà parlé. Ces ecchymoses, persistant même après que le corps a été dépendu, permettent de conclure que le cadavre a dû être suspendu non pas quelques minutes ou quelques heures, mais un temps assez long. Cette constatation peut avoir, dans certains cas, une importance considérable. Les mains dans ce cas prennent aussi une teinte livide, parce que le sang descend des parties supérieures des bras dans les mains.

Nous n'avons jamais vu chez les pendus *une érection du pénis*, pas même chez les deux pendus que nous avons observés pendant l'exécution, et que nous avons examinés une heure après leur mort. Du reste nous ne connaissons aucune observation dans ce sens qui soit digne de foi. Nous avons plusieurs fois observé une turgescence du pénis, mais toujours sur des cadavres qui étaient restés pendus pendant un temps assez long; aussi peut-on regarder ce signe comme un phénomène hypostatique, d'autant plus que nous n'avons pu voir sur aucun des deux pendus par justice (deux jeunes hommes vigoureux) ni turgescence ni trace d'une éjaculation dans le linge

Par contre nous avons trouvé sur l'un de ces hommes et très souvent sur les pendus suicidés, des spermatozoïdes dans l'urèthre et la vessie, ce que nous expliquons par le relâchement des sphincters correspondants, et que nous ne regardons nullement comme caractéristique de la mort par pendaison ou par strangulation ; car on peut observer ce fait dans toutes les morts subites et même dans les genres de morts les plus diverses (1).

Ce qui a encore une moindre signification que la turgescence des parties génitales de l'homme et l'existence de sperme dans l'urèthre, c'est la turgescence possible et la forte excrétion des parties génitales de la femme ou plutôt de la muqueuse du vagin.

On trouve souvent, mais non toujours, une incontinence des matières fécales, qui paraît être un phénomène *post mortem*, car je ne l'ai pas observé chez mes deux pendus.

La lésion extérieure la plus importante chez les pendus, c'est le sillon strangulatoire. Comme son nom le fait déjà prévoir, c'est une empreinte profonde en forme de sillon faisant le tour du cou et restant comme trace de la corde qui a serré le cou.

En général, il passe transversalement sur la partie antérieure du cou entre le larynx et l'os hyoïde, monte assez verticalement des deux côtés derrière les oreilles et même le plus souvent derrière les apophyses mastoïdes vers la nuque sur laquelle les extrémités du sillon ou bien se rencontrent sur la ligne médiane ou bien se perdent dans les parties chevelues avant d'atteindre cette ligne.

A la partie antérieure du cou, la corde peut se trouver aussi

(1) Ce qui prouve que l'on accorde toujours une valeur diagnostique à ce symptôme dont Casper a déjà démontré l'insignifiance, c'est le fait rapporté in *Friedreich's Blätter*, 1876, p. 353, dans lequel un médecin (!), sur l'existence seule de taches de sperme sur la chemise d'un homme, posa le diagnostic de strangulation, quoiqu'il n'y eût ni sur le cou ni sur le reste du corps des traces de blessure.

haut que le permettent les conditions anatomiques, c'est-à-dire jusqu'à ce que la corde soit retenue derrière les angles du maxillaire inférieur. Elle est située alors entre le larynx et l'os hyoïde, plus rarement au-dessus de cet os. Exceptionnellement la corde peut se trouver sur le larynx même. Cela arrive quand l'anse de la corde est fortement serrée autour du corps avant que n'agisse le poids du corps, de sorte qu'elle ne peut plus remonter. La forte saillie du larynx, surtout quand il est ossifié, donne quelquefois lieu au même effet. Enfin l'anse peut se trouver encore sur le larynx, quand la corde a été appliquée sur le cou entouré, comme cela arrive de temps en temps, d'un linge ou protégé par un forte barbe, et que l'anse se trouvait ainsi dans l'impossibilité de remonter. Nous n'avons observé le sillon sur la trachée au-dessous du larynx qu'une fois sur une vieille femme qui avait passé la corde au-dessous d'un goître kystique volumineux.

Ces observations concordent aussi avec celles d'autres auteurs. Ainsi le sillon se trouva :

	D'apres REMER.	D'apres DEVERGIE.	D'apres CASPER.	D'apres SAMSON HIMMELSTIRN.
Au-dessus du larynx	38 fois	20 fois	59 fois	10 fois.
Sur le larynx.........	7 —	7 —	9 —	3 —
Sous le larynx........	2 —	1 —		

Il ne faut pas oublier, pour la détermination du siège du sillon strangulatoire sur la partie antérieure du cou, qu'il est toujours situé plus bas sur le cadavre dans la position horizontale qu'il ne l'était pendant la pendaison. On trouve très souvent le sillon sur le larynx, tandis que, si l'on se figure par la pensée la position de la corde, on se convainct tout de suite que le sillon a dû être placé beaucoup plus haut. Il faut d'autant plus prendre en considération ce fait tout à fait naturel qu'il y a moins de circonstances locales, qui auraient pu empêcher la corde d'occuper la position la plus élevée.

La direction du sillon strangulatoire sur les parties latérales du cou et sur la nuque varie selon que la corde a été serrée ou non autour du cou avant que le pendu ait fait agir le poids de son corps.

Dans le premier cas, s'il s'agit d'un nœud coulant, le sillon qui persiste peut faire tout le tour du cou, c'est-à-dire se voir même sur la nuque, de sorte qu'on pourrait le prendre pour un sillon de strangulation par un tiers. Si le nœud n'est pas un nœud coulant, ou s'il n'est pas serré autour du cou avant la pendaison, on n'observe généralement pas de sillon strangulatoire sur la nuque, parce

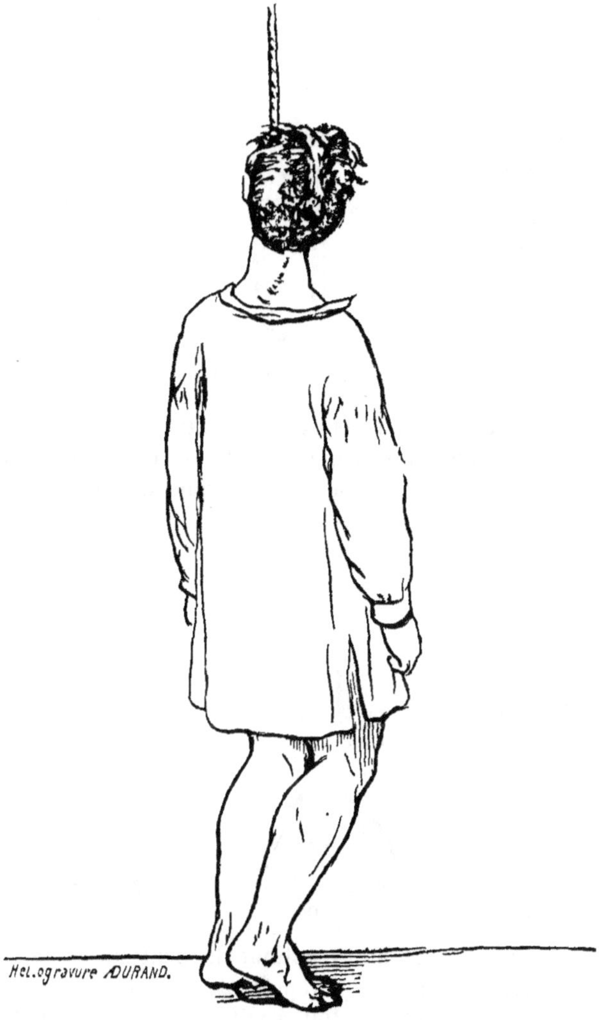

Fig. 18. — Détenu à Mazas, pendu au châssis de la fenêtre dans une position extremement remarquable ou le renversement forcé de la tête par suite de la position du nœud en avant sous le menton et du point de l'anse en arrière.

que les deux extrémités se perdent dans la partie chevelue de la tête avant d'atteindre la ligne médiane de la nuque.

La marche typique du sillon est symétrique dans ses deux moitiés; on comprend cependant qu'il puisse arriver facilement, et qu'il arrive que les extrémités de l'anse ne se rencontrent pas sur la ligne médiane de la nuque, mais sur les parties latérales. Ainsi il

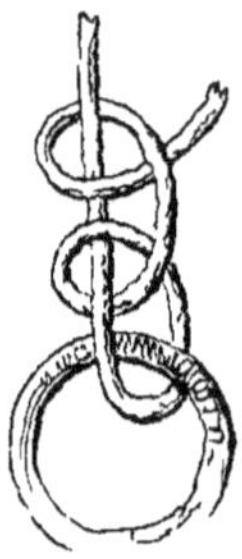

Fig. 19. — Nœud de marine.

Fig. 20. — Nœud coulant.

Fig. 21. — Nœud coulant.

n'est pas rare de voir les deux extrémités du sillon se rencontrer derrière une oreille, et on trouve une foule de positions intermédiaires entre celles-ci et la position typique. La réunion des deux

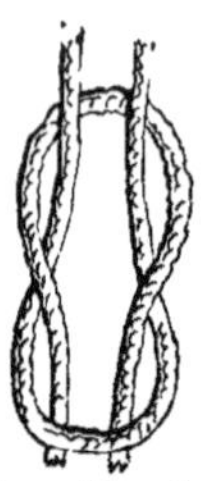

Fig. 22. — Nœud droit ou plat.

Fig. 23. — Nœud de tisserand.

Fig. 24. — Nœud coulant.

extrémités du sillon se fait exceptionnellement sur la partie antérieure du cou. Tardieu (1) a représenté un pendu sur lequel la corde occupe une position tout à fait contraire à celle qu'elle a sur les pendus ordinaires (fig. 18) : elle allait de la nuque vers la partie antérieure du cou et les extrémités de l'anse se réunissaient

(1) Tardieu, *Étude médico-légale sur la pendaison* (*Ann. d'hyg.*, 1870, t. XXXIII, p. 91), et *Étude médico-légale sur la pendaison, la strangulation et la suffocation*. 2e édition. Paris, 1879, p. 149.

devant l'oreille gauche. Nous avons récemment observé une marche semblable du sillon sur une femme qui s'était pendue dans une position presque horizontale. Cette dernière position et la marche du sillon se continuant sur la nuque donnèrent lieu à une enquête médico-légale.

Le sillon strangulatoire est, en général, d'autant plus prononcé que le lien de strangulation est plus apte à serrer le cou, c'est-à-dire à s'enfoncer dans la peau. Cela arrive surtout si le lien est mince et partout de même grosseur. Dans la plupart des cas on emploie

Fig. 25. — Rosette.

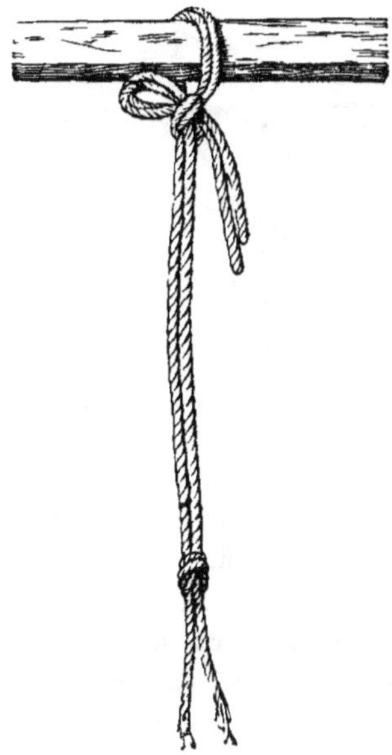

Fig. 26. — La corde après la rupture avec élongation des fils.

dans ce but des cordes, et le sillon strangulatoire se présente alors sous la forme d'un sillon profond, étroit, nettement limité par deux bords parallèles et bien distinct des parties environnantes. Plus la corde est mince et par conséquent coupante, plus est étroit, profond et marqué le sillon qu'elle laisse sur la peau. Schulze a vu un suicidé qui s'était pendu à un fil de fer; et il s'est présenté à Vienne, en 1876, un cas dans lequel la pendaison a eu lieu au moyen d'un fil de laiton. Malheureusement il nous a été impossible à nous-même d'examiner ce dernier cas; mais il est certain que parmi tous les instruments de pendaison un fil est le plus apte à produire un sillon strangulatoire profond et étroit;

on peut supposer que dans ce cas la peau même a dû être coupée et qu'on aurait pu regarder cette blessure comme provenant d'une tout autre cause.

Comme la façon de faire un nœud varie selon les métiers, le genre de nœud pourra faire connaître la profession du meurtrier.

[Nous distinguerons le *nœud droit* ou *nœud plat* (fig. 22), le *nœud de tisserand* (fig. 23), le *nœud de marine* (fig. 19), le *nœud coulant* (fig. 20, 21 et 24 (1).]

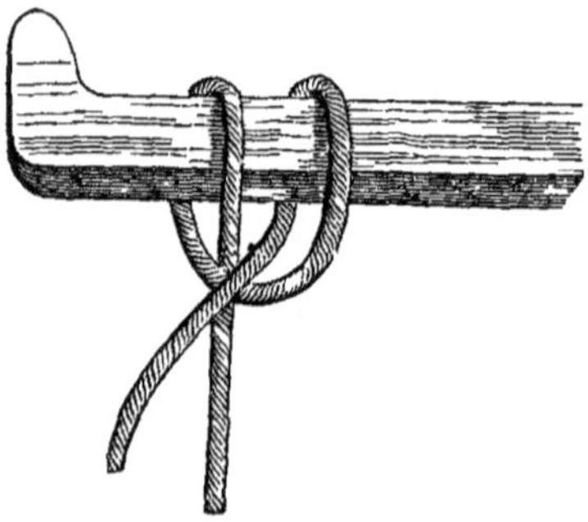

Fig. 27. — Nœud de batelier.

Fig. 28. — Le nœud en place.

[Dans un cas cité par A. Tardieu (2) la corde n'était retenue à la poutre que par une simple rosette, et il eût suffi de tirer d'un côté pour la dénouer (fig. 25) ; néanmoins, dans ce cas, la corde s'était rompue, avec élongation des brins qui la composent (fig. 26) indiquant que la corde avait eu à supporter un poids très lourd. Ce nœud porte, dit A. Tardieu (3), dans l'artillerie le nom de *nœud d'artificier*, et dans la batellerie le nom de *nœud de batelier:* il est très connu, très simple, très facile à faire et n'exige pas une main rigoureuse et exercée. Il consiste essentiellement en une double boucle superposée et avec laquelle on coiffe l'objet sur lequel on veut le fixer (fig. 28). Dans le cas cité par A. Tardieu, la cheville de bois se prêtait à merveille à ce mode de faire (fig. 27), le nœud préparé d'avance était, sans aucune difficulté, engagé sur l'extrémité de la cheville, puis serré par l enroulement de la corde sur cette même cheville, d'un côté et de l'autre, par le poids du corps engagé dans le nœud coulant (Tardieu).]

(1) Pour des détails, Voy. Héraud, *les Secrets de la science, de l'industrie et de l'économie domestique*. Paris, 1879, p. 430.

(2) Tardieu, *Étude médico-légale sur la pendaison, la strangulation et la suffocation*. 2e édition. Paris, 1879, p. 78.

(3) Tardieu, *Étude médico-légale sur la pendaison*. 2e édition. Paris, 1879, p. 104.

La pendaison a-t-elle lieu au moyen d'un drap (mouchoir, foulard, serviette), le sillon strangulatoire est d'autant plus large et plus superficiel et d'autant moins nettement limité que le lien aura été plus large, plus mou et plus irrégulier. Le drap a-t-il des nœuds, des coutures et d'autres parties saillantes ou cédant moins facilement, on retrouve plus ou moins, sur le sillon, l'empreinte de ces différentes parties. Il en est de même des spires quand le drap a été roulé en forme de corde. Si l'on a employé des cordes, surtout neuves, les spires se montrent sous la forme d'empreintes parallèles et obliques, correspondant aux parties de peau situées entre deux spires proéminentes et par conséquent comprimantes de la corde. Comme il n'est pas rare que les cordes ayant servi pour la pendaison soient composées de différentes parties ou qu'une extrémité de la corde ait été nouée en forme d'anse, à travers laquelle passe l'autre extrémité ; ces nœuds se retrouvent sur le sillon strangulatoire et interrompent l'uniformité de ce sillon. Dans un cas décrit par Tardieu une extrémité de la corde était passée à travers un anneau métallique fixé à l'autre extrémité, et on pouvait facilement reconnaître sur le cadavre l'empreinte de cet anneau.

En dehors des circonstances que nous venons de citer, la profondeur du sillon dépend du poids du corps du pendu et sera plus ou moins prononcée selon que le poids du corps aura agi en entier ou selon qu'il aura trouvé après la mort un appui quelconque, ce qui arrive surtout dans les cas si fréquents où le point de suspension a été assez rapproché du sol.

Le temps pendant lequel un cadavre est resté suspendu n'est pas sans influence sur la profondeur du sillon.

Nous ferons remarquer enfin que le sillon strangulatoire sera beaucoup plus prononcé à la partie antérieure du cou que sur les parties latérales et sur la nuque, car la constriction atteint son plus haut degré à cette place, excepté les cas où la corde est appliquée sur la partie antérieure ou latérale du cou.

Sur le cadavre le sillon de strangulation ou bien paraît desséché et parcheminé et présente alors une coloration allant du jaune-brun au rouge-brun, ou bien est mou et offre alors une coloration d'un bleu sale ou la couleur ordinaire de la peau, mais un peu plus pâle. La consistance parcheminée et momifiée du sillon strangulatoire ne se développe que sur le cadavre et est par conséquent un phénomène cadavérique. Mais elle exige, pour se produire, certaines conditions, qui rendent possible cette dessiccation *post mortem*. Parmi ces conditions figure en première ligne l'excoriation de la peau au niveau du sillon de strangulation. Par ce fait le derme est mis à nu dans les endroits correspondants et se dessèche sur le cadavre comme les autres excoriations de la peau. On rencontre surtout un sillon présentant ces caractères quand le pendu s'est servi de liens de strangulation raides, coupant profondément et écorchant l'épiderme, par conséquent très souvent quand la pendaison a eu lieu au moyen d'une corde, surtout d'une corde neuve. Cette dessiccation parcheminée est en général assez régulière, bien que plus prononcée à la partie antérieure du cou où la constriction a été plus forte. L'écorchure de l'épiderme et la forte compression de la peau peuvent encore expliquer pourquoi le sillon strangulatoire paraît desséché et parcheminé quelque temps après la mort. Par cette compression non seulement le sillon de la peau devient anémique, mais tous les liquides de cette partie sont encore exprimés, d'où il résulte que ce sillon, qui reste comprimé après la mort, se dessèche plus vite que la peau environnante. Comme par les liens étroits la compression du cou est plus intense, on comprend par la même raison pourquoi l'état parcheminé du sillon se trouve plus fréquemment dans ce cas, surtout si le pendu s'est servi d'une corde.

Le sillon mou se présente comme une ligne bleuâtre et enfoncée, ou comme un sillon d'un bleu plus clair ou anémique. On observe ces deux variétés quand la formation du sillon n'est pas accompagnée d'excoriation de la peau ou d'une forte compression, par conséquent surtout quand on s'est servi d'instruments de pendaison tels que draps, etc. La coloration blanche du sillon est due à une anémie occasionnée par une compression de la partie correspondante de la peau; la coloration bleue n'est qu'un degré plus prononcé de ce symptôme de compression et survient en partie parce que la peau a été amincie par la pression et que les muscles sont devenus plus visibles par transparence, en partie parce que la peau comprimée et condensée prend une coloration gris bleuâtre, comme on peut s'en convaincre facilement par des expériences.

Comme la dessiccation parcheminée du sillon de strangulation est un simple signe cadavérique et que son développement exige un certain temps, il s'ensuit que nous pouvons trouver des sillons excoriés ou fortement comprimés encore à l'état mou quand on fait l'examen du cadavre peu de temps après la pendaison, ou quand la dessiccation a été empêchée ou ralentie par des conditions extérieures. La dessiccation peut être retardée par la suspension même, parce que la corde recouvre le sillon et empêche ainsi pendant quelque temps l'action de l'air. De même la dessiccation peut manquer dans l'air humide ou dans l'eau, et un

Entre le sillon mou et le sillon sec et parcheminé il y a une foule de variétés et de formes intermédiaires, et il arrive souvent, surtout quand on a enployé non pas des cordes mais des draps roulés, des ceinturons, des bretelles, des courroies, etc., que le même sillon strangulatoire présente en même temps des parties molles et des parties sèches, de sorte qu'il paraît interrompu de distance en distance.

Un sillon de strangulation, accompagné d'excoriations et d'une compression forte et uniforme de la peau, apparaît nettement sur le cou et ne disparaît pas même quand le cadavre reste longtemps couché ou entre en putréfaction. Mais les sillons mous et mal limités, comme ceux que font les draps et surtout les draps de laine, sont souvent moins nettement prononcés, et l'empreinte superficielle et simplement anémique à laquelle ils donnent lieu, peut disparaître complètement sur le cadavre, de sorte qu'il se peut, qu'on ne trouve même plus de trace du sillon.

Le suicidé s'est-il pendu, un objet situé assez bas pour qu'après la mort le corps trouve un point d'appui et n'agisse par tout son poids, alors le cas précité devient encore plus fréquent.

sillon desséché et parcheminé peut redevenir mou quand il est exposé à l'action de l'eau ou d'un autre liquide. Il ne faut pas oublier ces faits dans l'examen des cadavres trouvés dans l'eau.

Un homme fut trouvé dans un bois pendu à la branche d'un arbre au moyen de son mouchoir, dans une position telle que non seulement il pouvait toucher le sol de ses pieds, mais que son siège reposait encore sur un banc de mousse qui entourait le pied de l'arbre. La levée du cadavre eut lieu en présence d'un médecin, qui dans son rapport décrivit le sillon de strangulation comme une empreinte superficielle et pâle. A l'autopsie on ne trouva plus de trace du sillon strangulatoire, de sorte que les médecins, commis à l'autopsie, non seulement exclurent l'idée de pendaison, mais accusèrent même le premier médecin d'avoir mal vu. Mais l'absence du sillon strangulatoire fut expliquée, dans une consultation de la Faculté, par les conditions dans lesquelles on avait trouvé le corps du pendu. Nous avons également constaté l'absence de sillon strangulatoire sur un homme qui s'était pendu dans la même position que le précédent à un vieux ceinturon. Casper-Liman citent également plusieurs cas semblables.

On observe plus souvent une absence partielle du sillon surtout dans les cas où le lien de strangulation est formé de bouts de drap ajoutés les uns aux autres.

Enfin le sillon de strangulation peut encore manquer ou être peu prononcé quand la corde n'est pas appliquée directement sur le cou nu, mais qu'il y a entre celui-ci et la corde des objets mous. Ainsi nous citerons plus loin un cas où l'empreinte d'un bouton de chemise fut prise comme une trace de strangulation par les mains et fit exclure l'idée de pendaison, parce que le sillon strangulatoire manquait. Mais cette absence s'expliquait par ce fait que la corde à laquelle le suicidé s'était pendu avait été mise par dessus un drap plusieurs fois plié et qu'on avait trouvé encore sur le cou. Une barbe épaisse peut également empêcher la formation du sillon sur la partie antérieure du cou.

2° *Lésions internes.*

Parmi les lésions internes, les plus importantes sont les lésions locales du cou.

La peau du sillon strangulatoire et le tissu cellulaire sous-cutané en cet endroit sont comprimés, exsangues et desséchés. On trouve rarement des suffusions dans le tissu cellulaire sous-cutané sous le sillon. Dans le grand nombre d'autopsies de pendus suicidés que nous avons déjà eu l'occasion de faire, nous n'avons trouvé cette lésion que deux fois, et cela dans le même mois.

Un de ces cas concernait un aliéné qui s'était pendu à une courroie et sur lequel on trouva sous le sillon des extravasations sanguines sur presque toute la longueur du sillon.

L'autre se rapportait à un homme de quarante ans, très fort et très lourd, que l'on trouva pendu par son foulard à l'angle de la porte et sur lequel nous avons constaté, entre le sillon et le muscle sterno-hyoïdien, deux extravasations sanguines, l'une de la grandeur d'un haricot et l'autre de celle d'une lentille (1).

Si les anciens auteurs parlent comme d'un fait ordinaire de sillons sanguinolents, cela tient à ce qu'ils ont pris la coloration bleue de ce sillon pour une suffusion sanguine ou, ce qui est encore plus vraisemblable, à ce qu'ils ont regardé comme telle la bande livide que l'on rencontre fréquemment, surtout si le corps est resté longtemps suspendu, au bord supérieur de l'empreinte laissée par la corde. Mais ce dernier signe est un phénomène cadavérique, une hypostase qui est due à ce que le sang, venant de la tête, s'accumule au-dessus de l'endroit resserré et détermine cette coloration de la peau que l'on regarde d'ordinaire comme des *lividités cadavériques.*

On trouve plus souvent, quoique exceptionnellement cependant, des ecchymoses dans les autres parties du tissu cellulaire du cou. Nous avons rencontré une fois une extravasation sanguine de la grandeur d'une lentille dans le tissu cellulaire, sous l'os hyoïde, et plusieurs fois de petites ecchymoses sous la muqueuse pharyngienne entre celle-ci et l'extrémité postérieure de l'apophyse supérieure du cartilage thyroïde ainsi que sur l'extrémité de la grande corne de l'os hyoïde. L'existence de ces ecchymoses peut s'expli-

(1) Casper-Liman n'ont jamais vu de sugillations sous le sillon strangulatoire ; par contre Neyding les a observées cinq fois et dans des cas non douteux de suicide (*Vierteljahrs. f. ger. Med.* 1870, XII, 349).

quer par la pression de ces parties solides sur les parties molles.

Enfin nous avons vu sur les deux pendus par justice, ainsi que dans trois cas de suicide, des extravasations sanguines de la grandeur d'un grain de chènevis, sur la tunique adventice de la carotide près de sa bifurcation et dans le tissu cellulaire lâche, qui se trouve à la partie antérieure de la colonne cervicale, c'est-à-dire aux endroits où s'est exercée principalement la compression du lien constricteur.

Nous n'avons jamais observé et nous ne connaissons pas de cas de déchirure des muscles du cou chez les suicidés ; mais nous avons trouvé chez les deux pendus par justice les muscles sous-hyoïdiens broyés ; cette trituration avait été produite par un nœud que l'exécuteur avait fait à cet endroit de la corde et qu'il avait pressé de toutes ses forces contre le larynx pendant la pendaison (1).

Nous avons trouvé deux fois des fractures de l'os hyoïde et les deux fois sur la grande corne droite, qui dans un cas (corde) était fracturé à son tiers postérieur, dans le second (foulard) au point où la corne se continue avec le corps. Le peu d'épaisseur et la courbure de l'os hyoïde rend cette fracture d'autant plus compréhensible que le sillon se trouve le plus souvent entre le larynx et l'os hyoïde. Malgré cela ces fractures sont exceptionnelles et l'os hyoïde est presque toujours intact.

Nous n'avons jamais trouvé de lésion du larynx, même quand la corde a été appliquée sur cet organe ; cependant nous admettons la possibilité d'une lésion du larynx, surtout dans le cas où la pendaison a été accompagnée d'un étranglement subit et violent du cou, comme par exemple dans l'action de sauter d'un endroit élevé. Les annales de la médecine renferment plusieurs observations analogues (2), très rares, il est vrai, de sorte qu'il faut se demander à propos de chaque cas si les circonstances qui l'ont accompagné, surtout la position de la corde, le mode de pendaison, etc., ont pu rendre cette lésion possible ou non.

Aux lésions locales que l'on peut rencontrer dans les parties molles du cou des pendus appartient aussi la rupture de la mem-

(1) Cette pratique du bourreau paraît être très ancienne, car Morgagni (*l. c., Epistol.* XIX) rapporte que, dans une exécution pareille : « Carnificis laqueus musculos, qui os hyoïdes cum larynge proximisque partibus connectunt, disruperat, ut illud os ab larynge esset separatum. »

(2) Voyez Casper-Liman, *loc. cit.*, 661 ; — Hellwig, *Vierteljahrsc f. ger. Med.* XVIII, 342.

brane interne de la carotide primitive. C'est Amussat qui, le premier, a appelé l'attention sur cette rupture et depuis elle a été non seulement observée plusieurs fois sur des pendus, mais a encore été produite artificiellement par des expériences de pendaison sur des cadavres (1). Nous l'avons observée trois fois seulement sur des suicidés et deux fois sur les deux pendus par justice, des deux côtés chez l'un, d'un seul côté chez l'autre. En somme, c'est une lésion qui n'est pas très fréquente chez les suicidés, bien que Simon affirme avoir observé deux fois cette rupture sur six pendus. Dans tous les cas, la rupture se trouvait juste au-dessous de la bifurcation de la carotide, par conséquent l'endroit où les carotides sont comprimées par le lien au point de devenir imperméables et sont aplaties contre la colonne vertébrale. La rupture est déterminée par cette compression et par le refoulement de l'artère en haut. Elle se présente, dans tous les cas, comme une déchirure transversale de la tunique interne intéressant une partie ou toute la périphérie de la paroi. Dans le dernier cas, les bords sont un peu roulés sur eux-mêmes, ce qui a d'autant moins lieu dans le cas où la rupture n'intéresse qu'une partie de la tunique, que la déchirure est moins longue. Dans tous les cas observés par nous, la déchirure présentait des sugillations, mais toujours peu prononcées. Il semblait que ce fût surtout les liens minces et s'enfonçant fortement qui déterminent ces ruptures, car dans tous les cas, à l'exception d'un seul où l'on s'était servi d'une courroie, les suicidés avaient toujours fait usage d'une corde. Nous n'avons pas pu vérifier si une certaine rigidité des artères, surtout l'athérome, facilitait cette rupture, car les individus que nous avons examinés étaient tous assez jeunes. Nous ne pouvons pas prétendre non plus que le volume du cou ait une certaine influence.

Autrefois on parlait beaucoup de la rupture de la colonne vertébrale et de luxations de l'axis et autres lésions semblables chez les pendus. On peut supposer que ces lésions se rencontrent chez des pendus par autorité de justice, auxquels se rapportent du reste presque toutes les observations anciennes, à la suite des manœuvres du bourreau (*cervices frangere*, Morgagni) (2). Nous n'avons pas pu trouver de lésion de la colonne vertébrale chez nos deux pendus par justice, pas plus que sur la tête séparée d'un troisième individu pendu de cette façon, il y a longtemps, il est

(1) Simon, *Déchirures de la carotide interne chez les pendus* (*Virchow's, Arch.*, XI). — Faber, *Deutsche Zeitschrift f. Staatsarzneikunde*, 1870, fasc. I.
(2) *Loc. cit.*

vrai, et que nous conservons dans notre collection. Pas plus que d'autres médecins légistes très occupés de notre époque, nous n'avons trouvé de lésion semblable sur les pendus suicidés, ce qui nous fait croire que ces lésions ne se rencontrent jamais dans la pendaison par suicide, à moins que ce suicide n'ait été accompli dans des circonstances tout à fait extraordinaires qui aient fait subir à la colonne vertébrale une secousse subite et violente.

Dans un cas soumis à l'examen de la Faculté de Prague, on trouva une jeune paysanne enceinte pendue dans un clocher à la corde d'une cloche entre le support des cloches et le pied de la tour; on supposa que son amant l'avait assassinée en lui jetant à l'improviste une anse de corde autour du cou et en la précipitant ensuite dans le vide. Ce cas n'était, selon toute probabilité, qu'un suicide, et le rapport de la Faculté conclut dans ce sens. Nous citons ce cas parce qu'il y avait là certainement les circonstances les plus favorables pour la production d'une rupture de la colonne vertébrale. Malheureusement les médecins chargés de l'autopsie oublierent de l'examiner, de sorte que cette observation, qui eût été une des plus intéressantes pour l'étude de la mort dans la pendaison, a été perdue pour la science.

Liman décrit un cas de rupture de la colonne vertébrale chez un homme qui s'était passé une courroie autour du cou et s'était précipité du haut d'un escalier. Ce cas est d'autant plus remarquable qu'on n'a pas trouvé de sillon strangulatoire, ce qui peut s'expliquer, d'une part, par ce fait que cet homme avait une barbe très forte; d'autre part, parce que la corde avait été immédiatement coupée: il est vrai qu'à la suite de cette opération il était tombé d'une hauteur de douze pieds sur le pavé de la cour. Ansiaux de Lustich (1) aurait observé un cas de déchirure du ligament intervertébral chez un pendu suicide. On rapporte des cas analogues qui ne sont rien moins que prouvés (2).

Les autres lésions sont les mêmes que celles de la mort par asphyxie en général. L'hypérémie du cerveau et de ses enveloppes n'est pas constante, bien qu'on puisse s'y attendre par suite de la compression des vaisseaux du cou, sauf ceux de la colonne vertébrale. Nous avons observé deux fois des ecchymoses de la dure-mère. Les veines jugulaires sont en général fortement congestionnées. Nous avons déjà parlé plus haut de l'inconstance des lésions du poumon. Les ecchymoses du poumon sont relativement rares chez les adultes. Les organes abdominaux n'offrent rien de particulier quand le corps n'est pas resté longtemps suspendu et a été mis dans le décubitus dorsal ordinaire. Plus le cadavre reste longtemps suspendu, plus ces organes se montrent congestionnés, ce qui peut être regardé comme un phénomène d'hypostase.

(1) Ansiaux, *Schmidt's Jahrb.* 1843, 40 vol. 370.

(2) *Annal. d. Staatsarzneikunde*, X, 701, et in *Ztsch. f. Staatsarzneikunde*, 1851, F. IX, 153.

Nous n'avons trouvé de forte hypérémie des reins, signalée par Casper chez les pendus, que sur des cadavres qui étaient restés longtemps suspendus. De même l'hypérémie considérable de la muqueuse intestinale avec extravasation (probablement *post mortem*), telle que l'ont décrite Samson-Himmelstirn (1) et Hœlder (2), nous ne l'avons trouvée également que dans ces circonstances. Par contre nous avons constaté souvent une forte injection de la muqueuse stomacale et des ecchymoses dans le grand cul-de-sac, et cela dans des circonstances où il n'était pas possible d'admettre une simple hypostase. Ces ecchymoses sont dues à la contracture vaso-motrice de l'asphyxie, surtout des vaisseaux de l'intestin et de la rate (3).

S'agit-il de décider dans un cas s'il y a eu *suicide* ou *crime*, on se rappellera d'abord que le suicide par pendaison est l'un des plus fréquents, de sorte que dans le plus grand nombre des cas cette circonstance doit faire penser au suicide. Comme le crime ne peut avoir lieu à cause de la résistance de la victime qu'avec le concours d'un certain nombre de circonstances toutes particulières (comme chez cette jeune fille dans un clocher) et sur des enfants ou sur des individus sans connaissance ou avec l'aide de plusieurs personnes, nous ne sommes pas autorisés à admettre la faute d'un tiers, si on ne peut pas constater ce concours de circonstances et si on ne trouve pas de traces de lutte ou d'un autre genre de mort.

En avril 1875, un tailleur de Vienne pendit ses cinq enfants âgés de huit mois, de deux, six, huit et neuf ans, puis se pendit lui-même.

Un garçon de bureau se rendit coupable du même crime sur ses deux enfants âgés de treize et de six ans, qu'il avait probablement surpris dans leur sommeil. Le sillon fait sur le cou de ces deux enfants par une corde ne présenta rien de particulier quant à sa direction. On trouva cependant sur les deux enfants une extravasation sanguine de la grandeur d'une pièce de cinquante centimes sous l'aponévrose épicrânienne, au-dessus de l'écaille de l'occipital; sur l'aîné des deux enfants, on voyait en outre une excoriation de la peau de la grandeur d'un haricot sur le bord antérieur du sterno-mastoïdien droit à la hauteur du larynx, une dessiccation de la peau de même grandeur sur le front et la racine du nez, enfin une extravasation sanguine de la grandeur d'un pois sur la peau de la joue droite, ce qui avait fait supposer qu'au moins pour l'un des deux enfants le meurtre ne s'était pas accompli sans laisser d'autres traces que celles du sillon de strangulation.

Ce qui arrive plus souvent, c'est de voir des individus assassinés

(1) Samson-Himmelstirn, *Schmidt's Jahrb.* 1855, vol. 7.

(2) Hœlder, *Prag. Vierteljahrschr.* Bd. 36. Anal. 80.

(3) Taylor, *l. c.* II, 40.

d'une autre manière et pendus après leur mort, pour faire croire à un suicide.

La mort a-t-elle eu lieu par une blessure mécanique, le diagnostic sera relativement facile, par la découverte des blessures et de leurs suites (par exemple : Signes d'hémorrhagies). C'est ainsi que Casper rapporte le cas d'un matelot qui fut tué d'un coup de poignard par les filles d'une maison publique ; les filles, pour cacher le crime, lavèrent le cadavre, lui mirent une chemise propre et le pendirent.

Dans les rapports de Maschka (1), se trouve le cas d'un jeune homme qui fut trouvé pendu à un saule à plusieurs pieds du sol, tandis que l'examen du cadavre, pratiqué avec soin, fit découvrir une fracture du crâne avec hémorrhagie considérable. Dans ces deux cas il n'y avait pas lieu d'hésiter entre le crime et le suicide.

Il faut songer cependant, dans l'appréciation de ces faits, que l'on peut trouver des blessures de différente nature dans des cas non douteux de suicide.

Les blessures peuvent avoir été faites avant la pendaison, soit par accident, soit par une main étrangère ou la main même du suicidé.

Sur un alcoolique qui s'était pendu, nous avons trouvé toute la région orbitaire du côté droit gonflée et ecchymotique, il fut prouvé cependant que cet homme s'était enivré deux jours auparavant et dans son ivresse s'était fait cette blessure. Dans un autre cas un élève s'était pendu à la suite d'une correction que lui avait administrée son maître, et on trouva sur son cadavre plusieurs raies sur le dos et les extrémités inférieures, provenant des coups de bâton, en outre une extravasation sanguine de la grandeur d'une pièce de un franc sous le cuir chevelu. Toutes ces blessures provenaient certainement de la correction qu'il avait subie peu de temps avant sa mort. Un ivrogne avait reçu de sa femme, huit jours avant qu'il se pendît, un coup sur la tête avec le dos d'une cognée et avait fortement saigné. Comme on avait émis l'idée que ce coup pouvait avoir déterminé une aliénation mentale qui l'aurait poussé à accomplir ce suicide non douteux, la justice fit faire l'autopsie medico-légale. On trouva une plaie du cuir chevelu longue de deux centimètres et couverte de pus derrière l'oreille gauche avec une suffusion sanguine considérable, des ecchymoses sous les deux paupières du côté droit, enfin, au milieu du sternum, une ecchymose de la grandeur d'un écu. Maschka rapporte un cas analogue de suicide accompli cinq mois après un coup reçu sur la tête avec une faux, où l'on agita également la question de savoir si cette blessure pouvait avoir occasionné un trouble de l'intelligence et par cela le suicide. Dans ce cas, ainsi que dans le nôtre, on ne put conclure à la certitude ni même à la probabilité de cette hypothèse.

Les blessures peuvent avoir été faites par le suicidé lui-même, si celui-ci a cherché et n'a pas réussi à se tuer d'une autre façon. Casper a trouvé sur une

(1) Maschka's *Gutachten*.

vieille fille, qui s'était pendue à son châle de laine, deux coups de couteau dans la région précordiale ayant intéressé le péricarde et l'un d'eux la couche graisseuse du cœur. Cette fille s'était blessée avec un couteau de table, puis s'était lavée et pendue ensuite. Nous avons rapporté plus haut un cas de Taylor dans lequel un homme avait cherché à se couper la gorge et avait fini par se pendre. Dans ces cas il faut toujours se demander si l'individu, après s'être fait ces blessures, était encore en état de se pendre lui-même.

Il n'est pas impossible que les pendus se blessent en se heurtant contre des objets saillants, surtout dans la pendaison, qui est accompagnée de convulsions ; mais la chose est excessivement rare. Du moins nous n'avons vu qu'un cas de ce genre, dans lequel une écorchure de la peau avec ecchymose insignifiante au-dessus de l'une des omoplates avait été manifestement produite par une partie saillante d'un grillage en fer auquel cet individu s'était pendu. Il est impossible qu'il se produise des lésions plus graves de cette manière (1).

Ce qui mérite plus d'attention, c'est ce fait que des lésions très variées peuvent être produites après la mort, surtout quand on enlève le cadavre sans précaution et d'une manière maladroite.

Dans un de nos cas un passant vit un homme pendu à la fenêtre du rez-de-chaussée. Dans son ardeur à le sauver il tira son couteau de sa poche et coupa la corde ; au même moment le cadavre disparut et on découvrit qu'il était tombé dans une cave ouverte qui se trouvait sous la fenêtre. A l'autopsie on constata, outre le sillon strangulatoire fortement prononcé et les signes de la mort par asphyxie, une diastase de la suture lambdoïde droite avec une fêlure se prolongeant jusqu'au trou déchiré du même côté, une ecchymose de la peau de l'occiput et une extravasation sanguine considérable dans les fosses occipitales. Il n'était pas douteux que cette fêlure ne se fût produite par la chute du pendu dans cette cave assez profonde.

Dans un autre cas on trouva à l'autopsie d'un pendu inconnu un épanchement sanguin dans la cavité abdominale, provenant d'une rupture profonde du foie. L'enquête, à laquelle on se livra, apprit qu'un veilleur de nuit, apercevant cet homme pendu à une branche assez élevée d'un arbre, avait coupé la corde avec son sabre et que le corps était tombé avec une grande violence sur le sol. La rupture du foie avait été manifestement déterminée par cette chute, ainsi que l'épanchement sanguin consécutif dans la cavité abdominale, ce qui se comprend facilement quand on songe à la congestion du foie après la mort et à la consistance liquide du sang dans l'asphyxie.

Dans le cas de Casper-Liman que nous avons cité plus haut, il n'est pas impossible que la fracture de la colonne vertébrale ait été le résultat de la chute du corps sur le pavé de la cour.

Pour montrer la façon dont on agit souvent avec le cadavre des pendus, nous

(1) Le contact prolongé d'une partie du corps avec un objet dur peut déterminer *post mortem* des plaques analogues, qui se dessèchent plus tard.

citerons un cas (1) dans lequel un individu fut trouvé pendu sur le toit et, comme il était trop difficile de le descendre, on employa un moyen plus facile : on le fit tomber du toit par terre : on détermina ainsi des lésions considérables (2).

Il sera bien plus difficile de se prononcer, si l'individu a été suffoqué d'abord d'une autre manière et a été pendu après, parce que les lésions internes peuvent être les mêmes que chez les pendus ordinaires. On se rappellera dans ces cas que les traces de lutte et de résistance et surtout les traces locales appartiennent plus particulièrement à la strangulation par les mains ou par la corde. Comme nous parlerons plus loin de ces deux modes de strangulation, nous ne voulons pas donner ici une description détaillée des traces de la lutte et de la résistance. Nous voulons seulement rappeler ici que

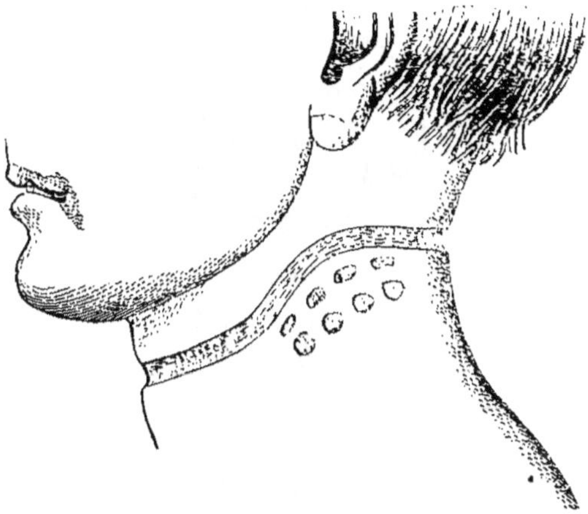

Fig. 29. — Sillon strangulatoire et écorchures dans la partie postérieure du cou, profondes de 6 à 7 millimètres. Au-dessous du sillon, plusieurs ecchymoses roussâtres de 1 centimètre environ, arrondies séparées par des intervalles réguliers et comme rangés sur deux lignes ou traînées transversales. Une tache ecchymotique existe à l'extrémité de l'oreille gauche.

l'on ne peut pas rapporter à la pression faite par une main étrangère toutes les excoriations qui se trouvent au cou, en dehors du sillon strangulatoire, car ces excoriations peuvent avoir été pro-

(1) *Friedreich's Central Archiv f. Staatsarzneikund.* 1845, p. 442.

(2) Il faut encore citer la possibilité de la rupture de la corde sous le poids du corps et les lésions qui peuvent résulter de la chute du corps. Il est arrivé également qu'à la suite d'une décomposition avancée la tête se soit détachée du tronc et que la corde soit restée à sa place. Schauerstein (*loc. cit.*, 579) cite un cas de ce genre.

duites par les nœuds ou le déplacement de la corde, peut-être aussi par la propre main du suicidé, surtout dans les tentatives qu'il a faites pour se délivrer du lien strangulatoire. Il est vrai, comme nous l'avons dit plus haut, que cette circonstance doit se présenter

Fig. 30. — Jeune homme de vingt-quatre ans détenu à Mazas, pendu à l'angle de la fenêtre de la cellule, à l'aide de la courroie du hamac, à laquelle il avait attaché une bande de linge et une cravate. Les pieds reposent sur le matelas et la main est prise entre le lien et le cou.

rarement, parce que le pendu perd très rapidement connaissance.

Nous n'avons jamais observé sur le cou des suicidés des lésions produites de cette façon, et nous trouvons là une nouvelle preuve à l'appui de notre opinion, d'après laquelle les pendus perdraient connaissance immédiatement après le resserrement de la corde. Cependant Tardieu a décrit, en en reproduisant le dessin, un cas dans lequel on a trouvé sur un pendu, immédiatement au-dessus de la moitié gauche du sillon strangulatoire nettement dessiné, quatre écorchures de la peau situées à égale distance et à côté l'une de l'autre, qui par leur position, leur forme, leur disposition et les autres circonstances ne pouvaient être produites que par la propre main du suicidé (fig. 29). Tardieu pense qu'elles ont été occasionnées par les tentatives faites par le pendu pour se délivrer du lien. Il ne nous paraît pas impossible que ces empreintes proviennent de ce que l'individu, au moment où le poids du corps a, contre son attente, resserré la corde, ait introduit ses doigts entre la corde et son cou et que ses doigts pincés seulement par leur extrémité aient été repoussés au dehors (1).

[Tardieu (2) cite un cas analogue observé chez un jeune homme de vingt-quatre ans qui s'est pendu dans sa cellule à la prison de Mazas et dont le suicide par conséquent n'est pas douteux. On voit (fig. 30) le mouvement de ce malheureux, dont l'instinct de conservation se réveille au seuil d'une mort volontaire et qui par un suprême effort écarte de la main le lien que lui-même s'est attaché au cou.]

Cette circonstance, que le suicidé a été trouvé pendu sans toucher le sol ou que ses pieds ou une autre partie du corps ont trouvé quelque part un point d'appui, ne doit pas être négligée afin de pouvoir décider s'il y a eu crime ou suicide. Car un grand nombre d'observations nous apprennent que dans le suicide le corps ne pend pas toujours librement, mais que très souvent la distance du point de suspension au sol est moindre que celle du cou aux pieds, de sorte que le corps se trouve dans les positions les plus diverses, touchant le sol par les pieds, par les genoux ou le siège.

Marc (3) et Tardieu (4) ont représenté un grand nombre de ces positions.

[Nous en reproduisons les principales :

C'est un garçon de seize ans pendu dans un grenier par une anse

(1) Tardieu, *Question médico-légale de la pendaison, distinction du suicide et de l'homicide* (*Ann. d'hyg.*, 1865, tome XXIII, p. 341), et *Étude médico-légale sur la pendaison*, 2ᵉ édition. Paris, 1879, p. 80.

(2) Tardieu, *Étude médico-legale*, p. 133.

(3) Marc, *Examen médico-légal des causes de la mort de S. A. R. le prince de Condé* (*Ann. d'hyg.*, t. V, p. 156, 1831).

(4) Tardieu, *Etude medico-légale sur la pendaison*. 2ᵉ édition. Paris, 1879, p. 138 et suivantes. Il y a 13 planches de pendus.

simple à l'aide d'un mouchoir noué sous le menton, les pieds posant dans un tas deblé (fig. 31).

C'est un Anglais pédéraste pendu dans sa prison à l'aide de la-

Fig. 31. — Garçon de seize ans pendu dans un grenier par une anse simple à l'aide d'un mouchoir noué sous le menton, les pieds posant dans un tas de blé.

nières faites avec son drap, les pieds ayant glissé sur le sol et faisant arc-boutant (fig. 32).

C'est une fille détenue aux Madelonnettes, suspendue au pied de son lit, à l'aide de sa chemise roulée, couchée presque par terre; a pu être rappelée à la vie. Elle était sans connaissance, la face rouge, la bouche entr'ouverte, la langue un peu sortie (fig. 33).

C'est un détenu de Mazas, pendu au bec de gaz à une hauteur de $1^{m},27$, à l'aide de la courroie du hamac et d'une cravate, complètement assis par terre, la main appuyée sur le sol, comme pour se relever ; un tampon de linge enfoncé dans la bouche (fig. 34).

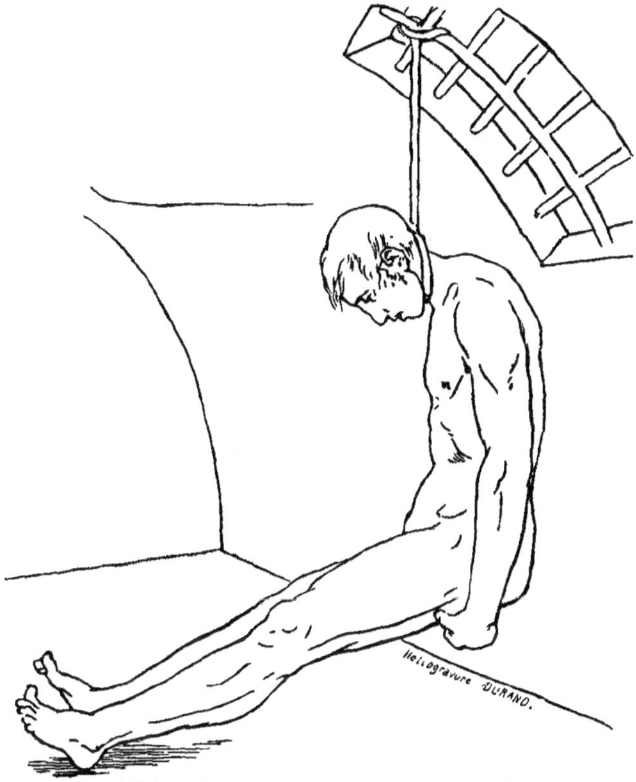

Fig. 32. — Anglais, pédéraste, pendu dans sa prison à l'aide de lanières faites avec son drap, les pieds ayant glissé sur le sol et faisant arc-boutant.

C'est un détenu de Mazas, pédéraste, âgé de soixante ans, pendu au châssis de la fenêtre à l'aide d'une courroie ; un pied posant à terre, l'autre sur une chaise (fig. 35).]

Il serait à désirer que ceux qui ont l'occasion de voir beaucoup de suicidés, continuassent la série des observations commencées par Marc et Tardieu. La chose est facile dans les grandes villes où les suicides sont si fréquents, car on sait que le nombre de ceux qui se pendent à des loquets de porte, au bas d'une échelle, à la rampe d'un escalier, aux croisées, etc., est relativement considérable.

Tardieu a réuni en tout 261 cas dans lesquels les différentes parties du corps touchaient le sol : 108 fois c'étaient les pieds, 12 fois les genoux qui touchaient le sol ; 25 fois le corps était dans une position plus ou moins horizontale avec les pieds étendus, 10 fois, dans la position assise et 3 fois, à genoux.

Il est certain que la plupart de ces positions sont prises après la mort ou mieux pendant l'agonie et que les suicidés, repliant leurs

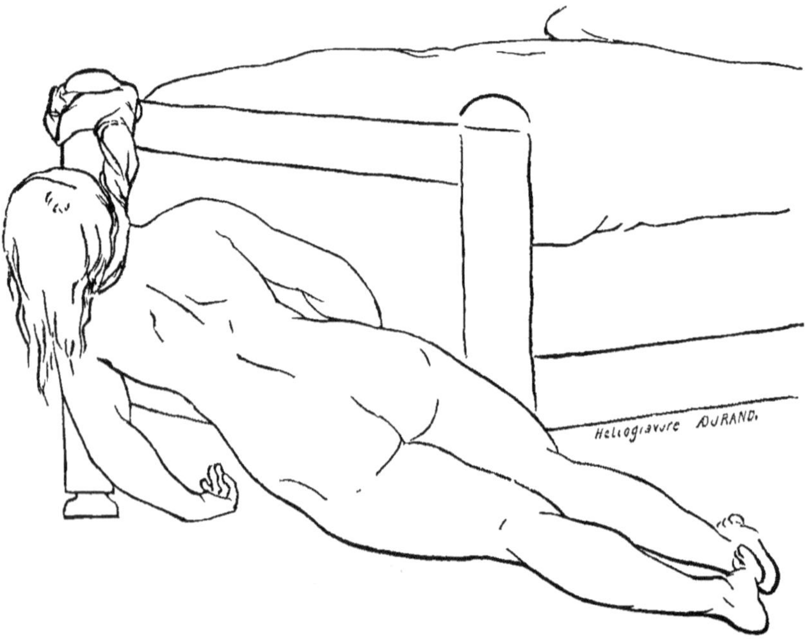

Fig. 33. — Fille détenue aux Madelonnettes, suspendue aux pieds de son lit, à l'aide de sa chemise roulée, couchée presque par terre, a pu être rappelée à la vie. Elle était sans connaissance, la face rouge, la bouche entr'ouverte, la langue un peu sortie.

jambes pendant la pendaison, laissent agir tout le poids de leur corps. Malgré cela, par suite du point d'appui que le corps trouve après la mort, la constriction du lien est moindre que si le corps pendait librement. Nous avons déjà dit plus haut que cette circonstance peut faire que le sillon strangulatoire soit peu prononcé, surtout si on s'est servi, non pas d'une corde, mais d'un lien plus mou et plus épais. On comprend également que dans ces genres de pendaison il se produise des lésions moins prononcées des organes internes du cou que dans le genre de pendaison typique.

Bien qu'il faille admettre, d'après ce que nous avons dit, la possibilité du suicide dans ces positions, il ne faut pas oublier non plus que, si la suspension du cadavre d'un adulte à une grande hauteur n'est pas facile, elle peut pourtant se faire sans grande difficulté dans des positions moins élevées ; de sorte que, s'il y a d'autres circonstances qui font supposer la faute d'un tiers, la position du ca-

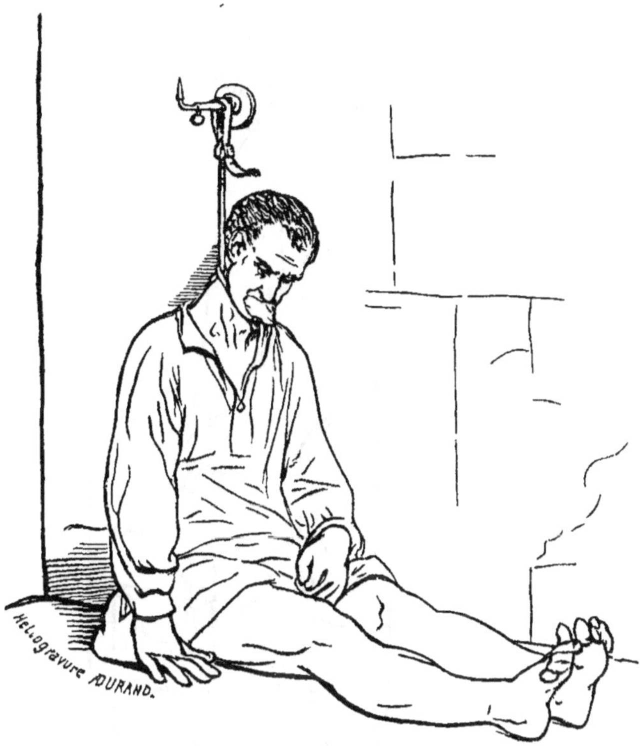

Fig. 34. — Détenu à Mazas pendu au bec de gaz à une hauteur de $1^{m},27$ à l'aide de la courroie du hamac et d'une cravate, complètement assis par terre, la la main appuyée sur le sol comme pour se relever, un tampon de linge enfoncé dans la bouche.

davre peut servir à corroborer cette opinion. C'est ainsi qu'il s'est présenté, il y a trois ans, à Vienne, un cas où un homme, après avoir étranglé sa femme sur le gazon, avait attaché la corde à la branche flexible d'une haie pour faire croire à un suicide, de sorte que le cadavre fut trouvé dans la position horizontale.

De même Taylor représente une femme dont le cadavre se trouve à terre, le dos appuyé contre le mur, les pieds étendus et au cou de laquelle était placée une corde assez longue, allant dans une

Fig. 35. — Détenu à Mazas, pédéraste, âgé de soixante ans, pendu au châssis de la fenêtre à l'aide de la courroie, un pied posant à terre, l'autre sur une chaise.

direction oblique à un crochet fixé à une grande hauteur dans le mur. Chez cette femme on trouva non seulement de nombreuses sugillations et des écorchures sanglantes de la peau, mais encore une déchirure longue d'un pouce et demi sur la trachée, de sorte qu'on put conclure immédiatement à un meurtre (1).

Fig. 36. — Condamné pendu à la Conciergerie à l'aide de sa chemise roulée formant nœud coulant et fixée à une croisée très peu haute ; presque assis sur le rebord de la fenêtre, les jambes fléchies, les pieds posant sur le sol, les mains liées en avant.

On s'est demandé si les caractères du sillon strangulatoire ne pourraient pas faire connaître si la corde a été passée autour du

(1) Il s'est présenté des cas où les suicidés, pour être plus sûrs de ne pas se manquer, s'étaient liés les mains ou les pieds où y avaient attaché des poids.

cou pendant la vie ou après la mort. Malheureusement il y a peu d'éclaircissements à attendre de ce côté, car un grand nombre d'expériences instituées par Casper, par d'autres auteurs et par nous-même, ont toutes prouvé que toutes les formes de sillons de strangulation observées chez les pendus peuvent également être produites sur le cadavre. Cela se comprend aisément, si l'on songe que le sillon strangulatoire n'est que le résultat d'une compression, n'amenant qu'exceptionnellement des symptômes de réaction, surtout des ecchymoses du tissu cellulaire sous-cutané. Les autres genres de sillons tels que nous les trouvons sur les suicidés, c'est-à-dire le sillon parcheminé, dur et desséché, ou bien le sillon mou, peuvent également être provoqués artificiellement sur le cadavre d'autant plus que le sillon momifié ne se forme complètement que par dessiccation sur le cadavre.

Neyding (1) a examiné au microscope le sillon strangulatoire des suicidés et dans 25 cas sur 30 il a trouvé de petites extravasations auxquelles il accorde une grande valeur diagnostique comme phénomène produit pendant la vie. Plus tard Bremme (2) a fait des recherches analogues sous la direction de Liman et de Skrzerzka et a trouvé que ces extravasations microscopiques ne se rencontrent pas toujours dans le sillon strangulatoire produit pendant la vie et qu'elles peuvent même se présenter quand le sillon a été fait après la mort.

Nous-même nous avons fait les mêmes expériences et nous nous rangeons à l'opinion de Bremme ; nous pensons que l'existence de ces extravasations microscopiques ne peut pas servir à diagnostiquer, d'une façon certaine, si le sillon a été produit pendant la vie ou après la mort. Par contre nous avons souvent observé, au bord libre d'un sillon excorié, de petites extravasations sanguines desséchées produites manifestement par la déchirure des vaisseaux des papilles de la peau et disposées de façon à correspondre aux petits plis de la peau qui se forment, comme nous l'avons dit, entre deux spires de la corde et sont d'autant plus prononcés que la corde est plus épaisse. Nous pouvons également confirmer l'observation de Neyding que, si le sillon strangulatoire est formé par une corde double, un pli plus ou moins large (en général un millimètre) marque, entre les deux tours de corde, la place qui a été moins soumise à la compression Ce pli non seulement présente une forte rougeur, mais montre sous le microscope des vaisseaux fortement gonflés et, quelquefois même à l'œil nu, de petites extravasa-

Taylor raconte qu'un homme s'était lié les pieds avec un mouchoir et y avait attaché deux morceaux de fer. Dans Marc (*loc. cit.*) se trouve le dessin d'un suicide avec les mains liées. C'est un condamné pendu à la Conciergerie à l'aide de sa chemise roulée formant nœud coulant et fixée à une croisée très peu haute ; presque assis sur le rebord de la fenêtre, les jambes fléchies, les pieds posant sur le sol, les mains liées en avant (fig 36). Ces circonstances ne servent qu'à confirmer le diagnostic de suicide.

(1) Neyding, *Vierteljahrsch. f. ger. Med.*, 1870, XII, 341.

(2) Bremme, *ibid.*, XII, 247.

tions occupant le plus souvent le bord de ce pli. L'injection ainsi que les extravasations proviennent de ce que le sang a été chassé des parties comprimées de la peau dans les parties qui l'étaient moins ou pas du tout. Comme ce phénomène, pour se produire, exige que les vaisseaux soient remplis de sang, condition qui ne se trouve pas aussi prononcée après la mort que pendant la vie, ce signe mérite certainement une attention particulière et des recherches ultérieures.

On peut tirer des conclusions plus importantes des lésions internes que l'on pourrait trouver au cou que du sillon strangulatoire lui-même. Comme, dans la plupart des suicides par pendaison, elles n'existent pas, on pourra, dans le cas où on trouvera des lésions des organes internes, penser d'autant plus à une autre violence que ces lésions se présentent moins dans la pendaison ordinaire. Telles sont les lésions du larynx, relativement fréquentes dans l'étranglement par les mains, mais qui se rencontrent très rarement dans la pendaison.

§ 2. — LA STRANGULATION PAR UNE CORDE.

Dans ce genre de mort le cou est comprimé par un lien constricteur qui n'est pas resserré ou ne l'est pas exclusivement par le poids du corps. Ce resserrement peut avoir lieu, pour ne citer que quelques-unes des nombreuses possibilités, par ce fait que les extrémités croisées d'une corde passée autour du cou sont tirées ou nouées en sens inverse ou bien parce qu'un lien, placé autour du cou dans ce but ou s'y trouvant, est resserré par la main ou par un garrot, ou enfin parce qu'un individu auquel on a jeté une corde autour du cou a été soulevé à l'aide de cette corde. Ce dernier procédé, qui est une combinaison de la pendaison et de la strangulation, a été employé par les garrotteurs, qui exerçaient leur métier criminel, il y a peu de temps encore, en Angleterre.

En Espagne les exécutions avaient lieu par strangulation avec ce que l'on appelait le *garrot* et consistant en une bande d'acier passée autour du cou, qu'on rapprochait, au moyen d'une vis, d'un poteau se trouvant derrière le supplicié. Dans ce genre de mort, la mort ne survient pas toujours exclusivement par occlusion des voies respiratoires, mais la compression des vaisseaux du cou, et peut-être aussi l'excitation traumatique des nerfs du larynx, dont nous parlerons à propos de la strangulation par la main, doivent y jouer un certain rôle. Les récits des personnes qui ont échappé au supplice du *garrot robberies*, concordent avec cette hypothèse, car elles racontent qu'elles ont perdu connaissance aussitôt que le lien était resserré autour du cou. Nous nous sommes convaincu par des expériences sur le cadavre, que, si on resserre avec la main ou encore mieux avec un garrot une corde passée autour du cou, on arrive facilement à comprimer les carotides au point de les rendre imperméables.

La lésion la plus importante sur le cadavre, c'est le sillon strangulatoire du cou. Sa marche dépendra nécessairement de la façon dont la strangulation aura été accomplie. A-t-elle eu lieu de la façon dont on se représente la strangulation typique, c'est-à-dire par le resserrement d'une corde passée autour du cou, ou par l'emploi d'un garrot, il restera une marque plus ou moins prononcée faisant horizontalement le tour du cou et se trouvant imprimée non seulement sur la partie antérieure du cou, mais encore sur la nuque. Un élargissement du sillon indiquera l'endroit où le nœud ou le garrot a exercé sa pression. La découverte d'une telle marque ne laissera aucun doute sur le genre de strangulation. Car, bien que dans la pendaison, comme nous l'avons dit, le sillon de strangulation puisse également faire le tour du cou et exister sur la nuque, si la corde est fortement serrée, il n'est cependant jamais horizontal dans ce cas, mais plus ou moins obliquement ascendant et dirigé vers la nuque ou une partie latérale du cou. De plus, tandis que dans la pendaison le sillon par des causes physiques est généralement plus prononcé à la partie antérieure du cou et diminue d'intensité en allant d'avant en arrière dans la strangulation, il est au contraire aussi fort à la nuque surtout à l'endroit où la peau a un coussinet plus ferme et possède une épaisseur et une friabilité plus grandes, qu'à la partie antérieure du cou. Enfin nous ferons remarquer que dans la strangulation la corde se trouve souvent sur le larynx et même la trachée, tandis que dans la pendaison, elle est presque toujours placée au-dessus du larynx entre celui-ci et l'os hyoïde.

La strangulation a-t-elle eu lieu à l'aide d'une anse de corde ouverte en arrière, on reconnaîtra ce genre de mort en ce que le sillon, passant en avant sur le cou. ne monte pas en se dirigeant en arrière, mais est horizontal ou même descendant en arrière comme cela peut arriver, si, par exemple, on a jeté une corde autour du cou d'un individu assis ou debout et qu'on l'a ainsi renversé ou qu'on l'a tiré par-dessus le dos d'une chaise ou d'un canapé. Mais si la corde a été tirée en haut, c'est-à-dire si le corps a été soulevé en l'air par la corde, le sillon strangulatoire peut prendre la même direction que celui que nous trouvons dans la pendaison.

Nous avons observé deux fois cette direction du sillon, une fois sur le facteur dont nous avons parlé (p. 247) que le meurtrier avait étendu à terre d'un coup de revolver dans la tête et avait cherché ensuite à étrangler, et auquel il a fini par couper la gorge. La seconde fois c'était sur une vieille femme tuée par son propre fils, qui lui avait jeté une double corde autour de la tête pendant qu'elle était assise sur une chaise, l'avait renversée et, tout en mettant les pieds sur les extrémités tendues de la corde, avait en outre serré le cou avec ses mains jusqu'à ce qu'elle fût morte. Cependant on trouva dans ce dernier cas un signe, qui fit immédiatement reconnaître que le sillon ne provenait pas d'une pendaison, mais d'une strangulation. Tandis que le sillon supérieur se trouvait entre le larynx et l'os hyoïde comme chez les pendus, l'autre sillon formait sur la partie droite du cou une courbe convexe vers en bas dont la plus grande courbure était distante de 6 centimètres du sillon supérieur et se réunissait à celui-ci par ses extrémités. Dans notre rapport nous déclarâmes que cette particularité pouvait provenir de ce qu'on avait jeté autour du cou de la femme une corde double dont les anses étaient de longueur inégale où de ce qu'on avait passé une corde simple à deux moments différents et chaque fois à une autre place et qu'on avait tirée toujours dans la même direction. Ma première hypothèse fut confirmée par les aveux du coupable (1).

Les autres caractères du sillon dans la strangulation sont les mêmes que ceux que l'on rencontre dans la pendaison. Les suffusions y sont également rares et ont manqué aussi bien dans nos cas que dans les nombreux cas observés par Casper-Liman. Ce n'est qu'exceptionnellement que l'on trouve des lésions des organes profonds du cou dans la strangulation, bien qu'on comprenne qu'elles puissent plus facilement se produire dans la strangulation que dans la pendaison, parce que la corde se trouve plus souvent sur le larynx et la trachée que dans ce dernier genre de mort et parce que la constriction des parties est généralement plus forte, plus irrégulière et plus brusque que dans la pendaison.

Le meurtre par strangulation n'est pas rare et est facile à accomplir; car les symptômes que l'on observe dans le *garrot robberies* et l'analogie de la strangulation avec la pendaison, nous permettent de supposer que la perte de connaissance arrive en quelques instants, si la corde est rapidement et fortement serrée. Aussi ce meurtre peut-il être accompli sans laisser de traces d'autres violences, ou d'une résistance de la victime, surtout si celle-ci a été surprise pendant le sommeil, ou dans l'état d'ivresse, ou bien si on lui a jeté autour du cou à l'improviste et par derrière une corde que l'on a serrée immédiatement. Dans la plupart des cas observés jusqu'à

(1) Depuis ce temps nous avons vu une direction semblable d'un double sillon strangulatoire dans un cas certain de suicide ; mais la distance entre les deux sillons n'était que de 3 centimètres

présent, le meurtrier ne s'est pas contenté de la simple strangulation, mais y a ajouté la strangulation par les mains et a laissé ainsi des traces qui ont permis de reconnaître l'action d'une main étrangère.

Le suicide par strangulation est tout à fait exceptionnel. Casper-Liman en ont décrit quatre cas, et Maschka vient d'en publier un autre. Nous n'avons jamais eu l'occasion de faire une observation de ce genre. La rareté de ces cas n'est peut-être qu'accidentelle; en tout cas nous ne voyons pas pourquoi le suicide par strangulation serait plus difficile que certains modes de suicide par pendaison, dans lesquels les individus touchent la terre par les pieds, les genoux ou le siège, et où les pendus pourraient se relever à chaque instant, c'est-à-dire renoncer au suicide, s'ils ne perdaient pas immédiatement connaissance. Il nous semble qu'il est relativement facile d'amener une rapide perte de connaissance en serrant avec ses propres mains une corde autour du cou, et que la mort doit survenir nécessairement si, à partir de ce moment, le lien par suite d'une disposition particulière ne peut plus se défaire. C'est aussi l'opinion de Jacquier (1), qui a décrit 17 cas de suicide par strangulation, et fait remarquer que la rareté de ce genre de suicide tient à une difficulté non pas réelle, mais imaginaire, car dans le pays où l'exécution des condamnés a lieu par le garrot, et donne ainsi l'idée et l'exemple de cette mort, le suicide par strangulation est plus fréquent.

Un cas très-intéressant de suicide par strangulation et analogue au cas bien connu de Pichegru est le suivant (2) :

Le cadavre d'un caporal qui craignait d'être puni pour un manque de discipline, fut trouvé dans un bois, sous un arbre et la face contre terre. Aux deux côtés du cou se voyaient les extrémités d'un sabre de soldat. A cinq pieds de la tête du cadavre se trouvait un arbre avec une grosse branche horizontale à la hauteur de dix pieds, à laquelle était attachée une jambe d'un pantalon de toile, l'autre pendant jusqu'à terre. La couture du pantalon était déchirée dans l'entre-jambe sur une longueur d'un pied et demi Les habits n'étaient pas en désordre. En retournant le cadavre, on trouva autour du cou un drap de laine, fortement serré et formant en avant un nœud dans lequel se trouvait un sabre de soldat avec sa gaîne. On voyait que le sabre avait été introduit sous le drap et tourné plusieurs fois sur lui-même, et il tenait si bien qu'on ne put retirer la gaîne qu'après en avoir sorti la lame. Après avoir défait avec peine le nœud du drap, on trouva au cou une empreinte profonde large de trois quarts de pouce, horizontale autour du cou, passant par-dessus le larynx, avec une place plus large, correspondant au nœud. Le cadavre était déjà fortement putréfié et on ne fit pas son autopsie, de sorte que l'on n'a pas de renseignements sur l'état des organes du cou.

Il est évident que cet homme avait cherché à se pendre à son pantalon, mais comme celui-ci n'était pas assez résistant et s'était déchiré, il s'était étranglé en se passant autour du cou un drap qu'il avait resserré avec son sabre tenant lieu de garrot; la saillie du maxillaire inférieur avait empêché le sabre de revenir sur lui-même.

Benetsch (3) rapporte un cas semblable non moins intéressant :

(1) Jacquier, *Du suicide par strangulation sans pendaison*. Troyes, 1851.
(2) Heuke's, *Zeitschrift*, 1843, p. 135.
(3) Benetsch, *Vierteljahrschrift f. gerich. Med.* 1852, XXI, p. 351.

Un matelot arriva dans une auberge, demanda la clef des cabinets où il fut trouvé assis et mort au bout d'une demi-heure. Il avait d'abord essayé de s'ouvrir les veines avec un canif, et s'était fait sept incisions au poignet gauche. Autour du cou se trouvait un châle de matelot fortement serré avec un nœud. Un des bouts du châle était enfoncé dans la bouche sur une longueur de deux pieds, et si fortement retenu par les dents, qu'on eut de la peine à le retirer. Trente-six heures après la mort on voyait autour du cou un sillon horizontal, passant en dessous du larynx, où il était large de deux pouces et demi, desséché et parcheminé, et allant en s'amincissant jusqu'à la nuque où il ne mesurait qu'un demi-pouce.

Nous ajouterons, à propos de la strangulation, que la pendaison et la strangulation peuvent être le résultat d'un accident. Taylor raconte qu'un enfant s'était pendu en voulant reproduire une exécution capitale qu'il venait de voir, qu'un autre était resté pendu à une anse de corde dans laquelle il était tombé accidentellement en jouant, enfin qu'un homme, qui faisait de la gymnastique à une corde dans sa chambre, fut trouvé pendu à cette corde qui, non seulement faisait le tour de son cou, mais s'était enroulée plusieurs fois autour de son corps. Taylor rapporte en outre le cas d'un garçon qui s'amusait à faire le tour de la chambre, en portant un poids considérable à l'aide d'une corde passée autour du cou. On le trouva mort, assis sur une chaise ; le poids avait glissé derrière le dos de la chaise et avait resserré le cou. Une fille, portant un panier de poissons à l'aide d'une courroie passée autour du cou, fut trouvée morte, assise contre un mur très bas. La courroie faisant le tour du cou avait été resserrée par le poids du panier, qui avait glissé derrière le mur. Casper-Liman rapportent le cas d'une strangulation accidentelle d'un enfant dans son berceau.

Nous ferons remarquer encore que des objets un peu durs, tels que cols, cravates, cordons, peuvent laisser des empreintes linéaires faisant le tour du cou. Ce sont dans ce cas des empreintes pâles, molles, le plus souvent superficielles, mais pouvant devenir plus profondes, si le cou vient à gonfler par putréfaction et que le lien ne cède pas. Il n'est pas rare de trouver de ces empreintes sur les cadavres de noyés putréfiés ; leur provenance se découvrira facilement avec un peu d'attention. Ces sillons n'arrivent jamais à être momifiés.

On reconnaîtra facilement comme telles les lignes anémiques du cou, correspondant au fond de certains plis de la peau, que l'on trouve chez les personnes bien nourries et surtout les enfants, car on verra, en fléchissant et en étendant la tête, qu'elles sont dues à des plis de la peau. Ces lignes sont en général molles, pâles et anémiques ; mais si ces plaies étaient suintantes, comme chez les enfants (intertrigo), elles pourraient sécher après la mort et paraître momifiées, aussi faut-il apporter une grande circonspection dans ces cas : il nous est arrivé récemment un cas où la consistance parcheminée d'un sillon naturel le fit prendre pour un sillon strangulatoire.

L'enroulement du cordon ombilical autour du cou d'un enfant peut donner lieu à un sillon strangulatoire. Mais dans ce cas sa largeur correspond à celle du cordon ombilical, il est mou et peut facilement être effacé. Nous avons pu observer dans un cas un sillon pâle allant du cou par-dessus la poitrine vers l'ombilic, ce qui aurait pu expliquer la provenance du sillon au cou, même si l'on n'avait plus trouvé de cordon enroulé autour du cou.

Nous parlerons à propos de la submersion d'une autre origine possible d'un sillon de strangulation sans qu'il y ait eu strangulation pendant la vie.

§ 3. — LA STRANGULATION PAR LES MAINS.

La strangulation (*das Erwürgen*) par les mains a lieu par compression de la partie antérieure du cou et surtout du larynx par la main, de telle sorte que les doigts étreignent le larynx qui se trouve ainsi comprimé latéralement ou pressé contre la colonne vertébrale. Les deux choses ont lieu généralement en même temps, et dans ce cas la tête et la nuque sont pressées contre un objet résistant ou bien l'autre main exerce une compression en sens inverse. Dans les deux cas le larynx, par conséquent les voies respiratoires, sont fermées par compression ; en outre, si la compression s'exerce en même temps, comme cela arrive souvent, de bas en haut, l'accès de l'air est empêché parce que, comme dans la pendaison, la base de la langue est pressée contre la paroi postérieure du pharynx.

Cette occlusion serait naturellement suffisante pour déterminer l'asphyxie en quelques instants. Malgré cela une autre cause peut jouer un rôle dans la strangulation par les mains, et cette cause est moins la compression des vaisseaux du cou, qui le plus souvent n'a pas lieu ou n'a lieu que d'un côté, que l'excitation traumatique des branches périphériques du pneumogastrique, surtout du nerf laryngé supérieur. J. Rosenthal (1) a appelé ce dernier nerf *nerf modérateur de la respiration*, et Claude Bernard (2) a trouvé que l'excitation traumatique du nerf laryngé supérieur pouvait déterminer un arrêt subit de la respiration. F. Falk a répété ces expériences avec le même résultat. Nous-même, nous avons obtenu le même effet en comprimant avec le doigt le larynx de chiens trachéotomisés, et nous avons trouvé, ainsi que Falk, que l'arrêt de la respiration ne durait que quelques instants quand la pression n'avait pas été continuée longtemps, mais que, si la pression continuait, il survenait,

(1) *Arch. f. exper. Pathol.*, VII, 183.

(2) Ch. Bernard, *Leçons sur la physiologie et la pathologie du système nerveux*. Paris, 1858.

après un court arrêt de la respiration, une dyspnée qui était beaucoup plus courte que dans l'occlusion simple de la trachée. Falk a observé les mêmes phénomènes après l'excitation des extrémités du nerf récurrent, et P. Bert (1) a déterminé la mort immédiate en resserrant, les canaux respiratoires d'un animal (canard) brusquement et il attribue cet effet à l'excitation des extrémités nerveuses se propageant par voie centripète. Nous avons déjà dit en parlant des lésions du larynx que Fischer avait déterminé la mort subite (*shock*) par contusion du larynx.

Il faut en tout cas tenir compte de ces observations pour se prononcer sur la mort par strangulation par les mains, d'autant plus qu'on a déjà souvent agité la question de savoir si, comme le prétendent certains accusés, une constriction brusque et passagère du larynx pouvait déterminer la mort. Casper a répondu que la chose était possible, mais peu vraisemblable.

Si nous devons admettre avec réserve la réponse de Casper, il faut cependant convenir que la perte de connaissance peut survenir immédiatement après une telle violence.

Le fait suivant plaide en faveur de cette possibilité. En janvier 1877, une femme fut surprise dans son magasin par un individu qui la saisit brusquement au cou, la renversa immédiatement à terre, prit l'argent dans la caisse et s'enfuit. Quelques instants après la femme fut trouvée sans connaissance et fut ranimée aussitôt ; elle se rappela tous les détails de son aventure, jusqu'au moment où elle avait été saisie au cou et déclara qu'à partir de ce moment, elle avait perdu connaissance, sans avoir ressenti ni anxiété ni douleur.

On ne trouva aucune trace de compression prolongée, de sorte que dans ce cas c'est évidemment le resserrement brusque du larynx et non l'asphyxie, qui avait déterminé la perte de connaissance et la chute.

Le suicide par strangulation par les mains est pour ainsi dire invraisemblable ; car, s'il faut accorder qu'un individu est capable de se comprimer le cou jusqu'au moment où il perd connaissance, il faut admettre aussi que, cette perte de connaissance venant interrompre l'asphyxie, la respiration doit se rétablir aussitôt. On ne connaît pas de cas où une telle tentative, qui est cependant fréquente chez les aliénés, ait été suivie du résultat cherché.

Par contre le meurtre par strangulation par les mains est relativement fréquent. Les lésions locales qui se rencontrent dans ce cas sur le cou consistent surtout en écorchures de la peau à la partie antérieure du cou, écorchures qui par leur siège sur les deux côtés

(1) Bert, *Leçons sur la physiologie comparée de la respiration*. Paris, 1870.

du larynx et souvent par leur disposition et leur forme correspondant aux bulbes ou aux ongles des doigts, permettent de reconnaître facilement l'action d'une main étrangère. Comme la strangulation se fait le plus souvent avec la main droite, on trouve généralement de plus nombreuses écorchures à gauche qu'à droite, où l'on n'aperçoit que la trace du pouce. La disposition inverse pourrait amener à conclure que la strangulation a eu lieu par la main gauche, ce qui pourrait être d'un secours précieux dans la recherche du coupable, comme cela s'est présenté dans un cas rapporté par Taylor.

Dans les six cas de meurtre par strangulation par les mains que nous avons eu l'occasion d'observer (4 adultes, 2 nouveau-nés) les traces de l'étranglement correspondaient à la main droite et on pouvait chaque fois reconnaître, outre les différentes excoriations irrégulières de la peau, d'autres nettement limitées en haut et à convexité dirigée en haut et à extrémité fuyant en bas et en dedans, de même que des écorchures semi-linéaires caractéristiques à convexité dirigée en haut, reproduisant exactement la forme des ongles des doigts. Le plus souvent toutes ces traces se trouvaient au bord postérieur du cartilage thyroïde, entre celui-ci et les muscles sterno-mastoïdiens et, dans la plupart des cas, au niveau de l'ouverture supérieure du larynx et même au bord inférieur du maxillaire inférieur près des angles de cet os. Comme le meurtrier se contente rarement d'une compression unique et continue et que la victime cherche à se soustraire aux étreintes de l'assassin, on comprend que l'on trouvera rarement une reproduction simple de la main sur le cou, mais plutôt de nombreuses écorchures de différente nature sur des places plus ou moins éloignées du larynx.

La compression irrégulière et violente du cou détermine presque toujours des lésions profondes. C'est ainsi que nous avons trouvé, dans tous nos cas, des suffusions dans le tissu cutané, sous certaines écorchures de la peau, de même que dans les parties molles plus profondes, par exemple sur le bord du maxillaire inférieur, au-dessus du ligament thyro-hyoïdien et dans la gaîne des muscles du larynx. Deux fois nous avons trouvé une fracture du larynx et une fois celle de l'os hyoïde.

La strangulation par les mains est certainement la cause la plus fréquente des fractures du larynx ; celles-ci intéressent ou bien le cartilage thyroïde ou le cartilage cricoïde que nous avons trouvé une fois fracturé en deux endroits, ou seulement le cartilage arythénoïde, comme Schnitzler en décrit un cas.

Nous avons dit plus haut que la fracture du larynx pouvait provenir, quoique très rarement, d'un coup ou d'une chute. Ce fait est d'une grande importance en médecine légale. Keiller (1) a décrit un cas dans lequel le cadavre d'une femme présentait, outre deux écorchures de la peau et de nombreuses suffusions au cou, au visage et à la poitrine, une fracture de l'aile gauche du cartilage thyroïde que les experts déclaraient avoir été déterminée par une strangulation par les mains, tandis que l'accusé prétendait que la femme s'était fait cette fracture par une chute sur le bord aigu d'une chaise à la suite d'un coup, qu'il lui aurait porté.

Cette assertion était certainement mensongère et était en contradiction avec les nombreuses autres lésions trouvées ; malgré cela le jury admit l'origine accidentelle de cette fracture du larynx.

A cause de l'extrême rareté d'une fracture traumatique isolée du larynx et de sa fréquence dans la strangulation par les mains, on opposera la plus grande circonspection à des assertions semblables, qui seront réduites à néant, si l'on peut trouver sur le cou des traces évidentes de compression par les mains (2).

On observe fréquemment des ecchymoses dans les conjonctives et sur la peau de la face, surtout sur celle des paupières, car nous trouvons dans la strangulation par les mains les conditions les plus favorables pour leur production, puisqu'il s'agit d'une asphyxie qui n'est pas compliquée d'un autre processus, à moins de traumatisme, et qui présente ainsi le tableau typique de la mort par asphyxie. Outre les lésions déterminées par la strangulation même, nous trouvons encore d'autres lésions provenant en partie, de la chute du corps, ou de sa compression contre un corps solide, ou de la pression des genoux sur la poitrine.

Dans un de nos cas nous avons trouvé sur une vieille femme âgée de 83 ans, outre les signes ordinaires de strangulation, des sugillations de l'œil gauche, des égratignures sur les deux mains et une fracture des deuxième, quatrième et cinquième côtes du côté droit.

Dans un autre cas, concernant également une vieille femme, on trouva de nombreuses ecchymoses sous la peau du crâne, une déchirure du lobule de l'oreille droite, une écorchure de la peau de l'épaule droite, un épanchement sanguin sur le dos de la main gauche, enfin l'absence de deux incisives, que l'on trouva dans la gorge avec un morceau de bois carré. Le meurtrier avoua qu'il avait enfoncé un morceau de bois dans la bouche de cette femme,

(1) Casper-Liman, II.

(2) Keiller ainsi que Casper Liman, ont cherché, de différentes manières, à produire des fractures du larynx sur le cadavre. Casper-Liman n'y sont jamais parvenus. Mais Keiller sur dix essais a déterminé cinq fois cette fracture par un coup ou par compression latérale. Nous-même nous y avons également plusieurs fois réussi non seulement par compression du larynx, mais encore par des coups.

pendant qu'elle était couchée par terre et qu'il lui serrait le cou.

On peut souvent prendre pour des traces de strangulation des écorchures ou des empreintes au cou, ainsi que semble le prouver un cas sur lequel Liman et nous-même nous avons fait un rapport. Un individu, qui avait été pendu par son père au moyen d'une corde passée par-dessus un foulard, ne présenta pas de sillon strangulatoire; mais sur le larynx se trouvaient trois empreintes rondes reliées entre elles par une raie étroite passant par-dessus le larynx et qui avaient été prises pour des traces de strangulation par les mains, tandis qu'elles provenaient, ainsi que l'a démontré l'examen de la chemise, de trois boutons du col qui s'étaient placés précisément sur le larynx. La disposition symétrique, la forme régulière des empreintes et surtout leur siège expliquaient encore plus clairement leur provenance, et nous sommes parvenu, par des expériences de pendaison sur des cadavres auxquels on avait mis une semblable chemise, à reproduire des marques présentant la même forme et la même disposition.

ART. V. — LA MORT PAR SUBMERSION.

On dit qu'il y a mort par submersion lorsque l'accès de l'air aux organes respiratoires est empêché par un liquide, et donne lieu à l'asphyxie. Pour qu'il y ait mort par submersion, il n'est pas nécessaire que tout le corps soit plongé dans le liquide, mais il suffit que la tête seule, et même la figure seule y soit submergée. Le premier genre de mort par submersion, c'est-à-dire celui où tout le corps est dans l'eau, est naturellement le plus commun, mais les autres ne sont pas absolument rares, surtout chez les enfants et chez les adultes en état d'ivresse ou pendant une attaque d'épilepsie ou dans d'autres cas où l'individu se trouvait sans secours et sans connaissance, et on a vu souvent des individus noyés dans des rivières peu profondes.

La mort par submersion peut se produire, non seulement dans l'eau, mais dans des liquides de toute autre nature, parmi lesquels figurent en première ligne les liquides des lieux d'aisances dans lesquels succombent rarement, il est vrai, des adultes, mais très fréquemment des enfants et surtout des nouveau-nés.

Suivant les observations expérimentales de Falk (1) et Bert (2), et suivant nos propres observations, on peut distinguer dans la

(1) Falk, *Virchow's Archiv*. F. 47.

(2) Bert, *Leçons sur la physiologie comparée de la respiration*. Paris, 1870.

mort par submersion trois périodes. Dans la première période, l'animal en expérience retient la respiration pendant quelques secondes, la deuxième est la période dispnéique, et la troisième est la période d'asphyxie.

La suspension de la respiration *dans le premier stade* a le plus souvent lieu instinctivement; cependant F. Falk a trouvé que l'irritation de la peau due à l'action subite de l'eau donnait lieu, par voie réflexe, à un arrêt de la respiration, qui, chez un animal déjà épuisé par des expérimentations antérieures, peut devenir définitif; F. en conclut que le même phénomène peut se présenter chez l'homme si la chute dans l'eau a été précédée d'épuisement, d'excitation psychique, etc., ou chez les nouveau-nés.

Dans la *seconde période* survient la dyspnée, dans laquelle on observe d'abord des inspirations profondes, mais courtes et suivies immédiatement d'expirations, et plus tard des expirations tétaniques; ces phénomènes sont analogues à ceux que nous avons observés dans la période dyspnéique des autres formes d'asphyxie. Au début de la période dyspnéique la conscience et les mouvements réflexes sont conservés, et les expirations courtes et saccadées, qui suivent les premières inspirations, sont manifestement produites, par voie réflexe, par l'irritation de l'eau touchant les cordes vocales. Le stade expiratoire de la dyspnée peut plus facilement être observé dans la submersion que dans les autres formes d'asphyxie, car chaque contracture expiratoire est marquée par l'expulsion d'une écume à fines bulles. Il survient presque toujours des convulsions, mais elles sont d'intensité très diverse; nous avons observé des convulsions aussi bien cloniques que toniques.

Dans le *troisième stade* ou *stade asphyxique* nous trouvons de la perte de connaissance et la suppression des actes réflexes, et nous observons au début ces inspirations profondes, se répétant à de longs intervalles, et accompagnées de large ouverture de la bouche et de contractures du corps, que nous avons désignées sous le nom de mouvements respiratoires terminaux. Ces derniers peuvent être très facilement suivis dans la mort par asphyxie et se montrent dans la plupart des cas, mais ne durent pas toujours un temps égal et peuvent même quelquefois manquer complètement, sans qu'on puisse admettre d'autres différences que des différences internes (individuelles).

Comme signes extérieurs sur les cadavres des noyés nous citerons les suivants :

1° *La froideur remarquable du cadavre.* — Ce phénomène, signalé pour la première fois par Mertzdorf, s'explique par la forte imbibition de la peau, et la perte de calorique par l'évaporation rapide de l'eau. Ce signe ne prouve pas par lui-même la mort par submersion, car il peut se montrer également dans le cas où le corps a été jeté à l'eau à l'état de cadavre.

2° La *paleur remarquable du cadavre* est un signe fréquemment signalé par les anciens auteurs qui le rapportaient à une forte contracture des vaisseaux de la peau, mais que nous n'avons pas pu observer; par contre nous avons été souvent surpris de la coloration rouge clair des taches cadavériques, coloration que nous avons également remarquée sur les cadavres conservés dans des glacières; ce phénomène provient de ce que l'eau, pénétrant dans la peau, apporte de l'oxygène au sang, qui forme les taches cadavériques et qui prend ainsi une coloration rouge clair au lieu de la couleur foncée (veineuse) normale. Si le cadavre est resté longtemps dans l'eau et a été porté par elle, de sorte que la partie supérieure et plus lourde du corps se trouvait dans une position plus basse que la partie inférieure du corps, il peut se développer par hypostase, ainsi que l'a fait remarquer Casper, une coloration cyanotique de la face et de la partie supérieure du corps, que l'on n'observe pas sur les cadavres frais, et qui peut faire que dans la suite la putréfaction, qui sur les cadavres ordinaires commence en général dans la partie inférieure du corps, se montre ici plus avancée sur la tête, le cou, etc., que sur la première.

On observe cependant assez souvent une marche analogue de la putréfaction sur des individus, non noyés, sur ceux par exemple qui meurent subitement par paralysie du cœur, et sur lesquels on observe immédiatement après la mort un aspect cyanotique et bouffi de la tête et de la partie supérieure du corps.

Nous avons aussi observé une série de cadavres de noyés, sur lesquels la putréfaction était si uniformément répartie qu'il était impossible de dire par quelle partie elle avait commencé.

3° Nous n'avons qu'exceptionnellement observé des *ecchymoses sous les conjonctives* et la peau de la face: sur des noyés dans l'eau, mais nous les avons plusieurs fois trouvées sur des individus, surtout des enfants, qui s'étaient noyés dans les matières des fosses d'aisances ou de liquides épais analogues.

4° L'*écume devant la bouche et le nez* se trouve fréquemment sur des noyés récents, surtout sur des cadavres déjà atteints par la putréfaction, chez lesquels le météorisme croissant a chassé l'écume des poumons et des voies respiratoires.

5° Ce qu'on appelle *la chair de poule* est un signe constant chez les noyés. Elle est évidemment due à la contraction des fibres musculaires lisses de la peau, faisant saillir les follicules pileux (et les glandes de la peau). Cette contraction a très probablement lieu pendant la vie, en partie par suite de la température froide de l'eau, en partie par suite de l'émotion, car on sait que ces deux causes peuvent avoir le même effet pendant la vie, et la persistance de ce phénomène peut s'expliquer par la persistance de la contraction des fibres musculaires lisses après la mort.

Malgré cela, la chair de poule n'est pas caractéristique de la mort par submersion, car on peut la trouver dans d'autres genres de mort, surtout subite, et elle n'est pas toujours également prononcée sur les cadavres des noyés. La chair de poule peut en outre ne se développer qu'après la mort, comme l'ont montré des observations d'autres auteurs (Robin) et de nous-même.

La rétraction du pénis, du scrotum, du mamelon et de l'aréole du mamelon s'explique par les mêmes raisons que la chair de poule. La richesse de la peau de ces organes en fibres musculaires lisses (1), ainsi que la mobilité de la peau, font qu'en ces endroits la contraction de la peau se montre avec plus d'intensité encore que sur le tronc et les membres. La rétraction de ces parties est un signe toujours digne d'attention, mais qui ne peut avoir une grande valeur pour le diagnostic de la mort par submersion, car nous avons pu nous convaincre par des expériences sur des cadavres récents, que ce phénomène peut également se produire après la mort.

6° Le cadavre reste-t-il dans l'eau, au moins quelques heures, après la mort, on remarque que l'épiderme, aux endroits où il forme des couches épaisses, comme, par exemple, à la paume des mains et la plante des pieds, à la face interne des doigts et des orteils, et, chez quelques individus, aux genoux et aux coudes, prend une blancheur particulière et est épaissie et ridée. Cette altération est un phénomène de gonflement (imbibition) qui ne se montre que sur le cadavre, mais peut aussi se produire, quand, par exemple, on a jeté des membres détachés dans l'eau, ou si on les

(1) D'après Isidor Neumann (*Akad. Sitzungsb.*, 4, LXII, 2 Abth. 1868, p. 647 et suiv.) l'échelle décroissante de la fréquence des fibres musculaires lisses dans les différentes parties de la peau serait la suivante : scrotum, pénis, partie antérieure du périnée, peau de la tête, avant-bras, partie externe de la cuisse, bras, épaule, front, paroi abdominale, creux axillaire, jambe, face, faces dorsale et palmaire des mains et des pieds.

a enveloppés de draps mouillés. Elle ne prouve qu'une chose, c'est que le corps a séjourné dans l'eau, et son degré de développement permet certaines conclusions approximatives sur le temps que le cadavre est resté dans l'eau. Plus les couches d'épiderme sont épaisses, et plus ce symptôme se montre rapidement et d'une manière intense, par conséquent plus chez les individus des classes laborieuses que chez ceux qui ont aux mains une peau fine et tendre.

Nous voyons donc que tous les signes extérieurs que nous venons de nommer prouvent, il est vrai, qu'un cadavre a séjourné dans l'eau et que leur degré de développement permet de conclure au temps pendant lequel il a été exposé à l'action de l'eau, mais qu'il n'y en a pas un seul qui puisse être regardé comme absolument caractéristique de la mort par submersion.

Les *lésions internes* sont en général les mêmes que celles que nous trouvons dans toute mort par asphyxie : couleur foncée du sang, hypérémies veineuses dans certains organes, qui ne sont pourtant pas constantes ; ce qui fait que les anciens auteurs disaient que dans la submersion la mort arrivait, tantôt par apoplexie cérébrale, tantôt par apoplexie suffocante, tantôt par apoplexie nerveuse.

Des signes spéciaux, qui ont quelque valeur, le plus important *c'est l'existence du liquide submergeant dans les poumons et l'estomac*, parce que, observé avec précaution, il permet le plus facilement de répondre à cette question : un individu a-t-il été noyé dans le liquide ou y a-t-il été jeté à l'état de cadavre.

La *pénétration du liquide submergeant dans les voies respiratoires* a lieu avec les mouvements respiratoires terminaux, après que la perte de connaissance est survenue et après que l'excitabilité réflexe a, non pas complètement disparu, mais beaucoup diminué. L'aspiration du liquide n'a pas lieu ou tout à fait exceptionnellement pendant la période de dyspnée, parce que l'irritation que détermine le liquide, en pénétrant dans les voies respiratoires, provoque immédiatement des expirations rapides, et que dans le stade convulsif de la dyspnée le liquide qui a pu pénétrer, est expulsé en même temps que l'écume par la contracture expiratoire qui survient à ce moment. On peut facilement se convaincre de cette chose par des expériences. Si on met par exemple une anse de corde autour du cou d'un animal, avant de le jeter dans un liquide facile à retrouver chimiquement (nous nous servons dans ce but d'une solution étendue de ferrocyanure de potassium, qui, comme on sait, donne un beau bleu avec la perchlorure de fer, bleu de Berlin), et si on serre la corde avant que ne se montrent les mouvements respiratoires ultimes, on ne trouve pas de liquide dans les poumons et les voies respiratoires, mais on en trouve déjà dans l'estomac. Si on laisse au contraire les mouvements respiratoires terminaux se développer, on peut retrouver le liquide dans les plus fines bronches et même assez souvent dans les alvéoles, et cela à une profondeur et en quantité d'autant plus considérables, que les inspirations ultimes auront duré plus longtemps et auront été plus intenses. Il s'ensuit que les liquides sont aspirés par tout individu qui se noie et peuvent être retrouvés dans les voies respiratoires, mais qu'ils ne sont pas toujours aspirés en quantité égale, parce que les mouvements respiratoires ultimes peuvent, comme nous l'avons dit, présenter des différences individuelles, c'est-à-dire durer plus ou mois longtemps ou même manquer complètement.

C'est ainsi que s'expliquent aussi différents signes qu'on observe sur les noyés. Dans la plupart des cas nous trouvons une quantité plus ou moins considérable du liquide submergeant dans les voies respiratoires, et cela, si la submersion a eu lieu dans l'eau, tantôt en nature, tantôt sous la forme d'écume, qui se montre immédiatement à l'ouverture du larynx et de la trachée, ou s'échappe de ceux-ci en grande quantité quand on presse sur le thorax ou sur les poumons. Ce signe mérite une grande attention, mais sa valeur est cependant limitée par ce fait que l'on peut trouver de l'écume et des liquides aqueux non seulement dans d'autres genres de mort naturelle et accompagnés d'œdème des poumons, mais encore dans d'autres formes de mort violente par asphyxie, si l'agonie a duré longtemps.

Dans les asphyxies violentes et aiguës la formation d'écume et de sérum dans les poumons n'atteint jamais un degré aussi élevé que celui que l'on observe d'ordinaire chez les noyés. La putréfaction a-t-elle commencé, une grande quantité d'écume est d'abord chassée des poumons dans les voies respiratoires, comme cela arrive chez les autres cadavres en voie de putréfaction ; plus tard la mousse se perd et on ne trouve plus qu'un sérum teinté de sang, qui disparaît également avec les progrès de la putréfaction par imbibition et transsudation. Par suite de l'eau qui y a pénétré, les poumons se présentent comme des poumons atteints d'œdème aigu, paraissent plus ou moins boursouflés, ne s'affaissent qu'incomplètement à l'ouverture du thorax (1), ont une consistance

(1) Casper a appelé l'attention sur le volume considérable des poumons des

pour ainsi dire pâteuse, surtout dans les parties déclives, et laissent échapper à la coupe un sérum spumeux en quantité souvent considérable.

Les cas avec des caractères aussi tranchés sont assez rares. Il arrive souvent que les poumons ont leur aspect normal et que l'on ne trouve qu'une petite quantité de liquide sous la forme de mousse dans les parties supérieures des voies respiratoires et encore moins dans les poumons mêmes; nous ferons remarquer encore que cette petite quantité de liquide submergeant, surtout si celui-ci a été de l'eau, ne peut être distinguée du sérum ordinaire, tandis que, s'il s'agit d'un liquide ayant des caractères spéciaux (par exemple matières des fosses d'aisances, liquide amniotique), on peut le retrouver et le reconnaître, le plus souvent très facilement, même quand il n'y a qu'une petite quantité de liquide aspiré. Celui-ci aura d'autant moins profondément pénétré dans les poumons qu'il aura été plus épais et plus visqueux.

On peut également trouver le liquide submergeant dans l'*estomac*. Il y arrive manifestement dans le premier stade de la dyspnée, parce que l'eau qui pénètre dans la bouche, provoque des mouvements de déglutition en partie par voie réflexe, en partie instinctivement. La quantité avalée est très variable. Nous avons rarement trouvé une grande quantité d'eau dans l'estomac, et, quand il n'y a qu'une petite quantité d'eau, il est difficile et même impossible de la distinguer des autres liquides de l'estomac; la chose est facile, quand la submersion a eu lieu dans des liquides spéciaux.

On s'est demandé, à ce propos, si ces substances pouvaient pénétrer dans les poumons et l'estomac après la mort. Cette possibilité a été niée par beaucoup d'auteurs, mais a été prouvée par les expériences de Liman, auxquelles nous pouvons ajouter un grand nombre des nôtres. Les liquides aqueux pénètrent le plus facilement, et un peu plus difficilement que ceux-ci les liquides épais et visqueux, de sorte que, si on trouve ces derniers profondément dans les bronches, on ne peut pas admettre qu'ils n'y aient pénétré qu'après la mort. Nous avons également pu nous convaincre par des expériences qu'une couche assez mince de mucus sur les parois des voies respiratoires et de l'œsophage suffit pour empêcher

noyés et était disposé à le regarder comme un emphysème aigu; mais ce phénomène est simplement dû à ce que l'obstruction des bronches par le liquide ne permet pas aux poumons de s'affaisser à l'ouverture du thorax autant qu'à l'ordinaire.

la pénétration profonde des liquides, et qu'il n'y a jamais de grandes quantités de liquides dans les poumons ou l'estomac, si elles y ont pénétré après la mort. Engel a fait remarquer que le liquide, dans lequel est couché un cadavre, peut être aspiré artificiellement par celui-ci, quand on comprime le thorax et qu'on le laisse revenir ensuite sur lui-même, chose qui peut arriver, sans être voulue, quand on retire des cadavres d'un liquide.

Après que Wreden et Wendt eurent montré, ainsi que nous le verrons dans l'étude de l'infanticide, que dans ce que l'on appelle l'asphyxie fœtale, le liquide amniotique et le méconium pouvaient par suite de mouvements respiratoires prématurés, arriver non seulement dans les poumons et l'estomac, mais encore dans la caisse du tympan, nous eûmes l'idée d'appliquer au diagnostic de la mort par submersion ces faits constatés par nous et par d'autres auteurs. Après que nous eûmes appelé l'attention sur ce point, Blumenstock (1) a pu trouver dans la caisse du tympan d'un enfant noyé par sa mère dans de l'eau sale, des substances étrangères en suspension dans cette eau ; nous avons été également à même de trouver dans la cavité du tympan d'enfants noyés dans le liquide des fosses d'aisances des parties constituantes de celui-ci, c'est-à-dire différentes cellules et fibres végétales, des restes de fibres musculaires striées, de la matière colorante de la bile, des grains d'amidon, des phosphates triples, etc.

Ce signe, quand la membrane du tympan est intacte, a une grande valeur, parce qu'on ne peut pas admettre, vu l'étroitesse de la trompe d'Eustache, que les liquides, et surtout les substances qui y sont suspendues, aient pu arriver dans l'oreille moyenne après la mort.

Si on retire un cadavre de l'eau ou d'un autre liquide et qu'on ne trouve pas d'autres signes que ceux que l'on observe ordinairement sur les noyés, il est évidemment impossible, par le résultat de l'autopsie seule, de décider si cet individu est tombé dans l'eau accidentellement ou s'il s'est suicidé, ou s'il y a eu la faute d'un tiers ; les circonstances particulières du cas sont seules capables de donner des éclaircissements à ce sujet.

Le meurtre par submersion est rare pour les adultes, très fréquent pour les enfants, surtout les nouveau-nés. Le suicide par submersion est très ordinaire et se rencontre aussi souvent que celui par pendaison. On sait également que la mort acciden-

(1) Blumenstock, *De la valeur de l'épreuve des oreilles pour le diagnostic de la mort par submersion* (*Friedreich's Blätter*, 1870, p. 289).

telle par submersion est très fréquente, surtout dans l'état d'ivresse et en été pendant un bain ; dans ce dernier cas, la nudité du cadavre fournira des renseignements précieux.

L'individu a-t-il été tué d'une autre façon et jeté ensuite dans l'eau, on pourra trouver sur le cadavre des blessures ou des traces d'un autre acte de violence, qui peuvent mettre sur la voie de la vérité.

Dans l'appréciation de ces cas il faut prendre les mêmes précautions que celles que nous avons recommandées pour les pendus. Il peut arriver par exemple qu'un individu ait reçu antérieurement une blessure d'une main étrangère et se soit noyé ensuite accidentellement dans un état plus ou moins avancé d'ivresse. Il peut arriver encore que quelqu'un ait cherché à se suicider d'une autre façon et ait sauté ensuite dans l'eau, ou qu'il se soit tiré un coup d'arme à feu, ou sectionné le cou en se tenant au bord de l'eau ou dans l'eau même, et ait ainsi exécuté un suicide combiné, ce qui n'est pas très rare. Il est encore possible qu'un individu, en tombant dans l'eau, se soit fait des blessures dans sa chute ou par le choc contre des corps durs se trouvant sur ou sous l'eau, comme nous avons eu l'occasion de l'observer une fois sur un individu dont nous avons fait l'autopsie : en sautant d'un pont dans la rivière, il tomba d'abord, au vu de témoins, sur un pan de mur, puis dans l'eau d'où il fut retiré mort au bout de quelques instants ; à l'autopsie on trouva une fissure du pariétal, se continuant jusqu'à la base du crâne avec une suffusion sanguine sous la peau du crâne, un épanchement sanguin dans la cavité crânienne et une fracture de deux côtes. Si une telle chute a lieu d'un lieu élevé, il peut y avoir des lésions considérables du crâne ou autres. Que la simple chute du corps dans l'eau soit en état de déterminer des blessures, c'est une possibilité qu'on ne peut admettre que dans la chute d'un lieu très élevé et on comprend qu'il puisse y avoir rupture d'organes internes quand le corps tombe à plat. Taylor a observé une luxation des deux bras chez une femme qui s'était jetée dans la Tamise du haut d'un pont. Il est impossible qu'il se produise une fracture du crâne ou des lésions analogues par la simple chute dans l'eau, même si elle a lieu d'un endroit élevé.

Nous ferons encore observer que les blessures trouvées sur des cadavres de noyés peuvent avoir été déterminées après la mort, par exemple par ce fait que le cadavre a été traîné par le courant de l'eau sur un terrain caillouteux. Nous avons trouvé des blessures analogues sur un jeune homme de vingt ans qui s'était jeté à

Vienne dans le canal du Danube et fut encore trouvé le même jour, sur le bord de l'eau, en un endroit éloigné d'un quart de lieue. Nous constatâmes sur le front, le nez et les joues des excoriations et des écorchures linéaires au dos des deux mains et aux deux genoux, le tout sans phénomènes de réaction. Ces blessures peuvent encore se produire quand le cadavre est lancé contre des objets résistants, pilier de pont, glaçons, etc. Nous admîmes un mode de production analogue pour une fissure du frontal, allant du trou sus-orbitaire jusqu'à la suture coronale, et trouvée par nous sur un cadavre de noyé arrivé à un degré de putréfaction très avancé, dont les os, surtout ceux de la tête, étaient complètement dépouillés des parties molles et qui avait passé le dégel.

Ces blessures peuvent encore avoir été faites par des animaux aquatiques ou par des rats dans les fosses d'aisances; d'autres se produisent au moment ou l'on retire le cadavre de l'eau ou par ce fait qu'un cadavre déposé sur le bord d'une rivière a été entraîné par l'eau. Une ordonnance rendue en 1869 et défendant aux habitants de la partie inférieure du Danube de déposer les cadavres au bord de l'eau montre que ce fait est assez fréquent et a lieu surtout pour s'épargner la peine et les frais d'un enterrement.

Nous avons déjà donné plus haut les signes qui permettent de reconnaître qu'une blessure a été faite après la mort. Trouve-t-on sur le cadavre des traces de strangulation, on n'oubliera pas que des lésions analogues peuvent se produire d'une autre façon. Nous avons déjà appelé l'attention sur des stries du cou provenant de cols de chemise, etc., qui peuvent s'accentuer davantage quand la putréfaction fait gonfler le cou. Mais on peut observer un sillon vrai de strangulation, si le suicidé s'est attaché intentionnellement un objet pesant autour du cou.

Nous avons fait l'autopsie d'un homme qui fut retiré du Danube trois jours après qu'il s'y fut jeté. A son cou se trouvait une double corde supportant une brique, pesant plusieurs kilos, et qui avait laissé à sa suite un double sillon de strangulation nettement marqué et ayant la même direction que dans la pendaison. Si la corde s'etait défaite dans l'eau, l'existence du sillon au cou aurait pu faire penser que cet individu avait été d'abord étranglé par une tierce personne, puis jeté dans l'eau. Heckeis (1) rapporte un cas dans lequel un noyé fut retiré d'un puits au moyen de la chaîne du puits passée autour du cou et fut remonté avec le treuil; il se forma ainsi autour du cou du cadavre un sillon de strangulation très prononcé.

1) Heckeis, *Wiener Med. Wochensch.* 1862, n°s 33 et 34.

Pour répondre à la question : Combien de temps le cadavre a-t-il séjourné dans l'eau ? nous prendrons en considération, s'il s'agit d'un cadavre encore récent, surtout l'état de l'épiderme des mains et des pieds. En premier lieu se montre la décoloration, le gonflement et le plissement de l'épiderme de l'extrémité des doigts, et cela déjà au bout de deux à trois heures. Ces altérations s'étendent progressivement au creux de la main de sorte qu'au bout de deux à trois jours tout l'épiderme de la face interne de la main présente les modifications que nous venons d'indiquer. Plus tard l'épiderme continue à se gonfler de plus en plus, prend finalement (5 à 8 jours) la blancheur de la craie et commence à se détacher du derme. Aux pieds ces altérations sont plus lentes, quand ceux-ci sont couverts d'effets d'habillement, mais plus rapides dans le cas contraire qu'aux mains à cause de l'épaisseur plus grande de la couche épidermique à cet endroit. Dans les périodes ultérieures c'est le degré de putréfaction seul qui peut nous donner des renseignements, mais toujours approximatifs, sur le temps qui s'est écoulé depuis la mort. On se rappellera sous ce rapport que la marche de la putréfaction dépend de deux causes principales : de la température du liquide et de ce fait que le cadavre est resté sous l'eau ou a remonté à la surface. Plus l'eau est froide, plus le cadavre se conserve longtemps, par conséquent : putréfaction rapide en été, lente en hiver. La rapidité du courant a aussi une certaine importance. C'est dans les fosses d'aisances que la putréfaction est le plus rapide, d'une part à cause de la température élevée qui y existe, d'autre part parce que le liquide de ces fosses se trouve lui-même en fermentation putride.

Tant que le cadavre reste sous l'eau, la putréfaction marche lentement et ce sont alors surtout les phénomènes de macération qui prédominent ; mais aussitôt qu'il vient à la surface, la putréfaction prend une marche d'autant plus rapide que la macération est plus avancée, que la température de l'eau et surtout celle de l'air est plus élevée. La coloration d'un vert sale due à la putréfaction se développe alors avec une très grande rapidité de même que l'emphysème de putréfaction, qui en été fait enfler en quelques heures et d'une manière énorme le cadavre qui s'était conservé si longtemps sous l'eau et le rend méconnaissable. Le gonflement occupe surtout la face, le cou, la partie supérieure du thorax, l'abdomen, les parties génitales externes et surtout le scrotum. Souvent, mais non toujours, les phénomènes de putréfaction sont beaucoup plus avancés à la tête et à la partie supérieure du corps qu'à la partie inférieure ; ce qui dépend probablement, ainsi que nous l'avons déjà fait observer plus haut, de ce que sur un cadavre porté par l'eau les hypostases se développent surtout dans les parties plus déclives de la moitié supérieure du corps.

Le cadavre des noyés surnage d'autant plus vite que les conditions sont plus favorables à la putréfaction. En été cela peut arriver déjà au bout de deux à trois jours tandis qu'en hiver des cadavres peuvent rester des semaines et même des mois sous l'eau. La quantité d'air contenue dans leur corps (air des poumons et de l'intestin) au moment de la mort a également une certaine influence sous ce rapport. Si le corps ne contient pas d'air, comme par exemple, chez les nouveau-nés, il reste relativement plus longtemps sous l'eau que si le poumon et surtout l'intestin contiennent de l'air. Dans certains cas les cadavres des noyés peuvent être retenus sous l'eau par des radeaux ou d'autres objets de ce genre, éventualité dont il faut tenir compte à l'occasion.

ART. VI. — LES AUTRES FORMES D'ASPHYXIE VIOLENTE.

Nous parlerons ici de l'asphyxie par occlusion des orifices respiratoires, de celle par obstruction des voies respiratoires par des corps étrangers, enfin de l'asphyxie par obstacle à la dilatation du thorax.

§ 1er. — L'ASPHYXIE PAR OCCLUSION DES ORIFICES RESPIRATOIRES.

L'asphyxie par occlusion des orifices respiratoires se présente surtout chez les petits enfants et a lieu par occlusion de la bouche et du nez avec la main ou un autre corps, particulièrement un corps mou. Dans le premier cas il peut rester de la compression des traces dont la disposition et la forme, répondant à celle des ongles et des doigts, peuvent permettre à elles seules de reconnaître la cause de l'asphyxie. Nous ferons remarquer que ces traces trouvées sur un nouveau-né peuvent provenir des tentatives qu'a faites la mère pour se délivrer, c'est-à-dire de l'effort qu'elle a fait pour dégager la tête et le corps de l'enfant, mais dans ce cas les traces ne sont pas symétriques et ne se trouvent pas exclusivement autour des orifices respiratoires. Le médecin-légiste se gardera de rapporter à cette origine la dessiccation des lèvres qui se montre très souvent chez les enfants comme phénomènes cadavériques. L'asphyxie par occlusion des orifices respiratoires par des corps mous tels que drap, objets de literie, etc., peut avoir lieu dans une intention criminelle ou survenir accidentellement, que les petits enfants soient recouverts par ces corps, ou qu'ils viennent à se coucher sur la figure. Comme ces procédés ne laissent souvent aucune trace extérieure, le médecin-légiste n'est pas en état de les reconnaître par le résultat de l'autopsie, et il se contentera de déclarer que la mort a eu lieu par asphyxie et qu'on ne peut en trouver l'explication dans aucune lésion interne ; il ne manquera pas de mettre à profit les circonstances particulières du cas.

§ 2. — L'ASPHYXIE PAR OBSTRUCTION DES VOIES RESPIRATOIRES.

L'asphyxie par obstruction des voies respiratoires par des corps étrangers est le plus souvent le résultat d'un accident. Les suicides accomplis de cette façon n'ont été observés qu'exceptionnellement. Nous avons déjà cité plus haut un cas analogue accompagné de strangulation. Handyside (1) rapporte un cas de suicide par obturation du pharynx avec du coton, et Wosidlo (2) un autre où l'on s'était servi de foin ; on trouve une série d'autres cas très intéressants, entre autres un cas de suicide par introduction d'une clef dans l'œsophage dans les *Schmidts Jahrbücher* (3).

Le meurtre par obstruction des voies respiratoires est très rare et ne s'observe guère que chez des enfants. Maschka (4) rapporte un cas de meurtre par obturation de la bouche d'un nouveau-né avec de la terre et de la cendre. Nous-même nous eûmes à faire un rapport sur le genre de mort d'un garçon de six ans, dans le pharynx duquel on avait trouvé deux morceaux de mie de pain, ce qui avait éveillé l'idée que son beau-père les lui avait violemment introduits dans la bouche, et l'avait ainsi tué. Comme on ne put exclure la possibilité d'une rétention accidentelle de ces morceaux de pain dans le pharynx, l'affaire n'eut pas de suite, quoique les circonstances du cas eussent été très suspectes.

Cette forme d'asphyxie peut avoir lieu par l'arrêt de grosses bouchées dans le pharynx, et s'observe particulièrement chez les enfants, les ivrognes, les idiots, etc., rarement chez des personnes saines d'esprit. Il existe un grand nombre de ces cas, et nous avons l'occasion d'en observer plusieurs chaque année. Ce sont surtout de gros morceaux de viande mêlée de tendons que l'on trouve dans le pharynx ou à l'orifice du larynx. Dans d'autres cas, ce sont des matières de vomissements, qui tombent ou sont aspirées dans le larynx. Cet accident s'observe surtout chez des nourrissons, qui

(1) Handyside, *Schmidt's Jahrb.*, 1843, t. XXXVIII, 232.
(2) Wosidlo, *Vierteljahrschr.*, *f. ger. Med.*, N. F., I, 203.
(3) 1845, Bd. 48, p. 83 et suiv.
(4) Maschka, *Vierteljahrsch. f. ger. Med.*, XXI-338.

vomissent facilement, et qui, principalement si le vomissement a lieu pendant le sommeil, reçoivent facilement les substances vomies dans les voies respiratoires et s'asphyxient ainsi.

Il n'est pas rare de voir mourir de la même façon des ivrognes ou d'autres personnes ayant perdu connaissance et chez lesquels l'état d'impuissance où ils se trouvent et la suppression des mouvements réflexes facilitent l'introduction de ces matières dans les voies respiratoires. Nous ferons cependant remarquer que dans tous les cas où l'on trouve du contenu de l'estomac dans les voies respiratoires, il ne faut pas toujours faire provenir la mort de l'introduction de ces matières dans le larynx, parce que d'une part les vomissements et l'introduction des substances vomies peuvent très bien avoir eu lieu pendant l'agonie d'une mort due à une autre cause, d'autre part le contenu de l'estomac a pu arriver dans le pharynx et de là dans les voies respiratoires par les mouvements imprimés au cadavre, ou par suite de sa position, ou par la pression des gaz de putréfaction qui se développent dans le ventre.

Il peut encore y avoir obstruction des voies respiratoires par d'autres corps tels que haricots, pièces de monnaie, etc. Ces cas concernent le plus souvent des enfants et n'ont qu'un intérêt très médiocre au point de vue médico-légal. Nous avons fait l'autopsie d'une femme qui fut trouvée morte le matin dans son lit. L'autopsie permit de reconnaître une mort par asphyxie et comme cause de celle-ci une fausse dent qui se trouvait dans le larynx et était fortement fixée dans la fente des cordes vocales.

Comme cause fréquente de mort subite des nourrissons, nous citerons encore l'obstruction des voies respiratoires par du mucus bronchique. Nous avons très souvent fait l'autopsie d'enfants, qui étaient morts subitement dans des convulsions (Fraisen) sans avoir présenté d'autre symptôme morbide qu'une toux, et chez lesquels nous trouvâmes à l'autopsie, en dehors des signes d'asphyxie, particulièrement de nombreuses ecchymoses aux poumons et au cœur, une accumulation de sécrétions bronchiques dans les bronches et les autres signes de bronchite. La grande prédisposition des nourrissons aux affections catarrhales et l'état d'impuissance (faiblesse musculaire) des enfants expliquent la fréquence de ces cas.

§ 3. — L'ASPHYXIE PAR OBSTACLE MÉCANIQUE A LA DILATATION DU THORAX.

On observe l'asphyxie par obstacle mécanique à la dilatation du thorax dans les éboulements et les cas de compression du thorax par d'autres causes. Dans les éboulements la mort survient en général par des blessures mécaniques, surtout des ruptures d'organes internes, mais elle peut encore avoir lieu par l'asphyxie seule, parce que la masse qui charge le corps (thorax et abdomen) rend les mouvements respiratoires impossibles. Dans le cas contraire, c'est-à-dire si les mouvements respiratoires ont lieu librement ou seulement incomplètement, l'individu pris dans l'éboulement peut supporter d'autant plus longtemps cette situation que la masse qui recouvre son corps est plus poreuse, parce qu'il peut arriver ainsi une plus ou moins grande quantité d'air aux organes de la respiration. A. Bérenguier a pu retrouver vivant, des animaux enfouis dans la cendre, de la farine, etc., depuis quinze heures. C'est ainsi qu'on s'explique aussi comment des adultes pris dans un éboulement ou des enfants enterrés ont pu être retrouvés vivants après un nombre d'heures souvent considérable. Bohn rapporte que deux nouveau-nés, enterrés immédiatement après leur naissance, ont pu être déterrés vivants après plusieurs heures. Maschka (1) raconte un fait analogue et Bardinet (2) un autre. Dans ce dernier cas une mère avait enterré à $0^m,25$ sous terre et enveloppé dans un drap son enfant qu'elle avait cru mort. Il fut déterré huit heures (!) après, ramené à la vie et vécut encore quatre jours.

La substance dont le corps est recouvert est-elle formée de parties très mobiles, celles-ci peuvent être aspirées surtout par les mouvements de respiration qui ont lieu même dans l'état de perte de connaissance ; cependant Bérenguier, dans ses expériences, a bien pu retrouver les substances pulvérulentes dans le pharynx et la partie supérieure de l'œsophage, mais jamais dans la glotte ou dans l'estomac. Comme ces substances peuvent très facilement s'introduire dans la cavité buccale d'un cadavre, on ne conclura à une aspiration vraie que dans le cas où nous les trouvons dans les parties profondes des voies respiratoires.

L'asphyxie par compression du thorax peut avoir lieu par la presse dans une foule ou chez des enfants par la pression du corps de la mère ou d'une autre personne couchant dans le même lit. Ce dernier genre de mort est difficile à constater par le résultat de

(1) Maschka, *Das Leben der Neugeborenen ohne Athmen* (*Prager Vierteljahrschrift fur die prakt. Heilkunde*, 1854, t. III, p. 1, et *Gaz. hebd. de méd.*, t. I, p. 1059).

(2) Bardinet, *De la vie sans respiration chez les enfants nouveau-nés* (*Bull. de l'Acad. de méd.*, 2 nov. 1864, t. XXX, p. 77), et A. Devergie, *Rapport sur le mémoire de M. Bardinet* (*Bull. de l'Acad. de méd.*, 1er août 1865, t. XXX, p. 1052).

l'autopsie seule, et le genre de mort doit être recherché dans ce résultat rapproché des circonstances particulières des cas.

CHAPITRE III

LA MORT PAR INANITION.

Il est difficile de préciser combien de temps un homme peut rester privé de nourriture sans mourir. L'âge, l'état antérieur de nutrition et cette circonstance qu'il y a eu suppression de nourriture avec ou sans suppression de boisson (eau) ont une certaine influence sur la durée de ce temps.

Les cas assez fréquents d'atrésie congénitale du duodenum et ceux moins fréquents d'atrésie de l'œsophage permettent de voir combien de temps des nouveau-nés peuvent vivre sans nourriture. R. Meier (1) a vu un enfant avec une atrésie complète de l'œsophage ne mourir que le septième jour. Hempel (2) et Theremin (3) ont réuni une grande série de cas d'oblitération congénitale du duodenum. Les enfants mouraient en général entre le troisième et le cinquième jour qui suivait la naissance ; dans un cas cependant la vie a duré douze jours. De deux enfants, dont nous avons fait l'autopsie et qui étaient atteints d'une atrésie congénitale du duodenum au-dessus de l'ampoule de Wafer, l'un a vécu un jour, l'autre deux jours et demi.

F. A. Falk (4) a trouvé dans ses études sur des chiens, qu'il a laissés mourir de faim, que les animaux nouveau-nés ou jeunes diminuaient beaucoup plus rapidement de poids et mouraient plus tôt que des chiens plus âgés, dont un entre autres âgé de trois ans et recevant de l'eau ne mourut que le soixante et unième jour.

Hippocrate dit : « Senes facillime jejunium ferunt (5). » Il n'est pourtant pas prouvé que les vieillards supportent plus facilement le jeûne que les adultes ; cependant comme les phénomènes d'assimilation sont beaucoup plus lents chez les vieillards que chez les adultes et qu'à ceux-là il faut moins de nourriture, la chose paraît probable.

Il est difficile de déterminer le temps pendant lequel des adultes peuvent supporter le jeûne ; on admet en général sept à huit jours (Moleschott). Cependant Schleifer (6) a vu un prisonnier supporter le jeûne pendant dix-sept jours et

(1) Klebs, *Path. anat.*, 165.
(2) Hempel, *Jahrbuch. f. Kinderheilkunde*, VI, 1873, p. 381.
(3) Theremin, *Deutsche Zeitschr., f. Chirurgie*, 1877, VIII, 34.
(4) Falk, *Med. Centrabl.*, 1876, p. 472.
(5) Hippocrate, *Œuvres complètes*, trad. Littré.
(6) Schleifer, *Œst. Wochenschr.*, 1843, n° 24.

Casper un autre pendant dix jours ; tous les deux avaient bu de l'eau. Caussé (1) rapporte le cas d'une jeune fille qui fut retrouvée vivante onze jours après avoir été ensevelie sous les décombres d'une maison. Un enfant de quatre mois qu'elle avait sur ses genoux était mort le quatrième jour. Falret (2) et d'autres médecins aliénistes auraient vu des malades refuser la nourriture pendant quarante jours et plus (?!) sans mourir (3). Pellevoisin (4) a vu la mort survenir au bout de soixante jours dans les cas de nourriture insuffisante et au bout de huit jours dans les cas d'abstinence complète.

Des symptômes qui se montrent pendant la vie, c'est la sensation de faim qui disparaît le plus rapidement : c'est ce qu'on a constaté dans la plupart des cas cités, et Ranke (5) a observé dans une expérience faite sur lui-même que la sensation de faim avait déjà disparu le deuxième jour. On observe ensuite une diminution des forces, de la constipation et avec l'abstinence de l'eau une augmentation du poids spécifique de l'urine, une diminution de la quantité d'urine, dans laquelle l'urée ne diminue pas ou du moins pas constamment, tandis que les chlorures diminuent et peuvent même disparaître complètement. On a observé également une sensation de pesanteur à l'estomac, des envies de vomir et une odeur fétide de la bouche, de même que la formation d'ecchymoses dans les conjonctives et sur la peau (Schleifer). Si les individus reçoivent à manger en ce moment, leur rétablissement a lieu rapidement et complètement. Dans les périodes ultérieures, avec l'augmentation de la faiblesse, surviennent la somnolence, le délire et la mort (O. Schulze).

Les cadavres de ces individus se putréfient rapidement (Rechlingshausen), sont excessivement amaigris et anémiques, la graisse a disparu dans les organes internes. L'estomac et l'intestin sont fortement rétrécis et vides, le foie, la rate et les reins sont diminués de volume et exsangues, le sang a souvent une consistance poisseuse.

La mort par inanition se rencontre rarement dans la pratique de la médecine légale. On peut l'observer dans l'exposition d'enfants, dans la diminution ou suppression complète de nourriture comme moyen absurde et barbare de correction, mais elle peut être également un genre de meurtre cruel et consommé presque

(1) Caussé, *Cadavre trouvé dans l'anfractuosite d'un rocher et réduit à quelques ossements, suicide probable par inanition* (*Ann. d'hyg. publ.*, 1876, XLV, p. 328, nº 92).

(2) J. P. Falret, *Des maladies mentales et des asiles d'aliénés.* Paris, 1864, p. 302.

(3) *Prager Vierteljahrschr.*, 1864, Bd 82, p. 111.

(4) *Ibid.*, Bd 83, p. 95.

(5) Roth und Lex, *Militargesundheitspflege*, 1875, II, 557.

toujours sur des enfants sans défense ou des aliénés, surtout des idiots. Beaucoup de ces cas examinés plus attentivement se trouvent être exagérés, comme nous avons déjà eu l'occasion de nous en convaincre deux fois, en faisant l'autopsie d'enfants que l'on disait être morts par suite de suppression de nourriture, tandis que l'autopsie fit découvrir dans un cas une pneumonie caséeuse, dans l'autre une syphilis comme cause de la mort ; dans les deux cas nous avons trouvé une grande quantité de matière féculente dans l'intestin. La mort par inanition à la suite de rétrécissements ou de soudure de l'œsophage dû à un empoisonnement par substances caustiques, peut donner lieu à une poursuite judiciaire. Casper rapporte un cas dans lequel le traitement par frictions mercurielles fut fait avec une si grande légèreté qu'il s'ensuivit une soudure des mâchoires et que la malade mourut finalement d'inanition. Le chirurgien (*Wundarzt*) coupable fut condamné à la détention dans une forteresse.

Le suicide par inanition est tenté souvent par les prisonniers, surtout par les aliénés, mais est rarement poussé jusqu'au bout. La privation de nourriture longtemps continuée, surtout si elle est accompagnée d'autres phénomènes tels que extase et stigmatisation, peut avoir une importance médico-légale dans les cas où l'on veut faire passer la personne pour une miraculée. On sait que ces cas se représentent toujours de temps en temps et notre époque en a fourni un certain nombre. La plupart de ces cas reposent sur une fraude, qu'on pourra découvrir par un contrôle sévère ; on s'assurera que la personne ne mange pas en secret, et on tiendra compte des conditions physiques du corps, de son poids, de sa masse graisseuse, et on surveillera particulièrement les excrétions, défécation et miction. Dans une série d'autres cas il s'agit d'un état névro- ou psychopathique où le besoin de nourriture se fait beaucoup moins sentir qu'à l'état normal, et dans une dernière série de cas cet état est accompagné de supercherie et est analogue aux exagérations si connues et au désir de se faire remarquer, que nous trouvons fréquemment chez les hystériques.

CHAPITRE IV

LA MORT PAR UNE TEMPÉRATURE TROP ÉLEVÉE OU TROP BASSE.

ART. 1er. — LA MORT PAR UNE TEMPÉRATURE TROP ÉLEVÉE.

§ 1er. — BRULURE.

L'action d'une température élevée sur le corps se désigne généralement sous le nom de *brûlure*. Celle-ci peut avoir lieu par une flamme, par des liquides chauds, par des gaz ou des vapeurs chaudes, par des corps solides portés au rouge (fondus), par la chaleur rayonnante et par la chaleur qui se développe dans certaines réactions chimiques, comme par exemple dans l'action d'éteindre la chaux.

En chirurgie on distingue quatre degrés de brûlures, qui sont caractérisés : le premier par l'*érythème*, le deuxième par la formation de *phlyctènes*, le troisième par l'*escharification du derme*, le quatrième par tous les autres effets des brûlures ; le degré le plus avancé de celles-ci, c'est-à-dire la *carbonisation* de tout un membre ou de tout le corps, se rencontre rarement dans la chirurgie, mais assez souvent dans la pratique médico-légale.

Le danger des brûlures provient moins du degré de la brûlure que de son étendue, et on sait que des brûlures d'un degré très avancé sont beaucoup moins dangereuses, quand elles sont limitées à une partie circonscrite du corps, que des brûlures du premier et du second degré occupant une grande étendue de la surface du corps.

C'est un fait d'expérience reconnu par les chirurgiens qu'une brûlure (par un liquide), occupant plus que le tiers de la surface du corps est suivie de mort. Cette proposition n'est vraie que pour la majorité des cas et on ne veut pas dire par là que, dans le cas d'une brûlure de ce genre et même plus étendue, la guérison soit absolument impossible.

Maschka a décrit un cas concernant un jeune homme qui, dans un état d'ivresse absolue, avait été arrosé d'eau-de-vie et auquel on avait mis le feu. La brûlure s'étendait à plus de la moitié du corps, et cependant la guérison eut lieu après neuf mois. Il resta cependant des cicatrices très étendues qui se rétractèrent tellement sur le ventre et dans la région de l'aine que l'individu ne put plus marcher que courbé en avant. Il n'est pas très rare de voir des enfants mourir après des brûlures occupant une partie assez limitée de la peau, par exemple, un membre ou le cou, et cela non seulement à la suite des processus d'inflammation et de suppuration consécutives, mais encore peu de temps après que la brûlure a eu lieu.

On a beaucoup discuté (1) sur la cause de la mort après les brûlures de la peau, et malgré cela la question n'est pas encore élucidée. La forte excitation des nerfs de la peau peut à elle seule expliquer la mort par *shock* (arrêt du cœur). D'autres auteurs ont attaché une grande importance à la dilatation paralytique des vaisseaux de la peau pris en masse, et à la brusque dilatation consécutive des grands canaux de la circulation, dilatation qui se fait sentir par une diminution de la pression sanguine et donne lieu à une insuffisance du cœur, à une stase dans le circuit de la circulation et à la mort. On a cherché un rapport entre la perte considérable de chaleur par la peau dénudée et la mort. D'autres ont attribué la mort à la suppression des fonctions de la peau comme organes d'excrétion de cer-

(1) Parmi les travaux récents avec bibliographie nous citerons : F. Falk, *Des brûlures* (*Virchow's Arch.*, 5, III), et *De la signification de l'irritabilité des nerfs de la peau dans les brûlures* (*Dubois-Reymond's, Arch.*), 1870, p. 374 ; — E. Mendel, *De la cause de la mort après les brûlures* (*Vierteljahrschr. f. ger. Med.* N. F., XIII, p. 93).

taines substances délétères ; d'autres, se rapportant aux expériences de Schultze et Rollet, qui ont observé la division des globules sanguins sur des porte-objets chauffés et la destruction de ces globules à 45° centigrades, ont attribué la mort aux altérations du sang et aux troubles de nutrition consécutifs ; d'autres à une coagulation brusque du sang dans la peau et de la fibrine des muscles ; d'autres enfin à l'absorption rapide et considérable de substances septiques par la surface dénudée de la peau.

La symptomatologie d'une brûlure rapidement mortelle n'est pas constante et on observe tantôt les symptômes du *shock*, tantôt des symptômes pouvant être rapportés à des hypérémies locales ou à une absorption de matières pyrogènes dans le courant de la circulation.

L'hématurie et la néphrite sont presque constantes dans les brûlures à marche aiguë et ont été produites expérimentalement par Wertheim (1). La mort a lieu le plus souvent avec délire et somnolence. Dans les brûlures à marche chronique la mort arrive par épuisement ou par des processus inflammatoires et emboliques des organes internes et surtout des poumons.

Les lésions extérieures des cadavres des brûlés dépendront du degré et de la cause de la brûlure et du temps qui s'est écoulé entre la brûlure et la mort.

Nous n'avons pas ici en vue que les brûlures amenant rapidement la mort et seulement les trois premiers degrés, car nous reviendrons plus tard sur les brûlures plus avancées et la carbonisation. Le plus souvent on ne peut plus reconnaître sur le cadavre l'érythème de la peau, dû à une brûlure par le feu ou un liquide chaud, parce qu'il disparaît par hypostase ; cependant, si la mort n'est pas survenue trop rapidement, on trouve encore un gonflement des parties atteintes, et plus souvent une desquamation furfuracée de l'épiderme aux endroits, qui ont été pendant la vie le siège de l'érythème. Après les brûlures du second degré nous observons sur le cadavre des phlyctènes ou bien développées et contenant du sérum, ou crevées et affaissées et l'épiderme détaché par lambeaux sur une plus ou moins grande étendue de la peau et adhérant en formant une espèce de plissé aux bords des parties qui présentent ces altérations. Si le derme reste recouvert par les lambeaux de l'épiderme, on le trouve sur le cadavre humide, le plus souvent pâle, plus rarement rouge et cela généralement dans les parties déclives seulement. Si l'endroit de la brûlure a été exposé à l'air, il se dessèche et se présente au bout de quelque temps sous la forme d'une croute de consistance de cuir ou de parchemin, résistant au scalpel, résonnant à la percussion, laissant voir par transparence le réseau des vaisseaux de la peau, et offrant différentes nuances de

(1) Wertheim, *Wr. Med. Wochenbl.*, 1867, p. 144.

jaune et de brun jusqu'au brun rouge; il présente en outre les altérations que nous avons pu observer sur les excoriations de la peau, ou sur les endroits de la peau dépouillés d'une autre façon de leur épiderme.

Les brûlures du troisième degré se reconnaissent, lorsqu'elles sont récentes, à la croûte d'un gris blanc formée par les couches supérieures du derme; mais si elles sont exposées quelque temps à l'air, elles se dessèchent et prennent l'apparence lardacée des brûlures du second degré.

Les autres lésions extérieures dépendent du genre de la brûlure. Celle-ci a-t-elle été faite par la flamme, on trouve en même temps une coloration noire de la peau et une brûlure des cheveux aux endroits correspondants. Ces deux signes manquent si la brûlure a eu lieu par des vapeurs ou des liquides chauds, ce qui peut servir à différencier ces deux sortes de brûlures. La destruction des poils peut aussi se montrer dans les brûlures par des corps portés au rouge ou par des liquides caustiques. Dans certains cas, on trouve la substance, qui a occasionné la brûlure, encore adhérente à la peau. C'est ainsi que nous avons vu la plus grande partie de la peau du corps d'un homme recouverte d'une masse noire brillante, provenant d'une résine noire qui avait été lancée pendant la fusion sur cet homme et l'avait brûlé; sur un autre individu, qui était tombé dans une fosse contenant de la chaux à peine éteinte, nous trouvâmes des couches épaisses de celle-ci sur la peau. Les brûlures par la poudre se reconnaissent par la coloration noirâtre des endroits atteints, coloration qui est due non seulement à la fumée de la poudre, mais encore à l'incrustation de grains de poudre dans la peau.

La répartition des brûlures peut aussi dans certains cas faire reconnaître leur provenance. La brûlure a-t-elle eu lieu par la flamme, on verra facilement qu'elle est allée de bas en haut, ce que l'on comprend aisément pour les enfants ou les femmes dont les vêtements prennent feu. Dans les brûlures par des liquides bouillants, si la personne est habillée, les parties recouvertes par les habits sont préservées ou présentent un degré de brûlure moins avancé, et la brûlure a lieu de haut en bas, à moins que l'individu ne soit tombé dans le liquide. Des vêtements serrant fortement le corps offrent une certaine protection contre les flammes, c'est ce qui fait que le feu se met beaucoup moins souvent aux vêtements d'hommes qu'à ceux des femmes, car ceux-ci s'écartant beaucoup du corps surtout dans la moitié inférieure, sont facilement atteints par les flammes. Ce qui prouve encore mieux la protection qu'offrent les effets d'habillements fortement serrés sur le corps, c'est ce fait que l'on trouve souvent des lanières de peau correspondant à la ceinture de la taille ou à des jarretières parfaitement conservées, tandis que les parties environnantes présentent les degrés de brûlures les plus avancés. Les brûlures par chaleur rayonnante, par un air chaud, ou par des gaz d'explosion se limitent en général aux parties non recouvertes du corps, cependant l'action de la chaleur peut les traverser, comme cela arrive par exemple pour les coups de foudre, qui peuvent mettre quelquefois, assez rarement cependant, le feu aux habits (1).

Il est difficile, avec un peu d'attention et en se rappelant à ce que nous avons dit, de confondre les altérations de la peau à la suite de brûlures avec d'autres processus Prendre pour une brûlure le détachement et le soulèvement ampullaire de l'épiderme qui s'observent dans la putréfaction très avancée serait une erreur impardonnable, qui a cependant eté commise dans un cas, connu de nous, et concernant un nouveau-né retiré en été d'un tas de fumier. La confusion serait plus facile avec des maladies de peau accompagnées de rougeur de la peau et de formation de phlyctènes. Casper-Liman et Friedberg (2) ont décrit des cas où des brûlures faites par des sages-femmes ont été prises pour une varicelle et inversement des cas où une éruption de la peau a été regardée comme une brûlure.

Les *lésions internes* sont le plus souvent négatives dans les cas très aigus. Franz a trouvé chez sept montagnards frappés de la foudre des ecchymoses au cœur ; mais la mort semble être due, dans ces cas, ainsi que le fait remarquer Franz lui-même, non à la brûlure même, mais à l'asphyxie par des gaz irrespirables. Par contre on trouve des ecchymoses sous les séreuses et souvent sous les muqueuses, chez des individus, qui ont encore vécu quelques jours, et leur formation coïncide avec la dégénérescence granuleuse qui s'empare rapidement des parois des vaisseaux, des muscles et des organes parenchymateux. De ces derniers c'est le rein qui est le premier altéré, et offre les signes du « gonflement trouble (*trübe Schwellung*). » Chez cet individu brûlé par la résine, dont nous avons parlé, nous avons trouvé cette lésion et en même temps une urine sanglante, bien que l'individu fût mort six heures après la brûlure. Les hyperémies des organes internes ne sont pas constan-

(1) K. Franz (*Zeitschrift der czechischen Aerlzk.* 1875, p. 242 et suiv.) rapporte des observations de brûlures par la foudre, concernant une fois vingt-deux, une autre fois quatorze mineurs.

(2) Friedberg, *Gerichtärzt, Gutachten*, 1875, p. 296.

tes ; nous avons souvent observé une hyperémie des méninges et des signes d'œdème du cerveau. Le sang est presque toujours coagulé.

Si les individus ont vécu plus longtemps, nous trouvons, outre la dégénérescence granuleuse (graisseuse) des organes, des processus pneumoniques d'origine en partie hypostatique, et en partie embolique. Nous avons plusieurs fois observé l'ulcération du duodénum indiquée pour la première fois par Curling. Nous la regardons, ainsi que Klebs (1), comme un phénomène de corrosion provenant d'ecchymoses, qui se montrent sur la muqueuse du duodénum de même que sur celle de l'estomac et s'observent non seulement à la suite de brûlures étendues, mais après d'autres genres de mort (asphyxie) s'accompagnant de formation d'ecchymoses.

La mort par combustion est dans la plupart des cas le résultat d'un accident, ou causée par imprudence. Un tel suicide est un fait exceptionnel et observé seulement chez les aliénés.

Le meurtre par brûlure est tout aussi rare. Une femme passa en 1876 aux assises à Inaïm, et fut condamnée pour avoir tué son mari en l'arrosant de pétrole et y mettant le feu. Taylor rapporte une série de cas analogues, entre autres une tentative de meurtre par un liquide bouillant. On a également observé souvent la combustion de nouveau-nés comme une forme d'infanticide.

Il arrive plus souvent de voir des individus, tués d'une autre façon, exposés au feu soit pour rendre le cadavre méconnaissable, soit pour faire croire à un accident. Dans ce cas le médecin aura à voir, premièrement si la combustion a eu *lieu pendant la vie ou après la mort*, deuxièmement s'il n'y a pas de signes d'un autre genre de mort.

Sous le premier rapport nous ferons la remarque suivante : c'est que l'érythème qui constitue le premier degré de la brûlure ne peut se former sur le cadavre, car elle repose sur une hyperémie active. Trouvons-nous donc cette hyperémie, surtout au voisinage immédiat de brûlures très avancées, nous pouvons affirmer que l'action de la chaleur a eu lieu pendant la vie. Malheureusement cette rougeur d'injection du premier degré de la brûlure disparaît complètement sur le cadavre ou devient pâle, comme cela arrive pour les autres exanthèmes dus à une hyperémie. En général l'érythème est d'autant plus prononcé que l'individu a vécu plus longtemps après la brûlure. On a voulu trouver dans l'existence des phlyctènes

(1) Klebs, *Pat'ol. Anat.*, 278.

une preuve que la brûlure a eu lieu pendant la vie, prétendant que sur le cadavre il pouvait bien se former sous l'action d'une flamme ou d'un autre agent un soulèvement ampullaire de l'épiderme, mais que cette vésicule ainsi formée se crevait aussitôt ou, si elle persistait, ne contenait que des gaz, mais jamais de sérum. Cette assertion fut ébranlée par les expériences de Christison (1), Leuret (2), Champouillon, Maschka, Chambert et Wright, qui parvinrent, exceptionnellement il est vrai, à déterminer sur le cadavre, la formation d'ampoules remplies de serum et Duvernoy (3) a trouvé de grosses phlyctènes sur le cou d'un homme qui s'était tiré un coup de fusil dans la poitrine, et dont les habits avaient pris feu, bien que le cœur et l'aorte fussent complètement déchirés, que la douzième vertèbre-dorsale fut broyée, et que la mort, par conséquent l'arrêt de la circulation, fut survenue ainsi instantanément. Mais Casper-Liman, malgré leurs nombreuses expériences, n'ont jamais vu des ampoules remplies de sérum se montrer après la mort, et nous sommes arrivé au même résultat ; aussi ce caractère permettra-t-il d'affirmer avec la plus grande probabilité que la brûlure a eu lieu pendant la vie (peut-être pendant l'agonie). La rougeur de la base de la phlyctène n'a pas une grande valeur pour le diagnostic, d'une part parce que la rougeur qui a existé pendant la vie disparaît sur le cadavre, d'autre part parce qu'une partie de la peau d'un cadavre dénudée et exposée à l'air peut aussi devenir rouge. Nous ferons encore remarquer que cette couleur de jambon plus ou moins foncée que présentent les parties brûlées pendant la vie, est due à une dessication sur le cadavre et peut aussi se produire par une brûlure sur le cadavre.

Y a-t-il des brûlures du troisième degré, l'examen des croûtes fraîches ou desséchées peut fournir des renseignements très utiles pour la résolution de cette question. Quand une chaleur très élevée atteint la peau, pendant que la circulation est active, le sang contenu dans les vaisseaux de la peau se coagule immédiatement par la chaleur, et nous voyons les parties brûlées de la peau comme injectées. Cette injection se fait voir par transparence, quand l'endroit brûlé est desséché et converti en une espèce de *couenne*, sous la forme d'un réseau très serré de vaisseaux, que l'on peut facilement distinguer à l'œil nu, mais que l'on voit encore mieux si l'on

(1) Christison, *Brûlure, recherches expérimentales sur les differences que présentent des brûlures faites avant et après la mort*, (*Ann. d'hyg.*, 1832, VII, p. 148.)

(2) Leuret, *Cadavre d'une femme dont la tête a été brulée* (*Ann. d'hyg.*, 1835, XIV, p. 370).

(3) Duvernoy, *Prager Vierteljahrsch.*, 1861, Bd 82, 114.

examine cette couenne au microscope. Si la chaleur a atteint la peau morte, cet aspect peut exister tout au plus dans les parties les plus déclives, où il y a des hyperémies hypostatiques, car on sait que les capillaires de la peau se vident déjà pendant l'agonie et encore plus après la mort.

Les brûlures d'un degré plus avancé, jusqu'à la carbonisation n'offrent aucun caractère distinctif et on conçoit que ces brûlures, si elles ont une certaine étendue ne peuvent avoir eu lieu qu'après la mort.

L'individu a-t-il été tué d'abord et n'a-t-il été exposé au feu qu'après la mort, il peut y avoir des signes qui permettent de reconnaître le *vrai genre de mort*, et peuvent quelquefois être retrouvés même sur les cadavres carbonisés.

Si l'on trouve des blessures, il ne faudra pas oublier qu'elles peuvent avoir été produites accidentellement, comme par exemple dans l'incendie d'une maison par la chute des poutres, des murs ou autres, ou par la force d'une explosion. C'est ainsi que Franz sur les 14 montagnards frappés de la foudre, en a trouvé sept qui présentaient ou des fractures du crâne ou des ruptures d'organes internes. L'action de la flamme sur les os et surtout sur le crâne peut produire non seulement une exfoliation de la table externe, mais encore des fractures des os, et même, comme l'ont montré nos expériences, des trous dans la voûte du crâne, qui peuvent s'expliquer en partie par la dilatation des os sous l'influence de la chaleur et le boursouflement des substances organiques contenues dans les os et en partie par la force des vapeurs qui se forment dans l'intérieur du crâne (1). La chaleur peut encore donner lieu à l'éclatement de la peau, qui s'observe surtout au niveau des articulations. Dans un cas communiqué par Curling, on avait d'abord pris pour une plaie par instrument tranchant une division transversale de la peau des deux genoux trouvée sur un garçon qu'on retira des décombres d'une maison incendiée. Mais un examen plus attentif fit voir que dans la profondeur, les vaisseaux et les nerfs étaient intacts et passaient comme un pont d'un bord de la plaie à l'autre.

Le cas, publié par O. Schüppel (2), d'un garçon de dix ans, retiré des décombres d'une maison incendiée et sur lequel on put reconnaître nettement un sillon de strangulation nous fait voir qu'on peut reconnaître sur des cadavres carbonisés les genres de mort dus à des

(1) Franz, *Wr. med.*, *Wochensck.*, 1875, n° 19.

(2) Vide in *Schmidt's Jahrb.*, le résumé des travaux de Graff, Gunsbourg, Bischoff et Maschka.

causes autres que des blessures mécaniques. Les expériences de Schüppel ont montré que le sillon de strangulation persistait sur les cadavres carbonisés, si le lien constricteur était fortement serré autour du cou et y avait été laissé en place. C'est le même phénomène que la conservation des bandes de peau au niveau de la taille des femmes et des jarretières. L'examen interne d'un brûlé fait-il découvrir les signes d'une mort par asphyxie, on peut admettre que l'individu est mort suffoqué par la fumée. On peut trouver dans ce cas une coloration noirâtre des parois des voies respiratoires et un sang contenant de l'oxyde de carbone, qui se reconnaît, comme nous le dirons plus loin, par sa coloration rouge claire et ses caractères spectroscopiques. Ces signes fournissent la preuve la plus concluante que l'individu vivait encore au moment de l'explosion de l'incendie (1).

Quant au temps nécessaire pour la carbonisation ou la combustion complète du corps, on a fait à ce sujet un grand nombre d'expé-

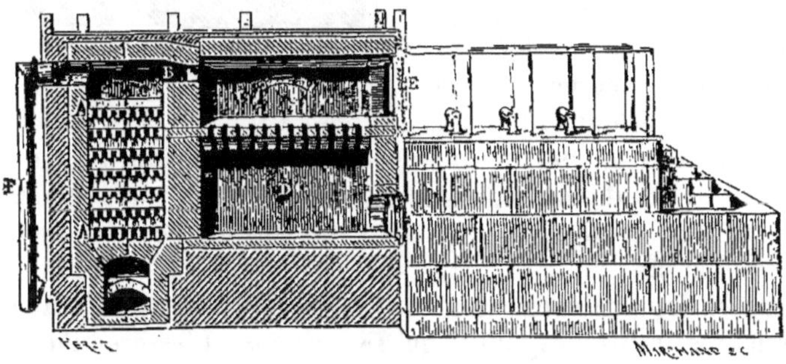

Fig. 37. — Appareil Siemens, côté droit. — A, régénérateur; B, canal horizontal pour le passage des gaz ; C, chambre de calcination et de combustion ; D, cendrier; E, porte en fer ; F, tuyau de la cheminée.

riences, à propos du procès du meurtrier de la comtesse de Görlitz, qui fut d'abord tuée, puis exposée au feu (2). Les nôtres nous ont montré que dans un grand poêle d'appartement, tirant bien et alimenté par du bois, le corps d'un nouveau-né ou d'un nourrisson, exposé une heure à la flamme et une seconde heure aux charbons ardents se

(1) Voy. Brouardel, *Étude médico-légale sur la combustion du corps humain* (*Ann. d'hyg.*, 1878, 2e série, t. L, p. 509).

(2) Tardieu et Rota, *Relation médico-légale de l'assassinat de la comtesse de Gœrlitz, accompagnée de notes et de réflexions pour servir à l'Histoire de la combustion humaine spontanée* (*Ann. d'hygiène*, t. XLIV, p. 191, 362 et t. XLV, p. 99), et Tardieu, *Étude médico-légale sur les blessures*. Paris, 1879, p. 404.

consumait jusqu'à calcination des os ; le même temps a suffi pour détruire les parties molles et calciner les os d'une partie détachée du corps d'un adulte, d'un membre ou d'une tête.

La combustion de cadavres entiers d'adultes par le feu ordinaire n'est pas une chose facile, ce qui le prouve c'est que l'on retire en général des décombres des maisons incendiées des cadavres carbonisés, mais non complètement brûlés jusqu'à calcination des os. Nous savons que chez les anciens il fallait d'immenses bûchers pour brûler les corps, qui étaient en outre enveloppés dans des substances inflammables ; et Filleau (1), qui rapporte une exécution judiciaire par le feu, dit que d'après les renseignements du bourreau, qu'il a interrogé, il fallait deux cordes de bois et encore plus de petit bois et de paille pour détruire le corps d'un homme.

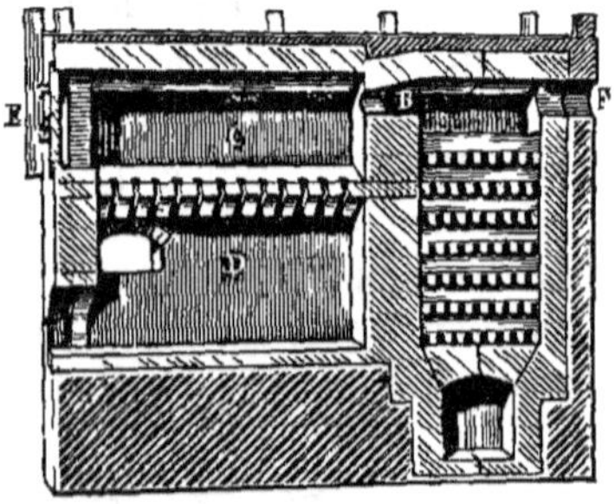

Fig. 38. — Appareil Siemens, côté gauche.

Enfin, les expériences que l'on a faites récemment, pour faire adopter la crémation comme un moyen de destruction des cadavres nous ont montré, que même dans le four a régénération de Siemens (fig. 37 et 38) il fallait plus d'une heure pour arriver à ce résultat (2).

Dans le feu ordinaire ce sont d'abord la peau et les couches supérieures des parties molles qui se carbonisent les premières, et ces croûtes ainsi formées préservent de l'action du feu les organes plus profonds, qui sont rôtis de dehors en dedans, et, si la chaleur persiste, se ratatinent peu à peu, sans perdre leur forme. Ce dernier fait a déjà été observé pour le cerveau par d'autre auteurs (Güns-

(1) Filleau, *Journ. génér. de méd.*, *de Sédillot*, mars 1813.

(2) Les essais faits sur les champs de bataille français, pour brûler les cadavres des animaux en les arrosant avec du goudron et du pétrole ont donné des résultats défavorables, contrairement aux idées de Créteur; car la commission de Metz ne réussit pas à carboniser complètement le cadavre d'un cheval, en cinq heures, bien qu'on l'eût arrosé plusieurs fois de goudron et de pétrole (Roth et Lex, *loc. cit.*, I, 556).

Voy. Pietra Santa, *la Crémation en France et à l'étranger* (*Annales d'hygiène*, 1874, t. XLII, p. 197). — Du Mesnil, *l'Exposition et le Congrès d'hygiène de Bruxelles : Crémation* (*Ann. d'hyg.*, 1877, t. XLVII, p. 42). — Ladreit de la Charrière, *Rapport sur la crémation* (*Ann. d'hyg.*, 3e série, tome I, 1879).

burg) et a été démontré expérimentalement par nous, mais s'applique aussi aux autres organes. C'est ainsi qu'on a retiré des décombres d'une grande fabrique de bougies un bassin d'homme entouré de muscles carbonisés, et une masse de parties molles carbonisées de la grosseur d'une tête d'adulte. Cette masse se composait des poumons, du cœur, de l'estomac et du foie ; ces organes étaient fortement ratatinés, carbonisés à leur surface seulement et bien conservés quant à leur forme et à leur structure grossière. Ces faits ont une grande importance en ce qu'ils permettent de reconnaître même sur des cadavres fortement carbonisés des lésions ayant existé avant la brûlure, et dans les cas où il s'agit de déterminer l'âge d'un individu carbonisé.

Dans notre cas, les organes carbonisés appartenaient à un homme adulte, car c'est le seul qui ait disparu dans ce sinistre. Si l'on n'avait ainsi pu déterminer son âge et si l'on n'avait pas trouvé le bassin d'un adulte, on aurait pu croire que ces organes, si fortement ratatinés, provenaient d'un enfant de 4 à 6 ans.

La question de la combustion spontanée, ou plutôt de l'inflammation spontanée du corps de l'homme par causes internes et principalement l'alcoolisme, est aujourd'hui résolue par la négative (1) Cependant Bertholle (2) et A. Ogston (3) l'ont remise récemment en discussion. Ce dernier a pu se convaincre dans un cas, que le sérum contenant de l'alcool et trouvé dans le ventricule prenait feu à l'approche d'une flamme. Ce fait peut être vrai, mais ne prouve pas la possibilité d'une combustion spontanée. Du reste les gaz de putréfaction qui se développent dans certaines circonstances dans l'intestin sont également combustibles, et A. Ewald a publié récemment un de ces cas rares où l'on a observé l'éructation de gaz stomacaux brûlant avec une flamme jaune (4).

§ 2. — LA MORT PAR LA FOUDRE OU PAR INSOLATION.

La mort par un coup de foudre ou par insolation n'offre qu'un médiocre intérêt au point de vue médico-légal.

Dans le premier cas on ne trouve souvent aucune blessure ou des blessures insignifiantes, quelquefois des brûlures (contusions) de la peau, se présentant sous la forme d'arborisations, et correspondant probablement à la marche des vaisseaux (ou des nerfs) (5). On a plusieurs fois observé des broiements et ruptures d'organes internes, mais tout à fait exceptionnellement, des détachements

(1) Voy. Tardieu, *Étude médico-légale sur les blessures*, Paris, 1879.

(2) Bertholle, *Combustion humaine spontanée* (*l'Union médicale*, 1870, n° 19, et *Ann. d'hygiène*, 1871, t. XXXV, p. 228.

(3) Ogston, *Schmidt's Jahrb.*, 1870, n° 5, p. 196.

(4) C. Ewald, *Reichert's Archiv*, 1874, 217.

(5) Schefeik (*Wr. med. Presse*, 1877, n° 25 et suiv.), a décrit et figuré un certain nombre de cas analogues.

de membres ou des blessures analogues, tandis qu'on voit les arbres frappés de la foudre, se déchirer et se fendre. B. Richardson (1) a fait sous ce rapport des expériences très intéressantes avec un appareil d'induction gigantesque (poids 15 quintaux, longueur du premier fil 3770 aunes anglaises, celle du second de 150 milles anglais et 41 éléments de Bunsen). Ces expériences ont montré que, selon la façon dont avait lieu la décharge, l'action de l'étincelle était différente, c'est-à-dire déterminait dans un cas de fortes brûlures, dans un autre la mort immédiate, tandis que par exemple, quand le second fil était simplement chargé avec le premier, puis déchargé, l'étincelle, bien que longue de 29 pouces était presque inoffensive pour les animaux en expérience (2).

ART. II. — LA MORT PAR CONGÉLATION.

Que l'homme adulte bien vêtu et dans les conditions normales puisse supporter les degrés de froid les plus rigoureux, c'est là un fait prouvé par les expéditions polaires, dans lesquelles ceux qui y ont pris part, ont été exposés pendant un temps assez long à un froid de 40° à 50° centigrades, sans que personne ne soit mort de froid. Par contre il est prouvé que dans certaines circonstances la force de résistance contre le froid est diminuée, de sorte que des degrés de froid même insignifiants et même des températures plus élevées que le point de congélation, peuvent déterminer la mort.

De ces circonstances nous citerons en premier lieu l'âge de l'individu. Les enfants, surtout les nouveau-nés, sont très sensibles au froid. Pour ces derniers, s'ils sont exposés au froid, comme cela arrive souvent, sans vêtements et la peau humide, un degré de température de l'air, n'atteignant même pas le point de congélation, surtout si l'air est agité, produit un refroidissement du corps assez fort pour entraîner la mort. Nous devons admettre également que des personnes vieilles et affaiblies, chez lesquelles les processus, donnant naissance à la chaleur, sont peu actifs, peuvent facilement succomber au froid, tandis que les individus jeunes, forts, bien nourris et surtout possédant un fort coussinet graisseux, peuvent supporter avec facilité des degrés de froid très élevés. Mais c'est surtout la maladie, ainsi que l'épuisement par la faim ou la fatigue, qui diminuent la force de résistance au froid et favorisent la mort par congélation. Il faut accorder la même action à des influences morales dépressives, comme le montrent les malheurs de la retraite de Russie de l'armée française.

Il est évident que le sommeil diminue la force de résistance au

(1) Richardson, *Med., Times*, 1869, n° 985 et 988.

(2) Voy. Tourdes, *Relation medico-légale de l'accident occasionné par la foudre*. Strasbourg, 1869.

froid ; mais on a pu observer, par un grand de nombre de cas, que le sommeil, pendant lequel les individus sont surpris par la congélation, n'est pas normal et est dû en partie à la fatigue ou à l'affaiblissement, en partie à la somnolence que provoque le froid lui-même. Wrangel (1) a vu un nombre incalculable de fois les Jakutes dormir tranquillement à l'air libre par un froid de 20° R. Une couverture de cheval étendue sur la neige leur sert de lit, la selle en bois d'oreiller. Ils se couvrent le dos avec leur fourrure, tournent la partie antérieure de leur corps vers le feu, bouchent les les oreilles et le nez avec du coton et recouvrent leur figure en ménageant une petite ouverture par la bouche.

Il est difficile de dire jusqu'à quel point un habillement insuffisant expose à la congélation. L'opinion répandue depuis longtemps que l'abus de l'alcool diminuait la force de résistance au froid, a trouvé une confirmation dans les observations récentes qui ont montré que l'alcool en petite ou en grande quantité rabaissait la température du corps : Le danger croît le plus souvent avec l'ivresse.

On a institué un grand nombre d'expériences (2) pour se rendre compte des phénomènes qui se passent dans l'organisme, après l'action d'un froid intense. Tous les observateurs ont remarqué avant tout une contraction des vaisseaux de la peau, donnant lieu à une congestion des organes internes (cœur, poumons, cerveau), et regardée par la plupart des auteurs comme la cause principale de la mort. Il nous semble cependant, que la contraction des vaisseaux de la peau sous l'action du froid n'est que passagère et fait place plus tard à une diminution de la tonicité des vaisseaux (paralysie des vaisseaux), car la peau n'est pâle qu'au début et plus tard elle est le plus souvent livide, comme nous pouvons nous en convaincre sur nous-mêmes en hiver. Et sous ce rapport notre opinion concorde avec les recherches de Horwath qui a montré que le froid paralysait surtout les muscles lisses et cela à un moment où les muscles striés conservent encore leur contractilité. On peut également rapporter à une paralysie des vaisseaux les stases veineuses et

(1) Wrangel, *Reise nach Russich-Siberien.*

(2) Outre les travaux de Krajewsky, Blosfeld, Samson-Himmelstiern, Dieberg, Hœche, Ogston, nous citerons ceux de Pouchet (*Med. Times*, Déc. 1865) ; — Crecchio, *Della morte pel freddo*, (*Morgagni*, 1866) ; — Beck, *Ueber den Einfluss der Kälte* (*Deutsche Klinik*, 1868, n° 6-8) ; — Vertheim, *Ueber Erfrierung* (*Wr. med. Wochenschr.*, 1870, n° 19-23) — Horwarth *Beiträge zur Wärme inanitia.* (*Allg. Wr. med. Ztg.* 1870, n° 38 et 41).

l'œdème local que Beck a observés dans ses expériences, de même que les autres symptômes généraux, tels que faiblesse des battements du cœur, anxiété précordiale, diminution de la pression sanguine et de la respiration, augmentation de la quantité de carbone excrétée (Wertheim) et la léthargie pendant laquelle survient la mort. Pouchet a trouvé que le froid détruisait les globules du sang, et qu'il y avait d'autant moins d'espoir de sauver un congelé que la quantité de globules détruits par le froid était plus grande. Crecchio a signalé l'action mortelle du froid sur les nerfs et Horwarth sur les muscles ; ce dernier fait remarquer avec raison que dans l'appréciation des effets du froid il faut prendre en considération non seulement la température du milieu ambiant, mais encore le degré de réfrigération du corps qui va en diminuant du dehors en dedans ; il a observé qu'un cœur de grenouille congelé jusqu'à la dureté d'une pierre, recommençait à battre quand on le réchauffait, tandis que si les muscles étaient refroidis de part en part jusqu'à 5° centigrades leur contractilité disparaissait complètement (1).

Quant aux signes que présentent les cadavres des individus congelés nous ferons remarquer, que la rigidité de congélation du cadavre ne prouve pas que l'individu soit mort de froid, car ce phénomène peut ne se montrer qu'après la mort, que celle-ci soit le résultat du froid ou d'une autre cause. La disjonction des sutures du crâne, que Krajewski a plusieurs fois observée sur des individus congelés, est un phénomène qui s'explique également par la dilatation du cerveau congelé et riche en eau. Certains observateurs (Ogston) ont trouvé sur le cadavre des congelés, une coloration rouge clair de la peau (taches cadavériques), ils ne disent pas s'ils ont trouvé ces taches d'un rouge clair sur des cadavres observés peu de temps après la mort. Si elles ne se montrent, comme cela est probable, que sur des cadavres dégelés, elles ne prouvent en rien la mort par la congélation, car nous avons observé les mêmes signes sur les cadavres des noyés ou sur ceux qui ont été conservés dans une glacière, parce que l'eau, traversant l'épiderme, apporte de l'oxygène au sang contenu dans les hypostases et le colore en rouge clair, tandis que les hypostases ordinaires offrent la couleur livide connue et due à du sang privé d'oxygène (hyperveineux).

La coloration rouge clair du sang dans les organes internes, si-

(1) *Med. Centralbl.*, 1873, p. 33.

gnalée par Blosfeld, Ogston et de Crecchio, mais non constante d'après d'autres auteurs (Samson-Himelsstirn), peut n'être due qu'au dégel du corps; nous avons pu nous convaincre au moins que le sang gelé ne se distinguait du sang normal ni par sa couleur ni par ses caractères spectroscopiques, ni par ses réactions chimiques. Les phénomènes de stase dans la circulation veineuse, ou les hyperémies de certains organes, que l'on trouve sur certains cadavres gelés, ne sont pas caractéristiques. Il s'ensuit donc de ce que nous avons dit qu'il n'y a pas un seul signe qui par lui-même ou par lui seul soit capable de prouver la mort par congélation, de sorte que le diagnostic ne peut se tirer que des circonstances particulières du cas et par exclusion d'un autre genre de mort.

Blosfeld et Brucke prétendent que la raideur cadavérique des gelés peut persister après le dégel, assertion qui est combattue par d'autres auteurs (Sommer).

Les cadavres dégelés se putréfient rapidement, et ce sont surtout les phénomènes d'imbibition et de transsudation qui sont les plus prononcés. Casper-Liman ont déjà fait remarquer que si l'on trouve dans la neige ou dans la glace un cadavre déjà en voie de putréfaction, on peut en conclure avec certitude, que cet homme n'est pas mort de congélation, car un cadavre couché dans la neige ou la glace ne se putréfie pas. Cette assertion est juste en général; il ne faudra pas oublier cependant qu'un individu peut réellement avoir été gelé, dégelé pendant une température plus douce et être entré en putréfaction à ce moment, puis avoir été recouvert de neige et gelé une seconde fois. Il y aura donc lieu, dans ces circonstances, de prendre en considération les variations de la température.

La mort par congélation, si fréquente dans les pays du Nord, s'observe rarement dans nos régions. Nous ne connaissons pas de cas de suicide par congélation. Par contre on rencontre quelquefois le meurtre par exposition à un grand froid de personnes hors d'état de se défendre, surtout de petits enfants et de nouveau-nés; nous avons déjà dit à propos de ces derniers qu'un degré de froid assez minime suffit pour amener leur mort.

CHAPITRE V

LA MORT PAR EMPOISONNEMENT.

Législation française.

Code pénal : art. 301. — Est qualifié empoisonnement tout attentat à la vie d'une personne par l'effet de substances qui peuvent donner la mort plus ou moins rapidement, de quelque manière que ces substances aient été employées ou administrées, et quelles qu'en aient été les suites.

Art. 302. — Tout coupable d'assassinat, de parricide, d'infanticide et d'empoisonnement, sera puni de mort...

Art. 317. — § 4. Celui qui aura occasionné à autrui une maladie ou incapacité de travail personnel en lui administrant *volontairement*, de quelque manière que ce soit, des substances qui, sans être de nature à lui donner la mort, sont nuisibles à la santé, sera punis d'un emprisonnement d'un mois à cinq ans et d'une amende de 16 à 500 francs ; il pourra de plus être renvoyé sous la surveillance de la haute police pendant deux ans au moins et dix ans au plus. — § 5. Si la maladie ou incapacité de travail a duré plus de vingt jours, la peine sera celle de la réclusion. — § 6. Si le coupable a commis, soit le délit, soit le crime spécifié aux paragraphes ci-dessus envers un de ses ascendants, tels qu'ils sont désignés en l'art. 312, il sera puni, au premier cas de la réclusion, au second cas, de travaux forcés à temps.

Législation autrichienne.

Code pénal autrichien. — § 135. Les genres d'homicide sont : l'assassinat qui a lieu par l'administration de poisons ou d'une autre façon dissimulée.....

Ordonnance de procédure criminelle autrichienne. — § 131. Y a-t il soupçon d'empoisonnement, il y aura lieu d'adjoindre aux médecins deux chimistes pour l'expertise du cas. La recherche du poison même peut être faite selon les circonstances par les chimistes seuls dans un local approprié.

Ordonnance ministérielle du 2 août 1856, n° 145, R. G. BL. — Y a-t-il lieu d'envoyer des objets d'un endroit à l'autre pour des recherches chimiques il faut : 1° que chaque objet, par exemple, un organe, partie d'organe, substance toxique, objet sur lequel se trouve du poison, etc , soit séparé des autres et mis dans un vase séparé ; 2° que l'on n'emploie à cet usage que des vases en verre ou en porcelaine, et qu'on les préserve par un empaquetage convenable des violences extérieures ; 3° que les vases soient fermés par des bouchons de verre ou de liège nettoyé, et que le bouchon soit recouvert de cire à cacheter de façon à empêcher l'accès de l'air et à empêcher qu'on ne sorte du bocal ou qu'on n'y remette quelque chose ; 4° que les matériaux employés à l'empaquetage soient tout à fait propres, pour que l'objet à examiner ne soit pas souillé, ou empoisonné ; 5° que l'empaquetage ait lieu par un expert, par un chimiste expérimenté, si la chose est possible.

Projet de code pénal autrichien. — § 240. Celui qui attente à la santé d'un autre, en lui administrant du poison ou d'autres substances de nature à altérer la santé, est puni de dix ans de réclusion au maximum. Cet acte a-t-il eu pour suite une blessure corporelle grave, la réclusion sera de cinq à dix ans, et a-t-elle occasionné la mort, la réclusion sera de dix ans au minimum.

Code pénal allemand. — § 229. A peu près le même que le précédent.

Règlement du 13 février 1875. — § 22. S'il y a soupçon d'empoisonnement, on commence l'examen interne par la cavité abdominale. Il y aura à noter avant tout l'aspect extérieur des organes abdominaux, leur situation, leur étendue, l'état de leur vaisseaux, et l'odeur s'il y a en a. A propos des vaisseaux on indiquera, comme pour tous les organes importants, s'il s'agit d'artères ou de veines, si ce sont les fines ramifications ou seulement les troncs jusqu'à une certaine grosseur qui sont congestionnés, si la dilatation des vaisseaux est considérable ou non. On met ensuite une double ligature sur la partie inférieure du tube digestif, au dessus du cardia et sur le duodénum au dessous des orifices des voies biliaires, et on coupe ces deux organes entre les deux ligatures. Puis on enlève l'estomac et le duodénum en évitant de les blesser. On note ensuite la quantité, la consistance, la couleur, la composition, la réaction et l'odeur du contenu de l'estomac et on le met dans un vase propre en verre ou en porcelaine.

On lave ensuite la muqueuse et on note son épaisseur, sa couleur, sa surface, sa continuité, sa consistance, et surtout l'état des vaisseaux et la structure de la muqueuse; on examinera chaque partie principale à part. Ce qu'il faut observer particulièrement c'est si le sang est contenu dans les vaisseaux, ou en est sorti, s'il est frais ou altéré par la putréfaction ou la fermentation, et dans ce dernier cas, s'il a imbibé les parties voisines. Est-il épanché, on voit où il est situé, si c'est à la surface ou dans le tissu, s'il est coagulé ou non, etc. Il faut apporter une attention particulière à l'examen de la continuité de la surface, voir s'il y a ou non des pertes de substance, des érosions, des ulcérations. Il faut toujours avoir présent à l'esprit, que certaines altérations peuvent se produire après la mort par la marche naturelle de la décomposition, surtout par la fermentation du contenu de l'estomac. — Après cet examen on met l'estomac et le duodénum dans le même vase que le contenu de l'estomac et on le remet au juge. Plus tard on mettra également dans ce vase l'œsophage, qu'on aura lié pres du cou et sectionné au-dessus de la ligature, après examen anatomique préalable, de même que le contenu du jejunum, dans le cas où il n'y aurait qu'une petite quantité de liquide stomacal. — On retire ensuite du corps d'autres substances ou parties d'organes, telles que sang, cerveau, morceaux de foie, des reins, etc., et on les remettra au juge après les avoir mis dans des vases séparés. On met l'urine à part dans un vase particulier, de même que le sang, dans les cas ou il y aurait une analyse spectrale à faire. Toutes les autres parties sont mises dans un même vase. Chacun de ces vases est fermé, cacheté et étiqueté. — Si l'on voit à l'œil nu que la muqueuse de l'estomac se distingue par un gonflement et un trouble particuliers, il faut chaque fois et cela le plus tôt possible, en faire un examen microscopique, surtout pour voir l'état des glandes à pepsine.

Dans les cas ou l'on trouve dans le contenu de l'estomac des corps suspects, par exemple, des parties de feuilles ou de plantes, des restes d'une nourriture animale, il y aura lieu de les soumettre à un examen microscopique. S'il y a soupçon d'empoisonnement par la trichine on s'occupera d'abord de l'examen microscopique du contenu de l'estomac et de la partie supérieure de l'intestin grêle, et on mettra de côté, pour un examen ultérieur, des morceaux de muscles du diaphragme, muscles du cou et de la poitrine.

On comprend sous le nom de *poisons* des substances qui, introduites dans l'organisme, même en quantité relativement petites, peuvent porter atteinte à la santé ou déterminer la mort autrement que d'une façon mécanique ou thermique.

Cette définition est peut-être passible de certaines objections au point de vue purement toxicologique, mais correspond à l'acception générale du mot, et est d'autant plus suffisante, qu'on n'est pas encore parvenu à définir d'une façon complètement exacte l'expression de *poison*. Du reste la définition exacte de cette expression perd beaucoup de son importance, puisque les nouvelles lois (O. E. § 240 et St. G. § 229.), tenant compte de la difficulté, et de l'impossibilité même d'une définition exacte, visent et punissent non seulement l'administration d'un poison, mais encore celle « d'autres substances, pouvant porter atteinte à la santé. »

ART. 1er. — LES CONDITIONS DE L'EMPOISONNEMENT.

Il n'y a pas de poison absolu, c'est-à-dire de substances qui, introduites dans l'organisme, soient de nature dans *toutes les circonstances* à porter atteinte à la santé ou à la vie, mais seulement des substances, que nous désignons sous le nom de *poisons*, qui manifestent leur action nocive dans certaines conditions. Du degré, auquel ces conditions se trouvent réalisées dans chaque cas particulier, dépendront la marche et l'intensité de l'empoisonnement, et la rapidité avec laquelle se montreront les premiers symptômes. C'est de celles-là que nous allons parler en premier lieu. Ces conditions peuvent dépendre ; 1° de la substance elle-même, 2° de la façon dont elle a été administrée, et 3° de certaines circonstances individuelles.

§ 1er. — CONDITIONS TIRÉES DE LA SUBSTANCE ELLE-MÊME.

Toutes les substances, que nous connaissons comme des poisons, ne le deviennent qu'à partir de certaines *doses*. La plus petite quantité de substance, qui se manifeste déjà par des symptômes morbides, s'appelle la *dose toxique* et celle qui est capable d'amener la mort, la *dose toxique mortelle*. Il est inutile de dire combien il est difficile de déterminer la dose toxique ou la dose toxique mortelle d'un poison pour l'homme, et de montrer que ces doses ainsi déterminées ne sont vraies que pour la moyenne des cas. La détermination de ces doses est plus facile pour les poisons agissant localement, très difficile au contraire pour ceux qui ont exclusivement ou principalement une action qui ne se manifeste qu'après résorption de la substance toxique, par conséquent une action secondaire. Comme la toxicologie expérimentale a établi que l'action générale d'un poison exige une dose proportionnelle à la grandeur de l'animal, de sorte que l'on a l'habitude de dire, vu les différentes grandeurs des animaux, qu'il faut telle dose pour tuer ou rendre malade 1 kilogramme de l'animal, il y aurait lieu de procéder de la même façon pour l'homme ou au moins de faire une distinction entre la dose toxique des adultes et celles des enfants. La pharmacopée autrichienne, de même que les autres, indiquant les doses maxima des remèdes héroïques, le médecin légiste fera bien, dans le cas où on lui demande si la quantité de substance administrée à un individu est suffisante pour produire un effet nuisible, de prendre pour point de départ les doses maxima des pharmacopées officielles (1).

Outre la dose et les propriétés chimiques de la substance dont nous citerons surtout l'état d'agrégation, la solubilité et la pureté, il y a encore d'autres conditions dépendant de la substance même qui ont une influence sur son action ; c'est ainsi qu'il y a des parties de plantes toxiques, dont la toxicité varie avec l'âge et même avec le lieu de leur production, et nous savons que beaucoup de ces plantes sont plus actives à l'état frais que quand elles sont desséchées et peuvent même complètement perdre leur activité en vieillissant. Comme exemple nous citerons les branches de sabine, qui sont très toxiques quand elles sont fraîches, tandis qu'elles ont peu ou point d'action quand elles sont desséchées, parce que l'huile éthérée, qui en est le principe toxique, s'est évaporée. Il en est de même de beaucoup de plantes dont le principe actif est une huile essentielle, et du seigle ergoté qui, avec le temps, perd toute son activité. Les poisons chimiques peuvent aussi avec le temps et dans certaines circonstances éprouver une décomposition, capable de modifier leur toxicité ; comme exemple nous citerons l'acide prussique qui se décompose spontanément avec formation de formiate d'ammonium, et le cyanure de potassium qui, exposé à l'air, se décompose déjà sous l'influence de l'acide carbonique de ce dernier

(1) Voyez un tableau très complet des doses *minima* et *maxima* auxquelles les médicaments les plus actifs peuvent être administrés dans Jeannel, *Formulaire officinal et magistral*, 2e édition, Paris, 1876, p. 884 et suiv.

(2) L'influence de cette circonstance est connue surtout pour la digitale et l'aconit, et on prétend que Linré a vu l'aconit être mangé comme légume en Laponie (*Virchow's Jahrb.* 1873, I, 432.

et dont la solution aqueuse se transforme très vite en un liquide ayant l'odeur de l'ammoniaque.

§ 2. — CONDITIONS TIRÉES DE LA FAÇON DONT LE POISON A ÉTÉ ADMINISTRÉ.

On prendra également en considération le véhicule dans lequel et la voie par laquelle le poison a été administré.

I. — Véhicule du poison.

Sous le premier rapport, l'expérience nous apprend que les poisons non liquides sont rarement ingérés comme tels, c'est-à-dire en substance, et sont le plus souvent pris ou administrés dans un véhicule. Ce sont surtout des boissons ou des aliments qui servent de véhicule au poison, surtout si celui-ci est administré clandestinement. Ce véhicule peut, selon ses propriétés, tantôt augmenter, tantôt retarder ou affaiblir et même supprimer complètement l'action du poison. La substance est-elle soluble dans le véhicule, l'action du poison sera d'autant plus intense et peut se montrer d'autant plus vite, que le poison s'est dissous plus complètement, avant d'avoir été ingéré, ce qui dépendra en dehors de la nature (et la température) du véhicule, de la solubilité de la substance et du temps pendant lequel celle-ci a été en contact avec le véhicule. L'empoisonnement par l'arsenic nous montre le mieux l'influence de cette dernière circonstance. Ce poison, si peu soluble, a-t-il été administré comme tel ou mêlé à des aliments, il peut se passer des heures avant que ne se montre l'action toxique, et ce sont surtout les symptômes d'une gastro-entérite toxique qui prédominent, tandis que si l'arsenic a été pris en solution, l'action non seulement se manifeste plus tôt, mais présente un autre tableau, ce que l'on appelle l'arsénicisme cérébro-spinal, dans lequel la résorption a lieu très rapidement et où prédominent moins les symptômes locaux que les symptômes secondaires. L'action du poison est encore augmentée, si dans une substance toxique le véhicule met en liberté un autre corps encore plus toxique. On sait que le cyanure de potassium est décomposé par les acides les plus faibles et donne naissance à de l'acide cyanhydrique, et on peut obtenir instantanément une solution d'acide prussique en arrosant du cyanure de potassium grossièrement broyé d'une solution étendue d'acide tartrique (Clark).

La même chose se passe si on prend du cyanure de potassium

dans du vin aigre, dans ce cas il y a non seulement une action plus intense du poison mais, comme le potassium est combiné aux acides, l'action caustique de la potasse est encore supprimée ou affaiblie, tandis que si l'on a pris une solution aqueuse de cyanure de potassium cette action se montre d'une façon frappante sur la muqueuse de l'estomac (1).

Le véhicule peut affaiblir ou retarder l'action du poison en ce qu'il dilue, divise ou enveloppe le poison, et cette action est d'autant plus sensible que la quantité du véhicule dans lequel on a pris le poison est plus grande. Il peut y avoir encore un affaiblissement et même une suppression complète de l'action toxique, si le véhicule peut se combiner chimiquement au poison ou le neutraliser. Cela peut arriver quand on prend par exemple des poisons dont l'action repose principalement sur leur grande affinité pour l'albumine dans un véhicule contenant de l'albumine, par exemple du sublimé dans un aliment fait d'œufs, ou si l'on prend des poisons qui, comme beaucoup d'alcaloïdes, sont neutralisés par le tannin, dans du café noir ou une infusion de thé, ou en d'autres termes s'ils sont administrés dans un véhicule qui dans un cas d'empoisonnement serait le contre-poison de ce corps.

II. — **Voies d'administration.**

La voie la plus fréquente par laquelle les poisons arrivent dans l'organisme c'est la partie supérieure de l'appareil digestif, c'est-à-dire ils sont avalés.

C'est tout à fait exceptionnellement qu'ils sont introduits dans l'anus, par exemple, par un lavement ou un suppositoire.

On a plusieurs fois observé l'introduction de poisons par le vagin et cela non seulement dans le but de provoquer l'avortement, mais encore dans l'intention de donner la mort. Ansiaux et Mangor ont rapporté plusieurs cas dans lesquels des femmes ont été tuées par introduction d'arsenic dans le vagin (2).

L'empoisonnement peut aussi avoir lieu par la peau, dans ce cas le poison ou bien traverse la peau intacte ou érode d'abord la peau ou a été mis en contact avec des parties de peau dépouillées de leur

(1) Nous trouvons un exemple de substance ne devenant un poison que par le véhicule dans l'ammygdaline, qui par elle-même n'est pas toxique, mais qui, mise dans du lait d'amande, se décompose rapidement sous l'influence de l'émulsion qui y est contenue en sucre, en huile d'amandes amères et en *acide cyanhydrique*.

(2) *Henke's Zeitschr.*, I, Jahrg. 3 Heft.

épiderme ou a été introduit par voie sous-cutanée. Ce sont surtout les empoisonnements médicinaux qui peuvent avoir lieu de cette dernière façon et cela plus facilement qu'autrefois parce que la méthode hypodermique ou sous-cutanée gagne toujours en extension. A cette catégorie appartiennent beaucoup d'empoisonnements septiques, ceux par armes empoisonnées ou ceux par morsures d'animaux venimeux ou enragés. Ces empoisonnements sont analogues, sous beaucoup de rapports, à ceux qu'on détermine dans la toxicologie expérimentale par l'introduction immédiate du poison dans le torrent de la circulation.

Nous citerons enfin les voies respiratoires par lesquelles a lieu l'introduction dans le corps de poisons gazeux ou volatils, un mode d'empoisonnement qui est le plus fréquent après celui par ingestion.

La voie par laquelle le poison est arrivé dans l'organisme n'est nullement indifférente, car d'une part la rapidité et l'intensité de l'action toxique dépendent du mode d'administration du poison, d'autre part il y a des substances qui ne manifestent leur action toxique que s'ils sont introduits par une voie déterminée. L'action toxique se manifeste avec le plus de rapidité et d'intensité si le poison arrive immédiatement dans le torrent de la circulation, car tous les poisons excepté ceux qui ont une action locale doivent, pour agir, être recueillis (résorbés) par le sang. Cette règle n'est pourtant pas sans exception. C'est ainsi que la strychnine a, comme l'ont signalé Leube et Rossbach (1), une action plus intense par l'estomac que par voie sous-cutanée ; et Boehm (2) dit en parlant de l'arsenic que la dose minima, mortelle dans l'administration par la bouche, introduite directement dans une veine, ne suffit pas pour tuer un animal de même grandeur et que dans ce dernier mode d'administration la mort arrive toujours un peu plus tard que dans l'empoisonnement par l'estomac. Mosso (3) a confirmé ce fait déjà observé par d'autres auteurs, que l'émétique introduit dans les veines n'agissait qu'à doses beaucoup plus élevées, 2 demi-décigrammes que par l'estomac.

Nous trouvons un exemple de ce fait que certains poisons ne manifestent leur action toxique que s'ils sont administrés par une voie déterminée dans les sels de potasse qui, introduits directement dans le courant de la circulation agissent comme des violents poisons du cœur, tandis que des doses même plus fortes prises par

(1) Leube et Rossbach, *Med. Centralbl.* 1873, Vr. 24.

(2) Boehm, *Arch. f. exp. Pathol.* 1874, II, 96.

(3) Mosso, *Virchow's Jahresb.* 1875, I, 463

la bouche déterminent tout au plus un ralentissement du pouls. D'après L. Hermann il faudrait chercher la cause de ce phénomène dans ce fait que par l'estomac ces sels sont absorbés lentement et sont rapidement éliminés, de sorte que dans l'administration de ces sels par la bouche, la quantité de poison contenue dans le sang ne s'accumule pas assez pour donner lieu à une action généralisée. Le curare également peut être avalé sans danger à des doses considérables, tandis que des quantités très petites injectées dans le sang manifestent rapidement leur action paralysante si connue. Nous savons également que les poisons putrides, quand ils sont avalés, sont beaucoup moins dangereux que s'ils pénètrent dans l'organisme par une plaie de la peau.

§ 3. — CONDITIONS INDIVIDUELLES.

Parmi les conditions individuelles qui peuvent exercer une influence sur l'action du poison, on peut en distinguer de *générales* et de *locales*.

I. — **Conditions générales.**

Aux premières appartient particulièrement l'âge et nous avons déjà dit plus haut que les enfants sont sensibles à des doses de poison plus petites que celles qui sont toxiques pour les adultes ; l'expérience nous apprend également que la sensibilité des enfants à l'égard de certains poisons, surtout à l'égard des opiacés, peut être excessive. Il est également prouvé que des individus, dont la force de résistance est affaiblie par une maladie ou par l'âge, sont plus sensibles aux poisons que des individus sains et vigoureux. Il ne sera permis de parler d'une idiosyncrasie, à l'égard de certaines substances toxiques, que s'il survient chez un individu des phénomènes d'intoxication après des doses non toxiques, sans qu'on puisse trouver la raison de cette particularité. Ce qui plaide pour la possibilité d'une telle réaction individuelle, particulière et extraordinaire, ce sont, outre la sensibilité des enfants à l'égard des opiacés, certaines observations que l'on a pu faire sous ce rapport sur des malades adultes à l'égard de certains médicaments, de même que sur des personnes saines à l'égard de certains aliments ou comestibles tout à fait inoffensifs.

Il est prouvé par un grand nombre d'observations qu'il peut y

(1) Werber, *Des arsénicophages* (*Deutsche Klinik.* 1870, 19). Voy. en outre le compte-rendu de la réunion des naturalistes à Graz.

avoir jusqu'à un certain point une accoutumance à certains poisons, de sorte que dans ce cas on peut supporter d'une substance toxique des doses qui généralement donnent lieu à des phénomènes violents et même mortels. Nous avons déjà parlé, sous ce rapport des arsénicophages des Alpes, et on connaît les effets de l'emploi thérapeutique de la morphine dans lequel les doses doivent être progressivement augmentées, si on veut atteindre l'action nécessaire et où les malades arrivent finalement à prendre sans danger (mais non toujours, *morphinisme*), des doses qui dans les circonstances ordinaires auraient été mortelles pour ces individus et auraient suffi pour tuer plusieurs personnes. L'alcool et la nicotine nous fournissent en outre des exemples de la possibilité d'une accoutumance aux poisons, et la toxicologie expérimentale nous apprend que des animaux en expérience sont moins sensibles à de nouvelles doses de certains poisons, qu'aux doses antérieures et que souvent, comme par exemple pour la nicotine, il reste après le rétablissement une sensibilité moindre et cela pendant un temps assez long, par conséquent une *immunité acquise* (1).

II. — **Conditions locales.**

Des conditions locales ayant une influence sur l'action des poisons, nous citerons particulièrement l'état de l'estomac. Il n'est pas indifférent que l'estomac soit vide ou rempli d'aliments au moment de l'administration du poison. Dans ce dernier cas l'action du poison peut être ralentie et même considérablement affaiblie surtout si le poison a été pris en substance, tandis que dans le premier cas, comme le poison arrive immédiatement en contact avec la paroi de l'estomac, l'action est rapide et intense. La constitution chimique du contenu de l'estomac a une certaine importance et peut accélérer ou retarder l'action toxique pour les mêmes raisons que nous avons exposées en parlant du véhicule dans lequel le poison a été donné. Il est douteux que l'état normal ou morbide de la muqueuse de l'estomac ait une grande influence sur la marche de l'empoisonnement. Toutefois la résorption du poison, toutes conditions étant égales d'ailleurs, doit être plus rapide par les endroits où il y a une plaie que par ceux qui sont sains, et le catarrhe, surtout chronique qui se rencontre souvent chez les ivrognes peut être de nature à retarder la résorption.

(1) L. Hermann, *Lehrb. d. experim. Toxicologie*, 1874, p. 94.

ART. II. — LE DIAGNOSTIC D'UN EMPOISONNEMENT.

Le diagnostic d'un empoisonnement ou d'une mort par empoisonnement doit s'appuyer : 1° sur les symptômes morbides qui se sont montrés avant la mort ; 2° sur le résultat de l'autopsie ; 3° sur le résultat de l'examen chimique des parties du cadavre ; 4° sur les circonstances particulières du cas.

§ 1er. — DES SYMPTÔMES QUI ONT PRÉCÉDÉ LA MORT.

Ceux-ci dépendront d'abord de la nature et du mode d'action du poison employé et nous en parlerons en traitant des poisons en particulier. Nous voulons seulement faire remarquer ici qu'ils dépendront de cette circonstance que les altérations et les troubles fonctionnels que détermine le poison, concernent seulement le point d'application ou ne sont occasionnés que secondairement par l'absorption du poison par le sang et son transport à d'autres organes éloignés. La première action se rencontre dans ce qu'on appelle les *poisons irritants* et surtout les *poisons caustiques* et nous désignons le tableau symptomatologique auquel l'ingestion de ce poison dans l'estomac donne lieu sous le nom de *gastroentérite toxique*.

Ces symptômes consistent en général en des douleurs survenant dans la région de l'estomac et dans certains cas dans les organes de déglutition immédiatement ou peu de temps après l'ingestion du poison, en vomituritions et le plus souvent en vomissements vrais et violents auxquels se joignent ordinairement de la diarrhée et du ténesme, le ballonnement du ventre, une soif inextinguible et une grande agitation. Ces symptômes conduisent le plus souvent à la mort en quelques heures avec des phénomènes de collapsus, s'ils ne donnent pas lieu à une maladie lente qui peut se terminer ou par la mort ou par une guérison plus ou moins complète. Ces symptômes ne sont pas par eux-mêmes absolument caractéristiques de certains poisons, ni même d'un empoisonnement en général et peuvent beaucoup plus fréquemment être provoqués par une maladie naturelle, soit locale, soit générale. A la première catégorie appartiennent les catarrhes aigus de l'estomac et de l'intestin, les étranglements surtout internes et la péritonite, surtout la péritonite perforante, à la dernière, les maladies infectieuses aiguës et parmi celles-ci en première ligne le choléra, dont la ressemblance avec l'empoisonnement par l'arsenic a été souvent signalée et à juste titre.

Les poisons qui ne manifestent leur action qu'après résorption déterminent des troubles dans l'échange des matières ou donnent lieu à une irritation ou une paralysie du système nerveux.

Dans le *premier* cas nous voyons la mort survenir avec des symptômes d'asphyxie, par exemple, quand par suite de l'introduction du poison dans le sang, les fonctions respiratoires de celui-ci deviennent impossibles, comme dans l'empoisonnement par l'oxyde de carbone, ou bien l'on observe des troubles de nutrition subaigus ou chroniques, dont beaucoup peuvent être ramenés à une dégénérescence granuleuse ou graisseuse des organes, et dont l'empoisonnement par le phosphore et l'empoisonnement chronique par l'arsenic nous fournissent un exemple. Dans le *dernier* cas, la marche de l'empoisonnement est en général très aiguë, souvent foudroyante ; cette circonstance fait que le plus souvent il ne peut être question d'une observation des symptômes cliniques qui se sont montrés avant la mort, surtout par un médecin et que la mort subite et imprévue est en général la seule chose qui ait pu être notée. Dans les cas foudroyants la mort arrive presque toujours avec les symptômes de l'asphyxie qui se manifestent par la dyspnée, la perte rapide de la connaissance et les convulsions. Dans les cas moins rapides, on peut plus facilement constater des symptômes cliniques qui peuvent servir au diagnostic : tels sont les symptômes de narcose qui permettent de conclure à un poison narcotique, ceux du tétanos à la strychnine ou un poison analogue.

Ces symptômes ne sont pas capables par eux-mêmes de prouver un empoisonnement : car on peut rencontrer les mêmes symptômes ou des symptômes analogues dans différentes maladies ou genres de mort naturels. C'est ainsi que nous rappellerons l'analogie du tableau symptomatologique de l'empoisonnement par le phosphore avec l'atrophie aiguë du foie, avec les processus pyémiques et septiques et même avec ceux d'un catarrhe gastro-duodénal intense ; nous rappellerons que tous les genres de mort subite tels que l'hémorrhagie cérébrale (particulièrement l'hémorrhagie méningée), la mort par paralysie du cœur qui s'observe si fréquemment, par hémorrhagie interne, la mort subite après l'accouchement, etc., ont souvent donné lieu au soupçon d'empoisonnement, et que des empoisonnements aigus du sang, tels que septicémie, urémie (éclampsie des femmes enceintes), et d'autres processus aigus peuvent être et ont en effet été pris pour des empoisonnements; nous pourrions trouver dans notre propre expérience toute une série de cas analogues (1).

Nous ferons remarquer encore que pour beaucoup de poisons l'action locale se combine avec l'action générale et, comme nous l'avons déjà fait observer à propos de l'arsenic, que selon les circonstances, c'est l'une ou l'autre de ces actions qui prédomine : deux faits qui ne sont pas de nature à faciliter le diagnostic d'un empoisonnement et encore moins la reconnaissance du poison uniquement par les symptômes qui se sont montrés pendant la vie. Il arrive du reste que, même dans les cas où l'on aurait eu l'occasion d'observer les symptômes pendant la vie, cette observation n'a été faite souvent que par des hommes étrangers à l'art et non par un médecin qui ou bien n'a pas été appelé ou l'a été trop tard; de sorte que dans ces cas les données, outre qu'elles peuvent être dénaturées avec intention, perdent de leur importance et de leur valeur diagnostique.

Le moment où se montrent les premiers symptômes d'intoxication ne coïncide pas toujours avec celui de l'ingestion du poison. Nous ne trouvons une action instantanée que pour les poisons très caustiques et cette action se fait déjà sentir au moment où la substance est avalée. Pour tous les autres poisons il se passe entre l'ingestion du poison et l'apparition des premiers phénomènes d'intoxication un certain temps qui, toutes conditions égales, peut varier entre quelques instants et plusieurs heures. La durée de ce temps dépendra d'une part, de la nature de la substance toxique; d'autre part de la dose plus ou moins forte et des conditions dont nous avons parlé plus haut et qui sont capables d'accélérer ou de retarder l'action du poison. Les premiers symptômes d'empoisonnement se montrent très rapidement et en général au bout de quelques instants après l'ingestion de l'acide prussique ou du cyanure de potassium ; nous apprendrons cependant à connaître des cas qui montrent que, même pour ces poisons, l'action ne se manifeste pas toujours immédiatement et que les individus ainsi empoisonnés peuvent encore être en état de faire un certain chemin et d'accom-

(1) Tardieu, *Observations pratiques de médecine légale sur les cas de mort naturelle et de maladies spontanées qui peuvent être attribuées à un empoisonnement* (*Ann. d'hyg. publ.* 1854, juillet, 2ᵉ série, t. II, p. 150), et *Étude médico-légale et clinique sur l'empoisonnement*, 2ᵉ édition. Paris, 1875. — Maschka, Mal de Bright pris chez une femme enceinte pour un empoisonnement par l'arsenic. (*Medicin Wochensch.* 1873, n. 16 et 1875, n. 25, *Freidreich's Blätter*, 1872, p. 16)

plir des actes même compliqués. L'action des poisons métalliques ne se manifeste pas toujours dans la première demi-heure qui suit l'ingestion, et nous pouvons souvent voir qu'il se passe une heure et quelquefois même plusieurs heures avant que ne se montrent les symptômes d'empoisonnement. Pour ces poisons, ce qui a surtout une grande influence, c'est cette circonstance qu'ils ont été administrés en solution ou non, et dans ce dernier cas que l'estomac était vide ou rempli d'aliments au moment de l'ingestion. Nous savons que l'action des alcaloïdes toxiques se montre rarement avant une demi-heure et se fait souvent attendre pendant des heures; cela est vrai surtout pour la morphine et la strychnine. Outre la dose et le contenu de l'estomac, ce qui exerce une certaine influence c'est le fait que ce poison a été pris sous forme d'alcaloïde pur ou sous forme d'un sel de cet alcaloïde; car on sait que le premier est difficilement et le dernier facilement soluble dans l'eau et que par conséquent celui-ci est plus rapidement absorbé que le premier.

La résorption par les poumons est très rapide, aussi l'action des poisons gazeux ou volatils inspirés est-elle le plus souvent très prompte, et d'autant plus rapide que l'air respiré en contient une plus grande quantité. Ces gaz toxiques sont-ils aspirés exclusivement ou mêlés à une faible quantité d'air atmosphérique, l'individu peut s'affaisser après quelques inspirations, comme cela arrive souvent dans les vidanges des fosses d'aisance, ou des puits, tandis que dans une chambre, dans laquelle l'air n'est pas saturé de gaz toxiques, les symptômes d'intoxication ne se montrent qu'après un certain temps de séjour dans la pièce, mettent rarement fin à la vie d'une manière brusque, et n'amènent la mort qu'après une inhalation prolongée, comme nous l'observons dans l'empoisonnement par l'oxyde de carbone.

Dans les empoisonnements à marche aiguë et mortelle les symptômes d'intoxication persistent depuis le moment de leur apparition jusqu'à la mort et augmentent progressivement d'intensité. Il arrive exceptionnellement que les symptômes d'empoisonnement cessent un certain temps pour reprendre au moment où le malade paraît remis, et le plus souvent avec une intensité croissante. Cette marche s'observe dans des cas tout à fait isolés d'empoisonnement par des poisons minéraux, mais plus fréquemment après une intoxication par des narcotiques, et a été décrite comme une forme rémittente de cet empoisonnement. Il s'agit dans ces cas ou d'une nouvelle résorption d'une quantité de poison qui n'était pas venue en contact avec les muqueuses ou d'états consécutifs, provoqués par l'empoisonnement, et amenant rapidement la mort, après que le premier accès des phénomènes d'intoxication est déjà terminé. Nous reviendrons sur cette circonstance en parlant des poisons narcotiques, nous voulons seulement faire remarquer ici, que cette marche a d'autant plus d'importance au point de vue médico-légal, que cette nouvelle exacerbation des symptômes pourrait être rapportée à une nouvelle administration de poison, par conséquent à un fait qui a été souvent observé dans les meurtres par empoisonnement. Il faudra distinguer de ces états aigus consécutifs qui peuvent encore être regardés comme un effet primitif du poison, les maladies qui ne surviennent que plus tard à la suite des altérations produites par le poison, surtout à la suite des processus inflammatoires de réaction et peuvent amener la mort souvent après un temps très long.

La terminaison par la guérison exige premièrement l'expulsion du poison qui se trouve dans le corps, et deuxièmement la réparation des altérations produites par le poison.

L'élimination des poisons solides ou liquides se fait principalement par les reins, celle des poisons gazeux, en première ligne par les poumons, et en outre par les glandes salivaires, la bile, l'intestin et la peau. Pour certains poisons, surtout pour les poisons gazeux, les alcooloïdes et les poisons minéraux très solubles, l'élimination a lieu rapidement et la plupart d'entre eux peuvent être retrouvés dans l'urine déjà dans les premières heures, c'est-à-dire peu de temps après l'apparition des premiers phénomènes d'intoxication ; ce fait doit nous engager dans les cas suspects de maladies à recueillir l'urine et à la soumettre à l'examen chimique. Pour les poisons qui forment des combinaisons plus stables avec les parties constituantes de l'organisme, l'élimination a lieu plus lentement. A cet ordre appartiennent les poisons métalliques qui possèdent une grande affinité pour les corps albuminoïdes et restent par assimilation dans le corps et même de façon à prendre la place de principes organiques normaux du corps (1).

La plupart des poisons importants au point de vue médico-légal sont éliminés sans modification, d'autres après avoir éprouvé dans le corps certaines modifications, surtout par oxydation. Aux premiers appartiennent particulièrement les poisons métalliques et les alcaloïdes, aux derniers le phosphore et l'oxyde de carbone ; viennent ensuite les acides et les bases qui se montrent sous forme de sels dans l'urine ou les autres excrétions.

Le rétablissement complet a en général lieu très rapidement et complètement après les empoisonnements par les alcooloïdes ou par des poisons volatils ou gazeux. Il y a une exception pour l'oxyde de carbone qui formant avec l'hémoglobine du sang une combinaison assez stable, détermine dans les centres nerveux des altérations qui ne sont pas d'une nature aussi passagère que celles qui

(1) C'est par un phénomène du même genre qu'on peut expliquer la substitution des sels isomorphes de plomb et de baryte aux sels de chaux des os et la subtitution des sels isomorphes d'arsenic aux phosphates. Lud. Herrmann, *loc. cit.* 64.

sont produites par la plupart des autres gaz ; car un individu qui a survécu à un empoisonnement par l'oxyde de carbone a quelquefois à souffrir des mois et des années des états consécutifs qui peuvent être rapportés à des troubles fonctionnels des centres nerveux. Il en est de même de l'hydrogène arsenié. Les empoisonnements par les poisons minéraux, non seulement ont souvent une marche lente, mais se terminent encore assez souvent par une guérison incomplète. Nous voyons particulièrement après des empoisonnements par des substances caustiques des rétrécissements de l'œsophage, des troubles considérables de la digestion et souvent des états qu'il faut désigner comme une infirmité dans le sens de la loi. Après les intoxications par des poisons métalliques on peut également observer des troubles durables de la nutrition, surtout à la suite des dégénérescences granuleuses et graisseuses qui ont pu survenir, dans d'autres cas à la suite des troubles nerveux et fonctionnels que l'on peut observer quelquefois après l'empoisonnement par l'arsenic, mais le plus souvent après ceux par les sels de plomb.

§ 2. — RÉSULTAT DE L'AUTOPSIE.

Dans certains empoisonnements, l'examen extérieur du cadavre permet déjà de constater certains signes frappants. A cette catégorie appartiennent la coloration ictérique de la peau et de la muqueuse dans l'empoisonnement par le phosphore et la coloration rouge clair des taches cadavériques des individus qui ont succombé par l'oxyde de carbone, particulièrement par l'aspiration du gaz d'éclairage. De même, dans les empoisonnements par des liquides caustiques, surtout par l'acide sulfurique, non seulement nous trouvons des eschares sur les lèvres de la muqueuse buccale mais nous pouvons encore voir souvent, partant des commissures labiales, des raies parcheminées d'une coloration brun clair et provenant de l'écoulement du liquide caustique sur les côtés de la bouche. Dans d'autres cas le cadavre répand une odeur particulière, comme par exemple, après l'empoisonnement par des amandes amères, et il est arrivé que dans les empoisonnements très aigus par le phosphore (par la pâte phosphorée) il se soit dégagé du cadavre des vapeurs luisant dans l'obscurité et mettant ainsi hors de doute le genre de mort.

Dans la plupart des cas, les cadavres des empoisonnés ne se distinguent pas beaucoup extérieurement des autres ou du moins n'offrent aucun signe extérieur qui, comme ceux que nous avons cités plus haut, permette à lui seul de conclure qu'il y a eu empoisonnement.

L'examen interne peut faire découvrir des lésions locales ou des lésions qui n'ont été déterminées que par résorption du poison.

I. — Estomac.

Le siège des lésions locales les plus importantes, est l'estomac, et il faut sous ce rapport porter son attention aussi bien sur le contenu de l'estomac que sur l'état des parois stomacales.

Le premier peut posséder une odeur particulière comme par exemple après l'empoisonnement par le phosphore et l'acide prussique, l'alcool, le chloroforme, la sabine, l'opium, etc. Ces signes sont excessivement importants et sont surtout appréciables au moment de l'ouverture de l'estomac ; l'odeur est encore plus accusée si on met le contenu de l'estomac dans un flacon bouché et qu'on le débouche au bout d'un certain temps.

Toute odeur particulière du contenu de l'estomac ne peut pourtant pas être rapportée à un empoisonnement. C'est ainsi que l'on trouve très souvent l'odeur de l'alcool dans les genres de mort les plus divers et qui n'ont aucun rapport, ou un rapport très éloigné avec l'ingestion de l'alcool. De même certaines odeurs éthérées ou analogues peuvent provenir de médicaments qui ont été administrés avant la mort et nous avons eu l'occasion, non pas une fois, mais très souvent, d'observer des cas où non seulement l'estomac, mais encore les poumons exhalaient une odeur particulière, bien que les personnes fussent mortes indubitablement de mort naturelle et où il fut prouvé que cette odeur provenait de gouttes vivifiantes (le plus souvent des gouttes d'éther) qui avaient été administrées peu de temps avant la mort. Nous avons également perçu dans un cas, à l'autopsie d'une femme morte d'hématémèse, une odeur éthérée pénétrante provenant de ce que cette femme avait pris peu de temps avant sa mort du jus d'orange et des gouttes d'éther ordonnées par le médecin, et cette odeur fut remarquée non seulement dans l'estomac, mais nous avait frappé déjà à l'ouverture du crâne. La possibilité que de l'éther ou un médicament analogue ait été administré avant la mort mérite d'autant plus d'être prise en considération que ces liquides produisent une irritation de la muqueuse de l'estomac et par conséquent, comme nous l'avons trouvé en effet dans nos cas, une rougeur d'injection et une forte sécrétion de mucus, lésions qui pourraient être rapportées à une intoxication.

On trouve souvent après les empoisonnements par des poisons irritants ou caustiques le contenu de l'estomac mêlé de sang provenant le plus souvent des lésions des vaisseaux de la muqueuse stomacale produites par érosion. Il arrive cependant assez souvent que le contenu sanguin de l'estomac ne se forme qu'après la mort ou par transsudation du sang de la muqueuse fortement injectée ou ecchymosée dans la cavité stomacale, ou parce que le contenu de l'estomac fortement acide ou fortement alcalin absorbe le sang des parois stomacales hypérémiées ; dans ce cas l'hémoglobine est en grande partie transformée en hématine. Plus la décomposition est avancée, que celle-ci ait eu lieu pendant la vie ou seulement après la mort, plus la couleur du sang est altérée et peut même, sous l'action des acides ou des bases très fortes, varier entre le brun noir et le noir. Cette dernière coloration se trouve surtout dans l'empoisonnement par l'acide sulfurique et est produite dans ce cas non seulement par la décomposition du sang, mais encore par la carbonisation des susbtances organiques.

Après certains empoisonnements, comme par exemple, après celui par le cyanure de potassium, le sang contenu dans l'estomac peut être d'un rouge vif, ce qui s'explique par l'action spéciale du poison sur l'hémoglobine.

On peut encore rencontrer d'autres colorations particulières du contenu de l'estomac, par exemple, une coloration verte après l'empoisonnement par des parties de plantes contenant de la chlorophylle (sabine) ou, comme nous en avons vu un cas, après les empoisonnements par le vert d'arsenic, une coloration jaune après le laudanum ou le chromate de potasse, bleue après le sulfate de cuivre, etc. On n'oubliera jamais d'examiner la réaction du contenu de l'estomac qui, dans certains empoisonnements par des substances fortement acides, ou fortement alcalines, peut avoir une importance considérable. On se rappelera toutefois que la réaction primitive peut être modifiée par les contre-poisons qu'on a pu donner ou plus tard sur le cadavre; ce qui a encore une importance plus considérable, ce sont les substances suspectes que l'on a pu trouver dans l'estomac, comme par exemple, des parties de plantes suspectes, mais surtout des corps granuleux ou cristallisés que l'on rencontre soit dans le contenu de l'estomac, soit dans le mucus adhérent à la muqueuse stomacale. Cette dernière particularité se rencontre le plus souvent dans l'empoisonnement par l'arsenic et est due au peu de solubilité de ce corps. On trouve en somme très rarement les autres poisons en grains ou en cristaux, nous avons trouvé cependant dans un cas de l'acétate de plomb, dans un autre du sublimé en nature et dans un troisième une certaine quantité de cristaux de strychnine pure. Les gros grains ou cristaux sont relativement faciles à trouver, il n'en est pas de même des petits qui doivent être cherchés plus par le toucher que par la vue, un procédé qui nous a souvent rendu de grands services, surtout dans les empoisonnements par l'arsenic.

Les lésions locales de la paroi de l'estomac se rencontrent surtout après les empoisonnements par des substances caustiques et consistent dans les cas récents en érosions de la muqueuse, pouvant se présenter à des degrés divers selon la concentration du poison et la durée de son action, depuis le simple état trouble de l'épithélium jusqu'à l'escharification et la perforation de la muqueuse. Dans ces cas on peut généralement suivre l'action du poison depuis les lèvres à travers l'œsophage jusque dans l'estomac et assez souvent jusqu'à une certaine distance dans l'intestin et c'est particulièrement la muqueuse de l'estomac surtout celle du bas-fond de l'estomac qui présente les principales lésions, parce que le poison séjourne le plus longtemps en ces endroits, tandis qu'il passe rapidement par les organes de déglutition et arrive dans l'intestin déjà affaibli ou en petite quantité. Dans les intoxications par poison métallique ou irritant, l'action locale ne commence à se manifester que dans l'estomac; aussi trouvons-nous la muqueuse des organes de déglutition le plus souvent intacte, et dans l'estomac des altérations pathologiques qui, selon la nature du poison ou le degré de son action, peuvent se présenter ou comme une simple injection diffuse ou en plaques avec gonflement, souvent avec ecchymoses dans la partie atteinte de la muqueuse, ou comme une corrosion diffuse ou locale de la muqueuse, ou comme ce qu'on appelle « *un gonflement trouble* ». A partir de l'estomac les altérations s'étendent souvent à l'intestin et cela d'autant plus loin, que la quantité de poison qui a abandonné l'estomac est plus grande; elles diminuent également d'intensité, ce qui distingue principalement les altérations déterminées par une action toxique locale de celles qui ne se produisent dans l'intestin, par exemple dans l'empoisonnement par l'arsenic, que par résorption du poison, et s'étendent uniformément dans ce cas sur une grande partie ou la totalité de l'intestin.

II. — Sang et tissus.

Les altérations générales déterminées par la résorption de substances toxiques atteignent ou le sang ou les tissus.

Le sang joue avec la lymphe le rôle principal, dans la résorption des poisons, mais ne paraît cependant, dans la plupart des empoisonnements, qu'être le véhicule du poison, sans éprouver lui-même des altérations notables. Dans certains cas cependant il éprouve des modifications remarquables dont les plus importantes au point de vue médico-légal sont celles qui donnent lieu à une altération des caractères normaux de l'hémoglobine, reconnaissables en partie à l'œil nu par le changement de coloration du sang, en partie par celui de ses propriétés chimiques, mais surtout par la modification de ses caractères spectroscopiques ; l'empoisonnement par l'oxyde de carbone nous fournit un exemple typique de ces modifications. Les autres modifications que le sang peut éprouver dans les empoisonnements, ou ne sont pas assez caractéristiques ou ne sont pas assez bien étudiés pour être utilisées en ce moment.

La dégénérescence granuleuse ou graisseuse est une altération des tissus déterminée par la résorption de certains poisons et qui mérite une attention particulière. Nous la trouvons surtout après l'empoisonnement par le phosphore, puis après celui par l'arsenic, dans les empoisonnements sous-cutanés par les sels de potasse et la plupart des poisons métalliques, dans presque tous les empoisonnements chroniques, parmi lesquels il faut citer en première ligne l'empoisonnement chronique par l'alcool. Nous avons ici en vue principalement les dégénérescences aiguës ou subaiguës. La dégénérescence granuleuse se montre surtout dans le parenchyme des organes glandulaires, surtout dans la muqueuse de l'estomac, les reins et le foie. Ces organes présentent dans les degrés très prononcés de la dégénérescence granuleuse, cet état que Virchow a désigné sous le nom de « gonflement trouble ». La muqueuse de l'estomac paraît un peu gonflée, le foie et surtout les reins un peu augmentés de volume, avec cela un peu mous, et offrant un état trouble et particulier et une coloration d'un gris mat ou d'un jaune gris, coloration qui frappe surtout à la coupe. Sous le microscope les glandes à pepsine ou les cellules du foie ou l'épithélium du rein paraissent un peu agrandis, les premières un peu arrondies, et tous remplis d'une masse finement granuleuse, dont quelques grains sont très réfringents et paraissent noirs sous le microscope. La dégénérescence granuleuse n'est qu'un premier stade de la dégénérescence graisseuse, dans laquelle les organes augmentent encore de volume, se colorent de plus en plus en jaune, et prennent un éclat graisseux, et une consistance pâteuse, et montrent sous le microscope un dépôt plus ou moins considérable de gouttelettes graisseuses dans les cellules des glandes. Ces organes n'acquièrent cependant pas cet aspect tendu et cette coloration jaune et transparente que nous observons si souvent, par exemple, sur le foie gras simple. Dans la plupart des cas nous trouvons des degrés intermédiaires entre les dégénérescences granuleuse et graisseuse. Dans les premiers stades du « *gonflement trouble* » une partie des grains qui remplissent les cellules des glandes se dissout encore dans l'acide acétique, plus tard seulement dans les alcalis caustiques, l'alcool et l'éther. Au début ces grains paraissent donc être vraisemblablement de nature albumineuse et plus tard de nature graisseuse.

En même temps que dans ces organes, la dégénerescence granuleuse ou graisseuse se montre aussi dans d'autres tissus, surtout dans les muscles et particulièrement le muscle cardiaque et les parois des vaisseaux.

Le cœur à un degré très avancé de dégénérescence, est mou, le muscle cardiaque est très friable, d'un éclat trouble et d'une couleur grise quelquefois argileuse, et les raies transversales des fibres musculaires deviennent moins nettes ou tout à fait méconnaissables; les fibres musculaires dans les différents stades de la dégénérescence granuleuse ou graisseuse paraissent dans les premiers stades comme saupoudrées, et dans les derniers remplies de gouttelettes graisseuses très nettes et de grains très réfringents. Les muscles du tronc et des membres présentent les mêmes altérations, mais à un degré moindre.

Quant aux vaisseaux, la dégénérescence granuleuse ou graisseuse peut être trouvée surtout sur les petits vaisseaux de la piemère de la substance cérébrale et des membranes séreuses et s'observe aussi bien dans la tunique adventice que dans la tunique musculaire. Cette dégénérescence s'accompagne d'une grande friabilité des parois vasculaires, pouvant donner lieu à la formation d'ecchymoses et même à des hémorrhagies cérébrales considérables.

On n'est pas encore complètement fixé sur la cause de la dégénérescence granuleuse ou graisseuse aiguë après certains empoisonnements ; on est pourtant disposé à admettre que ces altérations reposent sur une mortification partielle des tissus, surtout du contenu des cellules glandulaires, déterminée en partie par l'action immédiate du poison, en partie par l'obstacle à l'arrivée de l'oxygène aux tissus (1). Ce qui plaide pour la première idée c'est ce fait que la dégénérescence atteint d'abord les organes avec lesquels le poison arrive en premier lieu en contact (estomac, foie et reins), et pour la seconde l'apparition de substances facilement oxydables (*acide sarcolactique*, Schultzen) dans l'urine et ce fait, que cette destruction considérable d'albumine, qui se traduit par une augmentation de l'excrétion de l'urée, constatée dans certains cas d'empoisonnement, surtout dans les empoisonnements par le phosphore, peut être produite par une diminution de

(1) Voir entre autres A. Kossel, *Zur Kenntniss der Arsenwirkung*. (*Arch. f. exp. Pathol.*, V, p. 135.) — Fränkel, *Ueber den Einfluss der verminderten Sauerstoffzufuhr zu den Geweben auf den Eiweisszerfall in Organismus*. (*Med. Centralbl.* 1875, p. 739 et *Virchow's Arch.* LXVIII, 1876.)

l'apport de l'oxygène (et du sang) due à une autre cause. Par l'action réunie de ces deux facteurs il y a disproportion entre la destruction de l'albumine et la combustion des produits de décomposition (parmi lesquels se trouve surtout la graisse), disproportion qui se traduit d'une façon éclatante par la dégénérescence graisseuse (Fränkel).

Il s'ensuit déjà théoriquement que ces altérations ne se rencontrent pas exclusivement après certains empoisonnements, et qu'elles peuvent se développer à la suite d'autres affections s'accompagnant d'une augmentation de la destruction de l'albumine, et une diminution des phénomènes d'oxydation. En effet, nous trouvons les mêmes phénomènes de dégénérescence aussi bien dans une série de causes de mort naturelle, parmi lesquelles nous citerons les maladies infectieuses, surtout exanthématiques et celles qui s'accompagnent de troubles généraux de la nutrition (tuberculose, anémie lente) qu'après certains cas de mort violente, parmi lesquels nous nommerons la mort à la suite des brûlures et des processus septiques ou pyémiques. Il faudra donc tenir compte de ces possibilités dans l'appréciation diagnostique de la dégénérescence granuleuse ou graisseuse des tissus des organes (1). La putréfaction détermine également des altérations ressemblant beaucoup à celles du « gonflement trouble », car par la putréfaction les organes deviennent plus riches en liquides, se troublent et prennent même une teinte jaunâtre, le contenu des cellules et les muscles paraissent infiltrés de masses granuleuses, pouvant même se réunir en gouttelettes graisseuses : cette production *post-mortem* de graisse, a été constatée par beaucoup d'observateurs et est compréhensible, si l'on regarde la dégénérescence granuleuse et graisseuse qui a lieu pendant la vie comme un processus de mortification.

Après beaucoup d'empoisonnements, surtout par des poisons organiques, l'autopsie ne montre rien de remarquable et encore moins de caractéristique. Le plus souvent, on trouve les signes d'une mort par asphyxie, ce qui s'explique par ce fait que beaucoup de ces poisons, par exemple, la plupart des alcaloïdes, et les poisons gazeux ou volatils, amènent en dernière ligne la mort par asphyxie.

§ 3. — LA RECHERCHE CHIMIQUE.

Nous avons déjà dit combien il serait à souhaiter que, dans les cas où l'on trouve des susbtances suspectes dans l'estomac et où une analyse spectrale du sang paraît nécessaire, ces recherches fussent faites par le médecin légiste lui-même immédiatement après l'autopsie, sans préjudice d'un examen ultérieur, s'il y a lieu, par un autre expert. En tout cas, cet examen préalable devra être fait chaque fois que la chose est possible.

La recherche du poison dans les parties du cadavre n'est pas

(1) Il faut songer également à la dégénérescence graisseuse aiguë chez les nouveau-nés et les accouchées. Buhl, *Klinik der Geburtskunde*, I, 1861, p. 996. — Hecker, *Monatschrift f. Geburtskunde*, 1867, p. 321 et *Archiv f. Gynäk.*, 1876, X, 537.

l'affaire du médecin, mais du chimiste légiste; mais le premier doit fournir au second les matériaux pour ces recherches.

Les ordonnances que nous avons citées à la tête de ce chapitre nous montrent la manière d'y procéder : nous y voyons qu'il faut mettre de côté, pour un examen ultérieur, outre le contenu de l'estomac et de l'intestin, l'estomac lui-même, l'œsophage et une partie de l'intestin (1), de plus des fragments de certains organes, surtout du foie et des reins, enfin du sang et de l'urine. On fera bien de mettre dans un bocal particulier l'estomac et le duodénum avec leur contenu, séparés de la partie inférieure de l'intestin, si on prend cette dernière ; on fera de même des fragments des autres organes. On comprend, par ce que nous avons dit de l'élimination des poisons, pourquoi le règlement (Régulativ) exige que l'urine soit mise dans un vase particulier. On ne conservera le sang séparément que dans les cas où il y aura lieu de faire une analyse spectrale.

Le résultat de l'examen chimique des parties du cadavre peut être *positif* ou *négatif*, c'est-à-dire qu'on peut trouver réellement ou non un corps qui est reconnu comme un poison.

I. — Résultat positif.

Le résultat positif de l'examen chimique est naturellement de la plus haute importance et peut suffire à lui seul à mettre hors de doute le fait d'un empoisonnement.

Il faudra cependant dans chaque cas particulier examiner toutes les possibilités par lesquelles cette substance a pu arriver dans le corps, soit pendant la vie, soit après la mort, sans qu'il y ait eu empoisonnement.

1° *Présence normale des metaux dans l'organisme.*

Sous le premier rapport Devergie (2) et Orfila (3) ont prétendu

(1) Le règlement prussien de même que l'ordonnance autrichienne n'ont en vue que la partie supérieure de l'intestin. On ne devra cependant pas négliger la partie inférieure, surtout dans l'empoisonnement par le phosphore, car nous avons réussi plusieurs fois à trouver du phosphore dans la partie inférieure de l'iléon et du gros intestin, tandis que cela n'était plus possible dans l'estomac et la partie supérieure de l'intestin.

(2) Devergie, *Mémoire sur l'empoisonnement par l'arsenic. Nouveau procédé pour retrouver l'arsenic absorbé. Recherches sur le plomb et le cuivre contenu dans le corps humain* (*Ann. d'Hyg.*, t. XXIB, p. 136, et XXXIII, p. 342). — *Note aux membres de la commission chargés d'apprécier les nouveaux travaux sur l'arsenic* (*Ann. d'Hyg.*, 1re série, t. XXVII, p. 186).

(3) Orfila, *Sur l'arsenic naturellement contenu dans le corps de l'homme* (*Ann. d'Hyg.*, t. XXII, p. 467).

qu'il existait normalement dans les corps de l'homme, surtout dans les os, de petites quantités d'arsenic. Cette assertion a été réfutée par des recherches approfondies.

Par contre, il paraît y exister souvent des traces de cuivre, peut-être même de plomb, qui arriveraient dans le corps au moyen des aliments et des boissons. Bergeron et L'Hôte (1) ont examiné récemment, au point de vue du cuivre, le foie et les reins de 14 cadavres et ont trouvé sur deux individus de dix-sept ans des traces impondérables de cuivre, sur 11 de vingt à cinquante-huit ans de 0,7 à 1 milligramme et sur un homme de soixante-dix-huit ans 1,5 milligramme de cuivre.

2° *Introduction du poison sous forme de médicaments.*

Ce qui a plus d'importance, c'est le fait que des substances toxiques trouvées dans l'organisme ont pu avoir été prises comme médicaments. C'est de cette façon que peut avoir été introduit l'arsenic qui est donné sous la forme de teinture de Fowler contre la syphilis et les fièvres intermittentes, l'antimoine sous forme de tartre stibié, le sublimé, le mercure métallique, le plomb et les alcooloïdes, entre autres la morphine d'un usage si fréquent aujourd'hui. Il ne s'agit pas toujours de petites quantités, car ces médicaments sont souvent pris pendant un temps assez long et, comme on augmente progressivement la dose, on arrive souvent à employer à la fin des doses qui dépassent la dose toxique mortelle, comme nous l'avons déjà dit en parlant de l'arsenic et de la morphine.

Dans un de nos cas, un individu très gras et souffrant d'une hypertrophie considérable du cœur, à la suite d'une cirrhose des reins, avait pris peu de temps avant sa mort du tartre stibié qui lui avait été ordonné comme vomitif par un médecin Ce corps fut retrouvé dans l'estomac, l'intestin et le foie dans trois autres cas, où l'on constata en outre à l'autopsie, dans l'un, un rétrécissement de l'urèthre, de la cystite et de la pyélite; dans le second, de la tuberculose et dans le troisième une dégénérescence graisseuse du cœur; on trouva également de la morphine dans le contenu de l'estomac et les différentes parties du corps : tous ces trois malades avaient pris de la morphine pendant un temps très long, l'un en injection sous-cutanée, les deux autres sous forme de poudre. Dans un seul de ces cas (tuberculose) on pouvait admettre qu'il y avait eu empoisonnement par la morphine, parce que l'individu était mort avec les symptômes d'une narcose de longue durée; dans les deux autres cas, la mort rapide pouvait s'expliquer par la maladie trouvée à l'autopsie. Comme pour tous les trois il y avait soupçon

(1) Bergeron et L'Hôte, *De l'empoisonnement arsenical par des doses modérées et reitérées de poison. Relation médico-légale de l'affaire Danval* (*Ann. d'Hyg.*, 1878, 2ᵉ série, t. L, p. 72).

de suicide, nous déclarâmes que, pour nous prononcer sous ce rapport, il nous faudrait connaître, d'une part, la quantité de poison trouvée dans le corps, d'autre part, la dose de morphine à laquelle ces individus étaient arrivés. Malheureusement on ne put nous donner aucun renseignement précis sur ces deux points.

Bourneville et Yvon ont trouvé dans le foie d'une personne épileptique, traitée sans succès par le cuivrate d'ammoniaque, l'énorme quantité de 0,295 gramme de cuivre; par contre ils n'en ont trouvé que 80 et 1.0 milligrammes dans le foie de deux individus empoisonnés par des sels de cuivre.

Dans les cas où cette possibilité fait l'objet d'une question, on attachera une importance particulière à la détermination quantitative du poison trouvé dans le corps et aux commémoratifs. Ces derniers porteront sur la nature de l'affection contre laquelle on avait employé le médicament, sur le temps pendant lequel son administration a été continuée et surtout sur la dose à laquelle il a été pris. En outre, on aura égard à la plus ou moins grande rapidité avec laquelle le poison est éliminé du corps, car dans les intoxications aiguës par des poisons qui s'éliminent rapidement, la quantité de poison trouvée dans le corps permet de calculer avec une très grande probabilité et même avec certitude la dose qui a été prise peu de temps avant la mort, tandis que si l'on trouve des poisons s'éliminant lentement, la quantité trouvée peut provenir non seulement des doses prises en dernier lieu, mais encore de doses prises antérieurement et non éliminées. Le corps lui-même peut fournir des renseignements en ce qu'il présente les lésions d'une affection contre laquelle on emploie d'ordinaire certains médicaments toxiques, de la syphilis par exemple, ou en ce qu'il présente des traces d'une administration sous-cutanée des médicaments, comme c'était le cas pour les deux individus dont nous avons parlé plus haut et sur les bras et la poitrine desquels nous avons trouvé un grand nombre de petites plaies par instruments piquants, les unes guéries, les autres en voie de guérison, d'autres très récentes, telles que celles que déterminent les injections sous-cutanées.

3° *Intoxications professionnelles.*

Il peut arriver encore que le poison ait été introduit dans le corps par suite de la profession qu'exerçait l'individu. On devra penser à cette possibilité quand il s'agira de mineurs, de travailleurs aux fonderies, d'ouvriers travaillant dans des fabriques de produits chimiques, de couleurs ou de glaces (1), ou exerçant une

(1) Gorup-Besanez a trouvé encore des traces très nettes de mercure dans

des nombreuses professions dans lesquelles on manie du poison ; les antécédents de l'individu nous renseigneront à ce sujet.

Il en est de même des arsenicophages, des opiophages, etc., bien qu'on ne puisse penser à cette possibilité que dans des circonstances particulières. Dans ces cas, on constatera non seulement la quantité de poison trouvée dans le corps, autant que la chose est possible, mais encore le rapport de la quantité du poison non résorbée, c'est à-dire se trouvant dans l'estomac et l'intestin, à celle existant dans les autres organes, car il faut admettre en général que dans les empoisonnements chroniques c'est surtout la première et dans les cas aigus la dernière quantité qui est prédominante ; c'est pour cette raison qu'il est recommandé de mettre dans des bocaux séparés les objets qui doivent être soumis à une analyse chimique.

4° *Addition du poison après la mort.*

Pour éviter l'objection que la substance toxique trouvée par le chimiste a pu arriver dans le corps après la mort, on procèdera avec méthode à la mise sous scellés des parties du corps, laquelle doit être faite de façon que rien du dehors ne vienne s'ajouter à ces objets et que rien ne puisse s'égarer. On emploiera de préférence des vases en verre avec des bouchons de verre usés à l'émeri, que l'on peut se procurer facilement et qui répondent à tous les besoins. On fera bien, ainsi que le prescrit l'ordonnance autrichienne, de recouvrir le bouchon et le col du flacon avec une vessie de porc. On mettra par-dessus du papier sur lequel on inscrira le contenu du bocal. Il appartient aux chimistes de veiller à ce que l'on n'emploie que des réactifs complètement purs et essayés, précaution que l'on ne pourra observer assez rigoureusement, surtout dans la recherche de l'arsenic.

Si les objets à examiner proviennent d'un cadavre exhumé, il faudra se rappeler que la substance toxique a pu arriver dans les parties du corps dans le tombeau. On y songera d'autant plus que l'on descend dans la terre avec le cadavre des objets peints avec des couleurs métalliques, telles que fleurs et feuillages artificiels, des images de dévotion ou des objets métalliques, surtout des croix, que souvent le cercueil a des ornementations en métal et que la peinture du cercueil peut avoir été faite avec des couleurs

le corps d'une femme qui avait été ouvrière en miroiterie, mais qui avait abandonné son métier plus d'un an avant sa mort. *Schmidt's Jahrb.* 1850, II, 144.

métalliques. Tant que le cadavre et le cercueil, ainsi que les objets qui y sont joints sont bien conservés, on ne peut pas admettre que les substances toxiques trouvées dans le corps proviennent de ces derniers ; mais plus sont avancées la putréfaction et la décomposition du cadavre, ainsi que la destruction du cercueil et des objets qui y sont joints, plus il est possible que les parties exhumées du cadavre aient reçu les substances toxiques de cette source. On ne peut pas exclure cette possibilité, bien qu'il faille accorder que de cette façon il ne puisse pénétrer de grandes quantités de poison dans le corps et qu'elles n'aient pu pénétrer que localement dans les parties du corps, c'est-à-dire aux endroits qui ont été en contact avec un objet métallique ou peint avec des couleurs métalliques. Schauenstein a trouvé dans l'intérieur d'une masse visqueuse, provenant de l'estomac d'un cadavre exhumé après sept ans, un bouton de cuivre rongé et les parties environnantes contenant une quantité manifeste de cuivre et de zinc, mais aussi, de même que les organes éloignés, des traces d'arsenic qu'on ne pouvait pas attribuer au bouton seul. Tardieu et Roussin (1) ont trouvé dans un cas sur la muqueuse de l'estomac un dépôt de cuivre provenant d'une aiguille qui y avait été laissée après l'autopsie ; ce cas si extraordinaire de Casper, dans lequel on ne trouva de l'arsenic que dans les cheveux d'une femme exhumée après onze ans, peut à peine s'expliquer autrement qu'en admettant que des objets contenant de l'arsenic (fleurs, épingles, etc.) avaient été mis dans les cheveux au moment de l'enterrement. Ces faits nous montrent combien il est nécessaire, dans une exhumation, de soumettre à un examen chimique et de mettre dans des bocaux séparés les différentes parties d'un cadavre et d'accorder une attention particulière, non seulement au cadavre lui-même, mais encore aux objets qui ont été enterrés avec lui et de consigner dans le procès-verbal toutes ces particularités, de même que le siège et la nature de ces corps.

Il est encore possible que la terre de l'endroit où a eu lieu l'inhumation, contienne des métaux toxiques, particulièrement de l'arsenic, qui ont pu pénétrer dans les cadavres ayant séjourné longtemps dans cette terre. Que la terre de certains cimetières contienne de l'arsenic, c'est là un fait prouvé par un grand nombre d'observations. D'après les recherches de Sonnenschein (2), l'arse-

(1) Tardieu, *Étude médico-légale et clinique sur l'empoisonnement*, 2e édition. Paris, 1875.

(2) Sonnenschein, *Handbuch der gerich. Chemie*, p. 144 : et *Ueber die Verbreitung des Arseniks in der Natur* (*Vierteljahrschrift f. ger. Med.*, *N. F.* 1878, XIII, 169).

nic peut se trouver déjà primitivement dans le sol et provenir de l'oxyde de fer arsénié qui, à son tour, vient en grande partie d'une pyrite sulfureuse réduite en poussière et contenant en général de l'arsenic. Dans d'autres cas, l'arsenic provient de ce que cette place a été cultivée, c'est-à-dire de l'habitude qu'on a dans certains endroits de mêler les semences avec de l'arsenic pour détruire les rats; dans d'autres cas enfin, l'arsenic contenu dans la terre provient de la fumée des fabriques de soude qui est chassée par le vent du côté du cimetière où elle vient s'abattre (1). Ces faits perdent beaucoup de leur importance par les recherches d'Orfila (2) et de Sonnenschein qui ont montré que l'arsenic se rencontrait dans la terre sous forme des composés insolubles dans l'eau et qu'introduit dans le sol en nature, il formait avec la terre argileuse, la chaux, l'oxyde de fer, etc., des combinaisons insolubles dans l'eau, ce qui a déjà lieu dans les couches supérieures de la terre; c'est ce qui explique pourquoi des cadavres, qui sont restés enterrés de 6 à 16 mois dans une terre contenant de l'arsenic, ne présentaient pas de traces d'arsenic (Sonnenschein). Malgré cela, il faut avoir soin à chaque exhumation de mettre de côté, pour la soumettre à un examen chimique, de la terre entourant le cercueil, ainsi que de la terre de places plus éloignées, la première surtout, parce qu'il est possible et facilement compréhensible que dans la putréfaction colliquative les substances toxiques, contenues dans les liquides qui s'écoulent du cadavre, imbibent la terre environnante et y soient retenues. Pour la même raison, il faut réserver pour l'examen chimique des morceaux de cercueil, surtout des parties inférieures de celui-ci.

L'article 109 de l'ordonnance (autrichienne) concernant l'inspection des cadavres porte : y a-t-il lieu, par suite de soupçon d'empoisonnement, d'exhumer un cadavre, il faut qu'un au moins des chimistes, qui doivent faire l'examen chimique du cadavre, assiste à l'exhumation. Il décidera si le nettoyage du cadavre

(1) On sait que l'on emploie souvent l'arsenic pour l'embaumement (conservation) des cadavres. Ce procédé non seulement ne permet plus de reconnaître un empoisonnement par l'arsenic, mais peut encore porter de l'arsenic dans le cimetière. Edling (*Monatsblatt f. öff. Gesundheitspflege und med. Statistik.* Supplément à *Deutsche Klinik.* 1874, n° 3) rapporte qu'à Stockholm on consomme des quantités considérables d'arsenic pour la conservation des cadavres, qu'en 187? seul on a enterré environ 110 cadavres ainsi conservés, et que, comme on emploie en moyenne pour chaque cadavre 278 grammes d'arsenic, il arrivait chaque année environ 32 kilogrammes d'arsenic dans le cimetière.

(2) Orfila, *Sur les terrains des cimetières, sur l'arsenic qu'ils peuvent fournir* (*Ann. d'Hyg*, 1re série, t. XXII, p. 418).

peut se faire avec une solution de chlorure de chaux, et si ce moyen de désinfection peut empêcher la recherche du poison. — S'agit-il de la découverte d'un empoisonnement par l'arsenic, par le plomb ou le cuivre, il faudra choisir principalement pour les soumettre à un examen chimique, surtout dans les deux premiers cas, les parties du corps qui ont été le moins en contact avec la terre environnante. — On emportera en outre et on examinera chimiquement la terre entourant immédiatement le cadavre, celle des parties de la fosse un peu plus éloignées, ainsi que de la terre d'autres endroits du cimetière. On ramassera également, pour les soumettre à un examen chimique, des fragments de bois du cercueil, surtout des endroits ou l'on remarque qu'il y a eu collection de liquides.

II. — **Résultat négatif.**

Le résultat négatif ne prouve pas qu'il n'y a pas eu d'empoisonnement. Il y a une série de poisons que la chimie, à l'état actuel, est impuissante à retrouver, par exemple la plupart des poisons animaux et végétaux ; d'un autre côté, la recherche peut ne pas aboutir parce que le poison a déjà été éliminé ou décomposé. L'élimination a déjà lieu en grande partie par les vomissements et par les selles, mais aussi et plus tard par l'urine et les autres excrétions et cela d'une façon d'autant plus complète que le poison a été plus diffusible et que l'individu en question a vécu plus longtemps. L'élimination complète du poison n'empêche pas la mort de survenir, celle-ci n'ayant pas lieu par le poison lui-même, mais par suite de modifications et de troubles fonctionnels que le poison détermine dans les organes. Ces altérations peuvent persister même après l'élimination de la substance toxique, comme le montre par exemple l'empoisonnement par l'oxyde de carbone qui entraîne très souvent la mort, bien que l'individu ait été retiré vivant de l'atmosphère empoisonnée et que tout l'oxyde de carbone ait déjà disparu dans le sang, ainsi que le montre l'analyse spectrale. Nous avons déjà indiqué plus haut, en parlant de l'élimination des poisons du corps, les modifications que les poisons éprouvent dans l'organisme et qui rendent leur découverte impossible.

On sait que les poisons minéraux résistent à la putréfaction à tel point que, tout le corps étant décomposé jusqu'aux os, il est encore possible de les retrouver et qu'on les a retrouvés en effet. Un grand nombre d'alcaloïdes offrent également une grande résistance à la putréfaction. C'est ainsi que Stas a trouvé de la morphine dans toutes les parties d'un cadavre qui était enterré depuis treize mois et que Taylor (1) a pu retrouver après quatorze mois du méconate de

(1) Tardieu, *Etude médico légale sur l'empoisonnement*, p. 501.

morphine ajouté à des substances putrescibles et exposées à l'air. Tardieu (1) a pu retrouver de la strychnine au bout de onze ans dans les intestins putréfiés d'un taureau, et Heintz (2) a montré la grande résistance du nitrate de strychnine, car il a réussi à retrouver ce poison dans un morceau de viande trois ans après qu'on y eût déposé des cristaux de ce sel.

Dans les cas où l'on ne réussit pas à trouver chimiquement de substance toxique et où il y a cependant soupçon d'empoisonnement, Tardieu et avant lui Orfila, Magendie et Christison ont recommandé de faire des expériences physiologiques sur des animaux, ces derniers auteurs avec le contenu de l'estomac tel qu'on le trouve, et Tardieu (3) avec l'extrait du contenu de l'estomac et des parties du cadavre. On ne peut refuser à ces expériences une valeur corroborante, pas plus qu'à cette circonstance qui se présente souvent, que des animaux (poules, chiens, cochons, etc.), qui ont mangé des matières vomies par un individu tombé subitement malade ou de l'aliment qu'il a laissé, sont également morts rapidement. Mais ces expériences physiologiques n'ont de valeur que si la substance extraite des organes par des procédés chimiques possède des propriétés chimiques analogues à celles des substances toxiques connues et venues du dehors dans le corps et si les réactions ont besoin d'un supplément de recherches, non pas parce qu'elles manquent complètement, mais parce qu'elles ne sont pas assez nettes. C'est ainsi que l'action vésicante, la dilatation des pupilles, le ralentissement de l'activité du cœur et l'action tétanisante de certaines substances, constatés par des expériences physiologiques, peuvent servir beaucoup à déterminer la nature du poison employé; il faut cependant dans ces cas prendre en considération la sensibilité particulière et même l'immunité de certains animaux à l'égard de certains poisons. C'est ainsi que A. Falk (4) a calculé que la dose mortelle (*minima*) de strychnine était pour un kilogramme d'animal de 23,1 milligrammes pour la couleuvre, de 12,5 pour l'ablette, de 2,97 pour le hérisson, de 2,1 pour la grenouille; de 2,0 pour le coq, de 0,75 pour le chat, de 0,6 pour le lapin et de 0,45 milligrammes pour le chien. Les pigeons sont très sensibles à la solanine, tandis qu'ils se montrent rebelles à l'opium, la morphine et l'atropine (5). Les grives et les merles peuvent être nourris sans danger avec des baies de belladone, les lapins mangent impunément des feuilles de belladone et de tabac, et les hérissons, les poules et les grenouilles, des cantharides. D'un autre côté, les poissons sont tellement sensibles à la picrotoxine que, d'après les expériences de Depaire, un poisson

(1) Tardieu, *Ibid.*, 533.

(2) Heintz, *Vierteljahrsch. f. gerich. Medic.*, 1872, XVI, 328.

(3) Tardieu, *Observations et recherches nouvelles pour servir à l'histoire médico-légale de l'empoisonnement par la strychnine, l'arsenic et les sels de cuivre* (*Ann. d'Hyg*, 1865, 2e série, t. XXIV, p. 388). — *Relation médico-légale de l'affaire Couty de la Pommerais* (*Ann. d'Hyg.*, 1864, 2e série, t. XXII, p. 80). — *Etude médico-légale sur l'empoisonnement*, Paris, 1875, 2e édition.

(4) Falk, *Etude toxicolog. sur la strychnine* (*Vierteljahr. f. ger. Med.*, 1874, XX et XXI).

(5) Th. Husmann, *De l'action de la solanine et de la solanidine* (*Arch. f. exp. Path.*, IV, 313).

de 200 grammes, mis dans un vase contenant 2 litres d'eau additionnée de 0,01 de picrotoxine seulement, se couche immédiatement sur le dos et meurt (1), et nous avons vu des poules mourir après avoir avalé quelques noyaux de pêche.

Nous devons cependant recommander les plus grandes précautions dans l'utilisation des expériences physiologiques faites avec des extraits de cadavres qui ne sont pas nettement définis au point de vue chimique, car les expériences faites par Lussana, Moriggia et Bastini (2) ont montré que les extraits obtenus par l'eau, l'alcool et l'alcool amylique (mais non par l'éther) des cadavres frais et plus encore des cadavres putréfiés ont par eux-mêmes des propriétés toxiques et peuvent tuer des animaux. De même, les expériences faites par Bagnatelli et C. Lombroso (3) ont prouvé que par l'alcool on pouvait retirer du maïs altéré une substance offrant des propriétés en partie analogues à celles de la strychnine, en partie narcotiques et que dans la putréfaction des substances organiques, il pouvait se former des corps extractifs, possédant des propriétés toxiques ; cette possibilité mérite d'autant plus d'être prise en considération et d'être confirmée par des recherches ultérieures, qu'en traitant des parties molles en putréfaction par l'éther, Bence-Jones, Selmi-Hörsch, Fassbender, Schwanert et Liebermann (4) ont obtenu par le procédé de Stas-Otto des corps analogues aux alcaloïdes, mais non toxiques (5).

§ 4. — LES CIRCONSTANCES DU CAS.

A cet ordre appartiennent toutes les circonstances qui ont éveillé le soupçon d'empoisonnement, et ont donné lieu à une expertise judiciaire. Ces circonstances toutefois sont souvent telles, qu'elles peuvent être appréciées par le public ; le médecin légiste doit pourtant les rechercher et les utiliser pour l'appréciation du cas. En général, c'est la mort subite et inattendue qui éveille l'attention ; nous ferons cependant remarquer, sous ce rapport, que des individus d'apparence vigoureuse et saine peuvent également mourir brusquement et rapidement, et, d'autre part, que les meurtres par empoisonnement n'ont pas toujours lieu sur des personnes tout à fait saines et fortes, mais souvent sur des personnes vieilles et débiles ou souffrant d'une autre maladie. Nous avons déjà dit plus haut que les symptômes morbides, déterminés par le poison, peuvent être dus à une maladie naturelle, et ce fait est d'autant plus important, dans les cas où l'on n'a pas fait d'autopsie après la mort de l'individu et où l'exhumation est ordonnée, que l'examen anatomo-pathologique, par suite de la putréfaction ou dé-

(1) Roth et Lex, *Militärgesundheitspflege*, 681.

(2) Bastini, *Med. Centralbl.* 1875, p. 176 et *Friedreichsbl.* 1876, p. 166.

(3) Lombroso, *Med. Centralbl.*, 1876, p. 228.

(4) Voy. le résumé de ces travaux, in *Virchow's Jahresb.*, 1874, I, p. 190, et Liebermann. « *Bericht der deutsch. chem. Gesellschaft zu Berlin*, 1876, p. 151). »

(5) Devergie, *De l'expérimentation physiologique dans l'expertise médico-légale* (*Ann. d'Hyg.*, 1866, t. XXVI, p. 164).

composition avancées, ne peut plus donner de résultat, par conséquent ne permet plus d'exclure un genre de mort naturelle. Ce serait une chose très importante que de pouvoir constater que les symptômes, reconnus comme ceux d'un empoisonnement, sont survenus à des intervalles plus ou moins longs, et que cette aggravation coïncidait toujours avec l'absorption de certains aliments ou boissons ou médicaments, ou que cette absorption, après laquelle un individu est tombé malade, a été accompagnée de signes tels, qu'ils aient déjà permis de conclure à la présence de substances extraordinaires, par exemple, d'un goût amer ou brûlant, une odeur d'allumettes. Il en est de même si l'on a observé une phosphorescence dans l'obscurité, ou l'existence de petits grains craquant sous la dent, etc. Si après avoir mangé du même aliment plusieurs personnes tombaient malades en même temps et avec les mêmes symptômes, ou, comme nous l'avons déjà dit, si des animaux, ayant avalé les matières vomies ou ce qui restait de l'aliment, sont tombés malades ou ont péri, ces faits acquéreront également une très grande importance. Il y aura lieu de rechercher s'il y avait du poison dans les aliments ou boissons qui ont été absorbés ou si le décédé ou d'autres personnes en avaient en leur possession ; il est clair cependant que le médecin légiste ne devra pas dépasser certaines limites, sous peine de jouer le rôle du juge d'instruction, d'accusateur ou d'un juré.

Il faudra également prendre en considération les circonstances particulières du cas, quand il s'agit de décider si l'empoisonnement a eu lieu accidentellement ou dans un but de suicide ou par la faute d'un tiers, et il est clair que dans la plupart des cas d'empoisonnement, ce sont les circonstances particulières qui sont seules capables de résoudre cette question. On comprend que dans les meurtres par empoisonnement on emploie de préférence les poisons, qui peuvent être administrés secrètement, de sorte que si l'on a à se prononcer sur un empoisonnement par un poison qui, comme les acides, par exemple, produisent de violentes brûlures sur les lèvres et la langue, cette circonstance doit déjà faire écarter l'idée d'un empoisonnement accidentel ou même d'un meurtre par empoisonnement ; ces poisons peuvent cependant être administrés avec violence à des enfants ou à des personnes hors d'état de se défendre, et il arrive assez souvent qu'on avale par accident des substances caustiques, et le plus fréquemment de la lessive de potasse. Le phosphore, mêlé aux aliments ou aux boissons, leur donne des caractères si surprenants, que l'on ne peut admettre qu'avec peine qu'il y ait eu meurtre par empoisonnement. Malgré cela ce genre de meurtre a été observé assez souvent, par nous entre autres, sur des enfants ou des personnes qui ont cru devoir surmonter le dégoût que leur inspirait un aliment, ou y ont été forcées par la faim. Pour certains alcaloïdes, surtout pour la strychnine, c'est l'amertume excessive qui surprend. On a cependant observé un grand nombre de meurtres de ce genre et il est clair que ces substances peuvent être prises assez facilement, non pas dans un aliment ou une boisson, mais dans un médicament ou comme médicament.

Dans certains cas, c'est la grande quantité de poison trouvé dans le corps, dans d'autres, sa consistance grossièrement granulée, qui plaide pour un suicide. C'est ainsi que nous avons trouvé dans un cas d'empoisonnement par l'arsenic, outre un grand nombre de morceaux d'arsenic de la grosseur d'un grain de sable, d'autres de celle d'un pois ou d'un haricot; dans un autre cas, un morceau de silex de la grosseur d'une amande; enfin, chez un pharmacien qui s'était empoisonné avec de la strychnine pure, un grand nombre de ces cristaux non seulement dans l'estomac, mais encore dans la bouche, surtout entre les dents, ce qui, dans tous les trois cas, a permis d'admettre le suicide. De même si l'on trouve dans l'estomac des parties toxiques de plantes telles que baies, feuilles, branches, etc., il est difficile de penser à un meurtre, mais plutôt à un empoisonnement accidentel ou occasionné dans certaines circonstances par une tentative d'avortement.

Il va de soi que l'on devra également prendre en considération dans ces cas les circonstances qui ont pu pousser un individu au suicide.

ART. III. LES POISONS EN PARTICULIER.

La seule classification exacte des poisons serait celle qui aurait pour base leur action élémentaire. Mais la connaissance de celle-ci est encore si imparfaite, qu'il n'y a pas encore lieu provisoirement, de songer à une classification reposant sur ce principe. Les autres classifications n'ont qu'une valeur relative et, à l'exception de celle qui correspond aux règnes de la nature, ne peuvent être menées jusqu'au bout. Au point de vue judiciaire, il n'est nullement nécessaire de classer les poisons d'une façon systématique et il suffit de traiter séparément des divers poisons; toutefois, il convient de distinguer les poisons en *poisons irritants locaux* et en *poisons agissant par résorption*.

§ 1er. — EMPOISONNEMENT PAR L'ACIDE SULFURIQUE.

Dans les grandes villes où l'acide sulfurique du commerce est employé non seulement au décapage des objets métalliques, mais encore dans les professions les plus diverses et où on peut, par suite, se le procurer facilement, les empoisonnements par cet acide sont particulièrement fréquents. Comme il brûle vivement les lèvres, on ne trouve généralement chez les adultes que des cas de suicide ; rarement il s'agit d'empoisonnements accidentels. Ce n'est que chez des enfants ou des personnes hors d'état de se défendre, qu'on a constaté des meurtres par cet acide, et, de même que des empoisonnements accidentels; ils ont été accomplis par l'introduction de l'acide sulfurique dans labouche et, dans quelques cas, par injection au moyen de lavements (1).

I. — Phénomènes d'empoisonnement.

Les phénomènes d'empoisonnement apparaissent ordinairement immédiatement après l'absorption ; ils consistent en une douleur cuisante dans les organes de déglutition et dans l'estomac, en vomiturition suivies de vomissements et accompagnées de l'élimination de masses très acidulées, d'abord brunes et plus tard presque noires. L'expression de la physionomie est anxieuse, la peau pâle et moite, le pouls rapide et petit, la connaissance persistante, la miction et la défécation supprimées. Bientôt apparaît dans l'urine, de l'albumine ainsi que du sang; les sulfates augmentent considérablement dans l'urine, mais il ne s'y trouve jamais d'acide sulfurique à l'état libre. Dans les cas à marche aiguë, le collapsus se produit déjà après deux à trois heures, rarement avant, mais quelquefois plus tard ; la mort survient bientôt après ; le plus souvent celle-ci est calme, quelquefois, mais rarement, elle a lieu au milieu de convulsions.

Dans quelques cas, les vomissements violents cessent subitement, tandis que les autres phénomènes se manifestent avec plus de violence ; il s'est produit alors une perforation de l'estomac. Dans

(1) Deutsch rapporte un cas d'empoisonnement accidentel d'une mère et de son enfant par une injection d'acide sulfurique au moyen d'un lavement (*Schmidt's Jahrb.*, 1849, vol. 63, 174). Nous avons observé un cas analogue chez un enfant et un second chez une veuve paralytique à qui le lavement, contenant de l'acide sulfurique, avait été peut-être administré intentionnellement.

d'autres cas, la respiration manque et la mort a lieu avec des phénomènes d'asphyxie. Ces phénomènes permettent de croire à la corrosion de la muqueuse des voies respiratoires et à un œdème de la glotte (1). Souvent la marche est lente et dure quelques jours et même davantage. Dans ces cas, il se produit une élimination des parties corrodées de la muqueuse, surtout de celle de l'œsophage, qui peut même être enlevée sous forme d'un cylindre creux.

II. — **Lésions anatomiques.**

On trouve souvent sur les cadavres des bandes parcheminées brunes descendant des coins de la bouche et provenant du débordement de l'acide ; on observe aussi un épaississement, une coloration blanc grisâtre et une opacité de l'épithélium dans la cavité buccale, dans l'œsophage et souvent aussi dans les parties supérieures des voies respiratoires ; dans ce cas l'épithélium ainsi transformé, peut être enlevé ou est détaché par lambeaux. Le chorion sous-jacent est le plus souvent de couleur gris de plomb, comme s'il était cuit et le tissu conjonctif sous-muqueux, lorsque l'individu n'est pas mort trop rapidement, présente quelquefois une infiltration séreuse. L'estomac est déjà remarquable extérieurement par sa couleur gris d'ardoise et par l'épaississement de ses parois. Les vaisseaux coronaires semblent injectés, le sang qui y est contenu est, soit épaissi comme du goudron ou tellement desséché qu'il peut être exprimé des vaisseaux coupés sous forme de cylindres longs et friables, de couleur rouge-brun ou d'un gris-noir. Dans l'estomac, il y a un contenu de couleur chocolat, quelquefois noir, à réaction très acidulée, en partie liquide et en partie épais comme de la bouillie ; la muqueuse de l'estomac est remarquablement épaissie, et transformée en une croûte gris-noirâtre et même noire, dont les couches supérieures sont friables et en lambeaux. A l'autopsie on trouve la muqueuse comme si elle était cuite, et le tissu sous-muqueux plus ou moins imbibé de sérosité.

Toutes les couches de la paroi de l'estomac sont modifiées par la coagulation à des degrés qui vont en diminuant de dedans en dehors ; ou bien elles sont imbibées de sang transformé en hématine ;

(1) En administrant imprudemment les antidotes, on peut également causer l'asphyxie, car nous avons trouvé plusieurs fois le larynx et la trachée remplis de magnésie calcinée, jusque fort avant dans les bronches. La magnésie avait été administrée sans être délayée suffisamment dans l'eau.

le sang des gros vaisseaux est épaissi et se présente sous la forme de cylindres friables et graisseux ; en beaucoup d'endroits, il est extravasé et constitue des ecchymoses plus ou moins grandes et il est coagulé et coloré comme dans les vaisseaux. L'escharification est surtout prononcée dans le fond de l'estomac et à sa paroi postérieure, ainsi que sur le sommet des plis plutôt qu'entre ces derniers, et diminue d'intensité vers le pylore. Le fond de l'estomac est souvent détruit par l'acide, et le contenu de l'estomac a passé dans la cavité abdominale où le péritoine est trouble à tous les endroits qui se sont trouvés en contact avec l'acide. La perforation de l'estomac a lieu souvent pendant la vie même, mais elle peut aussi se produire seulement après la mort par l'action persistante de l'acide. L'estomac quelquefois ne se déchire qu'à l'autopsie. L'action de l'acide peut être souvent suivie jusque fort avant dans le canal de l'intestin où l'épithélium est trouble, de couleur gris blanchâtre, et épaissi, la muqueuse est comme cuite, le tissu conjonctif sous-muqueux plus ou moins œdémateux et parfois parsemé d'ecchymoses bien coagulées et se présentant sous forme de plaques. Les reins présentent généralement les signes du « gonflement trouble », et cela d'une façon d'autant plus prononcée que l'individu a vécu plus longtemps. Le sang, dans le voisinage de l'estomac, a une réaction acide ; cela a lieu rarement en d'autres endroits plus éloignés de l'estomac où il est le plus souvent liquide ; dans le premier endroit il est ou bien moins fortement coagulé ou présente, par suite de son épaississement, les altérations que nous avons indiquées plus haut : ainsi nous avons trouvé assez souvent le sang épaissi en une masse qui pouvait être enlevée sous forme de cylindres, non seulement dans les vaisseaux coronaires, mais encore dans la veine-cave ascendante et même dans le côté droit du cœur. Cette modification n'a évidemment lieu, du moins en grande partie, qu'après la mort et par suite de l'imbibition de l'acide dans le voisinage de l'estomac ; il en est de même de la constitution des organes voisins de l'estomac qui sont comme tannés, comme par exemple la rate, le rein gauche et le lobe gauche du foie ; cette lésion peut affecter quelque fois même le diaphragme et la partie inférieure du poumon gauche, et dans quelques cas isolés, a pu être observé même à la paroi antérieure du ventre, et déjà par l'examen extérieur.

Dans les cas lents, nous trouvons les parties nécrosées de la muqueuse en voie d'élimination, le tissu sous-jacent à des degrés divers d'inflammation et de suppuration, et les organes parenchymateux, ainsi que les muscles, à divers degrés de dégénérescence granuleuse et graisseuse ; dans les poumons, nous trouvons des processus pneumoniques de caractère hypostatique.

La cause de l'action destructive de l'acide sulfurique consiste surtout dans la propriété qu'il a de coaguler les substances albumineuses et dans son affinité pour l'eau. La première produit l'état trouble (semblable à celui des objets bouillis) des tissus par coagulation de l'albumine qui y est contenu ; la seconde détermine la nécrose et la carbonisation des tissus organiques, en leur enlevant les parties constitutives de l'eau et ne laisse que du charbon ou des substances organiques riches en carbone. De là vient en partie la couleur brune et noire de la croûte que l'on trouve dans l'estomac, ainsi que celle du contenu stomacal, mais plutôt encore celle du sang sorti des vaisseaux corrodés et dont l'hémoglobine est immédiatement transformée par l'acide en hématine brune, tandis que les autres corps albumineux du sang subissent la même transformation que celle des autres tissus, ce qui explique l'épaississement particulier du sang dans les vaisseaux de l'estomac et dans ceux de son voisinage. Comme l'acide sulfurique mis dans l'eau échauffe fortement le mélange, il n'est pas indifférent, pour la marche de l'empoisonnement, qu'il y ait eu précisément des substances aqueuses ou demi-solides dans l'estomac ; la présence des premières, malgré le délaiement subi par l'acide, est très dangereuse.

§ 2. — EMPOISONNEMENT PAR L'ACIDE NITRIQUE ET PAR L'ACIDE CHLORHYDRIQUE.

Il y a rarement des empoisonnements par d'autres acides minéraux.

Dans l'empoisonnement par l'acide nitrique et par l'acide chlorhydrique il y a relativement plus souvent des signes d'une irritation des muqueuses des organes de la respiration ; en dehors de ceux-ci il y a généralement les mêmes phénomènes que dans l'intoxication par l'acide sulfurique. Cela a lieu surtout dans l'intoxication par l'acide chlorhydrique qui peut produire également une croûte noirâtre dans l'estomac et l'épaississement du sang mentionné à propos de l'acide sulfurique ; dans l'empoisonnement par l'acide nitrique, au contraire, par suite de la formation d'acide xanthoproteïque, il peut y avoir une croûte jaunâtre ou du moins une coloration jaunâtre de la muqueuse des organes de déglutition (1). La perforation de l'estomac fut observée plusieurs fois à la suite d'empoisonnements par l'acide nitrique, rarement après les intoxications par l'acide chlorhydrique (un cas dans Tardieu) (2).

§ 3. — EMPOISONNEMENT PAR L'ACIDE PHENIQUE.

Depuis que l'acide phénique (carbolique) est si souvent usité comme moyen de désinfection et de pansement, il y a eu des empoisonnements accidentels ou causés

(1) Tardieu, *loc. cit.*, 130.

(2) Adams (*Lancet*, 1870, 549) a vu un homme qui avait avalé une demi-once d'acide nitrique concentré et une once d'acide nitrique délayé. Le cas se termina par la guérison et, chose remarquable, ni les parties rendues par les vomissements, ni les membranes qui se sont détachées postérieurement, ne présentèrent de coloration jaune. — Il ne faut pas oublier que la coloration jaune de la croûte peut provenir de la bile.

par l'usage externe, aussi bien que des suicides accomplis à l'aide de cet acide (1). En Angleterre surtout le phénol semble vouloir se populariser comme moyen de suicide. La dose mortelle pour les chiens est estimée de 2 à 3 grammes, pour les lapins à 0,3 gramme.

L'action est le plus souvent immédiate et offre l'image de la gastro-entérite toxique ; on a observé également des vertiges, un état semblable à l'ivresse, la perte de la connaissance, toutes choses qui permettent de croire à l'action secondaire de l'acide carbolique. Du vivant, l'urine a souvent, mais non toujours, une couleur brune et contient de l'acide carbolique.

L'autopsie montre une coloration blanc grisâtre et un endurcissement de l'épithélium des organes de déglutition et une corrosion de la muqueuse de l'estomac; ces phénomènes sont dus à l'action coagulante de l'acide carbolique. L'existence de ces signes et l'odeur persistante de l'acide carbolique permettent de faire le diagnostic. En outre la première peut être établie par la distillation des parties du cadavre, comme Laskowski a pu le faire pour le sang d'animaux empoisonnés par cet acide (2).

§ 4. — EMPOISONNEMENT PAR LES LESSIVES CAUSTIQUES.

L'empoisonnement par les lessives caustiques n'est pas rare dans les grandes villes et s'accomplit le plus souvent avec l'essence de soude qui est vendue même par le commerce de détail lorsqu'elle ne dépasse pas le poids spécifique de 1,02 (Permission ministérielle du 16 mai 1863). A Vienne les suicides par l'essence de soude sont aussi fréquents que ceux par l'acide sulfurique, surtout chez les femmes, et les empoisonnements par l'absorption accidentelle de cette substance sont très ordinaires.

I. — **Phénomènes de l'empoisonnement.**

Les phénomènes de l'empoisonnement se montrent généralement, sinon aussitôt, du moins quelques instants après l'ingestion et offrent l'image ordinaire de la gastro-entérite toxique. Par le vomissement, qui est le plus souvent violent et persistant, il est évacué des masses très alcalines qui ne deviennent sanguinolentes et ne prennent ainsi la couleur chocolat que plus tard. L'intermittence des vomissements semble se présenter plus fréquemment que dans l'empoisonnement par l'acide sulfurique. Les diarrhées peuvent manquer d'abord, plus tard elles apparaissent généralement et sont

(1) Voy. Ferrand, l'*Empoisonnement par les phénols* (*Ann. d'hyg.*, 1876, 2e série, tome XLV, p. 289).

(2) Voy. pour le résumé des travaux sur l'empoisonnement par l'acide phénique, Wigger's et A. Husemann's *Jahresb.*, 1870, p. 573 et *Virchow's Jahrb.*, I, p. 367, et I. Hermann, *loc. cit.*, 285.

quelquefois sanguinolentes. L'urine est peu abondante et très alcaline. La marche est rarement aussi aiguë que dans les empoisonnements par l'acide sulfurique ; généralement la mort ne survient qu'après deux ou trois jours avec collapsus, à la suite des effets consécutifs de la corrosion.

II. — Lésions anatomiques.

Dans les cas à marche aiguë on trouve l'épithélium de la cavité buccale et de l'œsophage coloré en gris, enlevé par morceaux ou pouvant être facilement détaché, et très gonflé ; les couches supérieures de la muqueuse sont également décolorées et plus ou moins gonflées. L'estomac est rétracté, épaissi dans ses parois et renferme des masses sanguinolentes muqueuses, le plus souvent gélatineuses, très alcalines et de couleur rouge brun. La muqueuse de l'estomac semble dépouillée de l'épithélium et transformée dans le fond de l'estomac en une croûte molle de couleur rouge foncée, presque noire sur le sommet des plis ; le reste de la muqueuse est très rouge et gonflée, presque transparente sur le sommet des plis et savonneuse au toucher, de même que le contenu de l'estomac. La coloration rouge de la muqueuse de l'estomac est déterminée en partie par l'injection et l'ecchymosation, en partie par l'imbibition de l'hémoglobine dissoute par la solution de potasse (c'est-à-dire transformée en une solution alcaline d'hématine). L'escharification pénètre plus ou moins profondément dans la muqueuse ; cependant, nous n'avons jamais observé de perforation, mais plutôt une transsudation post-mortem de la solution à travers la paroi de l'estomac, à la suite de laquelle la rate (et dans un cas la partie supérieure du rein gauche) ainsi que les organes voisins paraissent gonflés et transparents.

Quand la marche est, comme d'habitude, très lente, nous trouvons la muqueuse nécrosée, en lambeaux et s'enlevant sous forme de cylindres entiers, comme nous l'observons dans les empoisonnements par d'autres substances corrosives, surtout par l'acide sulfurique. Dans cet état il est impossible, à moins que la muqueuse ne soit carbonisée d'une façon très prononcée ou que le sang ne soit épaissi dans les vaisseaux de manière à former des cylindres friables, de dire si la corrosion a été produite par un poison alcalin ou acide. La corrosion s'étend généralement fort avant dans l'intestin et se reconnaît d'abord par le gonflement particulier des tissus ; plus tard elle ne se distingue plus des autres corrosions. Le gonflement trouble dans les reins et dans le foie se présente aussi bien dans l'empoisonnement par la potasse liquide, que dans l'empoisonnement par les acides; les organes internes, ainsi que les muscles, surtout dans les cas à marche lente, montrent la dégénérescence granuleuse et graisseuse d'une façon plus ou moins prononcée. Les processus pneumoniques sont également fréquents. Il faut encore remarquer que dans quelques cas, de même que dans certains cas d'empoisonnement par l'acide sulfurique, la substance corrosive ne pénètre que dans l'œsophage et non dans l'estomac; car, d'une part elle est déjà évacuée pendant l'acte de déglutition même par les vomissements immédiats, d'autre part elle est tenue éloignée de la paroi de l'estomac par le contenu stomacal, si celui-ci s'y trouve précisément en abondance et sous forme de bouillie. Malgré cela, ces cas peuvent amener la mort, surtout chez des enfants, tant par la corrosion des organes de déglutition que par une affection des poumons, et plus souvent encore donnent lieu à des constrictions.

L'effet des solutions de potasse et de soude est dû à la faculté que possèdent les hydroxydes de potasse et de soude de gonfler les tissus organiques et surtout les tissus épithéliaux, de les transformer en une masse demi-molle avec formation d'albuminates alcalins, et enfin de les dissoudre complètement. Le sang et le mucus sont transformés par l'action des alcalis caustiques en une masse gélatineuse, le premier en une solution alcaline d'hématine. C'est cette action qui donne au contenu de l'estomac l'apparence d'un caillot sanguin de couleur rouge brun, et détermine la coloration rouge brun et quelquefois noirâtre de la croûte qu'on y trouve. Dans les vaisseaux voisins de l'estomac le sang peut présenter les mêmes modifications ; dans le cœur il est le plus souvent moins coagulé.

Dans l'empoisonnement par la solution de potasse, il faut aussi prendre en considération l'action toxique des sels de potasse qui se forment et qui arrivent à être résorbés. La toxicologie moderne a permis de regarder ceux-ci comme de véritables poisons cardiaques, paralysant les organes centraux qui se trouvent dans le cœur même. De là vient la faiblesse et la lenteur des battements du cœur qu'on a observées plusieurs fois dans les empoisonnements par la lessive de potasse. Nous avons déjà fait observer plus haut que de fortes doses de sels de potasse peuvent être supportées impunément, quand elles sont avalées et que déjà de petites quantités paralysent le cœur, quand elles arrivent directement dans le sang (1). Ce dernier phénomène a lieu dans les empoisonnements par l'essence de potasse qui pénètre dans le sang par les nombreuses corrosions de la muqueuse; il joue certainement un rôle important dans l'empoisonnement par la lessive de

(1) L. Hermann (*loc. cit.*, p. 178). Buchheim (*Arch. exp. Pathol.*, III, 253). Aubert et Dehn (*Virchow's Jahrb.*, 1874, I, 465) calculent la dose mortelle de sulfate de potasse en injection directe dans le sang pour un kilogramme de chien de 9 à 13 milligrammes. C'est la combinaison de potasse la plus toxique; viennent ensuite l'extrait de viande, l'acétate de potasse, le nitrate de potasse, le chlorure de potassium et le phosphate de potasse.

potasse, mais non dans ceux par la lessive de soude, car les sels de soude n'ont pas d'action toxique, surtout pas une action paralysante du cœur.

§ 5. — EMPOISONNEMENT PAR L'AMMONIAQUE.

L'empoisonnement par l'ammoniaque, qui a été plusieurs fois observé comme empoisonnement accidentel ou par imprudence, et que nous avons rencontré une fois, présente presque toujours, outre les signes d'une corrosion étendue des parties supérieures du tube digestif, des accès de suffocation à la suite de l'irritation bronchique due au poison, et se traduisant à l'autopsie par une bronchite d'un caractère le plus souvent croupeuse. On trouve en outre une corrosion de l'œsophage et de l'estomac, des signes d'irritation dans la partie supérieure de l'intestin, et dans les cas récents une odeur d'ammoniaque. Le contenu de l'estomac est souvent sanguin. La putréfaction était survenue très rapidement dans tous les cas, ainsi que dans le nôtre, et nous avons observé le même fait dans l'empoisonnement par l'essence de soude, tandis que Casper a remarqué que dans l'empoisonnement par l'acide sulfurique, la marche de la putréfaction était plus lente.

§ 6. — EMPOISONNEMENT PAR LES SELS DE MERCURE, DE PLOMB ET DE CUIVRE.

Aux acides corrosifs et aux alcalis caustiques se joignent certains sels de mercure, de plomb et de cuivre qui ont également une action corrosive; en effet, ils détruisent les solutions d'albumine avec laquelle ils forment des albuminates.

Les phénomènes d'empoisonnement n'apparaissent pas immédiatement, mais en général rapidement et offrent l'image de la gastro-entérite toxique.

L'autopsie peut faire voir un état trouble de la muqueuse des organes de déglutition, des signes d'irritation ou de corrosion dans l'estomac et souvent aussi dans la partie supérieure du gros intestin. Les degrés moins prononcés de la corrosion se manifestent simplement par l'opacité de l'épithélium de la muqueuse; dans les degrés supérieurs, celle-ci semble colorée en gris et est comme tannée.

§ 7. — EMPOISONNEMENT PAR LE SUBLIMÉ.

Parmi les sels mercuriques c'est surtout le *sublimé* qui a produit à mainte reprise des empoisonnements et qui exerce une forte action corrosive. La dose mortelle varie entre 20 et 40 centigrammes.

Comme une plaque de cuivre polie se recouvre, dans toute solution acidulée d'une combinaison mercurique, d'une couche grise de mercure métallique qui disparaît par la chaleur, on peut traiter de cette façon le contenu acidulé de l'estomac et reconnaître ainsi l'empoisonnement au moyen d'un sel de mercure.

§ 8. — EMPOISONNEMENT PAR L'ACÉTATE DE PLOMB.

Parmi les sels de plomb il faut citer surtout l'*acétate de plomb* (le *sucre de Saturne*) parce que celui-ci est particulièrement propre aux empoisonnements aigus.

En 1862, il y eut à Cologne un empoisonnement suivi de mort de deux personnes à qui on avait administré à plusieurs reprises du sucre de Saturne. Pour produire des empoisonnements aigus et mortels, il semble qu'il faut des doses de sel plus considérables ; d'après Husemann, il y a eu des cas où une à deux onces de sucre de Saturne furent absorbées sans suite mortelle ; on sait qu'on en donne tous les jours comme médicaments des doses considérables (10-60 grains) qui sont très bien supportées.

Les préparations plombiques étant expulsées du corps lentement et difficilement, des doses même faibles mais continuées longtemps peuvent donc produire à la fin des phénomènes d'empoisonnement.

§ 9. — EMPOISONNEMENT PAR LE SULFATE ET L'ACÉTATE DE CUIVRE.

Parmi les sels de cuivre ce sont surtout le *sulfate de cuivre* et l'*acétate de cuivre* (*vert-de-gris*) qui ont servi à des empoisonnements nombreux.

En France, les suicides au moyen de ces sels sont fréquents; chez nous, ils sont très rares. Il en est de même des meurtres par ces poisons. D'après Tardieu le cuivre vient immédiatement après l'arsenic et le phosphore dans la statistique criminelle de la France ; dans les années 1851 à 1862 on a compté 110 cas d'empoisonnement criminel par ce moyen, ce qui est tout à fait étonnant si l'on songe à la couleur bleue et verte bien connue des sels de cuivre et à leur saveur violente de cuivre.

Le sulfate de cuivre peut déjà produire des phénomènes d'empoisonnements à des doses de 60 centigrammes. Le vert-de-gris à des doses de 2 a 3 grammes peut produire des accidents dangereux et même amener la mort. Les phénomènes d'empoisonnement se montrent tres rapidement. Il y a d'abord des vomissements verts ou bleus.

Les symptômes sont les suivants : violentes coliques, goût de cuivre persistant, pouls faible, maux de tête, vertiges, convulsions, et l'ictère.

Les lésions trouvées à l'autopsie sont variables. En général on trouve simplement de l'injection, des ecchymoses et du gonflement dans la muqueuse de l'estomac ; dans quelques cas on a observé des ulcérations et des eschares. S'il y a encore des sels de cuivre dans le contenu de l'estomac et du gros intestin, ce contenu se colore en bleu après addition d'ammoniaque, et si on introduit une lame de couteau polie dans les masses acidulées, celle-ci se recouvre en peu de temps d'une légère couche de cuivre.

§ 10. — EMPOISONNEMENT PAR L'ACIDE ARSÉNIEUX.

Quoique les suicides par l'arsenic ne se présentent plus aussi souvent qu'autrefois et qu'ils soient moins fréquents que les suicides au moyen d'autres poisons, ils ne sont pourtant pas rares actuellement (1). La statistique criminelle montre que le nombre des

(1) Sur soixante-trois cas de suicide par empoisonnement qui se sont présentés à Vienne en 1874, trente-deux eurent lieu par le cyanure de potassium, onze par l'acide sulfurique, six par la potasse, sept par le phosphore, cinq par l'opium et deux seulement par l'arsenic, et sur cinquante-sept qui se sont présentés en 1875, un par l'acide prussique, vingt-sept par le cyanure de potassium, trois par l'opium, deux par la strychnine, six par l'acide sulfurique, un par l'ammoniaque, onze par

meurtres commis au moyen de l'arsenic n'a pas diminué. En l'année 1874 nous avons eu à présenter un rapport sur le cas d'un père qui avait empoisonné ses deux enfants au moyen de l'arsenic. Le cadet en mourut ; dans le cours de l'information, on eut le soupçon que cet individu avait fait périr sa première femme de la même façon ; ce soupçon fut justifié par ce fait que l'on trouva dans le cadavre, exhumé au bout de huit ans de sépulture, jusqu'à sept grains d'arsenic. Altschul (1) rapporte un cas d'un empoisonnement quadruple au moyen de l'arsenic, où l'exhumation a eu lieu après treize ou quatorze ans. La fréquence relative des meurtres commis au moyen de l'arsenic s'explique, d'une part, par la facilité avec laquelle on peut se procurer ce poison qui est employé dans beaucoup de métiers, ainsi que pour la destruction des insectes ; d'autre part, parce qu'il peut être administré secrètement, bien qu'il soit peu soluble, à cause de son manque d'odeur et de saveur, et parce qu'il est déjà très dangereux à de petites doses. Les empoisonnements accidentels par l'arsenic sont plus fréquents aujourd'hui qu'autrefois à cause de la propagation de l'arsenic même, mais surtout à cause de la propagation des couleurs contenant de l'arsenic.

Nous avons ici surtout en vue l'empoisonnement typique par l'arsenic, c'est-à-dire l'empoisonnement par l'acide arsénieux ou par l'arsenic blanc (trioxyde d'arsenic ou anhydride arsénieux). Nous mentionnerons à la fin les autres empoisonnements par l'arsenic.

L'arsenic blanc se trouve dans le commerce, soit à l'état de poudre cristallisée (farine empoisonnée) ou en morceaux amorphes, vitreux, transparents, incolores, à cassure écailleuse, devenant par l'exposition prolongée à l'air opaques et d'un blanc laiteux, brillants comme de la porcelaine et acquerant ainsi une constitution cristalline. L'acide arsénieux est peu soluble dans l'eau froide (1 partie dans 75 parties d'eau), il l'est davantage dans l'eau bouillante (1 partie dans 10 à 12 parties) dont il se sépare de nouveau, quand celle-ci se refroidit. L'acide arsénieux vitreux est plus soluble que l'acide cristallisé. Le trioxyde d'arsenic est assez soluble dans les acides et les alcalis. La solution aqueuse et acidulée d'acide arsénieux, mêlée à de l'hydrogène sulfuré, donne un précipité d'arsenic sulfuré d'un jaune pur. Si on met un grain d'acide arsénieux dans un petit tube de verre effilé en pointe et par-dessus un morceau de charbon de bois, et qu'on chauffe d'abord le charbon, ensuite l'acide arsénieux, celui-ci est réduit et il se forme dans la partie supérieure du tube un anneau d'arsenic métallique ; on perçoit en même temps l'odeur d'ail, que l'on obtient aussi en chauffant l'anneau. Si on met ensemble de l'acide arsénieux, du zinc et de l'acide sulfurique délayé, dans l'appa

de la potasse, et six par le phosphore. Il n'y eut pas d'empoisonnement par l'arsenic, mais il y en a eu deux cas en 1876.

(1) Altschul, *Friedreich's Blätter*, 1875, p. 465.

reil de Marsh, il se produit de l'hydrogène arsénieux dont on peut retirer l'arsenic, soit en chauffant le tube par lequel le gaz s'échappe, soit en plaçant un morceau de porcelaine froide devant le jet de gaz enflammé à la sortie du tube; on obtient ainsi l'arsenic sous la forme d'une tache qui disparaît quand on la traite par de l'hypochlorite de soude, ce qui la distingue de la tache d'antimoine.

L'acide arsénieux peut déjà produire des phénomènes d'empoisonnement à des doses de 1 à 5 centigrammes ; 10 à 15 centigrammes sont déjà considérés comme une dose mortelle. La dose maxima de la pharmacopée autrichienne est de 0,006 gramme pour les adultes et comme dose unique: la dose pour un jour de 0,012 ; celle de la pharmacopée allemande de 0,005 pour la dose unique et de 0,01 pour la journée.

I. — Phénomènes de l'empoisonnement.

Les phénomènes d'empoisonnement, même quand le poison a été pris à fortes doses, ne se montrent pas immédiatement, mais généralement une demi-heure ou une heure seulement après l'ingestion. Dans quelques cas rares où, par exemple, le poison a été pris en solution et l'estomac étant à jeun, les phénomènes peuvent apparaître plus tôt et même déjà dans le premier quart d'heure. On a plus souvent observé des cas où il s'est écoulé plus d'une heure et, d'après Taylor, trois à dix heures avant l'apparition des symptômes d'intoxication. Le peu de solubilité de l'arsenic pris en substance et la présence probable d'aliments remplissant l'estomac expliquent ces cas; cependant Taylor en cite un où les symptômes se montrèrent seulement après trois heures, bien qu'on eût absorbé à jeun un drachme d'arsenic insoluble. Les caractères cliniques de l'empoisonnement par l'arsenic ne sont pas toujours les mêmes. En général ce sont ceux d'une violente gastro-entérite toxique. Il survient dans le pharynx et dans l'œsophage une sensation de brûlure ou de piqûre, des douleurs violentes dans l'estomac, des vomissements de matières muqueuses, quelquefois, mais plus tard seulement, sanguinolentes, enfin des diarrhées séreuses semblables à de l'eau de riz, c'est-à-dire mélangées de débris d'épithélium et de flocons muqueux. Avec cela du ténesme et une soif inextinguible, souvent des céphalalgies, des douleurs lombaires, des contractions spasmodiques dans les extrémités (crampes des mollets). La peau est fraîche, couverte de sueur, d'abord pâle, plus tard cyanosée au visage et aux mains. Le pouls faible et petit. Une forte prostration, puis la mort survenant pendant le collapsus. En général les symptômes se suivent dans l'ordre indiqué et amènent la mort au bout de cinq à vingt heures.

Dans d'autres cas les vomissements et les autres symptômes aigus cessent, mais il en apparaît d'autres parmi lesquels les signes d'une néphrite aiguë et parenchymateuse (urine contenant de l'albumine, du sang et des cylindres d'épithélium et de fibrine), des symptômes de faiblesse croissante des muscles, une respiration plus lourde, un affaiblissement de l'énergie du cœur, une coloration ictérique de la peau et de la muqueuse. Ces symptômes sont dus à la dégénérescence granuleuse et graisseuse qui survient rapidement dans l'empoisonnement par l'arsenic, dans les organes parenchymateux et dans les muscles et peuvent amener la mort trois à dix jours après l'empoisonnement.

Dans d'autres cas encore, ce sont moins les signes de la gastro-entérite qui prédominent que ceux d'une affection cérébro-spinale. La maladie commence par des maux de tête, des vertiges, des tiraillements dans les membres, de la mydriase; puis surviennent des syncopes, des étourdissements, quelquefois du délire, des phénomènes de paralysie et parfois des convulsions cloniques, rarement toniques. Enfin une paralysie généralisée et la mort qui arrive quelquefois au bout d'une à deux heures, mais plus souvent de six à douze heures (Husemann). Cette forme de l'empoisonnement par l'arsenic est appelée, par Van Hasselt, la *forme paralytique de l'intoxication par l'arsenic*, et aussi l'*arsenicisme cérébro-spinal*, pour la distinguer de la forme ordinaire de l'empoisonnement qui peut être désignée l'*arsenicisme gastro-intestinal*. Entre ces formes de l'empoisonnement aigu par l'arsenic il y a de nombreuses combinaisons et il est relativement fréquent de voir les phénomènes de gastro-entérite se compliquer de symptômes cérébro-spinaux.

On n'a pas encore pu expliquer jusqu'à présent pourquoi dans certains cas ce sont les uns ou les autres phénomènes qui prédominent. De nombreuses observations s'élèvent contre cette hypothèse, que c'est la quantité de poison ou la forme sous laquelle il a été administré (en solution ou en substance) qui détermine la marche de l'intoxication; cependant il semble que tout ce qui favorise une absorption rapide du poison, comme la solubilité du poison ou l'état de vacuité de l'estomac, détermine la prédominance des symptômes cérébro-spinaux, quoique sans aucun doute il y ait encore d'autres causes qui nous soient encore inconnues et qui jouent un rôle dans ces cas.

En effet dans les cas où plusieurs individus ont été empoisonnés en même temps et en apparence dans les mêmes circonstances, on n'a pourtant pas observé des phénomènes tout à fait semblables. Taylor rapporte un cas d'empoisonnement de 340 écoliers par du lait contenant de l'arsenic. Chaque enfant avait absorbé environ un grain d'arsenic. Presque tous éprouvèrent des frissons, des douleurs dans l'estomac et les intestins, la plupart des vomissements, d'autres des maux de tête, du coryza, sept d'entre eux une toux croupale. Trois eurent des vomissements de sang et un quatrième en rendit par les selles. Morley (1) parle d'un empoisonnement de quinze personnes par du pouddmg contenant de l'arsenic. Les symptômes princ paux furent de la faiblesse, de la pesanteur dans l'estomac, des douleu.s intenses dans le dos qui cessèrent après l'administ ation de vomitifs mais qui revinrent et durèrent chez la plupart dix heures; chez plusieurs, des frissons; une jeune fille tomba en syncope; dans un cas il y eut une légère hématémèse. Chez tous il y eut une injection des conjonctives. Chez plusieurs il y eut encore, au second jour, des troubles de la vue, de sorte qu'il leur était impossible d'écrire ou de coudre. Chez une de ces malades on observa, le troisième et le quatrième jour, des démangeaisons excessives de la peau.

II. — Lésions anatomiques.

A l'*autopsie* on trouve souvent une cyanose du visage ainsi que des mains et des pieds, déterminée en partie par la paralysie des vaisseaux, en partie par l'épaississement du sang qui empêche celui-ci d'abandonner aussi facilement par hypostase les parties périphériques ou supérieures de la surface du corps. Il n'y a pas d'autres caractères extérieurs. De même la muqueuse des organes de déglutition n'offre rien d'anormal. Par contre, il y a généralement des altérations très prononcées dans l'estomac et surtout dans l'intestin.

Les vaisseaux sous-péritonéaux de l'estomac et de l'intestin sont généralement injectés de sang sombre et épaissi. L'estomac contient le plus souvent du mucus gélatineux visqueux ou vitreux, quelquefois coagulé et teinté de sang. Dans certains cas la muqueuse semble gonflée, ramollie, fortement injectée et souvent aussi ecchymosée. Cette altération peut s'étendre à toute la muqueuse de l'estomac ou être limitée à de certaines parties, surtout au grand cul-de-sac et à la paroi inférieure de l'estomac ou au sommet des plis.

Dans le mucus gélatineux qui tapisse la muqueuse, ainsi que sur la muqueuse même, lorsque le poison n'a pas été pris en solution, on voit des grains d'arsenic durs et blancs et la muqueuse semble plus rouge et plus gonflée aux endroits où il y a un grain plus gros. Nous n'avons jamais vu d'endroits nettement corrodés ou des ulcérations de corrosion. Les intestins, surtout l'intestin grêle, sont souvent remplis par un contenu aqueux et séreux, tandis que le

(1) Morley, *Virch., Jahrb.*, 1873, I, 562.

gros intestin contient du mucus gélatineux et comme coagulé, qui recouvre la muqueuse en couches épaisses et présente, quand on l'examine au microscope, des débris d'épithélium de l'intestin et de cellules lymphoïdes (1). La muqueuse de l'intestin grêle et du gros intestin est ramollie, généralement infiltrée de sérosité, gonflée, pâle, grise et comme détrempée. Les glandes mésentériques sont gonflées. Les reins présentent le premier degré du gonflement trouble, le sang est légèrement coagulé dans le cœur, plus ou moins épaissi dans les vaisseaux périphériques et ayant parfois la consistance d'un sirop et même du goudron. Les autres caractères, tels que l'hyperémie du crâne et de ses enveloppes, ainsi que des poumons, ne sont ni constants ni caractéristiques.

Dans les cas à marche lente, il y a une dégénérescence granuleuse et graisseuse du pancréas, des reins et du foie, et des muscles surtout de celui du cœur et cela d'une façon d'autant plus prononcée que la marche de la maladie a été plus longue. Les ecchymoses sous les séreuses, surtout sous le péricarde et l'endocarde, peuvent exister dans les cas à marche aiguë comme dans les cas à marche lente, mais ne se trouvent nullement d'une façon constante.

L'intensité de ces phénomènes n'est pas toujours la même. La muqueuse de l'estomac surtout peut ne présenter quelquefois que des lésions insignifiantes; les caractères que présente l'intestin sont beaucoup plus constants; ce qui concorde avec l'apparition presque constante de diarrhées profuses après les empoisonnements par l'arsenic.

Quant à *la cause* de l'action toxique de l'arsenic, les opinions sont bien différentes de celles d'autrefois. Jusqu'à présent on avait considéré l'arsenic comme un poison irritant, local, et même corrosif; des recherches récentes ont établi au contraire que l'arsenic n'a aucune action corrosive, et cela d'autant moins que, contrairement à l'opinion de Liebig, on n'a pu démontrer l'existence d'une affinité spéciale de l'arsenic pour l'albumine et que des expériences récentes ont prouvé que les mêmes phénomènes de gastro-entérite apparaissent lorsque le poison est introduit non par la bouche mais par une autre voie, par exemple par la peau. Böhm et Unterberger (2), qui furent les auteurs de ces expériences, ont trouvé que l'acide arsénieux injecté dans le sang déterminait une diminution considérable de la pression sanguine et un ralentissement du pouls, et que ces phénomènes pouvaient être attribués en partie à la paralysie des vaisseaux de l'abdomen et en partie à la diminution de l'énergie du muscle cardiaque. La paralysie des vaisseaux abdomi-

(1) Taylor, l. c., II, 219. — Marmé et Flügge, *Virchow's Jahrb.*, 1875, , 463. — Husemann et Böhm, *l. c.*

(2) Unterberger, *De l'action de l'acide arsénieux* (*Archiv. f. exp. Pathologie*, 1874, II, 89).

naux est en rapport manifeste avec les lésions que l'on trouve dans l'estomac et surtout dans le canal intestinal, qui purent être constatées chaque fois dans les expériences de Bohm, et que nous avons observées nous-mêmes dans un nombre assez considérable de cas de suicide par l'arsenic. Malgré cela nous ne voulons pas refuser à l'arsenic toute action irritante, car nous avons eu plusieurs fois l'occasion de voir qu'aux endroits où la paroi de l'estomac était recouverte de grains d'arsenic, la muqueuse était plus gonflée et plus injectée que partout ailleurs (1).

Il n'a pas encore été établi jusqu'à présent de quelle manière se produit la dégénérescence graisseuse dans l'empoisonnement par l'arsenic; il n'est pas encore démontré non plus comment se produisent les symptômes cérébro-spinaux qui se manifestent quelquefois. L'épaississement du sang qu'on trouve habituellement chez les individus morts empoisonnés par l'arsenic, s'explique par les diarrhées abondantes ou plutôt par les pertes d'eau que celles-ci entraînent. L'épaississement du sang se produit de la même façon chez les petits enfants atteints de catarrhe intestinal, surtout dans les cas de choléra, avec lequel l'empoisonnement par l'arsenic a des ressemblances frappantes, pendant la vie comme après la mort (2). On ne trouve pas d'autres altérations du sang, surtout des globules sanguins dans l'empoisonnement par l'arsenic, bien que le sang mêlé à une solution d'acide arsenieux prenne rapidement une couleur plus foncée et offre le spectre de l'hématine.

Dans quelques cas d'empoisonnement par l'arsenic on a observe un retard dans la putréfaction et de la momification sur des cadavres exhumés, ce qui s'explique par l'action conservatrice de l'arsenic et ne peut se produire que lorsqu'il y a eu des masses considérables d'arsenic restées dans le corps; la momification peut survenir aussi à la suite d'autres causes (un terrain sec et sablonneux).

L'élimination de l'arsenic du corps a lieu, en général, d'une façon plus rapide que pour les autres poisons. Le terme moyen de l'élimination complète a été calculé par Orfila (3) à trente jours, par Chatin (4) de douze jusqu'à quinze jours. Flandin a vu des animaux éliminer en trois jours 15 grains d'arsenic. Roussin (5) affirme que les os contiennent encore l'arsenic après qu'il a disparu des autres organes. En général il n'est pas improbable qu'un individu meure des suites d'un empoi-

(1) Ce qui plaide encore en faveur de cette hypothèse, c'est l'état d'inflammation et même de gangrène de la muqueuse du vagin et du col de l'utérus, que l'on a trouvé sur les femmes, dans les cas où l'on avait introduit de l'arsenic dans le vagin, soit dans un but de meurtre (Ansiaux, *Henke's Zeitschrift*, 1821, II, 187), soit dans un but d'avortement (*Vierteljahrschr. f. gerich., Med.* 1864, XXV, 110, *et deutsche Klinik*, 1873, n° 41) et sur des juments, sur lesquelles on avait répété ces expériences; d'un autre côté, les signes de gastro-enterite intense, constatés en même temps sur le vivant et sur le cadavre, confirment l'hypothèse d'après laquelle ces signes seraient dus, non à une action corrosive, mais à une action secondaire de l'arsenic.

(2) *Virchow's Archiv*, XLVII et E. Hoffmann (*Empoisonnement par l'arsenic pris pour un cas de choléra*). *Ibid.* 4, 455. Dans un de nos cas concernant une femme exhumée après huit ans, la mort n'avait pas paru surprenante parce qu'elle était survenue en temps d'épidémie de choléra.

(3) Orfila, *Mémoire sur l'empoisonnement par l'acide arsénieux* (*Ann. d'Hyg.*, in-8, t. XXI, p. 421).

(4) Chatin, *Recherches expérimentales et considérations sur quelques principes de la toxicologie*, Paris, 1844.

(5) Roussin, *Journ. de Pharmacie et de Chimie*, XXIII, 102.

sonnement par l'arsenic, même après l'élimination complète de l'arsenic. Il est encore possible qu'il n'en reste plus que des traces; il faut faire remarquer à ce propos qu'une grande partie du poison est déjà éliminée par les vomissements et les selles et qu'une autre partie peut être enlevée dans la tombe par la putréfaction. Toutes ces circonstances doivent être prises en considération quand il s'agit du diagnostic d'un empoisonnement par l'arsenic en général, ou de la question de savoir quelle quantité de poison a été administrée.

L'arsenic métallique n'est pas un poison en cet état; cependant il s'oxyde rapidement à l'air humide et dans l'eau pour former de l'acide arsénieux. *L'acide arsénique* (As^2O^5) est moins vénéneux que l'acide arsénieux ordinaire; mais, pour le reste, il produit les mêmes effets que celui-ci. Comme il est fort peu répandu, les empoisonnements par cet acide sont très rares.

Les combinaisons de l'arsenic avec le soufre, *le bisulfure d'arsenic* ou réalgar (As^2S^2) et *le trisulfure d'arsenic* ou orpiment (As^2S^3), à l'état pur, sont réputés non vénéneux; cependant les espèces répandues dans le commerce contiennent une quantité importante d'acide arsénieux et par conséquent produisent les mêmes effets que celui-ci.

Dans les empoisonnements par l'arsenic une partie de l'acide arsénieux est transformée par l'hydrogène sulfuré de l'intestin en sulfite et devient ainsi insoluble et inoffensive. Lerch et Buchner (1) ont prouvé que ces sulfites peuvent aussi ne se former que sur les cadavres par suite de l'action de l'hydrogène sulfuré des gaz de putréfaction.

Les couleurs vertes contenant de l'arsenic sont très répandues : *le vert de Schweinfurth* (arséniate et acétate de cuivre), et *le vert de Scheele* (arséniate de cuivre). Des jouets, des comestibles colorés avec ces verts, ainsi que des vêtements et des papiers peints ont souvent causé des empoisonnements aigus ou chroniques.

Dans un de nos cas, le vert de Schweinfurth avait été employé par grandes masses pour détruire des insectes et avait produit un empoisonnement aigu. De même nous avons observé un suicide accompli au moyen de cette couleur. Cette substance est insoluble dans l'eau, mais elle se dissout dans le liquide acidulé de l'estomac. D'après Ziurek, les vêtements de bal (tarlatane), colorés avec du vert arsenical contiennent par 20 aunes 300 grammes de vert de Schweinfurth et 60 grammes d'arsenic (2).

La plupart des espèces de *fuchsine* (3) du commerce ou des couleurs rouges d'aniline actuellement beaucoup employées pour la coloration des liqueurs et pour la falsification des vins contiennent des quantités importantes d'acide arsénieux.

Parmi les médicaments contenant de l'arsenic, il faut citer la solution arsenicale de Fowler; c'est de l'arsenite de potasse dissoute dans l'eau (1 gramme d'acide arsenique dans 90 grammes de la solution d'après la pharmac. autrichienne, d'après la pharmac. allemande, 1 gramme sur 99 grammes).

L'hydrogène arsénieux est un poison très violent. C'est en le manipulant que

(1) Lerch et Buchner, *Schmidt's, Jahrb.*, 1848, *vol.* 60, 276, *Friederich's, Centralarchiv*, 1849, p. 696.

(2) Voy. Vernois, *Mémoire sur les accidents produits par l'emploi des verts arsenicaux* (*Ann. d'Hyg.*, 1859).

(3) De six sortes de fuchsine examinées par le professeur Ludwig, une seule était exempte d'arsenic; les autres contenaient de 0,3 à 3,5 p. 100 d'acide arsénieux. Voyez encore E. Hoffmann et Ludwig : « un cas d'empoisonnement chronique par l'arsenic. » *Wiener med.. Jahrb*, 1877.

sont morts le professeur Gehlen de Munich et le professeur Britton de Dublin. Dans un cas semblable (1) un chimiste et son aide furent empoisonnés par le dégagement d'un appareil à hydrogène dans lequel on avait introduit par erreur de l'acide arsénieux au lieu d'acide sulfurique. Frost cite un cas analogue (2) qui coûta la vie à trois ouvriers, et causa une grave malaladie chez six autres. Les principaux signes étaient : du malaise, des envies de vomir, une grande faiblesse, des selles liquides, de l'urine sanguinolente, un état comateux, du délire et chez quelques-uns de l'ictère. L'autopsie montra les altérations de l'empoisonnement par l'arsenic.

L'empoisonnement chronique par l'arsenic n'a qu'un intérêt de second ordre sous le rapport médico-légal et nous renvoyons là-dessus aux manuels de toxicologie. Il faut en distinguer cependant l'empoisonnement lent produit par des doses répétées, toxiques sans être mortelles. Flandin raconte un cas de ce genre où une servante a mis tous les jours de petites doses d'arsenic dans la soupe de sa compagne; il en résulta chaque fois des vomissements et à la fin une faiblesse excessive.

§ 11. — EMPOISONNEMENT PAR LE PHOSPHORE.

On distingue le phosphore ordinaire incolore et le phosphore amorphe ou rouge. Ce dernier n'est pas toxique par lui-même, mais le premier appartient aux poisons les plus violents et les plus insidieux. On admet généralement comme dose toxique mortelle de 10 à 20 centigrammes; cependant des doses plus petites ont déjà déterminé la mort, surtout chez les enfants. C'est ainsi que Kessler (3) a vu un enfant de sept semaines mourir trois à quatre heures après avoir avalé de 6 à 7 têtes d'allumettes (avec environ 8 milligrammes de phosphore), et Sonnenschein (4) rapporte qu'un enfant de cinq semaines était mort après avoir avalé une seule tête d'allumette. Les empoisonnements les plus fréquents ont lieu avec les têtes des allumettes phosphorées qui se trouvent dans chaque ménage. Leur contenu en phosphore est très variable. En moyenne on met 6 à 7 portions de phosphore dans la pâte inflammable et on compte environ 6 à 8 centigrammes de phosphore pour 100 têtes d'allumettes.

Les cas dans lesquels les têtes d'un paquet de 80 à 100 allumettes ont déterminé la mort d'un adulte sont très ordinaires. La pâte inflammable des allumettes dites suédoises ne contient pas de phosphore, mais du chlorate de potasse, du minium, du sulfure d'antimoine et du chromate de potasse. Le côté de la boîte contre

(1) *Jahresb., fur Pharmagnosie*, 1870, p. 522.
(2) Frost, *Vierteljahrsschr f. ger. Méd.*, 1873, XVIII, 269.
(3) Kessler, *Viertelj ahrsch f., gerich., M*, N, F. IV, 271.
(4) Sonnenschein, *l. c.*, 23.

lequel on frotte les allumettes est recouvert de phosphore amorphe. Plus rarement, l'empoisonnement a lieu par de la pâte phosphorée, un mélange de phosphore et de pâte de farine dans diverses proportions avec ou sans addition de graisse, servant de moyen de destruction pour les rats, les souris, etc. Le phosphore est un peu soluble dans les huiles grasses, aussi s'il est mêlé avec des substances grasses, son absorption et son action générale se montrent plus facilement et plus rapidement, c'est pourquoi l'huile et la graisse (lait) sont contre-indiquées comme antidotes.

I. — Phénomènes de l'empoisonnement.

Les *symptômes* de l'empoisonnement par le phosphore peuvent déjà se montrer dans certains cas quelques minutes après l'absorption du poison ; il se passe cependant en général un certain temps, même quelques heures, une demi-journée, plus rarement tout un jour avant leur apparition. Les symptômes consistent en une sensation douloureuse et une oppression dans la région de l'estomac, un malaise, des renvois de vapeurs ayant l'odeur de phosphore et luisant dans l'obscurité, des vomissements de matières présentant les mêmes caractères et une grande soif. Ces symptômes peuvent, par une progression croissante, amener la mort en quelques heures avec les phénomènes de collapsus et même au bout de quatre à huit heures comme on l'a observé chez les enfants. On a vu également cette marche rapide chez des adultes ; c'est ainsi que Tüngel a vu la mort survenir neuf heures et demie après l'empoisonnement et Axel Jäderholm, sept heures après le début des premiers symptômes d'intoxication. Dans la plupart des cas, la marche est plus lente et n'amène la mort qu'après quelques jours (le plus souvent de trois à sept). Les vomissements peuvent cesser ou persister et dans ce dernier cas ce sont des masses le plus souvent de couleur chocolat (contenant du sang) qui sont rendues. La région épigastrique est un peu gonflée et sensible à la pression. Les selles, le plus souvent, sont d'abord suspendues, tandis que plus tard les malades rendent des matières formées par du sang décomposé. Bientôt, souvent déjà le second jour, se montre l'ictère qui se développe avec une grande rapidité et intensité ; on peut en général constater une augmentation du volume du foie. Faiblesse musculaire considérable, affaissement, fréquence et petitesse du pouls, faiblesse des battements du cœur. La température d'abord un peu élevée, tombe après la mort à la température normale du corps et même au-dessous de celle-ci; l'excrétion de l'urine est suspendue, celle-ci contient de bonne heure du pigment biliaire et en général déjà dans les premiers jours de l'albumine et du sang, On n'y trouve ordinairement pas de cylindre fibrineux, Mannkopff(1) a cependant constaté leur existence. La quantité d'urée a été trouvée dans certains cas augmentée, diminuée dans d'autres. Dans les premiers cas on observe en même temps des produits inférieurs de l'oxydation de l'azote parmi lesquels Schulzen a constamment trouvé de l'acide sarcolactique. La conscience reste généralement conservée jusqu'à la mort. Dans certains cas on a observé du délire et un état comateux peu de temps avant la mort. Il faut encore noter l'apparition d'ecchymoses dans les conjonctives et dans la peau sous forme de purpura hémorrhagique.

II. — **Lésions anatomiques.**

Les lésions trouvées à *l'autopsie* dépendent principalement de la durée de la maladie occasionnée par l'empoisonnement. Dans les cas très aigus on peut constater une odeur très prononcée de phosphore dans le contenu de l'estomac et de l'intestin, et on peut retrouver le phosphore non seulement chimiquement, mais souvent encore par la phosphorescence du contenu de l'estomac et de l'intestin, quand on le secoue dans l'obscurité ; on peut assez souvent reconnaître à l'œil nu les morceaux de phosphore ou les têtes d'allumettes. Les autres lésions sont le plus souvent négatives, car les organes, à part un peu de gonflement trouble de la muqueuse de l'estomac, n'offrent rien de frappant. On a constaté également l'absence de lésions dans les cas de Tüngel et de A. Jäderholm que nous avons cités plus haut ainsi que dans ceux décrits par Casper-Liman (2).

Si la mort n'est survenue qu'après trois à sept jours, le résultat

(1) Mannkopff, *Wiener Med. Wochenschr.*, 1863, n° 26, supplément.

(2) Dans un de nos cas, une jeune fille de dix-huit ans s'était jetée du quatrième étage sur le pavé de la cour et était morte quelques instants après. A l'autopsie nous trouvâmes un broiement du bassin, une fracture de la portion lombaire de la colonne vertébrale et la rupture d'un rein Dans l'estomac une odeur très nette de phosphore et dans le contenu de l'estomac du phosphore reconnu par l'appareil de Mitscherlich. La muqueuse pâle, sans ecchymoses. Les glandes à pepsine en dégénerescence granuleuse. Foie et reins normaux. Il fut prouvé que cette jeune fille avait avalé le soir du jour précédent des têtes d'allumettes, qu'elle avait été agitée toute la nuit, toutefois sans vomir et que le matin elle s'était jetée par la fenêtre.

de l'autopsie est très caractéristique. Le cadavre présente un ictère très marqué et on peut quelquefois trouver à l'examen extérieur des ecchymoses dans les conjonctives et la peau. Les organes internes sont plus ou moins ictériques et la plupart en état de dégénérescence graisseuse aiguë très prononcée. Celle-ci est surtout remarquable dans le foie et les reins qui paraissent augmentés de volume, offrent une couleur jaune très intense et une consistance pâteuse et présentent à la coupe un éclat graisseux : les cellules parenchymateuses se montrent sous le microscope remplies de gouttelettes graisseuses. Les cellules des glandes à pepsine, surtout les grandes cellules présentent une dégénérescence graisseuse très prononcée, de sorte qu'à un simple examen à l'œil nu de la muqueuse stomacale on voit l'orifice des glandes se montrer sous forme de points jaunâtres (*gastrodénite phosphorique de Virchow*), tandis que la muqueuse, dans son ensemble, présente une couleur jaune pâle particulière et est trouble et un peu gonflée. On trouve souvent, mais non toujours, des ecchymoses dans la muqueuse de l'estomac. Le contenu de l'estomac est un liquide gris et trouble ou sanguinolent et, dans ce cas, de couleur chocolat. Ce liquide couleur chocolat se trouve souvent, et même en général plus souvent que dans l'estomac, dans le canal intestinal et cela avec ou sans ecchymoses de la muqueuse de l'intestin. Cette dernière est, en général, pâle ou plus souvent d'un gris jaunâtre. Dans les cas où il y a eu constipation, on trouve dans le gros intestin des masses demi-molles ayant la couleur de l'argile ou de l'ardoise et dans lesquelles on peut souvent retrouver du phosphore en nature, tandis que la chose n'est plus possible dans l'estomac et dans le reste de l'intestin. La dégénérescence graisseuse occupe également, outre les organes parenchymateux, les muscles, surtout ceux du cœur et les parois des vaisseaux, particulièrement celles des petits vaisseaux. Les globules blancs du sang sont aussi remplis de gouttelettes graisseuses. Le sang est en général liquide, de couleur terne, les globules du sang sont déformés et décomposés et celui-ci, étendu d'eau, paraît très trouble et donne lieu à un dépôt abondant et finement granuleux (*globuline ?*). On n'a pas encore pu décider si la déformation et la destruction des globules rouges du sang ont déjà eu lieu pendant la vie ou si elles ne sont survenues que sur le cadavre à la suite de la putréfaction qui est très précoce. La première probabilité paraît la plus vraisemblable, et cette circonstance, ajoutée à la grande friabilité des vaisseaux par suite de la dégénérescence graisseuse, explique une autre lésion que l'on trouve presque constamment dans l'empoisonnement par le phosphore, c'est-à-dire les ecchymoses qui se forment sous les séreuses et en d'autres endroits. Des premières, c'est surtout le péritoine, entre celui-ci et le mésentère, la plèvre et le péricarde qui contiennent des ecchymoses. On trouve souvent des ecchymoses sur les muqueuses, quelquefois sur celles du pharynx et de l'œsophage, mais ordinairement dans la muqueuse de l'estomac et de l'intestin et presque constamment dans le calice des reins. Dans quelques cas on a même observé des ecchymoses dans l'épendyme des ventricules.

Entre les cas typiques d'empoisonnement par le phosphore, qu'il est presque impossible de méconnaître et les cas les plus aigus, qui à l'autopsie ne présentent aucune altération appréciable dans les organes internes, il en est d'autres où ces mêmes organes présentent les différents degrés intermédiaires entre le *gonflement trouble* et la dégénérescence graisseuse, et il faut admettre que la mort peut survenir dans tous les stades de l'empoisonnement par le phosphore. Il faut également faire remarquer que la mort peut se produire avant que l'intoxication soit complète, à la suite d'hémorrhagies survenues par suite des progrès de la dégénérescence graisseuse des vaisseaux périphériques. C'est ainsi que Heschl (1) rapporte un cas où, dans le cours d'un empoisonnement par le phosphore, était survenue une hémorrhagie cérébrale mortelle et nous-même nous avons eu l'occasion de faire l'autopsie dans un cas semblable, ainsi que dans beaucoup d'autres, où s'était produite une abondante hémorrhagie intestinale, qui a dû être regardée comme la cause prochaine de la mort.

On est encore dans l'incertitude quant *aux causes* de l'action toxique du phosphore. Il est manifestement impossible d'attribuer au phosphore une action caustique sur la muqueuse de l'estomac, car les assertions des médecins qui prétendent avoir trouvé dans l'estomac des places corrodées et même gangrenées, sont en contradiction avec les nombreuses observations d'autres médecins, observations qui concordent avec notre propre expérience acquise par l'autopsie d'un grand nombre d'individus empoisonnés par le phosphore. Pour ce qui concerne l'action générale du phosphore, on pourra mieux s'en rendre compte en considérant la manière dont le phosphore est en général absorbé.

Comme ce dernier est considéré comme insoluble dans l'eau, on comprend difficilement qu'il soit absorbé ; c'est pourquoi certains auteurs (Munk et Leyden) ont pensé que le phosphore s'oxydait dans l'estomac et se transformait en acide phosphoreux et phosphorique, et que ces acides agissaient comme un poison, parce qu'ils étaient absorbés en état de concentration. Cette hypothèse est insoutenable parce qu'elle supposerait une corrosion de la muqueuse de l'estomac qu'on ne

(1) Heschl, *Anzeiger der K. K. Gesellschaft der Aerzte in Wien*, 1876, n° 23.

trouve jamais. Schuchard et Dybkowsky croient de leur côté qu'il se forme dans l'estomac une variété non inflammable d'hydrogène phosphoré qui, résorbé, devient un poison, parce qu'il s'oxyde et se transforme en acide phosphoreux aux dépens de l'oxygène du sang. Cette hypothèse encore n'est pas suffisamment justifiée à cause de la faible quantité d'oxygène qui est enlevée au sang. L'hypothèse qui paraît actuellement la plus plausible, c'est que le phosphore arrive dans le sang comme tel, ou à l'etat de vapeurs de phosphore, qui, d'après les expériences de Bamberger, sont capables de traverser les membranes animales, ou bien que le phosphore, devenu soluble dans la graisse qui se trouve dans l'estomac ou l'intestin, peut ainsi être absorbée. Du reste quelques observateurs sont enclins à penser que le phosphore n'est pas aussi insoluble dans l'eau qu'on l'avait admis jusqu'à présent.

L'ictère qui est constant a été regardé autrefois comme de nature hématogène. Des recherches plus récentes ont montré qu'il fallait l'attribuer à une stase de la bile, due en partie au rétrécissement des voies biliaires par le gonflement catarrhal venant de l'intestin, en partie à l'occlusion des fins canalicules biliaires à la suite de la dégénérescence graisseuse et de l'augmentation consécutive des cellules du foie.

La dégénérescence graisseuse très prononcée des organes internes, l'ictère et les ecchymoses dans les séreuses et les muqueuses sont caractéristiques de l'empoisonnement par le phosphore et forment un tableau si particulier qu'il suffit dans la plupart des cas à établir le diagnostic. Malgré cela, il y a quelques processus qui, tout en n'étant pas les mêmes, présentent cependant les mêmes signes à l'autopsie : ce sont toutes les maladies qui donnent lieu à une dégénérescence granulo-graisseuse aiguë des organes internes. Parmi ces maladies, nous citerons en première ligne l'*atrophie aiguë du foie* dont la ressemblance avec l'empoisonnement par le phosphore a été signalée de tout temps. Elle survient le plus fréquemment chez les femmes enceintes ou en couches et présente les symptômes d'un ictère grave dans lequel on peut déjà pendant la vie constater cliniquement une diminution de volume du foie. A l'autopsie on trouve également une dégénérescence graisseuse très prononcée des reins, du cœur, ainsi que des muscles volontaires, et des ecchymoses sous les séreuses et sur les muqueuses bien que d'une façon moins constante que dans l'empoisonnement par le phosphore. Le foie cependant présente d'autres caractères que le foie phosphoré. Tandis que ce dernier paraît augmenté de volume et offre la con-

(1) L. Hermann (*l. c.*, 239). Comme l'infusion aqueuse de phosphore (allumettes) a été souvent employée dans les empoisonnements et que sa toxicité ne peut être mise en doute, Fischer (*Viertelj f. g. Med.*, 1876, XXV, 41) a institué des expériences et a trouvé que ces infusions, même quand elles ont été plusieurs fois clarifiées, luisaient cependant fortement dans l'obscurité et contenaient une grande quantité de fines parcelles de phosphore suspendues dans le liquide.

sistance du foie gras, le foie, dans l'atrophie aiguë, ainsi que l'indique déjà le nom de la maladie, est diminué de volume, extrêmement flasque et présente une surface bosselée. Tandis que le foie phosphoré offre une coloration d'un jaune franc mêlé d'un rouge brun ou d'un jaune brun, cet organe, dans l'atrophie jaune aiguë, présente une coloration d'un jaune brun sale interrompue à la coupe ainsi qu'à la surface par des taches et des raies d'un rouge sale terne. A l'examen microscopique on ne trouve pas une infiltration uniforme de gouttelettes graisseuses dans les cellules du foie, mais en même temps une destruction des cellules du foie qui sont en grande partie méconnaissables comme telles. On trouve en même temps dans les détritus et dans les plus fins canaux biliaires une quantité considérable de bactéries dont on peut également constater l'invasion dans d'autres organes, principalement les reins, le cœur et les vaisseaux du cerveau (Waldeyer et Klebs). Enfin on trouve dans le tissu interstitiel du foie un dépôt abondant de petites cellules rondes dont la prolifération rapide déterminerait, d'après Winiwarter (1), la compression des vaisseaux et la destruction des cellules du foie, lésion que l'on ne rencontre pas ou peu dans le foie phosphoré.

Pour la *recherche du phosphore*, on a déjà fait observer que dans certains cas la présence du phosphore dans le contenu de l'estomac et de l'intestin pouvait être constatée par la phosphorescence caractéristique des masses que l'on agite dans l'obscurité. Nous ferons remarquer à ce sujet que les masses acides ou neutres seules luisent dans l'obscurité, que par conséquent il faut aciduler d'abord les liquides lorsqu'ils ont une réaction alcaline, ce qui arrive principalement par suite de la putréfaction. Le procédé de Mitscherlich pour rechercher le phosphore dans les parties du cadavre consiste à distiller les masses acidulées dans une chambre obscure. Y a-t-il du phosphore, on aperçoit, quand la masse contenue dans la cornue commence à bouillir, à l'endroit où le tube abducteur partant de la cornue entre dans l'appareil réfrigérant, la phosphorescence caractéristique : cette réaction est si sensible qu'une ou deux têtes d'allumettes y donnent déjà lieu. Cette phosphorescence peut être empêchée par la présence de l'alcool, de l'éther, de l'huile de térébenthine, de l'acide butyrique, et probablement par d'autres substances à odeur forte, qui doivent donc être éliminées avant de commencer l'expérience. La méthode de

(1) Winiwarter, *Wr. medic. Jahrb.*, 1872, 256, etc.

Dussard et Blondlot repose sur la production d'hydrogène phosphoré qui s'obtient de la même façon que l'hydrogène arsénié dans l'appareil de Marsh et a pour but la recherche de la flamme d'un vert caractéristique de l'hydrogène phosphoré.

Comme le phosphore s'oxyde rapidement dans l'organisme et qu'une grande partie est évacuée par les vomissements et quelquefois par la diarrhée, la recherche chimique ne réussit en général que dans les cas récents, mais rarement dans ceux qui n'ont entraîné la mort qu'au bout de quelques jours. Dans les cas à marche rapide, le phosphore peut, dans certaines circonstances, se retrouver inaltéré dans les cadavres putréfiés. C'est ainsi que Fischer et Müller (1) ont pu retrouver le phosphore après huit semaines, et l'acide phosphoreux après douze semaines dans le cadavre d'animaux empoisonnés par ces substances. Elvers (2) décrit un cas dans lequel il a pu constater la présence du phosphore au moyen de l'appareil de Mitscherlich dans le cadavre d'une femme empoisonnée par une pâte phosphorée et exhumée trente-cinq jours après la mort. Comme les têtes d'allumettes sont colorées par du minium, on devra rechercher également, ce qui est facile, l'existence de plomb dans les parties du cadavre. Nous avons pu quelquefois réussir à le trouver dans le contenu de l'intestin après que le phosphore avait déjà disparu. Dans un cas de Tardieu (3) on a pu découvrir dans le cadavre d'une femme exhumée un an et demi après sa mort, du cinabre avec lequel les allumettes employées avaient été colorées. Dans quelques cas on a réussi à retrouver encore dans le contenu de l'estomac et de l'intestin des morceaux de bois d'allumettes et reconnaître, par la constatation microscopique de vaisseaux pointillés, qu'ils provenaient de bois de sapin.

§ 12. — EMPOISONNEMENT PAR L'OPIUM ET LA MORPHINE.

Les recherches judiciaires faites jusqu'à présent sur ce sujet ont prouvé que les empoisonnements résultaient le plus souvent d'infusions de têtes de pavot, de l'opium et de ses préparations pharmaceutiques et du plus important de ses alcaloïdes, la morphine.

Les empoisonnements par l'infusion de têtes de pavot ont presque exclusivement été commis sur des enfants auxquels elle a été

(1) Fischer et Müller, *Vierteljahrsch. f. ger. Med.*, 1876. XXIV, I.

(2) Elvers, *Ibid.*, XXV, 25.

(3) Tardieu, *Etudes medico-légale et clinique sur l'empoisonnement*, 2e édition. Paris, 1875.

administrée en qualité de calmant ou de soporifique. Ces moyens dangereux, si répandus, ont déjà coûté la vie à tant d'enfants que le Code pénal autrichien s'est trouvé dans l'obligation de considérer l'administration d'une infusion de pavot comme un délit et de l'interdire comme tel dans le paragraphe 377. D'après les recherches de Sydenham, Winckler et Menz, une demi-once de têtes de pavot non mûres et desséchées renferme un quart de grain de morphine; pourtant il faut prendre en considération que les quantités de morphine renfermées dans les têtes de pavot et l'opium en général sont variables et qu'une tête divisée avant la coction en plusieurs morceaux donne plus de morphine que la même tête cuite entière.

Les empoisonnements par l'opium en nature ou ses préparations pharmaceutiques, comme la teinture d'opium simple ou safrané, sont très rares, et ne se rencontrent que dans les empoisonnements médicaux. En Angleterre, les suicides de ce genre sont très fréquents. La dose toxique d'opium est de 1 à 2 grammes. La dose maxima de la pharmacopée autrichienne et allemande est de 0^{gr},15 en une seule dose et de 0^{gr},5 par jour.

La morphine et ses sels peuvent tuer un homme adulte à la dose de 0^{gr},20 à 0^{gr},40.

La dose maxima de la pharmacopée autrichienne est pour la morphine de 0,02 gr. par dose et de 0,1 par jour, pour l'acétate ou chlorhydrate de morphine, par dose de 0,03, et par jour de 0,12; quelques pharmacopées allemandes indiquent aussi bien pour la morphine que pour ses sels 0,03 par dose et 0,12 par jour; pour les injections sous-cutanées, 0,006 — 0,03.

Les enfants sont incomparablement plus sensibles à l'action de l'opium. Tardieu cite le cas d'un enfant de cinq ans et demi qui est mort quelques heures après l'ingestion de 20 centigrammes d'opium, et d'un autre qui est mort après 5 centigrammes. Taylor a vu la mort survenir chez des nourrissons après l'ingestion de 1/20 et même de 1/90 de grain d'opium. De même on connaît beaucoup de cas où la mort est survenue chez des enfants après l'ingestion d'une fraction d'un grain de morphine. D'un autre côté on a observé aussi des cas de guérison malgré l'ingestion de 1 gramme à 1,50 de morphine, et de 60 à 192 grammes de laudanum (1). De plus, c'est un fait connu que par l'administration progressive, on arrive à faire tolérer des quantités énormes de morphine. Husemann a vu à Goettingen une femme à laquelle on donnait journellement 20 grains de morphine. Crédé cite un cas où un individu prenait 52 grains de morphine par jour, et d'après L. Hermann il existe à Zurich une femme qui s'injecte en une seule fois 1 à 2 grammes de sel de morphine.

(1) Tardieu (*l. c*). — Dans un autre cas 60 grammes de laudanum pris à jeun n'ont provoqué des vomissements qu'une heure et demie après l'ingestion. Et ce cas non seulement n'a pas été suivi de mort, mais n'a même pas provoqué de sommeil. Dobbie, *Brit. med. Journal, Juli*, 9, 1870, p. 33.

I. — Phénomènes de l'empoisonnement.

Les *signes* de l'intoxication n'apparaissent ordinairement qu'au bout d'une demi-heure à une heure, quelquefois plus tard encore, et consistent en vertiges, lourdeur de tête, bourdonnements d'oreilles, excitation des sens, et une grande sensibilité de la vue et de l'ouïe, quelquefois aussi en démangeaisons (Husemann). Les nausées et les vomissements sont fréquents, mais peuvent manquer. Ce stade d'excitation se transforme rapidement en un état de dépression consistant surtout en stupeur et somnolence; les actes réflexes sont éteints, la respiration lente et plus tard stertoreuse ; le pouls fréquent (paralysie des nerfs vague), mais faible ; les excrétions sont supprimées (paralysie vésicale), les pupilles considérablement rétrécies, un symptôme auquel Taylor et Husemann (1) ajoutent une grande importance et que nous avons aussi constaté dans plusieurs de nos observations. La mort suit généralement l'apparition de la paralysie centrale, quelques heures (5 à 12) après les premières manifestations toxiques, chez les enfants beaucoup plus tôt.

Dans quelques cas rares, les individus recouvrent leur connaissance pour retomber au bout de quelque temps dans la stupeur et la somnolence, au milieu de laquelle ils succombent enfin au bout de quelques heures et même de quelques jours. Taylor a décrit ces cas comme une forme remittente de l'empoisonnement par l'opium.

Nous avons vu un cas analogue (2) chez une jeune fille qui avait pris 2 grains de morphine dans du chloroforme, et nous nous expliquons l'apparition de la somnolence par un processus pneumonique, qui se développe pendant le coma et le décubitus sous l'influence de l'aspiration des substances vomies. Cette explication a été confirmée par un autre cas où un homme ayant absorbé un gramme de morphine pure et n'étant mort que huit heures après l'accident, présentait, jusque dans les plus petites ramifications des bronches, du lait qu'on lui avait donné comme contre-poison.

II. — Lésions anatomiques.

Le résultat de *l'autopsie* n'offre rien de caractéristique.

Nous n'avons jamais constaté un rétrécissement remarquable des pupilles et cela s'explique aisément si l'on songe que ce rétrécissement, qui a lieu au début, disparaît dans les derniers stades de l'empoisonnement.

(1) Husemann, *De l'empoisonnement par la morphine.* (*Deutsche Klinik* 1874, n° 788).

(2) Hoffmann, *Wiener Med. Presse*, 1877, n° 3-4.

La congestion du cerveau et des poumons sont des phénomènes constants et s'expliquent par la paralysie des vaisseaux que détermine la morphine.

Si l'opium est pris en nature ou en teinture, on peut constater dans l'estomac l'odeur caractéristique de l'opium, ainsi qu'une couleur safranée remarquable, lorsque l'empoisonnement résulte de l'ingestion de la teinture d'opium safranée; nous l'avons observée dans un cas où cette dernière liqueur avait été administrée par erreur en place de l'eau laxative de Vienne. Dans un autre cas où l'empoisonnement était causé par une décoction de têtes de pavot, nous avons pu encore constater dans l'estomac la présence de petites parcelles de capsules de pavot.

Le sang ne présente rien d'anormal; dans le cœur et les gros vaisseaux, on le trouve généralement légèrement coagulé, diffluent. Lorsque l'agonie a duré longtemps et que le processus pneumonique ou l'œdème des poumons a déjà commencé à se développer, on trouve dans le cœur droit et les vaisseaux pulmonaires quelques caillots de fibrine (1).

§ 13. — EMPOISONNEMENT PAR LE CHLOROFORME.

L'absorption du *chloroforme* produit des effets analogues à ceux de la morphine. Ces empoisonnements sont habituellement médicaux. Le nombre des cas où l'administration du chloroforme dans un but chirurgical a donné lieu à la mort est assez considérable. Dans quelques cas on a aussi employé le chloroforme pour provoquer l'ivresse. Le suicide par l'ingestion ou l'inhalation du chloroforme a été observé plusieurs fois et nous-même l'avons constaté trois fois. Dans un de nos cas une femme fut trouvée morte dans son lit. Devant sa bouche était encore une éponge qui sentait fortement le chloroforme, et qui était couverte d'un morceau de toile cirée; pardessus tout cela un mouchoir noué sur la nuque. Le chloroforme lui avait, disait-on, été recommandé pour inhalation par un médecin. Mais de la façon dont le chloroforme avait été employé, il était plus vraisemblable de penser à un suicide. C'est aussi à un suicide qu'il faut attribuer la mort d'un médecin d'hôpital qu'on trouva,

(1) La morphine, ainsi que ses sels neutres, traitée par le chlorure ferrique neutre, donne une belle coloration bleue. Si l'on ajoute à ces cristaux ou à leur solution, du chloroforme et un grain d'acide iodique, et qu'on agite le tout, le chloroforme prend une coloration violette, l'iode de l'acide iodique devenant libre et se dissolvant dans le chloroforme.

en 1851, mort dans sa chambre, et qui avait fixé à sa bouche au moyen de bandelettes de diachylon un ballon renfermant du chloroforme, et s'était en outre bouché les deux narines par des pelotes de charpie, fixées également par du diachylon. Dans un cas dont nous avons fait l'autopsie, une fille aveugle, âgée de trente ans, s'était, après une dispute avec sa famille, rendue dans sa chambre, et six à dix minutes plus tard on la trouva râlant dans son lit et on constata qu'elle avait bu 35 à 40 grammes de chloroforme. Des cas d'assassinat par le chloroforme sont excessivement rares. Casper cite un cas où un dentiste de Berlin s'empoisonna ainsi que sa femme et ses deux enfants par du chloroforme. Nous avons déjà parlé de la possibilité de l'emploi du chloroforme comme stupéfiant dans un but criminel. On n'est pas exactement fixé sur la quantité de chloroforme, pris par la bouche, nécessaire pour provoquer la mort. La dose maxima qu'on puisse administrer est fixée par Falk de $0^{gr},50$ à 2 grammes, en une seule fois. Mais par doses de $0^{gr},50$ on peut arriver jusqu'à $7^{gr},50$ par jour. Taylor a vu la mort survenir chez un enfant de quatre ans, après l'ingestion de 3 grammes, et chez une femme, après l'ingestion de 15 grammes. Tardieu (1) cite un cas où un homme après l'ingestion de deux onces de chloroforme a pu être sauvé (au moyen de la pompe stomacale), mais n'a guéri qu'après quatorze jours. Quelques secondes après l'ingestion on remarque déjà un état d'ivresse, qui se transforme immédiatement ou quelques minutes après (5 à 10) en coma ; et celui-ci se termine, comme dans notre cas, par la mort au bout d'une heure. Quelquefois on observe aussi un état rémittent comme dans l'empoisonnement par la morphine.

Quant à l'inhalation du chloroforme on sait par la pratique journalière qu'elle peut être continuée pendant plusieurs heures sans danger, lorsqu'elle est dirigée méthodiquement. D'un autre côté, les cas où l'emploi chirurgical du chloroforme a entraîné la mort après quelques inspirations seulement, sont tellement rares qu'ils se perdent au milieu du nombre des cas favorables (Richardson donne un cas de mort sur 3,500 chloroformisations). On peut estimer tous les cas de mort connus à 250.

I. — Phénomènes de l'empoisonnement.

Presque dans tous les cas la mort est survenue dans la période d'excitation à la suite d'un arrêt subit des mouvements respiratoires

(1) Tardieu, *l. c.*, 467.

et cardiaques, plus rarement par la dyspnée. L'arrêt de la respiration est mis sur le compte de la paralysie réflexe des centres respiratoires de la moelle allongée et l'arrêt du cœur, sur le compte de l'excitation du noyau du pneumogastrique par les uns, par les autres sur le compte de la paralysie des ganglions moteurs du cœur. Dans la majorité des cas l'issue funeste est due soit à l'état pathologique de l'individu (dégénérescence graisseuse du cœur) ou bien à une sensibilité exagérée de l'individu à l'égard du *chloroforme*. Dans des cas rares, l'issue funeste doit être rapportée à l'inexpérience de l'opérateur ou à l'administration trop rapide, qui empêche l'arrivée d'une quantité suffisante d'air.

II. — Lésions anatomiques.

Les résultats de l'*autopsie* dans la mort par l'inhalation du chloroforme ont toujours été négatifs. En général, on trouve les signes de l'asphyxie rapide ; le plus souvent il n'y a pas d'odeur du chloroforme. Pourtant on peut constater chimiquement la présence du chloroforme, comme cela a été fait dans le sang de la femme mentionnée plus haut et qui s'était empoisonnée au moyen d'une éponge imbibée de chloroforme. Lorsque le chloroforme a été ingéré, on peut encore le constater par l'odeur. Chez la jeune fille qui avait avalé 40 grammes de chloroforme, on trouva dans l'estomac presque la totalité de ce liquide sous forme d'une couche lourde et colorée en vert par la bile. Dans ce cas l'épithélium du pharynx, du larynx et de l'œsophage était décoloré, enlevé en partie, en partie ramolli et érodé. La muqueuse de l'estomac était transformée, sur une surface d'une largeur de deux travers de main, en une croûte dure, grise, s'étendant jusqu'aux couches les plus profondes de la muqueuse ; le reste de la muqueuse était trouble, sansecchymoses, recouvert d'une couche de mucus grisâtre ; mêmes altérations dans le duodénum. La cautérisation de la muqueuse était très apparente et cela se comprend quand on songe à la grande quantité de chloroforme ingérée, et à ce fait que le chloroforme mis sur les lèvres donne la sensation d'une forte brûlure. Nous avons constaté que la surface des organes prend une teinte grisâtre sous l'influence du chloroforme, ce qui n'est pas en accord avec les théories qui prétendent que le chloroforme ne modifie pas notablement les corps albumineux. Nous ne pouvons pas savoir si dans les cas précédents le chloroforme ne renfermait pas d'acide chlorhydrique ; d'ailleurs on ne peut pas admettre qu'il s'y soit trouvé une assez grande quantité d'acide pour qu'on puisse lui attribuer seul l'action caustique.

Le sang, dans les cas de mort subite, est noir et diffluent; lorsque la mort a été précédée par une agonie un peu longue, il est légèrement coagulé dans le cœur et les gros vaisseaux; mais, en dehors de cela, il ne présente rien d'anormal. La putréfaction se déclare rapidement après l'empoisonnement chloroformique, et c'est à cela qu'est due la flaccidité du cœur ainsi que la présence de bulles de gaz dans le sang, considérée par les observateurs anciens comme pathognomonique de l'empoisonnement chloroformique.

§ 14. — EMPOISONNEMENT PAR LE CHLORAL.

L'emploi si fréquent maintenant de l'hydrate de *chloral* (dose maxima, d'après Falk, 4 grammes pour une fois et 8 grammes par jour) a déjà donné lieu à un grand nombre d'empoisonnements médicaux (1); et nous-même avons eu l'occasion de faire l'autopsie d'une aliénée qui, après avoir pris en une seule fois 5 grammes de chloral, est tombée dans un état comateux et a succombé quelques heures après.

L'odeur du chloral a été manifestement constatée dans l'estomac et décelée chimiquement. La distillation du contenu de l'estomac avec de la lessive de potasse donne du chloroforme. La muqueuse de l'estomac était injectée surtout au grand cul-de-sac, mais ne présentait aucune autre altération; ailleurs pas de signes.

§ 15. — EMPOISONNEMENT PAR L'ALCOOL.

L'*alcool* concentré coagule l'albumine et enlève l'eau aux tissus; il agit par conséquent comme caustique. Un cas d'empoisonnement criminel de deux enfants avec 30 grammes d'alcool a été publié par Maschka (2). Nous-même avons fait l'autopsie d'un menuisier qui, dans un but de suicide, avait avalé un verre de vernis dissous dans de l'alcool. Mais même avec des boissons alcooliques ordinaires, on a vu survenir des empoisonnements mortels, surtout chez les enfants. D'après Taylor, un garçon de sept ans est mort après l'ingestion de 3 à 4 onces d'eau-de-vie; d'après Food, une petite fille est morte après l'ingestion de 2 onces 1/2 de gin. Chez l'adulte, les accidents mortels dans l'ivresse intense ne sont pas

(1) Voyez *Prager Vierteljahrs*, 1871, III, 141.

(2) Maschka, *Prager*, *Med.*, *Wochenschrift*, 1864, 465.

rares. Habituellement ce sont des individus atteints d'alcoolisme chronique qui paient leur dernière ivresse par la mort. Il faut remarquer que chez les ivrognes l'intolérance à l'égard de l'alcool augmente avec l'apparition de la dyscrasie alcoolique, et que des quantités d'alcool relativement petites suffisent pour amener la mort par paralysie. Quelquefois ce sont des individus bien portants qui succombent à la suite de l'ingestion trop considérable d'alcool. Ces derniers cas ont surtout été observés à la suite de paris déraisonnables qui ont entraîné la mort.

Dans ce cas, la phase de dépression de l'ivresse survient presque toujours subitement. Les individus tombent sans connaissance, la respiration devient dyspnéique, la face se cyanose et la mort survient finalement avec des convulsions.

L'autopsie fait constater des lésions d'asphyxie et une odeur d'alcool, non seulement dans l'estomac, mais aussi dans les organes éloignés, comme le poumon et le cerveau.

§ 16. — EMPOISONNEMENT PAR L'OXYDE DE CARBONE.

Cet empoisonnement peut être produit par l'inhalation de vapeurs de charbon ou par le gaz de l'éclairage. L'empoisonnement par l'oxyde de carbone résulte le plus souvent de la fermeture prématurée des tuyaux de poêle, ou de l'usage imprudent du charbon dans des espaces restreints, comme par exemple le chauffage des bâtiments neufs et surtout le chauffage par des vases découverts remplis de charbon. En outre, l'oxyde de carbone se produit dans l'atmosphère des fours à chaux et à tuiles, dans la fabrication des charbons, dans les usines et fonderies où l'on réduit les oxydes métalliques par le charbon, et encore dans les cas de suffocation par la fumée, comme dans les incendies où l'oxyde de carbone joue un rôle considérable. En outre l'oxyde de carbone constitue une partie essentielle des gaz existant dans les fosses et les mines. La vapeur de charbon renferme, d'après Eulenberg, 2,54 p. 100 d'oxyde de carbone et 24,68 p. 100 d'acide carbonique et une petite quantité d'hydrogène carboné. Cependant, l'on conçoit que la quantité d'oxyde de carbone est d'autant plus grande que l'air atmosphérique arrive plus difficilement aux substances qui brûlent et que, par conséquent, le carbone peut moins être transformé en acide carbonique. L'oxyde de carbone ainsi que la vapeur de char-

(1) *Die Lehre von den giftigen Gasen*. Étude sur les gaz toxiques, 1865, p. 108.

bon pure sont complètement dépourvus d'odeur ; ils peuvent donc s'accumuler en grande quantité dans un espace sans être reconnus par l'odeur. Dans beaucoup de cas, cependant, la présence de la vapeur de charbon se trahit par la coexistence de la fumée ou par la substance en combustion.

La source de la vapeur de charbon ne se trouve pas toujours dans l'espace où a lieu l'empoisonnement : celle-ci peut venir, du dehors, par exemple, d'un appartement voisin ou monter d'un point moins élevé (1). Il peut aussi arriver, même si la clé du poêle n'est pas fermée, que les gaz de combustion puissent pénétrer dans la chambre. Dans un de nos cas, on trouva, dans la même chambre, trois mécaniciens, dont l'un était mort et les deux autres sans connaissance, et qui présentaient tous les caractères de l'empoisonnement par l'oxyde de carbone. La clé du poêle en fonte était ouverte, et le charbon était brûlé. L'un des survivants raconta que, vers le soir, à neuf heures, il remarqua que le vent poussait par instants des flammes et de la fumée dans la chambre, et qu'ensuite, il s'endormit comme ses camarades. Quand on les trouva le matin, il n'y avait aucune odeur de fumée dans la chambre. L'accumulation d'oxyde de carbone dans le local était évidemment due à ce que le vent violent avait poussé dans la chambre d'abord la fumée, puis la vapeur de charbon, et avait ainsi empêché la combustion complète. Balfour (2) rapporte un cas analogue où le même accident survint, quoique le chauffage eut eu lieu dans une cheminée ouverte.

Le plus grand nombre des empoisonnements par l'oxyde de carbone sont accidentels. Le suicide par l'oxyde de carbone est presque inconnu en Autriche, très fréquent en France où il augmente journellement (3). Les meurtres par la vapeur de charbon sont excessivement rares. Un cas, dans lequel une femme voulut s'empoisonner ainsi que son enfant par l'oxyde de carbone, se trouve dans l'ouvrage de Casper Liman (4).

La toxicité du *gaz de l'éclairage* est due principalement, mais non exclusivement, à la présence de l'oxyde de carbone. La quantité de

(1) Berthold (*Zeitsch. f. Staats (arzneikunde*, X, 1830, p. 94) cite un cas d'empoisonnement de plusieurs personnes par l'oxyde de carbone provenant d'une poutre qui brûlait dans un mur.

(2) Balfour, *Edimb., Med. Journal; Jan.*, 610.

(3) D'après Quetelet (*l. c.*), il y eut de 1835 à 1844, 1,886 suicides par l'oxyde de carbone, en 1871 seul, 215.

(4) Casper Liman, *l. c.*, 587.

ce dernier varie cependant suivant le mode de préparation et les matières employées. D'après Wagner (1), on trouve dans cent parties de gaz de houille d'Heidelberg de 5,56 à 5,73 p. 100 d'oxyde de carbone, dans celui de Bonn 4,66, dans celui de Chemnitz de 4,45 jusqu'à 5,02, dans celui de Londres de 6,8 jusqu'à 7,5 ; quatre analyses de gaz, provenant de charbon de bois, ont donné de 22,30 à 40,28 p. 100 d'oxyde de carbone.

Les empoisonnements accidentels par le gaz de l'éclairage, s'accumulant dans les lieux d'habitation, augmentent avec l'usage de celui-ci. La fuite du gaz provient moins souvent de ce que les robinets n'ont pas été entièrement fermés ou ont été rouverts après l'extinction, que de la rupture des tuyaux, soit dans la chambre même, soit ailleurs et même en des points éloignés. On connaît un grand nombre de cas, que nous pourrions augmenter de ceux de notre expérience personnelle, où, les tuyaux de gaz ayant été perforés dans la rue, le gaz n'est pas monté directement, mais s'est échappé dans une habitation en suivant la porosité du sol. Il faut ajouter à cela que le gaz s'échappe sous une certaine pression, de plus que l'épaisseur du pavé ou la glace peut l'empêcher de s'élever, et qu'enfin les appartements, chauffés en hiver, peuvent déterminer une certaine aspiration.

La moindre quantité de gaz de l'éclairage se trahit par son odeur caractéristique. Malgré cela, il arrive souvent que cette odeur, si elle n'est pas intense, n'est pas remarquée. Dans un cas de Pettenkoffer, un jeune homme était soigné pour une fièvre typhoïde, tandis que les symptômes qu'il présentait étaient dus à une intoxication par le gaz de l'éclairage. Dans un autre cas de Vallisch (2), on a attribué la mort à une plaie de tête, alors qu'elle était produite par un empoisonnement par le gaz de l'éclairage.

D'après les expériences faites sur des animaux par Eulenberg et Pokrowsky, 1/2 à 1 p. 100 d'oxyde de carbone mêlé à l'air de la respiration suffit déjà pour amener la mort; les mêmes effets sont produits par 10 p. 100 de vapeur de charbon et 5 p. 100 de gaz de l'éclairage. D'après certaines expériences, il paraît que la même quantité suffit pour produire des effets mortels sur l'homme.

L'action toxique de l'oxyde de carbone et par conséquent celle des gaz qui le contiennent est due à ce que ce gaz se fixe sur l'hémoglobine du sang dont il chasse l'oxygène et qu'il rend par conséquent impropre à l'échange gazeux de la respiration. Cette com-

(1) Wagner, *Hand. der chem. Technologie*, 1871, p. 746.

(2) Vallisch, *Deutsche Klin.* 1868, p. 128.

binaison est plus fixe que celle de l'oxygène avec l'hémoglobine, quoique en agitant longtemps l'hémoglobine avec l'air atmosphérique, on parvienne à chasser l'oxyde de carbone et à le transformer partiellement en acide carbonique.

I. — Phénomènes de l'empoisonnement.

L'oxyde de carbone tue par suffocation en rendant l'hématose impossible. Les phénomènes qui apparaissent pendant la vie sont les mêmes que dans les autres cas de suffocation, et se manifestent d'autant plus vite que la quantité d'oxyde de carbone contenue dans l'air de la respiration est plus grande, même quand ce dernier renferme encore des quantités considérables d'oxygène. Lorsque la quantité d'oxyde de carbone contenue dans l'air est moindre, il faut plus de temps pour que la quantité d'hémoglobine altérée rende la respiration difficile, et, dans ce cas, la marche de l'intoxication est autre que dans les cas aigus. On observe d'abord des douleurs de tête, du vertige, de la fatigue, de l'impossibilité à se tenir debout, de l'assoupissement et de la perte de connaissance. On remarque ordinairement des vomissements dès les débuts. L'oppression est suivie d'une respiration stertoreuse qui dure d'autant plus longtemps que l'intoxication a été plus lente; dans ces cas, la mort peut survenir sans convulsions (Pockrowski). Comme l'inspiration du gaz toxique a généralement lieu pendant le sommeil, les individus ne se réveillent plus du tout ou sont dans un état d'étourdissement pendant lequel ils peuvent se lever et marcher en titubant, mais ne peuvent plus se sauver.

En général, les fuites de gaz d'éclairage sont plus dangereuses que celles de vapeurs de charbon, car le premier contient une grande quantité d'oxyde de carbone; d'autre part, la pénétration du gaz toxique dans l'espace envahi se produit, dans ce cas, d'une façon continue, tandis que pour les vapeurs de charbon elle n'a lieu qu'autant que le charbon brûle. En outre, dans l'étude de ces empoisonnements, il faut s'occuper du cubage de la chambre et de sa ventilation, prendre en considération le temps pendant lequel l'individu a séjourné dans cet espace et surtout ce fait que l'air peut être plus ou moins riche en oxyde de carbone en différents points du même espace. Il arrive souvent que de plusieurs personnes qui sont restées dans une même chambre et ont été exposées également à l'action de la vapeur du charbon et du gaz de l'éclairage, les uns ont été trouvés morts, les autres seulement assoupis. Quelquefois il s'agit de conditions individuelles; mais il arrive plus fréquemment que les personnes aient été sauvées parce qu'elles étaient plus rapprochées des portes et des fenêtres, ou se trouvaient plus éloignées que les autres du foyer toxique. Ces cas ont une importance capitale, parce que, comme l'ont communiqué Zenker, Rokitanski et Scrzecka, il est arrivé souvent que le survivant était accusé d'avoir assassiné ses compagnons.

II. — Lésions anatomiques.

Le résultat de l'*autopsie* dans l'empoisonnement par l'oxyde de carbone est caractéristique et dépend particulièrement des altérations que présente le sang sous l'influence de sa combinaison avec l'oxyde de carbone. L'hémoglobine oxycarbonée ayant une coloration rouge qui persiste même après la mort, les cadavres qui ont péri par l'oxyde de carbone sont remarquables par la coloration rouge clair des taches cadavériques et plus encore par la coloration rouge clair du sang dans les organes internes; ce qui est d'autant plus surprenant que, comme nous l'avons dit ailleurs, le sang cadavérique offre une coloration veineuse et, par conséquent, sombre. Les organes présentent déjà à leur surface une couleur rouge clair, allant jusqu'au rose dans les organes membraneux et les séreuses, et qu'on peut facilement constater sur la dure-mère et le péritoine. A la section, il s'écoule un sang liquide, d'une couleur rouge-cerise en couches épaisses, rouge clair en couches plus minces; cette dernière coloration est surtout remarquable sur un fond blanc comme, par exemple, dans la section du cerveau où les points sanguins ont presque une coloration de cinabre. L'analyse spectrale de ce sang présente aussi des caractères autres que celle du sang normal, et qui sont tout particulièrement caractéristiques et très importants pour le diagnostic. Si on met, par exemple, devant le spectroscope une solution étendue de sang contenant de l'oxyde de carbone, on observe des phénomènes d'absorption qui, il est vrai, ne se distinguent pas beaucoup de ceux du sang normal. Mais, tandis que pour ce dernier, les deux raies d'absorption dues à l'oxyhémoglobine et qu'on voit dans le jaune se réunissent après l'addition d'agents réducteurs (sulfhydrate d'ammoniaque) en une raie unique qui est caractéristique de l'hémoglobine réduite, ces deux raies d'absorption demeurent inaltérées quand on a à faire à de l'hémoglobine oxycarbonée. En outre, le sang contenant de l'oxyde de carbone se comporte différemment à l'égard d'une solution de soude que le sang ordinaire, comme l'a indiqué en premier lieu Hoppe-Seyler. Si on met quelques gouttes de sang ordinaire sur une coupe de porcelaine et qu'on y ajoute un volume égal au double d'une solution concentrée de potasse, on obtient une masse de couleur terne, présentant une coloration d'un jaune-brun sale en couches minces. Si on fait la même expérience avec du sang contenant de l'oxyde de carbone, on obtient une masse rouge, comme coagulée, présentant une coloration rouge-cinabre en couches minces (1).

La couleur rouge clair, les caractères spectroscopiques, ainsi que sa réaction à l'égard de la potasse sont tout à fait caractéristiques du sang oxycarboné, mais ces signes ne se présentent pas toujours dans tous les cas d'une façon typique et peuvent même manquer complètement, quoiqu'on ne puisse mettre en doute l'empoisonnement par l'oxyde de carbone. On constatera une différence considérable selon que l'individu aura été trouvé mort dans l'atmosphère oxycarbonée ou ne sera mort qu'après en avoir été éloigné. Dans ce dernier cas, le sang contiendra d'autant moins d'hémoglobine oxycarbonée, que l'individu aura vécu plus longtemps et aura respiré plus longtemps un air exempt d'oxyde de carbone. Dans un cas où un individu était mort dix-sept heures après avoir été retiré de l'atmosphère empoisonnée, nous n'avons pu trouver aucune trace d'hémoglobine oxycarbonée, pas plus que dans plusieurs autres cas dans lesquels la mort était survenue encore beaucoup plus tard. Par contre, le sang qu'on avait retiré par la saignée à un homme, deux heures après qu'ont l'eût trouvé évanoui dans une atmosphère de gaz d'éclairage, présentait très nettement ces réactions. Même si l'individu a succombé dans l'atmosphère toxique, les caractères du sang sont modifiés par la quantité d'oxyde de carbone qui s'est combiné au sang, c'est-à-dire par la quantité d'hémoglobine qui est restée inaltérée. Ce qui influe encore sur la rapidité avec laquelle arrive la mort et sur les caractères du sang, c'est la présence dans l'atmosphère de gaz toxiques autres que l'oxyde de carbone. C'est dans l'empoisonnement par le gaz de l'éclairage qu'on trouve les lésions les plus prononcées, parce qu'il

(1) A. Jäderholm (*Die gerichtl. Med. Diagnose der Kohlenoxydvergiftung*, Berlin. 1876) explique cette différence des réactions, par ce fait que dans le sang ordinaire, l'oxyhémoglobine est transformée par la potasse en oxyhématine de couleur brun-vert, tandis que sous l'influence du même traitement, il se forme dans le sang contenant de l'oxyde de carbone, une combinaison de ce gaz avec l'hématine, combinaison qui présente une coloration rouge.

s'agit dans ce cas de grandes quantités d'oxyde de carbone et que c'est principalement et presque exclusivement ce gaz qui a déterminé la mort, tandis que dans l'empoisonnement par les vapeurs de charbon et surtout la suffocation par la fumée, il faut tenir compte de la grande quantité d'acide carbonique qui, par lui seul, peut entraîner la mort. Si le sang, par l'une des raisons indiquées, ne contient que très peu de carbone, les caractères spectroscopiques de la solution aqueuse du sang peuvent être combinés, c'est-à-dire qu'une partie du sang est réduite par le sulfhydrate d'ammoniaque, et que l'autre partie contenant de l'oxyde de carbone ne l'est pas. On voit, dans ce cas, les premières raies d'absorption persister, mais l'espace intermédiaire s'obscurcir d'autant plus qu'il y a plus d'oxyhémoglobine dans la solution.

L'hémoglobine oxycarbonée résiste longtemps à la putréfaction. Nous avons pu plusieurs fois, en conservant dans des tubes à réaction du sang d'individus ayant été empoisonnés par le gaz de l'éclairage ou des vapeurs de charbon, retrouver le sang après deux et trois mois avec sa coloration rouge clair et les caractères spectroscopiques de l'hémoglobine oxycarbonée. Dans un cas, communiqué par Serkawski, Blumenstock a pu retrouver de l'oxyde de carbone dans le sang cinq jours après la mort (1). La possibilité de cette constatation a cependant une limite et nous tenons à faire remarquer que si le sang a déjà perdu sa couleur, il ne faut pas conclure de la persistance des deux raies d'absorption, après addition de sulfhydrate d'ammoniaque, à l'existence d'hémoglobine oxycarbonée, parce que le sang peut par la putréfaction, surtout en présence d'une quantité considérable d'ammoniaque, se transformer au bout de quelque temps en hématine qui présente des caractères spectroscopiques analogues. Mais ce sang a perdu sa couleur, se trouble fortement quand on l'étend d'eau et présente au début des raies d'absorption à peine visibles ou seulement une ombre dans le vert, et ce n'est qu'après l'addition de sulfhydrate d'ammoniaque que deviennent nettes les deux raies d'absorption, dont l'une, c'est-à-dire celle qui est près du rouge, se distingue par sa noirceur et sa délimitation brusque.

Parmi les maladies qui peuvent persister après un empoisonnement par l'oxyde de carbone, on a décrit principalement les processus diphtéritiques dans le pharynx. Nous avons pu observer le début de cette diphtérie sur un individu qui était mort dix-sept

(1) *Virchow's Jahresb.*, 1874, I, 576.

heures après avoir été trouvé dans une atmosphère de vapeur de charbon et sur une jeune fille qui fut retirée évanouie d'une chambre incendiée et était morte au bout de quelques jours. Dans un cas décrit aussi par Rochelt (1), nous avons observé chez un homme vigoureux, après un empoisonnement par le gaz de l'éclairage uue idiote primitive avec une perte de la sensibilité de la peau et, une parésie qui ne disparurent qu'au bout de quelques mois. Casper a décrit une attaque de manie transitoire dans l'ivresse due à l'oxyde de carbone, et nous trouvons un cas plus récent concernant un ouvrier étourdi par le gaz de l'éclairage (2).

L'empoisonnement par l'*acide carbonique* peut avoir lieu dans des espaces fermés, dans lesquels des substances organiques se putréfient (fosses) ou fermentent (caves à bière et à vin), dans des endroits où l'acide carbonique se forme par une décomposition de carbonates, particulièrement du carbonate de chaux, comme par exemple dans les puits et au voisinage des fours à chaux ou à tuiles, dans les meules de charbon et dans les locaux où des individus sont forcés de respirer leur propre air d'expiration. Ce dernier mode d'empoisonnement peut se produire quand on enferme des individus, par exemple des enfants, dans des espaces étroits (malles ou coffres) ou dans des locaux fermés où se trouve une agglomération considérable de personnes. Husemann (3) cite de ces cas saisissants. C'est ainsi que dans le fort William, à Calcutta, on enferma cent quarante-six personnes dans un endroit fermé ne mesurant que vingt mètres carrés : au matin, on trouva cent vingt-trois morts. En 1742, on enferma dans le corps de garde de Saint-Martin, à Londres, mesurant six mètres carrés et six mètres de hauteur, vingt-huit personnes dont quatre furent trouvées mortes le lendemain. L'acide carbonique forme également une partie constituante des vapeurs de charbon et des gaz des fosses d'aisance. La mort a lieu avec les symptômes de l'asphyxie et subitement ou progressivement selon la quantité d'acide carbonique contenue dans l'air. Le résultat de l'autopsie est le même que celui qu'on trouve après la mort par asphyxie.

§ 17. — EMPOISONNEMENT PAR L'HYDROGÈNE SULFURÉ.

L'empoisonnement *par l'hydrogène sulfuré*, dont 0,12 p. 100

(1) Rochelt, *Wiener, Med., Presse*, 1875, n° 49.
(2) *Jahresb. f. Pharmacie*, 1870, p. 540.
(3) Husemann, *Toxicologie*.

mêlé à l'air est déjà capable de tuer un chien, a lieu principalement par ce qu'on appelle le plomb, lorsqu'on vide des fosses d'aisance qui sont restées longtemps fermées, particulièrement en été. Ce gaz est un mélange d'acide carbonique, d'hydrogène sulfuré et d'air atmosphérique et peut contenir jusqu'à 8 p. 100 d'hydrogène sulfuré. Ce dernier constitue également la partie principale de ce qu'on appelle les gaz des fosses à tan (jusqu'à 16 p. 100) avec une grande quantité d'acide carbonique. Il est également contenu dans le gaz de l'éclairage, ainsi que dans les gaz de la poudre (des mines).

L'individu, dans ces cas, s'affaisse, en général, subitement avec les signe de l'asphyxie.

Les lésions trouvées à l'autopsie sont analogues à celles qu'on trouve après la mort par asphyxie. Casper a indiqué, comme un signe particulier, une coloration noire (d'encre), d'autres, une coloration d'un vert sale du sang.

Dans les cas où nous avons fait l'autopsie, le sang présentait les caractères ordinaires du sang de l'asphyxie, quand l'autopsie était faite peu de temps après la mort; nous n'avons pas non plus trouvé une destruction des globules sanguins que quelques auteurs auraient constatée. Nous avons observé les mêmes signes dans plusieurs expériences que nous avons faites sur des animaux. Par contre, la putréfaction arrive très rapidement chez ces cadavres pour des raisons faciles à comprendre, aussi le sang perd-il vite sa couleur et les globules éprouvent-ils rapidement les altérations connues de la putréfaction (1). Dans les cas de mort dans les fosses d'aisance, la mort peut arriver par submersion dans le liquide de la fosse dans laquelle serait tombé un individu étourdi par le plomb. On trouve le plus souvent, dans ce cas, des matières fécales aspirées dans les voies respiratoires et dans l'estomac.

(1) Si on mêle de l'hydrogène sulfuré au sang, celui-ci se colore rapidement en vert, parce que l'hydrogène sulfuré forme avec la matière colorante du sang (hématine ou hémoglobine) un corps particulier coloré en vert. Le sang présente aussi un spectre spécial, c'est-à-dire un effacement des raies de l'hémoglobine et une raie d'absorption dans le rouge. Nous n'avons jamais trouvé ce spectre dans le sang d'individus empoisonnés par l'hydrogène sulfuré, quand le cadavre n'était pas encore putréfié, ni dans celui des animaux qu'on a tués par ce gaz, et on peut se convaincre facilement par des expériences que, pour obtenir la coloration verte et le spectre spécial, il faut que le sang contienne une quantité d'hydrogène sulfuré tellement considérable qu'il est impossible de la rencontrer dans l'empoisonnement par l'hydrogène sulfuré.

§ 18. — EMPOISONNEMENT PAR L'ACIDE PRUSSIQUE.

Dans les cas médico-légaux, l'acide prussique se présente en nature ou sous forme d'un cyanure métallique.

L'*acide prussique* officinal d'Autriche renferme 2 p. 100 d'acide prussique anhydre (dose maxima 5 centig. ou 2 gouttes en dose unique, et 2 décigram. ou 8 gouttes par jour). Pour l'acide prussique anhydre on considère 5 à 6 centigrammes comme une dose toxique pour un adulte. L'acide prussique forme un des éléments de l'eau d'amandes amères, de l'eau de laurier-cerise, et de l'eau de cerises noires. L'acide prussique contenu dans les substances médicales provient de l'amygdaline qui se trouve dans certaines parties de ces plantes. Celle-ci en présence de l'eau se décompose, à cause de l'émulsine qu'elle contient, en acide prussique, en essence d'amandes amères et en sucre. C'est pour cette raison que les parties de plantes contenant ces substances peuvent elles-mêmes devenir toxiques, comme les amandes amères dont 4 à 6, d'après Husemann, suffisent pour empoisonner un enfant. On connaît un cas de suicide par les amandes amères (1). L'essence d'amandes amères du commerce renferme habituellement de l'acide prussique et est très toxique, tandis que l'essence d'amandes amères pure ne peut être nuisible qu'en qualité d'essence éthérée et par conséquent à haute dose seulement. Certaines liqueurs renferment également de l'acide prussique comme le persico, le marasquin, pour la fabrication desquelles on emploie des grains de noyaux de cerises et de pêches.

Parmi les cyanures métalliques, sont surtout toxiques ceux qui mélangés à des acides, donnent à froid de l'acide cyanhydrique et parmi ceux-ci le *cyanure de potassium* occupe le premier rang. Le ferrocyanure de potassium et les sels doubles analogues sont généralement considérés comme non toxiques, parce qu'ils ne donnent de l'acide cyanhydrique que par la chaleur. Mais il paraît pourtant que dans certaines circonstances ils peuvent agir comme poison. Ainsi Sonnenschein (2) relate un cas où un fabricant de couleurs après avoir pris du ferrocyanure du potassium et de l'acide tartrique mourut rapidement avec les symptômes d'un empoisonnement par l'acide prussique. Jirusch cite également un cas où un homme a pris du ferrocyanure de potassium dans un but de sui-

(1) Maschka, *Wiener Med. Wochenschr.*, 1869, p. 838.

(2) *Loco cit.*, p. 170.

cide et qui guérit après des vomissements ; dans ceux-ci on trouva non seulement du ferrocyanure, mais encore de l'acide prussique libre (1). Enfin, dans les derniers temps, Wolz (2) a relaté un cas où l'on a ingéré un mélange de ferrocyanure de potassium et de salpêtre et où la mort est survenue avec les symptômes d'un empoisonnement par l'acide prussique.

On sait que le suicide par le cyanure de potassium est très fréquent. A Vienne seul on en a constaté 32 cas en 1874, 27 en 1875, par contre un seul cas de suicide par l'acide prussique en 1875. Cette fréquence s'explique non seulement parce que tout le monde sait que ce poison amène très rapidement et sûrement la mort, mais encore parce qu'on peut se le procurer très facilement depuis que le cyanure de potassium est fréquemment employé dans l'industrie, principalement dans la galvanoplastie et la photographie. Ces raisons font également que ce poison est employé fréquemment dans un but criminel et cela d'autant plus qu'il peut être donné facilement dans des liqueurs, surtout les liqueurs spiritueuses. En effet on connaît un grand nombre d'empoisonnements criminels par ce poison, non seulement d'une personne, mais encore de toute une famille, comme nous avons eu l'occasion de l'observer deux fois. Les empoisonnements accidentels par le cyanure de potassium, soit en médicaments, soit en boissons, sont relativement rares. Parmi ceux-ci nous trouvons entre autres le cas cité par Tardieu (3) et concernant un photographe qui, voulant effacer sur ses doigts des taches de nitrate d'argent, avait employé du cyanure de potassium en substance, s'affaissa subitement en présentant les signes d'un empoisonnement par l'acide prussique et se trouva en danger de mort pendant huit heures, parce qu'il lui était resté sous l'ongle un petit morceau de ce sel qui avait corrodé la peau à cet endroit.

D'après Husemann 2 grains et demi (18 centigr.) de cyanure de potassium correspondent à un grain (0,073 gramme) d'acide prussique, et doivent par conséquent être regardés comme une dose mortelle (Falck donne comme dose normale pour une dose unique 0,003 — 0,03 et pour un jour 0,1 gramme). Le cyanure de potassium se présente ordinairement en bâtons analogues à ceux de la potasse caustique ou en tablettes, ou en morceaux irréguliers. Il est blanc, de structure cristalline et dégage une forte odeur d'acide prussique. Cette odeur provient de ce que l'acide carbonique de l'air décompose déjà le sel et met l'acide prussique en liberté. De même, les acides les plus faibles, par exemple ceux

(1) *Zeitschrift der czechischen Aerzte*, 1875, p. 399.

(2) *Vierteljahrsch. f. gerich. Med.*, 1877, XXVI, p. 57.

(3) Tardieu, *Etude médico-légale sur l'empoisonnement*, 2e édit. Paris, 1875.

du vin, du vinaigre et encore plus ceux de l'estomac, déplacent avec une grande facilité l'acide prussique; c'est ce qui explique son action rapide. Il a un goût fortement alcalin, est déliquescent, très soluble dans l'eau, et soluble dans de l'alcool faible. Sa solution aqueuse se décompose très rapidement et devient brune en donnant naissance à de l'ammoniaque et du formiate de potasse.

I. — Phénomènes de l'empoisonnement.

Les *symptômes* qui se montrent après l'empoisonnement par l'acide prussique ressemblent beaucoup à ceux que nous avons observés dans l'asphyxie, surviennent et marchent d'une façon aussi foudroyante que celle que nous observons après l'arrêt de la respiration. En général, l'individu s'affaisse quelques instants après avoir avalé le poison, est atteint de dyspnée, perd connaissance, présente de violentes convulsions cloniques et meurt au bout de quelques minutes. Nous avons presque toujours observé dans nos expériences sur les animaux ce qu'on appelle les mouvements respiratoires ultimes, la persistance du choc du cœur pendant quelque temps, des mouvements de déglutition et souvent des vomissements immédiatement après la chute, surtout dans l'empoisonnement par le cyanure de potassium. Cependant tous les empoisonnements par l'acide prussique ou le cyanure de potassium n'ont pas toujours une marche aussi foudroyante et on a observé plus souvent des cas dans lesquels il s'est passé non seulement plusieurs secondes, mais même quelques heures avant que se montrèrent les premiers symptômes de l'empoisonnement, de sorte que les individus étaient encore en état d'accomplir différents actes. C'est ainsi que dans un cas communiqué par Casper une femme qui avait bu de l'huile d'amandes contenant de l'acide prussique (mais probablement déjà décomposé en grande partie) fut encore en état d'enfermer le flacon dans un secrétaire. Dans un autre (1), un prisonnier qui s'était empoisonné la nuit précédant son exécution, put encore cacher le flacon contenant de l'acide prussique dans sa botte et dans un troisième, un homme dans le corps duquel on trouva l'énorme quantité de 7,24 grammes de cyanure de potassium, peut encore après avoir avalé le poison se rendre dans la chambre à coucher de sa femme et lui faire ses adieux (2). Dans un cas communiqué par Taylor, un individu ayant pris ce qu'on appelle de l'essence d'amandes amères (1 partie d'huile

(1) *Friedreichs Blätter*, 1870, p. 454.

(2) Nowak, *Des combinaisons toxiques du cyanogène au point de vue sanitaire et médico-legal* (*Wiener*, *Med.*, *Presse*, 1877, n° 27)

d'amandes amères et 7 parties d'alcool) aurait encore été capable de se rendre dans la cour, de puiser de l'eau et de monter deux étages, après quoi il s'est affaissé et mourut vingt minutes après.

On ne connaît pas encore *la cause* de cette grande toxicité de l'acide prussique. La ressemblance frappante entre les symptômes avec lesquels survient la mort dans l'empoisonnement par l'acide prussique et ceux de la mort par asphyxie, permet de supposer que l'acide prussique a une action d'abord excitante, puis immédiatement paralysante sur la moelle allongée, ou que des traces de ce poison introduites dans le sang rendent difficile ou suspendent dans l'organisme les processus respiratoires. Cette dernière hypothèse trouve un appui dans ce fait, observé par Schoenbein, que de très petites quantités d'acide prussique ajoutées au sang peuvent empêcher l'action catalytique de celui-ci sur le peroxyde d'hydrogène, de sorte que ce dernier donne une coloration brune au sang dont les propriétés spectroscopiques disparaissent dans ce cas. D'après Hope-Seyler et Preyer l'acide prussique formerait comme l'oxyde de carbone, une combinaison chimique avec l'hémoglobine du sang ; mais ce processus n'est pas encore prouvé et, même s'il l'était, il ne serait cependant pas vraisemblable, vu l'extrême rapidité avec laquelle déjà de petites quantités d'acide prussique déterminent la mort, que cette circonstance joue le rôle principal dans l'empoisonnement par l'acide prussique, parce qu'il ne se passe pas un temps assez long pour que l'hémoglobine d'un grand nombre de globules sanguins puisse faire une combinaison avec l'acide prussique. Du reste l'action foudroyante de l'acide prussique se montre également sur les grenouilles qui, on le sait, peuvent supporter pendant longtemps la suppression des fonctions du sang.

II. — Lésions anatomiques.

Quant aux *lésions* qu'on trouve *à l'autopsie*, il y a lieu de distinguer l'empoisonnement par l'acide prussique de l'empoisonnement par le cyanure de potassium.

Dans le premier, à part l'odeur de l'acide prussique dans l'estomac et quelquefois dans d'autres organes, odeur qui n'est pas toujours constante, et à part les signes de la mort par asphyxie, on ne trouve le plus souvent que des résultats négatifs ; la muqueuse de l'estomac ne présente aucune altération, sauf un peu d'injection et quelquefois des ecchymoses qui peuvent être regardés comme une manifestation de l'asphyxie, ce qui ne doit pas nous surprendre, même si on pouvait attribuer à l'acide prussique une action irritante locale, à cause de la grande rapidité avec laquelle la mort survient en général.

Dans l'empoisonnement par le cyanure de potassium, les lésions sont tout autres : dans les cas typiques nous trouvons la muqueuse de l'estomac, particulièrement dans le grand cul-de-sac et au sommet des plis, colorée en rouge sanguin, tomenteuse et ramollie à tel point que les sillons entre les plis peuvent paraître transparents. La muqueuse est couverte en même temps d'un mucus abondant, visqueux, d'un rouge clair ou rouge foncé et, s'il y a un autre contenu, celui-ci est teinté de sang et visqueux. Le contenu de l'estomac est fortement alcalin, donne au toucher la sensation de l'eau de savon et dégage une odeur plus ou moins frappante d'acide prussique que l'on peut remarquer également dans d'autres organes, par exemple, le cerveau et les poumons. La rougeur surprenante et l'état tomenteux de la muqueuse se produisent sous l'action réunie de trois facteurs, c'est-à-dire l'injection ecchymotique de la muqueuse de l'estomac, le gonflement de la muqueuse par le cyanure de potassium et l'imbibition des couches supérieures par la matière colorante du sang dissoute par le cyanure de potassium. De ces trois facteurs, le premier seul agit pendant la vie et est dû à la forte réaction alcaline presque aussi intense que celle de la potasse caustique, et aux propriétés irritantes et même corrodantes du cyanure de potassium qui, même dans les quelques instants qui précèdent la mort, peut déterminer une rougeur et des ecchymoses. Les deux autres facteurs n'agissent qu'après la mort, parce que la production des lésions auxquelles ils donnent lieu, c'est-à-dire du gonflement et de l'imbibition sanguinolente de la muqueuse de l'estomac, analogues à ceux que produit la forte action alcaline des lessives de potasse et de soude, exige un temps assez long. On peut prouver ce fait expérimentalement : si on examine immédiatement après la mort des animaux qu'on a empoisonnés par le cyanure de potassium, on ne trouve aucune trace du gonflement et de l'imbibition sanguine de la muqueuse stomacale, tandis qu'on les observe si l'autopsie est faite quelques heures après la mort ; on peut aussi produire ces mêmes lésions en mettant dans des estomacs hyperémiés de cadavres du cyanure de potassium qu'on laisse agir pendant quelques heures.

On comprend, par ce que nous venons de dire, que l'imbibition sanguine et l'état tomenteux de la muqueuse de l'estomac seront d'autant moins développés qu'on aura pris moins de poison, et nous avons plusieurs fois fait l'autopsie dans des cas où, à cause de la petite dose de poison, ces lésions étaient à peine marquées. Cela arrive surtout dans l'empoisonnement criminel parce que dans ce cas on emploie des doses beaucoup moins considérables que celles qu'on prend dans les cas de suicide. On comprend en outre que le gonflement et l'imbibition sanguine qui sont dus à la potasse seule, manqueront dans les cas où le véhicule, dans lequel le poison a été donné, ou le contenu de l'estomac se combine avec la potasse qu'il rend inoffensive. Cela arrive, par exemple, quand on donne de grandes quantités de poison dans du vin dont l'acide, d'un côté, met l'acide prussique en liberté, d'un autre côté se combine avec la potasse. En effet, sur 3 enfants qui avaient été empoisonnés par leur père avec le cyanure de potassium, nous n'avons trouvé que des altérations insignifiantes dans l'estomac, ce qui s'expliquait par ce fait que le poison avait été administré aux enfants dans du vin aigre.

On peut trouver un gonflement et une imbibition sanguine analogues à celle de la muqueuse de l'estomac et quelquefois du duodénum dans le pharynx, l'œsophage, le larynx, la trachée et même dans les poumons, surtout si par les vomissements, ou peut-être après la mort, des matières contenant du cyanure de potassium ont pénétré dans ces organes ou y ont été aspirées, et y ont déterminé consécutivement un gonflement et une imbibition sanguine. Nous ferons encore remarquer que dans les cas où l'on a pris une solution de cyanure de potassium déjà en voie de décomposition ammoniacale, comme nous avons eu l'occasion de l'observer deux fois, on peut trouver des érosions très nettes sur la muqueuse des organes de déglutition et de l'estomac. Le sang dans les empoisonnements par l'acide prussique et le cyanure de potassium présente les mêmes caractères que le sang de l'asphyxie ordinaire, c'est-à-dire est liquide et foncé. Nous avons cependant trouvé, dans deux cas d'empoisonnement par le cyanure de potassium une coloration rouge clair du sang surprenante, de sorte que le résultat de l'autopsie présentait une grande analogie avec celui que l'on peut observer après l'empoisonnement par l'oxyde de carbone. D'autres auteurs ont observé des cas semblables ; du reste, si on traite le sang par l'acide prussique ou une solution de cyanure de potassium, il prend une coloration d'un rouge clair remarquable. La cause de ce phénomène n'est pas encore connue, et il n'est pas encore prouvé qu'elle soit due à une combinaison de l'acide prussique avec l'hémoglobine (hématine), ni, comme l'admettent Hope-Seyler et Gäthgens (1), que la

(1) *Med. chem. Unters*, 1866 à 1871, p. 140, 258, 325, etc.

coloration rouge clair du sang soit due à ce que, sous l'influence de l'action de l'acide prussique sur le sang, l'hémoglobine abandonne beaucoup plus difficilement son oxygène que dans l'état normal. L'examen spectroscopique de ce sang ne diffère pas de celui du sang normal. Par contre, le contenu sanguin de l'estomac présente souvent le spectre de l'hématine, c'est-à-dire une raie sombre mal limitée ou seulement une ombre dans le vert, qui, après l'addition de sulfhydrate d'ammoniaque, fait place dans le vert jaune à deux raies d'absorption, dont l'une, celle qui est près du rouge, paraît très sombre et très nette : c'est là le spectre de l'hématine réduite Ce spectre du sang de l'estomac n'est nullement caractéristique de l'empoisonnement par le cyanure de potassium, mais se rencontre beaucoup plus souvent dans d'autres empoisonnements par des acides ou des alcalis et dans d'autres genres de mort après lesquels on trouve un contenu sanguin dans l'estomac ; car le sang se transforme déjà en totalité ou en partie en hématine sous l'influence du suc gastrique.

§ 19. — EMPOISONNEMENT PAR LA NITRO-BENZINE.

L'empoisonnement par la *nitro-benzine* est analogue, en ce qui concerne l'odeur, à l'empoisonnement par l'acide prussique. Ce corps connu sous le nom de *fausse huile d'amandes amères*, se trouve aujourd'hui fréquemment à la place de l'huile d'amandes amères vraie, dans la parfumerie, la confiserie, la fabrication des liqueurs, etc. C'est un liquide huileux, jaunâtre, d'une odeur pénétrante d'amandes amères ; on n'en connaît pas la dose mortelle. Cependant dans un cas communiqué par Bahrdt (1), 20 gouttes de ce liquide ont déjà amené la mort d'un jeune homme de dix-neuf ans.

Des cas d'empoisonnement par la nitro-benzine connus jusqu'à présent (2), il résulte que les *symptômes* d'intoxication ne surviennent qu'au bout de une à deux heures et que déjà à cette période on observe une coloration gris-bleu particulière de la peau qui est attribuée par quelques auteurs (Letheby) à une transformation de la nitro-benzine en aniline. Puis surviennent, en général, des coliques, des vomissements, un affaissement subit, une perte de con-

(1) Bahrdt, *Archiv f. Heilkunde*, 1871, p. 320.

(2) Lehmann, *Vierteljahrschr. f. ger. M.*, 1870, XIII, p. 41. — Treulich, *Wr. Med. Presse*, 1870, XI, 13. — Kreuser, *Wurtemb. Med. Correspondenzbl.*, 37, p. 207.

naissance, des convulsions, une dilatation des pupilles, du coma, et la mort. Dans certains cas on a observé une amélioration passagère, surtout le retour de la conscience.

A l'*autopsie* on a trouvé un sang liquide rouge foncé (dans le cas de Bahrdt le sang avait déjà cette couleur à la saignée), une coloration brune des muscles, une injection ecchymotique de la muqueuse de l'estomac et une forte odeur d'amandes amères dans l'estomac et les autres organes. Cette odeur est plus intense et se conserve beaucoup plus longtemps dans le corps que dans l'empoisonnement par l'acide prussique.

§ 20. — EMPOISONNEMENT PAR LA NITRO-GLYCÉRINE, LA DYNAMITE ET LA DUALINE.

Un assez grand nombre d'empoisonnements dus à la *nitro-glycérine* nous engagent à en parler. Ils ont lieu tantôt par l'usage de la nitroglycérine liquide qui constitue une substance claire, oléagineuse, d'un jaune clair, d'un goût sucré et d'une odeur aromatique, ou par la *dynamite* et la *dualine* si employées aujourd'hui comme substances explosives. La dynamite est constituée par de la nitroglycérine mêlée à $\frac{1}{4}$ de son poids de terre et de grès et la dualine par de la sciure de bois ayant macéré dans de la nitro-glycérine. La plupart des empoisonnements sont accidentels (1) ; on en connaît cependant un certain nombre de criminels. Husemann (2) a communiqué un de ces cas et Maschka (3) en cite un autre. La dose mortelle n'est pas encore déterminée ; on sait cependant que $\frac{1}{10}$ à $\frac{1}{8}$ de grain de nitro-glycérine pure peut donner lieu à des symptômes d'empoisonnement. On a observé une terminaison mortelle après l'usage d'une once et une autre après celui de deux gorgées de nitro-glycérine. Il est certain cependant que des doses beaucoup moindres peuvent déterminer la mort puisque 2 à 3 gouttes sont capables de tuer un chien.

Les *symptômes* qu'on a observés pendant la vie sont de la céphalalgie, des coliques, des vomissements et de la diarrhée, une odeur de nitro-glycérine dans les vomissements, une forte accélération de la respiration, des frissons, du vertige, de la stupeur et de la paralysie. Dans un cas de Holst, l'individu mourut six heures et demie après le début des premiers symptômes d'intoxication.

(1) Husemann in *Virchow's Jahresb.*, 1870, I, p. 352 et 436.

(2) Hussemann, *Deutsche Klinik,* 1867, n° 18.

(3) Maschka's, *Gutachten*, 1873, IV, 257.

A l'*autopsie* on ne trouva dans ce cas qu'une injection ecchymotique de la muqueuse de l'estomac.

Dans des empoisonnements par la dynamite ou la dauline il faudra rechercher la terre ou la sciure de bois caractéristiques. Maschka, dans un cas, a pu retrouver le premier dans les aliments empoisonnés.

§ 21. — EMPOISONNEMENT PAR LA STRYCHNINE.

Des plantes qui contiennent de la strychnine ce sont les fèves de Saint-Ignace et surtout la noix vomique (employées par les chasseurs pour la destruction des animaux malfaisants) qui donnent lieu à des empoisonnements accidentels. Führer (1) a rapporté un cas d'empoisonnement criminel d'un enfant âgé de deux jours par la poudre de noix vomique. La dose mortelle de la poudre de noix vomique paraît être pour un adulte de 4 à 12 grammes (Husemann). La dose maxima de la pharmacopée allemande est de 0gr,20 pour une dose unique et de 0gr,60 par jour.

On connaît un grand nombre de suicides par la strychnine ou les sels de strychnine ; le goût excessivement amer de la strychnine, même en solution très étendue, fait que les empoisonnements accidentels sont très rares. Par la même raison il paraît difficile d'administrer secrètement de la strychnine à un individu, sauf par des médicaments. Malgré cela l'empoisonnement criminel par la strychnine a été plusieurs fois observé. On connaît sous ce rapport les procès Palmer (2) et Demme-Trümpy (3). Il y a quelques années, un pharmacien de Prague a empoisonné sa femme par du vin de Malaga contenant de la strychnine et qu'il lui avait donné comme un remède contre l'épilepsie. La dose mortelle paraît être pour un adulte de 4-8 centigrammes, pour un enfant de 7-8 milligrammes. La pharmacopée autrichienne donne comme dose maxima 7 milligrammes par dose unique et 2 centigrammes par jour, la pharmacopée allemande 1 milligramme par dose unique et 3 centigrammes par jour et d'après Falk, en injection sous-cutanée de 0gr,0015 à 0gr,006. Cependant on a observé des cas où la guérison est survenue après l'ingestion de 24 à 50 centigrammes.

(1) Führer, *Vierteljahrsch. f. ger. Med.*, 1876, XXV, 290.

(2) Tardieu, *Memoire sur l'empois. par la strychnine contenant la relation de l'affaire Palmer* (*Ann. d'Hyg.*, 1856, 2e série, tome VI, p. 371 et *Etude médico-légale et chimique sur l'empoisonnement*, 2e édition. Paris 1875).

(3) Maschka, *Vergiftungs-Process Demm. Trumpy* (*Prag. Vierteljahrschrift fur praktische Heilkunde*) tome LXXXVI, 1865.

I. — Phénomènes de l'empoisonnement.

Les premiers *symptômes* d'empoisonnement se montrent en général de quinze à vingt minutes après l'ingestion, mais peuvent aussi se faire attendre une heure et même plus longtemps. Le début des premiers symptômes est retardé particulièrement quand la strychnine a été prise pure, puisque celle-ci est si peu soluble que, d'après Pelletier, il faut 6,667 parties d'eau froide et 2,500 parties d'eau bouillante pour dissoudre une partie de strychnine, tandis que les sels sont très solubles. Les symptômes de l'empoisonnement sont : du malaise, de l'agitation, des tiraillements dans les muscles, de la raideur dans ceux-ci, une sensation de suffocation, du trismus et enfin du tétanos (le plus souvent de l'opisthotonos).

Ce n'est qu'exceptionnellement, quand les doses sont très fortes et les conditions favorables pour une absorption rapide, que la mort survient dans le premier et unique accès. En général, le premier accès cesse après deux à cinq minutes, il survient un intervalle de rémission qui, au bout d'un temps plus ou moins long, fait place à un nouveau paroxysme : celui-ci, par suite de l'exagération de l'irritabilité réflexe, peut être provoqué immédiatement déjà par un très léger ébranlement ou d'autres excitations des nerfs sensitifs périphériques. La conscience est en général conservée, particulièrement dans les intervalles de rémission. Exceptionnellement on a observé de la stupeur, de même une perte complète de la connaissance (1).

Pendant les accès, la respiration, par suite de la contracture des muscles de la respiration, est plus ou moins suspendue et la mort survient en général pendant un accès de suffocation, quelquefois vers la fin ou après une attaque, avec les signes d'une paralysie du bulbe et de la moelle épinière.

Le temps au bout duquel survient la mort après le début du premier accès est d'autant plus court que la dose de poison a été plus grande et que les conditions étaient plus favorables à l'absorption. La mort peut survenir déjà dans le premier quart-d'heure et après un petit nombre d'accès tétaniques, tandis que dans d'autres circonstances il peut se passer deux heures et même plus.

(1) Saint Clair, Gray, *Recueil de 143 cas d'empoisonnement par la strychnine contenus dans la littérature médicale* (*Schmidt's Jahresb.*, 1873, 160, T, p. 15).

II. — Lésions anatomiques.

Le résultat de l'*autopsie* n'offre rien de caractéristique. On a signalé un développement intense et persistant de la rigidité cadavérique, de même qu'une torsion tétanique des membres. Nous avons observé dans deux cas une voussure très prononcée de la plante des pieds avec une extension considérable des pieds; mais ces signes se rencontrent encore assez souvent dans d'autres genres de mort violente. Il est encore douteux que la contracture, due au tétanos, puisse persister assez longtemps après la mort pour être fixée par le début de la rigidité cadavérique, de même qu'il n'est pas prouvé que cette dernière s'établisse au moment de la mort dans l'empoisonnement par la strychnine ou d'autres genres de mort. Des expériences sur des animaux nous ont montré que, même si la mort a lieu dans le plus violent accès de tétanos, les muscles sont cependant relâchés après la mort et ne durcissent que par la rigidité cadavérique consécutive. Les autres signes trouvés à l'autopsie sont en général ceux de la mort par asphyxie : sang liquide et foncé, hypérémies veineuses dans le cerveau et les poumons, et ecchymoses. La formation de ces dernières s'explique non seulement par la suffocation, mais encore et surtout par l'excitation intense du centre vaso-moteur situé dans la moelle allongée et consécutivement par la contracture violente des vaisseaux qui est caractéristique de l'empoisonnement par la strychnine.

Pour reconnaître des cristaux de strychnine qu'on aurait trouvés, on peut rechercher la réaction caractéristique de la strychnine dissoute dans de l'acide sulfurique concentré à l'égard du bichromate de potasse : à cet effet on met le petit cristal à examiner avec une ou deux gouttes d'acide sulfurique concentré sur une soucoupe en porcelaine, et, quand la solution s'est faite complètement ou même seulement en partie, on y ajoute un petit fragment de bichromate de potasse. On remarque aussitôt que les parties voisines se colorent en bleu ou en violet et qu'il se forme déjà des raies violettes, quand on déplace le petit morceau de chromate de potasse avec une baguette de verre.

§ 22. — EMPOISONNEMENT PAR LA BRUCINE.

La brucine a une action tout à fait semblable à celle de la strychnine; la brucine se colore en rouge par l'acide nitrique et se rencontre avec la strychnine dans le *strychnos nux vomica.*

§ 23. — EMPOISONNEMENT PAR LE PICROTOXYNE.

Les fruits du *menispermum coculus*, de ce qu'on appelle la coque du Levant, employés quelquefois pour étourdir les poissons, mais aussi pour falsifier la bière et l'alcaloïde qu'ils contiennent, *la picrotoxine*, donnent lieu, cette dernière à la dose de $0^{gr},2$, à des vomissements et des convulsions aussi bien toniques que cloniques, qui n'ont cependant pas un caractère de mouvement réflexe, comme ceux de l'empoisonnement par la strychnine.

§ 24. — EMPOISONNEMENT PAR LA NICOTINE.

On a observé très rarement des empoisonnements par la *nicotine* pure; celle-ci constitue un liquide oléagineux se colorant en jaune au bout de quelque temps et est contenue dans les feuilles de tabac à la dose de 2 p. 100.

On connaît le cas du comte de Bocarmé qui, en 1850, empoisonna son beau-frère Fourgnies avec de la nicotine qu'il avait préparée lui-même (1). La dose mortelle paraît être pour un adulte de 8-16 centigrammes. D'après Schroff $\frac{1}{32}$ à $\frac{1}{16}$ de grain donnerait déjà lieu à de violents symptômes d'empoisonnement. On a plusieurs fois observé des empoisonnements par des feuilles de tabac employées à l'extérieur et par des liquides dans lesquels avaient macéré des feuilles de tabac.

I. — **Phénomènes de l'empoisonnement.**

On connaît les *symptômes* qu'on éprouve quand on essaie de fumer pour la première fois. On a cependant observé des empoisonnements graves et même mortels par l'usage du tabac à fumer, surtout après des paris. Helvig a vu la mort survenir après dix-sept ou dix-huit pipes qu'un individu avait fumées l'une après l'autre. Ce cas concernait deux frères qui avaient fait un pari pour savoir celui qui fumerait le plus. Brodis a vu une goutte de suc de tabac déterminer la mort d'un chat; Deutsch (2) a observé cependant une guérison chez un homme fort qui avait pris une once de suc de tabac comme remède contre le ténia, toutefois après de violents symptômes d'empoisonnement. Matouschek a observé, il y a quelques années en Bohême, un cas mortel d'empoisonnement d'un petit garçon auquel on avait mis pour plaisanter du suc de tabac dans

(1) Voy. Stas, *Empoisonnement criminel par la nicotine, affaire Bocarmé* (Tardieu, *Étude médico-legale sur l'empoisonnement*, 2e édition. Paris, 1875, p. 915).
(2) Deutsch, *Schmidt's, Jahrb.*, 1851, 70, T, 27.

une pomme de terre. D'après Vohl et Eulenberg (1), il n'y aurait de nicotine ni dans la fumée ni dans le suc de tabac, parce qu'elle se décomposerait quand on fume, mais il s'y trouverait par contre des corps à base de picoline et de pyridine analogues aux bases d'aniline et qui sont toxiques à un haut degré.

Les *symptômes* d'empoisonnement se montrent de bonne heure et consistent en une brûlure dans le pharynx, une augmentation de la sécrétion de la salive, du malaise, des douleurs dans l'estomac, des vomissements, une pâleur et une froideur de la peau, de la céphalalgie, de l'étourdissement, de la perte de connaissance et des convulsions cloniques. Parmi les actions physiologiques, nous citerons la diminution de l'excitabilité réflexe de la moelle, une contracture violente des vaisseaux et l'excitation des centres des mouvements de l'intestin et de l'utérus.

II. — **Lésions anatomiques.**

L'*autopsie*, si on ne trouve pas dans l'estomac l'odeur du tabac, n'offre rien de caractéristique. On a constaté cependant dans certains cas, par exemple dans celui de Bocarmé, des lésions qu'on pouvait rapporter à une violente irritation de la muqueuse des organes de la déglutition et de l'estomac.

§ 25. — EMPOISONNEMENT PAR L'ATROPINE.

Les empoisonnements par l'*atropine* ont, en général, lieu par des baies de belladone ou par des solutions de l'alcaloïde aujourd'hui très répandu par suite de son usage dans la maladie des yeux. La plupart des empoisonnements arrivent accidentellement ou par imprudence. Cependant on a observé quelques empoisonnements criminels par l'atropine. On connaît le cas de la femme Jeanneret qui comme garde-malade a empoisonné plusieurs de ses malades par l'atropine. Il s'est jugé récemment à Vienne un cas de vol avec tentative d'assassinat par l'atropine. La dose mortelle de l'atropine peut être évaluée à 7 ou 8 centigrammes. La dose maxima de la pharmacopée autrichienne est de $0^{gr},002$ en dose unique et de $0^{gr},006$ pour un jour ; celle de la pharmacopée allemande de $0^{gr},001$ et $0^{gr},003$, et en injection sous-cutanée de $0^{gr},001$.

Les *symptômes* d'empoisonnement se montrent au bout de quel-

(1) *Vierteljahrsch. f. ger. Med.*, 1871, XIV, 249.

ques minutes et consistent en un tremblement des muscles, de l'étourdissement, un état d'ivresse avec délire lucide, une accélération du pouls, une rougeur de la face, une dilatation énorme des pupilles, des convulsions et même du trismus, plus tard des paralysies musculaires locales, une dysphagie, une respiration faible, une paralysie généralisée, et la mort. Dans un cas décrit par Gross, de Philadelphie (1), une femme à laquelle on avait donné par erreur 3 grains d'atropine dans une pilule, succomba au bout de quinze heures avec les symptômes ci-dessus mentionnés.

A l'*autopsie* on ne trouve aucune lésion caractéristique, si ce n'est une dilatation de la pupille et éventuellement des restes de baies de belladone dans l'estomac qui colorent le contenu de l'estomac en rouge.

§ 26. — EMPOISONNEMENT PAR LA DATURINE ET L'HYOSCYAMINE.

Les différentes parties, particulièrement les semences, du *datura stramonium* et de l'*Hyosciamus niger*, ainsi que les alcaloïdes qui en proviennent, la *daturine* et l'*hyoscyamine*, donnent lieu aux mêmes symptômes que l'atropine ; quinze à vingt semences ont amené chez des enfants des symptômes graves et même la mort.

§ 27. — EMPOISONNEMENT PAR LA DIGITALINE.

L'empoisonnement par la *digitaline*, le principe actif de la digitale (*digitalis purpurea* L.) est devenu l'objet de recherches attentives à l'occasion du procès du médecin La Pommerais (2). On a également observé des empoisonnements médicinaux par les feuilles de digitale. Köhnborn (3) a publié le cas d'un empoisonnement par la poudre de digitale de deux hommes dont l'un mourut. Tous les deux avaient pris la digitale en pilules qu'ils avaient achetées d'un individu pour se rendre malades et se libérer ainsi du

(1) Gross, *Empoisonnement par l'atropine* (*British and foreign medico-chirurgical Review, Friedreich's Blätter*, 1870, p. 457 et *Union médicale*, 3ᵉ série, tome X, p. 396).

(2) Voy. Tardieu et Roussin, *Relation médico-légale de l'affaire Couty de la Pommerais, empoisonnement par la digitaline* (*Ann. d'Hyg. publ. et de Méd. légale*, 1864, 2ᵉ série, tome XXII, p. 80 et *Etude medico-légale et clinique sur l'empoisonnement*, 2ᵉ édition, Paris, 1875).

(3) Köhnborn, *Vierteljahrschr. f. ger. Med.*, 1876, XXIV, 278. Celui qui mourut avait pris dans l'espace de quatre semaines, 137 pilules avec environ 16-17 grammes de poudre de digitale

service militaire et une enquête ultérieure a montré que cet individu depuis dix ans faisait métier de faire exempter les jeunes gens du service militaire et était connu dans la contrée comme *exempteur* « Freimacher », mais que ce n'est que dans les dernières années qu'il avait employé dans ce but des pilules de digitale.

La dose maxima de poudre de feuilles de digitale est pour un adulte, d'après la pharmacopée autrichienne, de $0^{gr},2$ pour une dose unique, de $0^{gr},6$ pour un jour, d'après la pharmacopée allemande, de $0^{gr},3$ et 1 gramme. Pour la digitaline, dont il y a plusieurs sortes dans le commerce, la dose maxima est, d'après la pharmacopée autrichienne, de $0^{gr},002$, d'après Falk, de $0^{gr},005$ pour une dose unique et de $0^{gr},01$ et, d'après Falk, de $0^{gr},02$ pour un jour.

Les *symptômes* d'empoisonnement consistent en malaise, perte de l'appétit, vomissements, quelquefois diarrhée, une diminution de la fréquence du pouls, une grande faiblesse musculaire, de la céphalalgie, plus tard des évanouissements, du vertige, des troubles de la vue (la dilatation de la pupille n'est pas constante), de la perte de connaissance et finalement de la paralysie du cœur. Le ralentissement du pouls est dû à l'action de la digitale sur les centres moteurs intracardiaques qu'elle paralyse et qui finalement déterminent l'arrêt du cœur en diastole. Ce qui est remarquable, c'est l'action s'accumulant de la digitale qui fait que des doses inoffensives, longtemps continuées, peuvent déterminer des empoisonnements.

Après les empoisonnements par la digitale, on ne trouve pas de signe caractéristique à l'*autopsie*. Dans le cas de Köhnborn on a constaté les signes d'un catarrhe de l'estomac, une injection ecchymotique de la muqueuse, en outre, dans le contenu de l'estomac de petites parcelles vertes que l'on a pu reconnaître au microscope comme des débris de feuilles de digitale, particulièrement par les poils articulés caractéristiques des feuilles de digitale.

§ 28. — EMPOISONNEMENT PAR L'HELLÉBORE, LE VERATRUM, L'ACONIT.

L'hellébore, *le veratrum*, *l'aconit*, *la colchique* et leurs alcaloïdes paraissent avoir la même action que la digitaline.

§ 29. — EMPOISONNEMENT PAR LES CHAMPIGNONS.

Schmiedeberg et Koppe (1) ont trouvé comme principe actif des

(1) Schmiedeberg et Koppe, « *Das Muscarin, das giftige Alkaloid des Fliegen-*

champignons vénéneux, surtout de l'*amanita muscaria*, la muscarine, alcaloïde cristallisable, soluble dans l'eau et l'alcool et n'étant pas précipité par une solution de tannin des solutions acides. La muscarine qui tue les chats déjà à la dose de 2-4 milligrammes est un poison cardiaque et détermine l'arrêt du cœur par l'excitation des appareils modérateurs situés dans le cœur même. Ce sont les mêmes appareils qui sont paralysés par l'atropine, puisque cet alcaloïde fait cesser l'arrêt du cœur dû à la muscarine (L. Hermann).

Dans l'empoisonnement par des champignons vénéneux on observe une augmentation de la sécrétion de la salive, des vomissements, un ralentissement du cœur, en général, un rétrécissement de la pupille, du vertige, des coliques, du ténesme et de la dyspnée à laquelle succèdent des convulsions et la mort.

On ne trouve pas de lésions caractéristiques à l'autopsie. Il faudra rechercher dans l'estomac les restes du champignon pour examiner ses caractères botaniques. Taylor rapporte un cas remarquable dans lequel un empoisonnement par l'arsenic fut pris pour un empoisonnement par des champignons vénéneux.

CHAPITRE VI

LA MORT PAR DIVERSES AUTRES SUBSTANCES POUVANT DONNER LIEU A DES EXPERTISES MEDICO-LEGALES.

Le paragraphe 240 du projet de réforme du Code pénal autrichien et le paragraphe 229 du Code pénal allemand mentionnent, en outre des poisons, d'autres substances qui peuvent nuire à la santé. La loi vise, d'une part, les substances qui ne produisent des effets nuisibles à la santé qu'à des doses élevées, et qui pour cette raison n'ont pas été considérées comme des poisons dans le sens ordinaire, d'autre part, elle comprend évidemment aussi les poisons appelés *poisons mécaniques* et enfin les *poisons organisés*.

ART. 1er. — POISONS MÉCANIQUES.

Dans les anciennes toxicologies les poisons mécaniques formaient un chapitre spécial. On comprenait parmi ceux-ci des substances qui, étant introduites dans l'intérieur du corps, peuvent devenir nuisibles d'une façon mécanique.

Parmi ces substances, le *verre en poudre* a joué de tout temps un grand rôle, et dans le peuple cette substance passe effectivement pour avoir des propriétés

pilzes. » Leipzig, 1869. — Schmiedeberg et Hanarch, *Med. Centralbl.*, 1875, p. 238 et *Arch. f. exper. Pathol.*, IV, 168.

vénéneuses, car à plusieurs reprises elle a été administrée dans des vues criminelles surtout à des enfants. Dans ces cas, il faut distinguer si le verre a été administré sous forme de farine très fine ou de poudre plus grossière. Husemann (1) tient la première pour inoffensive. De la poudre de verre en gros grains peut produire des phénomènes d'irritation violente de l'estomac et de la muqueuse de l'intestin. Des lésions de ce genre se sont présentées dans un cas décrit par Maschka (2) chez une femme de soixante-seize ans à qui on avait administré plusieurs fois du verre pilé dans la soupe ou dans le café.

ART. II. — POISONS ORGANISÉS.

Pour ce qui concerne les *poisons organisés*, il faut compter parmi eux les causes des *maladies zymotiques*, certains *entozoaires* et *parasites*.

Il est difficilement admissible que ces substances puissent être transmises intentionnellement; par contre toutes les atteintes à la santé, causées par la négligence, peuvent devenir le sujet de poursuites judiciaires (3). Ainsi Osterlen (4) mentionne un cas où plusieurs individus furent accusés d'avoir propagé, par leur négligence, la variole et furent condamnés pour ce fait.

Parmi les *entozoaires* il faut mentionner surtout les *trichines;* la fréquence de la transmission des trichines a déterminé le Code allemand à mentionner particulièrement ce cas, au paragraphe 367 ainsi conçu :

Est puni d'une amende s'élevant jusqu'à 50 thalers ou de prison.....

7. Celui qui met en vente ou qui vend des boissons ou comestibles, falsifiés ou corrompus, et surtout de la viande trichinée. Le paragraphe 22 du *Régulativ* (v. page 423) vise expressément l'empoisonnement par les trichines.

Vu le grand nombre des publications sur la trichine et leur propagation générale (5) nous nous bornons à rappeler que les trichines, en arrivant avec la viande à moitié digérée de l'estomac dans l'intestin, sortent de leur enveloppe et se multiplient aussitôt avec une rapidité étonnante, car une seule trichine de muscle peut produire jusqu'à 1,000 trichines vivantes. Les trichines nouvellement nées commencent à émigrer dès la première semaine, traversent les parois de l'intestin, se dirigeant vers les parties charnues (muscles) où elles s'établissent et, quand elles ont fini leur croissance, s'enroulent et s'enkystent. L'émigration des trichines est la plus forte dans la première semaine; cependant elle peut durer jusqu'à quatre semaines et au delà. A la suite de ces processus, il se produit chez les individus des phénomènes d'irritation de l'intestin, plus tard de la fièvre, des douleurs lancinantes dans les membres avec tuméfaction de ceux-ci, de l'œdème et de la gêne de la respiration. La maladie se termine soit par la mort et cela le plus souvent au degré aigu de la maladie, soit par la guérison après une longue maladie, les

(1) Huseman, *l. c.*, 4.

(2) Maschka's *Gutachten*, II, 213.

(3) Voy. Tardieu, *Etude médico-légale sur les maladies produites accidentellement ou involontairement par imprudence, négligence ou transmission contagieuse, comprenant l'histoire medico-légale de la syphilis*. Paris, 1879, 1 vol. in-8.

(4) Osterlen, *Vierteljahrssch. f. ger. Med.*, 1875, XXIII, 265.

(5) Voyez Delpech, *Les trichines et la trichinose, chez l'homme et chez les animaux*. Paris, 1866, in-8. — Scoutetten, *Études sur les trichines et sur les maladies qu'elles déterminent chez l'homme*. Paris, 1866, in-8.

trichines émigrées dans des muscles s'y enkystant et y restant la vie entière. Le nombre des affections trichiniques constatées parmi les hommes jusqu'à 1872 s'élève à 1,500, dont 300 ont eu une terminaison fatale.

Dans des cas de ce genre, le contenu de l'estomac, de la partie supérieure et de l'intestin grêle, les muscles, surtout le diaphragme, les muscles de la poitrine et du cou doivent être examinés au microscope, et on devrait faire attention au degré de développement des trichines trouvées, ce qui, joint à leur état de diffusion et à la durée de la maladie, peut servir à résoudre la question de savoir : si la trichinose est en rapport de causalité avec l'usage de certaines viandes ou non.

CHAPITRE VII

LES ATTENTATS A LA VIE ET A LA SANTE PAR VIOLENCES PSYCHIQUES.

Il est hors de doute que des violences psychiques soudaines, comme la peur, l'effroi et d'autres émotions, peuvent produire des altérations de la santé. Nous avons parlé de l'état névropathique et psychopathique qui peut se manifester à la suite de l'excitation d'esprit survenue à la suite d'attentats à la pudeur et de viol; en traitant de « la perte de la parole à la suite des mauvais traitements », nous avons aussi appelé l'attention sur ce point que cette perte peut être déterminée également par une frayeur subite. Dans des cas semblables, il s'agit, soit de simples violences psychiques, comme la peur, l'effroi soudain, etc., soit de leur combinaison avec des violences dans le sens strict du mot, ou avec d'autres mauvais traitements pouvant consister simplement en douleurs infligées ou en sévices, comme dans les attentats aux mœurs, ou en aspersion d'eau froide, etc. (1).

Maschka cite un cas intéressant de cette première catégorie, où un homme, bien portant, mais très poltron, à la vue de trois hommes qu'il rencontra, le soir

(1) Nous avons eu deux fois l'occasion d'observer une perte de la parole, persistant pendant plusieurs jours, à la suite d'une aspersion soudaine avec de l'eau froide, et une autre fois à la suite d'une chute accidentelle dans l'eau. Dans un de ces cas, la jeune fille en question avait été réveillée de cette façon. Maschka (Maschka's *Gutachten*, III, 33) rapporte un cas semblable.

dans une forêt, bien qu'il fût accompagné lui-même par deux hommes, eut une frayeur telle qu'il commença à trembler violemment ; les premiers ayant par plaisanterie simulé une attaque, il s'enfuit et tomba évanoui au pied d'un arbre ; après avoir repris connaissance, il tomba dans un état d'exaltation telle qu'il se démenait comme un fou et ce fut seulement au bout de trois heures qu'il redevint calme. L'insomnie, le tremblement et la faiblesse persistèrent encore pendant quelques jours (1). Cette atteinte à la santé a été considérée par les médecins comme une violence grave dans le sens du paragraphe 152 du Code pénal autrichien, et comme une violence légère par la Faculté de Prague, qui a fait valoir la disposition individuelle particulière de cet homme, et a fait remarquer que cette plaisanterie grossière ne pouvait être regardée comme une action capable, d'après ses conséquences naturelles faciles à connaître de chacun, de constituer un danger pour la vie ou la santé d'un homme, au sens du paragraphe 335 du Code pénal.

Les cas où des états névropathiques et psychopathiques se sont manifestés après une frayeur subite, etc., sans qu'il y ait eu de poursuite correctionnelle, sont nombreux et on sait que de tout temps on a établi un rapport de causalité entre ces violences psychiques et le développement des maladies mentales et surtout des états convulsifs (épileptiques). Dans un rapport présenté à la Société royale impériale des médecins, le 26 février 1875, Leidesdorf a produit des tableaux concernant l'épilepsie d'où il ressort que la frayeur et le traumatisme de la tête en sont les causes les plus fréquentes. Les observations de Koth étudiant l'influence de la frayeur pendant le bombardement de Strasbourg sur le développement des maladies (2) sont très intéressantes sous ce rapport. Les maladies les plus diverses ont été produites d'une façon évidente par une frayeur soudaine (chute de bombes dans le voisinage immédiat) ou du moins aggravées d'une façon notoire. Parmi les affections du système nerveux central, on a observé trois fois de la paralysis agitans et cinq fois de la paraplégie, ainsi que des paralysies subites de quelques extrémités (3), de violents tremblements et une perte de la parole persistant pendant plusieurs heures. En fait d'affections du système génital, Koth a observé une fois la suppression des règles avec des phénomènes hystériques consécutifs, de nombreux avortements, et une fois une absence de douleur pendant vingt-quatre heures, quand la tête était déjà à l'entrée du vagin (4). Chez un homme tout à fait bien portant jusque-là, il se produisit une irrégularité dans les contractions du cœur ; le lendemain il survint des palpitations, sans que l'on pût découvrir d'autre anomalie au cœur.

Enfin on a constaté quelquefois de l'hémoptysie, et chez trois femmes un ictère

(1) Maschka's *Gutachten*, IV, 17.

(2) Koth, *Berliner klin. Wochenschr.*, 1873, nos 24-27 et *Medec. Centralbl.*, 1872, p. 826.

(3) Jolly rapporte le cas d'une dame qui fut atteinte de paralysie subite à la suite de la frayeur due à la détonation inopinée d'un canon dans son voisinage immédiat (*Med. Centralbl.*, 1874, p. 544).

(4) Voir, au sujet de l'influence des impressions sur la cessation des règles, Schröder, *Maladies des parties génitales de la femme* (Ziemsens *Handb.*, X, 307). D'autre part, certaines hémorrhagies du vagin sont mises en rapport de causalité avec des impressions violentes (Rokitansky, *Wiener Klinik*, 1875, IV, 529). Des cas d'interruption de la grossesse par un tremblement de terre sont mentionnés dans les *Arch. f. Gyn.*, IV, 372.

catarrhal qui s'était formé presque dans l'espace de quelques heures après une vive frayeur.

Des autres états observés à la suite de frayeurs, nous mentionnons la dysphagie nerveuse (mouvements spasmodiques de déglutition) qui comprend aussi l'hydrophobie provenant de la peur (Lorinser), ainsi que des anesthésies, entre autres celle de la rétine (1). Il est possible qu'il faille compter ici aussi les états hypnotiques que Kirschner a vus se manifester, en 1646, chez des animaux à la suite de frayeurs et dont la merveilleuse expérience a été répétée par Czermak (2) et expliquée comme un état hypnotique, cependant Preyer (3) a ramené ce fait à une immobilité causée par la frayeur, et consciente.

On a observé également des morts subites à la suite de frayeurs. Koth (4) a réuni plusieurs cas de ce genre mentionnés par les auteurs (5) Taylor (6) raconte un cas où un homme était accusé d'homicide parce qu'il avait causé la mort d'un garçon à qui il était apparu comme un fantôme.

Nous ne savons guère quelque chose de positif sur la façon dont les violences psychiques peuvent produire les états névropathiques et psychopathiques, les maladies en général et même la mort. Provisoirement il nous faut considérer les affections mentales comme des excitations qui, en agissant subitement et d'une manière intense, peuvent mettre certains centres nerveux, directement ou par voie réflexe, dans un état d'excitation anormale, les paralyser ou déranger la continuité des voies nerveuses. Outre les centres psychiques, ce sont les appareils de la moelle allongée et les appareils vasomoteurs qui semblent réagir subitement sous l'influence des ébranlements de l'esprit; on comprend ainsi pourquoi, après les violences psychiques, on observe le plus fréquemment des psychoses, des convulsions et des troubles de l'action du cœur et des vaisseaux. C'est un fait connu que des violences psychiques sont en rapport étroit avec des phénomènes réflexes et peuvent produire surtout une abolition des actions réflexes; ce fait doit être pris en considération particulière dans des cas de ce genre.

Quoique l'on ne puisse contester que les atteintes à la santé dont nous avons parlé et même la mort puissent se produire à la suite de violences psychiques, même chez des personnes jusqu'alors bien portantes, l'expérience nous apprend cependant que ce sont surtout des individus prédisposés aux névroses ou aux psychopathies,

(1) Hirschler, *Wr. Med. Wochenschr.*, 1874, nos 42-44.

(2) Czermak, *Plugers Archiv*, 1873, VII, 107.

(3) Preyer, *Med. Centralbl.*, 1873, p. 177.

(4) Koth, *loc. cit.*

(5) Il y en a d'autres dans les *Schmidts Jahrsb.*, 1849, vol. 63, p. 96 et 1852 vol. 74, p. 80.

(6) Taylor, *loc. cit.*, I, 566.

ou atteints d'autres maladies qui réagissent d'une façon si insolite contre la frayeur : aussi ne faut-il jamais négliger de relever les commémoratifs dans ce sens et de prendre en considération la constitution névropathique ou psychopathique préexistante, de la présenter dans les rapports comme une « disposition particulière du corps » au sens de la loi, et cela d'autant plus que les violences psychiques en question et les mauvais traitements qui les ont amenées ont été moindres.

Il faudrait aussi songer à la possibilité d'une simulation, car on sait que les évanouissements et les spasmes sont des états qui sont souvent simulés, surtout par les femmes; bien que l'on sache, d'autre part, que c'est précisément le sexe féminin qui montre une prédisposition plus grande à ces maladies, et que, pendant certains états physiologiques comme les menstrues, la grossesse, peut-être aussi l'âge climatérique, cette prédisposition est encore plus prononcée.

Les cas de mort à la suite de frayeur, certainement très rares, doivent être considérés comme provenant de l'arrêt du cœur, mais doivent être appréciés pour le reste comme les états mentionnés plus haut.

CHAPITRE VIII

L'INFANTICIDE.

Législation française.

Code pénal, art. 295. Est réputé *meurtre* l'homicide commis volontairement.

Art. 300. Est qualifié *infanticide* le meurtre d'un nouveau-né.

Art. 302. Tout coupable d'infanticide sera puni de mort.

Législation autrichienne.

Code pénal, § 139. Une mère qui tue son enfant pendant la naissance ou qui le laisse périr en négligeant volontairement les secours nécessaires pendant l'accouchement, lorsque le meurtre a été commis sur un enfant légitime, est passible des travaux forcés à perpétuité. Si l'enfant était un enfant naturel, il y a lieu d'appliquer à la mère dans le cas où elle l'a tué une peine de dix à vingt ans; si elle a laissé périr l'enfant en négligeant les secours nécessaires, la peine est de cinq à dix ans.

§ 339. Une femme non mariée qui se trouve enceinte, doit appeler au moment de l'accouchement soit une sage-femme, soit un accoucheur, soit toute autre femme honorable. Si elle s'est trouvée surprise par l'accouchement ou si elle a été empêchée d'appeler au secours et si elle a fait une fausse couche ou si l'enfant, étant venu au monde vivant, est mort dans les vingt-quatre heures après la naissance, elle est tenue de déclarer son accouchement à une personne autorisée à pratiquer les accouchements ou, à défaut de celle-ci, à une personne représentant l'autorité publique, et de lui présenter le fruit avorté ou l'enfant mort.

Ordonnance du Code pénal autrichien, § 130. Dans les cas où il y a soupçon d'infanticide, outre les constatations qu'il faut faire conformément au paragraphe 129, il faut encore rechercher si l'enfant est né vivant.

Projet de réforme du Code pénal autrichien, § 228. Une mère qui a tué son enfant pendant ou immédiatement après la naissance ou qui est complice de son meurtre, ou qui le laisse périr en négligeant volontairement les secours nécessaires pendant l'accouchement, sera condamnée à dix ans de détention dans une maison de correction au maximum, ou à un an de prison au minimum. Les complices sont punis selon les dispositions qui régissent le meurtre et les blessures mortelles.

§ 458. Une femme non mariée ou séparée judiciairement de son mari, qui met au monde un enfant mort ou dont l'enfant est mort dans les vingt-quatre heures qui suivent la naissance, si elle néglige de faire la déclaration de son accouchement à une personne autorisée à pratiquer des accouchements ou à une personne représentant l'autorité publique, ou si elle ne lui a pas présenté à sa demande l'enfant mort, est passible de la prison.

Législation allemande.

Code pénal allemand, § 217. Une femme non mariée qui tue son enfant avec préméditation, pendant ou immédiatement après la naissance, est condamnée au minimum à trois ans de détention dans une maison de correction. S'il y a des circonstances atténuantes, elle est condamnée au minimum à deux ans de prison.

§ 81. A l'autopsie du cadavre d'un nouveau-né, la recherche doit porter plus particulièrement sur le point de savoir si celui-ci a vécu pendant ou après la naissance, s'il était arrivé au terme de la gestation ou s'il était au moins viable.

On comprend sous le nom d'*infanticide*, dans le sens du Code pénal, le meurtre d'un enfant par sa mère pendant ou immédiatement après la naissance. L'infanticide est un genre spécial d'homicide et est cité particulièrement comme tel par presque toutes les législations, et puni d'une peine moins sévère que les autres genres de meurtre. La raison, pour laquelle ce crime est réputé moins grave, se trouve en partie dans l'appréciation des motifs du meurtre, qui sont essentiellement différents de ceux des autres meurtres, mais surtout dans la prise en considération de l'état d'excitation de corps et d'esprit dans laquelle se trouve la femme pendant ou après l'accouchement. Comme ces causes agissent surtout sur les femmes non mariées, et qui accouchent sans témoins, on comprend que le Code pénal autrichien punisse plus sévèrement le meurtre d'un enfant né dans le mariage que celui d'un enfant né hors du mariage; on comprend aussi que le Code pénal allemand limite explicitement la qualification moins grave d'infanticide au meurtre des enfants nés hors du mariage. Malgré cela, le projet de réforme du Code pénal autrichien a laissé de côté la distinction entre le meurtre d'un enfant né dans le mariage et entre celui de l'enfant né hors du mariage, et il ne parle que de l'infanticide en général.

Parmi les codes européens, le Code pénal français menace explicitement l'infanticide de la peine de mort, tandis que le Code pénal anglais ne connaît pas de différence entre l'infanticide et le meurtre avec préméditation d'un adulte et les punit tous deux de la même peine. Malgré cela, il n'arrive qu'exceptionnellement en France et en Angleterre que des infanticides soient punis de mort. Cela n'arrive pas en France, parce que la loi permet, quand il y a des circonstances atténuantes, de punir de prison au lieu de condamner à mort, permission dont il est fait un usage fréquent (1). En Angleterre, cela n'a pas lieu, parce que la loi a stipulé qu'on ne peut admettre d'infanticide que s'il est prouvé que le meurtre a été commis sur l'enfant après qu'il était né complétement. Comme cela ne peut être affirmé avec une entière précision que dans des cas exceptionnels, il en résulte presque régulièrement un acquittement ou une simple condamnation à deux ans de prison pour dissimulation de naissance. L'absurdité de cette disposition paraît cependant avoir été reconnue à la fin ; en l'année 1873, à la suite des communications de Taylor (2), il fut rendu un bill portant qu'une personne qui aurait tué son enfant, pendant ou immédiatement après sa naissance, est coupable de *félonie* et peut être condamnée à dix ans de travaux forcés au maximum et à deux ans de prison au minimum.

Dans une accusation d'infanticide, l'instruction porte sur ces trois questions principales :

A. L'enfant a-t-il été mis au monde vivant?

B. Combien de temps a-t-il vécu après la naissance ?

C. Quelle a été la cause de la mort ?

ART. Ier. — L'ENFANT EST-IL NÉ VIVANT ?

Cette question est si capitale que c'est sur elle seule qu'on se base pour continuer ou non la poursuite pour infanticide. La poursuite est arrêtée quand le rapport médical conclut que l'en-

(1) Tardieu, *Etude médico-légale sur l'infanticide*, 2e édition. Paris, 1880.

(2) Taylor, *loc. cit.*, II, 438.

fant est mort-né. Il n'y a d'exception que si on peut établir que la mère, ou une tierce personne agissant à sa connaissance et avec son consentement, a tué l'enfant pendant la naissance. La loi prend ce cas en considération en qualifiant d'*infanticide* le meurtre de l'enfant non seulement immédiatement, mais aussi pendant la naissance. Il est clair toutefois que c'est seulement dans des cas très rares qu'il y a lieu de songer à un meurtre pendant la naissance, surtout quand la mère a accouché seule sans l'intervention d'un tiers. Uu cas pareil serait plutôt possible, si des parties de l'enfant étant sorties hors de la vulve et pendant que l'enfant est encore arrêté par les épaules ou la tête, la mère avait ainsi eu le temps et le moyen de blesser gravement ces parties. A notre connaissance le cas rapporté par Bellot (1) est le seul qui puisse être cité comme exemple de cette possibilité. Ce cas était celui d'une personne qui mit au monde secrètement des jumeaux et tua le premier né à coups de sabot sur la tête; pour le second, elle n'attendit pas la fin de la naissance, mais, dès que la tête parut, elle la lui brisa. Il est clair que si un pareil meurtre se produisait réellement, nous pourrions être en état de constater par l'autopsie que le meurtre a été commis pendant que l'enfant vivait; mais nous ne saurions qu'exceptionnellement que le meurtre a déjà eu lieu avant la fin de la naissance.

Si nous observons la manière dont se comportent les nouveau-nés, nous remarquons que, dans l'état normal, l'enfant, après être né, ouvre les yeux, les muscles qui entourent la bouche et le nez se contractent, de même que ceux de la face, comme s'il voulait pleurer; ces mouvements sont suivis de la première inspiration pendant laquelle la bouche s'ouvre, la poitrine et le ventre se gonflent en se portant en avant. Les premières inspirations sont encore dyspnéiques, cependant elles deviennent bientôt rythmiques comme dans la respiration ordinaire. Déjà, après les premières inspirations, l'enfant commence habituellement à crier et en même temps à rendre de l'urine et du méconium.

On peut considérer comme la *cause* de la première respiration l'interruption, ou mieux, la cessation de la respiration placentaire déterminée en partie par la contraction de l'utérus délivré du fœtus, et par le rétrécissement consécutif des veines utérines, en partie par la compression et le détachement du placenta. Le sang, qui dès lors devient hyperveineux, agit d'une façon excitante sur le centre de respiration automatique situé dans la moelle allongée et supprime la première manière de respirer qui est suivie, après que la dyspnée avec laquelle naissent la

(1) Schauenstein, *loc. cit.*, p. 293.

plupart des fœtus a cessé, de la respiration normale et rythmique. Les physiologistes anciens prétendaient que ce sont particulièrement les excitations mécaniques et thermiques de la peau, qui, en agissant sur l'enfant immédiatement après la naissance, déterminent la première respiration. Toutefois il est douteux que de pareilles excitations exercent une influence essentielle dans ce sens (1). Tandis que quelques-uns (Poppel, Kehrer) sont d'avis que l'irritation de la peau peut déjà par elle-même produire des mouvements respiratoires et que Schwartz a constaté également que le retour des inspirations chez les asphyxiés était provoqué par des irritations de peau, Falk veut que l'excitation des nerfs de la peau par une atmosphère plus froide soit regardée, non pas comme un auxiliaire, mais comme un obstacle à la première respiration du nouveau-né.

§ 1er. — PREUVES TIRÉES DU CRI.

Autrefois on attachait une grande importance en droit civil au *cri* de l'enfant nouveau-né, comme preuve qu'il avait vécu. L'ancien droit germanique demandait quand il s'agissait de la succession d'un enfant mort immédiatement après la naissance, « ut vox ejus audita sit intra quatuor parietes domus, in qua natus est ». Dans les accusations d'infanticide, il est souvent question des cris du nouveau-né, soit qu'ils aient été entendus par des témoins, soit qu'il s'agisse de savoir si, la mère étant accouchée à un certain endroit, les cris de l'enfant ont dû être entendus de personnes qui étaient proches ou présentes dans l'endroit même. Dans ces cas, on peut affirmer avec d'autant plus de vraisemblance que l'enfant a crié, que celui ci était plus vigoureux et que sa respiration était plus complète. Chez les enfants faibles ou chez ceux qui par des causes internes ou externes ne peuvent respirer complètement, les cris peuvent ne pas se produire ou être si faibles qu'ils ne puissent être perçus que de très près.

§ 2. — PREUVES TIRÉES DE L'ÉTAT DES POUMONS.

Les modifications qui se produisent dans les *poumons* des nouveau-nés par le commencement de la respiration nous fournissent les points d'appui les plus importants pour résoudre la question : si un enfant, dont on a à faire l'autopsie, est né vivant; ces modifications (2) sur lesquelles reposent tous les procédés de *docimasie pulmonaire* sont produites, premièrement, parce que les poumons jusqu'alors vides d'air s'en remplissent; deuxièmement, parce que la petite circulation du sang prend son entier développement.

(1) Voir Schwartz, *Hirndruck und Hautreize* (*Archiv für Gynäk*, I, 361).

(2) La constitution fœtale des poumons, c'est-à-dire non modifiés encore par la respiration, se présente rarement sur les fœtus nés au terme ou près du terme de la grossesse. Comme la plupart des mort-nés sont morts de suffocation par suite d'une cessation prématurée de la respiration placentaire et font des mouvements respiratoires avant leur mort, la constitution fœtale des poumons est déjà changée par ce genre de mort; mais ce qui est modifié surtout, c'est la quantité de sang qui y est contenue et par suite leur couleur et leur poids primitifs.

I. — Modifications produites dans les poumons par l'aspiration de l'air.

Les modifications éprouvées par les poumons du fœtus à la suite de l'aspiration de l'air, portent sur le *volume*, la *couleur*, la *consistance* et le *poids spécifique*.

1° *Volume des poumons.*

Il est facile de comprendre que les poumons se développent et augmentent d'autant plus de *volume* qu'ils se remplissent plus complétement d'air. Après l'aspiration, les poumons, qui à l'état fœtal constituent de petits organes lobulés occupant seulement la partie postérieure du thorax et qui pour cette raison ne sont pas vus immédiatement après qu'on a enlevé la paroi antérieure du thorax, se sont distendus à un point tel, qu'ils remplissent la plus grande partie de la cavité thoracique et s'avancent tellement par leurs bords dans la partie antérieure de la cavité, que ceux-ci dépassent les parties latérales du péricarde, qu'ils les recouvrent d'autant plus qu'ils se rapprochent davantage, aussi les aperçoit-on dès qu'on ouvre le thorax. Ce gonflement des poumons change aussi la configuration de la surface et des bords de l'organe. Tandis que la surface des poumons d'un fœtus est complétement lisse, comme par exemple celle du foie, et que leurs bords s'amincissent également sous un angle très aigu et pour cette raison ont, dans leurs parties extrêmes, un aspect membraneux et sont transparents, nous trouvons la surface des poumons qui sont gonflés par la respiration moins lisse, à cause de la saillie des alvéoles remplies d'air, et d'autant plus inégale, que les différents lobules ont été plus irrégulièrement dilatés par l'air; les bords des poumons sont en même temps plus ou moins mousses.

2° *Couleur des poumons.*

La *couleur* des poumons, encore vides d'air, est due essentiellement à la quantité de sang qu'ils contiennent. Les véritables poumons de fœtus sont anémiques, la petite circulation n'étant pas encore arrivée à son développement complet; pour cette raison ils montrent cette couleur pâle de chair qui a été souvent comparée à la couleur du chocolat au lait, mais qui ressemble pourtant davantage au rouge-brun. Nous trouvons la même couleur sur les poumons vides de sang qui sont devenus ultérieurement anémiques, ainsi que sur les poumons des fœtus qui ont macéré et présentent une transsudation sanguine abondante dans les cavités pleurales. Le fœtus est-il mort suffoqué et en faisant des mouvements respiratoires prématurés, la couleur des poumons paraîtra d'autant plus sombre qu'ils sont devenus plus riches en sang, et offre alors les nuances les plus diverses, depuis le violet jusqu'au bleu foncé. La couleur est d'autant plus uniforme que l'organe est plus anémique; et sur ces poumons, même quand ils sont riches en sang, la coloration hypostatique plus sombre des parties postérieures n'est pas aussi accentuée que nous sommes habitués à la trouver sur des poumons contenant de l'air.

Avec le commencement de la respiration, la couleur des poumons passe au rouge clair. Comme cette couleur est composée de la couleur du tissu pulmonaire rempli de sang et de la couleur de l'air contenu dans les vésicules pulmonaires, il est facile de comprendre qu'il y aura diverses nuances, suivant que l'une ou l'autre des couleurs l'emportera. Les parties antérieures des poumons ont en général une coloration rouge plus claire que les parties postérieures qui sont plus riches en sang par suite de l'hypostase. Par le même motif, les poumons anémiques deviennent plus clairs que les poumons riches en sang et nous trouverons ceux-ci d'un rouge d'autant plus clair que les alvéoles pulmonaires auront été plus dilatés par l'air et inversement d'autant plus sombres que les poumons auront moins respiré. Comme dans ces derniers cas il survient, par suite de la suffocation, une hypérémie des poumons, nous pouvons trouver des poumons d'une coloration très foncée, quoique ceux-ci contiennent de l'air, tout en n'étant que fort peu gonflés. En effet, nous avons observé, sur des enfants suffoqués immédiatement après la naissance, des poumons dont la couleur à première vue était semblable à celle des poumons d'enfants morts avant l'accouchement par suite de suffocation dite fœtale, bien qu'un examen minutieux et la docimasie nous aient montré un gonflement régulier, mais faible, des cavités pulmonaires. Il s'ensuit que les dénominations de clair et obscur d'une part, de plein d'air et de vide d'air d'autre part, ne se correspondent pas dans toutes les circonstances, comme Falk (1) l'a déjà soutenu avec raison.

Si on examine plus attentivement une partie des poumons remplie d'air par la respiration, c'est-à-dire si on l'examine à la loupe,

(1) Falk, *Des différentes couleurs des poumons des nouveau-nés* (*Viertelj. f. ger. Med.* 1869, X, 1).

on voit que la couleur plus ou moins rouge, claire et uniforme se décompose en un réseau serré de vaisseaux injectés dont les mailles entourent les alvéoles remplis d'air, ce qui forme une espèce de mosaïque ayant une figure très caractéristique. Comme il y a de plus des vaisseaux assez gros qui cheminent entre les lobules des poumons, ceux-ci semblent plus nettement délimités qu'à l'état fœtal, et la surface des poumons prend, à cause de cela, un aspect marmoréen qui ne peut être confondu avec celui qui se produit quand des parties isolées des poumons se remplissent inégalement d'air, ou qu'il subsiste au milieu de parties claires et contenant de l'air des parties atélectiques, obscures et enfoncées. L'aspect régulier des alvéoles pleins d'air, se présentant comme des perles, est très digne d'attention, car il permet déjà de conclure que l'air n'est pas arrivé dans la partie pulmonaire en question par la putréfaction. La pression sur les parties voisines les fait saillir davantage et peut même les faire éclater.

3° *Consistance des poumons.*

Une autre modification éprouvée par les poumons à la suite de la respiration porte sur leur *consistance*. Des poumons vides d'air ont une consistance plus ou moins charnue et une résistance partout égale, peuvent être découpés comme de la chair et sont également denses dans toute la surface de section d'où s'écoule, quand on y fait glisser la main, du sang non écumeux. Les poumons qui ont respiré donnent au toucher la sensation de coussins, crépitent quand on les découpe, montrent à la coupe une structure spongieuse et lâche, et laissent échapper de l'écume sanglante à petites bulles, qui est surtout visible quand on les découpe ou les presse sous l'eau et se trouve non seulement dans le parenchyme pulmonaire, mais encore dans les bronches. Ces modifications présentent aussi des degrés divers de développement et sont d'autant plus éclatantes que l'enfant a respiré plus complétement.

4° *Poids spécifique des poumons.*

Le changement le plus important au point de vue diagnostique dans les poumons, c'est la diminution du poids spécifique, et c'est ce fait qui forme la base de l'épreuve de la *docimasie pulmonaire* ou de l'examen hydrostatique des poumons, prescrit particulièrement, avec la manière d'y procéder, aussi bien par l'ordonnance autrichienne pour la constatation légale des décès que par le « regulativ » prussien (art. 24).

On prétend que le physicien Rugger de Pressbourg a émis le premier, en 1670, l'idée de soumettre les poumons à l'épreuve de la natation, afin de pouvoir décider si un enfant est né vivant ou mort; mais c'est seulement en 1683 que Schreyer, de la petite ville de Zeitz en Silésie, a mis le premier cette idée à exécution dans l'autopsie judicaire d'un nouveau-né. Toutefois il est hors de doute que Galien connaissait déjà ce changement du poids spécifique, car il désigne les changements éprouvés par les poumons à la suite des premières aspirations d'air, par ces mots brefs, mais précis : Substantia pulmonum (per respirationem) ex rubra, gravi ac densa in albam, levem et raram transfertur. Bartholin aussi (1663, Mende, *l. c.*, I,) indiquait déjà comme un fait connu que les poumons qui n'ont pas respiré ne surnagent pas, tandis que ceux qui ont respiré surnagent. Sonnenkalb prétend que la docimasie hydrostatique des poumons a déjà été employée en 1561 par le tribunal saxon de Pegau dans un cas juridique.

La docimasie hydrostatique d'après l'instruction autrichienne se fait ainsi : après avoir constaté l'état du diaphragme, le degré de dilatation des poumons et leur situation dans le thorax, on retire les poumons avec le cœur et le thymus de la cavité thoracique, on prend note de l'état de la surface pulmonaire, de celui des bords et de leur consistance; on met ensuite tous ces organes ensemble dans un vase suffisamment profond et plein d'eau froide, et on voit s'ils surnagent; on détache ensuite le cœur et le thymus, on fait l'épreuve de la surnatation avec chaque poumon; on ne doit pas négliger d'examiner antérieurement le contenu des bronches du hile. Là-dessus on découpe chaque poumon, on l'examine et, après avoir rédigé le procès-verbal de tous ces caractères, on les coupe en morceaux et on voit si les morceaux se maintiennent sur l'eau ou si quelques-uns s'enfoncent ou semblent vouloir s'enfoncer.

Le *regulativ* allemand renferme là-dessus les dispositions suivantes :

§ 24. Si on peut admettre que l'enfant est né après la trentième semaine, il faut rechercher s'il a respiré pendant ou après la naissance. Dans ce but il faut faire l'épreuve docimasique et procéder comme il suit :

a) Déjà après l'ouverture de la cavité du ventre, il faut constater l'état du diaphragme par rapport à la côte correspondante; c'est pourquoi il faut ouvrir d'abord la cavité du ventre, et ensuite seulement la cavité de la poitrine et de la tête.

b) Avant l'ouverture de la cavité thoracique, la trachée-artère doit être liée au-dessus du sternum.

c) Après il faut ouvrir la cavité de la poitrine et constater l'état de dilatation et la position des poumons (cette dernière relativement au péricarde) ainsi que leur couleur et leur consistance.

d) Ouvrir le péricarde et constater son état, ainsi que les caractères extérieurs du cœur.

e) Ouvrir les parties du cœur, établir quel en est le contenu et l'état.

f) Ouvrir le larynx et la partie de la trachée qui est au-dessus de la ligature par une incision longitudinale et constater leur contenu et l'état des parois.

g) Couper la trachée au-dessus de la ligature et l'enlever avec tous les autres organes thoraciques.

h) Après avoir enlevé le thymus et le cœur, il faut soumettre les poumons à l'épreuve de la surnatation dans un vase spacieux, plein d'eau pure et froide.

i) Ouvrir la partie inférieure de la trachée et ses branches, et examiner leur contenu.

k) Faire des incisions dans les deux poumons et faire attention au bruit de crépitement qui peut se faire entendre, ainsi qu'à l'abondance et à la constitution du sang qui s'échappe quand on presse légèrement les surfaces de section.

l) Faire aussi des incisions dans les poumons sous l'eau, pour voir s'il s'échappe des bulles d'air des parties coupées.

m) Les deux poumons doivent être découpés d'abord en leurs lobes et après en morceaux isolés, et on doit essayer les parties pour se rendre compte de leur natabilité.

n) Il faut ouvrir le pharynx et constater son état. Enfin il faut :

o) Faire un examen microscopique quand il y a lieu de supposer que les poumons ne pouvaient pas aspirer de l'air, parce que leurs cavités étaient remplies de substances morbides (hépatisation) ou étrangères (liquide amniotique, méconium).

Comme le poids spécifique des poumons (tissu + sang) n'est, d'après Krause, que de 1,045 — 1,056, de petites masses d'air suffisent déjà à les maintenir sur l'eau et l'épreuve natatoire est pour cela déjà en état de dénoter une petite quantité d'air contenue dans les poumons. Cette circonstance et le fait que, dans l'emploi d'une méthode correcte et systématique, la surnatation des parties isolées des poumons nous montre que l'air est également réparti dans leurs différentes parties, donnent à l'épreuve de la docimasie hydrostatique une importance spéciale comme moyen diagnostique. Toutefois cela ne nous permet pas de nous dispenser de constater les autres conditions plaidant pour ou contre la présence de l'air dans les poumons ni de négliger tout autre examen anatomique de l'organe. Malheureusement il arrive souvent que l'épreuve de la surnatation des poumons fait négliger l'examen des autres caractères, si on ne les laisse pas tout à fait de côté, et que souvent on procède à la dernière partie de l'épreuve natatoire des poumons avant que l'examen anatomique de chaque lobe pulmonaire ait eu lieu, ce qui rend ce dernier examen tout à fait impossible, comme il est facile de le comprendre.

Dans la *docimasie hydrostatique* les poumons peuvent ou surnager plus ou moins ou s'enfoncer dans l'eau. Dans le premier cas, il faut avant tout se rappeler que la surnatation des poumons en elle-même ne prouve qu'une chose, c'est la présence de l'air dans les poumons, mais non l'acte de la respiration. Cette dernière conclusion n'est permise que si les autres procédés, par lesquels l'air a pu pénétrer dans les poumons, peuvent être exclus. Ces procédés sont : *a*) la putréfaction ; *b*) une insufflation d'air.

a) La possibilité de la surnatation des poumons par développement des *gaz de putréfaction* n'est à prendre en considération que si le cadavre porte des traces de putréfaction; elle disparaît absolument en présence d'un cadavre frais. Elle s'exclut également si, la putréfaction étant d'ailleurs assez avancée, les poumons ont conservé encore un aspect tout à fait frais et n'ont pas encore changé de couleur. Sous ce rapport l'expérience nous apprend que les poumons, à cause de leur tissu ferme et composé particulièrement de fibres élastiques, se putréfient relativement plus tard que d'autres organes, par exemple, le foie et la rate, et que les poumons, qui sont vides d'air, résistent plus longtemps à la putréfaction que ceux qui en contiennent, car l'air favorise le commencement et la marche des processus de putréfaction. Toutefois, la putréfaction commençant d'abord par le sang, il faut également prendre en considération la quantité de sang contenu dans l'organe, et comme les poumons des fœtus nouveau-nés, qui sont morts par suffocation, contiennent une quantité considérable de sang, la putréfaction dans ce cas peut survenir encore plus tôt et marcher plus vite que dans les poumons qui ont contenu de l'air. Par là s'explique l'opinion de Tamasia (1) qui, dans ses expériences pleines de mérite sur la putréfaction des poumons, trouva que les poumons qui ont respiré se putréfient cinq à six jours plus tôt que ceux qui n'ont pas respiré et que les premiers se désagrègent plus vite que les seconds.

Déjà dans les premiers degrés de la putréfaction les poumons commencent à changer de couleur; ce changement est produit d'abord par l'imbibition et plus tard par les altérations que la putréfaction opère dans le tissu pulmonaire, mais provient surtout du sang dont l'hémoglobine se décompose en méthémoglobine brun, ensuite en hématine et ses composés verts ou brun foncé. Les premières bulles de putréfaction se montrent dans le sang des grands vaisseaux, ce qui lui donne une consistance écumeuse; plus tard elles se montrent isolément ou par groupes dans le parenchyme pulmonaire, surtout dans les parties imbibées de sang; elles sont visibles même du dehors sous les plèvres, qu'elles soulèvent plus tard sous forme de bulles plus ou moins grandes et pouvant être déplacées. Dans cet état de putréfaction, les poumons se maintiennent d'autant plus facilement sur l'eau qu'ils contiennent plus de bulles de gaz.

A cela Tamasia objecte qu'il n'a jamais vu surnager des poumons en état de putréfaction. Il a remarqué, il est vrai, dans ses expériences des bulles d'air sous

(1) Tamasia, *Sulla putrefazione del polmone* (*Rivista sperim. di med. legal.* 1876, III et IV.)

la plèvre comme dans le parenchyme ; mais celles-ci ne peuvent à son avis soulever le tissu compact des poumons qui n'ont pas respiré, ni les rendre capables de surnager, parce que le tissu se gonfle en même temps par les processus de putréfaction et que son poids spécifique augmente et parce que, quand la putréfaction a lieu dans la terre ou dans l'air, les poumons perdent de l'eau, se rapetissent, se ratatinent et par suite deviennent d'un poids spécifique plus grand, de sorte que les bulles d'air qui se sont formées ne peuvent maintenir les poumons au-dessus de l'eau. Nous pouvons confirmer cette opinion en ce qui concerne les poumons placés dans l'eau, un point sur lequel nous reviendrons. Toutefois nous devons faire remarquer ici que les processus de putréfaction n'ont pas la même marche sur des poumons contenus dans des corps non ouverts que sur des poumons retirés des corps, comme ceux sur lesquels T. a opéré et qu'on peut facilement se convaincre, quand on laisse des enfants mort-nés se putréfier, qu'au bout de quelque temps les poumons non seulement sont traversés de part en part par des bulles de gaz, mais se maintiennent aussi sur l'eau, de même que nous trouvons d'autres organes vides d'air, comme le foie, la rate et même le cœur et le cerveau, pouvant surnager, quand de nombreuses bulles de putréfaction s'y sont développées.

Pour distinguer les poumons putréfiés des poumons qui se sont remplis d'air par la respiration, il est recommandé, quand il n'y a que de grosses bulles d'air, de crever ces bulles et de rechercher ensuite si les poumons peuvent encore surnager.

Ce procédé mérite, en tous cas, d'être pris en considération et permet de conclure, quand immédiatement après avoir crevé les bulles d'air les poumons s'enfoncent, qu'il n'y avait là que des bulles de putréfaction. Toutefois il faut remarquer à ce sujet que ce procédé n'est probant que dans les premiers degrés de la putréfaction ; car dans les derniers degrés, quand les poumons sont pour ainsi dire en bouillie, des organes, qui auparavant avaient contenu de l'air, ne contiennent plus que de grandes bulles de gaz qui, étant crevées, font que les poumons s'enfoncent. Il est aussi recommandé d'essayer, dans les premiers degrés de la putréfaction, de chasser l'air des parties isolées des poumons en les pressant sous les doigts. Si on y réussit facilement, et si les parties ainsi exprimées s'enfoncent dans l'eau, c'est une nouvelle preuve qu'il s'agit de gaz de putréfaction, car il est difficile et possible seulement par un écrasement complet des poumons de chasser par la pression l'air d'un tissu gonflé par la respiration. Quand le tissu pulmonaire a déjà commencé à se désagréger, cette épreuve n'a plus de valeur.

Ce qui est plus important que les faits précédents, c'est la répartition de l'air dans le tissu pulmonaire, car les alvéoles ne peuvent se remplir d'air d'une façon régulière que par la respiration, éventuellement par l'insufflation, mais jamais par les processus de putréfaction, et cela parce que d'une part la pression nécessaire pour remplir les cavités pulmonaires fait défaut, d'autre part parce que la formation des gaz de putréfaction est accompagnée de la désagrégation du tissu pulmonaire qui détruit les vésicules pulmonaires là où la putréfaction a été assez avancée pour produire des bulles de gaz. C'est pourquoi, si nous sommes en état de constater, en examinant les poumons à l'œil nu ou avec la loupe, que les alvéoles sont régulièrement remplis d'air, nous sommes d'autant plus en droit de nier la putréfaction, que l'étendue sur laquelle ce fait se produit est plus grande ; tandis que, s'il n'y a dans le tissu pulmonaire que des bulles d'air inégalement et irrégulièrement réparties, on peut être certain qu'elles proviennent de la putréfaction. Dans les degrés plus avancés de la putréfaction, où le tissu pulmonaire est presque transformé en une bouillie sans couleur définie, tout diagnostic différentiel devient naturellement impossible et il est ordonné, dans tous les cas où les caractères décrits ne peuvent plus être constatés, de déclarer qu'il n'est plus possible, vu l'état de putréfaction trop avancée, de décider si l'enfant a respiré après la la naissance ou non.

b) La possibilité que l'air contenu et constaté dans les poumons puisse provenir de tentatives de vivification faites au moyen de l'insufflation, peut presque toujours être exclue, car il est inadmissible qu'une femme, qui accouche en secret, fasse des tentatives de ce genre sur un enfant mort-né ; si cela avait eu lieu en réalité par son fait ou par le fait d'autres personnes, il y aurait eu des déclarations spontanées à ce sujet.

S'il se présentait un cas où il faudrait prendre en considération la possibilité d'une insufflation, ce serait moins l'état des poumons que celui du tube digestif qui pourrait résoudre la question ; l'observation nous apprenant que, quand on insuffle de l'air de bouche à bouche ou avec un tube introduit non dans le larynx, mais simplement dans la cavité de la bouche, l'air arrive en général moins dans les poumons que dans l'estomac et dans le canal intestinal qu'il gonfle, et comme, d'autre part, ainsi que nous le dirons plus loin, l'estomac et l'intestin d'un enfant mort-né sont vides d'air et pour cette raison s'enfoncent dans l'eau, lorsque nous trouvons ces organes gonflés d'air chez un nouveau-né, cette constatation appuiera l'idée de l'insufflation ; celle-ci est au contraire infirmée quand nous ne trouvons de l'air ni dans le canal intestinal ni dans l'estomac ou que nous n'en trouvons que de petites quantités. Les poumons eux-mêmes ne fourniraient une preuve pour le diagnostic que si l'insufflation forcée avait produit un emphysème et surtout un emphysème interstitiel. Toutefois ce dernier même ne serait pas un signe d'une grande valeur, les emphysèmes interstitiels pouvant se produire aussi d'une autre façon chez les nouveau-nés, par exemple, par suite d'expirations forcées, quand des corps étrangers ont pénétré dans les voies respiratoires. Casper a donné comme signe distinctif la coloration rouge claire remarquable et l'anémie des poumons insufflés et a fait observer que l'insufflation d'air peut bien produire un des changements que la respiration détermine dans les poumons, c'est-à-dire les gonfler, mais elle ne peut augmenter la quantité de sang contenu dans les poumons, augmentation qui est due au développement de la petite circulation.

De plus on observe rarement sur des poumons qui ont été insufflés sur un cadavre d'enfant intact, une distension aussi régulière que sur des poumons insufflés hors du corps, ou le thorax étant ouvert. Nous ferons remarquer en outre que la coloration rouge clair n'existe qu'immédiatement après l'insufflation, l'oxygène, qui est absorbé par le sang et qui lui donne cette coloration rouge clair, se consumant au bout de quelque temps, et que des poumons d'un enfant mort par asphyxie fœtale (genre de mort qui s'accompagne de congestion intense des poumons) et insufflés ne se distinguent en rien après l'opération de poumons qui ont respiré. On peut encore moins faire cette distinction quand l'air insufflé n'a pénétré que par places dans les poumons. C'est pourquoi nous pensons que, si l'état du canal intestinal ne permet pas de résoudre la question, on ne peut décider d'après les caractères des poumons si l'air qui y est contenu provient de la respiration ou d'une insufflation.

Si la putréfaction, et éventuellement l'insufflation est écartée, on peut, dans les cas d'accusation d'infanticide qui donnent lieu à une autopsie, déclarer en conscience que l'enfant a respiré de l'air après la naissance, par conséquent qu'il est né vivant. La possibilité qu'un enfant puisse respirer pendant la naissance, ne doit être prise en considération dans les accouchements clandestins, que lorsqu'il s'agit de décider si un enfant, qui n'a encore sorti que la tête, peut déjà aspirer de l'air. Ce cas semble se produire souvent, car Schwartz (1) fait observer que les mouvements d'inspiration de l'enfant commencent le plus souvent après que la tête a passé, ou du moins pendant le passage du corps du fœtus par la vulve et quelquefois aussi seulement après l'expulsion complète de l'enfant. Régulièrement la tête une fois sortie est rapidement suivie du reste du corps; toutefois il peut arriver que cela n'ait pas lieu et que l'enfant, qui est resté retenu par les

(1) Schwartz, *l. c.*, 331.

épaules, meurt et naisse mort quoiqu'il ait respiré de l'air. C'est en ce sens que Tuchmeyer observe (1) : « Fieri potest infans capite exclusus, antequam totus excludatur, respirarit, statim vero, antequam reliquo corpore egressus fuerit, moriatur, et quidem absque malitia matris. »

Martin cite un cas de ce genre (2); plus récemment Bothe (3) en a décrit un concernant un monstre double (4). Dans un cas qui a été soumis à la Faculté et sur lequel nous avons fait un rapport, une domestique de paysans qui avait accouché dans les champs, prétendait que l'enfant avait déjà crié lorsqu'il n'avait encore sorti que la tête, mais qu'il ne cria plus une fois complètement sorti, et qu'il mourut en râlant. Ces indications furent contestées par les médecins chargés de l'autopsie, toutefois elles durent être acceptées par la Faculté comme possibles.

La respiration chez l'enfant peut sans doute avoir lieu avant la sortie de la tête, quand de l'air a été introduit dans l'utérus par des instruments ou par la main de l'accoucheur, comme cela arrive dans les accouchements difficiles. Dans ces cas l'enfant peut non seulement respirer dans l'utérus, mais même crier (vagitus uterinus). Il est facile de comprendre que rien de pareil ne peut se produire dans les accouchements secrets ordinaires. Toutefois comme de nombreux cas observés par d'autres et par nous-même (5) ont montré que dans les accouchements lents le simple toucher suffit pour faire arriver de l'air aux orifices respiratoires de l'enfant et qu'un utérus relâché peut dans les changements de position du corps aspirer de l'air (Schatz, Hegar), il faudrait examiner, dans les cas certainement très rares où un accouchement secret a été très lent ou dans les cas où un complice aurait déjà pendant l'accouchement fait des manipulations dans les parties génitales, il faudrait, disons-nous, examiner si la respiration n'était pas possible pendant l'acte de la parturition même.

Il s'agit de savoir maintenant ce qu'il est permis de conclure quand les poumons sont trouvés *vides d'air*. En général, on se hâte dans ce cas de déclarer que l'enfant est mort-né. Une pareille conclusion, si elle s'appuie simplement sur l'absence de l'air dans les poumons, n'est pas absolument fondée, car il y a toute une série de causes qui peuvent faire que les poumons soient trouvés vides d'air à l'autopsie, bien que l'enfant soit né vivant. Il y a surtout trois possibilités qui méritent d'être prises en considération ici : 1° les mouvements respiratoires peuvent avoir fait défaut, quoique l'enfant soit né vivant ; 2° malgré les mouvements respiratoires qui se sont produits régulièrement, l'aspiration de l'air a pu être empêchée ; 3° des poumons remplis d'air par la respiration peuvent de nouveau se vider dans certaines circonstances.

1° Chez les fœtus nés avant la vingt-huitième ou trentième semaine, il arrive d'autant plus souvent que ceux-ci meurent sans

(1) Tuchmeyer, *Inst med. leg.*, 241.

(2) Bothe, *Monatsschr. f. Geburtsk*, 1863, XXII, 204.

(3) Martin, *Archiv f. Gynäk.* 1870, I, 311.

(4) Henke, *Lehrb. d. ger. Med.*, 1811, p. 373.

(5) Hoffmann, *Vierteljahrsschr. f. ger. Med.*, 1875, XXII, p. 58 et 240.

avoir fait de mouvements respiratoires, bien qu'ils soient nés vivants, qu'ils sont plus éloignés de cette période. La cause en est surtout dans *l'insuffisance du développement* et *l'inaptitude* à se servir des *muscles de la respiration;* mais elle se trouve aussi dans ce fait, que les centres de respiration ne sont pas encore assez développés pour réagir par des mouvements respiratoires contre l'appauvrissement du sang en oxygène, appauvrissement résultant de la suppression de la respiration placentaire. De là vient que chez la plupart des fœtus avortés, même s'ils ne sont pas morts avant la naissance, nous trouvons des poumons vides d'air (1). Nous ne savons pas si cette insuffisance des muscles respiratoires ou du centre respiratoire peut persister encore dans les premiers temps qui suivent la vingt-huitième semaine.

Chez les fœtus viables, le commencement de la respiration extra-utérine peut être retardé. D'après K. Schröder (2), il arrive presque toujours qu'un enfant nouveau-né, plein de vie, vive sans respirer pendant un temps court, mais appréciable après sa sortie de l'utérus. Ceci ne concorde pas avec l'opinion de Schwartz citée plus haut d'après laquelle les enfants font le plus souvent déjà des mouvements respiratoires après le passage de la tête ; cet auteur ajoute toutefois que souvent des enfants pleins de vie et après leur naissance complète, restent encore quelque temps sans mouvement, puis ouvrent les yeux et commencent seulement alors à respirer avec une énergie croissante. Kehrer (3) a décrit avec détails un cas semblable. La cause de ce phénomène, c'est *l'apnée*, c'est-à-dire cet état dans lequel le manque d'oxygène dans le sang n'atteint pas encore un point tel que le centre de la respiration soit excité à produire des mouvements respiratoires ; cet état survient quand, après la délivrance, le placenta reste lié à l'utérus et qu'il y a absence de douleur, de sorte que la respiration fœtale persiste. Cet état qui peut même durer plusieurs minutes (dans le cas cité par Kehrer, deux minutes) se distingue de l'asphyxie en ce que dans celle-ci il ne subsiste qu'un battement du cœur, faible, rare et irrégulier et que dans l'apnée le cœur bat fortement et régulièrement. Dans les circonstances normales cet état n'a, à vrai dire, aucune importance, puisque la respiration pulmonaire s'établit par elle-même après quelque temps, mais il en a en médecine légale,

(1) E. Hoffmann, *Des mouvements respiratoires prématurés* (*Vierteljahrschr. f. ger. Med.*, 1873, XIX, 233 et s.).

(2) Schröder, *Arch. f. Gynäk.*, I, 418.

(3) Kehrer, *Arch. f. Klin. Med.*, 1869, VI, 398.

parce que, pendant cette apnée, on peut tuer l'enfant avant qu'il n'ait respiré.

Une des causes les plus fréquentes qui empêchent l'établissement des mouvements respiratoires chez les nouveau-nés quoique encore vivants, c'est l'asphyxie. Les mêmes faits qui, comme nous le saurons plus tard, se montrent relativement souvent pendant l'accouchement et qui peuvent amener chez l'enfant, même avant l'achèvement de la naissance, la mort par suffocation, surtout par l'interruption prématurée de la respiration placentaire, les mêmes faits, disons-nous, font aussi souvent que les enfants naissent non pas encore complétement morts, mais déjà en état d'asphyxie. Ces enfants peuvent ou bien se comporter comme des morts, ou trahir la vie encore persistante en eux par certaines manifestations, comme par exemple par de faibles mouvements respiratoires ou par des battements du cœur encore sensibles. On ne peut établir la limite à partir de laquelle il faut déclarer que de pareils enfants ne peuvent plus être sauvés ; on ne peut pourtant pas, comme on a proposé de le faire, les regarder comme mourants ou comme des mort-nés ; car si on considère que l'asphyxie des nouveau-nés offre des chances relativement favorables pour la revivification et qu'effectivement beaucoup de ces enfants ont été ramenés à la vie, on ne peut jamais affirmer avec certitude que l'enfant en question n'aurait plus pu être sauvé.

Enfin l'absence ou la manifestation tardive des mouvements respiratoires peuvent être dues à la compression du cerveau par une extravasation méningée (Poppel, Kehrer) et à une paralysie consécutive des centres de la respiration.

2° L'aspiration de l'air peut encore être empêchée par ce fait que l'enfant est né avec la poche amniotique intacte. Chez les fœtus viables, c'est-à-dire venus à terme, ce cas se produit très rarement. Il y a des cas de ce genre qui sont cités par Buttler, Lane et autres (1). Il y a deux ans, un cas semblable donna lieu, à Vienne, à une autopsie légale. Une personne, se trouvant dans un coupé de chemin de fer avec deux jeunes filles adultes, avait ainsi mis au monde un enfant ayant 44 centimètres de long et pesant 1,800 grammes. L'accouchée, ainsi que les témoins, déclarèrent qu'elles ignoraient ce qu'était cette masse qui s'était détachée et ce qu'il fallait en faire. Cette assertion ne put être contestée dans le rapport et on dut abandonner pour cette raison l'accusation d'infanticide par privation volontaire des soins nécessaires

(1) *Henke's Zeitchrift*, 1836, p. 235; 1837, p. 280, et 1840, p. 203.

pendant l'accouchement, c'est-à-dire, dans le cas présent, pour avoir négligé de délivrer l'enfant de son enveloppe.

Ce qui a été observé plus souvent, c'est l'obstruction des orifices respiratoires par des lambeaux de la poche des eaux. Un fait de ce genre est rapporté par Schröder (1) qui, ayant été appelé chez une femme multipare, la trouva encore dix minutes après l'accouchement, dans le même état que pendant l'accouchement. L'enfant était hors des parties génitales et toute la partie supérieure du corps était couverte par les enveloppes fœtales, surtout le visage et la bouche dans laquelle elles étaient entrées. L'enfant était fortement asphyxié, ne faisait aucun mouvement et n'avait que de faibles battements de cœur ; toutefois il fut ramené à la vie au bout d'un quart d'heure.

La respiration peut encore être empêchée par l'obstruction des voies respiratoires par des substances aspirées pendant la naissance (liquide amniotique, mucus fœtal, méconium), lorsque les fœtus, qui ont fait des mouvements respiratoires prématurés par suite de suffocation fœtale, sont encore nés dans un temps où l'excitabilité du centre respiratoire n'avait pas encore cessé et où il pouvait encore se produire des mouvements respiratoires extra-utérins. De même il peut arriver par hasard, pendant la naissance, que du mucus fœtal pénètre dans les orifices respiratoires et empêche alors l'entrée de l'air dans les poumons.

Il y a encore des processus pathologiques qui rendent l'aspiration de l'air impossible malgré la production des mouvements respiratoires. Ces processus peuvent d'abord se trouver dans les poumons mêmes et en empêcher le développement. La possibilité d'une soudure congénitale des parois alvéolaires admise par Weber et Elsässer, n'est pas démontrée. Mais il peut se produire des hépatisations congénitales des poumons parmi lesquelles nous citerons surtout les pneumonies blanches (pneumonia alba), que nous avons observées deux fois. Cette pneumonie consiste en une prolifération morbide et une dégénérescence graisseuse de l'épithélium alvéolaire et se rencontre surtout, mais non exclusivement, chez les syphilitiques (2) ; elle mérite également d'être étudiée, parce que d'une part la couleur blanc jaunâtre de ces poumons et d'autre part la manière régulière dont les alvéoles sont remplis d'épithélium graisseux, pourraient faire croire qu'ils contiennent de l'air. Il y a d'autres processus qui ont leur siège hors des poumons et qui

(1) Schröder, *Deutsches Arch. f. klin. Med.*, VI, 398.

(2) *Virchow's Arch.*, 1867, XXXVIII, 135, 1869, XLIV, 472.

peuvent empêcher l'aspiration de l'air par ce fait qu'ils ne permettent pas l'extension des poumons. Dans la littérature médicale ancienne on parle souvent de l'accroissement du thymus comme un obstacle à la respiration (asthma thymicum). D'après notre observation cet accroissement semble être très rare, car, malgré le grand nombre de nouveau-nés ou de nourrissons dont nous avons eu à faire l'autopsie, nous n'avons jamais trouvé un développement extraordinaire de cet organe. Parmi les autres processus il faut citer surtout la rupture congénitale du diaphragme et le kyste congénital du rein. La première est souvent accompagnée d'une atrophie des poumons, mais elle peut aussi empêcher l'aspiration de l'air parce que pendant les premières tentatives d'inspiration les organes abdominaux sont poussés dans le thorax. Nous-même (1) avons rapporté un cas pareil. Le kyste congénital du rein se rencontre assez souvent et il peut atteindre une grosseur telle qu'il constitue non seulement un obstacle à la respiration, mais peut même empêcher la naissance (2).

Les processus que nous venons d'indiquer ne constituent pas en général de difficultés pour le diagnostic ; ce qui est beaucoup plus important sous le rapport médico-légal, c'est le fait que l'aspiration de l'air peut être empêchée après la naissance par des causes extérieures, soit accidentelles, soit voulues, ainsi par exemple si l'enfant se trouve immédiatement après la naissance dans un liquide (naissance dans le bain, sur des vases pleins de liquide, submersion dans le liquide amniotique), ou si la naissance a lieu sous des enveloppes (lits, couvertures, habits) qui ne permettent pas la pénétration de l'air, ou si, après le passage de la tête de l'enfant, les orifices respiratoires sont fermés intentionnellement, si le cou est serré avec une corde ou si la respiration est rendue impossible d'une autre façon. Quelques-uns de ces cas, surtout le premier, se présentent relativement souvent et il n'est pas douteux qu'il ne s'agit pas toujours ni même souvent d'accidents, mais d'infanticides perfectionnés et que beaucoup de cas de prétendus accouchements précipités en état de syncope, si souvent invoqués, se réduisent à des actions préméditées, bien qu'il soit impossible de les distinguer des accidents simples.

Dans l'appréciation des cas que nous avons examinés dans les paragraphes 1 et 2, il faut tenir compte de la grande force de résistance que les nouveau-nés présentent aux causes d'asphyxie. Cette particularité est prouvée par des observations faites sur des animaux et sur des nouveau-nés. Sous le premier rapport nous

(1) Hoffmann, *Vierteljahrschr. f. ger. Med.*, XIX, 249.

(2) Klebs, *Pathol.*, an. 658. — *Schmidt's Jahrb.*, 1856, II, 313.

citerons comme dignes d'attention les expériences de Legallois, Brown-Sequard, et celles plus récentes de Bert (1). Elles ont montré que des animaux nouveau-nés peuvent vivre de 28 à 36 minutes sous l'eau ou survivre à l'ablation de la moelle allongée, tandis que les animaux adultes meurent déjà au bout de 3 minutes; il fut constaté en outre que cette force de résistance diminue peu à peu dans les premiers jours qui suivent la naissance, mais ne devient égale à celle des adultes qu'au bout de quatorze jours. Pour les nouveau-nés il faut mentionner ce fait que les battements du cœur persistent encore pendant un temps remarquablement long chez les enfants asphyxiés, bien qu'il ne soit pas possible de les rappeler à la vie. On a souvent observé des cas où le cœur battait encore un quart d'heure ou une demi-heure. Nous avons pu voir la persistance de ces battements pendant deux heures. Maschka décrit même un cas où les battements du cœur furent reconnus par l'auscultation chez un enfant nouveau-né encore vingt heures après qu'on l'eût mis à l'écart comme mort. A ceux-ci se rattachent les cas remarquables où des nouveau-nés se sont conservés vivants dans des conditions défavorables à la respiration. Ainsi Kohn rapporte deux cas où des enfants, ensevelis immédiatement après la naissance, furent déterrés encore vivants après plusieurs heures. Un cas semblable où l'enfant a été enseveli pendant huit heures à 25 centimètres de profondeur, est rapporté par Bardinet (2). Maschka décrit un autre cas concernant un enfant enterré pendant cinq heures à une profondeur d'un pied.

La cause de cette force de résistance n'est pas encore expliquée. Il est évident que le besoin d'oxygène n'est pas encore si grand dans les premiers temps qui suivent la naissance que plus tard. Cela concorde aussi avec l'observation de Schwartz et de Pflüger qui pensent que l'absorption d'oxygène par le placenta est si faible qu'elle n'entraîne même pas de différence de couleur dans le sang des veines ombilicales. Probablement certains organes du nouveau-né, surtout les centres nerveux, se comportent autrement sous beaucoup de rapports que ceux des adultes. Du moins la consistance, encore remarquablement molle et presque liquide, par suite de la grande quantité d'eau qui y est contenue, du cerveau et de la moelle épinière, ainsi que l'absence de séparation entre la substance blanche et grise, font supposer que l'excitabilité de ces organes se comporte autrement en ce moment que dans les stades ultérieurs de leur développement. Effectivement O. Solemann dans ses expériences intéressantes (3) a trouvé que chez des nouveau-nés (chez des chiens) l'excitation électrique de la couche corticale du cerveau ne provoquait pas de mouvements musculaires, comme cela a lieu dans les expériences connues de Fritsch et Hitzig. Il a observé aussi que certaines dispositions influençant les mouvements réflexes ne sont pas encore développées chez les nouveau-nés, du moins pas au même degré que chez les adultes (4).

3° La question de savoir si des poumons, qui se sont remplis d'air

(1) Bert, art. ASPHYXIE du *Nouveau Dictionnaire de médecine et de chirurgie pratiques*, Paris, 1865, tome III, p. 546, et *Leçons sur la Physiologie comparée de la respiration*. Paris, 1870.

(2) Bardinet, *De la vie sans respiration chez les enfants nouveau-nés* (*Bull. de l'Acad. de méd.* 2 vol., 1864, tome XXX, p. 77), et Devergie, *Rapport sur le mémoire de Bardinet* (*Ibidem*, p 1052).

(3) Solemann, *Med. Centralbl.*, 1875, n° 14 et 1873 n° 23.

(4) Solemann, *Ibid.*, 1877, n° 26.

par la respiration, peuvent redevenir vides d'air, a été souvent discutée. Effectivement il y a nombre considérable de cas, mentionnés par les auteurs, d'enfants qui, ayant vécu quelque temps après la naissance et ayant respiré et même crié, présentèrent cependant à l'autopsie des poumons complétement ou en partie vides d'air. Aux cas anciens cités par Zeller, Heister, Torrez, Loder, Remer, Schmidt, Orfila, Bardinet, Taylor et autres, sont venus s'ajouter des cas nouveaux observés par Hudin, Pinkus, Thomas, Leiden et surtout par Schröder. Sous ce rapport il nous faut exclure les cas où des poumons, qui avaient contenu de l'air, sont devenus vides d'air par des processus inflammatoires, ou par des exsudations dans les plèvres. Ces processus sont en général rares chez les nouveau-nés et sont faciles à reconnaître. D'ailleurs ils ne portent jamais sur les poumons entiers, mais seulement sur l'un des poumons ou sur des parties de poumon : toutefois ils se produisent quelquefois avec une intensité telle qu'il y a peu de parties des poumons (et dans ce cas ce sont surtout les sommets) qui conservent de l'air. Comme les poumons hépatisés sont beaucoup plus lourds que les poumons atélectatiques, à cause de l'exsudation qu'ils renferment, ces poumons peuvent s'enfoncer dans l'eau, quoique des parties assez importantes contiennent encore de l'air. De même nous devons négliger les atélectasies partielles qui se produisent très souvent chez les nouveau-nés et qui se présentent comme des parties enfoncées, d'un violet foncé, non dilatées, soit parce que la respiration était trop faible ou de trop courte durée, soit parce que les bronches étaient obstruées. Ces atélectasies peuvent affecter aussi des parties plus grandes des poumons et même des lobes tout entiers. Et il n'est pas extraordinaire de voir des enfants qui ont vécu, bien qu'il n'y ait eu que des parties de poumons qui aient fonctionné, car nous venons d'entendre que les nouveau-nés peuvent vivre pendant quelque temps avec un minimum d'oxygène. Ainsi nous avons trouvé plusieurs fois une atélectasie très prononcée des poumons chez des enfants nés à la Maternité et morts seulement quelque temps après leur naissance. La plup rt des cas concernaient des enfants faibles et venus au monde avant terme ; cependant quelques-uns des enfants présentaient tous les signes de la maturité. Dans ces derniers cas on a pu souvent démontrer que les bronches avaient été obstruées par du mucus fœtal. Schröder explique ces cas, dont quelques-uns concernaient des enfants ayant respiré tranquillement et ayant crié vigoureusement, en prétendant que la force d'inspiration avait été paralysée chez eux par des causes internes non démontrables, de sorte que pendant les expirations, dues à l'élasticité du tissu pulmonaire, il était expulsé plus d'air qu'il n'en était introduit à chaque fois par les inspirations. Cette opinion est assez plausible, vu la grande élasticité des poumons qui se manifeste encore avec plus de force chez les nouveau-nés que lorsque les poumons sont déjà plus longtemps en activité ; elle est également confirmée par les expériences de Krahmer qui a montré que l'élasticité du tissu pulmonaire suffit pour chasser par des contractions successives l'air de poumons (de lapins) suspendus librement à l'air par la trachée, de telle sorte que l'organe devient aussi vide d'air qu'il l'était à l'état fœtal, et que ces poumons, soit entiers, soit divisés en fragments, s'enfoncent dans l'eau. De même quand on insuffle des poumons, on peut voir que la plus grande partie de l'air s'échappe dès qu'on cesse l'insufflation et que les poumons s'affaissent aussitôt. Ces faits prouvent également qu'il est possible que les poumons des nouveau-nés perdent seulement après la mort la plus grande partie ou la totalité de l'air qu'ils contenaient, quand les voies respiratoires sont libres et qu'il n'y a pas d'autre obstacle à la rétraction progressive des poumons.

Il n'arrive qu'exceptionnellement que des gaz de putréfaction s'accumulent dans les cavités des plèvres et, comme le croit Kramer, rendent les poumons vides d'air par leur pression. Par contre les transsudations séro-sanguines, qui se produisent si fréquemment dans ces cavités pleurales pendant la putréfaction, peuvent dans des conditions favorables, par exemple lorsque le cadavre est placé dans l'eau, chasser l'air des poumons, parce que ces transsudations ne peuvent se former qu'aux dépens du volume des poumons et que la quantité de la transsudation doit rester en rapport inverse de la quantité d'air contenue dans les poumons. Nous nous sommes convaincu par des expériences que ce fait a lieu en réalité (1). Si des poumons extraits du corps sont mis dans de l'eau fraîche et courante et si on les y laisse, ils se remplissent d'eau, en même temps que l'air en est chassé et au bout de quelques jours ils s'enfoncent. Ce fait devrait être pris en considération, si on trouvait un cadavre d'enfant dépecé ou un corps entier dans le thorax duquel l'eau a pu pénétrer par des plaies. Il faut encore se rappeler que les poumons se vident aussi de l'air qu'ils contiennent en même temps qu'ils se rétractent à la suite de la cuisson, sous l'action de la chaleur de la flamme et par l'immersion dans l'alcool, ce qu'il ne faudrait pas négliger de prendre en considération, le cas échéant.

De ce qui précède il résulte, que l'absence de l'air dans les poumons ne prouve pas que l'enfant soit mort-né avec une certitude aussi grande que l'existence de l'air dans les poumons prouve que

(1) Hoffmann, *Vierteljahrschr. f. ger. Med.*, XIX, 261.

l'enfant a vécu de la vie extra-utérine. Ce n'est que pour les enfants nés en état de putréfaction que nous sommes en droit de déclarer avec une certitude absolue que l'enfant est venu au monde tout à fait mort. Même quand nous trouvons des signes manifestes d'asphyxie fœtale, que nous apprendrons à connaître plus tard, nous ne pouvons affirmer avec certitude que l'enfant était tout à fait mort en naissant, puisqu'il pouvait n'être mort qu'en apparence. Par contre, quand les poumons, tout en ne contenant pas d'air, sont remplis de substances étrangères, comme d'eaux de lavage ou de matières d'une fosse d'aisances, substances qui n'ont pu être aspirées qu'en dehors de l'utérus, malgré le résultat négatif de la docimasie pulmonaire, nous serons cependant autorisés à déclarer que l'enfant est né vivant. Il en est de même quand chez un enfant non encore putréfié, tout en ne trouvant pas d'air dans les poumons, nous en rencontrons dans l'estomac ou dans celui-ci et dans les parties supérieures de l'intestin, un point sur lequel nous reviendrons.

Si on ne constate pas de faits de ce genre, l'état de mort-né est sans doute probable mais non encore absolument prouvé ; dans ce cas nous apportons, ainsi que l'a proposé Casper, la plus grande réserve dans nos conclusions et nous déclarons que l'*autopsie, surtout celle des poumons, n'offre aucun signe qui permette de conclure que l'enfant ait vécu après sa naissance*.

II. — Modification de la quantité de sang contenue dans les poumons.

La première inspiration est suivie non seulement de l'aspiration du milieu environnant, mais aussi du développement de la petite circulation, ce qui fait qu'après les premières inspirations les poumons doivent contenir plus de sang qu'auparavant. Ce fait, exact sans aucun doute, forme la base de ce qu'on nomme la docimasie par le sang des poumons, surtout des procédés de Daniel et de Ploucquet, qui partent de ce principe que les poumons ayant respiré doivent être plus lourds qu'auparavant. Toutefois, tandis que Daniel n'avait en vue que le poids absolu des poumons et prétendait que les poumons à l'état fœtal pesaient en moyenne 649 grains et augmentaient de 2 onces par la respiration, Ploucquet a comparé le poids des poumons à celui de tout le corps de l'enfant et établi d'après ces pesées qu'avant la respiration, le rapport entre le poids des poumons et le poids total du corps était de 1 à 70, et qu'après la respiration le rapport était de 2 à 70. La détermination de l'augmentation du poids absolu, comme preuve que l'enfant a vécu ou non, a été négligée comme étant trop variable. Toutefois l'opinion de Ploucquet fut longtemps considérée comme un dogme, jusqu'à ce qu'elle fût reconnue inexacte grâce aux nombreuses pesées faites par Schmitt, Lecieux (1) (400 enfants à la maternité de Paris), Elsässer, Devergie (2) et Casper. Plus tard (1868) Ogston d'Aberdeen a repris ces pesées et a trouvé que le rapport du poids des poumons au poids total du corps est chez les mort-nés de 1 : 50, 302, chez les nouveau-nés vivants de 1 : 53, 819.

Ces pesées n'ont pour ainsi dire pas d'importance pour la question de la vie de l'enfant, non seulement parce que, comme l'ont remarqué les observateurs cités plus haut, le poids absolu comme le poids relatif des poumons est soumis à de nombreuses variations individuelles et que le degré de putréfaction exerce aussi une certaine influence sous ce rapport, mais surtout parce que la plupart des mort-nés n'ont plus de poumons fœtaux, mais des poumons modifiés par des mouvements respiratoires anticipés ; dans ce cas ces poumons se trouvent être précisément très riches en sang, parce que dans la respiration prématurée, il ne peut pénétrer dans le poumon qu'un milieu visqueux, et que le sang seul peut ainsi remplir le vide qui tend à se former par le soulèvement du thorax ; c'est pour cette raison que ces poumons présentent une couleur sombre, paraissent un peu agrandis et sont très lourds. Nous ne serons donc pas très surpris de trouver souvent dans ces pesées, le poids absolu comme le poids relatif plus grand chez des mort-nés que chez des enfants qui ont vécu et respiré.

§ 3. — PREUVES TIRÉES DE L'ÉVACUATION DE L'URINE ET DU MÉCONIUM.

L'état des poumons ne donnant pas dans toutes les circonstances, comme il résulte de ce qui précède, de solution pour savoir si un enfant est né vivant ou non, on a cherché dans d'autres organes des indices sur lesquels on puisse s'appuyer pour résoudre cette question.

On crut devoir attacher quelque importance sous ce rapport au fait de l'*évacuation de l urine et du méconium ;* en effet l'observation nous enseigne que généralement les enfants, dès qu'ils viennent au

(1) Lecieux, *Médecine légale ou Considérations sur l'infanticide*. Paris, 1819.

(2) Devergie, *De l'état normal du tissu pulmonaire des nouveau nés avant et après l'établissement de la respiration* (*Ann. d'Hyg.*, 1831, tome V, p. 406). — *Docimasie pulmonaire* (*Bull. de l'Acad. de méd.*, 1861-62, tome XXVII, p. 542).

monde, évacuent ordinairement ces substances. Mais l'importance de ce fait est considérablement restreinte par cet autre que souvent l'évacuation de l'urine et surtout du méconium se fait attendre, et surtout par cette circonstance que les enfants qui meurent suffoqués pendant l'accouchement évacuent pendant la suffocation de l'urine et du méconium ; on sait du reste que l'évacuation du méconium pendant l'accouchement est un signe important du danger de mort dans lequel se trouve l'enfant. Aussi il n'est pas rare de trouver précisément chez les mort-nés la vessie complétement vidée et le gros intestin entièrement ou partiellement débarrassé du méconium.

§ 4. — DOCIMASIE PNEUMO-HÉPATHIQUE ET AUTRES SIGNES DE VIE.

Ce qu'on appelle la docimasie pneumo-hépatique de Schäffer et qui a pour base la diminution du contenu sanguin et par suite du poids du foie après la respiration extra-utérine, c'est-à-dire après la section du cordon ombilical, n'a plus qu'une valeur historique. *La position de l'estomac*, qui dans l'état fœtal est verticale, ne change pas, comme on le croyait, par l'abaissement du diaphragme, mais elle passe seulement peu à peu à la position horizontale. L'état de ce que l'on appelle *les voies fœtales* (vaisseaux ombilicaux, trou de Botal, canal artériel) ne se modifie également qu'ultérieurement ; mais nous reviendrons sur ce point. Il n'y a dans ces faits rien qui nous donne la solution de cette question : l'enfant est-il né vivant ou non. *Les infarctus d'acide urique* des reins, que Cless a signalés le premier et que l'on ne trouverait, d'après Schlossberger, que chez les enfants qui ont vécu après la naissance, ne peuvent avoir une importance comme signe de la vie. On appelle infarctus d'acide urique des dépôts formés dans les tubes de Bellini des pyramides des reins par un sédiment d'acide urique de couleur rouge orangé. Ce sédiment se trouve en général également dans l'urine contenue dans la vessie. On n'est pas encore fixé sur la valeur de ce signe et on ne sait pas encore s'il doit être considéré comme un fait physiologique ou pathologique. Il se présente beaucoup plus souvent chez des enfants qui ont déjà vécu quelques jours ; toutefois nous l'avons constaté chez un enfant mort vingt-trois heures après la naissance, d'une suffocation survenue pendant des vomissements. Chez un mort-né nous n'avons jamais vu d'infarctus d'acide urique, mais d'autres l'ont souvent constaté (1).

§ 5. — PREUVES TIRÉES DE L'ÉPREUVE DE LA SURNATATION DE L'ESTOMAC ET DES INTESTINS.

Nous trouvons une preuve beaucoup plus importante, que les signes de vie déjà mentionnés, dans l'épreuve de la surnatation de l'estomac et de l'intestin de Breslau.

L'*épreuve de la surnatation de l'estomac et de l'intestin* repose sur ce fait, longtemps méconnu, que l'intestin et l'estomac de l'enfant avant la naissance sont aussi vides d'air que les poumons et que c'est

(1) Casper Liman, *l. c.*, II, 909 et communication orale de M. Heschl.

seulement après la naissance, lorsque commence la respiration propre, que l'air arrive dans l'estomac et dans la partie supérieure de l'intestin et de là se répand dans tout l'intestin. On ne sait pas encore si les premières bulles d'air arrivent dans l'estomac par des mouvements de déglutition ou par aspiration. Breslau, qui a le mérite d'avoir le premier appelé l'attention sur ce fait, a proposé de constater la présence de l'air dans l'estomac et l'intestin par l'épreuve de la surnatation, comme on le fait pour les poumons et, se basant sur ses observations, il a soutenu que cette épreuve devait avoir la même importance comme preuve de la vie que l'épreuve faite avec les poumons. Il a prétendu avoir trouvé également que le volume d'air contenu dans l'estomac et l'intestin permettait de juger de l'énergie avec laquelle un enfant a respiré et du temps pendant lequel il a respiré après la naissance; enfin il a établi que la putréfaction seule ne rendait pas ces organes pleins d'air, par conséquent pas capables de surnager, et que cette épreuve pouvait même être employée pour les cadavres d'enfants putréfiés.

Une longue série d'observations, que nous avons faites en ce sens, nous a confirmé d'abord l'exactitude générale de la première opinion de Breslau, à savoir que l'air pénètre déjà dans l'estomac avec les premiers mouvements de respiration extra-utérine et le rend capable de surnager, ce qui nous force à attacher une grande importance diagnostique à ce signe. Le fait qu'on a trouvé aussi chez des enfants, qui ont vécu et respiré après la naissance, l'estomac et l'intestin vides d'air, n'est pas de nature à diminuer la valeur de l'épreuve de Breslau; car nous trouvons aussi des anomalies dans la docimasie pulmonaire, sans que la valeur de celle-ci en soit diminuée. Il est clair entre autres que l'estomac et l'intestin resteront vides d'air malgré une vie extra-utérine, si, par une des causes mentionnées, l'air n'a pu avoir accès dans les voies respiratoires. Au contraire l'air peut même pénétrer dans le tube digestif (et c'est là un côté particulièrement intéressant de l'épreuve de la surnatation de l'estomac et de l'intestin), quand l'aspiration est impossible dans les poumons à cause de l'obstruction du larynx ou de la trachée par les mucosités fœtales. Nous avons acquis la conviction, après de nombreuses observations, que précisément dans ces cas il arrive plus d'air dans l'estomac et l'intestin que lorsque la respiration n'est pas empêchée. Dans certains cas où les poumons restèrent presque entièrement atelectatiques à cause de l'obstruction des bronches, nous avons trouvé l'estomac et tout l'intestin grêle gonflés d'air, bien que l'enfant fût mort peu d'instants après la naissance, tandis que chez des enfants, qui sont morts sans que la respiration des poumons ait été empêchée, il ne se trouva d'air que dans l'estomac et dans le duodénum et tout au plus dans la première partie du jejunum, rarement plus bas. Il en résulte que la seconde opinion de Breslau à savoir « que la quantité d'air contenue dans l'estomac et l'intestin est en rapport direct avec l'intensité et la durée de la respiration », n'est pas aussi exacte que la première, et surtout que, si on voulait tenir compte du volume d'air contenu dans le tube digestif pour déterminer combien de temps l'enfant a pu vivre, il faudrait chaque fois tenir compte en même temps du fait que la respiration a été libre ou empêchée.

La troisième proposition de Breslau, à savoir « qu'un tube digestif qui était vide d'air reste vide, même si la putréfaction est avancée », est absolument inexacte. Il est vrai que nous avons trouvé à plusieurs reprises chez des enfants que nous avons laissé pourrir, l'estomac et l'intestin vides d'air. Mais nous avons pu le plus souvent observer la production de bulles de gaz non seulement sous la muqueuse de l'estomac et de l'intestin mais dans la cavité même, et naturellement nous avons pu constater aussi que ces organes pouvaient surnager.

De ce qui précède il résulte que nous devons considérer l'épreuve de la surnatation de l'estomac et de l'intestin comme un moyen précieux pour résoudre cette question : un enfant a-t-il vécu ou non après la naissance? c'est-à-dire capable, sinon de remplacer la docimasie pulmonaire, du moins de la confirmer et la compléter. Il ne faut donc jamais négliger de tenter cette épreuve qui se fait de la manière suivante : on pose une ligature à l'estomac au niveau du pylore et du cardia, et on enlève l'estomac avec les intestins et on les place sur l'eau. On peut alors observer avec beaucoup de précision si le tube digestif contient de l'air et jusqu'à quel point il en contient.

§ 6. — PREUVES TIRÉES DE L'ÉPREUVE DE LA CAVITÉ DU TYMPAN DE WEND ET DE WREDEN.

Wreden a le premier appelé l'attention sur ce fait que le tissu muqueux fœtal (gélatine fœtale, bouchon muqueux) qui, comme Tröltsch l'avait déjà prouvé (1858), remplit tout à fait les cavités du tympan du fœtus, disparaît dans les premières heures qui suivent la naissance et que c'est ainsi que se forme la lumière de la cavité du tympan. Wend a trouvé (1) que la diminution du bouchon mu-

(1) Wend, De l'état de la cavité du tympan chez le fœtus et le nouveau-né (*Arch.*,

queux et gélatineux et par suite la formation de la lumière de la cavité du tympan avaient lieu immédiatement après la production de puissants mouvements respiratoires, parce que le milieu aspiré pénètre dans les cavités du tympan et chasse le bouchon muqueux. De là Wend a tiré cette conclusion que dans le cas où l'on observe encore chez un nouveau-né le bouchon muqueux tout à fait développé, il ne peut y avoir eu de respiration puissante et que, si celle-ci a eu lieu, la cavité du tympan doit être libre et contenir le milieu (air, liquide amniotique, matières d'une fosse d'aisances) qui s'est trouvé précisément devant les orifices respiratoires, lorsque les premières inspirations se sont produites. L'importance médico-légale de ce fait est manifeste, et c'est un réel mérite pour Wend de l'avoir signalée et d'avoir introduit ainsi l'épreuve par les cavités du tympan dans la pratique médico-légale. Malgré cela ce serait trop s'avancer que de prétendre que cette preuve est si importante qu'elle égale la docimasie pulmonaire et qu'elle lui est même supérieure.

Nos expériences ont montré, en effet, que chez des enfants mort-nés, qui ont été examinés aussitôt et qui n'offraient pas de signes d'une respiration anticipée, les cavités du tympan étaient effectivement remplies de mucosités gélatineuses. Mais il s'est présenté à nous quelques cas où nous avons trouvé la même chose, bien que les enfants eussent vécu notoirement hors de l'utérus et qu'ils fussent morts un certain temps après. Ces cas concernaient le plus souvent des enfants non venus à terme, bien que déjà viables, et qui évidemment n'avaient respiré ni longtemps ni fortement ; c'est pourquoi il semble que l'entrée du milieu aspiré dans la cavité du tympan suppose des mouvements respiratoires assez intenses ; c'est en effet ce qu'a observé Wend qui attribue cet effet uniquement à de fortes inspirations. Toutefois, dans deux cas concernant deux enfants venus à terme et vigoureux qui furent tués immédiatement après la naissance et dont les poumons se montrèrent complètement remplis d'air, nous avons trouvé un état tout à fait fœtal des cavités du tympan. Cependant nous avons constaté que lorsque l'enfant a fait, soit avant, soit après la naissance, des mouvements respiratoires, les mucosités de la cavité du tympan

f. Heilkunde, 1873, p. 97). — E. Hofmann, *Vierteljahrsch. f. ger. Med.*, 1873, XIX, 236 et 253. — Wreden, *ibid.*, 1874, XXI, 208. — Blumenstock, *Wr. med. Wochenschr.*, 1875, n° 40 et s. — Ogston, *Med. Centralbl.*, 1876, p. 144. — Moeenhauer, *ibid.*, 905. — H. Schmaltz, *Arch. der Heilk*, XVIII, 257. — Tröltsch *Lehrb der Ohrenheilk.*, 1877, 6ᵉ édit., 170.

disparaissent plus ou moins, et que la cavité du tympan contient le même milieu que celui qui a été également aspiré par les poumons. Dans tous les cas où l'enfant avait respiré, excepté dans les deux cas cités plus haut, nous avons pu trouver dans l'oreille moyenne une cavité pleine d'air, qui était d'autant plus prononcée que l'enfant avait vécu et respiré plus longtemps.

De même, on a presque toujours pu retrouver dans les cavités du tympan, chez les enfants morts par asphyxie fœtale, les substances (liquide amniotique, méconium) qui ont pénétré dans les voies respiratoires, à la suite de mouvements respiratoires prématurés. Toutefois il est à remarquer sous ce rapport que tous les liquides qui se trouvent dans la cavité du tympan ne doivent pas être considérés comme venus du dehors, que plus souvent les mucosités qui remplissent l'oreille se liquéfient rapidement, et pour cette raison on trouve presque toujours sur les cadavres avancés, et sans exception sur les corps en putréfaction, la cavité du tympan remplie d'une sérosité sanguinolente ; cette sérosité est due à la dissolution colliquative du bouchon muqueux, et on y découvre avec le microscope des détritus et des globules de sang en voie de destruction. Naturellement ce liquide peut se trouver en combinaison avec un autre contenu. S'il a pénétré dans la cavité du tympan du liquide amniotique ou du méconium, on peut souvent reconnaître, même à l'œil nu et en ouvrant la cavité du tympan, ces diverses substances à l'état de flocons blancs, jaunâtres ou verdâtres, qui, enlevées séparément et placées sous le microscope, font voir les parties constitutives de l'enduit sébacé (cellules épidermiques, gouttelettes graisseuses, cristaux de cholestérine, quelquefois des poils et, s'il y a du méconium, la substance colorante de la bile en amas ou cristaux de bilirubine). Des autres matières qu'on peut trouver dans les cavités du tympan nous citerons surtout des matières fécales dont nous avons constaté la présence sur deux enfants jetés dans les lieux d'aisances (p. 412). Il peut aussi y avoir une combinaison de plusieurs matières, c'est-à-dire de l'air avec des parties constitutives du liquide amniotique ou avec des matières des lieux d'aisances. Sous le premier rapport, nous ferons remarquer qu'on peut trouver quelques cellules épithéliales plates avec de l'air, dans l'oreille moyenne, chez des enfants qui ont respiré régulièrement. Ces cellules épithéliales proviennent évidemment de la muqueuse de la cavité buccale; ce serait donc une erreur de conclure de la présence de ces épithéliums à une aspiration de liquide amniotique.

L'examen de la cavité du tympan se fait de la façon suivante : on sépare d'abord la dure-mère de la face antérieure du rocher qui regarde la fosse moyenne du crâne et on détache avec des ciseaux la petite lame osseuse qui forme la voûte légèrement aplatie de la cavité du tympan. On aperçoit aussitôt les osselets, soit isolés, soit entourés d'un mucus gélatineux ou d'un autre liquide. Les matières contenues dans l'oreille peuvent être enlevées très facilement en les aspirant avec une pipette ; on les met de côté pour les examiner au microscope ; dans cet examen, il faut accorder une attention particulière à des flocons jaunâtres ou verdâtres qui se voient même déjà à l'œil nu.

ART. II. — COMBIEN DE TEMPS L'ENFANT A-T-IL VÉCU APRÈS LA NAISSANCE.

La nécessité d'une solution spéciale de cette question résulte de la définition même de l'infanticide. En effet, le Code pénal ne considère le meurtre d'un enfant par sa mère comme un infanticide, et ne le punit moins sévèrement, que dans le cas où ce meurtre a eu lieu pendant ou immédiatement après la naissance. De là, il résulte que le meurtre d'un enfant par la mère est considéré comme un meurtre ordinaire, quand il a été accompli un certain temps après la naissance. Le temps après la naissance, pendant lequel le meurtre d'un enfant par sa mère est encore considéré comme un infanticide, n'est fixé nulle part dans la loi. Mais, comme nous l'avons dit plus haut (p. 698), puisque c'est principalement l'excitation anormale du corps et de l'esprit dans laquelle se trouve l'accouchée qui est la raison pour laquelle notre Code pénal est plus indulgent pour l'infanticide, il en résulte qu'il ne peut être question d'infanticide qu'autant que persiste cet état d'excitation anormale. Quant à fixer un délai, cela est impossible à cause de la nature même de cette excitation. De là vient que les délais fixés par les Codes anciens sont si différents. D'après le Code pénal bavarois, le délai était de trois jours; d'après les Codes pénaux de Saxe, du Wurtemberg, de Braunschweig et de Bade, il était de vingt-quatre heures. Le Code pénal autrichien actuel, comme le projet de réforme du Code pénal et le Code pénal allemand n'ont pas cru nécessaire de fixer un délai; mais il est hors de doute que, malgré l'expression : « *immédiatement après la naissance* » qui se rapporte évidemment au temps qui suit immédiatement la délivrance, le meurtre d'un enfant par sa mère serait considéré comme un infanticide, même si celui-ci avait eu lieu postérieurement, mais encore sous l'influence de l'état anormal de corps et d'esprit produit par l'acte de l'accouchement. L'observation nous apprend que ces meurtres tardifs se produisent très rarement et il faut juger ces cas d'une façon tout à fait concrète.

A la suite d'un cas de ce genre, le tribunal suprême par une décision du 7 juin 1854 déclara que dans tous les cas douteux de cette espèce, on devait consulter des médecins compétents et leur demander si dans ces circonstances les principes médico-psychologiques permettent d'affirmer que l'accusée se trouvait encore au moment de la perpétration de l'acte dans cet état anormal que la loi suppose exister pendant l'accomplissement d'un infanticide (1). Le numero 15 du journal *Gereschtshalle* » de l'année 1873 rapporte un cas où le meurtre d'un enfant commis une heure après la délivrance, fut reconnu par le tribunal supérieur comme étant encore un simple infanticide.

Nous devons reconnaître qu'en général, l'excitation d'esprit causée par l'accouchement peut encore exercer une influence sur les actions de l'accouchée plusieurs heures après la naissance. Cette influence ne pourrait être admise qu'exceptionnellement, quand il s'est écoulé un temps plus long, et il faudrait motiver cette exception par les circonstances particulières. Lorsqu'on a à apprécier des cas pareils il ne faut pas perdre de vue que l'excitation morale, à cause de laquelle la loi punit moins sévèrement l'infanticide que le meurtre ordinaire, est considérée par le législateur comme un état normal des femmes en couches, ou plutôt des femmes qui accouchent secrètement et ayant une durée variable, et qu'il ne s'agit pas ici d'influences pathologiques capables de modifier ou de supprimer la liberté de la volonté, car, s'il en était ainsi, il faudrait porter sur celles qui subissent cette influence, un jugement spécial et considérer leur état comme un état psychopathique dans le sens strict du mot.

Un enfant qui vient de naître est appelé *nouveau-né*, et l'état dans lequel il se trouve l'*état de nouveau-né.* Quand on examine des cadavres d'enfants dans les accusations d'infanticide, il s'agit précisément de savoir si ces corps portent les caractères distinctifs de cet état ou non. Dans ce but, il faut prendre en considération l'état interne et externe du cadavre.

§ 1er. — CARACTÈRES EXTÉRIEURS DE L'ÉTAT DE NOUVEAU-NÉ.

1. — Taches de sang.

Parmi *les caractères extérieurs qui distinguent l'état de nouveau-né*, celui qui a le moins d'importance c'est la souillure du cadavre par le sang. Sans doute, on trouve très fréquemment sur la peau d'enfants nouveau-nés plus ou moins de taches de sang, provenant

(1) Commentaire d'Herbst, p. 300.

en partie de la mère, en partie des vaisseaux du cordon ombilical qui ont été coupés, et quelquefois aussi du placenta. Souvent cette souillure n'existe pas, surtout lorsque le cadavre était couché dans un liquide. D'un autre côté, les enfants plus âgés peuvent avoir la peau tachée de sang, par exemple, à la suite d'une hémorrhagie ombilicale ou à la suite de blessures.

II. — Enduit sébacé.

Ce qui est plus important c'est la présence de l'enduit sébacé (*vernix caseosa*). L'enduit sébacé est la sécrétion graisseuse des glandes sébacées mélangée à des parties constitutives de l'épiderme et est habituellement plus abondant dans les plis des articulations, surtout dans l'aisselle et dans l'aine, mais peut aussi se trouver sur d'autres parties du corps, surtout à la tête et dans les plis du cou. L'abondance de l'enduit sébacé varie avec les enfants. Quelquefois ils en sont tout recouverts, souvent on n'en trouve pas de trace, de sorte que les enfants semblent avoir été lavés. Sous le microscope, l'enduit sébacé se compose d'une grande masse de graisse, de cristaux graisseux, parmi lesquels il y a surtout des cristaux de cholestérine, de nombreuses cellules épidermiques et des poils de duvet. Ces flocons sont mélangés en masse au liquide amniotique et au mucus fœtal, et permettent de reconnaître ces derniers quand ils se trouvent dans les poumons ou dans les cavités du tympan. La présence de l'enduit sébacé sur la peau prouve avec assez de certitude l'état de nouveau-né d'un enfant; mais il est facile de comprendre qu'il peut s'y trouver plusieurs jours, si l'enfant n'a pas été lavé. Du reste, cette masse sébacée ne peut être enlevée facilement; ce qui fait que nous pouvons la voir encore chez des enfants qui sont restés quelque temps dans l'eau. Une immersion prolongée, de même que la putréfaction, doit détruire ce signe distinctif qui peut manquer également chez des enfants manifestement nouveau-nés.

III. — Coloration de la peau.

En général, *la coloration de la peau* des cadavres de nouveau-nés est rougeâtre, ou mieux violette ; cela a lieu plutôt chez les enfants venus à terme. Cependant cette coloration n'est pas constante et est modifiée par le genre de mort chez les nouveau-nés comme chez les enfants plus avancés en âge. Quelques jours (1-2) après la naissance, l'épiderme commence à s'écailler, soit sous forme de pellicules, soit par parties considérables. Nous avons observé ce phénomène à mainte reprise chez des enfants à peine âgés d'un jour et même une fois chez un enfant mort-né. Nous y voyons simplement un dessèchement et une desquamation consécutive de la couche supérieure de l'épiderme qui auparavant était humide; il n'est pas permis de tirer de ce fait seul cette conclusion que l'enfant a vécu plusieurs jours.

IV. — Caractères du cordon ombilical.

Parmi *les caractères extérieurs*, les plus importants au point de vue de la question présente sont ceux que l'on constate à l'ombilic et au cordon ombilical. Si tout le cordon ombilical avec le placenta se trouve encore en communication avec l'enfant, ce fait seul établit l'état de nouveau-né de l'enfant. Il en est de même si la partie du cordon qui reste attachée à l'ombilic est encore complètement fraîche. Si cette partie est altérée par la putréfaction, si elle est en voie de dessiccation ou déjà complètement momifiée, l'état du cordon ombilical ne peut pas nous autoriser à décider si l'enfant est encore un nouveau-né ou non; car ces modifications ont pu être produites aussi bien pendant la vie, qu'après la mort d'un nouveau-né vrai. Si l'enfant reste en vie, le cordon ombilical commence dès le lendemain à se flétrir, à se dessécher et à se momifier, et se transforme en un cordon raide, tortu et de couleur rouge brun. Cependant il n'est pas rare de voir le cordon ombilical se putréfier même pendant la vie, surtout quand il était épais et gras. La plus grande fréquence du premier cas est due à ce que la partie restante du cordon ombilical est conservée sèche et est enveloppée par des étoffes aspirant l'humidité qui y est contenue. Sur les cadavres des nouveau-nés, le cordon ombilical ne se putréfie en général, que si les circonstances sont favorables à la putréfaction; mais si le cadavre est à l'air libre et dans des endroits secs, le cordon se momifie tout aussi vite et même plus vite encore dans certaines circonstances que pendant la vie; dans ce cas la dessiccation du cordon commence par l'extrémité libre et s'avance vers l'ombilic. Si l'enfant reste en vie, le cordon ombilical, modifié comme il a été dit, se détache en moyenne le cinquième jour. Cette rupture a lieu ordinairement sans signes d'inflammation; les couches composant le cordon ombilical, se mortifient à partir du deuxième jour, de la périphérie au centre, et se détachent du tissu vivant de l'ombilic, de sorte qu'à la fin le cordon ne tient plus que par les vaisseaux qui finissent également par se détacher. En même temps il semble que le rétrécissement de l'anneau de l'ombilic et la tendance des vaisseaux ombilicaux situés dans le ventre, c'est-à-dire des artères ombilicales, à se raccourcir, jouent un certain rôle, c'est-à-dire amènent la séparation de la partie restante du cordon ombilical. Il n'est pas nécessaire d'insister particulièrement sur l'utilité que peut avoir ce fait pour la détermination du temps pendant lequel un enfant a pu vivre après la naissance. Cependant il faut rappeler deux choses : *premièrement* que pendant les deux premiers jours on ne peut décider d'après l'état de l'ombilic et du cordon ombilical, quand celui-ci n'est plus frais, si l'enfant est mort immédiatement après la naissance ou dans le délai indiqué, car pendant ce temps ces organes ne subissent pas de modifications caractéristiques ; *deuxièmement* que le cordon ombilical peut manquer aussi sur des enfants qui sont manifestement des nouveau-nés, par exemple, quand il a été arraché dans un accouchement précipité, ou postérieurement par la mère A l'état frais, on peut facilement reconnaître comme telle l'ulcération ombilicale, surtout quand des morceaux de la gaine amniotique du cordon ombilical y adhèrent encore ou qu'on en voit encore sortir les bouts des vaisseaux ombilicaux. Dans l'état de putréfaction avancée, l'apparence extérieure du nombril ne peut pas donner autant de renseignements que sa disposition intérieure et celle des vaisseaux ombilicaux.

§ 2. — SIGNES INTERNES DE L'ÉTAT DE NOUVEAU-NÉ.

I. — État des poumons.

Parmi les signes *internes* qui peuvent servir à fixer le temps pendant lequel un enfant a vécu après la naissance, il faut mentionner d'abord ceux des poumons. Sous ce rapport il est clair que, si les poumons ont été trouvés vides d'air chez un enfant, et que s'il n'y a pas de raison d'admettre une expulsion postérieure de l'air, il ne peut y avoir de doute sur l'état de nouveau-né d'un enfant. Si nous trouvons les poumons contenant de l'air, nous avons d'abord à nous demander si un seul mouvement respiratoire, ou quelques-uns en petit nombre suffisent à remplir complètement les poumons d'air ou si plusieurs inspirations sont nécessaires pour cela. Cette question nous a été soumise plusieurs fois, dans des cas judiciaires, et se trouve résolue d'abord par les nombreux cas observés par nous et par d'autres, dans lesquels les poumons étaient complètement pleins d'air, bien que ces enfants eussent été tués immédiatement après la naissance ; il résulte, en outre, d'expériences faites sur des animaux que si on enlève vivement de l'utérus de la mère vivante des fœtus proches de la maturité, et qu'on les étrangle immédiatement après les premiers mouvements d'inspiration, on trouve des poumons contenant de l'air dans toutes leurs parties, à moins, comme cela se produit facilement dans ces vivisections, qu'il n'y ait eu des mouvements respiratoires prématurés. Si les poumons sont atelectatiques, on pourra admettre d'autant plus difficilement que l'enfant ait vécu longtemps, que les parties atelectatiques sont plus étendues. Cette conclusion négative est surtout juste lorsque ces parties atelectatiques l'emportent sur les parties contenant de l'air. Toutefois il faut prendre en considération ce fait que des nouveau-nés, tout en ayant des parties atelectatiques fort importantes dans les poumons, peuvent vivre longtemps, grâce à la faible quantité d'oxygène dont ils ont besoin ; il n'est pas rare de trouver même chez des enfants âgés de plusieurs jours ou de plusieurs semaines des parties atelectatiques, qui, il est vrai, ont pu se produire postérieurement.

II. — **Tube digestif.**

Le *tube digestif* peut fournir des indices importants pour la détermination de la durée de la vie extra-utérine. Un premier indice est fourni par l'air qui y est contenu. Si nous trouvons tout le canal intestinal d'un enfant plein d'air et si l'insufflation et la putréfaction ne peuvent être invoquées, nous pouvons déjà en conclure que l'enfant n'est pas mort immédiatement après la naissance ; cependant nous savons par expérience que le canal intestinal tout entier peut se remplir d'air même pendant le premier jour. On a déjà fait observer plus haut que la quantité d'air contenu dans le tube digestif n'est pas toujours proportionnelle à l'intensité et à la durée des premiers mouvements respiratoires. D'un autre côté il n'est pas rare de trouver même chez des enfants qui ont vécu plusieurs jours, certaines parties de l'intestin vides d'air ; quand le gros intestin ne contient pas de substances féculentes et s'il est rétracté, on peut le trouver également tout à fait vide d'air. La présence de méconium dans le gros intestin indique l'état du nouveau-né ; car ordinairement il est évacué dès le premier jour, sinon dans les premières heures. Si on pouvait prouver par le contenu de l'estomac ou de l'intestin, que l'enfant a reçu de la nourriture, on écartera naturellement la supposition que l'enfant est mort immédiatement après la naissance ; mais cela ne nous autoriserait pas à conclure que l'enfant a dû vivre plusieurs jours, puisque celui-ci a pu recevoir cette nourriture dès les premières heures qui suivent la naissance (1).

III. — Voies fœtales.

Ce qu'on appelle les *voies fœtales*, c'est-à-dire les artères et les veines ombilicales, le conduit d'Arantius, le canal artériel et le trou de Botal, ne subissent pas de modifications dans les premiers jours qui suivent la naissance et c'est seulement après quelques semaines qu'elles se ferment complètement. Leur fermeture prouverait donc non seulement que l'enfant n'est pas nouveau-né, mais qu'il est même âgé de plusieurs semaines. Les artères ombilicales s'oblitèrent les premières ; au moment de la séparation du cordon ombilical on les trouve déjà très rétrécies ; leurs parois deviennent plus épaisses, en même temps que leurs extrémités périphériques se retirent de l'anneau ombilical, de sorte que plus tard, il n'en reste plus que les tuniques adventices. L'oblitération des artères ombilicales n'a lieu que jusqu'au point d'émission des branches collatérales que la partie centrale des artères ombilicales émet du côté de la vessie. Cette oblitération ne se produit pas en général par la formation d'un thrombus, mais par rétrécissement progressif et soudure des parois. On observe souvent une thrombose pathologique et de l'artérite ombilicale affectant surtout la partie périphérique des artères ombilicales qui, dans ce cas, ont le plus souvent aux endroits en question la couleur grise de l'ardoise et un aspect fusiforme. Les parois sont alors plus épaisses et le thrombus qu'elles contiennent est souvent en transformation purulente. Dans les circonstances normales l'oblitération complète de la partie périphérique des artères ombilicales semble exiger une durée de quatre à six semaines.

(1) Goetze rapporte un cas où une mère a prétendu avoir fait têter l'enfant immédiatement après la naissance et l'avoir tué seulement après (*Vierteljahrschr. f. ger. Med.*, XXII, 1875, p. 262).

IV. — Bosse séro-sanguine.

La *bosse séro-sanguine* de la tête est aussi un des signes internes de l'état de nouveau-né. Quand elle n'est pas accompagnée d'une extravasation considérable, cette bosse sanguine disparaît ordinairement le premier jour, du moins diminue d'une façon notable.

V. — Squelette.

Le squelette de l'enfant n'éprouve pas de modifications essentielles dans les premiers jours qui suivent la naissance. Aussi peut-on très-difficilement distinguer le squelette d'un enfant déjà âgé de plusieurs jours de celui d'un nouveau-né. Les squelettes d'enfants qui ont vécu de deux à quatre semaines après la naissance se reconnaissent en général à leur longueur qui dépasse celle des squelettes de nouveau-nés; on les reconnaît surtout à la grosseur du noyau osseux des épiphyses inférieures des cuisses, dont le diamètre ne dépasse jamais neuf millimètres chez les nouveau-nés.

ART. III. — CAUSES DE LA MORT DE L'ENFANT.

Il est du devoir du médecin-légiste de prêter son attention, non seulement aux processus qui peuvent amener la mort de l'enfant *après* sa naissance, mais encore à ceux qui peuvent causer la mort *avant* la naissance ou *pendant* l'accouchement, d'autant plus que ce n'est que la connaissance de ces causes de mort et des signes qu'elles laissent sur le cadavre qui permet au médecin de diagnostiquer le genre de mort; car, comme il résulte de ce qui précède, il n'est pas permis par l'absence seule de l'air dans les poumons de conclure avec certitude que l'enfant est né mort, comme on le fait malheureusement si souvent.

§ 1er. — MORT DE L'ENFANT AVANT SA NAISSANCE.

Nous avons déjà établi, en parlant des causes de l'avortement spontané, dans quelle mesure les maladies de la mère ou de l'enfant, ou des processus pathologiques se produisant dans le placenta et dans le cordon ombilical peuvent produire la mort de l'enfant. Nous avons appelé l'attention sur ce fait que c'est précisément au moment où la viabilité commence, que la mort des fœtus est la plus fréquente. Celle-ci peut cependant aussi se produire dans les périodes ultérieures de la grossesse et même vers la fin de cette dernière.

Il faut admettre, tant en théorie que par l'observation pratique, qu'un enfant peut être tué ou blessé avant sa naissance, sans que la mère en meure ; il est vrai que des cas de ce genre peuvent être mis au nombre des raretés curieuses et pour ce motif ne possèdent qu'une importance secondaire. On comprend cependant qu'on puisse tuer ou blesser un fœtus par le vagin, et cela non pas accidentellement, mais dans la même intention que celle que nous avons constatée dans l'avortement mécanique. Des blessures faites à travers les parois du ventre et atteignant l'utérus, causent naturellement la mort de la mère, ou la mettent en grand danger. Cependant Gurlt (1) cite deux cas où la mère et l'enfant furent blessés, dans un cas par une faulx, et dans l'autre par une fourche, et où les mères restèrent en vie, tandis que les fœtus en moururent.

On s'explique facilement la production de lésions intra-utérines déterminées sur l'enfant par des instruments contondants qui auraient atteint le bas-ventre sans blesser le fœtus, si on se rappelle qu'il peut se produire des lésions graves d'organes internes et même des fractures d'os sans la moindre solution de continuité de la peau. Des coups violents sur le bas-ventre, et surtout des chutes d'un lieu élevé, peuvent amener ces lésions ; dans ce cas, elles affectent presque toujours la charpente osseuse. Cependant Charcott (2) prétend avoir vu une rupture de la rate du fœtus à la suite d'une chute faite par la mère. Dietrich décrit également un cas où l'enfant d'une femme, qui dans la trente-sixième semaine de sa grossesse était tombée d'un escalier et était accouchée seize jours après, avait une plaie de la grosseur d'une pièce de deux sous sur les deux bosses frontales ; le bord de ces blessures était en voie de cicatrisation, et le fond était recouvert de belles granulations. En 1872, Tarnier (3) a présenté à la Société de chirurgie de Paris, un enfant âgé d'un jour, qui était venu au monde avec une cicatrice au sommet de la tête. La provenance de cette cicatrice resta inexpliquée ; cependant on émit cette supposition, entre

(1) Gurlt, *Ueber intrauteri ne Verletzungen des fötalen Knochengerüstes* (*Monatssch. fur Geburtskunde*, IX, 321, n° 401, 1857.) — Voir de plus : Buchner, *Lehrb.*, 2e édit., 429. — Bergmann, in *Pitha-Billroths Handb.*, 1873, III, 36. — Casper Liman, *l. c.*, II, 930.

(2) Charcott, *Wurtemberg. correspond.*, *Bl*, 1838, p. 5.

(3) Tarnier, *Union médicale*, 1872, n° 33.

autres, que la cicatrice pouvait provenir d'une tentative d'avortement mécanique. Les lésions intra-utérines du squelette affectent principalement les os longs. On connaît un grand nombre de cas où des nouveau-nés avaient, en venant au monde, des fractures des os des extrémités en voie de guérison ou déjà guéries par un cal; il est vrai qu'on a pris souvent la mobilité des os provenant d'un défaut d'ossification pour des fractures. Les lésions des os du crâne du fœtus, d'origine traumatique, sont excessivement rares; cependant il peut s'en produire, comme le prouve le cas cité par Maschka (1), concernant une jeune fille enceinte de huit mois qui avait sauté d'un deuxième étage et était morte six heures après : on trouva sur le fœtus plusieurs fractures des deux os du crâne, avec des extravasations. Un cas semblable est rapporté par Gurlt (2), qui en mentionne encore plusieurs autres où on observa simplement des enfoncements des os du crâne; il fait observer au sujet de ces derniers qu'ils peuvent se produire à la suite d'une pression prolongée (contre la colonne lombaire ou la paroi du bassin), car on les a trouvés sur des enfants dont les mères n'avaient été victimes d'aucune violence pendant leur grossesse.

Les fœtus morts pendant la grossesse et surtout ceux qui sont morts par suite de causes naturelles, ne se séparent que rarement de la mère immédiatement après qu'ils ont cessé de vivre; ils ne se détachent qu'au bout de quelque temps et viennent au monde dans un état de *macération* ou de *putréfaction*. Ces fœtus sont faciles à reconnaître, quand ils n'ont pas été modifiés ultérieurement par la putréfaction. Quand le fœtus mort a passé plusieurs jours ou même des semaines dans le ventre de la mère, il est remarquablement mou, ratatiné et très flexible dans toutes les articulations. L'épiderme est détaché par morceaux ou du moins facile à enlever. Le derme est imbibé et coloré en rouge brun; cette couleur est répandue uniformément sur tout le corps, ou du moins sur de grandes parties de celui-ci et présente des nuances variées; elle est surtout remarquable sur les fœtus qui ne sont pas à terme. Le chorion est en outre humide et glissant. La tête est comme aplatie. Le cuir chevelu forme une espèce de sac lâche à travers lequel on sent les os du crâne détachés de leurs sutures et devenus mobiles. Les yeux et les conjonctives sont imbibés de sang. Le cou est mou comme une poche; la peau du ventre retombe sur les côtes et est molle et flasque; le cordon ombilical est imbibé

(1) Maschka, *Prager Vierteljahrssch.*, 1856, IV, 105.
(2) Gurlt, *l. c.*, 349.

de sang, souvent aussi de bile. A l'examen interne nous trouvons toutes les parties molles et même les cartilages imbibés de sang et colorés en un rouge brun sale, de nuances variées. Dans toutes les cavités on observe des transsudations séreuses, surtout dans les cavités pleurale et péritonéale; les poumons sont vides d'air et flasques; parfois des ecchymoses sous la plèvre ou le péricarde, comme signes des mouvements respiratoires prématurés et de l'asphyxie; dans les voies respiratoires du liquide amniotique qui peut, il est vrai, y être arrivé après la mort.

Ces signes sont d'autant moins prononcés, que la naissance a suivi de plus près la mort de l'enfant. Les enfants qui sont morts peu de temps avant le commencement de l'accouchement, ne peuvent guère se distinguer de ceux qui sont morts pendant la naissance, surtout lorsque le cadavre n'est pas examiné immédiatement, ce qui arrive dans les cas judiciaires. Même la bosse sanguine de la tête ne prouverait pas avec une certitude absolue que la mort a eu lieu pendant la naissance; car il se produit également une infiltration de la peau de la tête chez les enfants morts avant la naissance. Cette infiltration qui est due en partie à une hypostase, en partie à une transsudation postérieure à la mort, se forme très rapidement.

En général les fœtus morts pendant la grossesse naissent avec le placenta. Cela facilite le diagnostic, parce que souvent la cause de la mort, qui réside dans les maladies du placenta ou dans les torsions du cordon ombilical, peut être trouvée par un examen direct. L'ancien nom d'*hydrops fœtus sanguinolentus*, que les auteurs anciens donnaient à la transsudation sanguine et séreuse qui se trouve ordinairement dans les cavités séreuses des fœtus macérés, ce nom, disons-nous, prouve que les modifications produites par la maceration sont considérées parfois comme des processus pathologiques. Il est arrivé en outre que la dislocation et la mobilité des os du crâne d'un fœtus mort et putréfié ont été considérées comme les effets d'un traumatisme (1). D'un autre côté il est nécessaire de remarquer que des enfants vivants (!) nés avec du pemphigus, ont été pris pour des fœtus morts et putréfiés (2).

§ 2. — MORT DE L'ENFANT PENDANT L'ACCOUCHEMENT.

La naissance est un danger de mort pour l'enfant. Il semble qu'à

(1) Voy. Rousseau, *Sur un cas de mort de l'enfant pendant le travail de l'accouchement* (*Annales d'Hyg. publ.*, 1876, p. 492, tome XLVI.)

(2) Des cas de ce genre sont rapportés, in *Annalen der Staatsarzneikunde*, 1838, p. 555 et par Hammer (*Beob. über faultodte Früchte mit besonderer Berüksichtigung von 6 Fällen scheinbar faultodten Früchten.* Leipsiger Dissertation, 1870.

ce moment la vie des fœtus à terme ou proches du terme est plus menacée qu'auparavant. D'après une statistique exacte faite à Genève, sur 200 mort-nés, 146 (48 p. 100) sont morts avant et 154 (52 p. 100) pendant la naissance. D'après une autre statistique moins exacte faite en Belgique, le nombre des fœtus morts avant la naissance était de 64 p. 100 tandis que celui des enfants morts pendant la naissance n'était que de 36 p. 100 (1). De même que le nombre des mort-nés est presque deux fois plus grand parmi les enfants adultérins que parmi les enfants légitimes (2), de même le nombre des enfants illégitimes, morts pendant la naissance, est plus grand que celui des enfants issus du mariage ; cela est vrai surtout des enfants qui ont été mis au monde secrètement et auxquels a manqué tout secours intelligent, qui aurait pu écarter la cause du danger de mort dans lequel l'enfant se trouvait, et sauver le nouveau-né en terminant rapidement l'accouchement.

Pendant la naissance, il y a deux choses qui constituent un danger pour l'enfant : 1° la cessation prématurée de la respiration placentaire ; 2° la pression que subit la tête de l'enfant.

I. — *La cessation prématurée de la respiration placentaire.*

La respiration placentaire cesse normalement avec l'évacuation du fœtus ; aussitôt que celle-ci a eu lieu, l'utérus se contracte en se réduisant au minimum et le placenta, dont l'union avec l'utérus est déjà affaiblie par les douleurs, se détache. Si cette rupture a lieu plus tôt et si l'enfant n'est pas mis au monde à temps, celui-ci meurt asphyxié.

Les causes qui peuvent produire l'interruption de la respiration placentaire, sont presque toujours du genre de celles qui peuvent exister aussi dans les accouchements rapides ou secrets. La première de ces causes, c'est la *compression du cordon ombilical* et surtout celle qui est produite par le *procidence du cordon.* De 743 cas de procidence du cordon ombilical, cités par Scanzoni, il y en eut 408 où les enfants furent trouvés mort-nés, c'est-à-dire presque 55 p. 100. Dans les cas observés par Kleinwächter (3), le rapport entre les mort-nés et les enfants nés vivants était de 56, 32 p. 100 à 43, 48 p. 100.

(1) Oesterlen, *Handb. d. medic. Statist.*, p. 100.

(2) Osterlen, p. 101. Le nombre des mort-nés est de 4 à 5 p. 100 des nouveau-nés, de sorte que sur 20 naissances il y a un mort-né.

(3) Kleinwächter, *Prager Vierteljahrschrift*, 1870, III, p. 84.

Il est clair que dans les accouchements clandestins, la mortalité doit être beaucoup plus forte.

Les *circulaires du cordon ombilical* sont une cause peu fréquente de mort; cependant, il faut reconnaître que celles-ci peuvent produire une compression du cordon ombilical et une imperméabilité complète des vaisseaux ombilicaux; cela arrive surtout quand, par suite de la brièveté ou du grand nombre de circulaires du cordon ombilical, celui-ci est fortement tendu et serré autour du corps de l'enfant pendant que celui-ci s'avance. D'après Hohl (1), il y eut sur 181 cas d'entortillements du cordon ombilical, 163 enfants qui vinrent au monde vivants et 18 morts. Mayer (2) rapporte ce fait observé dans la clinique de Nägele, que sur 685 enfants nés avec des entortillements du cordon ombilical, il n'y en avait que 18 dont la mort pouvait être sûrement rapportée à cet enroulement. Kleinwächter sur 20 naissances n'a également observé qu'un seul cas où l'enfant fût mort-né. Ici aussi le nombre des mort-nés sera sans doute plus grand dans les accouchements clandestins, surtout si on tient compte de la fréquence des entortillements du cordon ombilical. Hohl a vu sur 201 naissances 181 cas d'entortillement du cordon. La compression mortelle du cordon ombilical peut se produire très facilement dans les présentations par le siège. Dans ces sortes d'accouchements, le cordon ombilical se trouve naturellement souvent comprimé, puisqu'il se place entre le détroit du bassin et la tête qui vient en dernier lieu. Il est facile de comprendre combien cette circonstance peut devenir fatale à l'enfant, quand la tête reste arrêtée. On sait que les accoucheurs cherchent à cause de cela à dégager vivement la tête et il y a à ce sujet une série de pratiques particulières. Malgré cela le nombre des mort-nés est plus élevé quand l'enfant se présente par le siège que lorsqu'il se présente par la tête, même dans les établissements d'accouchement. A la Maternité de Prague, pour les enfants se présentant par le siège, le rapport des enfants vivants à celui des mort-nés, serait d'après Kleinwächter de 87 p. 100 à 63 p. 100. Naturellement dans un accouchement clandestin, l'enfant est en plus grand danger, parce qu'il n'y a personne pour dégager la tête. De là il résulte que l'on ne doit pas négliger, dans les expertises médico-légales, de s'enquérir de la position que l'enfant avait pendant la naissance.

Une autre cause de l'interruption de la respiration fœtale, pou-

(1) Hohl, *l. c.*, 456.
(2) Mayer, *in* Casper Liman's *Handb.*, p. 940.

vant également se présenter dans les accouchements clandestins, c'est *le décollement prématuré du placenta.* Le danger est d'autant plus grand pour l'enfant que cette séparation est plus complète; c'est-à dire que la partie qui a été enlevée prématurément à sa fonction respiratoire est plus grande et que l'expulsion du fœtus se fait plus longtemps attendre. Les hémorrhagies qui se produisent déjà pendant la naissance permettent de conclure à une séparation prématurée du placenta.

Enfin il ne faut pas oublier que la respiration placentaire est gênée par *les douleurs* mêmes; en effet à chaque contraction de l'utérus les vaisseaux se rétrécissent et l'apport de sang oxygéné au placenta est diminué; le placenta lui-même et ses vaisseaux subissent une compression et chaque douleur hâte la séparation placentaire. Dans les circonstances normales, la diminution de la quantité d'oxygène contenu dans le sang fœtal produite par les douleurs n'atteint pas un degré tel que le fœtus puisse courir le danger d'être asphyxié; cependant l'asphyxie peut se produire à la suite de douleurs persistantes (spasmes) ou de l'expulsion tardive du fruit.

Si par une des causes mentionnées, la respiration fœtale est interrompue prématurément et pendant quelque temps, le sang pauvre en oxygène excitant le bulbe, il se produit des mouvements respiratoires (probablement aussi des convulsions) dont la durée et l'intensité peuvent dépendre du développement du corps de l'enfant et qui sont suivis d'asphyxie et de mort, si l'accouchement n'est pas terminé encore à temps. Ces *mouvements respiratoires prématurés* (1) ont en général un effet analogue à celui que nous avons décrit à propos de la respiration intra-utérine normale : c'est-à-dire l'aspiration du milieu, se trouvant devant les voies respiratoires du fœtus, et le développement de la circulation pulmonaire ou plutôt l'augmentation du sang contenu dans les poumons; ce sont les modifications résultant de ces faits qui nous permettent de faire avec une grande certitude le diagnostic que l'enfant en question est mort de suffocation fœtale, c'est-à-dire à la suite de l'interruption prématurée de la respiration placentaire.

(1) Vide : Krahmer, *Lehrb.*. 1857, p. 132. — Hecker, *Verein der Berlin. Gesell. f. Geburtsk.*, 1853, p. 145. — Schwartz, *Die vorzeitigen Athembewegungen.* Leipzig, 1858. — Böhr, *Henke's Zeitshrift*, XLIII, 1863, p. 1. — B. S. Schultze, *Arch. f. Anat. und Physiol.*, 1866, t. 37, p. 145. — Senator, *Vierteljahrsh. f. gerich. Med.*, 1866, IV, 99. — E. Hofmann, *Ibidem*, 1873, XIX, 217. — Schvartz, *Arch. f. Gynäk*, I, p. 361.

Le milieu, qui est ainsi aspiré, n'est autre chose que le liquide amniotique avec ou sans mélange de sang ou de méconium. Ce mélange est fréquent surtout dans les présentations par le sommet; car le méconium, évacué par le fœtus pendant l'asphyxie, descend et arrive ainsi aux voies respiratoires. Probablement ces substances ne sont aspirées que par les inspirations profondes appelées aussi terminales, comme nous l'avons remarqué dans les cas de mort par immersion avec laquelle l'asphyxie fœtale a de grandes ressemblances. Plus les inspirations étaient fortes et longues, plus il a été aspiré de ces substances et plus celles-ci ont pénétré profondément, de sorte que l'on peut quelquefois les suivre jusque dans les bronches les plus fines. En général elles n'arrivent que dans les grosses bronches, la constitution visqueuse et épaisse des substances ne leur permettant pas de pénétrer plus loin. Souvent on ne les trouve que dans les narines et dans le pharynx où elles obstruent, surtout quand elles sont visqueuses, l'entrée du larynx. On peut souvent déjà reconnaître à l'œil nu le liquide amniotique aspiré, surtout par le mélange de débris de la matière sébacée et de poils follets reconnaissables déjà à un simple examen, surtout quand ils sont placés sur un fond sombre. S'il y a un mélange de méconium (1), les substances paraissent plus ou moins brunes et sont plus voyantes. Cependant il est à remarquer qu'une coloration de ce genre peut être due aussi à d'autres substances parvenues dans les voies respiratoires d'une manière moins innocente, comme par exemple, à des matières de fosses d'aisances. Naturellement l'examen microscopique seul est décisif, aussi ne doit-on jamais le négliger. On trouve alors, quand il s'agit de liquide amniotique, les principales parties constituantes de la matière sébacée : de grosses cellules épidermiques tenant ensemble par lambeaux, de la graisse et des cristaux graisseux (cholestérine) et des poils follets qui se distinguent par leur ténuité, leur petitesse et par l'absence de la substance médullaire. S'il y a un mélange de méconium, on trouve en outre du pigment biliaire en amas ou en forme de cristaux de

(1) Le méconium se compose principalement d'enduit sébacé et de substance colorante de la bile, et renferme surtout une masse de poils follets reconnaissables même a l'œil nu. On peut donc tenir comme certain que le fœtus absorbe du liquide amniotique, même dans la dernière période de la grossesse. Le but de cette absorption n'est pas encore connu. Il faut faire observer ici que souvent le méconium n'a une couleur vert foncé que dans les parties inférieures du gros intestin et une couleur brun jaunâtre dans les parties supérieures, surtout dans la branche ascendante. Évidemment cette variété de couleurs est due à des modifications de la matière colorante de la bile.

bilirubine, en même temps que quelques éléments cellulaires imbibés par la bile, des cristaux de cholestérine en grande quantité et enfin de l'épithélium de l'intestin. Souvent il y a un mélange de sang, surtout quand c'est le décollement prématuré du placenta qui a été la cause de l'asphyxie fœtale. Un examinateur compétent ne peut prendre ces substances pour des substances arrivées dans les voies respiratoires pendant la vie extra-utérine. Les matières des fosses d'aisances qui ont quelque ressemblance avec le liquide amniotique contenant du méconium, peuvent être reconnues facilement à l'examen microscopique, grâce à l'hétérogénéïté des parties dont elles sont composées (des restes de nourriture végétale et animale, mélanges de sable ou de charbon, de phosphate triple, etc.).

Comme la quantité de sang contenue dans les poumons est en rapport inverse de la facilité avec laquelle le milieu aspiré remplit les poumons, il est clair que ceux-ci contiendront, à la suite de mouvements respiratoires prématurés, une quantité de sang d'autant plus grande que les substances aspirées ont pu pénétrer moins facilement à cause de leur consistance épaisse et visqueuse. Dans le cas où ces substances n'ont pénétré que dans le larynx et surtout lorsque, malgré des mouvements respiratoires prématurés, il n'y a pas eu de milieu aspiré (par exemple, parce que les orifices respiratoires étaient obstrués par les parois du canal génital ou par des membranes de l'œuf ou encore si la trachée était fermée au passage de l'air par la tension du cou [dans la présentation de la face] ou par le cordon ombilical fortement serré autour du cou), les poumons doivent naturellement être remplis de sang au plus haut point. En effet, c'est le sang seul qui peut dans ces cas remplir le vide qui se fait dans la poitrine. De là vient que les poumons des fœtus morts d'asphyxie, pendant l'accouchement, sont de couleur sombre, lourds et quelque peu agrandis ; si on y fait des coupes, il s'en écoule beaucoup de sang, un fait qui prouve le mieux combien l'épreuve docimasique par le sang des poumons indiqués par Ploucquet a peu de valeur.

Parmi les autres signes que l'on trouve chez des enfants morts à la suite d'une interruption prématurée de la respiration fœtale, nous rappellerons surtout les ecchymoses sur les poumons et sur le cœur et qui constituent un signe presque constant. Leur développement considérable s'explique, d'une part, par la stase sanguine considérable des organes thoraciques, d'autre part, par la friabilité excessive des vaisseaux; chez les enfants cette friabilité est telle que les vaisseaux des enfants non encore nés ou des nouveau-nés ne peuvent pas supporter une augmentation de la pression du sang aussi facilement qu'ils la supportent plus tard. La cyanose de la face, l'injection et même les ecchymoses des conjonctives sont aussi des signes fréquents. On a déjà dit que dans ce genre de mort, des parties constituantes du liquide amniotique et même du méconium peuvent arriver dans l'estomac et dans la cavité du tympan. Souvent le cordon ombilical de ces enfants paraît imbibé par la bile, caractère que Zittmann (1) regarde comme propre aux enfants mort-nés. Cette coloration provient du méconium évacué, se développe très rapidement, comme nous l'avons vu par des expériences, et pour cette raison acquiert une certaine valeur au point de vue du diagnostic. Mais il est clair qu'elle peut aussi se former, quand l'enfant déjà né se trouve couché dans du liquide amniotique contenant du méconium ou des matières fœcales contenant des substances biliaires.

Si l'on observe les signes dont nous venons de parler et si on trouve avec cela les poumons et le tube digestif vides d'air, tandis qu'il n'y a aucune trace de macération, on peut affirmer avec la plus grande vraisemblance que l'enfant en question est mort pendant la naissance d'asphyxie fœtale. Il n'est pas permis d'affirmer absolument que l'enfant est né mort, celui-ci ayant pu naître en état de mort apparente.

On pourrait objecter que la suffocation extra-utérine dans du liquide amniotique peut produire des signes analogues à ceux que nous avons décrits. Il faut remarquer sous ce rapport qu'il n'est pas impossible que l'enfant se noie dans le liquide amniotique, cependant cela ne peut arriver que s'il y a pendant la naissance certains incidents, comme par exemple, si la naissance a eu lieu sur des vases contenant déjà du liquide amniotique ou si, en même temps que l'enfant, il est tombé dans le vase du liquide amniotique; mais même dans ce cas l'enfant peut, grâce aux mouvements respiratoires extra-utérins, recevoir de l'air dans les poumons.

II. — *La compression de la tête.*

La tête de l'enfant en passant à travers le canal du bassin, subit une compression qui peut amener une diminution passagère du crâne ou une modification de la forme de ce dernier. Cette modi-

(1) Mende, I, 200.

fication qui est désignée dans l'accouchement sous le nom de *configuration* du crâne est produite surtout par ce fait que l'occipital et les os frontaux s'introduisent sous les os pariétaux et que ceux-ci se superposent; en même temps la peau de la tête se plisse plus ou moins et le diamètre occipito-mentonnier s'allonge. Il se produit aussi un aplatissement de la partie de la tête qui est proche du promontoire. Le volume du crâne est diminué d'une façon absolue, le liquide cérébro-spinal étant refoulé (1). Le ralentissement du pouls fœtal pendant les douleurs, prouve qu'il y a en même temps compression du cerveau. Ce ralentissement a été considéré par Schwartz comme provenant du trouble de la respiration placentaire causé par les douleurs; d'après les théories plus modernes et surtout d'après les expériences de Leyden (2), il doit être attribué à la compression du cerveau.

La compression que la tête de l'enfant éprouve pendant la naissance, même lorsqu'elle reste normale, produit certaines modifications qui ont une importance au point de vue médico-légal. A cet ordre appartiennent la bosse sanguine et les ecchymoses dans les enveloppes molles du crâne.

La *bosse sanguine* de l'accouchement se présente comme une tumeur pâteuse, faisant une saillie plus ou moins prononcée au-dessus de la partie du crâne qui était en avant, se trouvant par conséquent généralement au-dessus de la petite fontanelle ou de la partie postérieure et externe d'un pariétal, et présentant à la coupe une infiltration séreuse du tissu cellulaire du crâne, et souvent des extravasations plus ou moins considérables. La bosse sanguine de la tête permet non seulement d'affirmer que l'enfant s'est présenté par la tête, mais encore d'estimer la durée de l'accouchement : c'est-à-dire que l'absence de la bosse séro-sanguine prouve que la délivrance s'est faite rapidement. Plus le crâne de l'enfant est petit et plus le bassin est large, plus la tumeur de la tête est faible. Aussi Elsässer ne trouva-t-il sur 340 enfants nés avant le terme en position occipitale que 74 ayant la bosse séro-sanguine. Mais sur 3789 enfants venus à terme, il la trouva 1502 fois. Dans les présentations par le siège, le gonflement et l'infiltration séreuse du scrotum ou des grandes lèvres sont dus à une cause analogue, et ont été constatés par Elsässer 47 fois sur

(1) Voir Fehling, *Neuere Untersuchungen uber die Compression des Schädels bei der Geburt* (*Arch. f. Gynäk.*, 1874, VI, p. 68).

(2) Elsässer, *Virchow's Archiv*, XXXVII, 519.

130 cas. Cependant on a observé souvent un œdème du scrotum chez les enfants nés dans la position occipito-iliaque.

Les *ecchymoses* dans les enveloppes molles du crâne sont des phénomènes tout ordinaires se produisant même après les naissances normales. En général ce sont des sugillations ayant la grosseur d'une lentille ou d'un haricot, se trouvant soit dans le tissu cellulaire sous le cuir chevelu et plus souvent entre le péricrâne et les os, surtout près des sutures. Quelquefois il y a des sugillations plus grosses; nous en avons trouvé à mainte reprise, même après les naissances normales, s'étendant sous de grandes parties de la peau de la tête. Elles se produisent plutôt par suite de la distension des vaisseaux causée par le déplacement des os que par suite d'une pression directe (1). Elles ont surtout une valeur parce que leur présence prouve que l'enfant vivait encore pendant l'accouchement, d'autre part, parce que ces suffusions, produites par l'accouchement, pourraient être considérées comme les effets de violences qui auraient été exercées seulement après l'accouchement sur la tête de l'enfant. Si la peau de la tête et les os du crâne ne portent pas de traces de blessures, on n'est pas en droit d'attribuer la provenance des suffusions des enveloppes molles du crâne à des violences exercées après la naissance, même lorsque ces suffusions s'étendent à des parties considérables. Le *céphalématome* n'est autre chose, suivant nous, qu'une suffusion de sang entre le péricrâne et l'os, ne provient pas toujours de ce dernier et ne se distingue pas d'abord d'une suffusion ordinaire; elle ne s'en distingue que plus tard par sa marche particulière, qui n'est peut-être déterminée que par le hasard.

Si la compression de la tête dépasse les limites normales, il peut se produire des phénomènes plus graves. D'abord l'interruption des battements du cœur, produite par la compression du cerveau peut arriver à un point tel que la respiration devienne difficile et que le sang perde bientôt son oxygène. Dans ce cas il y a également des *mouvements respiratoires prématurés*, comme nous en avons vu se produire après l'interruption de la circulation placentaire. En second lieu, il peut se produire à la suite de la superposition des os du crâne, *des extravasations interméningées;* celles-ci se produisent le plus souvent par la rupture des vaisseaux de la pie-mère qui se rendent aux sinus ou par la rupture des sinus eux-mêmes. Dans les accouchements laborieux ces phénomènes sont

(1) Skrzeczka, *Vierteljahrsschrift f. ger. Med.* 1869, XI, p. 75.

fréquents; on les observe aussi quelquefois dans les naissances normales; il semble que pendant les accouchements, qui s'accomplissent avec violence et rapidité, et sont accompagnés d'une déformation du crâne, non pas progressive, mais subite, elles se produisent plus facilement. Ces extravasations produisent une compression persistante du cerveau et peuvent aussi amener des mouvements respiratoires prématurés par le ralentissement des pulsations du cœur; mais l'expérience nous apprend que les enfants supportent plus aisément ces extravasations qui ont lieu pendant la naissance que plus tard, et surtout qu'ils peuvent leur survivre plusieurs jours.

On a souvent observé des *lésions des os du crâne* pendant la naissance par suite de la force d'expulsion de l'utérus; on a trouvé non seulement de simples compressions ou des renfoncements des os du crâne, mais même de véritables solutions de continuité. Les premières se présentent le plus souvent comme des enfoncements en forme de cuiller et portent, soit sur un os pariétal, soit sur un des os frontaux ayant été comprimés contre le promontoire ou la symphyse. Dans les naissances régulières, ces compressions ne se produisent qu'exceptionnellement; elles ont lieu plutôt quand il y a une disproportion entre la tête de l'enfant et le canal du bassin, par conséquent dans les bassins étroits. A l'endroit le plus profond de l'enfoncement, elles sont ordinairement compliquées d'une fêlure ou d'une véritable fracture de l'os.

Leur forme ressemble beaucoup à celle qui serait produite par la compression du forceps; il n'y a pas de confusion possible avec d'autres lésions provenant de causes différentes.

Gurlt a réuni 10 cas de solutions de continuité des os de la tête qui se sont produites pendant un accouchement normal. Le plus souvent elles consistaient en fissures passant à travers les rayons d'ossification et partant du bord de la suture sagittale de l'os pariétal; cependant dans certains cas on a observé également des fractures qui portaient principalement sur le bord de la suture d'un os et provenaient évidemment de la superposition trop violente des os. C'était surtout dans les accouchements laborieux et lents qu'on a trouvé ces lésions, bien que tous se soient terminés sans les secours de l'art. Nous-même nous avons observé deux fois, dans des accouchements de ce genre, une fissure de l'os pariétal longue de trois centimètres, partant du bord de la suture sagittale et se dirigeant à travers les rayons d'ossification vers la bosse pariétale. En outre nous avons remarqué chez un enfant mis au monde clandestinement, une fêlure de l'os partant, derrière le milieu de la suture sagittale et à 0,5 centimètres à gauche de celle-ci, d'une partie de l'os mince comme du papier et s'étendant à travers des parties également minces jusqu'à la bosse pariétale; nous avons dû reconnaître que, par suite de la ténuité anormale de cette partie de l'os pariétal, causée par un défaut d'ossification, cette rupture avait pu déjà se produire pendant la naissance par la courbure excessive de l'os; nous avons fait à ce sujet cette remarque que c'est précisément la constitution simple de la fissure et son peu d'étendue, relativement à la grande fragilité de ces parties de l'os, qui prouvait qu'elle n'était pas due à une violence directe et grave; nous avons fait observer également que les os pariétaux et surtout le milieu des bords de la suture sagittale se courbent fortement par la compression de la tête dans le bassin, ce qui rend la fracture des os plus facile le long des rayons d'ossification que partout ailleurs.

Dans les accouchements réguliers, nous ne pouvons admettre que des fissures et surtout des fractures, telles que nous en avons constatées sur le crâne d'un nouveau-né, aient pu être produites par la compression qui a lieu pendant la naissance, à moins toutefois qu'il n'y ait des défauts d'ossification, par conséquent des parties des os du crâne très fragiles. Dans les accouchements laborieux, surtout lorsque le bassin est étroit, nous pouvons attribuer à la compression de l'accouchement les fissures simples ou les fractures simples (sur les bords des sutures) qui se trouvent en des endroits subissant pendant la configuration du crâne une tension considérable ou éprouvant, comme les bords des sutures, une forte dislocation. Nous ne pouvons le faire dans le cas où il y a des fractures étendues ou nombreuses ou s'il y a en même temps de larges contusions ou des solutions de continuité des enveloppes molles du crâne.

Pendant la naissance l'enfant peut aussi mourir à la suite d'hémorrhagies. Cela peut arriver surtout dans ce qu'on appelle l'insertion vélamenteuse du cordon ombilical, ce qui n'est pas si rare, lorsque la partie du fœtus qui est en avant déchire le *velamentum*. Hüter a réuni 12 cas de ce genre, parmi lesquels il y en avait 10 où les enfants moururent pendant la naissance. Valenta (1) rapporte un autre cas. L'hémorrhagie peut se produire également quand un cordon ombilical trop court se déchire. On a observé des cas où le cordon ombilical n'était long que de 10 millimètres (Sclafer) et d'autres où il manquait complètement (2). Cette brièveté anormale peut causer aussi le décollement prématuré du placenta. Enfin

(1) Valenta, *Memorabilien*, 1874, n° 5.

(2) Stude, *Monatssch. f. Geburtsk.*, 1856, VII, 1.

un jumeau peut perdre tout son sang après la naissance du premier enfant dans le cas où, le placenta étant commun, on n'a pas mis une ligature double sur le cordon ombilical. Brachet de Lyon a observé un cas de ce genre.

§ 3. — MORT DE L'ENFANT APRÈS LA NAISSANCE.

1. *Mort par défaut de viabilité.*

Un enfant peut mourir après la naissance, surtout parce qu'il n'a pas la faculté de vivre par lui-même. L'ordonnance de police autrichienne de l'année 1853 (§ 90) exige expressément, dans les accusations d'infanticide, la recherche de la viabilité de l'enfant. La nouvelle ordonnance de la police de l'empire ne renferme pas de disposition de ce genre; mais le paragraphe 81 du projet de l'ordonnance de police allemande exige qu'à l'ouverture d'un cadavre de nouveau-né, l'examen porte surtout sur le point de savoir si l'enfant était à terme ou du moins viable. L'ancienne ordonnance de police autrichienne s'est servie des mêmes termes et il semble en résulter que les législateurs n'avaient en vue que des fœtus qui, étant nés trop tôt, devaient mourir immédiatement ou peu de temps après la naissance. Cependant, comme il peut arriver même à des enfants à terme de n'être pas viables et comme ceux-ci, de même que les enfants non-viables par suite de leur naissance précoce, ne meurent pas toujours immédiatement ou peu de temps après la naissance, bien qu'ils portent en eux le germe de la mort, l'idée de la viabilité ou plutôt de la non-viabilité est très vague même dans le sens où elle est prise d'ordinaire. Toutefois ce qu'il y a de certain c'est qu'un enfant, qui serait mort en peu de temps parce qu'il n'était pas à terme ou parce qu'il n'était pas viable, peut également être tué. Il ne ressort ni du Code pénal ni de l'Ordonnance de police de l'empire comment un cas pareil serait considéré au point de vue judiciaire. Toutefois la disposition du paragraphe 23 du Régulatif prussien portant : « Si l'état du fœtus prouve qu'il est né avant la trentième semaine, on peut se dispenser de l'autopsie, *lorsqu'elle n'a pas été demandée expressément par le juge* », permet de conclure que dans certaines circonstances, même quand il s'agit d'enfants qui n'étaient certainement pas viables, il y a lieu de rechercher s'il n'y a pas eu d'autres causes de mort et si on ne peut pas croire à la mort causée par meurtre. Dans un cas pareil, la non-viabilité ne pourrait modifier le fait du meurtre; mais elle formerait une circonstance atténuante, comme le disent clairement quelques codes anciens.

I. — Défaut de maturité.

La *non-viabilité* de l'enfant peut être causée surtout par son défaut de maturité. Le moment de la grossesse, à partir duquel le fœtus est capable de vivre de sa vie propre, ne peut être précisé exactement; cependant l'expérience nous apprend que c'est seulement après la trentième semaine que les fœtus peuvent être considérés comme viables. C'est du résultat de cette observation que s'est inspiré le Régulatif prussien dans la rédaction de l'article mentionné.

Il y a des fœtus qui naissent vivants après la 20e semaine et même encore avant (d'après Kleinwachter 23,58 p. 100), bien qu'ils meurent immédiatement après la naissance. Exceptionnellement on a pu conserver vivants des fœtus qui étaient nés dans la 25e semaine (d'Outrepont) ou dans la période de la 27e à la 29e semaine (1). D'autre part même après la 38e semaine, la viabilité ne devient pas tout d'un coup absolue et complète, mais elle est d'abord faible, comme la force de résistance du fœtus contre les violences extérieures; l'une et l'autre augmentent à mesure que le fœtus approche de la maturité. C'est pourquoi il est d'autant plus probable qu'un enfant est mort de mort naturelle, qu'il est né plus longtemps avant le terme normal de la grossesse.

Pour savoir si un fœtus a trente semaines accomplies, il faut prendre en considération la longueur du corps qui, à ce moment est ordinairement de 40 centimètres. Des fœtus qui mesurent même moins de 40 centimètres peuvent déjà être considérés comme viables, lorsqu'il y a d'autres indices prouvant qu'il ont dépassé la trentième semaine. Le poids est de 1500 a 2000 grammes. La peau est couverte de nombreux poils follets et commence à se charger de graisse; elle semble être ainsi plus épaisse et moins rouge qu'auparavant et les formes du corps paraissent plus arrondies. Les cheveux sont encore peu abondants et courts et la membrane pupillaire a disparu entièrement ou il n'en reste plus que des débris. Chez les enfants mâles, les testicules sont déjà sortis du canal inguinal ou du moins en train de le traverser, et le scrotum est plus fortement ridé. Chez les enfants du sexe féminin, les grandes lèvres commencent à devenir plus saillantes par suite du dépôt de graisse. Les ongles atteignent presque les extrémités des doigts et commencent à se durcir. Le poids moyen du placenta est de 451 grammes; la longueur moyenne du cordon ombilical de 46 centimètres. Le cerveau a déjà des circonvolutions développées

(1) Ahlfeld, *Arch. für. Gynäk*, 1875, VIII, 194.

et dans le gros intestin il y a du méconium de couleur vert foncé en abondance. Le bras, d'après Casper-Liman, a une longueur de 5 à 5,2 centimètres, le cubitus est long de 4,8 à 5 centimètres, le radius de 4 à 4,2 centimètres, le fémur de 5,2 centimètres, le tibia et le peroné de 4,8 à 5 centimètres.

A la fin du neuvième mois (trente-sixième semaine) l'enfant a une longueur de 42 à 44 centimètres et un poids moyen de 2000 grammes. La production de graisse a augmenté, le visage est moins ridé et prend un aspect plus plein et plus agréable. La peau a la couleur rouge pâle des nouveau-nés à terme. Les poils follets commencent à disparaître. Le poids moyen du placenta est de 461 grammes, la longueur moyenne du cordon ombilical est de 47 centimètres.

Un enfant, né à la fin du dixième mois, est en moyenne long de 50 centimètres et pèse environ 3000 grammes. La peau présente un coussinet graisseux épais; la figure et les membres sont pleins et arrondis, les plis des articulations profonds, les poils abondants aux épaules et rares partout ailleurs. Les cheveux sont épars et longs de 1,5 à 2 centimètres. D'après de nombreuses mensurations faites par Casper-Liman, les diamètres de la tête sont en moyenne les suivants : chez les garçons, le diamètre oblique de 8,3 centimètres, le diamètre droit 10,8, le diamètre diagonal 12,6; chez les filles, le diamètre oblique de 8,3, le droit 10,0, le diagonal 12,0 centimètres. La largeur de la fontanelle antérieure, c'est-à-dire la plus petite des distances entre les côtés parallèles du parallélogramme sont, d'après Fehling (1), pour les enfants à terme environ de 2 centimètres et la circonférence occipito-frontale de 34 à 35 centimètres. Les cartilages du nez et des oreilles sont fermes et élastiques. La largeur des épaules est en moyenne de 12,5, la distance entre les deux trochanters de 8 centimètres. La distance de l'ombilic à la symphyse varie d'après Hecker entre 3 et 5,2, celle de l'ombilic à l'appendice xiphoïde entre 5,8 et 8,7 centimètres. Les testicules se trouvent dans le scrotum; chez les filles, la vulve est fermée. Les ongles ont une consistance cornée et dépassent les extrémités des doigts, mais non les extrémités des orteils. Les épiphyses inférieures des fémurs contiennent généralement un noyau osseux large de 9 millimètres au plus.

(1) Fehling, *Die Sterfontanellen und der Horizontalumfang des Schädels* (*Arch. f. Gynäk.*, 1875, VII, 506). Fehling se sert aussi de la circonférence horizontale pour la détermination de la viabilité et croit que seuls les fœtus qui ont une circonférence d'au moins 30 centimètres peuvent être considérés, avec quelque vraisemblance, comme viables.

Parmi ces *signes de la maturité*, les plus constants et les plus sûrs sont la longueur du corps et le noyau osseux dans les épiphyses inférieures des fémurs. Cependant ces signes varient même dans les circonstances normales. Casper-Liman a trouvé comme minimum de la longueur du corps 41,8, comme maximum chez les filles 56,6, chez les garçons jusqu'à 62,4 centimètres. Les filles ont généralement une longueur moindre que les garçons. L'état de nutrition de la mère ou de l'enfant, de même que les maladies, ont une influence sensible sous ce rapport. Des jumeaux ont également une longueur moindre que des nouveau-nés ordinaires du même âge. Ce qu'on appelle le *noyau osseux* est une ossification en forme de lentille au centre de l'épiphyse inférieure du fémur et peut être détachée des épiphyses en putréfaction comme un corps rond. On le cherche en ouvrant l'articulation du genou par une incision transversale ; d'une main on tire en arrière les parties molles ; de l'autre on divise en disques minces le cartilage de l'épiphyse du fémur par des incisions faites perpendiculairement à l'axe longitudinal de l'os. Si le noyau osseux existe il se présente à la section comme un disque arrondi présentant une ossification en forme de réseau et riche en sang, de grandeur variant entre celle d'une tête de mouche et celle d'une lentille ; ce disque se détache vivement chez les cadavres frais sur le fond blanc du cartilage, moins quand le cartilage est imbibé de sang par suite de la putréfaction. Le noyau osseux ne se produit qu'exceptionnellement à la fin du 8e mois, il est plus fréquent au 9e et n'apparaît le plus souvent qu'au 10e : de sorte que sa présence permet d'affirmer que le fœtus est à terme ou éloigné au plus de 4 à 6 semaines de la maturité. Cependant on n'est pas en droit de nier la maturité de l'enfant, par ce que le noyau osseux fait défaut ; car il n'est pas rare de voir le noyau manquer complètement même chez des enfants tout à fait mûrs. Hartmann (1) l'a trouvé absent 12 fois sur 102 nouveau-nés, Liman 14 fois sur 413 cas, nous avons fait les mêmes constatations ; mais nous avons observé plus fréquemment encore, que chez les enfants à terme le noyau osseux n'avait pas d'ordinaire 5 millimètres, mais 2 à 3 millimètres de diamètre, et cela est vrai non seulement chez des enfants faibles, mais aussi chez des enfants sains et bien développés (2).

Le poids des enfants à terme varie considérablement selon l'état de nutrition et l'état de santé de la mère ou de l'enfant même. Casper-Liman a trouvé comme le poids le plus petit 1750 grammes et le poids le plus fort 5250 grammes. Sur mille quatre-vingt-quinze enfants, Hecker n'en a trouvé que deux d'un poids de 5000 à 5500 grammes. L'observation déjà faite par Chaussier et confirmée par d'autres, que l'enfant nouveau-né perd de son poids dans les deux à cinq premiers jours après la naissance (à la suite de l'évaporation et de la perte de graisse), mérite aussi d'être prise en considération au point de vue médico-légal.

(1) Hartmann, *Beiträge zur Osteol. der Neugeb. Tubinger Dissertation*, 1869.

(2) Exceptionnellement on peut trouver chez des enfants à terme des noyaux osseux dans d'autres épiphyses, comme dans l'épiphyse supérieure du tibia et dans la tête de l'humérus.

II. — Absence, déformation des maladies congénitales des organes indispensables à la vie.

La non-viabilité peut encore être déterminée par l'absence, la déformation ou les maladies congénitales des organes indispensables à la vie.

Il faut nommer ici surtout les *monstruosités* dans le sens strict du mot qui sont déjà reconnaissables extérieurement. Les deux cas de Taylor montrent que ces enfants ne meurent pas nécessairement immédiatement après la naissance; ces cas étaient d'abord celui d'un enfant qui vint au monde avec deux têtes, ensuite celui d'un hémicéphale né vivant; tous deux ont été tués par les sages-femmes (1). Thompson rapporte le cas d'un enfant atteint de cyclopie et qui vécut une heure et demie. Les frères Siamois, de même que Millie-Christine (2) prouvent par leur exemple que les monstruosités ne sont pas des causes absolues de non-viabilité.

D'autre part, il y a toute une série d'*arrêts de développement* et de *vices de conformations* d'organes internes qui souvent ne sont pas visibles du dehors et qui entraînent pourtant la non-viabilité, bien que l'enfant puisse vivre avec elles pendant quelque temps (3).

Parmi celles-ci se trouvent entre autres les défectuosités congénitales du cœur, surtout celle de la cloison interventriculaire que nous avons trouvée compliquée d'une transposition des vaisseaux chez un enfant âgé de onze jours et même chez un autre enfant âgé de six mois, de plus les *atrésies du duodénum* déjà mentionnées avec lesquelles les enfants vivent aussi quelques jours.

Il faut également nommer ici les *hernies du diaphragme*, les *kystes des reins* déjà mentionnés, enfin l'*hépatisation des poumons* (*pneumonia alba*) et beaucoup d'autres maladies que l'enfant apporte avec lui au monde. Hecker (4) rapporte un cas intéressant de ce genre, concernant un enfant hydrocéphalique à un haut degré, et pour

(1) *Schmidts Jahrb.*, 1875, II, 214.

(2) Ambr. Tardieu, *Contribution à l'histoire des monstruosités considérée au point de vue de la médecine légale à l'occasion de l'exhibition publique du monstre pygopage Millie-Christine* (*Annales d'hygiène publiq. et de méd. légale*, 1874, t. XLI, p. 340).

(3) Voyez Bouchut, *Traité pratique des maladies des nouveau-nés, des enfants à la mamelle et de la seconde enfance*, 7e édition, Paris, 1878, 1 vol. in-8. — T. Holmes, *Thérapeutique des maladies chirurgicales des enfants*, trad. par O. Larcher, Paris, 1870.

(4) Hecker, *Friedreichs Bl.*, 1874, p. 289.

lequel on ne put savoir s'il était mort de mort naturelle à la suite de l'hydrocéphalie ou s'il avait péri à la suite de violences ; en même temps il fallut reconnaître que certaines fissures des os du crâne incomplètement ossifiés avaient pu se produire, non hors de l'utérus, mais déjà pendant la naissance, par la pression utérine.

Les *extravasations interméningées* qui se produisent sur le fœtus pendant l'accouchement, peuvent aussi ne causer la mort qu'après la naissance, c'est-à-dire elles peuvent devenir une cause de non-viabilité ; il en est de même de l'encéphalite interstitielle sur laquelle (1) Rokitansky, Virchow et Parrot ont insisté, et que nous avons observée à mainte reprise sinon chez des nouveau-nés, du moins chez des nourrissons ayant quelques jours ou quelques semaines seulement ; elle se présente sous la forme de foyers jaune-pâle placés dans la substance blanche et se décomposant sous le microscope en un grand nombre de cellules granuleuses (2).

III. — **Obstruction des voies respiratoires.**

Enfin un enfant peut devenir incapable de continuer à vivre, bien qu'étant né viable, par suite de l'obstruction des voies respiratoires par le liquide amniotique à la suite de mouvements respiratoires prématurés.

2. *Mort violente a la suite d'accidents extra-utérins.*

Il y a une série d'accidents qui peuvent amener la mort violente du nouveau-né, sans qu'il y ait eu faute de la part de la mère. Parmi ces accidents, l'*accouchement précipité*, et l'*hémorrhagie* par le cordon ombilical méritent une description particulière.

I. — **Accouchement précipité.**

Les accoucheurs et les médecins-experts reconnaissent aujourd'hui qu'une femme enceinte peut être surprise par l'accouche-

(1) Rokitansky, *Pathol. Anat*, 3e *édit.*, II 435 et 462. — *Virchow's*, *Arch.*, 44e vol., 4e livre. — *Arch. für Psychiatrie*, 1870. — Parrot, *Schmidt's Jahrb.*, 1871, vol. 150, p. 55.

(2) L'encéphalite interstitielle des nouveau-nés ne peut être confondue avec une coloration diffuse ou striée du centre de Vieussens ; cette coloration se présente souvent comme phénomène cadavérique dans le cerveau de nouveau-nés riche en sang. Jastrovitz (*Prag. Vierteljahrsschr*, 1871, III, 16) avait peut-être vu ce phénomène lorsqu'il déclara que l'encéphalite interstitielle était un phénomène physiologique normal chez les nouveau-nés.

ment, de telle façon que l'enfant tombe de ses parties génitales pendant qu'elle est assise, agenouillée ou debout; en effet, on possède aujourd'hui un grand nombre d'observations authentiques de ce mode d'accouchement que l'on appelle *accouchement précipité*, et ce nombre va toujours en augmentant.

Parmi les anciens médecins qui ont le mérite d'avoir parlé de l'accouchement précipité, il faut mentionner surtout Klein qui, pour résoudre cette question toujours remise en discussion, décida en 1813 le gouvernement wurtembergeois à demander à tous les médecins du royaume, s'ils avaient observé des cas authentiques d'accouchement pendant que la femme enceinte était assise ou debout. A ce rescrit on répondit en citant 183 cas d'accouchements précipités dont 155 eurent lieu debout, 22 la mère étant assise et 6 étant agenouillée (1). De même Cohen van Baren (2) et Schutz (3) a réuni un nombre considérable de cas de ce genre. Au contraire Hohl (4) a nié tout à fait la possibilité de l'accouchement précipité en prétendant que rien n'empêche la femme enceinte de se coucher au dernier moment; il s'appuyait sur ce fait que, malgré la récompense promise par lui, il n'y a eu qu'une seule femme qui ait pu accoucher debout. Casper (5) a indiqué avec raison les circonstances diverses dans lesquelles ont lieu les accouchements clandestins; de plus il a pu citer 4 cas observés par lui-même, où la naissance eut lieu devant témoins pendant que la mère était debout et une fois pendant qu'elle se mettait au lit. Dans le congrès des naturalistes à Spire en 1861, Kuby a parlé d'une jeune fille de 16 ans qui accoucha debout. Hecker, Lange et Spiegelberg citèrent des cas semblables observés par eux-mêmes. De même Klusemann (6), Olshausen (7), Reinhard (23 cas d'accouchements précipités, appelés *naissances des rues*, dont 6 avec chute de l'enfant (8) et Kontradovicz (9) ont rapporté des cas d'accouchement où la mère était debout. Nous-même nous avons vu une femme mariée dont l'accouchement a été si rapide qu'au moment où on la mit au lit, l'enfant naquit précipitamment. De même nous connaissons une femme qui accoucha en voiture et dont l'enfant tomba à terre; nous avons vu un enfant né au moment où sa mère sortait de voiture à la porte de la Maternité, de sorte que l'enfant tomba dans la neige, sans se faire aucun mal.

Les accouchements dans les positions de la femme assise, accroupie ou debout n'ont rien d'étonnant; on peut même se demander si ces positions ne sont pas plus utiles que celle de la femme couchée sur le dos, comme elle l'est ordinairement (10).

Une naissance rapide peut devenir fatale à l'enfant soit par la chute même et les lésions qui en résultent, surtout à la tête, soit

(1) Mende, I, ch. I, 228.
(2) Cohen van Baren, *Schmidls Jahrb.*, 1845, vol. 45, p. 85.
(3) Schütz (*Ibid.*, 1852. vol. 73, p. 113.
(4) Hohl, *loc. cit.*, 573.
(5) Casper, *loc. cit.*, 953.
(6) Klusemann, *Vierteljahrssch. f. ger. Med.*, 1861, XX, 235.
(7) Olshausen, *Monatsschr f. Geburtsk.*, 1860, XVI, 33.
(8) Reinhard, *Marburger Dissert.*, 1871.
(9) Kontradovicz, *Virch. Jahresb.*, 1874, II, 806.
(10) Voy. Schröder, *Lehrb.*, 1871, p. 15.

parce que l'enfant tombe, comme cela arrive dans les accouchements sur les lieux d'aisance, dans des liquides et enfin par ces deux causes réunies. Le danger de l'hémorrhagie ombilicale n'est qu'exceptionnellement à prendre en considération.

Il faut admettre que dans les naissances rapides, la chute de l'enfant sur le sol peut produire des lésions à la tête et surtout des fissures ou des fractures des os du crâne, cela d'autant plus que la hauteur dont l'enfant est tombé était plus grande. Il est remarquable de voir Klein et Hohl ne vouloir admettre cette possibilité que dans des cas très rares, en invoquant la souplesse des os du crâne de l'enfant ; ils pensaient également que le cordon ombilical, même lorsqu'il se déchire, ou le placenta, qui suit l'enfant, devaient amortir la violence de la chute. Dans la discussion qui eut lieu à l'assemblée des naturalistes à Spire au sujet du cas cité par Kuby, on fit cette remarque que les lésions des nouveau-nés sont rares dans les naissances rapides. Cela peut être vrai dans les naissances où la mère était agenouillée ou accroupie, mais à coup sûr cela ne l'est pas autant dans les naissances accomplies pendant que la mère était debout ; car dans ce cas ce n'est pas seulement la force de la pesanteur de l'enfant, mais encore la force expulsive de l'utérus qui agissent, et la rupture du cordon ombilical est si brusque qu'on ne peut accorder à celui-ci une action modératrice. Quant à la fragilité du crâne du nouveau-né, elle est grande, comme l'ont prouvé de nombreuses expériences faites par Casper et Skrzeczka. Nous-même nous faisons plusieurs fois par an des expériences de ce genre : nous laissons tomber sur le sol des cadavres de nouveau-nés ou de nourrissons d'une hauteur égale à celle des parties génitales; bien que nous ayons fait soixante expériences pareilles, nous n'avons jamais vu un cas où il ne se soit pas produit une fissure ou une fracture des os du crâne. Si pourtant on observe rarement des lésions des os du crâne dans les naissances rapides, cela s'explique d'une part par les circonstances favorables dans lesquelles ces naissances ont lieu, d'autre part, par ce fait que ces lésions ne sont pas très faciles à distinguer, lorsqu'elles se composent comme d'habitude de simples fissures et parce que, de même que la commotion cérébrale qui les accompagne, elles sont supportées plus facilement par les enfants, c'est-à-dire elles provoquent des accidents moins violents que chez les enfants plus âgés ou chez les adultes; et cela se comprend si on songe à l'état du cerveau qui n'est pas encore développé et à la grande quantité d'eau qu'il contient. Dans les naissances rapides sur les lieux d'aisances, les circonstances sont les plus favorables à la production de blessures de la tête; cependant à maintes reprises nous n'avons pas trouvé de fissures, quand il y avait une couche épaisse de matières fécales, malgré la hauteur de la chute.

Quand il s'agit d'établir s'il y a eu un accouchement rapide, il faut examiner les signes qu'on trouve chez la mère, ceux de l'enfant et enfin les circonstances dans lesquelles le cas s'est produit.

Quant à la *mère*, c'est une opinion répandue que les femmes multipares, à cause de la dilatation de leurs parties génitales, peuvent plutôt accoucher rapidement que les primipares. L'observation nous enseigne au contraire que la plupart des accouchements rapides provenaient de femmes primipares, ce qui s'explique surtout par ce fait que celles-ci peuvent ignorer plus facilement les signes d'une délivrance prochaine.

Ainsi il arrive fréquemment que les premières douleurs des femmes primipares soient considérées par elles comme des coliques intestinales, ce qui les engage à se rendre au cabinet d'aisances où l'accouchement peut alors se produire. Du reste, le besoin d'aller à la selle et d'uriner fait partie des phénomènes qui accompagnent généralement l'acte de l'accouchement. Enfin il faut bien établir qu'il y a deux sortes d'accouchements rapides : l'un où le travail complet de l'accouchement s'accomplit très rapidement, c'est l'accouchement précipité dans le sens strict du mot; l'autre où l'expulsion seule de l'enfant a lieu soudain et d'une façon inattendue. La première forme d'accouchement rapide ne peut être admise quand il y a disproportion entre les dimensions du bassin et celles du fœtus; la seconde, au contraire, peut se trouver même quand les enfants sont gros et que le bassin est relativement étroit; d'après notre expérience celle-ci se produit plus fréquemment dans les naissances secrètes que le véritable accouchement précipité.

Quelques auteurs (Cohn, Schülz) ont prétendu que les femmes qui accouchent clandestinement accouchent en général plus rapidement que les autres. Cette opinion doit rester indécise pour le moment, de même que celle de Wiegand et de Casper qui prétendent que l'excitation psychique peut produire une espèce de tétanisation de l'utérus. Il faut reconnaître que dans une naissance précipitée, il peut y avoir plus facilement des déchirures de la commissure postérieure, c'est-à-dire du périnée ; toutefois cela n'est pas absolument nécessaire et dépendra plutôt de la largeur et de la dilatabilité des parties génitales externes.

Chez *l'enfant*, il faut surtout examiner le cordon ombilical. La naissance a-t-elle lieu, de telle sorte qu'à la chute de l'enfant le cordon ombilical a dû être tendu (et cela peut arriver surtout dans les accouchements sur les cabinets d'aisances ou dans ceux qui s'accomplissent la femme étant debout), le cordon ombilical se déchire ou bien le placenta est entraîné en même temps et le cordon ombilical dans ce cas reste entier. Les deux phénomènes sont propres à fortifier l'hypothèse d'une naissance rapide ; mais ils ne suffisent pas à prouver qu'elle a eu lieu, le cordon ombilical pouvant aussi avoir été coupé par la mère et la naissance de l'enfant avec le placenta pouvant avoir aussi lieu dans un accouchement normal.

Il n'est pas douteux que le cordon ombilical ne puisse se déchirer facilement dans les accouchements rapides. Il est vrai que Negrier (1), Späth (2) et Schatz (3) ont trouvé que le cordon ombilical, étant chargé progressivement, supporte en moyenne un poids plus lourd que le poids des nouveau-nés à terme ; mais il est clair que dans un accouchement rapide il ne s'agit pas d'une distension progressive du cordon ombilical, mais d'une secousse subite due soit à la force d'expulsion de l'enfant, soit à la violence de sa chute ; dans ces circonstances, d'après des lois physiques bien connues, un poids peu considérable suffit pour déchirer le cordon. En effet, des expériences très exactes (celles de Pfannkuch (4)), ont montré que 1,000 grammes et moins encore (dans deux fois 500 grammes) ont suffi pour causer, par la force de leur vitesse, la déchirure du cordon ombilical ; ce qui concorde avec les résultats de nos propres expériences que nous faisons chaque année devant nos auditeurs et dans lesquelles le cordon ombilical ne peut supporter que rarement la chute d'un poids d'un kilogramme. Plus le cordon ombilical est long, c'est-à-dire plus l'enfant peut acquérir de vitesse dans la chute, plus il se déchire facilement. Cependant Pfannkuch a trouvé que même quand la longueur du cordon est réduite de la moitié (21 cent.) 1,000 grammes suffisent pour le déchirer. Ordinairement la déchirure se produit dans la partie fœtale du cordon, quelquefois tout près de l'ombilic et le cordon peut même être arraché

(1) Negrier, *Recherches médico-légales sur la longueur et la résistance du cordon ombilical au terme de la gestation à l'occasion d'un fait qui prouve qu'une femme, en se délivrant seule, peut étrangler son enfant avant l'entière expulsion de ce dernier, lorsqu'il a déjà respiré* (*Ann. d'Hyg. pub.*, 1841, 1re série, XXV, p. 126).

(2) Späth, *Wiener Med. Wochenschr.*, 8 nov. 1851.

(3) Schatz, *Arch. f. Gynäk*, IX, 28.

(4) Pfannkuch, *Arch. f. Gynäk*, 1875, VII, p. 28.

entièrement du nombril. Pour déchirer le cordon ombilical avec les mains, il faut toujours un certain effort; cependant une secousse violente suffit à déchirer le cordon, quand il a été saisi fermement. La déchirure d'un cordon ombilical vivant et turgescent doit réussir beaucoup plus facilement, et cela d'autant plus que l'une des mains de la mère trouve un appui sur le corps de l'enfant. Même dans ce cas le cordon est généralement rompu près du corps et peut même être arraché du nombril.

On peut résoudre facilement la question de savoir si un cordon ombilical a été déchiré ou coupé, en examinant son extrémité périphérique. Dans le cordon *coupé*, non seulement la gaine amniotique présente des bords de section très nets, mais on peut même constater que les restes des parties constitutives du cordon ombilical ont été coupées sur un même plan qui peut se trouver aussi bien oblique que perpendiculaire à l'axe longitudinal du cordon ombilical. Cela arrive surtout quand le cordon a été coupé d'un trait. Lorsqu'on s'y est repris à plusieurs fois, la surface de séparation ne forme plus un plan uni; mais on peut remarquer dans la gaine plusieurs coupures qui se reconnaissent très nettement. Dans un cas nous avons pu constater cinq de ces coupures, à bords nets et parallèles, provenant sans doute de petits ciseaux; malgré cela l'accusée persista à prétendre que l'enfant, qui n'avait pas de traces de lésions, mais portait les signes de la mort par asphyxie, était né pendant qu'elle était debout, ce qui aurait produit la déchirure du cordon. Si le cordon a été *déchiré*, la gaine amniotique présente des bords déchiquetés, en grande partie obliques et se continuant souvent avec une fente longitudinale centripète. Les vaisseaux sont divisés à des hauteurs variables. Les artères mises à nu émergent quelquefois de la plaie. En général le cordon ombilical se déchire dans la concavité d'une circonvolution où la gaine amniotique se tend comme la corde d'un arc; celle-ci se déchire d'abord; puis il y a distension et déchirure du reste du cordon. Rarement la déchirure est oblique; et dans ce cas elle présente des bords déchiquetés et des surfaces de séparation inégales. D'autres modes de rupture, par exemple l'écachement du cordon ombilical, sont fort rares, surtout parce que ces ruptures nécessitent un temps très long.

A l'état frais, la constitution de l'extrémité libre est facile à reconnaître. Si le cordon ombilical est momifié, il doit d'abord être ramolli. La putréfaction avancée rend également méconnaissable l'état primitif de l'extrémité libre; celle-ci peut encore être modifiée par la morsure des rats, surtout chez les cadavres qui étaient couchés dans les lieux d'aisances (1).

L'absence d'une bosse séro-sanguine confirme l'idée d'une naissance rapide. Sa présence ne la contredit pourtant pas, car, comme nous l'avons fait observer plus haut, la période d'expulsion peut

(1) Casper a appelé avec raison l'attention sur le point suivant : si on trouve chez un enfant retiré des lieux d'aisances ou du milieu de liquides, un cordon ombilical momifié, cela prouve que l'enfant n'est tombé qu'ultérieurement dans ce liquide. Cependant il faut remarquer qu'il suffit qu'un nouveau-né soit resté couché quelque temps dans l'eau, pour ramollir de nouveau le cordon ombilical déjà momifié.

s'écouler rapidement, bien que la tête ait été retenue quelque temps dans l'anneau du bassin.

Comme il a déjà été dit, il ne se produit pas nécessairement des lésions et surtout des lésions à la tête dans tous les accouchements rapides, surtout dans un accouchement sur un seau ou sur tout autre vase. Dans les accouchements qui se font debout, ces lésions peuvent également manquer, tandis qu'elles se forment d'autant plus facilement, quand l'enfant tombe dans une fosse d'aisances, que celle-ci est plus profonde et qu'il contient moins de liquide. Dans tous les cas, il faut surtout rechercher si les lésions de la tête sont en effet le résultat d'une simple chute, ou si elles ont des caractères qui permettent de les rapporter à un autre genre de violence. Les *fissures* et les *fractures du crâne*, qui se forment à la suite d'une simple chute d'un nouveau-né, portent principalement, comme on peut s'en convaincre par des expériences, sur les os pariétaux ; elles affectent tantôt un seul de ces os, tantôt les deux. Le plus souvent on trouve une fissure, allant du bord de la suture sagittale à la bosse pariétale entre les rayons d'ossification ; de là elle se dirige sous un angle presque droit soit vers la suture coronale, soit vers la suture lambdoïde. Il peut n'y avoir qu'une fissure simple de ce genre. Nous avons vu se produire plusieurs fois des fractures en zigzag, affectant toujours la partie interne de l'os pariétal et dues à ce que la fracture de l'os s'étendait obliquement par dessus les rayons d'ossification. Nous avons vu deux fois une fissure angulaire dans un des os pariétaux et dans l'autre, une fracture dentelée ; mais, dans tous les deux cas, les fractures présentaient des caractères qui permettaient clairement de rapporter leur mode de production à une compression brusque de la voûte du crâne. Un simple chute ne peut donner lieu à la formation d'une fracture irrégulière et comminutive des os du crâne ; ces lésions peuvent se produire au contraire facilement dans les cas de meurtre volontaire de l'enfant ; car si la mère tue son enfant en lui portant des coups avec des instruments contondants on anguleux, elle ne se contente guère d'un seul coup ; pour être plus sûre du résultat, elle répète ses violences. Une simple chute ne produit pas de plaie à la peau de la tête, à moins que cette chute n'ait eu lieu d'une hauteur considérable sur des objets saillants, pointus ou anguleux.

Enfin, il faut tenir compte de *l'état des poumons*. S'il s'agit d'un accouchement sur les lieux d'aisances ou sur un vase suffisamment rempli de liquide, il est facile de comprendre que, si effectivement il y a eu un accouchement rapide, et si l'enfant est tombé des parties génitales de la mère dans un liquide qui devait le recouvrir complètement, la respiration pulmonaire n'a pu avoir lieu ou du moins pas d'une façon complète; c'est pourquoi si nous trouvons les poumons complètement gonflés d'air et surtout si nous trouvons non seulement l'estomac, mais encore une partie des intestins pleins d'air, nous sommes autorisés à affirmer qu'il n'y a pas eu d'accouchement rapide. Cependant, il faut observer que l'enfant peut encore avoir été en état d'aspirer de l'air après la chute, s'il n'y avait aux endroits en question que des minces couches de liquides ou de la boue épaisse, qui a permis à l'enfant de ne pas s'enfoncer immédiatement. Ce point est confirmé par plusieurs cas (dont deux ont été observés par nous), où le nouveau-né a été retiré encore vivant de la fosse d'aisances. Il est clair qu'il faut rechercher surtout si l'enfant est tombé dans le liquide encore vivant et s'y est noyé, ou non : pour cette question, nous renverrons à ce que nous avons dit de la mort par submersion.

S'il s'agit d'un accouchement où l'enfant a dû tomber sur un sol ferme et se faire ainsi une blessure mortelle, et s'il est prouvé qu'il y a eu une respiration complète, il serait faux d'en conclure qu'il n'y a pas eu d'accouchement rapide; car les nouveau-nés ne meurent pas immédiatement, à la suite de lésions du crâne, mais ils peuvent continuer encore quelque temps à respirer.

Cette possibilité est prouvée surtout par les cas où des enfants sont venus au monde encore vivants, après la perforation et la céphalotripsie. Wisbrand (1) décrit un cas de ce genre; Laborie (2) parle d'un cas où le nouveau-né vécut encore plus d'une heure. Nous-même nous avons eu deux fois l'occasion de constater des cas pareils où les enfants auxquels on avait fait la céphalotripsie avaient encore fait quelques mouvements respiratoires après la naissance et présentaient des poumons contenant de l'air. De même nous avons trouvé à l'autopsie d'un enfant ramassé mort dans un corridor, le crâne brisé en morceaux, le cerveau en grande partie détruit et les parties molles tellement broyées qu'il n'était pas possible de douter que ces lésions n'aient été produites du vivant de l'enfant. Malgré cela l'estomac renfermait deux capitules de camomille au milieu d'un liquide trouble et constitué par de l'eau de vaisselle (comme le démontra l'examen par le microscope); ce même liquide se trouvait avec deux feuilles de fleurs de camomille dans les bronches. Comme on ne pouvait admettre que l'enfant avait été mis d'abord dans l'eau de vaisselle et tué seulement après, il me semble probable que la mère avait d'abord brisé le crâne de l'enfant et l'avait jeté ensuite dans le vase contenant de l'eau de vaisselle et des restes de tisane de camomille, et où l'enfant a pu encore avaler quelques gorgées et faire encore quelques mouvements respiratoires.

(1) Wisbrand, *Schmidts' Jahrb.* 3e *supplément.*, p. 331.
(2) Laborie, *ibid.*, 1845, 45e vol., 191.

L'examen des *circonstances qui ont accompagné le cas* est de la plus grande importance pour le jugement des prétendus accouchements rapides; le plus souvent ce sont ces circonstances qui font pencher la balance dans l'un ou l'autre sens. Il ne suffit donc pas de peser avec soin les assertions de la mère au sujet de la marche de l'accouchement; il faut encore faire exactement l'examen des lieux, qui ne doit pas manquer d'être relevé surtout dans les accouchements rapides ayant eu lieu, au dire de la mère, dans les cabinets d'aisances. Il n'est pas nécessaire d'expliquer dans quelle mesure des traces de sang peuvent indiquer le lieu où l'accouchement s'est accompli; de même il est clair qu'il ne peut s'agir d'un accouchement rapide sur les lieux d'aisances, si, immédiatement après la naissance, des témoins n'y ont pas remarqué de traces de sang, et s'il n'y a pas de raisons de croire que ces traces aient été effacées. Ce qui est encore plus important à relever, c'est la disposition et surtout la largeur de la lunette des lieux d'aisances, de l'entonnoir situé au-dessous, ou celle des tuyaux partant de la première ou du second. Plus la largeur de ces ouvertures et de ces tuyaux est grande, plus on peut admettre la possibilité d'un accouchement rapide; quelquefois une simple vue suffit à montrer que, soit par suite de l'étroitesse, soit par suite des inflexions de ces conduits, l'enfant n'a pas pu simplement les traverser, mais qu'il a dû être poussé au travers.

Dans un de nos cas où l'accusée prétendait avoir eu un accouchement rapide, pendant qu'elle était sur les lieux d'aisances, le diamètre de l'ouverture ronde de la lunette était seulement de 14 centimètres et celui de l'ouverture inférieure de l'entonnoir légèrement courbé et situé au-dessous de la lunette, de 11 centimètres. Or, comme l'enfant était venu à terme et que sa largeur d'épaules était de 12 centimètres, on ne pouvait admettre qu'il fût tombé simplement des parties génitales dans la fosse; le rapport, concluant à ce que l'enfant avait été poussé dans la fosse, était d'autant plus justifié que celui-ci avait à l'omoplate gauche une écorchure de la peau large comme la surface de la main et allant en se rétrécissant vers l'anus; cette érosion n'avait pu se produire évidemment que parce que l'enfant avait été poussé à travers l'ouverture inférieure de l'entonnoir; en effet dans sa chute l'enfant n'avait pu se heurter nulle part et était tombé dans une couche épaisse de matières fécales.

Dans un autre cas on trouva un enfant venu à terme enterré couché dans un pot; la mère prétendait être accouchée en se tenant debout, les jambes écartées, au-dessus de ce pot; l'enfant serait tombé dans le pot et y serait resté; là-dessus elle l'aurait enseveli le considérant comme mort. Mais ce pot avait une hauteur de 30 centimètres et son ouverture n'avait qu'un diamètre de 14 centimètres; or la longueur du reste du cordon ombilical, encore attaché au cadavre réunie à celle de la partie du cordon adhérente au placenta, trouvé en un autre endroit, s'élevait à 60 centimètres. Dans ces circonstances il fallut déclarer que cela aurait été un hasard particulièrement remarquable et même un tour de force que d'avoir laissé tomber l'enfant dans l'ouverture relativement étroite du pot, surtout si la mère se trouvait dans la position tout à fait invraisemblable qu'elle prétend avoir eue; et même en accordant ce point, la faible distance entre l'ouverture du pot et les parties génitales et la longueur du cordon ombilical ne permettaient pas de croire à la possibilité de la déchirure du cordon ombilical; cette déchirure aurait pu se produire d'autant plus difficilement que le corps de l'enfant aurait été arrêté en passant à travers l'ouverture étroite du pot.

Dans un autre cas, l'accouchement aurait eu lieu pendant que la mère était assise sur les lieux d'aisances. La déposition de deux témoins qui étaient précisément devant les cabinets d'aisances, apprit que pendant que la mère s'y trouvait, la porte fut subitement secouée comme si quelqu'un voulait s'appuyer sur le loquet; immédiatement après ils entendirent un cri, semblable à un cri de jeune chat, mais qui s'éteignit aussitôt; quelques instants après l'accusée sortit, et on la vit essuyer ses mains ensanglantées à son tablier. L'enfant retiré de la fosse d'aisances portait une fissure anguleuse sur l'os pariétal droit; ses poumons étaient complètement pleins d'air; ils présentaient les signes de l'asphyxie; les voies respiratoires renfermaient des matières de la fosse d'aisance; le cordon ombilical était déchiré au ras de l'ombilic. Le rapport portait que s'il n'était pas impossible à l'enfant de respirer pendant sa chute, il n'y a du moins pas lieu d'admettre que l'enfant ait pu crier.

Cette raison seule, ajoutée au fait qu'on a trouvé les poumons remplis d'air, ne permettait pas d'admettre un accouchement rapide. L'examen des lieux devait rendre cette assertion plus improbable encore; en effet, il fut établi que le bord antérieur du siège des lieux d'aisances était éloigné de la porte de 1 mètre 47 ; l'accusée ne pouvait donc pas, lorsqu'elle était assise, secouer la porte; or, le cri de l'enfant, qui fut entendu en même temps, prouve que la naissance a eu lieu en ce moment même.

III. — Hémorrhagie par le cordon ombilical.

On a beaucoup écrit sur la question de savoir si l'hémorrhagie par le cordon ombilical non lié était possible ou du moins si elle pouvait se produire facilement, ou seulement exceptionnellement. Les accoucheurs et les médecins légistes sont aujourd'hui d'accord sur ce point — que cette hémorrhagie ne se produit que rarement. Les observations médico-légales ont prouvé du reste que, bien que dans les accouchements clandestins le cordon ombilical soit généralement coupé immédiatement sans être presque jamais lié, il y a eu rarement des enfants pour lesquels on ait pu admettre une hémorrhagie par le cordon ombilical non lié.

La raison pour laquelle le sang ne peut pas s'écouler ordinairement par le cordon ombilical doit être recherchée en premier lieu dans la contraction vive des artères ombilicales; les puissantes couches musculaires longitudinales et circulaires permettent à ces vaisseaux, dont les fibres élastiques sont peu développées, de se rétrécir et de satisfaire leur rétractilité centripète. En outre ces vaisseaux semblent posséder une grande excitabilité, qui fait que le contact seul de l'air extérieur et peut-être aussi l'excitation mécanique provoquent pendant la rupture mécanique du cordon ombilical une contraction vive et durable de ces vaisseaux. Il est douteux que la température du milieu ambiant exerce quelque influence; mais nous avons vu chez des chiens nouveau-nés ou retirés vivants de l'utérus, l'hémorrhagie par le cordon ombilical, qui avait été coupé, s'arrêter au bout de quelques instants, que l'animal ait été plongé dans l'eau froide ou dans l'eau chaude. Les artères par contre se rétrécissaient vivement quand on y introduisait un poil. Ce qui paraît encore jouer ici un rôle adjuvant, c'est la tension de la paroi antérieure du ventre, tension qui est déterminée par la descente du diaphragme, probablement aussi la traction de la vessie qui se vide et aux deux côtés de laquelle sont situées les artères ombilicales. Nous remarquons à ce sujet que chez les chiens les tendons des muscles de la vessie entourent en forme de lacet les artères ombilicales de sorte que celles-ci semblent être enclavées dans les premiers.

On attribue une influence essentielle sur la cessation de l'écoulement du sang par le cordon ombilical coupé à l'établissement de la petite circulation qui enlève à l'aorte descendante une grande quantité de sang et pour cette raison diminue la pression dans tous les vaisseaux du système aortique; cette diminution de pression se fait sentir surtout dans les points extrêmes. Il ne faut pas méconnaître l'influence de cette diminution de la pression, et moins encore celle de la faiblesse relative du ventricule gauche qui s'hypertrophie seulement après la naissance; cette faiblesse explique aussi pourquoi la section d'autres vaisseaux et même des carotides, chez des nouveau-nés, ne donne pas un jet de sang aussi fort que chez les adultes et pourquoi les vaisseaux laissent plutôt couler leur sang en bouillonnant comme nous l'avons constaté dans des expériences directes sur des chiens; en même temps nous avons trouvé que les artères ombilicales continuent à battre pendant quelque temps dans la cavité abdominale (dans un cas encore après une demi-heure) après que les pulsations et l'écoulement de sang dans ce qui reste du cordon ombilical ont cessé et que la respiration est déjà en plein fonctionnement (1).

Ce dernier fait, ainsi que les cas (2) où l'on a observé la continuation des pulsations dans ce qui reste du cordon ombilical

(1) Stravenski, *Ueber den Bau der Nabelgfässe und über ihr Verhalten nach der Geburt.* (*Sitzb. d. Akad. d. Wissensch.* 1874, LXX, 3 *abth. Juli heft.*)

(2) Mende, *loc. cit.*, III, 280. — Hohl. *loc. cit*, 451.

pendant quelques instants et même plus longtemps, prouveraient qu'il est possible qu'il y ait une hémorrhagie par l'extrémité non liée du cordon; cette possibilité a été prouvée par un grand nombre d'observations de ce genre. La raison pour laquelle la perte du sang par le cordon ombilical ne s'est pas arrêtée comme d'habitude ou a reparu ultérieurement, ne peut pas toujours être établie. Une respiration incomplète ou entravée semble favoriser l'apparition d'une perte du sang par le cordon ombilical, la petite circulation ne se développant pas complètement et la pression du sang dans le système aortique s'élevant comme dans toute asphyxie au lieu de diminuer. D'après les remarques faites plus haut, il est impossible de décider si un milieu chaud dans lequel se trouverait l'enfant, hâterait la perte du sang par le cordon ombilical, et si le froid pourrait l'empêcher. L'analogie avec d'autres plaies permet d'admettre que le sang peut s'écouler moins facilement par un cordon ombilical déchiré ou écrasé que par un cordon coupé. L'endroit où le cordon ombilical a été coupé n'est pas indifférent, c'est-à-dire qu'il y a moins à craindre une forte perte de sang par un long bout restant du cordon que par un bout court, bien que de nombreux cas nous apprennent que, même lorsque le cordon a été arraché de l'ombilic, il ne s'ensuit pas nécessairement une hémorrhagie.

Il faudrait aussi prendre en considération toute anomalie d'origine des artères ombilicales. D'après Rokitansky (1), il n'est pas rare de ne trouver qu'une seule artère ombilicale formant la continuation immédiate de l'aorte abdominale. Nous-même, malgré le grand nombre de cadavres d'enfants qne nous avons soumis à l'autopsie, nous n'avons observé qu'une seule fois une anomalie des artères ombilicales. Il s'agissait d'un enfant âgé de cinq jours. L'artère ombilicale droite manquait et à sa place il y avait simplement un cordon de tissu conjonctif; l'artère gauche était deux fois plus large que d'habitude; toutefois elle sortait régulièrement de l'hypogastrique, qui présentait également un calibre plus fort.

Dans la plupart des cas d'hémorrhagie par les vaisseaux ombilicaux mentionnés par les auteurs, la perte de sang a commencé seulement ultérieurement, c'est-à-dire pendant ou immédiatement après la séparation du cordon ombilical déjà mortifié. Dans quelques-uns de ces cas, c'est la marche anormale de l'oblitération des vaisseaux ombilicaux qui a été la cause déterminante; dans

(1) Rokitansky, *Path. Anatomie 3 aufl.* III, 547.

beaucoup d'autres au contraire, sinon dans la plupart, il s'agissait évidemment de ce que l'on appelle communément une hémophilie, qui est comptée par des auteurs modernes (comme Klebs, V. Ritter et Eppinger) dans la catégorie des maladies infectieuses et qui est attribuée à une invasion de bactéries (par la plaie ombilicale?). Ces cas sont habituellement combinés avec d'autres hémorrhagies (du nez, de l'intestin), et avec des ecchymoses dans les organes internes, ce qui facilite le diagnostic de ces processus.

Dans l'examen d'un cadavre d'enfant on ne peut songer à une hémorrhagie par le cordon ombilical non lié, que lorsque ce cadavre présente des caractères d'anémie bien prononcés. Si l'anémie existe, nous ne pourrons l'attribuer à la perte du sang par le cordon ombilical que si nous ne lui trouvons pas d'autre cause, et surtout si nous ne trouvons pas de blessures des grands vaisseaux ou des organes riches en sang. En outre, le fait d'avoir trouvé le reste du cordon ombilical lié, ne suffit pas par lui-même pour exclure une perte du sang par le cordon ombilical; la ligature peut en effet avoir été faite après coup, et il y a d'ailleurs quelques cas connus où malgré la ligature, il y avait eu une hémorrhagie, parce que le nœud s'était défait de lui-même ou par suite de la disparition de la gélatine de Wharton.

§ 4. — MEURTRE VOLONTAIRE DU NOUVEAU-NÉ.

L'article 139 du Code pénal autrichien distingue le meurtre d'un nouveau-né par l'intervention active de la mère, et le meurtre qui a eu lieu par suite de l'omission des secours nécessaires pendant l'accouchement.

Le projet de réforme du Code pénal autrichien (§ 228), contient la même distinction sans établir pourtant une peine plus légère pour les meurtres commis par omission des secours nécessaires, comme cela a lieu dans le Code pénal actuel. Le Code pénal allemand ne parle que de « meurtre » en général, sans indiquer la manière dont celui-ci peut être commis.

Parmi les genres de *meurtre actif*, employés pour les nouveau-nés, un des plus fréquents est celui par lésions du crâne à l'aide d'instruments contondants ou anguleux; ou bien ces instruments sont dirigés contre la tête de l'enfant, ou celui-ci est lancé contre des corps durs. Les conséquences de ces actes de violence sont le plus souvent des solutions de continuité des os du crâne avec des extravasations dans la cavité crânienne. L'appréciation de ces meurtres ne diffère guère de celle du meurtre des adultes. Cependant les solutions de continuité dans le crâne des nouveau-nés présentent quelques particularités; outre qu'elles peuvent déjà se produire pendant et même avant l'accouchement, elles ont cela de particulier qu'on peut les confondre avec des défauts d'ossification, et qu'il faut prendre en considération ce fait que les lésions constatées ont pu se produire seulement après la mort, par suite de la grande fragilité des os du crâne des nouveau-nés (1).

Les *défauts d'ossification* se divisent en défauts d'ossification en forme de fentes et ceux en lacunes rondes ou irrégulières.

Les premiers se présentent avec une grande fréquence sur l'écaille de l'occipital et sont les traces de la séparation des noyaux d'ossification, disposées primitivement par paires; on y distingue une fente perpendiculaire et deux fentes latérales. L'une s'étend de la pointe de l'écaille de l'occipital verticalement à la tubérosité occipitale et est rarement plus longue que de 0m,015. Les fentes latérales vont symétriquement des deux fontanelles latérales jusque dans l'écaille de l'occipital, se dirigent obliquement en dedans, et en haut, de telle sorte qu'à leur point le plus élevé elles ne sont distantes de la tubérosité de l'occipital que de 0m,01 à 0m,015. Leur longueur est rarement moindre de 0m,02 et leur trajet n'est pas toujours en ligne droite, mais le plus souvent ondulé. En outre le bord inférieur de l'écaille de l'occipital présente presque toujours, juste en son milieu, une échancrure qui s'allonge parfois en une fente se dirigeant en haut; quelquefois aussi, mais très rarement, elle s'unit à la fente venant du haut et détermine ainsi une séparation de l'écaille en deux moitiés latérales.

Les parietaux offrent également, sinon d'une manière aussi constante que l'écaille de l'occipital, du moins très souvent, des *fentes embryonnales*. On en voit le plus fréquemment au tiers postérieur du bord de la suture sagittale, une entre autres symétriquement placée de chaque côté, entre les rayons d'ossification; cette fente, ayant rarement plus de 0m,015, correspond à la place où se forme plus tard le trou pariétal. Comme les extrémités internes de ces fentes se séparent souvent, elles forment une lacune carrée ou ovale dans la suture sagittale, qu'on désigne sous le nom de « fontanelle accessoire ». On voit aussi fréquemment, au point de réunion du tiers moyen au tiers supérieur de la suture lambdoïde, des fentes symétriques pénétrant dans les os pariétaux et se dirigeant en avant et en dehors vers la bosse pariétale. Celles-ci sont généralement courtes, mais elles peuvent aussi, comme nous l'avons dit en décrivant un cas de ce genre (2), se continuer jusque près de la bosse pariétale et présenter alors une ressemblance surprenante avec des fissures traumatiques.

Il est arrivé que ces fissures naturelles ont été prises pour des fissures traumatiques, et nous avons réuni quelques cas de ce

(1) Voyez Toulmouche, *Études sur l'infanticide et la grossesse cachée ou dissimulée*. Paris, 1862.

(2) Hoffmann, *Zur Kentniss der natürlichen Spalten und Ossificationsdefecte am Schädel Neugeborner*. (*Prager Vierteljahrsch.*, vol. CXXIII, 53.)

genre dans le travail cité plus haut (1). La distinction peut être faite d'abord par le siège constant des fentes et leur disposition symétrique, ensuite par la configuration arrondie de leurs bords qui, il est vrai, peuvent avoir une direction, non pas toujours droite, mais quelquefois aussi ondulée ou en zigzag; elles se distinguent encore surtout dans les crânes frais, parce que l'espace libre entre les bords de la fente est rempli par du cartilage embryonnaire, auquel adhèrent solidement le péricrâne d'une part, et la dure-mère de l'autre.

Les lacunes osseuses, arrondies ou à forme irrégulière, qui se trouvent souvent dans les crânes des nouveau-nés, doivent leur existence à une ossification défectueuse, et sont désignés pour cette raison sous le nom général de *défauts d'ossification*. L'endroit où elles se produisent le plus souvent c'est l'os pariétal, plus rarement l'os frontal, et tout à fait exceptionnellement l'os occipital. Dans les os pariétaux, ces *défauts* se trouvent toujours entre la suture sagittale et la bosse, et plus près de la première. Souvent le défaut d'ossification est bilatéral, sans qu'il soit nécessairement développé au même degré des deux côtés. Lorsque les défauts d'ossification se trouvent dans l'os frontal et l'os occipital, ils ne sont jamais situés dans la bosse, mais toujours dans les parties périphériques de l'os. Ils se présentent soit sous la forme de lacunes rondes ou irrégulières dans l'os qui s'amincit dans leur voisinage, soit sous celle d'endroits minces et transparents comme du papier, ou plus souvent encore ils offrent une combinaison de ces deux formes. Souvent on peut les sentir au toucher à travers le cuir chevelu comme des parties dépressibles et quelquefois crépitantes; sur l'os pariétal mis à nu on les distingue le mieux, lorsqu'on expose celui-ci à la lumière après avoir détaché le péricrâne et la dure-mère; on peut reconnaître alors très bien les parties transparentes de l'os, ainsi que l'amincissement progressif des bords des lacunes.

Ce caractère, joint à ce fait que ces lacunes sont recouvertes par le péricrâne et la dure-mère, sert à distinguer ces orifices de ceux qui ont pu être produits d'une autre façon (par exemple, par traumatisme).

Malgré cela, il y a eu des cas où on a fait cette confusion à peine excusable.

Un autre caractère important de ces défauts d'ossification au

(1) On trouve (*Schmidts' Jahrb.* 1851, vol. LXIX., 294) un autre cas, celui d'une jeune fille de 6 ans (!), chez laquelle une fente embryonnale a été prise pour une fissure.

point de vue médico-légal, c'est la facilité avec laquelle peuvent se produire des fractures et des fissures dans ces parties de l'os, à cause de leur ténuité et de leur fragilité anormale. Les fissures peuvent déjà se produire, comme nous l'avons dit, pendant l'accouchement; après l'accouchement aussi de faibles violences suffisent à produire en ces endroits des solutions de continuité; de même il est clair que la commotion résultant de ces violences, peut se transmettre plus facilement au cerveau même à travers la voûte crânienne anormalement amincie ou perforée que si la voûte crânienne avait eu son épaisseur et sa solidité normales. Cette circonstance doit être particulièrement prise en considération pour apprécier les effets d'un accouchement rapide.

Les défauts d'ossification peuvent exister chez des enfants tout à fait sains; quelquefois ils sont un des caractères de l'hydrocéphalie, ce qui mérite aussi d'être pris en considération. Les cas décrits par les auteurs sous le nom d'*osteogenesis imperfecta* (Vrolik) méritent également d'être signalés comme manifestation d'une ossification défectueuse : les os du crâne se composent d'un grand nombre de lamelles osseuses petites et minces qui, ou sont séparées les unes des autres, ou bien présentent les degrés de fusion les plus divers; si on touche ces sortes de crâne extérieurement, ils peuvent paraître brisés en plusieurs morceaux.

Il ne faut jamais perdre de vue que des *fissures* ou des *fractures* qui se trouvent sur un crâne d'enfant, peuvent avoir été faites seulement *après la mort*, d'une part, à cause de la facilité avec laquelle ces solutions de continuité se produisent dans les os des crânes d'enfants, d'autre part, parce que, de la façon dont on s'y prend pour faire disparaître ou cacher les cadavres des nouveau-nés, ces lésions ont assez d'occasions pour se former, si par exemple les cadavres ont été jetés dans des lieux d'aisances, dans des fosses, etc., s'ils ont été ensevelis et recouverts de pierres, ou s'ils ont été enfermés dans des espaces étroits. Dans ces cas, il faut d'abord tenir compte de l'endroit où le cadavre a été trouvé, et rechercher si l'arrivée du cadavre en cet endroit a dû être accompagnée de quelque acte de violence, et si les violences n'ont pas pu avoir été exercées postérieurement, lorsqu'on a enlevé les cadavres de cet endroit. Ainsi, nous avons trouvé chez un enfant mort-né et retiré des lieux d'aisances de nombreuses érosions de la peau du corps et de nombreuses fissures ou fractures des os du crâne, qui durent être regardées comme ayant été produites après la mort, d'autant plus qu'il fut établi que le cadavre de l'enfant était resté enfoncé dans le tuyau des lieux d'aisances, et que, pour remédier à l'obstruction du tuyau, dont on ne soupçonnait pas le véritable motif, on avait enfoncé l'obstacle avec une perche, ce qui ne réussit qu'après de longs efforts (1).

Outre ces caractères, il n'y a que la présence ou l'absence des phénomènes de réaction vitale qui peuvent décider s'il s'agit d'une lésion produite pendant la vie ou après la mort de l'enfant. Il est vrai que Casper a prétendu, en s'appuyant sur ses expériences, que l'état des bords de ces solutions de continuité permettait également de décider cette question; en effet, il dit avoir trouvé que les fissures qui se sont produites pendant la vie avaient des bords plus ou moins dentelés, et que les fissures postérieures à la mort avaient toujours des bords lisses ou faiblement dentelés; ces dernières fissures ressembleraient, dit-il, à une félure dans un verre. Mais Skrzeczka (2) a fait remarquer avec raison que la disposition des bords d'une fracture des os du crâne d'un enfant dépend de ce fait, que la fracture est située entre deux rayons d'ossification, ou qu'elle les traverse perpendiculairement ou obliquement; dans le premier cas il y a des fissures lisses, dans le second elles sont faiblement dentelées ou même présentent de grosses dentelures. Les unes et les autres peuvent se produire aussi bien pendant la vie qu'après la mort; la rectitude des bords d'une fissure ne peut donc en aucune façon être considérée comme un des signes de leur production *post mortem*. De notre côté, nous ne pouvons que confirmer ces données, nous avons même réussi deux fois en laissant tomber un enfant sur la tête, à produire une fissure anguleuse et à bords nets dans l'un des pariétaux, en même temps qu'il se formait dans l'autre os une fracture dentelée.

Le meurtre d'un enfant par *des coups*, *des chocs* ou *des coups de pied*, etc., dirigés contre d'autres parties du corps, n'a lieu qu'exceptionnellement et alors il est généralement combiné avec des blessures du crâne. Pinkus, Bittner et Kœhler (3) ont décrit récemment des cas de meurtre de nouveau-nés par des ruptures du foie. Ces cas, en dehors de leur rareté, sont intéressants parce qu'ils ont fait soulever la question de savoir si la rupture du foie peut se produire par la déchirure du cordon ombilical. D'après les expériences faites jusqu'à présent, cette question doit être résolue

(1) Voyez Tardieu, *Étude médico-légale sur l'infanticide*, 2e édition. Paris, 1880, p. 133 et pl. III.

(2) Skrzeczka, *Vierteljahrsch. f. ger. Med.*, 1869, p. 69.

(3) *Vierteljahrsch. f. ger. Med.* 1874, XXII, p. 1; XXIII, p. 33 et 1877, XXVI, p. 71.

négativement, en tant qu'il s'agit de la déchirure du cordon ombilical causée par le poids de l'enfant; en effet, dans les cas assez fréquents que nous avons pu voir nous-même, et où le cordon ombilical avait été arraché de l'ombilic, nous n'avons jamais observé aucune lésion du foie, qui ne pourrait d'ailleurs être admise par des raisons anatomiques. Même dans le cas où la mère, en appuyant sa main sur l'enfant, déchire le cordon ombilical, il ne peut pas se produire facilement une rupture par la pression de la main, la déchirure du cordon ombilical, comme il a déjà été dit-n'exigeant pas de violents efforts. Au contraire, de violentes contusions de la région du foie, comme elles ont lieu quand on donne des coups de pied à l'enfant, ou quand on exerce d'autres violences semblables, ainsi qu'une chute d'une hauteur considérable sur le sol, peuvent produire des ruptures de ce genre. Il est remarquable que, malgré le volume relativement considérable du foie de l'enfant, sa richesse en sang et la grande friabilité de son tissu, ces ruptures ne soient pas observées plus fréquemment chez les enfants retirés des lieux d'aisances.

Le meurtre des nouveau-nés par des *instruments piquants* ou *tranchants* est très rare. Nous n'avons eu qu'une seule fois l'occasion de faire un rapport sur un cas, où la mère avait tué son nouveau-né en lui coupant le cou, et sur un autre où l'enfant avait été tué par une pelle en fer (1).

Le meurtre par *asphyxie* est fréquent. S'il a été accompli avec quelque raffinement, par exemple par l'obstruction des orifices respiratoires au moyen d'objets mous, de toiles, de literie, etc., les caractères extérieurs de ce genre de mort peuvent manquer totalement. Le meurtre commis par l'occlusion du nez ou de la bouche par les mains, peut être révélé par les traces des ongles et par d'autres érosions de la peau, situées près des voies respiratoires. Cependant il faut se rappeler que des égratignures sur la peau du visage, peuvent se produire dans les accouchements accomplis sans secours étrangers. Quant aux traces qui peuvent subsister après la strangulation au cou du nouveau-né, nous renvoyons à ce que nous avons dit de ce genre de mort chez les adultes. Cependant, il faut faire observer que dans les accouchements solitaires, il peut se former également des *sugillations* entre les parties molles du cou, surtout dans la gaine du sterno-cléido-mas-

(1) Voyez un cas cité par Toulmonche. *Observation et rapport médico-légal relatif à un cas rare d'infanticide.* (*Ann. d'Hyg. et de méd. lég.*, 1re série, t. L, 1853, p. 200.)

toïdien, à la suite de violents tiraillements, ou d'une forte extension du cou, ainsi qu'il résulte des observations importantes de Hirschsprung (1), Skrzeczka (2) et Fasbender (3); de même il ne faut pas oublier qu'en employant ce qu'on appelle le coup de Prague, pour l'extraction de la tête venant en dernier lieu, Schröder a observé deux fois une séparation des condyles de l'occipital; Winckel a observé la même chose dans un cas où l'enfant s'était présenté, comme d'habitude, par la tête (4). Dans les strangulations faites avec une corde, il peut se produire plus facilement que chez les adultes des sugillations dans le tissu sous-dermique et dans la profondeur des parties molles, par suite de la grande délicatesse et de la fragilité des tissus. Dans un cas où l'enfant avait été étranglé avec la manche d'un habit, nous les avons trouvées très nettement développées. Nous avons déjà dit (p. 465), que l'enroulement du cordon ombilical autour du cou, pouvait produire un sillon de strangulation mou, et que chez les enfants bien nourris, le fond anémié des plis horizontaux de la peau du cou, pouvait simuler un sillon de strangulation.

Les autres genres de meurtre qui sont d'ailleurs très rares, n'offrent pas d'intérêt spécial et peuvent être jugés d'après les mêmes principes que ceux que nous avons exposés en un autre endroit, en parlant des différentes espèces de mort violente.

§ 5. — MEURTRE DU NOUVEAU-NÉ PAR OMISSION DE SECOURS.

Le meurtre du nouveau-né par omission des secours nécessaires pendant la délivrance, peut avoir lieu : 1° en omettant volontairement la ligature du cordon ombilical; 2° en négligeant d'enlever les obstacles à la respiration, et enfin 3° en ne protégeant pas l'enfant contre les influences nuisibles venant du dehors.

Il est facile de comprendre que, s'il est possible de constater que le nouveau-né est mort par une hémorrhagie par le cordon ombilical non lié, ce n'est que dans des cas très rares qu'il y a des indices certains sur lesquels on puisse s'appuyer pour prouver que la ligature a été omise volontairement, et on les trouve d'autant moins, que l'on ne peut prétendre, du moins pour les femmes qui accou-

(1) Hirschsprung, *Virch.Jahrb.* 1869, II, 662.

(2) Skrzeczka, *Vierteljahrsch. f. ger. Med.* 1869, X, 129.

(3) Fasbender, *ibid.* 1874, XXI, 176.

(4) Winckel, *in* Bergmann, Pitha, Billroth's *Handb.*, III 1873, p. 46. Pour des observations analogues faites par Sassen sur 33 enfants nés par extraction, voir Virchow's *Jahrb.*, 1864, II, 803.

chent pour la première fois, et c'est d'elles qu'il s'agit le plus souvent, que l'accouchée connaissait la nécessité d'une ligature du cordon ombilical et la façon de la faire.

De même, lorsqu'un enfant vient au monde, les membranes de l'œuf non rompues, ou les voies respiratoires obstruées par des lambeaux de membranes ou par du liquide amniotique, on conçoit que la mère ne connaisse pas le danger où se trouve l'enfant, et néglige pour cette raison de supprimer les obstacles à la respiration.

S'il s'agissait d'un accouchement rapide sur un vase ou sous de la literie, etc., il faut admettre que le bon sens naturel de l'accouchée devait lui apprendre qu'il fallait retirer l'enfant de cette position, si on voulait lui conserver la vie. Ici on se trouve souvent en présence des assertions de l'accusée, qui prétend avoir perdu connaissance au moment de la délivrance ou, par suite de l'épuisement, n'avoir pas été en état de venir en aide à l'enfant. Comme l'évanouissement au moment du passage de la tête a été observé même dans des cas de clinique (1), il faut aussi admettre qu'il est possible dans les accouchements clandestins, surtout dans ceux qui s'accomplissent rapidement et où le vagin et les parties génitales externes subissent une distension très rapide et très douloureuse. En outre, comme ce sont surtout les accouchements clandestins qui s'accomplissent rapidement et comme l'excitation morale doit être appréciée également comme une cause influente, on ne peut traiter de mensonge ou d'exagération les déclarations si fréquentes des femmes qui accouchent clandestinement et qui prétendent avoir perdu connaissance. Il en est de même de celles qui déclarent que, par suite de l'épuisement, elles ne pouvaient porter secours à l'enfant.

Malgré cela, nous ne nous contenterons pas, à propos de chaque cas, d'admettre que ces accidents sont possibles; nous examinerons, en outre, si les autres circonstances sont d'accord avec cette possibilité. Le meurtre de l'enfant par le manque de protection contre les influences nuisibles du dehors, peut avoir lieu surtout si l'enfant a été abandonné à l'endroit de l'accouchement et s'il a péri par le froid. Nous avons déjà dit ailleurs que pour des nouveau-nés, il ne faut pas précisément un froid glacial pour amener la mort; en même temps, nous avons indiqué les difficultés que présente le diagnostic de ce genre de mort. Prouver que l'enfant a été laissé

(1) Schroder, *loc. cit.*, 100. — Chailly-Honoré, *Traité pratique de l'art des accouchements*, 6e édition. Paris, 1878, p. 462. — Nægele et Greuser, *Traité pratique de l'art des accouchements*, 2e édition. Paris, 1880.

intentionnellement exposé au froid, c'est plutôt le devoir du juge d'instruction que celui du médecin, les conditions extérieures qui accompagnent le cas pouvant seul donner des éclaircissements dans ce sens.

Enfin il faut encore observer que ce ne sont pas toujours des enfants entiers qui sont soumis à l'autopsie et que quelquefois il n'en reste que des fragments; les autres parties manquent soit parce que l'enfant a été mis en pièces intentionnellement, soit, ce qui arrive plus souvent, parce qu'elles ont été dévorées par des rats ou d'autres animaux. Dans ces cas, c'est la nature seule des parties conservées qui permettra de résoudre telle ou telle question d'entre celles qui se présentent dans l'examen des nouveau-nés. Ce qui peut être le mieux résolu c'est la question de savoir si l'enfant dont il s'agit était un nouveau-né et s'il était complètement à terme ou non. — C'est seulement lorsque les poumons et le tube digestif existent encore qu'il est possible de résoudre avec plus ou moins de certitude la question de savoir si l'enfant est venu au monde vivant ou mort. S'il n'y a plus que la tête il faudrait examiner particulièrement les cavités du tympan de la façon indiquée plus haut. Celles-ci pourront aussi fournir des données sur le genre de mort de l'enfant si elles contiennent des substances étrangères; il en est de même d'autres parties du corps si on trouvait sur elles des blessures que l'on peut reconnaître comme ayant été produites pendant la vie.

Enfin il peut arriver qu'il n'y ait pas d'enfant mais seulement un placenta. Dans ce cas, outre l'examen de la mère, qui ne doit pas être négligé pas plus que dans les cas déjà cités, il faudrait tenir compte de la grandeur et du poids du placenta pour en déduire approximativement l'âge du fœtus. C'est pourquoi nous avons donné, dans la description des fœtus dans les différents mois de la grossesse, le poids moyen et le diamètre du placenta. S'il y a un placenta double il ne faudrait pas en conclure immédiatement à une grossesse gémellaire, car on a observé souvent un placenta double pour un fœtus unique; il est vrai que dans ce cas, chaque placenta n'avait que la moitié de la grandeur du placenta ordinaire (1). Le cordon ombilical se divise dans ces cas immédiatement en avant du placenta en deux troncs principaux ou bien forme ce qu'on appelle une insertion vélamenteuse (2).

CHAPITRE VIII

LES SIGNES DE LA MORT.

Il est absolument nécessaire que le médecin légiste connaisse les altérations qui surviennent après la mort sur le cadavre, d'une

(1) Voir « *Schmidt's Jahrb.* 1844, 43 Bd., p. 44, 1851, II, 209 et 1854, 83. Bd., p. 323.

(2) Des cas où les fœtus ont été dévorés par des cochons et où le placenta et la mère seulement ont pu être examinés, se trouvent in « Autenrieth's *Aufsätzen*, p. 341, et in *Friedreich's Blätter*, p. 436.

part, parce que le degré atteint par ces altérations peut servir à déterminer le temps qui s'est écoulé depuis la mort, d'autre part, parce que la connaissance de ces altérations empêche la confusion, presque inévitable dans les cas judiciaires, entre de simples phénomènes cadavériques et des phénomènes pathologiques.

Un individu est mort, à partir du moment où la respiration et l'activité du cœur s'arrêtent d'une façon durable. L'arrêt persistant de ces deux phénomènes vitaux les plus importants n'a pas toujours lieu en même temps. En général, les battements du cœur survivent de quelques instants à la respiration; quelquefois ils lui survivent beaucoup plus longtemps, surtout chez les nouveau-nés (1). Les mouvements respiratoires persistent rarement après des lésions graves, ou après la mort par la paralysie du cœur. Chez les animaux décapités, on peut observer pendant un temps assez long un mouvement de la bouche qui s'ouvre par moment. Vezin a vu pendant dix minutes des mouvements de ce genre sur la tête de deux décapités. Après l'arrêt des battements du cœur et de la respiration, il reste encore pendant un certain temps certaines traces de vie dans les tissus. Il faut mentionner parmi celles-ci l'excitabilité électro-musculaire, qui a pu être observée par Eppinger sur des cadavres d'hôpital deux à quatre heures après la mort et que d'autres observateurs plus anciens ont trouvé encore plus tard chez des décapités, ensuite la persistance des mouvements des cils vibratils et de ceux des spermatozoïdes qui peut encore être observée vingt-quatre à quarante-huit heures après la mort et quelquefois plus tard, chez des individus morts subitement, enfin la réduction du sang par les tissus dont nous avons déjà parlé ailleurs (p. 511).

Parmi les changements qui s'opèrent immédiatement ou dès les premières heures après la mort, il faut citer, comme étant importants sous le rapport médico-légal : le *refroidissement du cadavre*, la *formation des hypostases* et la *rigidité cadavérique*.

ART. 1er. — REFROIDISSEMENT DU CADAVRE.

Le *refroidissement* des cadavres se produit à la surface et est sensible au toucher en huit à dix-sept heures (Casper). Mesuré avec le thermomètre, le refroidissement complet exige, d'après Seydeler, vingt-trois heures. La marche plus ou moins rapide du refroidissement dépend en partie des conditions individuelles, en partie des

(1) Voir p. 534.

conditions extérieures. Les cadavres de petits enfants se refroidissent plus vite que ceux des adultes, et des cadavres maigres plus vite que des gras. Parmi les causes extérieures, la température du milieu ambiant exerce une grande influence, de même que la température de l'air modifié selon les saisons, soit dans un lieu ouvert, soit dan un lieu fermé. Dans l'eau fraîche, le refroidissement se fait très rapidement, mais très lentement dans les fosses d'aisances. En outre, il faut voir si le cadavre était nu ou habillé ou si la perte de chaleur a été retardée par du foin ou de la paille, etc., qui recouvrait le corps. La température d'un cadavre ne s'identifie pas simplement avec celle de l'air ambiant; elle tombe au-dessous de celle-ci à la suite de l'évaporation qui se fait à la surface du corps et du refroidissement qui en résulte, ce qui fait que les cadavres paraissent généralement plus ou moins froids au toucher.

L'opinion, généralement accréditée autrefois, que la chaleur du corps s'abaisse progressivement après et même pendant la mort, jusqu'à ce que la température du cadavre soit égale à celle du milieu ambiant, été fortement ébranlée par les recherches de Wunderlich et autres, qui ont trouvé que dans certains genres de mort il y avait élévation de la température avant et après la mort. Cette élévation a surtout été observée après des maladies infectieuses (choléra), après le tétanos et les maladies du système nerveux central elle s'élevait jusqu'à 44 degrés centigrades et persistait de 15 à 20 minutes après la mort. Il n'a pas encore été suffisamment établi s'il y a des genres de mort violente accompagnés d'une élévation de température antérieure ou postérieure à la mort et quels ils sont; cependant cette élévation semble se produire dans l'asphyxie et dans les empoisonnements présentant les caractères de l'asphyxie ou accompagnés de convulsions et après les lésions du cerveau et de la partie supérieure de la moelle épinière. Dans l'hémorrhagie, dans la mort par submersion, par le froid et peut être dans la mort par des brûlures (lorsque par suite de l'enlèvement de l'épiderme, il y a une grande perte de chaleur) il faut plutôt s'attendre à trouver des températures plus basses (1).

ART. II. — FORMATION DES HYPOSTASES.

Déjà pendant la mort, la distribution du sang change, comme le prouve la couleur pâle que prend la peau; elle change en partie par suite de la paralysie des forces actives qui entretiennent la circulation, et en partie parce que la pesanteur du sang commence à

(1) Le peu que l'on sait de l'état de la température après la mort violente, est reproduit dans notre article *Leichenerscheinungen* (*Vierteljahrschr. f. ger. Med.*, XXV, 236) — voir aussi le travail de Schlemmer et Tamassia : *Del decorso della temperatura nelle morti violentu.* (*Rivista sperim. de Freniatria et Medic. legale*, Anno II, Fasciculo, V, VI); — Tamassia : *Temperatura negl' avellenamenti* (*Ibidem*, anno III, Fasc., II, 265.)

se faire sentir. Celle-ci est surtout sensible après la mort et a pour effet de faire tomber le sang des parties supérieures du corps dans les parties déclives; il en résulte une plus grande pâleur de la peau aux parties supérieures du corps et la formation d'hypérémies par hypostase dans les parties plus basses. De ces dernières, on en distingue d'extérieures et d'intérieures; les premières sont désignées sous le nom ordinaire de *lividités cadavériques*. Plus le cadavre contient de sang et plus celui-ci est resté liquide après la mort, plus les lividités cadavériques se produisent tôt. Nous les trouvons en moyenne déjà nettement formées après trois à dix heures.

Plus tard, elles deviennent d'autant plus intenses qu'il pénètre plus de sang dans ces parties de la peau et qu'il vient s'ajouter à l'hypérémie déjà existante plus d'imbibition des tissus par du sérum sanguin, phénomène appartenant déjà à la putréfaction. Dans la mort par hémorrhagie, il se forme généralement aussi des lividités cadavériques qui, dans ce cas, sont le plus souvent peu nombreuses et pâles et qui, dans quelques cas, peuvent manquer complètement, comme nous avons eu trois fois l'occasion de le constater. Dans la position ordinaire du cadavre, les lividités cadavériques se trouvent de préférence sur la face dorsale et aux parties latérales du corps. Mais si le cadavre s'est trouvé pendant un temps assez long dans une autre position, les hypostases se développent naturellement en un autre endroit et on pourra déduire de la position des lividités cadavériques des conclusions relatives à la position dans laquelle le cadavre a été laissé pendant un temps assez long après la mort. Le plus souvent on observe chez les pendus une distribution différente des lividités cadavériques : la partie inférieure du corps de ces suppliciés a une couleur d'autant plus livide que le corps est resté pendu plus longtemps.

Si le cadavre est resté couché sur la figure, c'est sur celle-ci et la surface extérieure du corps que l'on trouvera les lividités cadavériques; la surface dorsale ne présentera que la coloration cadavérique ordinaire. On trouve très souvent une moitié du visage livide et la conjonctive de l'œil correspondant injectée, tandis que l'autre moitié du visage et la conjonctive de l'autre œil sont pâles. Ces caractères se rencontrent quand la tête a été longtemps placée latéralement et constituent un simple phénomène cadavérique, qui peut cependant donner lieu à des erreurs.

Pour des raisons faciles à comprendre, les hypostases manqueront ou seront moins développées sur les parties de la peau qui auront subi une pression soit par le poids même du corps, soit par d'autres causes. Parmi les premières parties il faut compter, lorsque le corps est resté couché dans la position ordinaire, c'est-à-dire sur le dos, la région des omoplates, les fesses et les mollets; parmi les secondes, il y a les parties de la peau qui ont été comprimées par un vêtement ou un ruban, par exemple une ceinture ou par des jarretières. Une compression de ce genre peut avoir lieu au cou au moyen d'une corde, mais aussi par l'adhérence étroite de certains vêtements (cols de chemises) et même, comme chez les personnes grasses et surtout chez les petits enfants, dans les sillons situés entre les plis naturels de la peau. Ces endroits se distinguent au milieu des autres par leur couleur pâle et peuvent donner lieu, surtout quand elles se trouvent au cou, à des interprétations fausses. Le sang peut également se coaguler à ces endroits comprimés, en formant un bord livide et peut être pris ainsi pour une sugillation. La couleur ordinaire des taches cadavériques, c'est la couleur livide; celle-ci est d'autant plus sombre que les taches existent depuis un temps plus long et que le sang qui est resté dans le cadavre est plus abondant et plus liquide, par conséquent très sombre chez les individus morts d'asphyxie. Si le sang du cadavre a une couleur différente de la couleur veineuse ordinaire, les hypostases de la peau auront naturellement aussi une autre coloration, par exemple une couleur rouge clair dans les empoisonnements par l'oxyde de carbone. Nous avons dit en parlant de la mort par submersion et par le froid que les lividités cadavériques peuvent acquérir un aspect rouge clair, par suite d'une imbibition aqueuse considérable de la peau.

En dehors de ce que nous avons dit relativement aux taches cadavériques, celles-ci offrent encore un autre intérêt au point de vue légal, parce que les colorations qu'elles produisent peuvent être prises pour des *cyanoses* et même pour des *sugillations*. Nous avons dit ailleurs pourquoi cette confusion est possible et comment il faut procéder pour établir la distinction. Cette distinction entre une coloration produite par une hypostase et une coloration cyanotique peut encore se faire, en dehors des caractères déjà indiqués, par la situation, le développement et l'intensité de la coloration qui va en diminuant en allant de bas en haut dans la première.

En même temps que les lividités cadavériques et d'après les mêmes lois, il se forme aussi des *hypostases dans les organes internes*, qui ont une importance particulière au point de vue médico-légal, parce qu'elles peuvent être prises pour des processus pathologiques. Un phénomène de ce genre très fréquent, c'est la richesse en sang et l'infiltration considérable des parties déclives du cuir chevelu et des couches de tissu cellulaire sous-jacent. Ces caractères peuvent présenter un degré très prononcé lorsque la tête a été très basse, et quelquefois, comme l'ont montré les expériences d'Engel, il peut même y avoir formation d'ecchymoses. Il faut encore compter parmi ces phénomènes le gonflement considérable du sinus déclive de la dure-mère par le sang, et surtout l'injection des réseaux vasculaires de la pie-mère aux endroits déclives que l'on pourrait confondre avec une hypérémie qui se serait produite pendant la vie. Au cou les hypostases apparaissent surtout dans les couches les plus basses du tissu cellulaire lâche qui se trouve sous la peau et entre les muscles, sur la paroi postérieure du pharynx, des voies respiratoires et de l'œsophage, et dans le tissu cellulaire qui se trouve entre celui-ci et la colonne vertébrale. Dans la cavité thoracique, les hypostases des poumons ont une importance particulière. D'une part, l'abondance des vaisseaux et, d'autre part, la constitution lâche et à grandes mailles du tissu pulmonaire, présentent particulièrement des conditions favorables pour la production des hypérémies par hypostase ; c'est pourquoi les hypostases des poumons, plus ou moins développées, sont des phénomènes constants et ne font défaut sur aucun cadavre. C'est grâce à ces hypostases que des poumons tout à fait sains paraissent de couleur plus foncée dans les parties déclives que dans les parties supérieures; cette coloration devient de plus en plus claire à mesure qu'on s'élève. Ces parties sont plus dures au toucher et plus riches en sang, plus infiltrées et contiennent moins d'air que les autres. Il est facile de les confondre avec des infarctus, des pneumonies et des atelectasies (quand il s'agit d'enfants). C'est la position des parties congestionnées, la transition progressive et toujours dirigée dans le même sens, c'est-à-dire de bas en haut, entre les tissus riches en sang, infiltrés et contenant peu d'air et les parties normales, et enfin, en cas de besoin, l'examen microscopique qui permettent de faire le diagnostic. Il faut remarquer surtout chez les nouveau-nés que ces parties modifiées par des hypostases contiennent peu d'air. Il est possible que, dans certaines conditions, des parties déclives des poumons, ayant auparavant contenu de l'air, deviennent vides d'air par suite de l'hypostase du sang. Cela peut se produire plus facilement dans les hypostases qui se sont développées seulement après la mort, que dans celles qui ont commencé à se former pendant l'agonie. Dans l'abdomen, il faut surtout rechercher les hypostases de la paroi postérieure de l'estomac et des parties déclives du canal intestinal et des anses situées dans le petit bassin. Les hypostases de l'estomac surtout peuvent être facilement distinguées des hypérémies résultant d'autres causes. Les reins sont aussi exposés à des hypostases dont leur position favorise la formation. A la partie postérieure du corps, lorsque le cadavre est dans la position ordinaire, c'est-à-dire couché sur le dos, le tissu cellulaire sous-cutané et les muscles correspondants sont plus ou moins infiltrés et riches en sang. Dans un de nos cas, ce phénomène fut considéré comme un signe de congestion et attribué à des coups de bâton. Par les mêmes raisons, les plexus veineux de la moelle sont gonflés de sang, et on trouve une hypostase considérable dans les veines de la pie-mère de la moelle épinière. Il peut y avoir d'autant plus facilement une interprétation fausse de ces phénomènes que le canal rachidien, comme l'ont remarqué très justement Casper-Liman, n'est que rarement ouvert et que beaucoup de médecins, chargés de faire des autopsies, ignorent les caractères normales de ces parties.

Ce que nous avons dit des hypostases internes se rapporte à des cadavres qui, après la mort, sont restés couchés sur le dos. Naturellement ces phénomènes d'hypostase occuperont des positions contraires, quand le cadavre aura été couché sur le ventre et peuvent alors donner facilement lieu à des erreurs. Chez les pendus, quand ils sont restés longtemps suspendus, les hypostases se développent surtout à la partie inférieure du corps. Nous trouvons alors les intestins plus fortement injectés, les reins très riches en sang et surtout les plexus veineux du bassin gonflés de sang; tous ces phénomènes ont été indiqués comme pathognomiques de la mort par la pendaison, mais ne le sont en aucune façon; en effet, de même que la turgescence des parties génitales externes, dont on faisait si grand cas autrefois, ils peuvent se produire aussi quand on pend un cadavre frais et qu'on le laisse quelque temps dans cette position.

ART. III. — RIGIDITÉ CADAVÉRIQUE.

Un signe de la mort qui apparaît bientôt après le décès, c'est la *rigidité cadavérique*. Sur les cadavres d'adultes, elle commence habituellement à se produire deux à quatre heures après la mort et elle s'étend à tout le corps dans les quatre heures suivantes. L'opinion, que des cadavres d'individus maigres ou âgés sont plutôt envahis par la rigidité cadavérique que ceux des personnes fortes, a encore besoin de confirmation. Par contre, les nouveau-nés semblent effectivement devenir plus vite rigides que les adultes. Des expériences analogues faites sur des animaux permettent de conclure qu'après une perte de sang rapide, après des lésions de la moelle cervicale, après certains empoisonnements (avec des acides ou de la strychnine) et peut-être aussi après des insolations ou la mort par la foudre, la rigidité cadavérique peut se produire plus tôt qu'ordinairement ; cependant les observations bien établies sous ce rapport font défaut, pour ce qui concerne les cadavres humains.

Récemment encore, on a soulevé, à différentes reprises, la question de savoir si la rigidité cadavérique peut embrasser le corps tout entier ou du moins quelques groupes de muscles isolés dès le moment de la mort. Comme preuve de la possibilité de ce fait on a cité certaines observations faites sur les champs de bataille de la dernière guerre; ces observations concernaient des soldats, et aussi des chevaux, dont les cadavres furent trouvés rigides et dans une position qui, comme par exemple celle du soldat chargeant son fusil, allant à l'assaut, ou du cheval qui se prépare à faire un saut, pouvait être considérée comme étant le dernier acte accompli pendant la vie. Du Bois Reymond a proposé, pour ce genre de rigidité cadavérique, la désignation de rigidité cadavérique *cataleptique*, qui peut être conservée à cause de sa brièveté, bien qu'elle ne soit pas tout à fait appropriée. Des expériences, surtout celles qui furent faites par Schroff Jun. et par Falck (1), ont établi que *chez des animaux qui ont été tués* par une lésion de la partie supérieure de la moelle épinière, la contraction tétanique des muscles s'est changée immédiatement en rigidité cadavérique et il est permis de penser que chez les hommes aussi la même chose peut arriver à la suite des mêmes lésions. Cependant il n'est pas encore prouvé que la contraction des groupes de muscles, due, au moment de la mort, à l'effort de la volonté, est fixée aussitôt par la rigidité cadavérique, ni qu'elle persiste quelque temps après la mort jusqu'à ce que se produise la rigidité. Provisoirement les observations que nous venons de citer peuvent s'expliquer beaucoup plus facilement en admettant que les cadavres en question n'ont pris qu'accidentellement cette position au moment de la chute, et qu'ils sont devenus rigides en cet état ou qu'une cause accidentelle les a empêchés de tomber. Il n'est pas rare de trouver dans la pratique médico-légale des positions particulières des cadavres et surtout des membres; car les cadavres deviennent rigides dans les positions quelquefois singulières où ils se trouvaient après la mort, et ces positions sont souvent telles, qu'elles semblent avoir été voulues. Ajoutons à cela que le relâchement des muscles causé par la mort, c'est-à-dire le relâchement de certains groupes de muscles, n'est pas toujours nécessairement suivi de changements de position des parties en question, et que la position de chaque partie du corps, produite par la dernière contraction musculaire, peut se maintenir grâce au relâchement des muscles antagonistes, si le poids de cette partie n'entre pas en jeu. Ainsi nos recherches ont établi qu'il est très fréquent de trouver les poings fermés chez les cadavres des adultes comme chez ceux des enfants; de même on trouve souvent d'autres positions des doigts prises au moment de la mort et produites encore par une contraction vitale des muscles. Il n'y a pas de raison pour chercher la cause de la persistance de ces positions,

(1) Voir E. Hofmann, *Leichenerscheinungen, loc. cit.*

surtout de celle des poings fermés, dans la persistance de la contraction des muscles en question ou dans la rigidité qui se serait produite soudain ; il faut dire simplement que les poings qui étaient fermés ne doivent en aucune façon s'ouvrir après la mort, les muscles extenseurs se relâchant en même temps que les muscles fléchisseurs ; un changement de position ne peut donc être déterminé que par la pesanteur même des parties, qui ne se fait pas toujours sentir. Cette marche des choses n'a rien de particulier, car dans la vie aussi quand nous avons fermé les poings, les muscles fléchisseurs peuvent se relâcher sans que nous soyons forcés d'ouvrir la main ; les poings d'ailleurs restent fermes même après que la rigidité cadavérique a complètement disparu. Cela explique aussi comment les cadavres d'individus qui se sont brûlé la cervelle ou qui se sont poignardés, etc..., peuvent encore avoir l'arme dans la main ; le même fait peut avoir lieu quand l'individu a été tué par d'autres personnes, pendant qu'il tenait lui-même une arme dans la main (1).

La rigidité cadavérique n'embrasse pas tous les muscles d'un seul coup; elle commence presque toujours par la nuque et par la mâchoire inférieure, passe ensuite au tronc et aux extrémités supérieures et de là aux extrémités inférieures. Il est très rare qu'il y ait des exceptions à cette marche. Pour ce qui concerne la durée de la rigidité cadavérique, on peut admettre comme certain qu'elle cesse d'autant plus vite que les muscles sont moins développés ou qu'ils ont été plus amaigris. Elle disparaît le plus rapidement chez les fœtus non à terme, de sorte qu'on a prétendu que ceux-ci ne présentaient jamais de rigidité cadavérique. Chez des nouveau-nés à terme et bien nourris, on peut encore la trouver après vingt-quatre et trente-six heures, rarement plus longtemps. Chez les nourrissons la durée de la rigidité cadavérique est, en moyenne, de quarante heures et se modifie selon l'âge et l'alimentation. Pour ce qui concerne les cadavres des adultes, nos expériences nous apprennent que, chez la plus grande partie, la rigidité est encore complète après quarante-huit heures; à partir de ce moment elle commence à disparaître peu à peu et sa disparition complète a lieu entre la soixante-douzième et la quatre-vingt-quatrième heure. Sur les cadavres amaigris la rigidité disparaît beaucoup plus tôt, ainsi que sur les cadavres infiltrés. Il est inexact que le commen-

(1) Bien qu'un muscle isolé se raccourcisse par la rigidité cadavérique, celle-ci ne détermine cependant pas de déplacements des membres sur le cadavre, parce que tous les muscles, c'est-à-dire les muscles antagonistes aussi, sont envahis par la rigidité. Il n'est pas prouvé non plus que la rigidité amène une locomotion de petites parties d'un membre, surtout une légère flexion des doigts, bien que la prédominance des fléchisseurs rende la chose compréhensible. On ne sait pas encore si les contractions des doigts qu'on observe après la mort sur des cholériques sont en rapport avec la rigidité cadavérique.

cement de la putréfaction fasse cesser la rigidité; car il n'est pas rare de la trouver encore chez des cadavres putréfiés au point d'être verts et fortement boursoufflés. La rigidité cadavérique doit, d'après quelques observateurs, durer longtemps chez les individus morts en état d'ivresse, ou noyés ou empoisonnés par la strychnine. D'après nos expériences cela ne peut être admis comme règle générale. La congélation des cadavres ne permet pas de calculer le temps qui s'est écoulé depuis la mort par le degré de la rigidité; il faut remarquer que, d'après Brücke, celle-ci peut survivre au dégel du cadavre.

La rigidité cadavérique ne disparaît pas partout en même temps; elle cesse, en général, d'abord dans les muscles par lesquels elle a commencé; cependant il n'est pas rare de voir disparaître la rigidité dans les extrémités plus tôt qu'à la tête et au cou. C'est dans les articulations des pieds qu'elle persiste le plus longtemps.

Parmi les phénomènes qui peuvent se produire également, immédiatement après la mort et avant le commencement de la putréfaction, il faut compter aussi *les dessiccations* de la peau qui se développent très vite sous l'influence de l'air à des endroits dépouillés de l'épiderme ou maintenus humides, ou ayant été comprimés, (nous en avons parlé ailleurs, p. 295, 533 et 581), puis certaines altérations des *yeux* qui consistent surtout en ce que l'œil perd un peu de sa tension et par suite de son éclat immédiatement après la mort et que le *bulbe* commence à s'affaisser et la *cornée* à se troubler. Celle-ci paraît d'abord comme couverte de poussière; ensuite on remarque à sa surface des rides très petites et la cornée devient de plus en plus trouble et perd sa transparence jusqu'a ce qu'elle devienne tout à fait opaque. La *conjonctive* aussi, quand les paupières n'étaient pas complètement fermées, commence bientôt après la mort à se dessécher aux endroits qui étaient en contact avec l'air; il se forme alors aux deux côtés de la cornée des taches de couleur jaune-brun et triangulaires; ces taches ont été souvent désignées comme étant des signes certains de la mort. Le globe de l'œil s'affaisse toujours de plus en plus, tandis que le corps vitré se liquéfie et que les membranes de l'œil s'imbibent de plus en plus de sang; et finalement on trouve le globe oculaire sous la forme d'un sac qui, par sa constitution fibreuse, résiste encore longtemps à la destruction.

ART. IV. — PHÉNOMÈNES DE LA PUTRÉFACTION.

Les autres changements qui surviennent sur les cadavres appartiennent à la *putréfaction*. Dans la peau, le commencement de la putréfaction se manifeste par des phénomènes d'imbibition. Les lividités cadavériques deviennent plus diffuses, commencent également à se montrer aux endroits du corps qui ne sont pas les plus déclives et gagnent en étendue. En même temps apparaît une coloration d'un vert sale dans quelques parties de la peau; ordinairement elle commence dans la région de l'aine d'où elle s'étend sur le ventre et, partie de différents points, elle envahit progressivement le corps tout entier. Chez les cadavres dont la partie supérieure du corps, par suite du genre de mort ou par sa situation déclive, par exemple, sur les cadavres portés par l'eau, contenait plus de sang, la coloration verte apparaît, le plus souvent, plus tôt sur le visage et dans la partie supérieure du corps qu'au bas-ventre; il en est de même chez les nouveau nés dont le canal intestinal ne contient pas encore de substances féculentes et par suite pas de substances en voie de putréfaction (1).

Avec le développement de l'imbibition de la peau, celle-ci devient plus infiltrée aux parties correspondant aux hypostases et aux endroits colorés en vert, et l'on voit commencer la transsudation du sérum sanguin vers la surface extérieure du derme entre celui-ci et l épiderme. L'épiderme est soulevé en forme de bulles ou l'adhérence du chorion avec celui-ci est tellement relâchée que l'épiderme peut être facilement enlevé par lambeaux. Le chorion humide, décoloré et plus tard graisseux, se montre à nu en ce moment ou lorsque les bulles crèvent, et prend part à la colliquation ultérieure ou est desséché par l'influence de l'air. En même temps que ces phénomènes, commence la formation des gaz de putréfaction dans le tissu cellulaire sous-cutané et de l'emphysème de putréfaction, surtout au visage, au cou, à la partie supérieure du thorax, aux parties génitales et aux extrémités. Ces endroits sont boursouflés, élastiques, crépitant sous la pression du doigt et laissent voir des réseaux veineux gonflés par des bulles de gaz et ayant, par suite de l'imbibition des parties voisines, l'aspect de bandes de couleur terne. Comme le ventre est en même temps gonflé par météorisme, tout le corps est boursouflé de telle façon que, suivant l'expression très juste de Casper, « il présente un aspect gigantesque » (2).

(1) La coloration verte provient en grande partie de la matière colorante du sang décomposé par l'acide sulfhydrique; on s'explique ainsi son apparition précoce à la paroi du ventre. Cependant il nous semble que les tissus qui se putréfient prennent aussi une couleur verte à certains degrés de la putréfaction, comme nous l'observons, par exemple, sur les œufs pourris, qui cependant ne contiennent pas de traces de sang.

(2) Quand la putréfaction est arrivée à ce point, il est clair qu'il est difficile d'établir avec certitude l'identité du cadavre. Il est déjà difficile d'établir l'âge et l'état de nutrition de l'individu, car chez les personnes âgées et amaigries, les membres et le reste du corps, et chez la femme, les seins, peuvent prendre ainsi un aspect plus plein, plus bouffi et par suite plus jeune. La tête surtout et le visage

Les autres modifications qui surviennent sur les cadavres se produisent lentement relativement à celles déjà mentionnées. L'épiderme se sépare toujours davantage du chorion imbibé de part en part et décoloré, les ongles et les cheveux se relâchent tellement qu'ils cèdent à une légère traction. Les parties vertes de la peau deviennent presque toujours plus sombres et presque noires à la fin; les parties imbibées de couleur rouge et rouge-brun prennent de plus en plus une couleur vague; la formation de gaz dans le tissu sous-cutané et dans les cavités du corps augmente toujours jusqu'à ce que les gaz de putréfaction par leur tension crèvent la peau et s'échappent; là-dessus, le ventre s'affaisse et les parties molles sont envahies par la colliquation putride, quelquefois se dessèchent et par suite se désagrègent.

Dans les *organes internes* aussi, ce sont des phénomènes d'imbibition et de transsudation qui ouvrent la série des modifications dues à la putréfaction et commencent également aux endroits où se sont développées des hypostases, par suite, aux parties déclives des divers organes; en même temps du sérum sanguinolent transsude à travers les parois vasculaires, imprègne en partie les tissus mêmes ou bien, abandonnant les organes, s'amasse en dehors de ceux-ci dans les cavités séreuses. On trouve déjà de bonne heure des imbibitions dans la muqueuse du pharynx, du larynx et des voies respiratoires, à la paroi postérieure de l'estomac, aux parties déclives de l'intestin, la tunique interne des vaisseaux et l'endocarde, ainsi qu'aux méninges; les rougeurs diffuses, tachetées ou rayées qui se forment ainsi sont faciles à distinguer de celles qui sont dues à une autre origine; de même l'imbibition et l'infiltration d'organes entiers par le sang qui se sont produits seulement sur le cadavre

semblent boursouflés et si défigurés par les colorations de la putréfaction qu'il est souvent impossible, même aux plus proches, de reconnaître un individu à la forme de la tête et aux traits du visage. Après Tourdes et Richardson qui ont essayé par des moyens chimiques de rendre la tête et le visage des cadavres, défigurés de la sorte, de nouveau reconnaissables, nous avons fait aussi des expériences du même genre (*Leichenerscheinungen*). Comme nous avions trouvé que la matière colorante, qui forme la base de la coloration vert-gris de la peau, est soluble dans l'eau, nous mîmes la tête, coupée et ouverte de la façon habituelle, débarrassée du cerveau et avec des entailles faites à l'occipital et aux parties latérales, dans l'eau courante et fraîche pendant 10 à 20 heures, ce qui fit déjà disparaître la coloration verte et le gonflement emphysémateux. Après avoir mis ensuite la tête, dont la voûte du crâne avait été remise en place et la peau recousue, dans une solution alcoolique de sublimé, la coloration verte disparut complètement ainsi que l'emphysème et la forme primitive de la figure semblait rétablie, autant que cela était possible dans ces circonstances.

se distinguent facilement des processus pathologiques. Nous avons dit, page (542), que les transsudations cadavériques qui se forment dans la cavité pleurale peuvent, chez les nouveau-nés, chasser l'air des poumons en grande partie et même entièrement. Plus la putréfaction fait des progrès, plus le sang disparaît des vaisseaux par l'imbibition et la transsudation, et ce serait une erreur impardonnable de conclure de l'état de vacuité des vaisseaux et du cœur d'un cadavre, qui est dans un état de putréfaction très avancée, à une hémorrhagie qui aurait eu lieu pendant la vie. Plus le sang a été primitivement liquide, plus il disparaît rapidement des vaisseaux. Mais le sang coagulé devient également liquide par la putréfaction. De même que le sang dans les vaisseaux, le sang extravasé se liquéfie également et les hémorrhagies traumatiques peuvent disparaître de la sorte complètement ou du moins devenir impossibles à reconnaître.

Les autres modifications visibles à l'œil nu, qui se produisent dans certains organes par suite de la putréfaction, consistent, en général, en dehors de la décoloration, en un ramollissement progressif accompagné de formation de gaz et enfin dans une transformation complète des tissus en une masse graisseuse.

Les modifications *microscopiques*, que les tissus éprouvent par la marche de la putréfaction, ont été étudiées surtout par F. Falck et Tamassia, ainsi que par nous (1). Ces observations ont établi que les fibres musculaires et l'épithélium des glandes se troublent déjà de bonne heure et semblent parsemés de masses granuleuses et réfringentes; il se forme ainsi des images qui ont une grande ressemblance avec celles que nous avons décrites à propos de la dégénérescence granuleuse ou du «gonflement trouble». Comme celui-ci a une très grande importance diagnostique pour certains cas d'empoisonnement et aussi pour beaucoup d'autres maladies, surtout pour les maladies infectieuses, il ne faut pas perdre de vue ce fait que la putréfaction produit des modifications analogues.

L'époque du commencement de la putréfaction et la rapidité avec laquelle elle s'accomplit dépend de certaines conditions dont la connaissance est de la plus grande importance; et ce n'est qu'en en tenant un compte exact qu'il est permis de conclure du degré de la putréfaction à l'époque où la mort a eu lieu. On peut distinguer des *conditions de putréfaction extérieures* et des conditions *intérieures*.

Aux conditions *extérieures* importantes, appartiennent certaines

(1) E. Hofmann, *Leichenerscheinungen*, *loc. cit.*, p. 259.

conditions de l'air, de l'eau et de la chaleur. L'accès de l'*air atmospherique* est absolument nécessaire pour l'entretien de la putréfaction. Plus cet accès est libre, plus la décomposition marche rapidement, les autres conditions restant les mêmes. Les grands courants d'air sec font exception à cette règle, et peuvent produire précisément le résultat contraire, c'est-à-dire le dessèchement du cadavre. C'est pourquoi la putréfaction commence et finit le plus tôt lorsque le cadavre est resté couché à l'air libre ; elle a lieu plus lentement chez les cadavres ou couchés dans l'eau ou enterrés ; dans ce dernier cas elle se produit d'autant plus lentement que le sol laisse pénétrer moins facilement l'air et que la couche qui recouvre le cadavre est plus épaisse. Les expériences faites sur les champs de bataille français ont prouvé que les vêtements retardent la putréfaction chez les cadavres exposés à l'air libre comme chez les cadavres ensevelis. D'après Créteur (1), les manteaux de caoutchouc auraient le plus retardé la putréfaction. Un certain degré d'*humidité* est absolument nécessaire pour l'entretien de la putréfaction. Comme le corps humain contient environ 85 p. 100 d'eau, l'humidité du corps suffit d'abord pour amener et pour entretenir la putréfaction. Mais si, comme cela a lieu d'habitude, une partie des gaz de putréfaction se perd par la transsudation et l'évaporation, par exemple, en des endroits secs et aérés, ou si ces gaz sont absorbés par le corps sur lequel est couché le cadavre, c'est-à-dire par un sol sec et poreux, il arrive bientôt un moment où l'humidité propre du cadavre ne suffit plus pour la continuation de la putréfaction. Les parties restantes se dessèchent alors et pourrissent lentement. Une série de ce qu'on appelle *les momies naturelles* doivent leur existence à cette marche des choses. Une certaine quantité d'humidité venant du dehors est donc nécessaire pour que la putréfaction puisse avoir son cours complet ; plus cette quantité est considérable, plus elle se forme facilement. Outre l'action chimique, l'eau donne lieu à un relâchement et une macération des tissus. C'est pourquoi les cadavres qui sont couchés dans l'eau pourrissent si rapidement, surtout lorsqu'ils sont exposés à l'influence de l'air, après être restés longtemps dans l'eau. Cette influence putréfiante de l'eau a toutefois ses limites. Si le cadavre reste continuellement sous l'eau ou simplement dans un sol constamment humide, la putréfaction est arrêtée et les parties molles sont transformées en gras de cadavre qui peut résister très longtemps à la destruction.

(1) Créteur, *Annales d'Hyg. publ.*

La formation du *gras de cadavre* a aussi eté observée dans des fosses communes et dans des fosses d'aisances. Outre l'excès d'humidité, c'est surtout l'accès insuffisant de l'air atmosphérique, principalement de l'oxygène, qui offre une condition essentielle pour la transformation des parties molles en gras de cadavre. Le processus semble être en rapport étroit avec une formation de graisse postérieure à la mort, processus dont la nature et la marche mériteraient d'être étudiées de plus près et dont la dégénérescence granuleuse des tissus, se développant aussi après la mort, peut être considérée comme le premier degré. On devrait distinguer alors dans la formation du gras de cadavre, plusieurs degrés dont dépendrait la constitution des parties molles ainsi modifiées Dans les premiers degrés ce serait la graisse, dans les derniers les acides gras qui prédomineraient et finalement la formation d un savon particulier. C'est ce dernier que l'on a ordinairement en vue quand on parle de gras de cadavre et on comprend sous ce nom une masse molle et graisseuse ou savonneuse, ayant l'odeur du fromage rance et une couleur jaune sale et fondant à la chaleur en répandant une odeur ammoniacale. Une masse pareille semble se composer, en outre de la graisse, de combinaisons ammoniacales de différents acides gras se produisant par la décomposition des graisses, et de la combinaison de la graisse avec de la chaux et de la magnésie qui proviennent de l'eau avec laquelle les parties du cadavre étaient en contact. Si ce sont ces dernières combinaisons qui prédominent, la consistance en est plus ferme, semblable à un fromage très compacte, comme dans un cas observé par nous ; sinon la consistance est plus visqueuse. Ce sont les muscles qui semblent se transformer particulièrement et les premiers en savon. Quant au temps nécessaire à la saponification, les auteurs anciens (Fourcroy) donnaient des délais très longs de un à trente ans. Des observateurs modernes (Devergie, Casper, Taylor) ont déjà observé la formation du gras de cadavre après 2 à 6 mois, ce qui concorde avec nos observations.

Une autre condition importante pour le développement et la marche de la putréfaction, c'est un certain degré de *chaleur* du milieu ambiant. De l'air chaud, surtout chaud et humide, est très favorable au processus de putréfaction et on n'ignore pas dans quelle mesure certaines saisons exercent une influence sous ce rapport. De même la putréfaction se produit très rapidement dans les locaux chauffés, mais aussi dans les tas de fumiers, les fosses d'aisances, etc. De l'air chaud et sec et des degrés de chaleur plus élevés encore déterminent au contraire la dessiccation et la momification. On sait qu'un froid glacial empêche la putréfaction ou l'arrête si elle est en voie de développement.

Les *organismes végétaux et animaux* jouent un rôle important dans la destruction des cadavres par la putréfaction. Les Bactéries accompagnent toujours la putréfaction putride et on sait que celles-ci doivent être considérées comme des ferments qui produisent les processus septiques. Leur présence fait partie des caractères de la putréfaction et doit être prise en considération, eu égard aux processus mycosiques si fréquemment admis aujourd'hui. Des larves de mouches peuvent se rencontrer en été déjà dans les douze premières heures, surtout dans les coins des yeux ou de la bouche. Leur action destructive est connue (1). En outre, pendant la saison chaude les insectes qui se nourrissent de charogne, et surtout les fourmis, contribuent à la destruction des cadavres exposés à l'air. Krahmer, Dommes et Locherer rapportent que des cadavres d'adultes furent déchiquetés jusqu'au squelette par des fourmis dans l'espace de 4 à 8 semaines. Il arrive naturellement souvent, surtout quand les cadavres sont couchés près ou dans des tas de fumier, des étables, ou des lieux d'aisances, de les trouver rongés par les rats, ceux des enfants même en grande partie dévorés. Les animaux de proie et les cochons peuvent aussi entamer les cadavres, les dévorer ou les emporter. Dans les parties molles des cadavres réduits par la putréfaction en une bouillie semblable à du fromage liquéfié, nous avons trouvé chaque fois de nombreuses nématodes très petites se mouvant très rapidement et appartenant au genre des pélodères. Ces nématodes vivent, selon Schneider, dans un sol humide où elles cherchent les substances en voie de putréfaction qu'elles dévorent. Aussi longtemps que les cadavres restent dans l'eau, les insectes aquatiques, les rats d'eau et les écrevisses sont les seuls agents de destruction. Les poissons, dit-on, dédaignent la chair pourrie. Cependant dès que le cadavre surnage, il s'y établit, surtout en été, de nombreuses larves qui le détruisent.

Pour ce qui concerne les conditions *intérieures ou individuelles* de la putréfaction, on peut surtout admettre comme règle, que la putréfaction détruit les cadavres d'autant plus rapidement que la masse du corps a été plus petite, par suite les cadavres d'enfants plus vite que ceux des adultes. La délicatesse plus grande des tissus et la quantité plus considérable d'eau qu'ils contiennent font que les premiers se putréfient plus vite que les seconds. Chez les nouveau-nés le fait que les intestins n'ont pas encore contenu de substances féculentes peut produire un retard relatif dans le développement de la putréfaction. Outre l'état de nutrition le genre de mort exerce aussi une certaine influence. Ce sont particulièrement les corps des personnes mortes par des processus septiques qui se putréfient très rapidement, surtout en été où au bout de douze à vingt-quatre heures la coloration verte de putréfaction a atteint un degré qui exige en temps ordinaire plusieurs jours pour se produire. Nous voyons encore le début précoce et la marche rapide de la putréfaction chez les asphyxiés, ce qui s'explique par la grande quantité de sang contenue dans les organes, ainsi que la constitution liquide du sang. Nous observons la même chose dans les empoisonnements qui amènent en dernier lieu la mort par asphyxie ou après lesquels le sang reste liquide, comme après l'empoisonnement par le

(1) Voyez Brouardel, *De la détermination de l'époque de la naissance et de la mort d'un nouveau-né, faite à l'aide de la présence des acares et des chenilles d'aglosses dans un cadavre momifié* (*Ann. d'hyg. publ.*, 1879, 3e série, t. II, p. 153).

phosphore. Par contre on a observé un retard sensible dans la putréfaction après les empoisonnements par l'alcool, l'arsenic et le sublimé ainsi que par l'acide sulfurique. Sans aucun doute le même retard pourra être constaté dans tous les empoisonnements par des substances qui ont notoirement un effet antiseptique. Dans des cas pareils il peut y avoir au lieu d'une putréfaction colliquative, une momification du cadavre, comme on l'a observé à maintes reprises après des empoisonnements par l'arsenic. La putréfaction rapide après l'insolation ou la mort par la foudre est due moins au genre de mort qu'aux circonstances dans lesquelles celle-ci se produit. Le fait, relevé par Casper, que des cadavres fortement contusionnés ou mutilés se putréfient rapidement, mérite d'être pris en grande considération, et se comprend, si on songe que les organes internes, par suite de la constitution de leur tissu et la quantité de sang qu'ils contiennent, se putréfient rapidement et qu'après des blessures, la résistance que la peau intacte oppose ordinairement pendant un certain temps à la putréfaction manque complètement ici. La putréfaction gagne dans ces cas, en premier lieu, les parties mises à nu et s'étend rapidement en partant de ces points. Mais si la peau est restée intacte, c'est l'état d'attrition des organes lésés, et surtout leur imbibition et celle des tissus voisins par le sang extravasé qui font que les phénomènes de putréfaction apparaissent de bonne heure à ces endroits et s'étendent rapidement en partant de là. On peut se convaincre de ce fait même par les sugillations superficielles.

Tous les organes n'opposent pas une résistance égale à la putréfaction. L'expérience nous apprend au contraire que les uns se conservent longtemps tandis que d'autres se putréfient beaucoup plus tôt. La quantité de sang contenue dans l'organe, la fermeté de son tissu et l'accès facile ou difficile de l'air exercent une grande influence en cette circonstance. *Le sang* se putréfie très rapidement et en premier lieu. Aussi, plus un organe est riche en sang, plus il est rapidement envahi par la putréfaction et c'est pourquoi nous voyons généralement la putréfaction commencer par les hypostases. Plus la structure d'un organe est ferme, plus celui-ci peut résister à la putréfaction. A l'exception des os, le tissu conjonctif et surtout les fibres élastiques résistent le plus longtemps. Plus un organe contient de tissu cellulaire et plus celui-ci est serré, plus l'organe durera longtemps. De là vient en grande partie la résistance de la peau, des poumons et des troncs artériels, surtout de l'aorte. L'utérus aussi résiste très longtemps et peut quelquefois être retrouvé encore bien conservé après que toutes les parties molles sont devenues méconnaissables. On peut voir sur l'estomac et les intestins l'influence exercée par l'air contenu dans les organes sur la putréfaction; cependant il ne faut pas perdre de vue que l'air, qui y est contenu, avait déjà à l'origine les caractères des gaz de putréfaction. Nous avons déjà fait cette remarque que chez les nouveau-nés les poumons contenant de l'air pourrissent plus tôt que les autres. La raison pour laquelle le cerveau des nouveau-nés et des nourrissons se putréfie si tôt, tandis que celui des adultes se conserve longtemps relativement à sa structure, n'est pas seulement dans la mollesse plus grande du cerveau et dans la quantité plus considérable d'eau qu'il contient, mais encore dans l'occlusion incomplète du crâne et sa perméabilité à l'air extérieur. Il suffit que les cadavres d'adultes soient couchés en moyenne deux à trois ans dans la terre pour que les parties molles disparaissent. Les ligaments et les cartilages se conservent très longtemps et sont détruits seulement après cinq années et même plus tard. Les autres modifications des os se développent très lentement : leur dégraissement et leur dessèchement nécessitent encore plusieurs années (en moyenne dix). Plus tard encore les os deviennent friables et cassants, mais ils peuvent cependant se conserver pendant des centaines d'années, dans certaines circonstances favorables. Il est important de savoir que des os très anciens et provenant même de périodes géologiques contiennent encore du cartilage. Des ossements humains, âgés de 600 ans, examinés par Orfila (1), ont encore donné 27 p. 100 de gélatine et presque 10 p. 100 de graisse. Kornfeld (2) a trouvé également dans des ossements âgés de cent ans de faibles différences de composition avec celles des ossements frais.

Quand il s'agit de déterminer d'après le degré de putréfaction le temps qui s'est écoulé depuis la mort d'un individu, il faut peser avec soin ces circonstances intérieures et extérieures que nous avons citées; mais le grand nombre de ces circonstances et la difficulté de déterminer l'influence de chacune ne permettent que de tirer des conclusions approximatives. Cependant il faut se rappeler que, les derniers phénomènes de putréfaction étant plus lents que les premiers, les limites extrêmes de la période dans laquelle la mort a pu avoir lieu, doivent être reculées d'autant plus loin que la putréfaction du cadavre est plus avancée. Comme le degré de l'action des conditions les plus importantes de la putréfaction, c'est-à-dire des conditions extérieures, dépend surtout du milieu dans lequel le cadavre s'est trouvé, il faut prendre cette circonstance en sérieuse considération. Casper a établi sous ce rapport la proposition suivante : à une température moyenne à peu près égale, une semaine de séjour du cadavre à l'air libre répond, au point de vue du degré de putréfaction, à deux semaines de séjour dans l'eau ou huit semaines dans la terre. Cette proposition est tirée d'un grand nombre d'observations avec lesquelles concordent aussi les nôtres, et peut, pour cette raison, être recommandée comme règle dans la détermination de l'époque de la mort pour les cadavres putréfiés.

(1) Orfila. *Mémoire sur les exhumations juridiques* (*Ann. d'hyg.*, 1830, t. IV, p. 104). — Parent-Duchâtelet, *Des chantiers d'équarissage de la ville de Paris* (*Ann. d'hyg.*, 1832, t. VIII, p. 132).

(2) Kornfeld, *Wiener med. Wochensch.*, 1876, n° 43.

DEUXIÈME PARTIE

FORMALITÉS ET RÈGLES A SUIVRE DANS LES EXPERTISES

Les formalités en usage pour la réquisition des experts en général et ceux en médecine en particulier, les règles à suivre dans l'exercice de leurs fonctions, leurs droits et leurs devoirs sont indiqués dans les articles du Code d'instruction criminelle. Il existe cependant des dispositions spéciales et réglementaires pour les expertises, notamment pour celles qui se rapportent à l'inspection des cadavres. Ces dispositions, ainsi que celles concernant les instructions spécialement relatives à la médecine légale ont été citées dans les chapitres s'y rapportant.

Nous mentionnerons ici seulement celles qui ont un intérêt général.

Les dispositions qui appartiennent à cet ordre font partie du Code d'instruction criminelle autrichien et sont contenues dans les paragraphes suivants.

§ 116. — L'expertise doit être faite, toutes les fois qu'elle paraît nécessaire à l'eclaircissement des circonstances importantes pour l'instruction. L'assistance de deux témoins judiciaires est toujours de rigueur et, s'il y a intérêt pour la reconnaissance des cas soumis à l'instruction, on devra citer aussi le prévenu, et, s'il n'y a pas de considération qui s'y oppose, le défenseur désigné doit être avisé avant le commencement de l'expertise.

§ 117. — Le rapport de l'expertise doit être rédigé d'une manière précise et détaillée de nature à donner un aperçu exact des faits examinés. Aussi faut-il, en cas de besoin, y joindre, dans ce but, des dessins, des plans ou esquisses. Pour les mesures, les poids, les conditions de dimension et de lieu, il faut les désigner par des dénominations connues et qui ne prêtent pas à l'équivoque.

§ 118. — Si l'expertise par des hommes compétents en cette matière est reconnue nécessaire, le juge d'instruction doit en requérir deux.

Dans un cas de moindre importance ou si l'attente d'un second expert devait être préjudiciable au résultat de l'expertise, un seul suffira.

§ 119. — Le choix des experts appartient au juge d'instruction. Si, pour une certaine partie, il y a des experts fonctionnant en permanence auprès du tribunal, il ne doit pas appeler un autre, à moins qu'il n'y ait péril en cas de retard ou si ceux-là sont retenus par raisons particulières ou si, pour ce cas spécial, ils n'inspirent pas assez de confiance.

Si l'expert ne répond pas à la citation ou refuse sa coopération à l'expertise, le juge d'instruction peut le frapper d'une amende de 5 à 100 fl.

§ 120. — Des personnes qui dans un cas d'expertise ne peuvent être admises comme témoins *ni assermentées*, ou qui se trouvent, avec la personne lésée ou blessée dans un des rapports marqués par le § 152, Z. 1, ne peuvent pas, à moins de nullité de l'acte, être appelées comme experts (1).

Avant de procéder à l'expertise, il faut que le choix de l'expert soit communiqué au plaignant et au prévenu. En cas d'objections importantes et si un retard ne présente aucun danger, on doit appeler d'autres experts.

§ 121. — Pour les experts qui, en raison de la permanence de leurs fonctions sont déjà assermentés, le juge, avant le début de l'expertise, doit leur rappeler la sainteté du serment prêté.

Les autres experts, avant de procéder à l'expertise, doivent s'obliger, sous serment, à y apporter le plus grand soin, à rapporter fidèlement et pleinement leurs observations et à présenter leurs jugements et leurs avis en leur âme et conscience selon les règles de leur science ou art.

§ 122. — L'expertise des objets à examiner doit être faite en présence des personnes appartenant à la justice, à moins qu'une considération morale n'autorise leur abstention ou que les observations nécessaires, comme dans l'expertise en matière de poisons, exigent de la continuité ou ne puissent être effectuées sans une longue expérimentation.

A chaque pareille abstention du lieu de l'expertise, il faut avoir soin que la bonne foi des experts ne puisse être suspectée.

Si par le procédé des experts, on doit s'attendre à la destruction ou à l'altération d'un des objets soumis à l'expertise, une partie de ces derniers, autant que faire se peut, doit être placée sous la garde de la justice.

(1) Les paragraphes qui s'y rapportent sont ainsi conçus.

§ 151. — Ne peuvent être entendus comme témoins à moins de nullité de leur déposition :

2. Des fonctionnaires publics si, par leur témoignage ils devaient violer le secret professionnel qui leur est imposé, à moins qu'ils n'en soient déchargés par leurs supérieurs.

3. Des personnes qui, au moment où elles ont à déposer, sont, par suite de leur état physique ou mental, incapables de dire la vérité.

§ 152. — Sont dégagés de l'obligation de déposer en témoignage.

1. Les parents et les alliés du prévenu en ligne ascendante ou descendante, son époux, ses frères et sœurs et leurs époux, les frères et sœurs de ses parents et grands parents, ses neveux, nièces, cousins, parents adoptifs et nourriciers, enfants adoptifs ou élevés par lui, son tuteur et son pupille.

§ 170. — Ne peuvent être assermentées, à moins de nullité de leur serment, les personnes suivantes :

1. Celles qui sont convaincues ou soupçonnées d'avoir été auteurs ou complices d'une action coupable semblable à celle pour laquelle elles doivent déposer.

2. Celles qui sont sous le coup d'une instruction pour un crime analogue ou condamnées pour un fait semblable à une privation de liberté qu'elles ont encore à subir.

§ 123. — L'expertise est dirigée par le juge d'instruction qui, en tenant le plus grand compte des assertions du plaignant, du prévenu ou du défenseur, désigne les points vers lesquels doit tendre l'expertise. Il pose les questions dont la solution lui paraît importante. Les experts peuvent demander que par les actes ou par l'interrogation des témoins, il leur soit fourni des éclaircissements sur des points nettement désignés et qu'ils jugent nécessaires pour l'expertise.

Si, pour la présentation d'un rapport pleinement motivé, la connaissance des documents de l'instruction paraît indispensable aux experts, à moins d'une considération qui s'y oppose, ces documents mêmes pourront leur être communiqués.

§ 124. — Les déclarations des experts relatives aux faits observés doivent être immédiatement consignées sur un registre. Ils peuvent immédiatement donner leur avis motivé sous forme de procès-verbal ou se réserver de présenter un rapport écrit pour lequel il sera fixé des délais convenables.

§ 125. — En cas d'une divergence notable dans les rapports des experts sur les faits constatés par eux, ou si leurs rapports manquent de clarté et de précision, ou se trouvent en contradiction avec eux-mêmes, et qu'un second interrogatoire n'a pu lever les difficultés, il faudra alors recourir à un ou plusieurs autres experts pour répéter l'expertise.

§ 126. — Se présente-t-il de semblables contradictions ou défauts dans le rapport, ou contient-il celui-ci des conclusions illogiquement tirées des prémisses données et s'élève-t il des difficultés, qu'un second interrogatoire des experts ne saurait écarter, il faudra dans ce cas requérir l'avis d'un ou de plusieurs autres experts.

Si les experts sont médecins ou chimistes, on pourra alors en pareil cas recourir à l'avis d'une faculté de médecine d'un des pays administrés par le Reichsrath.

Cela a lieu si, par suite de l'importance et des difficultés de la matière, le conseil juge nécessaire de prendre l'avis d'une faculté.

§ 127. — Si, dans un cas de mort, on a lieu de soupçonner qu'elle est le résultat d'un crime ou d'un délit, l'inspection du cadavre et l'autopsie auront lieu avant l'inhumation. Le corps est-il déjà enterré, il faudra, à cet effet, en faire l'exhumation, si, d'après les circonstances, on peut en attendre un important résultat et qu'il n'y ait pas à craindre danger imminent pour les personnes chargées de l'expertise.

§ 128. — L'inspection du cadavre et l'autopsie doivent être faites par deux médecins, dont l'un peut être un chirurgien, selon les prescriptions particulières à ce sujet.

Le médecin qui a traité le décédé dans la maladie qui a précédé sa mort, s'il peut contribuer à l'éclaircissement de la cause, à moins qu'il n'en résulte un retard, doit être appelé pour assister à l'expertise.

§ 131. — S'il y a lieu de soupçonner un empoisonnement, il faut, pour la constatation du fait, outre les médecins, appeler encore deux chimistes. La recherche du poison même peut néanmoins se faire par les chimistes seuls, dans un local approprié à cet usage.

3. Celles qui ont déjà subi une condamnation pour faux témoignage ou parjure.

5. Celles qui souffrent d'une grande faiblesse de l'intelligence et de la mémoire.

6. Celles qui se trouvent avec l'accusé, contre lequel elles doivent déposer, dans une inimitié telle que, vu les personnes et les circonstances, elle est de nature à exclure une entière bonne foi du témoin.

Pour les blessures corporelles, la visite du blessé doit être faite également par deux experts.

S'agit-il de la visite d'une personne du sexe féminin, à la place des médecins et des chirurgiens, on pourrait aussi, selon les circonstances, en charger des accoucheurs et, dans un cas de moindre importance, des sages-femmes.

§ 134. — S'il s'élève un doute au sujet de l'état intellectuel du prévenu, s'il y a présomption d'une affection mentale qui puisse supprimer sa responsabilité, il *faudra, en tout temps*, soumettre à l'examen de deux médecins l'état mental du prévenu.

§ 158. — Si la personne, devant être interrogée, occupe une charge ou une fonction publique et que, pour la défense de la sûreté publique ou d'autres intérêts généraux, elle se trouve dans la nécessité de se faire remplacer pendant la durée de son absence, il faudra en même temps aviser de la citation son supérieur immédiat.

Cette prescription est aussi applicable aux employés de chemins de fer et des bateaux à vapeur et aux personnes au service de l'État et de la commune, en ce qui concerne la santé publique.

§ 221. — La citation des témoins et des experts, pour assister aux débats, doit être faite de manière qu'il reste en général un intervalle de trois jours entre la remise de la citation et les débats.

§ 222. — Si le plaignant, le prévenu ou un autre intéressé dans l'affaire, veulent demander la citation de témoins et d'experts qui, d'après la teneur de la plainte ou par suite d'opposition, ne devaient pas être appelés, ils auront à l'indiquer, en temps utile, au président avec l'exposé des faits et des points sur lesquels les experts devront être entendus.

La liste des témoins et des experts à requérir doit être communiquée à la partie adverse, au plus tard, trois jours avant les débats; cette notification n'a-t-elle pas été faite, les personnes citées ne pourront être interrogées sans son assentiment, sauf pourtant le pouvoir laissé, sous ce rapport, au président.

§ 235. — Le président aura à veiller à ce que personne ne soit exposé à des insultes ou à des accusations mensongères ou sans rapport avec la cause. Si l'accusé, le plaignant, un témoin ou un expert se sont permis de pareilles démonstrations, la Cour, sur la proposition de l'offensé ou du ministère public, peut prononcer contre le coupable jusqu'à 50 florins d'amende ou jusqu'à huit jours de réclusion, et une peine disciplinaire s'il est déjà en état de détention.

Le § 236 contient les mêmes dispositions au sujet des infractions de ce genre commises par le défenseur ou le représentant du plaignant ou de la partie défenderesse.

§ 241. — A l'ouverture des débats, on fera l'appel des témoins et des experts, et le président, après leur avoir rappelé la sainteté du serment prêté, les invite à se rendre dans la salle qui leur est destinée.

Quant aux experts, le président, toutes les fois qu'il le jugera profitable à la découverte de la vérité, peut leur ordonner de rester dans la salle des séances pendant l'interrogatoire des témoins et du prévenu.

§ 242. — Si, malgré la réquisition, les témoins ou les experts ne comparaissent pas aux débats, la Cour prendra des mesures pour les faire venir promptement. Si cela n'est pas possible, la Cour, après l'interrogatoire du plaignant et du prévenu ou de son défenseur, décide si les débats seront ajournés ou continués et si, au lieu de la déposition verbale des témoins et des experts, on passera à la lecture de leurs déclarations dans l'instruction préliminaire.

Le défaillant peut être condamné à une amende de 5 à 50 florins. Les débats sont-ils ajournés, il aura encore à supporter les frais de la séance restée sans résultat par son défaut. Pour assurer sa comparution à la nouvelle séance un mandat d'amener pourra aussi être lancé contre lui.

§ 243. — Un délai de huit jours, à partir de la signification du jugement, est accordé au témoin ou à l'expert pour former opposition, auprès de la Cour, à la condamnation prononcée contre lui en vertu du paragraphe précédent.

S'il peut prouver que la citation ne lui a pas été dûment présentée ou qu'un obstacle imprévu et inévitable l'avait empêché de comparaître, il sera déchargé de la punition prononcée contre lui.

Il pourra obtenir une diminution de la peine prononcée ou des frais mis à sa charge, s'il est à même de prouver que cette peine ou cette condamnation aux frais n'est pas en légitime proportion avec sa faute ou avec les suites de son abstention.

L'opposition est-elle faite après la clôture des débats, le tribunal de première instance jugera en séance, non publique et dans une assemblée de trois juges, dont un aura la présidence.

Aucun recours légal n'est accordé contre la décision prise au sujet de l'opposition.

§ 247. — Les témoins et les experts sont appelés et interrogés isolément et en présence du prévenu.

§ 248. — Le président aura soin qu'à l'interrogatoire des témoins et des experts, un expert non encore entendu, n'assiste pas à la déposition d'autres experts sur le même objet.

Témoins et experts, après être entendus, resteront à la séance jusqu'à ce que le président leur permette de se retirer.

§ 249. — En outre du président, les autres juges, le plaignant, le prévenu, la partie civile et leurs représentants auront le droit, après autorisation du président, d'adresser des questions à toute personne qui doit être entendue (même disposition pour les jurés, d'après le § 315). Le président peut interdire toute question qu'il juge inconvenante.

§ 252. — .... Ne pourra être fait lecture des rapports des experts que dans les cas suivants :

1° Si les personnes entendues sont mortes dans l'intervalle; si leur domicile est inconnu ou si, pour cause de vieillesse, de maladie ou d'infirmités, du trop grand éloignement de leur domicile ou pour d'autres motifs, leur comparution personnelle n'a pu avoir lieu;

2° Si, en des points essentiels, il y a contradiction entre leurs déclarations faites à l'audience et celles antérieures;

3° Si des témoins, sans cause légitime, ou des complices refusent de déposer;

4° Si, pour ce qui concerne la lecture, il y a accord entre le requérant et le prévenu.

Lecture sera faite du procès-verbal d'expertise et de l'autopsie à moins que les deux parties n'y renoncent.

§ 253. — Dans le cours ou à la clôture de la discussion sur les preuves, le président fera mettre sous les yeux de l'accusé et, s'il en est besoin, sous les yeux des témoins et des experts, les objets pouvant servir à l'éclaircissement du procès et les invite à déclarer s'ils les reconnaissent.

§ 254. — Le président, même sans la proposition du requérant ou du prévenu, est autorisé à faire venir ou amener des témoins ou des experts qui, d'après la marche des débats, pourraient fournir des éclaircissements sur des faits importants.

§ 384. — Les experts salariés et employés à cet effet en permanence auprès de la justice, auront seulement une indemnité pour les dépenses nécessitées par l'expertise et dûment prouvées. Les autres experts reçoivent, en outre, des honoraires réglés selon les circonstances. A défaut de prescriptions formelles à cet égard, les honoraires sont taxés de 1 à 5 florins, mais pourront être portés de 2 à 20 florins si l'expertise exige des connaissances spéciales scientifiques, techniques ou artistiques. Cette augmentation d'honoraires n'est accordée qu'avec l'approbation du tribunal de deuxième instance.

Le tarif de l'indemnité des experts en médecine est tiré de l'ordonnance ministérielle du 17 février 1855, n° 33. R. G. B. portant :

§ 1. — Pour les opérations purement médico-légales dans la procédure civile et criminelle on appliquera le tarif I ci-joint.

§ 2. — Pour les autres opérations médicales, chirurgicales ou obstétricales faites devant les autorités judiciaires, l'indemnité est taxée d'après le tarif II ci-joint.

§ 3. — Pour les services extraordinaires qui ne figurent pas nominativement dans le tarif, on doit fixer, avec l'indication exacte et l'exposé du cas, une indemnité suffisante, pour la fixation de laquelle il faut, dans chaque cas particulier, recourir à la décision du tribunal supérieur.

§ 4. — Les honoraires, taxés en vertu de ces tarifs, seront immédiatement délivrés à qui de droit par le Trésor, dans les cas où celui-ci peut en réclamer le remboursement aux tierces personnes.

§ 5. — Si un acte de médecine légale doit être rempli en dehors du domicile du médecin désigné à cet effet, celui-ci peut, outre les honoraires pour le service taxé (en vertu des tarifs 1 et 2), réclamer encore une indemnité pour frais de voyage.

Tarif des honoraires pour les opérations purement médico-légales (1).

PROCÉDURE CIVILE.

	fl.	kreuz.
Allg. bürg. Gesetzbuch. § 100. — Constatation de l'impuissance conjugale.		
a) Pour l'expertise	2	10
b) Pour chaque visite ultérieure réclamée à cet effet		52 5
c Pour la rédaction du rapport	1	5
§§ 273, 383, 567. — Pour l'examen d'un individu atteint de démence ou d'idiotie, savoir :		
a) Pour la détermination de la démence ou de l'idiotie	2,10 à 4,20	
b) Pour la détermination de sa curabilité		
c) Pour la détermination de l'intervalle lucide		
Pour chaque visite réclamée ultérieurement	1	5

(1) Le florin autrichien en argent vaut 2 fr. 50, et en papier de 2,10 à 2,30 selon le cours : le florin contient 100 kreuzers.

Pour la rédaction du rapport selon sa plus ou moins grande étendue..	2,10 à 5,25	
§ 926. — Pour l'expertise des moyens préservatifs contre certaines épizooties..		
a) Pour les brebis ou autre menu bétail de 1 à 5 pièces.....		52
Pour 5 à 10 pièces..		58
et ainsi de suite.		
Pour bœufs et chevaux, pour une pièce........................	1	5
§§ 1325, 1328. — Pour l'expertise d'une blessure corporelle, en tant qu'elle se présente en dehors de la procédure criminelle..	2	10
Pour chaque visite réclamée ultérieurement............		52
Pour la presentation d'un rapport séparé......................	2	10

PROCÉDURE CRIMINELLE.

A. *Crimes.*

Strafgesetz. §§ 125, 127, 128. — Pour l'expertise en cas de viol ou d'attentat à la pudeur..	1	5
§§ 129, 132 à IV. — Pour l'expertise en cas de rapports sexuels contre nature ou attentat à la pudeur avec subornation sur une personne innocente.................	1	5
§§ 134 à 143. — Pour une autopsie médico-légale..............	3	15
Pour la rédaction d'un rapport séparé..........................	2	10
§ 161. — Pour l'autopsie médico-légale d'un nouveau-né avec docimasie pulmonaire...	4	20
Pour l'expertise des corps en putréfaction, en plus des honoraires cités plus haut..	2	10
Pour une expertise chimique en cas d'empoisonnement, outre le remboursement des substances employées dans la recherche du poison et comptées d'après la taxe médicale...............	6,30 à 10,50	
Pour la direction et la surveillance de l'expertise et pour la rédaction du rapport fait à ce sujet, pour le médecin.................	3,15 à 5,25	
Pour l'examen supplémentaire des instruments du meurtre ou d'autres objets y relatifs..	2	10
En cas que ces derniers soient des poisons, outre l'indemnité pour les moyens d'expérimentation..............................	4	20
§§ 144, 148. — Pour la visite d'une mère en cas de soupçon d'avortement...........	2	10
§§ 149, 151. — Pour l'expertise en cas de suppression de nouveau-nés :		
a) Pour les enfants trouvés vivants...............	2	10
b) Pour les enfants trouvés morts..............................	4	20
§§ 152, 157, 160. — Pour l'expertise d'un individu atteint d'une blessure grave ou blessé dans un duel........................	2	10
Pour chaque visite ultérieurement réclamée.................. .		52,15
Pour la présentation d'un rapport séparé......................	2	10
Visite d'un prisonnier relativement à sa constitution, infirmités, etc.		17,15

B. *Délits et contraventions.*

Strafgesetz. §§ 335 et 337. — *a*) Pour l'expertise d'une blessure corporelle, légère	1	5
b) Pour l'expertise d'une blessure corporelle grave	2	10
c) Pour l'expertise en cas de meurtre (autopsie médico-légale), les honoraires marqués plus haut §§ 134 à 143.		
§§ 339, 340. — Visite d'une accouchée en cas d'accouchement secret	1	5
Examen d'un fœtus	1	5
Pour l'autopsie d'un enfant avec rapport	3	15
§ 345. — Examen de médicaments prohibés (en cas de vente par des personnes autorisées)	1	5
§ 349. — Pour l'examen d'un médicament mal ou inexactement préparé (excepté si l'expertise chimique était nécessaire)	1	5
§ 353. — Examen de médicaments substitués	1	5
§ 354. — Expertise en cas de commerce illicite de médicaments..		
a) Pour chaque médicament en particulier ou pour un petit nombre.	1	5
b) Pour une grande quantité ou toute une collection	1,05 à 4,20	
§§ 356 à 358. — Expertise en cas de faute de la part d'un médecin ou d'un chirurgien, les honoraires marqués au § 335.		
§ 363. — Expertise en cas de négligence dans une maladie	1	5
§ 364. — Examen d'un poison trouvé chez un marchand ou colporteur :		
a) Si l'inspection seule suffit		21
b) S'il faut une expertise plus complète	1,05 à 2 »	
§ 379. — Visite d'une nourrice ou d'une sage-femme atteinte d'une maladie honteuse ou contagieuse	1	5
§ 387. — Visite d'un animal enragé ou soupçonné de rage	2	10
§ 391. — Visite d'un animal vicieux	1	5
§ 399. — Visite de viandes dans le commerce	1	5
§§ 400, 401. — Visite d'un animal malade en cas d'épizootie, les honoraires marqués au § 926, a. b. G. B.		
§§ 403, 405. — Analyse des boissons	1	5
§§ 406, 488. — Inspection des vaisselles d'étain. Analyse d'autres moyens de conservation ou de préparation d'articles de consommation nuisibles à la santé, avec les expériences chimiques nécessaires en ce cas	1	5
§ 409. — Expertise en cas de mutilation de soi-même ; comme en cas de blessures légères ou graves du corps.		
§§ 411 à 430. — Expertise en cas de rixe ou autres cas de ce genre désignés dans ces paragraphes, selon la nature des blessures et le nombre des blessés, comme plus haut.		
§ 431. — Expertise des cas désignés dans le § 431, d'après les tarifs précédemment développés.		

Appendice.

1. — Pour une attestation de maladie demandée par le tribunal..	1	5
2. — Pour l'assistance aux débats ou à une séance judiciaire, pour fournir des explications:		
a) Pour une demi-journée	3	15
b) Pour une journée entière	5	25
c) Pour chaque demi-journée suivante	2	10
3. — Autopsie médico-légale d'un animal mort :		
a) D'un grand	3	10
b) D'un petit	1	57.15

Ces expertises sont-elles faites par un chirurgien, celui-ci ne reçoit que la moitié des honoraires taxés ci-dessus.

En outre des honoraires fixés ci-dessus, les experts requis par les tribunaux, si les services réclamés par le tribunal exigent l'éloignement de leur domicile, reçoivent encore des indemnités de voyage fixées par les lois et les ordonnances en vigueur.

Le Code pénal autrichien du 27 mai 1852 contient relativement aux experts les dispositions suivantes :

§ 153. — Se rend coupable de ce crime (blessures graves du corps), celui qui blesserait avec préméditation un témoin ou expert dans l'exercice ou à cause de ses fonctions.

§ 300. — Celui qui en public ou en présence de plusieurs personnes ou par la presse, par la distribution de dessins ou écrits, par des diffamations, des railleries, par des déclarations mensongères ou dénaturant les faits, cherche à exciter le public contre un témoin ou un expert à cause de sa déposition en justice, se rend coupable du délit d'excitation à la haine des citoyens les uns contre les autres et est passible d'emprisonnement d'un à six mois.

Des dispositions spéciales pouvant être rapportées ici et concernant en même temps la publication anticipée des cas intéressants de médecine légale, nous devons mentionner la loi du 17 décembre 1862, dont l'article VII porte :

Celui qui, pendant le cours d'une instruction criminelle, publiera par la presse des documents annexés aux pièces ou les dépositions des prévenus, témoins ou experts, avant la fin de l'expertise et avant qu'usage en ait été fait dans les débats, se rend coupable d'un délit et est passible d'une amende de 50 à 500 florins.

Une disposition analogue est contenue dans le § 137 du projet d'un nouveau Code pénal.

Le § 165 de ce même projet porte :

Celui qui devant la justice a fait, avec serment ou en se rapportant à un serment fait antérieurement, une déclaration mensongère, sera puni, pour parjure, d'un emprisonnement dans une maison de correction de 5 ans au maximum ou d'une détention qui ne sera pas inférieure à 3 mois. Il pourra, en outre, lui être infligé jusqu'à 5,000 florins d'amende, si le parjure a été commis par intérêt.

§ 166. — Le parjure est-il commis au prejudice du prévenu, la punition pourra être portée à 5 ans d'emprisonnement dans une maison de correction et à 10 ans, si le prévenu a été condamné. Le prévenu a-t il été condamné à mort, à l'emprisonnement dans une maison de correction ou à un emprisonnement quelconque, le délinquant peut être puni de 3 à 20 ans de détention dans une maison de correction.

§ 167. — Celui qui devant la justice ou devant un tribunal d'arbitrage, mais sans serment, rend un faux témoignage, allègue un fait ou présente un avis reconnu faux, sera puni de prison.

Ibidem. § 301. — Des médecins ou d'autres personnes appartenant à la médecine qui, en connaissance de cause, délivrent une fausse attestation sur l'état de santé d'un homme, et devant servir auprès de l'autorité ou d'une assurance, seront punis d'un emprisonnement d'un mois à 2 ans ou d'une amende de 100 à 500 florins.

Celui qui ne répond pas à l'appel comme juré ou témoin, en alléguant un faux prétexte pour sa justification, sera condamné à un emprisonnement qui peut s'élever jusqu'à 3 mois ou à une amende qui peut être portée jusqu'à 500 florins.

Cette disposition est applicable à un expert légalement obligé de comparaître.

Ces dispositions n'excluent pas les mesures disciplinaires pour refus de services.

Les dispositions relatives aux experts et à l'expertise dans le projet du nouveau Code pénal pour l'empire d'Allemagne sont :

§ 61. — Le choix des experts et la fixation de leurs membres sont confiés au juge.

§ 65. — Si pour certaines expertises il y a des experts officiels, on ne doit en appeler d'autres que si des circonstances exceptionnelles l'exigent.

§ 66 — Un expert peut être récusé par les mêmes motifs qui autorisent la récusation d'un juge.

Cependant il n'y a pas de motif à récusation dans le cas où l'expert a été pris comme témoin.

§ 67. — Celui qui est nommé comme expert est obligé d'accomplir son mandat, s'il est requis pour une expertise concernant sa spécialité, ou s'il professe publiquement dans un but intéressé la science, l'art ou l'état dont la connaissance suppose la capacité d'expertise ou s'il est officiellement nommé ou autorisé pour cet emploi.

L'obligation de se charger d'une expertise s'impose également à celui qui devant la justice s'est déclaré prêt à accepter cette mission.

§ 68. — Les mêmes motifs qui autorisent un témoin à refuser sa déposition, autorisent également un expert à refuser une expertise L'expert pourra encore par d'autres motifs être déchargé de l'obligation de faire une expertise.

L'interrogatoire d'un fonctionnaire public, comme expert, n'a pas lieu, si l'autorité supérieure déclare que l'interrogatoire pourra porter préjudice aux intérêts du service.

§ 69. — En cas d'une abstention non justifiée ou du refus d'un expert chargé d'une expertise, il pourra être prononcé contre lui jusqu'à 300 marcs d'amende et en cas de récidive jusqu'à 600 marcs ; les frais occasionnés par son refus seront aussi mis à sa charge.

L'abstention est-elle postérieurement justifiée d'une manière satisfaisante, les mesures prises contre l'expert seront annulées.

§ 70. — Le juge en tant que cela paraît nécessaire dirigera l'opération de l'expertise.

§ 71. — L'expert, avant de commencer l'expertise, prêtera serment qu'il procédera à cette expertise avec impartialité et en son âme et conscience.

L'expert est-il assermenté pour les expertises de ce genre, il suffit de se rapporter au serment prêté.

§ 72 — Dans l'instruction préliminaire, le juge décide si les experts presenteront leur rapport par écrit ou verbalement.

§ 74. — En cas de contradiction entre plusieurs rapports, ou si le juge trouve le rapport insuffisant, il pourra ordonner une nouvelle expertise par les mêmes ou par d'autres experts.

Dans les cas d'une plus haute importance, on pourra prendre l'avis des personnes reconnues compétentes en cette matière.

§ 75 — L'expert peut, dans la mesure du tarif, prétendre à une indemnité pour perte de temps, à l'acquittement de ses frais et de plus à une rétribution de ses peines.

Les *honoraires* pour services de médecine légale, sont fixés par la loi du 30 mars 1872, de la manière suivante (1) :

Pour la visite et l'autopsie d'un cadavre : 4 thalers.

Si le cadavre était déjà enterré depuis six semaines, ou avait séjourné dans l'eau depuis quinze jours : 8 thalers.

Pour le rapport complet de l'autopsie : 2 à 6 thalers.

Pour tout autre rapport, appuyé sur des raisons scientifiques, concernant l'état physique ou mental d'une personne ou d'une chose : 2 à 8 thalers.

Des droits plus élevés peuvent être exceptionnellement accordés, si une révision des documents nécessaires exige un grand sacrifice de temps, ou si l'expertise nécessite l'emploi du microscope ou d'autres instruments et d'appareils dont le maniement présente des difficultés particulières.

Pour la rédaction d'un procès-verbal sans rapport motivé : 1 à 3 thalers. Le second médecin assistant à l'autopsie reçoit pour la rédaction du procès-verbal de 1 à 3 thalers.

Pour une expertise de chimie légale ou de police sanitaire, y compris le rapport, en outre du payement des réactifs et des appareils employés : 4 à 25 thalers.

Pour une vacance, si elle dure plus de trois heures, 2 thalers, pour chaque heure supplémentaire entière ou commencée, 15 sgr. (2). Ces droits s'appliquent aussi à l'assistance aux débats relatifs à l'objet de l'expertise; si l'assistance a eu lieu pendant plusieurs séances, ces droits sont comptés pour chaque jour à part.

Le rapport sur l'expertise doit relater les constatations opérées, et, si le cas l'exige, indiquer quelles traces ou quels signes présumables ont fait défaut.

L'inspection judiciaire d'un cadavre se fera avec l'assistance d'un médecin et l'autopsie en présence d'un juge par un médecin légiste et un autre médecin. L'autopsie ne doit pas être confiée à un médecin qui a soigné le décédé dans une maladie immédiatement antérieure à la mort. Celui-ci pourrait cependant

(1) Le marc, unité monétaire de l'Allemagne équivaut à 1 fr. 25, le marc contient 100 pennings; une pièce de 3 marcs s'appelle un *thaler*, et vaut 3 fr. 75.

(2) Un silbergroschen (Sgr.) vaut 12, 50 centimes.

être requis pour assister à l'autopsie, afin de donner des éclaircissements sur la marche de la maladie.

L'assistance d'un médecin pour la visite d'un cadavre peut être omise, si le juge trouve qu'on peut s'en passer.

§ 82. — En cas de soupçon d'un empoisonnement l'expertise des matières suspectes trouvées dans le corps ou ailleurs, doit être faite par un chimiste ou par une autorité compétente dans les expertises de ce genre.

Le juge peut ordonner que l'expertise soit exécutée avec la coopération ou sous la direction d'un médecin.

§ 159. — La réception de l'expertise légale a-t elle lieu, le ministère public doit, sur leur demande, permettre au prévenu et à son défenseur d'assister à la délibération.

Cette même disposition est applicable, en cas qu'un expert doive être entendu et qu'il soit à prévoir qu'il sera empêché d'assister aux débats ou que son trop grand éloignement ne permettra pas de l'y appeler.

Le prévenu demande-t-il la citation d'un expert aux débats, il doit présenter sa requête au président de la Cour, avec indication des faits sur lesquels il s'agit de chercher des preuves.

§ 182. — Si le président décline la requête pour la citation d'une personne, le prévenu a le droit de faire citer directement cette personne sans requête préalable.

Les personnes ainsi directement citées n'ont droit à aucune indemnité de l'État. Elles ne sont pas obligées de comparaître, à moins qu'une indemnité légale pour frais de voyage et perte de temps ne leur soit payée comptant ou déposée chez le greffier à leur compte.

§ 184. — Le président du tribunal peut aussi ordonner d'office la citation d'experts.

§ 185. — Le prévenu indiquera en temps opportun au ministère public les noms, le domicile ou le séjour des personnes directement citées par lui ou des experts qui doivent se présenter aux débats.

Le ministère public a la même obligation envers le prévenu, s'il a l'intention de faire citer, soit par ordonnance du président ou par sa propre volonté, d'autres experts ou d'autres personnes que celles nommées dans l'instruction.

§ 186. — Si la comparution d'un expert aux débats se trouve empêchée pour un temps long ou incertain par suite d'une maladie, ou d'infirmités ou d'autres obstacles absolus, la justice pourra ordonner son interrogation par un juge chargé ou requis à cet effet.

La même disposition pourra être prise par le tribunal si le domicile ou le lieu de séjour d'un expert est trop éloigné du siège du tribunal.

Dans ces cas, il n'est pas nécessaire de procéder à un second interrogatoire, si, dans l'instruction préliminaire, l'expert a déposé sous serment et que dans l'intervalle, il ne s'est présenté aucun incident de nature à motiver un nouvel interrogatoire.

§ 202. — Outre ce cas, le président pourra aussi accorder à l'une ou à l'autre des parties de faire procéder à un interrogatoire. Si une partie a fait usage de cette autorisation, elle ne pourra être refusée à l'autre.

§ 203. — Le droit de soumettre directement des questions individuelles doit être accordé au prévenu, au défenseur, ainsi qu'aux juges assesseurs, aux jurés et aux échevins.

§ 204. — Celui qui, dans le cas du § 202, art. 1, abuse de ce droit, pourra se voir retirer cette autorisation par le président.

Le tribunal décidera en cas d'opposition contre cette mesure.

Dans tous les cas, le président a le droit de rejeter des questions déplacées ou étrangères à la cause.

Le tribunal décidera, en cas de doute, sur l'admissibilité d'une question.

§ 210. — Les experts déjà entendus, ne peuvent sans l'approbation ou sans l'indication du président s'éloigner du lieu de la justice.

§ 278. — Des médecins ou d'autres personnes autorisées à exercer la médecine qui, en connaissance de cause, délivreront une fausse attestation sur l'état de santé d'une personne à l'usage d'une autorité ou d'une compagnie d'assurance seront punis d'un à deux ans d'emprisonnement.

CHAPITRE PREMIER

CHOIX DES EXPERTS.

ART. 1er. — CONDITIONS QUE DOIVENT REMPLIR LES EXPERTS.

De ces dispositions législatives il résulte que le choix des experts à requérir dans un cas particulier et par conséquent le choix des médecins légistes, est réservé au juge.

Ce droit paraît cependant limité par le § 119 de la procédure criminelle autrichienne et le § 65 du projet du Code pénal allemand portant : Si des experts pour une matière spéciale sont attachés en permanence auprès du tribunal, on ne peut en requérir d'autres, à moins qu'il n'y ait danger dans un retard ou que ceux-là ne soient empêchés par des circonstances particulières ou que leur emploi ne donne lieu à des soupçons. On ne saurait qu'applaudir à cette disposition, non seulement dans l'intérêt des experts, mais principalement dans l'intérêt de la science; il arrive ainsi qu'un certain nombre de médecins ont l'occasion de recueillir, par des expertises réitérées, une somme d'expérience pratique qui exerce le coup d'œil et donne au médecin une certaine rectitude de jugement qu'on ne saurait attendre, malgré de fortes études préliminaires, de la part d'un commençant ou d'un novice dans les expertises de ce genre.

Il est encore interdit au juge, à moins de nullité de l'acte, de requérir comme experts des personnes qui ne sont pas admissibles comme témoins (§ 151) ou qui, par suite de circonstances indiquées au § 170, ne peuvent pas être assermentées ou qui se trouvent avec le prévenu ou le blessé dans un des rapports marqués au § 152.

En vertu du § 120 des objections pourront être présentées de la part du plaignant comme du blessé contre l'appel de certains experts pour l'exécution de l'expertise, et dans un cas pareil, si les objections présentées sont sérieuses, on doit, à moins qu'il n'y ait péril dans un retard, appeler d'autres experts.

Il n'existe pas dans la procédure criminelle autrichienne, comme dans le projet de Code pénal pour l'empire allemand, une disposition formelle pour interdire l'autopsie du corps au médecin qui a soigné le décédé dans une maladie immédiatement antérieure à la mort. Mais en revanche la prescription relative à l'inspection des cadavres, en date du 28 janvier 1855 § 7, porte que pour l'impartialité du jugement, le médecin ayant traité le décédé, ne devra pas, en tant que possible, être employé comme expert inspecteur, disposition qui paraît justifiée à tous égards.

La procédure criminelle ne dit pas si celui qui, dans un cas d'expertise, a servi de témoin peut en même temps fonctionner comme expert, mais le projet allemand (§ 66) porte : Le fait que l'expert a servi de témoin ne peut pas être invoqué comme déclinatoire. Cependant, dans notre opinion, l'impartialité du jugement devrait exiger cela et nous connaissons en effet des cas où un juge autrichien, et c'est selon nous avec raison, n'avait pas appelé comme expert un médecin légiste qui, dans l'instruction, avait servi comme témoin.

Mentionnons pourtant qu'en vertu d'une ordonnance ministérielle du 21 octobre 1855, les professeurs d'une faculté de médecine, à moins que l'importance des cas ou d'autres circonstances particulières n'en fassent une nécessité, ne doivent pas être employés pour les expertises en matière criminelle, ou du moins pas plus longtemps qu'un besoin majeur ne l'exige; cette disposition, selon l'arrêté du ministre de la justice, a été étendue aux professeurs de chimie attachés aux facultés de philosophie.

Nous ignorons sous l'impression de quels événements furent rendus ces arrêtés contre lesquels nous protesterions, s'ils devaient être aussi appliqués aux professeurs de médecine légale ; car il est de l'intérêt du médecin légiste de se familiariser avec les expertises de médecine légale et de les exploiter au point de vue de l'étude et de l'enseignement Les matériaux employés à cet effet ont pour lui et sa spécialité autant d'importance que les matériaux cliniques pour le clinicien et les matériaux anatomiques pour l'anatomicien. Si à Vienne et à Prague, les expertises de médecine légale sont confiées aux professeurs de cette branche, cette mesure doit être considérée comme un moyen de former des médecins légistes capables et favorable aux progrès de cette partie de la science médicale. Il serait donc oiseux de chercher à prouver longuement que les services éminents d'un Casper, Taylor, Tardieu, Maschka, Liman ou autre, ont été, en première ligne, favorisés par cette circonstance qu'un riche matériel, concernant la médecine légale, a été mis à leur disposition et exploité par eux dans un but scientifique.

En dehors des cas mentionnés (1), chaque médecin a l'obligation de répondre à l'appel qui lui est fait de se charger de la fonction d'expert et peut, en cas de refus, être frappé de 5 à 100 florins d'amende. Il sera, de même, passible de 5 à 50 florins d'amende si, malgré citation, il ne comparaît pas aux débats, et dans ce cas il pourra être condamné aux dépens occasionnés par l'ajournement des débats et un mandat d'amener pourra être lancé contre lui (243). La voie du recours ouverte alors au médecin est stipulée au § 243. Des dispositions analogues sont contenues dans le projet du Code de procédure criminelle pour l'empire allemand au § 69.

De nombreuses protestations se sont élevées contre la contrainte décrétée par ce paragraphe et encore contre d'autres dispositions légales qui s'y rapportent, et ces protestations émanaient autant de médecins en particulier que de sociétés médicales tout entières. Sans discuter les objections qu'on a fait valoir, nous voudrions seulement faire remarquer que, si la contrainte ne peut être évitée, on aurait du moins dû indiquer qu'elle s'applique seulement aux médecins en activité et particulièrement à ceux qui possèdent les connaissances spéciales nécessaires pour l'expertise et l'appréciation du cas. Ce serait effectivement en opposition directe avec le but de

(1) Vu le second alinéa du § 127 du Code de procédure criminelle, qui parle d'une éventualité de péril imminent pour la santé des personnes appelées à participer à une exhumation, nous mentionnons, pour complément, que d'anciens auteurs ont discuté la question de savoir si un haut degré de putréfaction d'un cadavre peut constituer, pour un médecin, un motif suffisant pour refuser une autopsie qui lui est officiellement demandée (*a*). Le paragraphe 4 du règlement prussien de l'an 1875, contient une disposition à ce sujet portant : l'autopsie ne doit être abandonnée ni être refusée par les médecins légistes pour cause de putréfaction. Cette disposition est motivée par cette considération que même dans les corps putréfiés, il peut se présenter des faits propres à profiter au diagnostic.

Nous ne croyons pas qu'une autopsie puisse être refusée de droit, à cause d'un danger pour les personnes qui en seraient chargées. On pourrait bien admettre ce droit dans le cas où, outre ce danger moins fréquent dans la putréfaction ordinaire que dans les maladies contagieuses, il se serait opéré, par suite d'une putréfaction trop avancée, une telle décomposition des organes que l'autopsie serait entièrement sans but.

(*a*) *Vide* Henke's *Zeitschrift für Staatsarzneikunde*, 1824, 1

l'expertise que de confier, par exemple, l'examen de l'état mental d'un individu à un médecin qui ne s'est jamais occupé d'études psychiatriques, ou de demander un avis sur des questions concernant spécialement la médecine légale à celui qui possède à peine les connaissances les plus indispensables en cette matière.

Le Code allemand est, au moins en partie, devenu juste dans ces exigences, en tant qu'il arrête (§ 67) que l'expert nommé doit faire droit à sa nomination, s'il est officiellement désigné pour faire des expertises de ce genre ou s'il exploite publiquement pour son industrie, la science, l'art ou la profession dont la connaissance fait supposer la capacité d'expertise.

Dans les conditions existant en Autriche, il serait peut-être le plus conforme au but de n'imposer l'obligation absolue d'accepter les fonctions de médecin légiste qu'aux médecins qui ont subi l'examen dit de Physicat; là en effet on examine particulièrement sur la médecine légale, la psychologie judiciaire d'une manière théorique et pratique; l'appel d'autres experts devrait être borné à des cas déterminés et plus faciles à préciser.

Nous trouvons bien juste l'ordonnance contenue dans le § 158 portant: Si la personne, qui doit être entendue, occupe une charge ou une fonction publique et que, pour la défense de l'ordre public ou pour d'autres intérêts publics, elle soit obligée de se faire remplacer, il faudrait dans ce cas avertir simultanément de cette citation, son supérieur immédiat. Cette prescription fut étendue également aux employés des chemins de fer, des bateaux à vapeur et aux officiers de santé au service de l'État ou de la commune.

Mentionnons, comme se rattachant à cette disposition, qu'en vertu de la loi sanitaire du 30 avril 1870 § 8 lit : D. les médecins gouvernementaux du district sont obligés comme tels de se prêter comme médecins légistes contre des honoraires conformes à la règle.

ART. II. — NOMBRE DES EXPERTS.

Relativement au *nombre* des experts à requérir pour une expertise, le § 118 du Code de procédure criminelle en Autriche porte que, dans la règle, il faut en requérir deux ; que néanmoins un seul suffit dans un cas de moindre importance ou si l'attente de l'arrivée d'un deuxième expert paraît devoir porter préjudice au but de l'expertise. Le Code de procédure criminelle exige formellement l'intervention de deux médecins légistes pour l'accomplissement de la visite légale d'un cadavre ou d'une autopsie judiciaire (§ 128) ;

de même, quand il y a soupçon d'empoisonnement, il faudra encore requérir l'assistance de deux chimistes (§ 131). Il faut encore deux médecins pour la visite d'un blessé (§ 132) et pour l'examen de l'état mental d'une personne maltraitée (§ 134); la prescription concernant l'inspection légale des morts (an 1855 § 5), arrête : Si, en cas de putréfaction trop avancée du cadavre, un autre médecin, par suite d'une trop grande distance, ne peut être assez rapidement mandé, ou si l'un des médecins ne comparaît pas à l'heure fixée ou si l'expertise est seulement la suite d'une contravention, l'autopsie pourra alors aussi être entreprise par un seul médecin; mais, dans ce cas, l'omission d'un second médecin doit être particulièrement insérée et motivée dans le rapport.

Le projet du Code de procédure criminelle pour l'empire allemand, dans le paragraphe 64, abandonne au juge la fixation du nombre d'experts à requérir, et demande seulement pour une autopsie légale, la présence de deux médecins, tandis que pour la visite judiciaire d'un cadavre, il suffit d'un seul; on fait même observer que l'assistance d'un médecin peut en général être entièrement écartée, si le juge ne la trouve pas nécessaire.

On ne saurait contester l'utilité pratique de cette dernière disposition qui est analogue à l'institution des Coroners anglais. Si cependant l'assistance de deux médecins à une autopsie légale est généralement exigée, il faut en chercher le motif déterminant dans l'importance d'une pareille expertise et dans l'intention d'accorder, par l'intervention simultanée de deux médecins, une plus grande facilité pour la constatation des résultats de l'autopsie. Le rapport motivé d'une disposition analogue dans le projet d'une nouvelle organisation de procédure criminelle pour la Bavière de l'an 1870, porte : L'assistance de deux médecins est aussi nécessaire par cette raison que tous les médecins ne possèdent pas toujours l'habileté technique ou les qualités physiques nécessaires à une autopsie. Nous pourrions bien admettre le dernier motif, mais à l'égard du premier, nous ferons observer qu'on devrait toujours exiger de la part des médecins appelés pour une autopsie, une entière capacité technique nécessaire pour l'autopsie. Nous ne pouvons donc approuver cette pratique fréquemment usitée et aussi exigée par le règlement autrichien pour l'inspection des cadavres au § 13, à savoir que le second médecin ne doit servir que pour la dissection, tandis que le premier médecin dictera le rapport; il nous paraît plutôt conforme au but de charger de la dictée du rapport aussi bien que de l'autopsie l'expert chez lequel, en vertu de sa position, on doit supposer une plus grande connaissance de la matière et une plus grande expérience ; le service en effet ne pourrait que gagner, si l'autopsie et la rédaction du rapport sont confiées à une personne seule mais plus exercée, tandis que dans le cas contraire, bien des choses pourraient rester inaperçues pour celui qui n'est que spectateur et qui n'auraient pas échappé à celui qui fait l'autopsie. La position du second médecin, dans une autopsie, peut, à notre avis, être considérée comme celle d'expert témoin et éventuellement comme celle d'assistant, et je tiens comme inconvenant, au lieu de cela, de lui assigner le rôle de main-d'œuvre du premier.

La même chose s'applique à l'action et à la position du second médecin légiste, pour d'autres expertises en matière de médecine légale, lorsqu'en vertu des dispositions du Code de procédure criminelle, l'assistance d'un tel y paraît nécessaire.

CHAPITRE II

DEVOIRS DU MÉDECIN LÉGISTE.

L'intervention du médecin légiste est réclamée principalement dans deux actes judiciaires prescrits par le Code de procédure criminelle : pour l'*accomplissement de l'expertise*, et *pour les debats*.

ART. Ier. — ACTION DU MÉDECIN LÉGISTE DANS L'ACTE DE L'EXPERTISE.

Rulf définit ainsi l'expertise : C'est, dit-il, un acte par lequel le juge cherche à se rendre compte, par des moyens appropriés, de l'existence ou non de certains faits de nature à influencer la décision de la justice dans une question de pénalité. L'expertise est donc, en première ligne, un acte judiciaire qui souvent aussi peut être effectué par le juge seul, s'il est compétent en la matière, sauf l'assistance du rapporteur officiel et des deux témoins prescrits par la loi (§ 116). Mais si l'objet de l'expertise exige d'autres connaissances spéciales, il faut alors qu'il confie cette partie de l'expertise à des personnes possédant les connaissances qui lui manquent, sans toutefois se départir de la direction générale de l'acte.

C'est bien plutôt au juge qu'échoit la direction de l'expertise, même dans les expertises de médecine légale (§ 120, Ost. St. P. O. § 70); et celui-ci, tenant le plus grand compte des propositions faites par le plaignant ou le prévenu ou son défenseur, désignera les points sur lesquels les experts auront à diriger leurs observations; il pose aussi les questions dont la solution lui paraît nécessaire. Par ce motif et parce que le juge d'instruction porte aussi la responsabilité pour les formalités légales dans l'acte de l'expertise, on comprend l'exigence du § 122 d'après lequel, les objets soumis à l'expertise doivent être examinés par les experts en présence de personnes judiciaires, à moins que celles-ci, par des raisons de convenance morale, ne trouvent bon de s'éloigner ou que les recherches nécessaires ne puissent être faites sans une observation continue ou sans des essais d'une longue durée. Par le premier motif on désigne évidemment les cas où les expertises se font sur les parties génitales d'un individu du sexe féminin, pour le second motif, on donne pour exemple (St. P. O.) (1), l'expertise relative à des poisons et les cas où la constatations de l'état physique, mais particulièrement de l'état mental d'un individu exige une observation longue et répétée. Cela s'appliquerait également à la plupart des expertises chimiques ou microscopiques confiées au médecin légiste ou à un chimiste.

Pour chaque cas pareil, où le juge s'éloigne du lieu de l'expertise, il faudra prendre soin d'assurer l'authenticité des faits relevés par l'expert. C'est l'affaire du juge d'instruction de prendre les dispositions qu'il jugera conformes à la dernière condition tant soit peu obscure. Certes la première condition pour l'appel d'un expert c'est qu'il soit digne de confiance et le serment prêté par lui une fois pour toutes ou seulement pour cette expertise en particulier, présenterait bien la garantie nécessaire pour admettre que l'expertise et le rapport seront faits selon les règles de l'art, et avec honneur et conscience.

L'acte d'une expertise médicale proprement dite, vu les prescriptions générales et spéciales, est uniquement l'affaire du médecin légiste, et lui seul se charge de la responsabilité en ce qui concerne la justesse et le soin de l'expertise.

La manière de procéder dans une expertise se présentera d'elle-

(1) *Commentaire sur l'organisation de la procédure criminelle autrichienne*, de l'an 1873 (Vienne, 1873, page 120).

Par ces initiales St. P. O. on désigne le Code de procédure criminelle et par celles de St. G. B. le Code pénal.

même, selon l'objet soumis à l'examen et sous certains rapports dépendra de la nature de la question à résoudre.

L'étude de ces deux points forme le sujet de la partie spéciale de ce livre et pour cette raison, nous n'accorderons de place ici qu'aux observations générales.

L'expertise en matière de médecine légale a généralement pour objet des *personnes* ou des *choses*. Les premières se présentent à l'expertise ou vivantes ou mortes.

L'expertise des *personnes vivantes* a pour but la constatation de l'existence ou de la non-existence d'un état physiologique ou pathologique. Sous le premier rapport, nous citerons comme exemple la constatation de l'âge et du développement, mais surtout de l'état sexuel d'un individu, sous le second, les différentes maladies notamment les maladies chirurgicales et mentales.

La simple constatation de l'existence ou de la non-existence de pareils états est, comme cela s'entend de soi-même dans chaque cas particulier, le principal objet de l'expertise. Il est évident que celle-ci ne pourra se faire que d'après les principes et les méthodes cliniques généralement employés. Le fait de cette constatation finit rarement l'expertise en matière de médecine légale; celle-ci poursuit d'ordinaire encore d'autres buts qui visent principalement les rapports de ces états avec certains actes coupables ou doivent fournir des renseignements pour l'appréciation provisoire ou définitive de la signification de ces états ou de leurs suites dans le sens de certains articles de loi. C'est pour cela qu'une expertise de ce genre prend un caractère médico-légal ou spécial et exige des observations qui, dans un examen purement clinique, sont écartées entièrement ou faites d'une manière accessoire.

Relativement à l'inspection des cadavres (notre St. P. O. aussi bien que le projet de la St. P. O. pour l'empire allemand), on distingue l'inspection du cadavre de l'autopsie; par la première on entend l'inspection et l'examen extérieur, tandis que la dernière signifie dissection ou autopsie.

Cependant (St. P. O.) on exige chaque fois l'accomplissement de ces deux actes; seulement le règlement pour l'inspection des cadavres (du 28 janvier 1855 au § 38) porte : L'inspection médico-légale ne devra pas se borner à l'inspection extérieure, à moins que la putréfaction ne soit arrivée à un tel degré que l'examen interne ne puisse plus donner de résultat important, et que, pour de pareils cadavres, il n'existe pas de soupçon d'empoisonnement par des matières minérales ou d'une lésion des os; le projet allemand,

(§ 78) au contraire, sépare formellement l'inspection légale de l'autopsie, les distinguant comme différents actes de l'expertise.

Ainsi pour la première, il ne demande que l'assistance d'un seul médecin qui même, si le juge ne la trouve pas nécessaire, peut être écartée entièrement, tandis que pour l'autopsie, il exige expressément la présence de deux médecins. A notre avis, par inspection légale du cadavre, le projet entend la première inspection commissionnelle du corps, dont le résultat doit faire décider si celui-ci sera soumis à un examen anatomique plus complet ou non. On n'indique pas si, et dans quel cas, cette inspection peut se borner à l'extérieur; cependant le § 4 du « règlement prussien relatif aux procédés pour les expertises médico-légales des cadavres humains », fait remarquer que, dans la règle, l'état de putréfaction ne permet pas l'omission de l'autopsie et ne peut pas servir de déclinatoire aux médecins légistes. Il est certain que dans certains cas particuliers, l'examen extérieur suffit pour découvrir la vérité et nous citons, comme exemple, les fœtus avortés présentés à l'expertise.

Mais en général on doit, aussi rarement que possible, se départir de l'autopsie, requise autant par l'importance du cas que par la nécessité d'un examen complet.

Quant au genre et au mode à suivre dans l'inspection extérieure ou l'autopsie des cadavres soumis à une expertise médico-légale, l'ordonnance autrichienne de l'an 1855, d'un autre côté, le nouveau règlement prussien, contiennent des dispositions formelles qui seront mentionnées dans la partie thanatologique.

Il est évident que pour une autopsie judiciaire en général, il faut suivre les mêmes règles que celles qu'on observe dans les autopsies anatomo-pathologiques. Mais il est clair aussi, qu'en raison des buts tout différents poursuivis par l'autopsie judiciaire et en raison des questions particulières qui doivent être résolues par l'autopsie, on emploie dans ce cas des procédés et recherche des détails qui pour l'anatomo-pathologiste n'ont qu'un intérêt secondaire et par cela sont souvent négligés. Nous rappelons, par exemple, les signes qui peuvent servir à la constatation de l'identité, l'importance d'un examen plus exact des phénomènes dits cadavériques, les procédés spéciaux pour l'autopsie des empoisonnés et de certains nouveau-nés, au sujet desquels nous renvoyons aux chapitres spéciaux.

Parmi les *choses* qui peuvent devenir l'objet d'une expertise médico-légale se présentent le plus souvent des instruments vulnérants, particulièrement des armes, et dans ce cas il s'agit d'ordinaire de savoir s'ils sont propres à produire une lésion déterminée, ou s'ils appartiennent à la catégorie des instruments dont l'emploi est spécialement qualifié par la loi pénale.

A cette catégorie appartiennent encore certaines traces suspectes (taches de sang, de sperme ou de méconium), des cheveux et d'autres objets analogues dont la détermination pourra être d'une très haute importance pour l'éclaircissement d'un cas particulier. Dans ces expertises, il est indispensable d'employer le microscope et parfois d'autres moyens (appareil spectral, réactions chimiques), mais qui supposent deux choses, d'abord la possession de ces appareils et ensuite les connaissances et la pratique nécessaires pour leur emploi.

A défaut de ces conditions, il ne reste plus qu'à mettre de côté, et avec certaines précautions, ces objets pour les soumettre à l'examen d'autres experts, ce qui peut d'autant plus facilement se fai·, que ces objets, à moins d'une autre influence nuisible, perdent, par une durée plus ou moins longue, bien peu ou rien de leurs propriétés caractéristiques sous le rapport microscopique et chimique. Mais il est regrettable que les premiers médecins experts possèdent si rarement la capacité de faire immédiatement et eux-mêmes ces recherches. Aujourd'hui, où l'examen microscopique pour le diagnostic médical en général et pour celui de médecine légale en particulier a gagné une si haute importance, on devrait exiger de tout médecin légiste les connaissances microscopiques nécessaires et indispensables pour lui s'il veut se tenir à la hauteur du siècle. D'un côté, la constatation immédiate des traces mentionnées et des objets suspects, est toujours une chose désirable et d'une plus haute valeur qu'une constatation postérieurement faite.

D'autre part, l'application du microscope est du reste si souvent indiquée dans l'autopsie, comme, par exemple, pour la constatation des dégénérescences granuleuses ou graisseuses des organes, chose si importante dans le diagnostic, ou bien pour la constatation de la nature d'un contenu trouvé dans l'estomac ou dans les voies respiratoires, que pour ces cas l'emploi du microscope devient une chose indispensable.

Ces circonstances nous fournissent un motif de plus pour exiger du médecin légiste une instruction plus complète que d'un simple médecin praticien ; pour cette raison, aussi, on ne devrait accorder les fonctions de médecin légiste qu'à ceux qui ont acquis toutes les connaissances nécessaires pour un tel emploi et prouvé par des épreuves spéciales (examen de physicat), qu'ils possèdent ces connaissances.

Avec cette institution, il faudra sans doute se départir de cette exigence maintenue jusqu'ici, à savoir que les médecins légistes soient tenus de se procurer eux-mêmes les instruments et les appareils nécessaires à leur profession; il faudrait bien plutôt exiger qu'auprès de chaque tribunal se trouvent de semblables appareils (microscope, petit appareil spectral, armoires à réactifs nécessaires) et soient confiés à la garde des médecins légistes en titre.

Une pareille institution n'exclurait nullement l'expertise supplémentaire éventuelle de la part d'autres médecins, particulièrement celle des instances médicales supérieures; on pourra, à ce sujet, prendre en considération la disposition du § 122, St. P. O. portant : Si par le procédé des experts on aura à craindre la destruction ou l'altération d'un des objets de l'expertise, il faudra, autant que possible, qu'une partie des objets soit conservée sous la garde de la justice.

Comme il se présente souvent sur le lieu du fait des taches de sang ou d'autres taches suspectes, dont les caractères sont d'une grande importance, on requerra également l'intervention du médecin légiste dans l'examen des lieux; il serait même à souhaiter que cela se fît d'une manière plus fréquente et plus opportune que jusqu'à présent. La pose ou la situation dans laquelle le cadavre a été trouvé, la disposition des habits et des objets à proximité, mais surtout la forme et la distribution des traces de sang, peuvent souvent présenter des points de repère d'une haute importance sur la manière dont un fait s'est consommé, surtout si, avant qu'un changement ne soit survenu, elles ont été examinées et appréciées par une personne qui, comme le médecin, peut sur de pareilles choses se former un jugement plus juste et plus rapide qu'un homme ordinaire.

Des poisons ou d'autres matières suspectes de ce genre peuvent devenir l'objet d'une expertise de médecine légale, si on les trouve dans l'examen des lieux, ou dans le corps, notamment dans l'estomac des cadavres autopsiés et qu'il soit nécessaire de spécifier immédiatement leur nature, car le médecin légiste devrait avoir les connaissances nécessaires pour pouvoir reconnaître les matières toxiques, au moins celles qui sont les plus importantes et les plus fréquentes.

Les expertises compliquées et exigeant un travail de laboratoire, surtout la recherche du poison dans des parties d'un cadavre, ne sont pas l'affaire des médecins, mais celle des chimistes légistes qui, en cas de soupçon d'empoisonnement, devront, autant que faire se peut, être déjà appelés pour l'examen des lieux, particulièrement pour l'autopsie et parfois aussi pour l'exhumation.

Les résultats constatés dans une expertise, doivent être immédiatement consignés dans le procès-verbal ou le *protocole*. Autrefois on attachait à la forme du protocole plus d'importance qu'il n'en faut.

En général, ce n'est pas au médecin légiste de veiller à l'observation des formes prescrites pour l'exécution du protocole, c'est l'affaire du juge et de son greffier dont la tâche est de rédiger l'en-tête du protocole et le terminer à la fin selon la forme prescrite ; cette tâche leur est facilitée par l'emploi de formulaires imprimés à cet effet.

S'il arrive que les médecins légistes soient forcés de rédiger eux-mêmes le protocole, comme dans les cas où l'expertise est exécutée par eux seuls, en l'absence du personnel judiciaire (§ 122), alors il est recommandé de soigner la forme du procès-verbal, qui sera signé par les experts et remis ensuite au juge pour être rédigé en forme de protocole.

Dans les parties rigoureusement techniques du protocole, pour donner de la clarté et pour pouvoir renvoyer plus facilement à certains points du procès-verbal, il importe de diviser chaque fois le protocole en alinéas numérotés par chiffres successifs et, éventuellement, de distinguer par des signes très nets les différentes parties du protocole. En ce qui concerne la rédaction d'un protocole sur une autopsie, les règlements souvent mentionnés (§ 15), ordonnent que le résultat de l'observation interne et externe soit rapporté par des subdivisions marquées par lettres majuscules ou par chiffres romains et que celles-ci soient de nouveau divisées en alinéas plus courts, par lettres minuscules ou par chiffres arabes successifs.

La même disposition est prescrite par le règlement prussien. Quant aux autres qualités du protocole, on les trouve résumées d'une manière claire et concise dans le § 117 ainsi conçu : « La rédaction du protocole doit être faite d'une manière assez exacte et assez circonstancielle, pour pouvoir présenter une description complète et fidèle des objets soumis à l'expertise. » Cette disposition ne saurait être assez instamment recommandée aux médecins légistes et, à chaque expertise, ils feront bien d'envisager que ce n'est pas seulement pour leur service, pour leur rapport qu'ils font le procès-verbal, mais qu'ils doivent produire un document qui puisse donner plus tard des éclaircissements sur toutes les conditions constatées sur les objets en question, de sorte que, si le cas est soumis à d'autres experts et parfois aux instances médicales supérieures, celles-ci puissent reconnaître les signes trouvés par les premiers médecins experts.

Mais ce qui mérite d'être pris en considération, c'est :

1° Que dans toutes les recherches on doit passer du général au particulier. L'observation de ce principe facilite beaucoup la tâche du commençant et permet de prendre un aperçu rapide de l'ensemble de la description. Ce procédé est formellement prescrit pour la présentation d'un procès-verbal d'autopsie ; mais il devrait être observé, sans exception, pour tous les protocoles d'expertise; en effet à chaque expertise sur une personne, on prend d'abord note de ses conditions physiques générales (âge, taille, complexion, nutrition) pour passer ensuite, dans l'ordre anatomique, aux organes individuels et à leurs fonctions, et les signes qu'on y trouve seront insérés dans le protocole. Et s'ils méritent qu'on s'y arrête, on en fait une description détaillée qui, dans des cas concrets, prend une importance spéciale, soit en raison des circonstances du cas, soit éventuellement pour l'expérience générale.

Le même principe doit être observé pour l'examen local comme pour l'examen général, c'est-à-dire, passer des généralités aux détails.

Un protocole aura d'autant plus de valeur, que la description des objets à examiner sera plus complète et plus détaillée; mais même sous se rapport il ne faut pas dépasser certaines limites.

De même que dans une autopsie on n'ouvre pas toujours la colonne vertébrale ou chaque articulation pour en décrire les caractères, de même, dans l'expertise faite sur des personnes vivantes, on omet ou l'on ne touche que superficiellement les circonstances qui ne sont d'aucun intérêt pour le but de l'expertise.

Mais ce qui distingue la compétence et la sagacité du médecin c'est que, dans tout cas concret, il saisit ce qui est ou qui sera important pour l'instruction ultérieure; par ce motif, il n'indiquera pas seulement les résultats positifs de ses observations et propres à figurer dans le protocole, mais, selon la légitime exigence du projet allemand (§ 77), il signalera encore, en cas de besoin, les traces et les signes qui, pouvant être présumés, ont manqué dans le cas en question.

Ce qui mérite encore une mention particulière, c'est que, dans les protocoles sur des états pathologiques, on ne doit pas employer de termes exprimant sommairement le diagnostic pathologique ou anatomo-pathologique, mais relever chaque fois les symptômes en détail et les décrire d'une manière convenable dans le protocole. C'est leur ensemble qui doit constituer le diagnostic. Ainsi, par exemple, on ne se servira pas dans le protocole du terme *fièvre*, mais on indiquera clairement le degré de température, la fréquence du pouls et de la respiration, comme on le fait pour les observations cliniques. De même pour les autopsies, on ne parlera pas « d'inflammations » ou d'autres diagnostics tout faits, comme « coup de feu, contusion », mais on décrira les caractères de ces lésions dont le diagnostic ne doit se faire que dans le rapport.

2° En second lieu on n'oubliera pas que le protocole doit, autant que possible, être intelligible pour le tribunal pour lequel il est destiné, ce qui n'est pas le cas, si dans la rédaction on se sert de ces termes techniques, étrangers au public et que l'on devra donc éviter autant que faire se peut.

Après avoir terminé la rédaction du protocole, celui qui l'a dicté doit le repasser encore une fois pour que les omissions et les fautes, s'il devait en exister, soient corrigées à temps. Relativement aux corrections, le règlement pour l'inspection des cadavres, § 16, porte : « qu'il n'y ait dans les écritures aucune rature ni additions ni changements et que les endroits rayés restent encore lisibles ; que les rectifications et les changements importants soient relevés formellement de la part des médecins, annotés en marge ou indiqués dans l'appendice et signés par les membres de la commission conformément aux prescriptions. »

Le protocole terminé doit être signé par les deux médecins experts.

Le *rapport* motivé peut être donné immédiatement par le médecin légiste sous forme de procès-verbal ; le médecin peut encore se réserver le droit de déposer un rapport écrit, pour lequel il lui sera accordé un délai convenable (§ 124, St. P. O.). On n'indique pas, (St. P. O.) quand doit avoir lieu l'un ou l'autre ; mais le § 17 du règlement de procédure pour l'inspection des cadavres porte que les médecins légistes, surtout dans les cas difficiles, pourront présenter ultérieurement leur rapport motivé. Cette disposition paraît certainement juste, mais le talon d'Achille de cette distinction se trouve dans cette circonstance que, suivant le tarif pour les services de médecine légale, il ne peut être alloué d'honoraires pour un rapport que dans le cas où il serait présenté, non immédiatement joint au protocole de l'expertise, mais *séparément*. L'arrêté ministériel du 6 novembre fixe, il est vrai, à 2 fl. le montant des honoraires pour le rapport d'une autopsie, que celui-ci soit dicté immédiatement sous forme de protocole ou présenté séparément; mais déjà les arrêtés du même ministre portent : « Ne peuvent être considérés comme rapports séparés que ceux qui, par suite des difficultés du cas, ne peuvent être remis immédiatement à la commission d'instruction. » Mais, en même temps, ils ont chargé les tribunaux d'astreindre, dans la règle, les médecins à présenter immédiatement le rapport à la commission d'instruction. De cette disposition résulte incontestablement pour le médecin comme pour le juge d'instruction une contrainte qui devrait être abolie.

Dans la procédure préliminaire et d'après le § 72 du projet de St. P. O. pour l'empire allemand, le juge décidera si les experts doivent présenter leur avis verbalement ou par écrit ; relativement à l'autopsie, le règlement établit pourtant une distinction entre le protocole préliminaire et le rapport de l'autopsie. Le premier d'après le § 29, doit, chaque fois, à l'issue de l'autopsie, être présenté sous forme de procès-verbal sommaire sans conclusions motivées; un rapport séparé et motivé doit être réservé seulement pour les cas où une expertise technique ultérieure serait nécessaire, et où il y a des circonstances douteuses. Un rapport motivé de ce genre (rapport d'une autopsie) peut aussi être exigé par le tribunal et le chargé de l'autopsie est tenu de le présenter dans un délai de quatre jours au plus tard (§ 31).

Les honoraires pour un procès-verbal d'autopsie est de 2 à 3 thalers, pour tout autre rapport appuyé de raisons scientifiques, de 2 à 8 thalers.

Relativement à la forme du rapport, le règlement de la procédure pour l'inspection des cadavres arrête ce qui suit : Le début du rapport motivé à présenter ultérieurement contiendra la mention de la commission fixée par le juge d'instruction, l'indication du lieu et du temps où l'expertise s'est faite, les dates contenues dans le début du procès-verbal, en tant qu'elles se rattachent à la présentation du rapport.

Le règlement prussien prescrit aussi, pour le rapport de l'autopsie, certaines formalités qu'on trouve au § 31.

Le rapport est évidemment la partie la plus importante de l'action médico-légale et c'est de son contenu que dépend la marche ultérieure de la cause. Le médecin légiste doit donc mettre le plus grand soin à sa rédaction.

Cette dernière est entièrement abandonnée aux médecins légistes ou ceux-ci se tiendront, sinon exclusivement, du moins préférablement, à la solution de certaines questions ou qui sont posées par le juge dans le cas particulier ou sont déjà formulées (par la St. P. O.) pour certaines catégories de cas, comme pour le rapport après les autopsies (§§ 129 et 130) en cas de lésions corporelles ou pour l'examen de l'état mental d'un individu (§ 134). Les conclusions du rapport, excepté dans les cas énoncés au § 29 du projet allemand, doivent être chaque fois motivées. L'argumentation résulte d'une part des signes constatés à l'expertise et consignés dans le procès-verbal, de l'autre de la relation de ces signes avec les circonstances particulières du cas.

La connaissance et la mention de ces dernières sont très importantes et souvent si nécessaires dans la plupart des cas pour l'appréciation médico-légale que sans elles aucun rapport ne saurait être utilement présenté. A cet effet la communication en est permise de la part du juge au médecin qui peut la réclamer toutes les fois qu'il le croit nécessaire. Il n'y a pas longtemps, on se faisait encore scrupule de communiquer les actes de l'instruction aux médecins chargés de faire l'autopsie et de présenter le rapport, parce qu'on pensait qu'une pareille communication produirait une prévention chez lui et porterait préjudice à la liberté du jugement. Ces scrupules n'étaient pas seulement partagés par les juristes, mais encore par des corporations médicales; ainsi le collège médical royal de Berlin en l'an 1790 interdit formellement la communication des actes. Aujourd'hui on est devenu plus raisonnable sous ce rapport; le Code pénal autrichien (§ 123 de la St. P. O.) porte que les experts peuvent non seulement réclamer que, par la communication des actes ou par l'interrogatoire des témoins, il leur soit fourni des éclaircissements sur certains points à déterminer et qu'ils jugent nécessaires pour le rapport à présenter, mais que les actes de l'instruction mêmes leur soient communiqués, s'ils les trouvent nécessaires, pour pouvoir faire un rapport motivé, à moins de circonstances extraordinaires.

Le projet allemand ne contient pas formellement une disposition analogue, cependant de la teneur du § 29, al. 2 du « règlement » il s'ensuit qu'en général aucune difficulté ne doit être faite pour permettre aux médecins de prendre connaissance des actes de l'instruction.

En effet le contraire ne serait pas logique, car dans la plupart des cas, il ne s'agit pas seulement de constater un fait simple, mais sa relation avec d'autres faits, et cette dernière considération exige la connaissance des circonstances particulières du cas, déjà par cette raison que souvent le même résultat peut être produit par des causes toutes différentes. Pour les autopsies judiciaires, où l'on croyait devoir user de précaution, en ce qui concerne la communication des actes déjà passés, la situation est souvent telle que, sans la connaissance des circonstances du cas, le rapport ne saurait être que général et incertain et ne pourrait guère servir au juge. On comprend clairement combien, par exemple, la connaissance de la marche de la maladie importe à l'appréciation d'un cas de ce genre; les législateurs ont du reste bien reconnu cela, lorsqu'ils demandent, si c'est possible, l'assistance du médecin traitant à une autopsie judiciaire, pour donner des renseignements tirés de la marche de la maladie (§ 7 Todtesbeschauordnung et § 78 deutschen Entwurf).

Dans les autres expertises, la constatation des circonstances du cas n'est souvent pas moins importante. Sous ce rapport, on peut se représenter la grande quantité de circonstances particulières dont la connaissance paraît nécessaire pour la constatation de l'état de responsabilité d'un individu. On se rappellera encore que dans la plupart des cas soumis à une expertise médico-légale, ce sont justement les circonstances particulières du cas qui indiquent la direction à suivre.

Mais les considérations que nous venons d'exposer doivent mettre le médecin légiste en garde, et l'empêcher de laisser influencer son jugement par ces circonstances mêmes.

L'argumentation des conclusions motivées d'un rapport doit être faite avec une parfaite logique et une correction scientifique et autant que possible mise à la portée des laïques pour lesquels il est destiné, de manière à leur donner la conviction qui leur paraît nécessaire pour la marche ultérieure de la cause. C'est pour cette raison que dans le rapport, de même que dans le protocole, il faut éviter tous les termes techniques et inintelligibles aux laïques et rédiger l'argumentation sous une forme intelligible au public.

Sous le rapport scientifique, l'argumentation, selon les circonstances, procédera tantôt par voie positive, tantôt par voie négative, c'est-à-dire par voie d'exclusion, mais toujours appuyée sur des principes et des expériences scientifiques connus. Le médecin légiste, cependant, ne saurait éviter entièrement l'emploi de simples hypothèses scientifiques, mais il ne laissera pas de s'en servir avec la plus grande circonspection.

Quant à la citation des autorités médicales, je pense qu'elle peut être négligée dans le rapport, mais elle peut être à sa place dans les débats, car on sait que le ministère public et l'avocat ont toujours sous la main des citations qu'ils n'empruntent pas toujours à des ouvrages nouveaux et aux autorités reconnues.

On conçoit qu'un rapport avec des conclusions nettes, autant que possible, est d'un grand service pour la justice, et c'est pour cette raison que le médecin légiste ne laissera pas, si faire se peut, de rédiger avec précision les conclusions de son avis. Si cela n'est pas toujours possible, la raison en est dans la nature même des expertises, et chaque praticien en médecine légale sait combien de fois il lui faut se borner aux probabilités et laisser en suspens mainte question qui lui est posée. Mais le médecin légiste ne doit pas pour cela se laisser induire en erreur. La médecine en effet ne peut pas tirer ses conclusions avec une rigueur aussi précise que la mathématique; ce n'est pas ce qu'on appelle une science finie, mais elle est en voie de progression constante et de continuel développement, et le degré où cette science est arrivée dans chaque temps, de même que la nature du cas, fixent les limites jusqu'où une argumentation précise peut être faite. Au delà de ces limites commence le domaine de l'appréciation des raisons plaidant pour ou contre une hypothèse, c'est-à-dire des arguments de probabilité auxquels le médecin légiste ne saurait se soustraire. Mais il peut y entrer sans crainte d'autant plus que (en vertu de la *Strafprocessordnung*, en vigueur chez nous, comme en Allemagne), le rapport du médecin n'engage ni le juge d'instruction ni les jurés, qui doivent plutôt se faire une conviction par un examen libre et consciencieux de tous les arguments présentés pour et contre (§§ 258 et 313 de la *Strafprocessordnung* autrichienne et § 220 du projet allemand).

Dans tous les cas, le médecin légiste se gardera de tirer des conclusions positives, lorsque les prémisses ne sont pas clairement établies ; d'un autre côté, il ne tombera pas dans le défaut opposé, en affaiblissant la force des conclusions de son rapport par une allégation trop timorée de toutes les possibilités imaginables.

La « Todtenbeschauordnung » autrichienne de l'an 1855 (§ 25) demande que le rapport se termine par une formule déterminée, mais dont l'omission ne présente, de nos jours, aucune importance.

Il appartient au juge (en vertu des §§ 125 et 126 St. P. O.) de soumettre à un examen le procès-verbal dicté par les experts, de même que le rapport présenté par eux. Il examinera l'un et l'autre au point de vue de la logique et tiendra à ce que l'exposé des résultats trouvés soit clair, précis et à l'abri de toute contradiction, et que le rapport soit fondé et les conclusions logiquement amenées. Dans le cas contraire, ou s'il y a divergence dans les allégations des experts, il prendra les dispositions indiquées dans les paragraphes mentionnés.

Ainsi (§ 125), en cas de divergence notable entre les allégations des experts sur les faits examinés par eux, ou si leur exposé est obscur, vague, en contradiction avec lui-même ou avec les circonstances des faits relevés et qu'un second interrogatoire des experts ne puisse dissiper les contradictions, l'expertise, si cela est possible, doit être répétée avec l'assistance des mêmes ou d'autres experts.

Il s'agît dans ce cas de savoir si l'on peut arriver à une entente des experts sans une nouvelle expertise ou s'il faut la répéter avec l'assistance des mêmes ou d'autres experts. C'est à cette dernière solution qu'on devrait toujours recourir lorsqu'il s'élève des doutes dans les questions de médecine légale et qu'une nouvelle expertise est encore possible et laisse espérer un certain résultat. Jusqu'à quel point cette possibilité est admissible, c'est ce qu'indiqueront les circonstances particulières du cas et l'avis des experts.

Ce sont les éventualités de ce genre que le législateur avait en vue lorsqu'il dit (§ 122 St. P. O.) que, si par le procédé des experts, on a à craindre la destruction ou l'altération d'un objet soumis à leur expertise, une partie de ce dernier doit, autant que possible, être tenue sous la garde de la justice.

En cas de contradictions ou de défauts dans le rapport, ou s'il est démontré qu'il renferme des conclusions qui ne ressortent pas logiquement des prémisses données et que les contradictions ne se laissent pas écarter par un nouvel essai d'entente entre les experts (§ 126), il faudra requérir l'avis d'un ou de plusieurs autres experts. La même chose arrive lorsque le tribunal, en raison de l'importance ou de la difficulté du cas, juge nécessaire de requérir l'avis d'une faculté.

De la teneur de cette disposition, il paraît résulter que dans les deux derniers cas la justice seule est tenue formellement de requérir l'avis d'une faculté, tandis que dans d'autres cas déjà mentionnés le juge d'instruction en a seulement la faculté, d'où, conjointement avec le principe cité plus haut, il résulte qu'un arbitrage supérieur pourra aussi être demandé à un ou plusieurs autres experts.

Le procédé employé dans chaque faculté de médecine cisleithane pour un tel *superarbitrage* n'est pas partout le même. Dans les petites universités (Innsbrück) le document présenté est remis de la part du doyen à un professeur dont la spécialité est en relation avec l'objet en question, et le rapport sera mis à l'ordre du jour et voté, après discussion préalable, dans une des séances suivantes du collège de professeurs.

Pour les facultés de médecine des grandes universités, particulièrement celle de Vienne, la marche à suivre pour un superarbitrage de cette faculté est prescrite par un arrêté du ministre de l'instruction du 28 janvier 1874, Z. 15984 portant :

Par suite du changement de conditions produit par la séparation entre le collège des docteurs en médecine et l'union universitaire, je me trouve, en exécution de mon arrêté du 10 août 1873, Z. 9696, à raison de la future composition des commissions chargées des arbitrages soumis à la faculté, porté à établir les dispositions suivantes :

I. La présentation des arbitrages de facultés est désormais l'affaire de tout le corps enseignant des facultés de médecine. Celui-ci remplit cette tâche dans des commissions qui sont nommées pour chaque cas.

II. Chacune de ces commissions se compose de 12 membres qui sont désignés par le doyen du collège des professeurs en médecine, sur la totalité du corps enseignant de la faculté de médecine, y compris les *privat-docenten*.

Pour le choix des membres de cette commission on doit, dans chaque cas particulier, avoir soin :

a) Que les connaissances spéciales touchant l'objet à traiter soient représentées de préférence ;

b) Que chaque membre ne soit pas surchargé, mais qu'on observe plutôt régulièrement un tour de rôle.

III Pour chaque sujet de la délibération, le doyen doit désigner un rapporteur particulier pris dans le rang des professeurs ordinaires ou extraordinaires, qui ont voix délibérative au collège ; ce rapporteur doit en général être professeur de la spécialité en question.

S'il y a plusieurs représentants de la spécialité en question, on doit, autant que possible, observer un tour de rôle régulier pour la répartition des rapports.

IV. Après présentation du référé, la commission mentionnée au § II doit être appelée à la délibération où le doyen fonctionnera comme président et un des membres comme rapporteur.

V. Pour la validation d'un arrêté, la présence des deux tiers des membres de la commission est de rigueur.

L'arrêté est pris à la majorité absolue des voix.

VI. Le doyen contresigne le rapport de la faculté et en soignera l'expédition formelle.

L'arrêté ministériel du 18 mai 1874, Z. 6488, formé à la suite de représentations faites par le collège des professeurs en médecine de Prague et de Cracovie et qui a pour but de mettre des limites à la trop fréquente réquisition des avis de facultés, montre combien sont nombreuses les demandes d'un avis de faculté pour les cas de jurisprudence criminelle.

Il fut porté à la connaissance du ministre de la justice que certains collèges de professeurs en médecine avaient été requis pour des avis de faculté, dans des affaires de jurisprudence criminelle, d'une façon si abusive, qu'il était à craindre qu'il n'en résultât une situation préjudiciable aux intérêts de l'enseignement par les collèges des professeurs.

Le ministère de la justice n'est pas dans la position d'exercer, sous ce rapport, une influence effective sur les tribunaux, puisque (d'après les dispositions de la *Strafprocessordnung*), la réquisition des avis de facultés est abandonnée au juge d'instruction et, dans certains cas, au tribunal, et le ministère de la justice, vu la haute importance de l'avis de faculté pour la jurisprudence pénale, regretterait aussi si, dans les cas importants, il fallait trop de difficulté pour user du droit de requérir l'avis de la faculté.

Mais comme il est arrivé que souvent, même dans les cas de moindre importance, on avait recours à la faculté sans avoir d'abord essayé d'écarter les contradictions par les moyens indiqués (dans le premier alinéa du § 126 St. P. O.), l'honorable présidence est engagée à porter son attention sur cet état de choses et provoquer par voie conforme l'application des dispositions de la *Strafprocessordnung*.

La disposition du projet de réforme du Code pénal allemand concernant cet article porte :

§ 74. En cas de contradiction entre plusieurs rapports, ou si le juge trouve le rapport insuffisant, il peut demander la présentation d'un nouveau rapport par un ou plusieurs autres experts. Dans des cas plus importants, on peut requérir l'avis d'une autorité compétente dans la matière.

Ces autorités spéciales pour les arbitrages de médecine légale sont, en Prusse, les collèges de médecins de cercle, comme première et la délégation scientifique à Berlin, comme seconde instance.

ART. II. — ACTION DU MÉDECIN LÉGISTE DANS LES DÉBATS.

Les débats ont lieu ou devant un tribunal de première instance (§ 10 St. P. O.) réuni en conseil de quatre juges (§ 13), ou devant les cours d'assises. Les débats ressortissant aux cours d'assises sont déterminés par l'art. VI de la loi sur l'instruction du Code de procédure criminelle du 23 mai 1873.

Ceux des délits qui, entre autres, réclament l'intervention de la médecine légale sont : le *viol* (§§ 125, 127 du Code pénal) ; l'*attentat à la pudeur* (§ 128), s'il s'est produit une des suites mentionnées au § 126 (St. G.) ou si l'acte d'accusation, par suite de circonstances aggravantes, conclut formellement à un emprisonnement de cinq ans ; les *rapports sexuels contre nature* (§ 129), mais seulement dans les circonstances indiquées au § 130, alin. 2 ; les *homicides et coups mortels* (§§ 134-143) ; l'*avortement* fait à l'insu et contre la volonté de la mère (§§ 147-148), si la loi prévoit un emprisonnement entre cinq et dix ans ; les *soustractions d'enfants* (§§ 149 et 150) et le duel (§§ 158-162), si d'après la loi il y a lieu de conclure à un minimum de cinq ans d'emprisonnement.

La liste des experts à citer pour les débats doit être portée dans la plainte qui est présentée au juge d'instruction ou au conseil par le ministère public ou le requérant (§ 207 St. P. O.) Les experts seront alors assignés par le président de manière à laisser un intervalle de trois jours entre la remise de l'assignation et le jour où les débats doivent avoir lieu (§ 221).

Le requérant, l'intéressé ou le prévenu veut-il proposer l'assignation d'experts qui, d'après la plainte ou par suite d'une opposition faite contre eux, ne devaient pas être assignés, il devra le signaler au président en temps opportun avec indication des faits et des points pour lesquels ceux-là devront être assignés. La liste des experts à citer doit être communiquée à la partie adverse, au moins trois jours avant les débats, sinon, ces personnes ne pourront être entendues sans son consentement, sauf la faculté accordée au président (§ 254) et d'après laquelle, même sans la proposition du requérant ou du prévenu, il peut, pendant le cours de la procédure, assigner des experts (§ 222).

De ces dispositions il résulte, tout d'abord, que le nombre des experts ou des médecins à citer pour les débats n'est pas aussi limité que pour les expertises. Cependant, dans les cours autrichiennes, l'usage, suivi par la justice, est de citer deux experts et le plus souvent les mêmes que ceux qui ont fait l'expertise préliminaire.

Une grande divergence existe entre la pratique en vigueur jusqu'à présent et le projet de réforme du Code pénal. D'après celui-ci l'assignation d'experts et de médecins peut avoir lieu sur la proposition du requérant, de l'intéressé, du prévenu ou de son défenseur. Cette disposition paraît, de prime abord, donner lieu à des reproches, puisqu'elle fait naître la pensée que par là l'expert serait placé dans un état de partialité, tandis que son avis doit être strictement objectif et impartial. Mais il est à remarquer, au contraire, que la même objection pourrait être faite pour les experts assignés par les juges seuls, que, de plus, en l'absence de toute autre cause de blâme, la sincérité des experts ne doit pas être mise en doute, de quel côté que vienne l'assignation, que leur bonne foi est en outre suffisamment garantie par le serment, qu'il est juste et conforme au sentiment du droit d'attribuer au requérant comme au prévenu les mêmes privilèges concernant la production des preuves, que ce droit enfin est limité par le § 225 (St. P. O.) d'après lequel l'assignation de tous les experts proposés par les parties n'est pas obligatoire et que ceux-ci peuvent être récusés par les conseils.

Les dispositions du projet de réforme du Code pénal allemand en cette matière diffèrent, sous certains rapports, de celles du Code pénal autrichien.

L'acte d'assignation des experts qui doivent assister aux débats ressortit en premier lieu au ministère public (§ 177) ou au président du tribunal (§ 185).

Si le prévenu demande l'assignation d'experts, il devra présenter sa proposition au président de la cour avec indication des faits dont il s'agit de faire la preuve (§ 182).

Le président décline-t-il la proposition d'assigner une personne, le prévenu peut alors la faire assigner directement. Ce droit lui est accordé même sans proposition préalable. Une assignation de ce genre doit être notifiée à temps au ministère public avec indication du nom et du domicile de l'expert. La même obligation s'impose au ministère public vis-à-vis du prévenu, s'il veut assigner d'autres experts que ceux nommés dans la plainte, ou déjà assignés sur la proposition du prévenu (§ 185).

Ainsi, en ce qui concerne le droit d'assignation d'experts, il est laissé au prévenu ou à son défenseur une plus grande latitude qu'auprès des cours autrichiennes.

La procédure encore en vigueur dans les pays de l'Allemagne autorise l'assistance d'experts défenseurs, et l'on y fait de ce droit un usage plus fréquent qu'en Autriche. De pareilles institutions existent depuis longtemps dans d'autres pays, notamment en Angleterre et en Amérique. Mais, tandis que celles ci se soutenaient en Allemagne, elles faisaient naître dans les autres pays de fâcheux résultats, parce qu'on n'avait pas assez égard aux connaissances spéciales de l'expert appelé.

Les experts assignés sont tenus de comparaître aux débats et peuvent, en cas de refus, être condamnés à une amende de 5 à 50 fl. et au remboursement des frais de la séance devenue inutile, à moins qu'ils ne puissent justifier leur abstention. En cas de besoin, un mandat d'amener pourra même être lancé contre eux (§§ 242 et 243 de la St. P. O. autrich.).

A l'ouverture des débats, les médecins légistes sont appelés et avertis de la sainteté du serment et, dans certains cas, prêtent serment (§ 241). Le président les invite alors à rester dans la salle des séances et à suivre la marche des débats. L'audition des médecins experts se fait ordinairement après la clôture de l'interrogatoire des témoins, mais peut aussi avoir lieu plus tôt, si le président le demande de concert avec les autres intéressés. A cette audition, d'après le § 248, il faut veiller à ce qu'un expert, non encore entendu ne soit pas présent à l'audition d'autres experts pour le même objet.

Il résulte de là qu'un expert doit d'abord être entendu seul, tandis que les autres, sur un ordre du président, quittent la salle pour être appelés ensuite individuellement après l'audition du *premier*.

La tâche des médecins experts consiste alors à présenter leur avis verbalement, à le motiver, en tenant compte de l'expertise faite par eux ou par d'autres experts dont le procès-verbal est chaque fois lu en présence des médecins encore réunis, et du résultat des débats. Ils ont en outre à répondre aux objections éventuelles et aux questions relatives à leur avis ou à d'autres circonstances qui leur seront adressées ou par le président ou les autres membres de la cour, par le prévenu ou l'intéressé, de même que par leurs représentants (§ 249) ou par les jurés (§ 315).

Les règles à observer en ce moment sont les mêmes que celles que nous avons recommandées pour la présentation du rapport écrit. Là aussi le médecin doit s'efforcer de rendre sa dissertation scientifique, correcte, logique, précise et, autant que possible, intelligible de manière à pouvoir convaincre même les laïques. Cette dernière considération est surtout applicable dans les cours d'assises dont les jurés sont ordinairement incapables de se faire une conviction par le rapport de l'expert, si celui-ci présente ses explications sous une forme qu'une personne de haute instruction peut seule suivre ou s'il se sert d'expressions dont l'intelligence n'est accessible qu'aux médecins.

Par le même motif, il est recommandé d'éviter les dissertations emphatiques et prolixes, mais plutôt de présenter l'état des choses sous une forme concise et simple. Certes chacun n'a pas le talent oratoire, ni le don d'une exposition claire et facile, et l'expert novice ne sait pas toujours se soustraire à l'émotion du moment et de son apparition en public. Cependant, sous ce rapport aussi, l'assurance grandit avec la pratique et l'expérience ; le novice aussi saura surmonter cette sorte d'émotion par la conscience qu'on ne lui demande pas un chef-d'œuvre d'éloquence, pas de plaidoyer artistement arrangé, mais un exposé simple des conditions du cas particulier ayant exigé une appréciation médicale et la présentation des conclusions qui en résultent.

Elle n'est pas toujours facile la position des médecins légistes en face des questions de la part des personnes y autorisées, particulièrement de celles de l'accusateur d'un côté et du défenseur de l'autre ; c'est une situation qui peut devenir encore plus difficile par la divergence d'opinion entre les experts cités.

Il importe, en pareil cas, de conserver son calme et sa présence d'esprit et de ne pas se laisser intimider ni par l'instance des interrogateurs, ni par leur tactique qui consiste le plus souvent à invoquer toutes les possibilités imaginables. Le médecin doit surtout chercher à rester toujours dans son exposé sur le terrain strictement médical et à ne sortir jamais de sa position d'expert. Dans l'un et l'autre sens, on peut commettre des fautes, le plus souvent causées par l'instance des interrogateurs. Le médecin, assigné pour assister aux débats, est seulement appelé comme médecin et ne doit se prononcer sur aucun autre point que sur celui qui peut être jugé par la science médicale. En cas qu'il lui soit proposé des questions qui peuvent aussi être résolues sans connaissance médicale ou dont la solution exige des connaissances spéciales toutes différentes de celles d'un médecin, il a le droit de les décliner, si le président ne devait pas déjà user de son droit de récuser des questions qui ne lui paraissent pas convenables (§ 249).

Le médecin doit surtout se garder de tomber dans le rôle d'accusateur ou de défenseur. Ce serait une des fautes les plus grossières qu'il pût commettre comme expert. Il ne lui appartient nullement de produire des observations ni à charge ni à décharge; il doit plutôt se garder d'employer des expressions pareilles ou analogues; mais il n'oubliera jamais que sa mission consiste uniquement à éclaircir certains faits ou conditions d'une manière tout à fait objective, tandis qu'à d'autres revient la tâche d'appliquer les circonstances éclaircies par le médecin comme preuves de la culpabilité ou de l'innocence du prévenu et pour le prononcé du jugement.

Avec cela la position des experts, et du médecin légiste en particulier, est assez nettement dessinée. Il n'est pas un simple témoin n'ayant, comme celui-ci, à ne se prononcer que sur des faits, mais il doit encore y joindre son avis; il n'a non plus à juger le cas particulier; il doit seulement éclaircir et vérifier certaines circonstances importantes pour la décision des juges. Cette importance est, en général, si grande que le jugement dépend le plus souvent de l'avis du médecin. Mais cela ne doit jamais l'amener à confondre sa position avec celle d'un juge; la conscience de l'importance et de la portée de son jugement devra toutefois l'engager encore plus à ne se laisser guider dans son rapport que par une sévérité scientifique et une honorabilité inébranlable. Il se rappellera les paroles mises par le poète d'Uriel Acosta (Gutzkow) dans la bouche du médecin Sylva lorsque les rabbins soumirent à son appréciation le livre d'Acosta.

« Le cœur tremblant, l'homme sent les rênes invisibles de sa « propre destinée, qu'un Dieu de bonté a remis entre ses mains « pour son bonheur ou pour sa ruine ; mais il est encore bien plus « terrible de se savoir la providence d'une destinée étrangère et « comme le représentant de la justice souveraine pour d'autres « personnes dont nous devenons le destin. »

Les experts, après être entendus, continueront d'assister à la séance aussi longtemps que le président ne les congédie ou ne demande leur éloignement.

Le projet du Code pénal allemand contient en général des dispositions analogues (voir plus haut). La disposition qui seule diffère de celles du Code autrichien (§ 202), c'est que le président abandonne l'interrogatoire des experts au ministère public et au défenseur sur leur demande commune ; dans ce cas le droit d'interroger revient en premier rang au ministère public pour les experts nommés par lui, et au défenseur pour les experts nommés par le prévenu.

Les §§ 235 et 236 de la *Strafprocessordnung* autrichienne, cités plus haut, de même que les §§ 135 et 300 du Code pénal autrichien montrent jusqu'à quel point, le médecin légiste est garanti contre les excès de la part du prévenu, etc. ; mais le § 278 du Code pénal allemand fixe les peines qu'encourt le médecin, s'il devait être entraîné à abuser de sa position judiciaire et à faire sciemment une fausse déclaration.

Pour terminer, nous dirons quelques mots des honoraires du médecin légiste. Comme il résulte du tarif cité plus haut, les honoraires fixés en Autriche pour le médecin expert sont certainement trop faibles et ne sont pas proportionnels aux services demandés ni aux honoraires attribués au médecin dans d'autres pays, par exemple en Prusse. Si pour un rapport écrit et motivé, on offre au médecin 1, 2 florins, et pour une visite nécessaire après la première expertise concernant l'impuissance au coït ou des blessures 52,5 kreutzer, et pour la visite d'un prisonnier relativement à sa constitution corporelle 17, 5 kreutzer, on ne saurait hésiter à qualifier d'indigne une pareille rétribution.

Pour les autres faiblesses du tarif, nous avons déjà mentionné la disposition relative à la rétribution pour un rapport séparé; la disposition qui, pour l'expertise d'une blessure légère, n'attribue que la moitié de la rétribution fixée pour l'expertise d'une lésion grave, n'est ni moins singulière ni moins injuste. Certes cette disposition a été dictée par l'opinion que l'expertise d'une blessure légère présente moins d'embarras et moins de difficultés que celle d'une blessure grave. Mais les mêmes méthodes et le même savoir sont également nécessaires pour une blessure grave ou légère, on a donc évidemment oublié que la peine et la perte de temps, pour l'opération d'une expertise d'une lésion, ne dépendent aucunement de la qualification judiciaire et que pour la consultation d'une blessure, quand même elle serait légère, il ne suffit pas d'un simple coup d'œil, mais qu'il faut un examen exact et détaillé de toutes les circonstances dont le résultat seul peut décider si la lésion doit être considérée comme légère ou grave. Comme d'ordinaire, en cas que la blessure soit reconnue légère, on n'exige pas un rapport séparé, et que par conséquent il n'est rien compté pour le rapport, les honoraires du médecin s'élèveront ainsi à un maximum d'un florin 10 kr. au cours autrichien !

On ne saurait bien comprendre pourquoi, pour la visite d'une mère accusée d'avortement, on paie 2 fl. 10 kr., tandis que pour la visite d'une accouchée en cas d'enfantement clandestin on paie seulement 1 fl. 5 kr.

Ajoutons encore que pour les expertises relatives à un état mental douteux, il n'est question que de celles qui se présentent dans les causes civiles ; que, chose étonnante, pour la détermination de l'intermittence lucide, on a fixé un droit à part ; que pour la fixation des droits pour un rapport sur un état mental, on a eu égard à la plus ou moins grande étendue du rapport, tandis qu'on n'a pas eu le même égard pour d'autres ; qu'enfin pour l'assistance aux débats on a fixé un droit de 3 fl. 15 kr. pour le premier jour et de 2 fl. 10 kr. pour chaque jour suivant, tandis que logiquement on aurait dû penser que la valeur du temps augmente en raison de la perte déjà subie. Il ne faut donc plus, après cela, d'autres arguments pour démontrer qu'il est hautement temps d'abolir ce tarif suranné et de le remplacer par un autre.

Le montant des honoraires, en Autriche, est, dans toute circonstance, assigné et payé par le tribunal que cela concerne. Il en est de même en Allemagne. Seuls les experts cités directement par des particuliers (§ 183) n'ont aucun recours au trésor public ; il est vrai qu'ils ne sont pas tenus de comparaître, à moins que l'indemnité légale pour frais de voyages et perte de temps ne leur soit présentée comptant ou consignée à leur adresse chez le greffier du tribunal.

FIN DES NOUVEAUX ÉLÉMENTS DE MÉDECINE LÉGALE.

COMMENTAIRES

DE MÉDECINE LÉGALE

PAR

LE PROFESSEUR BROUARDEL

PREMIÈRE PARTIE

PARTIE MATÉRIELLE (1).

PREMIÈRE SECTION

APTITUDE A LA PROCRÉATION (2).

Les lois qui régissent le mariage sont si différentes en France et en Allemagne, que les conditions des expertises médico-légales dans ces deux pays se trouvent absolument distinctes.

En Allemagne, aussi bien en Prusse qu'en Autriche, le législateur n'a pas craint de faciliter la rupture du mariage lorsque celui-ci doit rester stérile, et même, lorsque après avoir été productif, un événement dépendant d'une maladie met l'un des époux dans l'incapacité de procréer des enfants. C'est ainsi que le Code civil d'Autriche dit (art. 60) : « Une impuissance complète et incurable à l'accomplissement du devoir conjugal qui s'est produite *pendant le mariage*, donne également le droit de divorce. »

Cet article est reproduit presque identiquement dans l'article 696 de la législation prussienne.

Pour les législateurs allemands, il semble donc que l'union matrimoniale a un seul but, procréer des enfants; lorsque ce but ne peut plus être atteint, celui des deux époux qui possède encore des facultés procréatrices peut chercher à les utiliser dans des circonstances plus favorables.

En France le législateur s'est placé à un autre point de vue. Un

(1) Voyez page 7.

(2) Voyez page 8.

des buts du mariage peut être d'avoir des enfants. Mais un pacte beaucoup plus solennel lie les conjoints d'une façon indissoluble, il les unit pour suivre ensemble la bonne ou la mauvaise fortune. Bien que le divorce n'existe pas, le mariage peut se trouver rompu par la nullité ou par la séparation. Dans ce dernier cas, les époux séparés ne peuvent plus contracter d'union légitime avant la mort de l'un d'eux.

La nullité n'est prononcée que dans des cas extrêmement rares, et, parmi les causes de séparation, l'impuissance des époux n'est pas visée, même l'impuissance naturelle, antérieure au mariage, et certainement le législateur français n'aurait pas accepté que l'impuissance survenue après le mariage pût donner ouverture à un procès en séparation. L'impuissance n'est-elle pas le lot de la vieillesse et n'apparaît-elle pas prématurément par le fait de la maladie? Faudrait-il donc prononcer la séparation parce que l'époux aura le diabète ou une affection des centres nerveux?

Le médecin légiste français n'aura donc que bien rarement à se prononcer dans des cas analogues à ceux qui sont étudiés par Hoffmann dans ce chapitre. Si nous ajoutons cependant quelques observations à propos de l'impuissance, c'est que celle-ci peut être invoquée dans certaines circonstances à l'occasion du désaveu de paternité, par un individu inculpé de viol, et enfin parce que le médecin peut être consulté par les intéressés avant la conclusion du mariage.

ART. 1er. — NULLITÉ DU MARIAGE.

Deux des circonstances dans lesquelles la législation française a reconnu que la nullité du mariage doit être prononcée peuvent donner lieu à des expertises médico-légales.

Les autres causes de nullité, l'âge des conjoints, leur parenté, le défaut de consentement des parents, ne nécessitent pas l'intervention du médecin.

L'article 180 du Code civil est ainsi conçu : Le mariage qui est contracté sans *le consentement libre* des deux époux ou de l'un d'eux ne peut être attaqué que par les époux ou par celui des deux dont le consentement n'a pas été libre.

Lorsqu'il y a eu *erreur dans la personne,* le mariage ne peut être attaqué que par celui des deux époux qui a été induit en erreur.

1° L'expertise médico-légale peut avoir pour but de rechercher si au moment du mariage l'un des époux était hors d'état de donner son consentement. Celui-ci n'est en effet pas valable si, lorsque le mariage a été contracté, l'un des époux était atteint de démence. Le législateur ne donne pas à ce dernier mot son sens médical, il lui donne une compréhension beaucoup plus grande, il est pour lui le synonyme de faiblesse intellectuelle et d'aliénation mentale.

M. Legrand du Saulle rapporte un exemple dans lequel le mariage fut annulé, parce qu'il fut démontré qu'au moment où il avait été contracté, l'époux était atteint de paralysie générale (1).

2° Par l'expression *erreur dans la personne*, le législateur a entendu l'erreur sur l'individualité de la personne elle-même, l'erreur sur son sexe et non l'erreur sur ses qualités physiques et morales.

Quelques jurisconsultes et quelques médecins ont cherché à étendre la compréhension attribuée par le législateur à l'expression : *Erreur sur la personne;* ils ont cru que cette erreur existe lorsque l'un des conjoints est impuissant à remplir l'objet de l'union conjugale.

Avant d'entrer dans cette discussion, disons d'abord qu'il ne peut y avoir mariage qu'entre personnes de sexe différent, que l'union contractée entre individus de même sexe constitue l'erreur sur la personne, sur l'individualité de l'un des conjoints.

Il s'agit donc en ce cas pour le médecin expert de résoudre une question de diagnostic de sexe. Lorsque l'expert commis par la justice déclare que les personnes unies par le mariage sont du même sexe, le mariage est nul. S'il est impossible à l'expert de déterminer exactement le sexe auquel appartient un hermaphrodite, c'est alors le tribunal, juge du fait, qui détermine si ce mélange des caractères des deux sexes sur une même personne altère la condition essentielle du mariage.

Consulté dans un de ces cas particulièrement délicats, Tardieu nous semble avoir parfaitement posé les règles de l'expertise (2).

« Il est un premier point, un principe sur lequel tout le monde est d'accord, jurisconsultes et médecins,... c'est que le mariage est l'union légitime de l'homme et de la femme et ne saurait être valablement contracté qu'entre deux personnes de sexe différent.

« Il s'ensuit que, pour prononcer sur une demande en nullité de la nature de celle dont il s'agit (affaire Darbousse), il importe avant tout d'être fixé sur la conformation physique de celui des

(1) Legrand du Saulle, *Traité de médecine légale*, etc. Paris, 1874, p. 6, affaire Charles J., arrêt de la cour de Paris, 1re juillet 1865

(2) Tardieu, *Mémoire sur la question medico-légale de l'identité, etc.* (*Annales d'hygiène et de médecine légale*, 1872. 2e série, t. XXXVIII, p. 154).

deux époux dont le sexe aurait été faussement indiqué. Je reconnais, en effet, sans aucune hésitation, qu'il ne suffit pas d'établir par des allégations, même non contredites et hors de toute contestation, que la consommation du mariage a été rendue impossible par suite d'un vice de conformation des organes sexuels de l'un des conjoints. Il faut de toute nécessité arriver à la démonstration et à la certitude de l'identité du sexe entre les personnes qui ont cru contracter mariage. Or, disons-le dès l'abord, l'identité du sexe en pareil cas n'implique pas la plénitude de la conformation apparente des deux individus, mais simplement chez l'un des deux l'absence des organes constitutifs du sexe différent et l'existence apparente ou cachée des organes essentiels du sexe commun. C'est donc là, on le voit, une pure question de fait qui peut et doit être résolue par l'examen anatomique et physiologique de la personne suspecte.

« L'intervention du médecin en pareille matière est parfaitement définie dans son objet, elle doit être en même temps parfaitement nette dans les résultats. Le problème à résoudre se pose, en effet, dans ces termes fort simples. La personne épousée comme femme est-elle une femme mal conformée, impuissante et impropre à l'union sexuelle? Dans ce cas il n'y a pas de cause de nullité dans le sens étroit que la loi a fixé. Est-elle un homme mal conformé, offrant les apparences trompeuses du sexe féminin? Dans ce cas le mariage n'a pas même existé et est radicalement vicié. Je n'admets pas qu'il y ait des êtres dépourvus de sexe et qu'il y ait lieu de prévoir cette troisième hypothèse (sexe neutre, mot prononcé par l'un des experts). Il peut bien exister sur le même individu la réunion d'organes appartenant à la fois aux deux sexes, mais c'est là une exception d'une excessive rareté et qui ne doit pas nous occuper ici. Ces cas d'ailleurs constituent l'hermaphrodisme vrai dans lequel l'individu, présentant les attributs des deux sexes, est en tout état de cause incapable de se marier valablement, puisque, quel que soit le sexe de la personne à laquelle il serait uni, il y aurait toujours entre les deux identité de sexe c'est-à-dire nullité de mariage. »

Ainsi d'après Tardieu, et nous acceptons cette manière de voir, le mariage est nul lorsqu'il y a identité de sexe, ou bien lorsque l'un des conjoints porte les attributs des deux sexes, car là encore il y a identité de sexe, avec l'autre époux.

Mais l'allégation de l'impuissance chez l'un des époux ne suffit pas pour faire annuler un mariage. Nous n'avons pas à discuter la question de droit, nous rappellerons seulement que sur ce point l'intention du législateur ne peut pas laisser de doute. Si aucun texte précis de loi ne la précise, il suffit pour la connaître de lire la discussion au conseil d'État des titres du divorce, de la paternité et de la filiation. Dans cette discussion Portalis et Tronchet énoncèrent que la grande difficulté de prouver l'impuissance et le scandale de cette preuve n'avaient pas permis d'admettre l'impuissance comme cause de nullité du mariage.

Il peut être cruel pour un médecin d'être témoin d'un mariage ainsi frappé d'incapacité dans son but social, mais si comme homme ou citoyen il est permis à chacun de nous de tâcher de faire réformer une loi, lorsque nous la trouvons mauvaise, comme expert nous n'avons qu'à nous tenir dans les termes de notre mandat, et nous n'avons pas à envahir sur le terrain des jurisconsultes et à chercher à interpréter les lois.

ART. II. — SÉPARATION DE CORPS.

La loi a limité à deux les motifs de la séparation de corps : l'adultère, et les injures ou sévices graves. C. civ., art. 229, 230, 231, 232.

L'adultère donne rarement lieu à des expertises médico-légales. Cependant quelques circonstances de fait telles que la transmission de la syphilis, l'existence d'une grossesse alors que le mari peut prouver son impuissance ou son absence du domicile conjugal font quelquefois intervenir le médecin dans la solution de ces questions.

« L'application médico-légale la plus ordinaire est celle qui se rapporte aux excès, sévices ou injures graves. Nous avons alors à apprécier la nature, la gravité, le nombre, la répétition successive des blessures, les violences habituelles, l'intention outrageante que révèlent la nature et le siège des lésions. Le tribunal apprécie, d'après les conditions sociales, les circonstances de la cause, la provocation, si les sévices ont le caractère de gravité exigé par la loi pour déterminer la séparation de corps. Sous l'empire de l'ancien droit, la question de savoir si la démence et les actes de fureur qu'elle engendre étaient des motifs légitimes de séparation avait été résolue en sens opposé par les parlements, mais aujourd'hui la question est tranchée par le Code qui ne place pas la démence parmi les motifs de séparation; c'est une infirmité qui impose à l'autre conjoint le devoir plus étroit du secours et de l'assistance; pour se préserver, il a l'interdiction et le placement dans un asile d'aliénés. Un jugement du tribunal de Lure du 14 mars 1863 rejette cette cause de séparation, tout en constatant que les sévices éprouvés par la femme sont de nature à rendre la vie commune insupportable. Mais si la folie n'est pas en elle-même un motif légal de séparation, il est clair, suivant la remarque de M. Linas, que l'aliénation mentale, étant une cause souvent méconnue de désordres et de prodigalités ruineuses, conduit à des excès, à des injures, à des sévices graves et devient ainsi la source indirecte et lointaine de plus d'une instance en séparation (1). »

L'exercice du droit marital peut lui-même être, dans quelques cas, assimilé à un sévice et devenir une cause de séparation. Il résulte en effet d'un arrêt de la cour de Rennes (13 déc. 1841), d'ailleurs peu explicite, que, lorsque le rapprochement sexuel expose la femme à des dangers pour sa santé, la femme peut demander sa séparation si le mari persiste à user de ses droits.

Les arrêts de la cour d'assises et de la Cour de cassation sont unanimes aussi pour considérer comme un sévice grave la sodomie exercée avec violence par un mari sur sa femme. Plusieurs condamnations sont intervenues, appliquant la peine des travaux forcés à perpétuité ou à temps aux maris coupables d'avoir accompli des actes semblables sur leurs femmes. On a considéré ces actes comme des attentats à la pudeur commis avec cette circonstance aggravante que le mari a autorité sur sa femme.

La communication de la *maladie vénérienne* par l'un des époux à l'autre époux est considérée actuellement comme un sévice grave devant entraîner la séparation de corps, lorsque celui qui a infecté son conjoint savait qu'il était atteint de cette maladie et qu'il en connaissait la nature contagieuse.

Le médecin aura donc à déterminer s'il existe une affection vénérienne, si les deux époux en sont infectés, s'il y a identité de nature de la maladie, quelle est l'ancienneté relative de l'infection des deux conjoints.

Ces questions extrêmement complexes, dans lesquelles la simulation joue trop souvent un rôle important, sont des plus difficiles à résoudre. Nous renvoyons pour les règles de l'expertise au chapitre *Viol.*

(1) Tourdes, *Diction. encyclopédique*, article MARIAGE.

CHAPITRE PREMIER

APTITUDE A LA PROCRÉATION CHEZ L'HOMME (1).

ART. I. — APTITUDE AU COÏT.

ART. II. — APTITUDE A LA FÉCONDATION.

L'étude consacrée par Hoffmann à l'aptitude à la procréation chez l'homme comprend à peu près tous les cas d'impuissance qui ont été constatés. Nous croyons cependant qu'il y a lieu d'ajouter quelques observations se rapportant à l'érectilité surtout dans les cas où son absence est liée à l'atrophie testiculaire.

Hoffmann a parfaitement établi les rapports qui relient l'état des centres nerveux à l'érectilité. Sans pouvoir prouver leur mode d'action sur les organes génitaux, nous savons que, lorsque l'encéphale ou la moelle sont troublés dans leur fonctionnement, il peut en résulter soit l'absence d'érectilité de la verge et l'inaptitude au coït, soit une exagération dans les manifestations des instincts génésiques.

On trouverait facilement dans les asiles où sont recueillis les idiots des exemples de ces deux extrêmes, l'impuissance et le satyriasis.

Mais ce serait une illusion de croire que d'ordinaire le médecin se trouve en présence de faits aussi nets. Le plus souvent il y a non pas abolition, mais diminution de l'aptitude génésique, et le médecin doit décider si l'inaptitude est telle que le mariage doive être interdit. Il n'est pas rare en effet qu'un jeune homme se présente devant un médecin et lui avoue avec des périphrases en général assez transparentes qu'il hésite à contracter mariage, parce qu'il a des érections rares, et parce que, lorsqu'il entre en érection, il suffit d'un contact insignifiant pour que l'éjaculation survienne. En sorte que l'intromission est impossible ou si courte que la femme ne peut prendre aucune part à l'acte du coït. C'est là un type morbide fréquent, caractérisé par la rareté des érections, leur courte durée, l'éjaculation rapide et j'ajouterai l'absence ou la diminution de la sensation voluptueuse chez l'homme et par suite chez la femme.

Les causes invoquées d'habitude pour expliquer ce fait sont les

(1) Voy. p. 10.

excès de masturbation, le commerce prématuré des femmes, l'abus des plaisirs vénériens, etc.

Je pense que cette étiologie est incomplète, et l'examen du malade permet d'aller plus loin. En général les jeunes gens qui sont obligés de faire ces aveux à leurs médecins sont d'apparence assez frêle, et un observateur attentif peut souvent reconnaître chez eux les attributs de cette sorte d'arrêt de développement auquel Lorain a appliqué le nom d'infantilisme, de féminisme. Ils sont petits, maigres, la barbe est clairsemée, les seins sont développés, les testicules et la verge sont petits, le bassin est large. Ces jeunes gens arrêtés dans leur développement vers l'âge de 15 ans n'ont pu atteindre la vigueur masculine.

Leurs aptitudes génésiques sont non pas éteintes, mais assez peu déterminées; ils n'ont pas les ardeurs entreprenantes dévolues au mâle dans la série animale, et, s'ils sont débauchés, ils subissent plutôt qu'ils ne provoquent les actes génitaux auxquels ils participent. C'est dans cette classe que ceux qui exploitent les pédérastes choisissent leurs sujets, leurs *clercs*, c'est par eux qu'ils excitent les instincts pervertis de quelques sodomistes, précisément parce que ces atrophiés ont quelques-unes des formes et des allures féminines.

D'ailleurs vers 18 ou 20 ans ces individus infantiles prennent en général de l'embonpoint, leurs formes s'arrondissent, mais les instincts génitaux restent incomplets.

Les organes internes de la génération participent d'ailleurs à cette atrophie. La prostate, la vessie ont un volume notablement inférieur. Nous avons même pu par la dissection constater l'atrophie du muscle ischio-caverneux (1).

Nous avons cherché dans cette description à signaler les caractères du type que j'appellerai complet, l'individu tout entier est resté enfant. Mais il est deux autres types. Dans les deux cas l'appareil génital est atteint, parfois symétriquement, parfois d'un seul côté, mais l'ensemble de l'individu semble posséder son développement normal.

Je n'ai eu que deux fois encore l'occasion d'étudier l'atrophie bilatérale, survenue en dehors de toute affection locale. Je crois devoir donner le résumé de la première observation et des circonstances qui ont éveillé mon attention sur cette forme.

Un jeune homme de 25 ans, blond, grand, élancé, sorti le premier

(1) Brouardel, rapport sur un cas présenté par le Dr Cruveilhier. (*Bull. de soc. anat.* 1861 p. 547).

d'une des écoles du gouvernement, se plaignait d'avoir des érections fort rares, courtes, suivies d'éjaculation immédiate au moindre contact. Il n'avait pas de spermatorrhée : une ou deux émissions nocturnes et spontanées par mois s'expliquaient par ce fait qu'il était d'une continence presque absolue. Le produit de l'éjaculation contenait des spermatozoïdes en assez grande quantité. Ce jeune homme niait toute habitude de masturbation ; d'ailleurs disait-il, il n'avait pas de désirs vénériens.

Fort inquiet de cette situation qui avait provoqué chez lui un état mental à tendance mélancolique, il l'avoua à son père. Celui-ci, ancien officier supérieur, ardent aux exercices du corps, et fort galant avec les dames, vint me consulter et me fit part des circonstances suivantes. Son fils était bon marcheur, mais mauvais cavalier, il ne tenait pas sur son cheval, il roulait sur la selle, bien que dès l'âge de dix ans il lui eût donné un cheval et qu'il l'eût contraint à ne pas discontinuer de prendre des leçons d'équitation.

Lorsque le jeune homme revint me voir, je le fis déshabiller et je constatai une atrophie des testicules, ceux-ci avaient à peine la moitié de leur volume normal. La verge était petite, le gland couvert par un prépuce long, mais dilatable. De plus les muscles fessiers étaient peu volumineux, les hanches étaient aplaties, la rotondité fessière coupée en plans unis, l'un vertical, l'autre inférieur horizontal, sans saillie notable. En sorte que, lorsque ce jeune homme s'asseyait, il semblait plié à la façon d'une charnière. Les muscles internes des cuisses, les adducteurs étaient grêles, manifestement atrophiés, les muscles antérieurs et postérieurs au contraire étaient bien développés.

Quelques mois plus tard j'eus l'occasion de constater les mêmes troubles fonctionnels accompagnés de la même atrophie testiculaire et musculaire chez un jeune homme de 27 ans, clerc de notaire, qui, lui, était vigoureux, trapu, bien musclé. Lui aussi avait renoncé à l'exercice du cheval parce qu'il ne pouvait se maintenir sur la selle.

M. Reclus a présenté à la Société anatomique un cas comparable aux précédents. Il s'agit d'un jeune homme de 24 ans, examiné par lui sur une table de dissection de l'école pratique et qui avait une atrophie des deux testicules. M. Reclus l'attribua à un arrêt de développement et il ajoute : « Le sujet était d'apparence débile. Le système musculaire surtout dans les membres inférieurs était très atrophié (1). »

(1) Reclus, *Bull. Soc. anat.* 1875, p. 265.

L'atrophie peut être unilatérale, et se rencontrer chez des sujets qui ont d'ailleurs l'apparence masculine. Godard et Follin ont cité des cassemblables et à l'autopsie ils ont trouvé une fois une atrophie d'une des moitiés du corps (cas du nommé Harel), une fois une dégénérescence graisseuse du testicule avec dégénérescence graisseuse du rein ; et enfin, chez un nommé Pellard, l'absence du testicule, de l'épididyme, du canal déférent, de la vésicule séminale, du lobe gauche de la prostate, coïncidait avec une absence du rein et de l'uretère du même côté.

De ces différents faits il semble résulter qu'une atrophie congénitale, ou un arrêt du développement unilatéral ou bilatéral des testicules peut être lié à un arrêt de développement portant soit sur l'individu tout entier pendant son adolescence, soit à une atrophie des muscles du bassin et du périné, ou de l'appareil urinaire.

Ces cas sont manifestement sous la dépendance d'un trouble trophique du système nerveux, et dans les faits que nous avons observés, ils se liaient à une diminution des fonctions sexuelles assez notable pour que le médecin ait dû être consulté.

En dehors des cas précédents l'atrophie des testicules et l'absence d'érectilité peuvent succéder à une maladie testiculaire. Nous ajoutons aux causes signalées par Hoffmann, l'atrophie des testicules consécutive à des orchites traumatiques (1), et plus souvent à des orchites survenues pendant les oreillons.

Dans un très remarquable mémoire, M. Laveran fait observer que, chez les adultes, les oreillons s'accompagnent très souvent d'orchite. (432 militaires atteints d'oreillons ont fourni 156 cas d'orchite simple ou double.) En 1866, Grisolle avait déjà noté quelques exemples d'atrophie testiculaire consécutive à l'orchite ourlienne, et M. Laveran déduit des exemples publiés que 111 cas d'orchite ont donné 73 cas d'atrophie du testicule.

Malheureusement tout ne se borne pas à cette atrophie, et la puissance virile se trouve le plus souvent très notamment diminuée (2).

Nous avons pu depuis plusieurs années suivre quatre jeunes gens qui, ayant eu sous nos yeux des orchites ourliennes unilatérales au collège Sainte-Barbe, dont nous étions médecin, ont conservé une atrophie testiculaire, et tous quatre se plaignent amèrement aujourd'hui encore 14, 12 et 10 ans après l'orchite, de la faiblesse de leurs aptitudes génitales.

(1) Reclus, *Bull. Soc. anat.* 1875, p. 282.
(2) Laveran, *Mém. Soc. médicale des hôp.* 1878, p. 68.

Il nous reste encore, pour compléter le cadre des causes d'impuissance signalées par Hoffmann, à noter le diabète sucré et même le diabète insipide (azoturie). Dans cette maladie l'absence de l'érectilité est quelquefois un des premiers symptômes, elle précède souvent et de longtemps la cachexie diabétique et celle-ci ne peut suffire à l'expliquer.

Si nous nous sommes étendus sur ces exemples qui ne sont pas habituellement l'objet d'expertises médico-légales, c'est, comme nous l'avons dit au début, parce que dans une accusation de viol, ou dans une action en désaveu de paternité le médecin légiste doit pouvoir se rendre un compte exact de la valeur des allégations invoquées par les intéressés, et que nous n'avons trouvé ces différents faits signalés dans aucun traité de médecine légale.

DEUXIÈME SECTION

ATTENTATS AUX MŒURS ET A LA PUDEUR (1).

CHAPITRE PREMIER

LE VIOL (2).

§ 1. — MODIFICATIONS ANATOMIQUES DES PARTIES GÉNITALES DE LA FEMME A LA SUITE DU COÏT.

C'est certainement à l'occasion des expertises relatives aux attentats à la pudeur que l'on rencontre le plus fréquement des erreurs, parfois même grossières, commises par des médecins peu habitués aux recherches médico-légales. Il semble malgré toutes les descriptions données de la conformation normale des organes génitaux et de la membrane hymen que peu de docteurs aient eu l'oc-

(1) Voy. p. 52.
(2) Voy. p. 53.

casion d'en examiner et d'en comprendre les principales variétés. Aussi nous nous efforcerons de compléter les données fournies par Hoffmann en mettant surtout en lumière les causes d'erreur, que l'on rencontre dans la pratique.

Nous suivrons l'auteur dans son ordre d'exposition.

Grandes lèvres. — Chez les vierges, les grandes lèvres sont, en général, fermes, elles s'appliquent exactement l'une à l'autre, de façon à recouvrir complètement les petites lèvres et à masquer la vulve.

Hoffmann fait remarquer avec raison (p. 55) que cela n'est vrai que si l'état de la nutrition générale est bon. Cette observation est absolument exacte; mais, alors même que la nutrition est parfaite, les grandes lèvres peuvent être écartées et nous devons appeler l'attention sur une conformation particulière des grandes lèvres chez les petites filles qui pourrait induire en erreur. Tardieu et Toulmouche acceptent sans restriction une assertion émise par Devergie, et nous lisons dans l'ouvrage de Tardieu (1) : « Des deux systèmes réunis dans les mêmes parties, le système urinaire et le système génital, le premier prédomine chez l'enfant, le second chez la femme, ou seulement chez la fille nubile. Aussi voit-on chez les petites filles la vulve entr'ouverte à la partie supérieure, de manière à laisser voir l'orifice de l'urètre et fermée au contraire à la partie inférieure. C'est l'inverse qui a lieu chez l'adulte. » Plus loin Tardieu ajoute à propos des déformations de la vulve consécutives aux actes vénériens commis sur les petites filles (2) : « On trouve dans ces cas les grandes lèvres épaissies, écartées à la partie inférieure, la vulve largement ouverte. »

Ce serait donner à ce signe une valeur fort exagérée que d'accepter sans restriction les conclusions qui ressortent de ces deux passages. Chez un grand nombre de petites filles les grandes lèvres, épaisses à leur partie supérieure, semblent atrophiées à leur partie inférieure, elles vont en diminuant de volume à mesure qu'elles se rapprochent de la fourchette, elles n'existent plus pour ainsi dire avant de l'atteindre. En même temps l'espace décrit par Dolbeau sous le nom de canal vulvaire n'a pas au niveau de la fourchette sa hauteur habituelle, et la fourchette touche presque le bord postérieur de la membrane hymen.

Dans ces cas on trouve au niveau de la fourchette un enfoncement notable et l'orifice de l'anus est très rapproché de l'orifice

(1) Tardieu, *Étude médico-légale sur les attentats aux mœurs*, 7e édit. 1878, p. 25.

(2) Tardieu, *loc. cit.*, p. 47.

vulvaire. Il semble que le bourrelet adipeux qui sépare la vulve du rectum ait subi un arrêt de développement. Cette conformation a pour conséquence que, lorsque l'enfant écarte les cuisses, ce n'est pas la partie supérieure de la vulve, sa partie urinaire, qui se trouve ouverte, mais la partie inférieure, la partie génitale. Il ne faudrait donc pas prendre pour une déformation résultant d'un commerce sexuel plus ou moins répété et prématuré cette anomalie, qui, je le répète, est loin d'être exceptionnelle.

Petites lèvres. — Il est certain que les attouchements répétés, l'onanisme ont souvent pour effet d'allonger démesurément les petites lèvres, mais il y a encore ici lieu de se demander si bien souvent la conformation personnelle n'entre pas pour une large part dans cette déformation. Nous l'avons observée sur des petites filles âgées l'une de 3 ans et l'autre de 4 ans et demi, par conséquent à un âge où, si des attouchements ont pu avoir lieu, il semble en tout cas difficile d'admettre qu'ils aient été assez répétés pour déterminer une conformation spéciale.

Clitoris. — L'onanisme, les excitations vénériennes ont pour résultat d'augmenter le volume du clitoris, de le rendre très excitable. Mais sous ce rapport il y a encore trop de différences individuelles pour que l'on puisse en induire autre chose qu'une simple présomption.

Fosse naviculaire. — Cette fosse, limitée en bas par l'orifice vulvaire et la fourchette, constitue un cul-de-sac de forme à peu près triangulaire qui est compris entre l'orifice vaginal placé en avant et le rectum placé en arrière. D'après Tardieu (1), chez les petites filles, « l'étroitesse des parties et la résistance de l'arcade osseuse sous-pubienne, s'opposant à l'intromission complète du membre viril et à la destruction de la membrane hymen, ont en même temps pour conséquence, lorsque les tentatives de rapprochements sexuels se reproduisent, le refoulement de la membrane hymen et de toutes les parties qui composent la vulve. Il en résulte la formation aux dépens du canal vulvaire d'une sorte d'infundibulum plus ou moins large, plus ou moins profond, capable de recevoir l'extrémité du pénis et très analogue à celui qui a été indiqué à l'anus comme caractéristique de la pédérastie. »

Je ne nie pas qu'il en puisse être ainsi, mais il faut savoir que cette disposition en infundibulum peut exister alors qu'aucune tentative de rapprochement sexuel n'a eu lieu. Nous disions plus haut

(1) Tardieu, *loc. cit.*, p. 47.

que dans certains cas ce canal vulvaire n'existe pour ainsi dire pas, nous pouvons ajouter que la conformation inverse est parfois congénitale. En août 1879, M. Bresselle, juge d'instruction, nous chargea d'examiner une jeune fille de 11 ans sur laquelle son père était accusé d'avoir commis des attentats à la pudeur répétés. L'examen nous fit voir un clitoris très gros, et un infundibulum de la fosse naviculaire très prononcé. La mère de cette enfant avait amené avec elle ses deux plus jeunes filles âgées l'une de 7, l'autre de 4 ans et demi. Leur examen nous permit de constater l'identité de conformation des trois sœurs, même développement anomal du clitoris, même déformation en infundibulum de la fosse naviculaire. Des circonstances spéciales ne permettaient pas d'admettre que ces deux petites filles eussent pu être exposées à subir les tentatives criminelles que le père était inculpé d'avoir pratiquées sur sa fille aînée. Il y avait donc conformation congénitale identique et non déformation par commerce sexuel prématuré. Ce cas était démonstratif parce que les sœurs de la prétendue victime ont pu être examinées, mais il n'est pas isolé.

Hymen. — La description donnée par Hoffmann de la membrane hymen nous semble absolument vraie, elle a été faite par un médecin légiste expérimenté, obligé de préciser la valeur de chacune des nombreuses variétés de forme de cette membrane. Nous croyons devoir ajouter à la description quelques remarques qui, nous l'espérons, permettront au médecin légiste peu initié aux difficultés de ces constatations de suivre le mode de formation et la valeur médico-légale de ces diverses variétés.

Dans un récent travail, M. le Dr Budin (1) a bien exposé le mode de développement de cette membrane. Des préparations anatomiques qu'il a bien voulu nous présenter lui ont montré que, en disséquant le vagin, en le séparant du tissu cellulaire voisin, on enlève également l'hymen, qui n'est en réalité qu'une partie du vagin lui-même. En d'autres termes, en suivant le canal vaginal de l'utérus vers l'extérieur, on trouve un canal cylindrique fermé en bas par une sorte de diaphragme de forme conique percé vers son centre d'un orifice plus ou moins étroit.

Cette interprétation se trouve confirmée par les remarques suivantes : 1° la prolongation des colonnes et brides de la muqueuse vaginale, qui tapissent la face interne et arrivent jusqu'à l'orifice de l'hymen ; 2° l'examen histologique fait par M. de Sinety, qui lui

(1) Budin, *Recherches sur l'hymen et l'orifice vaginal* (*Progrès médical*, 1879, nos 35, 36, 37, 38).

a démontré que entre l'épithélium de la muqueuse vaginale qui se continue sur la surface intérieure de l'hymen, et l'épithélium de la muqueuse vulvaire qui tapisse la face externe, se trouve une couche assez épaisse de tissu conjontif qui à la base de l'hymen se continue avec celui qui forme la paroi du vagin.

Il en résulte qu'en un point qui correspond à l'union du vagin et de la vulve un prolongement du vagin devient libre, il se rétrécit sous une forme plus ou moins conique et se présente à l'observateur comme un repli annulaire fermant le canal vaginal. Hoffmann a donc eu raison de dire : « On peut considérer l'hymen annulaire comme le type fondamental dont dérivent toutes les autres variétés. »

Une comparaison fera mieux comprendre cette disposition anatomique. Nous ne faisons ici qu'une comparaison de forme et nullement un rapprochement anatomique.

Chacun de nous sait combien la disposition du prépuce est variable suivant les âges et suivant les individus. Supposons le prépuce détaché de ses connexions avec la verge, nous voyons un manchon entourant une cavité à peu près cylindrique se terminant à son extrémité antérieure par une membrane qui se rétrécit selon une forme conique. Cela est presque toujours vrai pour les jeunes enfants, mais peu à peu et plus ou moins complètement, suivant les individus, l'orifice se dilate, le prépuce s'élargit, le gland se découvre. La membrane elle-même semble s'amincir. Chez d'autres individus au contraire, cette membrane conserve toujours sa forme infantile, et par contre, chez quelques-uns le prépuce disparaît presque complètement, laissant le gland à découvert. En sorte que, dérivant de la forme cylindro-conique, le prépuce, ou garde ce type ou se déforme de telle sorte, qu'il peut presque disparaître.

Il en est de même pour le repli vaginal qui constitue l'hymen. Admettons qu'il soit assez allongé, nous nous trouvons en présence de la forme *labiée*, et parfois les deux valves sont assez prolongées pour que, lorsqu'on écarte les grandes lèvres, elles semblent former une troisième paire de lèvres. Mais ce que cette disposition a de spécial, et ce que le médecin légiste ne doit pas ignorer, c'est que l'orifice circonscrit par ces deux lèvres se laisse distendre sans se rompre avec une extrême facilité. Nous avons parfois, à la morgue, avec M. le docteur Descoust, chez des petites filles nouveau-nées, introduit dans le vagin avec une extrême facilité et sans produire de déchirure, une grosse sonde en gomme mesurant 9 millimètres de diamètre. Cette dilatabilité excessive persiste quand la jeune fille devient nubile, et elle permet alors, sans que l'hymen se rompe, des rapprochements sexuels répétés. Cette forme n'est pas exceptionnelle et Budin (1) « a constaté treize fois la présence d'un hymen intact sur soixante-quinze primipares environ. »

Sans prétendre que cette proportion représente la règle, ces chiffres sont trop peu nombreux pour être à l'abri de la critique, nous pouvons dire : il y a une forme d'hymen, labiée, à orifice antéro-postérieur, à lèvres plus ou moins développées, dont la dilatabilité est extrêmement facile et permet, sans qu'il y ait de déchirure, les rapprochements sexuels complets. Lorsque le médecin légiste constatera chez une petite fille âgée de 12 ans au moins la présence d'un hymen à bords annulaires, à orifice labié, *l'intégrité des bords de la membrane ne sera pas pour lui la preuve que l'introduction du pénis en érection n'a pas pu avoir lieu, et sa dilatabilité ne suffira pas non plus à démontrer qu'il y a eu des rapprochements sexuels répétés.*

Cette forme a son analogue dans le sexe masculin, et les rapports du prépuce et du gland nous serviront encore de terme de comparaison. Même chez des nouveau-nés nous pouvons souvent sans effort faire saillir le gland en dehors du prépuce, sans déchirer celui-ci, et la facilité avec laquelle le gland émerge ne prouve pas que cette manœuvre soit exercée pour la première fois ni qu'elle ait été précédée de manœuvres analogues.

Nous nous sommes étendu à dessein sur cette forme spéciale des hymens annulaires et labiés, à cause de la facilité avec laquelle ces membranes se laissent distendre. Ce fait n'a rien de nouveau, mais s'il a été souvent signalé, il n'a pas assez frappé les élèves, et nous avons souvent, dans des rapports qui nous ont été soumis, constaté qu'il était ignoré du plus grand nombre des médecins.

Nous ajouterons peu de chose à la description que donne Hoffmann des hymens à forme semi-lunaire, considérés à tort comme le type normal, et des hymens à forme de diaphragme percé d'un orifice quelquefois extrêmement petit.

La forme semi-lunaire se laisse encore assez facilement dilater par une pression un peu prolongée, lorsque le repli est peu élevé. Nous devons faire remarquer de plus que la position dans laquelle se pratique l'examen des jeunes filles peut nous induire en erreur. Lorsque les cuisses sont fortement écartées, la membrane se tend, son extensibilité naturelle se trouve épuisée par cette tension. Mais

(1) Budin, *loc. cit.*, n° 3?, p 698.

lorsqu'après avoir procédé les cuisses écartées, on les laisse se rapprocher, on constate que cette membrane, qui tout à l'heure était tendue et fermait l'orifice vaginal, se sépare de cet orifice et forme un pli à saillie extérieure, en arrière duquel on peut facilement passer une sonde ou l'extrémité du petit doigt sans faire appel à sa distension.

Tout dépend de la hauteur du repli, de son épaisseur, de la position dans laquelle se trouve placée la jeune fille. *Le problème à résoudre est donc individuel,* et rien ne serait plus éloigné de la vérité que de conclure de la simple constatation de l'hymen à l'impossibilité d'un coït antérieur.

Lorsque l'orifice est extrêmement étroit, qu'il se trouve comme percé dans un diaphragme inextensible, la conclusion inverse s'impose. L'intégrité de l'hymen prouve l'absence d'intromission, mais ne démontre pas, ainsi que l'a de nouveau établi notre excellent collègue le docteur Delens (1), que des tentatives de rapports sexuels n'ont pas été pratiquées.

Nous n'ajouterons rien aux remarques d'Hoffmann sur l'hymen *cribriformis*, que nous n'avons pas vu plus que l'auteur allemand, ni sur l'hymen biperforé dont nous avons observé un cas identique à ceux rapportés par le docteur Delens.

Les échancrures congénitales des bords de l'hymen, leur siège et leur fréquence ont une importance capitale pour le médecin légiste, et nous ne saurions trop engager les élèves à graver dans leur mémoire les descriptions très fidèles données par Hoffmann.

Des lambeaux de la membrane hymen après la défloration et des caroncules myrtiformes.—Lorsque l'expertise médico-légale est réclamée dans les premiers jours qui suivent une défloration, si la membrane hymen est déchirée, rien n'est plus facile que de constater les caractères de ces petites plaies; Hoffmann, Tardieu en ont soigneusement exposé le siège et la forme.

Malheureusement il en est rarement ainsi. Les personnes étrangères aux expertises médico-légales se représentent volontiers une scène de viol ou de tentative de viol, comme une lutte entre un jeune homme vigoureux. amoureux, passionné, brutal, essayant d'obtenir par la violence les faveurs d'une fille jeune, belle, qui ne succombe qu'après une résistance énergique. Tous les traits de ce tableau sont faux, ou ne sont que très exceptionnellement vrais. La réalité est encore plus triste ; le plus souvent le coupable est un

(1) Delens, *Vices de conformation de l'hymen* (*Annales d'hygiène et de médecine légale,* 1877, t. XLVII, p. 493).

individu ayant autorité sur la jeune fille, c'est le père, le beau-père, l'instituteur, le voisin; la force physique est remplacée par l'ascendant que donne l'âge ou l'autorité qui résulte de la parenté ou de la fonction. D'ordinaire ce n'est pas un homme passionné, c'est un individu épuisé par la vieillesse ou l'alcoolisme. La victime est une petite fille sans défense, âgée bien souvent de moins de treize ans, et parmi ces enfants, victimes de la débauche, le nombre de celles qui sont scrofuleuses, qui sont borgnes, ou sourdes, avec des taies de la cornée, des écoulements des oreilles, est considérable. L'intelligence a subi un retard explicable par l'altération des appareils sensoriels, la misère et l'état maladif. En sorte que, dans l'immense majorité des cas, il ne s'agit pas de trouver les traces d'un acte unique, brutal, ayant laissé des marques des violences employées, mais de constater les désordres laissés par des actes anciens, répétés, et habituellement consentis.

Quels sont ces désordres et quels sont les caractères des déformations subies par les lambeaux de l'hymen?

Après avoir reconnu que les échancrures n'occupent pas les points fixés par Hoffmann pour les échancrures congénitales, on devra chercher un nouveau caractère dans la forme des lambeaux. Nous rappelons d'abord que dans certains cas, lorsque l'hymen est annulaire, labié, des rapports sexuels répétés ont pu avoir lieu sans déchirure de la membrane, sans laisser de traces, il n'y a pas eu d'obstacle, de résistance à vaincre.

Dans des circonstances plus rares, l'orifice est plus étroit, mais des efforts répétés suffisent pour le dilater et permettre l'introduction complète du pénis sans déchirure, par dilatation progressive. Le fait n'a pas lieu de surprendre, car l'on sait que l'urètre de la femme a pu se prêter à une dilatation suffisante pour que le coït complet soit accompli dans le canal.

Examinons maintenant les cas dans lesquels il y a eu une ou plusieurs déchirures anciennes. On trouve alors les lambeaux à peine séparés, presque en contact ou ne laissant d'espace entre eux que si on fait largement écarter les cuisses. Leur base est dirigée vers la circonférence, leur sommet vers le centre. On peut s'assurer, en pratiquant le toucher vaginal et en ramenant le doigt vers la vulve, que l'anneau vaginal est intact. Il n'est déchiré que lorsque la défloration porte sur des petites filles extrêmement jeunes. Enfin, les lambeaux ne prennent pas la forme mamelonnée, ils ne forment pas des tubercules ou des languettes isolées. Nous acceptons avec M. Budin la description donnée par Schrœder : « Quelques nombreuses que soient les déchirures, il y a toujours un rapport entre les divers lambeaux de l'hymen, il n'y a pas d'espace entre eux, on voit seulement une fissure et jamais les traces de l'hymen n'ont disparu (1). » Ces déchirures ne portent souvent que sur les portions les plus centrales de l'hymen et c'est avec raison que Tardieu a décrit la défloration complète et incomplète.

C'est plus tard, lorsqu'est survenu un accouchement, que la déchirure de l'anneau vaginal s'opère, que les lambeaux ainsi formés se séparent les uns des autres et que sous l'influence du travail de cicatrisation ils subissent une rétraction qui leur donne l'apparence tuberculeuse et qu'ils méritent le nom de *caroncules myrtiformes.*

§ 2. — RECHERCHE DU SPERME (2).

Les procédés d'examen des taches de sperme déposées sur des linges sont présentés par Hoffmann dans des termes auxquels nous n'avons rien à ajouter. L'auteur recommande avec raison, lorsque l'attentat est récent, d'examiner au microscope les enduits qui recouvrent les organes génitaux externes ou qui adhèrent aux poils du pubis.

Récemment, nous avons eu à déterminer la nature d'une tache formée par du sperme *déposé sur la peau.* Le cas est unique et les circonstances du fait sont assez intéressantes pour que nous en donnions le résumé.

Le 6 juillet 1879, le sieur Michet se constitua prisonnier, déclarant qu'il avait étranglé sa fille, âgée de douze ans et demi. L'examen du cadavre nous fit croire qu'avant la strangulation ou après elle, cette enfant avait subi un autre attentat. Nous supprimons tout ce qui a rapport aux faits avoués, nous ne reproduisons que les constatations relatives à l'attentat à la pudeur.

En examinant la peau du cadavre, on découvre au-dessus du mont de Vénus, non encore couvert de poils, la présence d'une tache blanche, brillante à la lumière réfléchie, ayant des bords déchiquetés en forme de carte de géographie. Cette tache a une configuration allongée, elle mesure 10 centimètres en hauteur, à partir de la vulve, sur une largeur variant de 2 à 3 centimètres suivant les points.

Sur la cuisse droite, un peu au-dessous du pli inguino-crural, on trouve une

(1) Schrœder, *Schwangerschaft, Geburt und Wochenbett*, p. 6. L'opinion de Schrœder a été confirmée par les recherches de Bidder (*Peterburger medic. Zeitschr.*, 1868, p. 50).

(2) Voyez p. 73.

tache analogue mesurant 2 centimètres à peu près dans ses différents diamètres.

Nous détachons par dissection la peau de ces deux régions pour soumettre son revêtement à un examen microscopique.

Les organes génitaux n'ont plus l'apparence qu'ils possèdent chez les jeunes filles vierges. Le clitoris est volumineux, la muqueuse des petites lèvres et celle de la fourchette sont flétries, et forment des plis nombreux.

L'orifice de l'urèthre est très rouge.

L'hymen est déchiré, son ouverture est très large. Cette membrane forme quatre lambeaux, un à droite, un à gauche et deux médians, l'un inférieur, l'autre supérieur. Ceux ci, bien que petits, sont très nettement constitués. La rupture de la membrane a la forme d'un X. Les bords des déchirures sont cicatrisés, la rupture n'est donc pas récente.

Le vagin est large, il s'écoule de la vulve par la pression un liquide d'apparence muco-purulent; nous le recueillons et nous enlevons l'appareil génital pour soumettre ses diverses parties à l'examen microscopique.

L'examen microscopique du produit obtenu par le raclage de la tache d'apparence spermatique de la peau du ventre et de la peau de la cuisse a été fait après ramollissement dans l'eau distillée à un grossissement de 500 D. Nous avons alors nettement vu à côté de nombreuses cellules épidermiques et de petits poils arrachés par le grattage, des débris de spermatozoïdes, têtes et queues, et des spermatozoïdes entiers reconnaissables à leur tête triangulaire et à leur queue effilée.

Ajoutons que le pan antérieur de la chemise que portait la victime présentait une large tache à bords limités et assez consistante. L'examen nous fit constater dans cette tache des débris de spermatozoïdes et des spermatozoïdes entiers.

L'examen microscopique du mucus vaginal et du mucus utérin ne nous a pas permis de distinguer des spermatozoïdes entiers ou des fragments de spermatozoïdes; nous avons vu en grande quantité des cellules épithéliales pavimenteuses mêlées à de gros globules granuleux, telles qu'on les trouve dans la leucorrhée vaginale.

Or l'inculpé, le père, avait une blennorrhagie.

Après avoir établi que la mort était le résultat de la strangulation, nous avons adopté les conclusions suivantes : 1° Cette jeune fille est complètement déflorée. La défloration est trop ancienne pour que nous puissions en rechercher la date. L'état de flétrissure de la muqueuse vulvaire, la dilatation de l'orifice de la membrane hymen et du vagin prouvent qu'il y avait déjà eu non pas un seul rapprochement sexuel, mais des actes vénériens répétés.

2° Les taches brillantes, argentées, trouvées sur la peau de l'abdomen et de la cuisse droite de Ch. sont des taches de sperme. Elles n'ont pu conserver leur forme et leur apparence que parce qu'après l'acte vénérien ces taches n'ont subi aucun frottement. Elles ont donc été faites dans les derniers instants de la vie de Ch. ou après sa mort.

3° L'examen, à l'œil nu, du vagin et de l'orifice du col utérin, et l'examen, au microscope, du liquide contenu dans le vagin démontrent que Ch. était atteinte d'une inflammation déjà ancienne des organes génitaux Il serait impossible d'en préciser la nature, le pus produit par une blennorrhagie ou par une inflammation spontanée a en effet les mêmes caractères.

Pendant les débats de la cour d'assises le président, à la demande de la défense, nous posa la question suivante : Pouvez-vous affirmer que l'attentat à la pudeur a été commis avant ou après la mort? La réponse à cette question devait d'après le Code pénal modifier la gravité de cette circonstance secondaire par rapport au crime principal. Nous avons déclaré que rien ne nous permettait de la résoudre, que l'intégrité de la tache et la netteté de ses contours prouvaient seulement qu'après que le sperme avait été déposé sur la peau de l'abdomen, il n'y avait plus eu de frottements exercés par les vêtements.

Il est un autre point de l'examen des taches spermatiques qui me semble important. On doit rechercher et décrire, outre les éléments caractéristiques du sperme, les autres éléments figurés que l'on peut rencontrer dans les préparations miscroscopiques. Parfois, en effet, la constatation de cellules épithéliales provenant de telle ou telle muqueuse permettra de reconstituer quelques-unes des circonstances qui ont précédé ou accompagné le crime.

Un exemple fera comprendre l'importance de cette recherche.

Le 20 décembre 1877, la veuve Cr. avait été étranglée par deux jeunes gens, Dequien et Hodister. On avait saisi au domicile de la victime des linges, des draps, etc. Nous reproduirons la partie du rapport relative à l'examen d'une serviette.

Nous avons constaté sur cette serviette de larges et nombreuses taches de forme circulaire diversement colorées et d'apparence empesée. Les unes légèrement grisâtres, les autres comme superposées aux premières, de couleur jaunâtre et présentant par places des petits noyaux desséchés plus foncés en couleur que le reste de la tache.

Sur quelques uns de ces noyaux, nous avons vu de petits corpuscules noirâtres qui s'y trouvaient comme incrustés.

Sur l'autre pan de la serviette, nous avons trouvé aussi une ou deux taches analogues, comme aspect, aux précédentes. Nous avons vu aussi une petite tache d'environ un centimètre et demi de longueur sur un ou deux centimètres de largeur, ayant l'aspect d'une traînée de mucosité grisâtre, desséchée et piquetée de petits points noirs.

Nous avons successivement examiné au microscope les gouttes de liquide provenant de l'imbibition de huit échantillons de ces diverses taches et nous avons vu nettement dans les liquides examinés :

1° Des débris de spermatozoïdes ; têtes et queues séparées ;

2° Des spermatozoïdes complets ;

3° Un grand nombre de petits noyaux sphériques de mucus ;

4° Des cellules d'épithélium pavimenteux simple ;

5° Quelques cellules d'épithélium cylindro-conique avec un noyau et des cils vibratiles (1) ;

6° Un assez grand nombre de leucocytes accompagnés de petites granulations graisseuses ;

(1) Il ne faut pas oublier que l'on trouve parfois dans le sperme des cellules cylindro-coniques avec ou sans cils vibratiles et que ces cellules proviennent de l'épithélium de l'épididyme. Mais ces cellules ont des cils vibratiles plus fins et beaucoup plus longs que ceux qui terminent les cellules cylindro-coniques des voies aériennes. — Dans le cas que nous citons, la présence des grains de tabac permettait d'éloigner cette cause d'erreur.

7° Les corpuscules noirâtres, incrustés dans quelques-unes des taches, présentent les caractères microscopiques, comme forme et comme couleur de fins grains de tabac à priser. (Plusieurs contre-épreuves faites avec des grains de tabac à priser, mélangés à du mucus, ne laissaient aucun doute sur leur identité.)

Nous avons conclu que sur ce scellé on trouve des taches constituées par les différents élements indiqués ci-dessus, mais très intimement mélangés Ce sont : des spermatozoïdes entiers et brisés, des cellules d'épithélium pavimenteux, des cellules d'épithélium cylindro-conique à cils vibratiles (provenant de l'arrière-gorge du nez ou des bronches) et des grains de tabac à priser. Ces taches ont été faites par expuition simultanée de tous ces éléments réunis au préalable dans la bouche.

Dans ce cas ce sont donc les éléments figurés, la forme des cellules épithéliales caractérisant leur lieu d'origine, et surtout la présence des grains de tabac qui ont permis de reconstituer les actes de débauche qui ont précédé le crime. Il fut démontré que la veuve C... avait l'habitude de priser.

§ 3. — RECHERCHE D'AFFECTIONS VÉNÉRIENNES (1).

Règles d'expertise. — Une première règle d'expertise s'impose au médecin légiste ; lorsqu'il constate une inflammation ou des ulcérations des organes génitaux d'une petite fille, il ne doit pas conclure sur un seul examen.

Pour comprendre l'importance de cette recommandation, il faut se souvenir des conditions dans lesquelles se font ces expertises. Une mère s'aperçoit que sa fille est atteinte d'un écoulement. Elle interroge son enfant, et si elle suspecte la moralité de quelqu'un de ses voisins ou même d'un de ses proches, elle presse sa fille de questions, elle inspire plutôt qu'elle ne provoque les réponses, et bientôt celles-ci ne lui laissent plus de doute sur la culpabilité de la personne qu'elle incrimine. Dans ce cas, la mère peut avoir raison ; elle peut se tromper, mais elle est de bonne foi.

Dans d'autres cas, la mère ou les parents profitent d'un écoulement survenu naturellement chez leur petite fille, pour porter contre une personne détestée ou contre une personne qu'ils espèrent « *faire chanter* », une accusation de viol ou d'attentat à la pudeur. Enfin, on a même vu des parents provoquer chez leur fille un écoulement, espérant satisfaire contre un individu leur désir de vengeance. M. Alfred Fournier a soigné, il y a quelques années, à Lourcine, une petite fille chez qui sa mère avait provoqué une vulvite intense en frottant plusieurs fois par jour ses organes génitaux avec

(1) Voy. p. 78.

une brosse de chiendent. La vulvite, ainsi déterminée, avait servi de base à une accusation d'attentat à la pudeur.

Ainsi, une erreur d'interprétation des parents ou leur mauvaise foi peut créer, pour le médecin légiste, une première cause d'erreur, lorsque la justice demande de préciser la nature d'une inflammation des organes génitaux d'une petite fille. Il en est de même lorsqu'au lieu d'une inflammation simple, catarrhale ou purulente, les organes génitaux externes sont le siège d'ulcérations. Si les unes sont toujours le résultat de la contagion, chancre simple ou induré, d'autres peuvent naître spontanément, telles sont les ulcérations herpétiques.

Or, le diagnostic de la vulvite catarrhale ou purulente spontanée, de la vulvite traumatique et de la vulvite blennorrhagique est extrêmement difficile; il en est de même des diverses ulcérations entre elles. On n'arrive le plus souvent à faire un diagnostic certain qu'en pratiquant plusieurs visites et en suivant la marche de la maladie. Certes, en pratique ordinaire, alors qu'aucune conséquence judiciaire ne résulterait de son diagnostic, un médecin demanderait bien souvent à revoir sa malade avant de porter un jugement définitif sur la nature de la maladie, le médecin expert doit agir de même, et rien ne serait plus imprudent qu'une décision prématurée. Que l'on se rappelle enfin que la blennorrhagie a une période d'incubation, qu'il en est de même du chancre simple et du chancre induré, que les ecchymoses profondes n'apparaissent qu'après quelques jours, et on comprendra à combien de causes d'erreur un examen unique expose nécessairement l'expert. Il lui suffira d'ailleurs d'avouer ces motifs au juge d'instruction pour que celui-ci en comprenne la valeur. Nous avons bien souvent eu l'occasion de constater que la cause vraie des erreurs commises par quelques médecins, dans des expertises de cet ordre, était simplement la crainte de passer pour ignorants ou du moins inexpérimentés. Ils affirment trop tôt, pensant que leur hésitation ferait suspecter leur savoir. Ils doivent se souvenir, au contraire, et déclarer au besoin, ainsi que cela est exact, que bien souvent leurs maîtres les plus célèbres, les spécialistes les plus autorisés hésitent huit et quinze jours en présence de cas dans lesquels pourtant les causes d'erreur sont moindres, car la simulation ou la mauvaise foi ne sont pas à suspecter autant dans la pratique de la ville qu'en médecine légale.

Ainsi, lorsque l'expert trouve une lésion inflammatoire ou ulcéreuse des organes génitaux d'une petite fille, il doit, dans l'immense majorité des cas, ne faire un diagnostic et ne poser des conclusions qu'après avoir suivi la marche de la maladie. Il agirait ainsi en ville, qu'il agisse de même dans ses expertises, car sa décision peut avoir des conséquences encore plus graves.

A. *Des inflammations non ulcéreuses de la vulve.* — Nous croyons devoir ajouter quelques remarques aux descriptions que Hoffmann a données des diverses espèces de vulvite et des caractères des ulcérations.

Vulvite spontanée. — Elle est très fréquente chez les petites filles lymphatiques, surtout pendant la dentition et au moment de la menstruation. Elle présente deux formes, suivant qu'elle est chronique ou aiguë. Dans la vulvite chronique, l'écoulement est muqueux, muco-purulent, la rougeur de la muqueuse vulvaire n'est pas excessive, la douleur est peu marquée. Cette inflammation peut être accompagnée ou avoir été précédée par d'autres lésions scrofuleuses, impétigo du cuir chevelu, maux d'yeux, écoulements du conduit auditif externe, adénopathies, etc.

Mais ces vulvites d'origine lymphatique revêtent parfois une forme aiguë, soit pendant le cours d'une vulvite chronique, soit en dehors de toute inflammation antérieure. Dans la forme aiguë, les organes génitaux externes sont souillés par du muco-pus ou par du pus blanc ou jaune verdâtre, la rougeur des diverses parties est intense, elle peut envahir la partie supérieure de la région interne des cuisses et la marge de l'anus, l'orifice de l'urèthre est tuméfié, la miction est douloureuse, la marche est pénible. L'écoulement purulent gagne quelquefois le vagin et le pus sort par l'orifice vaginal. Pour moi, il est incontestable que cette vulvite spontanée peut prendre d'emblée ces caractères d'acuité excessive et présenter des caractères objectifs, identiques à ceux de la vulvite traumatique ou même blennorrhagique.

Elle est contagieuse et épidémique. L'an dernier, j'ai eu à faire trois expertises dans lesquelles l'inculpation avait pour base l'acuité des caractères de l'inflammation. Les trois petites filles avaient été placées, pendant la maladie de leurs mères, au dépôt des Enfants-Assistés, elles étaient entrées sans inflammation des organes génitaux et, après un séjour de deux ou trois semaines, elles étaient sorties avec une vulvite intense. L'une d'elles, âgée de deux ans et deux mois, avait en même temps une ophthalmie catarrhale double pour laquelle elle dut être soignée à l'hôpital Sainte-Eugénie. Toutes trois avaient été visitées par des médecins de la ville, et ceux-ci avaient déclaré que ces vulvites étaient, pour l'une de ces petites filles, de cause traumatique, et d'origine blennorrhagique pour les deux autres. Or l'enquête démontra que, pendant les mois qui correspondaient au séjour de ces enfants à l'hospice des Enfants-Assistés, il régnait dans cet établissement une épidémie de vulvites catarrhales, et on sait que ces inflammations naissent, en effet, avec une singulière facilité lorsque les petites filles se trouvent réunies en grand nombre, surtout si elles sont lymphatiques, mal nourries, épuisées par la misère (1).

La spontanéité de ces vulvites isolées ou à forme épidémique n'a rien de plus surprenant que l'apparition d'inflammations catarrhales des conjonctives qui, elles aussi, sont contagieuses et se développent souvent sous forme d'épidémie de maison, dans les pensionnats, dans les asiles ou les prisons.

La vulvite chronique, d'autre part, présente parfois des explosions aiguës, en dehors de toute violence extérieure. Ne savons-nous pas que les inflammations scrofuleuses de la membrane pituitaire prennent assez souvent une intensité suraiguë sans qu'il soit possible de signaler une influence occasionnelle appréciable ?

M. le professeur Lasègue (2) a décrit une forme particulière aux enfants lymphatiques d'érysipèle de la face, il est à répétition, médiocrement fébrile ; il pourrait nous servir de type, seulement et probablement à cause d'une spécialité pathologique propre aux divers tissus, au lieu de prendre la forme érysipélateuse, ces inflammations vulvaires, comme les blépharites scrofuleuses, se bornent à subir des poussées variables d'intensité, mais qui modifient les caractères de la leucorrhée, en exagèrent l'intensité, et en font suspecter l'origine.

Tous les médecins ont donné des soins à de jeunes garçons ou à des adolescents atteints de balanoposthite. Ils savent que ces inflammations sont tantôt aiguës et guérissent complètement, d'autres fois sont d'emblée chroniques, mais exposées à subir des exacerbations aiguës. D'ailleurs, chez les jeunes garçons, la quantité des sécrétions et les caractères des sécrétions des muqueuses du gland et du prépuce sont soumises à de grandes variétés ; on ne saurait, d'après l'inspection, décider si une balanoposthite est spon-

(1) Dans son *Traité des maladies vénériennes* le Dr Jullien accepte cette opinion et il cite à l'appui un exemple emprunté à Dupuytren. « Dupuytren fut consulté au sujet d'une fille qui présentait depuis quelques jours un écoulement purulent, d'un jaune verdâtre, tachant fortement le linge, et d'une nature fort âcre ; la menstruation était douloureuse. Dupuytren diagnostiqua un cas d'inflammation catarrhale des organes génitaux, et prédit que très probablement dans la semaine, de nouveaux cas de même nature se présenteraient à lui. La prédiction se réalisa. » Jullien. *Traité pratique des maladies vénériennes*. Paris, 1879, p. 256.

(2) Lasègue, *Traité des Angines*. Paris, 1878, p. 148 et suiv.

tanée ou provoquée par des attouchements. Il en est de même de la vulvite chez les petites filles, et il serait souvent impossible d'aller au delà d'une suspicion.

J'accorde volontiers que, chez les petites filles, prédisposées par leur lymphatisme, des attouchements personnels ou impersonnels, même peu intenses, provoquent ces inflammations des organes génitaux externes, j'accorde même que ce soit leur cause la plus fréquente, mais je me crois autorisé à affirmer que l'inflammation spontanée est loin d'être exceptionnelle et que ce n'est pas son intensité ou la soudaineté du début qui permettra à l'expert d'en nier la spontanéité.

Vulvite traumatique. — Les violences pratiquées sur les organes génitaux déterminent d'autant plus facilement des inflammations que la petite fille est plus jeune. Nous avons en vain cherché dans les auteurs des caractères distinctifs entre la vulvite traumatique et la vulvite spontanée. Lorsque les violences ont été assez vives pour produire des ecchymoses, des déchirures, l'origine de l'inflammation ne saurait être douteuse; mais, il faut bien le savoir, ces cas sont de beaucoup les plus rares, et ordinairement l'expert ne constate qu'une inflammation de la muqueuse vulvaire, dont la valeur est extrêmement difficile à déterminer.

La marche fournit quelques indications pour le diagnostic. Le temps qui sépare le moment de l'application de la violence de celui du début de l'inflammation n'est pas toujours possible à préciser, parce que l'intervention médicale n'est que bien rarement sollicitée dans les premiers huit jours. On doit donc s'en rapporter aux commémoratifs fournis par les parents ou l'enfant; on conçoit combien d'ordinaire ils sont vagues et suspects. Pour Casper et Liman, la blennorrhée mécanique s'établit de suite, tandis que les symptômes de la blennorrhagie sont précédés par une incubation de trois ou quatre jours. Mais nous devons faire remarquer que cette période latente échappe presque fatalement à l'examen direct, et que, si l'expert est obligé de baser son appréciation sur le moment de l'apparition de la douleur, alors même que la règle fournie par Casper et Liman serait absolument exacte, elle serait encore d'un faible secours pour le diagnostic. En fait, le moment où la douleur révèle aux parents qu'un attentat a été commis varie infiniment. Lorsque la violence est extrême, lorsque la contusion est violente, le maximum de l'intensité de la douleur suit l'acte immédiatement. Lorsque les attouchements ont été peu violents, la douleur due à la contusion s'éteint rapidement et elle ne reparaît que provoquée par le développement de l'inflammation. C'est donc encore un diagnostic à établir pour chacun des faits. Dans un cas où l'attentat était avoué, et n'avait été commis qu'une fois par un homme de quarante-cinq ans sur une jeune fille de onze ans, nous vîmes l'enfant huit jours après l'attentat. Elle n'était pas déflorée, mais la vulve présentait tous les signes d'une vive inflammation, l'écoulement était verdâtre, purulent, mais non blennorrhagique. Or, le premier jour et le second jour rien ne révéla aux parents l'acte commis, le troisième jour ils grondèrent leur fille parce qu'elle portait toujours ses mains à ses parties génitales, le soir, la mère vit que le linge de sa fille était taché, et le lendemain, quatrième jour, l'enfant accusa des douleurs en urinant et en marchant, on dut la garder à la maison. L'écoulement était devenu jaunâtre, il augmenta jusqu'au huitième jour. La vulvite était tout à fait guérie le dix-huitième jour, au moment de notre seconde visite.

Il est trop rare que les dates soient établies d'une façon aussi précise, et je n'oserais pas formuler une règle, mais je crois pouvoir dire que la douleur provoquée par un traumatisme portant sur les organes génitaux a un maximum de suite après l'acte, puis qu'elle subit une nouvelle exaspération lorsque l'inflammation se développe. Or, celle-ci semble ne prendre toute son intensité que vers le troisième ou le quatrième jour.

La durée n'est pas moins variable. Chez une petite fille saine, bien soignée, elle dépassera rarement douze ou quinze jours. Chez une petite fille lymphatique, mal nourrie, peu soignée, elle pourra persister à l'état aigu beaucoup plus longtemps, et par conséquent emprunter quelques-uns des caractères de la vulvite blennorrhagique, elle pourra aussi être le point de départ d'une de ces leucorrhées chroniques qui durent souvent pendant des années.

Vulvite blennorrhagique. — Les descriptions que nous avons données de la vulvite spontanée, de la vulvite traumatique, pourraient s'appliquer à la vulvite blennorrhagique. D'une façon générale l'intensité de l'inflammation semble plus grande dans celle-ci, on note plus souvent de l'œdème des grandes lèvres, une saillie notable des glandes folliculeuses des petites lèvres, l'écoulement purulent est plus abondant, sa couleur plus verdâtre.

Mais il n'est aucun de ces signes qui ait une valeur absolue, qui ne puisse revêtir une intensité exceptionnelle dans la vulvite traumatique ou même spontanée. On en peut dire autant d'une remarque de Tardieu (1) : « *La turgescence extraordinaire des vaisseaux*

(1) Tardieu, *Attentats aux mœurs*, 6e édition. 1872, p. 43.

répandus à l'entrée de la vulve et du vagin ; ils offraient, dit-il, dans un assez grand nombre de cas, tout à fait l'apparence que présentent si fréquemment les veines de la verge gonflées et le prépuce turgescent chez les individus atteints d'une chaudepisse très aigue. »

L'ensemble de ces signes doit porter le médecin légiste à soupçonner la blennorrhagie, il ne saurait pourtant lui permettre de l'affirmer.

Nous attribuons beaucoup plus de valeur à la présence de l'uréthrite. Il est certain que les femmes atteintes de blennorrhagie n'ont pas toutes de l'uréthrite, mais il semble, d'après les auteurs, que l'uréthrite non blennorrhagique soit bien rare. Dans un rapport médico-légal, à l'occasion d'une grave accusation d'attentat à la pudeur, M. Ricord dit (1) : « Il est un signe qui sans être incontestable a une grande valeur pour prouver qu'un écoulement a été transmis, c'est lorsque l'écoulement a pour siège l'urèthre. »

Cullerier, M. Rollet (2), déclarent que « la contagion est absolument nécessaire pour le développement de l'uréthrite chez les femmes. » M. Alph. Guérin conclut ainsi (3) : « Pour me résumer, j'admets la possibilité de l'uréthrite simple chez la femme, sans en avoir jamais constaté l'existence. »

Nous croyons que cette opinion, adoptée également par Tardieu et Toulmouche, est vraie pour la femme, dans les termes où elle a été formulée par M. Ricord, « il est un signe qui sans être incontestable a une grande valeur, etc. » Pour les petites filles, nous croyons qu'il y a lieu de faire encore plus de réserves. Casper et Liman ont vu l'uréthrite succéder à des traumatismes ; nous avons fait la même observation, mais nous ajoutons que ces uréthrites traumatiques des petites filles ne survivent pas à la période la plus aiguë de la vulvite traumatique ou spontanée, tandis que lorsque l'uréthrite est d'origine blennorrhagique sa durée est beaucoup plus longue.

L'uréthrite et sa durée sont donc des signes de grande valeur, mais les meilleurs de tous sont certainement la marche et la durée totale de la vulvite elle-même. Tandis que sous l'influence du

(1) Ricord, *Consultation sur une accusation d'attentat à la pudeur*, par les docteurs Ricord et Baudry d'Evreux (*Ann. d'Hyg. et Méd. légale*, 1844, t. XXXII, p. 447).

(2) Rollet, *Dict. encyclop. des sc. méd.*, art. BLENNORRHAGIE, t. IX, 1868, p. 689

(3) A. Guérin, *Maladies des organes génitaux externes de la femme*. Paris, 1864, p. 300.

traumatisme la vulvite acquiert son maximum d'intensité vers le troisième, quatrième ou cinquième jour, puis s'atténue pour disparaître en quinze ou vingt jours chez les petites filles bien portantes et bien soignées, la vulvite blennorrhagique nous a toujours paru avoir une beaucoup plus grande durée dans les conditions où nous les observions chez les jeunes filles soumises à notre expertise. Le terme de quinze jours assigné par Zeissl à cette maladie, est certainement trop court; nous acceptons plus volontiers l'opinion exprimée par M. Rollet (1). « Quand la blennorrhagie de la femme est limitée à la vulve et qu'elle n'a qu'une intensité moyenne, elle guérit facilement. Après une période de progrès de un à deux septenaires, elle se met à décroître graduellement. Sous l'influence des seuls soins hygiéniques ou à l'aide d'un traitement simple, l'inflammation se calme peu à peu, l'écoulement diminue et la maladie se termine par résolution. » Il en est ainsi lorsqu'il n'y a pas de vaginite, d'uréthrite, ou aucun des accidents dont nous allons parler, mais surtout chez les jeunes filles mal soignées la durée est beaucoup plus longue et se compte non plus par semaines, mais par mois.

De quelques symptômes ou accidents communs aux diverses espèces de vulvite. — Nous n'avons pas signalé dans l'exposé précédent quelques phénomènes qui accompagnent parfois les diverses formes de la vulvite, le gonflement des ganglions inguinaux, l'inflammation de la glande vulvo-vaginale, parce que bien que plus spécialement observés dans la vulvite blennorrhagique, ils peuvent se montrer dans les autres variétés.

Chez les petites filles strumeuses, les ganglions inguinaux sont toujours volumineux, mais lorsqu'ils sont gonflés par un travail lent et ancien, ils sont durs, mobiles, ont leurs limites nettement arrêtées, la pression ne réveille pas de douleur; lorsque, au contraire, une inflammation récente les tuméfie, l'atmosphère celluleuse qui les entoure se gonfle, semble œdémateuse et cette tuméfaction dissimule leurs contours, il semble qu'on ne les sent plus qu'au travers d'une enveloppe œdémateuse. D'une façon générale leur tuméfaction est proportionnée à l'intensité de la vulvite beaucoup plus qu'à sa nature.

On peut dire qu'ils sont plus tuméfiés dans la vulvite de cause blennorrhagique, un peu moins dans celle qui succède à un traumatisme, et encore moins dans celle qui survient spontanément sous

(1) Rollet, *Dict. encyclop. des sc. méd*, article BLENNORRHAGIE, 1868, t. IX, p. 685.

l'influence du lymphatisme et du mauvais état général. Mais c'est une appréciation qui correspond à l'ensemble des faits et qui subit de nombreuses exceptions sous l'influence de causes individuelles.

L'inflammation et la suppuration des glandes vulvo-vaginales ont été signalées surtout dans la blennorrhagie, mais on la rencontre parfois à la suite des excès de coït, surtout lorsque ceux-ci ont coïncidé avec l'écoulement menstruel.

B. *Des ulcérations de la vulve.* — Des ulcérations de diverse nature peuvent occuper les parties génitales des petites filles. Ce sont : le chancre induré, le chancre mou, les plaques muqueuses, les ulcérations herpétiques, ou les ulcérations superficielles dues à l'intensité d'une vulvite spontanée, traumatique ou blennorrhagique.

Nous renvoyons au texte d'Hoffmann, il est suffisamment explicite pour permettre d'établir le diagnostic du chancre induré et du chancre mou. Nous ne ferons qu'une remarque à propos de l'induration caractéristique du chancre infectant, c'est que cette induration n'a de valeur que lorsque l'ulcération n'a pas été cautérisée. Ajoutons d'ailleurs avec M. Alfred Fournier contrairement à une opinion qui a cours dans le corps médical que (1) « sans être absolument constante, l'induration du chancre syphilitique chez la femme est tellement habituelle, tellement commune que l'on peut taxer d'exceptionnels les cas où elle fait défaut. »

Si le chancre bien développé, quelle que soit sa variété, ou si les plaques muqueuses sont faciles à diagnostiquer il n'en est pas de même des *érosions de la vulve*. Le chancre naissant, le chancre syphilitique, multiple, herpétiforme (2), l'herpès vulvaire ulcéré, sont des lésions d'une distinction très difficile et rien ne le prouvera mieux que les différents passages que je vais résumer d'après l'excellent livre de M. Alfred Fournier (3).

Peut-on reconnaître le chancre à sa période embryonnaire ? Non, car il ne possède pas un seul caractère propre. C'est une érosion ressemblant à toutes les érosions possibles. La seule réponse que l'on puisse faire à la personne qui vous consulte c'est « *il faut attendre* ». Lorsque le chancre prend ses caractères typiques ulcéreux il est assez facile à reconnaître, mais sous sa forme érosive ou exulcéreuse, le chancre risque surtout d'être confondu, soit avec

(1) Fournier, *Leçons sur la syphilis chez la femme*, Paris, 1873, p. 137.

(2) Dubuc, *Variété clinique du chancre syphilitique.* (*Annales de Dermatologie et de Syphiliographie*, t. V, p. 241).

(3) Fournier, *loc. cit.*, 8e leçon p. 242 à p. 207.

une érosion simple, traumatique, inflammatoire ou autre, soit avec un herpès.

L'érosion simple se distingue de l'érosion du chancre grâce à deux signes: l'induration et l'adénopathie. Si celle-ci n'existe pas *après une ou deux semaines du début* de l'érosion, celle-ci n'est pas un chancre.

La seconde lésion avec laquelle le chancre érosif est le plus souvent confondu c'est l'herpès. « Ce diagnostic, il faut l'avouer, dit M. Fournier, est formulé d'une façon assez étrange dans la plupart de nos livres classiques, où il est dit à peu près ceci : Le chancre se distingue de l'herpès parce qu'il est constitué par une *ulcération,* tandis que l'herpès est une lésion primitivement *vésiculeuse*, s'offrant à l'examen sous forme, soit d'une série de petites vésicules groupées, soit plus tard d'érosions miliaires. C'est là, messieurs, presqu'une naïveté. Si l'herpès, en effet, consistait toujours en cela, (vésicules ou érosions miliaires) il ne serait jamais pris pour un chancre, et il n'y aurait que les aveugles en vérité qui pourraient se méprendre à des choses si dissemblables. Si donc, on le confond avec le chancre, et cela d'une façon journalière, c'est vraisemblablement qu'il se présente sous certaines formes qui s'éloignent de son type normal pour se rapprocher de la physionomie du chancre. C'est en effet ce qui a lieu.

« L'herpès susceptible d'être confondu avec le chancre, ce n'est ni l'herpès vésiculeux, ni l'herpès à érosions miliaires consécutives à la rupture de vésicules isolées; c'est l'herpès *confluent*, formant des groupes, des bouquets d'érosions contigues, lesquelles à un moment donné se réunissent, se fusionnent et aboutissent ainsi à constituer une érosion assez large, — c'est aussi l'herpès *creux* qui va au delà de l'épiderme, qui attaque superficiellement le derme comme le chancre, — c'est l'herpès *à longue durée* exigeant plusieurs semaines pour son évolution complète ; — c'est encore l'herpès *solitaire*, forme assez rare, mais très réelle, constituée par une érosion unique, souvent assez étendue. — C'est, en un mot, l'herpès qui sous des formes diverses se rapproche assez du chancre pour avoir mérité la qualification significative d'*herpès chancriforme*, et qui, disons-le immédiatement, s'en rapproche au point en quelques circonstances, que, de l'aveu des maîtres de l'art, de M. Ricord en particulier, il n'est pas de diagnostic possible à établir à première vue ou pendant un certain temps entre le chancre et lui. »

Les signes qui ont pour M. Alfred Fournier une certaine valeur sont les suivants : le plus habituellement l'herpès s'accompagne, soit avant son explosion, soit à son début, d'une excitation, d'une ardeur locale, d'un *feu*, tandis que le chancre est une lésion *aprurigineuse* par excellence. Ce signe basé sur un souvenir de la personne examinée aura bien peu de valeur pour l'expert. Les suivants sont plus significatifs :

1° *L'état des ganglions.* — Avec le chancre, adénopathie constante, indolente, dure, persistante et le plus souvent polyganglionnaire (pléiade). Avec l'herpès, le plus souvent pas de retentissement ganglionnaire, ou tout au plus tension subinflammatoire des ganglions.

2° *Etat de la base de la lésion.* — Avec le chancre, induration constante ou presque constante. Avec l'herpès, état souple de la base, ou tout au plus légère rénitence inflammatoire, qui ne donne pas aux doigts la sensation sèche, nette de l'induration spécifique.

3° *Tracé circonférenciel de la lésion.* — « C'est là, dit M. Fournier, un des signes les plus pratiques pour servir au diagnostic différentiel de l'herpès et du chancre, signe minutieux peut-être, mais très réel et très distinctif. Voici en quoi il consiste :

« Si vous examinez le contour d'un chancre, vous le trouvez représenté soit par un cercle d'un certain diamètre, soit par un ovale plus ou moins régulier, soit par une forme quelconque non géométrique, irrégulière.

« Si vous examinez au contraire le contour d'un large herpès, vous le voyez curieusement figuré par une série de circonférences incomplètes, ou du moins vous reconnaissez sur quelques points de son contour de *petits segments de circonférence* très régulièrement dessinés.

« Cette disposition, cette forme *polycyclique* qu'affecte le pourtour de l'herpès n'est pas le fait du hasard ; elle tient à ce que la plaie totale de l'herpès résulte de la fusion de plusieurs petites plaies absolument circulaires ; elle ne se rencontre pas avec le chancre, où elle n'a pas de raison d'être, puisque le chancre se développe isolément et non en groupe ; elle ne se rencontre pas plus avec aucune autre variété d'ulcération en sorte qu'elle est pathognomonique de l'herpès. »

Enfin et c'est là le meilleur des signes, il faut suivre l'*évolution de la lésion.* La guérison sera hâtive s'il s'agit d'un herpès et rien autre ne se produira, s'il s'agit d'un chancre la cicatrisation sera plus longue dans la majorité des cas, enfin quelques semaines plus tard paraîtront les accidents généraux.

M. Fournier signale à ses élèves un véritable piège. « Ce piège, c'est *la coexistence* possible des deux lésions que vous cherchez à distinguer, la coexistence de l'herpès et du chancre sur le même sujet, au même siège, dans le même temps. Coexistence possible, ai-je dit. Peut-être aurais je mieux fait de dire coexistence fréquente ou assez commune. » M. Fournier cite ensuite des cas dans lesquels l'herpès a coïncidé avec une blennorrhagie, il rappelle la fréquence de l'herpès menstruel et il résume dans le tableau suivant, que nous lui empruntons, le diagnostic différentiel du chancre et de l'herpès.

Diagnostic différentiel du chancre syphilitique et de l'herpès.
(D'après FOURNIER.)

	HERPÈS.	CHANCRE.
Trois signes différentiels presque constants...............	1° Pas de retentissement ganglionnaire.	1° Adénopathie constante (indolente, dure, persistante, généralement poly-ganglionnaire.)
	2° Base souple, sans induration.	2° Base indurée.
	3° Contour polycyclique de l'érosion, constitué par des segments réguliers de petites circonférences.	3° Contours ne présentant jamais les segments réguliers de petites circonférences propres à l'herpès.
Évolution...........	1° Limitation rapide.	1° Limitation moins rapide.
	2° Cicatrisation hâtive.	2° Cicatrisation plus lente en général.
Signes non constants de valeur moindre.	1° Lésion prurigineuse (ardeur, feu local au début).	1° Lésion absolument indolente, apruriginеuse.
	2° Érosions habituellement multiples.	2° Lésion souvent unique, ou multiple à un degré moindre que l'herpès.
	3° Érosions d'étendue minime, souvent miliaires.	3° Lésion en général plus étendue que l'herpès.
	4° Érosions généralement plus superficielles que le chancre.	4° Lésion en général moins superficielle que l'herpès.

Cause d'erreur : Coïncidence possible de l'herpès et du chancre.

Nous avons longuement insisté sur ce diagnostic parce que, en médecine légale, il présente de réelles difficultés. Celles-ci avaient déjà été signalées en 1853 par Legendre (1) à propos d'un cas de présomption de viol et son mémoire mérite d'être lu par les experts.

Le diagnostic entre l'herpès vulvaire et les plaques muqueuses est quelquefois tout aussi difficile. Je rapporte ici un exemple qui permettra d'apprécier en présence de quelles incertitudes un expert peut se trouver placé. Dans ce cas, la petite fille avait des ulcérations de la vulve, l'inculpé en avait une du gland, la petite fille était en pleine évolution dentaire et la muqueuse buccale était enflammée. On verra que nous avons dû procéder à des visites multiples et que nous avons invoqué les lumières de M. Alfred Fournier avant de pouvoir donner au juge d'instruction des conclusions définitives.

Inculpation d'attentat à la pudeur commis le 29 *octobre* 1878 *par le nommé H. âgé de vingt et un ans sur la jeune S. âgée de six ans et demi.*

1er *Rapport. — Examen de la jeune S. le* 11 *novembre* 1878.

Cette petite fille âgée de six ans et demi est d'une intelligence très éveillée, elle est d'une constitution lymphatique, elle a une otorrhée chronique de l'oreille gauche. Elle n'aurait jamais eu d'autre maladie, elle n'en porte aucun signe actuellement appréciable.

On ne trouve sur le corps ni écorchure, ni ecchymose, ni contusion, ni éruption.

Les organes génitaux sont le siège d'une inflammation extrêmement vive. Toutes les parties sont tuméfiées, les grandes lèvres forment de chaque côté de la vulve un bourrelet ayant le volume de deux doigts. La tuméfaction et une rougeur vineuse s'étendent jusqu'à l'anus et la partie moyenne de la fesse gauche. Du prépuce du clitoris à l'anus on trouve sur ce bourrelet œdémateux neuf papules un peu dures, dont chacune a la largeur d'une grosse lentille assez saillante. Leur couleur est d'un rouge plus vif que celle des parties sur lesquelles elles reposent. Elles ne fournissent aucune sécrétion. Elles ne sont pas ulcérées.

Les petites lèvres déplissées par le gonflement du tissu cellulaire sous-jacent font partie du bourrelet des grandes lèvres. Le clitoris est tuméfié. L'orifice de l'urèthre est rouge et sensible au toucher. L'hymen n'est pas déchiré, les bords de son orifice sont un peu gonflés.

Toutes ces parties sont le siège d'une sécrétion muqueuse, visqueuse, opaline, non purulente. Ces mucosités en se desséchant forment des croûtes jaunâtres, petites, qui constituent une ligne chassieuse sur le bord des grandes lèvres au point où cesse leur contact.

La miction et la défécation sont douloureuses. La marche est difficile.

Les ganglions des aines sont gonflés, un peu douloureux à la pression. Dans l'aine gauche on trouve un énorme ganglion qui a le volume d'une grosse noisette.

Au moment de mon examen la jeune S. n'a pas de fièvre, la grand'mère madame M. nous affirme que depuis quelques jours elle en a un peu vers le soir.

(1) Legendre, *Mémoire sur l'herpès de la vulve* (*Arch. gén. de Médecine*, 5e série, 1853, t. II, p. 171.)

2. — *Visite du 25 novembre* 1878.

La santé générale de l'enfant ne paraît pas mauvaise.

Le gonflement des parties génitales a un peu diminué, la rougeur de la fesse gauche a disparu. Les grandes lèvres forment encore un bourrelet assez volumineux. Les papules saillantes se sont ulcérées. On compte douze petites ulcérations, dont l'antérieure occupe le repli préputial gauche du clitoris et correspond par superposition à une ulcération analogue placée sur le clitoris, la plus reculée siège sur la marge de l'anus. Deux des ulcérations intermédiaires gauches sont appliquées sur deux ulcérations correspondantes de la grande lèvre droite.

Ces ulcérations ont de 7 à 8 millimètres de diamètre, elles sont couvertes d'un enduit pultacé blanchâtre. Elles sont très superficielles, leur bord fait une légère saillie un peu rénitente sur le niveau des tissus sur lesquels elles reposent.

Les autres parties de la vulve ont conservé leurs caractères inflammatoires, rougeur, gonflement. La douleur semble moins intense.

Les sécrétions sont devenues franchement purulentes.

Les ganglions des aines restent gonflés, le gros ganglion de l'aine gauche paraît aussi volumineux.

Sur la peau du ventre, dans sa partie inférieure, on constate quelques plaques rougeâtres, arrondies, ayant un ou deux centimètres de diamètre, recouvertes par quelques fines écailles d'épiderme, furfuracées en voie de desquamation. Elles ne sont entourées d'aucune érosion ou écorchure qui puisse faire supposer qu'elles provoquent des démangeaisons. On ne note rien de semblable sur les autres parties du corps.

Sur la voûte du palais on constate la présence d'une éruption papuleuse rougeâtre, formée par de très petites plaques dont la saillie est appréciable au doigt. Les gencives sont rouges. La muqueuse du pharynx ne présente rien d'anomal. Il faut noter qu'en ce moment quatre grosses dents sont sur le point de sortir des gencives.

Les ganglions sous-maxillaires et ceux de la région postérieure du cou ne sont pas tuméfiés.

On ne constate aucune éruption dans le cuir chevelu.

Conclusion En présence de ces lésions dont les caractères et l'évolution s'écartent notablement de ceux que l'on rencontre dans les affections syphilitiques, j'ai l'honneur de prier M. le juge d'instruction de vouloir bien m'adjoindre un de mes collègues dont l'experience en syphiliographie puisse m'aider à préciser la valeur des signes constatés.

M. le juge d'instruction voulut bien m'adjoindre M. Fournier.

2e *Rapport.* — *Visite du nommé H. âgé de* 21 *ans.* — *Visite du* 24 *novembre* 1878.

Cet homme, d'une bonne constitution, vigoureux ne présente les signes d'aucune maladie ancienne ou récente des poumons, du cœur ou des centres nerveux.

On ne trouve sur son corps aucune trace de violence.

Les organes génitaux sont bien conformés. La verge a un volume normal, le gland est à demi recouvert par le prépuce.

Sur la face dorsale du gland, on trouve une ulcération ayant 8 millimètres d'avant en arrière sur 6 à 7 transversalement, à bords peu saillants, couverte d'une fausse membrane blanchâtre, d'apparence pultacée ; pressée entre les doigts on ne constate pas d'induration franche, cependant la muqueuse qui la porte n'est pas souple. L'inculpé nous dit qu'il y a deux ou trois jours elle a été cautérisée à l'aide d'un crayon, que nous pensons être un crayon de nitrate d'argent.

Dans les deux aines on trouve quelques ganglions indolents.

La peau ne présente aucune éruption. L'amygdale gauche est un peu volumineuse et l'épithélium de son bord interne est légèrement opalin.

L'anus n'est pas déformé, il n'est entouré d'aucune rougeur anomale.

Conclusion. Une seconde visite sera nécessaire pour déterminer la nature de la lésion qui siège sur le gland.

3° *Rapport par les docteurs Fournier et Brouardel, visites des 8 et 9 décembre 1878.*

1° — *Examen de H. âgé de 21 ans.*

La santé générale de l'inculpé paraît excellente.

L'ulcération du gland décrite dans le précédent rapport est actuellement cicatrisée. La cicatrice forme une végétation lenticulaire à large pédicule, occupant toute l'étendue de l'ulcération ancienne; sa surface est arborescente. Les tissus sous-jacents ne sont pas indurés.

La peau, les muqueuses, l'orifice de l'anus ne sont le siège d'aucune éruption.

Il n'y a pas d'adénopatie inguinale ou cervicale.

Conclusions. 1° La cicatrisation de l'ulcération du gland est aujourd'hui complète.

2° Les caractères de la cicatrice, l'absence d'induration des tissus sous-jacents prouvent que cette ulcération n'était pas de nature syphilitique, qu'elle n'était pas un chancre induré.

3° Cette lésion, qui consiste aujourd'hui en une végétation simple, a succédé soit à une éruption d'herpès génital dont les premières phases n'ont pas été observées, soit à une érosion quelconque, traumatique ou inflammatoire.

3° H. n'est atteint d'aucune affection vénérienne syphilitique ou blennorrhagique, ancienne ou récente.

2° — *Examen de la jeune S, âgée de six ans et demi.*

La santé générale de l'enfant paraît excellente. Cette petite fille n'accuse plus de douleur pendant la marche, la défécation ou la miction.

L'inflammation de la vulve a complètement disparu. L'hymen est intact. Les grandes lèvres, les petites lèvres ont repris leur volume normal. Seul le clitoris reste un peu volumineux. Les parties génitales ne sont plus le siège d'aucune sécrétion muqueuse ou purulente.

Les ulcérations décrites par l'un de nous dans un précédent rapport, sont complètement cicatrisées. Dans les points qu'elles occupaient on note la présence de macules d'un rouge vineux, ne faisant pas de saillie; à leur niveau les tissus ont repris leur souplesse.

Les ganglions des aines ne sont plus douloureux; ils sont à peine plus volumineux que dans leur état normal. Le gros ganglion de l'aine gauche a disparu.

Sur la peau du corps, sur les muqueuses, sur celles du voile du palais notamment, on ne trouve plus aucune espèce d'éruption.

Les quatre grosses dents en voie d'évolution n'ont pas encore percé les gencives.

Conclusions. 1° La jeune S. n'est pas déflorée.

2° Elle n'est atteinte d'aucune affection vénérienne, syphilitique ou blennorrhagique.

3° L'inflammation de la vulve, les ulcérations constatées dans les visites des 11 et 23 novembre, les macules qui leur ont succédé, sont le résultat d'une éruption herpétique des parties génitales.

4° Cette inflammation herpétique peut avoir été provoquée par un traumatisme ou avoir succédé à une inflammation vulvaire spontanée.

5° L'éruption herpétique paraît, d'une part, avoir été plus intense et plus confluente que d'ordinaire, et, d'autre part, avoir pris des caractères ulcéreux peu communs, ce qui peut être dû à la constitution lymphatique de l'enfant.

6° Aucune relation de cause à effet ne nous semble pouvoir être établie entre la lésion observée sur H. et l'herpès observé chez la jeune S.; car, d'une part, il n'est pas démontré que la lésion observée sur H. ait été de nature sûrement herpétique; et, d'autre part, la contagion de l'herpès d'un sujet à un autre est un fait sinon absolument repoussé par la science contemporaine, du moins non encore établi.

7° L'éruption papuleuse du voile du palais, signalée dans la visite du 23 novembre, la rougeur des gencives, résultent du travail de dentition actuellement encore en évolution.

Dans ce cas le diagnostic était rendu difficile par la lésion que l'inculpé portait sur le gland qui était probablement un herpès (1) cautérisé et par la confluence et l'ulcération des plaques de la vulve chez la jeune S. On aurait pu croire à la présence de plaques muqueuses, mais il manquait un caractère sur lequel M. Cornil (2) insiste avec raison, la tuméfaction du derme.

Dans un travail publié en 1864, M. le Dr Toulmouche de Rennes a rapporté un cas analogue. Il avait été commis parce que le premier médecin, le Dr L..., quoique s'occupant spécialement de maladies vénériennes et ayant acquis une grande expérience, était resté dans le doute sur la valeur d'ulcérations des organes génitaux de la vulve. Les deux experts conclurent que « les ulcérations des grandes lèvres provenaient de l'ecthyma (3). »

(1) Voyez l'excellente description de l'*herpès récidivant des parties génitales* du Dr Doyon, Paris, 1868. Nous ne faisons qu'une seule réserve aux opinions de notre collègue : pour lui l'herpès a toujours été précédé par une affection vénerienne. C'est pour nous une erreur : comme médecin de Sainte-Barbe nous avons eu plusieurs fois à soigner des herpès du gland récidivant chez deux jeunes gens dont l'un âgé de 15 ans n'avait pas encore eu un seul accident vénérien ; je le vois encore et il est encore sujet à cette éruption que n'a pas rendue plus fréquente une blennorrhagie contractée à 20 ans, et dont l'autre également indemne alors de tout accident antérieur a été perdu de vue à sa sortie du collège.

(2) Cornil, *Leçons sur la syphilis*. Paris, 1879, p. 149.

(3) Toulmouche, *Des attentats à la pudeur* (*Annales d'Hyg. et de Méd.lég.*, 1864, 2e série, t. XXII, p. 332).

Il nous reste à signaler une dernière variété d'ulcération de la vulve que M. Fournier décrit sous le nom de *vulvite érosive*. Le plus souvent la vulvite, quelle que soit sa nature, détermine seulement des érosions desquamatoires, l'épiderme ou l'épithélium seul est enlevé, mais parfois les lésions sont plus discrètes, plus creuses, d'un rouge vif ou d'un gris pultacé, dans ces cas elle peuvent en imposer pour un chancre.

A l'appui de cette affirmation M. Alfred Fournier rapporte le cas suivant que je transcris *in extenso*, l'expérience des médecins qui l'observèrent prouvera que l'hésitation serait permise à des experts moins autorisés (1).

« Un cas qui s'est présenté à nous, ici même, l'année dernière, est un exemple frappant de cette variété de vulvite ulcéreuse *chancriforme*. Je tiens à vous citer ce cas et à vous le citer avec détails, car il est instructif à deux points de vue. Non seulement il vous montrera, que des ulcérations simples, inflammatoires, peuvent accidentellement revêtir la physionomie du chancre ; mais, de plus, il vous convaincra incidemment de l'excessive réserve qui doit présider au diagnostic *médico-legal* de cet accident.

Une jeune enfant de six ans est conduite à cet hôpital et nous est présentée comme affectée de « chancres syphilitiques ». Un attentat a été commis sur elle, nous dit-on, par un individu qui vient d'être écroué à Mazas.

Nous examinons avec soin cette enfant, et nous constatons ceci : d'abord, vulvite intense (grandes lèvres tuméfiées, grosses comme des quartiers d'orange, œdémateuses, rouges, endolories ; suppuration abondante, etc.) ; de plus, intertrigo érosif des régions péri-vulvaires (plis génito-cruraux, face supéro-interne des cuisses, régions inguinales) ; — enfin, et ceci est le plus intéressant, sur l'une des grandes lèvres trois ulcérations, l'une de l'étendue d'une amande d'abricot, les deux autres larges et circulaires comme une lentille. Ces lésions sont grisâtres et couenneuses ; elles entament superficiellement le derme ; elles sont plates de fond, et la surface même de deux d'entre elles est un peu saillante, un peu papuleuse ; elles sont indolentes par elles-mêmes ; leur base, enfin, est assez résistante. — Comme dernier renseignement, adénopathie assez fortement accusée dans les deux aines, où se trouvent plusieurs ganglions, libres, indépendants, roulant sous le doigt, gros comme de petites noisettes, à peine douloureux.

En face de de cet ensemble symptomatologique, j'avoue que, d'emblée et sans hésitation, je me rangeai à l'avis du premier médecin qui avait examiné l'enfant, et je diagnostiquai : *Vulvite avec chancres syphilitiques*. — L'expert commis par le tribunal, M. Bergeron, visita la petite malade le lendemain, et posa exactement le même diagnostic que moi.

Or, on demandait un rapport médico-légal. Le juge d'instruction réclamait (comme d'usage) une affirmation immédiate.

L'hésitation, je vous le répète, ne me paraissait guère possible, tant les choses se présentaient simplement. Toutefois, en vertu d'un principe formellement arrêté par moi comme règle de conduite en pareil cas, — principe que je vous exposerai

(1) Fournier, *loc. cit.*, p. 263.

en son temps et que je légitimerai pleinement à vos yeux, je l'espère, — je refusai de signer le certificat qu'on réclamait de moi administrativement, et je fus assez heureux pour faire partager mon refus par l'expert. D'un commun accord nous voulûmes attendre et nous attendîmes.

Et bien nous en prit, messieurs, de n'avoir pas précipité notre jugement et de n'avoir pas, par l'affirmation d'un diagnostic qui paraissait cependant bien évident, aggravé la terrible situation du prévenu. Qu'advint-il en effet ? C'est d'abord que, sous l'influence de quelques soins et en quelques jours, la vulvite et l'intertrigo disparurent ; c'est ensuite que l'adénopathie polyganglionnaire (cette adénopathie que nous avions prise pour une pléiade) se dissipa comme par enchantement, dès que l'inflammation vulvaire eut cédé ; c'est enfin que les chancres ou les prétendus chancres se mirent à se déterger, à se réparer avec une rapidité plus que suspecte, et se cicatrisèrent en une huitaine. Et au delà ? Et plus tard ? Au delà, plus tard, *rien ne se produisit*. La syphilis que nous avions prévue tout d'abord, mais que déjà nous n'attendions plus, ne se manifesta pas, pour la bonne raison qu'elle n'avait pas à se manifester. Plusieurs mois l'enfant resta sous nos yeux dans cet hôpital, quotidiennement et minutieusement inspectée par nous. Pas le plus léger signe d'infection ne se révéla sur elle ! — Et d'autre part, pour en finir avec cette histoire, les charges qui primitivement s'étaient élevées contre le prévenu furent reconnues, paraît-il, insoutenables ; les poursuites furent abandonnées pour des raisons extra-médicales que je n'ai pas à vous dire ; bref, la conclusion de toute cette affaire fut que, très certainement, l'enfant n'avait jamais été atteinte que d'une *vulvite simple, spontanée*, ne résultant en rien d'un viol, vulvite de forme ulcéreuse et à ulcérations simulant d'aspect le chancre syphilitique.

Donc, nous nous étions tous trompés, et trompés radicalement, absolument, trompés sans hésitation, sans arrière-pensée d'une erreur possible, trompes dans un cas qui nous semblait très simple, dans un cas où l'affirmation immédiate d'une syphilis nous paraissait aussi certaine qu'élémentaire. Ces prétendus chancres n'étaient pas des chancres ; ce que nous avions pris comme tels n'étaient que des ulcérations inflammatoires de vulvite, et de vulvite simple, spontanée !!

Une telle erreur commise par des médecins attentifs et habitués à ce genre de diagnostic est instructive à divers titres. Loin de la taire, loin de la dissimuler, j'ai considéré comme un devoir de m'en accuser, de la faire connaître, et nous nous sommes promis, M. Bergeron et moi, de la publier. C'est qu'en effet elle comporte deux enseignements :

1° Elle démontre d'abord qu'en certains cas des lésions simples, purement inflammatoires, peuvent prendre à ce point le masque, le cachet du chancre, qu'elles s'imposent comme chancres à l'observateur.

2° Elle témoigne de plus qne le diagnostic médico-légal du chancre ne doit pas être institué sur la constatation seule d'une lésion réputée chancre, mais bien sur un ensemble de signes se confirmant les uns les autres, sur une évolution *totale* et complète, évolution comprenant comme premier terme le *chancre*, accident initial de la maladie, et, comme second terme plus probant et plus essentiel, les *manifestations diathésiques secondaires*, survenant à point nommé, à échéance fixe et significative. »

M. Alfred Fournier termine ainsi :

« Aussi, Messieurs, vous disais-je il y a quelques instants que je m'étais imposé, comme règle de conduite invariable et inflexible, de ne *jamais diagnostiquer* le chancre par le chancre, alors que de mon diagnostic pouvait dériver une application médico-légale. Appelé en justice pour un cas semblable à celui dont je viens de vous entretenir, je me refuserais absolument à formuler une opinion, si je n'avais, pour légitimer mon jugement, qu'une lésion locale, cette lésion me semblât-elle le chancre le plus typique, le plus accompli. *Je demanderais à attendre;* je voudrais voir ce qui va suivre; car, instruit par l'expérience, je sais qu'on peut se laisser abuser par les cas les plus simples en apparence; car je me suis assez trompé de fois en face du chancre syphilitique pour ne plus m'exposer devant un tribunal au risque d'une erreur pouvant compromettre un prévenu. C'est là, du reste, un point sur lequel je compte revenir, comme *morale* de tout cet exposé, dans le cours de notre conférence d'aujourd'hui. »

M. Alfred Fournier conclut donc comme nous : ne pas se décider à un premier examen, et *savoir attendre*, c'est le seul moyen de ne pas échouer sur un des nombreux écueils que nous avons signalés dans ce chapitre.

ART. II. — DES CIRCONSTANCES DANS LESQUELLES S'EST ACCOMPLI L'ATTENTAT A LA PUDEUR (1).

§ 4. — ÉTOURDISSEMENT DES SENS, INCONSCIENCE, ABSENCE DE VOLONTÉ (2).

Hoffmann a consacré les trois premiers paragraphes de ce chapitre à l'étude des violences qui peuvent mettre une femme dans l'impossibilité de se défendre. Nous n'ajouterons rien à cette étude, l'élève trouvera de nombreux exemples analogues dans les recueils médico-légaux français. Nous croyons au contraire devoir fournir quelques détails sur les cas dans lesquels, en dehors de toute violence physique appréciable, l'inculpation a relevé cette circonstance que, au moment de l'attentat, la conscience se trouvait abolie chez la femme, soit par une maladie antérieure, soit par un accident morbide passager, soit par un état de sommeil naturel ou provoqué.

Disons d'abord quel est souvent l'inculpé et quelle est la victime ou la prétendue victime.

L'inculpé est trop souvent un médecin, un dentiste ou un médicastre, et cela se conçoit, c'est lui qui a le plus de facilité pour connaître l'état d'inconscience d'une femme, lorsque la volonté est

(1) Voy. p. 85.
(2) Voy. p. 87.

abolie par une affection cérébrale, par une syncope ou par un sommeil nerveux ou provoqué.

La victime ou la prétendue victime est une femme, et le plus souvent une femme hystérique, chez laquelle les accidents se sont déjà caractérisés par de grandes manifestations, ou ne se sont pas encore montrés avec des signes qui aient révélé l'affection aux personnes étrangères à la médecine.

On sait qu'en dehors de tout bénéfice appréciable pour elle, la femme hystérique invente parfois de toute pièce, et combine avec un art extrême des histoires auxquelles manque même tout point de départ exact. L'hystérique obéit à un désir excessif de notoriété, au besoin de se mettre en scène et pour satisfaire cette passion elle ne s'arrête devant aucun obstacle, alors même que son mensonge déshonorera une personne qu'elle ne connaît que de nom, ou pour laquelle elle ne peut avoir ni haine ni aversion, alors même que ce mensonge compromettra gravement sa propre réputation.

S'il faut pour justifier cette opinion citer un exemple, que les médecins légistes lisent le procès de Émile Clément de la Roncière (1), ils verront que, malgré des impossibilités de fait, malgré les preuves médicales les plus manifestes pour des médecins habitués à étudier les hystériques, la bonne foi des magistrats, du jury, et chose plus triste pour nous, la science des experts furent mises en défaut par une jeune fille bien élevée, honnête, entourée d'une famille honorable. Cette jeune fille hystérique, froidement cruelle, jouant son rôle avec un art consommé, soutint dans l'instruction et pendant les débats de la cour d'assises ses assertions sans faiblir une seconde, sans varier sur les points principaux, et fit condamner un innocent, sans que jamais elle en ait témoigné un remords. Une circonstance aurait certainement dessillé des yeux moins prévenus que ceux de ses juges, c'est que pendant le cours du procès et après la condamnation, elle crut encore pouvoir appeler sur elle la notoriété, en se prétendant victime de sévices et d'attaques dont cette fois l'inculpé ne pouvait être coupable. Il était en prison.

Nous venons de dire quelle est bien souvent la qualité de l'inculpé et d'esquisser le caractère de la prétendue victime. Pour le médecin légiste, dans toutes ces accusations où la femme aurait été inconsciente des actes commis sur sa personne, sans qu'aucune

(1) *Causes célèbres*, par Fouquier. Cahier 46, Paris, H. Lebrun (*Gaz. des trib.*, 1834).

violence physique ait laissé une trace, la question se pose entre ces deux termes : *Y a-t-il simulation ? Y a-t-il eu attentat?*

Aucune accusation ne se prête aussi facilement à la simulation que celle d'attentat à la pudeur. L'inculpation n'est en général possible que parce que l'accusé et la victime se sont trouvés seuls. L'un nie, l'autre affirme, l'attentat n'a pas laissé de trace et l'expert doit décider si au moment où le crime a été commis, la victime pouvait être ou était hors d'état de se rendre compte des actes accomplis sur sa personne.

a. Cet état d'inconscience réelle peut résulter de diverses circonstances. Certaines maladies entraînent un affaiblissement de l'intelligence d'une manière constante comme *l'idiotie, l'imbécillité, la démence, l'aliénation mentale*, nous n'avons qu'à renvoyer aux exemples qu'Hoffmann a fournis et à ceux qui sont rapportés par Tardieu.

b. Une maladie constitutionnelle comme *l'épilepsie* livre sans défense, momentanément, pendant un accès ou à la suite d'un accès, une jeune fille à la lubricité d'un assistant. On trouvera des observations trop réelles dans les livres de médecine légale. Hoffmann cite en revanche un cas où une épileptique vraie avait accusé faussement un individu d'avoir commis sur elle un attentat à la pudeur, prétextant qu'il avait profité d'un de ses accès pour assouvir sa passion. Or cette fille qui, si elle avait eu un accès, aurait été inconsciente, absente des choses qui l'environnaient, donnait sur les circonstances du crime des détails qui prouvaient que si l'acte avait été commis, elle était en réalité présente d'esprit.

Dans des circonstances analogues, un état morbide passager invoqué par la plaignante, mais impossible à caractériser, devait faire penser que la victime avait été réduite à l'impuissance par une *syncope*. C'est ainsi que Lorain put à deux reprises disculper des médecins victimes de dénonciations calomnieuses et intéressées. J'emprunte quelques lignes à la seconde observation (1) :

« Un jeune médecin donnait ses soins à une femme mariée, âgée de 20 ans, atteinte de pertes utérines. La femme fit à son mari puis à la justice la déclaration suivante.

« Il a, dit-elle, porté la main à la matrice, et m'a demandé si je souffrais : j'ai répondu que non, *il m'a alors touché je ne sais où* et je me suis trouvée mal dans ses bras. » On devine le reste, la femme se trouve mal et elle est violée. Mais ce qui déroute toutes les notions scientifiques, c'est qu'elle prétend avoir senti que le médecin la plaçait sur le lit et qu'il accomplissait sur elle l'acte infâme, elle avait une perception nette de cet acte, elle en suivait le progrès, elle déclare

(1) Tardieu, *Attentats aux mœurs*, 7e édition, 1878, p. 136.

qu'elle sentait profondément l'instrument de son déshonneur ; puis elle revint à elle, repoussa avec ses genoux son agresseur, mais malheureusement, le saisissement, l'effroi, agirent de nouveau sur ses sens et elle retomba dans cet état de demi insensibilité pendant lequel elle sentit que l'acte s'achevait et que ses linges étaient souillés. Après l'accomplissement du crime, le médecin l'avait relevée et placée sur une chaise où il lui jetait de l'eau à profusion sur le visage ; etc. »

La femme accusait donc le médecin d'avoir abusé d'elle alors que sa volonté était anéantie. Lorain, commis après un autre médecin, qui n'avait pas peu contribué à embrouiller l'affaire, rédigea un rapport auquel nous empruntons les lignes suivantes dans lesquelles est discutée la valeur réelle de ce prétendu évanouissement.

« Je ne connais pas d'exemple d'une femme s'évanouissant dans les bras d'un médecin qui la touche. Cela pourrait arriver si la femme était très malade, profondément anémique, ce qui n'était pas ici le cas. D'ailleurs la syncope consiste dans un état de défaillance absolu, marqué par la pâleur, la mollesse du corps, l'*insensibilité ;* c'est ainsi qu'on peut dire avec raison que la syncope est l'image de la mort ; dans cet état on ne voit, on n'entend, on ne sent rien...

« Si l'on prend le récit de la femme, on le trouve en contradiction avec toutes les notions de la science et de l'expérience. Une femme évanouie ne sent pas, elle n'analyse rien, elle est insensible, comme morte... sentir lorsque l'on est en état de syncope est une contradiction ; nous ne pouvons admettre un fait aussi contraire à l'histoire naturelle.

« La dame X... était-elle en catalepsie ? Il s'agirait ici d'un cas très rare, exceptionnel, qui tient toujours à une maladie nerveuse constitutionnelle, l'hystérie. Or une hystérique se reconnaît facilement .. Rien de tout cela ne se rencontre chez la plaignante. Et en admettant, par impossible, la catalepsie, cet état d'insensibilité absolue et prolongée ne lui aurait pas permis de voir, d'entendre, de sentir, d'analyser, de se souvenir comme elle prétend l'avoir fait.

« Resterait cet état indéterminé, vague, mal défini, cette molle langueur où tombe une femme amoureuse ; mais c'est là un fait volontaire. Une femme qui se laisserait aller librement à cette manifestation d'un tendre abandon serait mal venue à prétendre ensuite que sa liberté lui a été alors enlevée. Le médecin légiste ne doit pas permettre que de pareilles allégations soient soutenues devant la justice.

« Que penser de cette partie du récit où il est question d'un toucher mystérieux et criminel en un endroit qu'on ne sait dire et qui produit l'évanouissement ? Nous ne connaissons pas cet organe mystérieux ni ces effets prodigieux du toucher. S'il s'agit du clitoris, ce récit est empreint d'une exagération ridicule ; cet organe n'a pas de propriétés si extraordinaires, toutes les femmes savent cela et la plaignante fait ici un récit plus romanesque que véridique. »

Lorain termine avec raison en posant cette question : Quel est le médecin qui peut se dire à l'abri d'une pareille accusation?

c. Jusqu'à présent nous avons cité des cas dans lesquels la plainte est fondée sur ce fait qu'il y a eu *inconscience* de la part de la femme, soit parce qu'elle était idiote ou épileptique, soit parce qu'elle alléguait qu'elle était tombée dans un état de demi-évanouissement ou d'évanouissement complet. Il nous reste à étudier les cas dans lesquels la femme prétend qu'elle était en état de *sommeil naturel ou provoqué* (anesthésique ou magnétique).

On admet assez volontiers qu'une femme mariée peut être surprise au lit pendant son sommeil par un étranger et que dans son demi-sommeil se croyant en contact avec son mari, inconsciente de la substitution elle puisse être victime d'un étranger, on ne saurait admettre qu'il en soit ainsi pour une vierge. Dans le premier cas il y a non pas inconscience absolue des actes commis mais plutôt erreur sur la personne qui les commet.

Le *sommeil artificiel* peut être provoqué par *les liqueurs alcooliques, par les narcotiques*. L'expertise aura pour but d'apprécier le fait lui-même, qui ne pourra être établi que par les témoignages, car au moment de l'intervention médico-légale les traces de ce sommeil artificiel auront disparu depuis longtemps.

Le *sommeil anesthésique* produit par les inhalations de chloroforme, ou d'éther prête à d'autres considérations. Nous admettons avec Hofmann d'après les expériences de Dolbeau, qu'il est bien difficile à une personne étrangère à l'art médical d'endormir une personne par surprise, sans son acquiescement, et à priori une telle assertion sera tenue pour suspecte. Mais le plus souvent le fait de la chloroformisation est admis par les deux parties, il s'agit d'un médecin ou d'un dentiste qui ne nie pas avoir endormi une jeune fille pour pratiquer une opération. La jeune fille déclare que pendant qu'elle dormait elle a été violée par le médecin. Il est vrai que trop souvent, cette accusation a été reconnue exacte. Mais la jeune fille peut de bonne foi inculper le médecin et celui-ci être absolument innocent. Il faut savoir en effet que pendant le sommeil chloroformique les personnes endormies ont souvent des rêves érotiques. Si elles se réveillent pendant la durée de ces rêves, elles restent parfois persuadées, et de bonne foi, qu'un attentat a été commis sur leur personne. Aussi formulerai-je cette règle de conduite absolue, c'est qu'un médecin ne doit jamais procéder à l'anesthésie sans être assisté par un ou plusieurs de ses confrères. Si cette assistance n'était pas réclamée par les dangers réels de l'emploi des anesthésiques pour le malade, elle le serait encore par l'intérêt de la réputation du médecin, qui même déclaré innocent par un jury ne peut jamais faire oublier qu'il a été accusé. Le plus souvent en effet lorsqu'une telle inculpation a été formulée, comme il n'y a pas de témoin et que la malade et le médecin étaient seuls, la culpabilité ou l'innocence ne peuvent se prouver, et le médecin ne bénéficie que de cette circonstance, insuffisante pour son honneur, que l'accusation n'est pas prouvée.

Il nous reste à décider si une jeune fille peut être violée pendant un *sommeil nerveux, hypnotique ou magnétique*. Nous rappellerons à ce propos une expertise qui nous est personnelle, et qui tire toute sa valeur de ce fait que l'inculpé avouait (1) ; nous ferons suivre cet exemple du résumé des travaux de M. Charcot qui n'ont paru que depuis cette époque. En juillet 1878 nous n'avions pour guide que quelques exemples empruntés à la remarquable étude de Tardieu sur les attentats aux mœurs (2), des observations de Devergie, Corti de Marseille, les mémoires de M. Lasègue, et un article de M. Mathias Duval.

La question était celle-ci, un sommeil nerveux provoqué met-il une femme dans un état tel qu'elle puisse être déflorée sans en avoir conscience ? Devergie et Tardieu résument leurs observations sur les cas publiés en disant : « Il n'est pas impossible que la volonté soit abolie sous l'influence du sommeil magnétique, étant données certaines prédispositions nerveuses et surtout étant réservées toutes les tentatives de simulation si fréquentes chez les hystériques.»

Il reste à dire comment ce sommeil nerveux peut être provoqué, et s'il est possible qu'une jeune fille y tombe sans en avoir conscience.

M. Lasègue (3) a constaté que parmi les hystériques, il n'était pas rare de pouvoir provoquer par l'occlusion des paupières un état cataleptique, et que toutes ces hystériques, particulièrement celles douées d'un tempérament indolent ne sont pas affectées de la rigidité caractéristique des membres, quelques-unes n'ont de la catalepsie que l'état comateux. Nous avons nous-même souvent répété devant les élèves de l'hôpital ces expériences dont notre maître nous avait rendu témoin.

Résumant les conditions dans lesquelles se produit le sommeil nerveux hypnotique, M. Mathias Duval dit (4) : « Ainsi la fixité du regard, la fatigue de la vue, telle est la source de tous les sommeils plus ou moins artificiellement provoqués. A cette cause essentielle il en faut joindre d'autres accessoires, qui viendront hâter la réus-

(1) Brouardel, *Relation médico-légale de l'affaire Lévy, dentiste à Rouen* (*Annal. d'Hyg.* 1879. 3e série, t. I, p. 39).

(2) Tardieu, *Etude médico-légale sur les attentats aux mœurs*, 7e édit., 1878, p. 88 et suivantes.

(3) Lasègue, *De l'anesthésie et de l'ataxie hystériques* (*Arch. gén. de Méd.*, 1864, t. III, p. 385). — *Des catalepsies partielles et passagères* (*Arch. gén. de Méd.*, 1865, t. VI, p. 385).

(4) M. Duval, *Nouveau dictionnaire de médecine et de chirurgie pratiques*, t. XVIII, 1874, art. *Hypnotisme*, p. 123.

site, mais qui toutes procèdent de la même source : la fatigue des sens par leur concentration monotone dans une même impression. L'enfant est hypnotisé auditivement par les chants monotones de sa nourrice et par les oscillations régulières de son berceau (impression du sens musculaire ?). Il ne faut pas chercher d'autre explication aux différentes pratiques magnétiques et particulièrement aux *passes* plus ou moins étranges qui sont mises en œuvre. »

Il sera facile, en relisant l'article de M. Lasègue, de voir que la jeune fille que j'ai eu à examiner à Rouen appartenait, au moment où j'ai pu l'observer, à l'un des types qu'il a décrits. C'était une hystérique, non convulsive, tombant facilement dans un état de sommeil nerveux.

Voyons maintenant quelles sont les conditions singulières qui ont déterminé M. le président des assises à nous demander notre opinion.

A la fin du mois d'avril, Mme B..., blanchisseuse à Rouen, âgée d'une quarantaine d'années, accompagnée de sa fille Berthe, âgée de 20 ans, déposait au parquet de Rouen une plainte contre le dentiste Lévy, qu'elle accusait d'avoir commis le crime de viol sur sa fille.

Certains détails fournis par la mère ôtaient à cette plainte toute apparence de vraisemblance. La mère déclarait avoir été présente pendant toute la durée des séances que sa fille avait faites chez ce dentiste, et elle disait n'avoir rien vu, rien soupçonné, pas plus que sa fille, jusqu'au moment où Lévy lui-même avait instruit celle-ci des actes qu'il avait commis sur sa personne.

Tant de naïveté autorisait quelque scepticisme, mais dès la première confrontation avec l'accusé le doute sur la réalité des actes commis ne fut plus possible. Devant le juge d'instruction Lévy fit cet aveu étonnant :

« Oui, vous étiez pure, vous étiez vierge, vous avez cru dans votre naïveté que ce que je faisais était nécessaire, et vous n'avez pas résisté. Sauvez-moi, sauvez ma femme et mes enfants, dites que je ne vous ai pas violée et je vous donne tout ce que je possède. »

Un fait était donc constant, l'accusé avait eu des rapports avec la fille B.... en présence de sa mère, celle-ci ne se doutant de rien ; il restait à déterminer si la fille B... avait consenti à ces rapprochements ou si elle avait subi les approches de Lévy pendant le sommeil, sans en avoir conscience.

Nous renvoyons à notre mémoire pour les détails secondaires.

Dans un premier rapport M. le Dr Levesque avait établi que cette jeune fille était déflorée. Dans un second rapport MM. les Drs Levesque, Cauchois et Thierry rejetèrent l'hypothèse d'un sommeil anesthésique, et nous fûmes commis pour dire : « *Si au moment où les faits se sont produits, la fille B... se trouvait pour une cause quelconque dans l'impossibilité d'apprécier ce qui se passait et de donner son consentement aux actes commis sur sa personne.* »

Pour que la fille B. B... se soit trouvée dans l'impossibilité d'apprécier les faits qui se sont passés chez le dentiste Lévy, il faut que pendant ces visites elle ait au moins passagèrement perdu d'une façon complète tous les différents modes de la sensibilité.

Une abolition absolue de toute sensibilité générale ou spéciale est nécessairement temporaire. Elle met l'individu dans un état qui n'a de comparable que le sommeil le plus profond, qui en prend les caractères, et l'un d'eux est précisément d'être un épisode transitoire. L'affirmation de la réalité ou de la probabilité de cet état d'insensibilité est donc difficile, car elle repose sur des conjectures faites sur un incident morbide très complexe dont personne de scientifiquement compétent n'a été témoin.

Cette perte de sensibilité, disons-nous, est nécessairement temporaire; en effet, c'est dans cette condition de durée limitée que la sensibilité peut être complètement abolie, en dehors des cas de catalepsie spontanée dont il n'est pas question en ce moment. Une perte de sensibilité permanente comme celle des hystériques reste toujours incomplète, et par suite ne fournit pas une explication suffisante de l'état inconscient où se serait trouvée la fille Berthe B... Chez les hystériques les plus profondément atteintes, tous les modes de la sensibilité ne sont pas simultanément détruits. Ces différents modes de la sensibilité comprennent la sensibilité générale de la peau et des muqueuses au contact, à la douleur, à la température, la sensibilité désignée sous le nom de conscience musculaire, plus les sensibilités spéciales, parmi lesquelles nous citons celles de la vue, de l'ouïe, du sens génésique.

Or, la sensibilité désignée sous le nom de conscience musculaire, du sens de l'action musculaire, indique à l'individu quelle est la position occupée par ses membres; elle persiste habituellement chez les hystériques, même quand la perte de la sensibilité tactile est complète. En fait, la fille Berthe B... conservait cette sensibilité, puisqu'elle rapporte elle-même dans quelle position Lévy plaçait ses membres inférieurs. Alors même que le contact à la peau n'aurait pas révélé à la fille B... les actes commis sur sa personne, elle aurait donc gardé la conscience de la position et des secousses imprimées à ses membres.

La vue et l'ouïe auraient de plus complété cette notion en admettant qu'elle soit restée vague, car jamais l'intégrité de ces sens n'a été mise en doute chez cette jeune fille.

Enfin, alors même qu'il est établi que chez une femme la sensibilité au contact et à la douleur est abolie, cette constatation ne fournit pas de données sur la persistance ou la disparition de la sensibilité spéciale des organes génitaux. Un grand nombre de femmes, en pleine possession de leur sensibilité génitale, n'ont aucune notion des sensations voluptueuses éveillées par le coït; elles n'en apprécient les actes que par les contacts cutanés.

Inversement, des hystériques chez qui la sensibilité générale a disparu, conservent souvent la plénitude de cette sensibilité génitale; quelquefois même son intensité est exaltée, et les sensations spontanées ou provoquées se traduisent par des actes de nymphomanie. En tout cas, l'intégrité du sens génésique peut persister isolée comme la vue ou l'ouïe.

Ainsi donc, même s'il était démontré que lorsque la fille B... s'est rendue chez le dentiste Lévy elle était hystérique, anesthésique et analgésique, la non-abolition de tous les autres modes de sensibilité, et notamment de celui de la vue, ne permettrait pas d'admettre qu'elle a pu *éveillée* assister inconsciente aux actes commis sur sa personne.

L'abolition absolue de tous les modes de la sensibilité n'existe que dans le sommeil naturel et dans le sommeil morbide ou artificiellement provoqué, et dans ces deux derniers cas seulement le sommeil est assez profond pour que des sensations extérieures douloureuses ne le fassent pas cesser.

Nous savons que cette abolition temporaire et absolue peut être provoquée par l'ingestion ou l'inhalation d'agents anesthésiques. Peut-elle également survenir temporairement et aussi complètement sans administration de médicament ? Ce sont là deux hypothèses que nous avons à examiner.

Première hypothèse : Abolition de la sensibilité par administration d'agents anesthésiques. — Nous partageons d'une façon complète l'opinion exposée dans leur rapport par nos confrères MM. les Drs Levesque, Thierry, Cauchois. Rien dans les descriptions recueillies ni dans les réponses que nous ont faites la fille B... et sa mère ne nous autorise à accepter l'hypothèse de l'administration d'agents anesthésiques, et tout la contredit. Nous n'ajoutons rien aux arguments donnés par nos confrères, et nous n'admettons pas plus qu'eux que cette fille ait été soumise à l'action d'un agent anesthésique.

Seconde hypothèse : La sensibilité a-t-elle pu être absolument et temporairement abolie sous l'influence d'un état morbide? — Nous chercherons nos éléments de jugement sur ce point dans l'état de santé actuel de la fille B... ; mais nous devons dès maintenant déclarer que rien ne prouve que ce qui est vrai aujourd'hui ait été également vrai il y a quelques mois, lorsque cette fille s'est confiée aux soins de Lévy.

Aujourd'hui elle est enceinte de cinq mois, elle semble troublée par les événements survenus, et il est probable que son état nerveux est plus profondément atteint qu'il ne l'était à la fin de février ; peut-être même est-il atteint d'une façon différente.

Sous la réserve de ces observations, voici les constatations que nous avons faites dans notre visite du 29 juillet.

La fille B..., âgée de 21 ans, est maigre, pâle, ses lèvres sont décolorées, elle a un bruit de souffle doux à la base du cœur ; en un mot, elle est très nettement anémique.

Elle semble calme, presque somnolente, demi-torpide ; elle est plus prompte à pleurer qu'à s'irriter, et réagit peu sous l'influence des questions qu'on lui pose ; son intelligence paraît médiocrement développée, sans que nous puissions juger s'il en a toujours été ainsi ou si cet engourdissement est passager. La mère déclare que sa fille s'endort à tout moment.

Nous ne relevons pas les sensations accusées par la fille B..., étouffements, cauchemars, spasmes, parce que nous ne pouvons les apprécier que par le dire de la jeune fille. D'ailleurs, ses réponses sont si peu précises qu'il faut les considérer comme sans valeur. Il semble toutefois qu'elle n'ait jamais eu de grandes attaques hystériques à forme convulsive ; leur explosion aurait sinon frappé sa mémoire, du moins celle de sa mère.

La sensibilité générale présente les modifications suivantes : diminution ou abolition de la sensibilité à la douleur (analgésie), conservation de la sensibilité au contact et à la température (pas d'anesthésie), conservation du sens de l'activité musculaire (conscience de la position des membres), intégrité de la vue et de l'ouïe, sensation douloureuse lorsque l'on pratique le toucher vaginal (conservation de la sensibilité à la douleur et au contact de ces parties).

En résumé, la fille Berthe B... est actuellement une anémique, et ses manifestations hystériques la placent plutôt dans la classe des hystériques à forme dépressive que dans celle des hystériques excitables, mobiles, spasmodiques ou convulsives.

Nous avons soumis cette jeune fille à une autre épreuve, nous lui avons fermé les paupières, et presque immédiatement nous avons senti les globes oculaires agités de petits mouvements convulsifs, portés en haut et en dedans, dans un strabisme convergent. La tête s'est renversée sur le dossier du fauteuil, les mains qui étaient croisées sont tombées mollement le long des deux côtés du corps, la respiration est devenue un peu pénible, les parois de la poitrine se sont soulevées davantage, et dans un espace de temps qui n'a pas dépassé une minute cette jeune fille s'est endormie. Nous l'avons légèrement secouée alors : les pupilles rétrécies se sont dilatées largement, comme lorsque quelqu'un sort brusquement du sommeil naturel, et elle est rentrée de suite sans transition en possession de son intelligence.

Nous avons deux fois répété cette épreuve, qui nous a donné des résultats identiques ; mais nous n'avons pas voulu prolonger une expérience qui, dans l'état de grossesse de cette jeune fille, n'aurait peut-être pas été sans inconvénient.

Il est donc possible actuellement de provoquer de la façon la plus simple et la plus facile un sommeil artificiel chez la fille B..., sans employer aucun agent anesthésique. Mais, je le répète, ce fait, incontestable en ce moment, ne prouve que pour le moment actuel.

Le procédé par lequel nous avons réussi à endormir la jeune B... est celui de l'application des doigts sur les paupières. Rien ne porte à penser que ce procédé ait été employé par Lévy ; mais on sait que chez les personnes qui subissent si facilement ce sommeil hypnotique, il suffit pour le faire naître d'employer d'autres moyens, de faire regarder à un sujet prédisposé par son état nerveux un objet quelconque un peu brillant placé à 15 ou 20 centimètres au-dessus des yeux, ou même encore de forcer les yeux à se diriger en haut sans point de mire brillant, regardant un objet imaginaire.

Le fait essentiel pour obtenir le sommeil hypnotique est de déterminer la fixité du regard en haut, et d'amener la fatigue de la vue. A cette cause essentielle il faut en joindre d'autres accessoires qui hâtent la réussite, telle que la fatigue des sens par leur concentration monotone dans une même impression.

Bien que dans la majorité des cas le sommeil hypnotique ait été provoqué chez les personnes prédisposées par un état nerveux plus ou moins évident, cependant les femmes ne sont pas seules à pouvoir le subir. Azam, Broca, Velpeau, Demarquay et nous-même, avons vu des hommes plongés dans le sommeil hypnotique.

Ajoutons que, après quelques séances d'hypnotisation, les sujets contractent une facilité singulière à retomber dans le sommeil nerveux.

La perte de tous les modes de sensibilité n'est pas liée d'une façon absolue à l'hypnotisation ; quelques personnes ont, au contraire, une exaltation des sens et de la sensibilité générale, mais le plus souvent cette perte est complète. Cloquet,

Azam, Broca, Guérineau (de Poitiers), Velpeau, alors que j'étais son interne, ont fait pendant le sommeil hypnotique les opérations chirurgicales les plus douloureuses : ouverture d'un abcès de la marge de l'anus, ablation du sein, amputation de la cuisse, sans que l'opéré ait senti la moindre douleur.

Ces faits, incontestables dans leur réalité, peuvent-ils s'appliquer au cas particulier? Nerveuse, impressionnée, placée par Lévy dans une position telle que, couchée, les mains relevant la lèvre supérieure et bouchant en même temps les narines, empêchaient la vue de se diriger vers les parties inférieures et obligeaient les globes oculaires à se porter en haut, la demoiselle B..., pendant ses visites chez Lévy, est-elle tombée dans le sommeil hypnotique?

C'est là une question à laquelle il m'est absolument impossible de répondre. Mais j'ai cru devoir rappeler les faits de sommeil nerveux et décrire leurs caractères, parce qu'ils démontrent, en thèse générale, que des femmes, le plus souvent hystériques, et même des hommes ont pu être plongés dans un sommeil hypnotique pendant lequel ils n'avaient aucune conscience des actes commis sur leur personne.

Conclusion. On peut, à titre d'hypothèse, se demander si, au moment où se sont produits les faits dont est inculpé le dentiste Lévy, la fille Berthe B... ne s'est pas trouvée plongée dans un état de sommeil nerveux, et par suite dans l'impossibilité de connaître ce qui se passait et de donner son consentement aux actes commis sur sa personne. Mais, en l'absence de tout témoin capable d'apprécier scientifiquement les caractères d'un fait aussi complexe et qui ne laisse aucune trace, il est impossible d'affirmer que cet état de sommeil ait réellement existé.

Telles sont les seules conclusions qui nous ont paru légitimes. Nous sommes certain qu'au moment de notre examen cette jeune fille tombait avec une extrême facilité dans un état de sommeil nerveux. Toute crainte de simulation se trouvait écartée par les mouvements de la pupille au moment du réveil. D'abord contractée comme dans le sommeil, elle se dilatait ensuite de telle façon que l'iris disparaissait presque et se contractait ensuite de nouveau.

Mais rien ne nous prouve que cet état nerveux ait précédé la grossesse, et qu'il suffise à rendre compte des faits qui se sont accomplis chez le dentiste Lévy.

Les aveux de l'inculpé et d'autres circonstances extra-médicales du procès déterminèrent la conviction des jurés, et Lévy fut condamné à dix ans de réclusion. Il ne se pourvut pas en cassation.

M. le Dr Cauchois a bien voulu me donner quelques renseignements complémentaires sur la fille Berthe B... Celle-ci est accouchée à sept mois d'un enfant mort-né dont l'âge coïncidait avec l'époque des premières visites faites au dentiste Lévy. M. le Dr Cauchois termine sa lettre par cette phrase : « Je vous affirme qu'on peut tenir Berthe B... pour une hystérique véritable, et au point de vue de l'intelligence pour une *minus habens.* »

Nous arrivons donc aux conclusions déjà formulées par MM. Devergie et Tardieu; toutes réserves faites sur les possibilités de simulation, cet exemple doit être joint à ceux qui les avaient portés à admettre qu'une fille peut être violée pendant que sa volonté est abolie par un état de sommeil nerveux ou hypnotique.

Nous avons tenu à rapporter cette observation avant de parler des recherches de M. Charcot. Aujourd'hui en effet, grâce à ces travaux, nous possédons d'autres moyens d'expertise et l'analyse que nous avons faite de l'état de Berthe B. serait considérée à juste titre comme insuffisante.

Voyons quelles sont les parties des observations de M. Charcot utilisables en médecine légale. Nous avons dit que la question capitale était de distinguer la simulation de la réalité, et nous ajoutons de pouvoir faire ce diagnostic à l'aide de signes assez nets pour que l'expert ait une conviction ferme et les moyens de la faire partager aux autres.

Quelles sont les personnes capables de subir un sommeil nerveux et quels sont les signes de ce sommeil? Telle est la première question à résoudre.

Les femmes atteintes d'hystéro-épilepsie ou, pour parler plus médicalement, les hystériques chez lesquelles les phénomènes de la grande attaque sont portés à leur summum, sont les plus exposées à tomber sous des influences diverses dans l'*état cataleptique* et l'*état léthargique*.

Nous reproduisons *in extenso* deux exemples empruntés à la thèse de M. Paul Richer (1), d'après les conférences de M. Charcot faites à la Salpêtrière en 1878.

Première observation: — Influence de la lumière sur la production de la catalepsie et du somnambulisme hystériques.

1° La malade est placée devant un vif foyer lumineux (lampe Bourbouze, lumière de Drummond, lumière électrique) qu'on la prie de fixer du regard. Au bout d'un temps généralement court (quelques secondes à plusieurs minutes) et parfois d'une façon instantanée, survient l'*état cataleptique*. La malade est comme

(1) Dr Paul Richer, Thèse inaugurale, Paris, 1879, p. 125.

Consultez également les leçons de M. Charcot parues dans le *Progrès médical*. *Des troubles de la vision chez les hystériques* (*Prog. méd.*, 1878, p. 37). — *Amblyopie chez les hystériques* (*Prog. méd.*, 1878, p. 65, 86). — *De la chorée rhythmique hystérique* (*Prog. méd.*, 1878, p. 93, 113). *De l'influence des lésions traumatiques sur le développement des phénomènes d'hystérie locale* (*Prog. méd.*, 1878, p. 335). — *Sur un nouveau procédé de métallothérapie externe* (*Prog. méd.*, 1878, p. 573). — *De la grande hystérie*, 1878, p. 580. — *Sur l'action physiologique de l'aimant et des solénoïdes*, 1878, p. 617. — *Contracture hysterique du poignet gauche*, etc., 1878, p. 679, 703, 745. — *Catalepsie et somnambulisme hystériques provoqués* (*Prog. méd.*, 1878, p. 973, et *Prog. méd.*, 1879, p. 20). — *Description de la grande attaque hystérique* (*Prog. méd.*, 1879, p. 17). — *Cécité hystérique, métallothérapie et électricité*, par Dujardin-Beaumetz (*Prog. méd.*, 1879, p. 537).

fascinée, immobile, l'œil grand ouvert, fixé sur la lumière, la *conjonctive injectée* et humide. L'anesthésie est complète. Si la malade était hémianesthésique, elle devient *anesthésique* totale. Elle n'est point contracturée, et tous ses membres ont la souplesse de l'état normal ou à peu près (quelquefois ils sont le siège d'une certaine raideur); mais ils ont acquis cette propriété singulière de conserver l'attitude qu'on leur imprime. C'est bien là ce que tous les auteurs ont décrit sous le nom de catalepsie. Et la malade peut garder pendant longtemps des poses qu'elle aurait même peine à prendre quand elle n'est point dans cet état. Toute communication de la malade avec le monde extérieur semble interdite, et elle ne donne aucun signe d'intelligence aux diverses interpellations qu'on peut lui adresser. Une particularité fort intéressante est l'influence du geste sur la physionomie. Les traits reflètent l'expression du geste. Une attitude tragique imprime un air dur à la physionomie, le sourcil se contracte. Et si l'on approche les deux mains de la bouche, comme dans l'acte d'envoyer un baiser, le sourire apparaît immédiatement aux lèvres. C'est là un exemple de ce que, dans le langage de Braid, on appelle le phénomène de la *suggestion*. Cet état de catalepsie dure aussi longtemps que l'agent qui l'a provoqué, la lumière, continue à impressionner la rétine.

2° Si la lumière disparaît subitement, ou si l'on empêche le rayon lumineux de parvenir à l'œil de la malade en interposant un écran, ou simplement en baissant ses paupières supérieures avec la main, la catalepsie fait place à un nouvel état qui en diffère essentiellement et qui répond à ce que l'on a désigné sous les noms de somnambulisme, somniation provoquée, de sommeil nerveux, sommeil magnétique, etc... Le mot sommeil est peut-être assez improprement employé ici, car nous verrons que cet état spécial diffère par bien des caractères du véritable sommeil. M. Charcot préfère le désigner, en attendant mieux, sous le nom de *léthargie*.

La léthargie hystérique, dans ce cas particulier, débute brusquement avec la cessation de l'impression lumineuse : si elle était debout, la malade tombe à la renverse, la tête rejetée en arrière, le cou saillant.

Les yeux se ferment, et une inspiration sifflante se fait entendre, accompagnée de quelques mouvements bruyants de déglutition. Ces derniers signes et la chute en arrière rappellent, jusqu'à un certain point, les débuts de l'attaque hystéro-épileptique; mais la ressemblance s'arrête là, car les membres et tout le corps, loin de présenter la tétanisation de la période épileptoïde, sont le plus souvent dans la résolution la plus complète.

Un phénomène musculaire fort remarquable se développe immédiatement. C'est ce que M. Charcot désigne sous le nom d'*hyperexcitabilité musculaire* : il suffit d'exciter mécaniquement un muscle au travers de la peau, soit en pressant, soit en frottant, même légèrement, pour provoquer sa contraction, à la façon de ce qui a lieu quand on pratique l'électrisation localisée. La contraction du muscle, sur les membres, persiste après l'excitation, pour peu que celle-ci soit un peu forte et un peu prolongée, et se transforme facilement en contraction permanente; l'excitation d'un nerf provoque la contraction des muscles qu'il innerve. Ainsi, il suffit d'une légère pression faite en avant du lobule de l'oreille, au point où émerge le facial, pour amener la contraction des muscles du même côté de la face; chaque muscle de la face, touché isolément, se contracte isolément; une légère friction sur le sterno-mastoïdien fait tourner la tête suivant l'action connue de ce muscle, c'est-à-dire que la face est dirigée du côté opposé au muscle excité. L'excitation de l'antagoniste, c'est-à-dire du sterno-mastoïdien de l'autre côté, ramène la tête dans la situation droite et, si l'on insiste, la tourne inversement. Sur un bras l'excitation des fléchisseurs amène la contracture du membre dans la flexion, qui cesse par l'excitation des extenseurs, et inversement. En résumé, tous les muscles sont susceptibles de se contracter ainsi ; et suivant la durée et l'intensité de l'excitation, on obtient à volonté une contraction ou une contracture.

Il existe à ce sujet une petite différence entre les muscles de la face et ceux des membres. A la face on provoque très facilement la contraction des muscles, mais difficilement la contracture. Il faut insister, et encore ne réussit-on pas chez toutes les malades. Chez Wit...., par exemple, on arrive facilement à contracturer les muscles de la face de façon à imprimer à la physionomie telle expression grimaçante qui persiste.

La résolution n'est pas toujours complète chez B...., par exemple, souvent la tête conserve un léger degré de catalepsie. La malade étant assise, le dos renversé sur une chaise, la tête ne retombe pas complètement inerte, elle se maintient à demi renversée ; et si on la tourne à gauche ou à droite, si on la penche en arrière ou en avant, elle conserve la position qu'on vient de lui donner. Par contre, les membres sont le plus souvent dans la résolution la plus complète.

A ces différents signes se joignent, pour caractériser la léthargie hystérique provoquée, un frémissement constant de la paupière supérieure, la convulsion des globes oculaires dans diverses directions, et la persistance de l'anesthésie totale et absolue.

Tel est ce qu'on pourrait appeler le *carus hystérique*, ou première phase de la léthargie provoquée.

Mais la malade, jusque-là inerte, peut, sous l'influence de certaines excitations, entrer dans une seconde phase qui se rapproche davantage du somnambulisme. Si on l'appelle un peu vivement, elle se lève et se dirige, les yeux toujours fermés, vers l'interpellateur. On peut la faire écrire, coudre, etc. Elle exécute tous ces différents actes, les yeux fermés, à peu près avec autant de précision que dans l'état de veille. Le sens musculaire, suivant la remarque de M. Azam, semble remplacer la vue. Elle répond parfois aux questions qu'on lui pose avec plus de précision qu'elle ne le saurait faire dans son état normal ; il semble que l'intelligence soit plus excitée.

Pendant cette seconde phase de la somniation provoquée, les phénomènes musculaires de la première phase persistent au même degré (hyperexcitabilité musculaire, frémissement des paupières, etc.).

Pour faire sortir la malade de cet état, comme de l'état cataleptique, il suffit de lui souffler sur le visage ou de comprimer les ovaires. Au moment où elle revient à elle, la malade est prise d'un spasme pharyngien qui amène un peu d'écume entre ses lèvres, témoignant ainsi de la connexité qui existe entre ces différents états et l'attaque convulsive vraie. Dans aucun cas nous ne l'avons vue conserver le souvenir de ce qui s'est passé pendant ce sommeil.

En résumé, on voit que les deux états que nous venons d'étudier sont ainsi caractérisés :

1° *État cataleptique.* — L'œil est grand ouvert ; anesthésie totale et absolue ; aptitude des membres et des diverses parties du corps à conserver la situation qu'on leur imprime ; peu ou point de rigidité musculaire ; impossibilité de faire contracter le muscle par excitation mécanique.

2° *État léthargique.* — Les yeux sont fermés ou demi-clos : frémissement persistant de la paupière supérieure ; convulsion des globes oculaires ; anesthésie totale et absolue ; hyperexcitabilité musculaire : les membres dans la résolution ne conservent plus la situation qu'on leur donne, en dehors de celle que peut leur imprimer la contracture provoquée : *carus* ou *sommeil* (première phase), *somnambulisme* (deuxième phase).

Deuxième observation. — Hémiléthargie et hémicatalepsie existant simultanément chez le même sujet.

Nous avons vu, dans l'observation précédente, la catalepsie produite par l'impression lumineuse et suivie de la léthargie par la suppression brusque de la lumière. Le retour de la lumière ramène la catalepsie, il suffit de soulever les paupières de la malade léthargique pour faire revenir tous les signes de l'état cataleptique. Dans ce cas la catalepsie et la léthargie se succèdent tour à tour au gré de l'observateur, suivant qu'il maintient ouverts ou fermés les yeux de la malade.

Cette expérience peut être variée de la façon suivante. Supposons la malade plongée dans l'état cataleptique sous l'influence d'une vive lumière. Nous fermons avec la main un seul de ses yeux, l'œil droit par exemple, et aussitôt elle devient léthargique du côté droit seulement, pendant qu'elle demeure cataleptique du côté gauche. C'est-à-dire que les membres et la face du côté droit sont dans la résolution et jouissent seuls de l'hyperexcitabilité musculaire caractéristique de la léthargie, pendant que les membres du côté gauche seulement ont la propriété de conserver les attitudes qu'on leur communique.

La malade est à la fois, on peut le dire, hémiléthargique et hémicataleptique. L'hémiléthargie ou l'hémicatalepsie peut indifféremment occuper l'un ou l'autre côté du corps.

Parmi les signes notés dans ces deux observations, ceux qui peuvent écarter toute idée de simulation sont la permanence des attitudes les plus fatigantes dans la catalepsie, — l'excitabilité d'un muscle par le frottement avec la spécialité de l'attitude du membre, résultant de l'action connue de ce muscle (exemple: excitation du muscle sterno-mastoïdien) dans l'état léthargique. La possibilité de placer la malade dans un état tel que la moitié du corps soit en léthargie et l'autre en catalepsie.

La catalepsie peut être provoquée par l'excitation d'un foyer lumineux, par des vibrations sonores (Diapason ou bruit du gong chinois) ; elle peut être provoquée également par l'influence du regard, dans ce dernier cas la léthargie semble débuter ou du moins n'être précédée que par un état cataleptique peu accusé. La pression des globes oculaires (Procédé de M. Lasègue) aurait les mêmes résultats.

L'examen du sens de la vue fournit des éléments capables de faire discerner la simulation. M. Briquet avait déjà signalé la fréquence des troubles visuels chez les hystériques. Depuis, M. Galezowski a constaté que les hystériques voient mal les couleurs, et que l'œil de ces malades, particulièrement du côté où l'on observe de l'anesthésie, est *achromatopsique* ou *dyschromatopsique;* il a perdu la faculté de distinguer une ou plusieurs couleurs.

A ces notions M. Charcot a ajouté les remarques suivantes (1) : « On sait que, dans l'état normal, les différentes parties du champ visuel rétinien ne sont pas également aptes à percevoir les couleurs. M. Landolt a prouvé récemment que le violet est perçu par les parties centrales de la rétine et que les autres couleurs sont réparties, autour de ce cercle central, dans des zones concentriques d'inégale largeur, et disposées de dehors en dedans, dans l'ordre suivant : bleu, jaune, orangé, rouge, vert, violet (au centre). Or, chez les hystériques amblyopiques, le champ visuel est rétréci, et il est rétréci surtout du côté où l'on constate l'anesthésie. Ce fait, remarqué par M. Landolt, permet de comprendre le mécanisme de la disparition des couleurs. Le champ visuel diminuant de plus en plus, la couleur centrale, le violet, finira par disparaître; si cette diminution continue, le vert disparaîtra à son tour, et ainsi de suite jusqu'au bleu qui pourra disparaître également. Les amblyopiques peuvent perdre ainsi la notion d'une ou plusieurs couleurs, et, dans un degré avancé de la maladie, toutes les couleurs cesseront d'exister pour eux; ils verront tous les objets en teinte grisaille ou sépia.

« Chez quelques malades, la sensation du rouge persiste, alors que la notion du jaune et du bleu s'est éteinte.

« Lorsque la guérison de l'hystérie a lieu, les achromatopsiques recouvrent la notion des couleurs dans l'ordre inverse de celui de leur disparition.

« L'influence de la métalloscopie sur l'achromatopsie n'est pas moins intéressante. L'application des plaques métalliques de M. Burq, sur les régions anesthésiées, fait reparaître les couleurs absentes, dans l'ordre inverse de leur disparition, en même temps qu'elle rappelle la sensibilité. Lorsqu'on cesse d'appliquer ces plaques, les troubles de la sensibilité et l'achromatopsie ne tardent pas à revenir. »

Ainsi dans l'achromatopsie hystérique rien ne marche au hasard. Les couleurs se perdent et se recouvrent dans un ordre déterminé; la simulation arriverait difficilement à prévoir les diverses expériences de contrôle pratiquées à l'aide de l'aimant et des plaques métalliques. Un caractère important sépare l'achromatopsique hys-

(1) Charcot, *Soc. de Biologie*, séance du 19 janvier 1878. *Gaz. méd.* 1878, p. 85.

térique de l'achromatopsique de naissance, du daltoniste. Chez l'hystérique une couleur manquant n'est pas remplacée par une autre couleur, elle voit gris. Chez le daltoniste la couleur non perçue est presque toujours le rouge et elle est remplacée par le vert ou du moins le daltoniste confond ces deux couleurs, il ne voit pas gris.

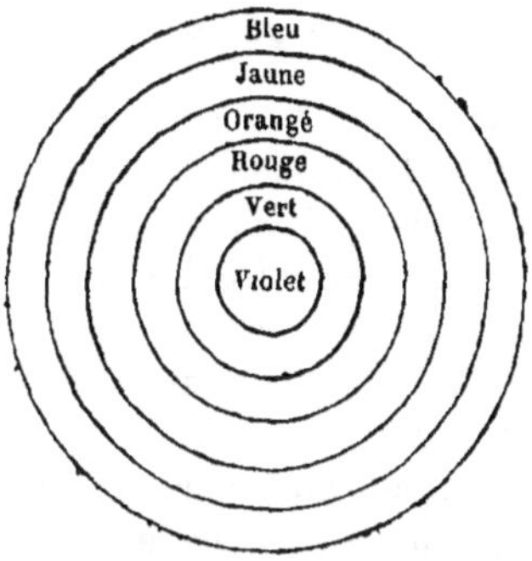

Fig. 39. — Achromatopsie hystérique. Schéma indiquant l'ordre des zones de perception des diverses couleurs. En réalité ces zones devraient être d'inégale largeur. (Voyez Landolt, *Progrès médical*, 1877.)

Ordre de disparition des diverses couleurs.	Ordre de retour des diverses couleurs.
Violet	Bleu
Vert	Jaune
Rouge	Orangé
Orangé	Rouge
Jaune	Vert
Bleu	Violet
Quelquefois le rouge disparaît le dernier.	Quelquefois le rouge revient le premier.

Nous ne saurions dans cette étude médico-légale prolonger cette description et analyser tous les possibles. Nous renvoyons pour plus de détails aux études de M. Charcot ; en présence d'un cas particulier l'expert devra se reporter aux exemples insérés dans ses leçons (1). Il faut se souvenir que si les hystéroépileptiques nous ont servi de type, divers phénomènes, la catalepsie, le somnambulisme, ne leur appartiennent pas exclusivement. On en rencontre des manifestations rares, il est vrai, mais très réelles, chez des femmes peu hystériques, chez des hommes et particulièrement chez des jeunes gens. Ce résumé suffira, nous l'espérons pour montrer aux

(1) Charcot, *Le Progrès médical*.

médecins que l'inconscience peut être complète et invoquée à juste titre dans certains cas, mais que ces accidents ne se groupent pas au hasard, qu'ils ont une physionomie, une marche particulière et qu'un médecin expert est maintenant armé de moyens assez puissants pour déjouer de grossières simulations.

§ 5. — VIOL SUR UNE JEUNE FILLE DE MOINS DE QUATORZE ANS (1).

Hoffmann a présenté, sur *le viol commis sur des jeunes filles de moins de 14 ans*, des considérations tout à fait applicables en France au *viol commis sur des jeunes filles de moins de 13 ans*. Nous croyons que le jeune médecin exposé à faire des expertises ne lira pas sans intérêt les détails statistiques suivants; ils lui donneront une idée des conditions dans lesquelles se présentent ces affaires médico-légales.

Fréquence des attentats à la pudeur en France. — Tous les comptes rendus de la justice criminelle en France signalent depuis cinquante ans une augmentation déplorable dans le nombre des attentats à la pudeur commis sur les enfants. Il est certain que cette progression continuelle et dont on pourra apprécier la gravité par les chiffres que nous fournirons tout à l'heure, est appréciée par les rapporteurs d'une façon qui en indique réellement la marche, cependant il faut signaler plusieurs causes d'erreurs.

Donnons d'abord quelques chiffres. Le nombre des accusations pour viols ou attentats à la pudeur sur des enfants âgés de moins de 16 ans était, de 1826 à 1830, de 136, année moyenne, — de 1846 à 1850 il est déjà de 420, — de 1861 à 1865 il est de 751 et il semble depuis lors se maintenir sans grande variation.

Mais nous devons faire remarquer que de 1826 à 1879, l'article 331 du Code pénal a été deux fois modifié. Avant le 28 avril 1832, cet article était ainsi conçu : « Quiconque aura commis le crime de viol ou sera coupable de tout autre attentat à la pudeur consommé ou tenté *avec violence* contre des individus de l'un ou l'autre sexe, sera puni de la réclusion. » On remarquera que dans cet article l'âge n'est pas spécifié, l'âge ne l'est que dans l'article 332, et on le fixe à 15 ans, et de plus il faut, pour qu'il y ait crime, une violence.

La loi du 28 avril 1832 remplace ainsi cet article 331 : « Tout attentat à la pudeur, consommé ou tenté *sans violence* sur la personne d'un enfant de l'un ou l'autre sexe âgé de moins *de onze*

(1) Voyez p. 93.

ans, etc. » Pour qu'il y ait crime, la violence n'est plus nécessaire et l'âge est spécifié, mais fixé très bas, à onze ans. On conçoit que les attentats à la pudeur commis sans violence qui n'étaient pas atteints par l'ancienne loi, soient venus grossir le chiffre de la statistique criminelle, alors même que les actes criminels n'auraient pas beaucoup augmenté de nombre.

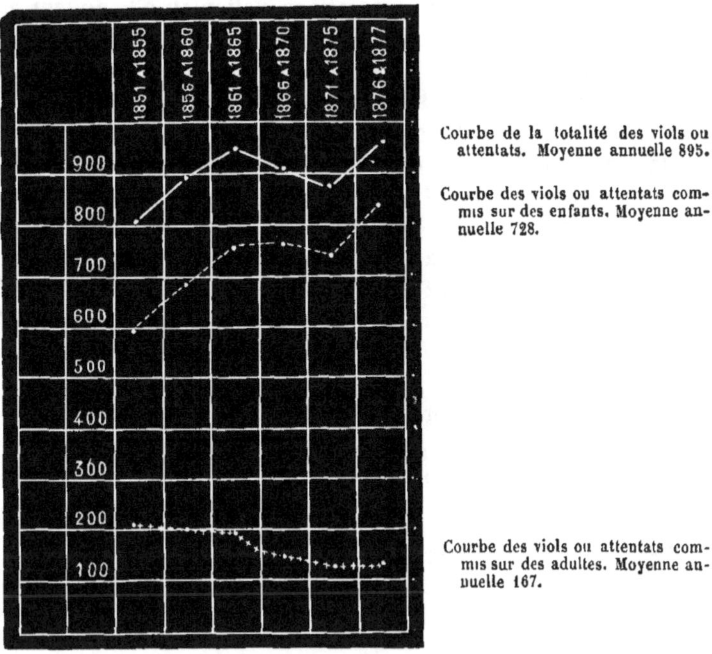

Fig. 40. — Viols ou attentats à la pudeur.

Tableau indiquant la fréquence des viols et des attentats à la pudeur, leurs variations quinquennales.

Moyenne annuelle.	Viols ou attentats commis sur des adultes.	Viols ou attentats commis sur des enfants.	Chiffre total.
1851 à 1855	209	592	801
1856 à 1860	202	683	886
1861 à 1865	191	751	942
1866 à 1870	150	758	908
1871 à 1875	125	746	871
1876 et 1877	124	839	963

Enfin, le 13 mai 1863, cet article fut encore modifié et la limite d'âge fut portée à 13 ans. Les attentats commis sans violence sur les enfants de 12 et 13 ans furent dès lors poursuivis et vinrent encore augmenter le chiffre de ces crimes relevés par la justice.

Bien que cette plus grande sévérité dans la répression atténue dans une certaine proportion le chiffre apparent de l'augmentation, celle-ci n'est pas moins réelle. Nous plaçons sous les yeux un tableau (fig. 40) dans lequel on voit par période quinquennale, représenté le nombre des accusations d'attentats à la pudeur et de viols. La ligne supérieure indique le nombre total des accusations, celle du milieu, le nombre des accusations pour viols ou attentats commis sur des enfants de moins de 15 ans, la ligne inférieure celui des accusations pour les mêmes crimes commis sur les adultes (1).

On remarquera que le nombre des attentats à la pudeur ou des viols commis sur des enfants âgés de moins de 15 ans est quatre fois plus considérable que ceux qui sont commis sur des adultes (2), et de plus, tandis que le nombre des victimes adultes a diminué progressivement en trente ans d'environ un tiers, le nombre des attentats commis sur les enfants a régulièrement augmenté et dépasse aujourd'hui dans la proportion d'un quart le chiffre inscrit il y a trente ans.

Cette marche est encore plus facile à saisir lorsqu'on simplifie les chiffres de comparaison, en présentant la moyenne annuelle des accusations pour des périodes décennales.

MOYENNE ANNUELLE DES VIOLS OU ATTENTATS A LA PUDEUR, LEURS VARIATIONS PAR PÉRIODE DÉCENNALE.

	VIOLS OU ATTENTATS COMMIS		
	sur des adultes	sur des enfants	TOTAL
1851 à 1860	205	637	843
1861 à 1870	170	754	925
1871 à 1877	124	792	917

(1) En 1870 et 1871 il y eut un abaissement léger imputable, peut-être, à ce que sous l'influence des perturbations de ces années cruelles, les poursuites furent moins actives, peut-être aussi à ce que les mœurs elles-mêmes furent modifiées.

(2) Dans la statistique criminelle on entend par adultes les individus âgés de plus de 15 ans.

Nous empruntons également au compte rendu général de la justice pour 1877 le tableau suivant par lequel on pourra apprécier d'après les acquittements et la pénalité appliquée l'importance des charges qui pesaient sur les accusés.

RELEVÉ GÉNÉRAL DES ACCUSATIONS PORTÉES DEVANT LES COURS D'ASSISES ET JUGÉES CONTRADICTOIREMENT (1).

(*Compte général de l'administration de la justice criminelle en France pendant l'année* 1877.)

NATURE DES CRIMES	NOMBRE TOTAL		RÉSULTAT DES POURSUITES						
				NOMBRE DES CONDAMNÉS					
				à des peines afflictives et infamantes			à des peines correctionnelles PRISON		
				TRAVAUX FORCÉS					
	des accusations	des accusés	Nombre des acquittés	à perpétuité	à temps	la réclusion	plus d'un an	un an et moins ou amende	Nombre des enfants à détenir dans une maison de correction
Attentat à la pudeur avec violence sur des adultes, sans circonstances aggravantes................	36	38	12	»	»	4	16	5	1
Viol et attentat à la pudeur avec circonstances aggravantes sur des adultes..	72	79	12	2	8	26	29	2	»
Attentat sans violence, sur des enfants au-dessous de 13 ans, sans circonstances aggravantes	508	516	112		»	90	266	47	1
Viol et attentat à la pudeur avec violence sur des enfants de moins de 15 ans, ou sans violence, mais avec d'autres circonstances aggravantes.........	296	303	42	21	67	88	77	7	1
Total.........	912	936	178	23	75	208	388	61	3

La proportion des accusés acquittés est donc de 20 p. 100. Quel-

(1) On trouvera quelques écarts dans les différents chiffres relevés dans les tableaux statistiques que nous reproduisons. Nous les donnons sans changement et nous ne saurions toujours déterminer la cause de ces variations.

que considérable que le chiffre de ces crimes paraisse à l'expert, il ne doit pas oublier que dans ce tableau ne sont pas compris les inculpations suivies d'une ordonnance de non-lieu, et que celles-ci sont très nombreuses dans les affaires d'attentats à la pudeur.

Si, au lieu de considérer en bloc tous les attentats commis en France, on étudie les résultats de la statistique par département, on voit que la criminalité est bien diversement répartie, et que de plus la proportion entre les attentats commis sur les adultes et les enfants varie beaucoup selon les régions.

Répartition par départements des viols et attentats à la pudeur.

(*Statistique de* 1877)

Nombre des accusations.	
0	dans 2 départements (Basses-Alpes et Corse).
0 à 5	— 29 départements.
6 à 10	— 22 —
11 à 15	— 19 —
16 à 20	— 11 —
Plus de 20	— 5 : Finistère 21. — Eure 27. Seine-et-Oise 29. — Nord 33. Seine 104.

Dans ce chiffre le nombre des attentats commis sur des enfants de moins de 15 ans s'élève à 804, tandis que celui des attentats commis sur les adultes est de 108. En France la proportion des attentats est donc 7 fois et demi plus grande pour les enfants que pour les adultes en 1877. Mais cette proportion varie singulièrement suivant les régions.

Répartition par départements des viols et attentats commis sur des adultes (de plus de 15 ans).

(*Statistique de* 1877.)

Nombre des accusations.			
0	dans 33	départements.	
1	— 29	—	
2	— 10	—	
3	— 9	—	
5	— 1	—	(Pas-de-Calais.)
6	— 2	—	(Morbihan, Seine.)
7	— 1	—	(Nord.)
8	— 1	—	(Finistère.)

Ainsi les accusations pour attentats sur des adultes ne s'élève dans la Seine qu'à 6 pour 98 attentats sur des enfants, tandis que dans le Morbihan on a 6 attentats sur des adultes, pour 8 sur des enfants, et dans le Finistère 8 sur des adultes, pour 13 sur des enfants.

D'après la statistique pour 1877, dans la Bretagne les attentats sur les adultes ont été relativement très nombreux, comparés à ceux commis sur des enfants; dans les départements industriels, surtout dans les villes où la population est très agglomérée, les attentats commis sur les enfants prédominent dans une proportion effroyable (comme 16 est à 1 dans le département de la Seine). Faisons remarquer de plus que la statistique classe dans les adultes les filles à partir de 15 ans.

Age des victimes. — Le tableau suivant (fig. 41) a été établi en

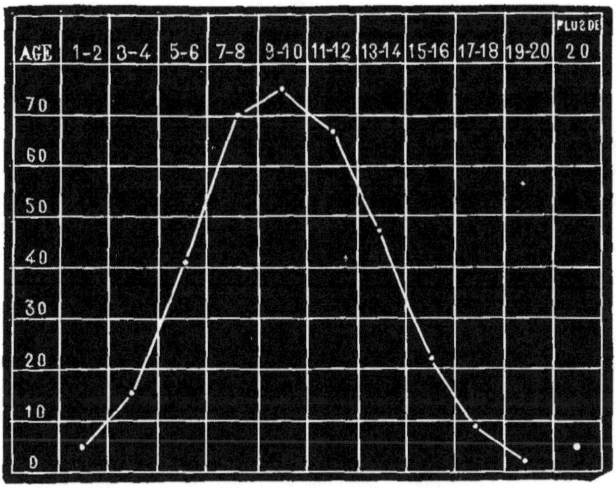

Fig. 41. — Viols et attentats à la pudeur.

Tableau indiquant leur fréquence suivant l'*âge des victimes*.

Statistique de MM. Delens (247 *cas*). *Brouardel* (72). *Descoust* (37). *Total:* 356.

réunissant les chiffres insérés par M. Delens dans la nouvelle édition de MM. Briand et Chaudé (1), ceux qui résultent des expertises de M. le Dr Descoust et les nôtres. Le total des victimes examinées est de 356, et sur ce nombre 5 femmes seulement avaient plus de 20 ans. On ne trouve donc qu'une adulte contre 71 enfants âgées de moins de 20 ans.

Sur 356 jeunes filles examinées, nous en trouvons 211 ayant

(1) Briand et Chaudé, *Manuel complet de médecine légale*, 10e édition. Paris, 1880, t. I.

de 7 à 12 ans, près des deux tiers. Il est vrai que, si l'on tient compte de ce fait que les attentats commis sans violence sur des enfants âgés de plus de 13 ans échappent à l'action de la justice, l'abaissement si rapide du chiffre à cet âge trouve une explication naturelle.

Tardieu (1) a donné des chiffres analogues dans le tableau suivant :

Au-dessous de 13 ans.	435
De 13 à 15 ans	90
De 15 à 20 ans	84
Au-dessus de 20 ans.	9
Age non indiqué.	14
Total	632

Les proportions sont exactement celles que nous ont données nos statistiques. Les deux tiers des victimes n'ont pas 13 ans et on ne trouve qu'une femme au-dessus de 20 ans pour 70 au-dessous de cet âge.

Sexe des accusés. — Il ne faudrait pas croire que les inculpés d'attentats à la pudeur appartiennent tous au sexe masculin, et les victimes au sexe féminin. Les rôles sont quelquefois intervertis, et dans la statistique relative au sexe des accusés pour l'année 1877, nous trouvons :

Viol et attentat à la pudeur avec violence sur des adultes, H = 117.
Viol et attentat à la pudeur sur des enfants au-dessous de 15 ans = H = 807 — F = 12.

Les femmes sont en petit nombre, mais les attentats qu'elles commettent ont souvent un caractère particulièrement odieux, on trouvera dans le livre de Tardieu des exemples révoltants d'attentats commis par des domestiques sur les enfants de leurs maîtres, et tous les médecins légistes ont eu à examiner des inculpées pour des crimes commis dans des conditions analogues. On voit du reste que les victimes de ces femmes étaient toutes âgées de moins de 15 ans.

Age des accusés. — Nous avons relevé dans la statistique l'âge des accusés de viol ou d'attentat à la pudeur. Nous avons établi avec les chiffres fournis par la justice deux tableaux. Dans le premier (fig. 42) nous avons dressé nos courbes d'après les chiffres contenus dans les données officielles. On voit que pour les attentats

Tardieu, *loc. cit.*, p. 23.

commis sur les enfants, les inculpations sont le plus nombreuses de 30 à 40 ans, tandis que pour les attentats commis sur les adultes (au-dessus de 15 ans) le maximum est de 21 à 30. Mais un problème beaucoup plus intéressant à résoudre est le suivant. Sur un million d'individus âgés de tel à tel âge, combien trouve-t-on d'accusés de viol ou d'attentat à la pudeur. Il est clair en effet que entre 50 et

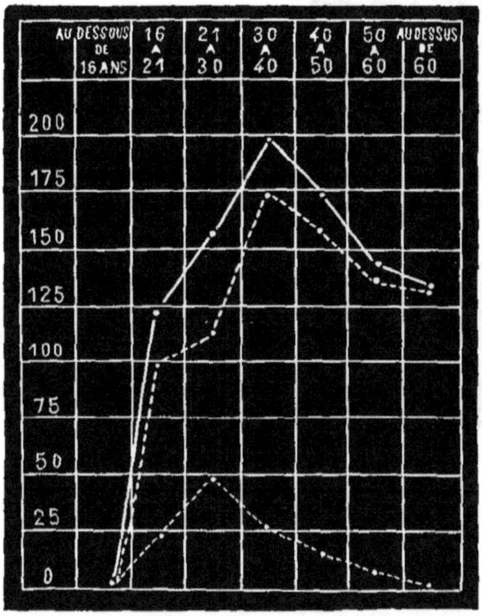

Courbe de la totalité des attentats.
Courbe des attentats commis sur des enfants.
Courbe des attentats commis sur des adultes.

Fig. 42. — Viols et attentats à la pudeur.

Tableau indiquant les variations du nombre des accusés, d'après leur âge.

60 ans, il y a beaucoup moins de survivants qu'entre 20 et 30. Après avoir fait ces calculs, nous avons dressé le second tableau (fig. 43) et on voit qu'avec l'âge le nombre des accusés va toujours croissant, pour les crimes commis sur des enfants âgés de moins de 15 ans. Sur un million d'individus âgés de 20 à 30 ans, on compte 113 coupables, tandis que sur un million d'individus âgés de 50 à 60 on en trouve 152. Pour les individus âgés de plus de 60 ans le chiffre double, on en compte 214, et nous ferons remarquer que la statistique indiquant seulement ces individus sous cette rubrique « âgés de plus de 60 ans », nous avons supposé que tous avaient de 60 à 70. Si nous avions eu des indications plus précises, l'ascension de la courbe aurait certainement été encore plus rapide.

Pour les crimes commis sur les adultes la courbe est en sens inverse, et le plus grand nombre des accusés a de 21 à 30 ans (1).

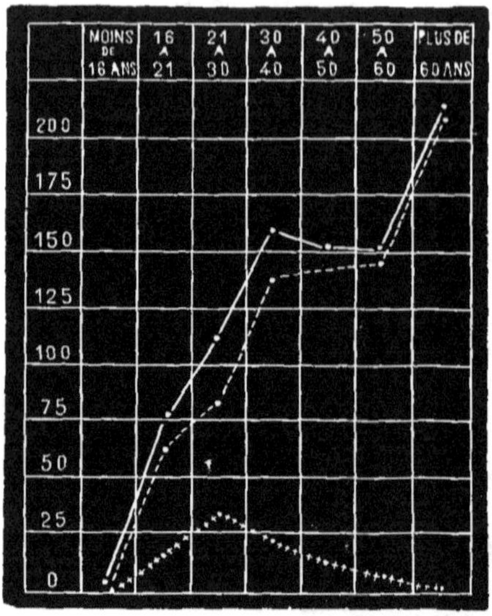

Courbe de la totalité des attentats.
Courbe des attentats commis sur des enfants.
Courbe des attentats commis sur les adultes.

Fig. 43. — Viols et attentats à la pudeur.

Tableau indiquant les variations du nombre des accusés, calculées d'après le chiffre des survivants a chaque âge.

(Tant d'accusés sur un million de survivants.)

On voit donc que nous avions raison de dire plus haut que habituellement l'inculpé n'est pas un homme vigoureux, dominé par des

La statistique générale donne les tableaux suivants :

AGE DES INCULPÉS	VIOLS ET ATTENTATS COMMIS		
	sur des adultes	sur des enfants	TOTAL
Moins de 16 ans.	1	4	5
16 à 21 —	23	99	122
21 à 30 —	44	114	158
30 à 40 —	26	173	199
40 à 50 —	14	159	173
50 à 60 —	8	134	142
60 et au-dessus.	1	136	137

(1) Voici les chiffres sur lesquels sont basés nos calculs.

passions brutales, c'est alors que la faiblesse et l'impuissance arrivent que ces instincts de débauche honteuse semblent au contraire se développer avec plus de force.

État civil des accusés. Leur degré d'instruction. — La statistique criminelle donne des renseignements, dont il serait bien intéressant d'analyser les déductions morales sur l'état civil et le degré d'instruction des accusés. Le tableau de l'état civil des accusés montre que les accusés sont à peu près également répartis parmi les célibataires et les gens mariés, que mariés et pères de famille, ces individus n'ont pas trouvé dans les devoirs qu'ils avaient à remplir un frein à leurs ignobles passions. Ajoutons que bien souvent c'est sur leurs propres enfants que ces accusés ont commis des attentats à la pudeur. Dans les milieux ouvriers, la famille vit souvent dans une seule chambre, et se répartit pour coucher dans deux

Le nombre des survivants du sexe maculin à chaque âge est, d'après un tableau emprunté à Proust (*Traité d'Hygiène*, 1877, p. 31) :

de 10 à 15 ans.........	1.597.799
de 15 à 20 —	1.580.096
de 20 à 30 —	1.400.369
de 30 à 40 —	1.262.658
de 40 à 50 —	1.133.399
de 50 à 60 —	936.524
de 60 à 70 —	640.636

Pour déterminer combien on trouve d'accusés proportionnellement au nombre des survivants de chaque âge, nous avons admis la formule suivante. Le nombre des survivants à un âge déterminé fournit tant d'accusés, un million en fournira combien ? soit : *un million multiplié par le chiffre des accusés et divisé par le nombre de la population à cet âge ;*

et nous avons eu alors les chiffres suivants :

AGE DES ACCUSES	VIOLS ET ATTENTATS COMMIS PAR UN MILLION D'INDIVIDUS DE CET AGE		
	sur les adultes	sur les enfants	TOTAL
Moins de 16 ans.	0,62	2,5	3,12
15 à 20 —	14,5	62,5	77,21
20 à 30 —	31,4	81,4	112,82
30 à 40 —	20,5	137,0	157,60
40 à 50 —	12,3	140,2	152,63
50 à 60 —	8,5	143,3	151,62
60 et au-dessus.	1,5	212,2	213,85

lits, quelquefois même il n'y en a qu'un. Le père est alcoolique, la fille, l'aînée le plus souvent est mal surveillée, et dans un jour d'ivresse un premier attentat est commis, puis se renouvelle consenti par la fille, jusqu'au jour où sous l'empire d'une indignation réelle ou feinte, la fille, pour se délivrer des obsessions du père, quelquefois pour recouvrer son indépendance, dénonce à la justice les actes de son père.

VIOLS ET ATTENTATS À LA PUDEUR	NOMBRE TOTAL	CÉLIBATAIRES	MARIÉS		VEUFS	
			ayant des enfants	sans enfants	ayant des enfants	sans enfants
Commis sur des adultes...	117	66	45	6	»	»
Commis sur des enfants au dessous de 15 ans......	819	364	254	106	68	27
Nombre total........	936	430	299	112	68	27
			411		95	

L'instruction n'établit malheureusement pas toujours un frein suffisant à de si tristes passions, et nous trouvons sous ce rapport les documents suivants :

DEGRÉ D'INSTRUCTION DES ACCUSÉS.

VIOLS ET ATTENTATS À LA PUDEUR	NE SACHANT NI LIRE NI ÉCRIRE	SACHANT LIRE ET ÉCRIRE	AYANT REÇU UNE INSTRUCTION supérieure
Sur des adultes..........	43	72	2
Sur des enfants de moins de 15 ans.............	155	513	51
Total..........	198	585	53

Le chiffre de 585 comprend des individus ayant reçu tous les degrés de l'instruction depuis l'homme qui épèle pour lire ou qui ne lit que dans les imprimés, jusqu'au bachelier exclusivement. En ajoutant ce chiffre à celui de 53, qui représente le nombre des individus qui ont reçu une instruction supérieure, on obtient un total de 638, trois fois supérieur à celui des illettrés.

En comparant les attentats commis sur les adultes à ceux qui ont atteint les filles au-dessous de 15 ans, on trouve que pour les illettrés la proportion est 3,5 attentats sur les enfants, contre 1 sur les adultes, tandis que pour les lettrés la proportion est de 7,6 attentats sur les enfants, contre 1 sur les adultes.

Ajoutons que dans la classe des lettrés ou des non-illettrés on trouve un trop grand nombre d'individus chargés d'instruire la jeunesse.

Fréquence de la défloration d'après l'âge. — « Sur les 632 cas dont je présente l'analyse dans cette étude, dit Tardieu (1), je compte 207 viols dans lesquels 160 fois la défloration était complète et 47 fois incomplète. »

« Ce n'est guère, dit le Dr Toulmouche, que depuis 13 à 14 ans jusqu'à 18 ou 20, que le viol est consommé. » Tardieu ne trouve pas la limite inférieure bien posée. « Il résulte des faits que j'ai recueillis, dit-il, qu'elle doit être reculée jusqu'à 10 ans environ, je l'ai vue même descendre jusqu'à 6. »

Voici d'ailleurs le tableau dressé par Tardieu :

	NOMBRE	DEFLORATION	
		complete	incomplete
Au dessous de 11 ans...........	39	14	25
De 11 à 15 ans..	93	72	21
De 15 à 20 ans.........	80	76	4
Au-dessus de 20 ans...........	6	6	»
Age non indiqué	2	2	»
	220	170	50

Sur 107 expertises faites par M. le Dr Descoust et moi dans des inculpations de viols ou attentats à la pudeur, nous trouvons les résultats suivants :

(1) Tardieu, *Attentats aux mœurs*. 7e édition, 1878, p. 50.

AGE DE LA VICTIME	NOMBRE	HYMEN INTACT	DÉFLORATION complete	DÉFLORATION incomplete
2 ans (une de 22 mois)	3	3	»	»
3 ans	2	2	»	»
4 —	2	2	»	»
5 —	3	3	»	»
6 —	8	7	»	1
7 —	10	8	»	2
8 —	8	8	»	»
9 —	14	13	»	1
10 —	7	7	»	»
11 —	12	11	»	1
12 —	12	8	4	»
13 —	7	4	1	2
14 —	9	5	4	»
15 —	2	»	»	2
16 —	3	1	2	»
18 —	1	»	1	»
20 —	1	»	1	»
26 —	1	»	1	»
	105	82	14	9

En dressant un tableau comparable à celui de Tardieu, nous trouvons :

	NOMBRE	DÉFLORATION complete	DÉFLORATION incomplete
Au-dessous de 11 ans	5	»	5
De 11 à 15 ans........... ...	13	9	4
De 15 à 20 ans............. .	4	4	»
Au-dessus de 20 ans....	1	1	»
	23	14	9

Les résultats sont tout à fait concordants et nous pouvons dire avec Tardieu : « Ces tableaux mettent en relief, d'une manière très-frappante, l'influence de l'âge sur le fait de la défloration. On voit en effet que, si elle est possible chez les petites filles, elle est le plus souvent incomplète, et qu'à mesure que l'on s'élève vers l'âge nubile, elle devient à la fois plus fréquente et plus facile. »

Il faut ajouter d'ailleurs que les déchirures de l'hymen sont parfois produites par des coups d'ongles, et non par les efforts d'introduction du pénis, M. Toulmouche a déjà attiré l'attention sur ce point, mais sans insister assez sur sa fréquence chez l'enfant. Hofmann signale à juste titre cette cause de défloration (1).

Récemment j'ai eu à observer un exemple qui m'a semblé très démonstratif. Une petite fille de 3 ans est laissée seule avec un jeune homme de 23 ans. Elle pleure quand sa mère vient la chercher. Puis une demi-heure après on s'aperçoit qu'elle a du sang aux doigts, on constate que c'est en touchant ses parties génitales que ses doigts ont été ensanglantés. Le sang coule avec assez d'abondance pour tacher deux linges, et les marques rappellent assez exactement celles qu'aurait laissés un saignement de nez peu abondant. J'examine l'enfant huit jours après l'attentat. La vulve n'est pas enflammée, il n'y a pas de trace de vulvite traumatique. L'ouverture de l'hymen est annulaire à grand diamètre dirigé d'avant en arrière. Cet anneau est divisé en arrière et à droite par une déchirure linéaire qui forme une petite encoche mesurant environ 2 millimètres. Les bords de cette dechirure sont cicatrisés mais un peu rouges. J'ai cru pouvoir conclure : que l'absence d'inflammation rendait peu probable des attouchements violents et récents pratiqués sur la vulve par un corps mousse ; que cette défloration incomplète, bien qu'on ne pût en assigner la date précise, ne devait pas être très ancienne, car les lèvres de la déchirure étaient encore rouges, et que l'absence de l'inflammation de la vulve semblait indiquer qu'elle résultait plutôt d'une section telle que celle qui pourrait être la conséquence d'un coup d'ongle que d'une déchirure produite par éclatement à la suite d'un effort accompli par un corps mousse qui aurait contusionné les autres parties de la vulve.

CHAPITRE II

LES ACTES IMPUDIQUES D'UN AUTRE GENRE (2).

CHAPITRE III

LES RAPPORTS SEXUELS CONTRE LA NATURE (3).

ART. 1er. — LA PÉDÉRASTIE.

Nous réunissons en un seul groupe les observations que nous présentons sur ces deux chapitres, parce que les conditions des

(1) Voy. p. 94 et p. 108.

(2) Voy. page 98.

(3) Voy. page 101.

expertises médico-légales ont pour ces différents actes de nombreux points de contact.

Nous laissons de côté tout d'abord les cas de pédérastie qui semblent résulter de ce que des individus de même sexe se trouvent réunis et placés dans des conditions telles qu'ils ne peuvent satisfaire leurs aptitudes vénériennes sur des personnes d'un autre sexe; il en est ainsi dans les prisons, les bagnes, parfois dans les équipages de la marine, etc. Les circonstances dans lesquelles le médecin légiste intervient d'ordinaire sont d'un autre ordre et bien souvent l'inculpation n'est pas simple, il n'y a pas seulement présomption de pédérastie mais l'inculpé a en même temps commis des actes d'onanisme et de pédérastie. La spécialité dans ces manœuvres lubriques ne présente pas de lignes nettement tranchées. Tardieu a établi avec une rare précision la forme sous laquelle s'exerce à Paris la prostitution pédéraste (1). A Paris, cette prostitution a reçu une organisation clandestine destinée surtout à favoriser l'industrie du *chantage*. Un individu recrute des *clercs* à l'aide desquels il attire les individus adonnés à la pédérastie, puis il rançonne ceux-ci en les menaçant de dévoiler leur turpitude. Mais la pédérastie n'est qu'un des moyens employés dans cette exploitation, et celle-ci varie d'une année à l'autre. Dernièrement un jeune garçon arrêté pour des actes de provocation sur la voie publique, déclarait dans un langage impossible à reproduire : Oh ! maintenant nous ne nous livrons plus *per anum*, c'est trop douloureux, nous pratiquons la *succio virgæ*. Quel que soit l'acte de débauche provoqué, le but est le même, « *faire chanter* ». On se tromperait, d'ailleurs, si l'on croyait que les jeunes garçons seuls servent à former ces associations. Nous avons eu l'an dernier à faire une expertise au cours de laquelle nous avons pu reconnaître un autre mode d'exploitation. Chacun de nous connaît ces petites filles de huit à quinze ans qui courent après les voitures des Champs-Élysées et vous engagent à « *fleurir votre boutonnière* ». Le bouquet n'est qu'un procédé de provocation et le but est d'entrer dans la voiture. Si le voyageur lubrique ou naïf laisse monter l'enfant, à partir de ce moment le trottoir du boulevard lui est interdit. Chaque fois qu'il paraît il est entouré par une nuée de petites filles qui lui reprochent les actes commis sur une de leurs compagnes; elles ne se taisent un jour que lorsqu'elles ont reçu quelques pièces blanches, et recommencent les jours suivants.

Que l'expert soit consulté à l'occasion de manœuvres de mastur-

(1) Tardieu, *Etude médico-légale sur les attentats aux mœurs*, 7e édition, p. 200.

bation, de succion ou de pédérastie, les conditions de l'enquête se ressemblent beaucoup et, à moins de circonstances spéciales, ses résultats sont presque toujours négatifs.

Nous ne reviendrons pas sur les caractères efféminés des pédérastes, les clercs, sont, avons-nous dit plus haut, surtout des *infantiles* aux formes arrondies, arrêtés dans leur développement, excitant les appétits dépravés par leur *habitus feminin* et se prêtant peut-être plus volontiers à ces honteuses pratiques parce qu'ils n'ont pas d'aptitudes masculines énergiques.

Quant à leurs victimes, il serait plus difficile d'en tracer les caractères. Elles appartiennent à toutes les classes de la société, elles ne se recrutent pas exclusivement parmi des gens dont les mœurs dépravées sont notoires. Chacun de nous a vu des hommes mariés, pères de famille, heureux dans leur ménage, qui ne s'étaient signalés antérieurement par aucun désordre de conduite, être convaincus de pédérastie sans trouver pour leurs actes, non pas une excuse, mais même une dénégation énergique, plaidant l'improbable plutôt que la non réalité. On ne peut les voir sans songer au type que M. Lasègue a décrit sous le nom d'*exhibitionnistes* (1). On espère que, comme pour ces derniers, on pourra trouver quelque symptôme permettant de soupçonner sinon de démontrer une aberration mentale. D'ordinaire, ni un antécédent pathologique, ni un acte incorrect antérieur n'autorise à les classer dans un groupe qui ait un autre caractère à joindre à celui de pédéraste.

La *pédérastie active* ne possède pas de signes caractéristiques et nous partageons sur ce point d'une façon absolue les opinions d'Hofmann. Nous avons observé avec le plus grand soin les inculpés qui avouaient, ceux qui niaient, mais contre lesquels s'élevaient des charges accablantes ; nous avons enfin examiné au même point de vue la forme de la verge de tous les malades qui ont passé dans nos salles, sans avoir rien constaté qui nous ait permis de confirmer les opinions de Tardieu. La forme, le volume du gland et de la verge varient infiniment plus que les traits du visage. Il n'y a de comparable à la diversité de l'appareil génital masculin que celle des organes génitaux externes de la femme.

La *pédérastie passive* mérite de nous arrêter davantage. Le signe le plus connu est celui que l'on désigne sous nom de *déformation infundibuliforme de l'anus*. Sa valeur est très réelle, mais seulement dans certaines conditions que nous voudrions déterminer avec pré-

(1) Lasègue, *Les Exhibitionnistes* (*Union médicale*, 3ᵉ série, t. XXIII, 1877, p. 709).

cision. Un premier fait à signaler, car son importance est capitale, est celui-ci. Lorsqu'un attentat unique, récent, a été commis, par exemple sur un jeune garçon, l'anus est tiré en haut et les fesses forment un cornet à sommet anal. On ne peut dire qu'il y a eu déformation par refoulement habituel, des parties molles repoussées par la verge ; l'attentat a été unique et une pareille déformation ne peut résulter d'un refoulement explicable par un seul acte même violent, brutal. Quelle est donc sa cause ? Un examen attentif permet de la déterminer. Après un acte violent la marge de l'anus est rouge, les bords de l'anus sont excoriés. Il y a de petites fissures multiples superficielles. La victime souffre en allant à la garde-robe, souvent on voit un peu de sang sur les matières fécales. Si on cherche à introduire le doigt dans l'anus, le sphincter entre en contracture et serre énergiquement le doigt. En pressant lentement quelquefois deux ou trois minutes, on parvient à vaincre ce spasme. Si, après avoir dépassé la limite du sphincter, on le replie pour aller palper la prostate, on sent une sorte de plan résistant tendu obliquement qui s'oppose à ce palper. Or ce plan ne peut être formé que par le releveur de l'anus. Il y a donc, outre la contracture du sphincter, une contracture du releveur de l'anus. C'est ce muscle qui tient relevé l'anus, qui l'entraîne vers le petit bassin et qui détermine par sa contraction la formation de l'infundibulum. Remarquons qu'il en est ainsi, non pas seulement quand l'anus a été contus par un acte violent, mais lorsqu'il y a, soit une fissure simple, soit des hémorrhoïdes enflammées ou douloureuses. M. Verneuil qui traite les hémorrhoïdes par la dilatation du sphincter de l'anus a fait la même remarque (1). La douleur a pour conséquence le retrait de l'anus, avec les doigts on parvient difficilement à franchir les limites du sphincter et pour dilater l'anus M. Verneuil a recours à l'emploi d'un spéculum qui pénètre profondément.

Ainsi une seule tentative violente, offensante pour la marge de l'anus détermine une ascension de cet orifice et la formation d'un infundibulum. En est-il de même lorsque les actes ont été consentis, répétés et par conséquent accomplis sans violence ? Tantôt même lorsque l'inculpé fait les aveux les plus complets, on ne trouve pas d'infundibulum, tantôt on en trouve un plus ou moins notable. La raison de ces différences me semble être double, elle se trouve

(1) Frédéric Monod, *De la dilatation forcée du sphincter de l'anus, considérée spécialement dans son application au traitement des hémorrhoïdes*. Thèse de Paris, 1877.

d'abord dans l'état de la muqueuse rectale. Souvent en effet les pédérastes ont, ainsi que le remarque Hofmann, une blennorrhée, un catarrhe rectal chronique, chez ceux-ci la contracture du releveur peut survenir, mais ce n'est pas un phénomène constant. Parfois, en effet, même avec une blennorrhée rectale la contracture ne se développe pas ou ne persiste pas.

Cette différence trouve-t-elle une explication raisonnable? Nous le pensons. On sait que la fissure douloureuse de l'anus, celle qui nécessite l'intervention chirurgicale se rencontre surtout chez les jeunes sujets, chez les femmes; non pas que ces jeunes sujets et ces femmes soient seuls sujets à la fissure, mais chez eux seulement se développent, sous l'influence d'un système nerveux excitable, la contracture du sphincter et celle du releveur. Il en est de même pour les pédérastes. La forme en cornet de l'anus se rencontre dans les mêmes conditions, et la contracture qui la produit ne se développe que chez les individus nerveux, jeunes le plus souvent et excitables.

Le mode d'examen augmente chez ces individus nerveux le caractère infundibuliforme de l'anus. Lorsque la douleur, la honte ou la crainte de l'examen est vivement ressentie, le sujet contracte les muscles fessiers en même temps que le releveur. Cette contraction seule crée ou exagère la disposition en infundibulum. Pour s'en assurer, que l'on fasse l'épreuve suivante: on explore plusieurs fois l'anus d'un jeune homme en ayant soin de ne toucher la région fessière qu'avec précaution, lorsque après plusieurs examens l'impression nerveuse n'existe plus, qu'on essaie de renouveler l'épreuve après avoir plongé les mains dans l'eau glacée et avec une certaine force. De suite le grand fessier se contracte, son bord inférieur devient saillant, l'anus remonte et lorsqu'avec une certaine énergie on sépare les fesses on trouve un infundibulum momentané là où il n'en existait pas les jours précédents.

Plus tard une phase spéciale succède à celle de la contracture. Les muscles qu'un contact faisait entrer dans un état spasmodique se fatiguent, se relâchent, à une impressionnabilité excessive succède une atonie presque complète; l'anus se relâche, le sphincter n'est plus capable de retenir les matières fécales, qui viennent souiller la marge de l'anus, le releveur de l'anus ne soutient plus l'anus et celui-ci retombe, faisant saillie presqu'au niveau des fesses. Cette sorte de paralysie survient soit par le fait de la fatigue musculaire provoquée par une contention trop prolongée, soit par la maladie, la cachexie dans laquelle tombent souvent ces hommes adonnés à la débauche.

On comprend facilement pourquoi les hémorrhoïdes sont si fréquentes chez les pédérastes, par suite de l'étranglement des veines hémorrhoïdales dans les fibres du sphincter contracturé, comment les plis de l'anus disparaissent par le relâchement ultérieur de ces mêmes fibres du sphincter.

Cette façon d'interpréter les causes des déformations de la région anale chez les pédérastes permet d'interpréter leurs diverses variétés. Les contractures du sphincter et du releveur ne sont pas toujours associées. Si le sphincter est seul contracturé, il n'y a pas d'infundibulum, si le releveur de l'anus l'est seul, l'orifice anal est dilaté, ouvert, béant quelquefois en même temps qu'il est élevé. Nous ne saurions prévoir et indiquer tous les possibles.

Ces déformations ont donc une valeur, mais ne sont pas caractéristiques. Toutes les lésions douloureuses de la marge de l'anus peuvent les produire. Lorsque le médecin légiste constatera un infundibulum anal, un relâchement de l'anus, la disparition des plis anaux, il devra faire un diagnostic, reconnaître la cause de ces diverses modifications, mais il ne devra pas conclure sur simple constatation qu'elles sont le résultat de la pédérastie passive, d'autres causes peuvent les produire.

TROISIÈME SECTION

LA GROSSESSE ET L'ACCOUCHEMENT (1).

CHAPITRE PREMIER

LA GROSSESSE (2).

ART. 1er. — LES SIGNES DE LA GROSSESSE.

Les questions médico-légales relatives à la grossesse aboutissent presque toutes à ces trois questions. Cette femme est-elle enceinte? Si elle l'est, à quelle époque remonte la grossesse ? Cette femme a-t-elle déjà eu une ou plusieurs grossesses?

(1) Voy. p. 109.
(2) Voy. p. 113.

Il s'agit donc de résoudre une question de diagnostic et nous n'avons aucun signe à joindre à ceux que donne Hofmann. Nous dirons seulement que les renseignements obtenus par les interrogatoires de la femme n'apprendront rien au médecin légiste, qu'ils ne peuvent que l'induire en erreur, qu'il y a donc lieu de les tenir pour non avenus.

Si la femme a intérêt à *simuler* une grossesse elle invoquera la suppression des règles et accusera tous les troubles de santé qui sont de notion vulgaire parmi les matrones; si elle a intérêt à *dissimuler* une grossesse elle niera tous ces divers symptômes, au besoin elle présentera des linges tachés de sang empruntés à des voisines ou tachés par le sang de divers animaux.

Les signes objectifs, lorsqu'une grossesse est arrivée au troisième ou quatrième mois, rendent en général le diagnostic assez facile ; cependant les erreurs ne sont pas rares. Stoltz cite le fait suivant (1) :

« Une fille B., eut une perte de sang au septième mois de sa grossesse, à la suite de laquelle celle-ci semblait avoir disparu. Comme il ne restait pas trace d'enfant, on supposa un crime. La sage-femme d'une petite localité et le médecin cantonal (qui s'en rapporta au dire de la sage-femme) chargés d'examiner la fille B., affirmèrent qu'elle avait accouché. Poursuivie devant le tribunal de Vic (Lorraine) pour suppression de part, elle fut condamnée à six mois d'emprisonnement. C'était le 6 novembre 1871, que ce jugement fut prononcé et mis à exécution. Le 24 décembre, la condamnée accouchait d'une fille bien constituée et à terme ! »

Les exemples analogues ne sont pas rares et nous en connaissons personnellement un semblable. Dans ce cas la fille accoucha en sortant de l'audience où elle s'était entendu condamner pour infanticide, d'un enfant mort-né de huit mois à huit mois et demi. Les émotions des assises avaient-elles été étrangères à la mort de cet enfant ?

Mais si dans ces faits l'inexpérience coupable du médecin expert ou une légèreté inqualifiable ont été les causes de l'erreur, nous devons ajouter que parfois le diagnostic reste incertain même pour des médecins instruits et attentifs. Pendant notre internat nous avons été témoin d'une erreur difficile à éviter. Une femme fut considérée comme ayant un kyste de l'ovaire. On fit la ponction et on reconnut, pendant que le liquide s'écoulait, la présence d'un fœtus dans ce prétendu kyste. Il y avait hydropisie de l'amnios et le

(1) Stoltz, *article* GROSSESSE, Médecine légale. *Nouveau Dictionnaire de médecine et de chirurgie*, t. XVII, p. 98, 1873.

diagnostic avait été méconnu par les médecins et chirurgien de l'hôpital réunis en consultation après discussion des diverses hypothèses possibles. La grossesse continua son cours; l'enfant naquit vivant, trois mois après la ponction, au terme normal de la vie intra-utérine.

Le conseil qui me semble devoir être donné lorsque le diagnostic n'est pas évident, c'est encore d'*attendre*, de demander aux juges un certain temps, la marche de la grossesse ou de la maladie qui la simule éclairera facilement un médecin attentif.

La dernière question est celle-ci : Une femme a-t-elle déjà eu une grossesse? Nous y reviendrons à propos des expertises sur les accouchements.

ART. II. — LA DURÉE DE LA GROSSESSE (1).

Le législateur français de 1804 voulant mettre un terme aux abus de l'ancienne jurisprudence, qui ne fixait aucune limite à la durée possible de la gestation, établit comme terme maximum 300 jours et comme terme minimum 180 jours. Ce délai légal a été admis sur le rapport de Fourcroy qui avait été chargé, par le premier consul, de faire un travail sur ce point de science. Fourcroy avait proposé comme termes extrêmes 190 et 290 jours. Mais le corps législatif supposant une erreur possible et voulant favoriser l'entrée de l'enfant dans la famille recula de dix jours les termes extrêmes et fixa 180 et 300 jours.

Ces limites sont-elles à l'abri de toute discussion?

Nous ne referons pas un historique cent fois présenté. Nous ne rappellerons que deux documents et leur critique pourra s'adresser à toutes les observations analogues.

M. le Dr Devilliers après avoir interrogé, dans le but d'établir la durée de la grossesse, cent trois femmes enceintes a résumé les résultats obtenus dans le tableau suivant :

8	grossesses se sont	terminées du	250e	au	260e	jour.
10	—	—	260	—	270	—
39	—	—	270	—	280	—
31	—	—	280	—	290	—
10	—	—	290	—	300	—
5	—	—	300	—	310	—

Il est facile de faire aux conclusions qu'on voudrait tirer de ce

(1) Voy. p. 119.

tableau une critique irréfutable. Le médecin ne sait que par la déclaration de la femme la date du début de la grossesse. La femme ne peut que dans des conditions exceptionnelles établir qu'il y a eu un seul coït. Or, pour notre part nous n'avons trouvé que deux faits dans lesquels cette précision ait pu être obtenue. L'une des femmes accoucha le 287ᵉ jour, l'autre le 276ᵉ, d'enfants qui semblaient à terme. Dans les deux cas il s'agissait d'accouchement après un viol. Nous ne pensons pas que M. Devilliers ait pu sur les 103 femmes en question arriver à une semblable détermination.

Ne pouvant pas procéder par démonstration directe on a cherché une preuve ou un commencement de preuve dans les observations prises sur les animaux.

Lord Spencer (1) a relevé la date de la mise bas, chez 754 vaches pour lesquelles le jour de la fécondation, par un seul accouplement, avait été soigneusement enregistré. Il a dressé le tableau suivant :

3	mises bas	avant le 252ᵉ jour.				
12	—	du	252ᵉ	au	259ᵉ	jour.
4	—	—	260	—	266	—
24	—	—	267	—	273	—
121	—	—	274	—	280	—
392	—	—	281	—	287	—
175	—	—	288	—	294	—
16	—	—	295	—	301	—
7	—	—	302	—	321	—

Il y a donc eu un écart de plus de 70 jours entre la durée de la gestation chez les diverses vaches observées et plusieurs ont dépassé de 25 jours le terme habituel. Si on pousse la comparaison plus loin, on voit que pour la femme le délai légal ne dépasse que de vingt jours le terme habituel, ce délai semble un peu court.

Mais il s'agit d'une simple analogie, qui ne constitue pas une preuve absolue et une modification de la loi ne saurait être sollicitée à l'aide de documents aussi peu démonstratifs (2).

ART. III. — LA GROSSESSE PEUT-ELLE ÊTRE MÉCONNUE PAR LA MÈRE (3).

Le code pénal prussien déclare que : « Si le fœtus est déjà âgé de

(1) Lord Spencer, *Journal of the English Agricul. Society*, 2ᵉ partie, 1839.

(2) Consultez Ch. Albert Le Boucher, *Du rôle de la médecine légale dans la durée de la gestation au point de vue du droit civil*. Thèse de Paris, 1875. — Schmidt, *Des grossesses prolongées*. Thèse de Paris, 1876.

(3) Voy. p. 128.

trente semaines, l'excuse, que la mère n'avait pas conscience de son état n'est plus valable. » Hofmann fait à cette déclaration des réserves très justifiées pour les idiotes ou les imbéciles, pour des femmes enceintes pour la première fois et irrégulièrement réglées, pour des états pathologiques qui ont trompé des médecins. Nous ajouterons à ces cas une autre exception. Nous avons été appelé il y a quelques années auprès de la femme d'un employé supérieur d'un ministère qui avait méconnu sa grossesse dans les circonstances suivantes. Cette femme très grasse avait déjà eu trois enfants, elle nourrissait le dernier, depuis douze mois et demi, et n'avait aucune raison pour nier une grossesse possible. Son mari était venu nous prier de passer chez lui dans la journée parce que sa femme avait des douleurs d'entrailles. Une demi-heure après notre arrivée l'accouchement était terminé. L'absence des règles avait été attribuée à la lactation et tous les phénomènes d'une grossesse normale avaient été méconnus. On voit que dans ces cas encore les lois en apparence les plus absolues, celles qui semblent comprendre l'universalité des cas ne doivent pas être pour le médecin expert des lois sans appel ; il ne peut se décider que sur l'examen du fait spécial et des circonstances qui l'ont accompagné.

CHAPITRE II

L'ACCOUCHEMENT.

ART. 1er. — LES SIGNES DE L'ACCOUCHEMENT (1).

Les signes de l'accouchement récent et ancien ont été complètement exposés par Hofmann ; nous ajouterons quelques détails sur deux points qui nous semblent mériter d'être mieux précisés. Ce sont la rétraction de l'utérus pendant la vie et après la mort et la quantité du sang perdu après l'accouchement.

Rétraction de l'utérus après l'accouchement. — Modification du col. Nous empruntons à l'excellente thèse de Wieland l'exposé suivant, résultat d'une observation journalière faite sur les femmes accouchées à la Maternité de Paris pendant son année d'internat (2).

(1) Voy. p. 130.

(2) Wieland, *Etude sur l'évolution de l'utérus pendant la grossesse et sur le retour de cet organe à l'état normal après l'accouchement.* Thèse de Paris, 1858.

« Si l'on prend la moyenne du développement de l'utérus au moment du travail, on trouve que l'organe s'élevait en général au-dessus du pubis de 20 à 22 centimètres, et avait, dans le sens transversal, de 16 à 18 centimètres. Aussitôt après l'expulsion des caillots qui suivent la sortie du placenta, l'utérus devenu sphéroïde, dur, résistant, est contracté ; il ne présente plus que 11 à 12 centimètres dans le sens vertical, et 9 à 10 dans le sens transversal. Au bout d'une demi-heure, et pendant les quelques heures qui suivent l'accouchement, le volume augmente un peu (diamètre vertical, 13 à 14 centimètres; diamètre transversal, 11 à 12 centimètres); mais à partir de ce moment il diminue graduellement, et à peu de chose près d'une manière égale. Le deuxième jour, on trouve que ses diamètres ont diminué de 1 centimètre à 1 centimètre et demi; le vertical est souvent alors un peu plus petit que le transversal. Le troisième jour, dans la plupart des cas, il n'y a pas de changements notables, excepté chez les femmes qui ont eu, dans l'intervalle des deux examens, de fortes tranchées utérines et un écoulement lochial abondant au moment de la contraction.

« J'ai observé que jusqu'au troisième jour et demi, le volume du globe utérin restait stationnaire, et pendant ce temps il paraissait plus mou et moins arrondi; cette inaction coïncidait toujours avec l'apparition de la fluxion mammaire. Dès la fin du quatrième jour, la rétrocession se poursuit d'une façon régulière et continue. La distance qui sépare l'utérus de la symphyse pubienne varie entre 6 et 7 centimètres; ce n'est que dans des cas tout à fait exceptionnels qu'elle est moindre. Pendant chacun des jours suivants, la différence constatée oscille entre un demi-centimètre et un centimètre. Le sixième jour, on trouve l'utérus dur, la face antérieure est moins convexe, il s'élève au-dessus du détroit supérieur de 4 ou 5 centimètres. Ce n'est que le dixième jour en général, quelquefois le onzième, qu'il a disparu derrière la symphyse pubienne; mais encore à ce moment, si les parois abdominales sont minces ou éraillées sur la ligne médiane, on peut, en recourbant les doigts en crochet, sentir le fond de l'utérus qui est descendu dans l'excavation pelvienne.

« Chez les primipares, la disparition de l'organe derrière la symphyse pubienne a lieu un peu plus rapidement que chez les multipares. Mais la différence n'est pas tout à fait aussi considérable que celle qu'indique M. Cazeaux. Chez les multipares que j'ai observées au point de vue qui nous occupe, c'était le treizième jour environ que l'utérus n'était plus senti dans l'aire du détroit supérieur;

c'était le dixième en général chez les primipares. Je dois ajouter que pour ces dernières, les parois abdominales ne présentent que rarement des conditions aussi favorables à l'exploration que les premières.

« Il se présente certains faits cependant qui ne rentrent pas dans le tableau que je viens de tracer du retrait utérin : la matrice en effet, sans cause aucune, reste volumineuse beaucoup plus longtemps, et quelquefois, comme je le dirai, assez pour constituer une véritable maladie. Je n'ai jamais vu les choses arriver à ce point; mais j'ai vu des utérus dont le retrait derrière le pubis n'avait lieu qu'au bout de dix-huit, vingt et une fois même vingt-deux jours, sans qu'aucun accident soit venu troubler la santé générale, de ces femmes (elles étaient seulement sujettes à des écoulements leucorrhéiques).

« Je n'ai jamais vu un seul cas dans lequel l'utérus n'était plus accessible à la palpation dès le quatrième jour. Pendant tout ce temps, la matrice qui, dans la majorité des cas (79 sur 100), est située à droite, tend à revenir vers la ligne médiane.

« Il s'en faut de beaucoup encore, quoique la main n'atteigne plus l'organe par la paroi abdominale, que l'utérus ait repris ses conditions primitives ; le toucher vaginal, rectal, nous permettra seul d'apprécier l'état dans lequel il se trouve.

« La laxité des ligaments, la mobilité dont il jouit encore, la diminution du volume, lui ont permis de céder à l'action de la pesanteur ; il s'enfonce dans l'excavation; on constate que son segment inférieur, encore très développé (il a approximativement de 4 à 5 centimètres de diamètre), a déprimé le cul-de-sac vaginal ; le col est situé plus bas dans le vagin ; par le rectum on sent encore sa face postérieure dure, convexe, offrant des dimensions considérables qu'on ne peut évaluer qu'à peu près ; à ce moment, la résorption paraît se faire beaucoup plus lentement. En effet, ce n'est que huit ou dix jours plus tard qu'on peut constater une différence sensible ; le volume a légèrement diminué, l'utérus déprime moins le cul-de-sac vaginal, il est moins mobile. Enfin, chez les femmes que j'ai examinées trois mois après l'accouchement, les conditions primitives, situation, forme, direction, consistance, mobilité, semblaient s'être rétablies, le volume m'a toujours paru un peu plus considérable.

« Jamais l'utérus n'était revenu complètement à son état antérieur à la sixième semaine ni au deuxième mois ; je n'ai pas eu l'occasion d'observer des femmes entre le deuxième et le troisième mois.

Je ne parle pas du retour des fonctions normales de l'utérus ; il m'aurait fallu plus de temps, et j'aurais dû observer, en même temps que des nourrices, des femmes qui n'allaitassent pas, et à la Maternité on ne garde pendant un temps assez long, que celles qui veulent et peuvent prendre un nourrisson.

« Aussitôt après l'expulsion de l'enfant, le col prend une certaine longueur; l'orifice interne, par la rétraction des fibres qui l'entourent et la reformation des colonnes de vie qui avaient disparu pendant la dilatation, se ferme presque complètement; cependant il n'offre pas une grande résistance, il cède facilement devant le placenta et les caillots qui sont chassés quelques instants après l'accouchement. C'est à partir de ce moment que nous allons étudier le retour du col à l'état primitif. M. Négrier (1), dans la description qu'il donne du col de l'utérus revenant « à son état normal de repos », décrit à part l'état du col chez la femme primipare et chez la femme multipare ; mais, sauf quelques petites nuances qui n'exigent pas qu'on fasse deux tableaux des modifications consécutives à l'accouchement, je crois, d'après ce que j'ai observé, qu'on peut rapprocher en une seule les deux descriptions, en indiquant, chemin faisant, les traits peu saillants qui les distinguent. Les résultats que je consigne ci-dessous ont été observés jour par jour; ils me paraissent vrais dans la grande majorité des cas, et se trouvent, à peu de chose près, en accord avec ceux que M. Négrier a donnés dans son mémoire.

« Si l'on touche une femme qui vient d'accoucher, le doigt arrive facilement jusqu'à l'orifice interne qui est entr'ouvert et admet sans difficulté l'extrémité de l'index; il présente tout au plus un diamètre de 2 centimètres, même chez les multipares. M. Négrier a un peu exagéré ses dimensions, en accordant, chez la femme primipare, un diamètre de 3 centimètres à l'orifice supérieur qui, selon lui, serait plus dilaté encore chez la femme multipare ; c'est à ce moment qu'on peut aisément constater que ce qu'on appelle communément l'orifice supérieur n'est pas un simple resserrement annulaire, mais qu'il mérite mieux le nom d'*isthme de l'utérus* que lui a donné Calza.

« M. Guyon, après de nombreux examens anatomiques, a noté cette disposition sur les utérus en vacuité (2). Chez la femme

(1) Négrier, *Recherches et considérations sur la constitution et les fonctions du col de l'utérus*, 1846.

(2) Félix Guyon, *Étude sur les cavités de l'utérus à l'état de vacuité*. Thèse de doctorat, Paris, 1858.

nouvellement accouchée, l'orifice est bordé par un bourrelet qui a 8 ou 10 millimètres de hauteur ; il est lisse et épais, un peu plus chez la femme multipare que chez la primipare. L'orifice est encore alors très dilatable, et, sous des efforts modérés, il doit encore céder devant les caillots que l'utérus expulse après la délivrance, et il suffit, lorsque les circonstances l'exigent, d'introduire successivement un, puis deux et trois doigts, pour augmenter les dimensions de l'orifice, au point d'y introduire la main tout entière; j'ai pu constater ce fait en pratiquant moi-même plusieurs délivrances artificielles au-dessous de l'isthme cervico-utérin, le col a repris de la longueur, moins toutefois qu'il n'en a à l'état normal; il mesure environ 15 à 18 millimètres, la portion sous-vaginale en a de 8 à 10, et il s'en faut de beaucoup qu'il ait retrouvé aucun de ses caractères normaux. Il pend, mou et flasque, autour des bords de l'orifice supérieur, et tombe dans le vagin. Je le comparerai assez volontiers, pour sa manière d'être, à la luette, lorsque celle-ci est inactive; au toucher, c'est avec peine qu'on distingue le tissu du col de celui du vagin. Les parois offrent une épaisseur plus grande à mesure qu'on se rapproche de la partie supérieure; à l'extrémité inférieure, elles sont minces chez les primipares : chez les multipares, ces parois offrent une épaisseur plus grande et à peu près égale dans toute l'étendue du col. Je n'ai que rarement pu aussitôt après l'accouchement, ou même une ou deux heures après, constater les solutions de continuité que détermine sur cette portion de l'utérus le passage de l'enfant; je n'ai jamais observé que le toucher révélât dans le col une sensibilité plus considérable qu'à l'état ordinaire; dans aucun cas, les attouchements répétés n'y ont provoqué la moindre contraction, le corps de l'utérus seul se modifiait sous l'influence des titillations sur le col. Les parois sont appliquées l'une contre l'autre ; il faut les écarter pour pénétrer dans la cavité cervicale, qui est lisse, molle, tapissée le plus souvent par des caillots que le doigt détache facilement.

« Vingt-quatre heures plus tard, le diamètre antéro-postérieur de l'orifice supérieur semble avoir un peu diminué : quarante-huit ou cinquante heures après l'accouchement, l'état des choses n'a pas notablement changé; j'ai seulement constaté, comme l'indique M. Négrier, que la muqueuse cervicale offre des plis plus marqués que la veille. Cet arrêt dans la rétraction du col coïncide toujours avec l'état stationnaire momentané du retrait du corps de l'utérus; mais au quatrième jour on constate les changements suivants : la longueur totale du col a sensiblement diminué, la portion intravaginale n'a plus que 4 à 5 millimètres environ; la consistance s'est aussi modifiée; elle est inégale; on sent entre la muqueuse qui tapisse la surface externe, et qui est un peu boursouflée, et la muqueuse assez épaisse qui tapisse la cavité du col, une surface dont la densité plus grande est due à la rétraction des fibres musculaires, et alors on sent manifestement par le toucher que les muqueuses qui n'ont pas suivi le mouvement de retrait peuvent glisser dans des limites très restreintes sur le plan musculaire. La membrane interne n'offre plus seulement les plis verticaux, dont le nombre a augmenté; elle s'est aussi froncée circulairement; les plis obliques de l'arbre de vie, que la distension excessive des orifices avait fait disparaître pour quelque temps, sont nettement appréciés. Ces plicatures en divers sens de la muqueuse, qui alors remplit pour ainsi dire toute la cavité du col, font sentir, lorsque le doigt est introduit, une surface comme tomenteuse et inégale, et font paraître le revêtement interne du col utérin plus épais qu'il n'est réellement. L'orifice interne est plus étroit, les bords en sont moins épais et présentent un peu moins de hauteur; son diamètre n'a pas plus d'un centimètre en général. L'orifice externe est le plus souvent allongé transversalement et dirigé à gauche; il a de 1 centimètre et demi à 2 centimètres environ dans le sens antéro-postérieur, un peu plus dans le sens transversal; le bord de l'orifice est nettement dessiné. C'est le quatrième jour et quelquefois un peu plus tôt, chez les femmes primipares ou chez celles qui n'ont encore eu qu'un ou deux enfants, qu'on peut bien sentir les solutions de continuité qui divisent le bord de l'orifice inférieur et se prolongent ordinairement jusqu'à l'insertion du vagin, rarement plus haut.

« A mesure qu'on s'éloigne de l'époque de l'accouchement, on observe que l'orifice supérieur continue à se rétrécir, est moins facilement accessible, à cause de la consistance plus grande des parois du col, qui continuent à se rapprocher, et c'est à la partie supérieure surtout que ces modifications sont plus marquées. Souvent, du huitième au dixième jour, le doigt n'arrive pas jusqu'à l'orifice supérieur; avec quelques efforts, on y parvient cependant; le plus souvent, il admet alors à peine l'extrémité de l'index. C'est vers le cinquième ou le sixième jour que quelquefois les lèvres du col se renversent et lui donnent la forme indiquée par M. Négrier; ce renversement disparaît assez rapidement. L'orifice inférieur reste entr'ouvert jusqu'au douzième, quelquefois jusqu'au quinzième jour, et il peut arriver qu'à cette époque les déchirures ne soient pas encore cicatrisées dans toute leur étendue.

« C'est toujours à la partie inférieure que se termine le travail de réparation ; cependant, le plus généralement, la cicatrice est faite au huitième jour. Au douzième jour, dans sa moitié inférieure, le col n'a pas acquis toute sa consistance, il est plus mou, circonstance qui permet encore, à cette époque, l'introduction de l'index jusqu'à la racine de l'ongle. Du vingt-cinquième au trentième jour, le museau de tanche offre la forme cylindrique, qu'il conservera plus tard; il a encore alors un peu plus de volume qu'il n'en conservera. L'orifice externe est transversal, irrégulier; ses bords sont déchiquetés, et le toucher fait constater que le tissu est encore un peu plus mou que partout ailleurs au pourtour de l'orifice, et que les lèvres peuvent en être assez facilement écartées. Ce n'est que chez les femmes que j'ai examinées dix ou onze semaines après l'accouchement, que j'ai rencontré le col tel qu'on le trouve normalement chez les femmes multipares; il avait une longueur de 20 à 25 millimètres, quelquefois un peu moins; il était cylindrique, d'une consistance égale, l'orifice était fermé; chez une seule, je l'ai trouvé entr'ouvert, mais elle avait au pourtour une petite ulcération qui pénétrait dans la cavité du col.

« Ce n'est donc, d'après ce que je viens de dire, que soixante-dix ou quatre-vingts jours après l'accouchement que l'organe de la gestation est ce qu'il a été ou ce qu'il doit être, jusqu'à ce qu'une nouvelle grossesse vienne y apporter la série des modifications dont j'ai essayé de donner une description aussi fidèle que possible. »

Rétraction de l'utérus après la mort. — Lorsque la femme a succombé pendant l'accouchement ou quelques jours après ; l'expert doit parfois répondre à cette question : *A quelle époque de la grossesse l'accouchement s'est-il produit?* Il faut d'abord tenir compte du temps écoulé depuis l'accouchement, car la rétraction de l'utérus, nous venons de le dire, a une marche assez rapide pendant les premiers jours. Il faut aussi apprécier quelle influence la maladie à laquelle la femme a succombé peut avoir exercée sur la rapidité de la rétraction. La métrite puerpérale, la péritonite retardent en effet le retour de l'utérus à son état normal.

Lorsque l'expert aura déterminé approximativement l'effet de ces diverses causes, il pourra, pour répondre à la question précédente, emprunter quelques renseignements aux accoucheurs. Nous n'avons pu trouver que les suivants qui sont exposés par MM. Tarnier et Chantreuil dans leur nouveau traité des accouchements (1).

« Le volume de l'utérus varie avec l'hypertrophie plus ou moins

(1) Tarnier et Chantreuil, *Traité de l'art des accouchements*. Paris, 1878, p. 182.

grande de ses parois, mais surtout avec le développement de l'œuf. Différentes circonstances telles que la quantité du liquide amniotique, la grosseur du fœtus, la présence de jumeaux, etc., ont ici une grande influence. Toutes choses égales d'ailleurs, l'utérus est d'autant plus volumineux que le terme de la grossesse est plus proche ; proportionnellement, il augmente plus dans les derniers mois que dans les premiers. Pour donner une idée de la marche de cet accouchement, différents auteurs ont dressé des tableaux dans lesquels sont placés des chiffres qui représentent les dimensions de l'organe aux différentes époques de la gestation.

TABLEAU D'APRÈS CAZEAUX.

MESURES DE L'UTERUS.	DIAMÈTRE VERTICAL	Diamètre transversal.	DIAMÈTRE antéro-postérieur.
Avant la grossesse....	6 à 7 centimèt.	4 1/2 centimètres	2 1/2 centimètres.
3e mois de la grossesse.	7 —	7 —	7 —
4e — —	9 1/2 —	9 1/2 —	9 1/2 —
6e — —	22 —	16 —	16 —
9e — —	32 à 37 —	24 —	22 à 23 1/2 —

« Arthur Farre (1) donne le tableau suivant pour les dimensions verticales et transversales de l'utérus gravide.

TABLEAU D'APRÈS FARRE.

MESURES DE L'UTÉRUS.	LONGUEUR.	LARGEUR.
Avant la grossesse...............	60 à 70 millimètres	40 à 45 millimètres
A la fin du 3e mois de la grossesse	113 à 126 —	101 —
— 4e —	138 à 151 —	126 —
— 5e —	151 à 176 —	139 —
— 6e —	201 à 226 —	164 —
— 7e —	252 —	189 —
— 8e —	277 —	202 —
— 9e —	302 —	227 —

« Scanzoni, en admettant ces derniers chiffres pour les diamètres vertical et transversal, ajoute que le diamètre antéro-postérieur, à la fin de la grossesse, peut être évalué à 209 millimètres.

« Nous devons faire remarquer que la largeur et l'épaisseur in-

(1) A. Farre. *Cyclop. of anat. and. physiol.*, art. UTÉRUS, and its APPENDAGES, p. 645.

diquées dans ces tableaux ont été prises au point maximum et que l'une des colonnes exprime la hauteur totale de l'utérus en y comprenant la longueur du col qu'il faut évaluer à 30 ou 40 millimètres environ, car cette dernière mesure ne varie guère, que la femme soit enceinte ou non.

« *Augmentation du poids.* — Au terme de la grossesse, la matrice et l'œuf qu'elle renferme pèsent ensemble 6 à 7 kilogrammes. Mais quel est le poids de l'utérus, abstraction faite de l'œuf qu'il contient ? Rappelons d'abord qu'avant la conception le poids de l'utérus est de 42 grammes chez les nullipares et de 55 grammes chez les multipares. Après l'accouchement et l'expulsion du placenta, le poids de la matrice sans ses annexes est d'après Nœgelé de 750 à 1,000 grammes, d'après le professeur Depaul de 600 à 800 grammes. Ces chiffres, quoique considérables, nous paraissent encore trop minimes, et, selon Tarnier, le poids de l'utérus dans les conditions énoncées plus haut varie de 900 à 1,200 et 1,500 grammes. Il était de 1,700 dans un cas observé par Moreau. La matrice devient donc au moins vingt fois (vingt-quatre fois selon Meckel) plus pesante que dans l'état de vacuité. »

Ces documents peuvent être utilisés par le médecin légiste pour résoudre une question de diagnostic portant sur l'âge de la grossesse, mais ce ne sont d'ailleurs que des documents à consulter, les circonstances qui ont accompagné ou suivi l'accouchement peuvent en effet modifier dans une large mesure ces chiffres qui correspondent à l'état normal.

Ainsi, le 4 février 1880, une femme primipare, âgée de 28 ans, accouche d'un enfant à terme. Elle meurt de métro-péritonite puerpérale le 10 février, six jours après l'accouchement. L'utérus, dépouillé de ses annexes, pesait 630 grammes. Le diamètre vertical, y compris le col, mesurait 19 centimètres; le diamètre transversal mesurait 11 centimètres.

De la quantité de sang perdu pendant l'accouchement. — Les circonstances de fait obligent souvent le médecin expert à déclarer si une femme accouchée clandestinement a pu, sans laisser des traces de sang, accomplir tel ou tel acte après la naissance de l'enfant nouveau-né, si la quantité de sang qui souille les linges correspond à celle qui s'écoule après un accouchement normal.

Lorain a cherché à résoudre la question (1) et il la résume ainsi : « La perte d'une certaine quantité de sang accompagne nécessai-

(1) Lorain. *De la température du corps humain*, etc. Paris, 1877, t. II, p. 212.

rement tout accouchement. Nous avons cherché à déterminer la quantité de cette perte, et un de nos élèves, M. Lingrand (1), a pesé chez 105 femmes accouchées dans notre service le poids de sang perdu au moment de l'accouchement et pendant les heures qui suivent.

« Lorsque le fœtus est à terme, le sang qui sort au moment de la délivrance et dans les heures qui suivent est en moyenne de 757 grammes (94 accouchements). Cette moyenne est trop vague et M. Lingrand a divisé ses cas en trois catégories :

« 1° Pertes inférieures à 400 grammes, chez 27 femmes ; la moyenne est de 265 grammes (le minimum peut être de 28 grammes) ;

« 2° Pertes de 400 à 1,000 grammes chez 46 femmes ; la moyenne est de 668 grammes.

« 3° Pertes au-dessus de 1,000 grammes survenues chez 21 femmes ; 1,596 grammes représentent le chiffre moyen (maximum 2,987 grammes). »

La perte de sang peut donc varier de 30 à 3,000 grammes. Elle est insignifiante dans le premier cas, elle n'est guère facile à dissimuler dans le second. Elle s'accompagne alors souvent de syncope et celle-ci trahit parfois un accouchement clandestin. Mais Lorain a fait ces pesées sur des femmes placées dans un service d'accouchement, y recevant des soins, ne remuant pas avant et après la délivrance. Si dans ces conditions la perte est souvent peu considérable, il n'en est pas de même chez la fille qui accouche seule, doit se délivrer elle-même, parfois transporter dans une autre pièce le produit de sa grossesse.

« Le plus souvent, dit Lorain (1), on reconnaît qu'un accouchement a eu lieu par l'existence d'une quantité considérable de sang épanché et contenant des caillots volumineux ; le sang ne peut pas provenir de l'écoulement menstruel, on doit supposer ou une hémorrhagie par une plaie ou un accouchement. Or c'est presque toujours dans un lieu retiré, dans des vêtements qui ont été cachés, dans les draps d'un lit, que l'on trouve ces traces. Quelquefois le sang marque la trace d'une femme depuis sa chambre jusqu'à l'endroit d'où elle est partie, ou vers les latrines, où elle s'est réfugiée. »

(1) V. Lingrand, *Des pertes de sang physiologiques dans les accouchements.* Thèse de Paris, 1872.

(2) Lorain, *Diction. de médecine et chirurgie pratiques*, 1861, t. I, p. 312. Art. Accouchement, Médecine légale.

CHAPITRE III

L'AVORTEMENT (1).

La fréquence des accusations pour crime d'avortement en France a diminué dans ces dernières années. D'après le compte général de la justice en France de 1820 à 1877, nous avons tracé le tableau suivant qui indique les variations des accusations portées devant les assises. Mais, ainsi que le font remarquer les médecins légistes de tous les pays, la justice n'atteint qu'une bien faible partie des crimes de cette nature. Lorsqu'elle connaît un des criminels, l'accusation comprend bientôt un plus grand nombre de

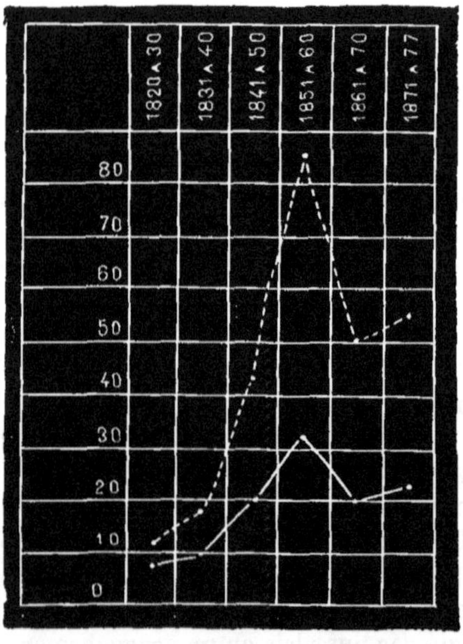

Fig. 44.

Tableau indiquant la moyenne annuelle des accusations et des accusés du crime d'avortement de 1820 à 1877.

La ligne supérieure indique le nombre des accusés. La ligne inférieure celle des accusations.

personnes : ainsi dans une période de 57 ans on trouve pour 1,071 accusations 2,475 accusés. « La proportion des femmes, dit Tardieu (2), ainsi qu'il était facile de le prévoir, dépasse de beau-

(1) Voy. p. 138.

(2) Tardieu, *Étude médico-légale sur l'avortement*. Paris, 1864, p. 12.

coup celle des hommes, et cependant il y aurait lieu de s'étonner de voir ceux-ci former le tiers des individus sur lesquels portent les accusations d'avortement, si l'on ne songeait aux hommes de l'art qui figurent malheureusement trop souvent dans ce nombre. » Leur nombre ne nous est pas connu exactement, car dans le compte rendu annuel de la justice les sages-femmes sont comptées avec les médecins et ce groupe forme le sixième des condamnés.

Dans le chapitre très remarquable que Hofmann a consacré à l'étude de l'avortement, ce médecin est d'accord avec Tardieu, Tourdes, etc., pour faire remarquer que les avortements criminels sont pratiqués surtout au quatrième et au cinquième mois. Sur 71 cas d'avortement criminel avéré, Tardieu en a trouvé 24 dans les trois premiers mois, 32 de trois à six mois, 15 seulement après le sixième mois. Sans spécifier exactement quelle est la fréquence relative des avortements pendant les trois premiers mois, Tardieu indique nettement le résultat de ses observations dans la phrase suivante (1) : « Il est permis de faire observer que ce résultat est tout à fait en rapport avec les données physiologiques; la femme, avant d'en venir à cette extrémité coupable, ne doit-elle pas attendre une certitude qu'elle ne peut guère avoir avant le troisième mois ? »

Notre expérience confirme les règles si bien établies par nos devanciers. Nous n'avons pas été chargé de constater chez des femmes les traces d'avortements provoqués, avant que la grossesse n'eût atteint trois mois, ou plutôt avant que la troisième époque n'ait manqué. A l'hôpital nous n'avons eu, comme médecin, connaissance d'avortements criminels, que parce qu'il y avait des accidents. Or ceux-ci presque toujours étaient dus à la rétention du placenta, provoquant soit une hémorrhagie, soit une métro-péritonite infectieuse. Ce sont là les accidents graves de l'avortement, mais non pas seulement quand il est le résultat de manœuvres criminelles. Ce point est important à établir.

Il y a quelques années M. Gallard (2) a appelé l'attention des experts sur un signe qui, restant isolé, ne démontrerait pas la criminalité d'un avortement, mais qui permettrait de le tenir pour suspect : c'est la rupture de l'œuf dans les avortements survenant au-dessous de trois mois.

(1) Tardieu, art. AVORTEMENT, *Dict. de méd. et chirurg.*, t. IV. Paris, 1866, p. 340.

(2) Gallard, *Bull. Soc. méd. légale*, 13 avril 1874, t. III, p. 265 et suivantes. — 3 nov. 1876, t. V, p. 111 et suivantes.

Cette opinion, très énergiquement appuyée par M. Leblond, fut vivement combattue par M. Charpentier. Pour nous, de cette discussion fort intéressante et de ce que nous avons pu observer, il résulte que l'avortement criminel pendant le premier mois, et j'ajouterais volontiers pendant le second, est sinon inconnu, du moins bien exceptionnel. Pour désirer être délivrée, encore faut-il que la femme soit sûre d'être enceinte; pour tenter un avortement, le médicastre ou la matrone ne doivent-ils pas pouvoir au moins diagnostiquer la grossesse? Or tant que les deux premières époques n'ont pas fait défaut, sur quoi reposent et les craintes de la femme et le diagnostic du complice?

Quoi qu'il en soit, M. Gallard et M. Charpentier sont d'accord sur un point : en général pendant les deux premiers mois l'avortement se fait en un seul bloc dans lequel sont compris l'œuf et son contenu ; c'est *l'avortement ovulaire*. S'il s'opérait en deux temps, le médecin légiste ne me semblerait d'ailleurs pas pouvoir tirer de ce fait des données suffisantes pour affirmer que la rupture n'est pas naturelle, et pour reconnaître avec certitude qu'il n'y avait pas une altération des membranes.

Mais, à partir du troisième mois, nous acceptons avec M. Charpentier, avec tous les accoucheurs, que l'expulsion en bloc du produit de la conception est une rareté, que la règle est l'expulsion en deux temps, le fœtus sort le premier et le placenta ne le suit que vingt-quatre, quarante-huit heures plus tard. Sa rétention est l'accident prévu et grave, que l'avortement soit naturel ou qu'il soit provoqué par rupture des membranes.

Or nous l'avons dit, en pratique médico-légale, l'expert a bien rarement à se prononcer sur des avortements provoqués avant le troisième mois de la grossesse, et nous ajouterons avec M. Charpentier que, même s'il rencontre une rupture des membranes, alors que la grossesse ne daterait que de deux mois, il ne serait pas autorisé à considérer ce signe comme caractérisant un avortement criminel. Il pourra noter le fait, mais nous pensons que celui-ci ne devra peser que d'un poids bien léger sur les conclusions que l'expert devra adopter.

§ 2. — L'AVORTEMENT PROVOQUÉ.

A. *Substances abortives.* — 7° *La Rue* (1).

M. Hamelin a consigné les résultats très intéressants d'expé

(1) Voy. p. 160.

riences entreprises sur les animaux pour étudier les propriétés abortives de la rue (1). Ces expériences complètent les anciennes observations de Hélie de Nantes.

Sur des lapines il a réussi à provoquer l'avortement. « L'époque de l'avortement, dit-il, et les conditions dans lesquelles il s'est produit n'ont rien eu de constant. L'avortement a eu lieu trente-six heures après une première injection et douze heures après une deuxième, chez une lapine qui a succombé ; soixante heures environ après la dernière administration de rue, chez une autre qui ne parut pas s'en ressentir ; et la mort survint chez une troisième lapine également pleine huit à dix heures après la prise de la rue, cette fois sans avortement. Cette dernière mourut dans le collapsus, tandis qu'aucune altération de leur santé ne se manifestait chez les deux autres. »

L'avortement peut donc se produire chez les animaux, ainsi que Hélie l'avait observé chez les femmes.

M. Hamelin résume ainsi l'action de la rue. « En résumant cet ensemble de faits, on voit que la rue, chez les animaux mis en expérience, a exercé une action locale peu accentuée sur l'estomac, plus marquée sur le duodenum et la première partie de l'intestin grêle ; qu'elle a provoqué d'abord une élévation de la température suivie d'une dépression allant jusqu'au collapsus, dépression primitive, après des doses très élevées, et que la circulation et la respiration n'ont été modifiées que dans une faible proportion, quoique cependant la diminution de leur rythme ait été ordinairement constatée parallèlement à l'abaissement de la température ; que l'action sur le système nerveux a généralement été stupéfiante, surtout avec l'huile essentielle, et dans quelques cas a été convulsivante (chez les lapines seulement) ; que l'avortement s'est produit surtout dans la période du collapsus, tantôt avec les organes génitaux congestionnés (dans un cas très probablement à la suite d'asphyxie), tantôt avec ceux-ci anémiés ; enfin que la mort est survenue au milieu du désordre extrême de la circulation et de la respiration, ou par les progrès du collapsus nerveux, et que, lorsque l'animal en réchappait, il gardait une soif vive, avec grand appétit, indice non douteux de la lésion du tube digestif.

« Les phénomènes obtenus chez les animaux par l'expérimentation ne diffèrent donc pas notablement de ceux qu'on a pu observer chez la femme à la suite de l'usage de la rue comme abortive.

(1) Hamelin, Art. RUE, *Dict. Encyclopédique*, 3e série, t. V, 1877, p. 565.

M. Hélie cite parmi les effets les plus remarquables : 1° une vive phlogose de l'estomac et du duodenum, caractérisée par des vomissements violents, etc. ; 2° l'absence de phlegmasie de cet organe ; 3° une affection profonde des centres nerveux, mélange de narcotisme et d'excitation ; 4° la dépression de l'action du cœur, caractérisée par le ralentissement extraordinaire et la petitesse du pouls, l'abaissement de la chaleur de la peau ; 5° la tuméfaction énorme de la langue avec abondante salivation ; 6° enfin, vers le dixième jour, une sorte de réaction à forme typhique. »

QUATRIÈME SECTION

LES ATTENTATS CONTRE LA SANTÉ ET LA VIE (1).

La comparaison du texte du Code pénal et du Code civil français avec le texte des lois autrichiennes et allemandes suffit pour montrer quelles profondes différences existent dans le rôle de l'expert en France et en Allemagne. Le législateur autrichien a voulu prévoir toutes les possibilités et graduer la peine sur le dommage subi par la victime, sa durée, les souffrances causées; dans le projet de réforme, on ne se contente plus même de ces diverses circonstances, des articles visent la santé du blessé, son influence sur les suites de la blessure et le talent de son chirurgien, l'hypothèse d'une guérison possible par l'intervention accidentelle d'un homme de l'art arrêtant une hémorrhagie, etc.

Le lecteur estimera, après avoir lu la très consciencieuse étude d'Hofmann, que nous n'avons pas à regretter que le législateur français ait été moins minutieux. Il semble au premier abord qu'un expert enfermé dans un cadre de questions définies par la loi doit apporter à la justice des informations d'une extrême précision : il n'en est rien, l'expert n'opère pas sur des matières qui se prêtent à ces divisions prévues, chacune d'elles au contraire est en réalité influencée par d'autres circonstances. Qu'on lise le chapitre d'Hofmann sur les souffrances qui ont pu accompagner telle ou telle

(1) Voyez p. 173.

blessure et on sera convaincu que l'expert est obligé, pour répondre aux demandes de la justice, d'avoir recours à des subtilités bien scabreuses. Les expertises médico-légales françaises sont enfermées, il est vrai, dans quelques considérations analogues sur la durée possible ou probable d'une blessure, mais ceux qui sont habitués aux pratiques de l'instruction judiciaire savent combien la prévision de l'avenir d'une blessure est difficile. Le plus souvent, heureusement, nous pouvons retarder le dépôt du rapport, et nous n'avons plus qu'à constater après l'issue de la maladie la durée qu'elle a comportée.

Nous suivrons dans nos observations l'ordre d'exposition adopté par Hofmann, en insistant surtout sur les chapitres spécialement applicables dans les expertises françaises.

CHAPITRE PREMIER

LES ATTEINTES A LA SANTE ET A LA VIE PAR BLESSURES (TRAUMATISME) DANS LE SENS RESTREINT DU MOT (1).

Nous empruntons au compte général annuel de la justice criminelle en France le tableau suivant (page 749) qui indique les variations annuelles du nombre des crimes commis contre les personnes. Nous avons choisi les années 1855 et 1865 comme point de comparaison et nous avons fait la moyenne des dix dernières années. On voit que le chiffre total depuis vingt ans ne s'est pas très sensiblement modifié. L'augmentation porte presque exclusivement sur le nombre des infanticides, au contraire les inculpations pour coups et blessures envers les ascendants tendent à diminuer.

On sera frappé, en consultant ce tableau, de la constance annuelle de la plupart des crimes.

Sexe des inculpés. — Comme on devait s'y attendre, les accusations pour crimes commis contre les personnes et pour violence comprennent un nombre d'hommes bien supérieur à celui des femmes, surtout si l'on fait abstraction des individus inculpés du crime d'infanticide.

Le tableau de la page 750 indique la répartition des accusés d'après leur sexe.

(1) Voyez p. 177.

CRIMES COMMIS CONTRE LES PERSONNES (d'après le compte général annuel de la justice criminelle en France).

	1855	1865	1872	1873	1874	1875	1876	1877	MOYENNE de 1872 à 1877
Assassinats................................	210	174	200	213	188	193	222	193	201
Meurtres....................................	94	128	162	138	143	149	136	123	142
Parricides..................................	13	13	11	8	5	12	13	10	10
Infanticides................................	173	196	219	222	198	203	216	204	210
Coups et blessures suivis de mort sans intention de la donner........................	74	111	117	91	82	106	114	81	99
Blessures graves...........................	64	11	16	18	20	17	17	17	17
Coups et blessures envers un ascendant.....	53	50	41	37	35	38	36	34	37
Rébellion et blessures graves envers un fonctionnaire...............................	18	3	10	12	11	8	5	5	8
Total des affaires jugées aux assises...	699	686	776	739	682	726	759	667	725
Coups et blessures jugés par les tribunaux correctionnels..............				15 829	17.064	18.419	18.916	18.749	17.795

RÉPARTITION DES ACCUSÉS D'APRÈS LEUR SEXE.

	HOMMES	FEMMES
Assassinats	197	35
Meurtres	130	10
Parricides	10	2
Infanticides	14	217
Blessures et coups suivis de mort sans intention de la donner	82	8
Blessures graves	13	8
Coups et blessures envers un ascendant	33	1
Rébellion et violences graves envers un fonctionnaire	6	»
TOTAL	485	281
Si on fait abstraction des infanticides, on a	471	64
Inculpés de coups et blessures jugés par les tribunaux correctionnels (18,749 affaires; 24,628 prévenus)	17.919	2.704

Age des inculpés. — C'est de 20 à 40 ans, pendant l'âge adulte, que le nombre des accusés de crimes commis sur les personnes est le plus élevé. Nous n'avons pu établir l'âge des individus jugés par les tribunaux correctionnels; dans les tableaux du compte général de la justice on ne distingue que les inculpés âgés de moins de 21 ans et ceux âgés de plus de 21 ans. En relevant l'âge des accusés jugés par les cours d'assises, on trouve pour 1877 le tableau suivant :

CRIMES COMMIS CONTRE LES PERSONNES. — RÉPARTITION DES ACCUSÉS D'APRÈS LEUR AGE.

	Moins de 16 ans.	16 à 21.	21 à 30.	30 à 40.	40 à 50.	50 à 60.	60 ans et au-dessus.
Assassinats	4	27	70	55	36	26	14
Meurtres	»	15	50	26	24	18	7
Parricides	»	2	4	3	3	»	»
Infanticides	»	56	103	45	14	6	7
Coups et blessures suivis de mort sans intention de la donner	»	17	28	22	12	9	2
Blessures graves	»	4	4	5	5	2	1
Blessures et coups envers un ascendant	»	7	14	9	4	»	»
Blessures graves envers un fonctionnaire	»	»	2	3	1	»	»
TOTAL	4	128	275	168	99	61	31

En dressant les tableaux suivants d'après l'âge des inculpés, nous avons fait abstraction des accusations d'infanticide. Ce crime est

TABLEAU INDIQUANT LA VARIATION DU NOMBRE DES ACCUSÉS D'APRÈS LEUR AGE (1).

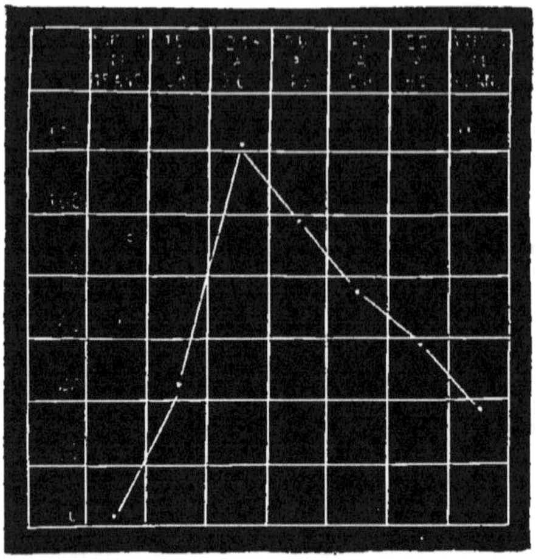

Fig. 45.

TABLEAU INDIQUANT LES VARIATIONS DU NOMBRE DES ACCUSÉS, CALCULÉES D'APRÈS LE CHIFFRE DES SURVIVANTS A CHAQUE AGE (2).

(Tant d'accusés sur un million de survivants.)

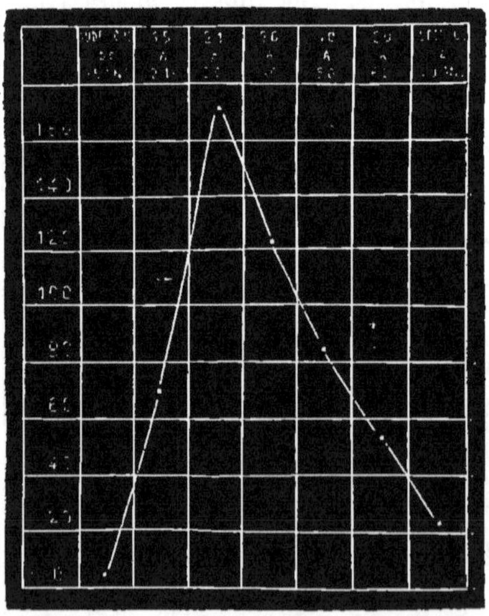

Fig. 46.

(1-2) Les inculpés du crime d'infanticide ne sont pas compris dans ces tableaux.

tout spécial, et, en le comprenant dans la statistique générale, on ne pourrait qu'en fausser la signification. Nous avons dans un premier tableau simplement relevé les chiffres tels qu'ils nous sont fournis par la statistique générale, dans le second nous avons calculé la criminalité en nous basant sur le chiffre des survivants à chaque âge (1).

A l'inverse des résultats que nous avait fournis l'analyse des inculpations pour viols et attentats à la pudeur, on constate que la criminalité pour les crimes commis contre les personnes diminue avec l'âge, même en tenant compte du nombre des survivants à chaque âge.

ART. 1er. — DÉTERMINATION DE LA NATURE DE L'INSTRUMENT VULNÉRANT.

§ 1. — BLESSURES PAR INSTRUMENTS CONTONDANTS (2).

A. — *Excoriations de la peau.*

Nous ne voulons insister que sur les caractères des excoriations faites par les ongles. Lorsque la main ne se déplace pas, l'ongle laisse une empreinte qui reproduit exactement sa forme, sa courbure, et ses dimensions. Mais souvent l'ongle glisse sur la peau, et ce glissement se fait presque toujours dans un même sens, la main se referme sur les parties molles qu'elle a saisies et le dernier arrêt de l'ongle se traduit par une ligne concave. Il en résulte que souvent la marque d'un ongle se trouve surmontée, du côté de la convexité de l'empreinte, par une petite plaque parcheminée dont le sommet occupe le point le plus éloigné d'un triangle dont la ligne concave formerait la base. Ceci est vrai surtout lorsque la partie blessée est couverte par un épiderme mince comme celui de la peau des enfants nouveau-nés, et lorsque le glissement est favorisé par la présence d'un corps gras comme l'enduit sébacé.

D'ordinaire, sous l'empreinte unguéale, le tissu cellulaire ne contient pas de sang, mais parfois, si la peau lésée est placée sur un plan un peu résistant tel que l'os malaire, la branche horizontale de la mâchoire inférieure, ou si l'ongle est appliqué avec une grande énergie, les couches profondes du derme éclatent, alors que les couches superficielles résistent et l'empreinte cutanée est doublée par une suffusion sanguine siégeant dans le tissu cellulaire sous-jacent.

(1) Voyez pour ces calculs les règles établies p. 718, 719 et 720.

(2) Voyez p. 177.

B. — *Suffusions sanguines* (1).

L'expert est très souvent chargé de déterminer la date, l'ancienneté d'une ecchymose. L'examen microscopique, ainsi que le fait remarquer Hofmann, fournit de précieux renseignements. Mais sur des individus vivants, on doit pouvoir contrôler par les caractères objectifs des ecchymoses l'exactitude des allégations des victimes ou des prétendues victimes. Les colorations variées qui paraissent à la peau après une contusion ne sont pas toujours visibles dès les premiers jours. Lorsque la contusion a porté directement sur la peau, surtout lorsque celle-ci est mince et peu éloignée du plan osseux, la peau devient rouge, bronzée dès les premières heures, puis les jours suivants la coloration prend une teinte bleue, violette, verdâtre, jaunâtre. Il se forme une sorte de spectre de couleurs, la tache s'élargit chaque jour davantage, les teintes vont en diminuant d'intensité. Ces diversités d'aspect permettent assez facilement à l'expert de contrôler les assertions émises par le blessé. Toute trace des ecchymoses superficielles a disparu du douzième au vingt-cinquième jour.

Lorsque la suffusion sanguine s'est faite sous la peau, l'ecchymose ne paraît qu'après 24 ou 26 heures. Enfin lorsque les parties profondes ont été déchirées, alors que les parties superficielles ont résisté, ou lorsqu'il y a une fracture par cause indirecte, la coloration de la peau ne paraît que 4 ou 5 jours après l'accident, elle est souvent jaunâtre d'emblée et son lieu d'apparition sert parfois à dénoter une lésion osseuse qui avait passé inaperçue.

L'expert ne doit pas oublier, lorsqu'il rencontre sur le cadavre des suffusions sanguines d'apparence récente, que la victime peut avoir, les jours qui ont précédé la mort, pris part à des luttes ou avoir reçu des contusions, et que les ecchymoses et suffusions sanguines ne sont pas nécessairement contemporaines de l'acte qui a terminé la vie.

Dans une inculpation dirigée contre deux jeunes gens, à l'occasion de la mort par submersion de la maîtresse de l'un d'eux, nous avons eu à constater un fait qui prouve l'importance de cette réserve. La jeune fille était tombée vivante dans l'eau, elle portait à la partie interne de chaque bras des ecchymoses et suffusions sanguines, indiquant qu'elle avait été maintenue de chaque côté par une main vigoureuse. On soupçonnait les jeunes gens d'avoir poussé cette fille dans l'eau

(1) Voyez p. 189.

Il fut prouvé que pendant un dîner fait dans un restaurant, la fille s'était grisée, était devenue insupportable. Ses amis l'avaient reconduite chez elle, en la maintenant avec leurs mains passées sous les bras. Lorsque cette fille revint à elle, furieuse d'être abandonnée, encore sous l'empire de l'ivresse, elle sortit et se précipita dans le canal.

On voit donc que les ecchymoses et suffusions sanguines avaient été presque contemporaines de la mort, mais n'avaient pas été faites au moment même où s'accomplissaient les actes mortels.

A côté des épanchements sanguins déterminés par des coups portés avec des corps contondants, il faut placer la description des *épanchements traumatiques de sérosité*. Morel Lavallée a établi par quelques exemples bien étudiés qu'après certains traumatismes, ce n'est pas du sang, mais de la sérosité qui se collecte dans le tissu cellulaire sous-cutané. L'épanchement est souvent clair, absolument séreux, parfois un peu teinté par la matière colorante du sang. Ces épanchements résultent le plus souvent d'une pression brusque exercée sur la peau par un corps contondant d'une assez large surface, et animé d'un mouvement de rotation. Une roue de voiture, un tonneau rempli de liquide, arrêté brusquement par la rencontre du corps humain, ne parvient pas à le franchir d'un coup, le corps contondant monte sur la peau et redescend en tournant, il décolle la peau de ses connexions cellulaires et forme ainsi une cavité virtuelle d'abord, qui se remplit ensuite de sérosité.

La constatation de cette forme de lésion en indique assez nettement la cause. Nous avons vu la moitié de la peau du cuir chevelu décollée ainsi chez une petite fille de 3 ans, sur la tête de laquelle avait passé la roue d'un coupé.

C. — *Plaies* (1).

Aux caractères des plaies contuses indiqués par Hofmann, nous n'ajouterons qu'une remarque. C'est que s'il est assez souvent difficile de déterminer par la forme des lésions des parties molles, quel était l'instrument qui a porté le coup, parfois les os ont gardé l'empreinte exacte de cet instrument. Dans l'expertise faite à l'occasion de l'assassinat de la vendeuse de journaux de la rue Fontaine, nous avons trouvé dans le frontal une dépression osseuse qui coïncidait absolument avec la partie en languette d'un marteau de tapissier. L'assassin avait frappé en tenant le marteau, ainsi que

(1) Voyez p. 184.

nous le faisons pour fracturer le crâne dans les autopsies que nous pratiquons dans les hôpitaux.

Quelques os touchent la peau par une crête saillante, ce rapport explique comment par leur crête ils peuvent diviser la peau comme le ferait un instrument tranchant. Ainsi les bords supérieur et inférieur de l'orbite peuvent rencontrer dans une chute un corps plan, ces bords saillants déterminent alors une rupture de la peau parallèle à leur contour osseux.

Cette circonstance doit toujours être présente à l'esprit de l'expert qui pourrait être exposé à attribuer au corps contondant une forme spéciale, qui appartient en réalité à la configuration de l'os lui-même, agissant comme un instrument coupant.

D. — *Ruptures des organes internes* (1).

§ 2. — PLAIES PAR INSTRUMENTS TRANCHANTS.

Les caractères des plaies par instrument tranchant, leur forme, et leurs dimensions sont déterminés par deux circonstances : l'état de laxité ou de tension des parties molles divisées, et la nature de l'instrument tranchant.

Lorsque la peau est lâche, lorsqu'elle forme des plis comme sur le cou d'un vieillard, le rasoir le mieux affilé fait des sections multiples et coupe la peau comme il diviserait les différents feuillets d'un mouchoir mal plié.

Dans les instruments tranchants on peut distinguer deux types principaux. Walter Scott, dans un de ses romans, suppose une rencontre entre Richard Cœur-de-Lion et Saladin sous les murs de Ptolemaïs. Le premier abat de sa lourde épée à deux mains la tête d'un taureau, Saladin lance en l'air un coussin de duvet, le reçoit sur son cimeterre et le divise en deux. Dans ce récit fantaisiste, on retrouve les caractères du rasoir et du sabre, ce dernier par ses effets se rapproche beaucoup de l'instrument contondant.

Tardieu rapporte des exemples de plaies faites par des ciseaux. La section est alors double, forme un lambeau triangulaire à sommet mousse.

Certaines mutilations indiquent que la désarticulation a été faite par une main exercée. Il en fut ainsi dans l'affaire Lebiez et Barré.

(1) Voyez p. 186. On trouvera de nombreux exemples de ces lésions dans Tardieu, *Étude médico-légale sur les blessures*, Paris, 1879. *Accidents de chemins de fer*, p. 207 et p. 370.

L'un d'eux, étudiant en médecine, avait désarticulé les membres de sa victime avec une précision technique.

§ 3. — PLAIES PAR INSTRUMENTS PIQUANTS (1).

Ainsi que le dit Hofmann la forme de l'instrument piquant ne se trouve que très rarement caractérisée par l'orifice cutané. Mais si une aponévrose, une séreuse, une artère a été perforée, on recueillera des indications plus précieuses. Dans tous les cas l'expert prévenu d'une erreur possible fera bien de se tenir dans ses conclusions sur une grande réserve, il ne devra que rarement aller au delà d'une probabilité. Telle plaie a pu être faite par tel instrument, tels sont les termes, presque constants, dans lesquels la prudence l'obligera à se maintenir.

§ 4. — PLAIES PAR ARMES A FEU (2).

Deux règles principales dominent suivant nous la conduite du médecin légiste lorsqu'il est chargé d'une instruction dans des cas de plaies par armes à feu. 1° Il doit considérer toutes les expériences faites antérieurement pour déterminer la distance à laquelle un coup a été tiré comme non-avenues. Ces expériences peuvent lui servir de guide, mais elles ne valent que pour l'arme et pour les cartouches, avec lesquelles les épreuves ont été faites. Sans entrer dans des détails précis sur les diverses cartouches à déflagration postérieure ou à déflagration centrale, pour bien faire comprendre la valeur de cette recommandation, nous citons le fait suivant. Lorsque des cartouches identiques d'ailleurs ont été fabriquées depuis un temps un peu long, leur mode d'action, sous le rapport de la coloration de la peau et du tatouage, n'est plus le même que lorsque les cartouches ont été récemment chargées. Sous l'influence du temps et surtout de l'humidité, mais même en dehors de cette dernière condition, les grains de poudre après un contact prolongé finissent par s'agréger les uns aux autres, ils ne brûlent plus en totalité et forment des projectiles. On peut dire que plus une cartouche est ancienne, plus le tatouage produit par sa déflagration sera prononcé sur une surface maintenue à une même distance. L'expert devra donc autant que possible refaire les expériences avec l'arme qui a produit la blessure, avec des cartouches prises parmi celles où le meurtrier avait choisi celles dont il s'est servi. Si

(1) Voyez p. 193.
(2) Voyez p. 196.

cette condition ne peut pas être remplie, l'expert doit signaler dans son rapport cette cause d'erreur et déclarer que les résultats obtenus avec d'autres cartouches ne donnent que des résultats approximatifs.

2° La seconde règle est celle-ci. Le médecin doit prier le juge d'instruction de lui adjoindre pour ces expériences un armurier, un officier d'artillerie ou quelque chasseur dont la réputation soit établie dans la contrée. Cette précaution est indispensable d'abord parce que pour la fabrication et les résultats obtenus par la déflagration des armes et de telle ou telle variété de poudre ou de cartouches, ces experts spéciaux peuvent être de très utiles conseillers et de plus parce que le médecin n'a pas autorité admise, indiscutable en ces matières. Si l'expert n'est pas assisté par un spécialiste, un des membres du jury possédera ou croira posséder des connaissances plus précises que celles du médecin, et en assises, la discussion aura lieu entre le juré et le médecin avec une infériorité de position évidente pour celui-ci.

Les caractères assignés par Hofmann aux blessures par armes à feu ont un degré de précision qui témoigne de la longue expérience médico-légale de l'auteur. Nous ajouterons simplement quelques détails à ceux qu'il a exposés.

Dans les *plaies à bout touchant*, il s'agit presque toujours d'un suicide, et parfois on soupçonne une simulation de suicide parce que quand le canon est appliqué avec force sur la peau, le projectile peut tomber inerte, aux pieds de la victime, sans avoir déterminé de plaie au point touché. La colonne d'air contenue dans le canon est comprimée entre le projectile et la peau, son élasticité s'oppose à la sortie du projectile, amortit sa puissance et la balle sort sans force de l'arme. Mais ce résultat entraîne parfois d'autres conséquences. On sait avec quelle facilité éclate un fusil lorsqu'il plonge dans l'eau par son extrémité, ou lorsqu'une couche de terre oblitère sa lumière. Dans le tir à bout touchant l'éclatement est également très fréquent pour la même cause. Les gaz développés par la déflagration de la poudre ne trouvant pas d'issue soumettent les parois du canon à une pression que celles-ci ne peuvent supporter. Une circonstance spéciale multiplie les accidents de cet ordre. Souvent pour commettre un homicide ou pour se suicider les individus se servent d'armes anciennes, mal entretenues, et craignant de ne pas réussir dans leur projet ils doublent la charge de poudre; l'arme éclate et ses débris font en différentes régions et surtout aux mains des blessures nombreuses. L'éclatement de l'arme a donc lieu par des causes multiples dont nous venons d'indiquer les principales, contact du canon et de la peau, arme en mauvais état, surcroît de la charge de poudre.

Dans *les plaies à petite distance* ou mieux appelées *à brûle-pourpoint*, la brûlure flambe les cheveux, les poils, roussit les vêtements de laine, enflamme la toile, mais à quelle distance ces différents effets peuvent-ils se produire? Cette question s'est souvent posée, sans trouver plus que les conditions de production du tatouage une formule définie. En réalité quand l'inflammation des vêtements résulte de la combustion de la poudre et non d'un contact avec une bourre enflammée, il semble que cette inflammation n'est possible qu'à très courte distance. C'est une femme qui se suicide en plaçant le bout du canon d'un fusil sous le menton et qui enflamme le fichu qui entoure son cou. C'est une autre femme qui place le fusil dans la même position, mais qui a pris un vieux fusil à pierre et la poudre contenue dans la tabatière met le feu à son tablier. Il n'est pas impossible d'ailleurs que lorsqu'un fusil fait long feu, parce qu'il a été chargé avec de la poudre éventée, le feu ne se communique à une distance assez grande. Les gaz sortent alors pendant un temps assez prolongé du canon de fusil, et sont lancés assez loin pour que leur incandescence ait permis dans l'obscurité de distinguer les traits d'un assassin.

On ne peut donc *à priori*, et sans expériences préalables, dire si un coup de feu tiré à telle distance a pu mettre le feu à un vêtement, l'arme et la poudre doivent servir à des expériences spéciales pour résoudre la question dans chaque cas particulier.

Dans le *tir à longue distance* une circonstance spéciale doit être connue des experts. Lorsque l'on mesure les dimensions des déchirures des vêtements et des plaies cutanées, les mensurations ne donnent pas toujours des résultats concordants. Le chapeau de Charles XII, tué au siège de Frederichstadt, d'un coup de biscaïen, présentait une ouverture tellement petite que les soldats accusèrent les officiers qui l'entouraient de l'avoir assassiné. Tourdes rapporte le fait suivant (1). « Dans un exercice à Strasbourg, en 1849, un garde national fait feu et les deux cantinières placées à 46 pas du bataillon tombent en même temps, l'une d'elles, pour ne plus se relever ; le crâne est atteint et une portion de substance cérébrale s'écoule par une plaie du pariétal qui a six centimètres de diamètre ; l'autre femme est frappée à la tête par un fragment du projectile qui s'était brisé sur le crâne de la première ; le trou au chapeau de feutre est de quatre millimètres, il est de dix à la peau. »

(1) Tourdes, *Dictionnaire encyclopédique*, t. IX, 1868, p. 765, article BLESSURES.

On conçoit en effet que l'obliquité du trajet du projectile, puisse déterminer un orifice petit à un premier plan et une déchirure beaucoup plus étendue dans les plans sous-jacents et plus résistants.

L'expert peut avoir à étudier les effets produits par les projectiles les plus variés et même peut avoir à décider s'il y a eu réellement un projectile dans l'arme qui a servi à l'homicide ou au suicide. Dupuytren rapporte qu'un jeune homme qui avait voulu simuler une tentative de suicide avait chargé son pistolet avec de la poudre peu ou pas bourrée. Il s'introduisit le pistolet dans la bouche, et fit feu, les commissures labiales furent largement fendues, le voile du palais fut déchiré, le maxillaire inférieur luxé. Toute la muqueuse buccale fut brûlée. On chercha en vain trace d'un projectile.

Les objets les plus divers ont servi de projectiles et la détermination de leurs caractères permet parfois de trouver le coupable. On a chargé des armes à feu avec des cailloux, des boutons de métal, d'ivoire, de corne, etc., du sel, des bouts de chandelle, de l'eau placée entre deux bourres, etc. Dans quelques cas l'expert devra demander que le projectile soit analysé. Il y a quelques années le curé d'un village fut tué par un coup de pistolet. L'expert trouva à la balle retirée du corps une couleur un peu différente de celles des balles ordinaires, il la fit analyser. On reconnut qu'elle était formée par un alliage de plomb et d'étain dans des proportions identiques à celles de l'alliage dont se servent les ferblantiers. Le juge d'instruction se transporta chez le ferblantier du pays et la suite de l'enquête démontra que le coupable était en réalité ce ferblantier.

ART. II. — QUALIFICATION DES BLESSURES DANS LE SENS DU CODE PÉNAL (1).

Nous ne saurions sans éviter des confusions suivre pas à pas Hofmann dans les divisions établies dans ce chapitre. L'ordre qu'il a adopté lui était imposé par le code pénal autrichien. En France les circonstances sur lesquelles est basée l'appréciation de la criminalité sont beaucoup moins complexes, un grand nombre d'entre elles ne sont pas de la compétence du médecin légiste.

Les conditions sont : l'intention de donner la mort ou de faire des blessures, C. P. art. 295-309-320, la préméditation, le guet-apens, C. P. art. 296-310, la simultanéité de deux crimes ou la perpétration de l'un pour faciliter l'autre, C. P. art. 304, la qualité des victimes, les ascendants, C. P. 312, les magistrats ou fonctionnaires publics, C. P. art. 228-230-231-232-233. Toutes ces conditions sont

(1) Voy. p. 207.

en dehors des appréciations médicales, ou s'il ressort de quelques circonstances de l'enquête médico-légale des résultats qui apportent des lumières sur ces différents points, c'est le magistrat qui les spécifie et non l'expert.

L'avis de ce dernier n'est invoqué que pour répondre aux questions posées, 1° par l'article 309.

« Tout individu qui volontairement aura fait des blessures ou porté des coups, ou commis toute autre violence ou voie de fait, s'il est résulté de ces sortes de violences une maladie ou une incapacité de travail personnel pendant plus de vingt jours, sera puni, etc. — Quand les violences ci-dessus exprimées auront été suivies de mutilation, amputation ou privation de l'usage d'un membre, cécité, perte d'un œil, ou autres infirmités permanentes, le coupable, etc. — Si les coups portés ou les blessures faites volontairement, mais sans intention de donner la mort, l'ont pourtant occasionnée, le coupable, etc. »

Cet article vise les conséquences des blessures, il en est de même des articles 310 et 311, ces conséquences ne sont appréciables que par le médecin légiste. L'article 316 spécifie un cas particulier.

« Toute personne coupable de castration subira, etc. — Si la mort en est résultée avant l'expiration des quarante jours qui auront suivi le crime, le coupable sera puni de la peine de mort. »

L'article 303 a été édicté sous l'influence d'un autre ordre de préoccupations. Il est ainsi conçu : « Seront punis comme coupables d'assassinat, tous malfaiteurs, quelle que soit leur dénomination qui pour l'exécution de leurs crimes emploient des tortures ou commettent des actes de barbarie. »

Le code pénal ne nécessite donc une réponse directe du médecin qu'à ces quelques articles: qui ont pour but de rechercher les causes de la mort, de déterminer les conséquences des blessures, au point de vue de la durée de l'incapacité de travail, des mutilations, des infirmités et de la barbarie que dénote l'acte lui-même ou les circonstances qui l'ont accompagné.

Le code civil par ses articles 1382, 1383, 1384 établit que chacun est responsable du dommage causé à autrui et le médecin légiste intervient encore ici pour établir l'étendue de ce dommage.

§ I. — BLESSURES NON MORTELLES.

A. — *Dommages corporels graves.*

1° *Altération de la santé ou incapacité du travail personnel d'au moins vingt jours* (1).

En France l'interprétation de l'article 309 du C. P. est l'inverse de celle qui est adoptée en Autriche. En France, l'incapacité de

(1) Voyez p. 208.

travail doit être jugée comme si l'individu était un manœuvre, serait-il un propriétaire vivant de ses rentes ; le médecin doit répondre comme si on lui posait cette question : cet homme est-il resté pendant vingt jours dans un état d'incapacité de travail tel que s'il avait dû gagner sa vie comme un journalier il ne l'aurait pas pu ? On conçoit l'importance de cette solution ; un exemple la fera bien saisir. Un flûtiste reçoit au bal Bullier d'un étudiant ivre un coup de bistouri qui lui divise la lèvre supérieure. Au bout de huit jours la plaie est réunie par première intention. Le flûtiste est guéri, l'incapacité de travail n'a pas duré vingt jours et l'étudiant n'est pas passible des peines que comporte l'application de l'article 309 du code pénal. Mais il est responsable au point de vue des dommages et intérêts de l'incapacité spéciale professionnelle causée à ce musicien. En effet si la lèvre a été cicatrisée en huit jours, elle est restée près de trois mois incapable de se prêter aux mouvements nécessités par le jeu de la flûte ; en vertu de l'article 1382 du code civil, l'étudiant a dû réparer le dommage causé, et il fut condamné à une indemnité assez élevée. Les articles 309 du code pénal et 1382 du code civil se complètent donc, mais exigent que dans ses conclusions l'expert établisse une distinction très nette entre l'incapacité de travail telle que celle qu'aurait éprouvée un manœuvre et l'incapacité de travail telle qu'elle se trouve établie pour la victime eu égard à sa profession spéciale.

§ 2. — TROUBLES DE L'INTELLIGENCE (1). — § 3. — BLESSURES GRAVES (2).

B. — *Circonstances aggravantes des blessures* (3).

L'expert doit nécessairement signaler toutes les conséquences des blessures et noter les troubles de l'intelligence qui peuvent être sous l'influence directe d'une lésion de l'encéphale, la gravité de la blessure, les circonstances qui ont pu empêcher une blessure d'avoir des résultats aussi funestes que ceux recherchés par le meurtrier. Ainsi une balle atteint l'apophyse mastoïde de la victime et s'y incruste sans pénétrer dans le crâne, le juge demandera nécessairement à l'expert si cette balle frappant la portion écailleuse du temporal n'aurait pas pu déterminer des accidents plus graves. D'autre part les habitudes alcooliques du blessé, des imprudences, un traitement mal dirigé peuvent avoir aggravé une blessure et avoir transformé une lésion insignifiante en une blessure mortelle. L'ex-

(1) Voyez p. 209. — (2) Voyez p. 212. — (3) Voyez p. 213.

pert doit signaler ces diverses influences et il manquerait à sa mission en négligeant d'en préciser la valeur, mais heureusement il n'est pas comme en Autriche obligé d'étudier à part l'importance de chacun de ces facteurs dont l'étude isolée ne saurait comporter une réponse exacte. Ce sont des facteurs non mesurables et l'exagération par une précision illusoire exposerait certainement à de graves erreurs.

C. — *Circonstances aggravantes du* § 156 (1).

1° Perte ou faiblesse durable de la parole.

2° Perte ou faiblesse durable de la vue.

3° Perte ou faiblesse durable de l'ouïe.

4° Perte de l'aptitude à la procréation.

5° Perte d'un œil, d'un bras ou d'une main, ou mutilation ou défiguration considérables.

L'article 309 établit que les violences suivies de mutilations, amputations ou privation de l'usage d'un membre, cécité, perte d'un œil ou autres infirmités permanentes, seront punies par une aggravation dans la peine. L'expert devra indiquer non pas seulement par un mot qu'il y a mutilation ou qu'il y a eu nécessité d'amputation. Car ces mots sont plus précis en apparence qu'en réalité, et par exemple l'ablation d'une phalange d'un doigt ou d'un orteil est-elle au sens juridique une amputation? L'expert exposera les suites de la blessure et les conséquences du traitement qui a été imposé par l'accident ou ces complications et laissera dans les cas douteux l'interprétation au juge.

Il en sera de même pour les troubles de la vision. Les mots cécité, perte d'un œil, ont un sens précis lorsque les fonctions de cet organe sont absolument abolies. Mais chaque jour on est appelé à constater qu'un blessé aura un affaiblissement de la vision consécutive à une opacité de la cornée, à une hernie de l'iris, à une cataracte traumatique. Ces troubles ne constituent pas la perte d'un œil, ni le plus souvent une cécité complète, souvent celle-ci pourra être modifiée par un traitement spécial. Le législateur français n'a pas indiqué dans le code pénal la faiblesse de la vue, ce n'est pas à l'expert à l'introduire. Qu'il indique seulement les limites dans lesquelles la vision est possible, pour la lecture, l'écriture par exemple, et qu'il laisse aux juges le soin de faire l'interprétation judiciaire.

(1) Voyez p. 216.

La *castration* prévue dans l'article 316 ne doit pas être prise dans le sens chirurgical, l'ablation des testicules ; elle s'entend de toute atteinte à la virilité, caractérisée par une mutilation quelconque des organes génitaux de l'homme, mettant obstacle à l'exercice de leurs fonctions.

§ 3. — BLESSURES MORTELLES (1).

La loi autrichienne oblige Hofmann à établir des chapitres distincts pour étudier la cause prochaine de la mort, les causes primitives ou immédiates, les causes secondaires ou médiates, les rapports entre la cause prochaine de la mort et la blessure. De son propre aveu, on peut diviser les causes prochaines de la mort après les blessures en primitives ou immédiates et en causes secondaires ou médiates, sans pouvoir établir une distinction très tranchée entre ces deux catégories. Il suffira de lire ces divers chapitres pour admettre avec l'auteur que ces distinctions sont trop subtiles.

En France, la commission donnée aux experts, lorsqu'une blessure a déterminé la mort de la victime, est presque toujours ainsi formulée : « Commettons M. le docteur X... à l'effet de procéder à l'autopsie du cadavre, de rechercher les causes de la mort et de constater tous indices de crime ou délit. »

L'expert a donc, non pas *à déterminer* les causes de la mort, mais *à les rechercher*, et le juge laisse ainsi le médecin libre de formuler ses incertitudes, si l'autopsie ne l'a pas suffisamment éclairé. De plus, l'expert est tenu de constater tous indices de crime ou délit, c'est-à-dire de noter les traces de violence, les lésions qui peuvent indiquer une lutte antérieure, etc.; mais ce n'est pas l'expert qui fournit la conclusion définitive. Ainsi, il n'a pas à déclarer : Un tel est mort par submersion, la submersion est le résultat d'un suicide ; mais il déclare : La mort d'un tel est le résultat de la submersion, le cadavre ne porte aucune trace de violence. Le juge d'instruction prendra ces déclarations comme un des éléments de son jugement, mais c'est lui qui décidera si, avec cette pièce et les autres classées au dossier, les témoignages, etc., la mort de cet homme qui ne porte aucune trace de violence est le fait d'un suicide ou d'un homicide.

L'expert devra, évidemment, tâcher d'établir le lien qui peut unir une blessure à ses conséquences, hémorrhagie, syncope, etc., et

(1) Voy. p. 224.

la mort ultérieure, mais il n'est pas enfermé dans un cadre de questions sur les causes médiates et immédiates. Souvent, pour répondre, l'embarras doit être grand, et la précision perd en réalité ce qu'elle gagne en apparence.

D. — *Arrêt du cœur.* — SCHOK *après les blessures* (1).

La mort par arrêt du cœur, suite d'un ou de plusieurs coups portés sur diverses régions du corps, mais plus spécialement sur la région épigastrique, est une des difficultés les plus grandes que le médecin légiste puisse avoir à élucider. Le coup n'a pas laissé de trace, mais s'il a atteint la région épigastrique ou une autre région voisine, la mort peut-elle en être la conséquence? Telle est la question posée.

En fait, Cl. Bernard dit : « L'arrêt du cœur ou syncope peut succéder à toute action perturbatrice violente et subite, de quelque nature qu'elle soit (2). » L'opinion de notre grand physiologiste est donc en accord parfait avec celle des médecins de tous les siècles. Ceux-ci ont signalé des morts subites après ou pendant la flagellation. Mais ils ont spécialement insisté sur les morts subites survenues après un coup sur la région épigastrique, après l'ingestion d'une boisson glacée, par un individu en transpiration. Les expériences de Brown-Séquard ont montré que l'écrasement de l'un ou de l'autre ganglion semi-lunaire a provoqué l'arrêt du cœur. Cl. Bernard ajoute « qu'en pratiquant diverses expériences sur les ganglions ou nerfs abdominaux, il a vu souvent succomber les sujets avant qu'il se fût manifesté aucun phénomène inflammatoire ni aucune autre lésion appréciable » (3).

De son côté, Oswald Neumann a provoqué l'arrêt du cœur par des excitations électriques de la muqueuse stomacale chez des mammifères, à qui on avait préalablement pratiqué la section de l'encéphale en avant de la moelle allongée (4).

Après avoir rappelé les travaux des différents physiologistes, en particulier ceux de Bernstein (5), Goltz (6) et de Tachanoff,

(1) Voy. p. 227.
(2) Cl. Bernard, *Substances toxiques et médicamenteuses*, p. 232.
(3) Cl. Bernard, *Pathologie expérimentale*, p. 120.
(4) Oswald Neumann, *Pfluger's Archiv*, 1871-72, p. 196 à 202.
(5) Bernstein, *Centralblatt*, 1863, p. 817 et *Arch. f. Anat. et Physiol.*, 1864, p. 614.
(6) Goltz, *Virchow's Archiv*, XXVI, t. II et XXIX, p. 394.

M. François Franck (1) a noté l'arrêt et le ralentissement du cœur produits chez la grenouille par la percussion, avec un marteau, de l'intestin enflammé. Il est arrivé aux mêmes résultats sur un lapin par le pincement du péritoine enflammé depuis vingt-quatre heures. Variant les expériences, M. François Franck a pu dire, par l'examen du tracé des battements du cœur de divers animaux, que « l'impression vive, quelque brève qu'elle soit, produite sur un nerf sensible (filets terminaux, tronc, racines), détermine toujours, comme *effet initial*, un ralentissement ou un arrêt diastolique du cœur. » Les tracés graphiques obtenus par excitation des trijumeaux, des nerfs laryngés, des nerfs rachidiens, indiquent la mesure et l'intensité variables de ces arrêts du cœur.

La comparaison des résultats de ces expériences et des faits consignés par les auteurs sera pour l'expert un des moyens de résoudre cette question. Le docteur Otis (2) a réuni les différentes observations de mort subite survenue après contusion des parois de l'abdomen, et avec Poland, B. Cooper et Taylor, il admet leur réalité.

E. — *Distinction entre les blessures faites pendant la vie et celles faites après la mort* (3).

Le chapitre consacré par Hofmann à l'étude de cette question résume complètement les connaissances actuelles, et surtout ne conduit pas à des conclusions qui dépassent la limite des affirmations légitimes. Nous noterons seulement, à propos de la coagulation du sang pendant la vie ou après la mort, que si le sang est épanché pendant la vie dans une cavité séreuse, dans le péritoine surtout, le plus souvent il ne se coagule pas, il reste liquide pendant quelques heures et même pendant plusieurs jours. De plus, lorsque le sang se trouve au contact de l'air en sortant d'une plaie faite pendant la vie, il peut rester liquide ; il en est ainsi notamment chez les alcooliques. Enfin, lorsque le vaisseau blessé est superficiel, que rien ne s'oppose à l'écoulement, le sang peut ne pas s'infiltrer dans les lames du tissu cellulaire. Tourdes en cite des exemples (4) ; nous en avons vu de semblables.

(1) François Franck, *Physiolog. expérimentale, travaux du laboratoire de Marey*, t. II, 1876, p. 221 à 254.

(2) Otis, *The medical and surgical history of the war of Rebellion* (*Surgical part.*, vol. II). — *Injuries of the abdomen*. Washington, 1876.

(3) Voy. p. 229.

(4) Tourdes, *Dict. encyclopédique*, art. Blessures, t. IX, p. 778.

Par contre, des blessures faites peu de temps après la mort donnent parfois lieu à des épanchements de sang coagulé. « La mort n'est pas instantanée dans tous les organes, dit Tourdes; quelques-uns, comme le sang et les muscles, conservent des propriétés vitales qui peuvent donner aux blessures quelques-uns des caractères des plaies faites pendant la vie. Combien de temps après la mort faut-il qu'une blessure ait été faite pour qu'on puisse affirmer avec certitude qu'elle a été pratiquée sur le cadavre? Cette question a donné lieu à de nombreuses expériences qui ont montré dans quelles limites le problème pouvait être résolu. Quand la vie est complètement éteinte, les différences sont caractéristiques; mais s'il reste des traces de vie organique, le diagnostic présente d'autant plus de difficultés qu'on se rapproche davantage du moment de la mort. Cette période d'incertitude n'a qu'une durée très courte, elle varie de quelques minutes à deux heures ou trois heures au plus. » Malheureusement, c'est précisément à propos de blessures faites au moment de la mort et dans les premiers instants qui la suivent, que d'ordinaire l'expert est interrogé.

Parfois le doute est donc possible, il doit être avoué. Nous n'accordons pas non plus une grande valeur à l'étendue de la rétraction des muscles, plus grande lorsqu'ils ont été divisés pendant la vie qu'après la mort. Mais, ici encore, un autre phénomène intervient, la rigidité cadavérique, et comme l'expert doit faire une part à cette influence, les preuves que lui fournira l'étendue de la rétraction n'auront pas un haut degré de certitude.

ART. III. — LE SUICIDE.

§ 1. — STATISTIQUE DU SUICIDE (1).

En France, le nombre des suicides depuis cinquante ans a triplé (exactement, le nombre des suicides a été 3,5 fois plus fréquent dans la période quinquennale 1871 à 1875 que dans celle de 1826 à 1830). Peut-être l'administration est-elle aujourd'hui mieux informée de la cause de la mort qu'elle ne l'était autrefois, et les familles parviennent-elles moins souvent à dissimuler un suicide, mais en admettant la réalité de ce fait, la progression n'en est pas moins effroyable. La courbe que nous avons dressée (fig. 47) s'élève avec une régularité presque constante. Tous les dix ans, le nombre

(1) Voy. p. 248.

des suicides s'élève d'un millier environ. Nous ignorons absolument la cause de cet accroissement, qui n'est, d'ailleurs, pas spécial à la France, et qu'Hofmann signale également en Prusse et en Autriche.

Sur 100,000 habitants, on comptait, de 1836 à 1840, 7,60 suicides ; en 1877, on en compte 16 (1).

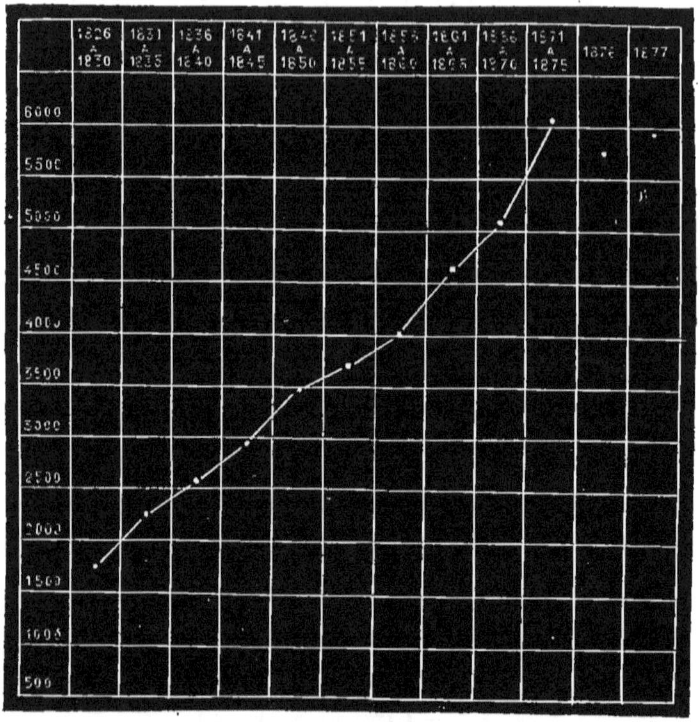

Fig. 47. — Courbe indiquant le nombre des suicides en France (1826 à 1877).

NOMBRE DES SUICIDÉS EN FRANCE (1826 à 1877).

Moyenne par année.

1826-30	1739	1856-60	4002
1831-35	2263	1861-65	4661
1836-40	2575	1866-70	5147
1841-45	2951	1871-75	6107
1846-50	3446	1876	5804
1851-55	3639	1877	5922

(1) Motet, *Les morts accidentelles et les suicides en France* (*Annales d'hygiène et méd. légale*, 1880, t. III, p. 97).

Fréquence des suicides d'après le sexe. — De 1836 à 1875.

On compte pour les hommes............	125.776	suicides.
Pour les femmes......................	36.870	
	162.646	suicides.

Soit une proportion de une femme pour 3,4 hommes.

Age des suicidés. — Ce n'est pas sans surprise que l'on apprend qu'un enfant de dix ans, parfois de huit ans, s'est suicidé. Pourtant, en cinquante ans, on a compté 1065 suicidés de dix à quinze ans. Hofmann indique bien les causes apparentes, un enfant se tue parce que son moineau vient de périr (Durand-Fardel), mais il faut, pour le médecin, rechercher souvent plus haut dans les affections morbides héréditaires l'explication de ces subites déterminations, et ce ne serait pas pour le moraliste un sujet d'études indifférent que celui qui remplacerait la froide et incomplète indication d'une fiche administrative par une enquête médicale faite sur l'état cérébral des ascendants.

Les courbes que nous avons dressées (fig. 48) montrent que la fréquence du suicide s'accroît régulièrement de dix ans à cinquante ans, qu'elle reste constante jusqu'à soixante, puis redescend à mesure que l'homme s'avance vers le déclin de la vie.

NOMBRE DE SUICIDES PAR AGE DE 1826 A 1875.

AGE	HOMMES	FEMMES	TOTAL
Moins de 16 ans.	754	311	1 065
16 à 21 ans.	3.977	2.284	6.261
21 à 30	15.649	5.326	20.975
30 à 40	20.444	5.485	25.929
40 à 50	25.380	6.722	33.102
50 à 60	25.482	6.752	32.234
60 à 70	20.203	5.536	25.739
70 à 80	9.484	2.981	12.465
80 ans et au-dessus.	1.781	695	2.476
Age inconnu.	2 602	778	3.380
TOTAL	125.766	36.870	162.636

La courbe (fig. 48) ne donne qu'une appréciation en bloc, basée sur les chiffres fournis par l'administration, mais si l'on calcule la fréquence des suicides en la rapportant au nombre des survivants de chaque

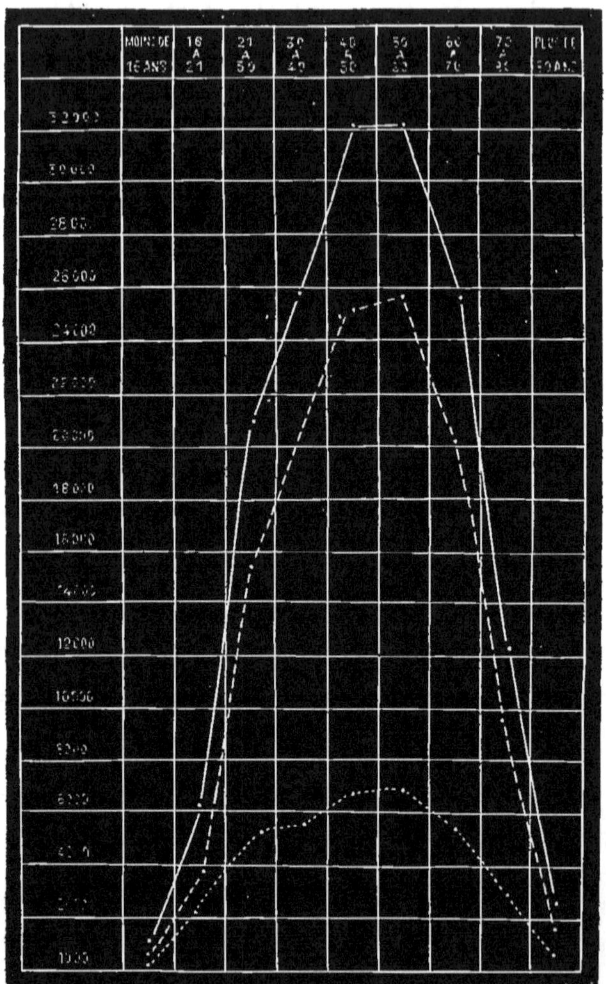

Fig. 48. — Courbe indiquant la fréquence des suicides à chaque âge. — Ligne supérieure, les deux sexes réunis. — Ligne du milieu, sexe masculin. — Ligne inférieure, sexe féminin.

âge (fig. 49), on voit que de dix à soixante-dix ans la progression est régulière, constante, que de soixante dix à quatre-vingts ans et au delà sa fréquence conserve, mais sans s'accroître, le chiffre le plus élevé, de 300 à 320 sur un million de survivants. Plus l'homme vieil-

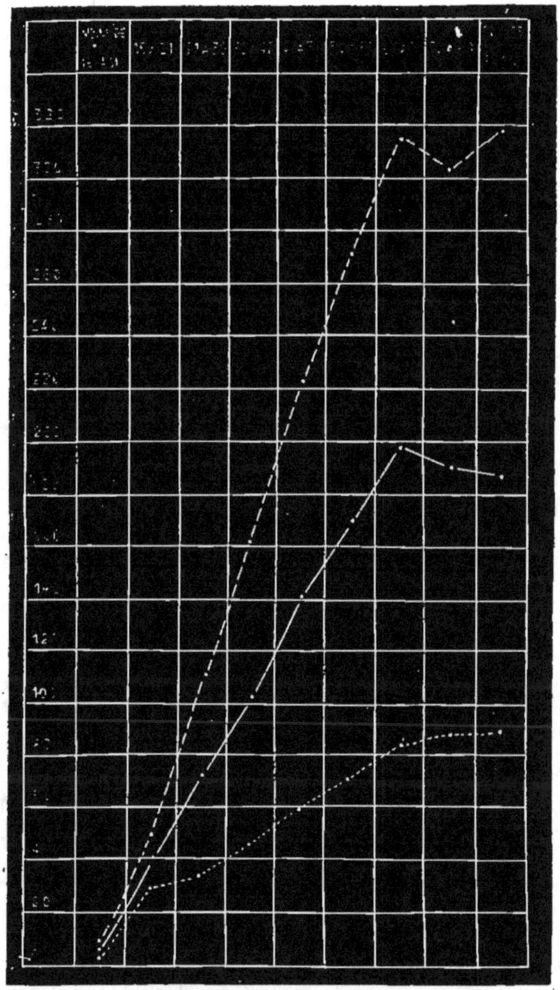

Fig. 49. — Courbe indiquant la fréquence des suicides à chaque âge dressée d'après le nombre des survivants à cet âge (tant de suicides pour 1,000,000 de survivants). — Ligne supérieure, sexe masculin. — Ligne moyenne, les deux sexes réunis. — Ligne inférieure, sexe féminin.

lit, plus l'impuissance de lutter amène le découragement et le dégoût de la vie.

TABLEAU DE LA POPULATION PAR AGE.

PÉRIODE D'AGE	SEXE MASCULIN	SEXE FÉMININ	LES DEUX SEXES
Au-dessous de 10 ans.	3.355.519	3.264.409	6.619.928
10 à 15 ans.	1.597.799	1.543.018	3.140.817
15 à 20	1.580.096	1.517.526	3.097.622
20 à 30	2.800.739	2.976.563	5.777.302
30 à 40	2.525,316	2.501.980	5.027.296
40 à 50	2.266.798	2.258.397	4.525.195
50 à 60	1.873.048	1.887.682	3.760.730
60 à 70	1.281.272	1.323.231	2.604.503
70 à 80	624.222	681.414	1.305.636
80 à 90	106.851	145.250	252.101
Au-dessus de 90.	5,275	7.842	13.117
TOTAUX.	18.016.935	18.107.312	36.124.247

MOYENNE ANNUELLE DES SUICIDES.

Proportion à chaque âge pour 1,000,000 de survivants.

PÉRIODE D'AGE	SEXE MASCULIN	SEXE FÉMININ	LES DEUX SEXES
10 à 15 ans.	9.43	4.03	6.78
16 à 21	50.34	30.10	41.08
21 à 30	111.76	35.79	72.61
31 à 40	161.91	43.84	103.15
41 à 50	223.92	59.61	141.88
51 à 60	272.08	71 11	171.42
61 à 70	314.57	83.67	197.65
71 à 80	303,87	87.49	190.94
80 ans et au delà.	317.69	90.79	186.71

Causes des suicides d'après les documents administratifs. — Cette augmentation régulière avec l'âge dans le nombre des suicides relègue au rang des erreurs les assertions des poètes et des romanciers. Le suicide par amour a plus frappé les gens du monde, parce qu'il s'accomplit d'ordinaire dans des conditions assez dramatiques, parfois il comporte deux suicides simultanés. Mais nous n'hésitons pas à mettre en première ligne des causes du suicide l'alcoolisme. C'est la raison la plus fréquente, et presque toujours chez l'alcoolique, le suicide s'accomplit sans mise en scène, sans phrases, sans lettres exprimant les dernières volontés. Il semble parfois que c'est le résultat d'une détermination subite, nous ne dirons pas inconsciente, mais peu ou pas raisonnée. L'occasion fait en ce cas les frais de la résolution. Un cordonnier vient de dîner un peu copieusement avec ses amis, il revient seul, rencontre sur son chemin le canal, s'y plonge, on l'en retire et il ne sait que répondre pour expliquer sa tentative. Un autre monte sur la colonne de la Bastille, se jette du haut de la colonne, tombe sur une toile tendue aux pieds de la colonne pour protéger les dorures qu'on répare, il rebondit, comme sur un tremplin, sur cette toile fortement fixée, se remet sur ses jambes, ramasse sa casquette, fuit, tombe entre les mains des sergents de ville, ne sait rien ni de sa résolution, ni de ses projets. Pendant huit ans, il remplit à la Faculté les fonctions de garçon d'amphithéâtre sans abandonner ses habitudes alcooliques. Au moment de leur acte, ces individus n'étaient pas ivres, ils avaient à peine bu plus que d'ordinaire, mais ils étaient intoxiqués de longue date. Cette soudaineté non réfléchie appartient à cette catégorie de gens, et la fréquence de l'alcoolisme dans le sexe masculin comparé au sexe féminin explique pour une part l'énorme écart que la statistique révèle dans les deux sexes.

Rien de plus instructif à cet égard que les cartes dressées par M. Lunier et qui ont été communiquées au congrès de 1878 (1). On peut, en les comparant, immédiatement reconnaître que les morts accidentelles, les suicides, la folie, les crimes sont à leur maximum dans les départements où la consommation de l'alcool est la plus élevée, que la proportion tend à s'abaisser dans les pays vinicoles, là où le vin est la boisson habituelle.

Si nous prenons le compte général de l'administration de la justice pour 1877, nous trouvons résumés tous les renseignements que peut fournir l'administration.

En 1877, il y a eu 5,922 suicides, les femmes n'ont fourni que le cinquième de ce nombre.

« D'après les chiffres réels, il y a moins de suicides dans les villes : 2,741 ou 47 p. 100, que dans les campagnes 3,137 ou 53 p. 100 ; mais il résulte de leur comparaison avec ceux de la population, qu'ils y sont au contraire, comme les crimes d'ailleurs, deux fois plus nombreux. La proportion, qui n'est que de 13 suicides pour 100,000 habitants dans les communes rurales, monte à 23 dans les centres dont la population excède 2,000 âmes.

(1) Lunier, *Congrès international pour l'étude des questions relatives à l'alcoolisme*. Paris, 1879. — Motet, *loco citato*.

« Sur les 5,922 suicidés, il en est 652, plus du dixième, dont la profession n'a pu être découverte. Les 5,270 autres appartenaient 2,215 (42 p. 100) à l'agriculture; 1,362 (26 p. 100) à l'industrie; 867 (17 p. 100) aux professions libérales; 545 (10 p. 100) au commerce et 281 (5 p. 100) à la domesticité. Sur 100,000 habitants de même profession, se sont suicidés 30 personnes exerçant des professions libérales, 15 commerçants et 15 ouvriers des diverses industries, 12 agriculteurs et 12 domestiques.

« Les motifs probables de 5,590 suicides ont pu être mentionnés dans les enquêtes, qui ont attribué ces actes de désespoir dans 1,794 cas (32 p. 100) à des maladies cérébrales, dans 855 à des chagrins domestiques, dans 837 à des souffrances physiques, dans 701 (13 p. 100) à l'ivrognerie, dans 688 (12 p. 100) à la misère, dans 251 à des formes diverses, dans 235 à des chagrins d'amour, à la jalousie ou à la débauche et dans 229 au désir de se soustraire à des poursuites judiciaires. »

L'*influence des saisons* bien qu'inexplicable n'en est pas moins réelle. Le printemps et l'été fournissent les trois cinquièmes des suicides (fig. 50). Le maximum est en mai, juin, juillet, précisément alors que la misère semblerait devoir faire moins sentir ses rigueurs. Ces variations sont les mêmes dans tous les pays.

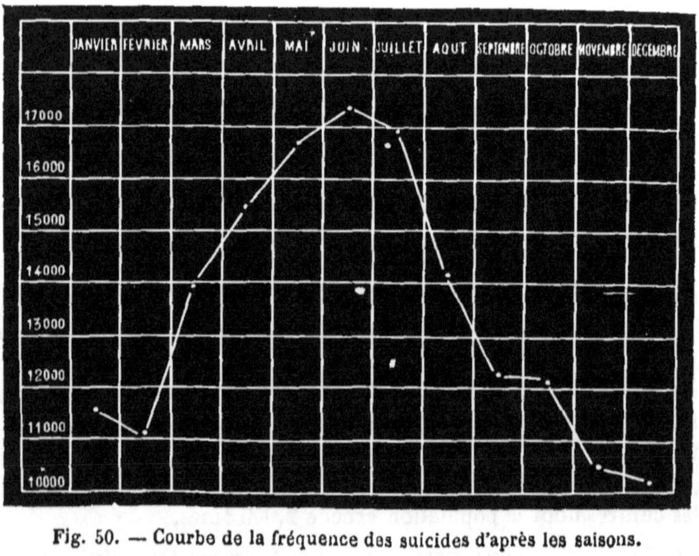

Fig. 50. — Courbe de la fréquence des suicides d'après les saisons.

§ 2. — DIFFÉRENTS GENRES DE SUICIDE (1).

Le tableau suivant montre les différences qui séparent les deux sexes dans le mode de suicide adopté. Les hommes et les femmes préfèrent la pendaison et la suspension, ces deux procédés fournissent plus des sept dixièmes des suicides, cependant la fréquence de la submersion (pour 1,000 suicides) est plus grande chez la femme. La femme ne choisit que très exceptionnellement une arme à feu ou un instrument tranchant. Elle adopte plutôt l'asphyxie par le charbon, la chute d'un lieu élevé ou le poison. Dans ces trois catégories le nombre des suicides (pour 1000) chez les femmes est supérieur à celui fourni pour les hommes par la statistique.

§ 3. — SUICIDE PAR ARMES A FEU (2).

Les régions que les individus, qui veulent se suicider, peuvent ou cherchent à atteindre ne sont pas très nombreuses. Ce sont la tête, la partie extérieure de la poitrine et très rarement l'abdomen.

En relevant 358 cas, on trouve les lésions ainsi réparties :

- Tête 287
  - Front... 14
  - Œil.... 9
  - Tempes. 26
  - Menton. 13
  - Oreille.. 1
  - Bouche 224
    - avec déchirure des commissures labiales....... 29
    - sans — — — 13
    - voûte palatine intéressée...................... 43
    - destruction de la partie antérieure de la tête.................................... 13
    - destruction plus ou moins considérable de la tête.................................... 126
- Poitrine 68
  - Cœur 45.
  - Poumons 23.
- Abdomen 3.

Lorsqu'un cadavre porte plusieurs plaies par arme à feu, il est souvent fort difficile d'affirmer qu'elles ont pu être ou qu'elles n'ont pas pu être faites par la personne elle-même. Aux cas de suicide ci-

(1) Voy. p. 256.
2) Voy. p. 265.

TABLEAU INDIQUANT LE NOMBRE DES MOYENS DE SUICIDE EMPLOYÉS

et leur proportionnalité relative, suivant le sexe, et calculée pour 1000 suicidés.

	NOMBRE DE CHACUN DES PROCÉDÉS EMPLOYÉS Statistique 1861 à 1875.			PROPORTION de CHACUN DES PROCÉDÉS POUR 1000 SUICIDÉS.		
	DEUX SEXES	HOMMES	FEMMES	DEUX SEXES	HOMMES	FEMMES
Strangulation et pendaison.........	35.127	29 894	5 233	441	473	320
Submersion....................	22.422	15.454	6.968	282	244	426
Armes à feu....................	8.616	8.503	113	108	134	7
Asphyxie par le charbon..........	5 343	3.348	1 995	67	53	122
Instruments tranchants et aigus	3.102	2.661	441	39	42	27
Chute d'un lieu élevé..........	2.562	1.709	853	32	27	52
Poison..........................	1.646	995	651	21	16	40
Moyens divers..................	759	672	87	10	10	5
TOTAUX......	79.577	63.236	16.341	1.000	999	999

tés par Hofmann, on peut joindre le suivant, qui aurait semblé presque incroyable s'il n'avait eu de nombreux témoins.

Un dimanche, un sous-officier d'artillerie monte sur un des bastions qui entourent Paris, et devant la foule des promeneurs dont il est séparé par le fossé des fortifications, il se tire, avec un revolver de calibre (12 millim.), un premier coup de feu au milieu du front, il ne tombe pas, il s'en tire un second au devant de l'oreille droite, et toujours debout, il s'en tire un troisième dans la bouche.

Le premier coup avait fracturé la table externe du frontal, avait déprimé en la fracturant la table interne, la balle s'était aplatie et incrustée dans les lamelles osseuses du frontal.

Le second coup de feu avait brisé le col du maxillaire inférieur à droite, la balle avait traversé les sinus et s'était arrêtée dans les sinus sphénoïdaux gauches. Le troisième coup de feu avait traversé l'apophyse basilaire, la balle fut trouvée dans le lobe occipital gauche, un fragment osseux de l'apophyse dans le lobe occipital droit.

Certes si de nombreux témoins n'avaient vu les détails de ce suicide dramatique, on aurait admis difficilement qu'une balle fracturant les lames antérieures du frontal, n'avait pas du déterminer une commotion cérébrale, mettant obstacle à l'accomplissement des autres actes.

ART. IV. — EXAMEN DES TACHES DE SANG (1).

La description donnée par Hofmann des procédés employés pour rechercher les taches de sang, est très complète, nous signalerons seulement une cause d'erreur. Les piqûres de puces laissent des taches de sang qui parfois peuvent singulièrement embarrasser le médecin légiste. Comme preuve nous citerons le cas suivant pour lequel nous avons été commis avec M. le professeur Vulpian, le 21 juillet 1879. On verra quelles précautions furent nécessaires pour arriver à une détermination précise.

Un homme avait été tué dans son lit à coups de marteau, le crâne avait été fracturé, des gouttelettes de sang très fines avaient jailli sur les murs. La chemise en laine de son jardinier présentait de nombreuses taches de sang, ponctuées, occupant la face externe, quelques-unes la face interne.

Pour déterminer la nature et la valeur de ces taches nous avons pris les précautions suivantes :

Craignant que des frottements ultérieurs ne fassent tomber les écailles sanguines, dont quelques-unes étaient à peine maintenues par les poils de la laine,

(1) Voy. p. 272.

voulant garder l'indication exacte des taches que nous enlevions pour les soumettre à l'analyse, nous avons sur une chemise blanche reproduit avec l'encre noire la disposition que chacune de ces taches occupait sur la face externe de la chemise de l'inculpé. Nous avons marqué au crayon rouge les points que les taches occupaient à la face interne. Autant que possible nous avons donné à ces marques la forme de la tache correspondante.

De plus nous avons pris sur un garçon d'hôtel, auprès duquel l'un de nous avait été appelé, une chemise de toile de couleur blanche sur laquelle se voyaient des empreintes sanguines assez analogues à celles notées sur la chemise de P... Ces taches résultaient dans ce cas manifestement de piqures de puces.

Enfin nous avons projeté des gouttelettes de sang humain sur une flanelle et nous avons procédé aux recherches en comparant les caractères des taches de la chemise blanche et de la flanelle.

Nous avons également comparé du sang desséché que nous avions recueilli le 17 mars autour du cadavre de la veuve Joubert assassinée rue Fontaine.

Nous avons joint au scellé les chemises et la flanelle qui nous ont servi d'objets de comparaison.

Après avoir décrit la répartition des taches sur la chemise de l'inculpé nous avons procédé aux recherches suivantes, nous donnons copie de notre rapport et de ses conclusions.

Nous croyons pouvoir dire dès maintenant que les taches de sang faites par les puces, présentent à l'œil nu et à la loupe, la plus grande analogie avec celles que nous avons décrites plus haut, tant par leur forme que par l'imprévu de leur distribution sur la chemise.

Nous détachons chaque tache avec des ciseaux très propres et nous la plaçons dans la cupule d'une lame de verre également propre au contact de quelques gouttes d'un liquide désigné par M. Bourgogne, son inventeur, sous la rubrique : « *Liquide 4ª, dilatateur du sang.* » Nous avons fait un essai préliminaire sur du sang desséché depuis plusieurs mois.

Après une macération prolongée de douze à vingt-quatre heures et même trente-six pour quelques taches, nous avons trouvé les taches augmentées de volume et ramollies.

Avec les extrémités effilées de deux agitateurs, fraîchement étirés, nous avons détaché quelques parcelles colorées de ces diverses taches et les avons déposées sur des lames de verre très propres ; nous avons ensuite successivement procédé aux recherches suivantes :

1° Examen microspectroscopique ;

2° Formation de cristaux d'hémine ;

3° Détermination et mensuration des éléments visibles au microscope.

1° *Examen microspectroscopique.* — Après avoir recouvert d'une lamelle propre une des préparations précédentes et légèrement pressé la surface de la lamelle, nous l'avons portée sous le champ du microspectroscope.

Nous avons alors nettement vu les deux raies caractéristiques de l'hémoglobine oxygénée et leur disparition sous l'influence du sulfhydrate d'ammoniaque, agent reducteur introduit sous la lamelle, pour former une bande unique de réduction, connue sous le nom de bande de Stokes et caractéristique différentielle de l'hémoglobine et des autres matières colorantes.

2° *Formation des cristaux d'hémine.* — Prenant une seconde préparation, nous y avons ajouté une goutte d'eau distillée très pure pour dissoudre la matière colorante. Ce premier résultat obtenu, et après avoir ajouté un atome de chlorure de sodium pur, nous avons chauffé légèrement la préparation au-dessus de la flamme d'une lampe à alcool. Avant évaporation complète, nous avons ajouté une ou deux gouttes d'acide acétique cristallisable et nous avons soumis de nouveau à une évaporation très ménagée au-dessus de la flamme de la lampe à alcool.

Après évaporation et disparition complète de l'odeur de l'acide acétique, nous avons examiné au microscope avec un grossissement de 500 D., et nous avons alors nettement vu de nombreux cristaux d'hémine.

3° *Détermination et mensuration des éléments visibles au microscope.* — Prenant quelques parcelles d'une troisième préparation, nous les avons dissociées et placées avec une goutte du liquide de M. Bourgogne au centre d'une cellule hématimétrique de Hayem, que nous avons recouverte d'une lamelle très propre.

Après un repos de quelques minutes, nous avons examiné cette préparation avec un grossissement de 500 D et nous avons alors assez nettement vu un certain nombre de corpuscules, légèrement colorés, de forme à peu près circulaire, un peu déchiquetés sur les bords, rappelant presque complètement la forme et l'aspect des globules du sang.

Nous avons ensuite soumis, à l'aide d'un oculaire quadrillé $\frac{1^{m},001}{100}$ quelques-uns de ces éléments à la mensuration. Nous leur avons trouvé presque constamment un diamètre de $0^{m},005$ de millimètre.

Nous avons aussi observé dans presque toutes nos préparations, à côté des éléments d'aspect globulaire, un certain nombre de petits corpuscules noirâtres sans forme précise, et dont les contours sont délimités par une foule de petits points noirs très fins, analogues à ceux que nous avons rencontrés dans l'examen des taches de sang provenant manifestement de piqûres de puces.

Nous n'avons rien observé de semblable dans nos autres expériences comparatives.

Nous avons répété sur plusieurs taches ces divers procédés de recherche et toutes nous ont donné des résultats analogues.

Conclusions. — 1° Les taches indiquées sur la chemise de l'inculpé sont des taches de sang.

Cette conclusion est justifiée par les résultats de l'examen spectroscopique : présence dans le spectre des deux raies de l'hémoglobine oxygénée, disparition de ces raies sous l'influence du sulfhydrate d'ammoniaque, et apparition d'une bande unique, dite de Stokes, caractéristique différentielle des autres matières colorantes ; par la formation des cristaux d'hémine sous l'influence de l'acide acétique.

2° La forme et les dimensions des globules sanguins permettent d'affirmer que ces taches ont été faites par du sang de mammifère. Les différences trouvées par la mensuration entre ces globules et ceux du sang humain peuvent s'expliquer par l'ancienneté et la dessiccation des taches.

3° La présence dans un grand nombre de ces taches de petits corpuscules noirâtres analogues à ceux constatés dans les traces laissées par les puces sur la chemise de toile blanche doivent faire conclure que le plus grand nombre de ces taches, sinon toutes ont été faites par des puces.

4° Dans l'aisselle droite et au poignet droit nous avons noté des taches étalées et diffuses, ces caractères qui les distinguent des autres précédemment signalées peuvent être attribués à ce qu'elles ont été mouillées soit par l'eau, soit par la sueur.

ART. V. — EXAMEN DES CHEVEUX (1).

Pour compléter l'étude qu'Hofmann a consacrée à l'examen des cheveux et des poils, nous conseillons au lecteur de se reporter au chapitre très remarquable dans lequel MM. Beauregard et Galippe (2) ont réuni tous les documents propres à élucider ces difficiles questions.

Nous ne pouvons mieux faire pour donner une idée de ces recherches que d'emprunter à ce chapitre un rapport de M. Malassez fait dans les conditions suivantes :

Il s'agissait d'une jeune fille accusée d'infanticide. Celle-ci prétendait que l'enfant n'était pas né viable et qu'il n'avait pas respiré. Toutefois, comme elle portait les traces d'une déchirure du périnée, la justice ne tint pas compte des assertions de l'accusée. On avait trouvé dans un champ, une année après la suppression du part, le linge dans lequel l'inculpée avait jeté l'enfant ; les cheveux seuls avaient résisté, avec le linge, aux causes multiples de destruction, qui avaient entraîné la disparition de l'enfant.

M. Malassez a répondu ainsi aux questions qui lui étaient posées par la justice.

Je soussigné, Louis-Charles Malassez, docteur en médecine, directeur adjoint du laboratoire d'histologie au Collège de France, commis, par une ordonnance de M. Jules Jaudin, juge d'instruction au tribunal de première instance du département de la Seine, datée du 25 septembre 1878, à l'effet de procéder à l'examen d'un linge, et de me prononcer sur la question de savoir :

1° Quelle est la nature des taches dont il est maculé ; — si ce sont des taches de sang ou de matière provenant de la décomposition d'un cadavre ;

2° S'il y a trace de cheveux qui soient adhérents à cette pièce de linge ;

3° En cas d'affirmation, si ces cheveux sont ceux d'un enfant nouveau-né ;

Ayant prêté serment, certifie avoir fait les examens microscopiques suivants.

A. — *Examen des taches*. — Le linge présente deux espèces de taches :

1° A la périphérie du linge, des petites taches verdâtres ;

2° Au centre, une large tache brunâtre.

La couleur verdâtre des petites taches pouvait faire supposer qu'elles étaient dues à du méconium, mais les examens microscopiques et micro-chimiques n'ont rien révélé qui puisse confirmer ou infirmer cette hypothèse.

La grande tache centrale brunâtre, ressemblant à certaines taches de sang altéré, la présence des globules sanguins, celles de la matière colorante du sang, ont été recherchées.

1° *Recherche des globules sanguins*. — Des fragments de serviette étan détrempés dans du sérum artificiel (solution de sulfate de soude à 5 p. 100), on peut en détacher des fragments d'une matière brunâtre que l'on dissout dans le même sérum.

(1) Voyez p. 291.

(2) Beauregard et Galippe, *Guide de l'élève et du praticien pour les travaux pratiques de micrographie*. Paris, 1880, p. 805 à 894.

Examinées au microscope, on trouve çà et là, au milieu d'éléments divers : globules de graisse, débris d'insectes et de végétaux, poussières et granulations diverses, de nature indéterminée, des globules rouges de sang.

Ils sont, en général, réunis par petits groupes ; ils appartiennent au type circulaire, mais ils sont, pour la plupart, plus ou moins déformés ; beaucoup ont la forme de cuvette, quelques-uns sont sphériques. Les plus petits ont 4 μ (quatre millièmes de millimètre), les plus grands 5 μ (cinq millièmes de millimètre) ; la moyenne de 13 mensurations a donné 4 μ, 5. Ils sont très peu colorés.

2° *Recherche de la matière colorante.* — D'autres fragments de serviette sont lavés à l'eau distillée : ils donnent une solution brunâtre louche ; filtrée, la solution devient transparente. Examinée au microspectroscope, sous des épaisseurs diverses, elle ne donne aucune des raies d'absorption qui caractérisent la matière colorante du sang.

La solution évaporée lentement laisse une matière brune. Cette matière mêlée avec un peu de chlorure de sodium et d'acide acétique, puis chauffée jusqu'à ébullition, ne donne pas, après refroidissement, de cristaux de chlorhydrate d'hématine.

Conclusions. — 1° *Sur l'existence du sang.* — Les globules du sang trouvés dans la recherche : 1° ont, malgré les altérations qu'ils ont subies, des formes si caractéristiques, que leur présence suffit à elle seule pour affirmer avec certitude l'existence du sang sur le linge examiné.

Les résultats négatifs obtenus dans la recherche de la matière colorante du sang (recherche 2) ne sont pas contradictoires, comme on pourrait le supposer au premier abord. En effet, pour obtenir des résultats positifs dans ce genre de recherches, il faut que la matière colorante existe en certaine quantité. Or, dans le cas actuel, il peut se faire, ou qu'il y ait eu peu de sang répandu, ou que le sang répandu en certaine quantité se soit altéré, les globules perdant leur hémoglobine, l'hémoglobine se détruisant.

La première de ces deux hypothèses est peu vraisemblable en raison de l'étendue de la tache et des points divers où l'on a pu y retrouver des globules ; la seconde, au contraire, est confirmée par ce fait que la tache se trouve sur un linge saisi dans un champ, qu'elle a dû, par conséquent, être exposée à toutes les intempéries de l'atmosphère, lesquelles altèrent le sang. Il est même étonnant que dans de telles conditions des globules rouges aient pu se conserver aussi bien.

2° *Sur la quantité du sang répandu.* — Le petit nombre de globules sanguins retrouvés dans la serviette, l'absence ou la faible quantité de matière colorante du sang, prouvent qu'actuellement il existe peu de sang sur la serviette. Mais, ainsi que je viens de le dire, il a dû en exister une quantité beaucoup plus considérable à un moment donné. Toutefois, il est impossible de dire, même approximativement, quelle a été cette quantité.

2° *bis.* — *Sur l'époque à laquelle le sang a eté répandu.* — L'altération du sang ne dépendant pas uniquement du temps écoulé, mais surtout des divers agents atmosphériques ou autres, auxquels il a été soumis, il est impossible de dire à quelle époque il a été répandu.

3° *Sur la nature du sang.* — La forme circulaire des globules trouvés sur le linge, l'absence de noyaux, montrent que ce ne sont pas des globules d'oiseaux, de poissons ou de reptiles, ou de batraciens, mais bien des globules de mammifères, quant aux dimensions de ces globules, il est bien évident qu'elles ne sont plus ce qu'elles étaient quand ces globules étaient vivants : une sphère aplatie constitue un disque dont le diamètre est plus grand que celui de la sphère d'où il procède ; de même pour les globules, lorsque de discoïdes (ce qui est leur forme normale) ils deviennent sphériques, leur diamètre diminue. Nos globules sanguins, qui tous se rapprochent plus ou moins de la forme sphérique, ont donc des diamètres plus petits que ceux qu'ils avaient lorsqu'ils étaient vivants et discoïdes. Or, en tenant compte de cette diminution de diamètre, ainsi que de la dessiccation, on voit qu'ils se rapprochent des globules humains adultes et de ceux de plusieurs de nos animaux domestiques (lapin, chien, par exemple).

Les globules sanguins des nouveau-nés diffèrent peu de ceux des adultes, mais ceux des jeunes fœtus sont notablement plus volumineux. Aussi, pour que les globules trouvés sur le linge puissent être considérés comme des globules de fœtus, il faudrait supposer une diminution très considérable, sur la possibilité de laquelle nous n'avons aucun renseignement.

En résumé :

1° Il existe du sang sur le linge au niveau de la grande tache centrale brunâtre ; il est très altéré ;

2° Ce sang est actuellement en petite quantité. Il est probable qu'il y en a eu une plus grande quantité de répandue, mais on ne saurait la déterminer ;

3° C'est du sang de mammifère. Il est impossible de dire si c'est du sang d'homme ou de l'un de nos animaux domestiques. Il est possible que ce soit du sang de femme ou de nouveau-né, il est douteux que ce soit du sang de fœtus.

B. — *Examen des poils ou des cheveux.* — Plusieurs touffes des poils ou cheveux adhérentes au linge ont été humectées puis montées dans de la glycérine et examinées au microscope.

Tous, ou presque tous, sont munis de leur racine et se terminent en pointe très effilée. Aucun d'eux n'a de moelle, mesurés au micromètre, ils ont dans leur plus grande largeur de 20 à 32 μ (millièmes de millimètre). La moyenne de 30 mensurations a été de 24 μ 9 ; il en a été trouvé un qui n'avait pas 12 μ, et un autre qui mesurait 40 μ.

La matière lamelleuse blanc jaunâtre, à reflets brillants, qui englobe la racine de la plupart de ces poils ou cheveux, est constituée par des amas de cellules épithéliales pavimenteuses cornées, au milieu desquelles on distingue une assez grande quantité de globules graisseux, puis des poussières et des granulations diverses.

Conclusions. — 1° Le peu de longueur de ces poils ou cheveux, leur finesse, l'absence de moelle prouvent que ce sont des cheveux ou poils follets ; ce ne sont ni des poils d'animaux, ni des cheveux ou poils humains adultes.

Les poils d'animaux ont d'une façon générale des formes différentes, des dimensions plus considérables et possèdent une moelle souvent très caractéristique. Les cheveux et poils humains adultes sont plus longs et pourvus de moelle ;

2° Leur terminaison en pointe effilée et très régulière indique qu'ils n'ont été ni usés, ni brisés, ni coupés ; qu'ils sont par conséquent de développement récent et doivent appartenir à un fœtus ou à un nouveau-né, ce que confirme également la présence de ces amas de cellules épidermiques et de matières grasses qui englobent beaucoup d'entre eux. Ce ne sont pas des cheveux ou poils follets d'adultes. Les cheveux follets des chauves ont presque toujours leur extrémité bien fendillée ou en balai ; on en trouve parmi eux un certain nombre qui ont de la moelle et sont beaucoup plus volumineux. Les poils follets des femmes et des adolescents ont rarement la pointe effilée, étant obtus, comme usés, et parfois ils possèdent de la moelle.

3° Les dimensions dépassent notablement celle des poils follets que l'on rencontre sur le corps des fœtus ou des nouveau-nés, il faut en conclure que ce sont des cheveux de fœtus ou de nouveau-né.

Du reste, leur abondance à une région assez limitée de la serviette, leur réunion en touffes doivent faire penser qu'il proviennent des régions où ils sont nombreux, comme c'est le cas pour le cuir chevelu ;

4° Pour essayer de déterminer l'âge du fœtus ou du nouveau-né auquel ces cheveux appartenaient, on peut, jusqu'à un certain point, comparer leurs dimensions à celles des cheveux provenant de fœtus ou de nouveau-nés d'âges différents.

Les cheveux de cinq nouveau-nés, âgés de un à vingt jours, et ceux de quatre fœtus ayant de sept à neuf mois ont présenté des épaisseurs semblables. Les plus petits cheveux avaient 20 μ, 5 (millièmes de millimètre) ; les plus gros 48 μ ; les diverses moyennes ont varié entre 28 μ et 37 μ.

D'autre part, les cheveux d'un fœtus de cinq mois ont donné 20 μ, comme minimum d'épaisseur, 28 μ comme maximum, 24 comme moyenne, et ceux d'un fœtus de trois mois avaient, les plus petits 16 μ, les plus gros 20 μ ; en moyenne 18 μ.

Les cheveux recueillis sur le linge sont donc plus gros que ceux d'un fœtus de trois à cinq mois, plus petits que ceux de fœtus viables ou de nouveau-nés. Ils proviendraient, d'après cela, d'un fœtus âgé de cinq à sept mois.

Toutefois, comme les comparaisons ci-dessus exposées ne portent que sur un nombre de faits relativement peu nombreux, comme les différences constatées ne sont pas très considérables, comme enfin l'accroissement des cheveux peut présenter de très grands retards (on voit des enfants nés à terme qui sont presque chauves), la conclusion précédente ne peut être présentée qu'avec la plus grande réserve.

En résumé :

Les poils ou cheveux trouvés sur le linge sont des cheveux de fœtus ou de nouveau-né.

Il est probable qu'ils proviennent d'un fœtus de cinq à sept mois, mais il est impossible d'affirmer avec certitude qu'ils n'appartenaient pas à un fœtus viable ou à un nouveau-né.

Les examens microscopiques, ci-dessus mentionnés, permettent donc les réponses suivantes aux questions posées par l'instruction.

1° Les taches qui maculent le linge saisi sont en partie, sinon complètement, des taches de sang ;

2° Il existe des cheveux adhérents au linge ;

3° Ces cheveux proviennent d'un fœtus ou d'un nouveau-né, plutôt d'un fœtus de cinq à sept mois que d'un fœtus viable ou nouveau-né, mais il est impossible de se prononcer avec certitude sur ce dernier point.

ART. VI. — LES BLESSURES SELON LEUR SIÈGE (1).

§ 1. — LES BLESSURES DE LA TÊTE.

I. — Les blessures du crâne.

1° *Commotion cérébrale.*

La commotion cérébrale même légère détermine parfois une perte de la mémoire, portant principalement sur les faits qui ont

(1) Voy. p. 300.

accompagné l'accident. Le peu de gravité de celui-ci et l'intensité des désordres consécutifs étonne l'expert, et laisse soupçonner une simulation. Il y a donc intérêt à connaître les caractères de cette *amnésie*.

Elle succède d'ordinaire immédiatement au traumatisme cérébral, quelquefois elle ne se développe que tardivement. Elle est totale ou partielle, et se limite plus spécialement aux circonstances qui ont suivi le coup, et même à celles qui l'ont précédé. Une dame va à Versailles assister aux obsèques d'une parente. Au moment où elle descend de voiture, elle est frappée à la tête par la portière, tombe, ne perd pas connaissance, se relève elle-même, reprend le bras de son mari, puis, un instant après, s'informe de l'endroit où elle se trouve, de la cause qui l'a amenée à Versailles. Elle avait oublié la mort de sa parente.

Prichard (1) raconte également l'histoire d'un homme qui, à la suite d'une chute de cheval, avait totalement oublié non seulement cette chute elle-même, mais tout ce qui l'avait précédée pendant un temps plus ou moins long.

D'autre part, des lésions considérables de l'encéphale ne déterminent pas nécessairement une commotion qui mette le blessé dans l'impossibilité d'accomplir certains actes.

Il est peu de questions médico-légales plus mal connues et qui puissent autant nous induire en erreur. Nous rapporterons à l'appui le cas suivant :

Un individu T. fut trouvé à terre, à deux pas de son lit, le crâne brisé ; le bord postérieur du frontal, le sphénoïde et le temporal gauches formaient un grand nombre de fragments. Cette fracture mesurait 12 centimètres sur 7. Le sillon de l'artère méningée était compris dans la fracture. Les lobes frontal et parietal gauches du cerveau étaient infiltrés de petites ecchymoses et d'un pointillé formé par le sang épanché dans les gaines lymphatiques.

Parmi les questions posées par le juge d'instruction, se trouvait celle-ci, qui avait une grande importance pour déterminer les circonstances du crime et en particulier la complicité de deux personnes. T., après avoir été frappé, a-t il pu se lever et aller jusqu'à l'endroit où son corps a été retrouvé ; pendant combien de temps la vie a-t-elle pu se prolonger ?

Voici la réponse que nous fîmes à cette double question.

(1) Prichard, *Journal d'Anthropologie*, de Nasse, 1824. — Voy. également : Brodie, *Medico-chir. Transact.*, 1825. — Toulmouche, *Gaz. méd.*, t. XIX, p. 339, 1843. — Hecker, *Med. Jahrbüch. für Nassau*, 1848, p. 246. — Bruns, *Die chir. Krankh.* Tubingen, 1864. — Henke, *Zeitschrift fur staatsarzneik*, t. XXXV, p. 47. — Falret, Art. AMNÉSIE. *Dict. encyclopédique des sciences médicales.* — Aug. Voisin, art. AMNÉSIE (*Nouveau dictionnaire de médecine et de chirurgie pratiques*. Paris, 1865, t. II, p. 57).

Il est impossible de déterminer exactement la durée probable de la vie de T., après le moment où il a reçu les blessures du crâne. Mais on peut dire que la quantité de sang qui a imbibé l'oreiller, le traversin, le mouchoir, le bonnet de coton et la quantité de sang qui constituait la mare, qui entourait à terre la victime, est considérable. Or une seule artère un peu importante a été ouverte, c'est la méningée moyenne, logée dans un sillon osseux, creusé aux dépens de la table interne du temporal. Pour que cette artère, la seule qui ait pu donner naissance à une hemorrhagie grave, ait fourni la quantité de sang que nous avons notée, il faut que l'hémorrhagie ait duré longtemps, probablement plusieurs heures. Cette conclusion n'est pas contredite par l'état d'attrition du cerveau. On a vu des blessés survivre plusieurs jours à une lésion de l'encéphale beaucoup plus grave, par exemple à une blessure par arme à feu ayant traversé l'encéphale de part en part. On a même vu la guerison survenir quelquefois, notamment dans un cas où une barre de fer avait traversé la masse cérébrale.

On peut donc dire : la quantité de sang qui pénètre l'oreiller et le traversin prouve que T. a dû rester un certain temps dans son lit, la tête sur l'oreiller. La quantité de sang qui a formé la mare, au milieu de laquelle le bonnet a été retrouvé, prouve que T. y est resté un temps probablement encore plus prolonge. Sans pouvoir fixer une limite absolue à la durée de la vie de T., après les blessures du crâne, on peut admettre que la survie a été de plusieurs heures.

T., après avoir été frappé, a-t-il pu se lever et aller jusqu'à l'endroit où son corps a été retrouvé ? La réponse à cette question se trouve faite explicitement dans le traité classique de Follin et Duplay (1). « Si la contusion atteint les lobes cérébraux, même dans une grande etendue, sans ébranler violemment l'encéphale, l'individu après un étourdissement plus ou moins violent ou une perte de connaissance de durée variable, mais assez courte toutefois, pourra, s'il est tombé, se relever, marcher et reprendre même ses travaux sans autre trouble qu'un peu de céphalalgie, d'hébétude peut-être et quelques faiblesses dans les membres. »

Or les lésions ont porté precisément chez T. sur les lobes cérébraux, et si la commotion cérébrale, et surtout l'hemorrhagie ne lui a pas permis de faire des actes aussi complexes que ceux notes dans les observations resumées dans le traité de Follin et Duplay, il est possible « qu'après une perte de connaissance de duree variable, mais assez courte, » il ait pu se lever et aller seul jusqu'à l'endroit où il a eté trouvé au pied de son lit.

§ 2. — LES BLESSURES DE LA POITRINE (2).

I. — Les blessures de la paroi antérieure (3).

2° *Ruptures des organes thoraciques* (4).

Les *plaies pénétrantes du cœur* peuvent guérir, ainsi que le note Hofmann d'après Fischer; cette guérison est en rapport avec le siège de la plaie, l'étroitesse de l'arme. Même lorsqu'elles sont très étendues, grâce à certaines dispositions anatomiques, si l'hémor-

(1) Follin et Duplay, t. III, p. 507, 1869.

(2) Voy. p. 319.

(3) *Ibid.*

(4) *Ibid.*

rhagie n'est pas foudroyante, il peut y avoir une survie de quelques heures, et enfin des plaies du cœur peuvent passer inaperçues et se révéler huit jours après l'accident par une hémorrhagie mortelle. Nous rapportons un exemple de ces deux cas.

Plaie du cœur par instrument tranchant. Blessure du ventricule droit, de la cloison et de la valvule mitrale. — Survie de cinq heures, s'expliquant parce que le sang ne pouvait s'écouler qu'en s'infiltrant à travers les mailles du tissu cellulaire du médiastin.

Le cadavre est celui d'un jeune homme âgé de 19 ans, très vigoureux et bien musclé. Il est presque complètement gelé. La putréfaction n'est pas commencée.

A la partie antérieure droite de la poitrine, à trois centimètres de la ligne médiane, entre la quatrième et la cinquième côtes on voit une plaie presque horizontale, un peu oblique de bas en haut et de droite à gauche ; elle est entourée par quelques taches peu étendues formées par du sang desséché. Elle mesure vingt-deux millimètres dans son plus grand diamètre, horizontalement ; ses lèvres sont entr'ouvertes en forme d'ellipse, au milieu leur écartement est de un centimètre.

Les tissus ont été coupés très obliquement de la surface de la peau vers les parties profondes, de sorte que la solution de continuité vue en dedans après soulèvement de la paroi thoracique se trouve placée à côté et à gauche de la plaie extérieure.

Pour déterminer exactement les rapports de la plaie extérieure et de son orifice intérieur, nous avons enfoncé un stylet perpendiculairement au niveau de l'angle gauche de la plaie interne, ce stylet est ressorti sur la peau, deux centimètres et demi plus à gauche que l'angle de la plaie extérieure et un centimètre et demi plus haut.

Cette obliquité a eu pour effet également de ne pas sectionner au même niveau, mais obliquement, tous les plans qui constituent la paroi thoracique, de sorte que regardant l'angle externe de la plaie cutanée on voit la dépassant dans la plaie de un demi-centimètre le plan formé par les muscles. La section vue par la face interne mesure 21 millimètres.

L'instrument vulnérant n'a pas d'ailleurs seulement traversé des parties molles, il a intéressé le bord inférieur de la 4e côte, le bord supérieur de la 5e et coupé le sternum dans son tiers droit, en le divisant en biseau à peine en avant, mais d'un centimètre en dedans.

Le tissu cellulaire qui double le sternum et qui forme le médiastin antérieur est rempli par du sang coagulé ayant la couleur et la consistance du résiné.

La plèvre droite contient environ un litre de sang noir, liquide, dans lequel nagent quelques caillots rouges et mous. Le poumon droit n'a pas été atteint par l'instrument. La plèvre droite n'est perforée que par un petit orifice placé au niveau de l'angle antérieur et interne de sa réflexion sur le médiastin.

La partie antérieure du péricarde au-devant du ventricule droit est ouverte par une section qui mesure 21 millimètres. Dans le péricarde on trouve environ 250 grammes de sang coagulé.

Le ventricule droit, un centimètre au-dessous de son union avec l'oreillette droite, présente une plaie linéaire très légèrement oblique de bas en haut et de droite à gauche. Cette plaie mesure 18 millimètres de longueur. Cette blessure traverse très obliquement de droite à gauche et d'avant en arrière la paroi du ventricule droit et son orifice interne se perd au milieu des insertions des colonnes charnues du cœur. L'obliquité est telle que l'angle droit de la plaie interne de cette paroi est presque au niveau de l'angle gauche de la plaie externe.

La paroi musculaire qui sépare les deux ventricules est perforée, l'orifice dans le ventricule droit se trouve dans l'infundibulum de l'artère pulmonaire, son orifice dans le ventricule gauche se trouve au-dessous des valvules sygmoïdes de l'aorte. La valvule mitrale est coupée par une section oblique qui mesure 7 millimètres. La section de la paroi intraventriculaire mesure 18 millimètres.

Ces différences dans les dimensions des sections des diverses parois du cœur s'expliquent facilement si l'on suppose que le cœur a été atteint pendant qu'il était contracté, qu'il était en systole.

La paroi gauche du ventricule gauche n'est pas touchée.

La distance entre l'orifice cutané et la valvule mitrale mesure 9 centimètres.

Les bords de toutes les blessures cardiaques sont couverts de végétations fibrineuses.

Les cavités du cœur et les gros vaisseaux ne contiennent pas de caillots sanguins, et à peine de sang liquide.

Sur le reste du corps on ne trouve aucune trace de violence.

Conclusions. — 1° La mort est la conséquence de l'hémorrhagie consécutive à la plaie du cœur.

2° Cet homme a pu survivre cinq heures à cette plaie du cœur parce que la perforation était très oblique, et que le sang ne pouvait s'épancher dans la plèvre ou au dehors qu'en s'insinuant difficilement à travers les mailles du tissu cellulaire du médiastin antérieur.

3° La plaie a été faite par un instrument tranchant et piquant tel qu'un couteau poignard.

4° Le coup a été porté par une main vigoureuse, sûre d'elle-même, de droite à gauche et un peu de bas en haut. L'arme a pénétré de 9 centimètres dans la cavité thoracique, touchant légèrement deux cartilages costaux et coupant le sternum dans toute son épaisseur, suivant presque en la touchant la face postérieure de la paroi antérieure du thorax.

5° La violence nécessaire pour produire de tels désordres exclut d'une façon absolue l'hypothèse d'une chute de la victime sur une arme accidentellement rapprochée de sa poitrine.

Plaie du cœur, perforation par un instrument piquant (dard d'une canne à épée) de la paroi abdominale, du foie, du diaphragme, du cœur. Survie de huit jours.

Cet homme avait été frappé le 9 novembre dans la nuit par un coup de canne à épée dans le flanc droit. Il crut d'abord avoir reçu un coup de poing, puis quelques instants après il s'aperçut qu'il perdait du sang, il eut une syncope de quelques minutes. Porté à l'hôpital dans le service de M. Richet, rien n'indiqua une perforation du péritoine ou d'un autre organe. Nous fûmes chargé de le voir et notre examen nous avait conduit à cette conclusion que la blessure ne présentait aucune gravité. Au bout de huit jours cet homme qui mangeait et se levait toute la journée voulut sortir de l'hôpital. M. Richet s'y opposa. Cet homme furieux fut pris dans la journée d'un accès de *delirium tremens* et succomba après quelques heures de violente agitation, le 17 novembre, 8 jours après l'accident.

Nous donnons notre rapport d'autopsie.

Cet homme est grand, mince, d'apparence assez vigoureuse. La rigidité cadavérique existe dans les muscles de la mâchoire inférieure et dans ceux des membres supérieurs et inférieurs. La putréfaction n'est pas commencée. — L'abdomen est un peu ballonné.

On ne trouve sur la peau du corps qu'une seule trace de violence. Elle siège dans le flanc droit à 13 centimètres au-dessus de l'épine iliaque antérieure et à un centimètre en avant d'une ligne verticale passant par cette épine. On voit en ce point une petite croûte noirâtre triangulaire, mesurant 3 à 4 millimètres dans son plus grand diamètre. En enlevant cette croûte on trouve qu'elle est doublee par du tissu cicatriciel au milieu duquel il est impossible de retrouver le trajet qu'aurait suivi l'instrument vulnérant.

Sur la face interne de la paroi abdominale et sur sa surface péritoneale on voit un point rouge, au niveau duquel le péritoine est éraillé. Ce point indique le siège de l'orifice par lequel l'instrument vulnerant a penetré dans l'abdomen. Cette petite plaie interne, de mêmes dimensions que l'externe, est cicatrisée, elle est située à 4 centimètres au-dessus de la plaie externe, et à un centimètre en dedans. L'instrument a donc été dirigé très obliquement de bas en haut et de dehors en dedans.

Sur la face convexe du foie, à deux centimètres au-dessus de son bord antérieur, à droite du point correspondant à la vésicule biliaire, on trouve sur le péritoine un orifice analogue à celui qui existait sur la face peritonéale. Par cet orifice un stylet, introduit sans effort, pénètre et ressort a la face concave du foie à gauche de la vesicule, dans le sillon des vaisseaux sanguins et biliaires. Les bords de ce trajet sont à peine rouges. Le trajet dans le lobe de Spiegel n'a pu être retrouvé.

Sur le diaphragme, à 4 centimètres et demi en avant et en dedans de l'orifice diaphragmatique de la veine cave inférieure il existe sur ce muscle un petit orifice à bords saillants, mesurant 2 millimètres de diamètre. En saisissant entre les doigts ce point on constate nettement l'induration de ses bords, causée par le travail de cicatrisation. — Dans le médiastin postérieur, au point de réflexion du péricarde sur les gros vaisseaux du cœur il y a une large ecchymose.

La face inférieure et postérieure du péricarde présente un orifice analogue. Sur la face postérieure du ventricule gauche, à 1 ou 2 centimètres à gauche de la veine coronaire postérieure et au milieu du diamètre longitudinal de ce ventricule, on voit un petit orifice, arrondi, mesurant à peine 2 millimètres et dans lequel une sonde cannelee s'introduit par sa simple pesanteur à une profondeur de 1 centimètre et demi. En ouvrant le ventricule, on trouve l'orifice interne de cette perforation située à la partie postérieure du ventricule gauche sur le bord de la cloison interventriculaire. L'épaisseur de la paroi du ventricule au niveau de la perforation mesure un demi-centimètre d'épaisseur. Le trajet à travers le tissu musculaire du cœur est ecchymotique.

Sur le pilier antérieur de la valvule mitrale, on trouve sous l'endocarde un caillot triangulaire, fibrineux, presque blanc, mesurant 3 millimètres à la surface de l'endocarde et se terminant en pointe à une distance de 8 millimètres, près de la face antérieure et supérieure du ventricule. Ce petit thrombus forme une sorte de pyramide à trois pans à base endocardique.

Ces diverses lesions indiquent le trajet suivi par l'instrument vulnérant. Celui ci a perforé obliquement la paroi abdominale de bas en haut, un peu de dehors en dedans et d'avant en arrière. Il a traverse le foie, le diaphragme, le ventricule gauche du cœur. Sa pointe s'est arrêtee dans le pilier antérieur de la valvule auriculo-ventriculaire du cœur gauche. Le trajet total ne mesure pas moins de 23 centimètres. (Cette mesure est prise sur le cadavre. L'attitude pliée en avant ou sur le côté ou redressée qu'avait G. au moment où il a reçu la blessure peut avoir augmenté ou diminué cette mesure de 2 centimètres environ.)

La cavité du péritoine et celle du péricarde sont remplies par du sang fluide, non coagulé. Dans le péricarde on en trouve 150 à 200 grammes, dans le péritoine au moins 5 à 600 grammes collectés pour la plus grande partie dans la cavité du petit bassin. Les anses intestinales, notamment celles du gros intestin, sont distendues par les gaz. En aucun point il n'existe de trace d'inflammation du péritoine ou du péricarde.

Les autres organes sont sains. Les poumons sont très congestionnés.

Conclusions. 1° La mort de G. est la conséquence de la blessure du cœur.

2° Cette blessure a été faite par un instrument piquant, long et étroit, tel qu'un dard.

3° L'arme a été dirigée obliquement de bas en haut, de droite à gauche et d'avant en arrière.

4° L'étroitesse de cette arme permet de comprendre comment les plaies du cœur et du foie n'ont pas déterminé une hémorrhagie immédiate et mortelle ; sous l'influence de la syncope survenue quelque temps après la blessure, des caillots ont pu obstruer les trajets de la plaie du cœur et de la plaie du foie et ont pu temporairement mettre obstacle à l'hémorrhagie.

5° L'accès de *delirium tremens* a déterminé une congestion pulmonaire qui a eu pour conséquence de géner la circulation et d'augmenter la pression dans l'appareil circulatoire. En même temps et par la même cause le sang est devenu plus fluide. Ces diverses circonstances ont rendu insuffisante la résistance apportée à l'hémorrhagie par des caillots temporaires et le sang s'est épanché dans les cavités séreuses du péricarde et du péritoine.

6° La mort a donc eté le fait de l'hémorrhagie survenue dans les dernières heures de la vie. — Cette hémorrhagie a eu pour cause la plaie du cœur et celle du foie ; ces plaies auraient pu se cicatriser, si G. n'avait pas eu des habitudes alcooliques, qui ont amene l'explosion d'un accès de *delirium tremens*.

CHAPITRE II

LA MORT PAR ASPHYXIE (1).

Nous avons maintes fois vérifié expérimentalement l'exactitude de la description qu'Hofmann donne des phénomènes de l'asphyxie. Nous pratageons également son opinion sur la valeur des altérations cadavériques. La *coagulation du sang dans l'asphyxie* mérite cependant de nous arrêter un instant. Quel que soit le mode d'asphyxie auquel un homme a succombé on peut trouver ou ne pas trouver des caillots dans le cœur ou les gros vaisseaux. Certes la nature de la maladie a une grande influence sur la formation de

(1) Voy. p. 339.

ces caillots et les travaux de Bouillaud sur l'état du sang dans la pneumonie et les maladies inflammatoires sont toujours considérés comme exacts. Mais on ne peut d'après eux apprécier la cause de la formation de ces caillots dans des accidents dont la durée ne dépasse pas quelques minutes. M. Verneuil a démontré que la quantité de fibrine que l'on peut extraire des caillots cardiaques après la mort surpasse de beaucoup la quantité de fibrine que renferme le volume du sang qui remplirait les cavités cardiaques. Il ne peut se faire une telle accumulation de fibrine que parce que des flots de sang viennent successivement déposer leur fibrine dans ces cavités. Pour que la fibrine ait eu le temps de se séparer du sang, il faut donc, si la circulation pulmonaire est gênée par l'asphyxie par exemple, que cette gêne dure un temps suffisant pour que des ondées de sang se succèdent dans le cœur; si la mort est instantanée, s'il y a syncope, il n'y aura pas de caillot; si l'asphyxie est lente, si elle dure plusieurs minutes et surtout plusieurs heures, il se formera des caillots. En forçant un peu les termes on pourrait dire que dans l'asphyxie le volume des caillots cardiaques mesure en quelque sorte la durée de cette asphyxie. Or nous savons que dans plusieurs des modes d'asphyxie la mort peut résulter d'une syncope ou d'une asphyxie plus ou moins prolongée, selon le mode d'application du moyen mécanique employé.

Disons de plus que lorsque, par une maladie générale, alcoolisme, maladie infectieuse, etc., les qualités du sang sont altérées, la coagulation ne se fait plus même quand l'asphyxie est lente.

Ecchymoses sous-pleurales, sous-péricardiques.

En abordant cet important chapitre des ecchymoses sous-pleurales je suis obligé de faire la critique des idées et des travaux de Amb. Tardieu (1). Et cependant, je méconnais moins que personne le service que Tardieu a rendu à la médecine légale, en appelant l'attention sur la valeur de ces ecchymoses. Ce que nous devons taxer d'exagéré et d'inexact, c'est l'importance que Tardieu leur avait donnée: « à quelque degré et en si petit nombre que soient les ecchymoses sous-pleurales, elles indiquent la suffocation, » disait-il; il est vrai que dans son dernier ouvrage il a fait quelques réserves.

Les ecchymoses sous-pleurales existent dans trois circonstances : 1° lorsqu'il y a trouble de la circulation ou de la respiration; 2° lors-

(1) Tardieu, *Étude médico-légale sur l'infanticide.* 2e édition. Paris, 1880.

qu'il y a trouble de l'innervation; 3° dans les altérations du sang, dans les empoisonnements.

Ces ecchymoses se développent plus facilement sur les fœtus et les enfants nouveau-nés dont les parois vasculaires ont peu de résistance.

Tant que les ecchymoses ont joui d'une réputation alors indiscutée, plusieurs médecins ont revendiqué l'honneur de les avoir découvertes : c'est Devergie qui le premier les a décrites. Bayard (1) les signale également; mais, ni Devergie, ni Bayard ne les ont interprétées. Tardieu a eu le mérite, que personne ne songe à contester, d'établir un lien, un rapprochement entre les ecchymoses et l'asphyxie; et cela est tellement vrai qu'en Allemagne on a souvent appelé ces ecchymoses « taches de Tardieu ».

Les ecchymoses peuvent siéger sous la plèvre viscérale, et sous la plèvre qui double les parois costales et le diaphragme, c'est par erreur que Legroux déclare, dans son rapport au congrès de médecine légale (2), qu'on ne les rencontre jamais sous la plèvre costale; elles peuvent aussi être constatées sur le péricarde, le péritoine, la rate, sous la face inférieure du foie, dans le tissu cellulaire qui double l'aponévrose du cuir chevelu, dans les conjonctives, dans le tissu cellulaire de l'estomac; elles peuvent enfin se produire, mais d'une manière en quelque sorte accidentelle, dans le tissu cellulaire du cou, dans les muscles du thorax. — Ces ecchymoses ont pour caractères d'être des macules, des points, les uns fins, punctiformes, les autres plus grands, ayant le diamètre d'un disque, d'une lentille; leurs bords sont absolument nets et circonscrits; elles ne s'effacent pas sous la pression du doigt, absolument comme les taches de purpura. Si elles reposent sur un terrain congestionné il est très difficile de les distinguer; aussi, lorsqu'il s'agira des ecchymoses sous-pleurales, il faudra recourir à l'insufflation des poumons; mais si, au contraire, elles se trouvent sur un terrain pâle, décoloré, elles apparaissent d'une façon très manifeste.

En pratiquant une coupe perpendiculaire à leur surface, on voit qu'elles sont constituées par de petits disques, dont la surface plane s'applique sur les alvéoles pulmonaires. Les globules du sang sont altérés; d'après Cornil et Ranvier, il semble qu'on ne trouve que des débris de globules. L'épaisseur de ces disques est de un quart de milli-

(1) Bayard, *Manuel de médecine légale.*

(2) Legroux, *Des ecchymoses sous-pleurales, de leur valeur en medecine légale.* (*Ann. d'hyg.*, 1878, t. L., p. 174 et 335.)

mètre à un demi-millimètre, leur nombre est variable, depuis 1, 2, jusqu'à 100 ecchymoses et plus. Considérées au point de vue de leur répartition, elles sont colorées ou groupées; assurément, dans les cas où la mort n'est pas due à la suffocation, on trouve peu d'ecchymoses, tandis que dans la plupart des cas où on constate un nombre considérable d'ecchymoses, on peut presque toujours avec raison penser à la suffocation, mais il n'y a rien d'absolu.

Dès le principe on contesta à Tardieu l'existence de ces ecchymoses sous-pleurales; mais, ainsi qu'il le fit judicieusement remarquer à cette époque, il convient de les reconnaître, de les diagnostiquer avant de les nier. Par cela même qu'on serait tenté de le faire, il importe de ne pas les confondre avec des ecchymoses et des suffusions sanguines, phénomènes d'hypostase. Les suffusions sanguines sont plus longues, plus diffuses, disparaissent sous l'influence de l'insufflation, contrairement à ce qui existe pour les ecchymoses sous-pleurales. Il faut se défier aussi de cet état particulier du poumon, de l'anthracosis, qui forme à la surface pulmonaire des taches noirâtres, si communes chez les vieillards et les adultes. Une dernière cause d'erreur réside dans l'existence des adhérences pleurales que les autopsies montrent si fréquentes; toutes les fois que l'on en trouve, on peut en les rompant constater la présence de petites taches, susceptibles d'en imposer pour des ecchymoses sous-pleurales.

Quelles sont les circonstances dans lesquelles se développent les ecchymoses? A vrai dire, nous ignorons leur pathogénie; il est probable qu'il y a là un processus commun que nous ne connaissons pas encore, nous resterons donc exclusivement sur le terrain de l'observation.

Les ecchymoses sous-pleurales se produisent dans les cas que nous avons signalés plus haut et sur lesquels nous allons entrer dans de plus amples détails.

1° *Gêne de la respiration.* — On a signalé la présence des ecchymoses sous-pleurales dans les cas de mort violente, et en première ligne dans la suffocation. Elles peuvent manquer, alors même que les conditions les plus favorables à leur production semblent réunies. Quelquefois elles sont rares, lorsque la suffocation, par exemple, résulte d'une compression exagérée de la cage thoracique ou de la paroi abdominale. Elles ont été signalées dans la strangulation (1). Dans la pendaison, on n'en trouve pas le plus souvent,

(1) Tardieu, obs. XII.

mais on peut en constater, ainsi que le rapporte M. Lacassagne (1) et que nous-même en avons vu. — Dans la submersion, on peut également les rencontrer ; hâtons-nous de dire que dans l'immense majorité des cas elles font défaut. Girard de Grenoble, chez une vieille femme, retirée du fond d'un puits, en a trouvé et cette circonstance avait fait accuser le mari d'avoir asphyxié sa femme par la suffocation et de n'avoir jeté le cadavre dans le puits que pour simuler un suicide. Pour vérifier la valeur de ce signe, Girard noya dans un grand vase des lapins en ayant soin de ne pas les laisser revenir à la surface. Or, à l'autopsie de ces animaux, il a trouvé des ecchymoses sous-pleurales. MM. Bergeron et Montano (2) ont également mentionné les ecchymoses sous-pleurales dans la submersion, mais modifiées. M. Faure les a notées dans l'asphyxie par le charbon.

Les ecchymoses sous-pleurales n'existent pas seulement dans les asphyxies brusques, on les trouve dans les maladies spontanées du poumon et de la circulation, dans la bronchopneunomie des enfants (Duguet, Ogston d'Aberdeen) et dans la bronchite suffocante (3). Ici nous faisons surtout allusion aux enfants âgés de quelques mois seulement. Chez eux il n'est pas très exceptionnel de voir une bronchite avec congestion pulmonaire excessive amener la mort en quelques heures. Or, ces congestions imprévues, soudaines, éveillent souvent l'idée mal fondée d'un crime ; on comprend combien le rôle du médecin légiste devient délicat, car seule, une autopsie bien faite pourra révéler la vérité en décelant, avec les ecchymoses sous-pleurales, la présence de muco-pus dans les bronches.

Les ecchymoses sous-pleurales ont été de même signalées dans la bronchite suffocante des adultes, dans un cas de bronchite suffocante chez un homme de 50 ans, dans la phthisie aiguë, dans la coqueluche (Damaschino), dans la diphthérie, le croup (Lorain, Lepine), dans la syphilis congénitale (Lancereaux), dans la pleurésie des enfants (Parrot).

En somme, toutes les maladies aiguës du poumon peuvent donner naissance à des ecchymoses sous-pleurales ; il en est de même de toutes les maladies de la circulation. Nous sommes donc loin

(1) Lacassagne, *Manuel de médecine judiciaire.*

(2) Bergeron et Montano, *Recherches expérimentales sur la mort par submersion.* (*Annales d'hygiène*, 2e série, t. XLVIII, 1877, p. 332.)

(3) Chassaing, *Etude médico-légale sur les ecchymoses sous-pleurales.* Thèse. Paris, 1879.

de faire des ecchymoses sous-pleurales le caractère pathognomonique de la mort par asphyxie. Du reste, en médecine légale comme en médecine, il n'existe pas de signes caractéristiques.

2° *Affections du système nerveux.* — Dans certaines maladies du système nerveux, les ecchymoses sous-pleurales sont très fréquentes. C'est ainsi qu'on en rencontre dans le tétanos, l'épilepsie, l'éclampsie. On peut les attribuer dans ces cas à l'asphyxie qui accompagne ces affections ; mais on en rencontre également dans les affections traumatiques du système nerveux, et alors on ne peut plus invoquer l'asphyxie comme cause de leur production. L'hémorrhagie cérébrale aussi s'accompagne assez souvent d'ecchymoses sous-pleurales. Quelle en est la cause? Dans l'affection dont nous parlons il y a apoplexie, c'est-à-dire un état dans lequel toutes les fonctions sont abolies, sauf deux, la respiration et la circulation ; mais si ces deux fonctions persistent, elles sont du moins profondément troublées. La respiration est lente, pénible, stertoreuse; dans ce cas, les fonctions du bulbe semblent troublées.

Laborde a recherché quelle pouvait être la cause de la production de ces ecchymoses. Il a vu qu'en piquant un point déterminé du bulbe, près de l'origine du pneumogastrique, on suspend la respiration sans que la circulation soit abolie, et qu'en même temps il y a production d'ecchymoses sous-pleurales.

Dans les lésions du système nerveux il y a également des ecchymoses sous-péritonéales, des reins et de la face inférieure du foie. Enfin, on rencontre aussi des hypérémies viscérales.

3° *Altération du sang.* — Nous arrivons à un dernier groupe de maladies dans lesquelles on rencontre des ecchymoses sous-pleurales. Ce sont les altérations du sang, soit spontanées, comme l'hémophilie, le scorbut, le purpura, soit par maladies infectieuses comme la variole hémorrhagique, le typhus, le choléra, la rougeole. Dans ces cas, la mort est le plus souvent due à une congestion pulmonaire. Il y a donc là, double action : intoxication du sang et phénomènes asphyxiques.

Il y a encore les altérations du sang consécutives aux empoisonnements par le phosphore, le plomb, la digitale.

Dans les altérations du sang consécutives à l'absorption de la strychnine, de l'aconitine, de la cicutine, il se produit des contractures, des mouvements d'expiration très violents. On ne sait pas encore quelle part il faut attribuer à l'asphyxie et quelle part à l'intoxication du sang, dans la production des ecchymoses sous-pleurales.

Ces considérations s'appliquent aux adultes et aux enfants, mais il faut signaler que chez ces derniers les ecchymoses sous-pleurales se font avec une grande facilité.

La première fois que l'on battit en brèche la théorie de Tardieu, ce fut au moyen d'une observation de Casper : Une femme enceinte de huit mois s'était pendue, et à l'autopsie on trouva les poumons du fœtus couverts d'ecchymoses sous-pleurales.

Quelque temps après, Tarnier et Pinard réunirent des observations d'enfants venus au monde avec des ecchymoses sous-pleurales. On pouvait les classer en deux catégories : Les uns avaient subi des opérations obstétricales ou étaient venus au monde après un accouchement pénible et prolongé, et on pouvait invoquer la compression de l'encéphale. Mais il y en avait d'autres qui n'avaient nullement été dans ces conditions et qui avaient des ecchymoses sous-pleurales, qu'ils eussent respiré ou non.

Par ces seuls faits, on voit que lorsque sur un nouveau-né ou un fœtus on trouve des ecchymoses sous-pleurales, on n'est pas autorisé à affirmer la suffocation ou une mort violente.

Au dernier congrès de médecine légale, M. Gubler, lors de la discussion du rapport de M. Legroux, s'inspirant de ce qui avait été trouvé, disait : il faut chercher à la production de ces ecchymoses une cause unique qui doit exister. Cela peut être exact, mais aussi il peut se faire que plusieurs causes arrivent au même effet.

M. le docteur Descoust, dans ses expériences, a cherché à surprendre le moment de la production des ecchymoses sous-pleurales, et il a vu seulement qu'elles se produisaient instantanément, en bloc, et probablement pendant les efforts expiratoires du dernier temps de l'asphyxie.

En résumé, les ecchymoses sous-pleurales ne sont caractéristiques d'aucun genre de mort ; elles sont seulement plus fréquentes dans la suffocation et se manifestent surtout chez l'enfant. Il y a lieu de déterminer dans chaque cas leur valeur, il y a un diagnostic à faire et non un signe caractéristique à enregistrer.

ART. 1er. — MORT PAR STRANGULATION (1).

§ 1. — MORT PAR PENDAISON.

Hofmann a parfaitement déterminé les conditions de la mort dans la pendaison. Il a démontré que le lien qui étreint le col, lorsque l'anse est placée sous le menton, empêche la circulation de

(1) Voy. p. 357.

se faire dans les carotides. Il suffit que le corps soit incomplètement soulevé par le lien pour que l'arrêt de la circulation carotidienne soit absolu.

Nous avons répété et varié sous toutes les formes l'expérience d'Hofmann. Nous avons laissé en place tous les organes du cou, en faisant à la poitrine une fenêtre pour permettre d'injecter de l'eau dans les gros vaisseaux de la base du cœur, nous avons enlevé la calotte crânienne pour mettre à nu la terminaison de la carotide interne, le golfe de la veine jugulaire interne et la basilaire.

Nous avons passé dans la trachée et fait sortir par la bouche un tube en caoutchouc mou. Puis nous avons passé autour du cou l'anse d'une corde de façon que le plein de l'anse soit en avant du cou et au-dessus du larynx, et nous avons vu, en plaçant un dynamomètre sur le trajet de la corde, que 2 kilogrammes de traction supprimaient toute circulation dans les jugulaires, 5 kilogrammes supprimaient la circulation artérielle par les carotides, mais il fallait opérer une traction de 15 kilogrammes pour que la base de la langue appliquée sur la voûte palatine empêchât l'injection d'eau par le tube trachéo-laryngé de sortir par l'extrémité buccale. Enfin une traction de 30 kilogrammes supprimait toute circulation par les artères vertébrales.

Ces expériences sont fondamentales. En variant la position du lien, en modifiant la place occupée par le plein de l'anse, en mettant par exemple le nœud de la corde sur l'angle de la mâchoire inférieure et le plein sous l'autre angle, on voit que la circulation carotidienne est interrompue du côté du plein de l'anse, elle reste libre du côté du nœud. Mais la circulation par les jugulaires est interrompue des deux côtés.

Il en résulte, lorsque les deux carotides sont comprimées par une anse symétriquement placée, que la mort par pendaison a lieu par anémie cérébrale et syncope (le visage reste pâle), et lorsque la circulation peut encore se faire par une carotide, alors que la circulation de retour est impossible par position oblique du plein de l'anse, que le sang s'accumule dans l'encéphale et la face, et que la mort a lieu par asphyxie et non plus par syncope (le visage devient bleu, cyanosé).

L'occlusion des voies respiratoires varie suivant la position du lien, absolue dans la pendaison complète, elle peut être imparfaite lorsque les pieds ou le siège touchent la terre, ou lorsque l'anse est placée latéralement.

On comprend dès lors pourquoi les pendus ont tantôt la face

pâle, tantôt bleue, pourquoi chez les uns la mort est presque instantanée, pourquoi elle est lente chez les autres : dans le premier cas elle résulte de la syncope par anémie cérébrale, dans le dernier elle se fait par asphyxie plus ou moins lente. Il est rare que l'on puisse rappeler les premiers à la vie, tandis que chez les autres la possibilité d'une sorte de résurrection a parfois surpris les médecins légistes les plus expérimentés.

Le docteur Josef Sikor, à propos de l'exécution manquée de Raab, rapporte (1) le fait suivant très instructif.

Joham Takacs, âgé de vingt-six ans, de moyenne taille, blond foncé, avait le crâne arrondi et très bombé derrière les oreilles.

Il avait été incarcéré à Raab, à plusieurs reprises ; mais ce ne fut que dans le cours de sa dernière détention, qui s'était prolongée à cause du pourvoi qu'il avait interjeté plusieurs fois, qu'il fut profondément atteint de la maladie, conséquence naturelle de l'incarcération, de la scrofulose des prisonniers. Son codétenu, nommé Gede, avait contracté la même affection, avec localisation prédominante dans les ganglions des organes de la digestion et de la respiration, et avait succombé à un œdème du poumon. Chez Takacs, c'étaient les deux parotides, et les ganglions cervicaux qui étaient atteints, dans la région de ces derniers il s'était produit d'assez volumineuses tumeurs, dont quelques-unes offraient la grosseur d'un œuf de poule.

Les ganglions sous-maxillaires n'étaient qne modérément infiltrés.

C'est dans de telles circonstances qu'eut lieu l'exécution le 14 de ce mois, à huit heures du matin. Lorsqu'elle fut terminée, et huit minutes après sa fin, je fus, en ma qualité de médecin legiste, commis à cet effet, requis par le procureur royal pour examiner le corps du supplicié et de constater si celui-ci avait déjà expiré. Je me rendis auprès du cadavre suspendu à la corde, et, sachant combien il est difficile de préciser chez les pendus, les noyés et les nouveau-nés, si la mort est réelle, j'appréciai toute l'étendue de ma responsabilité, toute la difficulte de ma situation.

J'entr'ouvris autant que possible les vêtements du supplicié et j'examinai d'abord les organes de la respiration ; je trouvai le thorax et les muscles intercostaux dans une immobilité qu'on ne peut constater que sur le cadavre, il en était de même pour les parois de l'abdomen. Puis je procédai à l'examen des organes circulatoires, je dirigeai mon attention vers la région où se produit habituellement le choc du cœur entre la cinquième et la sixième, la sixième et la septième côtes, et après m'être assuré qu'il n'y avait pas moyen de découvrir le moindre indice d'activité persistante du cœur, j'examinai toute la région précordiale sans pouvoir percevoir aucun signe d'action cardiaque. Il ne m'eût été possible d'appliquer l'oreille contre le thorax, que si le corps avait été enlevé de la potence et dépouillé des vêtements grossiers et étroits dont le prisonnier était revêtu.

Je considérai ensuite la cornée des deux yeux; elle offrait cet aspect trouble qu'on ne trouve que sur le cadavre; les pupilles étaient fortement dilatées et complètement insensibles à l'action de la lumière, quoique les rayons d'un soleil

(1) Sikor, *Die misslungene Justification in Raab* (*Wien. med. Blätter*, n° 17, 1880). — *Annales des maladies de l'oreille et du larynx*. Paris, 1880, p. 102.

éclatant tombassent directement sur les yeux. J'essayai de comprimer les pupilles ; leur forme circulaire se changea en la forme d'un ovale allongé, qui persista après cessation de la pression. En raison de tous ces symptômes, j'exprimai l'opinion que la mort était réelle.

Trois minutes après, je fus de rechef requis par le procureur royal d'examiner le supplicié. Je procédai de la même manière que précédemment, et les mêmes symptômes se produisirent, à cela près que la pupille de l'œil droit, qui, lors de mon premier examen, avait pris une forme ovale par suite de la compression subie, prit cette fois une forme arrondie. Je certifiai, en réponse à la question du procureur royal, que la mort s'était produite.

Le corps fut alors détaché de la potence, placé sur un fourgon spécial et mené à l'hôpital municipal. Voulant assister à l'ouverture du cadavre, je me hâtai de prendre au plus court dans le but d'arriver en même temps que lui à cet établissement.

Aux abords de l'hôpital, je vis le fourgon, poursuivi par une grande foule, arriver au grand galop en roulant sur un mauvais pavé et s'arrêter devant l'hôpital. A peine était-il arrêté, que je le rejoignis, et je remarquai qu'au moment où on en retirait le corps du supplicié, ce dernier exécutait des mouvements respiratoires et râlait la bouche couverte d'écume.

Je fis transporter le corps dans la salle d'autopsie où se trouvaient l'honorable professeur Bierbauer et le médecin de l'hôpital, Joseph Schmidt. Nous voulions, ce dernier et moi, faire avec le concours du professeur quelques expériences sur le cadavre et provoquer des mouvements musculaires par l'application des courants électriques. A peine avais-je, pour un instant, appliqué les électrodes sur la région précordiale, que je pus constater par la palpation que le cœur fonctionnait, bien que faiblement, ce que l'auscultation confirma pleinement. Dix minutes après, l'on pouvait percevoir des pulsations radiales et la tendance au rétablissement de la respiration se manifestait de plus en plus.

Au bout de deux heures, les membres inférieurs se remuaient déjà et la respiration s'accomplissait ; je comptai 22 mouvements inspiratoires par minute, tandis que le pouls radial battait 50 fois dans le même laps de temps.

On fit une injection sous-cutanée de morphine, on donna de l'éther à l'intérieur et l'on appliqua un sinapisme sur la région du cœur. Notre homme vécut dans ces conditions de neuf heures du matin jusqu'au lendemain à sept heures du matin, c'est-à-dire vingt-deux heures après la pendaison ; mais il ne reprit connaissance qu'imparfaitement et encore au dernier moment. Il est inutile de dire que la mort n'avait eté qu'apparente. En ma qualité de professeur de médecine légale à l'académie de droit, j'ai coutume d'enseigner plusieurs fois par an à mes auditeurs que le médecin ne saurait mettre trop de soin à constater la mort des pendus, des noyés et des nouveau-nés, et pour prix de ma prévoyance et de mon zèle, c'est précisément à moi-même qu'il arrive une aussi poignante aventure.

Quelles ont donc été les causes de cette résurrection qui entraînera probablement une modification du Code pénal en Hongrie et le remplacement de la potence par la guillotine ?

En premier lieu il me faut indiquer l'existence de tumeurs ganglionnaires au cou et sous le menton du pendu, tumeurs qui par leur mollesse et leur élasticité, ont empêché la corde de comprimer complètement la carotide et la veine jugulaire.

En deuxième lieu on a dit que le corps avait été détaché trop tôt de la corde ; mais je pense, quant à moi, que le résultat n'eût pas varié si le supplicié était resté une demi-heure de plus à la potence.

La troisième cause a été la tentative si bien faite de rappeler le supplicié à la vie, alors que le fourgon avait conduit le corps sur un mauvais pavé en l'exposant ainsi aux effets d'une violente commotion qu'aucune autre tentative n'aurait pu mieux réaliser.

Hofmann admet également que la présence des tumeurs ganglionnaires a empêché la compression des carotides et probablement des voies aériennes.

On connaît moins bien les phénomènes qui succèdent à la pendaison, chez les individus que l'on a pu rappeler à la vie. Bien souvent ils succombent à des accidents ultérieurs très variables. Nous pensons que l'observation suivante que nous devons à nos collègues des hôpitaux, MM. Rendu et Homolle, ne semblera pas sans intérêt.

Il faut remarquer que chez ce vieillard l'anse placée à gauche sous la mâchoire laissait libre la circulation carotidienne droite et qu'au lieu d'appartenir aux pendus qui meurent par syncope, il doit être rangé parmi ceux qui succombent à l'asphyxie lente avec congestion cérébrale.

Tentative de suicide par pendaison. Compression très prédominante de la moitié gauche du cou. — Contracture généralisée puis limitée au côté gauche; hemiplégie droite avec aphasie. Encéphalo-méningite aiguë au cinquième jour. Mort le sixième jour.

M. X., soixante-seize ans, a toujours passé pour un hypocondriaque; aussi loin que vont les souvenirs des personnes qui l'entourent, on se rappelle l'avoir entendu parler de suicide. Depuis quelques années et surtout depuis deux ans, après la mort de sa femme, sa disposition mélancolique est devenue plus prononcée en même temps que son intelligence a très notablement baissé. Le cercle de ses préoccupations habituelles s'est beaucoup rétréci et elles ont pris un caractère absurde. Ses deux filles sont très nevropathiques.

Un premier projet de suicide est déjoué; la corde qu'il avait fixée à la ferrure de sa fenêtre est découverte et enlevée.

La tentative de suicide qui fut cause de la mort eut lieu quelques semaines plus tard.

Le lundi ..., après avoir passé la soirée comme d'habitude et fait sa partie, M. X. se retire vers onze heures dans sa chambre, qui est contiguë à celle de Mme X..., sa fille; la porte de communication reste ouverte comme de coutume, Mme X... ayant toujours la crainte de quelque accident.

A minuit et demi, Mme X..., qui n'était pas endormie et n'avait rien remarqué qui pût mettre sa défiance en éveil, entend un grand bruit comme celui d'un corps qui tombe; elle trouve M. X... affaissé sur les genoux et en apparence privé de vie. Le cou est entouré d'une corde qui s'est rompue. M. X... s'était pendu au moyen d'un cordon de tirage de rideaux, semblable à celui qu'on avait trouvé la première fois, et suspendu de même à la ferrure de la même fenêtre; le cordon était vieux et sa rupture avait déterminé la chute.

La corde enlevée, on reconnut bientôt que M. X... vivait encore.

M. le Dr Rendu, qui le vit une heure et demie après l'accident, constata les faits suivants :

M. X... était couché, dans le coma le plus complet, la face congestionnée, violacée et vultueuse. La respiration était embarrassée et stertoreuse; la déglutition paraissait fort difficile et une partie de la salive s'écoulait par la commissure des lèvres. La bouche était serrée, et il fut à peu près impossible de l'explorer ; la langue parut plus volumineuse qu'à l'ordinaire et il n'y eut pas moyen de la tirer hors des arcades dentaires.

Le cou présentait un sillon circulaire qui aboutissait, du côté gauche, au niveau de la partie moyenne du larynx, en dessinant un trajet exactement transversal : puis, à partir du larynx, il s'infléchissait brusquement et remontait vers la branche droite du maxillaire pour arriver au voisinage de l'apophyse mastoïde. Il semblait donc résulter de cette disposition que le cordon, d'abord noué circulairement autour du cou, avait glissé par le fait du poids du corps et s'était trouvé arrêté à droite par la saillie du maxillaire inférieur. Grâce à cette circonstance, la carotide droite se trouvait évidemment moins comprimée que la carotide gauche, et la circulation profonde avait pu encore s'effectuer.

Le larynx se trouvait donc serré par le cordon à peu près à la partie inférieure du cartilage thyroïde (1) : à la pression, il ne paraissait pas fracturé ni déformé, il était seulement un peu douloureux. Mais il offrait une disposition singulière. On eût dit qu'il était luxé. Son axe n'était plus dans la ligne médiane du cou, et il formait un angle aigu tourné en haut et à gauche : il dépassait certainement de 2 à 3 centimètres la ligne médiane de ce côté.

Les caractères du sillon n'étaient pas tout à fait identiques à droite et à gauche. A gauche, là où la constriction avait été plus forte, il existait, non seulement de la rougeur, mais un petit pointillé ecchymotique, limité exactement au fond du sillon ; à droite, il n'y avait pas d'ecchymose, mais seulement de la rougeur et une dépression très accentuée des téguments. Autour, la peau formait un bourrelet prononcé qui faisait paraître encore plus considérable la tuméfaction des parties molles.

Tels étaient les signes physiques constatables au niveau du cou. Mais une particularité qui frappait à première vue, c'était une rigidité générale et une contracture qui immobilisait dans la flexion forcée les deux membres supérieurs. Les jambes étaient également rigides, mais dans l'extension. Les mâchoires étaient contracturées. Les pupilles contractées (autant qu'il m'en souvient). La sensibilité nulle.

L'auscultation révélait des râles dans la poitrine et surtout un râle guttural très bruyant. Le cœur battait rapidement, mais régulièrement.

Il était évident que ce qui dominait c'était la congestion cérébrale, accusée par la teinte vineuse des téguments et par la saillie des veines du cou et de la face ; bien qu'il y eût plus d'une heure que l'accident fût arrivé, ces phénomènes persistaient avec une grande netteté.

Une saignée de 500 grammes environ fut pratiquée séance tenante : des ventouses sèches avaient été déjà appliquées par un médecin mandé en toute hâte.

Sous l'influence de la saignée, il parut sur le moment se faire peu de détente, cependant la teinte violacée des téguments diminua d'intensité, et la respiration devint moins stertoreuse. A la fin de la saignée, la contracture commença à être moins absolue; mais le coma persista et le malade ne reprit nullement connaissance.

Cependant, une heure après il y avait une amélioration sensible : les téguments

(1) Il est probable que pendant la suspension la corde devait être au-dessus du larynx par glissement et entraînement de la peau.

étaient plutôt pâles et la peau moite : il n'y avait plus que passagèrement de la contracture à droite, mais elle persistait obstinément à gauche.

M. X... parut dormir d'un sommeil assez calme, à partir de quatre heures du matin.

Le mardi matin le malade donne quelques signes de connaissance et par instant il suit du regard les personnes qui l'approchent. Les membres du côté gauche sont en état de contracture permanente, avec flexion modérée des divers segments du membre supérieur, le membre supérieur est dans l'extension; la déviation faciale est peu considérable. Rotation de la tête peu marquée, douteuse même vers la gauche. De temps en temps, en dehors de toute excitation, les membres sont agités de secousses convulsives toujours peu nombreuses et peu étendues; les muscles de la face présentent des mouvements de même nature.

Le côté droit est manifestement paralysé, sans être dans un état de résolution et de flaccidité complètes ; de temps en temps il est, comme le côté gauche, le siège de petites contractions cloniques.

Le pouls, ample et brusque, est peu résistant ; il y a 96 à 100 pulsations par minute. Le choc précordial est fort et très brusque ; la régularite des battements est parfaite. Le rhythme respiratoire est normal ; quelques râles ronflants se perçoivent, surtout à gauche.

La trace laissée par la corde est très marquée sur la moitié gauche du cou ; elle se voit à 2 centimètres et demi au-dessous de l'angle du maxillaire et de là se dirige obliquement en haut et vers la ligne médiane, qu'elle croise à peu près exactement au niveau de la saillie du cartilage thyroïde ; à droite elle se porte vers l'angle du maxillaire. Dans ce point la pression a été beaucoup moindre, et la trace de la corde est à peine visible.

Le mercredi, l'hémiplegie droite est peu marquée ; cependant pendant le sommeil la commissure labiale droite est encore soulevée par le passage de l'air expiré. La roideur des membres du côté gauche n'existe presque plus. Le malade, qui n'avait pas dit une parole, essaie de s'exprimer ; il est certainement aphasique ; un grand nombre de mots paraissent lui échapper et il fait quelques confusions.

Le pouls présente les mêmes caractères (84 p.) ; la peau est un peu chaude (38° sous l'aisselle).

Le malade crache avec peine des mucosités visqueuses qui semblent venir du pharynx. La respiration se fait bien ; les râles ronflants qu'on entendait la veille, à gauche en particulier, ont même disparu.

L'oreille gauche est très rouge (paralysie vaso-motrice ?)

Il n'y a aucun trouble oculo-pupillaire.

On remarque beaucoup plus nettement que la veille une déviation du larynx qui était masquée par un certain degré le tumefaction. Tout le larynx est comme luxé sur le plan que forme la partie antérieure du rachis et est porté en masse vers la gauche. Lavement : sulfate de quinine, bromure de potassium.

Le mercredi, il y a un mieux notable ; la connaissance est revenue en partie ; le malade reconnaît la plupart des personnes qui l'entourent ; il parle assez correctement, mais il persiste un peu d'aphasie et le malade s'irrite de ne pouvoir pas s'expliquer. Il revient volontiers aux sujets qui l'occupaient avant l'accident. Il n'a aucune notion de ce qui lui est arrivé. Il a une grande répugnance à prendre les aliments liquides qu'on lui présente ; il avale mal.

Le jeudi, la parole est revenue ; le malade est assez tranquille ; il demande seulement à se lever et divague un peu en parlant.

Le vendredi matin, il est sans fièvre ; mais la nuit a été un peu agitée. Il ne veut pas rester au lit ; on l'habille et il passe quelques heures dans un fauteuil. Dans l'après-midi, il commence à s'agiter ; il parle beaucoup, refuse de prendre des aliments ; il garde dans la bouche les boissons qu'on lui présente et en faisant effort pour parler il s'étrangle à chaque cuillerée. Le soir, il a la peau chaude, le pouls fréquent (100-104). Il ne reste pas un instant en repos ; ses bras et ses jambes sont constamment en mouvement ; il s'irrite, refuse de boire, demande à se lever, ses paroles sont beaucoup plus incoherentes.

Après un lavement de chloral il a quelques houres de calme, puis l'agitation recommence.

Elle dure toute la journée du samedi ; la parole est incohérente et souvent peu intelligible ; les membres s'agitent sous les couvertures ; la connaissance s'obscurcit de plus en plus. L'on observe de la roideur de la nuque et un peu de renversement de la tête en arrière.

Cependant, la respiration n'est pas notablement embarrassée le matin. Le soir la peau est chaude, la respiration n'est pas accélérée ; il n'y a pas d'engouement pulmonaire, mais de temps en temps les mouvements respiratoires diminuent notablement d'amplitude et il y a même par intervalles de courtes pauses, sans que les désordres présentent nettement le caractère du phénomène dit de *cheyne-stokes*.

Vers quatre heures et demie la respiration s'arrête definitivement au dire des personnes qui l'entourent et l'observent de très près ; à six heures, etat de mort apparente. Absence complète de respiration ; absence de pulsations radiales ; immobilité absolue et pâleur cadavérique. Il semble y avoir un peu de ra deur des membres ; la tête est renversée, la bouche entr'ouverte.

A la région précordiale on perçoit quelques rares battements sensibles à la main et à l'oreille.

La respiration artificielle avec introduction dans la bouche d'un tube à dégagement d'oxygène n'amène aucune modification.

A six heures et demie, il me semble encore entendre une ou deux fois un battement du cœur.

La mort survient sans convulsions.

§ 2. — LA STRANGULATION PAR UNE CORDE (1).

Hofmann a raison de séparer la description de la strangulation par la corde et de la strangulation à la main. En effet au point de vue des causes de la mort la strangulation par la corde doit être rapprochée de la pendaison, et la strangulation à la main doit être rapprochée de la suffocation avec laquelle elle est souvent combinée. Je me hâte d'ajouter que pour le médecin légiste, réunir la strangulation à la corde et la pendaison serait établir une confusion, car la pendaison a presque toujours pour cause un suicide et la strangulation un crime ; mais sous le rapport pathogénique, quel que soit le procédé par lequel un lien est appliqué autour du cou, la mort est la conséquence de la gêne apportée à la circulation de

(1) Voy. p. 388.

l'encéphale, puis secondairement de la gêne souvent incomplète des fonctions de la respiration. Dans la strangulation à la main, ou bien le choc laryngien prédomine, et alors la mort est rapide, ou bien l'occlusion des voies circulatoires et respiratoires a été incomplète, intermittente, prolongée car la main criminelle se déplace et l'anémie cérébrale ne joue plus qu'un rôle accessoire et secondaire. Aussi les lésions sont-elles différentes dans les deux cas.

Dans la strangulation à la corde la description des lésions internes rappelle celle de la pendaison, dans la strangulation à la main la confusion avec les lésions de la suffocation serait presque impossible à éviter si l'on ne trouvait sur le cou les traces laissées par la main du meurtrier.

ART. II. — LA MORT PAR SUBMERSION (1).

Depuis longtemps quelques auteurs (2) ont été frappés des caractères particuliers que présente le sang des noyés. Ils ont noté sa teinte spéciale, sa grande fluidité, sa coagulation incomplète ou nulle dans les cavités du cœur et les gros vaisseaux. Aucun n'a indiqué la cause de ces modifications et par conséquent n'a cherché à expliquer pourquoi dans quelques cas ces caractères sont très nets ; pourquoi ils manquent chez d'autres noyés. Ces incertitudes ont eu pour conséquence des erreurs d'interprétation dont on trouve de nombreux exemples dans les ouvrages de médecine légale.

Devergie a été sur ce point le plus explicite des auteurs qui ont fait des études sur la submersion. Il dit (3) : « *Le sang reste fluide pendant plusieurs heures, même dans les vaisseaux qui pénètrent dans la substance des os.* La fluidité du sang des noyés est remarquable : elle égale presque celle de l'eau ; aussi le sang s'écoule-t-il avec rapidité des cavités du cœur ou des vaisseaux qui le contiennent aussitôt qu'on y pratique une ouverture. Il est très rare de rencontrer du sang coagulé dans les cavités du cœur. Orfila n'en a trouvé qu'une seule fois dans cet état ; M. Avisard et moi nous l'avons observé chacun deux fois. Nous ajouterons cependant que la fluidité du sang est en général commune à toutes les espèces de mort violente ; mais elle n'est que fort rarement aussi grande que

(1) Voy. p. 397.

(2) P. Brouardel et Ch. Vibert, *Étude sur la submersion.* (*Annales d'hygiène*, 3e série, t. IV, n° de novembre 1880.)

(3) Devergie, *Médecine légale*, t. II, 1852, p. 696.

dans l'asphyxie par submersion. C'est un fait fort remarquable que la fluidité du sang. Ce liquide s'écoule du cœur comme le ferait de l'eau, et il ne reste pas de caillot dans les cavités après cet écoulement. *Certes il se passe là quelque chose de particulier chez les noyés, pendant les derniers moments de la vie.* »

Devergie avait bien décrit cette fluidité du sang, mais il n'avait pas su distinguer pourquoi le sang est extrêmement fluide chez certains noyés et pourquoi il est coagulé chez d'autres.

Casper dit simplement (1) : « La fluidité du sang, qui revêt une couleur cerise, est le signe le plus constant, cet état s'explique par l'empoisonnement du sang produit par le manque d'oxygène, ce qui lui fait perdre la faculté de se coaguler. »

Cl. Bernard a d'autre part noté ces mêmes caractères du sang chez des chiens à qui il avait directement fait de copieuses injections d'eau dans le système vasculaire (2). En rapprochant ces données antérieures et les résultats de nos nombreuses autopsies des noyés à la morgue, nous nous sommes demandé, M. Vibert et moi : 1° si l'eau ne pénétrait pas en quantité notable dans le sang pendant la submersion ; 2° par quelle voie se faisait cette pénétration.

Si l'on se souvient de l'extrême puissance d'absorption de la muqueuse pulmonaire il semble naturel de chercher si ce n'est pas à elle que revient le rôle le plus important dans cette absorption.

Ce sont ces points que nous allons tout d'abord tâcher d'établir.

I. — **Pénétration de l'eau dans le sang des noyés.**

Pour déterminer si pendant la submersion il pénètre de l'eau dans le sang des noyés et pour mesurer cette quantité, un moyen simple et, sous certaines réserves, très précis de résoudre la question est tout indiqué : il suffit de compter les globules du sang d'un animal avant et après la submersion. C'est ce que nous avons fait, et voici les résultats de nos expériences.

Première expérience. — Chien adulte, mort par submersion en vingt-cinq minutes :

Avant l'expérience	6,300,000	globules par millimètre cube
Après	4,300,000	—

Diminution d'environ un tiers.

(1) Casper, *Traité de médecine légale*. Trad. G. Baillière, t. II, p. 404.
(2) Cl. Bernard, *Leçons sur les liquides de l'organisme*, t. I, p. 33.

Deuxième expérience. — Chienne adulte, morte par submersion en vingt minutes :

Avant l'expérience	6,000,000 globules.
Après....................................	4,250,000 —

Diminution également de près d'un tiers.

Troisième expérience. — Chienne de trois à quatre mois ; la submersion ayant duré neuf minutes, on retire la chienne vivante. L'animal a survécu.

Avant l'expérience	7,250,000 globules.
Après....................................	5,700,000 —

Diminution de plus d'un quart.

Quatrième expérience. — Un petit chien nouveau-né, âgé de six jours noyé, en une heure ;

Avant l'expérience........................	6,718,000 globules.
Après....................................	4,843,000 —

Diminution d'un tiers environ.

Il ressort de ces expériences que le nombre de globules contenus dans un même volume de sang est diminué du quart ou même du tiers lorsque la mort par submersion se fait lentement et que l'abaissement du chiffre des hématies est sensiblement proportionnel à la durée de la submersion.

Sommes-nous en droit de considérer cette diminution comme relative et due uniquement à une augmentation correspondante de la portion aqueuse du plasma, ou faut-il croire que les globules ont réellement disparu, au moins en partie, par le fait du contact de l'eau dont on connaît l'action destructive sur ces éléments ?

La dernière interprétation est démentie par l'aspect même que présentent les globules du sang des animaux noyés. Nous décrirons plus loin leurs caractères; mais nous devons dire de suite qu'un nombre appréciable de ces éléments n'aurait pu être détruit complètement, sans que quelques autres ne présentassent des altérations beaucoup plus profondes que celles que nous avons constatées. En outre, nous nous sommes assurés par un dosage fait à l'aide du colorimètre que l'hémoglobine diminuait dans la même proportion que les globules. Nous pouvons donc considérer comme établie d'une façon incontestable la pénétration d'une quantité considérable d'eau dans le sang des animaux morts par submersion *prolongée*.

Nous disons *prolongée*, car si nous noyons rapidement les animaux en moins de cinq minutes, en leur tenant constamment la tête sous l'eau, et en les empêchant de venir respirer de temps à autre à la surface, nous n'observons plus les mêmes résultats. C'est ce que démontrent les deux expériences suivantes :

Cinquième expérience. — Chien adulte, peu vigoureux, maintenu sous l'eau, mort en quatre minutes :

Avant l'expérience	6,050,000 globules.
Après	5,850,000 —

Sixième expérience. — Rat blanc adulte, mort en trois minutes, la tête restant constamment sous l'eau :

Avant l'expérience...	7,600,000 globules par millimètre cube (1).
Après	7,900,000 —

On voit que, dans ces deux cas, l'absorption ne s'est pas effectuée, la mort étant survenue trop rapidement. Le sang présentait d'ailleurs dans ces deux derniers cas les mêmes caractères que dans l'asphyxie simple.

II. — Voies de pénétration de l'eau dans le sang. — Voie respiratoire. — Voie gastrique.

Quand l'absorption s'effectue aussi largement que dans nos quatre premières expériences, les poumons ne sont sans doute pas la seule porte d'entrée de l'eau. On sait, et nous l'avons constaté une fois de plus, que les animaux avalent beaucoup d'eau en se noyant. La quantité absorbée par l'estomac doit varier en raison de l'état de vacuité ou de plénitude de cet organe ; chez nos chiens, à jeun la plupart depuis plus ou moins longtemps, elle a dû être assez considérable, bien moindre toutefois que celle absorbée par les poumons. Nous avons en effet noyé lentement un chien (40 minutes) dont nous avions au préalable lié l'œsophage. Avant l'expérience, son sang contenait par millimètre cube : 7,350,000 globules ; après la mort, il en contenait 5,950,000 (*septième expérience*). C'est une augmentation d'eau d'un peu plus d'un quart, augmentation inférieure, mais d'une petite quantité seulement, à celle qu'on observe chez les chiens noyés de la même façon, mais dont l'estomac peut se remplir

(1) Au lieu d'une diminution, nous trouvons ici une très légère augmentation due, sans doute, soit à ce que par mégarde nous n'avons pas pris le sang servant aux deux numérations successives, dans le même vaisseau, soit plutôt à un hasard de préparation. Cette différence insignifiante indique seulement que les globules sont restés en même proportion avant et après la submersion.

d'eau. L'absorption stomacale est donc beaucoup moins considérable que l'absorption pulmonaire, et ce fait est en harmonie avec ce que l'on sait sur l'énergie respective de ces deux voies d'absorption. Encore faut-il remarquer que l'absorption pulmonaire est beaucoup plus grande chez les animaux qui se noient que chez ceux auxquels on injecte de l'eau directement dans la trachée, comme l'ont fait divers expérimentateurs, et notamment Colin. C'est ainsi qu'en deux heures nous avons injecté 700 grammes d'eau dans les poumons d'une chienne pesant 5 kilogrammes, et qu'au bout de ce temps il n'en était entré qu'une très minime quantité dans le système vasculaire (7,000,000 de globules avant, 6,600,000 après, Observ. VIII). L'animal expulsait par sa plaie, pendant des efforts de toux ou de vomissement, l'eau à l'état liquide ou de mousse plus ou moins fine.

Un rat de 180 grammes mourut après l'injection de 9 centimètres cubes d'eau dans la trachée, injection ayant duré une heure. Les globules étaient en même proportion avant et après l'expérience (Observ. IX).

Un cobaye fut tué par injection lente de 24 centimètres cubes d'eau dans la trachée ; son sang contenait seulement environ un septième d'eau en excès (6,700,000 — 5,800,000, Observ. X).

Il est possible que dans ces cas, en raison de la longue durée de l'expérience, il se fasse une certaine élimination d'eau; mais cette élimination a semblé très restreinte, et ne s'est traduite que par l'émission assez fréquente mais peu abondante d'urine aqueuse. Même en tenant compte de cette circonstance, l'absorption reste bien moins considérable que chez les noyés, et cela n'a pas lieu de surprendre, puisque chez ceux-ci l'eau est en contact presque permanent avec la muqueuse pulmonaire, car l'explosion d'une gorgée d'eau est suivie de la rentrée non pas d'air mais d'une nouvelle gorgée d'eau.

III. — Influence de l'hydrémie sur les globules sanguins.

Du reste, dans les deux cas, si l'hydrémie peut donner au sang des caractères particuliers, qui à l'autopsie ont une certaine valeur diagnostique, elle ne joue dans le mécanisme de la mort qu'un rôle très secondaire ou presque nul, et ne détermine pour son compte aucun phénomène important ; elle disparaît d'ailleurs promptement. Le chien n° 3, avec un sang dilué au quart, n'a pas présenté le moindre trouble de la santé; au bout de 48 heures (et peut-être beaucoup plus tôt) la proportion de ses globules était redevenue normale. Cette innocuité se comprend facilement; on sait dans quelles larges limites peut varier la proportion du plasma dans le sang, même d'une façon presque instantanée. L'un de nous a démontré, il y a quelques années, que lorsqu'une purgation est administrée à un malade, une concentration très notable du sang s'opère en quelques heures. Le nombre des globules rouges augmente de 200,000 à 1,000,000 par millimètre cube. Deux ou trois selles suffisent pour dépouiller le sang d'une partie de son sérum et amener cette concentration (1). D'autre part, quand l'eau pénètre dans le sang par absorption, comme dans la submersion, elle est loin d'exercer sur les globules une action semblable à celle qu'on observe quand elle est introduite d'une façon brutale, par injection dans les vaisseaux par exemple, et même dans ce cas Cl. Bernard a dû injecter directement dans les vaisseaux une quantité d'eau égale au tiers du poids de l'animal avant de déterminer des phénomènes graves.

Voici, en effet, ce que nous avons observé chez les chiens dont le sang est dilué au tiers ou au quart; les globules modifiés d'une façon appréciable sont dans la proportion de 3 à 5 p. 100 en moyenne. Ces modifications consistent le plus souvent en un simple changement de forme: les globules revêtent l'aspect de disques sans excavations, de calottes ou de sphères; quelques-uns perdent en partie leur hémoglobine et deviennent alors tout à fait sphériques, en même temps qu'ils augmentent de volume; mais jamais l'hémoglobine ne disparaît complètement, et les globules les plus pâles conservent toujours une teinte plus foncée que le plasma environnant; les contours gardent aussi toute leur netteté. Chez le rat, et surtout chez le cobaye, les altérations de forme sont plus fréquentes; un plus grand nombre de globules deviennent irréguliers, polyédriques, anguleux, et augmentent de volume, mais très peu encore perdent leur hémoglobine.

Ces altérations se réduisent donc à très peu de chose; au point de vue histologique, il est intéressant de signaler le fait, car on voit que le sang peut recevoir impunément une grande quantité d'eau, pourvu que celle-ci pénètre par une large surface, et ne soit jamais en grand excès sur un même point. Sous le rapport physiologique, cette constatation permet d'expliquer l'innocuité de ces hydrémies aiguës.

(1) Brouardel, *De l'influence des purgations et de l'inanition sur la proportion des globules rouges contenus dans le sang.* (*Soc. méd. des hôp.*, 14 juillet 1876.)

IV. — Altérations des poumons.

Il n'est pas rare de voir sortir de la bouche des noyés une écume rosée. Nous avons vu cette écume aux narines de tous les chiens que nous avons noyés lentement; elle n'apparaît pas immédiatement, mais succède à l'écoulement d'une quantité variable d'écume incolore. En examinant le liquide au microscope, on aperçoit au milieu de bulles d'air, dont quelques-unes sont d'une finesse extrême, et dont le volume ne dépasse pas parfois celui des globules eux-mêmes, on voit, disons-nous, un nombre plus ou moins grand de globules sanguins, énormément augmentés de volume, sphériques et absolument décolorés, se détachant sur un fond uniformément coloré en rouge par de l'hémoglobine dissoute. La couleur rosée de l'écume est due par conséquent à une extravasation de sang dans les alvéoles pulmonaires où il se mélange plus ou moins intimement avec l'eau venue du dehors. Le fait que cette écume rosée apparaît toujours après l'écume blanche indique que la sortie du sang ne se fait pas dans les bronches, mais plus profondément. En effet, on trouve dans les poumons, durcis pour l'examen microscopique, des petits foyers hémorrhagiques, atteignant à peine les dimensions d'une tête d'épingle, et qui sont assez nombreux; sur cinq fragments d'environ un centimètre cube, pris au hasard dans le poumon d'un chien noyé en 40 minutes (*septième expérience*), nous en avons trouvé trois. Ils siègent à l'extrémité terminale des petites bronches et dans les alvéoles correspondantes; on n'en trouve pas dans le voisinage des artérioles ou veinules un peu volumineuses; ce sont des hémorrhagies capillaires, qui rappellent les ecchymoses ponctuées sous-pleurales.

Celles-ci sont assez rares chez les noyés; nous avons rencontré en revanche presque constamment à la surface des poumons de nos animaux de larges plaques assez bien limitées et d'un rouge plus ou moins foncé; sur des coupes faites perpendiculairement, on voit qu'en ces points la plèvre est doublée et comme décollée par une couche uniforme de globules sanguins dont l'épaisseur ne dépasse guère celle de la plèvre elle-même. Il s'agit donc là de véritables ecchymoses sous-pleurales, remarquables par leur étendue, leur minceur et leur situation directement sous-pleurales. Nous les avons trouvées non seulement sur les animaux noyés, mais encore chez ceux morts par injection d'eau dans la trachée.

L'épithélium pulmonaire présente aussi des altérations intéressantes, que nous avons rencontrées constamment chez tous les animaux noyés ou tués par injection d'eau dans la trachée (*exper.* 2, 7, 10.) En plaçant pendant 24 heures dans l'alcool au tiers de très petits fragments de ces poumons, détachés immédiatement après la mort, les cellules épithéliales des petites bronches et des vésicules pulmonaires se laissent détacher ensuite facilement par la dissociation. On constate sur un grand nombre de ces dernières une très grande augmentation de volume de la cellule qui est devenue sphéroïdale ; le protoplasma ainsi gonflé est rempli de granulations douées des caractères optiques des matières grasses et que l'acide osmique colore également en noir. Quand ces granulations ne sont pas trop abondantes on aperçoit au milieu de la cellule le noyau non augmenté de volume et paraissant intact. Il s'agit là d'une dégénérescence granulo-graisseuse du protoplasma, intéressante en raison de son origine, qu'on ne peut guère attribuer qu'au passage d'une certaine quantité d'eau à travers l'élément, intéressante aussi en raison de la rapidité avec laquelle elle se produit : moins d'une demi-heure quelquefois.

Sur une coupe fine du poumon durci à l'alcool, la gomme et l'alcool, on retrouve la même altération sur un certain nombre de cellules, mais la plupart d'entre elles sont intactes, ou très légèrement atteintes et forment un revêtement continu au milieu duquel les cellules dégénérées font une forte saillie. Il est probable que celles-ci ont beaucoup perdu de leur adhérence, et qu'elles se détachent très facilement, car nous les avons trouvées en proportion très considérable dans le produit de la dissociation du parenchyme. — Sans doute aussi, ces cellules sont éliminées lorsque l'animal survit ; il se peut cependant qu'elles reprennent leurs caractères normaux et leur adhérence quand l'eau a cessé d'agir. Nous n'en avons jamais trouvé dans l'écume rendue par les narines.

Nous noterons en terminant que l'estomac des chiens noyés présente souvent de larges plaques ecchymotiques d'une teinte pâle, en raison de la faible épaisseur du sang épanché. Nous avons vu dans un cas, chez l'animal auquel nous avions lié l'œsophage, des ecchymoses ponctuées nombreuses, mais très nettes à la surface interne de l'estomac. Cet organe contient du reste assez souvent du mucus teinté de rose et renfermant des globules sanguins, qui indiquent que de petites hémorrhagies se font là quelquefois, comme cela a lieu plus souvent pour les poumons.

V. — Conclusions.

Nous résumerons la partie expérimentale de ce travail par les conclusions suivantes : 1° dans la mort par submersion prolongée, il entre dans l'appareil circulatoire une quantité d'eau qui peut égaler le tiers du volume total du sang.

2° Quand la submersion est très rapide, il y a peu ou pas d'absorption d'eau.

3° L'absorption d'eau, chez les animaux qui se noient, se fait surtout par la muqueuse pulmonaire.

4° Les animaux tués par injection d'eau dans la trachée ont moins d'hydrémie que ceux morts par submersion.

5° Les globules du sang des animaux noyés ne présentent que de très légères altérations

6° Il se fait souvent chez les animaux noyés de petites hémorrhagies capillaires dans le parenchyme pulmonaire; et dans les alvéoles, c'est ce sang épanché qui donne une coloration rose à la mousse qui sort quelquefois des orifices respiratoires.

7° Un certain nombre des cellules de l'épithélium pulmonaire subissent, après avoir été traversées par l'eau absorbée, une dégénérescence granulo-graisseuse très prononcée.

VI. — Applications médico-légales.

Si nous appliquons ces données à la médecine légale et si nous comparons les résultats de nos expériences à ceux des autopsies que nous avons eu à pratiquer à la morgue, nous pouvons facilement expliquer certaines circonstances qui avaient embarrassé les auteurs qui nous ont précédés.

Le premier point, le plus important, est celui-ci : lorsque l'homme qui se noie peut venir plusieurs fois respirer à la surface de l'eau, lorsqu'il se noie lentement, il absorbe par les poumons une quantité d'eau considérable, il pénètre dans son sang un tiers ou un quart du volume total du sang. Il en résulte une fluidité particulière de ce liquide, il ne se forme pas de caillots dans le cœur, ni dans les gros vaisseaux. De plus le sang ainsi transformé transsude à travers les vaisseaux avec une extrême facilité, et lorsque la putréfaction gazeuse des intestins survient et chasse le sang des parties profondes vers les membres, ce sang colore rapidement les gaines vasculaires, le tissu cellulaire qui entoure les vaisseaux et rend difficile ou impossible la détermination de contusions, de suffusions sanguines ayant accompagné la mort.

Si le cadavre porte une ou plusieurs plaies, le sang fluide coule avec une grande facilité et peut faire croire que le noyé vient d'être jeté à l'eau et qu'il porte des plaies récentes encore sanglantes, alors que le séjour a été de plusieurs heures, ou même de quelques jours. C'est ainsi que l'an dernier nous avons dû rectifier une erreur commise dans ces circonstances par un médecin de Lourdes.

Lorsqu'au contraire la mort a été rapide, que le noyé pour une raison quelconque, syncope, commotion cérébrale, ivresse, etc., a plongé au fond de l'eau sans venir respirer à la surface, la quantité d'eau absorbée par la surface pulmonaire est nulle ou insignifiante. Les lésions ne diffèrent pas notablement de celles que l'on trouve dans la mort par suffocation dans les matières pulvérulentes ou dans un milieu non respirable mais non toxique. Le cœur peut alors contenir des caillots, cette circonstance explique un fait qui avait embarrassé M. le docteur Faure dans son beau mémoire sur l'asphyxie, et qui lui avait fait admettre que dans la mort par submersion des caillots déjà formés pouvaient ensuite devenir liquides.

On comprend très bien également comment dans la mort rapide par submersion il peut y avoir des ecchymoses sous-pleurales ponctuées nettes, ainsi que le docteur Girard de Grenoble l'a démontré dans un cas où ses expériences ont eu le très heureux résultat de faire échapper un innocent à une accusation capitale. Dans la submersion lente, au contraire, ces ecchymoses ponctuées sont remplacées par des ecchymoses ou plutôt des suffusions sanguines, larges, étalées, moins brillantes et qui ont pu passer inaperçues jusqu'à la publication de MM. G. Bergeron et Montano sur la submersion (1). La différence des caractères des ecchymoses dans ces deux cas tient à la différence de constitution du liquide sanguin.

C'est sans doute aussi à cette altération du sang, aux modifications apportées aux épithéliums des alvéoles pulmonaires et à la constitution des globules sanguins qu'il convient de rapporter un fait signalé par tous les auteurs; je veux parler de la difficulté de faire vivre certains noyés chez qui on a pourtant pu provoquer pendant plusieurs heures des respirations en apparence normales.

L'état des poumons, leur apparence que je propose de désigner sous le nom d'emphysème aqueux, a été noté par les divers auteurs. MM. Bergeron et Montano ont insisté sur la constance de la mousse dans les bronches chez les noyés, nous ajouterons seulement chez ceux qui n'ont pas fait un séjour trop prolongé dans l'eau après

(1) G. Bergeron et Montano, *Recherches expérimentales sur la mort par submersion* (*Annales d'hygiène et de méd. légale*, 2ᵉ série, t. XLVIII, 1877, p. 332).

la mort ou qui n'ont pas subi trop longtemps la putréfaction gazeuse après qu'on les a tirés de l'eau et avant que l'on ait pratiqué leur autopsie. Voici pourquoi cette restriction nous semble légitime. Chez ceux dont la putréfaction est avancée les poumons ne conservent pas cette apparence tuméfiée, les liquides des poumons transsudent dans les plèvres et les vésicules pulmonaires aplaties reprennent l'aspect de l'état fœtal.

L'examen des poumons, la présence de globules sanguins dans la mousse, en particulier dans celle qui occupe les petites bronches, prouvent que la spume à fines bulles qui fait saillie hors de la bouche et des narines du noyé a son origine dans les alvéoles pulmonaires. Contrairement à l'opinion d'Orfila et de Piorry, sa présence ne prouve pas que le noyé est venu respirer à la surface de l'eau.

L'ensemble de ces signes permettra enfin, dans des cas jusqu'à présent insolubles, de déterminer quelles sont les conditions dans lesquelles un noyé a péri. Si le sang n'est pas fluide, s'il y a des caillots cardiaques, des ecchymoses ponctuées sous les plèvres, si les poumons ne présentent pas cette apparence spéciale d'emphysème aqueux, on pourra dire que la submersion a eu lieu dans des conditions telles que le noyé n'a pu faire aucun effort pour lutter contre l'asphyxie. La cause de cette absence de lutte sera à déterminer : ivresse, commotion cérébrale, etc. On ne sera pas en droit d'exclure l'hypothèse de la mort par submersion, ainsi que l'avait fait un premier expert dans le cas que j'ai déjà cité de M. Girard.

Si au contraire les poumons sont gorgés d'eau, si le sang est fluide, si les ecchymoses sous-pleurales sont larges, peu apparentes, si le cœur ne contient pas de caillots, on pourra conclure que la submersion a été lente et que la mort n'est survenue qu'après une lutte plus ou moins instinctive qui a permis à des gorgées d'eau successives de se renouveler dans la trachée et d'être absorbées par la muqueuse pulmonaire.

CHAPITRE III

LA MORT PAR UNE TEMPÉRATURE TROP ÉLEVÉE OU TROP BASSE.

ART. I. — LA MORT PAR UNE TEMPÉRATURE TROP ÉLEVÉE (1).

Lorsqu'en 1878 nous avions cherché à déterminer, par la présence de l'oxyde de carbone dans le sang, si un individu était vivant ou mort au moment où un incendie avait éclaté, nous ignorions les recherches d'Hofmann sur ce sujet. Des deux signes que nous avions indiqués, le premier appartient par ordre de publication au professeur de Vienne, le second nous est personnel.

Quand la victime a respiré dans le foyer de l'incendie, nous disons donc avec Hofmann que le sang se charge d'oxyde de carbone. Mais nous ferons remarquer que dans ce cas le sang se putréfie avec une extrême lenteur. En pratique ce point est intéressant, car l'expert peu familiarisé avec les recherches spectroscopiques pourra recueillir du sang et le faire examiner ultérieurement dans un laboratoire par des personnes habituées à cette opération assez délicate.

L'examen microscopique des poumons nous a fourni le second caractère. Les coupes montrent les contours élastiques des travées alvéolaires, des bronches et des vaisseaux; la physionomie d'ensemble est donc à peu près celle d'une préparation faite sur le poumon normal. Mais celle-ci a un caractère spécial, c'est la coloration rouge vif de toute la préparation. Il semblerait que tous les éléments ont été teints dans un bain de matière colorante rouge. La lumière des vaisseaux est remplie par une masse brune à la lumière directe, rouge vif à la lumière transmise. Les parois des vaisseaux sont fortement teintées en rose; il en est de même des parois des alvéoles et des bronches.

Dans ces diverses parties, on ne trouve pas de globule sanguin normal; les globules sont réduits à l'état des corpuscules sphériques de 2 à 3 millièmes de millimètre de diamètre; ils sont entassés les uns sur les autres, et leur ensemble forme un bloc d'apparence granuleuse sans trace de fibrine.

Quelle peut être la cause de cette coloration rouge de tout le

(1) Voy. p. 414.

parenchyme pulmonaire? Il semble que les globules sanguins ont été détruits dans le poumon par le contact de l'air surchauffé; que leur destruction a pour effet de laisser diffuser leur matière colorante, l'hémoglobine, dans tous les tissus de l'organe. L'intensité de la coloration s'explique, soit par la congestion intense du poumon, qui accompagne l'asphyxie; soit par le renouvellement d'ondées sanguines qui sont venues se brûler successivement dans les alvéoles au contact d'un air enflammé.

Ce sont là deux caractères de nature essentiellement vitale, c'est-à-dire produits par les actes mêmes de la vie : l'absorption de l'oxyde de carbone et la coloration des différents éléments qui entrent dans la structure du poumon. Ils prouvent tous deux que la victime a respiré avant d'être brûlée. Ils ne peuvent se produire dans les conditions inverses, lorsque la combustion a succédé à la mort

Mais leur absence ne signifie pas nécessairement que la mort a précédé l'incendie.

Lorsqu'un individu est surpris vivant par un incendie, si cet incendie est accompagné d'une explosion ou d'une élévation subite de la température à des hauteurs excessives, ces deux caractères font défaut. Ainsi, dans la catastrophe de la rue Béranger, où la chaleur s'éleva subitement à 2,000 degrés, au dire des experts (MM. Sarrau, ingénieur en chef des poudres et salpêtres; Lévy, ingénieur des ponts et chaussées; Jousselin, ingénieur; Gastinne-Renette, etc.), la respiration ne put se faire et l'oxyde de carbone ne fut pas absorbé.

L'absence de l'oxyde de carbone dans le sang ne prouve donc pas que la victime ne vivait pas au moment de l'accident; elle prouve qu'elle n'a pas respiré, et il en est ainsi si les circonstances sont telles que la vie ait été en quelque sorte instantanément suspendue.

Il faut, pour que l'oxyde de carbone se retrouve dans le sang, que la respiration ait pu continuer quelques instants dans le foyer de l'incendie. Nous ne saurions préciser cette durée; mais chez les victimes de l'hôpital Saint-Antoine, les cris ont persisté pendant un temps que les témoins ont estimé à dix minutes environ (1). Dans des cas où il faudrait résoudre une question de survie, la présence de l'oxyde de carbone dans le sang pourrait entrer comme un élément important dans le jugement de l'expert. La quantité de l'oxyde de carbone inspirée par chacune des victimes mesurerait en quelque

(1) Brouardel, *Étude médico-légale sur la combustion* (*Ann. d'hyg.*, 1878, 2e série, t. L, p. 509).

sorte la durée de leur vie, si elles étaient placées, d'ailleurs, dans des conditions identiques.

Dans les cas d'incendie accompagné d'explosion, une autre constatation également d'ordre vital peut être faite et prouver que la victime vivait au moment de l'accident : c'est la présence de brûlures des premières voies : bouche, langue, larynx, ou la brûlure de la peau par la flamme projetée à distance.

Ces brûlures des premières voies ont déjà été signalées par le docteur Riembault dans la relation qu'il a donnée de la catastrophe du puits Jabin (1). Il rappelle l'énergique expression des ouvriers, qui, pour caractériser les lésions produites par l'explosion du grisou, disent : « Les brûlés ont avalé le feu. »

CHAPITRE IV

LA MORT PAR EMPOISONNEMENT (2).

Hofmann n'a fait dans ce chapitre qu'un exposé très sommaire des intoxications que l'on rencontre le plus souvent. Il a mentionné quelques autres modes d'empoisonnement, faisant ainsi une sorte de cadre pour un traité de toxicologie.

Nous n'avons pas à compléter ce chapitre, ce serait trahir les intentions de l'auteur. Si la description est incomplète, c'est volontairement. Nous dirons seulement quelques mots d'une question récemment introduite dans la science. Elle a été signalée et étudiée pour la première fois avec soin par le professeur Selmi de Bologne. Avec M. Boutmy nous l'avons reprise et nous avons publié un premier mémoire sur les conditions dans lesquelles se développent les alcaloïdes cadavériques (3). On conçoit l'importance extrême de la question. Si dans un cadavre en voie de putréfaction on trouve un alcaloïde, il faut déterminer si cet alcaloïde a été introduit avant la mort, ce qui soulève les hypothèses d'intoxication dans un but criminel ou dans un but suicide, ou si cet alcaloïde n'est pas né spontanément dans le sein du cadavre lui-même. Je ne

(1) Riembault, *Annales de la Société de médecine de Saint-Etienne et de la Loire* (année 1876, t. VI, p. 20 et suiv.).

(2) Voy. p. 429.

(3) Brouardel et Boutmy, *Annales d'hygiène*, etc., 3e série, t. IV, octobre 1880.

puis reproduire dans ces quelques pages les preuves du développement des ptomaines et leurs caractères différentiels. Je ne donne qu'une note qui fera comprendre le sens dans lequel se sont dirigées nos recherches.

Sur le développement des alcalis cadavériques (ptomaines).

Au cours de la décomposition cadavérique, il se forme certaines substances alcalines que l'on a nommées *ptomaines*. L'existence des ptomaines a été contestée ; c'est à tort, et pour appuyer notre manière de voir, nous allons rechercher et démontrer la présence des ptomaines : 1° dans les viscères d'individus morts en dehors de tout empoisonnement ; 2° dans les viscères d'individus morts par empoisonnement.

Sans rapporter ici les nombreuses expériences auxquelles nous nous sommes livrés, nous nous bornerons à faire connaître les deux faits suivants qui prouvent sûrement qu'il se forme des ptomaines :

A. — Les organes d'un individu asphyxié par l'oxyde de carbone sont analysés quelques heures après la mort ; on les trouve exempts de poison. On examine huit jours après les mêmes viscères et l'on constate qu'ils contiennent une base organique solide présentant les caractères généraux des alcaloïdes, et capable de tuer à petite dose les grenouilles et les cobayes. Il est donc certain que la putréfaction donne naissance à des alcaloïdes organiques, même en dehors de tout fait d'empoisonnement.

B. — Dans le second cas, nous découvrons une ptomaine vénéneuse chez un sujet empoisonné par de l'acide arsénieux, et nous nous trouvons par ce point en parfait accord avec M. le professeur Selmi, de Bologne, qui rencontre la même ptomaine chez deux individus morts aussi par intoxication arsénieuse. L'on voit que la formation des ptomaines peut avoir lieu aussi bien chez l'individu mort sans ingestion de poison que chez celui qui a été intoxiqué, même quand le toxique présente, comme l'acide arsénieux, des propriétés antiseptiques énergiques.

On prévoit dès ce moment l'importance des ptomaines dans les cas d'expertises médico-légales et l'intérêt que présente l'étude de leur mode de formation, de leur nature, de leur composition ; et, dans le cas d'une recherche ordonnée par la justice, des moyens à employer pour s'opposer à leur production dans le laps de temps qui s'écoule inévitablement entre l'autopsie et le moment où l'on procède à l'analyse des viscères.

Voici les premiers résultats auxquels nous sommes arrivés en nous engageant dans cette voie :

Les propriétés générales des ptomaines sont celles des alcaloïdes organiques et, le plus souvent, leur action toxique ne le cède en rien à celle de nos poisons les plus énergiques.

Il existe plusieurs ptomaines distinctes qui présentent une différence complète d'ordre chimique et d'ordre physiologique, et, pour ne parler ici que d'un seul point de cette question, certaines d'entre elles sont des poisons violents, tandis que d'autres ne sont pas toxiques. On peut dire d'une manière générale que les ptomaines sont vénéneuses 6 fois sur 10.

Chaque cas de putréfaction ne paraît pas donner naissance à des ptomaines distinctes, car nous avons retrouvé le même alcaloïde dans les cadavres d'individus morts dans des conditions absolument différentes. L'expérience a permis, par exemple, de constater l'existence de la même ptomaine chez deux individus intoxiqués, le premier par l'oxyde de carbone, le second par l'acide prussique.

Les ptomaines sont le plus souvent volatiles ; cependant il peut exister des cas où elles présentent de la fixité. Nous avons retrouvé, en effet, une ptomaine analogue à la vératrine dans un cadavre qui avait séjourné dix-huit mois dans les eaux de la Seine, et nous en avons rencontré une autre dans une oie qui avait supporté l'action de la chaleur nécessaire à la cuisson.

Les ptomaines, ou au moins certaines ptomaines, sont toxiques pour l'homme. On a, en effet, constaté que douze personnes qui avaient dîné avec une oie corrompue et renfermant une ptomaine liquide, analogue à la cornéine, ont éprouvé tous les symptômes d'un grave empoisonnement, l'une d'elles a même péri en quelques heures après des nausées et des vomissements nombreux et sans qu'il existât un autre fait que l'absorption de la ptomaine pour expliquer la mort. On peut donc conclure de là que les ptomaines peuvent déterminer la mort de l'homme comme elles le font pour les animaux. Il n'est pas nécessaire d'un temps considérable pour que les ptomaines prennent naissance, puisque dans ces derniers exemples l'oie avait été achetée au marché, le matin même du jour où a eu lieu l'empoisonnement et avait subi l'inspection réglementaire. Le fait de l'individu mort par asphyxie, et chez lequel les ptomaines apparaissent au bout de huit jours, est également une preuve de la rapidité avec laquelle s'engendrent les ptomaines.

D'après nous, l'un des obstacles les plus efficaces à opposer à la formation des ptomaines est le refroidissement, et l'on dispose en ce moment à la Morgue de chambres à air glacé dans lesquelles les cadavres seront conservés sans altérations nouvelles jusqu'au moment où l'on pourra procéder à l'expertise. Ce sont là les premiers résultats du travail long et difficile que nous venons d'entreprendre; les faits s'accumuleront et leur variété permettra sans aucun doute de résoudre les difficultés sérieuses qu'a fait naître pour l'expertise médico-légale la découverte des ptomaines.

FIN.

TABLE DES MATIÈRES

INTRODUCTION

PREMIÈRE PARTIE

PARTIE MATÉRIELLE.

DEUXIÈME PARTIE

ARTICLES DE LOIS.

COMMENTAIRES

DE MÉDECINE LÉGALE

PAR LE PROFESSEUR BROUARDEL.

PREMIÈRE PARTIE

PARTIE MATÉRIELLE.

FIN DE LA TABLE DES MATIÈRES.

6343 76. — Corbeil Imprimerie de Crété.

Suite des ouvrages de M. le professeur Tardieu

ÉTUDE MÉDICO-LÉGALE ET CLINIQUE SUR L'EMPOISONNEMENT

Par Ambroise TARDIEU

avec la collaboration

De Z. ROUSSIN

Pharmacien en chef de l'hôpital militaire du Gros-Caillou,
Professeur agrégé à l'École de médecine du Val-de-Grâce

pour la partie de l'expertise médico-légale relative à la recherche chimique des poisons,

Deuxième édition, revue et augmentée

Un volume in-8 de xx-1236 pages, avec 2 pl. et 54 fig. — 14 fr.

Étude médico légale sur l'infanticide. 2e édition. Paris, in-8°, 372 pages, avec 3 planches coloriées........ 6 fr.

Étude médico-légale sur la folie. 2e édition. Paris, 1880, 1 vol. in-8°, XXII-610 p., avec 15 fac-simile d'écriture d'aliénés........ 7 fr.

Étude médico-légale sur la pendaison, la strangulation et la suffocation 2e édit. Paris, 1879, in-8°, 352 pages, avec planches noires et coloriées. 5 fr.

Étude médico-légale sur les attentats aux mœurs, 7e édition. Paris, 1878, in 8° de VIII-304 pages, et 5 planches gravées........ 5 fr.

Étude médico-légale sur l'avortement, suivie d'une note sur l'obligation de déclarer à l'état civil les fœtus mort-nés, et d'observations et de recherches pour servir à l'histoire médico-légale des grossesses fausses et simulées. 3e édition. Paris, 1868, in-8°, 280 pages........ 4 fr.

Question médico-légale de l'identité dans ses rapports avec les vices de conformation des organes sexuels, contenant les souvenirs et impressions d'un individu dont le sexe avait été méconnu. 2e édit. Paris, 1874, 1 vol. in-8° de 176 p. 3 fr.

Relation médico-légale de l'affaire Armand (de Montpellier), simulation de tentative d'homicide (commotion cérébrale et strangulation). Paris, 1864, in-8° de 80 pages........ 2 fr.

Empoisonnement par la strychnine, l'arsenic et les sels de cuivre, observations et recherches nouvelles, 1865, in-8°, 28 pages........ 1 fr.

Mémoire sur l'examen microscopique des taches formées par le méconium et l'enduit fœtal, 1857, in-8°, 30 pages........ 1 fr.

AMETTE, **Code médical**, ou Recueil des lois, décrets et règlements sur l'étude, l'enseignement et l'exercice de la médecine civile et militaire en France, par Amédée Amette, secrétaire de la Faculté de médecine de Paris. 3e édition. 1 vol. in-12 de 300 pages........ 1 fr. 50

ANGLADA (J.). **Tableaux toxicologiques**, pour servir à la recherche analytique des poisons. 1 feuille in-folio........ 1 fr. 50

BAYARD (H.). **Examen microscopique du sperme desséché sur le linge** ou sur les tissus de nature ou de colorations diverses. In-8°, fig........ 1 fr.

— **De la nécessité des études pratiques en médecine légale**, et réflexions sur les procès criminels de Peytel et de madame Lafarge. In-8°........ 50 c.

BOISSEAU (Edm.) **Des maladies simulées et des moyens de les reconnaître.** Leçons professées au Val-de-Grâce par le docteur Edm. Boisseau, professeur agrégé à l'École d'application de médecine militaire (Val-de-Grâce). Paris, 1870, in-8°, 510 pages, avec 15 figures........ 7 fr.

CHASSAING (H.). **Étude médico-légale sur les ecchymoses sous-pleurales.** Paris, 1879. in-8° de 100 pages........ 2 fr. 50

phie sous-marine, ont modifié profondément l'état de la science telle qu'elle est exposée dans les anciens traités, d'ailleurs fort estimés, publiés en France, et ont naturellement appelé l'attention sur les publications anglaises relatives à l'enseignement de l'électricité; ces publications sont nombreuses et présentent, pour la plupart, ce caractère spécial de donner à la fois la description détaillée des procédés expérimentaux usités dans la pratique télégraphique, et les aperçus les plus élevés sur la science de l'énergie avec toutes les conséquences qui en découlent, en particulier l'emploi courant des unités absolues dans la mesure des phénomènes. C'est qu'en Angleterre beaucoup de progrès récents de la science électrique ont été accomplis en quelque sorte sous la pression dss événements, par des savants apportant les ressources les plus puissantes de l'analyse mathématique à la solution des problèmes industriels : de là cette union permanente et d'ailleurs très féconde d'idées théoriques générales à la préoccupation toujours présente de problèmes pratiques; de là aussi le double caractère imprimé à l'enseignement.

Le présent traité se recommande au public français comme donnant une idée de ce mode d'enseignement qui plaît en général aussi bien par ses côtés précis que par ses aspects pratiques : l'auteur, M. Gordon, disciple du savant et regretté professeur Clerk Maxwell, a cherché à reproduire sous une forme élémentaire les leçons du maître, en adoptant une méthode d'exposition purement expérimentale, mais tout en conservant l'esprit élevé qui doit régner désormais dans cette branche de la science.

Le lecteur français trouvera à ce livre une physionomie originale, je serais tenté de dire une saveur particulière; il y verra représenté fidèlement le caractère de l'expérimentation anglaise, par la description détaillée des méthodes ou des appareils les plus usités : ainsi il y trouvera le résumé des travaux dn comité de l'Association Britannique, la description de quelques-uns des instruments les plus intéressants des laboratoires de l'université de Cambridge, de Glasgow, ou des belles installations de MM. Warren De la Rue et Spottiswoode; l'observatoire magnétique de Kew, etc.

Le livre de M. Gordon a eu la bonne fortune de trouver comme traducteur et annotateur M. Raynaud, professeur à l'École supérieure de télégraphie, si versé dans toutes les questions théoriques et pratiques relatives à l'électricité. M. Raynaud a bien voulu se charger de compléter le livre et de l'ajuster aux exigences de l'enseignement de notre pays, dont les tendances diffèrent sous beaucoup de rapports de celles qui règnent dans l'ouvrage anglais : le texte de

LIBRAIRIE J.-B. BAILLIÈRE ET FILS

19, rue Hautefeuille, près du boulevard Saint-Germain, à Paris.

LES SECRETS

DE LA SCIENCE, DE L'INDUSTRIE ET DE L'ÉCONOMIE DOMESTIQUE

Recettes, Formules et Procédés

D'UNE UTILITÉ GÉNÉRALE ET D'UNE APPLICATION JOURNALIÈRE

Par le docteur A. HÉRAUD

Professeur à l'École de médecine navale de Toulon.

1 vol. in-18 jésus de 664 pages, avec 205 figures. Cartonné..... 6 fr.

Le but que l'auteur s'est proposé en écrivant ce livre est de vulgariser les notions usuelles fournies par la science, de donner au lecteur des renseignements pratiques d'une utilité générale et d'une application journalière.

C'est ainsi que :

En Chimie pratique, il a indiqué une foule de recettes et de procédés relatifs aux *alliages*; aux *monnaies*, à l'*argenture*, la *dorure*, l'*étamage*; aux *luts*, *ciments*, *mastics*; aux *cires à cacheter et à goudronner*, aux *encres*, aux *cirages*, à la *glace artificielle*, à l'*incrustation des chaudières*, à l'*imperméabilisation des chaussures et des tissus*, à l'*incombustibilité des matières organiques*, etc.;

En Agriculture, le *foin*, le *fourrage*, la *paille*, l'*orge*, l'*avoine*, les *animaux utiles* et les *animaux nuisibles*, le choix de la *vache laitière*, les soins à donner aux *abeilles*, la culture des *champignons*, du *cresson*, des *truffes*, le *chaulage*, les applications des *tourteaux*, des *graines oléagineuses*, etc.;

En Hygiène, les soins spéciaux de la *bouche*, de la *chevelure*, des *mains*, des *pieds*, de la *peau*; les *cosmétiques*, les *bains*, les *parfums*, la *désinfection des matières organiques en voie de décomposition*, etc.;

En Médecine, les *contusions*, les *brûlures*, les *morsures* et les *piqûres des animaux dangereux*, les *aphthes*, la *céphalalgie*, le *coryza*, les *engelures*, les *gerçures de la peau*, l'*ivresse* et autres accidents qui ne nécessitent pas l'intervention du médecin; en un mot, *les petits maux et les petits remèdes* : pour d'autres maladies plus sérieuses, il indique les soins à donner avant l'arrivée du médecin;

En Médecine vétérinaire, la *rage*, la *météorisation*, les *maladies contagieuses des chevaux* (*morve*, *farcin*, *parasites*), etc.

L'Alimentation a été l'objet d'un grand nombre d'articles : le *pain*, le *blé*, la *farine*, la *viande*, le *poisson*, le *lait*, le *beurre*, les *légumes frais* et *secs*, le *café*, le *chocolat*, le *sucre*, le *sel*, le *vin*, la *bière*, le *cidre*, l'*eau-de-vie*, les *liqueurs de table*, les *fruits*, les *sorbets*, figurent parmi les principaux. Il a indiqué, quand il y avait lieu, le mode de préparation de ces aliments, les caractères qu'ils présentent quand ils sont de bonne qualité, leurs altérations, la manière de reconnaître leur falsification, les procédés propres à assurer leur conservation.

L'Économie domestique ne pouvait rester dans l'oubli. Il lui a consacré plusieurs articles relatifs aux *étoffes*, aux *fourrures*, au *linge*, aux *éponges*, aux *fleurs d'appartement*, aux *aquariums*, à l'*éclairage*, au *chauffage*, au *nettoyage* et au *dégraissage* des objets tachés, tels que *meubles*, *ustensiles*, *vêtements*.

De nombreuses figures ont été intercalées dans le texte. Le lecteur reconnaîtra mieux une plante utile ou un animal venimeux, il saisira mieux une opération de chimie ou un procédé de fabrication, lorsque la représentation figurée de l'objet viendra compléter et faciliter la description.

ENVOI FRANCO CONTRE UN MANDAT SUR LA POSTE.

NOUVEAUX ÉLÉMENTS DE CHIMIE MÉDICALE

ET DE CHIMIE BIOLOGIQUE

AVEC LES APPLICATIONS A L'HYGIÈNE, A LA MÉDECINE LÉGALE ET A LA PHARMACIE

Par M. E. ENGEL
Professeur à la Faculté de médecine de Montpellier.

1 vol. in-18 jésus de 768 pages, avec 117 figures............. 8 fr.

MANIPULATIONS DE PHYSIQUE

COURS DE TRAVAUX PRATIQUES, PROFESSÉ A L'ÉCOLE DE PHARMACIE DE PARIS

Par Henri BUIGNET
Professeur de physique à l'École supérieure de Pharmacie de Paris, Membre de l'Académie de médecine.

1 vol. gr. in-8 de 788 pages, avec 265 fig. et 1 pl. col. Cart.......... 16 fr.

TRAITÉ ÉLÉMENTAIRE DE PHYSIQUE MÉDICALE

Par le docteur W. WUNDT
Professeur à l'Université de Heidelberg

TRADUIT AVEC DE NOMBREUSES ADDITIONS

Par le docteur Ferdinand MONOYER
Professeur agrégé de physique médicale à la Faculté de médecine de Nancy.

1 vol. gr. in-8 de 704 pages, avec 396 figures, y compris une planche en chromolithographie..... 12 fr.

NOUVEAU DICTIONNAIRE DES FALSIFICATIONS ET DES ALTÉRATIONS

DES ALIMENTS, DES MÉDICAMENTS ET DE QUELQUES PRODUITS EMPLOYÉS DANS LES ARTS, L'INDUSTRIE ET L'ÉCONOMIE DOMESTIQUE.

Exposé des moyens scientifiques et pratiques d'en reconnaître le degré de pureté, l'état de conservation, de constater les fraudes dont ils sont l'objet.

Par J. Léon SOUBEIRAN
Professeur à l'École supérieure de pharmacie de Montpellier

1 vol. in-8 de XIV-640 pages, avec 218 figures. Cartonné........ 14 fr.

BARRESWIL. **Documents académiques et scientifiques sur le tannate de quinine.** Paris, 1852, in 8 de 60 pages (1 fr.). 50 c.

BENOIT (E.). **Traité élémentaire et pratique des manipulations chimiques,** et de l'emploi du chalumeau, suivi d'un Dictionnaire descriptif des produits de l'industrie susceptibles d'être analysés. Paris, 1854, 1 vol. in 8, 444 p. (8 fr.). 3 fr.

BIOT. **Propriétés optiques** appelées rotatoires. 1815, in 4 (1 fr.). 50 c.

BRUCKE. **Des couleurs, au point de vue physique, physiologique, artistique et industriel,** par Ernest BRUCKE, professeur à l'Université de Vienne; traduit par P. Schutzenberger. Paris, 1866, 1 vol. in-18 jésus de 344 p., avec 46 fig. 4 fr.

CARLES (P.). **Influence exercée sur les réactions chimiques** par les agents physiques autres que la chaleur. Paris, 1880, in-8, 144 pages. 3 fr. 50

CHEVREUL. **Des couleurs et de leurs applications aux arts industriels** à l'aide des cercles chromatiques, par E. CHEVREUL, directeur des teintures à la manufacture des Gobelins, professeur au Muséum d'histoire naturelle de Paris, membre de l'Institut. Paris, 1866, in-fol., avec 27 planches coloriées. Cart. 35 fr.

Table des planches. — Spectre (1). Gammes de tons bleus (1). Zone circulaire des couleurs (2). Cercles chromatiques (10). Gammes chromatiques (13).

CYON. **Principes d'électrothérapie.** Paris, 1873, 1 vol. in-8 de VIII-275 pages, avec figures. 4 fr.

COURS DE THÉRAPEUTIQUE
PROFESSÉ A LA FACULTÉ DE MÉDECINE

Par A. GUBLER

Professeur à la Faculté de médecine de Paris,
Médecin de l'hôpital Beaujon, membre de l'Académie de médecine.

1880. 1 vol. in-8 de 568 pages........................ 9 fr.

Le *Cours de thérapeutique professé à la Faculté de médecine* par M. Gubler n'a rien de commun avec les *Leçons de thérapeutique* publiées par un de ses élèves.

LE CARNET
DU MÉDECIN PRATICIEN

Formules. — Ordonnances. — Tableaux du pouls, de la Respiration et de la Température. — Comptabilité.

Un cahier oblong, avec cartonnage souple. . . . . 1 fr.
Franco par la poste.

Le treizième exemplaire gratis, pour toute demande de 12 exemplaires en une seule fois.

TRAITÉ DES MALADIES ÉPIDÉMIQUES
ORIGINE, ÉVOLUTION, PROPHYLAXIE

Par Léon COLIN

Professeur d'épidémiologie à l'École du Val-de-Grâce.

1879, 1 vol. in-8 de XVIII-1032 pages.......................... 16 fr.

DU MÊME AUTEUR :

Traité des fièvres intermittentes. Paris, 1870, 1 vol. in-8 de 544 pages, avec un plan médical de Rome. 8 fr.

De la variole, au point de vue épidémiologique et prophylactique. Paris, 1873, 1 vol. in-8 de 159 pages, avec 3 fig. de tracés. 3 fr. 50

Études cliniques de médecine militaire, observations et remarques recueillies à l'hôpital militaire du Val-de-Grâce, spécialement sur la tuberculisation aigue et sur les affections des voies respiratoires et digestives. 1864, 1 vol. in-8 de 304 p. 5 fr.

Épidémies et milieux épidémiques. 1873, 1 vol. in-8 de 114 pages. 2 fr. 50

De la fièvre typhoïde dans l'armée. 1878, 1 vol. in-8 de 200 pages. 4 fr.

AIDE-MÉMOIRE DE MÉDECINE, DE CHIRURGIE ET D'ACCOUCHEMENTS
VADE-MECUM DU PRATICIEN

Par le docteur A. CORLIEU

Troisième édition, revue, corrigée et augmentée.

1877, 1 vol. in-18 de 686 pages, avec 420 figures. Cartonné........ 6 fr.

ARSENAL DU DIAGNOSTIC MÉDICAL
MODE D'EMPLOI ET APPRÉCIATION DES PROCÉDÉS ET DES INSTRUMENTS D'EXPLORATION EMPLOYÉS EN SÉMÉIOLOGIE ET EN THÉRAPEUTIQUE
AVEC LES APPLICATIONS AU LIT DU MALADE

Par le docteur Maurice JEANNEL, médecin aide-major de 1re classe.

1877. 1 vol. in-8 de 440 pages, avec 262 figures. 7 fr.

TRAITÉ DE DIAGNOSTIC MÉDICAL
GUIDE CLINIQUE POUR L'ÉTUDE DES SIGNES CARACTÉRISTIQUES DES MALADIES
CONTENANT UN PRÉCIS DES PROCÉDÉS PHYSIQUES ET CHIMIQUES D'EXPLORATION CLINIQUE

Par V.-A. RACLE

Médecin des hôpitaux de Paris, professeur agrégé de la Faculté de médecine

Sixième édition

PRÉSENTANT L'EXPOSÉ DES TRAVAUX LES PLUS RÉCENTS

Par les docteurs Ch. FERNET et I. STRAUS

Médecins des hôpitaux.

1878. 1 vol. in-18 jésus de XII-860 pages, avec 99 figures. — Cart. 8 fr.

Claude BERNARD

Membre de l'Institut de France (Académie des sciences),
Professeur de physiologie au Collège de France et au Muséum d'histoire naturelle.

COURS DU MUSÉUM D'HISTOIRE NATURELLE

LEÇONS SUR LES PHÉNOMÈNES DE LA VIE

COMMUNS AUX ANIMAUX ET AUX VÉGÉTAUX

Paris, 1878-1879, 2 vol. in-8, avec fig. interc. dans le texte et 4 pl. gravées. 15 fr.
Séparément : Tome II, 1879, 1 vol. in-8 de 550 pages, avec 3 pl. et fig. 8 fr.

COURS DE MÉDECINE DU COLLÈGE DE FRANCE

LEÇONS DE PHYSIOLOGIE OPÉRATOIRE

Paris, 1879, 1 vol. in-8 de 640 pages, avec 116 figures.. 8 fr.

Leçons de physiologie expérimentale appliquée à la médecine, faites au Collège de France. Paris, 1855-1856, 2 vol. in-8, avec 100 fig 14 fr.

Leçons sur les effets des substances toxiques et médicamenteuses. Paris, 1857, 1 vol. in-8, avec 32 fig. 7 fr.

Leçons sur la physiologie et la pathologie du système nerveux. Paris, 1858, 2 vol. in-8, avec 79 fig. 14 fr.

Leçons sur les propriétés physiologiques et les altérations pathologiques des liquides de l'organisme. Paris, 1859, 2 vol. in-8, avec fig. 14 fr.

Leçons de pathologie expérimentale. Paris, 1880, 1 vol. in-8 de 604 p. 7 fr

Leçons sur les anesthésiques et sur l'asphyxie. Paris, 1874, 1 vol. in-8 de 529 pages, avec fig. 7 fr.

Leçons sur la chaleur animale, sur les effets de la chaleur et sur la fièvre. Paris, 1876, 1 vol. in-8 de 471 pages, avec fig. 7 fr.

Leçons sur le diabète et la glycogenèse animale. Paris, 1877, 1 vol. in-8 de 576 pages. 7 fr.

Introduction à l'étude de la médecine expérimentale. Paris, 1865, 1 vol. in-8 de 400 pages, avec fig. 7 fr.

Précis iconographique de médecine opératoire et d'anatomie chirurgicale. *Nouveau tirage.* Paris, 1873, 1 vol. in-18 jésus, 495 pages, avec 113 planches, figures noires. Cartonné. 24 fr.

Le même, figures coloriées. Cartonné. 48 fr.

L'œuvre de Claude Bernard Introduction par M. le docteur Mathias Duval, professeur agrégé à la Faculté de médecine de Paris. — Notices par MM. Ernest Renan (de l'Académie française); Paul Bert, professeur à la Faculté des sciences, et A. Moreau (de l'Académie de médecine). — Table alphabéthique et analytique des Œuvres complètes de Claude Bernard (18 vol in-8), par le docteur Roger de la Coudraie, ancien interne des hôpitaux. — Bibliographie de ses travaux scientifiques, par Malloizel, bibliothécaire adjoint du Muséum. Paris, 1881, 1 vol. in-8 de 400 pages, avec portrait. 7 fr.

BEAUNIS. **Claude Bernard**, Paris, 1878, in-8. 1 fr.

FERRAND. **Cl. Bernard et la science contemporaine.** Paris, 1879, in-8. 1 fr

LA SCIENCE EXPÉRIMENTALE

PROGRÈS DES SCIENCES PHYSIOLOGIQUES. — PROBLÈMES DE LA PHYSIOLOGIE GÉNÉRALE.
LA VIE, LES THÉORIES ANCIENNES ET LA SCIENCE MODERNE.
LA CHALEUR ANIMALE. — LA SENSIBILITÉ — LE CURARE. — LE CŒUR. — LE CERVEAU
DISCOURS DE RÉCEPTION A L'ACADÉMIE FRANÇAISE.
DISCOURS D'OUVERTURE DE LA SÉANCE PUBLIQUE ANNUELLE DES CINQ ACADÉMIES.

Deuxième édition.

Paris, 1878, 1 vol. in-18 jésus de 449 pages, avec 24 figures............ 4 fr.

ENVOI FRANCO CONTRE UN MANDAT SUR LA POSTE.

LEÇONS SUR LA PHYSIOLOGIE COMPARÉE

DE LA RESPIRATION

Par Paul BERT

Professeur de physiologie comparée a la Faculté des sciences.

Paris, 1870, 1 vol. in-8 de 588 pages, avec 150 figures...... 10 fr.

TRAITÉ D'ANATOMIE COMPARÉE DES ANIMAUX DOMESTIQUES.

Par A. CHAUVEAU

Directeur de l'École vétérinaire de Lyon.

Troisième édition, revue et augmentée.

Avec la collaboration de S. Arloing, professeur à l'École vétérinaire de Lyon.

Paris, 1879, 1 vol. gr. in-8 de vi-992 pages, avec 368 figures noires et coloriées. 24 fr.

TRAITÉ DE PHYSIOLOGIE COMPARÉE DES ANIMAUX

CONSIDÉRÉE DANS SES RAPPORTS AVEC LES SCIENCES NATURELLES
LA MÉDECINE, LA ZOOTECHNIE ET L'ÉCONOMIE RURALE

Par G COLIN

Professeur a l'École vétérinaire d'Alfort, membre de l'Académie de médecine.

Deuxième édition.

Paris, 1871-1873 2 vol. in-8, avec 206 figures.... .... 26 fr.

LES ORGANES DES SENS DANS LA SÉRIE ANIMALE

LEÇONS D'ANATOMIE ET DE PHYSIOLOGIE COMPARÉES

FAITES A LA SORBONNE

Par le docteur Joannès CHATIN

Maître de conférences à la Faculté des sciences de Paris,
Professeur agrégé à l'École supérieure de pharmacie.

Paris, 1880, 1 vol. in-8 de 740 pages avec 136 figures intercalées dans le texte. 12 fr.

ÉLÉMENTS D'ANATOMIE COMPARÉE

DES ANIMAUX VERTÉBRÉS

Par Th. H. HUXLEY

Traduit de l'anglais par Mme Brunet.

Précédé d'une introduction par le professeur Ch. ROBIN

Paris, 1875, 1 vol. in-18 jésus de 528 pages, avec 122 figures.......... 6 fr.

LA VIE

ÉTUDES ET PROBLÈMES DE BIOLOGIE GÉNÉRALE

Par P. E. CHAUFFARD

Professeur de Pathologie générale à la Faculté de médecine, inspecteur général de l'Université.

Paris, 1878, 1 vol. in-8 de 526 pages............ 7 fr. 50

ANGER. **Nouveaux éléments d'anatomie chirurgicale**, par Benj. ANGER, chirurgien de l'hôpital Saint-Antoine, professeur agrégé de la Faculté. Paris, 1869, 1 vol. in-8, de 1055 pages, avec 1079 fig. et 1 atlas in-4 de 12 pl. col. 40 fr.
Séparément le texte, 1 vol. in-8. 20 fr. — L'atlas, 1 vol. in-4. 25 fr.

BIMAR (A.). **Structure des ganglions nerveux**. Anatomie et physiologie. Paris, 1878, in-8, 68 pages. 2 fr.

BOUCHUT. **La vie et ses attributs**, dans leurs rapports avec la philosophie et la médecine. 2e *édition*. Paris, 1876, in-18 jésus, 450 pages. 4 fr. 50

CADIAT (O.). **Cristallin**, anatomie et développement, usages et régénération. Paris, 1876, in 8 de 80 pages, avec 2 planches. 2 fr. 50

— **Étude sur l'anatomie normale et les tumeurs du sein** chez la femme. Paris, 1876, in-8 de 60 pages, avec 3 pl. et 20 fig. lithog. 2 fr. 50

CRUVEILHIER. **Anatomie pathologique du corps humain**, ou Descriptions, avec figures lithographiées et coloriées, des diverses altérations morbides dont le corps humain est susceptible. Paris, 1830-1842, 2 vol. in-folio, avec 230 planches coloriées. 456 fr.

— **Traité d'anatomie pathologique**. Paris, 1849-1864, 5 vol. in-8. 35 fr.

DALTON. **Physiologie et hygiène des écoles**, des collèges et des familles. Paris, 1870, 1 vol. in-18 jésus de 536 pages, avec 68 fig. 4 fr.

DEBROU. **La vie**; différentes manières de la concevoir et de l'expliquer. Orléans, 1869, in-18 jésus, 211 pages. 2 fr.

DEPIERRIS (A.). **Traité de physiologie générale**, ou Nouvelles Recherches sur la vie et la mort. Paris, 1842, in-8. 7 fr. 50

DONNÉ (A.). **Cours de microscopie** complémentaire des études médicales, anatomie microscopique et physiologique des fluides de l'économie, Paris, 1844, 1 vol. in-8 de 550 pages. 7 fr. 50

DONNÉ (A.) et FOUCAULT (L.). **Atlas du cours de microscopie**, exécuté d'après nature au microscope daguerréotype, par le docteur A. DONNE et L. FOUCAULT. Paris, 1846, 1 vol. in-folio de 20 planches gravées, avec un texte descriptif. 30 fr.

DUCLOS (F.). **La vie. Qu'es-tu? D'où viens tu? Où vas-tu?** Paris, 1878, 1 vol. in-12 de 204 pages. 2 fr.

DURAND (A. P.). **Étude anatomique sur le segment cellulaire contractile** et le tissu connectif du muscle cardiaque. Paris, 1879, grand in-8, 115 pages, avec 3 planches. 3 fr. 50

DUTROCHET. **Mémoires pour servir à l'histoire anatomique et physiologique des végétaux et des animaux**. Paris, 1837, 2 vol in-8, avec atlas de 30 planches. 6 fr.

ÉLOUI. **Recherches histologiques sur le tissu connectif de la cornée** des animaux vertébrés. Paris, 1881, 1 vol. in-8, avec 6 pl. col. 6 fr.

† **Encyclopédie anatomique**, comprenant l'Anatomie descriptive, l'Anatomie générale, l'Anatomie pathologique, l'histoire du Développement, par G.-T. BISCHOFF, HENLE, HUSCHKE, SŒMMERRING, F.-G. THEILE, G. VALENTIN, J VOGEL, G. et E. WEBER, traduit de l'allemand, par A.-J.-L. JOURDAN, membre de l'Académie de médecine. Paris, 1843-1847, 8 forts vol. in-8, avec atlas in-4. L'ouvrage complet (75 fr.) 32 fr.

FLOURENS. **Mémoires d'anatomie et de physiologie comparées**, contenant des recherches sur : 1° les lois de la symétrie dans le Règne animal; 2° le mécanisme de la Rumination; 3° le mécanisme de la respiration des Poissons; 4° les rapports des extrémités antérieures et postérieures dans l'Homme, les Quadrupèdes et les Oiseaux. Paris, 1844, gr. in-4 avec 8 planches coloriées. 9 fr.

— **Recherches sur le développement des os et des dents**. 1841, in-4, 146 p. avec 12 pl. col. 10 fr.

— **Anatomie générale de la peau** et des membranes muqueuses. 1843, in-4, 104 p. avec 6 pl. col. 6 fr.

— **Théorie expérimentale de la formation des os**. 1847, in-8 avec 7 pl. 3 fr.

HALLER. **Elementa physiologiæ** corporis humani. 1757, 9 vol. in-4 (120 fr.) 50 fr.

† HENLE (J.) **Traité d'anatomie générale**, ou histoire des tissus et de la composition chimique du corps humain. Paris, 1843, 2 vol. in-8, avec 5 pl. (15 fr.) 8 fr.

HUGUENIN **Anatomie des centres nerveux**, par HUGUENIN, professeur à l'Université de Zurich, traduit par Th. KELLER et annoté par le docteur Mathias DUVAL. Paris, 1879, in-8 de 368 pages avec 149 figures. 8 fr.

LEBERT. **Traité d'anatomie pathologique et générale spéciale**, ou Description et iconographie pathologique des affections morbides, tant liquides que solides, observées dans le corps humain. *Ouvrage complet*. Paris, 1855-1861, 2 vol. in-folio, comprenant 200 pl. dessinées d'après nature, grav. et col. 615 fr.

† — **Physiologie pathologique**, ou Recherches cliniques, expérimentales et microscopiques sur l'inflammation, la tuberculisation, les tumeurs, la *formation* du cal, etc. Paris, 1845, 2 vol. in-8, avec atlas de 22 planches (23 fr.). 15 fr.

LEBLOIS (P.). **La vie et le moi.** Paris, 1878, in-18, 72 pages. 2 fr.
— **Études psychologiques.** Paris, 1880, in-8, 71 pages. 1 fr.
LEGROS. **Des nerfs vaso-moteurs** Paris, 1873, 1 vol. in-8 de 112 pag. 2 fr. 50
MAGENDIE. **Phénomènes physiques de la vie.** 1842, 4 vol. in-8 (30 fr.). 5 fr.
MALGAIGNE (J.-F.). **Traité d'anatomie chirurgicale et expérimentale**, par J.-F. MALGAIGNE, professeur à la Faculté de médecine de Paris, membre de l'Académie de medecine *Deuxième edition.* Paris, 1859, 2 forts vol. in-8, 18 fr.
MANDL (L.). **Anatomie microscopique**, par le docteur L. MANDL. Ouvrage complet. Paris, 1838-1857, 2 vol. in-folio avec 92 planches. 200 fr.
Le tome Ier comprenant l'HISTOLOGIE, est divisé en deux séries : *Tissus et organes, Liquides organiques*, est complet en 26 livraisons, avec 52 planches.
Le tome II comprend l'HISTOGENESE, ou Recherches sur le développement, l'accroissement et la reproduction des éléments microscopiques des tissus et des liquides organiques dans l'œuf, l'embryon et les animaux adultes, est complet en 20 livraisons, avec 40 planches.
Separément les livraisons 10 a 26 du tome Ier.
Prix de chaque livraison, composée de 6 feuilles de texte et 2 planches. Prix de la livraison. 5 fr.
MASSE. **Traité pratique d'anatomie descriptive**, mis en rapport avec l'atlas d'anatomie et lui servant de complément, par le docteur J.-N. MASSE, professeur d'anatomie. Paris, 1858, 1 vol. in-18 jésus de 700 pages, cartonné. 7 fr.
— **Anatomie synoptique**, ou Résumé complet d'anatomie descriptive du corps humain. Paris, 1867, in 18, 116 pages. 2 fr.
MOITESSIER (A.). **La photographie appliquée aux recherches micrographiques.** Paris, 1867, 1 vol. in-18 jésus, 340 pages, avec 30 figures et 3 planches photographiées. 7 fr.
MOREL. **Le cerveau**, sa topographie anatomique. Paris, 1880, in-4, v-50 pages et 17 planches en partie coloriées. 7 fr. 50
MULLER. **Manuel de physiologie**, par J. MULLER, traduit de l'allemand par A.-J.-L. JOURDAN, 2e édition, par E. LITTRÉ, Paris, 1851, 2 vol. gr. in-8 avec 320 figures et 4 planches. 20 fr.
PATRIGEON (G.). **Recherches sur le nombre des globules rouges et blancs du sang à l'état physiologique**, chez l'adulte, et dans un certain nombre de maladies chroniques, 1877, in-8, 100 pages, avec 20 pl. de tracés. 4 fr.
PLANTEAU. **Spermatogenèse et fécondation.** Paris, 1880, in-8 avec 2 pl. 3 fr.
POINCARÉ. **Le système nerveux** au point de vue normal et pathologique. Leçons de physiologie professées à Nancy. 2e édit. Paris, 1877, 3 vol. in-8 avec fig. 18 fr.
POUCHET (F.-A.). **Théorie de l'ovulation spontanée** et de la fécondation dans l'espèce humaine et les mammifères, basée sur l'observation de toute la série animale, par F.-A. POUCHET, professeur au Museum d'histoire naturelle de Rouen. Paris, 1847, 1 vol in-8, 600 pag. avec atlas in-4 de 20 pl. coloriées. 36 fr.
REYNIER. **Les nerfs du cœur.** Paris, 1880, 1 vol. in-8. 4 fr.
SCHIFF. **De l'inflammation et de la circulation**, par le professeur M. SCHIFF, traduction de l'italien par le docteur R. GUICHARD DE CHOISITY, médecin adjoint des hôpitaux de Marseille. Paris, 1878, in 8 de 96 pages. 3 fr.
— **La pupille considérée comme esthésiomètre**, traduit de l'italien, par le docteur R. GUICHARD DE CHOISITY. Paris, 1875, in-8 de 34 pages. 1 fr. 25
SCHWARTZ (Ch. Ed.). **Recherches anatomiques et cliniques sur les gaînes synoviales** de la face palmaire de la main. Paris, 1878, gr. in-8 de 110 pages avec 3 planches. 3 fr. 50
SERRES (E.). **Anatomie comparée transcendante, principes d'embryogénie**, de zoogénie et de tératogénie. Paris, 1859, 1 vol. in-4 de 942 pages avec 3 planches. 16 fr.
— **Recherches d'anatomie transcendante et pathologique**, théorie des formations et des déformations organiques, appliquée à l'anatomie de la duplicité monstrueuse. Paris, 1832, in-4, avec atlas de 20 planches in-folio. 20 fr.
— **Des lois de l'embryogénie** ou des règles de formation des animaux et de l'homme, 1844, in-4 de 142 pages, avec 9 planches. 12 fr.
† TIEDEMANN (F.). **Traité complet de physiologie** de l'homme, traduit de l'allemand par A.-J.-L. JOURDAN. Paris, 1831, 2 vol. in-8 (11 fr.). 3 fr. 50
TRUMET DE FONTARCE. **Pathologie clinique du grand sympathique.** Étude basée sur l'anatomie et la physiologie. Paris, 1880, 1 vol. in-8 de 375 pages, avec planches. 7 fr.
VIREY. **De la physiologie** dans ses rapports avec la philosophie. Paris, 1844, 1 vol. in-8 (7 fr.). 3 fr.
VOGEL (J.). **Traité d'anatomie pathologique générale.** 1847, in-8. 4 fr.
ZIÉGLER (Martin). **Atonicité et Zoïcité**, applications physiques, physiologiques et médicales. Paris, 1874, in-12, 172 pages. 3 fr. 50
— **Lutte pour l'existence** entre l'organisme animal et les algues microscopiques. Paris, 1878, in 8, 81 pages. 2 fr. 50

LE CORPS HUMAIN

STRUCTURE ET FONCTIONS

Formes extérieures. Régions anatomiques, Situation, Rapports et Usages des Appareils et Organes qui concourent au mecanisme de la vie

DÉMONTRÉS A L'AIDE DE PLANCHES COLORIÉES, DÉCOUPÉES ET SUPERPOSÉES

DESSINS D'APRÈS NATURE

Par Edouard CUYER

Lauréat de l'École des Beaux-Arts.

TEXTE

PAR G. A. KUHFF

Docteur en médecine, préparateur au laboratoire d'Anthropologie de l'École des Hautes Études.

Préface par M. Mathias DUVAL, professeur d'anatomie a l'Ecole des beaux-arts.

Paris, 1879. 1 vol. grand in-8 de 500 pages de texte, avec Atlas de 25 *planches* coloriées.

Ouvrage complet, cartonné en deux volumes. — 70 fr.

Pl. I. Du corps humain en général.
II. Tronc et cavité thoracique (face antérieure).
III. Tronc (face postérieure).
IV. Tronc (face laterale).
V. Cavité abdominale.
VI. Tête.
Fig. 1. — *Face antérieure.*
Fig. 2. — *Face postérieure.*
VII. Tête.
Fig. 1. — *Face latérale.*
Fig. 2. — *Base du crâne.*
VIII. Cou (face antéro-externe).
IX. Membre thoracique.
Fig. 1. — *Bras.*
Fig. 2. — *Avant-bras.*
X. Membre thoracique (face postérieure).
Fig. 1. — *Bras.*
Fig. 2. — *Avant-bras.*
XI. Membre thoracique (face interne).
Fig. 1. — *Bras.*
Fig. 2. — *Avant-bras*
XII. Membre thoracique (face externe).
Fig. 1. — *Bras.*
Fig. 2. — *Avant-bras.*
XIII. Main.
Fig. 1. — *Os du carpe* (face antérieure).
Fig. 2. — *Os du carpe* (face postérieure).
Fig. 3. — *Main* (face palmaire).
Fig. 4. — *Main* (face dorsale).
XIV. Membre abdominal (face antérieure).
Fig. 1. — *Cuisse.*
Fig. 2. — *Jambe.*
XV. Membre abdominal (face postérieure).
Fig. 1. — *Cuisse.*
Fig. 2. — *Jambe.*

Pl. XVI. Membre abdominal (face interne).
Fig. 1. — *Cuisse.*
Fig. 2. — *Jambe.*
XVII. Membre abdominal (face externe).
Fig. 1. — *Cuisse.*
Fig. 2. — *Jambe.*
XVIII. Pied.
Fig. 1. — *Os du tarse* (face supérieure).
Fig. 2. — *Os du tarse* (face inférieure).
Fig. 3. — *Pied* (face dorsale).
Fig. 4. — *Pied* (face plantaire).
XIX. Ensemble des vaisseaux et des nerfs.
XX. Encéphale (face supérieure).
XXI. Encéphale.
Fig. 1. — *Face latérale.*
Fig. 2. — *Cervelet.*
XXII. Appareil visuel (face latérale).
XXIII Appareil visuel; paupières et voies lacrymales.
XXIV. Appareil auditif.
Fig. 1. — *Oreille externe et oreille moyenne vues par la face externe.*
Fig. 2. — *Oreille externe, oreille moyenne et oreille interne vues par la face antérieure.*
Fig. 3. — *Chaîne des osselets vue par sa face antérieure.*
Fig. 4. — *Chaîne des osselets vue par sa face externe.*
Fig. 5. — *Coupe du limaçon.*
XXV. Appareils de l'olfaction, du gout et de la voix.

SÉPARÉMENT :

Le corps humain, 1 vol. gr. in-8 de texte, xvi-314 pages, avec atlas de 25 planches coloriées. Ensemble 2 vol. gr. *in-8*, cartonnés. 70 fr.

Les organes génitaux de l'homme et de la femme, in-8, 56 pages, avec 56 figures et 2 planches coloriées. 7 fr. 50

2e série. — N° 244. BULLETIN MENSUEL. 1er décembre 1880
DE LA LIBRAIRIE J.-B. BAILLIÈRE ET FILS
19, rue Hautefeuille, près le boulevard Saint-Germain, à Paris.

BIBLIOTHÈQUE MÉDICALE

COLLECTION D'OUVRAGES POUR LA PRÉPARATION AUX EXAMENS DU GRADE DE DOCTEUR ET D'OFFICIER DE SANTÉ AUX CONCOURS DE L'EXTERNAT ET DE L'INTERNAT

Dictionnaire de médecine, de chirurgie, de pharmacie, de l'art vétérinaire et des sciences qui s'y rapportent. 14e *édition*, par E. LITTRÉ et Ch. ROBIN. 1 beau vol. gr. in-8 de 1800 pages à 2 colonnes, avec 550 figures............. 20 fr.

1er Examen. — Physique, Chimie et Histoire naturelle médicales.

BUIGNET. Manipulations de physique. 1 vol. in-8, cart. 16 fr.
CAUVET. Histoire naturelle. 2 vol. in-18 jésus. 12 fr.
ENGEL. Chimie médicale. 1 vol. in-18. 8 fr.
GUIBOURT et PLANCHON. Drogues. 4 vol. in-8. 36 fr.
WUNDT et MONOYER. Physique médicale. In-8. 12 fr.

2e Examen. — Anatomie, Histologie, Physiologie.

ANGER. Anatomie chirurgicale. 1 vol. in-8 et atlas. 40 fr.
BEAUNIS. Physiologie. 2 v in-8, cart. 25 f.
BEAUNIS et BOUCHARD. Anatomie descriptive et embryologie. 1 vol. in-8. 20 fr.
— Anatomie et dissection. In-8. 4 fr. 50
CUYER et KUHFF. Le Corps humain. 2 vol. in-8, avec 27 pl. 75 fr.
DUVAL. Technique. 1 vol. in-18. 4 fr.
FAU. Anatomie artistique. In-8, fig noires, 4 fr., fig. col. 10 fr.
KUSS et DUVAL. Physiologie In-18 8 fr.
MOREL et VILLEMIN. Histologie humaine. In-8 et atlas. 16 fr.
ROBIN. Histologie. 1 vol. in-8. 6 fr.
— Microscope, 2e édit. In-8. 20 fr.

3e Examen. — Pathologie externe, Accouchements, Médecine opératoire. Pathologie interne, pathologie générale.

BERNARD et HUETTE. Médecine opératoire In-18, fig. noires, 24 fr., fig. col. 48 fr.
BOUCHUT. Pathologie générale In-8. 20 f.
CHAILLY. Accouchements. 1 v. in 8. 10 fr.
CHAUVEL. Opérations. In-18 jésus 6 fr.
CHRÉTIEN, Nouveaux élémeets de médecine opératoire. 1 vol in-18.
CORLIEU. Aide-mémoire de médecine et de chirurgie. 1 vol. in-18, cart. 6 fr.
DAREMBERG. Histoire des sciences médicales, 2 vol. in-8. 20 fr.
GOFFRES. Bandages. 1 vol. in-18, figures noires 18 fr., fig. col., cart. 36 fr.
GUYON. Chirurgie clinique. In-8. 12 fr.
LAVERAN et TEISSIER. Pathologie et clinique médicales. 2 vol in-8. 18 fr.
NÆGELÉ. Accouchements. 1 v. in-8. 12 fr
PÉNARD. Guide de l'accoucheur. In-18. 5 fr.
RACLE, FERNET et STRAUS. Diagnostic médical. 1 vol. in-18. cart. 8 fr
VALLEIX et LORAIN. Guide du médecin praticien. 5 vol. in-8. 50 fr.
VIDAL (de Cassis). Pathologie externe. 5 vol. in 8. 40 fr.
WOILLEZ. Diagnostic. 1 vol. in-8. 16 fr.

4e Examen — Hygiène, Médecine légale, Thérapeutique. Matière médical. — Pharmacologie.

ANDOUARD. Pharmacie. 1 vol. in-8. 14 fr.
ARNOULD. Hygiène. 1 vol. gr. in-8.
BRIAND et CHAUDÉ Médecine légale. 2 vol. in-8. 24 fr.
CODEX medicamentarius. 1 v. in-8. 9 fr. 50
FERRAND. Aide-mémoire de pharmacie. 1 vol. in-18, cart. 6 fr.
FERRAND (A.). Thérapeutique. In-18. 8 fr.
FONSSAGRIVES. Thérapeutique. In-8. 7 fr.
GALLOIS. 1200 formules. In-18, cart. 3 fr.
GUBLER. Commentaires thérapeutiques du Codex. 1 vol. in-8, cart. 15 fr.
GUBLER. Cours de thérapeutique. 1 vol. in-8. 9 fr.
HÉRAUD. Plantes médicinales. In-18. 6 fr.
HOFMANN. Médecine legale. In-8. 14 fr.
JEANNEL. Formulaire. 1 vol. in-18. 6 fr.
LÉVY (Michel). Hygiène. 2 v. in-8. 20 fr.
NOTHNAGEL et ROSSBACH. Matière médicale et thérapeutique. 1 vol. in-8. 14 fr.
SOUBEIRAN. Falsifications. 1 vol. in-8, cartonné. 14 fr.

5e Examen. — Clinique externe et obstétricale, Clinique interne, Anatomie pathologique.

CHURCHILL et LEBLOND. Maladies des femmes. 1 vol. in-8. 18 fr.
CRUVEILHIER. Anatomie pathologique. 5 vol. in-8. 35 fr.
DESPRÉS. Chirurgie journalière. In-8. 12 f.
GALLARD. Clinique médicale de la Pitié. 1 vol. in-8. 10 fr.
GILLETTE. Chirurgie journaliere des hô-
GOSSELIN. Clinique chirurgicale de la Charité. 3 vol. in-8. 36 fr.
LABOULBÈNE. Anatomie pathologique. 1 vol. in-8, cart. 20 fr.
RINDFLEISCH. Histologie pathologique. 1 vol. in-8. 14 fr.
SIMPSON. Clinique obstétricale et gynécologique. 1 vol. in-8. 12 fr.
TROUSSEAU. Clinique médicale de l'Hôtel

DE LA RIVE. **Traité d'électricité théorique et pratique.** Paris, 1854-1858, 3 vol. in-8 avec 450 figures. 27 fr.

Les nombreuses applications de l'électricité aux sciences et aux arts, les liens qui l'unissent à toutes les autres parties des sciences physiques, ont rendu son étude indispensable au chimiste aussi bien qu'au physicien.

DELAVAUD. **Aperçu général des sciences du monde matériel** et de leur filiation. Paris, 1875, in-8 de 58 pages. 1 fr. 50

DELEFOSSE (E.). **Procédés pratiques pour l'analyse des urines,** des dépôts et des calculs urinaires. *Deuxième édition.* Paris, 1876, 1 vol. in-18 jésus, 136 pages, avec 18 planches comprenant 72 figures. 2 fr. 50

DIACON. **Décomposition de la lumière.** 1867, in-8, 136 pages. 3 fr.

Dictionnaire de l'industrie manufacturière, commerciale et agricole, par MM. Baudrimont, Ad. Blanqui, Colladon, Coriolis, D'Arget, P. Desormeaux, Despretz, H. Gaultier de Claubry, Gourlier, Th. Olivier, Parent-Duchatelet, Sainte-Preuve, Soulange-Bodin, Trebuchet, etc. Ouvrage complet. Paris, 1835-1844, 10 vol. in-8, chacun de 700 pages, avec 1200 figures. 25 fr.

Feuilles d'étude de chimie, de zoologie et de botanique. *Deuxième édition.* Paris, 1848, in-fol., 19 pages, avec figures. 1 fr. 50

GARNIER (Léon). **De l'analyse immédiate.** Paris, 1880, in-8, 70 pages. 2 fr.

GARRAN DE BALZAN. **Théorie physique de l'audition.** Paris, 1876, in-8, 90 p. 2 fr.

GAUTIER. **La sophistication des vins.** Coloration artificielle et mouillage. Moyens pratiques de reconnaître la fraude, par le docteur Arm. GAUTIER, professeur agrégé à la Faculté de médecine. Paris, 1877, 1 vol. in-18 jésus de 294 pages. 2 fr. 50

GAY. **Théorie physique de la phonation** Paris, 1876, in-8, 70 pages. 1 fr. 50

GUÉRARD (A.). **Lois générales de la chaleur.** Paris, 1843, in-4 de 110 p. 2 fr.

— **Plan et généralités d'un cours de physique médicale.** Paris, 1831, in-4, 46 pages. 1 fr. 50

HERPIN (J. Ch.). **De l'acide carbonique**; de ses propriétés physiques, chimiques et physiologiques; de ses applications thérapeutiques. Paris, 1864, 1 vol. in-18 jésus de 564 pages. 6 fr.

JOLY (V. Ch.). **Traité pratique du chauffage,** de la ventilation et de la distribution des eaux dans les habitations particulières. *Deuxième édition.* Paris, 1874, 1 vol. gr. in-8 de XII-410 pages, avec 375 figures. 10 fr.

LACOTE. **Synthèse des corps azotés.** Paris, 1880, in-8, 101 pages. 2 fr. 50

LEFORT. **Traité de chimie hydrologique,** comprenant des notions générales d'hydrologie et l'analyse chimique des eaux douces et des eaux minérales, par J. Lefort, membre de l'Académie de médecine. *Deuxième édition,* revue et augmentée. Paris, 1873, 1 vol. in-8 de 800 pages, avec 50 figures et 1 planche. 12 fr.

LEGRAND (A. A.) **Sur l'eau de Seltz** et la fabrication des boissons gazeuses. Paris, 1861, in-12, 108 pages. 75 c.

LEREBOURS. **Description des microscopes** achromatiques simplifiés. Paris, in-8 de 86 pages, avec 2 planches. 2 fr.

LIEBIG (G.). **Manuel pour l'analyse des substances organiques,** suivi de l'examen critique des procédés et des résultats de l'analyse élémentaire des coprs organiques, par F. V. RASPAIL. Paris, 1838, in-8, avec figures (3 fr. 50). 1 fr.

LONGCHAMP. **Sur les produits de la combustion du soufre,** sur les combinaisons de l'oxygène avec le radical du chlore. Paris, 1833, in-8, 36 pages. 1 fr. 25

MELLONI (Macédoine). **Rapport sur le daguerréotype.** Traduction de M. Al. Donné. Paris, 1840, in-8, VIII-111 pages. 2 fr.

MILLON (E.). **Éléments de chimie organique,** comprenant les applications de cette science à la physiologie animale. Paris, 1845-1848, 2 vol. in-8 (15 fr.). 3 fr.

— **Recherches chimiques sur le mercure** et sur les constitutions salines. Paris, 1846, in-8 (2 fr. 50). 50 fr.

— **Sa vie, ses travaux de chimie** et ses études économiques et agricoles sur l'Algérie. Paris, 1870, 1 vol. gr. in-8 de 327 p., avec le portrait de Millon. 7 fr.

MILLON (E.) et REISET. **Annuaire de chimie,** comprenant les applications de cette science à la médecine et à la pharmacie, ou Répertoire des découvertes et des nouveaux travaux en chimie faits dans les diverses parties de l'Europe, par E. Millon et J. REISET, avec la collaboration de MM. HOEFER et J. NICKLES. Paris, 1845-1851, 7 vol. in-8 (25 fr. 50). 7 fr.

— Séparément les années 1845, 1846, 1847. Chaque volume. 1 fr. 50

MOITESSIER. **La photographie appliquée** aux recherches micrographiques, par A. MOITESSIER, professeur à la Faculté de médecine de Montpellier. Paris, 1866, in-18 de 366 pages, avec 41 figures et 2 planches photographiques. 7 fr.

— **De l'emploi de la lumière polarisée** dans l'examen microscopique des farines. Paris, 1866, gr. in-8, 24 pages, avec 1 planche. 2 fr.

MORIN (E.). **Lois générales de la chaleur rayonnante.** Paris, 1863, in-4, 81 pages. 1 fr. 50

ORFILA (A. F.). **De la chaleur** dans les phénomènes chimiques. Paris, 1853, in-4 de 100 pages. 1 fr. 50

PIESSE. **Des odeurs, des parfums et des cosmétiques.** Histoire naturelle, composition chimique, préparation, recettes, industrie, effets physiologiques et hygiène des poudres, vinaigres, dentifrices, pommades, fards, savons, eaux aromatiques, essences, infusions, teintures, alcoolats, sachets, etc., par S. PIESSE, chimiste, parfumeur à Londres. *Seconde édition* française avec le concours, de MM. F. CHARDIN-HADANCOURT et Henri MASSIGNON. Paris, 1877, 1 vol. in-18 jésus de 580 pages, avec 92 figures. 7 fr.

POGGIALE. **Traité d'analyse chimique** par la méthode des volumes, comprenant l'analyse des gaz et des métaux, la chlorométrie, la sulfhydrométrie, l'acidimétrie, l'alcalimétrie, la saccharimétrie; etc., par A. B. POGGIALE, professeur de chimie à l'École du Val-de-Grâce, pharmacien en chef de l'hôpital, membre de l'Académie de médecine, etc. Paris, 1858, in-8 de 606 pages, avec 171 figures. 9 fr.

RASPAIL. **Nouveau système de chimie organique**, fondée sur les nouvelles méthodes d'observation, précédé d'un Traité complet sur l'art d'observer et de manipuler en grand et en petit dans le laboratoire et sur le porte-objet du microscope. *Deuxième édition.* Paris, 1838, 3 vol. in-8 et atlas in-4 de 20 planches. 30 fr.

REISET (J.). **Recherches pratiques et expérimentales sur l'agronomie.** Paris, 1863, in-8, 252 pages, avec 6 planches. 6 fr.

— **Des cosmétiques** au point de vue de l'hygiène et de la police médicale, in-8. 1 fr. 50

ROBIN (Ch.). **Traité du microscope et des injections**; de leur emploi, de leurs applications à l'étude des injections, à l'anatomie humaine et comparée, à la pathologie médico-chirurgicale, à l'histoire naturelle animale et végétale, et à l'économie agricole; par Ch. ROBIN, professeur à la Faculté de médecine de Paris, membre de l'Institut. *Deuxième édition.* Paris, 1877, 1 vol. in-8, 1110 pages, avec 336 figures et 3 planches. Cartonné. 20 fr.

— **Mémoire sur les objets qui peuvent être conservés** en préparations microscopiques, transparentes et opaques. Paris, 1856, in-8, 64 pages, avec figures. 2 fr.

ROBIN (Ch.) et VERDEIL. **Traité de chimie anatomique et physiologique**, normale et pathologique, ou des principes immédiats normaux et morbides qui constituent le corps de l'homme et des mammifères, par Ch. ROBIN et F. VERDEIL. Paris, 1853, 3 vol. in-8, avec atlas de 45 planches en partie coloriées. 36 fr.

THELMIER. **Des accidents dans les laboratoires de chimie**, par le docteur J. A. THELMIER (Tholomier). Paris, 1866, in-8, 76 pages. 2 fr.

VAN ASSCHE (F.). **Des sucres**; théorie moléculaire de leurs fonctions. Paris, 1878, gr. in-8 de 102 pages. 3 fr. 50

VIOLETTE. **Emploi des capsules** enfumées dans l'analyse chimique. Lille, 1857, in-8 de 6 pages, avec 1 planche. 50 c.

WALFERDIN. **Échelles thermométriques** aujourd'hui en usage. Abaissement du zéro de l'échelle centigrade. Paris, 1855, in-4 de 20 pages. 1 fr.

PARIS. — IMPRIMERIE DE E. MARTINET, RUE MIGNON, 2.

l'ouvrage ayant été scrupuleusement respecté, c'est par des appendices que les compléments ont été ajoutés. La plupart des chapitres présentent des additions nombreuses, comprenant d'abord le résumé, au point de vue français, des mémoires, ou la description des appareils, qui, dans l'édition primitive, s'adressaient surtout au lecteur anglais; ensuite, les extraits des travaux français ou étrangers, destinés à préciser les sujets traités; enfin, l'exposé succinct des principales formules relatives à l'application des lois physiques à la mesure des phénomènes. A ce point de vue on doit citer les appendices qui résument les définitions et les formules relatives à l'électro-statique dans ses rapports avec la thermo-dynamique, au magnétisme, aux lois de Ohm et à l'électro-dynamique, et les regarder comme les additions les plus importantes à l'ouvrage anglais; additions d'autant plus utiles que ces développements ne figurent jusqu'à présent dans aucun traité publié en France.

Enfin, plusieurs chapitres ont été fort étendus pour y introduire les travaux les plus récents sur les *décharges électriques dans le vide*, sur la *production de la lumière électrique* par les machines d'induction, sur la *téléphonie*, la *photophonie;* questions qui ont le privilège d'attirer aujourd'hui avec tant de force l'attention des gens du monde et des savants.

En résumé, l'édition française du Traité d'électricité et de magnétisme de M. Gordon paraît destinée à exercer sur l'enseignement de l'électricité en France une influence salutaire; non seulement dans l'enseignement élémentaire, par la forme attrayante sous laquelle les phénomènes sont présentés; mais jusque dans l'enseignement supérieur, par les notes dont le traducteur l'a enrichie.

Enfin, elle est digne de l'attention des savants, par l'abondance des documents et le soin avec lequel les découvertes les plus récentes ont été exposées.

A. CORNU,
Membre de l'Institut (Académie des sciences).

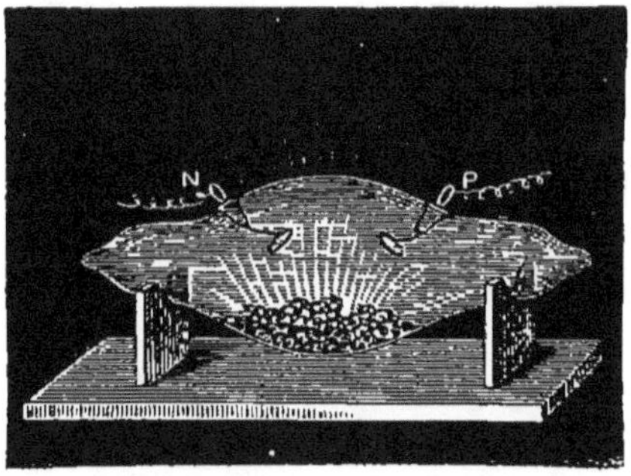

MATIÈRE RADIANTE. — Expérience de Crookes.

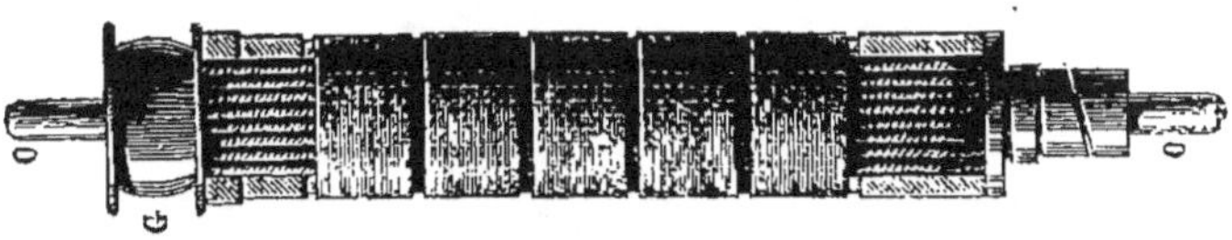

LUMIÈRE ÉLECTRIQUE. — Armature de Siemens pour les machines magnéto-électriques.

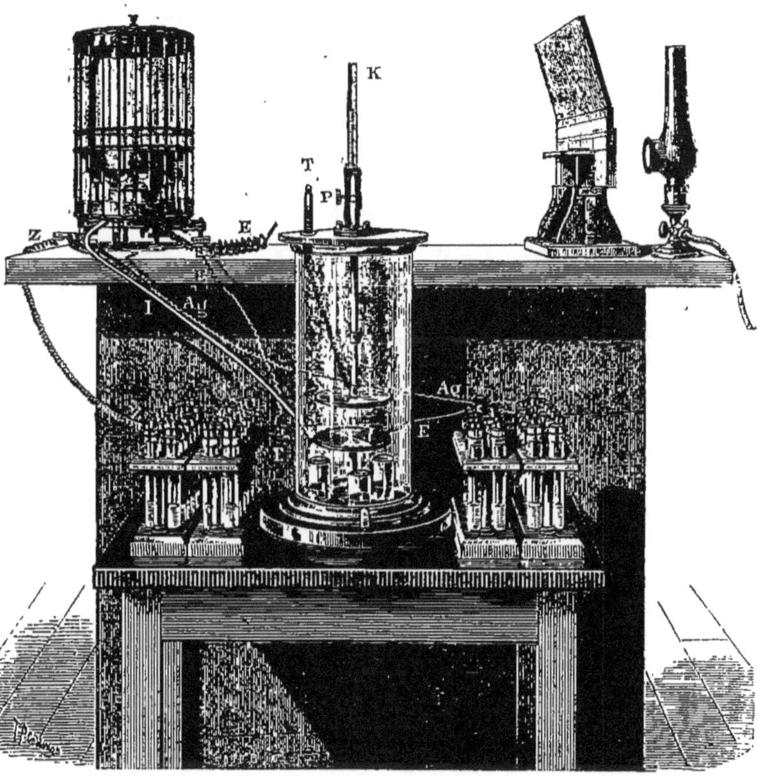

DÉCHARGES DANS LE VIDE. — Électromètre symétrique de Warren De la Rue.

PARIS. — IMPRIMERIE ÉMILE MARTINET, RUE MIGNON, 2

www.ingramcontent.com/pod-product-compliance
Lightning Source LLC
LaVergne TN
LVHW020959300926
849160LV00007B/198
* 9 7 8 2 0 1 1 2 6 0 4 3 7 *